中共湖北省委宣传部与华中科技大学共建新闻学院资助项目（2020F01）成果

中国新闻传播教育年鉴（2020）

中国新闻史学会新闻传播教育史研究委员会
《中国新闻传播教育年鉴》编撰委员会　编

武汉大学出版社
WUHAN UNIVERSITY PRESS

图书在版编目(CIP)数据

中国新闻传播教育年鉴.2020/中国新闻史学会新闻传播教育史研究委员会,《中国新闻传播教育年鉴》编撰委员会编.—武汉:武汉大学出版社,2020.10

ISBN 978-7-307-21834-5

Ⅰ.中…　Ⅱ.①中…　②中…　Ⅲ.新闻学—传播学—教育研究—中国—2020—年鉴　Ⅳ.G210-54

中国版本图书馆 CIP 数据核字(2020)第 193716 号

责任编辑:胡国民　　责任校对:汪欣怡　　版式设计:马　佳

出版发行:**武汉大学出版社**　(430072　武昌　珞珈山)

(电子邮箱:cbs22@whu.edu.cn 网址:www.wdp.com.cn)

印刷:武汉市金港彩印有限公司

开本:787×1092　1/16　印张:69.5　字数:1350 千字　插页:25

版次:2020 年 10 月第 1 版　2020 年 10 月第 1 次印刷

ISBN 978-7-307-21834-5　定价:288.00 元

《中国新闻传播教育年鉴（2020）》编撰委员会

《中国新闻传播教育年鉴（2020）》编辑部

2019年4月20日，国务院学位委员会新闻传播学科评议组年度工作会议在江西师范大学举行

2019年7月2日，四川大学新闻传播学一级学科博士授权点于成都顺利通过国务院学位委员会新闻传播学科评议组合格抽评

2019年10月27日，国务院学位委员会新闻传播学学科评议组西南政法大学新闻传播学学科建设工作指导会在重庆举行

2019年8月31日，2018—2022年教育部高等学校新闻传播类专业教学指导委员会
第二次全体会议在中国传媒大学召开

2019年8月31日，新闻传播学类专业教学指导委员会在中国传媒大学召开第二次全体会议，
统筹指导新闻传播学类一流专业建设工作。全体教指委委员充分酝酿讨论，
推荐提出2019年度新闻传播学类一流专业建设点建议名单

2019年12月3—5日，全国新闻与传播硕士专业学位教育核心课程
教学师资培训在北京大学举行

2019年1月5日，纪念华中科技大学新闻传播教育创办35周年、华中科技大学新闻与信息传播学院广东校友会2018年年会暨《35年回眸：喻家山下的新闻传播教育情缘》首发式在广州举行

2019年3月28日，西藏民族大学新闻学院师生随中央媒体采访西藏民主改革60周年大会

2019年5月29日，“中国广告四十年”系列成果发布会在中国传媒大学中国广告博物馆举行

2019年10月26—27日，第三届“何微新闻奖”学术论坛、第四届“传媒法治建设高峰论坛”暨西北政法大学新闻专业开办60周年（复办20周年）系列学术活动在西北政法大学举行

2019年11月2日，复旦新闻传播教育90周年主题活动在复旦大学正大体育馆隆重举行

2019年11月9日，中国新闻史学会新闻传播教育史研究委员会
2019年学术年会暨兰州大学新闻传播教育60周年座谈会在兰州大学举行

2019年11月15日，卓越新闻传播学人才培养研讨会暨中央民族大学新闻与传播学院成立仪式在京举行

2019年11月30日，华东师范大学传播学院15周年院庆暨新闻传播教育95周年纪念

2019年11月30日，深圳大学举行广告学专业30周年庆祝活动

2019年7月11日，中共江苏省委宣传部、中共苏州市委宣传部、
苏州大学共建苏州大学传媒学院签约挂牌

2019年9月19日，“部校共建活动：传媒经济专家为新疆媒体问诊把脉”在乌鲁木齐举行

2019年12月2日，教育部党组书记、部长陈宝生同志视察
中国传媒大学“媒体融合与传播国家重点实验室”

2019年4月3日，全国高校首家县级融媒体中心建设专门研究机构“湖南师范大学县级融媒体建设研究中心”成立仪式在长沙举行

2019年6月30日，中美两国公众的世界观念调查（2017—2018）成果发布暨寰球民意与战略传播研讨会在华中科技大学举行

2019年9月8日，南京大学新闻传播学院召开江苏紫金传媒智库第二次理事会

2019年6月19日，北京师范大学互联网发展研究院成立仪式
暨中国互联网企业社会责任高峰论坛在京举行

2019年7月9日，2019年数据新闻高峰论坛
暨中国科技新闻学会数据新闻专委会成立大会在河北大学召开

2019年12月30日，湖北省科技新闻学会第六届理事会换届大会
暨网络空间科学传播创新论坛在华中科技大学举行

2019年9月，青海师范大学新闻学院获得青海省唯一新闻与传播专业硕士学位授权点

2019年9月7日，专家学者齐聚安徽大学“把脉支招”新闻传播教育与学科发展

2019年9月21日，安徽师范大学新闻与传播学院举办目录外二级学科“马克思主义新闻学与意识形态建设”博士点专家论证会

2019年4月6日，首届“新媒体学科融合与卓越新闻人才培养高峰论坛”在西安举行

2019年4月27日，2019年全国新闻专业毕业设计改革研讨会在深圳大学举行

2019年5月22日，清华大学-南加州大学“数据传播”
双硕士学位项目启动仪式在清华大学举行

2019年6月22日，第十届中美媒体教育国际研讨会在武汉举行

2019年6月29日，部校共建新闻学院
暨全媒体国际传播人才培养高峰论坛在广州举行

2019年7月6日，首届中国—东盟传媒与新闻传播教育国际研讨会
暨中国—东盟新闻与传播学院院长(系主任)论坛在广西大学举行

2019年11月3日，第三届岳麓传媒与文化发展国际论坛在长沙举行

2019年12月7日，“新时代全媒体建设与新闻传播教育发展”学术论坛在四川西昌召开

2019年12月27日，由湖北广播电视台和武汉体育学院新闻传播学院合作打造的
“我爱运动+武体直播间”正式开播

2019年9月18日，由北京外国语大学联合国内
32家高校新闻学院发起成立“多语种国际传播教育联盟”

2019年11月2日，复旦大学新闻学院举办“转型与创新——媒体融合背景下的
新闻传播教育共同体构建”国际高峰论坛

2019年11月16—18日，中国新闻史学会2019年学术年会在北京举办，
中国人民大学新闻学院成为新任会长单位，人大新闻学院副院长王润泽教授当选新一任会长

2019年2月16—20日，暨南大学和国际中华传播学会（CCA）联合举办
暨南大学健康传播与行为科学研究中心“健康传播工作坊”（第一期）

2019年4月25日，广东省国际传播青年人才培养基地第一届学员结业典礼
暨第二届学员开学典礼在广东外语外贸大学举行

2019年5月24日，“2019看中国·外国青年影像计划·哈尔滨行”在黑龙江大学启动。
来自阿尔巴尼亚、罗马尼亚、克罗地亚、塞尔维亚、黑山5个国家的
青年导演在哈尔滨进行了为期17天的文化探索之行

2019年10月18—21日，中国人民大学新闻学院第三期马克思主义新闻观全国骨干师资研修班
在中国红色新闻小镇、新中国新闻事业摇篮河北涉县西戌镇举办

2019年11月8日，13家西北高校代表齐聚兰州大学新闻与传播学院，召开丝绸之路新闻传播教育高校联盟筹备会议。
会议通过《丝绸之路新闻传播教育高校联盟章程（草案）》
及《丝绸之路新闻传播教育高校联盟2019兰州共识（草案）》

2019年11月30日，中国高等教育学会新闻学与传播学专业委员会第八届理事会第二次全体会议
暨“智能媒体与新闻传播学科变革”学术年会在上海举行

2019年3月，云南大学新闻学院举办“未来传播者国际训练营”活动，
邀请缅甸学生和该院学生合拍了六部纪录片，并赴缅甸仰光中国文化中心举办展映仪式

2019年5月24日，第六届两岸大学生影像联展暨凤凰花季毕业影展在厦门开幕

2019年10月15日，中国传媒大学新闻传播学部师生参与的“‘光明影院’无障碍电影制作与传播”项目在第五届中国“互联网+”大学生创新创业大赛中斩获全国总决赛“青年红色筑梦之旅赛道”金奖

2019年5月14日，厦门理工学院“你所不知道的沙坡尾”闽台大学生48小时短片大赛开机，海峡两岸30组大学生用年轻的视角，用他们的镜头去记录属于沙坡尾片街区的独特的故事

2019年11月9—10日，首届中原新闻与传播研究生学术论坛在河南大学举行

2019年11月23日，江苏省第六届传媒学科研究生论坛在南京师范大学随园校区召开

2019年6月22—23日，第四届中国数据新闻大赛
暨大数据可视化艺术人才培养高峰论坛在湖北大学召开

2019年11月29日—12月1日，郑州大学新闻与传播学院
大型实践教学活动“重走穆青路”走进革命圣地延安

2019年12月6日，第十八届上海国际大学生广告节总决赛
暨闭幕式颁奖盛典在上海大学隆重举行

2019年11月16日，以“家·家乡·国家”为主题的第二届全国大学生少数民族题材影视作品大赛颁奖典礼在中南民族大学举行，共评出47部获奖作品

2019年12月4日，中国人民大学新闻学院进行第三期“新闻传播学科学术拔尖人才培养计划”选拔现场

2019年12月14日，上海交通大学媒体与传播学院联合全国30余家新闻传播院系举办《我眼中的中国》首届在华留学生短视频大赛颁奖典礼

2019年1月15日，中国国家形象传播研讨会暨国家形象蓝皮书（2017—2018)发布会在武汉举行

2019年5月10—11日，第一届中国公共传播论坛于东北师范大学传媒科学学院成功举办

2019年7月5日，厦门大学传播研究所、华夏传播研究会——“贤文化与华夏传播研究工作坊”嘉宾集体合影

2019年3月1日，浙江大学传媒与国际文化学院、浙江大学公共外交与战略传播研究中心、抖音在杭州共同举办“短视频时代的城市文化传播与城市美学”主题研讨会

2019年7月11日，北京大学新闻与传播学院和中国广告协会联合主办“中国广告发展四十年学术论坛暨2019全国广告学术研讨会”

2019年7月19—20日，第十二届公关与广告学术论坛暨第四届中国新闻史学会公共关系专业委员会学术年会在厦门大学举行

2019年5月19日，“亚洲文明与国际传播”学术沙龙在上海外国语大学举行

2019年7月19—21日，中国新闻史学会少数民族新闻传播史研究委员会
2019年学术年会在内蒙古大学文学与新闻学院举行

2019年8月27日，湖南省新闻传播学会2019年学术年会
暨第一届湖湘新闻传播论坛在湖南理工学院举行

2019年7月19—20日，2019甘肃媒体融合创新与发展论坛在兰州举行

2019年9月7日，中国新闻史学会地方新闻史研究委员会2019年学术年会在天津师范大学召开

2019年9月20日，2019中国新闻史学会传媒经济与管理研究委员会学术年会
暨“一带一路”与智媒时代的传媒经济和社会治理学术研讨会在新疆大学召开

2019年8月16—18日，第十四届海峡两岸华文出版与文化创意学术论坛在浙江杭州举行

2019年9月28日，“人类命运共同体语境下的全球传播”高峰论坛
暨2019年浙江省传播学会年会在浙江工业大学举行

2019年10月18—19日，“教育·伦理·文化：2019中美新闻传播学术高峰论坛”
在南昌大学举行

2019年9月20—22日，由湖南师范大学新闻与传播学院承办的
第五届中国新闻史青年学术论坛在长沙举行

2019年10月12日，2019中国传播学论坛暨“文明融合、生活变迁与传播”学术研讨会
在河北雄安举行

2019年10月20日，由陕西师范大学新闻与传播学院主办的
“媒介变革与新闻传播学科转型学术研讨会”在西安举行

2019年10月25日，山东大学举办以“媒介科学与跨文化创新传播”为主题的
“第五届中国跨文化传播论坛”

2019年10月26—27日，第十一届世界华文传媒与华夏文明国际学术研讨会
在重庆大学新闻学院举行

2019年10月26日，上海交通大学媒体与传播学院
与国际传播学会（ICA）共同举办2019新媒体国际论坛

2019年11月9日，中国高等教育学会广告教育专业委员会2019年学术年会
暨第十届中国广告教育论坛在广州暨南大学召开

2019年11月14日，第二届比较传播国际研讨会在武汉举办

2019年11月16—17日 ，第十届跨文化传播国际学术会议（ICIC）在广西南宁举行。
此次会议由武汉大学媒体发展研究中心与广西艺术学院联合举办

2019年11月5—6日，来自传播学、哲学、美学、宗教学等多个领域的
专家学者在杭州西子湖畔围绕“新科技时代的信仰重建与
价值传播”问题进行第四次正式研讨

2019年11月10日， 北京大学新闻与传播学院主办 “医疗、人本与媒介——‘健康中国’与健康传播的多元进路”国际学术研讨会

2019年11月15—17日，第五届（成都）国际体育传播会议在成都举行，
来自美国、德国、澳大利亚等国及国内30余所高校的学者、业界代表参会

2019年11月24日，2019年生态文化传播国际学术研讨会在南京林业大学隆重举行

2019年11月30日，2019年智慧传播与计算广告发展论坛
暨第七届华南理工大学跨学科青年学术沙龙在广州举行

2019年11月30日—12月1日，第19届中国传播论坛
暨首届“红色文化与中国话语”国际学术研讨会在江西师范大学举行

2019年12月3日，重庆工商大学文学与新闻学院举办“戏剧戏曲与影视文化传播暨戏剧影视学科建设研讨会”

2019年12月21日，“社交媒体与后传播社会”学术研讨会在吉林大学举行，来自国内180多位学者参加了会议

2019年12月28日，第七届国家传播战略高峰论坛暨《国家形象蓝皮书（2019）》首发式在广西南宁举行。此次会议由华中科技大学与广西大学联合举办

2019年11月23—25日，由中国新闻史学会全球传播与公共外交研究委员会参与承办的
“人工智能与具身传播”论坛在宁波理工大学召开

2019年11月29日，第六届互联网与国家治理智库论坛
暨《互联网与国家治理发展报告(2019)》新书发布会在广州举行

2019年11月30日—12月1日，第二届意识形态与舆论高峰论坛在海南师范大学召开

2019年6月26日，复旦大学新闻学院举行《千封信笺载书道——叶春华与学生书信选》首发式

2019年10月18日，中国传媒大学传播研究院和新闻学院主办“纪念康荫教授诞辰100周年暨康荫新闻思想与新闻教育实践研讨会”

2019年11月23日，中国传媒大学新闻学院召开
“名师厚德　桃李芬芳——赵玉明、曹璐教授从教60周年纪念座谈会”

2019年8月19—22日，第四期“高校新闻传播院系骨干教师马克思主义新闻观主题培训班”在复旦大学成功举办

2019年11月23日，第七届范敬宜新闻教育奖颁奖仪式
暨第五届新闻传播学科高峰论坛在清华大学隆重举行

2020年1月14日，中国人民大学新闻学院全家福

2019年4月27日，中国新闻史学会新闻传播教育史研究委员会第三届第一次常务理事会暨中国新闻传播教育年鉴编委会第六次会议在天津举行

2019年11月9日，《中国新闻传播教育年鉴（2019）》首发式在兰州大学举行

2020年1月16日，《中国新闻传播教育年鉴（2020）》编前会议在武汉体育学院举行

南京大学新闻传播学院

南京大学新闻传播学院“紫金楼”

南京大学的新闻传播学科，发端于1936年南京大学前身金陵大学孙明经先生创立的“电影与播音专修科”，是中国最早的电影广播教育单位，也是中国影音传播高等教育的起源。1952年，金陵大学与南京大学（由国立中央大学改建）参与国家院系调整，两校文、理学院合并，改设新闻专修科。1986年，南京大学恢复新闻专业教学建制，并于1992年10月正式建系。2003年12月，南京大学成立新闻传播学院。2014年4月，中共江苏省委宣传部和南京大学共建新闻传播学院工作正式启动。2018年秋，学院从鼓楼校区搬迁至仙林校区，新建的院楼占地面积一万多平方米，环境优美，拥有现代化的科研、教学软硬件设施。

学院现有新闻传播学一级学科博士点和硕士点，下设广播电影电视、应用传播、新闻与新媒体三个系，以及网络传播、传播与社会、新闻与政治、媒介经济与管理、计算传播研究中心、新闻创新实验室、中德数字营销实验室等八个研究机构。学院新闻传播学学科在教育部第四轮学科评估中跻身全国十强，并入选“十三五”一级学科江苏省重点(培育)学科、江苏省第三批优势学科建设名单。截至2018年，学院国家社科基金立项数居全国第三。近十年来，CSSCI论文发表量居全国第四，引文量居全国前五。

学院秉承南京大学诚朴雄伟、励学敦行的百年传统，坚持以马克思主义新闻观为统领，着力培养学生的家国情怀与综合能力。近年来，为应对新闻传播行业的快速变化，学院在教学培养模式上积极探索创新，形成了以“不限选专业”的融合式大类教育为基础，以“国际化、前沿化、跨学科”的精英小班式教育为特色，以“学院即媒体”的实践教学理念为依托的新型人才培养模式，努力培养造就适应媒体深度融合和行业创新发展的优秀新闻传播后备人才。学院的传媒实验班、“未来编辑部”“南大家书”等项目已获得广泛关注和良好口碑。

学院现有专任教师50人，其中全职正教授22人，副教授16人，博士后及专职科研岗12人，并聘有外籍特任研究员。在读学生总数近800人，其中，在读硕士研究生350余人，博士研究生近100人，留学生近50人。

南京大学新闻传播学院教师职工元旦合影

有此内美，重以修能

深圳大学传播学院

深圳大学新闻传播学科始建于 1985 年，开办了公共关系专科，1989 年开办广告学本科，此后陆续开办了传播学、新闻学、网络与新媒体等本科专业，2006 年深圳大学传播学院正式成立。深圳大学传播学院现有新闻系、广告系、网络与新媒体系三个系，分别设有新闻学、广告学、网络与新媒体三个本科专业，具有新闻传播学一级学科硕士学位授予权、专业硕士学位授予权以及一级学科博士学位授予权，2019 年获批设立新闻传播学博士后流动站，目前有在校本科生及研究生 1300 余人。在第四轮教育部学科评估中，深圳大学新闻传播学科位列 B 类，并列全国第 17 名。

- 1985 年　深圳大学建立大众传播学科，在全国首创公共关系专业教育。
- 1989 年　建立广告学本科专业，是全国最早建立广告学专业的三所高校之一。
- 1990 年　由中文系、外文系和大众传播系共建为中国文化与传播系。
- 1997 年　建立文学院，恢复传播系建制。
- 2003 年　深圳大学新闻传播学科获批传播学硕士点。
- 2005 年　传媒与文化发展研究中心获评“广东省高等学校人文社科重点研究基地”。
- 2006 年　成立传播学院。
- 2009 年　获评国家级实验教学示范中心。
- 2011 年　获得新闻传播学一级学科硕士学位授予权。
- 2012 年　新闻传播学一级学科被评为广东省重点优势学科。
- 2017 年　深圳大学与深圳市委宣传部启动部校共建传播学院。
- 2018 年　获得新闻传播学专业硕士学位授予权。
- 2018 年　获得新闻传播学一级学科博士学位授予权。
- 2019 年　获批设立博士后科研流动站。

深圳大学传播学院长期以来非常重视人才培养，在国内最早推行本科毕业设计，通过将毕业设计作为集中体现学生综合素质、专业水平、创造潜质、社会适应性和实践操作能力的实践教学环节，开辟了“应用型文科本科毕业设计”的崭新模式。近年来，深圳大学传播学院不断探索高水平应用性传媒人才培养的创新模式，成功建设了国家精品课程、国家级精品资源共享课程和国家级精品视频公开课程，获批国家虚拟仿真实验教学项目，逐渐形成以“开放式、融通性、实战化”为特点，通过“全媒体培养 + 产学研合作”的双轮驱动，以“优质课程建设工程 + 教学实践平台创新工程 + 本科毕设改革工程”三大工程为抓手，层次递进，条块组合，良性互动，从而实现“理论与实践融通 + 技术与人文融通”高水平应用性传媒人才的培养。该项改革探索获得了 2019 年广东省教学成果一等奖。2019 年，深圳大学传播学院广告学专业成功获批国家一流本科专业建设立项。

毕业设计公开答辩

新闻专业毕业设计丛书

深圳大学传播学院学科特色鲜明，注重将新闻传播学和其他相关学科融合，在前沿领域进行学术创新。上个世纪 80 年代在传播学中国化和媒介环境学方面作出了开拓性学术贡献。近年来， 根植深圳改革热土，从改革开放和创新发展中提炼课题，聚焦于智慧媒体与网络传播、数字新闻与媒体文化、数字营销与创意传播等研究领域，不断创新拓展。近年来深圳大学传播学院承担国家级和省部级课题数十项，发表学术论文数百篇，成功举办了数十场学术论坛，例如与美国传播学会（NCA）合作举办了“2019 深圳论坛”，与密歇根州立大学健康与风险传播研究中心、香港城市大学传播研究中心联合举办“社交媒体与健康传播”暑期讲习班等，逐步形成学科特色，凸显学科影响力。

“有此内美，重以修能”，深圳大学传播学院已经具备了较好的学科积淀，面对新时代的来临，特别是随着粤港澳大湾区和社会主义先行示范区的建设和推进，学院将全力以赴，抓住历史机遇，以“全媒体、产学研、国际化”为建设目标，推陈出新，砥砺奋进。

2019 深圳论坛

深圳大学传播学院

山东大学新闻传播学院简介

山东大学1996年成功申请全日制新闻学本科专业，1997年正式招收新闻学本科生，2016年9月14日新闻传播学院独立建院，是百年山大最年轻、最有活力的学院之一，是中宣部、教育部遴选的全国首批十家“部校共建”重点建设的新闻学院，2019年获首批国家级一流本科专业建设点，“媒介科学”入选山东大学“一流学科激励计划”，形成了“学士—硕士—博士—博士后”完整的人才培养体系。

首届“媒介科学”学术研讨会暨2018中国传播论坛

学院现有国家虚拟仿真实验教学项目“基于多角色扮演的新闻发布交互式演练”虚拟仿真实验教学项目（新闻传播学类首批10个之一）、教育部部属高校大学生校外实践教育基地“山东大学-大众报业集团”实践基地（新闻传播学类首批16个之一）、山东省社科规划重点研究基地山东省品牌与传播研究基地、山东省文化科技重点实验室媒介技术与文化传播实验室。

举办博士沙龙

优秀大学生夏令营

与山东省互联网传媒集团签订战略合作

密苏里大学与山东大学
“新闻传播学本科双学位合作项目”签约仪式

媒介科学与工程创新实验中心

南京师范大学
新闻與傳播學院
School of Journalism and Communication

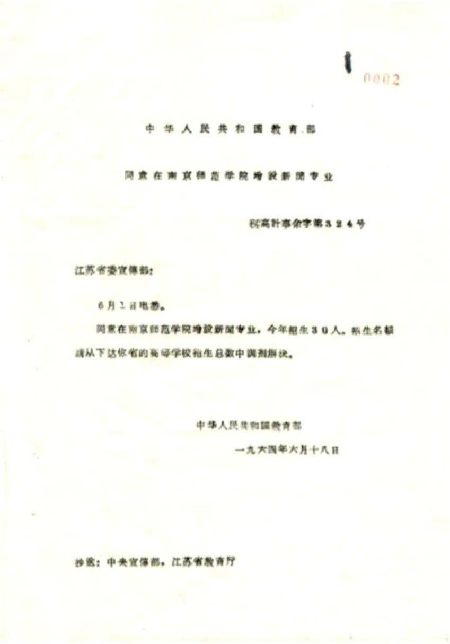
0002

中华人民共和国教育部

同意在南京師范学院增設新聞专业

64高計事余字第324号

江苏省委宣傳部：

6月1日电悉。

同意在南京師范学院增設新聞专业，今年招生30人。招生名額請从下达你省的高等学校招生总数中调剂解决。

中华人民共和国教育部

一九六四年六月十八日

抄送：中央宣傳部，江苏省教育厅

南京师范大学新闻传播教育起步于1964年，已经跨越半个世纪。1964年，教育部批复江苏省委宣传部在南京师范学院设立新闻专业；1977年，恢复高考后新闻专业招生，接受省委宣传部直接领导，新华日报社和学校联办共管。1995年，正式组建新闻与传播学院。2017年，江苏省委宣传部与南京师范大学签署协议共建新闻与传播学院。

经过多年发展，学院已成为江苏高校同类院系中办学历史悠久、学科层次完整、专业设置齐全、培养规模最大、教学条件优良的学院。学院的学科和专业建设成效显著，现拥有新闻传播学一级学科博士点1个，新闻学、传播学、广播电视艺术学3个学术硕士点和新闻与传播、广播电视2个专业硕士点。其中，1996年获批新闻学硕士点，2005年获批新闻学博士点，2018年获批新闻传播学一级学科博士点。2001年起，新闻学科连续入选江苏省重点学科；2016年新闻传播学入选“十三五”江苏省一级学科重点学科；2018年，新闻传播学入选江苏省第三期高校优势学科。2007年新闻学专业入选首批国家特色专业和江苏省品牌专业，2012年新闻传播学类专业入选江苏省重点专业，2019年新闻学专业入选国家一流专业。

学院注重科研的差异化和独特性，在媒介与农村社会发展、媒介法规与伦理、民国新闻史、新媒体与社会治理等领域形成了自身特色，连续举办媒介与农村社会发展论坛、民国新闻史高层论坛、媒介法规与伦理学术研讨会、江苏省传媒学科研究生论坛等高层次学术活动。先后出版了《当代传媒与社会》《信息传播与社会发展文丛》《舆情与社会治理文丛》《新闻传播史探索文丛》《影视传播新时空文丛》等十余套丛书。

江苏省新闻人才培训中心、江苏省党委政府新闻发言人培训基地挂靠在学院。学院现为中国新闻史学会媒介法规与伦理研究会会长单位、江苏省科教电影电视协会理事长单位。

半个世纪艰苦跋涉，二十余年创新拓展。秉承“求真、善学”的院训，学院以马克思主义新闻观为统领，人才培养和学科建设齐头并进，科学研究和社会服务两翼齐飞，在立足开放、面向融合、秉持创新、追求卓越的征程中阔步前进。

西南政法大学新闻传播学院

SCHOOL OF JOURNALISM AND COMMUNICATION, SWUPL

西南政法大学新闻传播学院前身为西南政法大学基础部。1994年7月，国家教委《关于近期普通高等学校本科专业设置审批和备案工作的意见》同意西南政法大学设置新闻学专业，这是全国法科大学开设的第一个新闻学专业。

专业建设初期，学院明确提出“主新辅法”的培养模式，突显新闻学和法学相结合的独特学科优势，形成了“媒介视野、法律正义、社会责任”三者并重的办学特色。

2010年学院对外更名为“全球新闻与传播学院”，提出“以全球新闻视角打造国内一流新闻学科、培养具有全球视野的法治新闻传播人才”的办学理念，这是学院办学十五年之后的一次理性拓展。近年来，学院更是确立了以新闻传播学为基础，以“法治新闻”为特色、以“人权与舆论”为亮点的学科设置思路，整合国际国内资源，开创国际化教学方法与办学模式，走出一条与综合性大学新闻传播学院错位发展之路。

历经26年的不断发展，学院始终秉承“中国立场、全球视野、法律正义、社会责任”的办学理念和发展定位，坚持“全员全方位全过程育人”的办学宗旨，已形成新闻、传播、广电、网络与新媒体多专业协调发展，从本科到硕士、博士研究生教育及留学生教育的多层次、多类型人才培养格局。2018年，学院成为教育部首批全国高校“三全育人”试点院系，是全国新闻传播院系中唯一入选学院。

学科发展：2004年，学院在全国法科大学中率先获得新闻学二级学科硕士学位点。2005年，获得传播学二级学科硕士学位授权点。2010年，获得新闻传播学一级学科硕士学位授权点和专业硕士学位授权点。2018年，获得新闻传播学一级学科博士学位授权点，实现了全国法科大学新闻传播学科博士点零的突破和重庆市新闻传播学科博士点零的突破。

从2006年始，新闻传播学科连续成为重庆市“十一五”“十二五”“十三五”重点学科。2013年，在第三轮学科评估中排名全国第二十三、西部第三、重庆第一。2017年，在教育部第四轮学科评估中，获C+。

专业设置：学院设有新闻学、广播电视学、传播学、网络与新媒体四个本科专业。其中，新闻学专业2018年成为重庆市首批一流专业，2020年成为国家级一流本科专业，同年启动“新闻+法学”双学士学位复合型人才培养项目。广播电视学专业2009年获批重庆市广播电视学新专业建设点，2010年建立首个重庆市法治新闻纪录片实验室，2019年成为重庆市一流本科专业建设点。传播学专业于2007年由教育部批准设立，2019年成为重庆市一流本科专业建设点。

学术平台：学院设有法治新闻研究中心、世界与中国议程研究院、广播影视与新媒体研究院、成渝地区双城经济圈发展传播研究院4个科研机构和新闻传播实验教学示范中心。利用现有科研平台，学院师生撰写大量政策建议、调研报告、智库报告，多篇智库成果获得上级领导批示。

① 2019年10月27日
国务院学位委员会新闻传播学学科评议组
西南政法大学新闻传播学学科建设工作指导会

② “大篷车课堂”走进哈萨林岛

③ 新闻传播学院“大篷车课堂”受团中央表彰

④ 2019年7月，蓝鲸计划新闻采风行

⑤ 2019年1月
举办全球传播与跨文明研究高级研修班

中南民族大学 | 文学与新闻传播学院

South-Central Minzu University | School of Literature, Journalism & Communication

中南民族大学文学与新闻传播学院
新闻传播学学科发展概况

师资力量：文学与新闻传播学院目前有新闻传播类教师 30 名，其中，教授 7 名，副教授 10 名，博士生导师 3 名，硕士生导师 17 名。有 1 名教师被评为“全国模范教师”，1 名教师获得“湖北省第六届高校青年教师教学竞赛”一等奖和“湖北省五一劳动奖章”，先后有 2 名骨干教师入选“国家民委中青年英才计划”。

专业建设：中南民族大学从 1995 年开始招收新闻学专业本科生，目前有新闻学、广告学、广播电视学三个本科专业，新闻学专业为国家级一流本科专业立项建设专业、入选湖北省“荆楚卓越新闻人才协同育人计划”项目，广告学专业为学校卓越广告人才建设专业，广播电视学专业为学校综合改革试点建设项目。近年来，获得省部级教学成果奖 4 项。

学科发展：目前拥有新闻传播学一级学科硕士点、新闻与传播硕士专业学位授权点，在中国语言文学一级学科博士点设置了目录外二级学科博士点——文化传播学，形成了本科、硕士、博士三个层次的人才培养体系。

办学特色：新闻传播学学科突出民族特色，成立了民族文化传播研究中心，民族文化影像传播实验教学中心为湖北省重点实验教学示范中心。学院重视教学改革，建立了多元教育主体协同、多维教育资源对接的人才培养体系，形成了实践项目链-专业课程链-综合素质链环环相扣的实践教学改革体系。

2019 气候与健康传播学术研讨会

第二届全国大学生少数民族题材优秀影视作品征集推选活动启动仪式

学校领导和专业教师到实习基地看望实习生

大广赛获奖

中南民族大学第 6 届企业形象设计大赛

《韶华》开机合影

中南民族大学宣传片《初心》拍摄

学院与媒体共建教学实习基地签约仪式

融合媒体实践教学平台

序言

精益求精，臻于至善

张　昆

《中国新闻传播教育年鉴(2020)》即将出版，这是中国新闻传播教育界的一件盛事。自《中国新闻传播教育年鉴(2016)》在辽宁沈阳市公开问世以来，《中国新闻传播教育年鉴(2020)》是连续出版的第五卷。根据中国的传统文化，逢五逢十，总是一个值得庆贺的重要节点。这卷新年鉴出版之前，得到了新闻学界、新闻教育界前辈学人的祝福和鼓励。中国人民大学荣誉一级教授方汉奇先生称赞本年鉴“集众智记录历史镜鉴教育，汇群伦探索规律功在国家”。原中国记协主席、人民日报社社长、北京大学新闻学院院长邵华泽教授肯定本年鉴“记录历史，开拓未来”。原四川大学新闻学院院长邱沛篁教授称本年鉴为“新闻教育的百科全书，传播人才的良师益友”。原武汉大学新闻与传播学院院长罗以澄教授赞赏本年鉴“记载中国新闻教育的历史与现实，传承华夏信息传播的文脉与灵魂”。原国务院学位委员会新闻传播学科评议组召集人童兵教授肯定本年鉴“汇集中国新闻教育百家信息，展示华夏传播研究全球流势”。原中国传媒大学副校长、中国新闻史学会原会长赵玉明教授则鼓励本年鉴“不忘初心，再上一层楼；牢记使命，办出新水平。”还有更多新闻学院院长、教授的祝贺与鼓励、建议和鞭策，一时令我们这些年鉴编撰者们心潮激动，难以平静。

一、年鉴编撰的成功经验

《中国新闻传播教育年鉴》(以下简称《年鉴》)是由中国新闻史学会新闻传播教育史研究会和《年鉴》编委会组织编撰的，是中国新闻传播学界集体智慧的结晶。年鉴的编撰是一次“为时代画像、为时代立传、为时代明德”的学术实践，体现出中国新闻传播学界“秉持史家精神打造新闻传播教育信史”的学术追求。在策划《年鉴》编撰计划时，新闻传播教育史研究会和《年鉴》编委会同仁有一种强烈的使命意识和责任感。大家都意识到：“编纂一本《中国新闻传播教育年鉴》，全面、系统、客观、连续地记录中国新闻传播教育的新发展、新变化、新问题、新成就、新经验，记录中国新闻传播教育的当代历史，保持中国新闻传播教育的文脉，为后人研究今天的新闻传播教育留下宝贵的第一手文献，是时代的要求，也是业界的期待。”同仁们都相信，《年鉴》的编撰出版，“能够在服务中国新闻传播教育、促进新闻传播学术发展方面做出实实在在的贡献”。①

自2016年11月《中国新闻传播教育年鉴(2016)》在沈阳市辽宁大学正式发行，迄今已有五卷年鉴公开出版，每卷篇幅都在120万字左右。《年鉴》一经问世，便得到了学界、业界的好评。尚恒志教授认为，“年鉴是中国新闻传播教育发展史上的一座划时代的里程碑，是新闻传播教育自身正规化、制度化建设的重要步骤，也是中国新闻传播教育趋向成熟的基本标志”②。范军教授则认为，该年鉴“对于新闻传播教育领域的管理者、研究者、从业者、学生乃至对该领域感兴趣的读者而言，具有重要的实用价值，同时，在全方位呈现中国新闻传播教育场域、客观书写中国新闻传播教育历史方面也扮演着关键角色”。他进而肯定：“《年鉴》编纂作为中国新闻传播教育中的一项开创性工作，对我国新闻传播教育事业整体发展意义重大。《年鉴》的价值主要体现在实用性、场域呈现和历史书写三个方面。它以时间为经，以人、事、物为纬，较为精确地定位了中国新闻传播教育领域的每一刻度，将历史、现实与未来有机结合，有助于存史鉴今，启迪后人，推进新闻教育事业的持续健康发展。”③胡正强教授则盛赞《年鉴》个性化建构，肯定“《年鉴》的编纂，是精准定位读者、填补社会阅读空白的应时、顺势之举”④。朱秀凌教授高度评价了《年鉴》编撰的史家笔法。“这样一部年鉴构成的多维、全息的新闻传播教育信史，承载着中国新闻教育的历史记忆和集体记忆，明确了中国新闻教育的历史方位，提高了未来中国新闻教育的起点，薪火相传，功在社稷，利在学林。”⑤还有学者总结了《年鉴》的三大特点：“存史：记录历史、启迪后人。”“立言：珍贵口述、继往开来。”“立人：指导学科、培养人才。”肯定其“填补了我国没有新闻传播教育年鉴的空白，

---

① 张昆．新闻传播教育年鉴编纂的必要性论析[J]．现代传播(中国传媒大学学报)，2016，38(11)：142-143.

② 尚恒志，乔俊杰．在守正中创新　在继往中开来——《中国新闻传播教育年鉴(2018)》品鉴[J]．新闻爱好者，2019(8)：98.

③ 欧阳敏，范军．实用性、场域呈现与历史书写——评《中国新闻传播教育年鉴(2016)》价值的三个维度[J]．出版发行研究，2018(1)：97.

④ 胡正强．专业年鉴个性化的建构及其路径——以《中国新闻传播教育年鉴》为例[J]．青年记者，2019(18)：46.

⑤ 朱秀凌．论史家笔法在专业年鉴的运用——以《中国新闻传播教育年鉴(2018)》为例[J]．新闻知识，2019(9)：8.

绘制了我国新闻传播教育事业发展历史与现实的画卷，堪称中国新闻传播教育的学术家谱”。① 这些评价，可能有些过誉，但是作为对一种新生事物的鼓励，对于《年鉴》今后的编撰工作还是有正面的指导意义的。

现在回过头来看《年鉴》编撰出版的过程，真是感慨万千。作为《年鉴》的主要编者、组织者，不仅有一种得偿所愿的成就感，而且还油然而生出一种神圣的使命感、自豪感。我们能够在社会转型、传媒蝶变、教育革新的时代环境下，汇集学界的有生力量，来完成这一件学术功德，绝对不是我们学会或编委会几个负责人自己的功劳，而是中国新闻传播教育界集体智慧的结晶。如果要探究《年鉴》成功出版的经验，以下几点是不能忽略的。

第一，学界支持是前提。《年鉴》的编撰出版不仅仅是编撰团队的使命，而是整个新闻传播教育界集体的责任；不仅是大陆新闻传播教育界同仁的事情，包括台湾、香港、澳门在内新闻教育工作者，甚至海外的华人学者都有不同程度的参与。新闻传播教育界的支持主要表现在四个方面。首先是包括全国各地的新闻院系在基本数据采集方面的支持。《年鉴》作为工具书，最重要的特点是年度关键数据的汇集和解读，这就需要一个庞大的信息网络支撑，这个网络能够将其神经末梢延伸到国内所有设置新闻传播类专业的高校新闻院系。在基本数据之外，《年鉴》的“院系巡礼”“教育家研究”“口述史”“院长论衡”等栏目也是仰仗各院系学者的支持。其次是学者撰稿。《年鉴》得到学界充分的肯定，一个重要的原因，就是越来越多的知名学者成为《年鉴》的撰稿人。如赵玉明、李良荣、邱沛篁、刘家林、陈昌凤、段京肃、李希光、喻国明、米博华、胡百精等知名学者，他们的作品为《年鉴》增色不少。再次是资金支持。《年鉴》的编辑出版不仅要耗费巨大的精力，也需要不菲的财力支撑。编辑部的运行、年鉴的编印发行、作者的稿酬，还有编委会的召开等，都离不开资金。《年鉴》编辑部、编委会没有经费来源，全赖教育界资助。五年来，为《年鉴》编撰出版提供资助的单位有华中科技大学、武汉体育学院、中南民族大学、河北大学、广西大学、山东大学、青海师范大学、暨南大学、广东外语外贸大学、南京大学、南京师范大学、深圳大学等。最后是平台维持。《年鉴》的出版依托于新闻传播教育史研究会这个学术平台。平台的维系也有赖于新闻传播教育界同仁的支持。为了《年鉴》的出版，新闻传播教育史研究会每年至少要召开两次大中型学术会议，一次是《年鉴》编委会（50~80 人），一次是全国性学术年会（150 人左右）。承办这些会议，耗时费力，但是六年间连续的 11 次会议，先后得到了石河子

① 陈强．记录中国新闻传播教育历史与现实的著作——评《中国新闻传播教育年鉴（2016）》[J]．新闻与写作，2017（7）：89-91.

大学、重庆工商大学、中山大学、辽宁大学、郑州大学、山东大学、兰州大学、宁波大学、海南师范大学、天津师范大学、西南政法大学等高校新闻学院的全力支持。正是在这个意义上，《年鉴》“堪称一部由全国新闻教育界凝心聚力献给当下这个奋进时代的用心之作”①。

第二，团队协作是关键。《年鉴》是一本超大型的集资料性、权威性、政策性、学术性、及时性于一体的工具书，每年约100万字，连续五年，耗费在其中的工作量是巨大的。要保证在规定的时间节点，确保所述数据、事实的准确性，做到内容体系的自恰，每年还要较前一年有所进步、臻于完善，不是少数几个人能够完成的。《年鉴》武汉编辑部工作人员、《年鉴》编委会和新闻传播教育史研究会的常务理事会组成了以编委会主任、主编为核心的《年鉴》编撰团队。通过这个团队，再联系、汇集新闻传播教育界的前辈和同仁广泛参与。据不完全统计，每年参与年鉴编撰的作者两百多人。这些作者、组稿人在编辑部周围形成了一个绵密的、有机的组织网络，高效地运作。可以毫不夸张地说，到目前为止，这是新闻传播教育界规模最大、最有效率且具有高度稳定性的单一项目学术团队。没有这个强大的团队，没有团队高效的运行机制，《年鉴》的连续出版是不可想象的。

第三，借鉴与创新并重。编撰中国新闻传播教育年鉴，就新闻传播教育研究而言，是在填补学术研究的空白，做前人没有做过的事情。所以编撰团队本着强烈的使命感、责任感，以开拓创新的精神，细心策划，认真设计，精益求精。同时，编撰团队还清醒地认识到，在出版领域，尤其是年鉴出版方面，其实是有相当的知识与经验积累的。不用说国外，仅就国内年鉴编撰而言，已有不少成功的经验。不仅有大量的综合性年鉴、专业性、地区性的年鉴，而且还有与新闻传播教育有关的年鉴，如《中国新闻年鉴》《中国广播电视年鉴》《中国出版年鉴》②等，这些年鉴从上个世纪80年代开始出版，有一套成熟的编撰模式和比较完善的内容体系。就其内容而言，与新闻传播教育还存在着一定的关联。最近，中国社会科学院新闻与传播研究所又编撰出版了《中国新闻传播学年鉴》。这就告诉我们，编撰中国新闻传播教育年鉴，还不是完全意义上的白手起家，至少我们还是有参照系的，还是有同类年鉴可以借鉴的。在设计《年鉴》框架体系时，编辑部和编委会一方面诚恳地学习、借鉴这些年鉴的成功经验；另一方面又在《年鉴》的

---

① 齐辉，赵冉．谱写当代中国新闻教育的“春秋”：《中国新闻传播教育年鉴（2018）》的存史价值与编纂意蕴[J]．新闻春秋，2019（5）：75.

② 《中国新闻年鉴》由中国社会科学院新闻与传播研究所主办，创刊于1982年。《中国出版年鉴》由中国出版工作者协会和中国出版科学研究所合编，创刊于1987年。《中国广播电视年鉴》由广播电影电视部《中国广播电视年鉴》编辑委员会主编，创刊于1986年。

定位方面，体现出与同类年鉴错位的差异化特色，从而实现了在借鉴基础上的创新。

第四，依托《年鉴》的编撰，激活新闻传播教育研究。《年鉴》的编撰是中国新闻史学会新闻传播教育史研究会基本的学术业务。新闻传播教育史研究会是《年鉴》的编撰赖以展开的学术平台，没有这个平台，再好的创意都难以成为现实；另一方面，《年鉴》的编撰又是一项声势浩大、牵涉面广的学术系统工程，以此为核心，可以在相当程度上调动、激活学界的研究力量，让学界同仁关注或投身于新闻传播教育、新闻传播教育史的研究。正是因为有了这项重要的学术工程，新闻传播教育史研究会的人气才越来越高，会员越来越多，其学术成就也得到学界的普遍认可。最近几年，新闻传播教育研究成为新闻传播学界的大热门，研究成果在数量与质量上均有很大的提升。中国新闻史学会每年都评审优秀的二级学会，新闻传播教育史研究会连续多年高票当选，其重要原因即在于此。

二、《年鉴》编撰工作的不足

《年鉴》以记录当代历史，反映教育实态，服务发展需求为使命。既有宏观扫描，勾勒全国、地区、省市的新闻传播教育发展图景；也有微观深掘，剖析新闻传播教育面临的问题、矛盾和需求。《年鉴》具有很强的问题意识，在记录全国、省(市、区)及学校新闻传播教育发展状况的同时，直面各个方面、各个层次的问题；在推介一些著名院校改革探索、解剖新闻传播教育的“他山之石”时，为全国新闻传播教育改革提供了全方位、多层次的启示和参照。在这个意义上，《年鉴》的编撰具有重要的理论价值。《年鉴》还具有突出的史料价值，其记录涉及中国新闻传播教育的方方面面、各个层次、各个环节。“覆盖了中国新闻传播教育的全部要素，记录了中国新闻传播教育的当代历史，为后人研究今天的新闻传播教育留下了宝贵的第一手文献。”①作为中国新闻传播教育领域的第一部也是唯一的年鉴，对于当下及后人认识新闻传播教育的历史，具有重要的参考价值。《年鉴》追昔抚今，不仅为中国新闻传播教育明确历史方位提供了重要的历史和现实依据，而且对于当下新闻传播教育的改革和发展，具有重要的借鉴意义。

同时，《年鉴》的出版发行，还有重要的实践意义和应用价值。《年鉴》直面中国新闻传播教育向何处去的时代命题，将这种紧迫重大的问题意识，贯穿于年鉴的内容设计、材料搜寻与梳理点评之中，力求将对这一问题的探讨推向深入。《年鉴》记录的有关当代新闻传播教育的一手数据、文献，其抢救、发掘的历史资料，为当下的新闻传播

---

①　邓绍根，李兴博．百年回眸：中国新闻传播教育史研究回顾与前瞻[J]．兰州大学学报(社会科学版)，2018，46(4)：215.

教育的研讨奠定了现实基础。《年鉴》对全国重要的代表性新闻院系的办学理念、办学模式及成功经验的推介和分析，对港澳台及国外著名高校新闻传播教育改革新举措的展示与剖析，可为国内新闻传播院系提供参照和镜鉴。

但是，《年鉴》本身也存在一些不足，还有一些需要加强、改进、完善的地方。

其一是学界参与有待于进一步加强。《年鉴》成功的原因之一就是学界的支持和参与，每期《年鉴》的各类撰稿人、编辑约两百人。这种广泛的参与是一般的学术研究、学术工程难以相比的。但是，相对于新闻传播教育系统本身的复杂性，相对于新闻传播教育改革与发展的需求，相对于《年鉴》内容自我完善的学术追求，学界同仁的参与还有待于进一步加强。在此之前，《年鉴》关注的主要是研究生、本科生教育，基本上没有注意到专科层次，事实上，专科层次的新闻传播教育也是一个重要的存在。截至2019年，全国高职院校新闻传播类专业有两大类23种，其中新闻传播类8种，广播影视类15种。全国251所高职院校共设专科新闻传播类专业点538个。这一重要的存在显然应该纳入年鉴覆盖的范围，要做到这一点，高职高专院校的教授自然也有参与年鉴编撰的必要。过去，参与年鉴编撰工作的主要是在职的教授和院系负责人，离退休的教授比较少，事实上这些教授可是新闻传播教育历史的活字典；过去，参与年鉴编撰工作的多是各新闻院系的负责人，这当然很重要，但是一线的教职工，对于新闻传播教育存在的问题可能有更深切的认识；过去，《年鉴》的信息网络只是铺设到新闻院系，而从院系到专业、教研室、教师与课程的最后一公里，还付之阙如。所有这一切，都需要从顶层设计的高度，加以重新思考，在更加广泛的意义上，发动新闻传播教育相关者参与到《年鉴》的编撰工作中来。

其二是《年鉴》的结构体系有待进一步完善。从第一版《年鉴》到现在的第五版，虽然栏目设置有所调整，但是在总体上维持了三个板块的总体结构。第一板块为“总论篇”，下设三个栏目。一是“本年度中国新闻传播教育综述”，二是“各省、自治区、直辖市新闻传播教育发展综述”，三是“中国新闻传播教育地图”。第二板块为“平台与人物篇”，下设九个栏目：院系巡礼、行业动态、教育家研究、口述史、名师风采、教授名录、院长论衡、教育史钩沉及他山之石。其中“院系巡礼”，每年根据教育部官方对一级学科的综合排名选择十个左右著名新闻院系，就其办学理念、培养模式、课程体系、科学研究、社会服务等进行全面的梳理。“院长论衡”则邀请年内新任知名新闻学院院长发表其办学理念。“他山之石”则对高等教育发达国家知名新闻学院的个案进行剖析。第三板块为“成果与政策篇”，包括九个栏目：学科与专业建设、本科人才培养、新闻教育改革前沿、研究生教育、博士后流动站、研究获奖、学生竞赛、科学研究及新闻教育研讨。在三大板块之后，还有附录。正文之前，还有彩色图片专版“精彩瞬间”，选登本年度重大事件、重要活动、重要人物的新闻图片。经过几年的试运行，现在看来，这个结构体系还有进一步完善的空间。现有的三板块结构看上去比较清楚，但是对内容的归类不够精准，而且对教育过程、教育主体的呈现也不甚完整。如果在彰显教育主体的前提下，适当地合并同类项，整部年鉴由如下八个栏目组成：总览、教育组织（官方机构、院系、学会）、教育者（教育家、院长、师资、团队、学术研究、教育探讨）、学生事务（专科、本科、研究生、博士后）、人才培养（教育模式、课程体系、教材建设、实验实践）、评估与竞赛（学科与专业评估、学生竞赛、教学奖）、他山之石、新闻教育研究、附录与年表。这样的结构调整，其内容体系可能更加合理、完善。

其三是对材料的深加工还有提升的空间。《年鉴》本身就是汇集年度资料、数据的大型工具书。大量地收集、甄别、整理第一手的权威资料、数据，是《年鉴》编撰的职责所在。应该说，五年来，《年鉴》在收集、整理新闻传播教育相关资料、数据方面，做了卓有成效的工作，发掘了大量的第一手资料，为新闻教育保存了当代的历史。同时我们在资料甄别、数据解读方面，也做了不少事情。如对第四轮全国新闻传播学一级学科评估结果的解读、发布新闻传播学科A类期刊论文排行榜、解读国家社科基金新闻传播类年度项目统计数据等，受到新闻传播教育界的普遍好评。但是，作为年鉴的编者，我们越来越清晰地认识到，《年鉴》对材料的深加工、对数据的解读还有进一步提升的空间。尤其是社会人才需求与学生就业数据的分析、在线课程的评价、学生创新创业的评估、教育教学改革等内容，有的还没有一手数据，有的汇集了初步的数据但缺少深入的解读，这是以后完善《年鉴》编撰工作的着力点。

其四是《年鉴》的编校质量也有待提高。《年鉴》每卷约120万字，集数据、文字、图表于一体。每年一卷，必须在规定的时间节点完成全书编校任务，不然就会误期而不能按时出版，这就需要相当大的人力资源投入。可是编辑部人手严重不足，而且所有编辑都是教授兼职，都是义务劳动。要按时保质完成编校任务，实在是非常困难的一件事情。而年鉴的性质和学界的期待，又要求叙事真实，数据准确，评价公允，表达严谨，这样才能保证其权威性和公信力。客观地讲，已经出版的《年鉴》，在编校质量上还存在一定的问题，需要及时加以改进。除了一般意义上的文字订正以外，编辑部还要特别注意以下几点：一是数据的订正，因为年鉴的相关数据在若干年后会成为研究者的元数据，所以年鉴在基本数据方面绝对不能出错；二是基本事实、过程的核实，《年鉴》的表述与客观实在要保持最大程度的契合；三是评价的把关，对人物、事件、院系、政策等的评价，不能过头，要中正公允；四是对于前年度的《年鉴》要及时补上勘误表，以弥补前卷的错讹。

以上四个问题，是制约《年鉴》水准提升的重要瓶颈，《年鉴》编委会、编辑部同仁已有深切的认识，如何解决这些问题，将是各位同仁今后着力的主要方向。

三、改进与完善《年鉴》的编撰路径

《年鉴》的编撰是一项新闻传播教育界全国规模集体协同的大制作，“是新闻传播教育入史的基础工程，也是中国新闻传播教育趋向成熟的基本标志。因为这本年鉴的持续出版，中国新闻传播教育史研究才有可能在全面翔实的史实基础上成为信史”①。围绕《年鉴》的编撰，激活了中国新闻传播教育研究，集结了空前规模的学术共同体。因为《年鉴》的出版，今日中国新闻传播教育的改革不仅有了参照系，而且有了清晰的路径可寻。② 学界、业界对《年鉴》期待甚高，而且希望能够越办越好。但是正如前述，由于种种原因，《年鉴》还存在着不少问题，还有亟待完善、提升的空间。作为《年鉴》的编者，要满足学界、业界的期待，使《年鉴》编撰能够与时俱进，更上一层楼，我们还需要进一步凝聚众智，从如下几个方面深入思考，提出并且落实具体的整改措施。

第一，进一步强化编委会、编辑部的功能。编委会是《年鉴》编撰的思想库，是中枢神经，是大脑，而编辑部则是执行大脑指令的行动机构。五年来，《年鉴》的编撰实践告诉我们，不怕做不到，只有想不到。只要能够在思维的层面解决问题，实践上的难题就会迎刃而解。《年鉴》编撰要臻于至善，首先需要强化编撰组织的中枢神经、强化大脑的功能，解放思想，集思广益，在策划设计方面，在体系建构方面，精益求精。在此基础上，加强编辑部的职能。目前《年鉴》编辑部人力资源明显不足，在增加人手的同时，加强编辑部对新闻传播教育史研究会相关学术力量的协调、整合，调动作者的积极性、创造性；同时，进一步延伸信息采集网络，使《年鉴》编辑部的神经末梢布满每个有研究生教育的新闻院系、每所有新闻传播类专业的大学，每个与新闻传播有关的学会、协会，每个与新闻传播教育相关的官方半官方组织。这样才能将年内整个新闻传播教育界发生的各种事件一网打尽，无所遗漏。在此基础上，编辑部人员还要依据相关政策法规，加强内容的把关，切实提高编校质量，将《年鉴》的质量水准提升到新的层次。

第二，推陈出新，不断开发新的知识产品。一部有价值的年鉴不能仅满足于资料的汇集、数据的考订。类似中药铺的事实陈列，固然能帮助我们认识、了解当年发生的事情，但这显然是不够的。我们还应该在事实解读、数据挖掘方面下功夫，充分利用原材料，努力创造、开发一些新的知识产品。最近三版《年鉴》，我们尝试着开发了一些

① 张昆．秉史家笔法，记录中国新闻传播教育的当代史[J]．出版发行研究，2018(10)：94.

② 张昆．新闻传播教育年鉴编纂的必要性论析[J]．现代传播(中国传媒大学学报)，2016，38(11)：141-144.

新的知识产品，受到了学界的好评。如《年鉴》独家发表的研究报告《2018 年我国新闻传播学四大名刊学术论文统计分析》《2018 年新闻传播类国家社会科学基金项目立项课题分析》①，这些基于原始数据的深加工独家知识产品，就很受欢迎，并且作为固定栏目的核心内容。2020 年版《年鉴》，还将推出一份新的研究报告《全球范围内新闻传播学科 QS 排名榜分析报告》。为了满足学界业界的需求，编辑部还将组织学术力量，就新闻传播教育界的人才流动问题，新闻传播类专业的招生、就业问题，专业课程尤其是在线课程的使用与评价问题，核心课程教材的使用与评价问题等，基于客观数据，进行深入的解读，作为专题研究报告发布。这样的专题报告越多，《年鉴》的学术含量就越大，其对于新闻传播教育实践的指导性就越强。这是年鉴编委会、编辑部下一步努力的重要方向。

第三，注重对新闻传播教育全局、教育改革前沿的把握，发挥《年鉴》的引领作用。如今我们处在一个全面转型的时代，信息技术革命带来的传播转型，促成了整个社会的结构变迁。在社会大系统中，不仅传媒的地位与角色发生了重大的改变，传播过程、媒介功能、传播理念以及传媒人才的知识与能力规格也随之发生了颠覆性的变化。这种变化必然倒逼新闻传播教育系统，对教育系统各元素乃至全过程诸环节进行全面的改革。因而《年鉴》的编撰必须掌握社会转型与新闻传播教育改革的全局，对新闻传播发展的总趋势及对新闻传播人才的要求，做出必要的回应。同时，《年鉴》编委会、编辑部还要对新闻传播教育尤其是对新闻传播教育改革的前沿予以关注。前沿引领着一般，前沿的今天，意味着一般的明天；前沿的现实，即为一般的未来。当整个新闻传播教育界都面临着机遇与挑战，都在革新图强时，谁的步伐最大、思路最新、方法最好、成效最显著，自然会引起同行的关注，自然会在业界、学界产生示范的效应。《年鉴》编委会、编辑部对新闻传播教育界改革发展的前沿地带、对于引领前沿的样板，应该倾注心力，组织专家学者进行深入的个案研究，从而为一般院系提供参照和借鉴。

第四，重视他山之石的“镜鉴”作用。《年鉴》创刊伊始，即设立了“他山之石”专栏，为的是给国内新闻传播教育界同行提供一个参照系，因为新闻学、传播学、新闻传播教育原为舶来品，而且欧美国家一直要领先于国内。这是国内新闻传播学界的共识。几年来，“他山之石”专栏发表了一系列文章，介绍了一些国际知名新闻院系的办学理念和

---

① 《我国新闻传播学四大名刊学术论文统计分析》自《中国新闻传播教育年鉴(2017)》开始刊登，由湖北大学廖声武教授的领衔学术团队完成；《新闻传播类国家社会科学基金项目立项课题分析》自《中国新闻传播年鉴(2018 年)》开始刊登，由陶喜红教授领衔的学术团队完成。这两份报告已成为《年鉴》的固定栏目。

教育模式，受到了教育界同行的欢迎。考虑到目前全球化、国际化的现实以及中国作为负责任的全球大国崛起的态势，在新闻传播教育改革方面，国内高校更需要国外的经验启示。我特别感受到“他山之石”栏目还需要进一步加强，至少应该从如下几个方面着力。一是对 QS 新闻传播学科排行榜进行深入的解读，让国内新闻传播教育界同行了解国际标准，促进新闻传播教育与国际接轨。二是对全球范围内知名新闻院系，做好做深个案研究，总结其办学经验与教训，为国内新闻院系树立标杆。三是从全球视角归纳新闻传播教育发展的总趋势，解读国际新闻教育界在网络信息时代及全球化背景下面临的共同困难和特殊问题，帮助国内新闻院系及教育工作者明确自己的历史方位。四是介绍国际知名新闻院系流行的经典教材，从比较视野分析这些教材的特点、长处，便于国内新闻院系采用与借鉴。五是《年鉴》还应就世界范围内就新闻传播学的各流派，逐一梳理点评，拓展教师与学生的学科视野。通过这些努力，延伸新闻院系师生的思维空间，以增强他们的全球意识和开放的胸襟。

总之，《年鉴》的编撰是项牵涉面极广、学界普遍参与的学术基础工程。每年一卷，每卷百万字，图文并茂，纪史存珍，功德无量。它是新闻传播教育入史、新闻传播教育成熟的重要标志。五年时间，不过是历史短暂的一瞬；但是这凝聚着数百学人智慧的五卷《年鉴》，约六百万字的新闻教育纪实却要长存人间，成为人们解读今日历史、认识新闻传播教育的第一手文献。《年鉴》定位如斯，《年鉴》的编撰自然应该高屋建瓴，厚积薄发，精益求精。五年来，编撰团队精诚团结，尽心尽力，但是作为一项系统的学术实践，无论是顶层设计、目标定位、信息采集，还是协调组稿、编校出版诸环节，都存在着一些短板或盲点，还需要进一步改进与完善。本着强烈的使命意识和责任感，在检讨、反思的基础上，《年鉴》编委会、编辑部完善了编辑方针和工作思路，相信未来的《年鉴》将会更加成熟，臻于至善。

（张昆，华中科技大学领军学者、特聘教授，《中国新闻传播教育年鉴》编委会主任、主编）

目　　录

第1章　2019年中国新闻传播教育综述①

2019年，中华人民共和国成立70周年，是新中国新闻传播教育的第70年。

中华人民共和国成立以后的新闻传播教育，基本有以下几个历史时期和阶段：

调整恢复时期、"文革"灾难时期、逐步恢复与发展时期、转型与国际化进程开启时期、新世纪的大发展时期、数字化融合发展与智能媒体时期等。

到2019年为止，新中国的新闻传播教育"新闻与传播类专业进一步裂变为9个，创办新闻传播类专业的本科高校达721所，本科专业达到了1352个"②，全国新闻传播教育的院校设有新闻传播学一级学科博士点的高校已增至26所，分布于全国16个省份，一级硕士点增加至115个，新闻与传播专业硕士授权点增至165所。

此外，截至2019年3月，"全国251所高职院校开办了538个新闻传播类专业点"③。

新中国新闻传播教育的第70个年头，在全媒体以及智能媒体蓬勃发展的大背景下积极求变、多向拓展，展现出一幅青春般美丽的靓丽容颜。这是中国新闻传播教育历史传承与发展中的鲜明时代特征，是数代新闻传播教育工作者薪火相传的体现，也是中国新闻传播教育走向未来的新的起点。

1.1　强化全媒体时代新闻传播教育的布局

2019年1月25日，中国新闻传播教育史上一次特别的"新闻教育课"在人民日报社开讲。中共中央政治局的同志来到人民日报社，就全媒体时代和媒体融合发展举行第十

---

① 本章为2017年度国家社会科学基金项目"中国新闻传播教育100的文献资料整理与史论理析"(项目批准号：17BXW003.)的研究成果之一。

② 根据教育部新闻与传播学科教学指导委员会2019年9月最新统计资料。

③ 中国新闻史学会新闻传播教育史研究委员会．中国新闻传播教育年鉴(2019)[M]．武汉：武汉大学出版社，2019：2.

二次集体学习，并调研、指导媒体及新闻传播教育的发展。

习近平在学习和调研中指出，党报、党刊、党台、党网等主流媒体必须紧跟时代，大胆运用新技术、新机制、新模式，加快融合发展步伐，实现宣传效果的最大化和最优化；推动媒体融合发展、建设全媒体是一项紧迫课题。

加强传播手段建设和创新，发展网站、微博、微信、电子阅报栏、手机报、网络电视等各类新媒体，积极发展各种互动式、服务式、体验式新闻信息服务，实现新闻传播的全方位覆盖、全天候延伸、多领域拓展，推动党的声音直接进入各类用户终端，努力占领新的舆论场是媒体特别是主流媒体面临的首要任务和要实现全媒体的具体表现。

党中央的全媒体布局为2019年新闻传播教育进一步加快改革转型升变等指明了方向。诸多的新闻传播院系因势而谋、应势而动、顺势而为，加快了教育教学改革的步伐：通过流程优化、平台再造，实现了各种教育资源、教学要素的有效整合，以服务现实的新闻传播为目标；新闻传播教育强化了信息内容、技术应用、平台终端、信息管理等方面的内容，将人工智能如何运用在新闻采集、生产、分发、接收、反馈中列为教学的核心内容，融合教育的特征体现得越来越明显。

面对党和国家提出的具体要求，面对新闻传播业实实在在的需求，新闻传播教育全面、深刻、大踏步地调适人才培养、科学研究、服务社会的模式，以转型升变来应对市场的需求，是新闻传播教育顺应时代发展与变化的选择。

1.2 新闻传播教育加注了文化和科技元素

2019年8月13日，中央宣传部、科技部、财政部、文化和旅游部、中央网信办、广播电视总局联合印发《关于促进文化和科技深度融合的指导意见》(简称《意见》)，文化和科技元素在新闻传播教育中占比有所增加，不失为一种富有战略眼光的指导性意见。

《意见》指出，文化和科技深度融合仍面临许多新的挑战，科技对文化建设支撑作用的潜力还没有充分释放，相关部门和地方对文化和科技融合的重要性和紧迫性的认识尚需进一步提高。《意见》还指出，以数字化、网络化、智能化为技术基点，重点突破新闻出版、广播影视、文化艺术、创意设计、文物保护利用、非物质文化遗产传承发展、文化旅游等领域系统集成应用技术，开发内容可视化呈现、互动化传播、沉浸化体验技术应用系统平台与产品，优化文化数据提取、存储、利用技术，发展适用于文化遗产保护和传承的数字化技术和新材料、新工艺。

近年来，文化和科技的元素在新闻传播教育中的比重在增加。这是既成的事实，也是必然趋势。有学者提出文化传播可以涵盖新闻传播，可以适当建设一些“文化传播学院”的观点就是一种呼吁和实践；而互联网、算法新闻、智能传播在新闻传播教育中的登堂入室，也早已打开了科技进入新闻传播教育的大门。

六部门的发文，对新闻传播教育提出了明确的、具体的、有落实路径的、有政策保证的要求，有助于更加科学地引导新闻传播教育的发展，文化和科技元素更多地融入新闻传播教育，必将为新闻传播教育缔构一幅绚丽的美好画卷。

1.3　新闻传播教育有了新的职业道德标准

新闻传播教育是一项培养什么人的灵魂工程，专业知识、专业技能是一方面，爱国情操、遵纪守法、秉持好的道德品行是另外一个重要方面。

2019 年 12 月 15 日，新华社受权发布新修订的《中国新闻工作者职业道德准则》，从道德方面对新闻人才的培养提出了要求，这是新闻工作者职业道德标准的第四个版本，也是中国记协为新闻传播教育新树的职业道德准则。

该准则共 7 条 31 款，核心内容是新闻工作者要坚持用习近平新时代中国特色社会主义思想武装头脑，增强“四个意识”，坚定“四个自信”，做到“两个维护”，牢记党的新闻舆论工作职责使命，不断增强脚力、眼力、脑力、笔力，自觉遵守国家法律法规，恪守新闻职业道德，自觉承担社会责任，做政治坚定、引领时代、业务精湛、作风优良、党和人民信赖的新闻工作者。

该准则要求坚持以人民为中心的工作导向，保持人民情怀，及时回应人民群众的关切和期待，畅通人民群众表达意见的渠道。要加强和改进舆论监督，激浊扬清、针砭时弊，坚持科学监督、准确监督、依法监督、建设性监督；要坚持新闻真实性原则，努力到一线、到现场采访核实，报道做到真实、准确、全面、客观；要坚持网上网下“一个标准、一把尺子、一条底线”；要强化互联网思维，顺应全媒体发展要求，创新理念、内容、体裁、形式、方法、手段、业态等，适应分众化、差异化传播趋势，敢于打破思维定势和路径依赖，善于运用网络新技术新应用，不断提高传播力、引导力、影响力、公信力，等等。

1.4 对新闻传播教育的新认知

2019 年是中国新闻传播教育继续转型发展的一年，挑战与抉择是整个新闻传播教育界面临的和需要作答的问题。新闻传播在 2019 年发生了深刻的变化，新闻传播教育领域的变化在这一年也随着业界的变化而变化，体现在思想、认识和行动等方面。

1.4.1 5G 已来，须正面应对

2019 年被普遍认为是 5G 元年。5G 的出现，对于传播、视频、交互等带来了革命性的冲击。5G 时代正在来临，新闻传播教育该如何抓住机遇谋求新的转型与发展？

5G 将会给话语体系建设、业态变化、技术为用，内容为本、短视频等方面带来巨大的变化，这也是新闻传播教育界因应的主要考量，比如语态的探索，如何创造出多样性的、对社会有价值的视频语态是核心。2019 年，新闻传播教育界已经跳出了从“互联网能叫媒体吗？”到“媒体能进入互联网吗？”的论争，开始认真地对待 5G。2G、3G、4G、5G 都有自己的规律，新闻传播教育也有自己的规律，新闻传播教育走向未来就是要调适和寻找两者之间的契合点和平衡点，培养既懂新闻理论又懂新技术的人才。

1.4.2 全媒体传播该如何应对

新闻传播教育者面对挑战，读解全媒体，认为媒体融合就是一种手段，不是目的，是通过各种媒体相互融合，最终实现全媒体化的手段，全媒体才是目的。

全媒体将是一个全时空的媒体，能够覆盖人与信息交流全程的载体。有了 5G、物联网、人工智能技术后，人类社会的信息传播将前所未有地实现无时不在、无处不在、无所不及，无人不用。

既然“四无”是趋势、是大势，那么新闻传播教育早行动肯定比晚行动要好。如何匹配满足“四无”要求，新闻教育人在 2019 年更多地思考了这个问题。

1.4.3 以“新文科”教育来解决新闻传播教育中的问题

“新文科”这一概念由美国希拉姆学院于 2017 年率先提出，是指对传统文科进行学科重组、文理交叉，即把新技术融入哲学、文学、语言等诸如此类的课程中，为学生提供综合性的跨学科学习。“新文科的出现，就是一次新的科学技术与人文话题相融合，用新的科学成绩来研究人文社科领域过去存在的一些话题。尤其是过去放在社会学、精

神和思想界来解决的问题，现在可以用科学进行新的解释。”①

2019 年的中国新闻传播教育，新文科建设不仅仅是学科重组、文理交叉，将新技术前景和技术趋势纳入文科训练中，更是一种人文科学内部打通、真正做到文史哲不分家的大胆尝试。

1.4.4　传统教育要向智能教育转变

当今，传媒正在发生大变革、大转型、大融合，社会正在遭遇不确定性、复杂性、模糊性，新闻传播教育的变数也在增多，甚至日新月异。因应这个变化，新闻传播教育应该从传统教育转向为智能传媒教育。

大数据、云计算、物联网、虚拟现实、人工智能等智能技术是新闻传播教育中的“核心”“骨干”，主要目的是为泛媒体、沉浸媒体、智媒体等提供对接对路的人才。②

2019 年，新闻教育教育界的学术会议，基本有智能教育问题的探讨，在一些院系，已经开始了这方面的研究和布局，智力智能智慧，开始向传统教育攻城略地。

1.4.5　高度重视“四力” 培养

在 2018 年全国宣传思想工作会议上，习近平总书记指出，要不断增强脚力、眼力、脑力、笔力，努力打造一支政治过硬、本领高强、求实创新、能打胜仗的宣传思想工作队伍。

“四力”要求和在新闻传播教育中坚决贯彻执行，是 2019 年中国新闻传播教育的一个突出表现。

增强“四力”基础在练好“脚力”。“脚力”是新闻报道的力量之源，也是记者工作的根基所在。练好“脚力”，才能行得远、走得快，践行群众路线、奔赴新闻现场，掌握来自基层和一线的鲜活素材，开展深入、生动的报道，阐释党的路线和方针。

具有发现力、辨别力、判断力、预见力，需要“眼力”。“脑力”是新闻工作的总指挥，必须努力提升。口头、笔头、镜头都是新闻工作的基本功。好记者的报道之所以能够感染人心，既有赖于选题和内容，也离不开写作、编辑等新闻表达功底，这是“笔力”的功效之所在。③

---

① 新文科：一切学科融合的盛宴[N]. 中国科学报，2019-05-08.

② 廖祥忠. 未来传媒：我们的思考与教育的责任[J]. 现代传播(中国传媒大学学报)，2019(3)：1-7.

③ 高晓虹，赵希婧，付海钲. 增强“四力” 培养卓越新闻传播人才[N]. 光明日报，2019-02-19(7).

在这一年，不少新闻传播院校的师生进行各种实习实践的“采风”活动，重走范长江之西北采访之路、与各种媒体进行新闻报道的合作、创办实习媒体等，都是围绕提升“四力”而进行的教学活动。

1.5 “双万计划”建设：新闻传播学类拟建设236个

2019年4月10日，《教育部办公厅关于实施一流本科专业建设“双万计划”的通知》颁布。该计划在2019—2021年间，建设10000个左右国家级一流本科专业点和10000个左右省级一流本科专业点。

“双万计划”的建设原则是面向各类高校、面向全部专业、突出示范领跑、分“赛道”建设，和“两步走”实施。

根据“国家级一流本科专业分专业类建设规划”，新闻传播学类拟建设236个。根据教育部的要求，全国相关院校已经在2019年启动了这项计划。

1.6 新闻传播教育“家族”增添新丁

2019年，中国新闻传播教育的“家族”持续扩大、添丁进口，其中以中央民族大学新闻与传播学院成立、天津两所高校开启新闻教育等为代表性事件。

1.6.1 中央民族大学新闻与传播学院成立

2019年11月15日，中央民族大学新闻与传播学院成立仪式在京举行。①

中央民族大学新闻传播教育始于1960年开办的民族干部新闻研究班，1984年正式开办新闻学本科专业，1989年开始招收当代民族报刊研究方向硕士研究生。2019年是民大新闻学专业创办35周年，研究生培养30周年。

在新闻与传播学院成立仪式上，国家有关部门和中央民族大学为中央民族大学新闻与传播学院确立了未来办学要紧密围绕服务国家民族团结进步事业、服务铸牢中华民族共同体意识，实现民族高等教育内涵式发展；要扎根中国大地，提升为民族地区“输血”和“造血”能力，科学研究与人才培养服务于国家战略和民族地区发展，为少数民族

① 乌梦达．中央民族大学成立新闻与传播学院，新华网北京频道，2019-11-17.

和民族地区培养高素质人才的方向。

新闻传播学界泰斗方汉奇先生为学院题写了院名。

1.6.2　南开大学组建新闻传播学院

南开大学于 2019 年 10 月启动了组建新闻传播学院的步伐，原《科技日报》总编辑刘亚东任首任院长。

中共南开大学委员会下发的文件《关于组建南开大学新闻传播学院(筹)的通知》(南党〔2019〕49 号)显示，经 2019 年 9 月 24 日第二十八次党委常委会议研究决定：为贯彻落实中央关于加快传统媒体和新兴媒体融合发展的战略部署，为国家培养新时代全媒体人才，使学校在推动媒体融合发展、构建对外传播话语体系等方面发挥支撑作用，组建南开大学新闻传播学院(筹)，任命刘亚东为新闻传播学院(筹)院长。

南开大学在迎来建校 100 周年的时候组建新闻传播学院，是学校发展的突破性事件，是学校为全媒体时代培养合格的专业人才而进行的战略布局。

1.6.3　天津大学建设新媒体学院

2019 年 9 月 26 日，天津企鹅新媒体学院启动仪式在天津大学北洋园校区图书馆举行，标志着天津第一个腾讯企鹅学院正式落户天津大学。企鹅学院是在天津市委网信办的指导下，由天津大学与腾讯网共同主办的新媒体行业高端教育培训平台。

天津企鹅新媒体学院落户天津大学是新工科战略下双方在新媒体教育研究领域的创新实践。

天津大学将与腾讯公司共同努力，将其建成新媒体人才培养的示范平台。同时，天津大学在人工智能、社交网络、舆情安全等领域有着学科优势，而腾讯则拥有海量数据和丰富的产品研发经验，这为双方的合作提供了契合点。

同时，新闻 117、《今晚报》《每日新报》《城市快报》、天津广播、新华网天津分公司、前沿客户端、蓝媒汇 8 家天津本地媒体的代表，被聘为天津企鹅新媒体学院的第一批荣誉讲师。

1.7　马克思主义新闻观教育提档升级

2019 年 11 月 1 日，由复旦大学新闻学院倡议，国内 10 所高校新闻传播院系共同发起的“红色文化传承与马克思主义新闻观教育联盟”在复旦大学成立。该联盟作为国内首个将传承红色文化基因与推进马克思主义新闻观教育有机结合起来的学术组织，旨在充分发挥各成员高校优质的红色文化资源和马克思主义新闻观教育研究特色，开展全方位合作，形成资源共享、协同发展、整体提升的工作机制，实施卓越新闻传播人才教育培养2.0计划，推动和提升马克思主义新闻观教育和研究水平。这是马克思主义新闻观教育在2019年呈现的崭新面貌，也可以说是上了一个新台阶。

2019年，中国新闻传播学界马克思主义新闻观教育“进课堂”“进教材”“进头脑”，解决了“方向模糊”“槛内教学”“现时教学”“无我教育”4个方面的问题。

由郑保卫教授主编的《马克思主义新闻观十二讲》于2019年3月1日出版发行，并很快成为全国许多新闻传播院校的首选教材。该书把马克思主义新闻观一系列重要问题与新闻理论相结合，用新闻理论引出马新观的经典观点，作了言简意赅的专题性论述。

此外，中国人民大学等还举行了马克思主义新闻观骨干师资高级研修班，通过参观红色新闻旧址和实践教学，增强了新闻教育工作者的使命感和责任感。

1.8 复旦大学新闻学院建院90周年

2019年，复旦大学新闻学院迎来建院90周年。为此，复旦大学新闻学院举行了系列学术活动和纪念活动。

回眸、现实、展望、学术交流是复旦新闻传播教育90周年纪念的主要内容。

纪念活动之一“转型与创新：媒体融合背景下的新闻传播教育共同体构建”的国际高峰论坛，汇聚了来自全球知名新闻传播院系的近150位院长与会。

“当今是媒介化的社会，社会变化速度快，传媒技术飞速发展。目前，我国新闻传播教育的培养模式还比较落后，新闻传播学的理论体系、话语体系和学科体系还未完善，学生解决实际问题的能力还比较滞后”，这是复旦新闻学院院长的认知。

院长和专家认为，新闻传播教育面临的机会与挑战是全球性的——媒介融合不仅是技术的融合，也是消费的融合，媒体、公关与广告之间的界限也受到挑战。新闻传播教育需要从“实践性的知识”向“实践性的思考”转型，以及“在媒体融合和不断变化的世界，我们是否能够更好进行伦理建设来对我们专业的行为进行合理的解释”。

——“如今的新闻传播教育范式应当是培养公共传播人才”，新闻实务教学要进行相应改革，就要从专业设置上打破以媒介为边界的专业区分，更加注重研究方法的教育和公共传播的素养培育，从学生个体的生命体验和兴趣出发进行课程改革，并且以结果导向作为评价体系重新规划课程的教学内容。

——算法改变社会，针对智能时代对新闻传播新的人才有了新的要求，新闻传播教育应该开设有关数据和人工智能的课程来增进同学们在数字时代的适应能力；在智能时代，不仅有技术，还有内容、隐私、法律等社会问题，必须结合新技术运用理论探索新的研究。

17 世纪后的中外报纸展是复旦大学新闻传播教育 90 周年纪念的一个有意义的活动。2019 年 10 月 26 日，“历史的底稿——十七世纪后中外珍报展”在复旦大学文科图书馆揭幕。主办方言称：1935 年 10 月，复旦大学 30 周年校庆之际，系龄六岁的新闻学系曾举办“首届世界报纸展览会”。据记载，展出 33 国上千种报纸，包括 1833 年美国《太阳报》创刊号、1872 年《申报》创刊号等，被誉为“中国新闻史上的创举”。时隔 80 多年，这次中外报刊特展，希望承继先人的召唤，勿忘新闻的胎记。

此次展出的 90 份中外报刊中，除《申报》创刊号外均为原件，源自全球各大洲、数十个国家，而最早的一份则刊印于 17 世纪中叶，最近的已是 21 世纪，跨度 300 多年。①

1.9　兰州大学新闻传播教育 60 周年

2019 年，兰州大学迎来了新闻传播教育 60 周年的日子。

2019 年，兰州大学的新闻传播教育通过了新闻传播学一级学科博士点的审批工作，经历了 60 年的发展之后，该校新闻传播教育站在了一个新起点上。

学校以多种特别的方式纪念兰州大学新闻传播教育 60 年。

一是召开中国新闻史学会新闻传播教育史研究委员会 2019 年学术年会暨兰州大学新闻传播教育 60 周年纪念座谈会，百余位来自全国各地的新闻传播教育专家齐聚兰大，“回顾前瞻”新闻传播教育发展。此次大会还成立了兰州大学新闻学院“战略发展咨询委员会”，延揽学界、业界的大专家、大学者，共同助力新闻学院各项事业的发展。

此次会议期间，由西北 10 余所高校新闻院系共同发起成立“丝绸之路新闻传播教育高校联盟”成立。

二是邀请专家学者“智汇”兰大 共话新闻传播教育。诸多学界名家共话中国新闻传播教育的历史、现实与未来。

---

① 复旦大学新闻学院提供信息。

活动期间，兰州大学新闻与传播学院对从教30年教师予以表彰，成立“兰州大学新闻与传播学院战略发展咨询委员会”，并与西北十余所高校新闻院系共同发起成立“丝绸之路新闻传播教育高校联盟”，向学界、业界发出邀请，为助力兰州大学新闻与传播学院以及中国西部新闻传播教育事业的健康发展建言献策。

成立“树田基金会”，希冀以此传递历届“兰大新闻人”不忘初心、薪火相传、孜孜以求的情怀与追求，加强学院与校友联系、整合各方资源、促进学院全面持续快速发展；兰大学子“重走中国西北角”也是兰州大学新闻传播教育60年回眸与纪念的重要内容。

1.10 各种助力新闻传播教育发展的“中心”成立

1.10.1 中南大学融媒体发展研究中心成立

2019年5月21日，中南大学融媒体发展研究中心成立。这应该是国内高校第一个融媒体发展研究中心。

中南大学融媒体发展研究中心设在中南大学文学与新闻传播学院，着重在以下四个方向展开研究：

一是在网络文学、文化产业研究的基础上，结合学校管理学、艺术学等学科力量，探讨融媒体生态下文学传播和文化产业的发展路径，研究文学艺术产品在融媒体中的表现形态和开发、营销策略，为中国文化发展战略提供政策咨询；中南大学文学与新闻传播学院在文化产业、网络文学等方面研究很有成就，欧阳友权教授领衔的文化产业在国内率先招收博士生。

二是结合学校计算机科学、艺术学等学科领域的成果，着力探讨中国传统文化数字化传播的方法、路径，打造中国传统文化融媒体传播的平台。

三是依托学校强大的医科基础，结合传播学、计算机科学、社会学、公共管理学等学科力量，探讨健康传播的规律，开发健康传播的社会服务功能，特别是研究融媒体技术带来的医疗服务、健康、养老事业的新拓展，研究提升健康文化传播效能的途径，为“健康中国”建设提供有力的理论支持和政策建议。

四是通过对学院现有新闻传播学、数字出版、文化产业等学科的整合，结合学校计算机科学、法学、设计学等学科，着力研究融媒体传播的基本规律问题，如融媒体技术发展与媒介形态的变迁问题、融媒体信息产品的知识产权问题、融媒体传播中的伦理与道德治理问题等。相比之下，中南大学的新闻传播学起步晚，力量相对薄弱，正可以借且融媒体研究驶上"快车道"。

1.10.2　北京师范大学互联网司法治理研究中心成立

2019 年 11 月 9 日下午，北京互联网法院与北京师范大学互联网发展研究院联合主办的互联网司法治理研究中心成立，为维护网络安全、化解涉网纠纷、促进互联网和经济社会深度融合提供了强有力的司法保障。互联网司法治理研究中心不仅是对深化互联网司法治理这一时代命题的行动响应，也是对建设社会治理共同体这一时代要求的协同实践，更是深入贯彻党的十九届四中全会关于推进国家治理体系和治理能力的积极举措。

1.10.3　建设性新闻研究中心在苏州成立

11 月 27 日，由中国社会科学院新闻与传播研究所与苏州广播电视总台、苏州大学传媒学院共同组建的"建设性新闻研究中心"在苏州成立。

建设性新闻是正在兴起的传统主流媒体在新媒体时代立足公共生活重新定位媒体角色的报道实践和新闻理念。中国社会科学院新闻与传播研究所于 2018 年年初开始在苏州广电总台进行了建设性新闻实践的试点。为了进一步探索建设性新闻在推进国家治理体系与治理能力现代化过程中的作用与角色，三家单位决定在苏州大学联合成立"建设性新闻研究中心"。

1.11　新闻传播教育两大联盟诞生

1.11.1　全国师范院校新闻传播专业联盟正式启动

2019 年 5 月 17 日上午，"智能传播时代新闻传播教育研讨暨师范院校新闻传播学科建设院长联席会"在北京师范大学新闻传播学院召开。会上，北京师范大学、东北师范大学、华东师范大学、华中师范大学、海南师范大学、吉林师范大学、南京师范大学、青海师范大学、山东师范大学、陕西师范大学、上海师范大学、天津师范大学、云南师范大学 13 家师范院校新闻传播学科院长共同商议，组建全国师范院校新闻传播专业联盟，共商智能传播时代的学科定位与合作机制。

参与联盟的老师和学者认为：师范类院校普遍具备文理交融、优势基础学科的学科背景，师范院校的新闻传播学科有很大的发展潜力和空间。在智能传播时代，连接创造价值，协同协作、资源共享才能形成良性合作、促进学科发展，故此成立“全国师范院校新闻传播专业联盟”。

联盟拟发挥师范类学校的优势，结合计算机、心理学、语言学等优势专业，关注传播的社会效果研究；可以在人才培养、课程建设等方面互相助力，结合区域特色开展相关研究合作。

全国师范院校新闻传播专业联盟秘书处暂设在北京师范大学新闻传播学院。联盟成员建立合作沟通机制，定期汇报动态简报，每年召开1~2次常规工作会议与学术研讨会。

1.11.2　丝绸之路新闻传播教育高校联盟成立①

2019 年 11 月 8 日，兰州大学、西安交通大学、新疆大学、宁夏大学、西北大学、陕西师范大学、西北师范大学、青海师范大学、西北民族大学、西藏民族大学、西北政法大学、甘肃政法大学、兰州财经大学、兰州城市学院、兰州文理学院、天水师范学院、河西学院等高校的代表齐聚兰州，召开了丝绸之路新闻传播教育高校联盟的筹备会议。经过深入讨论与协商，形成以下共识：

第一，正式成立丝绸之路新闻传播教育高校联盟。

第二，丝绸之路新闻传播教育高校联盟设立联盟秘书处，负责联盟学术交流与日常运行等事务。秘书处常设于兰州大学新闻与传播学院。

第三，丝绸之路新闻传播教育高校联盟为新闻传播教育研究的非实体学术共同体。

第四，该联盟旨在团结沿丝绸之路高校新闻传播院系同仁，交流新闻传播教学科研成果与前沿动态，协同提升教育质量与学术水平。借此开创丝绸之路新闻传播教育与研究特色领域，促进我国新闻传播教育事业的健康发展。

第五，该联盟通过建立周期性的学术论坛机制，协同开展专题性教学科研工作坊，实现跨院校学术交流活动。论坛将每年举办一次，由联盟成员高校共同主办，联盟院系轮流承办。

第六，丝绸之路新闻传播教育高校联盟为开放的学术共同体，“丝绸之路新闻传播教育论坛”为开放的学术交流平台。欢迎国内外新闻传播教育院校、机构加入联盟，参与活动。

---

①　兰州大学新闻传播学院供稿。

1.12　新闻传播教育两大文献问世

1.12.1　《改革开放 40 年与新闻教育发展论坛 · 资料汇编》出版

2019 年 5 月,《改革开放 40 年与新闻教育发展论坛 · 资料汇编》由四川大学出版社出版。这本以研究改革开放 40 年为主要内容的专著，汇集了诸多名家对新闻教育的思考，是目的性、指向性、应用性、转化性很强的文献资料集成。书中“共话新闻教育发展”部分，有吴高福教授、董天策等对 40 年新闻教育以及他们感同身受地对新闻教育的独家理解和思考；八老“论剑”部分，有八位老教授畅谈改革开放 40 年的新闻教育，郑保卫、丁柏铨、董广安、吴廷俊等知名教授理析了中国新闻教育 40 年的历史流变以及值得记取的经验教训；系列专访呈现的是就 40 年新闻教育的问题，对知名专家的访谈，他们是：何梓华、邱沛篁、罗以澄、吴廷俊、童兵、丁柏铨、董广安等，他们的新闻教育经历、立德树人的践行、自出机杼的教学方法与理念等，是新闻教育最宝贵的财富。

这部以新闻教育为专题的著作，围绕新闻教育做足了文章，是改革开放 40 年新闻教育的总结与反刍，也是新中国新闻传播教育 70 年历史中权重很大的一个时段的历史呈现。

1.12.2　《中国新闻传播教育年鉴(2019)》出版

《中国新闻传播教育年鉴(2019)》于 2019 年 10 月出版，这是以新闻传播教育为主题的年鉴系列的第四卷。

这卷年鉴是一部以年为尺度，以记录、保存年内发生的重大事件、重要过程、重要人物、重要政策，综述年内发展概况及汇总、统计重要数据的综合性、资料性、权威性工具书。全书以记录当代历史、反映新闻传播教育实态为使命，以 133 万字的篇幅，全面呈现了中国新闻传播教育改革与发展状貌。2018 年适逢中国新闻传播教育创办 100 周年，也是改革开放后新闻传播教育恢复发展 40 周年。年鉴特别记录了“纪念中国新闻教育暨北京大学新闻学研究会成立 100 周年”学术研讨会活动，并回顾与总结了改革开放 40 年来新闻传播教育的成就。

在主要栏目设置上，2019 年版年鉴延续了 2018 年版的中国新闻传播教育年度综述、各省(自治区、直辖市)新闻传播教育发展综述、中国新闻传播教育地图、院系巡礼、教育家研究、口述史研究、院长论衡、行业组织和相关学会介绍、学科专业建设、本科人才培养、研究生与博士后流动站、各类获奖、学生竞赛、新闻教育研究、大事记及各种附录等板块设计，体现了年鉴编撰风格的稳定性。

1.13　国际交流与合作纵深推进

1.13.1　第十届中美媒体教育国际研讨会在武汉大学召开

2019 年 6 月 20—21 日，第十届中美媒体教育国际研讨会在武汉大学召开。此届中美媒体教育国际研讨会的主题为“数字时代媒体教育创新：博雅教育、融合教育与智慧教育”。此次会议由美国美中教育基金会、武汉大学媒体发展研究中心、武汉大学新闻与传播学院主办，参会专家主要来自密苏里大学、香港大学、清华大学、复旦大学、深圳大学等高校，业界专家主要有美国微软全国有线广播电视公司(MSNBC)和全国广播公司(NBC)、澎湃新闻、腾讯等媒体。

出席研讨会的专家认为：在如今这个快速变革与技术颠覆的时代，媒体内容常常跨越真相与谎言的界限，在这样的时代，我们更需要记者讲述真实的故事；媒体教育是鼓励学生使用世界上最具创新性的媒体工具包，去参与他们关心的且有意义的议题，而教育工作者的工作则是为年轻人提供了解被遗忘的社会方面的方法。

会议设 7 场主题演讲与 3 场主题论坛。7 场主题演讲分别是美国微软全国有线广播电视公司和全国广播公司新闻节目主持人吕勇诗先生的“媒体，技术和企业家精神”、清华大学新闻与传播学院陈昌凤教授的“智能传播对中国新闻传播学教育的影响与实践”、香港大学陈婉莹教授的“新闻教学的创新：过去、现在和未来”、复旦大学周葆华教授的“新媒体传播教育的转型与路径”、深圳大学辜晓进教授的“无缝对接新闻业：数字时代的新闻教育改革探索”、密苏里大学大卫·赫尔佐格教授的“数字新闻教育中的国际最佳实践”、武汉大学周茂君教授的“中国新闻传播学本科专业核心课程构成与人才培养”。3 场主题论坛议题分别为“架起学术和专业媒体之间的桥梁”“智能时代的智慧媒体教育”“媒体教育领域的知识形态：流动性，连接性与交互性”。基于上述议题，来自学界与业界的专家展开对话，深度思考了中美媒体教育在数字时代面临的挑战与未来走向。

此次会议中美新闻教育者围绕会议主题“博雅教育、融合教育与智慧教育”获得了更多的理解与认同，共同认识到以技术为引导传播学知识创新，同时在反思过程中使这一学科领域的创新向智慧方向发展；大家意识到无论技术如何发展，最重要的理论与实践问题依旧是如何挖掘与解释事实，如何理解真相；高度认同建立学术与业界的互动关系，并提倡由此引导媒体教育的发展。

1.13.2　2019(首届)中国—东盟传媒与新闻传播教育国际研讨会暨中国—东盟新闻与传播学院院长(系主任)论坛在广西大学举行

2019 年 7 月 6 日，由广西大学新闻与传播学院和广西大学中国—东盟传媒与区域传播研究中心联合主办的“2019(首届)中国—东盟传媒与新闻传播教育国际研讨会暨中国—东盟新闻与传播学院院长(系主任)论坛”在广西大学举行。来自菲律宾、老挝、马来西亚、文莱、新加坡、越南、泰国、印度尼西亚 8 个东盟国家的 14 位新闻传播院系的院长(系主任)与国内广西大学、复旦大学、华中科技大学、厦门大学、暨南大学和云南大学等高校的 30 多位专家齐聚一堂，就“传媒与中国—东盟社会发展及命运共同体构建”“中国—东盟国家新媒体发展及未来走向”“中国与东盟国家新闻传播教育与人才培养”“中国与东盟国家新闻传播院系教学与科研合作”等议题分享研究成果，共同探讨互联网形势下各国新闻教育所共同关心的问题。

此次论坛的主要目的是给大提供能够充分交流，相互启发，积极拓展研究领域，扩大合作空间的机会，为在“一带一路”和“中国—东盟命运共同体”建设的大背景下，实现中国—东盟国家传媒与新闻传播教育的交流互鉴和相知相通作出自己的贡献。

1.13.3　第三届岳麓传媒与文化发展国际论坛在长沙举行

2019 年 11 月 3 日，由湖南大学新闻传播与影视艺术学院和美国密苏里大学新闻学院联合主办的第三届岳麓传媒与文化发展国际论坛在长沙举行。此届论坛的主题是“媒体融合背景下的新闻传播教育”。来自美国密苏里大学、加拿大西门菲莎大学、日本早稻田大学、俄罗斯莫斯科大学、澳大利亚圣母大学以及中国香港浸会大学、台湾政治大学、铭传大学、中国人民大学、中国传媒大学、复旦大学、清华大学、北京大学、北京师范大学、中国社会科学院、华中科技大学、武汉大学、浙江大学、南京大学、暨南大学、中国教育电视台等 60 多所海内外高校新闻院系、科研院所和媒体的 100 余名学者，围绕论坛主题展开了广泛深入的研讨。

会议围绕媒体融合给新闻传播教育带来的理念、业态、模式、方法、手段、平台、机制等变化及如何应对展开了交流。其中，如何开展新闻传播学学科建设，如何重新定位新闻传播人才的培养模式，如何设计和实施高等院校新闻传播学专业的课程教学体系与新闻实践活动，新闻传播教育又如何服务于国家经济社会的发展，如何应对当下全球传播的机遇和困境，如何强化学术意识和批判精神，如何平衡全球传播背景下的传播自由与媒体责任等，均是会议的热门议题。

(李建新)

第2章　2019年各省、自治区、直辖市新闻传播教育发展综述

2.1　北京市新闻传播教育发展综述

2.1.1　2019年北京市新闻传播教育的宏观态势

2019年是中华人民共和国成立70周年，也是实现“两个一百年”奋斗目标的历史交汇点。在这一年里，国家教育现代化步伐稳步推进，北京市新闻传播教育也迎来了新的发展机遇。在宏观层面上，2019年国家政策相继出台，为新闻传播教育指明了前进方向。按时间轴观察可以发现以下几点：一是中共中央宣传部、国家广播电视总局联合发布《县级融媒体中心建设规范》，促进信息革命成果转化，推动媒体融合向纵深发展，为做好新形势下的新闻舆论工作奠定基础。二是中共中央、国务院印发《中国教育现代化2035》和《加快推进教育现代化实施方案2018—2022》，提出推进教育现代化的总体目标，以及未来五年推进教育现代化的十大任务。其中关于高等教育的部分指出，“要分类建设一批世界一流高等学校，建立完善的高等学校分类发展政策体系，引导高等学校科学定位、特色发展”，“加强高等学校创新体系建设，建设一批国际一流的国家科技创新基地”，“提高高等学校哲学社会科学研究水平，加强中国特色新型智库建设”。三是教育部启动实施“六卓越一拔尖”计划2.0版，指出从2019年到2021年，将面向所有高校、所有专业，全面实施一流专业和一流课程建设“双万计划”、建设基础学科拔尖学生培养一流基地。随后，教育部又正式印发《教育部关于一流本科课程建设的实施意见》，对本科教育的发展方向做出进一步指示。四是国家发展改革委、教育部等6部门印发《国家产教融合建设试点实施方案》，指出：通过5年左右的努力，试点布局50个左右产教融合型城市，在试点城市及其所在省域内打造一批区域特色鲜明的产教融合型行业，在全国建设培育1万家以上的产教融合型企业。

在相关政策、文件的指引下，北京市各高校的新闻传播院系为推动专业发展做出了积极努力：一是针对《县级融媒体中心建设规范》，结合习近平总书记在人民日报社就全媒体时代和媒体融合发展发表的重要讲话，各高校新闻传播院系都在融媒体建设方面积极发力，献言献策，做出了有益探索。如北京大学新媒体研究院主办“2019 智能融媒体论坛暨县级融媒体建设研究成果发布会”。会上，来自全国主流融媒体、省市及县级融媒体机构和融媒体技术平台的负责人共同探讨并分享了融媒体建设方面的理念及成果。主持会议的北京大学新媒体研究院院长谢新洲教授提出：“我国媒体融合走向纵深，亟待总结发展经验，展望与探索未来发展。以人工智能技术为代表的智能化建设将极大提升媒体影响力、公信力、引导力与传播力，同时是解决融媒体发展瓶颈的有效手段。”中国人民大学新闻学院与央视网、河南省项城市签署战略合作协议，三方将共同努力推动项城市媒体融合工作向纵深发展，合力打造区县融媒体中心建设的“项城模式”。11月，科技部批准建设的 4 个国家重点实验室中，“媒体融合与传播国家重点实验室”依托中国传媒大学而建。中国传媒大学新闻学院师生策划的融媒体新闻报道“学习日签”也于 2019 年 3 月上线。该报道紧跟“两会”进程和热点，对当下社交媒体较为流行的“日签”进行了创新设计。

二是针对《中国教育现代化 2035》和《加快推进教育现代化实施方案 2018—2022》中提出的，关于推进教育现代化的八大基本理念和十大战略任务，各高校积极行动，进行了相关部署。如中国人民大学新闻学院携手中国社会科学院大学媒体学院，在中国社会科学院大学良乡校区举办新时代新闻传播学一流学科建设研讨会暨学科共建签约仪式，启动了学科共建；清华大学新闻与传播学院早在 2018 年 12 月访问联合国粮农组织(FAO)总部并参加“第九届中意创新合作周”活动时，就与 FAO 传播司司长 Enrique Yeves 达成合作意向，在 2019 年共同开展面向世界粮农问题的记者培训项目，并推动 FAO 接收清华大学学生作为实习生；北京外国语大学国际新闻与传播学院倡议发起“多语种国际传播教育联盟”，并在北京宽沟会议中心召开首届理事会全体会议，共同探讨合作开展多语种国际传播人才培养和研究，力图为国家培养更多具有国际化视野的复合型、复语型高层次国际传播人才，服务中国国际传播能力建设。

三是各高校针对“六卓越一拔尖”计划 2.0，以及《关于一流本科课程建设的实施意见》，对本科教育进行了新一轮的改革创新。如中国传媒大学新闻学院鼓励学生走出课堂，通过实操领悟专业知识，其组织开展的“子牛杯”社会调查实践活动被《中国教育报》整版报道，报道指出：“‘子牛杯’社会调查成为新闻传播学专业课堂教学的有效补充，让社会实践与专业教育相结合，共同实现育人目标。”北京大学新闻与传播学院创新教学模式，将数字化、智能化的信息技术应用到课堂中，启发学生进行营销实战，为打通理论与实践、学界与业界、人才需求与人才培养之间的连接做出了有益探索。本科“创意传播管理”和专业硕士“广告案例研究”都是北大新闻与传播学院广告系智能营销实战教学创新活动的课程，曾获“高校教学改革优秀案例”“中国新闻学与传播学教学改革创新项目(优秀案例特别推荐)”。2019 年，教育部高教司综合处处长吴爱华全程参与课程评审并表示：“这种实战教学是一个很好的范本……是智能+教学模式的成功探索。”此外，2019 年北京大学教务部立项的本科重点课程建设项目“中外广告史”也创新教学模式，启发学生利用视觉民族志的方式制作北京市文化地图，并举办展览呈现研究成果，将理论与实操结合，鼓励学生获得别样的知识体验。

四是关于国家发展改革委、教育部等 6 部门印发的《国家产教融合建设试点实施方案》，各高校积极开展了与相关企业之间的合作。如北京师范大学新闻传播学院与百度百家号开展战略合作，双方将依靠各自在内容、技术、学术、资源等层面的优势，联合成立“百家号新媒体创想空间”，共建新媒体实践课程与传媒领域科研项目，打造内容领域校企合作新标杆。中国人民大学新闻学院与宁波日报报业集团签署战略框架协议，共建新媒体实验室。双方约定，未来 3 年将发挥各自优势，通过产学研相结合，联手研究破解移动互联时代媒体融合发展新问题，共同打造可供复制推广的城市型媒体融合新模式。

此外，为落实马克思主义在高校哲学社会科学研究和教育出版等方面的指导地位，坚持正确的政治方向、价值取向和研究(出版)导向，加快构建富有中国特色的新闻与传播学科体系、学术体系，各高校积极制订战略行动计划，推动加强党的创新理论原创性学理化学科化研究阐释。2019 年 4 月和 6 月，中国人民大学新闻学院、中国传媒大学先后与教育部高等学校新闻传播学类专业教学指导委员会联合主办“高校新闻传播院系骨干教师马克思主义新闻观主题培训”；清华大学新闻与传播学院承办 2019 年第三届“中国特色新闻学高级研讨班”；北京外国语大学以“新时代马克思主义新闻观史论研究与实践”为主题，举办“第一届马克思主义新闻观研究与实践高端论坛”。

2.1.2　北京市新闻传播院系在 2019 年的动态简况

1. 北京市新闻传播教育领先高校新闻传播教育发展动态

在国际传播能力建设方面。2019 年是考验我国国际传播能力的重要一年，第二届“一带一路”国际合作高峰论坛、亚洲文明对话大会等相继召开，为阐释中国政策、回应外界关切、贡献中国智慧提供了重要平台。中美贸易摩擦、香港问题、华为事件等，也迫使中国在国际舞台争夺话语权。有鉴于此，作为培养新闻传播人才的重要阵地，各高校新闻传播院系都在国际传播能力建设方面积极努力，力求培养能够讲好中国故事、传播中国声音的优秀新闻传播后备人才。9 月 18 日，由北京外国语大学国际新闻与传播学院倡议发起的“多语种国际传播教育联盟”召开首届理事会全体会议。9 月 19 日，由北京外国语大学国际新闻与传播学院主办、中国新闻史学会外国新闻传播史研究委员会协办的首届国际新闻与传播教育论坛在北京宽沟会议中心正式开幕，会议以“创新国际新闻与传播教育，构建中国特色对外传播话语体系”为主旨，邀请来自全国高校、科研机构和对外传播管理机构的 70 余位代表与会，回顾了中国国际新闻与传播教育的成就与挑战，探讨了国际传播教育研究和马克思主义新闻观践行的路径和方法。10 月 26 日，由北京大学新闻与传播学院与北京环球时报公益基金会共同举办的北京大学 2019 中外国际媒体论坛举行。论坛以“全球化语境下的激荡世界与国际传播”为主题，为促进“一带一路”全球合作、讲好“中国故事”、填补信息鸿沟、消除误解、增进了解提供了重要的交流平台。

在马克思主义新闻观的发展方面。习近平总书记关于新闻舆论工作的重要论述是马克思主义新闻观的新发展，是新时代高等学校新闻传播教育改革发展的根本遵循和行动指南。为学习贯彻习总书记的重要论述，充分发挥高校学科和人才优势，加快构建中国特色的新闻传播学理论体系和学术话语体系，各高校新闻传播院系做出了积极努力。9 月 19 日，在北京外国语大学主办的“首届国际新闻与传播教育论坛”上，北京外国语大学国际新闻与传播学院的“马克思主义新闻观研究中心”正式揭牌。11 月 18 日，“第一届马克思主义新闻观研究与实践高端论坛”在北京外国语大学举办，论坛以“新时代马克思主义新闻观史论研究与实践”为主题，吸引了中国人民大学、清华大学、北京大学等高校参与其中。与会学者围绕当前高校“马克思主义新闻观教育教学方法”“社交媒体时代马克思主义新闻观的践行路径”“马克思主义新闻观的历史源流”“马克思主义新闻观研究中心建设”等话题进行了深入研讨。

另外，中宣部、教育部和全国哲学社会科学工作办公室设立的国家社科基金特别委托项目课题“马克思主义新闻观研究”成果——《马克思主义新闻观十二讲》于 3 月 1 日由高等教育出版社出版发行。该书由全国知名新闻院校和科研机构的 13 名专家学者共同撰写，初步建构了马克思主义新闻观和中国特色社会主义新闻学的理论框架和知识体系，为新闻院校学生和广大新闻工作者学习马克思主义新闻观提供了规范读本，将对推动全国马克思主义新闻观教育工作发挥积极作用。

在学校与企、事业单位合作方面。除前文提到的北京师范大学新闻传播学院与百度百家号开展战略合作、中国人民大学新闻学院与宁波日报报业集团签署战略框架协议之外，1 月 14 日，由腾讯新闻政务中心联合中国传媒大学新闻学院新媒体与媒介融合研究中心共同完成的《2018 腾讯政务新媒体企鹅号年度报告》正式在线发布，这份政务新媒体年度报告为 2019 年的政务传播发展提供了新的研究视角与观点。10 月 28 日，清华大学新闻与传播学院与成都传媒集团签署战略合作协议，双方将结合清华大学国家形象传播研究中心在城市国际传播体系顶层设计、内容策划等方面的研究和人才资源优势，利用成都传媒集团的国际传播渠道和团队资源，在成都国际传播建设以及国际传播研究机构运营等方面开展深入合作，共同探索成都国际传播建设的新理念、新模式、新方法。

12 月 26 日，北京外国语大学国际新闻与传播学院同北京电视台新闻中心签署合作协议。双方以培养国家急需的实践能力强的国际新闻人才为宗旨，就聘请业界导师、开设"北京电视台特色课程"、创建实习基地、创新教学模式员工培训、科研项目和研究性课题、校园活动等方面进行了深入的洽谈与交流。

在实验室与研究中心建设方面。清华大学新闻与传播学院于 2018 年 9 月建成的未来媒体实验室采用国内领先的视频技术、直播技术和数据挖掘技术，不仅打造出一个融媒体实训平台，而且重点服务教育教学发展，为跨学科交流提供了良好的合作平台。2019 年 6 月，北京师范大学互联网发展研究院成立，该研究院是一家基于交叉学科的战略性、政策性、学术性、前瞻性互联网研究智库，下设网络强国战略、网络传播、数字经济与产业政策等研究部门。11 月，科技部批准建设"媒体融合与传播国家重点实验室""传播内容认知国家重点实验室""媒体融合生产技术与系统国家重点实验室""超高清视音频制播呈现国家重点实验室" 4 所国家重点实验室，其中，"媒体融合与传播国家重点实验室"依托中国传媒大学建设。12 月，这 4 所重点实验室已陆续启动运行。

在学术交流与国际合作方面。2019 年，各高校举办多场学术研讨会，就新闻传播领域的前沿问题进行了分享讨论。如 10 月 12 日，"超越全球性鸿沟的跨文化团结：历史、机制、主体——首届清华跨文化传播圆桌讨论"在清华大学未来媒体实验室举行。来自加拿大西门菲沙大学、美国南加州大学、孟加拉国达卡大学，以及中国的北京大学、中国传媒大学的十余位学者在讨论会上分享了各自的研究成果并进行了热烈讨论。11 月 12 日，"医疗、人文与媒介——'健康中国'与健康传播"国际学术研讨会在北京大学新闻与传播学院举行。此次研讨会是继 2018 年"医疗、人本与媒介——'健康中国'与健康传播的多元进路"学术论坛之后，北京大学再次主办国际学术研讨会，由乔治全球健康研究院(中国)协办。经教育部批准，此次研讨会邀请到来自海内外各地的知名专家学者 11 人，接受 40 多位来自不同国家、地区、高校和机构的学者投稿并进行会议发表，还吸引了 100 多位来自高校、医院、媒体、疾控等医疗机构以及健康类企事业单位的人士报名参会。11 月 16 日，中国新闻史学会 2019 年学术年会在北京会议中心隆重开幕。会议以"全球视野 中国学派——全媒体时代的新闻传播研究"为主题，来自国内外主流新闻院校的近千名专家学者相聚一堂，共享前沿关切，共通专业智慧，共建学科未来。

此外，各高校也积极开展国际合作，致力于培养更多具有国际化视野的复合型、复语型高层次国际传播人才，服务中国国际传播能力建设。3 月 22 日，北京外国语大学国际新闻与传播学院相关领导与英国牛津布鲁克斯大学孔子学院英方校长 Angus Phillips 进行会面，商谈两校在学生培养方面的合作事宜并初步达成一致。未来两校可能开展针对本科生的交换项目、针对硕士研究生的双硕项目及在职培训、短期课程方面的合作。5 月 9 日，中国传媒大学新闻学院院长与英国卡迪夫大学新闻、媒体与文化研究学院院长 Stuart Allan 教授和 Cynthia Carter 教授进行会谈，就联合学术研究、教师访学、学生交换等议题进行了交流。

在教学成果方面。关于各高校新闻传播院系在教学改革、创新方面的举措上文已有论述，具体成效如何？11 月 27 日，艾瑞深中国校友会网正式发布《2019 中国“双一流”学科建设评价报告》，公布了最新校友会 2019 中国一流学科排名、2019 中国最好学科排名等榜单。报告显示，就新闻传播学学科排名而言，中国传媒大学、中国人民大学、北京大学、清华大学皆位列前十名。其中，中国传媒大学和中国人民大学两所学校的新闻传播学被评为世界一流学科。

在教材与研究成果方面。2019 年出版的比较有代表性的新闻传播学教材有：中国人民大学新闻学院教授杨保军所著《新闻理论教程(第四版)》、中国人民大学新闻与社会发展研究中心研究员蔡雯等人所著《新闻编辑学(第四版)》等。中国人民大学新闻学院教授刘海龙专著《解析中国新闻传播学 2019》，从学术、热点话题层面对 2018 年我国新闻传播学的研究进行了概述。此外，央视国际视频通讯社智库与北京外国语大学国际新闻与传播学院联合主编的《全球传播生态蓝皮书：全球传播生态发展报告(2019)》在第三届 CGTN 全球媒体峰会暨第九届 CCTV+全球视频媒体论坛上正式发布。北京师范大学新媒体传播研究中心、教育新闻与传媒研究中心及光明网、中国日报网联合发布《2019 中央企业、中国大学、中国城市海外网络传播力建设系列报告》，从专业角度对这三个主体 2019 年的海外网络传播力进行了解读并提出了建议。

2. 北京高校部分新闻传播院系开展的特色活动

总的来看，为推进新闻传播教育向现代化发展，打造中国特色、世界水平的新闻传播专业，形成全媒化复合型专家型新闻传播人才培养体系，培养能够适应媒体深度融合和行业创新发展趋势，讲好中国故事、传播中国声音的优秀新闻传播后备人才，各高校做出了多方面的尝试和创新。除前文提到的一些举措之外，各高校还开展了一些符合自身实际的特色活动。

一是中国人民大学新闻学院找准定位，从两个方面寻求发力点，促进新闻传播学科的发展。一方面，着重从其他学科汲取营养。重点从计算机、心理学、艺术学等学科吸纳人才，促进学院之间的合作。另一方面，定期举办学术沙龙，吸引各行各业的人士前来讨论和交流，共同探索学科发展。如2019年3月，国际著名传播学者、媒介社会学主要代表人帕梅拉·休梅克(Pamela J. Shoemaker)受邀在中国人民大学新闻学院作主题为“社会化媒体时代的把关”的讲座，并受聘成为中国人民大学“双一流”建设国际顾问委员会委员。

二是北京大学新闻与传播学院从学科交叉、融合角度出发，充分利用学校在人文社科方面的优势资源，举办系列学术交流活动，启发学生思考。2019年以来，该院多次举办南门健康传播系列讲座、南门读书会等，并针对不同议题举行多场学术研讨会，营造出浓厚的学术氛围。如12月24日，“2019中国视频节目年度掌声·嘘声发布暨论坛”在北京大学举行。与会专家、学者针对2019年中国媒体对公共事件的报道和原创节目的视频传播，以掌声和嘘声的方式，表达了自己独立的学术立场、社会发现和专业评论。

在国际交流方面，北京大学研究生院于2019年3月启动“研究生暑期国际调研团”项目，该项目为2019年度北京大学“全球视野·研究生学术交流支持计划”的重要组成部分，是扩大研究生学术视野、推动研究生教育国际化的创新举措，对拓宽中国与“一带一路”沿线国家之间的合作空间也大有裨益。新闻与传播学院学子从新闻传播学视角出发，力求为“一带一路”倡议的深入推进提供学术研究的支持和参考。此外，北京大学新闻与传播学院于7月中下旬举办的为期10天的第六届“中欧对话：媒介与传播研究”博士暑期班，也为来自全球11个不同国家和地区高校的学员、学者，提供了跨国界、跨文化、跨领域学术对话的平台。

三是清华大学新闻与传播学院、中国社会科学院大学和北京师范大学关切新闻传播领域重要议题，积极开展了相关活动。其中，清华大学新闻与传播学院推动构建中国特色新闻学理论研究体系，积极承办第三届“中国特色新闻学高级研讨班”，以中华人民共和国成立70周年为主线，就当前中国社会与国际思想界的重要问题展开讨论。中国社会科学院大学和北京师范大学共同主办第六届政治传播与社会发展论坛“政治传播：回到原点，守正创新”学术研讨会，围绕政治传播研究的史、论、方法展开学术交流。

四是中国政法大学光明新闻传播学院为进一步提升青年教师学术素养、增强青年教师科研能力，推动学院“双一流”建设，于10月23日召开“研究生导师培训暨学术研究座谈会”。会议邀请新闻传播学界各大主流期刊的主编、负责人以及知名专家学者作主题演讲，并就人才培养、论文发表以及科研能力提升等议题展开了面对面的讨论与交流，为学院建设一流学科提供了切实可行的宝贵经验。

五是北京体育大学新闻与传播学院从专业特长出发，在冬奥会即将来临的背景下，主办系列“冬奥知识达人”讲座，讲解冬奥会相关赛事与媒体服务的事项，启发学生思考。如5月14日，新闻与传播学院举行“冬奥会媒体服务的特点及发展趋势”报告会，邀请知名媒体人徐济成和知名体育经纪人夏松作为演讲嘉宾，就冬奥会媒体服务以及体育展示的特点及发展趋势进行了讲解。

六是北京工商大学艺术与传媒学院为提高师生教与学综合素质，搭建师生交流平台，于10月22日—11月22日开展了“教学相长-教与学质量提升活动月”。通过举办学术讲座、召开培养方案专家论证会、开展学科竞赛和教学课件大赛、引入专业获奖作品展览等方式，开阔学生视野，启发学生思考，着力推进学院专业建设，进一步提高人才培养质量。

(莫慧娟)

2.2 上海市新闻传播教育发展综述

2.2.1 上海地区新闻传播专业2019年发展特点

2019年，上海地区新闻传播专业在“双一流”和“新文科”国家教育发展战略指引下，继续高举马克思主义新闻观旗帜，密切关注5G和人工智能背景下传媒发展趋势，大力推进文理交叉和产学研协同育人力度，贡献出一批有影响力的教书育人成果、创新科研成果和决策咨询成果，提升了本地区新闻传播专业在全国乃至世界范围内的知名度和影响力。

第一，坚持立德树人，初步成效显著。2019年，上海地区新闻传播学院坚持立德树人，初步成效较为显著。复旦大学新闻学院马克思主义新闻观教学团队在童兵教授带领下，长期从事中国特色社会主义新闻学的教学与科研，在教学、科研等方面取得了丰硕的成果，先后获得“上海市精品课程”“国家精品课程”“高校课程思政教学科研示范团队”“复旦大学十佳教师团队”“钟扬式教学团队”等荣誉。在2019年教师节前夕，该团队又一次获评2019年“为人为师为学”先进典型等称号。上海交通大学媒体与传播学院“人际传播”等多门课程入选上海市精品改革领航课程。复旦大学新闻学院、上海交通大学媒体与传播学院多位学子荣获第七届范敬宜新闻教育奖“新闻学子奖”。上海大学新闻传播学院从专业特色出发，加强学生意识形态教育和宣传思想工作。学生自媒体平台建设成果喜人，“传媒新观察”荣获中国(上海)高校传媒联盟五星级校园媒体等荣誉，

“青春中国”快闪视频在学习强国 APP 和共青团中央、上海团市委官方微信微博发布，点击量达数百万，受到了师生的一致认可和好评。上海交通大学媒体与传播学院蒋钰、李有学术作品“我国城乡儿童的信息技能和教育扶贫路径探索：基于上海公办学校和洱源乡村学校的田野调查”先后获得“知行杯”上海市大学生社会实践大赛二等奖、全国大中专学生“三下乡”社会实践最具影响力项目，并最终荣获第十六届“挑战杯”上海市赛教育组一等奖。

第二，推进跨界协同，拓展研究空间。在人工智能时代，上海地区新闻传播学院注重跟踪新媒体技术发展趋势，通过文理交叉、跨界协同，拓展研究空间。2019 年度，上海地区新闻传播学者在国内外核心期刊发表《智能广告信息伦理风险与核心议题研究》《智媒时代我国媒体融合创新发展研究》等多篇有影响力的学术论文。上海交通大学媒体与传播学院成功申报“5G 时代互联网传播方式的变革和治理对策研究”“中国非物质文化遗产的数字典藏、智能创意平台设置与全球化传播”4 项国家社科重大项目。上海外国语大学新闻传播学院与上海市委宣传部签署共建协议，建设融媒体与智能数据创新人才培养实训基地，成为对接国家国际传播战略、提升上海国际传播能力的教学科研高地。上海交通大学媒体与传播学院与医学院共建“健康与医学传播研究中心”，中心主任王韬获评“百名网络正能量榜样”。上海大学新闻传播学院与上海法治报社共建“法治与传播”实践基地，学院教学平台和报社实践平台，开展紧密合作，进行法治传播研究，打造“法治与传播”品牌。

第三，服务国家战略，资政成果丰富。复旦大学新闻学院、人民日报社、《民生周刊》杂志社、复旦发展研究院共同发布了“2018 年中国网络理政十大创新案例”，为推动和宣传互联网在治国理政中发挥了积极作用，为促进国家治理体系和治理能力的现代化作出了贡献。上海交通大学媒体与传播学院徐剑、刘怡、曹永荣老师等完成的《国际文化大都市评价》研究报告入选光明日报社和南京大学联合颁发的 2019“CTTI 来源智库年度精品成果”，徐剑教授获得“中国智库创新人才青年标兵奖”。上海大学新闻传播学院张敏教授发布《会展蓝皮书：中外会展业动态评估研究报告 2018》，该蓝皮书被列入国家十三五规划重点图书、中国社会科学院创新工程系列。此外，华东师范大学传播学院聚焦马克思主义传播学，上海外国语大学新闻传播学院围绕国际舆情和全球传播，上海社科院新闻所继续推进网络空间治理决策咨询研究……

第四，加强国际交流，提升全球影响。上海交通大学媒体与传播学院与联合国教科文组织(UNESCO)共同主办“人类命运共同体与全球文化管理”学术研讨会，来自英国、德国、塞尔维亚、蒙古、韩国、塞拉利昂等亚、非、欧、澳四大洲的 13 名海外学者参加研讨。上海外国语大学新闻传播学院与中国日报社、对外经济贸易大学联合举办的

“一带一路”媒体研修班(第二期)，共有来自“一带一路”沿线18个国家主流媒体的19位资深编辑、记者参加。复旦大学新闻学院成功举办“转型与创新：媒体融合背景下的新闻传播教育共同体构建”的全球高峰论坛，有来自全球知名新闻传播院系的近150位院长(主任)与会。在此次论坛上，复旦大学新闻学院还与密苏里大学新闻学院举行双硕士学位项目合作签约仪式，合作培养具有国际传播视野与能力的新闻人才。上海社会科学院新闻所和互联网研究中心参与2019年世界互联网大会“网络空间国际规则论坛”的组织和筹备工作，来自中、美、欧盟、俄罗斯、日、韩等国及地区的政府部门、私营企业、非政府组织、智库和大学的100余位专家学者参加了此届论坛。

2.2.2 上海地区主要新闻传播院系重大事件

(1)上海交通大学媒体与传播学院。上海交通大学媒体与传播学院传播学专业获批国家一流本科专业，新闻传播学博士后流动站成功设站。学院院长李本乾教授获聘教育部“长江学者奖励计划”特聘教授。学院获批4项国家社科基金重大项目、1项国家社科基金冷门绝学项目和2项国家社科基金一般项目。学院有3份决策咨询成果获得国家领导人重要批示，另有多项决策咨询成果被政府采纳或被副部级以上领导批示。学院申报的“科技强国融合新闻报道虚拟仿真实验项目”获批上海市优秀虚拟仿真实验项目，薛可教授主讲的“人际传播”等3门课程入选上海市精品改革领航课程，王昊副教授主持的“融合媒体内容生产与运营实务”入选教育部产学合作协同育人项目。2019年度，上海交通大学媒体与传播学院继续与国际传播学会(ICA)联合举办新媒体国际论坛，并获得人民日报社、新华社、光明日报社、上观新闻、《新民晚报》、人民网等十多家媒体报道。

(2)复旦大学新闻学院。为培养更多卓越新闻人才，以优异成绩庆祝中华人民共和国成立70周年，复旦大学新闻学院最新制定了《构建“大思政”格局：深入开展思想政治教育的实施方案》。复旦大学新闻学院举办成立90周年院庆相关活动，新闻学国家级教材建设重点研究基地、复旦大学全球传播全媒体研究在院庆期间揭牌。复旦大学新闻学院的黄瑚教授荣获第七届范敬宜新闻教育奖“新闻教育良师奖”。《中国社会科学》编辑部、教育部人文社科重点研究基地——复旦大学信息与传播研究中心和复旦大学新闻学院共同举办“新视野、新路径：构建中国特色传播学学术话语体系”学术对话会。这是国内新闻传播学领域科研机构与《中国社会科学》首次共同主办学术会议，就构建新闻传播学术话语体系展开了讨论。许燕副教授申报的“东盟各国传播‘一带一路’差异化研究及启示研究”等课题获批国家社科基金项目。2019年，学院在CSSCI期刊发表论文121篇。

(3)华东师范大学传播学院。华东师范大学传播学院举办了15周年院庆暨新传教育

95 周年纪念活动；召开新闻学专业和数据科学与大数据技术专业双学士学位人才培养项目方案专家论证会；举办第二届全国师范高校新闻传播专业联盟会议，安徽师范大学、北京师范大学等 16 家师范高校新闻传播学院领导出席会议。华东师范大学传播学院和中国传媒政策研究中心共同主办“中国共产党新闻政策发展史学术研讨会”。2019 年，华东师范大学传播学院在 CSSCI 期刊发表论文 63 篇，甘莅豪、李海波、吴畅畅等多位教师的论文发表在《新闻与传播研究》《现代传播》《国家新闻界》等新闻传播学权威期刊。学院研究生两组作品获人民网研究院大学生融媒体作品征集活动二等奖。“全面抗战时期中国战地记者研究”“中国近代书业广告研究”等多个项目获批国家社科基金一般项目。

(4)上海大学新闻传播学院。上海大学新闻传播学院成功主办中国高等教育学会新闻学与传播学专业委员会第八届理事会第二次全体会议暨“智能媒体与新闻传播学科变革”学术年会，来自多所高校的 260 多位专家、学者和多家媒体代表参加会议，共同探讨智媒时代的新环境、新机遇、新成果。学院举办融媒影像论坛暨全球青年融媒影像节(大赛)启动仪式，原中央电视台台长、中国电视艺术家协会名誉主席赵化勇，原中央电视台副台长、中视协纪录片学术委员会会长高峰等业界专家和“长三角”十几所重点高校的领导嘉宾等出席论坛和启动仪式。上海大学上海市舆情监测与分析中心与上海大学新闻传播学院成功举办“长三角智库联盟论坛——长三角一体化背景下上海如何发挥龙头作用”。学院组织教师团队赴悉尼科技大学传播学院访问交流，参观 UTS 传播学院相关实验室，协商两个学院之间的博士生联合培养，协商联合申请澳大利亚课题。学院应邀出席中国会展业高峰论坛，张敏教授喜获“中国会展之星杰出人物奖”。学院在第十一届全国大学生广告艺术大赛中斩获佳绩，共获 2 项全国优秀奖、7 项上海赛区奖。学院在 CSSCI 期刊发表论文 62 篇。

2.2.3　上海地区新闻传播院系 2019 年重大学术会议

(1)2019 年 10 月 26 日，以“人工智能时代：新兴媒介、产业与社会”为主题的 2019 新媒体国际论坛在上海交通大学开幕。论坛由上海交通大学媒体与传播学院与国际传播学会(ICA)共同主办，国际传播学会主席 TERRY FLEW 教授、海内外专家学者 500 余人，以及近 40 位新闻与传播院院长分享了 AI 时代各种新兴媒介、智能传播产业及其社会影响，以及智能新闻传播教育等前沿成果。

(2)2019 年 6 月 1 日，复旦大学新闻学院联手远东宏信有限公司共同举办的“2019 年中国传媒产业创新实践高峰论坛”在 6 月 1 日于复旦大学新闻学院成功举行。此次论坛也是复旦大学新闻学院 90 周年院庆系列活动之一。

(3)2019 年 10 月 25 日，第二届大夏传播国际论坛暨批判传播学年会开幕式在华东师范大学举行。此次国际研讨会以“什么是数字时代的劳动——数字媒体时代的劳动问题与传媒变革”为主题，针对“数字劳动到底是什么?”“数字劳动是否意味着工作与休闲?”“生产与消费之间的分割线是否模糊、崩塌或者重叠?”“数字劳动对新闻业正在产生或已经产生了什么样的影响?”等诸多问题进行观点发表与意见讨论，来自海内外12个不同国家和地区的70名学者参加了此次会议。

(4)2019年12月7日上午，第六届全国广告教育改革与创新研讨会暨第一届全国广告教育联盟会议于上海大学宝山校区顺利召开。

(5)2019年5月19日，“亚洲文明与国际传播：范式与融通机制”学术沙龙在上外虹口校区举行。此次沙龙由上海外国语大学主办，上海外国语大学新闻传播学院和新时代国际传播理论研究中心承办，吸引了来自日本、韩国、蒙古、印尼、泰国等15个亚洲国家和地区近40名专家和学者参会。此次活动是亚洲文明对话大会期间亚洲文明联展活动的一部分，上海外国语大学校长李岩松出席会议并致辞，开幕式由上海外国语大学新闻传播学院院长郭可主持。

(6)2019年10月18日，同济大学艺术与传媒学院、上海轩致文化传媒股份有限公司承办的“智能移动空间媒体与交互国际会议”顺利进行。此次论坛盛情邀请到了来自美国、德国、澳大利亚、荷兰等多个国家学术界及企业界的嘉宾代表汇聚上海，围绕智能移动空间HMI交互设计及交互测试与评估两大话题展开探讨，意在为中外汽车产业联通贡献学术智慧。

(薛　可)

2.3　天津市新闻传播教育发展综述

2.3.1　60周年发展概况

2019年是天津开启新闻传播教育60周年。历经60年的涵养积淀，天津新闻传播教育规模从小到大、师资队伍从弱到强、专业布局从单一到综合。从最初的专科教育、本科教育发展到硕士教育、博士教育，形成了本科专业门类比较齐全、本硕博教育、继续教育各层次全覆盖的新闻传播教育架构。成为全国具有创新活力和发展潜力的新闻传播教育重镇。

1959年5月，受中共天津市委宣传部委托，天津师范学院(今天津师范大学前身)创办了中国大陆第一个由师范院校设立的非师范类专业新闻学专业(专科)，成为“部校共建”的先行实践者。1960 年，天津师范学院招收首届新闻学专科生。

天津师范大学于 1980 年恢复新闻学专业招生，招收首届新闻学专业本科生，为全国师范类高校最早。南开大学于 1984 年在全国率先开办编辑学本科专业。

2003 年，天津师范大学成立新闻传播学院，天津新闻传播教育与学科建设进入多校并进的大发展阶段，形成了以天津师范大学为引领，以南开大学、天津体育学院、天津外国语大学、天津工业大学、天津财经大学等多家院校为核心的办学新格局。部校共建新闻学院取得积极进展。

2018 年，天津师范大学新闻传播学一级学科获批博士学位授予权，实现了天津地区新闻传播博士教育零的突破。天津大学成立新媒体与传播学院，南开大学筹建新闻传播学院，各高校积极实施新闻卓越人才培养计划。2019 年，天津师范大学新闻学专业获批天津市一流本科专业和国家级一流本科专业建设单位。

2.3.2　部分院校情况分述

1. 天津师范大学

2019 年，天津师范大学新闻传播学院在学科建设、部校共建、专业建设、课程建设、教学改革、实验室建设等各方面均取得了一定成绩。

2019 年是天津新闻传播教育 60 周年，天津师范大学新闻传播学院举办了系列学术活动。4 月 27 日，中国新闻史学会新闻传播教育史研究委员会第三届第一次常务理事会暨中国新闻传播教育年鉴编委会第六次会议在天津师范大学召开。9 月 7 日，中国新闻史学会地方新闻史研究委员会 2019 年学术年会暨“意义之网：新闻史研究的联结与想象”研讨会在天津师范大学召开。

2019 年，天津师范大学新闻传播学院招收首届新闻传播学博士研究生，以强化博士研究生课程建设，落实博士研究生培养方案。根据“部校共建”工作要求，选拔 113 名学生分赴《天津日报》《今晚报》、广播电台、电视台、津云等主流媒体实习；推选 3 名天津市“千人计划”优秀教师分赴天津电视台、广播电台、《天津日报》等媒体挂职；积极利用部校共建专项经费加快推进融媒体实验中心建设。

在专业建设方面，2019 年天津师范大学新闻学专业获批天津市一流本科专业和国家级一流本科专业建设单位。在课程建设方面，有多门课程获批校级精品课、校级优质课或校级特色示范课堂。各专业根据新版人才培养方案进行课程调整。新闻系加强了新媒体、全媒体和融媒体课程建设，加大了实践、实训和动手能力培养课程的比例。在课程中加入“双创”型教学内容，以培养学生创新创业的兴趣与能力。

2019年，天津师范大学新闻传播学院学子在校内外各大赛事上屡获佳绩。例如，荣获第十五届中国国际动漫节声优大赛、全国大学生广告艺术大赛、第十一届中国西部动漫文化节配音大赛、第二届国青杯全国高校艺术与设计作品展评、全国学生模拟联合国大会、全国大学生“互联网+”创新大赛等全国性赛事各级奖项。荣获第十一届全国大学生广告艺术大赛天津赛区比赛、中国大学生广告艺术节学院奖2019春季赛、天津市“青春梦中国梦”青年朗诵大赛、天津市第十一届大学生模拟联合国大会、天津市中华传统文化优秀作品经典诵读大赛、第九届天津市大学生校园微视频大赛、第七届中国大学生公共关系策划创业大赛等省部级赛事各类奖项。在2019年天津师范大学大学生创新创业训练计划项目立项中，获批国家级一项、市级两项、校级五项。

2. 南开大学

2019年，南开大学迎来建校100周年，南开大学新闻传播学科发展也进入第35个年头。2019年1月17日，习近平总书记视察南开大学并做出重要指示，习总书记的重要讲话精神为学校未来发展注入了新的动力。7月8日，经南开大学2019年第十九次党委常委(扩大)会议研究审议，同意成立新闻传播学院筹备工作领导小组，启动相关筹备工作。9月24日，南开大学下发南党〔2019〕49号文件，正式宣布组建南开大学新闻传播学院(筹)；同日，下发南发字〔2019〕101号文件，任命刘亚东为新闻传播学院(筹)院长。

新闻传播学院(筹)的成立是南开大学在百年校庆之年的重大举措，学院(筹)成立后，举办了一系列重大活动。邀请国务院新闻办公室原主任、南开大学兼职教授、中国人民大学新闻学院院长赵启正先生做客“百年南开大讲坛”第一讲——“国际视野的中国故事”主题报告。联合东南卫视举办了“下一站，南极！——《地球之极·侣行》第三季校园分享会”。

在新学院建设契机的促进下，南开大学新闻传播教育在2019年取得了长足发展。在本科教育方面，2019年是南开大学本科编辑出版学、广播电视学专业大类招生专业分流的第一年，2018级“中国语言文学类”的部分本科生按照既定流程分流到新闻传播类的两个专业进行学习。在研究生教学方面，新闻传播学一级学科学术型硕士正式改为三年制，从下一年度开始实施。通过改革，进一步提升了学术硕士人才培养质量，为进一步优化南开与海外名校联合培养研究生提供更好平台。在科研方面，南开大学新闻传播学科2019年有戴维等多位老师获得国家级、省部级项目资助以及省部级科研成果奖。

3. 天津体育学院

2019 年，天津体育学院新闻与传播教研室结合新闻专业教学、科研工作实际，本着以人为本、尊重差异、发展个性、面向全体、全面发展的教学理念，通过教研室全体教师的团结协作，取得了进一步发展。

在教学方面，教研室共承担 68 门本科课程。紧紧围绕马克思主义新闻思想、习近平新时代中国特色社会主义思想修订了 2019 版人才培养方案，融入课程思政元素，专业方向课实行全校“联动”，既有专业技能的深度训练，又有综合素养的延展。制作完成了“体育新闻采访与写作”慕课，邀请 4 位天津市主流媒体资深记者参与录制。

在科研方面，教师公开发表论文 3 篇，获批 2 项省部级课题，出版 1 部专业教材。1 名教师和 1 名研究生论文入选第十一届全国体育科学大会。本科生参加的大学生创新创业活动，获批国家级大创项目 1 项、市级项目 1 项、校级项目 4 项。

在师生培养方面，教研室 7 位老师参加了清华大学举行的 2019 年天津体育学院体育文化学院教师专业进修提高班，10 人次参加国内新闻传播专业相关研修班学习。

在部校共建方面，学院通过“千人计划”，3 名教师进入行业挂职锻炼，1 名编辑记者进校为新闻学专业开展专题讲座；14 名学生被市委宣传部选派到教学实践基地实习；合理规划部校共建经费，购置新闻专业实验室设备和新闻采编实训设备。学生在国家级、市级的学科竞赛活动中，共获得 6 个国家级奖项、28 个市级奖项。

4. 天津工业大学

2019 年度，天津工业大学人文学院传媒艺术系立足学科专业现状，以推进专业建设、提升学科水平为宗旨，确立了以实验室评估为契机推动专业建设，以融合媒体研究为导向提升科研水平的目标，按照学校与学科发展规划推进工作，取得了一定的成绩。

确立“为新媒体培养人才，用新媒体培养人才”的教学理念，以市级示范实验教学中心验收为契机，依托广播电视学专业“十三五”应用型专业建设、广播电视编导一流专业建设，推动广播电视学、广告学、广播电视编导等专业的融合建设。天津工业大学数字传媒实验教学中心于 2019 年 6 月获批“天津市高校市级示范实验中心”称号。与天津市南开区融媒体中心、河东区融媒体中心共建实习实践基地，与新闻传播类院系、区级融媒体中心、新媒体企业合作发起“城市融媒体联合实验室”。

积极建设“一流金课”，“面向舆情引导突发事件报道仿真实验”获批天津市级虚拟仿真项目，“新媒体导论”课程获批天津市级一流课程及市课程思政精品课，“新媒体创新与运营”课程团队获批天津工业大学校级教学团队。教学教改取得丰硕成果，先后获批教育部协同育人项目3项，获得中国纺织工业联合会教学成果二等奖1项。出版《非线性编辑教程》《影视音乐教程》教材两部、论文集两部，团队教师发表科研教学论文53篇，获批省部级以上科研项目3项。举办“融合媒体·国际传播”“融合媒体：创新、趋势与学科发展”研讨会。

5. 天津外国语大学

天津外国语大学新闻传播学科入选天津市委宣传部部校共建新闻学院单位，在学科发展、专业建设上都取得了新进展。

以党建推动专业建设，培养具有马克思主义新闻观的专业人才。新闻传播广告动画系教师党支部由新闻传播系和广告动画系的教师党员组成，开展形式多样的活动，提高自身政治理论水平，积极探索课程思政，2019年被评为全国党建工作样板支部。支部书记刘毅教授发挥双带头作用，获评2019年天津市优秀教师，获批天津市高校“双带头人”教师党支部书记工作室。

积极推进学科建设，2019年6月，召开新闻传播学科建设会议，进一步凝练和强化国际特色；9月，完成首届招生；新遴选10名业界精英作为新闻与传播专业学位研究生导师，新引进3名专业教师，均具有博士学位，师资结构进一步完善。2019年获批2个天津市高校专业学位研究生实践基地(《今晚报》和凤凰卫视美洲台)，为专业学位人才培养提供更扎实的实践支撑。余江教授主持的国家级出版项目“中国世界级非物质文化遗产概览(多语种外译)”已完成中文版写作，其他语种版本在进行中。刘毅教授获批天津市哲学社会科学课题重点委托项目“世界主流媒体对中国治国理政思想的传播研究”。董仕衍博士获批天津市哲学社会科学课题青年项目“马克思主义理论与历史的视听化传播研究”。

加强专业建设，利用现代教育技术手段提升课程品质。2019年度完成“国情教育”“马克思主义新闻观”“新闻伦理与法规”3门精品课录制。加强“校媒合作”，成立4个津云融媒体工作室，多部作品被人民网、凤凰网、“学习强国”转载，在天津电视台转播。参与外交部全球推介天津、世界智能大会等重要活动的宣传，获得了良好的社会效果。

6. 天津中医药大学

天津中医药大学传播学专业成立于2018年，目前已招收两届学生，共65人，其中2019年招收39人。2019年完成了传播学专业人才培养方案修订工作。建成中医药文化传播实训平台(传播学专业实验室)，包括虚拟演播、音视频制作、图文处理、传统文化实训等多个功能。

积极开展学术活动，主办了“中医药文化传播论坛”“天津市首届特色传播专业论坛暨天津中医药大学传播学专业人才培养方案修订研讨会”“首届中医药非遗传承保护论坛”等。编写完成第一套《中医药文化传播系列丛书》，包括《中医名家谈节气养生与文化》《中医药文化精选读本(中学版)》《中医药文化精选读本(小学版)》等 5 册。获批 2019 教育部人文社会科学青年项目 1 项、2019 天津市哲学社会科学规划项目 1 项。完成 2019 天津市卫生健康委规划项目 2 项。

依托学院教师，以天津中医药大学中医药文化研究与传播中心为平台，举办了丰富多彩的社会活动。持续开展“中医药文化进校园”活动；主办“天津市小学生中医药文化周末营”；主办首届“天津市中医药文化创意品设计大赛”。邀请包括中国工程院院士、国医大师石学敏在内的中医名家开展公益讲座。向中小学免费发放《中医药文化精选读本(中、小学版)》2000 余册。与《中国中医药报》和《中老年时报》合作，推出“节气养生防病”专栏，邀请中医名家就时令节气展开防病知识。开设“天津中医药非遗展示”专栏，向公众宣传天津市国家级、市级中医药非物质文化遗产代表性项目和代表性传承人的项目特色及传承经验等。主编书籍《中医名家谈节气养生与文化》荣获“2019 年健康天津科普作品大赛”特别奖。天津中医药大学中医药文化研究与传播中心获评“天津市科普基地”称号。

(孙瑞祥)

2.4　重庆市新闻传播教育发展综述

根据教育部的高等教育学校统计数据，截至 2019 年 8 月 8 日，重庆市高等学校共计 65 所，其中本科院校 25 所，专科院校 40 所，其中独立(民办)院校 6 所。重庆市共有 16 所本科高等院校和部分独立学院设有新闻传播专业，新闻传播教育规模稳步增长，办学水平和整体实力不断增强。

2.4.1　重庆市新闻传播教育的起源与发展

随着教育改革的推进、专业教育的发展以及社会需求的凸显，原渝州大学(现重庆工商大学)在 1982 年在汉语言文学本科专业下设“新闻、秘书方向”，后更名为汉语言文学(新闻方向)，率先开办新闻传播教育。1994 年，西南政法大学新闻传播学院成为重庆市第一所经教育部正式批准建设的新闻传播学院，1995 年开始面向全国招生。1998 年，四川外国语大学新闻学专业招生。1999 年，重庆大学成立人文学院成立广播电视系，招收广播电视新闻学本科生。

进入 21 世纪后，重庆市高等学府新闻传播教育步入快速发展的新阶段。2002 年，西南政法大学的“法制新闻理论与实务”系列课程被重庆市教委确定为省级重点建设课程；实验教学课“新闻阅评”在全国高校首开，受到中宣部的表扬。2009 年，西南大学“写作”被评为国家级精品课程、全国大学生精品通识课程。在学科建设方面，多所高校新闻传播学科被入选为重庆市重点建设学科计划中。如 2006 年，西南政法大学新闻学科被重庆市评为“十一五”重点建设学科，2010 年，该校新闻学专业被评为国家级特色专业。2011 年，西南政法大学、重庆工商大学、四川外国语大学新闻传播学科同时获批重庆市“十二五”规划市级重点学科。重庆大学、西南政法大学、重庆工商大学、四川外国语大学 2017 年新闻传播学入选重庆市“十三五”重点学科，2019 年，重庆大学和西南政法大学年新闻学专业先后入选重庆市、教育部“一流本科专业”建设项目。2019 年，重庆大学获批新闻传播学一级学科博士点。四川外国语大学依托外国语言文学一级学科博士点设置了跨文化传播二级学科方向博士点。重庆师范大学传媒学院获批新闻学一级学科硕士点。至此，重庆获得新闻传播学一级学科博士点高校达到 2 所，设置二级学科方向博士点的高校也达到了 2 所。共有 4 所高校开展新闻传播博士教育，重庆新闻传播教育进入历史新阶段。

在教学设施方面，各高校加大投入。2019 年，重庆大学建成国家教育部新闻虚拟仿真实验教学项目。西南政法大学新闻传播学院和华龙网集团共建融媒体学院。四川外国语大学新闻传播学院利用中央财政支持地方高校建设资金和学校配套投入，建成了总值 1300 多万元，覆盖印刷媒体、影视、网络新媒体等各类传播技能实验的综合实训中心，并申报获批为重庆市市级实验示范中心。重庆工商大学获中央支持地方高校建设项目，投入总经费 800 万元，建设了多个实验实训平台，总值 2000 多万元。2019 年，该校广告学、广播电视学市级特色专业通过验收。重庆师范大学建有 2000 多平方米的市级实验教学示范中心——数字影视制作实验教学中心，中心设备先进，总值逾 2000 万元。重庆邮电大学传媒艺术学院实验中心总使用面积 7500 余平方米，实验设备价值近 2000 万元。

在办学理念上，力求凭借所在院校的优势学科，办出自己的特色。如四川外语大学新闻传播学院以培育具有“世界眼光、中国情怀、理性精神、人文内涵”，熟悉全媒体时代信息传播规律，掌握各类媒体传播技能的高素质信息人才为目的，全面贯彻“国际视野、复合融通、理实并重”的办学理念，突出国际化、复合型、应用型的办学特色。

重庆邮电大学传媒艺术学院培养具有较高艺术素养和媒介素养，能熟练运用现代信息技术和数字技术进行信息内容的策划、创作和传播的，思想与业务过硬、理论与实践兼长、艺术与技术结合的复合性新型传媒艺术人才。重庆交通大学人文学院以“凸显交通特色，创新人文发展”为方向，在“两路文化”领域进行了可喜的探索。随着重庆市民办高校的快速发展，不少民办院校纷纷开办新闻学专业，如四川外语学院重庆南方翻译学院、重庆师范大学涉外商贸学院、重庆工商大学派斯学院等。2019 年，重庆第二师范学院获批时尚传播本科专业，重庆新闻传播教育专业设置更加多元化。

在数字化技术日新月异、新兴媒体不断涌入、媒介融合发展的趋势下，重庆市新闻传播教育也积极顺应时代和行业发展趋势，不少院校从培养目标、课程体系、培养模式等方面进行了创新，以培养适应新媒体时代的新闻传播人才。重庆大学与新华社重庆分社、重庆广电集团、重庆日报报业集团等单位建立合作平台和学生实习基地。西南大学新闻传媒学院与华龙网、腾讯·大渝网加强战略合作伙伴关系，在教学中探索传统媒体与新媒体融合的运营模式。西南政法大学与《重庆商报》联合培养新闻传播本科创新务实人才，以及创建 29 个校外教学实习基地。重庆工商大学与华龙网集团合作建设新闻与传播研究生联合培养基地，同重庆本地三大传媒集团等共建实习实践基地，新增新媒体企业实习实践基地 5 个。四川外语大学新闻传播学院有中央媒体、地方媒体、英文媒体等多类别、多层次的合作基地共 40 余个。2019 年，重庆市高等院校新闻传播教育顺应时代发展需要，努力进取，以提高办学质量和层次为突破口，取得了不俗的成绩。

2.4.2　重庆市高校新闻传播教育院系设置

重庆高校新闻教育院系设主要包含两种类型：新闻传播学院（或新闻与传播学院）和新闻传播系。据重庆市各高校官网资料显示，重庆市在统招的本科高校中，名称为新闻传播学院、新闻学院的比较多，例如重庆大学新闻学院、四川外国语大学新闻传播学院、西南政法大学全球新闻传播学院等；名称为新闻传播系的通常隶属于该校的人文学院或者传媒艺术学院，例如重庆交通大学人文学院广播电视系、重庆邮电大学传媒艺术学院广播电视编导系。重庆市主城区 15 所本科院校中，有 9 所设有独立的新闻传播学院进行专门的新闻传播教育，其余院校均设立新闻传播系或专业开展新闻传播教育。

设有独立的新闻传播学院的高校，其学院下设有多个系。如重庆大学新闻院下辖新闻学系、广播电视学系，下设新闻学、广播电视学两个本科专业；西南大学新闻传媒学院设有新闻学系、广播电视编导系、播音与主持艺术系，下设新闻学、广播电视编导、播音与主持艺术3个本科专业；西南政法大学新闻传播学院设有新闻学、广播电视学、传播学、网络与新媒体4个本科专业。重庆工商大学文学与新闻学院下设有新闻学系、新媒体系、广播电视编导系、广播电视学系和广告学系，下设5个对应的本科专业；四川外国语大学新闻传播学院下设新闻学、网络与新媒体、广告学、广播电视学、播音与主持艺术、广播电视编导6个本科专业。只设有新闻传播系的高校，其系下多数只设有一两个相关专业(详见表2-1)。

表2-1　**重庆高校新闻传播院系、设置**

序号	高校名称	院	系	专　业
1	重庆大学	新闻学院	新闻学系、广播电视学系	新闻学(本科)、广播电视学(本科)、新闻传播学(学术硕士)、新闻与传播(专业硕士)、新闻法学(博士)
2	西南大学	新闻传媒学院	新闻学系、广播电视编导系、播音与主持艺术系	新闻学(本科)、广播电视编导(本科)、播音与主持艺术(本科)、新闻传播学(学术硕士)、戏剧影视学(学术硕士)、新闻与传播(专业硕士)、传媒文化教育(博士)、传媒产业教育(博士)、艺术美学(博士)、语文课程教学论(博士)
3	西南政法大学	新闻传播学院	新闻学系、传播学系、广播电视系、网络与新媒体系	新闻学(本科)、传播学(本科)、广播电视学(本科)、网络与新媒体(本科)、新闻学(学术硕士)、传播学(学术硕士)、新闻与传播(专业硕士)
4	重庆工商大学	文学与新闻学院	新闻学系、新媒体系、广播电视编导系、广播电视学系和广告学系	新闻学(本科)、广告学(本科)、广播电视(本科)、网络与新媒体(本科)、影视编导(本科)、新闻传播学(学术硕士)、新闻与传播(专业硕士)
5	四川外国语大学	新闻传播学院	新闻学系、网络与新媒体系、广告学系、广播电视学系、播音与主持系、广播电视编导系	新闻学(本科)、网络与新媒体(本科)、广告学(本科)、广播电视学(本科)、播音与主持(本科)、广播电视编导(本科)、文艺与传媒(学术硕士)、新闻传播学(学术硕士)、新闻与传播(专业硕士)、跨文化传播(博士)

续表

序号	高校名称	院	系	专　业
6	重庆师范大学	新闻与传媒学院（新媒体学院）	新闻学系、广播电视编导系、网络与新媒体系、数字媒体艺术系、摄影系、影视摄影与制作系	新闻学（本科）、网络与新媒体（本科）、广播电视编导（本科）、影视摄影与制作（本科）、摄影（本科）、数字媒体艺术（本科）、文艺与传媒（学术硕士）、广播电视（专业硕士）、新闻与传播（专业硕士）新闻传播学（学术硕士）
7	重庆邮电大学	传媒艺术学院	广播电视编导系、动画系、数字媒体艺术系、视觉传达设计系、环境设计系、产品设计系	广播电视编导（本科）、动画（本科）、数字媒体艺术（本科）、视觉传达设计（本科）、环境设计（本科）、产品设计（本科）、广播电视（艺术硕士）、艺术设计（艺术硕士）
8	重庆交通大学	人文学院	广告学系、旅游管理系、广播电视学系	广播电视学（本科）、广告学（本科）、旅游管理（本科）、新闻与传播（专业硕士）、旅游管理（学术硕士）
9	重庆理工大学	管理学院	广告学系	广告学（本科）
10	长江师范学院	传媒学院	广播电视学系、播音与主持艺术系、网络与新媒体系	网络与新媒体（本科）、播音与主持艺术（本科）、广播电视学（本科）
11	重庆第二师范学院	文化传媒学院		网络与新媒体、广告学、时尚传播，均为本科
12	重庆三峡学院	传媒学院	广播电视学系、广告学系、网络与新媒体系	网络与新媒体（本科）、广告学（本科）、广播电视学（本科）
13	重庆文理学院	文化与传媒学院	传媒系	广播电视学（本科）、广播电视编导（本科）
14	重庆第二师范学院	文学与传媒学院	广告学系、新媒体系	广告学（本科）、网络与新媒体（本科）

2.4.3 重庆市高校新闻传播人才培养、合作交流与科学研究

1. 办学层次

重庆新闻传播教育的人才培养有四个层次：博士研究生教育、硕士研究生教育、本科生教育和专科生教育。目前具有博士学位授予权的高校共4所：重庆大学、西南大学、西南政法大学、四川外国语大学。具有硕士学位授予权的高校共7所：重庆大学、西南大学、西南政法大学、重庆工商大学、四川外国语大学、重庆师范大学、重庆交通大学。专科专业主要由职业技术学院根据需求设置。2019年，西南政法大学新闻传播学院首届新闻传播学博士研究生招生，7名博士研究生入学，标志着重庆新闻教育有了新的起点。重庆各高校新闻传播教育在依托本校办学特色的基础上，注重培养学生的综合素养，十分重视培养学生的实践能力和人文素养，课程体系科学、专业特色鲜明。

2. 部校共建

重庆师范大学新闻与传媒学院与中共重庆市委宣传部合作，成立了重庆新闻学院，为学院进一步发展搭建了平台，形成了新闻与传媒学院、重庆新闻学院、新媒体学院三位一体的全媒体办学格局。重庆工商大学文学与新闻学院与重庆市委宣传部共建华龙新媒体学院(与华龙网合作)，重庆市新闻工作者协会与重庆工商大学文学与新闻学院的合作不断深化，在多个项目推进上取得了突破。三峡学院与重庆万州区委宣传部共建传媒学院。部校共建主要着重于人才培养、资源共享和政策扶持等方面。

3. 对外交流与合作

随着社会的发展和教育的进步，重庆高校注重国际及地区交流合作，开展国际学术交流与合作也越来越普遍。目前，重庆大学、西南大学、西南政法大学、重庆工商大学、重庆师范大学等高校均派遣教师或学生与国(境)外高校进行学习和交流。2019年，重庆大学新闻学院与香港浸会大学传理学院签署硕士联合培养协议。重庆大学新闻传播学(学硕)新闻与传播硕士(专硕)研究生可分别攻读科廷大学、香港浸会大学有关专业的硕士学位。

西南大学新闻传媒学院坚持“开放办学、国际化发展”，对外交流与合作日益频繁。西南政法大学新闻传播学院与联合国教科文组织，英国威斯敏斯特大学、美国哥伦比亚大学、美国的北卡罗来纳大学教堂山分校等国外高校和科研单位建立了多种合作关系。四川外国语大学新闻传播学院推动本科人才互换、2+2、3+2等人才培养项目，拓宽教

师海外进修和学术交流渠道，国际化特色鲜明。重庆工商大学文学与新闻学院和多所国外高校签订了交流合作协议，开设有国际商务汉语留学生本科专业，为东南亚国家留学生提供国际汉语教学；同时招收新闻传播专业留学研究生。

4. 科学研究与人才队伍

为了适应时代的发展需要，培养新时期服务社会的综合型人才，目前重庆市各大本科院校均设立了相关的研究机构，并在专业研究的基础上，取得了显著的研究性成果。2019 年，重庆大学新闻学院"新闻传播学一级学科水平提升计划"入选重庆大学"双一流"学科重点建设项目。西南政法大学、西南大学、四川外国语大学、重庆工商大学等校的科研实力整体上不断增强，科研投入近千万元，2019 年有 10 余个国家社科项目获得立项；几所高校还与重庆市政府和媒体联合共建，研究平台建设不断强化。

2019 年，西南政法大学新闻传播学院李珮教授因在新闻传播教育和学科建设方面等的突出成就获得重庆市五一劳动奖章。重庆大学新闻学院郭小安教授入选"国家万人计划青年拔尖人才"。董天策、严功军、殷俊教授等获批重庆市第三批新闻传播学学术技术带头人，郭小安、刘丹凌教授等获批重庆市第三批新闻能传播学学术技术带头人后备人选。重庆高校新闻传播教育十分重视引进人才，重庆大学、西南大学、西南政法大学、重庆工商大学、四川外国语大学的新闻传播教育师资队伍建设不断加强，拥有博士学位的教师均在 50%以上。

2.4.4　结语

重庆新闻传播教学事业已走过 40 多年的春秋，取得了令人瞩目的成绩，为我国西南地区乃至全国培养输送了大量新闻传播专业人才，不少人成为国家和西南地区新闻传媒单位的骨干和精英。重庆高校新闻传播教育事业经过多年的探索与发展，办学规模增长迅速，办学层次不断完善、专业建设不断加强、科研水平不断提高，为培养新时代的新闻媒体人才打下了坚实的物质基础和研究专业基础，在一定程度上保持、彰显了自身的鲜明特色。随着西南政法大学和重庆大学先后获得新闻传播学一级学科博士点，重庆市新闻传播教育发展在西部地区走向前列，许多年轻学子积极报考重庆地区的高校新闻院系，在我国各项事业蓬勃发展的形势下，重庆市新闻传播教育无疑将进入更加稳健、深入、持久的大好发展时期。

（魏静、蔡林杉）

2.5 河北省新闻传播教育发展综述①

2019年河北省共有43所院校开设了104个新闻传播类本专科专业点。

2.5.1 专业设置及专业建设

1. 专业设置状况

根据教育部网站2019年3月25日公布的信息，河北省2018度普通高等学校本科专业备案和审批结果显示，沧州师范学院审批通过了广告学专业，另外，河北传媒学院审批通过了数字出版专业，该专业为河北省第一个且是唯一的一个；该院还审批通过了数字媒体技术专业，这样河北传媒学院新闻传播学院就拥有7个本科专业，为河北省同类院校专业数量最多的学院。河北工程大学的广告学专业撤销，这样河北省拥有新闻传播类专业的院校又少了一所；河北传媒学院则撤销了产品设计专业。

2019年，河北省共有43所院校开设了104个新闻传播类本专科专业点，其中有24所院校开设了51个新闻传播类本科专业，25所院校开设了53个新闻传播类高职高专专业，43所院校中有河北传媒学院等6所院校既开设了本科专业也开设了高职专科专业。2019年，河北省拥有一级学科博士点1个，一级学科硕士点2个，专业硕士点4个(见表2-2、表2-3)。

表2-2　　河北省新闻传播类本专业2019年开设院校及开设数量列表

专业代码	专业名称	2019年开设院校名录(按照专业开设年限排序)	开设数量
050301	新闻学	河北大学、河北大学工商学院、河北师范大学、河北科技大学、廊坊师范学院、河北经贸大学、河北科技大学理工学院、河北师范大学汇华学院、河北经贸大学经济管理学院、河北民族师范学院、河北传媒学院	11

① 本节为2017年河北省社会科学基金项目“河北新闻与传播教育历史与现状研究”(项目编号：HB17XW001)阶段性成果。

续表

专业代码	专业名称	2019 年开设院校名录(按照专业开设年限排序)	开设数量
050302	广播电视学	河北大学、河北经贸大学、河北大学工商学院、衡水学院、河北传媒学院、河北经贸大学经济管理学院、唐山师范学院、石家庄学院	8
050303	广告学	河北大学、河北师范大学、河北地质大学、河北大学工商学院、河北经贸大学、河北地质大学华信学院、河北师范大学汇华学院、石家庄学院、防灾科技学院、河北传媒学院、衡水学院、唐山学院、河北美术学院、沧州师范学院	14
050304	传播学	河北传媒学院	1
050305	编辑出版学	河北大学、河北经贸大学、河北大学工商学院、河北传媒学院	4
050306T	网络与新媒体	河北传媒学院、河北大学工商学院、沧州师范学院、河北外国语学院、河北科技大学、保定学院、河北工程技术学院、河北民族师范学院、防灾科技学院、河北东方学院	10
050307T	数字出版	河北传媒学院	1
050308T	时尚传播	—	0
050309T	国际新闻与传播	—	0
99J001T	会展	—	0
合计			

其中，河北大学分别在新闻传播学院和河北大学—中央兰开夏传媒与创意学院开设了广播电视学、广告学专业。

表 2-3　**河北省新闻传播类高职专科专业 2019 年开设院校及开设数量列表**

专业类	专业代码	专业名称	专业开设院校及开设起止时间	开设数量
6601 新闻出版类	660101	图文信息处理	—	0
	660102	网络新闻与传播	河北政法职业学院、唐山职业技术学院	2
	660103	版面编辑与校对	—	0
	660104	出版商务	—	0
	660105	出版与电脑编辑技术	—	0

续表

专业类	专业代码	专业名称	专业开设院校及开设起止时间	开设数量
6601 新闻出版类	660106	出版信息管理	—	0
	660107	数字出版	—	0
	660108	数字媒体设备管理	—	0
6602 广播影视类	660201	新闻采编与制作	衡水学院、唐山师范学院、保定职业技术学院、邯郸职业技术学院、石家庄工程职业学院、河北传媒学院、河北对外经贸职业学院（2019 年未招生）	7
	660202	播音与主持	邯郸学院、河北传媒学院、河北省艺术职业学院、河北对外经贸职业学院、河北美术学院、石家庄理工职业学院、河北外国语学院	7
	660203	广播影视节目制作	保定职业技术学院、河北青年管理干部学院、河北传媒学院、河北对外经贸职业学院、河北美术学院、河北外国语学院、河北省艺术职业学院、河北东方学院	8
	660204	广播电视技术	—	0
	660205	影视制片管理	—	0
	660206	影视编导	石家庄城市经济职业学院、邯郸学院、河北传媒学院、石家庄信息工程职业学院、河北省艺术职业学院、河北美术学院、河北省艺术职业学院	7
	660207	影视美术	—	0
	660208	影视多媒体技术	河北软件职业技术学院、石家庄职业技术学院、渤海理工职业学院、唐山师范学院、河北传媒学院	5
	660209	影视动画	石家庄职业技术学院、石家庄工程职业学院、衡水职业技术学院、邯郸学院、河北传媒学院、河北对外经贸职业学院、河北美术学院、石家庄理工职业学院	8
	660210	影视照明技术与艺术	—	0

续表

专业类	专业代码	专业名称	专业开设院校及开设起止时间	开设数量
6602 广播影视类	660211	音像技术	—	0
	660212	录音技术与艺术	—	0
	660213	摄影摄像技术	石家庄经济职业学院、燕京理工学院、河北传媒学院、河北美术学院、石家庄理工职业学院、河北外国语学院、河北环境工程学院、河北省艺术职业学院	8
	660214	传播与策划	—	0
	660215	媒体营销	石家庄城市经济职业学院	1

2. 专业建设

(1)首批“双万计划”入选专业情况。在 2019 年的首批“双万计划”建设中，河北省共有 2 个新闻传播类专业被认定为首批国家级一流专业建设点，有 2 个新闻传播类专业被认定为首批省级一流专业建设点。河北大学新闻学专业和河北经贸大学新闻学专业被确定为首批国家级一流专业建设点，河北师范大学广告学专业和河北传媒学院网络与新媒体专业被确定为首批省级一流专业建设点。此外，河北传媒学院的非新闻传播类专业之中还有广播电视编导专业被确定为 2019 年首批国家级一流本科专业建设点，播音与主持艺术、录音艺术、戏剧影视美术设计、休闲体育 4 个专业被确定为首批省级一流本科专业建设点。

(2)河北大学新闻传播学院对口合作情况。为了促进“部省合建”工作的有效开展，2019 年 11 月 2 日，中国人民大学、北京师范大学、中国农业大学、武汉大学与河北大学签署对口合作协议。同一天，河北大学新闻传播学院和中国人民大学新闻学院、武汉大学新闻与传播学院召开了对口合作座谈会。河北大学党委副书记杨立海、中国人民大学新闻学院副院长赵云泽、武汉大学新闻与传播学院副院长姚曦及河北大学新闻传播学院领导班子全体成员、学科带头人、系主任参加了此次会议。合作方表达了合作意愿、探讨了合作模式。在座谈会上，中国人民大学、武汉大学与河北大学共建马克思主义新闻观史论融合研究院和 RWH 新闻传播学精品课建设中心，并举行了聘任仪式，河北大学校党委副书记杨立海为研究院负责人与中心研究员颁发了聘书。

(3)保定职业技术学院与中国传媒大学高等职业技术学院共建专业。2019 年 2 月 17 日，保定职业技术学院与中国传媒大学高等职业技术学院签署《联合共建专业框架协议书》，共同建设广播影视类专业。纳入共建的专业为传媒艺术系广播影视节目制作、广播影视节目制作(影视编导)、广播影视节目制作(影视动画)、新闻采编与制作4个专业。主要是联合制订人才培养方案，中国传媒大学教师承担部分课程的教学任务，共建专业的学生每年有2~3周到中国传媒大学参加学习，优秀学生可享受中国传媒大学为其提供的毕业实习、就业推介机会。

2.5.2 本科生、研究生教育

2019年4月，河北大学新闻传播学院与美国密苏里新闻学院“本科2+2双学士学位项目”正式启动，院长韩立新教授代表河北大学新闻传播学院在协议书上签字；韩立新教授、赵树旺教授与密苏里新闻学院代表进行了深入洽谈。

2019年，河北经贸大学文化与传播学院在新闻传播学一级学科硕士点之下新设置了视听新媒体传播硕士点，招收了第一届研究生。

河北大学新闻传播学院杨秀国教授的两位博士生通过了论文答辩，取得博士学位。博士生ELSHENNAWI MILLA(迷兰)的博士论文题目为“俄罗斯主流新闻网站‘TASS. RU’中的中国形象研究(2012—2017)”，博士生尤佳的博士论文题目为“新媒体视域下中国当代育儿焦虑研究”。

2.5.3 实习、实验中心建设

在2019年公布的2018年度国家虚拟仿真实验教学项目名单中，河北经贸大学文化与传播学院杨磊博士主持的“融媒体新闻制作流程虚拟仿真项目”被认定为2018年度国家虚拟仿真实验教学项目(新闻传播类)。该项目为新闻传播学类，对应专业为广播电视学。这是全国第二批国家虚拟仿真实验教学项目，也是河北省新闻传播学类的第一个国家虚拟仿真实验教学项目。同时，河北经贸大学文化与传播学院张金桐教授负责的“高校融媒体运营虚拟仿真项目”等被认定为河北省省级虚拟仿真实验教学项目。

另外，2019年度河北大学新闻传播学院李亚虹教授负责的实验教学项目“冬奥体育项目解说之高山滑雪大回转虚拟仿真教学系统”被河北省教育厅推荐申报国家虚拟仿真实验教学项目。该项目属于艺术学类，对应专业为播音与主持艺术。

2.5.4 学术研究及特色

1. 国家社科基金、省社科基金

2019年7月12日，全国哲学社会科学工作办公室发布了2019年国家社科基金年度

项目和青年项目立项结果。河北省有两个项目成功立项为国家社科基金课题，分别是河北大学新闻传播学院张艳主持的“中国互联网广告数据治理体系构建研究”、河北经贸大学文化与传播学院艾岚主持的“人工智能时代新媒体产业版权保护制度创新研究”。2019 年 10 月 16 日，全国哲学社会科学工作办公室发布了 2019 年国家社科基金后期资助项目立项名单，河北师范大学新闻传播学院郭学军副教授所主持的艺术类项目“‘十七年’时期的中国电影批评”获得资助。自此，该院终于有了第一项学院教师所主持的国家社科基金项目，在科研上迈出了一大步。

从河北省部分高校网站收集到了 2019 年河北省社科基金部分新闻学与传播学类项目的立项名单。从这些项目中可以看到有三个较为明显的特点：一是围绕河北省的新闻传播实际开展应用性研究；二是研究新媒体和互联网相关内容；三是 2019 年新闻传播史研究项目所占比例较大，突出了综合性院校重视史论研究的特点。

2. 成果获奖

河北省新闻传播类院系在 2019 年取得了一项重大突破——获得第一项教育部组织的“高等学校科学研究优秀成果奖”，并且一举获得了二等奖。河北大学新闻传播学院田建平教授的著作《宋代出版史》在获得两项大奖之后又上台阶，代表河北省首次获得了教育部的“高等学校科学研究优秀成果奖”，这实际上就是“国家级”的社科成果奖。

2019 年 12 月 27 日，河北省教育厅下发《河北省教育厅关于公布第八届河北省高等教育教学成果奖获奖名单的通知》，其中新闻传播类和新闻传播类院校获奖项目主要有 3 项，1 项一等奖，2 项三等奖。河北传媒学院在这次教学成果奖的评选中表现非常突出，取得 2 个奖项，占到了河北省新闻传播类获奖项目的 2/3。教学成果奖属于重要奖项之一，既是成果也是资源，对于院校、学科、教师的后续评价都有明显的影响(见表 2-4)。

表 2-4　**2019 年河北省高等教育教学成果奖获奖项目名单**

年份	届数	完成人	完成单位	成果编号	成果名称	等级
2019	第八届	李锦云、李兴国、高贺胜、卢红玲、梁锐、李峰、刘亚男、胡洋	河北传媒学院	GDJY-20191039	影视类专业项目制教学范式的研究与实践	一等奖

续表

年份	届数	完成人	完成单位	成果编号	成果名称	等级
2019	第八届	白贵、彭焕萍、张艳、和曼、曹磊	河北大学	GDJY-20193001	三重背景下卓越新闻传播人才的融通培养机制改革 创新与实践	三等奖
2019	第八届	徐晓宁、朱良志、薛立磊、杨东伶、武卫卫、宋兆宽、冯婷婷、冯科	河北传媒学院	GDJY-20193128	融媒体人才培养模式创新与实践	三等奖

3. 学术论文发表

2019 年河北省高校、科研院所等单位在新闻传播类 CSSCI 期刊上共发表或合作发表论文 33 篇，比 2018 年少发表 11 篇(见图 2-1)。其中《出版发行研究》最多，8 篇；新闻与传播类 CSSCI 所属的 7 种期刊只发表了 10 篇文章，比 2018 年少发表了 5 篇；在出版事业类 CSSCI 所属的 8 本期刊上，河北省高校和科研院所发表了 23 篇文章。

河北省 2019 年发表“C 刊”的研究单位和主要作者继续呈现集中化趋势。如河北大学新闻传播学院、河北经贸大学文化与传播学院两家单位表现较为突出，河北大学新闻传播学院 2019 年在新闻传播学类“C 刊”发表论文 16 篇，河北经贸大学文化与传播学院 2019 年则发表 6 篇。

4. 研究机构设置与变更

2019 年 3 月 4 日，河北大学新闻传播学院《晋察冀日报》研究室成立仪式举行，主要研究《晋察冀日报》历史，深入发掘老报人的革命故事，传承和发扬红色精神。除了新设立的还有更名的研究机构，河北大学跨文化研究中心的前身是 2014 年成立的河北大学伊斯兰国家社会发展研究中心，2019 年 10 月正式更为现名。

2.5.5 专业技能大赛

河北省各高校 2019 年在第十一届全国大学生广告艺术大赛(下文简称为“大广赛”)

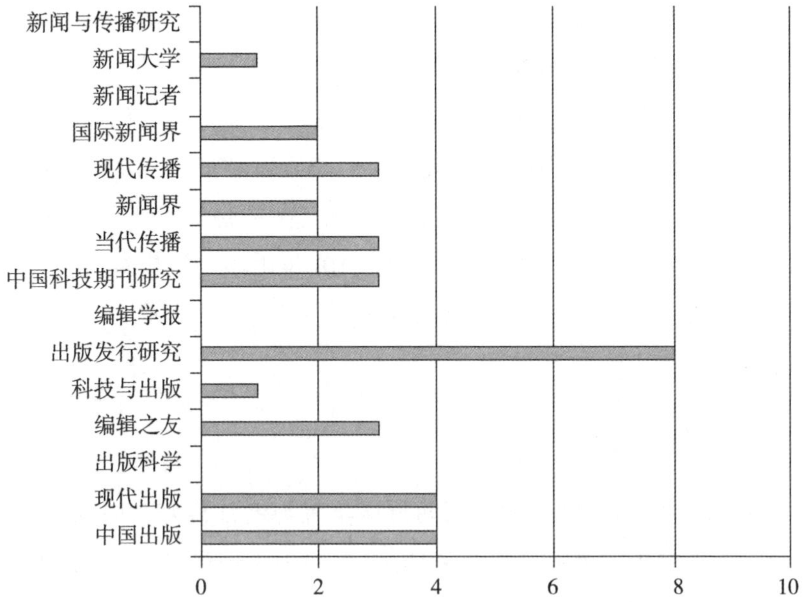

图 2-1　2019 年河北省高校、科研院所新闻传播类 CSSCI 期刊论文刊物分布图

和 2019 年中国大学生广告艺术节学院奖春季赛、秋季赛(下文中简称为“学院奖”)中表现优异。其中在“大广赛”中获得全国一等奖 1 项、二等奖 9 项、三等奖 15 项。在“学院奖”春季赛和秋季赛中共计获得金奖 8 项、银奖 4 项、铜奖 10 项。从学校层面来看，河北大学获得 2 项金奖(一等奖)、2 项银奖(二等奖)、3 项铜奖(三等奖)；河北民族师范学院获得 1 项金奖(一等奖)、2 项银奖(二等奖)、6 项铜奖(三等奖)。紧随其后的是获得 2 项金奖(一等奖)的河北大学工商学院和获得 1 项金奖(一等奖)、1 项银奖(二等奖)、1 项铜奖(三等奖)的保定职业技术学院。河北师范大学、河北工业大学、河北科技学院、华北理工大学、燕山大学、河北传媒学院、华北电力大学、唐山学院、保定学院、河北美术学院、衡水学院、河北地质大学、河北师范大学汇华学院等也都获得了等级奖。

在中共中央宣传部宣传教育局、中央网信办网络新闻信息传播局等单位主办的“第三届社会主义核心价值观主题微电影征集展示活动”中，河北大学新闻传播学院 2018 级广播电视学专业王艺颖同学任联合编剧的爱国主义题材公益微电影《盐山武术扇传奇》，荣获优秀影片三等奖和优秀影片摄影奖。在中共中央宣传部学习强国平台“我爱我的祖国”微视频、摄影作品大奖赛中，保定学院信息工程学院推送的作品《村里的培训班》《书香水韵》《我的年代和我》获得三等奖，河北传媒学院新闻传播学院网络与新媒体专业学生微视频作品《姥爷的故事》获得三等奖。河北大学新闻传播学院硕博士组成的文创智库精准扶贫项目团队获 2019 年河北省“互联网+”大学生创新创业大赛金奖。在人民网“共享新时代，我和我的‘小确幸’”大学生融媒体作品征集活动中，河北大学新闻传播学院学生姜婷玉、杨莹雪等人完成的融媒体作品《礼赞新时代，智慧新学习》荣获一等奖。防灾科技学院文化与传播学院学生在 2019 年中国高校生肖设计大赛、中国—东盟大学生公益设计大赛中获得了铜奖和优秀奖，亦有学生作品入选《2019 年中国大学生艺术设计年鉴》。

2.5.6 重要学术会议

2019 年 8 月 16—18 日，河北大学新闻传播学院与浙江传媒学院新闻与传播学院、台湾南华大学管理学院华文出版趋势研究中心、北京大学现代出版研究所共同主办的第十四届海峡两岸华文出版与文化创意学术论坛在浙江杭州举行，论坛主题为“华文出版：产业转型与融合发展”。2019 年 10 月 12—13 日，由中国新闻史学会传播学研究专业委员会与河北大学共同主办，河北大学新闻传播学院承办的 2019 年中国传播学论坛暨“文明融合、生活变迁与传播”学术研讨会在雄安新区举行。2019 年 12 月 10—12 日，由河北大学跨文化传播研究中心、河北大学新闻传播学院、“一带一路”沿线国家研究智库联盟联合主办的“一带一路”“构建人类命运共同体”与跨文化传播研讨会在河北大学举行。2019 年 12 月 12—13 日，由中国高等教育学会广告教育专业委员会主办，河北师范大学新闻传播学院承办的“深化广告教育改革、凝聚学科竞赛成果”研讨会在石家庄召开。2019 年 12 月 15 日，河北大学新闻传播学院与中国传媒大学党报党刊研究中心联合主办的“人民共和国党报论坛”第十六届(2019)年会在中国传媒大学举行。2019 年 12 月 26—27 日，由河北广播电视台主办，河北广电 MCN 机构和河北经贸大学文化与传播学院联合承办的“融媒营销 变现突破”全国广播融媒营销合伙人大会在石家庄召开。

(薄立伟、商建辉)

2.6　河南省新闻传播教育发展综述

2.6.1　河南省新闻教育概况

1. 专业设置

在河南省建设的 139 所高校中有两所院校拥有博士学位授权点：郑州大学新闻与传播学院“新闻传播学”一级博士学位授权点、河南大学新闻与传播学院“跨文化传播”二级博士点。

拥有硕士学位授权点的院系有 7 所，分别是：郑州大学新闻与传播学院、河南大学新闻与传播学院、河南工业大学新闻与传播学院、河南财经政法大学文化传播学院、河南师范大学文学院、中原工学院新闻与传播学院、信阳师范学院传媒学院。

截至 2019 年，在河南省建设的 139 所高校中开设新闻与传播专业的本科院校共计 38 所，专科院校共计 56 所，其中包括 37 所高职(专科)院校和 19 所普通本科院校。其专业设置详见表 2-5(仅限本科院校)。

表 2-5　**河南省本科专业设置情况(38 所)**

院系名称	专业设置	院系名称	专业设置
郑州大学 新闻与传播学院	新闻学、广告学 广播电视新闻学 网络与新媒体	黄河科技学院(民办) 新闻传播学院	广播电视学 播音与主持艺术 广播电视编导 表演专业 戏剧影视文学
河南大学 新闻与传播学院	新闻学、广告学 网络与新媒体 编辑出版学 播音与主持艺术 广播电视编导	郑州升达经贸管理 学院(民办)文法学院	新闻学 广告学(新增)

续表

院系名称	专业设置	院系名称	专业设置
河南工业大学 新闻与传播学院	广告学、广播电视学 播音与主持艺术 网络与新媒体 新闻学(新增)	郑州成功财经学院(民办) 文学与新闻传播学系	新闻学 广告学
河南财经政法大学 文化传播学院	广告学、新闻学 网络与新媒体 广播电视学(停止招生)	商丘学院(民办) 传媒学院	播音与主持艺术 广播电视编导 网络与新媒体(新增)
河南师范大学 文学院	广播电视学 戏剧影视文学	郑州航空工业 管理学院 艺术设计学院	播音与主持艺术 广告学
中原工学院 新闻与传播学院	广播电视学 网络新媒体 广播电视编导 播音与主持艺术	洛阳师范学院 新闻与传播学院	新闻学 广播电视编导 播音与主持艺术
信阳师范学院 传媒学院	播音与主持艺术 广播电视编导 戏剧影视文学	安阳工学院 文法学院	播音与主持艺术 广播电视编导
南阳师范学院 新闻与传播学院	新闻学、广播电视编导 播音与主持艺术 数字媒体艺术(新增)	河南牧业经济学院 文法学院	网络与新媒体 数字媒体技术(新增)
黄淮学院 文化传媒学院	广播电视编导 播音与主持艺术 网络与新媒体 数字媒体艺术(新增)	安阳学院 文学与传媒学院	广播电视编导 播音与主持艺术
平顶山学院 新闻与传播学院	播音与主持艺术 广播电视编导 广告学、文化产业管理 网络与新媒体	郑州工商学院 文法学院、艺术学院	广告学 播音与主持艺术 广播电视编导(新增)

续表

院系名称	专业设置	院系名称	专业设置
周口师范学院 新闻与传媒学院	新闻学(停止招生) 播音与主持艺术 广播电视编导 网络与新媒体(新增)	郑州大学西亚斯 国际学院 新闻与传播学院	新闻学 广告学
商丘师范学院 传媒学院	广播电视学、广告学 广播电视编导 播音与主持艺术	郑州大学体育学院 体育新闻与管理系	新闻学
河南理工大学 文法学院	广告学	河南师范大学 新联学院 文学与传媒学院	广播电视编导 广播电视学
郑州师范学院 传播学院	广播电视学 网络与新媒体 播音主持与艺术(新增)	河南科技学院 新科学院中文系	新闻学
洛阳理工学院 人文与社会科学学院	新闻学	中原工学院信息 商务学院 政法与传媒系	播音与主持艺术 广播电视编导 广播电视学 广告学 数字媒体艺术 数字媒体技术(新增)
新乡学院 新闻传播学院	广播电视编导 新闻学	郑州轻工业大学 艺术设计学院	数字媒体艺术
南阳理工学院 文法学院	播音与主持艺术 广播电视编导 数字媒体技术(新增)	郑州工程技术学院 传媒学院	网络与新媒体 数字媒体艺术
河南大学民生学院 (独立)传媒学院	新闻学、广告学 播音与主持艺术 广播电视编导	信阳学院 文学院	广播电视学 广播电视编导 数字媒体艺术
许昌学院 文学与传媒学院	播音主持与艺术 戏剧影视文学	安阳师范学院 传媒学院	播音与主持艺术 广播电视编导 影视摄影与制作

2. 高校教学实验室建设

2019 年 3 月，郑州大学新闻与传播学院郑素侠教授负责的“基于大数据技术的媒介融合实训项目”获批国家虚拟仿真实验教学项目；河南大学新闻与传播学院杨萌芽院长负责的“融媒体视频直点播虚拟仿真实验项目”、河南工业大学新闻与传播学院尚恒志教授负责的“法制新闻采写”、新乡学院新闻传播学院祁晓霞教授负责的“纪录片画面编辑及叙事思维训练虚拟仿真模型系统”、郑州师范学院传播学院范红娟院长负责的“突发公共事件融合报道”、周口师范学院新闻与传媒学院孙红震教授负责的“县级融媒体新闻生产虚拟仿真教学实训项目”、洛阳师范学院新闻与传播学院李正学教授负责的“融媒体生产分发与管理虚拟仿真实验教学项目”获批河南省虚拟仿真项目。

河南工业大学新闻与传播学院夏颖副教授负责的“广播电视学系”、郑州师范学院传播学院范红娟院长负责的“传媒综合实训中心”获批 2019 年度河南省高等学校优秀基层教学组织立项建设。

3. 高校共建项目

2019 年 11 月 28 日，郑州大学新闻与传播学院举办校外实践教育基地续签仪式暨卓越新闻传播人才培养高层论坛。2019 年 12 月 7 日，河南大学新闻与传播学院举办融媒环境下的卓越新闻传播人才培养研讨会暨实习实践基地的建设和发展座谈会，与河南根文化创意有限公司、河南广播电视卫星频道、河南寻美视觉文化传播有限公司、河南日报报业集团等共建课程，培养新闻人才。2019 年 6 月，河南财经政法大学文化与传播学院与“华人头条”签约合作共建实习基地。2019 年 9 月，河南工业大学新闻与传播学院与大河网络传媒集团有限公司联合申报的河南省研究生教育创新培养基地获批。2019 年 3 月 22 日，平顶山学院新闻与传播学院与武汉市气象局武汉市公共气象服务中心在武汉市气象局签约战略合作协议。2019 年 6 月 25 日，郑州师范学院校长与北京凤凰数字媒体产业教育集团总部在北京凤凰中心举行了签约仪式。2019 年 3 月 16 日，南阳师范大学新闻与传播学院与南阳兄弟影视传媒有限公司签订实习就业基地协议。4 月 10 日，南阳理工学院文法学院与南阳兄弟影视传媒有限公司签署实习就业基地共建协议。

2.6.2 省级科研项目及成果

2019 年，河南省各高校新闻传播教育学科在省级科研项目方面取得了丰硕成果，据不完全统计，其中省社科规划项有 9 项、省高等教育教学改革研究与实践项目 6 项。在教材与学术著作方面，出版超过 6 种，其中学术著作逾 2 种。

2.6.3　国家级及省级一流专业

入选首批新闻与传播类国家级一流专业的有：郑州大学的新闻学专业与河南大学的编辑出版学专业。入选首批新闻与传播类省级一流专业的有：河南大学新闻学专业、河南工业大学广告学专业、南阳师范学院播音与主持专业、商丘师范学院广播电视编导专业、平顶山学院播音与主持专业、南阳理工学院播音与主持专业、郑州师范学院广播电视学、黄河科技学院（民办）广播电视编导专业。

2.6.4　省级精品课程与一流课程

2019 年，河南省高等学校在精品在线开放课程方面，新闻传播类课程共入选 2 门，分别为：南阳师范学院“播音创作基础”、平顶山学院“传播理论与技巧”。

河南省 2019 年线下、线上线下混合式、社会实践省级一流本科课程，新闻传播类课程共入选 15 门。其中线下一流课程 8 门，分别是：郑州大学“电视新闻深度报道”、河南大学“语音与发声应用”、南阳师范学院“播音语言通论”、洛阳师范学院“媒介经营与管理”、商丘师范学院“个人形象礼仪设计”、商丘学院“电视节目策划”、河南大学民生学院“播音主持语音与发声”、中原工学院信息商务学院“摄影技术与艺术”；线上线下混合式一流课程 3 门，分别是：河南工业大学“广告策划与创意”、信阳师范学院“艺术概论”、中原工学院“语音发声学”；社会实践省级一流本科课程 4 门，分别是：南阳师范学院“广告策划与创意”、黄淮学院“数字天中社会实践”、平顶山学院“全媒体人才专创融合实践”、郑州西亚斯学院“广告创意”。

2.6.5　重要会议及学术论坛

2019 年 12 月 7 日，郑州大学新闻与传播学院举办“2019 年郑州大学第十四届研究生学术论坛新闻与传播学院博士生学术分论坛”和“研究生专题创新分论坛”。2019 年 11 月 9 日，河南大学举行首届中原新闻与传播研究生学术论坛，这是河南省高校首次举行新闻传播类学科研究生学术论坛，来自中国人民大学、复旦大学、南京大学等全国 28 所高校的硕士生、博士生参与此次论坛。2019 年 8 月，河南师范大学文学院举办中国文章学第 34 届学术年会，取得了较好的反响。

2.6.6 学生获奖情况

2019年4月，河南大学新闻与传播学院以“最美教师”李芳事迹为原型创作的多媒体剧诗《星空》，在省内多次演出，后于11月在京演出。教育部党组书记陈宝生、教育部党组成员孙尧、河南省副省长霍金花、河南省教育厅副厅长毛杰等出席活动。平顶山学院新闻与传播学院广播电视编导专业蒋美芳、周孟洁同学在大河网实习期间，参与制作网络访谈《重温经典致敬时代——倒霉大师谈幸福生活：要一直唱下去，为时代立碑》，获第二十九届中国新闻奖二等奖；郑州大学新闻与传播学院在第十八届上海国际大学生广告节总决赛斩获策划类一等奖；河南大学新闻与传播学院学生团队作品荣获第十八届上海国际大学生广告节优胜奖；河南大学新闻与传播学院李明哲的《回延安》在齐越朗诵艺术节暨全国大学生朗诵大会总决赛中获三等奖。另外，河南大学新闻与传播学院学生团队创作的《瞬间见证七十年》荣获中国公益映像节公益映像大赛奖项。河南省高校中获第十一届全国大学生广告艺术大赛国家级一等奖的有：河南工业大学新闻与传播学院2016级广告学陆亮亮团队创作的《AD钙奶——元气篇》、河南科技学院新科学院艺术系李格格团队创作的《杜蕾斯撩情热感》、郑州理工职业学院艺术传媒系齐晨宇团队创作的《爱华仕箱包》。南阳师范学院新闻与传播学院共有4项作品获得第十一届全国大广赛国家级二等奖和三等奖；河南理工大学文法学院有1项作品获得第十一届全国大广赛国家级三等奖；郑州工程技术学院文化传播学院在第十一届全国大学生广告艺术大赛中获得国家等级奖7项，并荣获全国优秀院校奖，是河南省唯一荣获此项荣誉的高校；河南财经政法大学新闻与传播学院共有3件学生作品——《中国式大学生活》《入伍倒计时》《小米的日记本》，在第四届全国大学生网络编辑创新大赛中获得全国三等奖。另外，参赛学生在第六届中国大学生新媒体创意大赛中获得特等奖1项，一等奖1项，三等奖2项。河南大学民生学院传媒学院吴庆娜的作品《这个地方叫科巴》获得第三届美丽乡村国际微电影艺术节国家级优秀作品奖，另有作品《日出东方》获第五届万峰林微电影盛典一等奖。新乡学院新闻传播学院于第五届万峰林微电影盛典斩获四个奖项：《Havana》获最佳制作一等奖，《零叁柒叁》获短片类二等奖，《影像里的道口古会》(先导片)获短片类二等奖，《妈妈的手》获短片类三等奖。

（严　励）

2.7　陕西省新闻传播教育发展综述

根据教育部的统计数据，截至 2019 年 5 月 31 日，陕西省高等学校共计 113 所，其中：本科高校 42 所，专科高校 41 所，独立高校 12 所，民办高校 18 所。资料统计显示，全省有 37 所普通高等学校设有独立的新闻传播学院或相关专业开展新闻传播教育工作。

2.7.1　院系及专业设置

在统招的各类高校中，陕西省开设有独立的新闻传播学院的高校只有 7 所，分别是西安交通大学、西北大学、陕西师范大学、西安外国语大学、西北政法大学、西安培华学院和西京学院。未设有独立新闻传播学院的高校，其新闻传播系（专业）通常隶属于该校的文学院或人文学院，如长安大学人文学院、西安工业大学人文学院、陕西理工大学文学院、西安财经大学文学院等。此外，也有比较特殊的情况，如延安大学中国语言文学与新闻传播学院、安康学院文学与传媒学院等。

此外，设有独立的新闻传播学院的高校，其学院下面通常设有多个系，如陕西师范大学新闻与传播学院设有新闻学系、网络与新媒体系、广播电视编导系、编辑出版系和播音与主持艺术系，下设 5 个对应的专业；西北大学新闻传播学院下辖新闻学系、广告学系、传播学系、网络与新媒体系，下设 4 个专业：新闻学、广告学、网络与新媒体、播音与主持艺术；西北政法大学新闻传播学院设有法制新闻系、编辑出版系、广播电视学系、网络与新媒体系、广播电视编导系、戏剧影视文学系，下设新闻学（法制新闻）、广播电视学、编辑出版学、广播电视编导、戏剧影视文学和网络与新媒体 6 个本科专业（见表 2-6）。

表 2-6　**陕西省各高校院系及专业设置情况表**

序号	高校名称	院	系	专　业
1	西北大学	新闻传播学院	新闻学系、广告学系、传播学系、网络与新媒体系	新闻学（本科）、广告学（本科）、播音与主持艺术（本科）、网络与新媒体（本科）、新闻与传播硕士、艺术硕士（广播电视方向）专业硕士

续表

序号	高校名称	院	系	专　业
2	西安交通大学	新闻与新媒体学院	传播学系	网络与新媒体(本科)、新闻与传播(专业硕士)、新闻传播理论与实践(博士研究生)
3	西安工业大学	人文学院		广告学(本科)、新闻与传播(专业硕士)
4	西安石油大学	人文学院	新闻系	新闻学(本科)
5	西安工程大学	人文社会科学学院		新闻与传播(专业硕士)
6	长安大学	文学艺术与传播学院	中文系、新闻传播系、广告学系、广播电视系	汉语言文学(本科)、新闻学(本科)、广告学(本科)、广播影视编导(本科)及戏剧影视文学(本科)、美学(硕士)、新闻与传播(硕士)、产业经济学(硕士)、行政管理(硕士)、马克思主义基本原理(硕士)
7	陕西师范大学	新闻与传播学院	新闻系、播音与主持艺术系、编辑出版系、广播电视编导系、网络与新媒体系	新闻学(本科)、编辑出版学(本科)、网络与新媒体(本科)、广播电视编导(本科)、播音与主持艺术(本科)、新闻学(硕士)、传播学(硕士)、文艺与文化传播学(硕士)、广播电视艺术学(硕士)、新媒体艺术学(硕士)、电影学(硕士)、戏剧戏曲学(硕士)、影视批评学(硕士)、新闻与传播专业硕士、出版专业硕士、广播电视艺术硕士、文艺与文化传播(博士)、媒介与社会变迁(博士)
8	延安大学	中国语言文学与新闻传播学院		汉语言文学(本科)、秘书学(本科)、新闻学(本科)、现当代文学(硕士)、文艺学(硕士)、语言学及应用语言学(硕士)、古代文学(硕士)、语文课程与教学论(硕士)、学科教学(语文)(硕士)
9	陕西理工大学	文学院		广播电视学(本科)

续表

序号	高校名称	院	系	专　业
10	宝鸡文理学院	文学与新闻传播学院	中文系、新闻传播系、影视传媒艺术系	汉语言文学(本科)、广告学(本科)、新闻学(本科)、播音与主持艺术(本科)、广播电视编导(本科)
11	咸阳师范学院	文学与传播学院		汉语言文学(本科)、广告学(本科)、新闻学(本科)、秘书学(本科)、播音与主持艺术(本科)、汉语国际教育(本科)
12	渭南师范学院	人文学院		新闻学(本科)、广播电视学(本科)
13	西安外国语大学	新闻与传播学院		新闻学(本科)、广播电视学(本科)、广告学(本科)、广播电视编导(本科)、播音与主持艺术(本科)、网络与新媒体(本科)、新闻与传播(专业硕士)、国际新闻方向(硕士)
14	西北政法大学	新闻传播学院	新闻学(法制新闻系)系、广播电视学系、编辑出版系、网络与新媒体系、广播电视编导系、戏剧影视文学系	新闻学(法制新闻)(本科)、广播电视学(本科)、编辑出版学(本科)、广播电视编导(本科)、戏剧影视文学(本科)、网络与新媒体(本科)、法制新闻与传媒法(学术硕士)、新闻与传播(专业硕士)
15	西安体育学院		体育传媒系	播音与主持、新闻、基础英语、英语、汉语教学
16	西安文理学院	文学院		广告学
17	榆林学院	文学院		新闻学
18	安康学院	文学与传媒学院		汉语言文学(本科)、秘书学(本科)、网络与新媒体(本科)
19	西安培华学院	传媒学院		新闻学(本科)、广告学(本科)、播音与主持艺术(本科)、戏剧影视文学(本科)、广播电视编导(本科)、网络与新媒体(本科)

续表

序号	高校名称	院	系	专　业
20	西安财经大学	文学院	新闻传播系	新闻学(财经新闻方向)(本科)、广播电视学(本科)、广告学(本科)、广播电视编导(本科)
21	西安邮电大学	数字艺术学院	数字媒体艺术系、广播电视编导系	数字媒体艺术(本科)、广播电视编导(本科)
22	西安欧亚学院	文化传媒学院		新闻学(本科)、网络与新媒体(本科)、数字出版(本科)、文化产业管理(本科)、新闻采编与制作(专科)
23	西安外事学院	人文艺术学院		播音与主持艺术、广播电视学、网络与新媒体、广告设计与制作(平面艺术设计与制作)、新闻学(本科)、广播电视编导(本科)、新闻采编与制作(高职)
24	西安翻译学院	文学院	新闻传播系	播音与主持艺术、广播电视学、广告学、新闻采编与制作
25	西京学院	传媒学院		新闻学(网络与新媒体方向)(本科)、网络与新媒体(本科)、新闻采编与制作(媒介策划与推广方向)(高职)、数字媒体应用技术(UI 界面设计方向)(高职)、视觉传播设计与制作(室内装饰设计方向)(高职)
26	西安思源学院			广告学(本科)、网络与新媒体(本科)、数字媒体艺术(本科)、广告设计与制作(专科)、数字媒体艺术设计(高职专科)
27	陕西服装工程学院	艺术设计学院		播音与主持艺术、数字媒体艺术(专科)、新闻采编与制作(专科)、广告设计与制作(专科)、视觉传播设计(专科)
28	西安交通大学城市学院		传播系	网络与新媒体、传播学

续表

序号	高校名称	院	系	专　业
29	西北大学现代学院	文学院		新闻学(本科)、广告学(本科)、广播电视学(本科)、网络与新媒体(本科)
30	西安财经大学行知学院	人文艺术分院		网络与新媒体、广播电视学、广告学
31	西安工业大学北方信息工程学院		人文社科系	广告学(本科)
32	延安大学西安创新学院	文学与文化传播学院		广播电视新闻学(本科)
33	西北工业大学明德学院	艺术与设计学院		播音与主持艺术(空中乘务方向)
34	西安科技大学高新学院	新传媒与经济管理学院		网络与新媒体(本科)、播音与主持艺术(本科)、广播电视编导(本科)、财务管理(本科)、旅游管理(本科)、房地产开发与管理(本科)、金融工程(本科)、电子商务(本科)、传播与策划(专科)、会计(专科)、酒店管理(专科)
35	陕西青年职业学院		文化传媒系	网络新闻与传播；视觉传播设计与制作；影视表演、编导；广告设计与制作；新闻专业；播音与主持
36	陕西工商职业学院	文化与传媒学院		舞台艺术设计与制作、广告设计与制作、广播影视节目制作
37	陕西艺术职业学院		影视系	播音与主持

2.7.2 师资队伍

依据各院系网页介绍资料，初步统计陕西省新闻传播类专业教师共有 1016 名，其中教授共有 89 名，占 8.76%；副教授共有 160 名，占 15.75%；讲师共有 427 名，占 42.03%。一本高校拥有较多的教授，专科高校、独立高校和民办高校的教授则较少。教师队伍中拥有研究生学历者占大部分。

陕西省各高校经常开展一些知识讲座，聘用有丰富社会实践经验的教师前来授课；也聘用不少来自新闻行业、具有丰富从业经验的教师，这些教师在专业知识上有更为实际的经验传授给学生。如西北大学新闻传播学院设立“业师进课堂”课程，邀请国内外一流传媒人担任课程教学、学生指导工作；陕西师范大学新闻与传播学院聘请业界兼职教授 20 多人；陕西青年职业文化学院文化传媒系拥有国家普通话测试员、高级记者、主任播音员、高级广告师、策划师、编辑等“双师型”教师 53 人。

目前，陕西省独立开设新闻传播学院的高校占比较低，大多数新闻传播类专业开设在文学院、人文学院或其他的人文社会科学院系等。因此，教授新闻传播类专业的老师多是有着文学类背景的教师，而少有新闻传播类的专业教师。部分高校由于本校的办学特色，也要求教师具有多种学科背景，如西安交通大学新闻与新媒体学院凝聚计算机科学、网络、信息、传播学、管理学、社会学、心理学等多学科力量，注重培养和吸收多学科师资力量，形成具有多学科背景，多领域、高层次、开放式的师资科研队伍体系；西北大学新闻传播学院积极吸引新闻学、传播学以及计算机科学、社会学、汉语言文学、政治学、法学、哲学等相关专业优秀博士毕业生或博士后到院任教；西安外国语大学的“许多教师具有海外学习经历，精通外语，具有双语教学能力”。

2.7.3 学术研究及其特色

陕西省各高校新闻传播研究呈现出以下三种特点：一是依托地域特点和本校优势专业，开设具有一定特色的研究中心进行相关的研究工作，如西北大学新闻传播学院的中国西部传媒与社会发展研究院、西安外国语大学新闻与传播学院的国际传播研究所、西北政法大学新闻传播学院的法制新闻研究中心等；二是紧跟时代步伐，以更好地进行新闻传播实践活动和更好地服务于社会为目标，对于层出不穷的新兴新闻传播现象和事物进行研究，如陕西师范大学新闻与传播学院的国际非虚构写作研究中心、西北大学新闻传播学院的新媒体研究院、长安大学文学艺术与传播学院的大众传播与社会发展研究所等；三是以探索新闻传播的本质和规律为目标，进行新闻传播理论的相关研究，如陕西师范大学新闻与传播学院的马克思主义新闻观中国化研究中心、西安交通大学新闻与新媒体学院开设的“实践中的马克思主义新闻观”精品课程等。

目前，陕西省各大本科院校均设立了相关的研究中心(或教研室)，进行专业研究，并且取得了一定的研究成果。西安交通大学新闻与新媒体学院政务新媒体研究中心的陈强副教授和李明德教授持续关注陕西省政务新媒体建设的重大理论和现实问题，开展课题研究和战略咨询，提写的咨询建议《应警惕和纠正政务新媒体“僵尸化”倾向》荣获 2017 年度陕西省优秀决策咨询建议三等奖；西北政法大学新闻传播学院的慕明春教授主持的“新媒体新闻侵权研究”获批为国家社科基金重点项目，“社会政策与社会舆情评价协同创新研究中心”为陕西省哲学社会科学重点研究基地；西安外国语大学新闻与传播学院的国际传播研究所目前已出版两部学术专著——《大众媒介与社会转型——墨西哥个案考》和《伊朗的大众媒介与社会变迁》，并获得教育部青年项目一项。陕西省各高校在新闻传播研究领域取得了较丰硕的成果，在新闻教育与新闻研究方面，也日趋走向专业化和专门化，但这种情况还是多见于一本重点院校，层次较低的院校仍有待改善。

2.7.4　校企合作

当前，陕西省部分高校积极与企业进行合作，共建学生实习、实训基地，让教师学生参与企业经营活动，不但有效扩充了教学环境资源，实现了课堂教学改革，有助于锻炼学生独立分析问题、解决问题的能力，使学生更好地领悟课堂上教师传授的知识，也更能培养出适应人才市场需求的应用型人才。此外，在新媒体环境下，企业开展新媒体工作势在必行，通过校企合作，为企业注入新鲜血液，有助于企业在宣传方面做出更好、更有效的决策。

在校企合作方面，西安交通大学新闻与新媒体学院、西安外国语大学新闻与传播学院和西京学院传媒学院在校企合作方面走在了全省新闻院校的前列。西安交通大学新闻与新媒体学院和北京创业光荣科技有限责任公司(鲸准)共建人才培养基地、教育实践基地与产学研合作基地，紧紧围绕“新闻”与“新媒体”两个关键词，与国家重大需求紧密结合，积极开展地方服务；与国家电网共建“新媒体创新应用与品牌建设实验室”，实现了优势互补，有利于提高新媒体人才培养质量，助力企业品牌建设推广。西安外国语大学新闻与传播学院和西安广播电视台签署战略合作协议，构建“西安广播电视台大学生实践教育基地”，为学生提供了崭新的实践平台，学生也能够利用自己的语言和专业优势，通过校企合作也能共同讲好陕西故事、传播陕西声音。

由于师资力量薄弱和教学水平有限，层次较低的院校比一本重点院校更加注重与企业进行合作，更加倾向于培养人才市场所需要的应用型人才。2018 年和 2019 年，西京学院传媒学院分别与腾讯·大秦网、优酷媒资中心、陕西旻鼎航空科技有限公司和西安西基网软件科技有限公司达成了合作共识。

2.7.5 实验、实践教学

新闻教育既是理论教育又是实践教育，唯有理论联系实践，在实践中深入锻炼和体会，才能反哺专业知识的学习并且不断提高专业技能水准。当前，陕西省各高校均设有专门的实验中心或实践平台供学生学习提升。

实验中心拥有各类专门的仪器设备，可承担学生的实验课程。目前，各高校开设的实验实践类课程有：网页设计与制作、数字音频编辑、非线性编辑、电视节目制作、广告摄影、广告摄像、播音创作基础、数据新闻等。这些课程对于学生练好基本功、打下坚实基础起到了重要作用。

实践平台主要有两种形式：一种是院报、学院网站、通讯社、学校网站、广播站等一系列校内官方媒体；另一种是学校与企业合作建设的实践平台，如西安交通大学新闻与新媒体学院和北京华晟经世信息技术有限公司合作建设的国内首个新媒体“智慧学习工场”、陕西师范大学新闻与传播学院和索尼共建的“索尼影像创作基地”。这些实践平台是学生将课堂所学知识加以运用的良好场所，也是学生正式步入社会、进入工作岗位前的试练场。

（李文、陈萌、李聿哲）

2.8 山西省新闻传播教育发展综述

山西省高度重视高校新闻传播教育的发展，各高校按照相关要求对各自的新闻传播人才培养予以调整与改进，努力使新闻传播教育更好地对接山西发展的需求。

2.8.1 山西新闻传播教育新发展

新媒体的快速发展不仅带来了人际交往方式的改变，更使得媒介生产与消费的方式发生了根本性的变革。传媒领域新兴技术的发展对新闻传播人才培养提出了全新的要求，高校人才培养理念和培养方式应时而变成为必然，新闻教育必须更加贴近新闻传播实践，培养造就一批具有家国情怀、国际视野的高素质全媒化复合型新闻传播后备人才，才能精准对接新闻传播发展的人才需求。

1. 新方向、新举措

为加强和改进山西高校新闻传播专业建设与人才培养，着力培养适应山西经济社会发展的卓越新闻传播人才，山西进一步落实教育部、中宣部的卓越新闻传播人才教育培养计划，提出卓越新闻传播人才教育培养计划的总体目标是全面落实立德树人根本任务，坚持马克思主义新闻观，以习近平新时代中国特色社会主义思想和习近平总书记关于新闻舆论工作的重要论述为指导，培养造就一批具有家国情怀、社会担当、国际视野的高素质全媒化复合型新闻传播后备人才。

山西省委宣传部提出七项措施提高新闻传播人才培养水平：一是开创马克思主义新闻观教育新局面。开展习近平总书记关于新闻舆论工作的重要论述和马克思主义新闻观主题全员培训，选出一批马克思主义新闻观教育教学典型案例，建设马克思主义新闻观教育省级精品共享课程。二是构建新闻传播人才培育新体系。强化思想引领和价值塑造，构建思想政治教育、职业道德教育、专业知识教育三位一体新闻传播育人体系。三是创建一流新闻传播专业。主动适应信息社会深刻发展和媒体融合深度发展趋势，结合山西经济社会发展对新闻传播人才的需求，实施一流新闻传播专业培育支持计划，支持建设国家和省级一流新闻传播专业点，打造国家级和省级线上线下精品共享新闻传播专业课程，支持高校新闻院系建设国家级新闻传播融媒体实验教学中心、新闻传播国家级虚拟仿真实验教学项目，加快培养全媒化复合型新闻传播人才。四是深化新闻学院部校共建工作。将部校共建新闻学院工作作为加强高校思想政治工作、落实意识形态工作责任制的重要内容，加强督导检查和经费保障，确保取得实效。五是推动高校与新闻单位协同育人。落实国家互聘交流“双千计划”，实施山西“百人”计划，将互聘范围从新闻学扩大至传播学专业，有条件的扩至新闻传播专业所有本科专业。扩大业界互聘人员遴选范围，选聘一批有情怀担当、处在行业前沿的知名互联网融媒体机构专家进入“百人”计划。六是开展国际新闻传播人才培养。在有条件的高校实施“新闻+专业+外语”“三位一体”跨专业培养方案，鼓励相关院校与国外知名大学新闻学院合作，通过组织新闻传播国际夏令营等形式，加强“国情教育+国际视野”的社会实践和国际交流。探索与境外高水平大学联合培养模式，鼓励有条件的高校实施本科生“2+2”项目。七是强化新闻传播教育质量。开展全方位全过程新闻传播教育质量建设，聚焦提升人才培养质量，加强新闻传播学专业点内涵建设。

2. 新探索、新路径

在高校“双一流”建设的驱动下，为提升省内高校教育质量和学科水平，山西省出台《山西省高等学校一流专业和特色专业群建设实施方案》《山西省高等学校一流本科专业建设点评审方案》等一流学科建设方案，各高校紧随时代发展步伐，扎实推进专业建设，在学科建设、专业设置、人才培养等方面呈现出新的特点。

山西大学新闻学院于2019年开始尝试大类招生，打破了原有的专业界限，有利于交叉型、复合型、高素质人才培养，力求满足社会对复合型、创新型专业人才的需求，适应了学生基于兴趣和特长选择主修专业的需求，专业选择的适当竞争也激活了校内各个学科优势资源的整合，调动了教师和学生的积极性，有效提升了人才培养质量。2019年，山西大学新闻学院新闻学专业被确立为山西省唯一一个新闻传播教育类省级一流本科专业建设点，并成功入选首批国家一流本科专业建设点。

为了推进专业精度发展，中北大学人文社会科学学院在广播电视学专业基础上成立新闻传播系，该系包含三个教学与科研团队，分别为传媒创意写作团队、新闻传播理论研究团队、新媒体与数据新闻团队，任占文老师受聘为系主任。

山西大同大学新闻学院自2018年成立以来，集中加快网络与新媒体专业建设。2019年成功获批网络与新媒体专业，2017年申报的新闻学(新媒体传播)专业方向停止招生。2019年12月17日，山西大同大学与人民网山西频道签署战略合作协议，新闻学院作为执行主体，进一步拓展了智媒体人才培养与实践、共建实习实践基地、提升人才培养队伍等的领域。

此外，为促进教育质量进一步提高，推动全省高等学校精品共享课程建设与应用，在2019年立项建设的“山西省高等学校精品共享课程”中，山西大学、大同大学及山西工商学院三所高校的新闻传播相关课程得以立项。各高校在建设特色精品共享课过程中，既要提供建设经费，承担主体责任，又要对课程运行情况进行监督和管理，持续建设和完善，确保精品共享课程教学质量，这将有利于促进新闻传播相关课程质量的整体提升(见表2-7)。

表 2-7　　山西省高等学校精品共享课程(新闻传播类)

高校名称	特色课程	教课形式	授课教师
山西大学	传播学概论	线下	李彩霞
山西大同大学	新闻编辑	线下	王海燕
山西工商学院	传播学概论	线上	杨艳芳

2.8.2　基本情况

1. 本科招生及毕业人数

山西各高校的本科招生规模较为稳定，2019 年的招生人数及毕业人数基本与往年相当，部分学校招生人数略有增加，但幅度不大(见表 2-8)。

表 2-8　　2019 年山西高校新闻传播类专业招生及毕业人数

学校代码	高校名称	院/系名称	招生人数(2019)	毕业人数(2019)
10108	山西大学	新闻学院	新闻传播类：121	新闻学：60 广告学：42
10110	中北大学	文社会科学学院/新闻传播系	广播电视学：90	广播电视学：96
10117	长治医学院	文艺术传播系	传播学(健康传播方向)：40	传播学(健康传播方向)：37
10118	山西师范大学	文学院	编辑出版学：43	编辑出版学：43
10119	太原师范学院	文学院	新闻学、广播电视学：70	新闻学：160
10120	山西大同大学	新闻学院	新闻学、网络与新媒体：100	新闻学：147
10121	晋中学院	文学院	网络与新媒体：38 新闻学：98	新闻学：98
10125	山西财经大学	新闻与艺术学院	新闻学：102	新闻学：98

续表

学校代码	高校名称	院/系名称	招生人数（2019）	毕业人数（2019）
13533	山西大学商务学院	文化传播学院	新闻学：57 广告学：78	新闻学：76 广告学：72
14434	山西传媒学院	新闻传播学院	广播电视学：90（另加100人专升本） 网络与新媒体：150 新闻学：100	广播电视学：248（另加54人专升本）

2. 本科人才培养

（1）修订培养方案。人才培养方案体现着各个高校新闻传播教育的特色及实力。山西省高校紧跟新闻传播环境的变化，进一步优化人才培养方案，从培养目标、培养要求、教学计划教学手段等方面进行调整，努力创新地方高校卓越新闻人才培养体系。

山西大学新闻学院根据多年的专业建设经验，适应当前复杂变化的传播环境，对人才培养方案进行了修订。根据新闻学和广告学专业的特色，强化实践环节，按照“抓中间带两头”的“杠铃式”教学模式，培养学生的问题意识和正确解决问题的思维方法。学院设立由教师牵头负责的“融媒体中心”，承担学校及学院的多媒体新闻报道任务，让学生在新闻实践中不断提升多媒体报道技能。在人才培养中要求学生具有扎实的基础理论知识、创新创意能力和较强的多媒体应用能力，进一步满足社会对人才的需求。

中北大学人文社会科学学院制定2019版人才培养方案，与校内外专家多次讨论、反复修改，最终顺利通过审定并付诸实施，培养方案秉持中北大学“主专业+微方向”教育理念，着力打造“数字影像”“智慧新闻”两大特色方向，学生在大三时可根据兴趣、成绩等标准分流到自己喜欢的方向。

山西大同大学新闻学院网络新媒体专业以“精专业、强实践、多面向、重创新”为核心理念，培养具有坚定的政治方向、强烈的社会责任感并能系统掌握网络与新媒体传播理论，具备新媒体创意思维能力和新媒体技术应用能力，满足全媒体时代媒介融合工作需要，能够在各类门户网站、网络传播公司等新媒体传播机构，政府及企事业单位从事新闻采编、网络运营与推广、媒体设计与制作等相关工作的高级应用型人才。构建通识教育平台、学科基础教育平台、专业教育平台三大平台以及一个实践教学环节。专业教育平台以必修课、方向课、选修课为方向，通过专业实践课程、学科竞赛、专业实习强化实践环节，综合全面提升学生的新媒体创意思维能力和新媒体技术应用能力。

为适应全媒体时代媒体融合发展的需要，山西传媒学院新闻传播学院积极组织师生学习贯彻习近平总书记“1·25 讲话”，并将讲话精神落实到教学工作中，组织教研室主任和部分教师代表对人才培养进行专题研讨，明确人才培养三项举措：一是在广播电视学专业增设新媒体、媒体融合等课程，培养学生以视频制作为主的全媒体素养；在新闻学专业开设信息图表制作等课程，在培养学生新闻采写评业务能力的同时，使其能够更好地适应全媒体环境；在网络与新媒体专业强化媒体融合的理念和技术类课程。二是积极申报媒体融合实验室，充分锻炼学生的全媒体技能和素养。三是打通三个专业的媒体融合类课程，在各有侧重、各有所长的前提下，培养全媒体传播者。

山西大学商务学院以新版国家本科专业质量标准为依据，结合学校建设应用型人才培养体系的要求，制订 2019 年新版人才培养方案(新闻学、广告学)，在专业课程和特色课程方面进行了调整，注重突出应用人才培养，将其融入教学、实践等人才培养的全过程。

目前我国新闻传播教育发展处于上升期，山西高校各新闻传播类专业要坚持问题导向，努力创新，不断探索，培养具有“职业精神”和“职业情怀”的新闻传播人才。

(2)调整课程设置。课程是新闻传播教育的核心，是学生获取专业知识的主要渠道。山西各高校着手从课程内容上改革，一是强化马克思主义新闻观教育，在专业课程中融入马克思主义新闻观，力求专业课程的同向同行；二是注重课程调整，许多高校在原有课程的基础上加入与新媒体有关的课程，力求贴近新闻传播业界的需求。

山西大学新闻学院对课程进行改革。一是增加新媒体方向的课程，如广告专业增加了电子广告设计、数字交互式广告设计等课程，新闻专业增加了数据新闻、视觉传播等课程。二是大量增设社会学、哲学、文化等领域的选修课程，专业任选课强调课程种类的多样性和学生选课的自主性。

中北大学广播电视学专业在秉承中北大学“致知于行”校训和 OBE 教育理念的基础上，强调以“行”为重点，在大一开设摄影、图片编辑、广播电视采访等实践课程，加大实验课的比重，通过学生的“产出”来倒逼课程改革。

山西高校普遍重视课程思政工作的开展，除上述高校外，山西传媒学院新闻传播学院积极进行课程思政的探索，把思想政治工作贯穿于教育教学全过程，从人才培养的实际需求出发，探索将思政教育融入专业课程教学的方式方法，在专业课中融入思政教育，实现全方位育人。组织以“不忘初心，立德树人”为主题的课程思政研讨会，积极研讨，力求将思政内容融入到专业知识的讲授以及专业课程实践中，使学生坚定道路自信、理论自信、文化自信、制度自信。晋中学院文学院结合学校课程思政改革要求，集中研讨课程方案，专业教师将马克思主义新闻观融入所授专业课的内容，完善授课内容和教学大纲。山西大学商务学院文化传播学院积极打造“传播学概论”校级重点课程，努力申报省级一流课程，在新闻传播类课程中，推进应用型大学人文学科教学体系的改革，并将课程思政的理念融入新闻传播专业教学中。

(3)强化实验室配置。新闻传播教育是理论与实践相平衡的专业，全媒体及融媒体的发展给新闻传播教育的人才培养提出了更高的要求。复合型新闻传播人才的培养，不仅仅需要掌握专业理论，更需要强化实践教学。山西省各高校为适应新的传播环境，逐步加大教育的投入，加强实验室硬件建设，力求与行业水准持平，使人才培养能够进一步满足业界的需求。

中北大学人文社会科学学院于2019年年初接手非线性编辑实验室，购置微单、摄像机等设备，并参照小型演播室标准进行建设，目前实验室初步具备拍、录、剪一体功能，更名为数字影像实验室，承担“广播电视节目制作”“播音与主持”等课程实验教学任务。依托实验室组建数字影像学生团队，吸纳大一到大三学生参与，陆续推出纪录片《柳琴》等影视作品，多次在国内外各类活动中获奖。2019年下半年，中北大学广播电视学专业改造并建成智慧新闻实验室，安装新版人才培养方案相关课程所需软件，承担“数据新闻”“图片编辑”等课程实验课教学任务。

晋中学院打造全媒体仿真演播实验室，所有专业实践课程全部在实验室进行授课，实验室在原有的报刊编辑室、影像编辑室的基础上进行整合、扩建，全面升级硬件设施，实验室建成后，网络与新媒体与新闻学专业的学生均可在实验室完成纪录片、微电影的创作，能够有效提升学生的综合实践能力。

在当下传播环境不断变化的情况下，山西省的新闻传播教育在培养方案、课程设置、实验室建设等方面还需要不断探索，只有在持续的改革与调整中，才能进一步落实人才培养的目标和要求。

3. 研究生人才培养

目前，山西省内仅有山西大学为新闻传播教育研究生培养单位，招生专业包括新闻传播学和新闻与传播(专业学位)。2019 年招生人数为新闻传播学 9 人，新闻与传播专业硕士 47 人。在人才培养方面，山西大学新闻学院从教学和研究的角度出发，针对新闻传播学学硕和新闻与传播专业硕士的不同特点，制订了全新的研究生人才培养方案，相应地调整了学科方向。

(1)新闻学。新闻学下设两个方向：一是马克思主义新闻理论研究。以马克思主义哲学为基础，突出马克思主义新闻观基本理论和新时代中国特色社会主义新闻思想研究，力争在新闻学基础理论和话语体系创新方面取得突破，成为国内马克思主义新闻观研究的重要阵地。二是山西抗日根据地新闻史研究。注重挖掘晋察冀、晋冀鲁豫、晋绥等根据地创办的报纸、杂志、广播等专业新闻史研究的富矿，并与山西大学近代史研究所、山西省档案馆合作，协同建设山西抗战新闻史数据库，进行抗日根据地口述史研究。

(2)传播学。传播学下设两个方向：一是乡村文化发展传播研究。以“乡村文化发展传播研究中心”为平台，完成大量学术创新与决策咨询，编制《山西省乡村振兴战略“乡风文明专项规划”》，通过与政府部门合作建设乡村文化发展试点，以扎根研究产出原创性成果，为山西省实施乡村振兴战略提供了重要的智力支持。二是健康传播研究。紧密结合构建中国特色公共卫生体系需要，以国家社科基金项目“‘早期肺癌筛查计划’的传播策略与政策实践研究”为支撑，与山西省人民医院、医疗大数据企业、德国学术机构合作，开拓具有国际影响力的研究方向。

2.8.3　学术交流

1. 新闻传播教育研讨

新闻传播教育不仅需要对当下问题提出解决对策，还需高瞻远瞩，能够对未来传媒业态的发展有一定的把握，从而制定科学的人才培养方案和改进策略。山西各高校积极开展对外交流，纷纷举办相关专业会议和论坛，共商新闻传播教育专业发展的相关问题和解决对策，对促进山西省高校新闻传播教育发展具有重要意义。

2019 年 10 月 13 日，山西大学新闻学院主办“地方高校新闻传播教育与新闻传播学科建设峰会”，峰会邀请来自北京大学、中国人民大学、浙江大学、南京大学、复旦大学、华中科技大学、华东师范大学、上海大学、苏州大学等全国各省市多所高校新闻传播学院院长及专家，同时邀请《江苏社会科学》《编辑之友》《新闻爱好者》《青年记者》等多位新闻传播学术期刊主编及编辑，共同探讨新媒体时代新闻传播教育发展与学科建设的相关问题，旨在推动地方高校新闻传播学科建设质量提升、范式创新、发展突破。与会专家各抒己见，分享所在院校学术发展和学科建设过程中的经验，并以其专业的眼光因地制宜地针对山西大学新闻传播学科建设和长远发展提出真知灼见。

2019 年 10 月 13 日，山西大学商务学院主办、文化传播学院承办了“芦花湖高端论坛 · 智媒时代新闻学专业建设研讨会”，北京大学、中国人民大学、复旦大学、华中科技大学、华东师范大学、上海大学、南京大学、浙江大学等全国多所高校新闻传播学院的 30 多位知名专家以及《出版发行研究》《编辑之友》《现代出版》等核心新闻传播类学术期刊主编参与该研讨会，共同探讨智媒体时代新闻学专业建设的相关问题及未来发展趋势。与会专家分享专业建设过程中的经验与创新，并针对应用型高校新闻传播学科建设与发展提出宝贵建议。此次论坛增进了山西与全国各大重点高校之间的专业建设交流，有助于提升山西高校的新闻传播人才培养水平，对智媒时代山西新闻学专业教育的发展具有重要意义。

2. 学术讲座

山西高校积极开展新闻传播教育前沿讲座，各高校邀请的专家学者主要是双一流高校的专家学者和行业一线资深从业人员，既注重提升学生理论素养，又开拓了学生实践视野。

山西大学新闻学院紧扣培养目标，夯实学生的理论基础，2019 年 3 月 28 日，山西大学新闻学院邀请资深新闻史研究专家胡太春教授做专题讲座，并与师生就新闻发展史等问题展开充分交流。5 月 9 日，山西大学新闻学院邀请中国教育电视台总编辑、中国电视艺术家协会副主席、国务院学位委员会新闻传播学学科评议组召集人胡正荣教授举办“媒体融合与智慧全媒体生态系统”主题讲座。5 月 12 日，山西大学新闻学院邀请华中科技大学学术委员会副主任、国家传播战略研究院院长张昆教授举办题为“国家形象建构的问题与误区”的专题讲座。10 月 12 日，教育部青年长江学者、浙江大学传媒与国际文化学院院长、博士生导师韦路教授就“媒体融合的若干基本问题”在山西大学讲座。10 月 12 日，中国新闻史学会副会长、复旦大学新闻学院博士生导师黄瑚教授在山西大学会议中心第三会议室，开展以“全党办报——中国共产党对马克思主义新闻观的一个创新性贡献”为主题的专题报告。

为进一步加强校企合作，深入推进产教融合，促进高素质应用型人才培养，3 月 20 日，中北大学人文社会科学学院与太原中软“协同创新中心”正式揭牌；5 月 17 日，为了将双方共建落到实处，中软国际张鹏老师对广播电视学专业学生进行 PS 应用强化培训。4 月 18 日上午，中北大学邀请上海大学新闻传播学院郝一民教授为广播电视学专业师生做了题为“智能媒体时代大学生媒介素养生成”的报告，并受聘为中北大学人文社会科学学院客座教授。

长治医学院传播学(健康传播方向)专业坚持走特色之路，将传播学和健康医学高度融合，注重学术交流与师资培养，3 名教师参加了“医疗、人本与媒介——‘健康中国’与健康传播的多元进路”国际学术研讨会。2019 年 10 月，该专业牵头在人文艺术传媒系开设了“人文大讲堂”，搭建起本专业教师之间以及相关专业教师之间的学术交流平台。

山西传媒学院的新闻传播学院积极组织学习新媒体及人工智能前沿知识。12 月 6 日，山西传媒学院邀请中国传媒大学付晓光教授带来题为“新媒体传播的实践创新路径”的主题讲座。10 月 12 日，邀请华东师范大学吕新雨教授做了题为“人工智能、人文精神与新闻传播学的未来”的讲座。

相较以往，山西高校 2019 年举办的学术讲座增加较多，学术交流与时俱进，不断与前沿接轨，相关的学术讲座对于活跃学术氛围、鼓励理论研究和学术创新具有重要的促进作用。学术类的讲座对于开拓学生视野、优化学生知识结构、提升综合素质同样具有不可替代的作用。

2.8.4　总结

纵观山西省新闻传播教育事业近年来的发展，面对多变的传播环境及其带来的严峻挑战，省内各高校在新闻传播人才培养过程中不断探索，既注重宏观培养理念的调整，也有微观的课程设置的改进，各校在人才培养中力求发挥自身优势，也逐渐形成了自己的特色，使得山西新闻传播教育整体呈现出不断探索、全面提升的良好态势。顺应山西经济社会发展对新闻传播人才的需求，山西高校的新闻传播教育将继续加大改革力度，借力新媒体，借势新政策，逐步探寻适合山西省情、满足山西需求、服务山西发展的新闻传播教育发展路径。

(袁文丽 、钟浩 、刘昕玥、王童童、赵子恒)

2.9 山东省新闻传播教育发展综述

自古以来，山东人文荟萃，文化昌盛。从泰山之端到黄海之滨，齐鲁大地文脉教化两千年不绝。进入近代以来，山东数度引领中国近代高等教育风气之先。千年文脉留下崇文重教的优秀历史基因，也为山东新闻传播教育的蓬勃发展奠定了基础。

2.9.1 专业设置情况

各新闻传播院系开设本科生专业的时间多集中在2000年前后，除新闻学、广播电视学、广告学、传播学、编辑出版学、网络与新媒体、数字出版等专业外(见表2-9)，部分高校还自设有播音与主持艺术、广播电视编导、数字新媒体、新媒体艺术、影视、戏剧、动画、艺术设计等相关本科专业。

表2-9　山东设置新闻传播本科专业高校及专业情况

	学院院系(以学校代码为序)	新闻学	广播电视学	广告学	传播学	编辑出版学	网络与新媒体	数字出版
1	山东大学新闻传播学院	✓		✓	✓			✓
2	中国海洋大学文学与新闻传播学院	✓					✓	
3	山东科技大学文法学院广告学系			✓				
4	青岛科技大学传播与动漫学院			✓		✓		
5	济南大学文学院		✓	✓		✓		
6	青岛理工大学人文与社会科学学院			✓				
7	山东建筑大学艺术学院			✓				
8	齐鲁工业大学文法学院			✓				
9	山东理工大学文学与新闻传播学院			✓				
10	青岛农业大学动漫与传媒学院			✓	✓			
11	山东师范大学新闻与传播学院	✓	✓					
12	曲阜师范学传媒学院	✓	✓	✓				✓
13	聊城大学文学院		✓					

续表

	学院院系(以学校代码为序)	新闻学	广播电视学	广告学	传播学	编辑出版学	网络与新媒体	数字出版
14	德州学院文学与新闻传播学院	✓						
15	鲁东大学文学院			✓	✓			
16	临沂大学传媒学院	✓		✓				
17	菏泽学院人文与新闻传播学院		✓	✓				
18	山东财经大学文学与新闻传播学院	✓						
19	山东体育学院体育传媒信息与技术学院	✓						
20	山东艺术学院传媒学院			✓				
21	枣庄学院文学院						✓	
22	青岛大学新闻与传播学院	✓		✓				
23	烟台大学人文学院	✓						
24	潍坊学院文字与新闻传播学院		✓					
25	山东工商学院人文与传播学院			✓		✓		
26	山东女子学院文化传播学院		✓					
27	山东政法学院传媒学院	✓				✓	✓	
28	山东青年政治学院文化传播学院		✓					
29	山东师范大学历山学院(独立学院)	✓						
30	齐鲁理工学院(独立学院)	✓						
31	山东财经大学东方学院(独立学院)	✓						
32	烟台大学文经学院(独立学院)	✓						
33	济南大学泉城学院(独立学院)	✓	✓					
34	聊城大学东昌学院(独立学院)				✓			

在具体专业方面，目前 34 所开展本科教育的高校中，有 16 所高校开设了新闻学本科专业，占 39%；9 所高校开设广播电视学本科专业，占 29%；16 所高校开设广告学本科专业，占 50%；3 所高校开设传播学本科专业，占 11%；4 所高校开设编辑出版学本科专业，占 14%；3 所高校开设网络与新媒体本科专业，占 11%；2 所高校开设数字出版本科专业，占 4%(见图 2-2)。

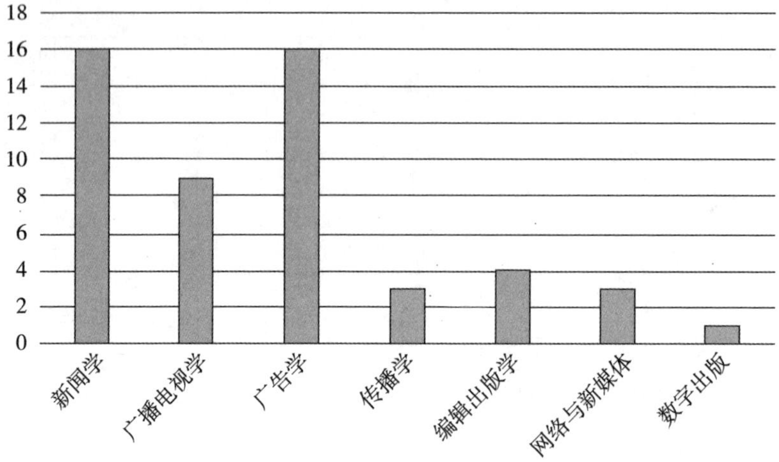

图 2-2　山东省新闻学与传播学本科教育专业设置统计图

2.9.2 “部校共建”情况

继 2013 年山东大学新闻传播学院被中宣部、教育部确定为首批十所“部校共建”新闻学院试点单位之后，2015 年中国海洋大学与青岛市委宣传部签署共建中国海洋大学文学与新闻传播学院协议。2019 年 6 月鲁东大学与烟台市委宣传部签订了《中共烟台市委宣传与鲁东大学共建新闻学院 2019 年度推进工作备忘录》，确定年度共同完成的七项工作：协调影视传媒专业实习基地与学生的实习工作、县域融媒体工作人员的轮训工作、在媒体开通相关频道或专栏、推动专业与媒体高层次专家的“双聘”工作、为高校研究提供新媒体舆情数据与分析报告建设舆情案例库、完成马克思主义新闻观实验室建设的前期调研工作、组织“纪录·烟台”高校大学生纪录片拍摄大赛。经过一年的共同合作，七项工作已顺利完成。

此外，山东师范大学目前正积极与济南市委宣传就部校共建事宜磋商；菏泽学院目前正与菏泽市委宣传部协商，决定共建菏泽学院新闻学院。

2.9.3 学科建设与课程建设

1. 一流学科建设

2019 年，“新闻学”专业获批国家级一流本科专业建设点。

2019 年，“新闻学”专业获批山东省一流本科专业建设点。

2019 年，山东师范大学“广播电视编导”专业入选国家级一流本科专业建设点。

2019 年，“广播电视学”专业与“播音与主持艺术”专业获批山东省一流本科专业建设点。

2. 一流本科课程(金课)建设

根据《山东省教育厅关于印发〈山东省一流本科课程建设实施方案〉的通知》和《关于开展 2019 年山东省一流本科课程建设工作的通知》，山东省教育厅在 2019 年 12 月认定 798 门课程为 2019 年山东省一流本科课程，其中涉及新闻与传播学类一流本科课程共 15 门(见表 2-10)。

表 2-10　**山东省 2019 年新闻传播学一流课程立项统计**

序号	学校	课程名称	负责人	一流课程类别
1	山东大学	新闻评论	谢锡文	线下一流课程
2	青岛农业大学	中国电视艺术史	孙云宽	线下一流课程
3	曲阜师范大学	非线性编辑技艺	赵　鑫	线下一流课程
4	山东青年政治学院	播音主持创作基础	王　杨	线下一流课程
5	山东青年政治学院	广播电视新闻采访与报道	孙晓彦	线下一流课程
6	山东师范大学	电视导演	马池珠	线下一流课程
7	山东艺术学院	电影鉴赏评论	刘　强	线下一流课程
8	山东英才学院	广告原理与实务	曹云明	线下一流课程
9	泰山学院	影视视听语言	谢国庆	线下一流课程
10	潍坊理工学院	摄影基础	严熙栋	线下一流课程
11	鲁东大学	普通话与教师语言艺术	姜　岚	线上线下混合式一流课程
12	山东青年政治学院	影视配音艺术	张树楠	线上线下混合式一流课程
13	山东师范大学	摄影艺术	付庆军	线上线下混合式一流课程
14	山东大学	“基于多角色扮演的新闻发布交互式演练”虚拟仿真实验教学项目	倪　万	虚拟仿真实验教学一流课程
15	鲁东大学	纪录片创作	张成良	实践一流课程

2.9.4 科研项目、成果情况

1. 科研立项情况

在国家级课题立项方面，山东省高校2019年新立项10项。其中新闻传播学科国家社科基金项目：山东大学1项(杨晓冬，青年项目)，鲁东大学2项(张成良，一般项目；朴银姬，国家重大项目子项目)，青岛大学2项(孙顺华，一般项目；于成，青年项目)，临沂大学1项(徐玉梅，一般项目)，曲阜师范大学1项(李秋华，青年项目)。获得与新闻传播学相关艺术学国家社科基金项目的有：青岛大学1项(艺术学：邱秉常，重点项目)；曲阜师范大学1项(教育学：胡凡刚，一般项目)；烟台大学1项(体育学：程雪峰鸣，一般项目)。

2019年，山东省高校新闻传播学获得教育部人文社科研究课题2项。其中，中国海洋大学获得1项，曲阜师范大学获得1项。

2. 高水平论文发表

2019年，山东省新闻传播学共发表CSSCI刊物论文74篇，其中教育部A刊(《新闻与传播研究》《国际新闻界》《现代传播》《新闻大学》)发表论文10篇。具体分布为：山东大学6篇；青岛大学2篇；鲁东大学1篇；烟台大学1篇。发表SSCI(包含SCI)刊物论文7篇，其中山东大学6篇；山东工商学院1篇。

3. 学术专著发表

2019年，山东省新闻传播学者出版学术专著10部，部分专著列表如表2-11所示：

表2-11　**山东省2019年出版学术专著统计**

	专著名称	出版社与出版时间	作者	作者单位
1	山东解放区新闻史(1937—1949)	人民出版社2019年5月	王　华	山东大学
2	移动互联网时代的层境战略	人民邮电出版社2019年8月	刘悦坦	山东大学
3	融媒体传播论	科学出版社2019年5月	张成良	鲁东大学

续表

	专著名称	出版社与出版时间	作者	作者单位
4	互联网时代中国媒介文化的嬗变以及人的主体性重构	延边大学出版社 2019 年 11 月	周海宁	鲁东大学
5	复杂系统科学视域下媒介素养“晶体”课程实施路径研究	新华出版社 2019 年 12 月	吴　靖	鲁东大学
6	融媒体时代新闻采访与写作	新华出版社 2019 年 12 月	袁丰雪 仇　玲	鲁东大学
7	五四新文学语境的一种解读——以《鉴定晨报副刊》为中心	花木兰文化事业有限公司 2019 年 9 月	卢国华	山东青年政治学院
8	中观视域下的行驶本体与认知建构：大卫·波德维尔电影诗学研究	上海三联书店 2019 年 11 月	王永收	曲阜师范大学
9	中华优秀传统文化的大众传播	天津社会科学院出版社 2019 年 11 月	赵　鑫	曲阜师范大学
10	软实力博弈：媒介强度与文化势能	光明日报出版社 2019 年 6 月	程雪峰	烟台大学

2.9.5 本科、研究生教育情况

1. 本科生教学

(1)办学模式与特色教学。在具体的本科生教育方面，各高校师资水平和招生人数略有差异，总体来看，能够因地制宜、因材施教，结合本校和院系特点探索各具特色的办学模式和人才培养模式。

山东大学新闻学专业于 2019 年成为首批国家级一流本科专业建设点。本科教育以卓越新闻传播人才教育培养计划 2.0 及新文科建设要求为指导，依托山东红色新闻资源和百年山大综合性大学优势，立足传媒科技前沿，进行厚基础、强竞争力的人才培养。“基于文学生活馆的大学生人文素质教育课程体系共建共享创新研究”“基于产学研一体化的新闻传播教育教学综合平台建设”获2018年度山东省本科教育教学综合改革立项。学校教改项目立项全部专业教师获得立项或参与教改项目。教学成果奖获得突破。谢锡文教授团队的《“浸润式”人文教育”“体验式”博雅课堂——文学生活馆通识教育创新实践》获得2018年度山东省教学成果一等奖。山东大学新闻传播学院与密苏里大学签订“新闻传播学本科双学位合作项目”。连续两年请国内知名学者对教师进行“马克思主义新闻观师资培训”。

中国海洋大学经过多年的实践与探索，逐步形成了注重应用与实务研究的特色，将“新闻理念、知识结构、专业技能”三位一体作为办学特色。在教学中，尤其注重对学生新闻理想的培养，让新闻的基本价值观、伦理道德观、公正原则植根于学生心灵，为他们成长为具有宽广的新闻视野和强烈社会责任感的新闻人奠定基础。新闻与传播学是实践性学科，中国海洋大学一直以来很重视实践教学，也已形成一套成熟的实践教学体系。尤其就实习事宜制定了详尽的培养方案和实施制度，实习指导实行双导师制，保证实习工作有序高效。目前建立校外实习基地8个，同时学院建有9个实验室，其中7个实验室主要为新闻传播实践教学提供支持。为符合新闻传播学类专业实践学科的内在本质和适应人才市场对新闻传播类人才实践技能的要求，同时也为了更好地检验和锻炼学生的专业综合能力，从2013年开始，中国海洋大学文学与新闻传播学院对两个本科专业的毕业考核工作进行改革。将考核形式由过去重在考核学生专业研究能力的毕业论文，调整为重在考核学生专业综合实践能力的毕业作品(设计)与毕业论文并行的考核形式，在全国高校较早进行毕业考核改革，取得了良好的效果。

山东师范大学本科专业培养以马克思主义新闻观为指导，系统掌握新闻传播学基础理论和基本规律，掌握融媒体实践技能，熟悉我国新闻、宣传政策法规，具有人文素养和创新精神，能够从事新闻信息传播和宣传工作，适应国家和社会需要的应用基础型优秀人才。

青岛大学坚持“以本为本”，积极推进“四个回归”，致力于培养一流本科人才。组建了结构合理、认真负责、职责更加清晰、团结协作能力更强的新一届学院教学工作委员会和督学委员会，不断强化对本科教学工作的统筹规划和日常督导。出台多项规章制度，鼓励和支持教师们不断加大教学投入，引导新入职教师循序渐进地参与教学工作，修订完善各专业实习大纲并严格考核，常态化并有质量地进行教师相互间的听课评课，合理核算教学工作量，对2019级新生全面推行本科生导师制。全面调查并深入分析最新的新闻传播人才社会际需求，利用全校夏季学期调整的契机，对各专业人才培养方案进行了适度调整，制定了各专业更为细化且合理的人才培养标准。青岛大学与青岛广播电视台、半岛都市报社、深度传播集团等单位加强交流合作，邀请 20 多位业界精英到学院讲学、座谈和挂职，共建了一批具有功能齐全、可持续性强的教学实习实践基地。大力推进名师“金课”培育工作，依托中国大学慕课(MOOC)和山东省高校联盟平台，重点建设了 2 门线上精品课程。加大创新创业教育工作，申报并获批各类创新创业项目 17 项，在省部级及以上学科竞赛中获奖 10 项。

曲阜师范大学设有新闻学、广告学、数字出版专业。坚持“厚基础”“宽口径”“强能力”“深特色”的文理结合、理论和实践并重的培养理念。新闻学专业拥有山东省数字媒体与传播技术实验中心、大型数字化演播室和高水平的新闻制作专业实验室，在日照日报社、日照广播电视台建有专业实习基地。注重培养学生的新闻传播基本理论知识和利用多种传播媒介从事新闻传播活动的能力。近年来考研率 30%以上。广告学专业充分依托和整合学院优势资源，拥有山东省数字媒体与传播技术实验中心、广告设计与制作专业实验室，建有大型数字化演播室。作为企业合作专业，曲阜师范大学广告学充分利用高校在基础理论、实验条件等方面的优势及企业在实训、职业技能培养的优势，顺应政府、企业、学校改革的策略，发挥校企合作在广告学人才培养中的优势，培养高端人才的同时兼顾国际性需求，实现学生高层次就业。数字出版专业拥有数字媒体与传播技术实验中心、交互式出版物制作实验室、网络与新媒体实训室等专业实验室，在北京市、烟台市、日照市等地建有专业实习基地。培养学生具有分析和解决数字出版运营和管理中的实际问题的基本能力和创新精神。学生在数字出版、新媒体传播、数字媒体策划与制作等文化创意产业及相关行业从事数字内容创意与表达、多媒体信息采集与编辑、跨媒体出版运营管理等工作，并有大量学生考取硕士研究生。

济南大学文学院传播系的本科人才培养注重训练学生的实践技能，把专业课学习、实习和高层次的大赛结合起来，以赛促教、以赛促学，多次获得全国大学生广告艺术大赛国家级金奖等高级别奖励。山东青年政治学院文化传播学院以“学科渗透、专业融合、能力整合、实践联动”的方式，三个专业相互支撑、相互协同、共同发展。以广播电视学专业为核心，以汉语言专业和播音专业为两翼的专业群成功获批山东省自筹经费立项建设高水平应用型建设专业(群)。

鲁东大学传播学、广告学专业培养德智体全面发展、理论素养与实践能力相结合、地域特色与国际视野相统一、采编实务与新兴技能相融合的传播人才。近年来致力于打造精品课程，专业内“纪录片创作”2019年被评为省一流本科实践类课程，同时被推荐参加国家级一流本科课程。“新闻采访与写作”“广告学概论”等课程也积极按照“金课”培育和打造。在推动教学改革上，积极培育“校媒协同：‘一体多翼，二元融合’融媒体卓越新闻传播人才培养的改革与实践”教学改革项目。积极组织青年教师利用网络等资源打造精品课程，连续两年青年教师具香美博士在讲课大赛中脱颖而出，参加山东青年教师讲课比赛，获得了奖励和认可。鲁东大学新闻传播专业重视实践本科教学，提出了“新闻行进式”采编与拍摄主题教学理念，2019年6月，推出“我和我的祖国”纪录片主题拍摄大赛，邀请驻烟高校山东工商学院参与，完成主题纪录片拍摄，通过开机、颁奖等仪式设置提升学生的实践参与意识。指导本科学生参加各类创新创业大赛，全年获批创新创业项目14项，获得各类传媒类奖项20余项。

(2)实践基地与实验室情况。在建设新闻传播专业实践基地与实验室方面，山东大学先后建立有国家级实践基地——中宣部舆情信息直报点、山东省委宣传部舆情研究基地；国家级实验室——新媒介技术与文化传播山东省文化科技重点实验室。

山东师范大学建立有1个省级实验教学中心——现代传媒实验中心。

曲阜师范大学建立有1个省级实验教学中心——数字媒体与传播技术实验教学中心。

鲁东大学建立有1个省级骨干学科实验中心——全媒体实验中心。

(3)学生专业获奖情况。2019年，山东省大学生踊跃参加美国圣何塞国际美术设计艺术节、第十七届上海国际大学生广告节、第十一届全国大学生广告艺术大赛、第十六届大学生广告艺术节学院奖、中国大学生公共关系策划大赛、第七届全国高校数字艺术设计大赛等奖励142项。其中，获得各类大赛一等奖12项，二等奖34项，三等奖78项，入围奖18项。

2. 研究生培养

在研究生教育方面，目前山东省有新闻传播学一级学科博士点1个；新闻传播学一级学科硕士点2个，新闻与传播专业硕士学位点7个，出版专业硕士学位点1个，自设学术硕士学位点1个(见表2-12)。

其中，山东大学于2019年成功举办“卓越新闻传播人才优秀大学生夏令营”，从营员中录取“双一流院校”“一流学科”的本科生20余名推免生，占当年推免生的85%，生源质量得到很大提高。成功举办“2019 年博士高端论坛”，邀请国内外专家学者做了近十场报告会。12 月底，举办了“新文科背景下的人才培养创新工作会议暨研究生导师培训会”，邀请中国人民大学执行院长胡百精教授、山东大学研究生院副院长万熠教授分别围绕人才培养、专业改革、教育教学创新等方面做了专题报告。11 月 25 日至 12 月 6 日，邀请伦敦国王学院教师 Tom van Nuenen 为研究生讲授“数字阐释学：大数据时代的阐释学”全英文课程。研究生参加“2019 全国大学生广告艺术大赛”，团队获视频类影视广告二等奖。

表 2-12　　**山东省主要新闻传播院系研究生学位点情况**

学院院系（以学校代码为序）	新闻传播学一级学科博士点	新闻传播学一级学科硕士点	新闻与传播专业硕士学位点	出版专业硕士学位点	自设学术硕士学位点	2019 年新闻传播学研究生招生数
山东大学新闻传播学院	✓	✓	✓			118
中国海洋大学文学与新闻传播学院			✓		✓	35
济南大学文学院			✓	✓		20
山东师范大学新闻与传媒学院		✓	✓			28
鲁东大学文学院			✓			10
青岛大学新闻与传播学院			✓			11
烟台大学人文学院			✓			35

中国海洋大学目前设有“传媒文化”硕士点，研究生培养强调采用课程学习、实践教学和学位论文相结合的培养方式。课程设置体现厚基础理论、重实际应用。新闻与传播专业硕士点(MJC)，2019 年开始招生。办学定位：从学科的应用性特点出发，依托中国海洋大学新闻与传播学科多年的积累和高水平的海洋学科综合优势，立足青岛作为半岛蓝色经济区龙头城市和品牌之都、创意之城的区域优势，整合文化产业、海洋、环境、信息、经管等学科的办学资源，坚持职业导向，形成涉海新闻与传播、数据新闻与环境报道、创意媒体与品牌传播三个特色方向，为海洋强国建设和沿海区域经济社会发展培养高水平的新闻与传播专业人才。

青岛大学新闻与传播学院拥有新闻传播学专业硕士学位授权点和广播电视专业硕士学位授权点，2019 年招生 11 人。硕士研究生在 2019 年获得第十一届北京大学生影评大赛二等奖、第十五届山东青年微电影大赛一等奖等 4 项奖项，发表学术论文 11 篇。

山东师范大学具有新闻传播学一级学科硕士点，新闻学、传播学、新闻与传播专业硕士(MJC)三个二级学科硕士授权点。新闻学与传播学两个二级学科硕士授权点于 2006 年同时设立，是全省最早的一批新闻传播硕士授权点。新闻与传播专业学位授权点于 2010 年与一级学科同时设立，成为全国首批新闻与传播专业硕士授予单位。山东师范大学一直注重研究生学术研究能力和实践能力的培养，学生毕业论文抽检全部合格。学生的综合实践能力受到用人单位的广泛好评。

鲁东大学传播学专业于 2017 年获批新闻学与传播学专业硕士点，2018 年重点完成学位点各项建设工作，如招生宣传、入学考试前的考试大纲等，2019 年招收第一批专业硕士。

(张成良、司忠丽)

2.10　甘肃省新闻传播教育发展综述

地处中国西部欠发达地区的甘肃新闻传播教育事业，面临现实发展困难和未来发展希望同在的发展时期。加强与东部发达地区新闻传播教育事业融会贯通以求“入主流”和明确本地新闻传播教育事业资源定位以求“有特色”成为甘肃高校新闻传播事业的发展选择。2019 年，甘肃新闻传播教育事业继续在困难中求发展、在常态中求突破。

兰州大学新闻与传播学院进一步落实“双一流”建设和“部校共建”目标，积极配合兰州大学 2019 年推进“队伍建设年”和“管理质量提升年”工作，全面提升学院的发展水平，探索在西部经济欠发达地区建设一流新闻传播学科、培养一流新闻传播人才的有效模式。2019 年，兰州大学新闻与传播学院利用建校 110 周年和新闻传播教育 60 周年庆典契机，成立了“新闻传播教育战略发展咨询委员会”，聘请全国新闻传播业界和学界一流专家共 36 人，为学院的人才培养、学科建设、科学研究和社会服务等各项事业健康发展把脉诊断、建言献策，提供发展战略支持。2019 年，在一级学科博士点申请、科研项目增进、社会服务能力提升、办学资源拓展和国内国际交流等领域都获得重要突破。

2019 年，西北师范大学传媒学院继续发挥自己在戏剧影视学、广播电视学和文化与传播领域的传统优势，更加明确定位于西部社会发展对新闻传播人才培养与学科发展的基本方向，进一步巩固了自己的学科发展特点和发展优势。在 2018 年获得国家社科基金重大项目(甘肃新闻传播教育第一项)的激励引领下，在国家项目、省部级项目、论文发表、专著出版等方面均获得成长性进步。如：举办国家社科基金重大项目“百年中国影视的文学改编文献整理与研究”开题论证会议，邀请多位全国知名学者到校参加论证会议并作学术报告。以课题论证的方式接通全国学术界的联系，是西北师范大学传媒学院走向全国学术共同体的重要标志。

2019 年，西北民族大学新闻传播学院立足西北少数民族传播资源，建设甘肃民族传播研究与人才培养领地，逐步积累形成了自己的学科发展特点与优势。经过 20 年的发展历程，学院的发展战略目标逐步明晰，在人才培养、学科发展、师资队伍建设等方面取得显著进步。

兰州财经大学商务传媒学院 2019 年奋发有为，积极整合院内资源，在国家社科研项目上取得重要突破(获得 5 项，其中 2 项新闻传播类项目，2 项文学类项目，1 项语言学项目)，以此带动院内不同学科交叉互补性研究的新趋势。

2019 年 11 月，由兰州大学发起，西北师范大学、兰州财经大学、陕西师范大学、西安交通大学、西藏民族大学、新疆大学、宁夏大学、青海师范大学等 16 家高校新闻传播院系的代表齐聚兰州，正式成立“丝绸之路新闻传播教育高校联盟”。该联盟尝试以开放的学术共同体共同面对教学和学术问题，通过建立周期性的学术论坛机制，协同开展专题性新闻传播教学科研工作坊，实现跨区域跨院校学术交流活动。

2.10.1　创新培养模式，提高培养质量

2019 年，甘肃省各大高校新闻传播院系继续坚持人才培养为第一要务的基本发展战略，在创新人才培养模式，提高人才培养质量方面进一步深化改革、积极推进。

在本科教育方面，兰州大学新闻与传播学院紧紧围绕“双一流建设”中心任务，在本科教育教学模式的改革与创新、教学管理制度规范建立以及教学全过程管理等方面进行了全面强化，开始建立“能力建设+知识素养+人格养成”三位一体的新闻传播人才培养体系。2019 年，学院对现行的本科专业人才培养方案进行修订并完善了专业大类质

量标准，主要包括《新闻与传播学院本科生综合测评细则》，重新修订并实施《兰州大学新闻与传播学院新闻学专业人才培养方案》《兰州大学新闻与传播学院新闻学(网络与新媒体)专业人才培养方案》《兰州大学新闻与传播学院广播电视学专业人才培养方案》《兰州大学新闻与传播学院广告学专业人才培养方案》《兰州大学新闻与传播学院数字媒体技术专业人才培养方案》。各专业教学模式的创新要求、教学管理制度的规范完善与严格执行，对本科专业教育能力与水平的提升起到积极的推动作用。

西北师范大学传媒学院继续坚持自己的本科专业教育的基本定位，在新闻、广播电视编导、播音与主持艺术和动画四个本科专业深耕细作、培育自己的专业优势。其培养的主要特点是依托持续投入建设的各类实验平台和长期坚持的媒介实习关系，在教学和实践中培养学生的实操能力。同时学院积极鼓励学生参与各级各类竞赛活动，2019 年，共有 34 名本科生获得国家级和省级竞赛奖项。

西北民族大学新闻学院以本科教学质量提升及人才培养模式的创新为 2019 年工作重点。制定《西北民族大学新闻传播学院关于提高高校新闻传播人才培养能力实施卓越新闻传播人才教育培养计划 2.0 实施方案》。该方案从总体思路、建设目标、实施阶段及任务、保障措施等方面，对西北民族大学本科新闻教育做出发展规划，提出以马克思主义新闻观为引领，以重构及优化课程体系为核心，以建设协同育人基地为抓手，以创建融媒体实验教学中心、虚拟仿真实验室为硬件保障的立体化本科教学体系。2019 年，根据方案规划，新闻学专业在部分省区实现了一本招生。2019 年，新闻学专业成为甘肃省一流专业建设点。2019 年，学院继续深化毕业论文(作品)答辩改革，并取得实质性成效。学院关于毕业设计教学改革的成果《协同育人，能力提升，服务民族：传媒类专业毕业考核“五维模式”的创建与实践》荣获 2019 年国家民委教学成果二等奖。

兰州财经大学商务传媒学院继续坚持自己在财经新闻、视频传播和实践教学的基本定位，2019 年，学院与新华通讯社甘肃分社举行共建融媒体创新实验室签约仪式。在作品竞赛方面，新闻学专业学生拍摄制作的两部影视作品在第十三届“大乘杯”(原科讯杯)全国大学生影视作品大赛中分别获得西部组二等奖和三等奖。

甘肃政法大学新闻与传播系 2019 年按照国家标准重新修订了本科教学培养方案，进一步完善人才培养机制。新闻系现设新闻学和广告学两个本科专业，其中新闻学专业依托本校优势特色学科法学，设置为法治新闻方向；广告学专业设置为媒介经营方向。

兰州文理学院新闻传播学院设有新闻学、广播电视学、数字出版、播音与主持艺术

4 个本科专业。学院重视学生专业技能和职业能力的培养，围绕应用型人才培养，积极开展教学改革，创新人才培养模式，先后与华南师范大学、暨南大学、西南大学、兰州大学、广东技术师范学院签订“2+2 培养卓越新闻传播人才合作办学协议”，每年在大三学生中选拔优秀本科生赴上述高校学习 2 年，拓宽学生专业视野，为下一步继续深造奠定基础，目前已派出四批 60 名学生。2019 年，参加国家新闻出版署主办的第七届“韬奋杯”全国图书编校暨高校编辑出版能力大赛中，取得电子书类第七名的好成绩，荣获三等奖。

在硕士研究生教育方面，2019 年，兰州大学新闻与传播学院对研究生培养方案进行了全面修订，主要有《新闻传播学学科传播学专业硕士培养方案》《新闻传播学学科新闻学专业硕士培养方案》《新闻与传播学专业学位硕士培养方案》，所有这些方案的重新修订突出了人才培养的核心地位。2019 年，学院积极探索联合培养人才的创新模式，先后在《经济观察报》、“传媒茶话会”等机构设立“新闻与传播专业硕士人才培养基地”；与香港浸会大学传理学院签订联合培养硕士研究生合作协议；启动与密苏里新闻学院联合培养事宜；与北京中迹体育管理有限公司签订战略合作协议，双方将合作打造学生直接进入专业公司实习就业的“产、学、研一体化”的人才培养模式。

在博士研究生培养方面，2019 年，兰州大学新闻与传播学院 2 位教授进入兰州大学马克思主义学院博士生导师序列并开始招生培养“马克思主义新闻思想”方向博士研究生。

2019 年，西北师范大学传媒学院硕士培养继续发挥自己在文学、艺术、影视等学科领域的专业优势，在“戏剧影视学”和“广播电视学”两个方向招收硕士研究生。在培养方式上，坚持理论素养与实际创作相结合的培养方式，形成作品创作与理论解析相结合的毕业答辩模式。2019 年，积极准备“文化与传播”博士招生工作。

兰州财经大学商务传媒学院继续凝聚、优化新闻与传播专业硕士的培养能力，2019 年，在培养目标、培养方式和师资力量的整合方面进行了新的调整优化。作为甘肃高校第二家新闻传播专业硕士培养单位，正在形成自己的培养特色。

甘肃政法大学新闻系 2019 年招收了第一届 14 名新闻与传播硕士专业学位研究生，按照教指委的相关要求确立了人才培养方案，同时运用多种教学手段，线上线下相结合，根据学生特点开展教学与实践活动。

2.10.2 推进学科建设，提升学科水平

2019年，兰州大学、西北师范大学和兰州财经大学新闻传播学进入新一轮甘肃省重点学科序列；西北师范大学广播电视编导专业入选国家一流专业建设点；西北民族大学新闻学专业成为甘肃省一流专业建设点；西北政法大学新闻系作为全省第三家新闻与传播专业硕士点开始招生培养。

2019年，兰州大学新闻与传播学院在学科建设方面发力较大，主要集中在积极利用第五轮学科预评估、一级学科博士点申报、双一流项目申报及中期评估等机遇多方整合资源，积极推进"双一流"目标和指标建设，完成了兰州大学"一学科、一诊断"自评，制定了《兰州大学新闻与传播学院迎评攻坚计划》，完成了《新闻与传播学院"双一流"建设中期自评报告》，制定了《2020年"双一流"建设项目申报书（拔尖创新人才培养、提升自主创新和社会服务能力、文化传承国际合作交流）》及相关预算等，这些方案从总体目标、突破性目标与标志性成果建设具体目标等方面进行了详细的规划，为进一步推动学院的"双一流"建设奠定了基础。

2019年，学院全力攻坚一级学科博士授权点申报工作，制定《申请博士学位授权一级学科点培养方案》和《新闻传播学一级学科博士学位授予标准》，2019年10月8日，召开兰州大学自主审核博士学位授权点专家论证会，经来自全国新闻传播学顶级专家论证质询及讨论，7位专家组成员一致同意增设兰州大学新闻传播学科为博士学位授权一级学科。2019年，兰州大学通过了新闻传播学一级学科博士点校内自主审核。

2.10.3 积累科研成果，推动科研进步

2019年，甘肃各大高校新闻传播专业在科研项目及其成果方面均取得较之往年更好的成绩，表明各个高校经过多年的积累和不懈的努力，开始在科研项目申请和科研成果发布方面进入一个新的发展时期。

兰州大学新闻与传播学院推出《兰州大学新闻与传播学院科研培育项目暂行管理办法》，继续重点支持"一带一路战略传播研究"和"红色新闻传播史研究"等领域的20项科研培育项目（立项总额100万元，学院自筹资金），培育成效显著，2019年在省部级及以上科研项目中取得突破。2019年到账科研经费204万元，发表CSSCI论文8篇，获批国家社科基金项目3项、教育部人文社科项目1项、甘肃省社科重大调研项目1项。2019年，甘肃省第十五次哲学社会科学优秀成果奖获奖名单公布，兰州大学共47项研

究成果获奖，其中新闻与传播学院获一等奖 1 项，二等奖 1 项，三等奖 2 项。

西北师范大学传媒学院 2019 年科研迈上新台阶，学院教师出版著作 6 部，出版影像制品 1 部，发表 CSSCI 论文 7 篇，《人民日报》《光明日报》等权威报纸文章 10 篇。学院青年教师积极践行马克思主义新闻观和文艺观，先后在《中国科会科学报》刊发专题文章 14 篇，引起了学术界关注。2019 年，获得甘肃省第十五次哲学社会科学优秀成果奖三等奖 5 项，获批教育部人文社科项目 2 项，甘肃省社科规划项目 5 项。

西北民族大学新闻学院 2019 年发表了 8 篇 CSSCI 刊物论文，其中在《新闻传播研究》等刊物发表论文 2 篇。1 个项目获得国家社科基金青年项目资助，2 名教师获得“费孝通田野调查奖”，多名教师获得省部级科研项目及奖励。

兰州财经大学商务传媒学院 2019 年科研项目申报获得丰收，共有 5 项国家社科项目获批，其中两项新闻传播类项目、两项文学类项目、一项语言类项目。这是学院成立以来在科研项目申请上获得的重要突破性进步。

甘肃政法政法大学新闻系 2019 年在研国家社科基金项目 2 项、甘肃省社科基金项目 3 项、甘肃省教育厅项目和兰州市社科基金项目 5 项、校级项目 10 项。发表核心期刊论文 3 篇、省级期刊论文 10 篇。对于一个 2014 年成立的新闻传播教育单位而言，这些是值得关注的进步。

2.10.4　加强学术交流，推动多方合作

对于地处西北内陆地区的甘肃新闻传播教育事业而言，在学术共同体建设、国内国际学术交流与合作方面，既缺天时地利之优，也乏人脉共享之缘。虽然如此，甘肃新闻传播院系依然积极有为，尽力打造专业发展、学术交流、合作共赢的必由之路。

2019 年，兰州大学新闻与传播学院举办两场学术年会：以“新文科与中国广告教育创新发展”为主题的第 18 届中国广告教育学术年会。此次年会聚集了北京大学、中国人民大学、武汉大学、厦门大学、四川大学、中国传媒大学、兰州大学等国内一流高校的广告专业相关负责人和优秀学者，广泛深入探讨了改革开放 40 年中国广告事业发展及中国当代广告教育变革和未来走向等问题。以“回顾与前瞻——新中国新闻传播教育 70 年”为主题的中国新闻史学会新闻传播教育史研究委员会 2019 年学术年会暨《中国新闻传播教育年鉴(2019)》首发式在兰州大学举行，来自全国各地的 130 余位新闻传播教育专家、20 余家媒体参加会议。

2019 年，该院划拨部校共建经费近 50 万元用于师生对外交流工作。支持教师出国

出境参加学术交流5人次，邀请国外境外专家学者来院讲学3人次。2019年，与香港大公文汇传媒集团旗下大公国际传媒学院继续合作，组织举办第三届兰州大学新闻学子赴港研修班，39名学院师生赴香港开展为期一周的集中学习和实践体验。香港浸会大学协理副校长、传理学院院长黄煜教授一行莅临兰州大学新闻与传播学院访问考察。双方就今后两院在人才培养、交流实践、科学研究等方面的合作意向展开充分的对话，并就"'田家炳基金-香港浸会大学'中国内地杰出大学生及研究生访问交流计划"达成合作协议。

2019年，甘肃师范大学传媒学院举办国家社科基金重大项目"百年中国影视的文学改编文献整理与研究"开题论证会议，邀请30多位全国知名学者到校参加学术会议并作学术报告；举办第二届西部传媒发展暨马克思主义新闻观教育论坛。参加"丝绸之路艺术国际研讨会""2019中国小说论坛国际学术研讨会"。2019年，有9名学生赴中国台湾、韩国等地高校进行学习和学术交流。

西北民族大学成功承办"中国高校影视学会民族影视专业委员会2019年年会"。为纪念西北民族大学新闻教育20年，迎接西北民族大学70周年校庆，该校举办了"西北民族大学新闻教育20年系列活动"，邀请到国内外知名学者及业界精英，举办了15场讲座及学术交流。此项活动，为总结20年西北民族大学新闻教育，迎接2020年70周年校庆起到了积极的作用。

兰州财经大学商务传媒学院与甘肃新媒体集团联合承办了2019甘肃媒体融合创新与发展论坛暨县级融媒体中心省级平台"新甘肃云"入驻仪式。中国传媒大学新媒体研究院院长赵子忠教授、华中科技大学信息与传播学院张昆教授等国内知名专家学者围绕5G对传媒的影响、网络时代县域社会治理与融媒体发展等作了主旨演讲。

2.10.5 推进社会服务，发挥智库作用

参与社会发展、发挥智库作用、注重横向课题，是甘肃新闻传播教育发展的一个重要选项，各高校新闻传播教育院系都将社会服务工作纳入重要的发展领域和正常的考核体系之中。

(1)2019年，省级高校新型智库"兰州大学社会舆论调查与舆情研判中心"建设成效显著：全年舆情报告采用56篇，其中4篇获习近平总书记综合批示，1篇获中央领导同志综合批示，4篇获甘肃省省长批示，34篇被中宣部舆情信息局采纳。

2019年，第29届中国新闻奖获奖作品公布，兰州大学新闻与传播学院共报送三

件作品，其中两件获奖(二等奖、三等奖)；几年来，学院共报送中国新闻奖作品 18 件，获奖 8 件，获奖率达 44.44%，在中国新闻奖高校试点报送单位中名列前茅。

2019 年，兰州大学新闻与传播学院继续与省市地方政府部门合作，开展意识形态、网络舆情、新闻发言人培训。除本省培训 40 余次外，积极接纳外省单位培训：与海南省三沙市委宣传部合作开办"三沙市新闻宣传与舆情应对培训班(第二期)"，与河南三门峡市统计局合作开办"三门峡市统计系统领导干部综合素能提升培训班"，与云南政协报社合作开办"西部地区政协报社新闻宣传人员综合能力提升专题培训班"。2019 年，学院获得横向课题 6 项，共计经费 65 万元。

(2)西北师范大学传媒学院依托部校共建新闻学院优势，着重开展丝绸之路文化传播实践研究，进行行业技能培训，承担"一带一路"人文交流与合作和甘肃省华夏文明传承创新区建设任务。其中师生团队为改革开放 40 周年摄制的献礼片——《甘肃扶贫进行时》系列纪录片，于 2019 年 1 月下旬在甘肃卫视黄金时段播出，积极配合了甘肃省的扶贫脱贫工作，获得甘肃省委宣传部好评。学院组织"青春汇智精神扶贫、助力乡村文化振兴"社会实践小分队，利用暑期时间，在甘肃省陇南市礼县雷坝镇开展社会实践活动。实践队员围绕雷坝镇丰富的人文及自然资源，通过纪录片创作、微视频传播、自媒体互动等多重手段推介雷坝的特色农产品资源，用影像传播助力当地产业精准扶贫项目。学院充分利用"甘肃省教育网络舆情监测中心"平台，致力于民情、舆情的监测、研判和社会突发事件的舆论引导和政策建议。2019 年上半年，关于学校食品安全、校园欺凌等现象；高校学者学术不端；巴黎圣母院火灾、中美贸易战等事件引发的舆论关注，舆情中心就此分析并发布了 13 篇研判分析报告被教育部司政司、甘肃省教育厅采纳。2019 年，学院获得横向课题 1 项，经费 187 万。

(3)兰州财经大学商务传媒学院发挥自身专业优势，服务地方经济社会发展。2019 年主持中标"兰州轨道交通 1 号线一期工程站内传统媒体经营权投标及项目运营(一标段)"。组织师生积极配合甘肃省打造文化大省的战略部署，拍摄甘肃古城系列纪录片，2019 年完成《甘肃古城·甘州》《甘肃古城·秦州》等作品。

(4)甘肃政法大学新闻系结合甘肃省少数民族众多的特点，有针对性地进行相关课题的集中研究，如"新媒体传播对西北少数民族国家认同影响研究""新媒体环境下西北少数民族国家认同建构研究""'一带一路'倡议下西北少数民族文化对外传的话语建构研究""'一带一路'下甘肃省少数民族文化对外传播研究""新媒体语境下甘肃少数民族非物质文化遗产保护与开发的数字化传承研究”“甘肃省少数民族文化的数字化传承研究”等项目，作为少数民族文化传播的对策性研究在甘肃高校中成果突出。该系还对兰州城市形象传播等问题进行了多项对策研究，如“新媒体环境下兰州城市形象的文化符号与传播生态建构”“影像文本中兰州城市形象建构研究”等项目。

(5)兰州文理学院新闻传播学院积极组织师生参与本地及全国各项宣传和文化建设活动。2019年，参加省委宣传部主办的第二届“践行社会主义核心价值观，建设幸福美好新甘肃”主题微电影网络大赛，荣获一等奖；参加“第二届践行社会主义核心价值观建设幸福美好新甘肃微电影”大赛，获得一等奖；参加“2019年全省党员教育电视片观摩交流活动优秀作品”评选，获得十佳策划作品；参加甘肃省教育厅、共青团甘肃省委联合主办的“维拓杯”甘肃文化旅游创新创意大赛，获旅游宣传组二等奖；参加甘肃日报社主办的“同唱赞歌 比心祖国——2019甘肃高校‘我和我的祖国’主题文艺快闪征集展示”，报送的作品获得三等奖；参加文化和旅游部全国公共文化发展中心联合中国文化馆协会共同主办的第三届“文化中国”微视频征集活动，获得最佳剧情片。

2.10.6 加强实践教学，开发第二课堂

2019年，甘肃各大新闻院系继续坚持实践教学、努力开发第二课堂，培养学生体验社会生活、观察社会现实的经验，提升学生发现社会问题、尝试新闻报道的实操水平。

兰州大学新闻与传播学院继续打造持续多年的“重走中国西北角”“新春采风万里行”“群策大讲堂”三大品牌活动，2019年，“重走中国西北角”“新春采风万里行”活动办至第8届，“群策大讲堂”举办13讲。同时学院老师自发组建多个读书会，诸如“灵读书”“半亩方塘”“群学雅集”“兰大在读”“君聆读书会”“舰队街10号”等。学院积极加强学院网站和新媒体矩阵建设并定期更新相关信息，在国家级媒体进行媒体报道或发表理论文章6篇、省级媒体20篇。

兰州文理学院新闻传播学院重视学生专业技能和职业能力的提高，设有院报编辑部、院刊编辑部、大学生记者站、青年传媒中心、影视节目制作中心、校园网络电视台、微电影协会等实践平台。学院积极支持大学生创新创业工作，设有创客空间，为学生创新创业提供全方位支持。作为应用型大学，学院在教学中始终重视实践教学工作，积极推动产教融合，校企合作。学院积极开拓，与甘肃文旅网络电视台、读者集团、中国甘肃网开展深度合作，选派师生团队参与上述平台生产流程，完成他们下达的各类生

产任务，大大提升了师生新媒体制作水平。开展校外实训课，将理论教学与实践操作相结合，给学生提供优质的业内实习经验，为今后的就业打下了坚实基础。

2.10.7　建设实验平台，迎接融媒时代

融媒体时代对实验平台建设要求越来越高，对教学和科研工作的影响越来越大。2019 年，甘肃各大院系在实验平台建设方面均做出了巨大的努力，全力以赴打造适应新媒体时代的实验平台。

兰州大学新闻与传播学院在既有的实验平台基础上，规划建设的“兰州大学数字媒体实验平台”，有力地提升了新闻传播学科课程的实验教学能力，并实现不同专业、不同年级、不同层次学生的实践(实验)需求的全面覆盖。投入资金共计 290 万元，完成实验平台所规划的融合媒体实验室、校园媒资存储发布系统、虚拟全景演播室及外场直播系统、广告摄影与创意实验室、录音与配音实验室 5 项专业实验室建设目标，陆续投入实验实践教学运行。2019 年年底，开始实验平台一期规划中最后一项——影视赏析与审片实验室的招标建设。

2019 年，西北师范大学实验平台建设获得突破，成功申报甘肃省融媒体工程研究中心，开始扩建甘肃省网络教育舆情监测中心。

兰州文理学院学院新闻传播学院作为学校重点建设的学院，在实验教学平台建设上不遗余力，截至 2019 年，已经全面建成全媒体交互式综合演播厅、虚拟演播室、新闻编辑实验室、开放型非线性编辑实验室、影视观摩赏析实验室、造型艺术创意实验室、数字出版实验室、影视节目译配实验室、全媒体资料库、语音分析与处理实验室等实验平台，设施设备总值近 2000 万元。该院在甘肃高校新闻院系实验平台建设中异军突起、名列前茅。

西北民族大学重视实验、实践教学工作，为协同育人基地建设奠定基础。2019 年，招标建设广告综合实验室改造项目，融媒体实验教学中心项目完成申报并通过财政部专家审核。

甘肃政法大学新闻系实验平台建设，在现有新闻综合实验室、报编实验室、录播实验室的基础上，2019 年投资 80 万元完成了广电实验室数字影像制作升级改造项目。与此同时，融媒体中心建设项目获得批准。

（李惠民）

2.11 辽宁省新闻传播教育发展综述

2.11.1 2019年辽宁省新闻传播教育发展大事略

依据国务院学位委员会下发的《关于下达2018年动态调整撤销和增列的学位授权点名单的通知》(学位〔2019〕8号)文件，东北财经大学新闻传播学(0503)新增为一级学科硕士学位授权点。

2019年，辽宁省新增新闻传播学类学士学位授权点5个。经高校申报、专家评审、辽宁省学位办审核，并经辽宁省人民政府学位委员会审议通过，辽宁省人民政府学位委员会确定了辽宁省2019年新增学士学位授权专业名单。在名单所列的38个新增学位点中，有5个新闻传播学类专业学士学位授权点，包括辽宁大学和沈阳体育学院的网络与新媒体专业、辽宁理工学院的新闻学和广告学专业、沈阳城市学院的新闻学专业。

大连理工大学成立科技传播与网络伦理研究所。为深入贯彻学习中共中央、国务院《新时代公民道德建设实施纲要》精神，进一步推动新文科建设，大连理工大学人文与社会科学学部于2019年10月宣布成立科技传播与网络伦理研究所，由该校新闻与传播学系郑保章教授出任研究所首任所长。

2019年，辽宁传媒学院宣布正式组建11个二级学院，根据该校“十三五”发展规划及机构设置调整与改革发展的需要，经党政联席会议研究决定，撤销原教学系(部)及教研室建制，组建艺术设计学院、城市设计学院、数字媒体学院、影视广播学院、新闻传播学院、管理学院、马克思主义学院、人文社科学院、创新创业学院等11个二级学院。组建二级学院是在辽宁传媒学院作为一所独立设置的传媒类本科院校逐步发展壮大过程中，完善学校内部治理结构、明确办学方向、提高办学水平的标志。

辽宁大学新闻与传播学院程丽红教授作为首席专家的投标课题“清代新闻传播史料整理与史料学建构”成功中标2019年度国家社科基金重大项目，批准号为19ZDA334。该项目旨在将新闻传播史研究从材料解读、历史梳理推进到史料学建构的理论境界。首次从史料学的视角考察相关学术资源和成果，探求清代新闻传播史史料的一般规律与专业性特征，提出建构新闻传播史史料学的理念。该项目的研究将对实现新闻传播史史料学研究的理论拓荒具有重要意义，而且能够将新闻传播史史料的系统研究、跨学科研究提高到一个新的境界、新的水平，为新闻传播学科建设作出重要贡献。

2.11.2　主要院系及专业设置情况

2019 年辽宁省新闻传播教育呈现出稳定发展的态势。根据辽宁省教育厅网站数据，2019 年辽宁共有 24 所高校开展全日制本科新闻传播教育，其中包括国家部委直属高校、辽宁省属高校及民办高校。在招生专业上涵盖了新闻学、传播学、广告学、广播电视学、编辑出版学、网络与新媒体和数字出版 7 个本科专业，培养层次上涉及本、硕、博三个阶段(见表 2-13)。

2019 年辽宁省共有新闻传播学类专业在校本科生 7542 人，其中新闻学专业 2950 人，广播电视学专业 794 人，广告学专业 1695 人，传播学专业 614 人，编辑出版学专业 93 人，网络与新媒体专业 1323 人，数字出版专业 73 人。2019 年辽宁省共招录新闻传播学类研究生 282 人，其中学术型硕士 107 人、专业型硕士 172 人、博士 3 人。

表 2-13　　**辽宁省各高校新闻传播学类院系、专业设置情况**

序号	学校名称	学校性质	院系	本科专业	硕、博士授权点
1	辽宁大学	省属公办本科高校	新闻与传播学院	新闻学专 广告学 广播电视学 编辑出版学 网络与新媒体	文学传播与媒介文化二级学科目录外博士学位授权点 新闻传播学一级学科硕士学位授权点，下设新闻学、传播学两个学术型硕士学位授权点 新闻与传播专业硕士学位授权点 编辑出版专业硕士学位授权点
2	大连理工大学	教育部直属高校	人文与社会科学学部新闻与传播学系	广播电视新闻学	在科技哲学、科学学与科技管理等博士点招收科技传播、媒体运营与管理方向博士生 新闻传播学一级学科硕士学位授权点

续表

序号	学校名称	学校性质	院系	本科专业	硕、博士授权点
3	东北大学	教育部直属高校	文法学院	新闻学	/
4	大连外国语大学	省属公办本科高校	文化传播学院	新闻学 传播学	中华文化国际传播二级学科目录外学术硕士学位授权点
5	东北财经大学	省属公办本科高校	人文与传播学院	新闻学	新闻传播学一级学科硕士学位授权点 新闻与传播硕士专业学位授权点
6	辽宁师范大学	省属公办本科高校	文学院	广告学 新闻学	新闻与传播专业硕士学位授权点
7	沈阳师范大学	省属公办本科高校	新闻与传播学院(教育技术学院)	新闻学 网络与新媒体	新闻与传播专业硕士学位授权点
8	沈阳体育学院	国家体育总局与辽宁省共建	管理与新闻传播学院	新闻学 网络与新媒体	体育新闻传播学目录外二级学科硕士学位授权点 新闻与传播专业硕士学位授权点
9	渤海大学	省属公办本科高校	新闻与传播学院	新闻学 广播电视编导	新闻学硕士学位授权点 传播学硕士学位授权点
10	辽宁工业大学	省属公办本科高校	文化传媒学院	广告学 传播学	新闻与传播硕士专业学位授权点
11	沈阳航空航天大学	教育部、中航工业集团公司与辽宁省三方共建高校	设计艺术学院	广告学	/
12	鞍山师范学院	省属公办本科高校	文学院	新闻学 网络与新媒体	/
13	大连民族大学	国家民族事务委员会直属高校	文法学院	新闻学	/

续表

序号	学校名称	学校性质	院系	本科专业	硕、博士授权点
14	辽宁工程技术大学	省属公办本科高校	传媒与艺术学院	广播电视学	/
15	辽宁科技学院	省属公办本科高校	人文艺术学院	广告学	/
16	大连理工大学城市学院	民办独立学院	艺术与传媒学院	广播电视学	/
17	辽宁师范大学海华学院	民办独立学院	传媒系	新闻学 广告学 网络与新媒体	/
18	大连工业大学艺术与信息工程学院	民办独立学院	文化与传媒系	网络与新媒体	/
19	辽宁传媒学院	全日制民办本科院校	新闻传播学院	广告学 传播学 数字出版	/
20	辽宁理工学院	全日制民办本科院校		新闻学 广告学 广播电视学 网络与新媒体	/
21	辽宁何氏医学院	全日制民办本科院校	数字艺术学院	广告学	/
22	沈阳城市学院	全日制民办本科院校	新闻与传播学院	传播学 新闻学 广告学 网络与新媒体	/
23	沈阳工学院	全日制民办本科院校	艺术与传媒学院	网络与新媒体	/
24	沈阳城市建设学院	全日制民办本科院校	设计与艺术系	网络与新媒体	/

2.11.3　学生培养情况

2019年，在回归本科教学，回归学生培养质量的整体思路指引下，辽宁省内各高校新闻传播类专业对学生培养质量和本科教学的重视程度明显提升，这主要体现在课程创新与教学改革、教学能力培养及教风学风建设、课程思政、业界专家引入、实验实践与校企合作、专业类比赛等几个方面。

1. 课程创新与教学改革

为进一步提高人才培养质量，2019年，辽宁大学新闻与传播学院严格对标《普通高等学校本科专业类教学质量国家标准》中关于新闻传播学科各专业的培养要求，结合当下传播实践发展对人才能力需求的变化，开展了针对学院5个本科专业的培养方案、课程计划修订工作。同时对研究生课程教学大纲进行修订。通过此次修订，进一步优化了公共课、专业基础课和专业课的比例结构，加强了课程体系整体设计，提高了课程建设的规划性、系统性，避免了随意化、碎片化。同时，新培养方案注重课程设置的高阶性、创新性和挑战度，强调线上线下混合、虚拟仿真和社会实践相结合，积极发展“互联网+教育”、探索智能教育新形态，推动课堂教学革命。除了对课程设置进行调整，辽宁大学新闻与传播学院为了提高教学过程的网络化、智能化水平，开展了“雨课堂”新型智慧教学工具专题培训，通过“雨课堂”的学习和使用，一线教师获得了更多课程互动的可能性，便于探索更为丰富的智慧教学模式，并可在此基础上积极探索线上线下混合教学新模式。

为贯彻全国教育大会和新时代全国高等学校本科教育工作会议要求，加强一流课程建设，大连理工大学人文与社会科学学部举行国家质量工程教育教学专项分享会，国家质量工程项目组负责人、成员向学部教师分享了教学改革经验。同时，该校广播电视学专业还通过举办毕业实习作品展，构建课程教学与课外实习实践的创新联动机制，以期培养出符合时代发展要求的复合型新闻传播人才。

大连外国语大学文化传播学院与韩国延世大学达成新闻传播学3+1+1联合培养协议。

辽宁师范大学文学院新闻与传播专业硕士点聘任新华社大连支社原社长傅兴宇、大连广播电视台高级记者孙文阁等4位业界专家担任专业硕士业界导师。

沈阳师范大学在常规的课堂讲授之外开办“梵玲”学术沙龙，每期一个主题，围绕主题由主讲老师做主题报告，学生以报告、讨论或提问的方式进行学习。

鞍山师范学院网络与新媒体专业通过举办学生作品展的方式促进学生实际操作能力

的提升。

沈阳城市学院新闻与传播学院为进一步优化学生培养方案，以“产教融合”为中心思路，邀请相应领域的业界专家及用人单位，召开了该院广告学、传播学、新闻学等专业的专业建设研讨会。就课程建设、产教融合、校企合作等问题进行了探讨，提出了“职业情景化教育”的课程和教学理念。该院还探索创新了教学考核模板，贯彻了“以能力培养为核心”的课程建设思想，以课程考核为起点，反思和倒推课程设计。结合具体课程在课程体系中的地位，作用和特点，设计考核方式；根据课程特点，进行特色性、务实性的创新设计；通过调整教学文件中的考核模板，提升学生应用理论知识解决实际问题的能力。

为进一步提升本科教学水平，辽宁传媒学院推出“项目教学包”与“双师教学”两项教学改革。在“项目教学包”的教学模式中，由校企双方资深教师共同制订教学计划、共同设计教学内容、共同展开项目讲解、共同进行项目考核，以“任务带动项目，项目融合技术，技术促进任务实现”的闭合项目形式完成教学，提升学生业务实操能力。“双师教学”是在教学中引入企业和业界导师的参与。一方面，让学生走进企业，了解企业实况；另一方面，邀请业界老师走进课堂进行现场项目指导。

辽宁何氏医学院广告学专业在培养模式上，采用“工作室制”的培养模式，成立“新媒体工作室”，聘请有实践经验的行业专家参与教学实习环节，发挥双师型教师的优势作用。

2. 教学能力培养及教风学风建设

2019 年，辽宁省各高校新闻传播类专业深入贯彻落实“以本为本”的高等教育理念，坚持强化“四个回归”，从提升教师教学水平、优化教风学风入手，务求提升学生培养水平。辽宁师范大学文学院举办了“本科教学质量活动月”系列活动，活动通过“名师公开课”强化师生的质量意识、发展意识，巩固本科教学基础地位，引导教师进一步更新教育观念，全面提高教学水平，规范教学管理。沈阳体育学院管理与新闻传播学院组织优秀课教师教学观摩活动，通过观摩学习先进的教学理念和方法，提高教师课堂教学能力和水平。沈阳城市学院新闻与传播学院也组织开展了教学观摩研讨活动，以检验教师教学综合水平，提升课堂教学质量。此外，沈阳城市学院新闻与传播学院还召开了课程考核培训会议，帮助新教师明确课程考核工作总体思路和具体要求，通过“以评促改”，提升课程教学和课程考核的规范性。为使新教师能迅速胜任工作，保证教学质量，辽宁传媒学院新闻传播学院开展了针对专业课教学的新教师培训，由经验丰富的老教师进行示范和带教。

为加强优秀教风建设，辽宁传媒学院新闻传播学院开展了系列主题活动，包括“教书育人标兵”评选——新教师示范课活动、“教书育人标兵”评选——优秀教师示范课活动、“明师德、正教风，争做优秀辽传人”——“忠诚大于职能”主题学习研讨活动，并组织了典型经验交流暨表彰大会。

为推动优良学风建设，辽宁传媒学院新闻传播学院组织开展了最美课堂笔记评选活动，培养学生良好的学习习惯，引导学生掌握科学的学习方法，通过线上线下等方式对“优秀笔记”进行评优、展示，营造良好学习氛围，推动学风建设。另外还推出了学霸是怎样“练”成的系列活动，通过对典型学生的宣介带动学生整体学习热情。

3. 课程思政

为贯彻落实全国高校思想政治工作会议精神和中共中央国务院《关于加强和改进新形势下高校思想政治工作的意见》精神，深入挖掘专业课程的思政功能，使专业课与思想政治理论课同向同行，形成育人协同效应。大连理工大学人文与社会科学学部举办了首届“课程思政”教学设计大赛，新闻与传播学系高级工程师刘萍的本科课程“新闻摄影”获一等奖，新闻与传播学系副教授柴玥的本科课程“优秀传媒作品鉴赏”获二等奖。12 月，大连理工大学人文与社会科学学部又举办了研究生课程思政教育研讨会分论坛。论坛上，新闻与传播学系武文颖教授以“学教并重，专业课也是育人课，打造研究生‘课程思政’金课堂”为题，从目前研究生专业课程中常见的课堂现象出发，对“课程思政”的内涵和经验借鉴进行了梳理，以“新闻理论与方法研究”课程为例，详细讲解了如何将课程思政设计融入研究生课程教学中。辽宁大学新闻与传播学院开展了课程思政建设工程，与“双万计划”相结合，组织专业教师结合所讲授课程进行专业课课程思政设计，并评选出部分优秀课程作为示范课和培育课。

2.11.4 科学研究动态

1. 科研项目(国社科、教育部、省社科)获批情况

2019 年辽宁省共获批新闻学传播学学科国家社会科学基金资助项目 3 项，其中辽宁大学 2 项、大连理工大学 1 项。尤为令人瞩目的是辽宁大学新闻与传播学院的程丽红教授，由她主持申报的项目“清代新闻传播史史料学研究”和“清代新闻传播史料整理与史料学建构”两个项目，分别获批国家社科基金年度一般项目及年度国家社科基金重大项目两项立项(见表 2-15)。3 项国家社科基金项目中的另一项年度一般项目是由大连理工大学人文与社会科学学部新闻与传播学系郑保章教授主持的“大数据应用中的信息流动与伦理问题研究”。

表 2-15　**2019 年国家社科基金年度项目立项名单(新闻学传播学、辽宁省)**

项目批准号	项目类别	项目名称	立项时间	项目负责人	专业职务	工作单位
19ZDA334	重大项目	清代新闻传播史料整理与史料学建构	2019. 12. 04	程丽红	教授	辽宁大学
19BXW008	一般项目	清代新闻传播史史料学研究	2019. 07. 12	程丽红	教授	辽宁大学
19BXW116	一般项目	大数据应用中的信息流动与伦理问题研究	2019. 07. 12	郑保章	教授	大连理工大学

2019 年，辽宁省高校共获批年度教育部人文社会科学研究规划基金、青年基金资助项目 3 项，其中东北大学出版社刘莹获批了一项规划基金项目、东北大学出版社周文婷获批了一项青年基金项目；辽宁大学新闻与传播学院张岩获批了一项青年基金项目(见表 2-16)。

表 2-16　**2019 年度辽宁高校教育部人文社会科学研究规划基金、青年基金立项名单(新闻学传播学)**

项目批准号	项目类别	项目名称	立项时间	项目负责人	工作单位
19YJA860016	规划基金项目	大学出版社编辑素养、培养和滋养评价机制研究	2019. 03. 15	刘莹	东北大学
19BXW008	青年基金项目	中小型高校出版社策划编辑入门培养机制研究	2019. 03. 15	周文婷	东北大学
19BXW116	青年基金项目	基于网络数据采集视角的中国图书海外影响力评测指标研究	2019. 03. 15	张岩	辽宁大学

此外，2019 年辽宁省社科基金共立项资助新闻传播学类项目约 20 项，这些项目一方面对辽宁省的新闻传播实践中媒介融合转型等现实问题予以了积极的关切及思考，同时也不乏一些着眼传媒新技术发展、探索新闻传播学学术前沿的新颖选题。从获批立项

的选题数量来看，辽宁大学、沈阳师范大学等设有独立新闻与传播学院的高校展现出更高的科研积极性(见表2-17)。

表2-17　**2019年度辽宁省社会科学规划基金项目拟立项名单公示**

(新闻学与传播学)

项目类别	项目名称	项目负责人	工作单位
青年项目	基于大数据的政务短视频受众分析与政府信任研究	郑广嘉	辽宁大学
一般项目	基于读者数据挖掘的中国图书海外影响力评测指标及优化策略研究	张岩	辽宁大学
重点项目	我省县级融媒体中心建设问题的学理分析与可行路径探索	吴优	辽宁大学
一般项目	智媒时代数据新闻生产创新及其传播伦理研究	廖卫民	东北财经大学
青年项目	基于媒体维度演化趋势的媒介融合改革新路径研究	李冠华	辽宁师范大学
青年项目	视听阅读推广背景下媒介融合互动传播可行性研究	谢欣	沈阳师范大学
青年项目	县级融媒体中心建设与发展策略研究	赵静超	沈阳师范大学
重点项目	5G互联时代辽宁省域电视媒体创新升级的路径探索	任子瑜	沈阳师范大学
一般项目	5G应用背景下广电媒体融合的路径研究	王金红	辽宁工程技术大学
一般项目	突发热点舆情事件传播机制与应对研究	王永萍	辽宁工程技术大学
青年项目	智能算法时代辽宁纸媒转型研究	纪祥祥	辽宁工业大学
一般项目	融媒体环境下辽宁形象的电视文本生成与传播创新研究	姜笑君	大连民族大学
一般项目	基于大数据技术的网络舆情分析关键技术研究	郭琛	大连交通大学
一般项目	新时代网络舆情的大数据使用与研究	闫妍	沈阳工业大学
重点项目	媒介融合时代学术期刊出版与传播研究	姜楠	沈阳音乐学院
一般项目	辽宁省文化创意产业建设与发展研究	宗诚	鲁迅美术学院
一般项目	沈阳地铁媒体的视觉化传播路径探究	庄岩	辽宁传媒学院
一般项目	新时代网络舆情的大数据挖掘与分析机制	盛国军	大连东软信息学院
青年项目	大数据驱动网络舆情的辽宁智库应急决策架构	李放	大连东软信息学院
青年项目	辽宁省媒体融合改革的难点与可行路径研究	李红	大连东软信息学院

2. CSSCI 期刊发表论文情况

2019 年，辽宁省高校、科研院所等单位在新闻传播类 CSSCI 期刊上共发表或合作发表论文 40 篇。其中《中国出版》最多，共有 9 篇；最少的是《新闻与传播研究》《新闻大学》《科技与出版》《当代传播》《新闻界》，这 5 种期刊 2019 年没有刊载辽宁省高校和科研院所的论文。在 7 种新闻传播综合类 CSSCI 期刊上，辽宁省高校、科研院所共发表了论文 7 篇；在 8 种编辑出版类 CSSCI 期刊上，辽宁省高校和科研院所共发表文章 33 篇。其中，《中国出版》《中国科技期刊研究》《编辑学报》3 种刊物刊所发论文占比例较大。

辽宁省 2019 年在新闻传播类“C 刊”发表论文的研究单位和作者呈较为分散的状态，没有哪所高校的新闻传播类学科表现出特别明显的学科优势，在设有新闻传播类院系的高校中，辽宁大学新闻与传播学院在 CSSCI 期刊上发文量相对较高，但尚未构成明显的量级优势。另外在辽宁省 2019 年发表的 CSSCI 期刊论文中，有约 1/3 的论文由省内高等院校及科研院所所属的学术期刊编辑部贡献，而非出自专门从事新闻传播类专业教学研究工作的教学科研人员，因而这部分论文多发表于出版类期刊。而高校及科研院所中的新闻传播类专业教学科研人员则更多地将论文发表于新闻传播类综合性刊物。虽然由于掌握数据所限，上述统计并未显示出辽宁省高校及科研院所中新闻传播学科教学科研人员的全部论文发表情况，不排除有部分论文因发表在综合类或文学等相近学科的 CSSCI 期刊上而未被纳入统计数据，但上述 15 本新闻传播类专业 CSSCI 期刊的刊文情况仍是衡量科研水平的重要指标，也是关涉到该专业国家及省部级科研项目的申报的重要参考因素。未来，辽宁省内的新闻传播学者仍需要进一步提升自身科研水平，以期产出更多的高水平论文(见图 2-3)。

2.11.5　部校共建与社会服务

辽宁大学新闻与传播学院于 2014 年确立由中共辽宁省委宣传部与辽宁大学共建。近年来，辽宁大学新闻与传播学院在省委宣传部和学校党委的共同支持下，在学生培养、科学研究等方面都取得了明显的进步。同时，学院的成立与发展也为省内新闻传播行业的队伍建设、融合发展和舆情研判等提供了有力的支撑和推动。2019 年，辽宁大学新闻与传播学院安珊珊等多位教师提出的咨政建议《中美经贸摩擦涉辽相关舆情影响及对策建议》《辽宁“营商环境”舆情形式分析》《5G 商用阶段需关注问题预测及有关对策》等被省委采纳运用。同时，辽宁大学新闻与传播学院继续开展共建以来持续多年的培训活动，承办了全省县级融媒体中心一线新闻从业人员业务培训暨开展增强“四力”教育专题培训班，分两批共培训一线新闻采编人员 200 余人。此外，辽宁大学新闻与传

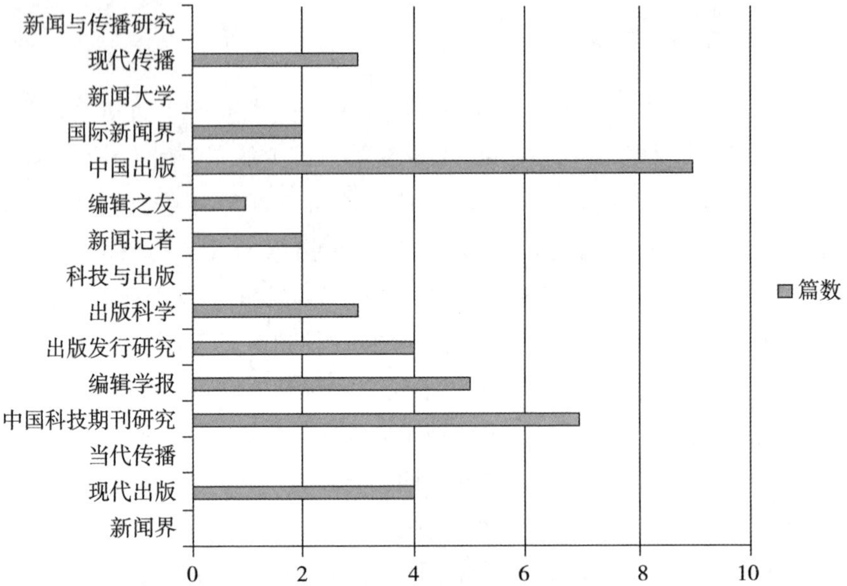

图 2-3　2019 年辽宁省高校、科研院所新闻传播类 CSSCI 期刊论文发表情况分布图

播学院还直接对接服务省内主流媒体——辽宁广播电视集团(台)，以智库为平台深入参与省县级融媒体建设，为全省县级融媒体积极培育及输送人才。

渤海大学新闻与传播学院与中共盘锦市委宣传部就部校共建展开座谈，并联合该校文学院举办了盘锦市首届全媒体记者与文艺创作骨干培训班，为盘锦市委宣传部培训全媒体记者和文艺创作骨干。

沈阳城市学院新闻与传播学院是中共沈阳市委宣传部与沈阳城市学院部校共建单位。2019 年，该学院先后到沈阳市所属县区开展融媒体中心调研，指导突发舆情事件应急演练，并到市总工会进行融媒体应用培训，积极服务沈阳市宣传舆论工作。

(吴　优)

2.12　吉林省新闻传播教育发展综述

2.12.1　部校共建，不断提升新闻传播教育的质量和水平

部校共建旨在建设一批马克思主义新闻观研究宣传教育基地，打造一批中国特色、

世界水平的一流新闻传播专业点，形成遵循新闻传播规律和人才成长规律的全媒化复合型专家型新闻传播人才培养体系，培养造就一大批适应媒体深度融合和行业创新发展，能够讲好中国故事、传播中国声音的优秀新闻传播后备人才。① 部校共建新闻学院关系着新闻队伍建设的根本，关系着新闻事业的长远发展。② 吉林大学、东北师范大学、吉林师范大学三所与中共吉林省委宣传部合作建立新闻传播学院的高校，在 2019 年开展的部校共建工作是持久、深入、有效的。部校共建项目中的各项工作都呈现深入实施的态势、积极探索并形成在部校共建项目支撑下的、马克思主义新闻传播人才培养模式。

1. 持续推进“部校共建·新闻讲堂”精品项目深入开展

自省委宣传部着力打造并开展此项精品项目以来，上述三所部校共建高校始终坚持初心，充分调动部校、校际、校媒之间的联动与合作、取长补短，不仅使得自身优势与特色得到巩固和长足发展，也促使了高等新闻传播教育质量走上新台阶。通过邀请学界知名专家学者和业界的业务骨干开展讲座及论坛，让师生了解当下媒体融合新形式趋势和行业发展新动向，拓宽视野激发热情，使其紧跟信息技术新发展和业界格局新变化。

其中，2019 第一届中国公共传播论坛于 5 月 11 日东北师范大学传媒科学学院(新闻学院)举办，此次论坛以“共享·未来：智媒时代的对话与认同”为主题，由东北师范大学传媒科学学院(新闻学院)主办，旨在汇聚学术智慧，打造一流的新闻传播专家智库，回应社会现实，服务地方社会经济发展需求。此外，由东北师范大学主办的首届东北亚传媒国际学术研讨会于 10 月 19 日召开。此届学术研讨会以“对话·合作·创新——东北亚传媒的当下与未来”为主题，邀请了来自美国、韩国、蒙古、中国台湾及国内著名高校、科研机构、文化机构的数十位专家学者们聚焦东北亚传媒的开放格局与合作空间、东北亚传媒生态与区域特色、东北亚广播电视产业与艺术转型、东北亚电影工业与美学等议题，从文学，艺术，美学，文化和媒介等多维度，共同探讨当下传媒教育、传媒产业、传媒理论与实践、以此推进东北亚传媒的学术与艺术共建。③

2. 注重质量、积极推进马克思主义新闻观教育

“马克思主义新闻观”是高等院校新闻传播专业的基础课程。开展马克思主义新闻

---

① 教育部，中共中央宣传部：教育部　中共中央宣传部关于提高高校新闻传播人才培养能力实施卓越新闻传播人才教育培养计划 2.0 的意见[Z]. 2018-10-08.

② 张瑞坤 . 新媒体时代新闻传播人才培养模式创新探讨[J]. 文教资料，2016(27)：72-73.

③ 丛玉霞 . 首届(2019)东北亚传媒国际学术研讨会在东北师范大学成功举办[EB/OL]. [2019-10-19]. http：//www. jlradio. cn/html/4/2019/10/19/314270. html.

观学习教育活动，不仅是新闻队伍思想建设的现实需求，也是牢牢掌握意识形态工作领导权的必然要求，更是面对国际传媒激烈竞争的有效措施。① 吉林大学新闻与传播学院、东北师范大学新闻学院和吉林师范大学新闻与传播学院，不仅把马克思主义新闻观的教育落实在常规课程教学的开展中，而是多层次、保质保量地推进马克思主义新闻观进课堂、进头脑；正确地引导学生如何面对复杂的新闻传播现象中树立正确的新闻观，在实践中自觉遵循新闻传播的客观规律，坚持正确的舆论导向，等等。

吉林大学新闻与传播学院践行马克思主义新闻观，进一步完善新闻传播学科的发展建设和创新专业人才的培养模式，坚定树立文化自信，学院决定开展马克思主义新闻观理论研究项目立项计划。该计划推动学科建设，加强政策研究，发挥智库作用，为提高新闻人才培养质量和创建吉林省文化传播新形态提供创新服务。项目申报围绕马克思主义新闻观与当代舆论引导、马克思主义新闻观与精神交往理论、东北振兴相关舆论传播研究、吉林省媒体融合研究、吉林省媒介形象研究、新媒体与吉林省媒体形象的提升、新媒体环境中主流意识形态的构建、吉林省媒介产业发展微观研究等十余项议题。

吉林大学新闻与传播学院除在马克思主义新闻观理论研究上打造更优质研究环境，还着力推进马克思主义新闻观精品教学改革。项目开展结合本学科教育教学改革的实际需要，进行具有针对性、实践性的改革，旨在推进“马克思主义新闻观”教学内容与方法改进、总结马克思主义新闻观在新闻采访写作教学、新闻评论教学、新闻编辑教学中的体现与经验。

东北师范大学传媒科学学院(新闻学院)在人才培养中一直立足于培养具有马克思主义新闻观的复合型新闻人才。近年来，在本科生和研究生的教学工作中具有共建自觉意识，牢牢掌握共建工作推进方向，坚定地将马克思主义新闻观教育融入人才培养的多方面、多维度，突出思想引领的作用，并在模式方法上积极改革创新、取得实效。传媒科学学院(新闻学院)一直追求的内涵化发展，是与共建和坚定不移遵从马克思主义理论的指引分不开的。自东北师范大学于 2017 年正式启动筹建共建新闻学院以来，在共建管理机构、共建精品课程、共建骨干队伍、共建实践基地、共建研究智库等方面不断发力，为深入推动地方新闻教育事业发展和输出更多优质新闻传播学人才作出努力。

东北师范大学传媒科学学院(新闻学院)在新闻学本科生的教育培养目标中加入并强化了马克思主义新闻观在基础课程学习中的比重，突出思想引领，把加强马克思主义新闻观教育作为核心任务和主题主线，融入新闻人才培养全过程，培养输出更多优秀新

① 张瑞坤．建构中国特色社会主义新闻学理论体系研究的可喜成果——评《马克思主义新闻观十二讲》[J]．新闻论坛，2019(5)：36-39.

闻人才，确保党的新闻事业薪火相传；同时，建立完善部校共建机制，发挥各部门各单位各媒体优势，加大政策、资金支持力度，加强校媒合作，强化协作配合，实现共建、共享、共用。

吉林师范大学新闻与传播学院借助部校共建力量，实施教师提升工程，开展“五大培训”(“马新观”“马工程”、研究法、教学法、融媒体)并取得了很好的效果。

2.12.2　立足办学宗旨，整合多方资源构建实践体系

1. 吉林省各高校创建实践教学平台，力求适应当下传媒生态

当下新闻传播教育已经不能局限于对于基本理论、基本知识和基本技能的掌握，在培养人文素养和创造创新能力基础上，拥有着实践能力的高素质专门人才才是日益发展的新闻传播学领域所需的。吉林大学新闻与传播学院，立足“大类招生、大类培养”的培养特色，更加注重实践教学平台对于人才培养发挥的积极作用。充分利用综合性大学的学科布局优势，突出专业的社会实践特性，建立以复合型教育为途径的实践教学网络。2019 年，不仅现代传媒与应用技术基础实验教学中心、报刊编辑实验室等为全能人才培养继续助力，还与新华网吉林分公司共建“大学生实习实践基地”，聘任业内专业人士为“大学生实习实践导师”。

吉林农业大学人文学院、长春师范大学传媒学院、吉林动画学院电视与新媒体学院、长春工业大学信息传播工程学院均强化了实验教学条件。吉林农业大学人文学院传播学专业作为全国第三个农业大学开设的传播学专业，在新闻传播学系教育上建立了新的实验教学模式，在资源共享和实验室建设等方面形成了鲜明特色，起到了很好的示范及辐射作用。长春师范大学传媒学院在 2019 年全面开放实验室，首批试点为达·芬奇调色工作室，并开展了达·芬奇调色系统系列培训。有针对性地开展目前行业中的影视作品有技术需求的培训，增强了学生的实践能力与就业竞争力。吉林动画学院电视与新媒体学院通过“全平台、项目制”和精准人才培养，践行了学研产一体人才培养机制。

长春光华学院电影学院以“以质量求生存，靠特色谋发展”为宗旨，紧密结合社会需求和市场需要。在 2019 年以校行合作“联合创作”模式促进转型发展，创新创业成果丰硕。同长春电视台联合创作电视纪录片，在长春电视台播出。创作电视纪录片，列为省级转型发展项目的阶段性成果；同凤凰吉林合作，在学院设立制作基地，承接凤凰网吉林频道的部分创作任务。同吉林广播电台、吉林省卫生厅联合创办的吉林人民广播电台 12320 健康热线合作，学院工作室承接制作特色医疗机构、名医、养生等短视频；同

吉林东北风影视剧制作公司签约，在电影学院建立联合创作基地，合作打造吉林电视台的日播栏目剧，带着实战任务学习。①

吉林工程技术师范学院传媒学院于2018年与吉林日报社融合媒体办、吉林出版集团外语教育有限公司、吉林省智狐传媒有限公司、东北师大理想软件股份有限公司、新文化报新媒体部和吉林省吉视文化产业园六家单位签订了校企合作协议。②来自企事业单位一线的实际人才需求为该校网络新媒体专业的人才培养和办学定位提供参考和借鉴价值。

2. 各高校将学研产紧密结合，加快纵深发展

学研产近些年来的探索和实践，证明了其是加快成果转化，同时促进高素质人才培养的有效途径。吉林大学新闻与传播学院于2019年1月与肯塔基大学大学文理学院达成合作意向，4月同海南广播电视总台共建大学生实习实践基地，通过开展研究工作坊、联合培养项目等，双方积极开展科研、教学以及其他领域的交流合作。

东北师范大学传媒科学学院(新闻学院)传媒实验教学中心依托下设的媒体与教育发展研究中心、媒介素养教育研究中心、龙狮传媒研究中心、吉林电视台培训、拍摄基地等研究机构，经过三年的建设，建成了中国教育电视台节目研发中心，中国教育电视台也成为东北师范大学传媒实验教学中心的教学实习基地。

吉林农业大学人文学院在实验室建设管理上遵循建设标准化、教学资源利用效率的最大化、实验室使用多层次化的建设目标。结合大学生创新基金项目、开放性实验项目、本科生参与的科研项目，按向本科生开放全部实验室，积极探索校企共建、学校管理的育人机制。积极建设校外实习基地，发挥学校自身优势与吉林省农业经济信息网、长春电视台希望田野栏目等合作。长春师范大学传媒学院与2019年开展了“共创·共享·共生成”创作与实践体系建设论坛，通过分享与传授学习经验的方式，为学生的专业能力培养提供了高层次的实践平台，也激发了其创作创新热情。

3. 各高校建立教学与实践相结合的培养方案

培养方案中将实践教学纳入考察范围的建设，对于人才的培养具有导向性的作用，

---

① 【相约光华】电影学院：养厚德睿思，育强能精技，铸传媒精神[EB/OL].[2018-06-25]. http://www.sohu.com/a/237725245_754595.

② 传媒学院网络与新媒体专业论证会暨校企合作签约仪式举行[EB/OL].[2019-10-25]. http://cmysl.jlenu.edu.cn/info/1033/1796.htm.

从制度上保障以学生发展为本的发展观念的落实，通过前文提到的各具特色的实践平台的搭建，为学生提供了更多层次的选择，尊重了学生的差异和个性，使教师能更好地因材施教。

吉林农业大学人文学院近年来改变了以往理论+实验的授课方式，每个专业设置独立的专业实验课，设专职教师授课，不仅提高了授课效率还发挥了专业特色。吉林师范大学新闻与传播学院被列为上海纪录片学院东北拍摄制作基地。长春师范大学传媒学院设置了学期专业课程汇报活动，各专业同学进行实践创作并在期末进行汇报。东北师范大学传媒科学学院(新闻学院)构建“3+3+3” 实验教学课程体系，实验教学方案吸纳借鉴了国内外一流院校本科教学实践的新变化和新经验，结合实际予以完善，为在本科专业人才培养方面开拓一条具有东北师范大学传媒科学学院特色的新路打下了良好基础。长春师范大学传媒学院在 2019 年颁布并实施了新版人才培养方案，为积极推进落实，开启“1+1 教师工作坊”课程集群模式并实施“双 100 行业素养提升”工程，建设课程集群与联合创作机制为依托的学生创作实战平台。

2.12.3　凝聚学界业界才智、积极开展学术交流活动

吉林省各高校新闻传播专业学术论坛及讲座的开展已经进入常态化、优质化阶段。许多高校建立了自己的学术交流品牌，如吉林大学新闻与传播学院已经连年开展了“构建现代传播新体系系列讲座”近 20 场，东北师范大学传媒科学学院(新闻学院)面向师生设立“东师传媒大讲堂”，长春师范大学定期举办“文海听涛”活动等。吉林师范大学新闻与传播学院举办文化交流工作坊和故事与影像工作坊，相继邀请北京电影学院教授、北京师范大学艺术与传媒学院、台湾政治大学传播学院、台湾艺术大学广传播学院等院系专家学者讲学十余场。

其次，院校之间充分与社会资源合作接洽。在共青团中央宣传部的指导下与吉林省新媒体中心合作。在 2019 年 5 月“新时代 · 新媒体 · 新青年”2019 青年新媒体北方峰会暨吉林省青年新媒体人才训练营中，吉林大学、东北师范大学、吉林艺术学院等 10 所高校被授予设立新媒体中心工作站。

学术交流活动蓬勃发展，各校定期举办承办大型学术年会，增强了吉林省新闻传播学界的科研学术活力。吉林大学新闻与传播学院和吉林省传播学会共同主办的，“社交媒体与后传播社会”学术研讨会暨吉林省传播学会 2019 年年会，着眼于社交媒体进步和技术发展带来的传媒新格局和传播新形态，设立研究生专场，论题涉及了后传播社会的新闻教育与话语方式变革、后传播社会与媒介生产、后传播社会与内容生产模式的变迁、社交媒介与互联网的参与文化、后传播社会的媒介使用与亚文化传播

等方面。吉林省传媒学会主办、长春师范大学传媒学院承办的“5G时代媒介融合的探索与创新”学术论坛暨吉林省传媒学会2019年年会，立足5G技术发展的时代背景，探讨媒介融合的新路径、新方法。牢牢把握住移动通信技术的发展给媒介形态发展带来的契机，促使吉林省新闻传播专业领域多元发展，加快新媒体产业在的融合发展，推动其创新性转型。

近年来显著的趋势就是参与到高校学术交流的主体逐渐增加。学术交流活动吸纳各类参与者，不仅能够增强会议议题的辐射范围和被关注度，更有利于交流的深度和广度起到增益效果。设立吸纳研究生参与的论坛和研讨会越来越多，搭建了学生与业界学界交流、沟通的有效平台。组建更开放、更包容、更适应时代发展潮流的学术交流平台矩阵，是提高新闻传播专业人才培养的质量的重要方面。

坚定意志、砥砺前行。吉林省的新闻传播教育在传媒生态变化万千，信息技术飞速发展的今天，保持着以人为本的踏实作风，坚定地在人才培养中增强其核心竞争力，从办学宗旨、培养目标、专业设置、课程架构、软硬件配备、教学模式等方面进行变革；在互联网带来的后真相时代，应坚定地保障新闻传播教育中正确价值观的树立；坚定地因材施教、拓展实践平台，培养全媒型复合人才。吉林省的高校在为我国新闻传播事业培养高素质、高能力、具有创新思维和较强实践能力人才的路上，努力夯实已有成果并不断取得新的进步。如何更精细准确地配合时代需求改革课程体系建设，打破以媒介划分专业的传统壁垒，如何与时俱进地提升教师综合素质和教学水平，如何更有效地培养学生核心技能和综合素质等还需要各高校付出长足努力和不断地尝试。

（石雪菲、黄智远、罗静宜、张硕、魏铭）

2.13 黑龙江省新闻传播教育发展综述

2019年，在国家媒体融合战略的推动下，黑龙江省传媒行业持续深化体制机制改革，各地县域媒融体中心建设初步完成，正发展成为黑龙江省内传播政府决策，引导社会舆论，沟通干群关系的重要的中坚力量。随着县域融媒体建设的发展，各地对媒体融合人才培养的需求也逐步显现。以此为背景，黑龙江新闻传播类高等教育院校坚持“党性原则、职业道德、新闻理想”人才培养理念，全面深化面向媒体融合人才培养的教育教学与科研改革。

2.13.1　“双万工程”牵引，全面深化本科教学改革

2019 年，伴随着“不忘初心、牢记使命”主题教育活动的全面展开，全省高校新闻传播类院系全面贯彻新闻教育的党性原则，持续推进马克思主义新闻观教育入课堂、入头脑，加强“课程思政”体系建设，全面夯实新闻人才培养的政治思想基础。

1. 深化马克思主义新闻观教育，加强“课程思政”建设

(1)深化马克思主义新闻观教育。2019 年，继新闻学专业开设“马克思主义新闻观”课程之后，黑龙江大学新闻传播学院再次拓展开课面，面向广播电视编导、传播学和广告学专业开设此课，做到了马新观教育全覆盖。学院选派 5 位教师参加了教育部“高校新闻传播院系骨干教师马克思主义新闻观主题培训”，进一步充实马新观课程的教学内容。

(2)推进课程思政建设。东北林业大学文法学院广告学专业全部课程实现了思想政治教育进教学大纲、进教学设计、进行教案讲义、进课堂教学。2019 年 11 月，广告学专业所在的文法学院召开“不忘教育初心，牢记育人使命”课程思政建设成果分享会。推荐参加学校“课程思政”成果展示的黄薇老师从广告学专业“课程思政”的必然性、教学理念“思政”、教学结构“思政”、教学内容“思政”和教学方法“思政”五个方面与大家分享了“公益广告”的“课程思政”建设经验。她认为，“课程思政”既是对新时代高校思想政治工作改革的直接回应，也是培养德智体美劳全面发展的社会主义建设者和接班人的必然选择。高校广告学专业不但要立足于应用型创新人才的培养，还应辅之以综合素养培育，尤其是人文素养与思想政治素养的培育，才能真正帮助学生建立起属于自己的专业信念。

9 月 18 日，哈尔滨师范大传媒学院影像艺术系举办“传媒大讲坛”专业情志教育第三十七讲暨“2019 级新生迎新典礼”。在专业思政、课程思政上，哈尔滨师范大学传媒学院独辟蹊径，参照学校大学生思想政治育“112349”工作模式，创办了以专业情志教育为先导，以学风建设为重点的“传媒大讲坛”，聚焦于专业情志教育，将专业教育与思政教育灵活有序地组织在一起。

黑龙江大学以课程思政立项形式，探索思想政治教育与专业教育的深度结合模式。2019 年，学院教师完成“马克思主义新闻观”“媒介伦理与法规”“播音主持研究”三门课程思政专门项目的研究工作，为学院后续创建新闻传播“三位一体”德育培养体系积累了经验。

2. 建设一流本科专业和一流本科课程

2019年，教育部启动“双万工程”建设。省内高校纷纷动员起来，以内涵建设为契机，以“双一流”为目标，全面加强专业建设和课程建设。

2019年，黑龙江大学新闻学专业入选黑龙江省一流本科专业建设点，并获批成为国家级一流本科专业建设点。学院以此为基点，为迎接一流本科专业认证，学院开启了新一轮本科人才培养方案修订工作。改革课程体系，增加新媒体类课程，面向“融合模式”构建共性与个性兼具的培养方案。已调整开设了“数据新闻”“新媒体运营”等课程。同时，深化专业+X培养实践，利用学校多学科优势，制定了《传播学(国际传播)辅修专业人才培养方案》，联合培养跨学科新闻传播人才。

2019年，绥化学院人文与传媒学院启动了专业认证准备工作，布置修订了2019版本科人才培养方案。新版培养方案以区域经济社会发展和学生全面成长需求为导向，以“岗位胜任能力”培养为核心，进一步压缩课内学时，创新实践教学模式，优化课程体系，改革教学内容，突出专业特色，坚持知识传授、能力训练、素质培养相互协调发展，强化学生自主学习能力、创新创业意识、职业发展能力培养，探索应用型、复合型、创新型人才培养机制，促进学生知识、能力、素质协调发展和综合提高，建立产教融合、校企合作、协同育人的人才培养模式。

2019年，省内各高校启动了一流本科课程建设工作。黑龙江大学新闻传播学院申报并获批校级线下一流本科课程四门：“外国新闻传播史”“中国新闻传播史”“传播学概论”“广播电视节目策划”，申获省级线下线下混合课程“新媒体极速客”一门，为一流本科专业建设奠定坚实基础。同时，学院启动建设了12门院级精品资源共享课程。

哈尔滨商业大学新闻学专业将“马克思主义新闻观”由选修课程变更为必修课，并将纳入一流本科课程建设工程。

3. 坚持成果导向，推动“以赛促教”的实践教学模式

黑龙江省内高校新闻传播类院系一直坚持开门办学的理念，倡导“课赛一体化”“以赛促练”的实验实践教学模式。2019年，黑龙江大学新闻传播学院、东北林业大学广告学专业、哈尔滨师范大学传媒学院和黑河学院等高校在实践的道路上不停脚步，不断探索，以不同的尝试取得了明显的成效。

4月24日，哈尔滨师大传媒学院举行了全国大学生广告艺术大赛黑龙江赛区启动式暨“名家名师进校园”活动，黑龙江赛区在哈尔滨师范大学的组织下，已成功举办8届，全省40余所高校、4000余人参加。

2019 年 4 月 26 日，东北林业大学文法学院广告协会举办了第十二届广告文化艺术节“品牌的力量”开幕式。广告文化艺术节作为东北林业大学的品牌学生活动，此届广告节主题是“品牌的力量”。

2019 年 11 月 15 日，黑龙江大学举办了第七届广告创意文化节，此届文化节的主题是“创意出走”。通过举办广告创意节，激发了学生的创造力和想象力，学生的创新意识、广告实务能力有了长足进步。

2019 年 6 月 14 日，牡丹江师范学院文学院广播电视学专业举办首届学科盛典《你好，蒙太奇》，并同步实现了阳光云平台现场直播，参演人员达一百余人。从顶层设计到微观布局，从内涵培养到硬核打造，广播电视学专业全体师生全身心投入。此次学科盛典是该专业在融媒创新应用复合型广电人才培养上的最新探索成果。

2019 年 11 月 29 日，黑河学院人文传媒学院举办了庆祝全国第二十个记者节闭幕式暨广播电视编导专业播音主持方向实践教学汇报演。汇报现场播放了艺考学生于艰难困苦中全力追梦的短片《追梦》，“人生有终点 追梦无妥协”深刻诠释了梦想路途需要的正是坚强的毅力和不屈的精神。

教学为了实践，实践回馈教学。相得益彰，硕果累累。

6 月，东北林业大学文法学院在中国农业银行黑龙江省分行主办的“农银杯”公益快闪大赛中取得佳绩，广告学专业共有李祖璇等六组同学获得一、二、三等奖。一等奖作品是《存款保险制度挺好》。

11 月 23 日，第十一届全国大学生广告艺术大赛颁奖典礼在全国政协礼堂隆重举行。东北林业大学广告学专业李钰、许左、于长弘创作，宫立明、黄薇指导的作品《少年情怀总是诗》荣获策划类二等奖。

2.13.2　加强科研管理，高校科研水平稳中有升

1. 以管理引导科研，以组织力强化科研力

2019 年，黑龙江大学新闻传播学院组织国家社科项目申报经验分享会 2 次，开展“省高校基本科研业务费黑龙江大学专项资金项目”辅导会 1 次，召开科研项目服务调研会 1 次。通过有效组织与协调，形成合力。教师申获国家社科基金项目 1 项，省哲学社科项目 1 项，省新型智库课题 2 项，十九届四中全会精神专题研究项目 1 项，省教育科学规划重点课题 2 项，省经济社会发展重点研究课题 1 项，省级艺术规划项目 2 项，省高校基本科研业务费黑龙江大学专项基金项目 4 项。出版国家级合著 1 部，刊发高水平论文 5 篇，CSSCI 期刊 3 篇，北大核心期刊 1 篇，省级期刊 13 篇。获第五届黑龙江省文

学学科优秀科研成果一等奖1项，二等奖1项，三等奖1项，黑龙江省第五届艺术学科优秀科研成果论文二等奖1项，黑龙江大学优秀科研成果二等奖2项、三等奖2项。

2. 以高水平科研项目为牵引，锻炼科研队伍

4月14日，黑河学院举办了国家社科基金“中俄黑龙江界江区域世居民族影像志与文化传承研究”项目组交流会。会议组织了课题组师生进行研讨式交流。该项目主要以黑龙江东部地区界江流域赫哲族等少数民族的说唱艺术(伊玛堪)、风俗习惯(赫哲婚礼)、民俗技艺(鱼皮画、口弦琴)、民族语言为对象，寻找能够表现民俗及优秀文化的故事，用影像记录的方式形成民族影像志材料，实现优秀传统民族文化的传承与延续。

2019年，课题组吸纳了学院部分学生参与其中。3月，俄罗斯阿穆尔州腾达区乌斯季乌尔基马镇举行了“养鹿人和猎人日”埃文基族驯鹿节，项目组师生12人赴腾达区乌斯季镇进行了影像志拍摄。5月，项目组师生深入新鄂乡采访了桦树皮非物质传承人莫代荣、摩苏昆的传承人杜贵良、讲授鄂伦春族语言的吴晓东三位人物，用影像的方式来讲述人物背后的故事，多角度、深层次展示鄂伦春族的民俗和民风。

2019年，项目组制制作了公益短片《坚守民族记忆传承民族文化》作为课题组的阶段性成果进行展播。

3. 强化协同育人，推动“产学研”交流

黑龙江新闻教育界有一个基本理念，就是新闻教育要“开媒体同行，与问题同在”，新闻传播教育必须在与业界的互动中才能得以成长发展。

哈尔滨师范大学传媒学院与业界深度互动。5月19日，第三届东北三省四市品牌广告高峰论坛在哈尔滨圆满举办。该活动在中国广告协会、黑龙江省广告协会、海润集团、新华网、飞鹤乳业等企业、广告、传媒单位的支持下举办，旨在推动龙江品牌、企业在经济振兴中发挥更大效力。哈尔滨师范大学传媒学院以及传媒学院院长王伟建等四位教师分别获得：龙江公益广告突出贡献单位、龙江优秀广告人、龙江突出贡献广告人、龙江新锐广告人、龙江广告优秀创意案例五项表彰。这是哈师大传媒学院坚持“产学融合、社会化办学”发展精神的重要成果之一，这不仅提高了学院在业界的知名度，也为进一步拓展校企合作，推进产学研结合奠定了基础。

东北林业大学文法学院承办第二十八届时报金犊奖旺旺孝亲公益获奖作品展。11月12日，旺旺文教基金会主办，金犊奖组委会协办的孝亲公益作品展在东北林大开展。在哈高校师生大力支持，黑龙江大学、哈尔滨商业大学、哈尔滨师范大学等院校共计400余名师生参加开幕式并观展。中青网、东北网、凤凰网等多家媒体记者也来到现

场。这次展览是从 10000 多件参赛作品中，精心挑选出 100 件优秀作品，涵盖了影片、平面、动画、互动类作品。古代有 24 孝，现代也会有孝顺新主张。我们倡导孝顺要成为一种“日常”，一种“习惯”，及时行孝。

11 初至 12 月初，哈尔滨师范大学传媒学院传媒学院教师分别为伊春广播电视台采编人员进行业务培训。学院教师向学员们集中讲授新闻策划、新闻采访与写作和新闻节目制作等方面的新闻专业知识，还就新闻类栏目创作和新媒体融合相关新知识向学员们进行深入浅出的讲解和培训。培训内容紧贴新闻从业人员的工作实际需求。

此外，各高校纷纷请进业界专家，为学生举办讲座，使学生不出校门，就可以了解媒体一线的动态与发展趋势。6 月 25 日，哈尔滨师范大学传媒学院特邀请著名播音艺术家、中央人民广播电台播音指导、新中国第一代女播音员葛兰来学院进行专业讲座。她用生动平实的语言，以自己近 70 年的播音工作经历，讲述了播音工作中职业道德、职业素养、职业情商的重要性。

2019 年 5 月 30 日，绥化学院邀请中共中央宣传部“四个一批”人才暨全国文化名家、全国新闻出版行业领军人才、数字出版专业大咖郑铁男先生与数字出版、网络与新媒体专业教师和学生进行了学术交流。郑铁男先生就数字出版专业的就业前景、数字出版和网络与新媒体专业培养方向进行了详细讲解。

6 月 24 日，黑河学院邀请哈尔滨电视台节目主持人王巍举办了以“我的对面是你”为主题的讲座。王巍从知“礼”、学会“倾听”、如何“备稿”“提问”的主持艺术以及“开口要精彩”五个方面对新时代媒体人的基本素质进行了讲解。

未来，黑龙江省高校新闻传播类院系面临着高水平学科建设、学位点建设和“双万工程”建设等重要任务，面临着完成面向融合媒体人才实现教学转型的挑战，任务繁重，道路悠远。

（徐中民）

2.14　云南省新闻传播教育发展综述

2019 年，云南省新闻传播教育呈现出良好的发展态势，形成了诸多新的亮点，无论是专业教学、学术研究，还是平台建设、协同发展，都出现了新的探索与实践，并取得了良好的成效。从总体上看，云南新闻传播教育发展平稳，专业点布局基本合理，整体建设推进力度有所增强，同时，在地方化、特色化及国际化发展等方面进行了卓有成效的实践，进一步明确了云南新闻传播教育发展的科学内涵与发展路径。

2.14.1 夯实办学基础，加强教学建设

专业教学是专业建设与专业教育发展的生命线。2019年，云南省新闻传播类院系、专业点继续把专业教学建设放在核心位置，以杜绝“水课”，打造“金课”为教学建设核心，积极推进课程体系改革、优质课程建设与教学模式创新，力图实现专业教学的“升级”，以适应新闻传播教育变革的总体趋向。

首先是积极推进教育教学改革研究与实践。2019年，云南省新闻传播院系和专业按照云南省、各高校的部署和安排，积极申报各级各类教育教学改革研究项目，共获得省级、校级教改项目立项20余项。其中，“基于本科生学术研究能力培养的‘多元课堂’的建构与实践研究”（云南大学）、“部校共建新闻院系培养国门大学卓越新闻传播人才的研究与实践”（红河学院）等多个项目获得省级立项。云南财经大学传媒学院按照学校学分制综合改革要求，做好新闻学专业归口课程评价工作，开展了8项本科教育教学改革研究项目。截至2019年年底，云南大学新闻学院教学团队积极开展教学改革研究与实践，共完成专业教育教学研究论文、非标准化考试改革教学案例、线上线下混合示范课程教学案例、大学生创新创业教育指导案例、大学学科竞赛项目指导案例等30余篇。应该说，该年度所展开的专业教育教学改革研究与实践，在云南新闻传播教育历史上尚属首次，具有鲜明的系统化和规模化的特征，既是对云南新闻传播教育的历史性检视，又是对未来发展路径的前瞻性研判，其意义非常重大。

其次是专业建设取得新进展。2019年，云南省各新闻传播院系、专业积极申报国家“双万计划”一流本科专业建设项目。其中，云南大学新闻学院新闻学专业入选国家级一流本科专业建设点，云南师范大学广播电视编导专业、滇池学院新闻学展业等多个专业点被列为云南省一流本科专业建设点，此外、昆明理工大学、红河学院、保山学院等多所学校的新闻传播类本科专业被列为所在学校的一流本科专业建设点。国家级、省级和校级专业建设点的立项，对于提升云南新闻传播教育的整体水平，特别是专业建设水平，将发挥重要的推进作用。此外，云南师范大学的戏剧与影视学一级学科硕士点被列为云南省博士点培育单位，这也是云南省新闻传播学科建设与发展的新突破。

最后是专业人才培养探索新路径。2019年，昆明理工大学艺术与传媒学院招收了第一届出版专业硕士研究生，开启了云南省编辑出版领域高级专门人才培养的序幕。云南民族大学招收了第一批新闻与传播专业硕士研究生，使得该校新闻传播专业教育迈上了新的台阶。同时，在2019年度，云南大学、云南师范大学、云南艺术学院等多所具有新闻传播学科硕士学位授权的专业点，对研究生人才培养方案进行了调整和完善。比

如，云南大学新闻学院从 2019 年开始，新闻与传播专业硕士的学制从两年制调整为三年制，原有的课程体系也相应进行了更新与完善。

2.14.2　发挥区域优势，深化学术创新

学术研究是学科建设的内驱力。从历史看，学术研究整体水平不高一直是云南新闻传播学科建设与发展的短板。2019 年，云南省新闻传播学科建设取得了显著进展，无论是科研项目、科研成果，还是学术影响力，都取得了重要的突破。

首先是科研项目立项数明显提升。2019 年，云南省新闻传播院系、专业获得国家、省级科研项目数超过 20 项，其中，“乡村传播生态变迁与西南边疆地区乡村治理研究”(云南师范大学)、“‘一带一路’背景下中国在东盟地区主流媒体中的国家形象研究”(云南大学)等多个项目获得国家社科基金项目立项。“非物质文化遗产传承抢救性保护记录人才培养”(昆明理工大学)获得国家社科艺术基金项目立项。由云南师范大学传媒学院科研团队申报的“南亚东南亚国家媒介传播史研究”项目获得云南省哲学社会科学规划项目重大项目立项，这是云南省新闻传播学科首次获得重大项目立项，除此之外，云南师范大学传媒学院还获得教育部人文社科项目、国家民委科研项目、云南省社科规划一般项目以及横向科研项目等近 10 项，成为 2019 年度云南省新闻传播院系、专业点中省级及以上科研项目立项数最多的单位。昆明理工大学传媒与艺术学院则承担了国家图书馆的资助项目，为国家图书馆音像资料库拍摄制作云南特色传统文化在线视频作品 12 期，视频资料 15 期(共 60 小节)，剪辑制作后总时长为 42 小时，供国家图书馆音像资料库收藏和在线播放。

其次是学术成果受到广泛关注。2019 年，云南省新闻传播院系、专业持续推进科研工作，发表了一系列高质量的学术研究成果，并产生了广泛的学术影响。比如云南大学新闻学院孙信茹教授担任首席专家的传播与社会发展研究团队，本年度先后在新闻传播学“四大学术期刊”发表《玩四驱：网络趣缘群体如何以“物”追忆——对一个迷你四驱车 QQ 群的民族志考察》《身体表演与拍照的意义生产——社交媒体时代个人影像实践的田野考察》《微信对歌中的互动、交往与意义生成——对石龙村微信山歌群的田野考察》《数字鸿沟对癌症知沟的影响研究——基于北京、合肥癌症与健康信息调查的分析》等论文，并有多篇论文被《中国社会科学文摘》、中国人民大学报刊复印资料《新闻与传播》《社会学》等大篇幅或全文转载。同时，2019 年度云南省新闻传播院系、专业还出版近 10 部学术著作，并有多项成果获得云南省哲学社会科学优秀学术成果二、三等奖以及本学科其他学术奖励。可以说，2019 年是云南省新闻传播学研究取得丰硕成果的一年。

最后是学术特色日益凸显。历经多年积累与探索，云南省新闻传播学研究和学科建设紧扣云南区域特色和优势，不断凝练学术研究方向和形成研究特色。这在 2019 年得到充分体现，一个是依托云南省丰富的民族文化资源，在民族传播、媒介人类学研究领域形成了跨学科视野下的研究取向，并初步形成了研究取向较为一致的学术共同体，几乎涵盖了云南省主要的新闻传播院系、专业，并取得了令人关注的学术成果。一个是依托“一带一路”倡议背景下云南省作为面向南亚东南亚辐射中心的优势，积极融入国家战略，服务地方社会，开展面向南亚东南亚的国际传播研究。比如云南师范大学传媒学院学术创新团队承担的 2019 年省级重大项目，其预期成果就是完成南亚东南亚国家媒介传播史研究的系列著作，具有重要的现实意义和理论价值。又如，红河学院人文学院在国门大学建设的背景下，把面向南亚东南亚国家的国际传播研究作为学科建设的主要方向。此外，2019 年度云南新闻传播院系、专业点有多项国家级、省部级科研课题，都与这一研究方向密切相关。尽管这一领域的研究尚处于起步阶段，但其可拓展的空间是不言而喻的。

2. 14. 3　借助多元平台，实现特色发展

教研平台是专业教育发展的重要保证。2019 年，云南省新闻传播院系、专业通过搭建、借力多类型的教研平台，开展了丰富的教研实践，取得了丰富的专业教学实践成果，并在专业综合实力提升、人才培养模式改革等方面发挥了重要的作用。

首先是借力专业实践和竞赛平台。2019 年，昆明理工大学艺术与传媒学院成功举办了第十一届全国大学生广告艺术大赛云南赛区的比赛，共收到云南省 46 所高等院校的学生参赛作品 7169 组，实现了参赛报名和完成参赛数量的倍增。之后，在全国赛区比赛中，云南大学、昆明理工大学、滇池学院等高校新闻传播院系、专业均取得良好的参赛成绩，创造了云南高校参加本项赛事的最佳成绩。同年，由中国编辑学会主办、中国编辑学会电子网络编辑专业委员会组织的第四届全国大学生网络编辑创新大赛中，昆明理工大学的学生作品获全国总决赛视频类三等奖暨西南赛区视频类三等奖，另有 24 件作品分获西南赛区网页类、程序类、音频类优秀奖。此外，云南大学、云南师范大学等学校还参与承办“半夏电影节”云南分会场展播活动。这些活动的开展，极大地拓展了专业教学实践的空间。

其次是借力学术创新训练平台。2019 年 5 月，由云南大学新闻学院主办了“理解中国”首届新闻传播学研究生学术论坛，此次论坛的主题是“传播与日常生活变迁：新媒介的视角”，共有来自全国 29 所高校的青年学子 70 余人参加了此次论坛，在昆高校新闻传播院系的主要负责人均参加了此次论坛。这是云南省新闻传播院系第一次举办全国

性的研究生学术论坛，反响热烈，有效加强了省内高校之间、省内高校与省外高校的学术交流。2019 年，云南大学新闻学院针对本科学生举办了学术创新训练营，在本科生中开展了系统的学术训练与创新实践，受到学生的广泛欢迎。同时，2019 年度云南省新闻传播院系、专业积极借助国家大学生创新创业训练计划项目、“互联网+”大学生创新创业大赛等平台，积极组织本学科学生申报和参与竞赛，无论是申报数、参赛人数，还是立项数、获奖数，都较往年有显著的增长。这已成为学生开展学术创新训练的重要途径。

最后是“升级”专业实验教学服务平台。在传播技术发展日新月异的背景下，专业实验教学服务平台很容易出现“跟不上拍”的情况。2019 年，云南省新闻传播院系、专业积极进行“升级换代”工作。云南大学的国家级新闻传播实验教学示范中心积极筹措专项资金，完成了融媒体中心的改建任务，并得到国内众多高校专家的肯定。红河学院人文学院制定了《人文学院实验平台规划(2020—2024)》，明确实验室建设方向；组织申请 2019 年中央财政支持地方高校发展专项资金项目“融媒体实验教学中心”，获批建设资金 348 万元，预计 2020 年 9 月建成投入使用；组织申报中央财政支持地方高校发展项目“国际传播智能媒体实验教学中心”，拟加强国门大学面向澜沧江-湄公河流域国家国际传播，获得学校批准并列为 2022 年学校中央财政建设项目；成功申报教育部高教司产学合作协同育人项目“国门大学融媒体联合实验室”，获华栖云公司 40 万元资助。保山学院的新闻学专业点 2019 年度成功申请了国家资金 240 万元及学校专项资金，拟建设融媒体中心，包括一个小型演播厅、一个导播室及一个非编教室，目前正处于建设阶段。此外，云南师范大学、云南民族大学、云南财经大学、云南艺术学院、大理大学、玉溪师范学院等众多省内院系，都不同程度地加大了实验教学服务平台的改造力度，以适应传媒技术变革的要求。

2.14.4　建立协同机制，推动整体建设

协同办学、协同育人，协同并进，是新闻传播教育发展的重要趋势。2019 年，云南省新闻传播院系继续立足区域发展实际、挖掘本土优势资源和拓展协同发展空间，通过协同机制的建构与实践，不断提高整体建设水平，并取得了显著的成效。

首先是切实推进区域合作。立足当地，挖掘地方资源，服务地方社会，是地方院校建设和发展的重要路径。2019 年，丽江文化学院新闻学专业围绕丽江的地方实际，与丽江市玉龙县融媒体中心签约，建立了教学科研基地，同时与丽江市电视台、丽江网、《丽江日报》等当地媒体机构继续合作共建，并正与“丽江读本”商洽合作事宜。红河学院人文学院立足红河州的发展实际，2019 年度与绿春县融媒体中心签署协议，共建实

践教学基地，与重庆德克特公司合作开设广告学专业技能素养提升课程，免费为学生进行UI(界面设计)培训，11月，与优联发展集团有限公司签署共建“中柬文化双创中心”合作协议，人文学院新闻传播类专业积极参与双创中心建设。云南大学新闻学院则与素有“云南第一村”的玉溪市大营街社区合作，共建社区传播创新实践基地。在这一年中，云南省多个院系、专业点根据媒体行业的发展特点，新建了为数众多的教学实习基地和学术研究基地，其中数量最多的是与当地的县级融媒体中心建立协同共建机制。

其次是推进国际合作。作为面向南亚东南亚的辐射中心，云南省体现出独特的区位优势和构架国际合作的新路径。这也成为云南新闻传播教育提升国际化水平的重要保证。2019年，云南大学新闻学院(南亚东南亚国际传播学院)负责人与中国—尼泊尔媒体论坛主席科绍(Kishor)签订了共建海外教学实习基地的协议，这是该院建立的第二个海外实习基地，当年，该院先后有2批同学赴缅甸、尼泊尔新闻机构进行专业实习。同时，云南大学新闻学院还与缅甸金凤凰中文报社、阳光中国文化中心共同组织的“未来传播者”中缅合作纪录片作品在多个影展和文化论坛上展映，受到广泛好评。此外，云南大学新闻学院举办了第二届“未来传播者”国际项目，对来自缅甸国立管理学院新闻系的10名同学进行专项培训并开展综合实践活动，促进了两校学生的业务交流。云南民族大学开设的广播电视学专业，2019年度继续面向老挝、缅甸、泰国、越南等国家招生外国学生，目前在校留学生已近百人，这也是云南新闻传播教育面向国际的重要实践。2019年，云南省还有多名新闻传播类专任教师参加国外或香港地区大学的访学项目。

最后是推进校际合作交流。2019年，云南省新闻从传播院系、专业积极推进高校间合作，以增进学术交流，促进协同发展。7月，红河学院人文学院与复旦大学中文系、《当代修辞学》编辑部联合举办了“第十届‘望道修辞学论坛’暨第十三届语体风格学术研讨会”，在此次论坛上，政务新媒体、融媒体、门户网站等方面的语体风格、功能语言及语篇研究成为重要议题。10月，云南大学新闻学院与中国传媒大学、浙江传媒学院在昆明共同主办了第四届媒体融合实践教学创新国际交流会议，全国百余所高校和国外高校的专家学者200余人出席，云南省新闻传播院系、专业的相关负责人都参加了会议交流。这对提升云南省新闻传播类专业实践教学水平提供了有益的借鉴与启示。12月，云南大学新闻学院与中国人民大学新闻与社会发展研究中心、中国人民大学新闻学院共同举办了“新闻与社会发展论坛：新闻舆论与国家治理体系创新发展”，近百名专家学者到会参与研讨，有力地促进了云南省内高校与其他高校之间的学术交流。2019年度，云南省内高校之间、省内高校与国内知名高校之间的教育写作与学术交流得到有效加强。

整体而言，2019 年云南新闻传播教育呈现出三大特点：一是重视教学建设，无论是挖掘内部自身潜力，还是借力外部优质资源，都在扎实推进；二是强化学术创新，无论是科研项目立项，还是科研成果产出，都有显著提升；三是凸显特色发展，无论是平台建设，还是协同合作，都有诸多亮点。应该说，云南新闻传播教育的发展态势是非常好的，前景可期。

（杨星星）

2.15　贵州省新闻传播教育发展综述

2019 年，贵州省新闻传播教育呈现三条主线：塑造谢六逸新闻教育品牌，借力融媒体建设，主动融入全国新闻教育圈。通过在这三条主线上的创新工作，贵州省新闻传播教育拓展了新闻教育领地，取得新的成绩。

2.15.1　塑造谢六逸新闻教育品牌

谢六逸(1898—1945)是贵州贵阳人，复旦大学新闻系创始人，提出新闻记者须具备“史德、史才、史识”，并以此作为教学理念培养学生，让复旦大学新闻系闻名于海内(外)，因此成为中国现代新闻教育事业的奠基者之一。在抗战期间，谢六逸回到贵阳，在贵州大学、贵州师范大学等高校任教，为开拓贵州省新闻教育做出了启蒙性贡献。目前，贵州省新闻传播教育界从贵州历史文化挖掘教育资源，丰富办学理念。谢六逸教学理论可谓恰逢其时，是贵州新闻教育的历史文化名片，贵州省新闻传播教育的三大高校均结合自身办学资源，塑造谢六逸新闻教育品牌。

1. 贵州民族大学：建设谢六逸新闻实验班和开展谢六逸主题活动

贵州民族大学作为贵州省新闻传播教育的重地，首当其冲地发挥谢六逸作为贵阳历史文化名人的影响力，创新性地运用谢六逸新闻教育理念进行办学，一系列的探索与实践使贵州民族大学传媒学院的新闻传播教育注入更为丰厚的历史积淀要素。

(1)打造谢六逸新闻实验班品牌。为了将谢六逸新闻教育理念薪火传承，贵州民族大学经学校研究决定，于 2017 年秋季学期开设“马克思主义新闻观谢六逸”实验班。实验班将通过笔试和面试从全校全日制 2016 级本科生中选拔，人数为 30 人。选拔合格的实验班学生将统一转至新闻学专业，毕业时授予文学学士学位。该实验班归属于传媒学院新闻学系，参照国内一流大学新闻学院人才培养方案和课程设置，着力打造该校新闻传媒人才培养的特色品牌。该实验班的授课教师有1/3以上来自宣传部门及传媒行业，有1/3以上的课程以实践为主，并且有1/3的教学时间在媒体进行实践。实验班采用订单式培养，力争在毕业时实现全部学生在新闻媒体或企事业单位的宣传部门就业。

在这样的培养模式下，学生得到优质师资的教育与指导，对新闻传播理论的掌握程度较好，得到的一线新闻实践机会较多。目前谢六逸新闻实验班成为贵州民族大学传媒学院新闻教育品牌，学生新闻作品常见于省内各级媒体，每年都能汇集近百篇新闻作品，其办学理念与模式为贵州省新闻本科教育创新提供了借鉴。

(2)创新性开展谢六逸主题活动。如何挖掘谢六逸新闻教育理念的相关资源，有机地和贵州省情相结合，推动贵州新闻教育发展，是一项创新性的工作。贵州民族大学传媒学院在这方面下功夫，努力使历史的谢六逸与今天的贵州碰撞出火花。

节日天然地具有隆重性，能够吸引众人的关注。在适当的节日策划谢六逸主题活动，必能有效推广谢六逸新闻教育理念，扩大谢六逸在今天的影响力，让更多人牢记其新闻教育理念，引以为勉。故而，贵州民族大学传媒学院在2019年11月8日记者节与贵州日报当代融媒体集团文旅新闻部、《27°黔地标》文化周刊、天眼新闻APP文化频道联合主办"我们的先贤·谢六逸"分享会，在贵州民族大学传媒学院举行。

此次分享会以场外连线和现场分享的方式进行，目的是为了让受众更立体全面了解谢六逸生平，弘扬先贤精神，提升文化自信。场外连线嘉宾有米博华(复旦大学新闻学院院长)和秋阳(知名作家、《谢六逸评传》作者)，现场分享嘉宾有李卫红(贵州日报当代融媒体集团党委副书记、副董事长、总编辑)、蓝东兴(贵州民族大学传媒学院院长、博士生导师、教授)、杜安(贵州省谢六逸新闻传播研究中心主任，贵州师范大学传媒学院副院长、教授)等省内文史专家、文学研究者、新闻出版界人士。诸位专家从自己的研究领域进行讲述，内容涉及谢六逸生平介绍、文学创作、译著解读、新闻思想、现代传媒教育，以及当代新闻工作者如何继承先贤思想等各个方面。这次分享会在专家学者的交流、讨论下，让在场学生更了解谢六逸的新闻理念内涵与意义，而且此次活动通过媒体的报道，大范围地传播了诸位专家学者对谢六逸新闻理念的解读，扩大了谢六逸新闻理念的影响力。

当下贵州省委最紧急、最重要的战略是脱贫攻坚。在贵州这样一个自然资源匮乏、经济底子薄弱、高端人才缺少的长期贫困大省进行脱贫攻坚，是一项史诗性的壮举。贵州民族大学传媒学院抓住这一重大战略，认为这正是实践谢六逸新闻理念所推崇的"史德、史才、史识"的良机。于是，贵州民族大学传媒学院派出来自新闻业界的王西凌老师作为指导老师，带领学生就贵州省脱贫攻坚这一重大主题进行新闻策划，让学生去采访报道，学生写出了《好花红村：发展乡村旅游，助力乡村振兴》《搬进新家，奔向美好新生活》等多篇新闻报道，以鲜活的人物故事反映了在贵州省委的坚强领导下，贵州人民脱贫攻坚的生动故事、乐观精神与新的进步。这让学生在一线的新闻实践中感受到了“史德、史才、史识”的内涵与指导作用。

2. 贵州大学与贵州师范大学：打造谢六逸学术品牌

贵州大学与贵州师范大学对谢六逸文化资源的运用上，一个共性是努力把谢六逸学术品牌打造起来，以学术活动的开展增加新闻教育的广度和深度。

贵州大学文学与传媒学院主办了谢六逸大讲堂，分为“学术前沿”“研究方法”和“工作坊”三大版块，既邀请国内外新闻传播领域知名学者及业界专家到校讲学，开阔学生的新闻理论视野，又重点培养学生的新闻业务能力，让学生在“工作坊”中从事新闻工作，提高新闻技能。

贵州师范大学成立贵州省谢六逸新闻传播研究中心后，由副院长杜安教授担任中心主任，开展一系列以谢六逸为主题的学术研究工作。目前的重点工作是和贵州人民出版社市场部负责人刘泽海博士进行合作，全力挖掘、整理、出版《谢六逸全集》，以此作为一个学术品牌。

2. 15. 2　借力融媒体建设促进专业教学发展

融媒体是当下媒体的转型之路，也是国家的重大战略部署。在此背景下，借力融媒体建设促进专业教学发展是新闻传播教育的一个重点转型，培养具有融媒体专业能力、符合融媒体发展需要的新闻人才是高校新闻传播教育的大势所趋。

贵州大学于 2019 年 4 月成立了贵州首家高校融媒体中心“溪山融媒中心”。新建成的贵州大学校园演播厅占地面积 480 平方米，总投资近 800 万元。演播厅配备 3 机位 10 讯道高清摄录系统，分为采编区、导播区、虚拟区、访谈区、文化展示区等五大区域，是西南地区高校中面积最大、功能最全的校园演播厅之一。溪山融媒中心成立后，《中国青年报》贵州校媒融合创新基地、新华网贵州分公司媒体融合创新基地、《贵州日报》驻贵州大学记者站、多彩贵州网驻贵州大学记者站正式挂牌。来自《中国青年报》、新华网、贵州广播电视台等媒体的六位专家组成了溪山融媒中心的专家顾问团。

贵州民族大学传媒学院与贵阳日报传媒集团合作，借力其承建的贵阳市融媒体中心进行专业教学。兰东兴院长表示，已经和贵阳市融媒体中心负责人进一步交谈，很快会在传媒学院设置接入融媒体中心的端口，今后学生可以实现在学校做融媒体产品，通过融媒体端口传到贵阳市融媒体中心。届时传媒学院的学生作品将以最快的发布速度在贵阳市融媒体中心的各个发布渠道传播，让学生通过实践切身参与到融媒体的运营体系中去，培养成为新一代的融媒体人才。

贵州师范大学传媒学院积极打造融媒体中心，将其定位于集内容生产、教学实训为一体，提升学生专业实操能力。传媒学院融媒体中心主任、指导老师李娟表示，融媒体中心未来以打造学院学生的实训基地为目标，采取“请进来、走出去”的方式，邀请业界专家为同学们作新闻采写、新闻摄影、视频剪辑和新媒体制作的实战培训。该融媒体中心将采取一个中心、多个出口、各平台展示的运行方式，更好地服务学生，实现“引导学生、服务学生”的目标，让融媒体中心作为本学院各专业学生的实训基地更好地发挥作用。

2.15.3　主动融入全国新闻教育圈

贵州历来较为封闭落后，贵州新闻教育在全国范围来看，力量较为薄弱，影响力不大。以往贵州新闻教育与全国新闻教育圈联系不多，共同开展的活动较少，这让贵州新闻教育的办学视野与办学资源受到较大限制。这样的局面在 2019 年得到较大程度的改观——贵州新闻教育主动融入全国新闻教育圈，推动贵州新闻教育与时俱进地发展。

1. 加入全国性新闻教育组织

贵州新闻教育界意识到，要发展新闻教育，必须走出封闭的地域思维，接轨全国，方能与时俱进地更新新闻教育理念，获得更多的办学资源。在这方面，贵州师范大学走在前列。2019 年 11 月 1 日，由复旦大学新闻学院倡议，国内 10 所高校新闻传播院系共同发起的“红色文化传承与马克思主义新闻观教育联盟”在复旦大学成立。贵州师范大学传媒学院作为共同发起该联盟的高校院系之一，院长黄葵代表传媒学院出席了此次联盟成立大会。

“红色文化传承与马克思主义新闻观教育联盟”作为国内首个将传承红色文化基因与推进马克思主义新闻观教育有机结合起来的学术组织，依据平等互利、交流互鉴、协同共进的原则自愿组建，为非营利性的、非法人的学术共同体，旨在充分发挥各成员高校优质的红色文化资源和马克思主义新闻观教育研究特色，开展全方位合作，形成资源共享、协同发展、整体提升的工作机制，实施卓越新闻传播人才教育培养 2.0 计划，推动和提升马克思主义新闻观教育和研究水平。作为“红色文化传承与马克思主义新闻观教育联盟”的一员，贵州师范大学传媒学院将抓住这次难得的机遇，将传承红色文化基因与推进马克思主义新闻观教育结合起来，积极发挥红色文化育人铸魂功能，大力培养高素质传媒人才。

2. 开展学术会议和学术讲座的数量明显增多

能否定期开展高水平的学术会议是衡量一个单位教学科研层次的重要标志。从 2019 年的学术会议情况来看，贵州新闻教育在这方面有着重大改善，开展学术会议的意愿十分强烈，通过学术会议加强与全国新闻教育圈的联系，拓宽师生的学识视野。贵州大学文学与传媒学院与中国传媒大学中外人文交流宣传研究中心、瑞士卢加诺大学中国传媒研究中心联合主办了以“搭建少数民族文化国际传播的桥梁：认知、议题与展望”为主题的中瑞“一带一路”传播国际学术研讨会，该学术研讨会 2019 年 7 月 26 日在孔学堂召开，50 余位中外学者、研究生参加此次研讨会。瑞士汉学家 Douwe van den Oever、中国传媒大学张磊研究员、武汉大学冉华教授、美国佛罗里达大学陈欢副教授分别围绕“一带一路”背景下的国际传播以及少数民族文化传播等议题进行了主题发言。贵州大学文学与传媒学院发布了《贵州大学生“一带一路”倡议认知调查报告》。此次研讨会的召开，对促进中瑞两国学者之间的交流合作具有重要意义。

除了学术会议之外，贵州新闻教育采取“请进来”的方式主动邀请知名专家来黔讲座，提供新闻教育指导。贵州师范大学传媒学院承办的第三期“多彩贵州传媒大讲堂”学术讲座 2019 年 4 月 4 日在学校学术报告厅举行。讲座特邀复旦大学新闻学院传播学系主任、复旦大学台湾研究中心副主任、博士生导师廖圣清教授主讲。来自贵州大学、贵州民族大学及该校传媒学院的师生代表 300 余人聆听讲座。学术讲座结束后，随即举行了复旦大学新闻学院与贵州师范大学传媒学院座谈会，复旦大学新闻学院党委常务副书记(主持工作)周烨分享了在新闻传播人才培养、教育教学、科学研究、国际交流等方面开展创新探索的成功经验，并代表复旦大学新闻学院向贵州师范大学传媒学院赠送了谢六逸先生的有关珍贵档案资料复制件。贵州民族大学传媒学院于 7 月 15 日邀请了中国人民大学新闻学院教授、中国新闻史学会联席秘书长邓绍根老师为学院师生带来了一场“新时代马克思主义新闻文风建设”的主题讲座，又于 10 月 28 日邀请了浙江大学吴飞教授到学校行政楼学术报告厅举行了题为“反思新闻专业主义：挑战与重构”的学术讲座。学院师生及贵州新闻传媒业界的代表在现场聆听讲座。这些高质量的学术讲座有效地让贵州新闻界聆听到大师声音，对于更新自身的新闻理念和知识储备有着重要作用。

通过着力打造谢六逸新闻教育品牌、借力融媒体建设促进专业发展、主动融入全国新闻教育圈三条主线，贵州省新闻传播教育在 2019 年展现了新气象，取得了新成绩。但是，困扰贵州新闻传播教育的两大问题摆在面前：办学层次不够高，目前没有博士点；在国内具有影响力的领军人才缺乏。这些问题是对贵州省新闻传播教育的挑战与考验，问题的形成有着历史因素和社会背景，只能在未来中以发展的思维和实践去解决。

2.16 福建省新闻传播教育发展综述

2019年，福建省新闻传播教育发展较为平稳，普通教育与职业教育并行发展、错位竞争；教学内容与方式体现出重视“以赛促学，课赛互动”、积极开展思想政治教育、深入推进产学研融合、坚持学科建设与社会实践相结合的特色；闽台新闻传播院系互动频繁，两岸传播交流与研究也有建制化发展。

2.16.1 院系与专业发展

根据福建省学位委员会发布的2019年福建省增列学士学位授权专业名单，泉州信息工程学院的数字媒体艺术专业与厦门工学院广告学专业增列为学士学位授权专业。截至2019年年底，福建省共有49所大专院校开展新闻传播教育，其中，开展本科以上层次新闻传播教育的学校共27所，开展高职高专类新闻传播教育的学校共22所。但发展至今，仅厦门大学新闻传播学院与福建师范大学传播学院两所学院拥有博士学位授予权，厦门大学新闻传播学院、福建师范大学传播学院、华侨大学新闻与传播学院和闽南师范大学新闻传播学院4所学院拥有硕士学位授予权。总体而言，福建省高层次新闻传播教育规模较小，仍有提升空间。

福建省新闻传播教育呈现出普通教育和职业教育双轨并行的发展态势。一方面，厦门大学、福建师范大学、华侨大学等部属和省属院校因规模大、综合实力强更重视“全人”教育，如厦门大学新闻传播学院的本科生教育采用“宽口径、厚基础、多样化”的大类人才培养模式，福建师范大学传播学院树立了“重基础素养，着力创意实践；重一专多能，创建专业品牌”的办学定位。而厦门理工学院、闽江学院等学院则利用自己在地域或专业资源走专业化发展路径，如厦门理工学院时尚学院利用合作企业新丝路集团在时尚领域的资源与优势，强调其在时尚设计、表演、数字媒体等领域的专业优势；闽江学院新闻传播学院成立后，便与凤凰数字媒体产业教育集团合作共建凤凰数字产业学院，强调面向产业的应用型人才培养。

另一方面，2019年，国务院印发了《国家职业教育改革实施方案》，强调“职业教育与普通教育是两种不同的教育类型，具有同等重要地位”，并提出“牢固树立新发展理念，服务建设现代化经济体系和实现更高质量更充分就业需要，对接科技发展趋势和市场需求，完善职业教育和培训体系，优化学校、专业布局，深化办学体制改革和育人机制改革，以促进就业和适应产业发展需求为导向，鼓励和支持社会各界特别是企业积极支持职业教育，着力培养高素质劳动者和技术技能人才”的发展目标。在此方案出台背景下，福建省新闻传播职业教育呈现出较为繁荣的景象，如福建信息职业技术学院、福州职业技术学院、厦门城市职业学院、黎明职业大学、泉州工艺美术职业学院等职业技术学院等都开设了新闻传播类系所，且大多集中于数字媒体应用、广告设计、动漫设计等专业，呈现出极强的技术偏好与应用取向。由此，职业教育与普通教育形成了差异化与互补性的错位竞争格局(表 2-18)。

表 2-18　**福建省新闻传播院系一览表**

序号	高校名称	相关学院	相关系所	相关专业
1	厦门大学	新闻传播学院	新闻学系、传播学系、广告学系	新闻学(本科)、广播电视学(本科)、传播学(本科)、广告学(本科)、新闻学(硕士)、传播学(硕士)、广告学(硕士)、新闻与传播(专业硕士)、新闻学(博士)、传播学(博士)、广告学(博士)
2	福建师范大学	传播学院	新闻学系、传播学系、播音与主持系、影视艺术系、广告学系	广播电视学(本科)、播音与主持艺术(本科)、广告学(本科)、广播电视编导(本科) 新闻传播学(硕士)、戏剧与影视学(硕士)、广播电视(专业硕士)、新闻与传播(专业硕士)、戏剧与影视学(博士)
3	华侨大学	新闻与传播学院	新闻系、广播电视系、广告系	广播电视学(本科)、新闻学(本科)广告学(本科)、新闻与传播(专业硕士)
4	闽南师范大学	新闻传播学院	广播电视学系、传播学系	广播电视学(本科)、广播电视新闻编导(本科)、编辑出版学(本科)、广告学(本科)、新闻与传播(专业硕士)
5	福建工程学院	人文学院	新闻与传播学系	广告学(本科)、新闻学(本科)

续表

序号	高校名称	相关学院	相关系所	相关专业
6	福建商学院	传媒与会展学院、艺术设计学院	传媒教学部(系)、设计系	新闻采编与制作(高职高专)、信息传播与策划(高职高专)、影视多媒体技术(高职高专)、视觉传达设计(本科)、动漫制作技术(高职高专)、艺术设计学(本科)
7	福建江夏学院	设计与创意学院	文化产业系、设计系、动画系	文化产业管理(本科)、艺术设计学(本科)、动画(本科)
8	闽江学院	新闻传播学院(凤凰数字媒体学院)	新闻传播系、数字艺术系	广告学(本科)、网络与新媒体(本科)、文化产业管理(本科)、数字媒体艺术(本科)
9	厦门理工学院	新丝路时尚学院	传播系、广播电视系	网络与新媒体(本科)、播音与主持艺术(本科)、编导(本科)
10	莆田学院	文化与传播学院	新闻系、广告系	广告学(本科)、新闻学(本科)
11	泉州师范学院	文学与传播学院	新闻传播系	广播电视学(本科)、广告学计(本科)
12	武夷学院	艺术学院	视觉传达设计、动画与数媒教研室	动画(本科)、视觉传达设计(本科)、数字媒体艺术(本科)
13	龙岩学院	传播与设计学院	传播系	广播电视学(节目制作方向、新媒体方向)(本科)
14	宁德师范学院	语言与文化学院	网络与新媒体系	网络与新媒体(本科)
15	三明学院	文化传播学院	文化传播系	传播学(本科)、播音与主持艺术(本科)
16	厦门大学嘉庚学院	人文与传播学院	新闻传播系	新闻学(本科)、广播电视学(本科)、广告学(本科)、文化产业管理(本科)
17	仰恩大学(民办)	人文学院	新闻传播系	新闻学(本科)、广告学(本科)

续表

序号	高校名称	相关学院	相关系所	相关专业
18	福建师范大学协和学院	文化产业系	文化产业系	广告学(本科)、动画(本科)
19	福建师范大学福清分校	文化传媒与法律学院		广播电视学(本科)、广播电视编导(本科)、广告学(本科)
20	福建师范大学闽南科学学院	艺术设计学院	人文艺术系	广告学专业(本科)、数字媒体艺术(本科)
21	福建农林大学金山学院	文学艺术系		视觉传达(本科)、广告学(本科)
22	福州大学阳光学院	人文与传播学院		广播电视编导(本科)、广告学(本科)、文化产业管理(本科)
23	厦门工学院(民办)	文化与传播学院	公共传播系	传播学(本科)、广告学(本科)
24	泉州信息工程学院(民办)	创意设计学院		数字媒体艺术设计(本科)、产品设计(本科)、视觉传达设计(本科)、数字媒体应用技术(高职高专)
25	厦门华厦学院(民办)	人文学院	创意传播系	网络与新媒体(本科)、数字媒体艺术(本科)
26	闽南理工学院(民办)	信息管理学院	数字媒体技术教研室	数字媒体技术(本科)
27	福州外语外贸学院(民办)	艺术与设计学院		动画(本科)(闽台合作)、广播电视编导(本科)、数字媒体艺术(本科)、视觉传达设计(本科)、产品设计(本科)
28	福建信息职业技术学院	数字创意学院		广告设计与制作(高职高专)、室内艺术设计(高职高专)、数字媒体艺术设计(高职高专)、新闻采编与制作(高职高专)
29	福州职业技术学院	文化创意学院		广告设计与制作(高职高专)、艺术设计(高职高专)
30	厦门城市职业学院	数字媒体艺术设计学院		动漫制作技术(高职高专)、艺术设计(高职高专)、数字媒体艺术设计(高职高专)

续表

序号	高校名称	相关学院	相关系所	相关专业
31	黎明职业大学	文化传播学院	传媒与创意设计专业群	影视多媒体技术(高职高专)、广告设计与制作(高职高专)、动漫制作技术(高职高专)
32	泉州工艺美术职业学院		设计艺术系	多媒体设计与制作专业(高职高专)、视觉传达艺术设计专业(高职高专)
33	闽西职业技术学院	文旅创意学院		动漫制作技术专业(高职高专)、艺术设计(高职高专)
34	漳州职业技术学院	文化创意学院		新闻采编与制作(高职高专)、广告设计与制作(高职高专)、艺术设计(高职高专)
35	福建林业职业技术学院		艺术设计系	广告设计与制作专业(高职高专)新闻采编与制作(高职高专)、数字媒体艺术设计(高职高专)
36	漳州城市职业学院		文化艺术创意系	艺术设计(新媒体方向)(高职高专)、艺术设计(影视制作与策划方向)(高职高专)、文化创意与策划专业(高职高专)、数字媒体艺术设计专业(高职高专)、室内艺术设计高职高专、产品艺术设计(高职高专)
37	福建职业艺术学院		社会文化系	播音与主持专业(高职高专)、影视编导(高职高专)
38	厦门海洋职业技术学院		信息技术系	数字媒体应用技术(高职高专)
39	福建华南女子职业学院(民办)		艺术设计系	数字媒体艺术设计专业(高职高专)、艺术设计(高职高专)
40	泉州华光职业学院(民办)	艺术设计与建筑学院		广告设计与制作(高职高专)、数字媒体应用技术(高职高专)、动漫制作技术(高职高专)、视觉传播设计与制作(高职高专)
41	漳州理工职业学院(民办)	传媒学院		艺术设计(高职高专)、广告设计与制作(高职高专)、环境艺术设计(高职高专)、数字媒体艺术设计(高职高专)、印刷媒体技术(高职高专)、数字图文信息技术(高职高专)、包装策划与设计(高职高专)

续表

序号	高校名称	相关学院	相关系所	相关专业
42	福州软件职业技术学院(民办)		现代设计系	虚拟现实应用技术(高职高专)、动漫制作技术(VR 方向)(高职高专)、数字展示技术(VR 方向)(高职高专)、视觉传播设计与制作(高职高专)
43	泉州轻工职业学院(民办)		创意设计系	游戏设计专业(高职高专)、广告设计与制作专业(高职高专)、动漫设计与制作专业(高职高专)
44	泉州纺织服装职业学院(民办)		艺术设计系	广告设计与制作(高职高专)、虚拟现实应用技术(高职高专)、视觉传播设计与制作(高职高专)(影视剧后期制作方向)
45	厦门兴才职业技术学院(民办)	艺术与建筑学院	艺术设计教研室、	广告设计与制作(高职高专)、动漫设计(高职高专)
46	厦门华天涉外职业技术学院(民办)	传媒与信息学院		动漫制作技术专业(校企订单班)(高职高专)、视觉传播设计与制作专业(计算机平面设计方向)
47	厦门南洋学院(民办)	艺术设计学院		动漫制作技术(高职高专)、广告设计与制作(高职高专)、数字媒体艺术设计(高职高专)
48	厦门演艺职业学院(民办)		编导系、科艺系、戏剧影视系	播音与主持(高职高专)、影视编导(高职高专)、影视多媒体技术(高职高专)、动漫设计专业(高职高专)、戏剧影视表演(高职高专)、动漫设计(高职高专)
49	厦门东海职业技术学院(民办)	传媒与艺术学院		影视动画(高职高专)、视觉传达(高职高专)、数字媒体艺术设计(高职高专)、影视编导(高职高专)、艺术设计(高职高专)

说明：统计时间截至 2019 年年底。

2.16.2　教学特色

2019 年，福建省新闻传播院校在教学内容与方式上做出了诸多努力与创新，主要体现在积极开展思想政治教育、重视“以赛促学，课赛互动”、深入推进产学研融合、坚持学科建设与社会实践相结合等几个方面。

首先，思想政治教育受到福建省新闻传播院系的普遍重视。习近平总书记指出，“高校思想政治工作关系高校培养什么样的人、如何培养人以及为谁培养人”，对大学生思想政治教育提出了更高的战略定位，标注了思想政治工作的核心。在此指引下，福建省新闻传播院系采取思政课程建设、社会实践等多种形式在专业教育中提高学生思想政治素质。2019年，厦门大学实施“课程思政”建设计划，主要支持教师深入挖掘人文素质、专业教育等各门课程蕴含的思想政治教育资源，把育人有机融入教书之中，打造一批有效实现知识技能传授与价值引领相结合的精品课程，新闻传播学院“华夏传播概论”“新闻编译(下)”“视觉设计基础”3门课程入选该计划。厦门大学新闻传播学院还开设了“公益广告创作”课程，通过引导同学们制作“讲文明树新风”公益广告作品和参加公益广告大赛，将专业教育、艺术素养等知识技能传授与思想人文素质、价值引领相结合，体现出教书育人、立德树人的目标与追求。厦门大学嘉庚学院人文与传播学院则通过红色微课堂讲述井冈山革命历史，使学生对发展井冈山精神的重要性与当前形势下坚持学习习近平新时代中国特色社会主义思想形成更深刻的认识。

其次，“以赛促学、课赛互动”的理念受到福建省新闻传播院系的重视。一方面，一些水平较高的、有较大影响力的学科竞赛如2019年第十一届全国大学生广告艺术大赛吸引了福建省众多新闻传播院系的参与，厦门大学、福州大学、福建农林大学、闽南科技大学和泉州师范学院等院校在此次赛事中均取得不错成绩。另一方面，一些院系还通过自办比赛的方式为学生提供了更广阔的展示平台，如福建师范大学传播学院在2019年10月举办了卓越新闻主持人之“追梦路上听我说”演讲比赛，该院2017、2018、2019级播音与主持艺术专业近200名学生参与其中；在中华人民共和国成立70周年之际，厦门大学与人民网研究所及其他18所高校联合主办了以“共享新时代，我和我的‘小确幸’”为主题的融媒体作品征集活动，力图通过当代大学生的视角，利用H5、音视频、数据新闻等融媒体形式，挖掘生活中的点滴幸福，折射新中国70年的变化发展，展现新时代的青春正能量。在这些比赛中，教师与学生形成积极互动，极大地锻炼和提升了师生的专业能力。

再次，福建省新闻传播院系不断推进产学研的融合。新闻传播学科是一个同时兼具理论性与应用性的学科，因此，在不断发展深化理论的同时，也需要理论来指导实践，通过实践来反哺理论。特别是在当下，新媒体技术飞速发展，5G、人工智能、全息呈现等新传播科技成果陆续出现并投入应用，而新闻传播教育与业界的合作能使新闻传播理论和实践结合得更为紧密。福建省新闻传播类院系积极通过实验室、实践基地与研究中心的建设探索产学研融合。福建师范大学传播学院自2018年开始，陆续推进建设了融媒体运行中心、全媒体演播室、星雨剧场等学生实验实践空间，专门组建了“融媒体研发应用中心”，通过系列实训讲座、线上线下结合实践、系列横向课题、校企合作项目等方式，探索“产、教、学、研”融合的人才培养新模式。2019 年 7 月，福建师范大学联合厦门小题影视有限公司开办“融媒体短视频应用集训营”，不仅讲授当下最热的短视频平台选择、内容创作、拍摄方式、剪辑方法，以及最前沿最实用的理论、运营经验等，还设置了“不忘初心 · 青年新闻人重走解放路”联合采访社会实践活动，组织集训营学生深入基层、深入群众，开展采访报道和短视频创作，用影像和镜头记录八闽大地发展变革的轨迹。闽南师范大学新闻传播学院也于 2019 年 7 月成立了媒体融合发展研究中心，并努力将其打造成为应用型人才培养、实训、产教研学转化、办学实践的重要载体和平台，同时也将借此平台进一步打造深度融合、立体多样的新型全媒体，以此实现产学研的深度融合。

此外，在 2019 年，泉州师范学院、福州大学阳光学院、厦门理工学院、华侨大学都采取校企合作、校媒合作的方式建立实践平台，如泉州师范学院文学与传播学院与晋江新闻网合作建设闽南融媒体学院，将采用“大学+网媒”的新型教学形式培养融媒体传播人才，凸显服务区域发展的县域媒体融合特色研究，并助力形成晋江全国县级融媒体中心建设标杆的“晋江经验”；福州大学阳光学院人文与传播学院与北京中广上洋科技有限公司、福州朗星科技有限公司联合建立融媒体中心实验室，该实验室目前依托最新的媒介融合技术与“阳光云平台”大数据支持，具备传统媒体和新媒体相融合的采集编辑、演播室直播、影视表演、影视服装道具制作等实训功能。华侨大学新闻与传播学院也与东南网签订战略合作协议，未来双方将发挥各自资源优势，通过建设实践教学基地、研究生工作站、新媒体研究院等形式，搭建产学研平台。

最后，福建省新闻传播院系还坚持将学科建设与社会实践相结合。厦门大学嘉庚学院人文与传播学院在 2019 年暑期派出多支社会实践调研队奔赴全省各地进行采访调研，其中“芗音袅袅”暑期“三下乡”社会实践调研队前往漳州芗剧传承保护中心、漳州市老街、漳浦赤岭镇油坑村等地对民间戏曲——芗剧的生存现状进行调研采访，“行摄武夷，助力茶农”暑期“三下乡”社会实践队赴武夷山市广播电视台参观学习重大自然灾害事件报道，在实践中习得专业知识。在实施“乡村振兴”战略与推进“媒体融合”战略背景下，2019 年 7 月，厦门大学新闻传播学院派出“吾理罗溪”实践队伍和“马克思主义新闻观理论研修班”师生分别前往泉州市罗溪镇调研乡村生态旅游发展现状和赴青海省格尔木市融媒体中心进行参观与交流、了解当地融媒体发展状况。这些实践活动既使得新闻传播学科能从社会实践中汲取营养，并能增进学生对现实世界的理解。

2.16.3 对台合作交流

因地缘相近、血缘相亲、文缘相承、法缘相循、商缘相连，福建省与台湾地区交往密切，闽台新闻传播院系之间也交往频繁，联合培养人才项目、教师互访、学生互换等方面的合作交流持续深化。2019 年，福建省新闻传播院系与台湾地区新闻传播院系继续积极开展互访，台湾世新大学校长吴永乾、副校长陈清河教授，台湾政治大学竺家宁教授，以及台湾醒吾科技大学、台湾云林科技大学等众多台湾地区新闻传播院系学者到访福建，访问了福建师范大学传播学院、厦门大学嘉庚学院人文与传播学院、华侨大学新闻与传播学院、闽南师范大学新闻传播学院等福建新闻传播院系。

此外，福建省新闻传播院系还通过举办两岸活动进一步增进两岸之间的联系，如 2019 年 6 月 17 日，闽南师范大学新闻传播学院特别协办的第十一届海峡论坛第六届海峡两岸青少年新媒体高峰论坛暨两岸青年微视频展映峰会，围绕“未来影像 海峡情缘”的主题展示了两部台湾短片、三部大陆短片，为两岸青少年在新媒体领域内的交流与思想互动及青年创新创业提供了机会与平台。11 月 18 日，由福建省广播电视局主办，东南卫视、福建师范大学传播学院、台湾中华青年友好访问协会协办，福建东南卫星传媒有限公司承办的“新声传情”2019 海峡两岸青年播音主持人才交流参访活动也在福建师范大学顺利进行，这一活动旨在为海峡两岸有志于从事播音主持、口语传播等相关工作的青年人才提供一个交流互鉴和学习实践的机会，在前两届设立“实训基地”“新声训练营”的基础上，新增了“实践操作、课程讲授、参访交流、短片拍摄”等内容。在活动期间举行的“两岸青年播音主持人才交流研讨会”上，两岸青年交换所学所见，探讨他们在播音主持专业学习和实践中的心得和体会，加深了彼此之间的了解。

更值得关注的是，华侨大学新闻与传播学院“海峡两岸传播创新研究中心”于 2019 年正式获批福建省高校人文社会科学研究基地建设。该研究中心依托新闻与传播学院开展研究工作，在多年培育与成长过程中逐步确立了“两岸传播交流史研究”“两岸媒介文化研究”“两岸传播机制创新研究”等研究方向，形成了自身的研究优势和特色，体现了两岸交流与传播研究方面的建制化追求与发展。

总体而言，福建省新闻传播教育继续稳步发展，在思政教育、学科竞赛、产学研合作、社会实践等方面有了新的进展与尝试。

（殷琦 、李晓霞）

2.17　广东省新闻传播教育发展综述

2019 年，广东省新闻传播教育在平稳中求发展，在创新中求特色。暨南大学新闻与传播学院、广东外语外贸大学新闻与传播学院、广州大学新闻与传播学院、华南理工大学新闻与传播学院、中山大学传播与设计学院与深圳大学传播学院等进展尤其显著，构成广东省新闻传播教育的中流砥柱。

2.17.1　部校共建

2018 年，在省委宣传部的高度重视下，广东外语外贸大学新闻与传播学院、广州大学新闻与传播学院也纳入“部校共建”。经过一年的努力，这两所学校在部校共建方面稳步推进，成绩日益凸显。

2019 年 4 月，广东省委宣传部委托广东外语外贸大学新闻与传播学院建设的广东省国际传播青年人才基地，第一期学员顺利毕业，第二期学员正式入学。在刚刚过去的一年中，这一合作项目已经开展 8 期集中培训，涵盖系列讲座，北京、上海、广州三地媒体调研，参加应用传播学会论坛，开展论文工作坊等多种形式，充分打通了学界-业界联合培养学生的渠道。

广州大学在部校共建工作方面最有亮点是：按照《中共广州市委宣传部与广州大学共建新闻与传播学院实施方案》要求，在市委宣传部、广州大学的指导和支持下，学院派出由专业教师和媒体工作者带队的实践小组，前往广州市主要对口帮扶地区，开展新闻扶贫和美丽乡村采访报道。从 2019 年 7 月 14 日至 8 月 18 日，广州大学新闻与传播学院先后组织了四支实践队伍，在学院领导和老师的带领下，分别赴广东梅州、广东清远、贵州毕节、新疆喀什进行主题采编报道。各支实践队伍跟随当地扶贫工作队，走进基层、走进乡村、走进农民家里，了解党的扶贫政策在当地取得的成效；组建大学生“乡村新闻官”，深入乡村了解乡情民意，帮助宣传、推广当地扶贫故事，挖掘当地红色资源，充分运用新媒体平台加强新闻报道的传播力，广泛宣传扶贫成果，讲好扶贫攻坚一线的故事，传播好党的扶贫声音；在活动中，学生们充分感知了国情民情，进一步提升了新闻学子的“四力”，即脚力、眼力、脑力、笔力能力。此次活动全程由《广州日报》、广州广播电视台、《梅州日报》等媒体随行指导报道，并通过广播、电视、直播、微信号、报纸等全媒体分发，传播及时，影响面广，达到了“走基层、懂国情、长本领”的目的。

为具体落实部校共建新闻学院的要求，加强马克思主义新闻观教育，广州大学新闻与传播学院还采取了以下措施：其一，举办“媒体人进课堂”活动，组织系列讲座 10 多场；其二，组织编写“粤港澳”传媒系列丛书；其三，柔性引进部校共建客座教授 3 人；其四，充分发挥引智项目的作用，完成“量化研究”和“质化研究”工作坊，有效弥补研究方法师资上的不足。

深圳大学通过部校共建，深入开展大学生创新与实践活动。为引导大学生以生动的社会实践为载体，深刻理解我国社会主要矛盾的转化和党的十九大以来作出的关于打好精准扶贫攻坚战的重大决策部署，2019 年 7 月 21—30 日期间，由部校共建专项资助的“青年神州行”深圳对口扶贫主题调研团队，由 7 位老师带领 56 名学生前往贵州毕节、广西百色、广东河源开展主题调研活动，产出的调研报告得到贵州省扶贫办和毕节市扶贫办的高度表扬，人民网发表了专题新闻予以报道。

不过，2019 年在部校共建工作方面最主要的成果是：广东省委宣传部、暨南大学和广东外语外贸大学共同策划、共同推动县级融媒体中心建设项目调研和实践活动。尤其是暨南大学新闻与传播学院，根据实际需要，选派 112 名博士生、研究生和本科生分成 14 个小组下派到各县市，开展为期一个月的实践活动，主要任务是协助县市融媒体中心制定建设方案、初步打造融媒产品矩阵并参与融媒体产品的运维，同时通过观察、调研和实践，总结县级融媒体中心建设发展现状、梳理存在的问题并针对性地提出改进建议。12 月 17 日，该院举办广东省县级融媒体中心建设实践成果汇报会，院长范以锦、党委书记杨先顺、副院长张晋升、党委副书记姚淑兰等学院领导、指导老师参加成果汇报会，来自学院下派全省的 14 个县的县级融媒体中心建设项目调研和实践小组进行成果汇报。汇报会现场，各小组结合自身的实践调研，共提交了 14 份调研报告，就当地融媒体建设的现状、问题和不足进行集中汇报，对有效推进县级融媒体中心建设提出了有价值的启示和意见。

2.17.2 学科建设

在学科教学方面，暨南大学新闻与传播学院的新闻学和广告学专业，广州大学新闻与传播学院的广播电视编导专业入选 2019 年度国家级一流本科专业建设点。另外，暨南大学和广州大学的广播电视学、中山大学和华南师范大学的传播学、深圳大学的广告学、广东财经大学华商学院的新闻学等专业入选 2019 年度广东省级一流本科专业建设点，各自取得学科发展新的里程碑。

在慕课建设方面，广东省在 2019 年取得较好的成绩，暨南大学的马克思主义新闻观、融合新闻、新闻事业经营管理、新媒体文化、新闻传播史、数字营销传播，中山大学的网络舆论、新闻采写，华南理工大学的数据新闻这九门课程获省级在线开放课程立项。其中，马克思主义新闻观、融合新闻、新媒体文化、新闻传播史、数据新闻等，均已制作上线，取得了良好反响。

在本科教学创新方面，暨南大学尝试挑战“史上最难毕设答辩”，并致力探索本科毕业论文的新方向和新做法。5 月 22 日上午，暨南大学新闻与传播学院网络与新媒体系 40 名 2019 届毕业生，组成八支队伍，参加本科毕业设计答辩，来自美国宾州州立大学、中山大学、深圳大学、天津大学等十所中外高校网络与新媒体系的负责人与来自南方+、广东电视台、腾讯媒体研究院、佛山电台等的业界专家共同组成“最强评审团”，对毕业设计进行点评和考核。经历了上下午两个场次、长达八小时的激烈角逐，“你瞒我不瞒”小组的公共传播作品《你瞒我不瞒——病情告知青年新态度》斩获毕设答辩的一等奖，该作品通过数据新闻、漫画长图、故事长文、vlog 等一系列作品，呈现病情隐瞒的严重现实，探讨病情告知的中国困境，并为家属科学沟通病情提供专业指南。此外，参加此次毕设汇演的学界专家与该院网新系教师共同出席了广东省高校网络与新媒体系建设研讨会，就专业建设经验、专业课程体系、人才培养创新模式展开了热烈讨论，不少专家就筹备广东省高校网络与新媒体人才培养“产-学-研联盟”提出了宝贵的意见，以期更好地对接业界发展和学界研究，促进各高校网络与新媒体系建设迈上新台阶。

广东外语外贸大学努力探索本科人才培养模式创新。一是建设全媒体国际新闻传播创新班，第一届创新班报名人数 120 人，录取 30 人，并集全院之力探索特色、创新、融合培养的方式，培养高质量国际新闻传播人才。二是推进“质量工程”项目建设，网络与新媒体专业获得 2019 年省级特色专业，播音与主持艺术专业获得 2019 年校级特色专业。

华南理工大学新闻与传播学院则致力探索以本为本的创新路径，推动“赛教结合”的课程建设，加强对学生科技创新团队的挖掘、培育和引导，培育拔尖人才，取得比较突出的成绩。具体情况如下：在第十一届全国大学生广告艺术大赛中，收获全国赛区二等奖 1 项、三等奖 2 项、优秀奖 3 项，广东赛区一等奖 2 项、二等奖 5 项、三等奖 13 项；在中国高校影视作品推优及展映活动中，获得一等奖 5 项、二等奖 4 项、三等奖 2 项；在第十六届“挑战杯”大学生课外学术科技作品竞赛中，获得一等奖 1 项、三等奖 7 项；在第十五届“挑战杯”广东大学生课外学术科技作品竞赛中，获得一等奖 2 项，另有参与作品获得特等奖 2 项；在第十六届“挑战杯”全国大学生课外学术科技作品竞赛中，该院学生参与作品获得一等奖 2 项；在第七届中国大学生公共关系策划创业大赛中，获得二等奖 2 项、优秀奖 4 项；在第九届“视友杯”中国高校电视奖中，获得一等奖 1 项；在第四届中国数据新闻大赛中，获得二等奖 1 项；在全国大学生城市管理大赛等 5 个赛事中，获得5个奖项。此外，在校内项目申报方面，也有较多收获：广东大学生科技创新培育专项资金立项2项，学校“百步梯攀登计划”立项12项，学校研究生社会实践调研项目立项2项，“华为资助中国大学生竞赛公益项目”立项1项。

深圳大学一如既往，不断创新人才培养模式，提升学生专业能力。具体表现如下：一是创新专业硕士培养模式，体现产学研一体化建设。重点打造双导师制，聘请了来自媒体和业界的30余位业界导师全程参与专业硕士全流程的培养中。同时，建设起一批高水平的不断更新发展的课程体系，以职业需求为导向，突出学生实践能力、行业适应与执业能力的培养。在产学研平台上，对研究生进行传媒实操技能训练。而且，还以主流新闻传媒集团及其下属媒体单位、高新传媒科技文化企业、高素质广告传媒集团、党政部门宣传文化机构等为主，建设专业学位研究生培养基地。二是继续做好亮点——本科毕业设计。2019年度，传播学院的毕业设计及公开答辩再次获得同行和业界好评，《深圳晚报》《深圳特区报》《晶报》、新浪、澎湃等媒体进行了大版面报道，毕设项目答辩时外校前来观摩的教师就达到120余位，业界专家40余位。此外，传播学院还出版关于毕业设计的应用型教材及图书4部，获得了学界和业界的高度认可。三是高度重视学科竞赛。在2019年第十一届全国大学生广告艺术大赛中，深圳大学传播学院的学生大广赛作品获得全国一等奖1项、二等奖2项、三等奖3项，省级一等奖13项、二等奖34项、三等奖39项；在第十二届中国大学生计算机设计大赛中，传播学院学生作品获得省级二等奖1项、三等奖1项。这些奖项证明深圳大学的人才培养模式得到肯定，学生具有较高的专业能力。

2.17.3 实践教学

广东各新闻院系都高度重视实践教学，通过加强与业界的接触，让学生深入了解新闻生产的全过程，提高新闻素养，为未来工作打下基础。暨南大学新闻与传播学院比较典型的实践教学案例有：2月28日下午，暨南大学广告兵法训练营举行开营仪式，广州舜飞信息科技有限公司副总裁梁丽丽为广告兵法训练营营员讲授了“大数据营销之程序化广告”；3月28日下午，暨大—华略短视频数字营销传播工作坊在暨南大学正式开营，今日头条科技有限公司广东分公司高级总监王剑飞、华略广告有限公司副总经理张莉斐和陈伟雄、华略广告董事长兼总经理王莹、广州王老吉大健康产业有限公司媒介总监黄良水、抖音华南营销中心内容营销总监蚁畅、抖音渠道高级运营经理朱飞燕等出席，先后和同学们分享了短视频行业发展趋势及营销价值洞察、抖音的逻辑——平台发展及内容运营、抖音优化运营实践等话题，取得了良好效果；6月22—23日，暨南大学新闻与传播学院首期功能游戏训练营正式开营，为项目组成员提供游戏选题、编剧、制作方面的指引，为接下来的游戏制作梳理了思路、指明了方向；7 月 15—21 日，暨南大学—香港城市大学“网络与新媒体数据挖掘实战暑期特训营”举办，部分学习相关技术课程的同学通过这次特训营，更加明晰了技术在新闻传播中的作用，并学会灵活运用这些硬技能。

广东外语外贸大学新闻与传播学院在加强本科实践教学工作也做了较多的努力，值得肯定。一是设立实践教学工作坊，邀请业界专家给学生进行集中实践培训。比如，视频拍摄与制作工作坊邀请广东广播电视台著名导演张懿带学生进行视频摄制实践，效果非常好。在 2019 年实践教学周，该学院策划了新一期视频拍摄与制作工作坊，还增加了一个新闻写作技巧工作坊，学生报名踊跃。二是举办专业技能比赛。在继续举办模拟新闻发言人大赛、视频拍摄大赛等学院品牌专业技能比赛的同时，该院又策划了“讲好广东故事”新闻调研大赛，为学生联系业界导师指导，并且联系稿件发表渠道，成功举办两届调研大赛，多篇学生作品在多个媒体平台发表，学生新闻采访、写作、摄制等实践水平得到提升。

2. 17. 4　高层次科研项目

在 2019 年，广东各新闻学院科研收获依然非常可观，特别是在国家级项目方面斩获丰富，暨南大学表现最为突出。2019 年，暨南大学新闻与传播学院取得 2 项国家社科基金重大项目：曾一果主持的“数字媒介时代的文艺批评研究”、罗昕主持的“媒体深度融合发展与新时代社会治理模式创新研究”；重点项目 2 项：甘险峰主持的“新中国新闻摄影 70 年”、曾一果主持的“都市文化生产的媒介实践研究”；一般项目 2 项：杨先顺主持的“大数据营销传播的伦理治理体系研究”、陈彦瑾主持的“文化人类学与民族学”；青年项目 1 项：李龙主持的“算法时代恐怖主义信息传播的特点与应对策略研究”；专项项目 1 项：林仲轩主持的“新时代内地港澳大学生的思想动态和政治认同情况研究”获 2019 年国家社科基金高校思政课研究专项。

此外，中山大学传播与设计学院获得国家级项目 5 项，包括 1 项国家社科基金一般项目、1 项国家社科基金青年项目、1 项国家社科基金后期项目、2 项国家社科基金重大项目子课题。深圳大学 2019 年成功立项国家社科基金项目 2 项，其中国家社科基金重大项目 1 项、一般项目 1 项。华南理工大学获批国家社会科学基金项目 3 项、教育部项目 3 项、中央其他部委项目 2 项。广东外语外贸大学新闻与传播学院国家社科项目立项 3 项(含转入 1 项)、教育部项目 2 项、广东省社科项目立项 1 项。5 份县级融媒体调研报告与 4 份香港舆情报告获省委宣传部采纳。广州大学新闻与传播学院获得 2 项国家社科基金课题和国家重大招标课题子课题。华南师范大学传播系、广东金融学院财经与新媒体学院、惠州学院新闻系各有1项国家级社科项目立项。

2.17.5 学术交流

在学术交流方面，广东省各新闻学院均有良好表现。不过，成绩最突出的是暨南大学新闻与传播学院。在2019年，暨南大学新闻与传播学院举办了多场高水平学术交流活动，具体详情如下：

3月16—17日，举办2018年度国家社科基金重大项目“人工智能时代的新闻伦理与法规”“中国共产党新闻宣传工作史料收集、整理与数据库建设(1949—1966)”开题论证会。同时，由新闻与传播学院、传播与国家治理研究院主办，中国新闻史学会视听传播研究委员会合办，以“智媒时代新闻传播理论创新：挑战与趋势”为主题的第七届南方传媒学术论坛在暨南大学举行。

3月22日上午，以“影响力·辐射力·显示度：推动综合城市功能出新出彩”为主题的第36期广州新观察学术圆桌会议在暨南大学召开。此次圆桌会议由广州市社科联、暨南大学、南方日报社联合主办，广州国际城市创新研究中心、广州市舆情大数据研究中心、《城市观察》杂志社承办。六位嘉宾分别为：北京大学政府管理学院副院长、教授、博士生导师陆军，深圳大学城市治理研究院执行院长、主任、教授、哈佛大学访问学者陈文，佛山城市规划勘测设计研究院城市规划研究生所长、高级规划师何继红，广州市交通规划研究院院长、教授级高级工程师、享受国务院特殊津贴专家景国胜，广州大学公共管理学院副院长、广州大学大都市治理研究中心主任、教授王枫云，中山大学政治与公共事务管理学院教授、博士生导师、城市与地方治理研究中心主任何艳玲，结合各城市的发展情况依托粤港澳大湾区这一大背景，分别提出了自己的思考。

11月9日，中国高等教育学会广告教育专业委员会2019年学术年会暨第十届中国广告教育论坛在广州暨南大学召开。此次论坛由中国高等教育学会广告教育专业委员会和暨南大学主办，由暨南大学新闻与传播学院和媒体国家级实验教学示范中心(暨南大学)承办，协办单位是广东省广告协会、广州市广告行业协会。来自国内外100余所高校和单位的专家学者、业内精英等200多人齐聚一堂，围绕“传承与变革：智能时代的卓越广告人才培养”这一主题，对广告教育的人才培养模式、课程改革、教学设计、广告研究的中国广告学的学科建设与知识创新等议题进行了广泛且深入的探讨。

11月23日，由暨南大学新闻与传播学院与中国人民大学新闻学院共同主办的“第三届中国主持传播论坛(2019)”在暨南大学举行。此次论坛吸引了超过100所高校的来自新闻传播学、广播电视学、播音主持艺术学、社会学、心理学、人工智能、大数据、语音合成等相关学科的专家学者近 420 人参与，相会羊城，聚焦学术，共话主持传播研究。论坛以“边界 · 融合：新媒体时代的主持传播”为主题，围绕“人工智能与主持传播的核心竞争力”“身体观念与主持传播的主体价值”“社交媒体（短视频）中的主持传播”“媒体新技术（5G）条件下的主持传播”等议题，以主题演讲和分论坛的形式，从不同维度和视角对主持传播领域的学科前沿和学术焦点进行深度研讨。

12 月 16 日至 20 日，暨南大学新闻与传播学院“健康传播与行为科学”研究中心成功举办了第一期健康传播工作坊。活动邀请了美国密苏里大学新闻学院教授周树华博士、美国宾夕法尼亚州立大学传播学院新闻系教授钟布博士、美国乔治梅森大学传播系教授赵晓泉博士、暨南大学新闻与传播学院副院长刘涛博士、南方医科大学卫生管理学院院长王冬博士、华南师范大学心理学院教授孟明博士和攸佳宁博士，7 位导师从传播学、心理学及公共卫生视角围绕健康传播相关议题分享了 10 场讲座。

此外，广东外语外贸大学新闻与传播学院在 2019 年举办大型研讨会三场：部校共建传播论坛、一带一路高峰论坛、应用传播学论坛，三场会议接待了海内外嘉宾约 600 人，来自全国 30 多家媒体参与，产生了极其强烈的反响。

中山大学传播与设计学院在 2019 年举办了中国新闻业研究圆桌论坛、中国应用新闻传播论坛、大数据传播论坛、视觉共同体学术研讨会、计算传播学年会、互联网与治理研讨会等一系列高水平学术会议，进一步扩大了学院的影响力。

广州大学新闻与传播学院学术科研活动频繁，产生广泛与积极影响。例如，举办 5 场国际性学术会议或全国性高水平学术会议，包括粤港台澳传媒发展论坛、第二届媒介法规与伦理学术年会、当代中国的大众文化与审美代沟、当代中国传媒研究与学科论坛、影视史学专业委员会成立大会暨第一届年会等 5 次高水平学术会议。其中，影视史学专业委员会成立大会暨第一届年会国际性学术会议，会议邀请美国以及中国港澳台地区专家学者共计 20 余人。

深圳大学传播学院在 2019 年度学院共举办了“2019 全国新闻毕设论坛”“2019 深圳论坛（NCA 会议）”“2019 马克思主义新闻观青年学者论坛”“媒介环境学前沿思想论坛”等学术会议共 7 场；并与密歇根州立大学健康与风险传播研究中心、香港城市大学传播研究中心联合举办“社交媒体与健康传播”暑期讲习班，这些会议及论坛的成功举办有力地促进了传播学院的学科建设和学术研究水平。

（赵建国）

2.18 海南省新闻传播教育发展综述

2.18.1 起源与发展

2001 年，海南师范大学文学院新闻系正式开始招生，这是海南省第一个新闻传播类专业。2015 年 11 月，海南师范大学批准在原文学院新闻传播系的基础上设立新闻传播与影视学院。2016 年 5 月，由海南省委宣传部、海南省教育厅和学校主要领导揭牌，新闻传播与影视学院正式挂牌运行。2017 年 1 月，海南师范大学和俄罗斯圣彼得堡国立电影电视大学合办的影视编导专业获得教育部批准，成为该校第一个中外合作办学的专业。目前海南师范大学新闻传播与影视学院设有新闻学、广播电视学、广播电视编导、表演共 4 个本科专业和 1 个中俄合办影视编导专业项目，以及新闻与传播专业硕士学位授予点和艺术专业硕士(广播电视领域)学位授予点。

2004 年，海南大学文学院正式更名为海南大学人文传播学院。2017 年，该院设有汉语言文学、广告学、戏剧影视文学、汉语国际教育、传播学 5 个本科专业。研究生培养方面，设有新闻与传播专业硕士学位授予点和艺术专业硕士(戏剧电影电视方向)学位授予点。

2017 年 3 月，为促进海南省新闻传播专业的学科建设，规范教学领域的专业标准，海南省教育厅发文设立海南省新闻传播教育指导委员会，主任委员所在单位为海南师范大学，委员单位分别是海南大学、海口经济学院、三亚学院、琼台师范学院、海南省热带海洋学院。2017 年 7 月在海南师范大学召开第一次教指委会议，此后按期召开年度会议，探讨各高校的现实与困境、交换办学经验，联合筹办省级新闻传播类专业学科竞赛、短期培训，积极探索出适合海南自贸区(港)就业环境的人才培养模式。

在建设海南自贸区(港)的政策背景下，海南省各高校立足本省省情，在不断实践和尝试中探索出新闻传播教育方向和方法；明确本院校的办学理念，突出培养特色，坚持服务社会教学育人。

2.18.2 教育现状

1. 院系及专业设置

目前海南省共有六所高校开展新闻传播教育，其中三所高校设有独立的新闻传播学院进行专门的新闻传播教育，分别是海南师范大学新闻传播与影视学院、海口经济学院中广天择传媒学院、三亚学院传媒与文化产业学院。其余三所高校的新闻传播教育则是由隶属于该校人文学院的新闻传播系开展，分别是海南大学人文传播学院的传播学系、广告系、戏剧影视文学系，海南热带海洋学院人文社会科学学院的新闻学专业，琼台师范学院中文系网络与新媒体专业。具体各院系和开设专业情况，详见表 2-19。

表 2-19　　海南省主要高校新闻传播院系专业开设统计

序号	高校名称	院	系	专　业
1	海南大学	人文传播学院	汉语言文学系、广告学系、戏剧影视文学系、汉语国际教育系、传播学系	汉语言文学(本科)、汉语国际教育(本科)、广告学(本科)、传播学(本科)、戏剧影视文学(本科)、中国语言文学(硕士)、新闻与传播(专业硕士)、艺术硕士(戏剧电影电视)(专业硕士)
2	海南师范大学	新闻传播与影视学院		新闻学专业(本科)、广播电视学专业(本科)、广播电视编导专业(本科)、中俄合办影视编导专业(本科)、表演专业(本科)、新闻与传播(专业硕士)、艺术硕士(广播电视方向)
3	海口经济学院	中广天择传媒学院		新闻学专业(网络与新媒体方向)(本科)、播音与主持专业(本科)
4	三亚学院	传媒与文化产业学院		广告学专业(本科)、动画专业(本科)、播音与主持艺术专业(本科)
5	三亚学院	人文与传播学院		网络与新媒体(本科)
6	海南热带海洋学院	人文社会科学学院		汉语言文学专业(本科)、新闻学专业(本科)、秘书学专业(本科)、历史学(本科)、社会工作(本科)、国际事务与国际关系(本科)、文物与博物馆学(本科)
7	琼台师范学院	中文院		网络与新媒体专业(本科)

2. 人才培养层次、理念及特色

目前，海南省新闻传播教育的人才培养层次覆盖两个层次：硕士研究生教育和本科生教育。设有硕士学位授予点的学校为：海南大学和海南师范大学，学位教育类型均为专业硕士学位。

基于各高校的招生情况及办学特色差异，海南省各新闻传播教育院校的人才培养目标各有千秋。海南大学和海南师范大学积极推进完善新闻传播学学科，注重对学生的新闻传播综合能力和业务水平的培养，带头试行国际化新闻教育；海南热带海洋学院立足琼南，突出地域化、民族化的人才培养目标。三亚学院、海口经济学院和琼台师范大学则关注培养应用型人才，服务就业。

(1)海南大学大力实施教学质量工程。自2008年以来，海南大学开设举办冬季小学期，先后邀请戴锦华、陈平原、韩毓海、刘中树等国内著名学者和业界专家进校授课。其新闻传播专业硕士授予点与诸多企事业单位联合建立了“双导师”培养机制，目前聘有媒介导师17人及部分业界专家，先后邀请清华大学李彬教授，中国传媒大学雷跃捷教授、中国人民大学胡百精教授、蔡雯教授、赵云泽教授，复旦大学谢静教授，武汉大学张金海教授和程明教授，西北大学张阿利教授，北京师范大学张燕教授等为本科生和研究生授课，为传播学本科教学提供了强有力的师资支撑。

(2)海南师范大学新闻传播与影视学院，坚持“持中守正、开放创新”的办学方略，培养党和人民放心的新闻舆论工作者；立足海南、面向全国、辐射“一带一路”沿线国家，以本科教育为主体，大力发展研究生教育，为建设海南自由贸易区和中国特色自由贸易港培养应用型高素质专门人才；新闻传播、影视艺术等学科相互支撑、协同融合发展的教学研究型学院。在专业建设上突出培养基础扎实、综合素质高、业务能力强的人才，制定本科生“3+1”人才培养工程，即要求学生完成一定数量的书籍阅读、写作和发表规定数量的作品等，以提升学生的人文素质、写作能力和专业技能；为培养拔尖型的新闻传播人才，邀请媒体优秀编辑记者以“师傅带徒弟”的方式，推行“新闻传播卓越人才工程”。为新闻传播学专业和艺术学专业学生设立“马克思主义新闻观大讲堂”和“影视艺术大讲堂”系列讲座活动，以开拓学生视野、提升知识高度。

(3)海南热带海洋学院新闻学专业的定位突出本土性。针对政策前景与人才需求前景，人才培养模式及课程体系建设突出地方化海南特色化，培养目标以满足与服务琼南民族地区新闻传播人才需求为导向，兼顾辐射海南省内及全国性人才需求。紧跟新媒体应用背景调整课程设置，开设如融合新闻，数据新闻等与学科前沿发展紧密贴近的课程。教学方面，以项目驱动方式调动学生的课堂参与度。

(4)三亚学院传媒与文化产业学院则立足于新兴学科和新兴产业的前沿，确立以数字技术和新媒体技术为学科的发展方向，以跨专业的联动与融合、发挥综合艺术优势为基本路径，力图打造成海南省传媒与文化产业人才的培养基地。并聚焦学校“学生竞争力”战略核心，对标应用型人才培养的“五种品质”，加强实践教学基地的建设。开展的合作主要为实习实训、实践课程教学以及产学研一体化三种模式。设置实践教学工作室，吸纳学生为工作室的“合作伙伴”，完成从学到产的项目实践。

(5)海口经济学院和琼台师范大学紧跟媒介环境变化，致力于网络与新媒体方向精准培养。海口经济学院的新闻传播教育采用校企合作办学模式，因此在人才培养的目标、路径设计方面，皆具有浓厚的行业实践色彩，致力于学校教育与行业需求的一致对接。形成“依托媒体平台、强化实践教学”的办学特色，注重将课堂讲授与自有媒体平台相结合，强化实践实训力度，注重学生行业实践能力与专业素质的培养与提升，形成了专业理论知识与媒体岗位实践深度融合的课程教学体系。目前积极探索校企合作实践教学模式，校企合作的“双导师制”教学方式便是校企合作在教学实践上的具体体现。面对行业需求变化，该单位于 2018 年取消原新闻学专业，只保留新闻学专业(网络与新媒体方向)。同样以网络与新媒体方向为培养重点的院校还有琼台师范大学文学院，于 2010 年开办新闻采编与制作(网络编辑方向)专科专业，原是海南省唯一新闻传播专业专科教育单位。2019 年，获批在该专业办学基础上创办网络与新媒体本科专业，并于 9 月招收首届本科生。人才培养目标则由网络与新媒体专业出发，聚焦于培养适应市场需求的新闻采编与制作和网络与新媒体专业人才，即具备扎实的网络与新媒体传播基础理论、较高的网络与新媒体专业素养，熟练掌握网络传播技术，善于综合运用新媒体技术进行网络新闻与信息整合传播的专业人才。

3. 部校共建

2013 年 12 月经中宣部批准，海南师范大学文学院新闻传播系被列入全国 10 所由地方党委宣传部和学校共建的试点新闻院系之一。这是目前海南省唯一一所由中共海南省委宣传部与学校共同建设新闻传播学院的高校。目前已搭建 15 个新闻传播教育实践基地、1 个研究中心、1 个研究基地、1 个培训基地，1 个培训中心。

结合部校共建对于培养党和人民需要新闻舆论人才的要求，海南师范大学探索出多条发展道路。实践方面，通过开办“马克思主义新闻观系列讲座”向学生加强马克思主义新闻观教育。创新教育教学理念，探求与新闻传媒行业单位的合作，建立协同创新实践平台，现已建立包括新华社海南分社、中国新闻社海南分社、《中国青年报》海南记者站、海南广播电视台、海南日报社、南海网等 14 个专业教学实践基地；2017 年与海南广播电视总台联合建立海南省专业学位硕士研究生联合培养基地。2020 年影视艺术人才培养实践教学基地挂牌。培训基地方面，设有海南省新闻传播人才培训基地，发挥专业与学科对社会的辐射力和影响力，目前已开展 12 期提升省内新闻从业人员职业能力和领导干部媒介素养的培训，培训人员达 2000 人次。2019 年，获批成立海南省影视作品创作研究与人才培训中心，邀请省内外专业教师及行业专家授课，现已完成第一期培训，其中学员覆盖从业人员及全省所有高校。研究平台方面，利用教师科研优势，学院设有省委宣传部批准建立的海南省社会舆情与治理研究中心，每年为省委宣传部提供研究报告参阅件；以及海南省社会科学联合会批准建立的海南省意识形态与舆论研究基地，与复旦大学、广西大学联合筹办 2 届的意识形态与舆论研究研讨会，为该方向的学术研究汇集诸多学术新点。

4. 对外交流

随着全球化的发展，与国际专业院校合作办学、加强双方学术交流已是趋势。海南省各高校基本建立起海南师范大学与国际学校的学术联系，如海南大学、海南师范大学均已派遣教师前往国外高校访问学习。

目前，海南师范大学和三亚学院正在积极探索中外合作办校的实践方式。海南师范大学新闻传播与影视学院与俄罗斯圣彼得堡国立电影电视大学联合办学，开设影视编导专业学士培养，中俄双方教师授课，达到课程要求，则可获得该校广播电视编导专业文凭和俄方相关专业的文凭。该专业于 2017 年开始招生，目前共 143 名在校学生。中俄合作办学的项目启动后，持续积极探索其他合作方式。2019 年，为完善国际化合作办学工作，对外交流对话频繁。4 月，海南师范大学与美国好莱坞哥伦比亚学院签订联合培养影视专业人才协议，并就共建国际电影学院进行商谈和签订协议，推进海南师范大学-好莱坞哥伦比亚学院国际电影学院申报工作；同月，接待泰国坦亚布里理工大学音视频制作部部长 Yuvayong Anumanrajadhon 先生。三亚学院也在推进与国外高校合作办学的工作，并已与英国朴茨茅斯大学签订协议，计划开展教师互访、联合开展学术项目、共享企业、工作室及实验室就业或实习机会；并已促成韩国清州大学暑期短期游学项目。

依托该校的校际合作项目进行学生学习交流，是目前主要的中外交流方式。海南大学人文传播学院依托该校与境外 26 个国家和地区的 98 所知名高校的校际合作项目，每年选派优秀本科生、研究生前往美国、新加坡、日本、韩国等国家及港澳台地区的高校学习交流。2018 年度，先后与澳大利亚查尔斯 · 达尔文大学、马来西亚国际伊斯兰大学以及英国西苏格兰大学等境外高校达成合作意向，这也为本系师生的对外交流和访学，提供了更多窗口和平台。海南师范大学、三亚学院同样每年有学生通过交换项目前往韩国、中国台湾等地访问学习。

5. 学术研究与交流

在学术研究方面，海南省的科研成果主要集中在两所省重点本科院校：海南大学和海南师范大学。

海南大学注重对海南形象及南海特色的打造，依靠地域优势，组织师生开展南海传播、自贸区(港)建设及黎族新闻等领域的探索研究。设有海南大学传播学研究中心、海南省历史文化研究基地、文化部民族民间文艺发展中心海南民俗文化数字化研究基地等研究机构。近五年来，海南大学传播系教师发表 CSSCI 论文 12 篇，主持国家社科课题 1 项，省部级科研项目 9 项，厅、校级及横向科研项目 8 项，其中省级教研项目 3 项。出版著作 6 部。获海南省优秀社科成果奖三等奖 1 项。

海南师范大学则结合媒体融合发展的时代特征，在社会舆情和信息传播等领域形成一些特色鲜明的研究方向。建立海南省意识形态与舆论研究基地、海南省社会舆情与治理研究中心等省级研究智库平台，以及海南师范大学舆情监测分析研究中心，对海南和南海舆情进行研究。2019 年，由该院教师主持的国家级国家社会科学基金项目立项 2 项。近五年来，教师主持省部级以上科研项目 18 项，其中国家社科规划项目 3 项，教育部人文规划项目 3 项。获省部级以上科研奖励 4 项。出版学术著作 13 部。主办国内学术会议 4 次。

6. 学生活动

培养院校将课程培养与实践活动有机融合，锻炼学生专业业务能力，培养适应当代社会发展需要的新闻传播工作者。开办顺应时代发展、专业能力培养需求的省级、校级校园活动，实质上也是提高学生综合素质、业务训练的新方式。

海南大学广告协会举办的海南省大学生广告艺术节，既是全省范围业务能力的竞赛，也是新闻传播学教育的教学成果汇报，受到了海南省广告协会和业界人士的赞赏。例如，海棠剧社、笑声工作坊屡获国家级、省级、校级奖项，深受师生和业界人士欢迎。热带海洋学院开办“人文讲堂”，开辟开放课堂，营造浓郁的学术氛围，弘扬科学精神和人文精神；举办“山海流韵”文艺晚会和“美韵杯”朗诵比赛等，促进学生全面发展。近年来，先后有多位学生在校期间出版小说、诗集等文学作品。海南师范大学利用“大学生学术科技节”成功打造了大学生网络期刊大赛、大学生读书分享会、大学生播音主持大赛、优秀新闻作品评选活动、摄影作品展等特色校园文化活动，近三年共举办具有特色的大型活动达 30 多场，参与学生达学院 2/3 以上，营造了科学教育、人文素质教育与专业实践训练有效融合的氛围。

高校除举办省级学生竞赛外，还为该校学生搭建校园新闻媒体平台，提供长期传媒训练场所，这也是提高学生的综合专业能力的必要方式。海南师范大学教师带领学生建立羊村传媒、新闻学子联盟、News 等媒体平台，出版《新闻之声》。三亚学院依托落户海南省文化产业研究中心、海南省动漫研究院以及校内 UC 系列(UCTV 校园电视台、UCTIMES 校园时代杂志、UCMEDIA 校园传媒)等资源，为学生搭建教学、科研、艺术实践平台，成立传媒与文化产业学院通讯社，2019 年全年学生发布新闻稿件 215 篇。海口经济学院先后建立了“海经之声”校内电台、“新新闻”工作室、“新视线”杂志、Waveradio 网络电台、“海经在线”V 拍工作室、海南数字电视 410 频道等校内实训基地，为学生创建良好的校内实践平台，促进综合能力的提升。

海南师范大学新闻传播与影视学院每年定期组织“新闻学子走基层”系列采访活动，让每一位学生置身采访第一线完成新闻采访报道，并汇编优秀作品集。目前采访路线已覆盖海南省万宁市、琼中市、琼海市等多个市县及其村落，为海南本土黎家文化和乡村建设历史留下重要影视文字资料。

2. 18. 3　小结

综上所述，目前海南省新闻传播教育的规模有限，但各院校错位发展，相互促进。学科体系尚不完整，缺乏新闻传播学一级学科硕士学位授予点和博士学位授予点；科研成果数量少，虽高水平学术成果有所增量，仍存在较大的上升空间；师资队伍构架尚不平衡，各院校师生比数值居高，中高级职称教师主要集中在两所省重点学校；虽目前学科建设、科研成果和师资队伍资源不足、不均，但全省六个新闻传播教育院校在有限的条件下，积极完善教学方式。具体体现在采用智慧课堂和实践教学的方式，打破课堂的界限，提高理论传授到学生应用的效率，以培养出适应当下媒介环境的新闻传播专业应用型人才。

在当前海南全岛建设海南自贸区(港)的新时代背景下，海南省各新闻传播教育院校持续积极顺应时代和行业发展趋势，对照海南海南自贸区(港)建设对于人才的需求，确立新闻传播人才培养目标，找准自身培养特色，持续探索，为海南省新闻教育事业发展打稳基础，更为海南自贸区(港)建设增添文化驱动力。

(李盈颖)

2.19　四川省新闻传播教育发展综述

2019 年，四川省 24 家新闻传播教育院系协同共进，在教学、科研、交流、基建四个主要方面的工作实践和有益探索中，取得了显著成绩。2019 年度综述以省内高校新闻传播教育的重要实践及特色典型为主。

2.19.1　教学

1. 学科建设

四川省各大高校在专业学科建设上获得进步，呈现出“从无到有，从有到优”的变化，总体上提升了办学层次。

四川大学新闻学专业入选教育部首批国家级一流本科专业建设点。西南交通大学新闻与传播专业硕士(MJC)获批并完成备案，正式招生；申报国家级一流本科专业建设“双万计划”，传播学本科获批国家一流本科专业。2019 年 5 月，成都大学确定网络与新媒体本科专业全省统招一本招生，新闻与传播专业硕士学位点开始招生，9 月入学的 15 名学生成为该校新闻传播教育首届研究生。同年 5 月，成都体育学院顺利完成学院揭牌仪式，播音与主持艺术新专业正式招生。成都理工大学广播电视学专业、四川大学锦城学院文学与传媒学院的新闻学专业入选四川省一流专业建设名单。内江师范学院广播电视学入选校级重点培育一流专业。

2. 教学改革

2019 年省内各高校整合资源，对本科专业及培养计划进行了相应调整。四川大学文学与新闻学院新闻传播本科专业由原来 5 个调整为 3 个(新闻学、广告学、网络与新媒体)，就课程设置、人才培养、实习实践、师资配置等进行论证和落实；为 2019 级新闻传播学类本科生继续开设专业课程“马克思主义新闻观理论与实践”；获批 2 项四川省高等教育人才培养质量和教学改革项目重点项目——“国际新闻传播实践的创意与案例研究”“‘中华文化全球传播’人才培养体系探索与实践”。西南科技大学广播电视系增加实践类、融媒体、艺术类课程。西南民族大学文学与新闻学院新闻传播学教育教学改革项目“新时代民族院校马克思主义新闻观教育的创新性探索”先后获得年度校级教育教学改革重点项目和国家民委高等教育教学改革项目立项，并以专业核心课程“马克思主义新闻思想”为引领，促进专业课程与“课程思政”交融浸润。

3. 特色教学

省内部分专业院校充分结合院校优势，打造特色课程，形成差异化教学格局。

四川大学文学与新闻学院 12 月 24 日成功举办了“网络新闻与文化传播”课程展示赛，该课程教学团队对本科网络新闻课程建设进行线上和线下打通、学校和业界衔接、理论和实践融汇的改革探索。“编辑出版实务与技能”课程实行全过程考核，由学生自主策划编辑并印刷一本图书，并在期末以展演方式举办新书模拟发布会。操慧教授主编校精品立项教材《新闻评论教程：原理、方法与应用》由四川大学出版社出版。此外，为促进跨学科教学融合，与华西公共卫生学院共建校级公选课“健康传播”课程。归属于四川大学文科综合实验教学国家级示范中心的新闻与传播分中心双创实验室顺利通过验收。

电子科技大学新闻与传播学专业聚焦信息技术背景，与计算机科学、生命科学、通信工程、管理学等学科交叉互补，形成了理论传播学、应用传播学、新媒体与网络传播等研究方向。西南财经大学新闻传播专业硕士点继续强化财经特色的新闻传播课程建设，如“财经新闻研究与实践”分别邀请上海界面-财联社、每日经济新闻报社等单位的副总编以及原央视财经新闻资深记者参与课程设置和讲授。成都理工大学着眼科技传播与戏剧影视文化传播(天府文化影像传播)两大领域，以新文科理念为引领，打破理工与人文学科壁垒，注重新闻传播与地球科学、信息科学技术等学科的交叉与融合，成为四川省卓越新闻传播人才培养创新实验区。

4. 业界合作

2019 年，四川省各高校邀请业界人士进校园进课堂，开展各类专业讲座，助力学生紧跟传媒业最新发展动态和增加实战经验。四川大学文学与新闻学院邀请封面传媒视频中心负责人、航拍四川首席摄影等作专题讲座，与四川发布、喜马拉雅、新华日报报史研究所等签署实习及研究合作协议，与四川日报报业集团“川报观察”联合主办“2019 四川省县级融媒体优秀传播案例评选及发布”活动；四川大学锦城学院与 MCN 机构领域的领头羊洋葱集团达成合作协议，共同培养短视频导演、拍摄、制作人才以及 IP 孵化人才。西华师范大学携手腾讯大成网联合举办的教学活动企鹅新媒体课程之“魅力绸都·美丽西华”CP 内容孵化活动。四川师范大学与四川电视台网络传媒中心、四川金熊猫新媒体有限公司、四川网络广播电视台等新媒体单位合作，为学生提供实习、见习机会，邀请“四川发布”官方微博到开展微博进校园活动。西南科技大学广播电视系邀请绵阳广播电视台英语新闻主持人、全媒体中心新媒体部编辑走进课堂，分享关于电视台新闻报道和英语学习的经验与感悟，并开展了由绵阳交通广播电台举办的“新广播之王”活动。

5. 学生活动

2019 年，四川省各新闻院校组织、举办、参与了各类有益的学生活动，帮助其提升专业实践能力和培养公益服务精神。成都体育大学圆满举办及完成“第十一届新闻艺术节”“2019 年新闻与传播学院教学实习采风”、成都国际马拉松的报道等特色实践教学活动。西南民族大学开展了“学生记者讲好故事”评比活动，以多种形式讲述学生身边的正能量故事；师生们还深入社会、深入基层，开展“践行马克思主义新闻观”系列采风活动，考察了郫都区战旗村的“乡村振兴”战略，参观了龙泉驿区洛带古镇的文化创意产业发展，赴建川博物馆开展爱国主义主题教育，等等。

6. 获奖情况

四川大学文新学院新闻系本科生郑雅芳获宝钢 2019 年度宝钢教育奖优秀学生奖；郭晓蕾、杨璐嘉等本科生的数据新闻作品《天涯何处觅归途——中国流失海外文物现状》《城市收缩：我们该何去何从》分获第四届中国数据新闻大赛全国一等奖以及最佳数据新闻可视化奖、三等奖；学院完成了第 10 届“许川新闻奖”奖助学金评审工作，20 位同学获一、二、三等奖。西南交通大学广告专业学生在第十一届全国大学生广告艺术大赛中，获得国家级二等奖 2 项、三等奖 1 项、优秀奖 10 项。成都理工大学广播电视学专业学生在专业竞赛中获得省部级奖 11 项、校级 1 项。西华师范大学新闻传播学院的纪录片在“2019 年文化和自然遗产日非遗影像展”中获“文化和自然遗产日非遗影像展”推荐影片奖；在第 12 届中国大学生计算机设计大赛计算机音乐创作类和数媒微电影类决赛中，学生作品获二等奖 2 项、三等奖 1 项；在高校数字艺术设计大赛中获国家级一等奖 1 项、二等奖 3 项、三等奖 2 项等。

7. 立德树人举措与典型

2019 年，四川大学新闻学院新闻教育与教学改革探索有效的立德树人路径和进行典型示范：一是创新马克思主义新闻观教育实践，摄制了教书育人的专题片《新闻行者——邱沛篁》《我国广播电视学科建设的重要开拓者——记中国高校影视学会副会长、四川大学文学与新闻学院欧阳宏生教授》等，入选由全国关工委主办的“读懂中国”试点活动优秀视频的评选，并在中国教育电视台播出，加强对新闻学子的实践示范教育。二是红色基因教育融入思政教育中，通过参与四川大学“江姐纪念馆”建设，组织师生担任江姐事迹志愿讲解员等，将红色基因实践体验与传承结合。

2.19.2 科研成果

2019年四川省各高校新闻传播院系在科研方面成果颇丰，课题申报和获奖上取得显著成绩。

四川大学新闻传播学科在2019年上海软科排名中位列第6名(前6%)，较2018年又提升一位，并于7月2日顺利通过了国务院学位办新闻传播学科评议组一级学科博士学位授权点合格抽评。开展了“省级广电媒体持续提升‘传播力、引导力、影响力、公信力’机制与内容建设研究”“全面深化改革进程中四川群众的社会心态及舆情应对研究”等课题研究；与《新华日报》报史研究所签署研究合作协议，联合展开有关两地的新闻史课题研究；获批国家社科基金4项，教育部人文社科项目1项。获四川省第十八次社会科学优秀成果奖二等奖1项(蒋晓丽)、三等奖1项(张放)；王绿萍教授被授予中国新闻史学会地方新闻史研究委员会“终身成就奖”。

成都理工大学获批科研项目数15个，其中，国家社科基金艺术学基金1项、国家艺术基金3项、教育部人文社科基金1项，科研经费160余万元；出版专著5部；科研成果获国家级金奖1项、新华社内参采用1项，获省部级一、二、三等奖8项，其中一项在新华社客户端播出，点击量过百万。

四川社科院新闻传播研究所立项课题11项，出版专著3本，彭剑独著《社会化媒体舆论传播与引导研究》获四川省第十八次哲学社会科学优秀成果二等奖。

西南交通大学新闻传播学术成果获四川省第十八次社会科学优秀成果三等奖3项、获教育部人文社科项目1项、四川省社会科学研究“十三五”规划项目1项。

四川师范大学影视与传媒学院立项国家级项目1项，在研国家社科基金项目5项，出版专著3部。

西南科技大学广播电视系所承担的两项国家社科基金项目顺利结题。专著《虚无世界的黑色悲剧：20世纪新黑色电影研究》获四川省第十八次哲学社会科学优秀成果三等奖。

成都大学在认知传播研究领域力求突破和在新闻传播理论上努力创新，获成都市哲学与社会科学奖两项。

成都体育大学获国家课题立项2项，其中一项为国家社科重点项目；获四川省第十八次哲学社会科学优秀成果二等奖1项、三等奖2项；获成都市哲社优秀成果奖三等奖1项；学院本年度获得省部级课题立项1项，厅局级课题立项5项，校级课题立项1项。

内江师范学院高卫红教授、孙自筠教授合著长篇历史小说《黄巢》获得四川省写作协会优秀文学作品成果一等奖。

2.19.3　交流合作

2019 年四川省内各个高校的交流合作频繁，举办丰富多彩的会议论坛，开展调研考察活动，扩大学术交流访问项目。

1. 会议论坛

在国内学术交流方面，2019 年举办了 7 次学术会议，并加强与国内相关部门、高校的交流。6 月 18 日，中国记协党组书记、常务副主席胡孝汉同志到四川大学新闻学院调研，四川省委宣传部相关负责人及省内部分主流媒体负责人出席了调研座谈会。7 月 19 日，中国社会科学院新闻与传播研究所副所长季为民研究员一行 6 人来学院开展“中国特色新闻学‘三个体系’建设”专题调研。11 月 19 日，学院副院长操慧教授等一行 5 人赴中国传媒大学电视学院调研交流部校共建、人才培养、教学改革、学科建设。

省内部分院校结合学科优势，开展了一系列特色会议和论坛。内江师范学院筹办范长江诞辰 110 周年全国学术研讨会。西南民族大学举办了 4 场“文新大讲坛·马克思主义新闻观”系列讲座，从马克思主义新闻观的当代价值阐释、习近平新时代新闻舆论思想解读等多维度，揭示了马克思主义新闻观的深刻内涵。成都体育大学主办了第五届(成都)国际体育传播会议，分享体育传播研究中的最新成果，分析传播生态变化下的体育新媒体业态。

2. 调研交流

四川大学组织新闻传播专业教师分教研室调研了多个四川省内有代表性的县级融媒体中心和福建省县级融媒体中心，完成了四份专题调研报告，由操慧教授主编的《县级融媒体优秀传播案例评析——以四川省为例》即将出版。电子科技大学建设具有国际视野和跨国界学术交流能力的科研团队和教学队伍，开展了南亚藏人受众研究、中国形象及其构建等研究；赴尼泊尔与加德满都大学、特里布万大学和知名媒体进行合作洽谈。

3. 访问合作

四川大学 2019 年设立研究生国际交流专项支持项目，选派 6 名研究生前往国外进修为期 3 个月的短期交流，由“双一流”学科经费资助；同时，9 月教师代表团前往美国宾夕法尼亚州立大学进行学术访问，与传播学院的教师进行学术交流与合作洽谈。12

月 17 日，美国密苏里大学新闻学院章于炎博士到访四川大学，与部分师生座谈。四川大学符号学-传媒学研究所所长赵毅衡教授作为亚洲区唯一代表，当选国际符号学协会首届学术委员会(IASS-AIS Collegium)委员。四川师范大学刘路教授参加复旦大学新闻学院博士后项目研究，董子铭副教授到美国哥伦比亚大学访学、李畅副教授到英国剑桥大学访学。成都理工大学与美国密苏里大学新闻学院联合培养研究生，与四川艺术研究院共建全国首家川剧艺术传播博物馆。

2.19.4 基础建设

2019 年，省内各高校新闻院系投入大量资金，完善教学实践的配套设施，建设现代化的实验室和融媒体中心，增建实习基地，促进融媒体教学与实践。

1. 实验室建设

四川大学文科综合实验教学国家级示范中心下设的新闻与传播分中心双创实验室顺利通过验收。目前，学院有媒介社会调查实验室、传播认知科学实验室、新媒体创意实验室、数字采编实验室、焦点小组实验室、视觉传播实验室、“梦想”演播厅实验室等实验室，总面积共 1120 平方米，实验设备 1000 多台件，最大限度地满足了教学和科研的需要和使用。现有国家新闻出版署出版融合发展重点实验室、四川省哲学社会科学重点研究基地社会舆情与信息传播研究中心、四川企鹅新媒体学院等多个科研平台。西南交通大学建设了大型场景下的航拍融合新闻实验虚拟仿真实验室；电子科技大学依托数据挖掘和数据清洗等信息技术，开发了网络舆情数据提取及分析平台，建立了四川省旅游生态数据分析实验室。四川师范大学在网络与新媒体专业，拥有 630 余平方米的电视站、远程网络教育系统、网络中心、新闻中心、网络与新媒体实验室，拥有较为先进的、价值 1000 余万元的科研与教学仪器设备，为就读学生提供了良好的实验学习条件。西南科技大学本优化“出镜记者”特色发展模式，开拓性地建设了以龙新通讯社为核心的广播电视节目制作与新闻现场报道的实验教学平台。

2. 融媒体中心

成都理工大学建有领先全国高校、能开展与行业无缝接轨的理论研究与实务训练平台“基于媒体云平台的融合媒体实验室”(设备价值 1.2 亿元)，并完成“融媒体实验教学中心”的建设，顺利通过高校和业界专家的验收。四川大学锦城学院文传学院于 2019 年开始筹办融合媒体实践教学中心，该实验室旨在打造融合媒体业务全流程实验教学平台，并在此基础上力争打造成全省融媒体技能培训中心。

3. 实习基地

四川大学与中央级、省级主流媒体及新闻出版、文化产业机构建有 10 多个校外实习实践基地，依托“部校共建”机制，与四川省委宣传部、成都市委宣传部等党政部门，及川报观察、四川发布、腾讯、一点资讯、喜玛拉雅等媒体和企业开展部院合作、院企合作；同时，聘请 42 位媒体与新闻出版机构副高以上专家担任 2018 级新闻传播专业硕士业界导师。西南财经大学发挥财经院校的特色，实现与上海界面-财联社、每日经济新闻报社、数字营销领域的头部公司进行实习基地的签约。西华师范大学新闻传播学院与四川日报新媒体中心共建产学研基地揭牌仪式成功举行。四川师范大学与广东手机电视台签订实习实践基地合作协议。

2.19.5　结语

纵观 2019 年四川省新闻传播教育，既取得了突出成绩，也存在一些待解决的问题。从办学实践和成功经验上看，四川省新闻传播教育在教学、科研层面得到了整体推进，尤其是加大了教学革新的力度；从存在的普遍问题与各自特色的开掘来看，不同院校的学科布局及综合实力还不均衡，根据办学传统和生源特点的比较优势还需有效聚合，如何善用四川传媒的实务资源、创新实践推动并提升教学科研的质量，从而形成四川新闻传播教育培养创新型全媒体人才的特色路径是未来合力共建的突围点。

（姜英、操慧）

2.20　湖北省新闻传播教育发展综述

2.20.1　2019 年湖北省新闻传播教育的宏观态势

2019 年是中华人民共和国成立 70 周年，是深入贯彻落实全国教育大会精神的开局之年，是基本实现教育现代化的攻坚之年，也是湖北省新闻传播教育改革中的关键之年。随着互联网、云计算、大数据等移动智能技术的不断发展，新闻传播业生态与格局发生了重大变革。在此背景下，如何培养具有宽广视野的复合型人才？如何在学科坚持和融合发展中求创新？这些成为湖北省各高校新闻传播教育改革面临的核心问题。

为深入贯彻习近平新时代中国特色社会主义思想和党的十九大精神，全面落实全国教育大会精神，教育部直属高校工作咨询委员会第二十八次全体会议暨全国高等教育工作会议于 2019 年 1 月 17 日在北京召开。会议指出：2019 年，高教战线要深入学习贯彻习近平总书记关于教育的重要论述和全国教育大会精神，坚决以“四个意识”导航、“四个自信”强基、“两个维护”铸魂，坚持稳中求进总基调，牢牢扭住“两个根本”持续发力，敢闯会创，勇破善立，加快推进高等教育强国建设。2019 年 3 月 26 日，湖北省教育大会在武汉召开。会议强调要坚持以习近平新时代中国特色社会主义思想为指导，深入学习贯彻习近平总书记关于教育的重要论述，坚持教育优先发展战略，加快推进教育现代化、建设教育强省，努力办好人民满意的教育，为谱写新时代湖北高质量发展新篇章提供有力人才支撑和智力保障。2019 年 4 月 29 日，为全面贯彻落实《加快推进教育现代化实施方案(2018—2022 年)》要求，进一步提高高校人才培养质量和服务经济社会发展能力，“六卓越一拔尖”计划 2.0 启动大会在天津大学召开。会上提出“六卓越一拔尖”计划 2.0 的三项核心任务：一是实施一流本科专业建设“双万计划”；二是实施一流课程建设“双万计划”；三是建设 260 个左右基础学科拔尖学生培养一流基地。同时会议还强调，“六卓越一拔尖”计划 2.0 不是单一的改革项目，这是对我国高等教育人才培养体制机制的综合改革，是对我国高等教育质量的重新定位和全面提升。

2019 年 12 月 24 日，教育部办公厅发布了《关于公布 2019 年度国家级和省级一流本科专业建设点名单的通知》(教高厅函〔2019〕46 号)文件。湖北省共有武汉大学、华中科技大学、中南民族大学等 12 所高校的新闻传播学入选 2019 年度国家级和省级一流本科专业建设点(见表 2-20)。

表 2-20　**2019 年湖北省高校新闻传播学国家级和省级一流本科专业建设点**

序号	学校名称	国家级一流本科专业建设点		省级一流本科专业建设点	
		新闻传播类专业	新闻传播相关类专业	新闻传播类专业	新闻传播相关类专业
1	武汉大学	新闻学、编辑出版学	/	广告学	/
2	华中科技大学	新闻学	/	广播电视学	/
3	中南民族大学	新闻学	/	/	视觉传达设计
4	湖北大学	新闻学	/	/	/
5	湖北工业大学	/	/	/	视觉传达设计
6	武汉体育学院	/	/	新闻学	/

续表

序号	学校名称	国家级一流本科专业建设点		省级一流本科专业建设点	
		新闻传播类专业	新闻传播相关类专业	新闻传播类专业	新闻传播相关类专业
7	武汉纺织大学	/	/	/	视觉传达设计、数字媒体艺术
8	湖北经济学院	/	/	新闻学	/
9	湖北第二师范学院	新闻学	/	/	/
10	荆楚理工学院	/	/	/	广播电视编导
11	武汉工商学院	/	/	新闻学	视觉传达设计
12	湖北美术学院	/	视觉传达设计	/	/
13	武汉传媒学院	/	/	/	广播电视编导

为响应号召，湖北省各高校进行了不同的探索和尝试。2019 年 4 月 26 日，武汉大学新闻与传播学院举办了“数字时代广告学专业建设研讨会”，学院和来自厦门大学、湖南大学、上海外国语大学、安徽师范大学、华中科技大学、湖北第二师范学院等高校广告学专业的十余位专家、学者共同研讨各个高校广告学专业培养模式、教学实践经验与改革探索的经验与面临的挑战。在此次研讨会上，与会专家、学者针对数字时代广告学专业人才培养模式创新、教学改革实践、产学研的探索进行了充分交流与研讨。多数专家、学者普遍认为各个高校对广告学专业本科教育应该给予重视与落实，师资力量亟待补充，新教材的编写应及时推进，应着重强调和培养学生的实践知识与技能，同时要根据各个高校的实际情况进行特色定位和差异化发展。

为贯彻《教育部　中共中央宣传部关于提高高校新闻传播人才培养能力实施卓越新闻传播人才教育培养计划 2.0 的意见》，深入落实“产教结合”，武汉大学新闻与传播学院带领其传播学专业学生赴湖北日报融媒体中心开展了一次别开生面的实地教学。在校企、校媒合作机制的指导下，有效帮助学生适应信息社会的深刻发展，了解媒体深度融合的发展趋势；华中科技大学新闻与信息传播学院多次举办本科教学研讨会，探讨其本科教学质量如何提升以及人才培养思路的创新，进一步推进打造卓越新闻传播人才培养“华科大模式”2.0 版；2019 年 4 月下旬，华中师范大学新闻传播学院赴腾讯公司、南方报业传媒集团以及深圳广播影电视集团开拓就业市场，在搭建校企合作平台的同时了解业界动态和市场人才的需求，形成本科新闻传播人才培养的有效指导经验；中南财经政法大学新闻与文化传播学院赴湖北垄上传媒集团交流洽谈，加深校企联系，打造校企合作新模式，贯彻落实其“产学研”一体化的人才培养模式；中国地质大学艺术与传媒学院(武汉)举办新闻传播学学科对标与人才队伍建设规划专家评审会，在学科建设、学科队伍、人才培养等方面与国内两所高校对标比较，查找差距，并与来自其他高校的专家学者共同探讨新闻传播人才培养模式。

2.20.2 湖北省新闻传播学类专业开设动态

湖北省作为中部地区的教育大省，全国的教育重镇，2019年度湖北省共有128所高校(不包含成人高校)。开设了新闻传播专业的高校有103所，其中中央部委高校8所，省属公办本科高校23所，民办本科高校29所，高职高专学校43所。

2019年3月21日，教育部下发了《教育部关于公布2018年度普通高等学校本科专业备案和审批结果的通知》(教高函〔2019〕7号)，武汉晴川学院的“网络与新媒体”专业、武汉纺织大学的“艺术设计学”专业、汉江师范学院的“数字媒体艺术”专业和武汉商学院的“数字媒体艺术”专业顺利获批，并于2019年开始招生。

2.20.3 部校共建新闻学院情况

2019年1月25日，中共中央政治局就全媒体时代和媒体融合发展举行第十二次集体学习。习近平总书记指出，全媒体不断发展，出现了全程媒体、全息媒体、全员媒体、全效媒体，信息无处不在、无所不及、无人不用，导致舆论生态、媒体格局、传播方式发生深刻变化，新闻舆论工作面临新的挑战。部校共建新闻学院，是提升新闻舆论工作质量水平的关键，是培养新闻舆论人才队伍的重要举措，体现了媒介融合发展时期对媒体人才的迫切需求。

2019年7月11日，湖北省部校共建新闻学院领导小组第一次全体会议在武汉召开。根据中宣部、教育部的有关要求，湖北省第一轮共建新闻学院在武汉大学一所高校的基础上，新增了华中科技大学、华中师范大学、中南财经政法大学、湖北大学四所高校。会上，湖北省委宣传部、湖北省委教育工委、湖北省教育厅和武汉大学、华中科技大学、华中师范大学、中南财经政法大学、湖北大学这五所高校签署了共建协议。此外，湖北省还出台了部校共建新闻学院3年实施方案，方案包括共建精品课程、共建骨干队伍、共建实践基地、共建发展智库、加强人才培养、加强基础建设等内容。2019—2021年，共建学院每年还将获得专项经费支持。

部校共建新闻学院是学界和业界在新媒体背景下紧密结合的产物，是适应时代发展的新模式。一方面，参与共建新闻学院的高校将邀请宣传部门的专家型领导、新闻媒体优秀的记者编辑为在校新闻学子授课；另一方面，在校新闻学子可前往媒体机构建立的实习实训基地实习，提高实践能力。如湖北日报传媒集团和湖北广播电视台就建立了实习实训示范性基地。简而言之，部校共建新闻学院，有利于构建湖北省新闻宣传工作与高校新闻传播教育相互贯通、融合发展的新格局。

2.20.4　新闻传播教学与改革

2019 年 6 月下旬，第十届中美媒体教育国际研讨会在武汉大学召开。此次会议由美国美中教育基金会、武汉大学媒体发展研究中心、武汉大学新闻与传播学院主办，主办方邀请了中国和美国传媒学界与业界的名家形成跨界对话。学界专家主要来自密苏里大学、香港大学、清华大学、复旦大学、武汉大学和深圳大学等高校，业界专家主要来自美国微软全国有线广播电视公司（MSNBC）和美国全国广播公司（NBC）、澎湃新闻、腾讯等媒体。在此次会议上，清华大学新闻与传播学院的陈昌凤教授做了“智能传播对中国新闻传播学教育的影响与实践”的主题报告，香港大学的陈婉莹教授做了“新闻教学的创新：过去、现在和未来”的主题报告，复旦大学的周葆华教授做了“新媒体传播教育的转型与路径”的主题报告，深圳大学的辜晓进教授做了“无缝对接新闻业：数字时代的新闻教育改革探索”的主题报告，密苏里大学的大卫·赫尔佐格教授做了“数字新闻教育中的国际最佳实践”的主题报告，武汉大学的周茂君教授做了“中国新闻传播学本科专业核心课程构成与人才培养”的主题报告。此外，大会还分为三个板块进行主题探讨，分别是：“架起学术和专业媒体之间的桥梁”“智能时代的智慧媒体教育”“媒体教育领域的知识形态：流动性，连接性与交互性”。基于上述议题，来自学界与业界的专家展开对话，深度思考了中美媒体教育在数字时代面临的挑战与未来走向。

2019 年是华中科技大学新闻与信息传播学院从而立之年走向不惑之年的重要发展一年，在传播技术大发展、新闻传播业大转型的当今，学院紧跟时代步伐，聚焦国家战略，进一步升级“文工交叉，应用见长”的人才培养模式，打造新闻传播教育“华科大模式”的 2.0 版。以此为契机，该院采取多种举措：建设一支规模适度、打通业界与学界、有机融合本学科与各相关学科的师资队伍；重构全媒体新闻报道、全媒体新闻评论、新媒体创新与运营、创意与营销传播、主持与表达、健康与环境传播等新兴专业方向；进一步以专业方向为单位，编撰出版面向未来的系列教材，建构符合实际需要的融合型课程体系和教学组织。同时，通过以技能养成和创新引领为目标，打造融合型的实验平台和实践体系，实施开放型、全程性的体验式、实践性教学，培养具有融通思维和技能的复合型新闻与传播人才。2019 年 10 月 24 日，华中科技大学举办了第三届新闻评论东湖论坛暨第四届华中科技大学新闻评论开放教育建设会，来自学界和业界的专家学者齐聚一堂，共同商讨融媒体背景下高校如何加强与业界互动，培养优秀的新闻评论人才。

2019年4月17日，“共商·共建·共享 构建地大大传播格局”探讨会在中国地质大学（武汉）举行。会议由该校副校长傅安洲主持，中国地质大学（武汉）艺术与传媒学院领导班子成员、各系负责人以及专业骨干教师，中国地质大学（武汉）期刊社社长、总编辑、各期刊负责人，中国地质大学（武汉）出版社党总支书记、社长、编辑等出席会议。在此次会议上，与会人员共同探讨了新闻传播人才培养模式的创新，并从特色教材出版、影视音频制作、双师型导师聘用和建设学生实习实训基地等11个方面提出了学院与期刊社、出版社的合作设想，并在此基础上共同建立3个单位共商、共建、共赢的合作机制，共同推进学术合作、教研合作，促进学科建设与教育出版、学术交流，促进艺术与传媒学院的教育和期刊、出版事业的繁荣与发展。

2019年12月15日，华中农业大学文法学院举办了广告学专业建设及课程体系专题研讨会。该研讨会的评议组由武汉大学、中国传媒大学、中南民族大学及行业的专家、学者组成。华中农业大学本科生院常务副院长漆勇政、文法学院党委书记瞿明勇、文法学院领导班子成员及广告学系全体教师参加会议。在此次会议上，华中农业大学广告学专业负责人余霞副教授从专业发展历程与现状、人才培养实践与成效、人才培养的不足和问题、持续改进计划和举措四个方面进行了汇报，全面总结了华中农业大学广告学专业建设的基本情况、改革举措以及发展方向。在集中评议环节，中国传媒大学新闻传播学部的崔林教授分享了以“厚基础、强特色、高成长”为目标的线性课程建设经验，给广告学专业的课程体系建设给予了指导性意见。武汉大学新闻与传播学院周茂君教授在点评时强调，专业建设不仅要对标国家标准，还要注重发展学科特色。最后，华中农业大学本科生院常务副院长漆勇政对此次会议进行了总结：广告学专业的学科建设要站在农业大学的角度，办出自己的特色；要立足于城市，兼顾于农村，形成自己的优势。同时，人才培养方案的修订要紧跟时代的脚步，在信息时代、融媒体时代的大背景下，对标国家卓越新闻传播人才培养计划。

2.20.5 课程与教材及实验室建设

2019年，湖北省各高校普遍注重学生实践能力的培养，注重理论与实际接轨。

在课堂建设方面。武汉大学新闻与传播学院与腾讯互娱团队合作，新开设了一门“腾讯互娱——数字营销实战”课程，围绕腾讯互娱市场体系的实际业务职能，从数据营销、用户洞察、媒介渠道、公关传播、创意设计、内容营销六大主题出发，将最真实珍贵的案例资料、最新的营销方法引入课堂。这是腾讯互娱首次跟院校深度合作，对双方来说都是一次巨大的挑战。华中农业大学文法学院广告与传播学专业20余名师生赴武汉市微思敦网络技术有限公司、DCG 数传集团两家企业进行走访交流，深入了解了两家公司实际运营情况。

在实验教学、实训基地建设方面。三峡大学文学与传媒学院同优酷娱乐签订合作协议，正式成立三峡大学文传学院与阿里巴巴优酷娱乐中心的产学研基地——文娱内容研究中心，双方合作举办的 2019 年优酷娱乐创作者大赛以及“优酷杯”系列活动也正式启动，双方还在教师队伍、创新人才培养、教育教学实战基地、课题研究等方面开展了一系列合作。华中师范大学新闻与传播学院同南方报业传媒集团拟共建实习基地，签订实习协议。此举将为新闻传播专业的学生提供实习锻炼的机会，同时也为南方报业传媒集团提供更多优秀的人才。在习近平总书记“推动媒体融合发展、建设全媒体成为我们面临的一项紧迫课题。我们要因势而谋、应势而动、顺势而为”的方向指引下，武汉纺织大学传媒学院与武汉美术馆、科大讯飞股份有限公司、武汉鼎创艺术有限公司、武汉渲奇数字科技有限公司和湖北广播电视台等达成战略合作协议，并与中国互联网新闻中心(中国网)签署了战略合作协议，在新闻宣传、专题共建、人才培养、传媒研究等方面开展合作。

2.20.6　科研项目、成果与学术交流

2019 年，湖北省共承担新闻学与传播学相关的国家社科基金 12 项，其中武汉大学 3 项，分别为“人工智能时代新媒体广告发展趋势研究”“大数据背景下健康辟谣信息的纠正效果及其优化研究”“‘一带一路’背景下中国出版走出去的战略定位、市场布局与推进机制研究”；华中科技大学 3 项，分别为“当前我国青少年的社交媒体使用与政治社会化研究”“人工智能时代中国故事海外传播的‘情感动员’研究”“基于时空大数据的突发事件网络舆情研判机制研究”；湖北大学 1 项，为“国家治理语境下媒介治理的逻辑建构与实践研究”；中南民族大学 1 项，为“新时代中国纪录片国际传播影响力及策略研究”；中国地质大学(武汉)1 项，为“广告导向的理论阐释与典型案例库建设”；华中农业大学 1 项，为“我国媒体融合改革的难点与可行路径研究”；湖北科技学院 1 项，为“广告智能化内容生产与管理的现状与发展趋势研究”；湖北文理学院 1 项，为“国际传播视野下中国电影抗战记忆研究”。

2019 年，湖北省许多高校开展了多场学术交流会议。湖北大学承办了中国新闻史学会外国新闻传播史研究委员会 2019 年年会，会议以“回顾与展望：中华人民共和国成立以来的国际新闻传播”为主题，就全球文化传播研究、中外新闻史理论反思、对外新闻传播理论研究的新突破、讲好中国故事语境下的对外传播研究等领域的最新成果展开学术交流，紧跟时代潮流，体现新时代精神。华中农业大学文法学院承办了

中国社会工作教育协会农村与灾害社会工作专委会暨湖北省社会学学会学术年会。中南民族大学文学与新闻传播学院承办了第二届“气候与健康传播学术研讨会”，以“美丽、健康、行动、共享”为主题，围绕气候与健康传播的战略定位及行动策略等话题展开学术研讨。武汉大学新闻与传播学院召开的第三届“中国传播创新论坛”，旨在聚焦中国传播创新实践，广泛联合中国传播的研究者、实务工作者和管理者，从多维角度探索中国传播创新的路径，从中国传播的发展道路中凝练中国理论，共同推动中国传播研究的创新。

此外，武汉大学新闻与传播学院还举办了2019年“武汉大学全国博士生论坛暨第十届华中地区研究生新闻传播学术论坛”、第二届“中国传播创新研究工作坊”。华中科技大学新闻与信息传播学院召开“湖北省网络空间科学传播创新论坛”，进一步深化产学研用合作，推动营造信息安全、稳定、高效的科学传播网络空间，并发布了《科学传播学科发展现状、趋势及学科整合战略研究报告》。华中科技大学新闻与信息传播学院还举办了第一届“计算广告与品牌传播创新发展”，围绕“计算广告学科建设与人才培养”这一主题，共同探讨了计算广告和品牌传播研究的学科发展和未来趋势。

2.20.7　代表性人物及教育理念

2019年12月19日，在《光明日报》和南京大学联合主办的“2019新型智库治理暨思想理论传播高峰论坛”上，武汉大学媒体发展研究中心在单波主任的带领下，位列文化教育类智库(共67家)第三名。此外，武汉大学媒体发展研究中心的《传播创新蓝皮书：中国传播创新研究报告(2019)》入选“2019年度CTTI智库最佳实践案例”。

2019年6月30日上午，华中科技大学国家传播战略研究院联合人民日报社人民智库在武汉正式发布了张昆教授团队研究成果——《中美两国公众的世界观念与国家印象研究报告》。这是张昆教授领衔的研究团队首次发布的中美公众解读两国深度依存关系的全方位民意调查成果，助力中央重大决策。张昆认为，当前新闻传播类专业建设主要存在内容脱节、内卷化趋势、内容落后于时代、课题重于课程和研究生重于本科生等问题。应当加强顶层设计，做好课程体系建设的规划，推进学科的交叉融合，完善课程内容，在加强教学团队建设的基础上，完善相应的激励和评价机制。以此完善新闻传播类专业课程建设。

2019年，湖北省发展和改革委办公室采纳了华中科技大学陈先红教授提出的《关于围绕四个关键词，推动一芯两带三区战略落地落实的建议》(提案号20190506)。该提案思考深刻、分析透彻、切实可行，推动了湖北省委决策部署落地落实。值得一提的是，由陈先红教授担任院长的中国故事创意传播研究院于 2019 年正式成立，这是中国外文局和华中科技大学共建的省部级智库机构，也是我国唯一一所“讲好中国故事、传播好中国声音”的研究平台。

（周茂君、纵金锦、田王佳玥、李娜）

2.21　湖南省新闻传播教育发展综述

2019 年是中华人民共和国成立 70 周年、五四运动 100 周年，也是中国一流本科教育“六卓越一拔尖”计划 2.0 启动年。这项计划部署推进新工科、新医科、新农科、新文科建设，不仅为我国高等教育发展绘制了崭新的蓝图，也为新闻传播专业建设指明了新的方向。这一年，湖南省新闻传播院校积极推进一流本科专业与一流本科课程建设，创新人才培养模式，加强国际国内交流合作，努力营造良好的科研和育人环境，取得了一系列可喜的成果。

2.21.1　教育教学改革与创新

1. “金专”与“金课”建设

2019 年，教育部先后启动一流本科专业与一流本科课程建设“双万计划”，打造新时代本科教育的“金专”与“金课”，全面夯实本科教育基础。据公开数据，湖南省高校入选国家级一流本科专业建设点（新闻传播学类）3 个、省级一流本科专业建设点（新闻传播学类）4 个（详见表 2-21），省级一流本科课程认定（新闻传播学类）6 门（详见表 2-22）。

表 2-21　**2019 年湖南省高校一流本科专业建设点名单（新闻传播学类）**

级别	学校名称	专业名称
国家级	湖南大学	新闻学
	湖南师范大学	新闻学
	长沙理工大学	数字媒体艺术

续表

级别	学 校 名 称	专 业 名 称
省级	湖南师范大学	网络与新媒体
	湖南工业大学	广告学
	吉首大学	新闻学
	湖南理工学院	广告学

表 2-22 **2019 年湖南省高校一流本科课程认定名单(新闻传播学类)**

级别	学校名称	课程名称	课程类别
国家级	认定中		
省级	长沙理工大学	摄影基础	线下一流课程
	湖南工业大学	新闻学原理	线下一流课程
	衡阳师范学院	新闻摄像	线下一流课程
	湖南工商大学	新闻写作	社会实践一流课程
	湖南理工学院	寒暑期社会实践	社会实践一流课程
	湖南第一师范学院	新媒体视听节目制作	线上线下混合式一流课程

2. 高水平课程和特色课堂建设

湖南大学新闻传播与影视艺术学院建设了 2 门海外高水平课程：聘请密苏里新闻学院史蒂夫・赖斯、章于炎两位教授来院为本科生开设“媒体融合背景下移动工具新闻报道的艺术和技术”课程，聘请台湾铭传大学杨志弘教授来院为研究生开设海外教授主讲课程“媒介经营管理学原理”。

同时，湖南大学新闻传播与影视艺术学院还建设了 2 门“特色示范课堂”：一门是“广告也要讲导向”，积极推动习近平新时代中国特色社会主义思想进课堂、进头脑，培养大学生广告创意的基本知识与基本技能，促进大学生创作优秀广告作品；另一门是“中国新闻传播史”，坚持以马克思主义新闻观为指导，以历史唯物主义为方法论，以新闻史实为基础，讲述中国自古代以来，尤其是近代以来各个时期新闻传播活动的发生、发展、衍变过程及其规律性，以期达到鉴往知今、古为今用的目的，使学生在牢固奠定新闻传播学专业基础知识中树立马克思主义新闻观和历史观。

湖南大学新闻传播与影视艺术学院还立项资助“新闻学概论”“传播学概论”“中国新闻传播史”“广告创意与策划”“传播伦理与法规”“艺术学概论”6 门专业核心课程开展课程思政建设，并在全院范围组织开展了课程思政教学比赛活动。

湖南财政经济学院人文与艺术学院与新湖南、星辰在线等新媒体机构合作，共建融媒体和 APP 研发设计课程群，此课程群涵盖了融合新闻报道、数据新闻与可视化传播、APP 产品规划与原型设计、APP 视觉与交互设计、APP 前端开发等多门课程。

湖南理工学院新闻传播学院将相关课程整合为新闻文本生产等七大专业课程群模块，以任务为驱动，实行项目化教学，融入式构建了“课程群+工作坊”专业课程体系。

3. 人才培养模式改革与创新

人工智能技术与新闻传播实践的深度融合使得智能媒体时代加速到来，新的传播特征不仅塑造着传媒业新的运行方式与行业格局，也对新闻人才培养提出了新要求。2019 年，湖南高校在探索“全媒化复合型应用型”卓越新闻传播人才培养模式方面有了更多的思考与实践，越来越注重差异化、创新性培养路径的选择。

中南大学文学与新闻传播学院创办融媒体卓越拔尖人才培养计划实验班并开始招生，尝试以基于融媒体发展的新文科专业内涵及其人才规格培养新闻传播专业跨学科人才。

湖南师范大学新闻与传播学院继续深入实施通识教育，打造第二课堂精品；创新教学手段与方式，构建“三元立体”的第二课堂平台，形成了“名家精英书山论坛”“记者编辑业界课堂”和“校友回家传媒沙龙”的链条式第二课堂教学体系，以期有效构建人才培养新模式。

湖南理工学院新闻传播学院围绕一流专业建设，秉承创意、创新、创造、创业的“四创”培养理念，不断完善“2+1. 5+0. 5”人才培养模式，致力于培养“全媒化复合型应用型”卓越新闻传播人才。

湖南大众传媒职业技术学院作为高职院校，致力于培养综合素质高、传播沟通能力强的创意型技术技能人才。该院从 2018 年推行“现代学徒制”，尝试人才培养新模式，广播影视节目制作专业与乐田智作合作获湖南省现代学徒制试点立项。学院建成谭仲池编剧工作室，并在 2019 级影视编导专业新生中组建编剧实验班。

湖南第一师范学院文学与传播学院进一步推进新闻人才创新创业能力“四维进阶式”协同培养模式。湖南财政经济学院人文与艺术学院网络与新媒体专业人才培养以“内容+技术”的模式，切入融媒体时代。湖南工业大学开办广告智创实验班，2019 年正式招生。

湖南省多所新闻传播院系组织修订了专业培养方案。湖南大学新闻传播与影视艺术学院根据媒体深度融合和行业创新发展现实需求，秉持“自主性选择、个性化培养、多样化发展”的人才培养理念，对新闻学、广告学、广播电视编导、播音与主持4个本科专业的培养方案进行了全面修订。增设了通识课程“习近平新时代中国特色社会主义思想概论”；新闻传播专业坚持按大类招生和大类培养，2020版培养方案设置了“个性培养课程”板块，该板块中设置的“全媒体报道”“国际新闻报道”“舆情分析”“新媒体制作”“媒介市场调查”“新媒体运营”“广告策划”“广告创意”“学术拓展”等课程包个性突出，特色鲜明。

湖南科技大学完成新闻学专业(本科)培养方案修订、新闻与传播学专业硕士研究生培养方案的制订，且根据学生个性在新闻系全部推行师生互选的导师引导式培养模式。

2. 21. 2　实践教学与创新创业

2019年，湖南省新闻传播院校努力汇聚各方力量共建融媒体实验中心、学生创新创业平台，精心指导学科竞赛，积极推进实践教学与创新创业活动的开展。

1. 融媒体实验室建设

2019年，湖南理工学院新闻传播学院与成都华栖云科技有限公司合作建设的湖南省首家高校融媒体实验室正式投入实践教学。

湖南大学新闻传播与影视艺术学院与《湖南日报》合作开展融媒体实验室建设，完成了融媒体实验室建设方案的整体设计和前期项目(非编机房)的建设任务。学院与湖南大学党委宣传部(新闻办)联合开展湖南大学融媒体中心建设，并成功入选教育部首批教育融媒体建设试点单位。

中南大学文学与新闻传播学院投入150万元建设文学与传播实验中心、融媒体实践中心。湖南科技学院传媒学院与凤凰数媒教育科技有限公司签订战略合作框架协议，与企业合作共建融媒体实验室。怀化学院文学与新闻传播学院与当地鹤城区委宣传部共建鹤城区融媒体中心。

湖南大众传媒职业技术学院建成“数字视频编辑教学平台”实训室，新闻采编与制作专业与芒果TV共建“内容审核实训基地”，合作培养内容审核人才。

2. 创新创业

中南大学文学与新闻传播学院2019年申报大学生创新创业项目56项，成功立项55

项，其中国家级 26 项、校级 29 项，创新项目 27 项、创业项目 28 项，参加人数达到 278 人。

湖南大学新闻传播与影视艺术学院申报的大学生创新创业项目有 18 项获得立项，其中国家级项目 8 项、省级项目 8 项、校级项目 10 项。2017 级播音与主持专业两名学生获第五届“互联网+”大学生创新创业大赛高教主赛道师生共创组(团队)银奖，2017 级硕士研究生获第五届湖南省“互联网+”大学生创新创业大赛一等奖。湖南科技学院传媒学院学生获全国第五届“互联网+”创新创业大赛全国金奖 1 项。

湖南师范大学新闻与传播学院获省级大学生创新创业项目 7 项，广告学系获批湖南省教育厅认定的“广告艺术校企业合作创新创业教育基地”。湖南理工学院新闻传播学院获批教育部“高校数字媒体产教融合创新应用基地”项目，获批湖南省“融媒体创意传播创新创业教育中心”和“传媒与文化传播研究生培养创新实践基地”。

怀化学院文学与新闻传播学院与怀化市广播电视台共建的“文化传媒创新创业教育基地”，被认定为湖南省普通高校校企合作创新创业教育基地。湖南科技大学人文学院创建融媒体建设与发展校企合作创新创业教育基地。湖南工程学院设计艺术学院广告系拥有省级大学生创新创业中心一个，同时大力引进社会力量办学，突出应用型办学特色，由艺术家投资 3 个校内“产学研”实践教学基地。

3. 学科竞赛

2019 年，湖南大学新闻传播与影视艺术学院学生参赛共获奖 201 项(国家级奖 20 项，省级奖 41 项，校级奖 140 项)，其中国家级一等奖 1 项、二等奖 4 项、三等奖 5 项，省级一等奖 8 项。2018 级硕士研究生作品《天生带敢》获第十一届全国大学生广告艺术大赛一等奖。

湖南师范大学新闻与传播学院在第十一届全国大学生广告艺术大赛中获奖 48 项，其中国家级一等奖 3 项、二等奖 4 项、三等奖 8 项，省级奖项 33 项。同时，学院作为大广赛湖南赛区的承办单位，在加强组织宣传工作、提升省赛评审质量、推介赛区优秀作品等方面做了大量工作，荣获“最佳赛区”称号。学院学生在第七届“韬奋杯”全国图书编校暨高校编辑出版能力大赛(学生组)决赛获二等奖 2 项。学生作品《洞庭鹰》获湖南省第四届原创网络视听节目大赛大学生纪实作品一等奖，同时获 2019 年第四届美丽乡村国际微电影艺术节大学生单元“最佳纪录片”奖。学生作品《不忘初心，教育报国——记湖南师范大学原校长张楚廷》获得湖南省“读懂中国”之“我和我的祖国”主题教育活动微电影类一等奖。学院赴雄安新区暑期社会实践团获 2019 年全国大中专学生志愿者暑期“三下乡”社会实践“千校千项”优秀团队奖。

湖南工业大学在第十一届全国大学生广告艺术大赛中获奖19项，其中全国一等奖1项、三等奖3项、省级奖15项；在上海国际大学生广告节比赛中获得一等奖2项；在第四届湖南省大学生写作竞赛中，获得省级一等奖1项、二等奖2项、三等奖1项；2019年，学院研究生共有32人次独创或主创人员获得各级各类奖项，其中国家级奖项6项。

湖南科技学院传媒学院学生获大广赛国家级三等奖1项、省级奖项21项，教育部网络思政优秀作品二等奖2项，工信部全国高校数字艺术设计大赛作品一、二、三等奖8项，团中央第五届中国大学生微电影创作大赛优秀奖1项。

湖南财政经济学院人文与艺术学院以工作室形式推动学科竞赛，在第十届湖南省大学生广告艺术大赛中获省一等奖4项，其他奖项8项。

湖南大众传媒职业技术学院成功申办2019年湖南省职业院校技能竞赛微视频制作赛项，成为首届赛事赛点，该赛项填补了湖南省传媒类职业技能比赛的空白。学院还申报了国家级职业院校技能竞赛微视频制作赛项。

2.21.3 学术交流与学术研究

湖南院校充分挖掘本地特色、院校特色，积极建设学术研究基地，举办国际国内高水平学术会议，在国内外学术界产生了较广泛的影响。

1. 学术平台建设与学术交流

2019年，湖南大学新闻传播与影视艺术学院入选新一届中国新闻史学会常务理事单位；参与发起成立中国财经传媒高校联盟，并入选副理事长单位。学院成立湖南大学马克思主义新闻观研究中心，雷跃捷教授担任研究中心主任。该院还成功组织和主办第三届岳麓传媒与文化发展国际论坛。120余名来自美国密苏里大学、加拿大西门菲莎大学、日本早稻田大学、俄罗斯莫斯科大学、澳大利亚圣母大学以及清华大学、北京大学、复旦大学、南京大学、中国人民大学、中国传媒大学等60多所海内外高校新闻院系、科研院所和媒体的专家学者，围绕论坛主题“媒体融合背景下的新闻传播教育”展开了广泛深入的研讨，在国内外学术界产生了良好的影响。

作为湖南省新闻传播学会的会长单位，湖南大学新闻传播与影视艺术学院与湖南理工学院新闻传播学院成功举办湖南省新闻传播学会2019学术年会暨首届湖湘新闻传播论坛。

中南大学文学与新闻传播学院于2019年5月成立融媒体发展研究中心，举办融媒体发展高峰论坛暨“融媒体时代中华海外文化传播”国际学术论坛，并与红网、《长沙晚报》等单位达成了产学研合作协议，协议旨在为中南大学融媒体研究中心的发展提供多层次、多形式、多领域的支持，为实现校内外资源的有机结合和优化配置提供契机。同年 12 月，举办全国首届新闻传播学跨学科研究高峰论坛，促进新闻传播学跨院、跨校、跨专业的思想和经验交流。

湖南师范大学新闻与传播学院入选新一届中国新闻史学会常务理事单位；新闻传播学科被批准增设博士后科研流动站，博士后工作再上新台阶。新闻与传播学院成立全国高校首家县级融媒体建设研究中心——湖南师范大学县级融媒体建设研究中心，并受省委宣传部委托，对全省 30 余家县级融媒体中心建设进行调研。学院顺利承办第五届新闻史青年论坛，主题为“新时代，新青年，新思想，新闻史研究的多元视角与超越”。

湖南理工学院新闻传播学院成功举办湖南省新闻传播学会 2019 学术年会暨首届湖湘新闻传播论坛，并成功举办了学院学科与专业建设高峰论坛、中国认知传播学第六届年会暨国际认知传播学术论坛。

吉首大学文学与新闻传播学院获批国家民委“一带一路”国别和区域研究中心；湖南工商大学文学与新闻传播学院成立媒介素养教育研究中心，湘南学院成立“唐湘岳新闻作品研究工作室”；湖南科技学院传媒学院启动第五届西山传媒学术论坛活动。

2. 科研项目与科研成果

据不完全统计，2019 年湖南新闻传播院校获得国家社会科学基金项目（新闻传播学类）立项 6 项，教育部人文社会科学研究青年基金项目 3 项。发表 SCI 期刊论文 2 篇，SSCI 期刊论文 3 篇，CSSCI 期刊论文 73 篇，出版学术专著 18 部。

湖南大学新闻传播与影视艺术学院主编出版《中国城市轨道交通文化发展报告》系列丛书，发布了国内首部城轨文化蓝皮书《城轨传媒文化》，并在长沙举行首发式。

中南大学文学与新闻传播学院获湖湘智库论坛（2019）优秀论文一等奖 1 项、二等奖 1 项；湖南大学新闻传播与影视艺术学院获湖南省第十四届哲学社会科学优秀成果奖二等奖、三等奖各 1 项，国防科技工业企业管理创新成果二等奖 1 项；湖南师范大学新闻与传播学院获湖南省第十四届哲学社会科学优秀成果奖一等奖、三等奖各 1 项，湖湘智库论坛（2019）征文二等奖 1 项；衡阳师范学院新闻与传播学院获第十四届哲学社会科学优秀成果奖二等奖；湖南工业大学文学与新闻传播学院阳海洪教授专著《〈湘报〉与晚清湖南新闻事业现代化研究（1897—1911）》获中国新闻史学会方汉奇奖三等奖。

2.21.4　国际交流与合作

2017 年，中共中央、国务院印发《关于加强和改进新形势下高校思想政治工作的意见》，首次将“国际交流合作”确定为高校第五项职能(其他四项为人才培养、科学研究、社会服务、文化传承创新)，这对于深化新闻传播教育改革、培养卓越的国际新闻传播人才具有重要指导意义。2019年，湖南省本科院校在推进国际交流与合作方面步伐不断加快。

1. 学生出国(境)学习深造

2019年，湖南大学新闻传播与影视艺术学院到世界一流大学深造的学生明显增加。本年度招收港澳台学生7人；赴海外高校攻读研究生的学生共32人，其中在世界排名前100的大学攻读研究生的学生有16人，较2018年增加6人；赴海外交流的学生有2人，赴港台高校交流的学生5人，研究生公派出国2人。

2. 教师出国(境)学术访问

在部分本科院校中，教师出国(境)访学渐成常态。湖南大学新闻传播与影视艺术学院选派两位副教授分别赴英国伦敦大学皇家霍洛威学院、美国华盛顿大学(西雅图)访学；湖南工业大学文学与新闻传播学院一名教师赴芬兰图尔库大学东亚研究中心开展汉语教师工作；湖南第一师范学院文学与新闻传播学院院长带队访问香港浸会大学传理学院，该校还有一名教师赴美国得克萨斯大学访学。

湖南省部分院校与国外高校教师的交流合作也日益加强。湖南大学新闻传播与影视艺术学院先后邀请加拿大皇家学会院士、西门菲莎大学传播学院加拿大国家特聘教授赵月枝、日本早稻田大学新闻学院教授濑川至朗、俄罗斯莫斯科大学新闻系教授 Maria Anikina、美国圣克劳德州立大学教授彭增军举办学术讲座。吉首大学文学与新闻传播学院与加拿大里贾纳大学联合开展了“苗族文化在加拿大的传播研究”。

3. 国际合作办学

湖南理工学院新闻学院推动与北亚利桑那大学合作开办“2+2”战略传播国际班，2019年已完成培养方案的拟制和初步对接工作。

2.21.5　部校共建

2019年，中共岳阳市委宣传部与湖南理工学院签订《部校共建新闻传播学院协议》，标志着湖南省第一家地市级部校共建新闻学院正式揭牌成立。至此，湖南省部校共建新闻学院增至4所。

2019年，湖南大学新闻传播与影视艺术学院积极实施《中共湖南省委宣传部和湖南大学共建新闻传播与影视艺术学院三年发展规划(2018—2020)》，以湖南日报报业集团、湖南广播影视集团实践教育基地建设为抓手，完善校媒协同育人机制；实施智库建设计划，与《湖南日报》共同筹建“湖南融媒体发展研究院”；实施马克思主义新闻观课程建设计划，着重建设“马克思主义新闻思想”课程；持续实施“媒体课堂”建设计划，着重建设“新闻采访”“新闻写作”2 门实务课程；大力推进高端人才队伍建设，引进国家级高层次人才 1 人；积极实施高校与新闻单位人员“互聘千人计划”，完善兼职挂职机制，加强“专兼结合”教师队伍建设；持续实施“业界导师聘用计划”，从业界选聘具有高级职称的资深专家担任研究生联合培养导师，完善专业学位硕士研究生“双导师”培养机制；以培养全媒体采编技能和全媒型后备人才为导向，制定和实施融媒体实验室建设方案；以培养创新创业能力为导向，推进红枫全媒体工作坊建设；成功举办第六届全国红枫大学生记者节，吸引了来自清华大学、浙江大学、中国人民大学、中国传媒大学、美国马里兰大学等 178 所国内外知名高校的校园媒体和校园记者参与。

湖南师范大学县级融媒体建设研究中心与《长沙晚报》共建了全国首家“县级融媒体建设研究中心实践基地”，与浏阳融媒体中心共建了“湖南师范大学媒体融合实践基地”，为县级融媒体中心建设提供智力支持与人才培养；主动监测社会舆情，开展网络传播研究，有效引导社会舆论，有效发挥“湖南省社会舆情监测与网络舆情研究中心”作用；承办各类主题研修班、培训班，发挥部校共建学院服务社会的功能。

湘潭大学文学与新闻学院部校共建项目重心在搭建及拓展学生实践平台。学院重点建设了院内学生实践平台——文心传媒中心，包括文心报、文新传媒新媒体平台等；与湖南教育电视台实施战略合作，完成“新时代 · 新力量青春分享说”八个专题系列纪录片拍摄制作；与红网、《科教新报》、“梨视频”等省内权威媒体建立实习合作关系。

湖南理工学院新闻传播学院作为地方部校共建新闻学院，将培养优秀马克思主义新闻人才，全力服务地方经济社会发展作为主要目标方向。

（彭祝斌、徐琼、杨洋）

2.22　安徽省新闻传播教育发展综述

2.22.1　专业分布情况较为稳定：以综合性大学为主，专业深入高职院校

2019 年，安徽省新闻传播教育向纵深处发展。全省新闻传播专业的地域分布较为

均衡，专业设置数量较为稳定，全省共30家普通本科高校开设新闻传播学相关专业。这些院校，既涵盖知名的部属院校(中国科技大学，合肥工业大学)、省属综合性大学(安徽大学)、全部师范类院校，也包括若干独立学院和新设立的高校(安徽艺术学院等)。在高职院校中，合肥信息技术职业学院申报的播音与主持(660202)、影视编导(660206)两个专业已于2019年开始招生，它们为安徽省新闻传播教育注入了新鲜血液(见表2-23)。

表2-23　**2019年安徽省普通本科高校新闻传播学类专业布点表**

专业名称	布点院校	小计
新闻学	安徽大学、安徽师范大学、安庆师范大学、合肥工业大学、安徽财经大学、皖西学院、黄山学院、滁州学院、淮南师范学院、淮北师范大学、宿州学院、阜阳师范大学、安徽新华学院、合肥学院、安徽大学江淮学院、安徽师范大学皖江学院、阜阳师范大学信息工程学院	17个
编辑出版学	安徽大学、合肥工业大学、合肥师范学院、安徽科技学院、中国科技大学	5个
传播学	中国科学技术大学	1个
网络与新媒体	安徽大学、安徽师范大学、安庆师范大学、安徽财经大学、阜阳师范大学、皖西学院、滁州学院、淮北师范大学、合肥师范学院、池州学院、铜陵学院、安徽理工大学、宿州学院、阜阳师范大学信息工程学院、淮北师范大学信息学院、安徽外国语学院、安徽农业大学经济技术学院、亳州学院	18个
广播电视学	安徽大学、安庆师范大学、合肥工业大学、巢湖学院、安徽师范大学皖江学院、阜阳师范大学信息工程学院、淮北师范大学信息学院	7个
广告学	安徽大学、安徽师范大学、合肥工业大学、安徽财经大学、皖西学院、滁州学院、淮南师范学院、淮北师范大学、池州学院、铜陵学院、安徽工程大学、安徽新华学院、巢湖学院、蚌埠学院、安徽师范大学皖江学院、蚌埠工商学院(原安徽财经大学商学院)	16个

教育部《普通高等学校本科专业目录(2020年)》公布了新增的新闻传播学本科专业，然而安徽省尚未布点。

2.22.2　安徽省两所部校共建新闻学院开始形成相关成果

安徽师范大学与安徽大学作为安徽省目前仅有的两所部校共建院校，2019年在提升全省部校共建工作质量过程中，以马克思主义新闻观为人才培养的导向，建设成果产生了一定的辐射效应，进一步提升了全省新闻传播学科教师队伍专业能力、理论体系构建能力。

1. 安徽大学新闻传播学院

自 2016 年与安徽省委宣传部签订部校共建工作协议以来，安徽大学新闻传播学院以部校共建为依托，已经形成了较为完善的马克思主义新闻观教育教学机制。在 2017 年教育部第四轮学科评估中，该院新闻传播学科被评为 B 级，位列全国第 17 位。2018 年 1 月，国务院学位委员会办公室正式公示了 2017 年年底新增学位授权审核结果，安徽大学新增“新闻传播学”一级学科博士学位授权点。

2019 年，安徽大学新闻传播学院加强实验中心硬件建设，提升人才培养基础条件。先后累计投入 1000 万元用于中心软硬件条件建设。目前实验中心共有 11 个专业实验室，总面积 1700 平方米，设备总资产 2000 万元，涵盖新闻传播类 5 个本科专业实验教学和部分研究生课程教学要求。同时打造成立了大数据中心、马新观教学研究中心、舆情中心、影像中心等一批教学科研平台，利用平台凝聚力量促进教学相长、师生融合。形成了新闻传播平台、科研协同平台。以推动协同育人为方向，发挥舆情与区域形象研究中心作为“新型智库”在人才培养方面的协同功能，产学研一体化，实现中心的服务成果、研究成果向教学能力、教学成果的转化，积极与新闻单位、宣传部门合作，面向社会培养人才。落实面向新闻从业人员开展业务培训班、硕士研究生班等，培养高水平新闻宣传人才。

2019 年，安徽大学新闻传播学院筹备并成立了安徽省第一家马克思主义新闻观研究中心。该中心积极与复旦大学等国内马克思主义新闻观研究重镇进行合作，以马克思主义新闻观实践教学活动为抓手，以马克思主义新闻观教学实践基地为依托，在寒暑假专业实践采访的常态化过程中，形成马克思主义新闻观教学与相关实践的融合，完成省委宣传部与安徽大学新闻传播学院签订协议中部校共建的相关任务。目前，该中心由蒋含平教授牵头，已有科研人员 10 人，其中正高职称 3 名；中心成员主持国家级项目共 14 项，发表核心期刊论文 30 余篇。

2. 安徽师范大学新闻与传播学院

安徽师范大学新闻与传播学院是全国首批 10 个部校共建新闻学院试点单位之一，也是安徽省首批部校共建单位。安徽师范大学在部校共建新闻学院工作中，由安徽省委宣传部牵头，推动了省教育厅、省社科院、芜湖市和安徽师范大学通力协作支持卓越新闻传播人才培养，构建了“部校共建、院媒协同、实践育人”的人才培养机制，共建管理体系，共商培养方案，共建特色课程、共建双师队伍、共建实践基地，共建研究平台。在这一体制和机制下，新闻学专业教师的教学和科研能力与水平，学生的就业率、考研率、社会认可度获得大幅提升。目前该校新闻学专业已经迈过了 25 个年头，从最初 30 人的招生规模，达到现在普通新闻学专业与中英合作新闻学专业近百人的招生规模。2019 年，专业师资队伍 20 人，高级职称 13 人，其中教授 7 人，高级记者 1 人，副教授 5 人，讲师 6 人，助教 1 人，博士与在读博士 15 人。在人才培养、科学研究、社会服务等方面不断进步，办学效果也日益受到社会的认可与好评。截至 2019 年，现有毕业生 23 届，在校生 5 届，其中一批毕业生已成为新闻业务骨干，如原华闻传媒总裁章敬平、中新社中新网副总编辑齐彬、《长江日报》主编王其恒等。

2. 22. 3　新闻专业深化教学综合改革并取得丰硕成果

1. 各高校继续创新人才培养模式

安徽省新闻传播学类专业自成立并进行招生以来，根据社会的发展以及应用型人才培养的需要，不断创新人才培养模式。总体看来，各大高校都在努力构建思想政治教育、职业道德教育、专业知识教育“三位一体”的新闻传播育人体系，致力于打造以学生为中心，学界与业界结合、教学与研究结合，课内训练、课外练习、校内实训、校外实习的人才培养模式。2019 年，各大高校积极开展各项教育教学活动，如安徽师范大学的国情教育与马克思主义新闻观系列讲座、“名记名编名主持进校园”、新闻学专业主题采风、寒暑假专业社会实践、马克思主义新闻观学习社等活动，并且做到学分化和常态化。注重培养文理融合、具备国际视野的新闻传播人才。同时，安徽省省内多所高校与国外高校开展联合培养项目，大批学生前往美国、英国等地知名新闻院校深造。安徽大学、安徽师范大学与英国哈德斯菲尔德大学、美国密苏里大学开展联合培养项目。淮北师范大学实施专业和专业交叉、理论和实践教学贯通、建构第一课堂(课内学院)、第二课堂(课外学习)和第三课堂(社会学习)有机结合、相互协调的新机制。

2. 各高校普遍重视建立和完善新闻专业实践教学体系

安徽省新闻专业在实践教学中，立足于本科应用型人才培养。在人才培养体系中，落实理论与实践结合，开设大量实践性强的课程，利用外聘的媒体老师拓展应用型人才培养路径，以“学科-应用”为导向，以能力为本位，以“厚基础、宽口径、重能力、强素质”为基本要求，遵循“优化整合、注重实践和科学编排、循序渐进”的原则。在落实实践教学体系的过程中，不断深化与校外媒体单位的合作，邀请行业内经验丰富的编辑、记者走进课堂。在课内训练的基础上，利用新闻演播中心、新闻广告综合实验室、校园电视台、新媒中心为学生搭建校内实践平台，与校外媒体建立合作关系，拓宽校外实习基地，不断提升学生们的实践动手能力。淮北师范大学建有校外实习基地 14 个，包括安徽日报报业集团、安徽电视台经济生活频道、淮北市传媒中心、濉溪县融媒体中心等省地权威主流媒体。实习基地的数量、设施、条件可以充分满足专业实践需要。在校外，聘请从事媒体行业经验丰富的资深传媒人做校外导师，如安徽日报报业集团记者陆列嘉和编辑部副主任程铁军，安徽电视台经济生活频道第一时间栏目记者谢海强，淮北传媒中心总编李少华、副总编刘永忠、编辑部主任朱斌、总监宗兆宣和尉成远等；同时实习实行校内导师与校外导师结合制，由校内和校外导师共同指导实习、评定成绩，确保学生能得到充分的指导和提升。安徽省多所高校的新闻传播类专业均与校外媒体单位建立了良好的校企合作关系，如安徽日报报业集团、合肥晚报报业集团、安徽人民出版社、安徽教育出版社、万家热线、凤凰网安徽、新浪网安徽、安徽生活网、合肥论坛等。

3. 全省新闻专业强调改革教学方法、考核方式

全省新闻专业积极引导教师进行课程改革，鼓励教师采用“翻转课堂”“案例分析”“讨论互动”“汇报演出”等形式进行授课。逐步完善“以赛代考”“以展代考”的考核方式，并不断推进毕业考核方式改革，提倡采用毕业作品汇报的形式进行毕业答辩。安徽大学江淮学院在教学改革方面以《安徽大学江淮学院素质教育考核计分办法》为指导，新闻专业改革专业教学计划，加大实践教学学分比例，将实践教学学分提高至本专业总学分的 30%以上。教师结合理论知识，指导学生参与中国大学生计算机设计大赛。安徽大学江淮学院共获得国赛一等奖 2 项、二等奖 1 项、三等奖 1 项。安徽新华学院近 3 年已有 12 门课程进行了课程改革，毕业考核方式不断改革，目前已有 100 余名学生毕业答辩采用毕业作品汇报的形式，计划 2020 届及以后的毕业生均采用毕业作品的形式进行考核。淮北师范大学通过强化实践教学的方法，培养学生“知识传递——能力培养——能力运用——知识升华”的完整链条，增加综合性、设计性实验项目，培养学生的创新意识和创新能力，真正达到“素质教育”“创新教育”的有效结合，不断提高学生在新技术背景下的竞争能力和发展能力。在加强学生实践技能训练方面，学院有针对性地加强对学生的英语技能、计算机网络基本技能、多媒体课件制作与现代化教育手段应用技能、普通话口语技能、专业基础理论与专业实验技能、专业职业技能等进

行训练。

2.22.4 特色专业巡礼

1. 淮北师范大学新闻传播系

淮北师范大学新闻传播系根据学科、专业、行业和现代媒介技术的飞速发展，不断修订教学计划，完善课程体系，把拓宽专业口径与灵活设置专业方向有机结合。在多年的办学实践中，始终与行业密切合作，特别重视对学生实践技能的培养。先后7次依据传媒和文化产业市场调研对人才培养方案进行优化与调整。新世纪以来，业界急需全媒体和产业经营人才，该专业及时实施媒介融合背景下新闻传播人才培养创新实验区工程，大力培养学生的"四全"传播能力，以此逐步形成本学科的特色与优势。坚持"本科教育要适应经济社会发展需要，突出特色"的教育教学观念，树立"理论"与"实践"结合、"学"与"术"相结合、"技能"与"技术"结合、"应用"与"创新"结合、"大学"与"社会"结合的理念，突出实践教学，重点培养学生的实践能力和创新精神，着力打造学生的融合新闻报道意识和能力。突破传统的课堂式教学模式，实施专业和专业交叉、理论和实践教学贯通、课内与课外学习交融、校内与校外培养相结合、科研与教学互动、"走出去"和"请进来"同步、校内合作与校际合作共进的人才培养与教育模式。实施"3+1"和"1+3"模式，"3+1"指本科阶段前3年的主要专业基础课程和专业主干课程在学校学习；本科阶段后1年的部分专业基础和主干课程的实践部分内容在媒体继续学习。"1+3"指把课堂理论教学和课外实践作业训练、校内实践平台的实训操作、媒体实习基地实训操作紧密结合起来，形成"1+3"的实践教学模式。两种模式的培养方案体现了课堂教学与课外教学、校内教学与校外教学的有机结合，以课堂教学为主，充分发挥课外、校外教学作为课堂教学的延伸功能，从而实现育人机制的全面化、系统化。

2. 安徽新华学院新闻学专业

安徽新华学院新闻学专业于2006年开始招生，2013年获批省级"卓越新闻传播人才培养计划"项目，2018年获批省级"六卓越，一拔尖"卓越人才培养创新项目。该专业秉承地方应用型高校的宗旨，根据地方社会发展对于传媒人才的需求，结合学院自身条件，面向新媒体机构、平面媒体、广播电视媒体、网络媒体、广告公司、公关公司、企事业宣传部门及其他新闻媒体和宣传机构，培养能从事新闻采编与制作、电视节目策划与制作、新媒体运营与排版、公关、宣传、推广等工作的高素质应用型全媒体人才。安徽新华学院每年 12 月份邀请麦可思等第三方机构，开展毕业生就业半年后、三年后跟踪调查。2019 年调查结果显示，其就业形势总体向好，近三年初次就业率分别为 95.7%、96.2%和 96.4%，最终就业率总体稳定在 98%以上，并呈逐年上升趋势。毕业生专业对口率为 82.3%，略高于全国同类院校的水平；职业吻合度为 75.3%，比全国非“211”本科院校平均值(73%)高 2.3 个百分点；毕业一年后的非失业率为 94.6%，比全国非“211”本科院校毕业半年后非失业率平均值(92%)高出 2.6 个百分点。近三年用人单位对该专业毕业生的培养质量综合评价为 92.3%。艾瑞深中国校友会网《中国大学评价研究报告》显示，安徽新华学院新闻学专业在同类民办与独立学院本科高校中排名居全省首位。

安徽新华学院将以新时代全国高校本科教育工作会议精神为指导，根据“六卓越一拔尖”计划 2.0 系列文件的要求，持续打造高素质“双能型”师资团队，深化课程体系和教学方式改革，继续创新人才培养模式，以培养一流应用型全媒体人才为目标，不断提高向学生提供优质教学资源、向社会输送优秀人才的“两个供给”能力，体现国家新文科建设战略。

2.22.5　全省新闻专业实验室简介

1. 安徽师范大学新闻实验室

安徽师范大学新闻与传播学院 2013 年获批准建立安徽省校企合作实践教育基地——传媒与创意产业综合实验中心，此综合实验中心设备总值约 2000 万元，使用面积近 4000 平方米。2013 年获批准建立安徽省重点人文社科基地——创意产业发展研究中心，它是在 2010 年建立的传媒与文化创意研究中心的基础上发展起来的。学院实验实训中心有 33 个实验室，管理制度齐备，全面满足各类媒体产品、文化产品的采制需求，利用率达 100%。

新闻学专业拥有专业演播室大于 300 平方米，拥有非线性编辑实验室、录音室、摄像实验室。摄像机生均大于 0.3 台，单反相机生均大于 0.3 台。生均实验设备价值大于 5 万元，年均投入资金大于 100 万元。

新闻学专业实验开出率为 100%，能满足本专业人才培养的需要。综合性、设计性实验的课程占有实验的课程总数的比例为 100%，效果良好。开放性实验室大于 3 个，开放时间每周大于 50 小时，面向不同年级的学生开放。面向大学生设立科研创新项目，学生积极参与。

实验中心下设33个实验室(工作室)，包括传媒电视台、虚拟演播厅、非线性编辑室、全媒体工作室、数字编播系统实验室、数字音效实验室、动画创作实验室、大传播数据分析实验室、平面广告制作实验室、数字摄影实验室等，形成了基础技能实验、专业技术实验、全媒体传播实验等成梯次、多功能的实验教学研究体系，实验设备实现资源共享。新闻与传播学院通过“传媒与文化创意研究中心”和“安徽省经致科技文化传播有限公司”等平台，采取“项目化+一体化”教学模式，为学生提供了完整的实验教学条件。新建了大数据实验室。改造了新闻演播厅、摄影实验室、摄影暗房、非线性编辑实验室、微机编报实验室、新闻录放像实验室等，并在此基础上，又建设了一批适合新闻业务实践和全媒体教学需要的相关实验室，包括2座新的新闻演播厅和2间非编实验室；购置了一批新闻实验仪器设备，建成了传媒电视台专用实验室，添置了一批新闻传播学专业图书和教学音像资料。

2. 淮北师范大学实验室

自2007年6月始，淮北师范大学先后投资685万元建有校文科实验中心，中心分为“相山校区分部”和“滨湖校区分部”，设视频室、电声室、非线性编辑室、演播室、摄影摄像室、媒体室、多媒体机房7个实验分室。实验室总面积1640平方米，仪器设备1200台件。2010年，该实验室被安徽省教育厅批准为“省级实验教学示范中心”。2015年，学校又投资180余万元建立了专门为新闻传播系使用的新闻与传播实验教学平台项目——新媒体实验室项目。2019年10月，中央财政投资405万元，占地面积200平方米的淮北师范大学虚拟演播室业已建设完成并投入使用。至今，新闻传播学专业实验室已粗具规模，新闻传播学专业“数码摄影”“版式设计”“微机编报”“数码摄像”“影视节目编辑与制作”“三维动画设计”“网页设计与制作”“影视后期制作”“多媒体动画设计与制作”“广告策划与设计”等相关实验课程均可在此实践操作，同时新的虚拟演播室的建成更是为学生提供了更前沿的实训机会，同时也丰富了校园文化。现有设备能较好地满足学生实验及实习要求，专业实验实习开出率为100%。实验室可进行报纸编排、视频新闻采编播、微电影拍摄制作、网络新闻采编、演播室访谈、网络直播等综合性程度较高的实验教学，保证一周五天工作日均可对学生进行开放。

（刘　丽）

2.23　江苏省新闻传播教育发展综述

2.23.1　人才培养

1. 本科生教育

优秀新闻传媒人才的培养离不开合理科学的人才培养方案，因此诸多院校也会针对外部人才市场的需求，紧密结合自身院校的教学发展特色，持续推进培养方案的改革，每隔一两年都会重新调整和修订本科人才培养目标与课程设置计划，以期培养出更适合行业需求的优秀传媒人才。

为了切实推进以“教”为中心向以“学”为中心转变，除了苏州大学传媒学院以外，南京师范大学新闻与传播学院也积极结合现有培养方案制定大类培养方案，本着“坚持以主干课程建设为核心，降低学时学分；坚持以通识教育为重点，满足学生个性发展；坚持以创新创业教育为切入点，提高学生的创新精神和创业能力；坚持以混合式教学为手段，促进课堂教学与在线教育相融合”的基本原则，该院 2017 级、2018 级大类培养分流工作已顺利完成，目前正在总结经验，为今后的大类培养打好更加扎实的基础。

为了优化人才培养结构，更加凸显对学生实践动手能力的培养，诸多高校结合自身专业特色与地域发展优势，不断积极探索建构新的培养模式与课程体系。比如江苏师范大学传媒与影视学院以“立足苏北、面向全省、加强实践创新能力，抢占就业制高点”为理念，构建理论学习、岗位见习、体验实习和专业实习“四习一体”的实践模式。一方面利用课内实践教学和校园电视台等平台进行校内实践活动；另一方面利用第二课堂，充分调动教师积极性，带动学生参加校内外各类专业赛事、活动，并与校外 1+10 实习实训基地建立共同制作节目、联合培养学生的良好互动机制，使学生真正得到锻炼。

南京财经大学新闻学院构建“国家级创新创业训练计划”、江苏省高校大学生创新创业计划项目、“挑战杯”大学生创业计划竞赛以及各类学科竞赛、校院两级创新创业计划项目的多元创新创业训练项目体系，强化学生创新创业的实践训练；加强实验教学资源建设和共享，广泛搭建实习实训平台，组织开展“创业沙龙”“校友创业论坛”“企业家进校园”等活动，强化学生创新创业的社会转化能力，并成功举行创新创业训练营第一期“新媒体运营能力实训”活动，该训练营是学院与企业合作形式的新探索，围绕课堂专业理论知识的学习，依托企业实践资源，为学生们提供了一个理论与实践结合的学习平台。

淮阴师范学院立足于专业特点和行业需求，积极推进人才培养模式改革，构建了实践导向的课程体系以及由“基础实践训练——综合实践训练——创新实践训练”组成的立体化实践教学体系，着力推广“项目制”教学法。与此同时，各高校也进一步加深加强与地方的密切合作，促进大学生专业实践教学，提高人才培养质量。比如扬州大学新闻与传媒学院与江苏百成数码影业有限公司共同签署了实践实训基地协议书，通过开门办学，与外界企业建立实训合作关系，不仅可以帮助学生了解业界最新技术和发展动态，也有助于学院有针对性地培养社会需求的人才。

2. 研究生教育

作为国民教育体系的顶端，研究生教育是知识生产体系和国家科技创新体系的重要组成部分，是培养拔尖创新人才的关键载体，发达国家和世界高水平研究型大学无不将研究生教育作为提升自身实力和国际竞争力的重要抓手。研究生教育通过专业性理论、方法论等课程的学习以及必要的学术训练，增强对理论研究及其规范化要求的认识与理解，不断提高自身的专业素养和独立分析、解决问题的能力。研究生教育的主要目的是进一步提高研究生的整体科研水平，成为新闻传播领域中从事理论研究、教学工作或实务工作的中高级人才。目前，江苏省16所开办新闻传播教育的高校中，共有8所高校具有新闻传播类的硕士学位点，而只有南京大学、南京师范大学和苏州大学三所大学具有博士学位点。

相较于对本科生实践能力的偏重，对于传媒研究生的教育更注重其科研学术水平的培养，因此各院校也积极通过各种常态的学术论坛、学术沙龙、学术讲座以及暑期研习班等活动的举行来提升其研究水平，开阔其研究视野。南京师范大学新闻与传播学院一直积极致力于对高水平新闻传播学术研究人才的培养，从2014年开始已顺利举办了五届“江苏省传媒学科研究生论坛”，五届论坛紧随当下的新闻传播研究热点，论坛的规模与知名度也稳步提升，每届均有百余名来自全国不同高校的学生积极参与投稿。2019年又成功举办第六届论坛，此次论坛以“新闻的想象：新闻传播的社会互动与理念创新”为主题，包括七场主题演讲和十场分论坛，旨在为江苏省乃至全国各高校广大研究生提供学术交流平台。来自香港城市大学、台湾世新大学、清华大学、复旦大学、中国人民大学、浙江大学、武汉大学、南京大学、中山大学、华中科技大学等各大高水平学府的逾百名硕士研究生、博士研究生、青年教师及学者围绕会议主题展开探讨，共同带来了一场精彩纷呈的学术盛宴。

学术沙龙以弘扬科学精神、增强师生情感、培养创新人才为目的，是培养研究生的学习平台、思想阵地和德育场域，是研究生教育的有效载体。学术沙龙有利于研究生在专攻博览的学术实践中求知问学，有利于研究生在理论争鸣的学术氛围中答疑解惑，有利于研究生在立德进业的学术生活中学以成人。南京大学新闻传播学院的“418 博士之家学术午餐会”是该院一个极具特色的学术交流平台，主要以全体博士研究生为核心志愿者，以学术沙龙的形式，通过邀请学科领域内外的专家学者，给研究生讲授博士论文出炉过程，来促进研究生研究视域的扩展和思维模式的创新。自 2013 年 10 月 16 日正式创办以来一直持续不断地定期举行，成为该院博士研究生教育的一大亮点。2019 年，该“学术午餐会”继续邀请海内外的知名学者与研究生就各种学术问题进行探讨，比如南京大学历史学院谭树林教授的《马礼逊与中西文化交流》、复旦大学新闻学院廖圣清教授的《20 世纪 90 年代西方大众传播学研究》、汕头大学长江新闻与传播学院周翔教授的《反思跨国/跨文化比较研究路径与方法》、中国传媒大学周逵博士的《青年传播学者的学术道路与方法：一种自我民族志式的个案反思》针对相关主题进行了细致的分享和交流，进一步丰富和拓展了研究生们的研究视野。此外，各种读书分享会、学术工作坊的举行也为研究生理论知识的积淀、研究视野的开拓提供了有力的保障。通过共读一本书、共同探讨某个话题，师生之间各抒己见，各种观点的激烈交锋、碰撞，从而形成一种热烈纯粹的学术研究氛围。苏州大学传媒学院的新媒介与青年文化研究中心所创办的“读书部落”，一直秉承着无功利性的读书目的，自 2010 年创办伊始，吸引了诸多热爱读书、想读书、想改善和创造读书氛围的研究生与老师们的积极参与，通过定期的读书分享与交流，在畅所欲言、各抒己见的自由学术氛围中，不管是学生抑或老师们，都不同程度地从中获得了学术灵感与启发，成为该院最具有特色的一个学术交流平台。2020 年 1 月，适逢其成立十周年，该院也特地举办了“读书部落”成立十周年纪念活动，曾经参与过读书分享的同学和老师们济济一堂，共同畅谈与回顾读书会发展的点滴历程。

2.23.2　师资队伍

新闻传播教育长远发展的根本离不开优良师资队伍的保障，作为与业界实践紧密联系的学科，新闻传播教育受传媒技术发展、业界的实践以及相关法律政策的影响较大，因此需要一支结构合理、专业理论水平高、实践经验丰富的高水平教师队伍。总体来看，江苏省新闻传播教育师资队伍呈现出高学历、高水平的发展趋势。比如南京大学新闻传播学院现有教授 23 名、副教授 14 名，其中一名教授 2019 年入选江苏省社科英才，两名副教授入选江苏省社科“优青”。南京师范大学新闻与传播学院，2019 年陆续引进 9 名高层次人才；一位教授入选省社科英才，两位老师分别入选江苏省社科“优青”和省青蓝工程培养对象。苏州大学传媒学院一名教授入选省社科英才，两名教师入选江苏省社科“优青”，2019年特聘中国科技大学一名博士生导师到该院任教，作为校级科技传播创新团队负责人和科技传播学术方向带头人。此外，该院还引进博士两名，进一步平衡和拓展了师资队伍多元化发展的结构水平。

值得指出的是，基于地域及经济发展的不平衡，江苏省各高校师资队伍也呈现出结构失衡的现象，具体表现为：老牌重点院校师资力量雄厚，高水平高学历的师资多集中于此，而地方及普通院校师资力量结构单一薄弱，愈发呈现出“贫者越贫、富者越富”的马太效应，导致两类院校之间的科研水平出现比较明显的悬殊差距。因此，面对外部环境的变迁以及学校内部人才资源的竞争，江苏省诸多普通新闻院校也都非常注重教师队伍的建设，积极通过多项举措来促进教师队伍科研能力和教学能力的提升。作为国内财经学院中唯一的一级新闻学院，南京财经大学新闻学院坚持“引进高起点、在职抓提高”两条途径并重，内扶外引，不断优化师资队伍结构，提升队伍的水平和竞争力。

2.23.3 学术交流

2019年，江苏省各新闻传播院校积极通过各类学术论坛和学术交流会议的举办来促进本省新闻传播教育的快速发展。2019年5月，南京大学新闻传播学院召开第一届“媒介中国研究百人会”暨第五届“新闻传播学C刊双年会”。来自全国新闻传播学、政治学、社会学、法学、文学、计算机等学科的海内外杰出学者，以及部分传媒业界精英，约160余人齐聚南大，探讨媒介发展前沿问题，并对一系列传媒学术问题贡献思想见解。此次“百人会”在两天时间内进行了四场主题对话、两场圆桌会议，并通过八场研讨组(seminar)、七场论文发表，就“媒介法的价值谱系”“新媒体经济如何重塑媒体格局”“技术哲学事业中的媒介化社会”“媒介与社会治理”“文化社会学”“传统文化中的传播考古”“人类传播科技算话的基因”“新闻创新何以可能”等议题分别开展深入讨论。教育部高等学校新闻学学科教学指导委员会主任高晓虹教授，国务院学位委员会新闻传播学学科评议组召集人胡正荣教授、黄旦教授为闭幕式致辞，全面肯定了会议的价值所在和科学的会议组织，并称赞了南大校风和新闻传播学院的学科风貌。2019年11月30日，由腾讯研究院、南京大学新闻传播学院、中国新闻史学会计算传播学研究委员会主办，南京大学网络传播研究院承办的2019年度互联网传播学研讨会暨AI & Society内容生态沙龙成功举行。此次研讨会分别邀请了祝建华等四位知名学者发表了专题演讲，共同探讨了AI对内容生产、分发和用户认知产生的影响，并着重分析了AI在内容生产，尤其是新闻业的发展现状和未来趋势。

南京师范大学新闻与传播学院在2019年度共主办了4次重要的学术会议。2019年

4 月 13 日，由中国新闻史学会主办，南京师范大学新闻与传播学院承办、扬州大学新闻与传媒学院协办的中国新闻史学会常务理事会第五届第七次会议在该院顺利举行。此次会议听取了各二级分会的工作汇报，并经过与会常务理事的投票表决，评选出了新闻传播教育史研究委员会、网络传播史研究委员会、应用新闻传播研究委员会、媒介法规与伦理研究委员会等五个 2018 年度优秀二级分会。此外，会议还就学术年会举办、学会二级分会管理等其他相关事项进行了充分交流和广泛讨论。此外，国家社科基金重大项目“中华民国新闻史”成果鉴定会议也于 2019 年 5 月在该院圆满举行。“中华民国新闻史”是新闻史学科的第一个国家社科基金重大项目。会议听取项目首席专家、南京师范大学倪延年教授代表项目组就研究过程及成果情况的汇报，对最终成果(一)《中华民国新闻史》(5 卷)和最终成果(二)《民国新闻专题史研究丛书》(10 册)进行了认真评议。与会专家一致同意“中华民国新闻史”最终成果通过鉴定，评价等级为优。

苏州大学传媒学院依托于苏州悠久的历史文化积淀以及独特的地理区域优势，近年来在城市文化、城市传播研究领域一直具有较强的地域优势与较大的影响力。在成功举办 2018 年“中国城市问题(上海论坛)青年学者圆桌会议”的经验基础之上，2019 年 4 月苏州大学传媒学院与教育部人文社会科学重点研究基地复旦大学信息与传播研究中心共同主办了为期两天的跨学科圆桌论坛。论坛围绕“媒介变革的多维视野：城市研究新路径”这一主题展开，来自哲学、美学、建筑学和传播学等众多学科领域的 14 位专家学者分享了自己最新的研究成果，涉及智能身体、赛博城市、新型公共人、第三机器时代、城市空间文化等论题充分展开研讨，此次论坛设置了 40 分钟的评议和讨论环节，每一个论题的分享都激发了热烈的探讨与争辩，碰撞出思想的火花。此外，苏州大学“传播与认同”人文社科学术团队承办的首届“传播与认同”圆桌论坛也于 2019 年 9 月顺利举行。论坛上半场主要围绕“记忆与文化认同”和“政治认同与国家传播”两个主题展开交流，下半场主要围绕“跨文化传播认同”以及“传播机制建构与舆论引导”两个议题进行探讨。来自复旦大学、浙江大学、陕西师范大学、云南大学、广州大学、福建师范大学、湖南师范大学、安徽师范大学、南京邮电大学等 60 多位学界和业界精英，围绕“传播与认同”的主题展开了深入而细致的交流与研讨。基于当前中国对外传播局势的现状与发展，“大变局背景下的对外传播国际高峰论坛”于 11 月在该院成功召开，来自国内外高校、传播机构、社会组织等 70 多名专家学者，对我国当前对外传播的复杂形势、存在问题以及优化路径进行了深入的探讨，就当前“一带一路”背景下中国对外传播的策略与路径、中国在国际传播中的话语权和话语体系构建等主题，展开研讨交流。

值得关注的是，一些普通新闻院校也积极注重紧密结合自身的地域文化优势或办学特色，通过举办具有地域特色或专业特色的学术论坛来凸显其学术研究的独特性与区域影响力。5月，由扬州大学新闻与传媒学院与扬州大学中国大运河研究院共同承办的首届中国大运河文化品牌传播国际论坛在扬州举行。此次论坛以“品牌的力量：新时代大运河品牌建设与国家形象传播”为主题，论坛举办期间，来自美国密苏里大学、澳大利亚科廷大学、英国南安普顿大学、英国南安普顿大学、南京大学、南京艺术学院和省大运河文化带建设研究院的七位专家学者分别作了主旨报告，另外还有近50位专家学者在大运河文化带文化品牌的生成与流变、大运河文化品牌塑造与国家形象传播、融媒体环境下大运河文化的品牌传播、品牌战略与大运河文化业态动能创新等四个分论坛上进行了交流研讨。

2.23.4 科学研究

科学研究作为高校学科建设的重要一环，其水平的高低决定一个学校的学科水平和层次。高等学校科研活动是知识的生产和应用过程的集中表现，科研水平高低通常成为判断学科建设实力的重要指标。只有通过科学研究才能使传统科学得到改造和发展，发挥学科优势，保持竞争力；只有在科学研究中，才能形成新的学科体系，并在传统学科及其他新兴学科的基础上向纵深拓展，派生出具有较强生命力的应用学科。因此，高校的科学研究和学科建设能否协同发展对于高校乃至高等教育系统的发展都是至关重要的。从历时性的维度来看，江苏省新闻传播学科的学术研究水平在全国范围内一直居于领先水平，保持着平稳的发展态势，这可以通过每年国家社科基金项目的立项名额可以看出，每年均保持着十几项的立项数量，而2019年共有14个项目立项(见表2-24)。

表2-24　　**江苏省2019年新闻学与传播学国家社科基金项目**

高校名称	项 目 名 称	项目类别	负责人
南京师范大学	人工智能时代公民隐私保护研究	重点	顾理平
南京大学	出版强国背景下我国出版高等教育人才培养体系优化研究	一般	张志强
苏州大学	青少年女性数字媒介文化实践研究	一般	马中红
苏州大学	移动数字媒介实践的技术具身与传播研究	一般	杜丹
中共江苏省委党校	人类命运共同体视角下的孔子学院跨文化传播研究	一般	刘志刚
常州大学	中美贸易摩擦中两国主流报纸的话语导向和报道策略研究	一般	李淑英
江苏师范大学	政治传播视域下中外纪录片的观念、历史、策略比较研究	一般	唐宁
南京财经大学	政务新媒体回应重大舆论关切的专家介入机制研究	一般	刘泱育
南京邮电大学	移动游戏中的青少年数字劳工及社会干预研究	一般	袁潇

续表

高校名称	项 目 名 称	项目类别	负责人
南京大学	新时代高校马克思主义新闻观教育效果优化机制创新研究	青年	宗益祥
南京大学	智能手机使用对青少年移动学习生活方式的影响研究	青年	孙文峥
南京师范大学	中国近现代新闻从业者伦理观念的发生、演变及其当代价值研究	青年	操瑞青
南京师范大学	融合多源异构数据的图书精准画像构建研究	青年	周清清
南京理工大学	全媒体时代版权授权模式研究	青年	刘佳

在学术论文方面，2019 年以南京大学新闻传播学院为首的各个院校也取得了较为丰硕的成果，不仅论文发表的期刊级别较高，而且在学科领域方面提出了许多比较新颖、独特的观点和研究视角。南大胡翼青教授的《大众传播学抑或大众心理学：对美国传播学主导范式的再书写》指出，在二战和冷战时期，出于心理战的需要，传播学不断强化大众心理范式取向，后者剥夺了传播学各种可能的发展方向而将其塑造为对内社会控制，对外捍卫冷战思维的知识工具。所以，从来没有过真正的大众传播学而只有真正的大众心理学。冷战结束后，面临政治经济框架的巨变，美国面临的问题也发生了根本的变化，传播学主流范式失去了持续的资源支持，然而出于惯习，传播学家们仍然坚持用大众心理学去理解传播现象，美国传播学的想象力因之衰竭。南师大张晓锋教授的《中国新闻史研究 70 年(1949—2019)》通过语义网分析方法，梳理了中国新闻史研究的发展轨迹、关注焦点，勾勒出史学研究波澜壮阔的鲜活图景。在内容层面，各项议题全面深化，通史研究独领风骚，专题研究精彩纷呈，个案研究佳作迭出，史料整理逐步深入。在方法层面，研究范式不断创新，突破单一政治史、革命史范式，融入了现代化、社会学、生态学、阅读史等多种方法。其认为，伴随着政府支持逐年增长，研究梯队持续壮大，社会科学理论、多元研究方法的进一步接合，未来中国新闻史研究仍将继续突破。苏州大学张健教授的《中国电视法治节目的历时演进与社会情境考察(1980—2004)》采取“后视镜”视角，回望“中国电视法治节目”，试图在“作为新媒体”的电视和“面对新媒体”的电视之间进行比较，为新型技术语境下的法治节目确立其应有的价值指向与战略定位。张健认为，“中国电视法治节目”是一个仅仅适合于“中国”语境的历史性概念，是区域性、非全球化的特称性概念，具有独特的功能属性、内容取向乃至叙事形式。在面临“事业还是企业”“宣传品还是产品”“共同体成员还是消费者”“精英与大众”“意见表达还是媒介审判”等各种内生型张力之时，“中国电视法治节目”尤其法治

新闻报道类节目应该保持偏于理性与审慎的媒介品格，恪守既有的价值指向与战略定位，切实履行媒体的社会责任。

（张健、杨惠）

2.24 浙江省新闻传播教育发展综述

新闻传播学是一门实践性、应用性很强的学科，与时俱进是本学科的基本特征。从传统纸媒的诞生一直到被称为电商直播元年的2019年，社会经济状况、科学技术水平、国家政治环境等因素深刻影响着新闻传播学以及新闻传播教育的发展方向与质量。浙江省是我国经济发达地区，2019年GDP一举突破6万亿元。浙江省文化产业增加值占GDP的比重，自2013年突破5%以来，保持着持续稳步增长的态势，至2018年文化产业增加值突破了4000亿元，占GDP的比重高达7.5%，远高于全国水平3.2个百分点。作为民营经济大省，2019年民营经济增加值比上年增长9%，数字经济核心产业增加值比上年增长15%，占GDP比重10%。2019年浙江省文化产业发展的基本面仍稳中向好，文化产业已然成为浙江省国民经济重要支柱性产业，同时全省基本实现县级融媒体中心全覆盖。2019年浙江省新闻传播教育的全程回顾需要在这一动态变化的背景下展开。

2.24.1 新闻传播学专业新增与停并共存

社会变革对学科建设、专业发展提出要求，每一个学科都需要适时调整所属专业，应对社会对人才需求的变化。2019年浙江省的新闻传播学专业有新增也有停并。

1. 依赖新科技支撑的专业激增

教育部公布了2019年度全国普通高等学校本科专业备案和审批结果，其中180所高校新增人工智能相关专业，138所高校新增数据科学与大数据技术相关专业，28所新增网络与新媒体专业，相较2018年增幅惊人。浙江省高校共获批50个备案专业、9个审批专业，同意调整学位授予门类或修业年限专业2个，撤销22个专业。全国高校新增的28个网络与新媒体专业中，没有一个属于浙江省。数字媒体类增加两个，均不属于文学大类，是在艺术学门类下面浙江越秀外国语学院新增的影视摄影与制作(130311T)、嘉兴学院新增的数字媒体艺术(130508)，在工学门类下面宁波财经学院新增的数字媒体技术(080906)。其中唯一新增新闻传播学专业是浙江大学传媒与国际文化学院的传播学专业(050304)。浙江大学在国内最早开办的新闻学专业是教育部特色专业建设点。1993 年 11 月，杭州大学新闻与传播学院成立，1998 年 9 月，四校合并成立新浙江大学，随之成立浙江大学新闻系。2006 年，浙江大学传媒与国际文化学院成立，设新闻与传播学系。目前有三个相关专业——新闻学、广播电视学、广告学。策略传播学系一直在策划当中，新增的传播学专业将成为该系的支撑专业。

2. 个别专业暂停招生

根据办学条件和市场需求，有些高校调整了个别新闻传播学类专业。浙江师范大学的广告学专业、浙江万里学院的编辑出版专业，计划 2020 年暂停招生。浙江传媒学院、浙江越秀外国语学院、宁波财经学院和浙江万里学院等高校，均办有编辑出版专业。浙江传媒学院 2005 年创办的编辑出版专业，不仅创办最早而且发展势头强劲。浙江万里学院 2007 年创办编辑出版专业，也是比较早的一批。2019 年提出停招计划是出于对文化产业转型、媒介的数字化发展、受众的阅读习惯改变等外部因素，以及院校师资队伍、专业发展整体布局、人才培养规划等内部因素的综合考量。

2. 24. 2　新闻传播学各专业办学规模与发展态势

1. 广告学专业办学规模最大

从专业招生规模上来看，2019 年浙江省广告学专业招生人数最多，有 615 人，其次是新闻学和网络与新媒体专业。广告学专业目前浙江省有 8 所高校开设，其中浙江大学 1994 年最早创办，2019 年在 3 个专业中招生最多，有 96 人。宁波大学紧随其后 1995 年创办广告学专业，2019 年招生 48 人。浙江传媒学院 2019 年广告学专业招生 135 人，体量最大。

浙江省内最早的新闻传播教育可以上溯到合并前的杭州大学，即浙江大学新闻学专业在 1958 年就开始招生了，在全国是最早的一批。2019 年，该校媒介与国际文化学院三个本科专业共招生 240 人，新闻学专业招生海内外学子 69 人(含留学生 12 人)。2019 年，浙江万里学院文化与传播学院开设了继浙大之后的浙江省内第二个新闻学专业，是宁波地区最早的一家。新闻专业先后获得国家特色专业、省优势专业、省重点专业、浙江省高校人才培养模式创新实验区等称号。2019 年该校按照新闻传播学大类(4 个专业)招生 434 人。

2019 年全省 6 家网络与新媒体专业共招生 454 人，其中招生人数最多的是浙江传媒学院，有100人。浙江万里学院新闻传播学专业目前仍是按照专业大类招生，即大一结束后再进行专业分流，从2018年数据来看，该校网络与新媒体专业也是最受欢迎的，分流出124人，相当于总数的30%，而传统的新闻学则人数锐减三分之一。结合媒介发展大背景与2019年全国新增专业情况来看，网络与新媒体专业将有可能打破浙江省内新闻传播学专业分布平衡，迎来与媒介技术快速发展相匹配的全新发展阶段。

2019年浙江省招生人数较少的专业是传播学专业(255人)和编辑出版专业(307人)，全省只有浙江传媒大学、浙江越秀外国语学院设有传播学专业，分别招生45人和210人。传统的新闻学专业与传播学专业招生以浙江越秀外国语学院人数最多，分别是107人和210人。宁波财经学院(原大红鹰学院)编辑出版学、广告学、广播电视学专业各招生90人。2019年浙江省13所高校新闻传播学专业招生人数如图2-4所示。

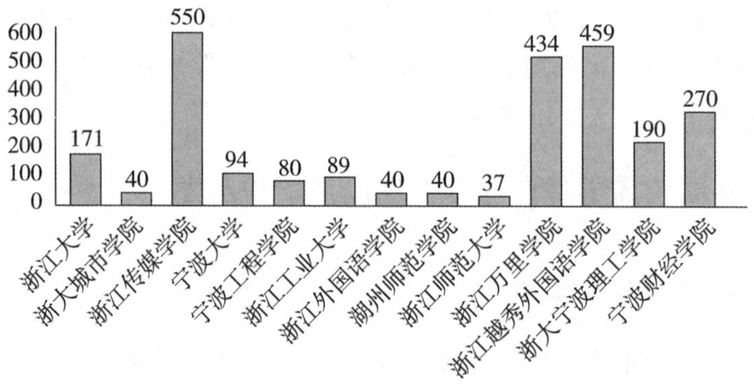

图2-4 2019年浙江省13所高校新闻传播学专业招生人数

2. 低位运行的新兴专业

2019年，教育部发布的《普通高等学校本科专业目录》中，二级学科新闻传播学包含新闻学、传播学、编辑出版学、网络与新媒体、广告学、数字出版和时尚传播8个专业。其中“时尚传播”专业是2019年新闻传播学门类下新增的专业，专业代码“050308T”。时尚传播是为了实现商业目的而进行的视觉的艺术化传播，作为新增特设专业反映出当下国内时尚产业与媒介的快速融合，以及传播学跨领域、跨行业的渗透已经具有一定规模。时尚传播主要服务于服装、服饰等时尚产品领域，其核心是品牌形象构建。2019年北京服装学院成立全国首个时尚传播学院，下设传播学专业时尚传播方向。从各所高校专业分布情况来看，浙江省尚没有时尚传播专业招生，并不是文化产业忽略了这一领域，而是创办专业基础相对薄弱。

随着网络媒体技术的渗透，自 2011 年起，我国陆续有高校开办数字出版专业。“数字出版”专业是建立在媒体融合背景下的新型应用性学科，该专业培养具有系统的现代编辑出版理论知识与技能、较为宽厚的人文与社会知识及科学知识，熟悉我国编辑出版的法规与政策，熟练掌握新媒体技术，能在网络传播、出版、宣传以及企事业单位等行业与部门，从事书刊策划、编辑、发行、管理等工作的高级专门人才。根据 2016 年 3 月 9 日教育部公布的 2015 年度普通高等学校本科专业备案和审批结果(教高函〔2016〕2 号)，截至 2015 年年底，全国共有 13 所本科高校开办数字出版专业，其中就包括浙江传媒学院 2013 年创办的浙江省第一家，也是至今浙江省内唯一的一家。但是浙江传媒学院从 2017 年开始暂停了该专业招生，也就是说，浙江省内 2019 年并没有数字出版专业在招生。

3. 院系专业招生特色

(1)专业院校一枝独秀。浙江传媒学院拥有二级学科新闻传播学全部 8 个专业中除了时尚传播的 7 个专业，是浙江省新闻传播学专业涵盖最为全面的高校。浙江传媒学院是浙江省人民政府和国家广播电视总局共建高校，是一所行业特色鲜明的高水平传媒类高校，素有“北有北广、南有浙广”“北有中传、南有浙传”之美誉。新闻传播学 2011 年获批 1 个“服务国家特殊需求人才培养项目(新闻与传播专业硕士)”硕士学位授权点。2019 年新闻传播学 7 个专业共招生 550 人，其中广告学招生人数最多。

(2)网络与新媒体专业顺势而为，大有赶超新闻学之势。作为分布广泛的三个专业之一，2019 年全省共有 6 所院校招收网络与新媒体专业学生 454 人，略低于广告学和新闻学专业。2016 年浙江省有 3 所高校申办网络与新媒体专业，进入网络与新媒体专业发展的高潮时期。最早创办这一专业的是 2012 年浙江万里学院文化与传播学院，目前该专业已经发展成为浙江省“十二五”新兴特色专业、浙江省“十三五”特色专业、浙江省一流专业建设点和部校共建“新闻学院”支撑专业、浙江省一流专业建设点。该专业的特点是以政务新媒体内容生产和运营管理、舆情监测分析为特色方向，培养具有政治素养、人文素养和专业新闻传播技能、新媒体应用技能的复合型新闻传播人才。

浙江越秀外国语学院作为民办本科院校可谓后起之秀，创办最早的专业是 2011 年的编辑出版专业，虽然起步较晚，但是其招生规模却遥遥领先，2019 年 4 个专业共招生 459 人，体量仅小于浙江传媒学院 6 个专业的招生总量。传播学专业招生 210 人，居省内首位。与另一家开设传播学专业的浙江传媒学院 2019 年招生的 40 人相比，多出 4 倍有余。

2019 年，浙江省新闻传播学专业的具体招生规模可用图 2-5 表示。

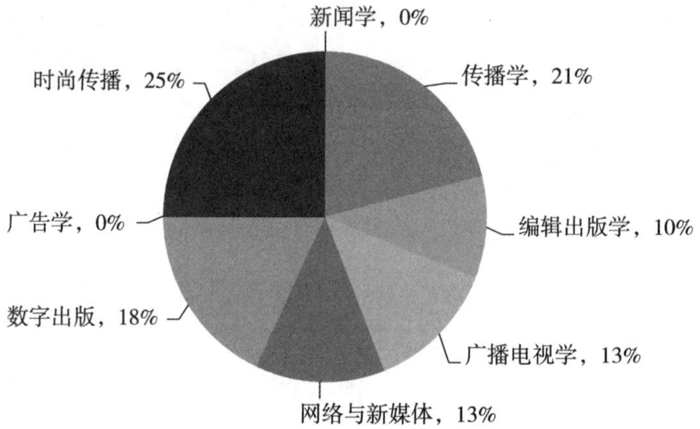

图 2-5　2019 年浙江省新闻传播学各专业招生比例分布图

2. 24. 3　新闻传播学专业建设成果

1. 首批一流专业建设情况

教育部高等教育司 2018 年推出 1 万个国家一流专业的建设计划，目标是到 2022 年二十大召开之前，中国将有 20%的专业可以达到世界一流水平，并鼓励省市各地方建设 1 万个省级一流专业。“国家队”的 1 万个专业和“省队”的 1 万个专业，将占中国高等学校 40%的专业数量。2019 年浙江省高校共有 187 个本科专业入选国家级一流建设点名单，其中与新闻传播学科相关的专业有浙江大学传媒与国际文化学院的新闻学专业、浙江传媒大学的广播电视学专业。①

浙江大学传媒与国际文化学院致力于成为全国乃至世界传媒创新创业的人才摇篮、科技引擎和智库基地。作为国内传媒教育的重镇之一，近年来，传媒与国际文化学院在海内外的声誉和影响不断提升。在 2017 年 QS 世界大学学科排名中，浙江大学传播与媒

① 浙江传媒学院另有与媒介技术、艺术相关的数字媒体技术、广播电视编导、影视摄影与制作 3 个专业入选国家一流专业建设点名单。

体研究专业排名全球前 150 名，中国大陆名列第四，在学术成果和学者影响力等硬指标方面位居国内榜首。

2019 年浙江省一流专业建设点名单中，新闻传播学科占据了 8 个席位(不含浙江大学)，如表 2-25 所示。全省 6 个网络与新媒体专业中 4 个成为一流专业建设点，可见网络与新媒体专业获得高校普遍重视，取得了长足发展。新闻学作为最传统的专业，在新媒体环境下似乎已经失去发展优势和空间。另外，浙江传媒学院的播音与主持艺术、广播电视工程、摄影、文化产业管理、动画、戏剧影视文学、音乐表演、戏剧影视美术设计 8 个专业也入选浙江省一流本科专业建设点。浙江传媒学院学科涵盖艺术学、文学、工学、管理学、经济学 5 大学科门类，有戏剧与影视学、新闻传播学、信息与通信工程 3 个省一流学科；有 41 个本科专业，其中艺术类专业 18 个。

表 2-25　**2019 年浙江省新闻传播学一流专业建设点名单**

序号	学校	专业
1	浙江传媒学院	编辑出版学
2	浙江越秀外国语学院	编辑出版学
3	杭州电子科技大学	传播学
4	浙大城市学院	广告学
5	浙江工业大学	广播电视学
6	浙江万里学院	网络与新媒体
7	浙江传媒学院	网络与新媒体
8	浙大宁波理工学院	网络与新媒体

2. 2019 年新闻传播学专业取得丰硕成果

2019 年，国家社科基金项目新闻学与传播学学科共计 130 项，其中浙江省高校拿到 11 项，占比 8. 46%，详见表 2-26。浙江大学媒介与国际文化学院院长韦路教授主持的“媒介体制与社会信任研究”，获批 2019 年度国家社科基金重大项目。另外，宁波财经学院、浙江师范大学、绍兴文理学院、温州医科大学还分别获批 1 项图书馆 · 情报与文献学的一般项目。2019 年是浙江省高校科研立项大丰收之年，特别是新闻学与传播学学科。

表 2-26　**2019 年浙江省新闻学与传播学国家社科基金获批项目名单**

序号	课题名称	负责人	所属高校	项目类别
1	移动传播中风险议题显著性演化的新机理研究	黄清	浙江大学	青年项目
2	新媒体环境下公共传播的伦理与规范研究	吴飞	浙江大学	重点项目
3	基于人类命运共同体思想的国际传播话语体系研究	袁靖华	浙江传媒学院	一般项目
4	“一带一路”倡议下中国微电影对外传播模式与保障机制研究	刘阳	浙江工业大学	一般项目
5	全球数字鸿沟变迁与传播秩序重建研究	韦路	浙江大学	一般项目
6	基于新形态新闻场域的新闻价值理论重构研究	李蓉	浙江工商大学	一般项目
7	社交媒体公众号从业人员的主体责任及职业生态治理研究	陆高峰	浙江理工大学	一般项目
8	全球治理视域下中国式扶贫话语的建构与传播研究	黄敏	浙江传媒学院	一般项目
9	网络媒体对深度贫苦地区多维贫困的精准扶贫模式及效果研究	曾来海	浙江外国语学院	一般项目
10	数字时代中国主题出版的传播效果及提升路径研究	王卉	杭州电子科技大学	一般项目
11	中国播音口述史(1978 年至今)	李颖	浙江工业大学	一般项目

为展现 2019 年浙江省高校新闻传播学科师生取得的科研成果，本节按照“学科分类号＝新闻传播学类”“机构＝各高校名称”“日期分布＝2019—2019”“文献类型＝期刊文献”“语言＝中文”的高级检索方式，在知网中检索到 2019 年度浙江省 11 所高校师生发表期刊论文 157 篇，其中浙江传媒学院以 44 篇之数遥遥领先，浙江越秀外国语学院排在第二位。具体分布情况如图 2-6 所示。

仅以论文发表数量作为衡量高校科研质量的指标并不充分，还需要结合期刊影响因子、教师人数、办学规模以及时间周期等因素，而且本节仅以新闻传播学科分类号 0503 作为检索条件亦难免存在疏漏，结合前文所述办学规模，以期能够管窥新闻传播学专业科研水准一二。

2.24.4　2019 年最具潜质的特色院系

分析上述数据可以看到，2019 年浙江省的新闻教育发展综述不得不提的是办学特色鲜明、专业齐备、师资雄厚、成果突出的浙江越秀外国语学院网络传播学院。该院成立于 2011 年 3 月 28 日，由国务院新闻办公室中国互联网新闻中心与浙江越秀外国语学

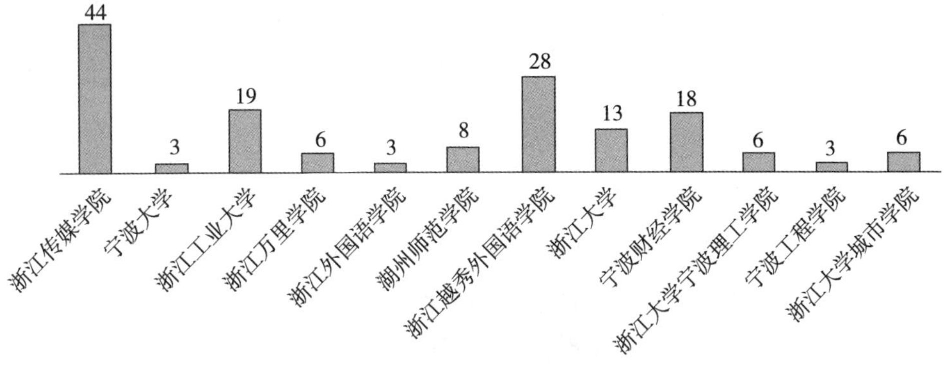

图 2-6　2019 年浙江省各高校师生发表新闻传播学专业期刊论文情况

院联合举办，是中国互联网新闻中心在全国高校内最早设立的“中国互联网新闻信息管理人才培养基地”，2014 年入选浙江省首批新闻传播人才培养部校共建单位。该院的新闻传播教育立足互联网特色，以能力本位教育为基础，以学生专业实践能力的提升为重点，培养顺应技术驱动与新媒体业态的应用型互联网人才。学院现有四个新闻传播学类专业特色主要聚焦于网络传播与数字化媒体，另外还设有互联网传播密切相关、隶属艺术学学科门类的数字媒体艺术专业和工学学科门类的数字媒体技术专业，已初步形成“一体两翼”的新闻传播学专业群，建立起支撑高素质应用型互联网人才培养的专业架构，办学特色鲜明。2019 年度，学生在学科竞赛中斩获国家级奖项 5 项、省级奖项 6 项、市级奖项 32 项。

2019 年 10 月 30 日，教育部发文批准浙江越秀外国语学院与新西兰东部理工学院合作申报的“浙江越秀外国语学院东部理工数据科学与传播学院”正式设立，实现了学校本科层次中外合作办学机构的突破。网络与新媒体专业、数字媒体艺术专业是首批合作办学专业，这不仅标志着该学院在人才培养国际化领域迈上一个新台阶，也为浙江省大力支持的网络与新媒体专业创新发展提供了镜鉴思路。

（马　嘉）

2.25　青海省新闻传播教育发展综述

2019 年是中华人民共和国诞生 70 周年，也是改革开放 40 年后再出发的新起点。盛景之下，青海省新闻传播教育创新发展步伐坚定，呈现出很多教改新办法和新成果，尤其是青海唯一新闻与传播专业硕士授权点正式获批招生，这对于青海新闻传播教育界来说是零的突破，更是再出发的号角。

2.25.1 深化教改，创新人才培养方式

教学改革是提升教学质量的主要手段，青海新闻传播教育虽然起步晚、底子薄，但是搭乘着国内外先进经验和成果，结合青海本地实际，以创新人才培养模式为重点，构建科学合理的课程体系，深化课堂教学和实践教学改革，建立科学的教学质量标准、毕业生培养质量评价与监控制度，促进人才培养质量不断提高。

1. 确定办学定位的“四个依据”

(1)依据《一流本科教育宣言》(《成都宣言》)精神明确办学定位。2018 年 6 月 22 日，教育部在成都召开的新时代全国高等学校本科教育工作会议上联合 150 所高校发出的《一流本科教育宣言》，青海新闻传播教育重新定义办学定位，以建设高水平新闻传播本科教育为目标，明确新闻传播教育导向先行和民族教育为主要特色的应用型教育办学定位，进一步调整和理顺新时代青海新闻传播教育办学定位。

(2)依据大学章程和建设规划锁定办学定位。“内涵发展、转型发展、特色发展、改革发展”的发展理念和“坚持一个根本、保持两个稳定、推进三个转变、突出四个更加注重、实现五个显著提升”的发展思路是青海新闻传播教育明确方向的根本要求，在结合自身实际的情况下，青海新闻院校的办学方向进一步明晰。

(3)依据地方经济社会发展需求突出办学定位。青海新闻教育在办学定位上，主动适应全省转变经济增长方式和产业结构调整升级的新需求，青海师范大学新闻学院、青海民族大学文学与新闻传播学院的教学培养方案，一致明确了服务地方经济社会发展和以需求为导向、以服务求支持的工作思路。

(4)依据地方教育建设方针规划办学定位。青海新闻传播教育两所院校的“十三五”规划，深刻分析了学院发展面临的困难、机遇和挑战，明确了学院经过“十三五”期间的建设，形成了比较完善的卓越新闻人才培养体系和办学保障体系，为保证落实合理布局理顺了思路。

2. 落实人才培养中心地位的“五个优先”

青海新闻传播教育以本为本，在遵照落实学校教学改革总体思路的同时，不断采取

多种措施巩固人才培养的中心地位。

（1）部署优先。为进一步凸显教学的中心地位，按照青海省高校教学管理特点，青海新闻传播教育两所院校以党政联席会议为主要工作落脚点，定期对教学工作进行专题研究，及时解决教学工作中的问题，不断地调整和优化教学措施和手段，及时纠正教学过程中出现的偏差。

（2）服务优先。做好管理育人、服务育人工作对于新闻传播教育有着极其重要的作用，通过队伍建设，提高服务意识和服务质量，摆正教学和管理职能的关系，教学的中心地位得到了充分体现。

（3）师资优先。教师是教学工作的主导，只有把师资队伍建设好，教学质量才有保证。为此，青海新闻传播教育界把教师队伍建设工作永远摆放在优先考虑位置，除了加强教师的培养、培训，选送优秀教师到媒体挂职锻炼，同时还加强师资引进，不断优化师资结构。

（4）资金优先。青海师范大学、青海民族大学先后迁入新校区，两所新闻学院积极争取各类专项资金用于学科、专业和实验室建设，为教学质量的提高提供了基本保障。

（5）实践优先。根据新闻传播专业应用性强的特点，青海新闻传播教育高度重视专业实践工作，在做好校内实验室实操的同时，两所学院把实践教学纳入教学计划，积极和业内媒体签订适合自身本科生实习、实践的实训基地，不仅创新人才技能培养模式，推进协同育人进程，同时也为应届本科毕业生就业创造了机会和条件。

3. 专业设置方案“四个到位”

（1）制定专业建设规划到位。青海新闻传播教育全面落实青海省“十三五”事业发展规划的专业建设目标和主要任务，各自结合学院实际，制定《“十三五”专业建设规划》，以提升学院综合实力，使学科建设更加科学合理、规范有序，运行情况良好。

（2）优化专业结构及时调整到位。学科专业外延发展与内涵建设相结合是青海新闻传播教育的一个特点，体现适应性、前瞻性、协同性、特色化等原则，建立宏观与微观相结合的专业结构调整机制，完善了专业间的共建共享机制，促进了专业结构优化和专业建设的持续发展。

（3）专业建设预设目标到位。积极开展校媒合作，建立共同育人机制，进一步明确特色专业建设的理念、目标、思路，是青海新闻教育结合本地实际的举措；人才培养强化专业特色和教学内容，初步具备了以新闻学专业的新闻学专业群的建设架构。

（4）细化各专业培养方案到位。为了使专业培养人才适应经济社会发展的需要，青海新闻传播教育课程建设中，以国家标准为参考，根据社会发展对人才的需求，调整专业人才培养定位，注重实践实训课程，着力培养学生动手实践能力。满足学生发展需要。以青海师范大学新闻学专业为例，2019 版培养方案中课程学分与结构如表 2-27 所示。

表 2-27 **新闻学专业课程结构统计表**

课程类别	课程性质	学分数	学分比例(%)	学时数	学时比例(%)
通识课程	通识课程必修	45	28.5%	856	27.1%
	通识课程选修	12	不计入总学分	192	不计入总学时
专业课程	学科通识课程	26	16.5%	416	13.2%
	专业必修课程	41	25.9%	896	28.4%
	专业限定选修课程	15.5	9.8%	256	8.1%
	专业任意选修课程	15.5	9.8%	256	8.1%
实践课程	必修	15	9.5%	480	15.2%
合计		158	100%	3160	100%

2.25.2 开放合作，打牢“以本为本”基础

以本科教育为根本是大学之道时代内涵。青海新闻传播教育自伊始就把开门办学，借鉴学习国内外先进教学管理经验和理念作为丰富地方教育特色的重中之重。

1. 把握时代脉搏，挖掘新闻传播教育地方特色

青海两所新闻学院目前本科专业有新闻学、广播电视、网络与新媒体、广告学，以及播音与主持艺术 6 个(专业)，其中，青海师范大学新闻学院的编辑与出版专业、青海民族大学文学与新闻传播学院的广告学专业已停止招生。青海师范大学新闻学院开设的播音与主持艺术面临门类学科不清、师资力量、办学基础、生源质量和就业前景堪忧等问题，亟待归并调整。

青海新闻传播教育的方向和出发点是立足青海、面向西北、辐射全国，培养政治立场坚定、知识结构合理、新闻素养良好，具备专业业务技能，能够在各级各类新闻媒体和相关宣传部门从事新闻传播工作的复合应用型人才。因此，全面落实国家“十三五”事业发展规划的专业建设目标和主要任务，必须结合地方实际，体现适应性、前瞻性、

协同性、特色化等原则，建立宏观与微观相结合的专业结构调整机制，完善专业间的共建共享机制，大力促进专业结构优化，努力实现专业建设持续发展。

2. 搭建硬件设施，满足本科教育刚性需求

按照教育部《普通高等学校基本办学条件(试行)》文件要求，促进专业教育与实践教育的融通，强化办学硬件设施，青海两所新闻学院加大投入力度，建立健全各类功能完备的教学实验室，打通理论教育和动手实践的通道，使本科教育亮点纷呈。青海师范大学新闻学院结合国家“高校数字媒体产教融合创新应用示范基地”项目，截至 2019 年年底，建成并投入使用的实验室共有 8 间，分别为全媒体演播室、非线性编辑实验室、录音实验室、数码报刊图文编辑室、摄像实验室(两间)、融媒体云实验室、观摩室，其中融媒体“华栖云”实验室搭载的综合实践教学平台，可以满足师生在线教学互动及学生自主学习要求。同时，青海师范大学新闻学院积极推进学校教学质量监控新系统的使用，督导教学评估良好、优秀率超过 85%，全员听课率超过 90%，学生网上评课参与率超过 95%，较好地完成了教考分离的课程任务(见表 2-28、表 2-29)。

表 2-28　**新闻学院实验室基本情况统计表**

序号	实验场所代码	实验场所名称	使用面积(平方米)
1	4602	全媒体演播室	154
2	4603	非线性编辑实验室	93
3	4604	录音实验室	31
4	4605	摄像实验室(站播)	31
5	4606	摄像实验室(坐播)	31
6	4607	数码报刊图文编辑室	93
7	4608	融媒体云实验室	93
8	4609	观摩室	31

表 2-29　**实验室拓展性实践活动使用情况统计表**

时间	使用实验室及设备	使 用 事 项
2018 年 12 月	非线性编辑室、全媒体演播室、录制通用设备	迎新“感恩”晚会
2019 年 3 月	全媒体演播室、非线性编辑室、录制通用设备	学校“安保”主题活动

续表

时间	使用实验室及设备	使 用 事 项
2019 年 6 月	全媒体演播室、非线性编辑室、录制通用设备	青海师范大学促就业系列活动
2019 年 7 月	全媒体演播室、非线性编辑实验室	凤凰卫视“未来学校”新媒体作品大赛
2019 年 6—8 月	录音实验室、非线性编辑实验室、摄像通用设备	“看中国 · 外国青年影像计划”(青海行)

3. 内邀外请名师，丰富本科教育外延内涵

在做好新闻教育硬件设施的基础上，青海新闻传播教育界认真贯彻落实全国思想政治工作会议、全国、全省教育大会和《青海省教育厅关于加快建设高水平本科教育全面提高人才培养能力的实施意见》精神，结合全省本科教学工作审核评估整改工作的精神，在做好校内教育工作的同时，充分利用行业优良师资资源，开展了一系列“媒体专家进课堂系列”活动，助力学校教育教学综合改革。青海师范大学新闻学院、青海民族大学文学与新闻传播学院还利用各种机会，以灵活的方式有目的地进行不同形式的交流访学，学习先进的办学理念和教学手段。2019 年度两所院校共组织出访近 20 次，其中出国访学 2 次。在出访取经的基础上，采取走出去请进来的办法，相继不同规模邀请到国内外相关领域知名专家学者到校开设讲座，让本科生领略到“大牛”“大咖”的风采。2019 年，青海师范大学组织开展“小学期”活动，借此契机，青海师范大学新闻学院积极和对口帮扶的北京师范大学新闻传播学院接洽沟通，邀请到以北京师范大学新闻传播学院执行院长张洪忠教授带队的一行 6 名专家学者到校开展了为期 10 天的教学活动。同时，青海师范大学新闻学院还邀请到暨南大学新闻与传播学院执行院长支庭荣教授、赵建国教授、晏青副教授；厦门大学新闻传播学院副院长阎立峰教授、邱红峰教授一行到校交流，来校座谈、讲座、授课，极大拓宽了教育办学视野，丰富了教学实践的内涵和外延。

2. 25. 3　提升师资水平，服务新闻教育

教师是教学工作的主导，只有把师资队伍建设好，教学质量才有保证。缺乏新闻传播专业教学高等级人才一直是青海新闻教育工作的瓶颈，例如青海师范大学新闻学院在教师学位结构方面：专任教师 26 人，其中硕士及以上学位的专任教师 24 人，占专任教

师总数的 92%，其中硕士 19 人，占专任教师总数的 73%；博士 5 人(含在读博士 2 人)，仅占专任教师总数的 19%；学士 2 人，占专任教师总数的 8%(见图 2-7)。在学缘结构方面，专任教师 26 人，其中该校毕业的教师 6 人，外校毕业的教师 19 人，分别占专任教师的 24%和 76%(见图 2-8)。

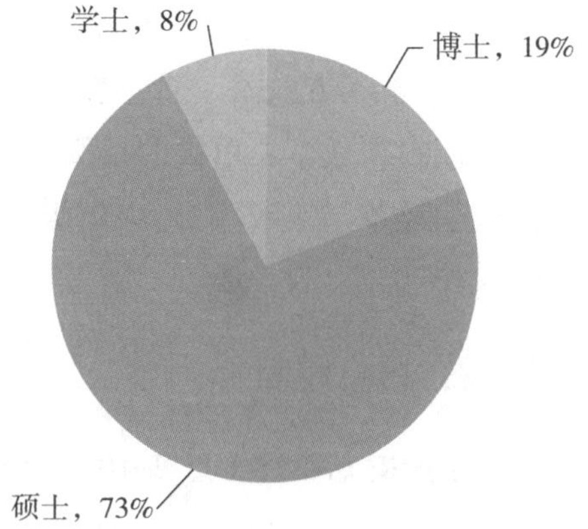

图 2-7　专任教师学位结构图

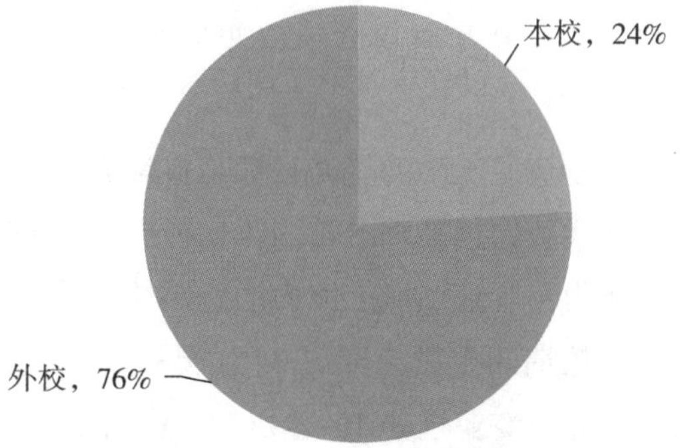

图 2-8　专任教师学缘结构图

为了补足短板，青海新闻传播教育界始终把教师队伍建设工作摆放在优先考虑位置，按照相关政策大力扶持教师进行在职学习、在岗进修、脱产进修，到国内外高校访学、培训，鼓励青年教师攻读博士学位，不断优化师资结构，提高教学和科研能力。例如，青海师范大学新闻学院在中青年教师的培养工作中，一方面在教师岗前培训、青年教师助教制、导师制度、高校教师网络课程培训上加大力度，强化对青年教师教学基本业务素质的培养；另一方面鼓励教师通过单科进修、国内外访学、进修培训等形式，提升从教水平和科研能力，鼓励和支持教师在职攻读博士学位和学术交流活动，在学校优惠政策下，2019 年青海师范大学新闻学院一名教师博士通过论文答辩，获得文学博士学位，一名教师完成在陕西师范大学为期一年的交流学习返岗工作，有两名青年教师在职脱产赴中国传媒大学、西北师范大学攻读博士学位。在此基础上，教师投身教学的热情得到了极大提高，学院全年 2 项国家级课题、1 项省级课题和 4 项校级课题进展顺利，学院教师全年共出版学术专著 3 部，发表学术论文 25 篇，包括 CSSCI 论文 2 篇，北大核心期刊 5 篇。核心以上期刊占比达到了 62.5%，青年教师团队立项建设的校级网络课程“新媒体时代的新闻生产与运营”投入教学，申报的校级“新闻学概论”网络课程立项成功，着手进行的“新闻编辑”教学改革与实践项目、“新媒体时代的新闻生产与运营”网络课程项目稳步推进。

2.25.4 夯实硕士点建设，树卓越目标

青海师范大学新闻学院新闻与传播专业硕士点 2018 年获得国家正式批准，是青海省唯一新闻与传播专业硕士生培养授权点，2019 年 9 月招入第一届硕士研究生。为了进一步扩大影响吸引生源，积极做好新闻传播专业研究生招生推广和宣传工作，2019 年 8 月，学院三位硕士生导师及研究生教学干事分别前往青海本地新闻媒体和内蒙古大学及山西大学等高校进行研究生招生宣讲，给行业从业者和高校在校生留下了良好的印象。

青海师范大学新闻学院专业硕士生的培养目标是：培养具备马克思主义新闻观和良好的职业道德素养，具有现代新闻传播理念与国际化视野，具备扎实的新闻传播理论基础，具有全媒体业务操作能力与管理、研究能力的跨媒体、跨文化的高层次、应用型新闻传播专门人才。研究生在校期间至少应完成 34 学分，其中公共课 5 学分，学位基础课 9 学分，专业必修课 6 学分，专业选修 10 学分，专业实践 4 学分(见表 2-29)。学习年限一般为 2 年，原则上不受理提前毕业申请。

表 2-29 **新闻与传播专业硕士学位研究生课程信息简表**

课程名称	课程英文名称	课程类别码_显示值	课程学分	总学时
社会科学研究方法	Research methods of Soci	学位基础课	3	48
新闻传播理论	News Communication Theor	学位基础课	2	36
中外新闻传播史	The History of Chinese	学位基础课	2	36

续表

课程名称	课程英文名称	课程类别码_显示值	课程学分	总学时
传媒产业发展研究	The Development of Media	学位基础课	2	36
新闻传播前沿专题讲座	Lectures on the Frontier	专业必修课	2	36
马克思主义新闻观	Marxist View of Journalism	专业必修课	2	36
跨文化传播研究	Intercultural Communication Studies	专业必修课	2	36
中西方文化研究	A Study of Chinese and Western Culture	专业选修课	2	36
西北地区传播研究	Study on Communication in Northwest China	专业选修课	2	36
传播心理学	Communication Psychology	专业选修课	2	36
政治传播与新闻发布研究	Research on Political Communication and News Release	专业选修课	2	36
影视美学	Aesthetics of Film and Television	专业选修课	2	36
全媒体新闻业务实践	Practice of All-Media News Business	专业选修课	2	36
新媒体营销与策划	New Media Marketing and Planning	专业选修课	2	36
网络舆情分析	Analysis of Network Public Opinion	专业选修课	2	36
危机传播与舆论引导	Crisis Communication and Public Opinion Guidance	专业选修课	2	36
数据新闻报道	Data News Reporting	专业选修课	2	36

新闻与传播专业研究生培养是青海省新闻传播教育具有里程碑意义的重点工作，是青海新闻教育快速发展的具体体现，是逐步减小与内地新闻传播教育的差距的主要抓手和契机。在明确任务目标前提下，按照国家教指委文件精神，青海师范大学新闻学院认真完善研究生专业培养方案，聘请业内具有正高职称资深专家作为行业导师，目前学界和行业导师(含备选导师)比例为 3∶7，便于今后进一步对甄选行业导师，更好地服务于新闻传播研究生培养(见图 2-9)。

在进一步规划设置新闻传播研究生培养模式、招生方向的基础上，结合青海当地实际，青海师范大学新闻学院从 2020 年起预招收非全日制新闻与传播硕士专业学位研究生，学习方式为在职半脱产，学习年限一般为 3 年，最长不得超过 5 年，这也是适应新闻传播教育的要求，凸显地方办学特色，更好地服务社会主义建设的重要举措。非全日制新闻与传播专业硕士生采取“双师制”联合培养的方式，课程考核分考试和考查两种

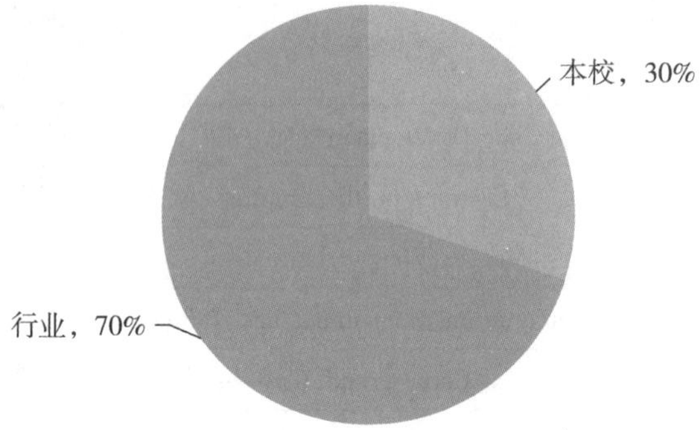

图 2-9　学界和行业导师比例

方式，考核由课程论文或调研报告、课堂主题研讨、文献阅读等几部分构成，硕士生需要完成课程论文，参与课堂讨论，在导师指导下完成一定数量的文献阅读任务并提交文献阅读报告；专业研究生的毕业考核采取“实践报告+答辩”的方式。对于课程设置采取较为科学合理的方式，更加注重专业性和研究生实际情况出发，对从事新闻传播相关职业的研究生课程结合各自实际工作进行，不再另行安排专门的专业实践，但应提交不少于 8 篇新闻作品和实践心得。实践心得内容为从业以来的实践反思，必须理论结合实际。从事职业与新闻传播无关的研究生，必须完成不少于 6 个月的专业实践。研究生完成培养方案规定的课程学习、成绩合格，并通过论文答辩，符合学校学籍管理相关规定的，准予毕业并颁发硕士研究生毕业证书；经各专业学位指导中心审核、校学术委员会审议通过授予新闻与传播硕士专业学位并颁发硕士专业学位证书。

目前，青海师范大学新闻学院已经联合行业媒体建立了 3 个专业学位研究生实践基地，完全能够满足研究生课程培养需要。下一步，学院将组织学院研究生导师和资深行业专家编撰适合于青海地方发展需求的新闻传播研究生教材，为新闻传播学科建设和人才培养打牢基础。

2. 25. 5　培根铸魂，深化“部校共建”内涵

青海师范大学新闻学院是青海省唯一“部校共建”新闻学院。在青海省委宣传部和青海师范大学高度重视下，青海师范大学新闻学院在管理机构、精品课程、骨干队伍、实践基地、研究智库等多方面进行了共建合作，取得了显著成效，有力推进了新闻教学与新闻实践的深度融合。

青海师范大学新闻学院认真总结经验和成果，在教学实践中，把马克思主义新闻观教育作为新闻传播教育重中之重，严格执行中宣部、教育部相关文件精神，将马克思主义新闻观教育更加明确地纳入学生培养方案和教材建设规划当中，其中“马克思主义新闻观”“新闻学概论”“广告学概论”等课程使用“马工程”教材。优秀教材和新教材使用率超过 85%，主干课教材基本实现优秀教材和新教材全覆盖，思政教材到位率达到 100%。

贯彻落实党的教育方针，立足青海，服务西部，面向全国，全面推进“部校共建”新闻学院的内涵发展，把立德树人、培养具有马克思主义新闻观的新闻传播人才作为根本任务，青海师范大学新闻学院把“部校共建”的精神实质融汇于实践教育方法中，确定了“课上课下、理论实践、多种形式、潜移默化”的教育思路，结合第二课堂，深入发掘“部校共建”新闻学院特色，使马克思主义新闻观教育入脑入心，扎根于新闻学子心中(见图 2-10)。

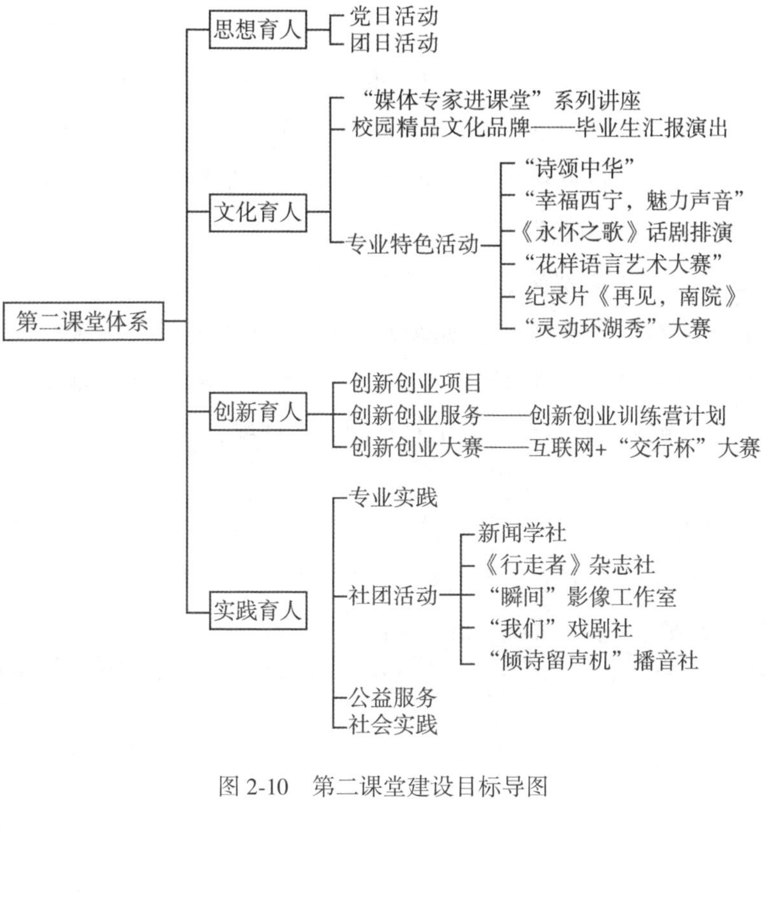

图 2-10　第二课堂建设目标导图

第一，学院高度重视第二课堂育人体系建设，着力围绕思想政治教育、科技创新创业能力、校园文化建设和社会适应能力，构建思想育人、文化育人、创新育人、实践育人为一体的第二课堂育人体系。推行第二课堂活动学分认证制度，将活动学分纳入德育学分体系，综合评价每位学生的素质能力。以学生社团、青年志愿者协会、党支部志愿服务队为依托，以团日活动、党日活动、创新创业活动、社团活动、专业特色活动、社会实践为载体，促进大学生思想政治素养、社会责任感、创新精神、职业情怀、实践能力全面发展。

第二，促进社团健康发展，学院5个社团在校内外文化活动中表现积极并取得一定成绩。2019年社团活动覆盖200余人，开展活动30余场次，精心筹办“幸福西宁，魅力声音”朗诵比赛，连续3年开展毕业生汇报演出活动，开展《永怀之歌》话剧排演、“诗颂中华”“花样语言艺术大赛(青海赛区)”、迎新晚会、“敢于责任担当、不辱历史使命”朗诵比赛、“我为党旗添光彩”演讲比赛、青海师范大学新闻学院首部纪录片《再见，南院》拍摄、大学生心理剧大赛、“灵动环湖秀”大赛等专业特色活动。

第三，学风建设是校风建设的重中之重，树立良好学风是大学生成材的关键之所在，是保证提高教学质量、建立良好院风的重要条件。通过各种努力，学生专业成绩明显提升，到课率、晚自习、出早操情况明显改善；同时开展校园读书活动，通过向学生推荐好书，引导学生开展读书和评书活动，提高了学生的政治素养、人文素养和科学素养。2019年，新闻专业学生获省级以上各类竞赛奖5项，2人获国家奖学金，14人获国家励志奖学金，21人获得校级奖学金，5名同学报名参军入伍。

第四，积极引导学生们积极开展创新创业项目。2019年获得校级立项3项、省级立项2项、国家级奖项2项、省级奖项5项、校级奖项3项。其中“黑陶精灵”“洛丹联创”分别获得国家级银奖和优秀奖，学生对校园人文环境、自我学习状态与个人成长满意度较高。

第二课堂是课堂教学的延伸，是学校教育的有机组成部分，不仅可以使学生开阔视野，丰富知识，增长智慧，激发学习兴趣，而且有助于学生巩固课内所学知识，培养学生的创新精神和实践能力。实践中，进一步激发了学生的新闻热情，增长了学生的专业技能，提高学生的政治站位。通过第二课堂使“部校共建”新闻学院内涵得以深化，工作亮点频现。

（杨向东）

2.26　西藏自治区新闻传播教育发展综述

西藏自治区开办新闻传播教育的院系仅有 2 家：西藏民族大学新闻与传播学院、西藏大学文学院大众传媒系。

2.26.1　西藏大学文学院大众传媒系

西藏大学大众传播系依托西藏大学文学院实力雄厚的传统藏学学科背景，以培养藏汉双语新闻人才为目标。其前身为西藏大学语文系新闻专科班，1994 年并入西藏大学藏文系，2004 年文学院成立后，开始招收新闻专业本科班，2009 年新增播音主持专业方向，2014 年开始招收藏语言文学方向下藏语新闻学硕士研究生。2018 年首届硕士研究生毕业。多年来无论是师资培养、学科建设，都得到了中国人民大学新闻学院、中国传媒大学专家学者以及区内传媒业界资深人士的鼎力支持。2016—2017 年，根据部(自治区宣传部)校(西藏大学)合作项目，西藏人民广播电台格桑德吉教授交流至该院承担课程教学任务，大众传媒系达娃次仁老师交流到西藏日报社藏编部工作。

大众传播系现有“新闻学”“播音主持”两个专业方向，16—19 级 5 个班 136 名本科生，17—19 级 3 个班 15 名硕士研究生。设有区部共建重点实验室——藏语新闻实验室，拥有教育部长江学者复旦大学新闻学院张涛甫教授。大众传播系现有教授 2 名，副教授 2 名，讲师 1 名，助教 1 名，硕士 5 名。

大众传播系自成立以来，一直以“藏语新闻”为学科特色，在全国高等院校中独树一帜。同时注重本土教材的开发利用，《新闻理论》(藏语版)、《新闻采访与写作教程》(藏语版)等民族语言专业教材已由民族出版社正式出版；《藏语播音主持基础知识》(藏语版)已由西藏人民出版社正式出版，并全部投入本科教学。2019 年，参照教育部本科专业国家标准，进行了 18 版教学方案的修订。17 硕士研究生 1 名，19 硕士研究生 1 名参加第十届中国少数民族地区信息传播与社会发展论坛。

2.26.2　西藏民族大学新闻与传播学院

在“十三五”期间(2016—2019)，西藏民族大学新闻与传播学院在新闻传播教育方面取得了长足进步。

1. 人才培养

(1)本科人才培养。学院坚持“以本为本”“以生为本”，重视教学质量和人才质量的提升。目前开设新闻学、广告学、广播电视学、播音与主持艺术4个本科专业。2019年，全日制学生达到577人，成为西藏自治区区新闻人才培养的重要基地。

(2)研究生人才培养。培养研究生共计63人。包括：学术硕士7人，其中，2016级3人、2017级2人、2018级2人、2018级0人；专业硕士56人，其中，2016级10人、2017级13人、2018级21人、2019级11人(其中休学后复学2人)。

(3)专业实践教学和创新创业教育。学院大力开展创新创业教育，加快创新人才培养步伐。从2016年至今，学生共参与大创项目72项，其中国家级13项、省区级31项、校级28项。教师指导学生参加各级各类比赛，获得国家级奖项3项，自治区级奖项5项，其他各级各类奖项50余项。

(4)实现就业工作目标。学院及时开展大量的就业指导教育工作。近5年来，通过各类公招考试、企业应聘、升学、创新创业、社会自主择业等方式，毕业生就业率均在92.5%以上。

2. 学科专业建设

新闻学本科专业进入国家一流专业行列。2019年，“新闻学”被列入西藏自治区一流专业建设名单，同时通过教育部新闻传播教学指导委员会评审，跻身全国一流专业建设行列。由新闻与传播学院泽玉(张玉荣)教授主持的“西藏传播史略”，作为西藏民族大学首批2门慕课之一，已开始网上教学。

(1)本科专业构架保持稳定。现有新闻学、广播电视学、广告学、播音与主持艺术专业等4个本科专业不断创新融合。在学校推进的专业结构调整中，广告专业实行隔年招生。

(2)本科专业教材建设取得进展。播音专业教研室主任王彪编著的《主持人思维与表达》，由中国传媒大学出版社于2017年出版。该教材被列入播音与主持艺术专业“十三五”规划教材和《21世纪播音与主持艺术专业核心教材》，目前已有西南大学、西安外国语学院、四川师范大学近20所高校使用。广电专业教研室主任曾洁编著的《电视新闻学》，2017年由四川大学出版社出版。

(3)教学改革实现突破。2017—2019年，校级教改项目立结项19项，其中12项立项(重点项目3项、一般项目5项、青年项目2项、教师实战实训项目2项)，7项结项(重点项目1项、一般项目5项、青年项目1项)，李炜老师获一项国家民委教改项目立项。播音专业教研室主任王彪主持的“‘1+4+10’——面向民族地区的播音主持实践教学创新与改革应用”教学成果获得国家民委教学成果二等奖；陈航行、王彪老师的教改项目分获西藏民族大学第十五届优秀教学成果二等奖。

(4)启动专业特色团队培育工程。主要培育 7 个特色教学团队：有声语言传播(王彪 王婧超)；影像传播(曾洁 蔺海元)；广告设计制作(方园 王丽莉)；新闻实务(陈航行 张玉荣)；)摄影(杨忠宁 钟一博)；无人机摄制(杨忠宁 蔺海元)；融媒体传播(卞丽敏 李炜)。

(5)研究生教育持续推进。创建新闻与传播专业硕士点(2015)，并通过国家审核评估(2018)；在汉语言文学一级硕士点下增设“西藏文化传播”二级学科(2019)；基本完成硕士一级学科申报论证，为 2020 年申报新闻与传播硕士一级学科做准备。

3. 科学研究

(1)科研立项。“十三五”期间，获得科研立项 32 项，其中国家级项目 3 项，省部级项目 17 项，校级项目 12 项。

(2)科研奖励。共获得 3 项省部级科研奖励。《电视与西藏乡村变迁》(泽玉)获西藏自治区哲学社会科学三等奖(2017)；《西藏文化传播的历史、理论与现实》(袁爱中)获国家民委优秀人文成果二等奖(2019)、陕西高等学校人文社会科学研究优秀三等奖(2018)。

(3)科研团队。主要培育 8 个科研团队：少数民族新闻传播历史研究(周德仓、刘新利)；少数民族新闻传播理论研究(金石、袁爱中)；西藏对外(形象)传播研究(张玉荣、刘小三)；西藏文化传播研究(袁爱中、李娜)；新媒体与西藏社会发展研究(李炜、卞丽敏)；涉藏舆情研究(陈航行、张玉荣)；西藏影像传播研究(曾洁、脱慧洁)；主持人学研究(王彪、朱瑞臣)。

(4)学术著作。出版和编著学术著作 4 部，包括《西藏新闻传播与社会发展——西藏民族大学新闻传播学院建院十周年学术文集》(周德仓)、《〈申报〉涉藏文献索引(1872—1949)》(周德仓)、《电视与西藏乡村变迁》(泽玉)、《西藏文化传播的历史、理论与现实》(袁爱中)。

(5)学术会议。主办 4 次全国性学术会议：第三届少数民族影视高端论坛(咸阳，2017)；《中国新闻传播教育年鉴》编委会(咸阳，2018)；西藏民主改革 60 年宣传报道学术研讨会(咸阳，2019)；第十届中国少数民族地区信息传播与社会发展暨第二届民族地区新闻与传播学院院长(系主任)论坛(咸阳，2019)。

学术团体。继续在全国性、省地级学术团体中发挥重要作用，主要包括：西藏新闻传播与社会发展研究所(与中国人民大学教育部重点研究基地——“新闻与社会发展研究中心”合作建立，2010)；西藏新闻传播研究中心(西藏自治区人文社科重点研究基地“西藏经济社会发展研究基地”下设，2011)；中国新闻史学会少数民族新闻传播史研究委员会副会长单位，2011)；全国新闻学研究会常务理事单位(2013)；中国少数民族地区信息传播与社会发展论坛副秘书长单位(2009)；陕西省新闻传播教育学会副会长单位(2012)；咸阳市新闻学会会长单位(2013)；“西藏对外传播”研究平台(西藏自治区“西藏民族文化传承与发展协同创新中心”，2012)。

4. 队伍建设

目前，学院有职工46人。其中管理人员17人，专职教师29人(截至2019年)；教授5人，副教授8人，讲师23人；具有博士学位5人，博士在读7人；30岁以下教师占教师总数的15%，50岁以上教师占7%，中青年教师年龄30岁到50岁教师占教师总是78%；11人毕业于中国人民大学，6人毕业于陕西师范大学，6人毕业于西北大学。北京和陕西毕业教师占到58%；周德仓教授为享受国务院政府特殊津专家(2017)、西藏自治区首批二级教授(2019)、西藏自治区宣传文化系统文化名家暨“五个一批”人才(2016)、西藏民族大学首批“秦藏喜马拉雅”人才支持计划“高峰学者”(2019)。

5. 实验室建设

在“十三五”期间，西藏自治区党委宣传部、学校投入实验室建设的资金共计175万元。主要包括：电话访问系统45万元(自治区宣传部)；音频实验室90万元；非线编20万元；平面广告实验室20万元。新闻与传播学院实验中心目前共有14个实验室，大体可以分为三类——教学类实验室有多媒体教学实验室、摄影摄像实验室、非线性编辑实验室，实验实践类实验室有：演播室、虚拟演播室、音频实验室、报刊编辑实验室，学生工作室和创新创业实验室有：唯一色工作室，校园电视台、初域工作室。

6. 部校共建工作

2019年6月29日，西藏自治区党委宣传部、西藏民族大学共建新闻与传播学院第一届理事会在西藏民族大学召开。西藏自治区党委宣传部常务副部长、共建理事会主任委员王能生主持会议，西藏民族大学党委书记、副校长欧珠，西藏自治区党委宣传部副部长丁勇，西藏教育厅副厅长次仁多布杰，西藏民族大学党委常委、副校长史本林，部校共建理事会成员，西藏媒体在新闻与传播学院挂职媒体人员，新闻与传播学院班子成员、教研室主任等28人出席会议。会议决定由自治区党委宣传部常务副部长王能生担任共建理事会主任委员，丁勇、次仁多布杰、吴祥云(自治区财政厅党组成员、副厅长)、欧珠、刘凯(西藏民族大学党委副书记、校长)、史本林(西藏民族大学党委常委、副校长)为副主任委员，自治区宣传部、教育厅、财政厅职能部门负责人、中央驻藏主要媒体、西藏地方主要媒体负责人，西藏民族大学主要职能部门负责人、新闻与传播学院主要负责人为委员，共计 27 人组成共建理事会。自治区党委宣传部新闻处处长曾琳任共建理事会秘书长，新闻与传播学院执行院长周德仓任共建理事会副秘书长。丁勇同志任新闻与传播学院院长、兼职教授，周德仓同志任新闻与传播学院执行院长。西藏民族大学党委书记、副校长欧珠向丁勇同志颁发了兼职教授聘书。理事会还就今后共建重点工作进行了热烈讨论，达成了高度共识。这些重点工作包括："西藏融媒体实训中心"建设；新闻传播硕士一级学科建设和申报；新闻传播国家一流专业建设；双千计划实施；创办《西藏新闻舆论研究》专业刊物；深度参与西藏新闻奖评选等。理事会各成员单位代表在会议上提出了建设性意见，均表示积极支持共建新闻与传播学院工作。

实施业界与学界之间的"千人计划"。根据共建工作规划，新闻与传播学院、西藏媒体(职能部门)互派交流人员 12 人，其中西藏新闻媒体到新闻与传播学院挂职 9 人，新闻与传播学院到西藏新闻媒体挂职 6 人。聘任中央电视台西藏记者站站长陈琴、西藏电视台总编室副主任尉朝阳、人民网西藏频道总经理柴济东、《华商报》常务副总编辑毕诗成、中国西藏网廖云路、昌都报社总编辑杨青曲珍等为校外专硕导师。

创新人才培养模式，加强实践教学。2016 年上半年，西藏人民广播电台招收播音专业 5 名学生实习，择优提供工作机会。在自治区宣传部的支持下，新闻与传播学院派出 6 名师生，分 2 组随中央媒体采访西藏民主改革 60 年，获得中宣部新闻局高度肯定；派出 3 名师生到日喀则参加国庆 70 年蹲点式采访，提升了师生的新闻专业能力；每年暑期组织研究生进藏调研，实际了解西藏新闻事业发展状况，提升研究生专业教育水平；西藏主要媒体，包括《西藏日报》、西藏电视台、西藏广播电台、人民网西藏频道、《拉萨日报》《西藏青年报》等均成为学院专业实践基地，有力支持了专业实践工作。

积极参与西藏新闻传播实践。新闻传播学院与西藏收听收看中心长期合作，开展广播电视节目评议，主要由广播电视专业教研室、实验中心等承担；编撰《西藏广播电视年度研究报告》；新闻与传播学院专业教师连续 4 届参加西藏自治区新闻奖评选；承担《西藏新闻奖获奖作品》编辑工作等，深入推进了新闻专业媒体与教育机构之间的交流。

(周德仓、次旺卓玛)

2.27 宁夏回族自治区新闻传播教育发展综述

2.27.1 宁夏大学新闻传播学院

学院找准新闻人才培养的支撑点，提升人才培养质量。根据部校共建的需要完成了人才培养方案的修订，明确了马克思主义新闻观和实践教学在新闻传播人才培养中的支撑作用，全面加强了马克思主义新闻观课程教学和实践性教学工作。在实践教学工作中，坚持一体两翼的实践教学理念，即以课程教学为核心，以校内实践和校外实践为支撑，切实提升学生的实践能力。

1. 以推进部校共建工作为主线，把媒体融合创新贯穿始终。

(1)适应学科建设需求，开展形式多样的学术活动，推进专业发展，提高学院影响力。一是学院与宁夏广电传媒集团主办，宁夏广电传媒集团广告分公司承办的第一届“宁夏广告产业发展与人才培养研讨会”顺利召开。

二是学院与中共石嘴山市委宣传部、石嘴山市新闻传媒中心联合承办的西部媒体融合改革论坛成功举办。来自中国人民大学、上海交通大学、西安交通大学、重庆大学、四川大学等高校及人民日报社宁夏分社、光明日报社宁夏记者站、中国教育电视台、湖北长江云新媒体集团等媒体的150多名学界和业界领导、专家、代表出席了此次论坛。论坛受到了自治区领导及自治区党委宣传部领导的关注与好评。

三是为活跃我区高校校园文化，以电视为纽带，选拔和培养电视主持优秀后备人才，学院与宁夏电影电视家协会联合成功举办了“首届宁夏高校电视主持新人大赛”。

四是为庆祝中华人民共和国成立70周年，学院参加了自治区庆祝中华人民共和国成立70周年系列征集活动，由学院拍摄的短视频《最美银川》在“学习强国”中的“宁夏学习平台”展播。

(2)适应媒体格局变迁，推进融合发展，培养新型融媒体人才。一是为推动宁夏媒体融合发展，学院开展宁夏媒体融合调研，组成5个小组对全区媒体融合改革情况进行调研，形成宁夏区级媒体融合调研报告和五市市级和县级两级媒体融合调研报告，报告被区党委宣传部采纳，对我区媒体融合改革提供了有力支撑。

二是在人才培养方面拓展新技术应用领域，成立UTC融媒技术宁夏大学新闻传播学院培训中心和宁夏大学新闻传播学院无人机应用技术教学实训基地，建成兼具教学、科研、培训等复合功能的示范性无人机航拍应用技术基地。

三是发挥学院与政府、企业各方优势，提升高等教育为社会、为政府、为企业服务的功能，同时拓展学生创新实践空间，更好地为地方社会经济建设培养高素质技术技能人才，学院与惠农区人民政府、西部传媒有限公司共建“黄河数字电影小镇——创新实践基地”。

四是成立宁夏广播电影电视协会播音主持专业委员会，制订相应的工作计划，为推进学院播音主持专业建设奠定基石。

(3)适应媒体发展规律，强化社会责任，推动学院快速发展。一是学院融合媒体实验室正式投入使用。学院融合媒体实验室被列入全区媒体融合平台建设项目。二是为深化全区宣传思想战线强“三性”增“四力”教育实践工作，加强全区新闻工作者对习近平新时代中国特色社会主义思想、马克思主义新闻观、媒体融合发展等理论知识的学习培训，力求强“三性”增“四力”教育实践取得实效，提升新闻工作者的政治素质、理论水平、道德素质和业务能力，由自治区党委宣传部主办、宁夏新闻工作者协会和宁夏大学新闻传播学院承办，对全区新闻战线媒体管理人员和在职采编人员进行不间断地培训轮训。全区新闻战线强“三性”增“四力”暨“三项学习教育”培训班 2019 年已成功举办 9 期，累计培训 2900 余人次，受到自治区党委宣传部和各级媒体的好评和欢迎。三是在自治区党委宣传部的支持下，学院举办的“传媒大讲堂”活动持续进行，邀请北京大学、中国传媒大学、中国人民大学等知名高校学者主讲，受到了较好的效果。四是在校党委行政和自治区党委宣传部的大力支持下，经过新闻传播学院的不懈努力，新闻传播学院教学科研大楼获自治区发改委立项，大楼建设迈出坚实步伐。

(4)适应受众需求升级，坚持以人为本，建立校媒协同培养体系。利用部校共建机制，学院深化与银川市新闻传媒集团、宁夏日报报业集团、宁夏广播电视台、宁夏教育电视台、动感飞扬广告设计公司、西部传媒有限公司等媒体和企业的合作，打通校媒人才培养的壁垒，与上述媒体和企业实现无缝对接，探索新型传媒人才培养机制。宁夏大学新闻传播学院与腾讯公司共同建立的企鹅新媒体学院已投入实际运行，充分发挥腾讯公司在新媒体平台和新媒体人才方面的优势，采取线上与线下相结合的方式，提升学生新媒体产品生产与运营技能，提高人才培养站位，培养一流新媒体人才。

(5)适应行业发展前景，坚持学用结合，高起点、高质量办学。一是培养无人机专业技术人才，以宁夏新闻媒体从业人员需求为导向，培养适合新闻行业需求的高素质技能型复合型人才；二是为充分发挥融合媒体实验平台的功用，保证新闻传播学院本科及研究生教学质量，培养学生实践能力，提升学生就业能力，增强师生专业素质，且考虑到新闻学专业本身就是培养专业新闻人才的应用型专业，学院积极沟通协调，完成并购买一批新型专业设备。

2. 以马克思主义新闻观为统领，把卓越新闻传播人才培养贯穿学院各项工作的始终

(1)完善学院管理体系，提升专业建设效能。始终把人才培养工作置于各项工作的中心地位。一是充分发挥学位评定分委员会、教学指导委员会的决策咨询功能，完善各系管理制度，实现决策科学化和民主化。二是制定完善各项教学管理制度，加强对教学活动和教学流程规范性的管理。三是定期召开本科教学工作会议，集中解决教学中出现的问题。四是加强教学团队建设，初步建成“传播学”教学团队和“新闻采访与写作”教学团队。

(2)凝练专业特色，打造精品课程。一是深化教学改革，推进一流专业建设，自治区普通本科高等院校卓越新闻传播人才班成功获批；二是根据学校要求修订新闻学专业本科人才培养方案，为未来四年本科教学工作的顺利开展打下基础。三是积极推进精品课程、在线课程建设，完成传播学、新闻采访与写作等在线课程的上线工作。

(3)加强教学技能培训，适应学院转型需求。一是组织教师去台湾铭传大学、世新大学等高校学习专业硕士教学方法与案例库建设专题培训；二是组织教师去美国密苏里州立大学、中国人民大学、复旦大学进行学习和交流；三是根据中宣部和教育部的要求，先后选派了2名教师到自治区主要新闻单位挂职，挂职期限均为一年，通过挂职提升专业技能能力；四是学院投资530万建设的融媒体实验中心，2019年正式启用，为建设一支既熟悉融合媒体系统业务又掌握信息技术的骨干队伍，结合学院实际针对师资情况，安排了三期融媒体培训班，通过培训，使教师了解、掌握新建融合媒体系统所涉及的各种技术和设备，更有效和更全面地掌握融合媒体系统的功能。

(4)加强教学科研，取得新的成绩。宁夏大学新闻传播学院本着立足宁夏、面向西部，服务民族地区的基本理念，积极开展教学和科研工作，取得了新的成绩。2019年获批1项国家社科基金项目，1项自治区重大委托项目，1项成果获宁夏新闻奖论文奖，1人入选自治区级人才工程项目。“用马克思主义新闻观统领卓越新闻传播人才培养——以‘新闻采访与写作’课程思政教学实践为例”获得自治区级“课程思政”精品项目。获批自治区级“卓越新闻传播人才培养班”。2019年学院大创项目立项22项，为历年最多，国家级和区级项目各达到2项。16级学生谭家宏创办了宁夏首家校园脱贫助农超市，成为该校创业扶贫的一个典型项目。

(5)硕士点建设取得成效。新闻与传播专业硕士(MJC)授权点2018年获批，2019年学院制订招生计划，进行招生宣传，完善硕士研究生人才培养方案，建立教学管理与监控制度，制定专业实习实践方案，制定毕业论文、设计规范要求等基础性工作；开展硕士研究生导师遴选，聘任学校专业导师 11 位，媒体资深业界导师 15 位；2019 级招收研究生 26 人。

(6)积极服务社会，为全区新闻宣传事业贡献力量。该院教师承担了自治区党委宣传部新闻阅评、宁夏新闻奖评选、宁夏广播电视政府奖评选、宁夏公益广告大赛评选、中国新闻奖、长江韬奋奖审核等工作，有力地支撑了行业的发展。

(7)在人才引进方面，拓展招聘渠道和引人方式。该院与中国科学院大学教授莫扬签订柔性引进协议，引进莫扬教授主持的贺兰山东麓葡萄酒文化传播项目；全职引进博士 1 名。

2. 27. 2　北方民族大学文学与新闻传播学学院新闻传播系

1. 专业与学科建设情况

北方民族大学文学与新闻传播学院目前有新闻学、传播学、广告学、汉语言文学 4 个本科专业，有中国古代文学、文字学、文艺学、中国少数民族语言文学、民族学 5 个硕士学位点。其中，语言学及应用语言学为自治区重点学科，中国古代文学为国家民委重点学科，新闻学和汉语言文学为校级特色专业。汉语言文学专业历经 30 余年的发展历程，业已成为学术梯队合理、专业特色鲜明、学科资源丰富、科研成果丰硕、人才培养成效明显的优势专业。

新闻学专业开设于 2004 年。2001 年起，开始在汉语言文学专业下开设新闻学方向。目前已招生 15 届，累计毕业学生 1200 多人，在校生 215 人。2019 年新闻学专业成为校级特色专业。广告学专业开设于 2006 年，招生 13 届，目前已毕业学生 500 多人，在校生 140 多人。传播学专业开设于 2010 年，已招生 10 届，已毕业学生 300 人左右，在校生 130 人左右。经过 10 多年的理论和实践教学，新闻学、广告学、传播学三个本科专业教学质量和教学效果日益显现出来。近 3 年，毕业生就业收入稳步提升，校友满意度分别为 100%、93%、94%。该专业毕业生源来自 27 个省(直辖市、自治区)，其中本地生源 10%左右，外省生源主要有贵州省、湖南省、云南省、辽宁省、陕西省、广西壮族自治区等。一些毕业生已成为宁夏地区和其他民族地区主流媒体的中高层管理人才和骨干人才。先后有毕业学生就职于新华社、中央电视台、新京报社、南方日报报业集团、厦门日报社、云南日报报业集团、宁夏广播电视台、宁夏日报报业集团、银川传媒集团、新浪、腾讯、网易、今日头条等单位。有部分毕业学生先后考入中国传媒大学、中国社会科学院、中央民族大学、重庆大学、兰州大学、湖南大学、浙江传媒学院等高校攻读硕博学位。从毕业生就业单位性质来看，覆盖了民营企业、个体、政府机构、科研机构和其他事业单位、中外合资企业、独资企业等。从学校拍摄校友宣传片时用人单位反馈的情况来看，新闻、广告、传播的毕业生在行业表现较为出色，特别是在全国不少民族地区成为基层单位的骨干力量，各用人单位对该校新闻、广告、传播学专业毕业的学生评价良好，满意度较高。另外，相关资格证书及培训考试方面，大多数在校学生考取了普通话资格证书二级甲等以上，部分学生考取了教师资格证、导游资格证。

2. 本科专业建设情况

2018 年，教育部、中宣部联合下发的《教育部 中共中央宣传部关于提高高校新闻传播人才培养能力 实施卓越新闻传播人才教育培养计划 2.0 的意见》中，对高校新闻传播本科教育具体提出 7 项改革任务和重点举措：一是开创马克思主义新闻观教育新局面，二是打造新闻传播人才德育新模式，三是迈向一流新闻传播专业新目标，四中推动部校共建新闻学院新发展，五是开辟高校与新闻单位互聘新领域，六是构建国际新闻传播人才培养新范式，七是迈向高等新闻传播教育质量新台阶。此外，还提出 3 点组织保障意见，即构建三级实施体系、完善保障机制、加强监督检查。对标《教育部 中共中央宣传部关于提高高校新闻传播人才培养能力 实施卓越新闻传播人才教育培养计划 2.0 的意见》，目前，北方民族大学文学与新闻传播学学院新闻传播系建设内容如下：

(1)开设“马克思主义新闻观”课程，并对教师分期分批进行培训。在 2017 调整版新闻学、传播学专业人才培养方案中，在第六学期设置了“马克思主义新闻思想”必修课。为提高教师授课质量，避免上课空谈，学院先后选派 3 名教师积极参加了有关单位组织的马克思主义新闻观及习近平总书记关于新闻舆论工作的重要论述培训班并给全体教师传达学习内容。

(2)积极打造“三位一体”新闻传播人才德育新模式。该校新闻传播类专业基本上构建了“三位一体”的新闻传播教育人才体系，具体体现为：思想政治教育课程体系由通识类课程承担，同时按照学校要求，每门课程的任课教师需在课堂上结合自己的专业授课内容挖掘育人元素、育人内涵。针对职业道德教育，在 2017 调整版新闻学、传播学专业人才培养方案中，开设了必修课“媒介伦理与法规”，同时依托“校园媒体实践”课程，每名专业教师从大一开始至大三，每学期指导 10 位学生，要求既指导实践又引导读书，从而承担实践教育和德育教育的双重任务。针对专业知识教育，在 2017 调整版人才培养方案中，新闻学、传播学、广告学专业完善了课程体系设置，在注重新闻、传播、广告史论类课程设置基础上，增设了音频、视频、新媒体等方向的新闻和传播广告实务类课程。另外，新闻传播类专业加大了文史、法学、经济学、管理学、公共关系等学科的入门性课程设置和学分力度，以应对近年来国内“泛媒体”岗位供给增多的就业现状，通过以上构建的“三位一体”新闻传播育人体系，期望起到强化思想和价值塑造的作用。

(3)积极适应形势发展，加快新闻传播专业建设。一是学校教务处下发的专业核心课程建设计划拟于 2021 年将全部完成新闻传播专业核心线上线下课程建设。二是截至 2020 年，完成自治区重点实验室全媒体新闻与传播实验教学示范中心建设项目，并编制实验室五年发展规划。三是制定 2019 版新闻学、传播学、广告学专业人才培养方案，健全课程体系，更新教学内容，依托课业评价改革，改进教学方法，创新教学组织形式，运用多样教学手段开展教学。四是加强校园新闻实习平台建设，依托“校园媒体实践”12 学分课程，实行学生全员参加，教师全程指导，将新闻实践教学贯穿本科教学全过程。

(4)开展高校与新闻单位互聘交流计划。2014—2018 年，通过中宣部和教育部实施的《高校新闻传播院系和新闻单位从业人员互聘“千人计划”》，自治区党委宣传部先后选派宁夏新闻单位 6 名优秀编辑记者到高校兼职或挂职任教，北方民族大学新闻传播学院也先后选派 6 名骨干教师到新闻单位兼职或挂职。另外，通过“媒体人进课堂”的专业教学计划，地方媒体近 10 多位编辑记者长期在新闻传播系任教或者担任编外指导。通过加强与新闻业界的联系，形成该校新闻传播教育与新闻实践相互贯通、协同发展的良好局面。

(5)完善实验实践教学体系。2017 调整版本科人才培养方案修订中，新闻传播类专业依托实验室和校园媒体实训平台，完善了实验和实践类课程教学体系的设置。其中，全媒体新闻与传播实验教学中心被宁夏教育厅立为区级重点实验教学示范中心建设项目，目前项目正在建设过程中。此外，新闻传播专业还开展富有成效的校外社会调查实践活动和毕业实习，通过实践教学，使新闻传播专业学生得到切身的职业体验。

6. 加强业界联系 推动新闻传播教育与实践的深度融合

2019 年度在巩固原有教学实践基地的基础上，与银川市兴庆区宣传部、新华网宁夏分公司、西夏区宣传部等签订了教学实践基地的合作协议；同时与北京、广州、深圳等多家公司联系，拟签订教学实践基地的合作协议。

2. 27. 3　学术研究及其特色

2017 年 6 月 3 日，宁夏大学新闻传播学院民族地区传播与社会发展研究中心挂牌成立。该中心由教育部重点研究基地武汉大学媒体发展研究中心与宁夏大学新闻传播学院联合组建，整合了武汉大学与宁夏大学的学术资源，主要任务是开展重大课题研究，凝练宁夏大学新闻传播学科特色，以扎实有力的成果服务于自治区党委和政府的决策、服务于宁夏大学“双一流”建设。

宁夏大学新闻传播学院还与中国人民大学新闻学院、宁夏银川市新闻传媒集团达成协议，联合成立西部融媒研究院，共同在新媒体发展、媒体融合发展理论研究与人才培养方面进行探索。该院以凝练特色学科为导向，提升学科建设的内涵；本着立足宁夏，面向西部，服务民族地区的基本理念，积极探索和凝练学术研究方向，初步确立了民族地区传播与社会发展、西部地区融合媒体研究、区域形象与舆情研究三个科研方向，采取外引内联、整合力量、联合攻关的方式，提升学术研究实力。2017 年以来，学院成立研究机构 1 个，组建民族地区新闻传播学术团队 1 个。

该院与武汉大学媒体发展研究中心、中国人民大学新闻学院联合主办的“第一届互联网与西部社会治理”“第七届传媒与西部社会发展论坛”在银川成功举行，与厦门大学新闻传播学院建立战略合作伙伴关系，在人才培养、智库建设、科研项目申报等方面深化合作。与厦门思所品牌策划公司签订了校企合作协议，与石嘴山市网信办签订了校地合作协议。

（顾广欣）

2.28　广西壮族自治区新闻传播教育发展综述

2019 年，广西壮族自治区新闻传播教育围绕实施一流本科专业建设“双万计划”、卓越新闻传播人才培养、特色科学研究、智库建设、马克思主义新闻观教学与实践以及三全育人等工作，稳步推进，取得了一系列新发展。

2.28.1　实施“双万计划”，推进卓越新闻传播人才培养

1. “双万计划”建设初见成效

2019 年 4 月，教育部办公厅下发《关于实施一流本科专业建设“双万计划”的通知》，2019—2021 年，建设 10000 个左右国家级一流本科专业点和 10000 个左右省级一流本科专业点。广西高校 12 家主要新闻传播院系积极响应申报。最终，广西大学新闻学、广西艺术学院广告学 2 个专业分别被教育部认定为首批国家级一流本科专业建设点，广西大学广播电视学、广西民族大学播音与主持艺术 2 个专业分别被自治区教育厅认定为自治区级一流本科专业建设点。广西大学新闻与传播学院刘洪教授主讲的“马克思主义新

闻思想”、广西艺术学院影视与传媒学院罗幸教授主讲的“播音发声”、南宁师范大学新闻与传播学院郭琳副教授主讲的“播音主持创作基础”、桂林理工大学公共管理与传媒学院何德珍教授主讲的“广告学概论”、北部湾大学人文学院何晨博士主讲的“马克思主义新闻观”等被认定为自治区级一流本科课程。广西大学新闻与传播学院刘洪教授主讲的“马克思主义新闻思想”、南宁师范大学新闻与传播学院郭琳副教授主讲的“播音主持创作基础”和桂林理工大学公共管理与传媒学院何德珍教授主讲的“广告学概论”被推荐参评国家级一流本科课程。

在教育部实施一流本科专业建设“双万计划”等背景下，2019 年，广西开展高等教育自治区级教学成果等次评定工作，广西民族大学传媒学院何江教授主持的“民族地区‘三型合一’传媒人才‘5A 培养模式’的探索与实践”、广西艺术学院影视与传媒学院罗幸教授主持的“融媒时代双轨多元的播音主持拔尖人才培养与实践”和广西艺术学院影视与传媒学院申雪凤教授主持的“基于产学互动的‘创拓学堂’广告实战拔尖人才培养模式的探索与实践”被评定为一等奖；南宁师范大学新闻与传播学院徐健教授主持的“马克思主义新闻观指导下卓越新闻人才培养的探索与实践”、广西财经学院新闻与文化传播学院黄庆教授主持的“专思、媒介、专创、产教：广告专业人才‘四融合’培养模式研究与实践”和河池学院文学与传媒学院欧阳珍教授主持的“融媒体时代新闻人才培养‘产、学、研、用四位一体’教学模式的研究与实践”分别被评定为二等奖。

2. 应用实践型卓越新闻传播人才培养

广西高校绝大多数为地方所属高校，以服务区域经济社会发展为目标，着力为地方培养高素质人才。目前开设新闻传播专业的 12 家主要新闻传播院系也以培养应用实践性人才为主。近年来，各院系围绕卓越新闻传播人才培养，从自身实际出发，开拓创新，取得了一定成效。

2019 年被教育部认定为首批国家级一流本科专业建设点的广西艺术学院广告学专业，创建于 1993 年，是广西高校中第一个设立的广告学本科专业，并开创了全国同类艺术院校设置广告学专业的先河。该专业经过“创业奠基期”“特色凝练期”“开拓创新期”三个阶段的发展，不断深化教育教学改革，取得“优质专业”“特色专业”“创新创业改革示范专业”等建设平台。围绕立德树人、提高人才培养质量的核心任务，结合广告学专业人才需求，针对“创意思维培养—创新能力提升—创业意识形成”的培养思路，广告学专业逐步凝练了“创意引领、关注媒介、知行合一”的教学理念，培养“厚基础、善创意、重实践、讲合作、强能力”的创新实践型广告传播人才。在 26 年的教学实践过程中，逐步形成了“CIGE”教学模式，即“Create”创新、“Interwork”互通、“Group”团队、

"Effect"实效。并以"CIGE"为轴心，构建"创新创意核心课程群"和"创业职业课程群"；围绕"实践基地互动学习+社会项目实践"两翼与广西科影文化传媒共建自治区级创新型影视传媒应用人才协同育人平台，建立了中国广告网、南宁市广告产业园等6个教学实践基地；结合教育部卓越新闻传播人才教育培养计划和新文科建设的新要求，围绕"实战"重点，以卓越人才班培养为依托，提出产学互动"三共一合"，实战培养"四维一体"的人才培养模式。

2019年获得广西高等教育自治区级教学成果一等奖的广西民族大学传媒学院"民族地区'三型合一'传媒人才'5A培养模式'的探索与实践"项目，依据自身的学科特色、学术传统、办学条件、地区经济社会以及行业的发展现状，为适应全媒体时代传媒业的发展趋势，通过"5A培养模式"，即通过"Accuracy(明确发展目标)、Adjustment(重构课程体系)、Assimilation(整合教学资源)、Accomplishment(完善评价体系)、Acceleration(改善育人环境)"培养应用型、复合型、创新型"三型合一"的传媒人才，实现民族地区传媒教育的内涵式发展。成果立足地方实际，合理利用教育资源，完善实践教学机制，建立特色教学评估，创新教学方式，对进一步推进传媒人才的培养质量和教学研究水平将起到积极推动作用。

2019年获得广西高等教育自治区级教学成果二等奖的广西财经学院"专思、媒介、专创、产教：广告专业人才'四融合'培养模式研究与实践"项目，依托学校经济管理类学科优势，融合经管、传播、秘书、人文、艺术，计算机等学科特色，注重夯实学生人文根基、突出财经特色和创新创业能力培养，创造性探索"多元融合"的创新型广告应用人才培养模式，揭示了创新应用型人才培养的规律，丰富了地方院校广告教育理论。在实践中，围绕"培养以数字传播手段在社会传播中实现广而告之"的广告人才，以能力培养为目标导向构建课程体系。一是培养新媒体环境下数字媒介运作能力，设置"大数据基础""新媒体概论""网络广告""网页设计"等新媒体类课程；二是培养学生适应"社会营销传播"需要的技术理解能力、商业模式创新与社会敏感度的能力培养，开设"社会学""数字营销"等理论与实务等课程，构建媒介融合的"大传播"课程体系。将创新创业教育融入广告专业教育中，培养具有创新思维和专业应用能力的创新型广告专业应用人才。

2.28.2 科研项目、智库成果实现历史突破

2019年，广西高校新闻传播院系在科研项目、智库成果等取得了历史性突破。广西大学新闻与传播学院院长郑保卫教授分别申报获批国家社科基金重点项目"生态文明与绿色发展理念背景下我国气候传播的战略定位与行动策略"和国家社科基金重大项目

“百年中国共产党新闻政策变迁研究(1921—2021)”，这两个项目也是广西新闻与传播学科第一次获得的国家社科基金年度重点与重大项目。

此外，广西高校新闻传播院系 2019 年度继续在中国—东盟传媒与区域传播、民族文化传播等深挖耕耘，取得了一定收获。代表性的有：广西大学新闻与传播学院邢永川副教授申报获批国家社科基金一般项目“‘一带一路’背景下东盟国家华侨华人谱牒跨文化传播研究”，南宁师范大学新闻与传播学院周飞伶讲师申报获批国家社科基金一般项目“跨文化传播视域下壮族非遗传承与乡村文化复兴的耦合机制研究”，南宁师范大学文学院戚剑玲讲师申报获批国家社科基金一般项目“中国非物质文化遗产在东南亚的跨文化传播效果与提升路径研究”，广西民族大学传媒学院尹力讲师申报获批教育部人文社会科学研究西部和边疆地区项目“‘一带一路’背景下中国与东盟广播影视产业合作发展机制研究”等；广西大学新闻与传播学院刘洪教授在《光明日报》发表《我形我塑——壮族民族文化符号的时代步伐》理论文章。

2019 年，广西大学新闻与传播学院和广西大学中国—东盟传媒与区域传播研究中心联合主办了“2019(首届)中国—东盟传媒与新闻传播教育国际研讨会暨中国—东盟新闻与传播学院院长(系主任)论坛”。南宁师范大学新闻与传播学院相继举办了“一带一路”倡议与华夏文明传播学术研讨会、2019 中国—东盟文明互鉴与传播沟通国际学术研讨会等。广西艺术学院与武汉大学媒体发展研究中心联合主办了第十届跨文化传播国际学术会议(ICIC)。

2019 年度，广西高校新闻传播院系智库建设也有突破发展。广西艺术学院罗幸教授主持的国家社科基金一般项目“‘丝路精神’下中国国家形象在东盟国家的传播策略研究”、课题组撰写的《广西社科界智库专报・关于提升中国在东盟形象的建议》先后获得自治区政府主席、副主席肯定性指示，批示高度评价此次智库专报的意义和价值，认为“建议”兼具理论高度和可操作性，值得相关政府部门借鉴参考。课题组成员曾先后到泰国、马来西亚、柬埔寨、新加坡、印度尼西亚、越南等东盟国家调研。2018 年 3 月，课题组联合北京零点有数集团对中国国家形象在东盟地区的认知情况进行了专题调查。2018 年 6 月，课题组主持召开全国性学术研讨会并公开发布了《2017 年中国国家形象在东盟地区的传播情况调查报告》，部分研究成果被人民日报“智观天下”工作室等采用。

2019 年，广西大学新闻与传播学院舆情研究中心提交的《“时代楷模”黄文秀宣传报道舆情专报》获得广西壮族自治区党委领导的肯定性批示。

2.28.3　马克思主义新闻观教学与实践稳步推进

2019 年 3 月，广西大学新闻与传播学院院长郑保卫教授主编的《马克思主义新闻观十二讲》由高等教育出版社正式出版发行。该书是中宣部和教育部组织编写的我国第一本马克思主义新闻观统编教材，出版之后，新华社发了通稿，《人民日报》、中央电视台、《光明日报》、人民网、新华网等媒体作了报道与推介；郑保卫教授应邀在广西高校12家“部校共建”新闻传播院系作了“马克思主义新闻观十二讲”的专题辅导报告会，详细介绍了该书的编写背景、写作思路、理论框架以及知识体系，受到师生的欢迎。

2019年7月，由教育部高教司指导，教育部高等院校新闻传播学类专业教学指导委员会主办的第三期高校新闻传播院系骨干教师马克思主义新闻观培训在广西大学新闻与传播学院成功举办，来自全国51所新闻传播院校的75位教师参加了培训。

2019年暑期，广西大学新闻与传播学院师生一行54人，到革命圣地延安开展以“红色新闻溯源之旅”为主题的社会实践活动，并与延安大学文学与新闻传播学院、延安新闻纪念馆共建马克思主义新闻观实践教学基地。团队荣获2019年全国大中专学生志愿者暑期“三下乡”社会实践活动“优秀团队”。

2019年9月，2019—2022年广西本科高校新一届新闻传播类教学指导委员会成立大会在广西大学举行，广西大学新闻与传播学院常务副院长刘洪教授担任主任委员。会议同时启动了“一选一建”活动，即“选树一批马克思主义新闻观教育教学典型案例，建设一批自治区级马克思主义新闻观教育精品课程”。该项活动重点建设一批马克思主义新闻观研究宣传教育基地，推出一批高质量、有深度、有分量的教学与研究成果。通过分批开展以习近平总书记关于新闻舆论工作的重要论述和马克思主义新闻观为主题的师生全员培训，选树一批马克思主义新闻观教育教学典型案例，建设一批自治区级马克思主义新闻观教育精品课程，从而加强马克思主义新闻观课程建设，深入推进习近平总书记关于新闻舆论工作重要论述进教材进课堂进头脑，做到新闻传播院系师生全覆盖、无死角。

2019年12月，广西崇左市委宣传部与广西民族师范学院联合举办为期一周的崇左市2019年融媒体建设业务培训班，参加培训班的有当地宣传干部、专业记者，还有在校大学生。培训以课堂教学、模拟新闻现场采写、新闻单位实地观摩、分组讨论、新闻作品点评相结合的形式开展。此外，培训期间还举办当地县(市、区)融媒体中心模拟招聘会，为在校生提供就业应聘实战经验。2014年6月，广西崇左市委宣传部与广西民族师范学院文学与传播学院合作共建马克思主义新闻专业，开创了广西设区市部校共建新闻学专业的“先河”。崇左市部校双方通过加强机制建设、建立实习实训平台、开设特色课程、提供共建保障等方式，打造产学研一体化教学模式和实习实践平台，形成特色实践教学体系，为培养新闻人才探索新的路子。6年来，广西民族师范学院新闻学专业为崇左市各级新闻媒体和机关事业单位培养了 219 名专业人才。广西崇左市建立健全市委宣传部、新闻媒体、广西民族师范学院三方联动协调机制。学院成立广西民族师范学院桂西南少数民族新媒体传播人才协同育人中心和新闻传媒实验室，用于节目录播和日常教学，并先后安排十几批学生到市委宣传部和左江日报社、崇左广播电视台及扶绥县、江州区等地的媒体机构进行为期 3 个月的实习。在崇左广播电视台挂牌成立校台共建实训室，共同打造文化旅游栏目“崇左呐莱”和校园电视台“校园视线”栏目。同时，打造“实践中的马克思主义新闻观”和“新闻梦工厂系列讲座”等精品课程，推动学界与业界相结合、教学与实务相结合，培养应用型新闻传播人才。此外，还组织成立研究团队，开展 10 项广西边疆民族文化研究中心课题和 4 项民俗特色学科课题研究。实施“千人计划”工作室和校外实习基地建设等，安排学院一批骨干教师到崇左市委机关报左江日报社、崇左广播电视台挂职，推进互动机制常态化。

2.28.4　“三全育人”入选全国试点院系

2019 年 1 月，教育部公布第二批“三全育人”综合改革试点单位名单，广西大学新闻与传播学院、广西贺州学院文学与传媒学院榜上有名，双双入选全国“三全育人”综合改革试点院(系)。除此之外，全国新闻传播院系只有西南政法大学新闻传播学院入选。

广西大学新闻与传播学院在“三全育人”过程中，紧紧围绕马克思主义新闻观核心，抓住新闻传播学的“铸魂工程”，把马克思主义贯穿到新闻教育教学全过程，为党和人民的喉舌输送卓越新闻传播人才。学院共建模式和共建机制已被推广到广西所有设有新闻传播院系的高校。

广西贺州学院文化与传媒学院以地域文化为核心，运用传媒技术手段，通过产教融合、校企合作协同育人平台，将“以文化人、以文育人”理念贯穿到课程、科研、实践、文化、网络等育人环节，与课程教学、专业实践和科学研究深度融合，打造育人品牌，丰盈育人成果。学院与贺州市委宣传部共建新闻学院“卓越新闻班”，先后创作了《潇贺往事 · 红色记忆》(18 集)、《潇贺往事 · 创业岁月》(18 集)系列党史纪录片，并在贺州电视台播出；与凤凰卫视集团 · 凤凰教育深度合作，创办影视制作“凤凰班”、建成 1943 创意园等一批协同育人平台，摸索出地方高校培养应用实践型人才“三全育人”新思路。

(王　辉)

2.29 内蒙古自治区新闻传播教育概况

2.29.1 部校共建

内蒙古地区各部校共建高校2019年继续推进马克思主义新闻观教育，培养学生的脚力、眼力、脑力、笔力，各项工作取得积极成效。

内蒙古大学文学与新闻传播学院与《实践》杂志社、内蒙古广播电视台交通之声、鄂尔多斯市乌审旗等单位合作建立校外实习基地。在校媒合作、政学联动机制下，学生深入基层一线，了解国情区情，加强了马克思主义新闻观教育，采写了大量融媒体新闻作品。在中华人民共和国成立70周年前夕，内蒙古大学文学与新闻传播学院与合作媒体联合制作了MV《信仰的光芒》，表达了传媒学子一心向党的政治信仰，受到自治区党委宣传部的表扬。学院师生参与了自治区党委宣传部部署的几次重大主题报道，成为中华人民共和国成立70周年、“马博会”“十四冬”等自治区重大主题报道的新生力量。另外，内蒙古大学文学与新闻传播学院还完成了自治区党委宣传部关于全国两会和自治区两会新媒体宣传报道情况阅评报告及总结分析，承担自治区第十一届大学生运动会的报道任务。记者节期间，学院与媒体合作，开展了大型互动联谊活动，学生与记者、主持人同台切磋、交流学习，增强了职业认同感和自豪感。

内蒙古师范大学新闻传播学院与中国新闻社内蒙古分社签署合作协议，与内蒙古自治区政府新闻办公室共同整理汇编了《中蒙建交70周年新闻报道资料汇编》(汉文、回鹘蒙古文、基里尔蒙古文，共6卷)，完成第二期蒙古国媒体青年骨干研修班以及第五期中蒙联合采访实践活动，完成2019年度全国编辑记者、播音员主持人考试内蒙古考区的审核报名、组织实施、试卷运送等工作。

河套学院加快推进“部校共建”新闻专业步伐，制定了更加符合实际的互帮互助的共建内容。根据《巴彦淖尔市委宣传部与河套学院共建新闻专业落实方案》，巴彦淖尔市委宣传部每学期挑选10名左右新闻业务骨干、优秀记者编辑，定期到河套学院新闻专业进行全职或兼职讲学。学院每学期推荐1~2名专职教师到媒体单位挂职锻炼，提高教师的业务能力。

2019年，各校邀请业界导师与知名学者走进课堂，分别开办了多期“马克思主义新闻观大讲堂”及媒体人进校园系列讲座活动。各校将“双导师”制落到实处，聘请媒体专家与学院教授共同指导学生实习实践、论文写作，推进校媒合作走向深入。

2. 29. 2　新闻教育与教学改革

(1)专业建设方面，内蒙古大学新闻学专业获批国家级一流专业建设点，成为全国首批一流新闻学专业建设点。内蒙古师范大学新闻学专业、内蒙古大学编辑出版学专业等，将积极筹备申报内蒙古自治区一流专业建设点。

(2)实践教学方面，各校充分发挥校外实践基地的作用，带领学生走出校门、深入社会，开展调研采访，实践融合传播。

内蒙古大学文学与新闻传播学院与媒体联动，组织关于生态问题的大型专题报道活动，成为内蒙古自治区"壮丽 70 年 奋斗新时代"主题报道活动的组成部分。4 月 23—30 日，6 名研究生在高校导师和媒体导师的共同指导下，历时 7 天，在浑善达克沙地穿越上千公里，深入内蒙古自治区生态环境建设的第一线进行采访。浑善达克沙地是中国十大沙漠沙地之一，位于内蒙古中部锡林郭勒草原南端，生态环境变化对京津地区的环境有着巨大的影响。师生通过扎实细致的采访，以文字、图片、视频、出镜报道等多种形式记录了浑善达克生态治理的巨大成就，在内蒙古日报客户端和微信公众号开辟了"浑善达克的绿色今昔"专栏，发表了 13 篇高质量融媒体作品，产生了良好的社会影响。内蒙古广播电视台交通之声和人民网"五四"百年"特别寄语"栏目都对该项活动给予报道。此次活动锻炼了同学们的脚力、眼力、脑力和笔力，提升了政治素质、思想作风、工作作风和新闻业务能力，是一次成功的实践教学采访活动。另一次大型专题采访活动的主题是"传承红色基因，聚焦绿色崛起"。10 月 28 日，学院师生一行 16 人深入鄂尔多斯市乌审旗毛乌素沙地深处，到乌审旗无定河镇进行采访。师生深入基层，走进乡村田野，感受着中国农村的新变化，并以当代大学生的角度记录眼中所见、耳中所闻。乌审旗诞生了鄂尔多斯地区第一批党员、第一个党小组、第一个党支部、第一个县级党委、第一个乡级党委和乡苏维埃政府。学生在这里既感受到人类征服毛乌素沙漠所创造的惊世奇迹，也感受到红色文化在这方热土上的源远流长和生生不息。师生完成的 15 篇融媒体作品在《内蒙古日报》及其新媒体端口刊发，产生了良好的社会影响。在内蒙古第二届大学生"读经典・诵中国・赞家乡"诵读大赛中，内蒙古大学播音与主持艺术专业赵屹同学获得三等奖，多名学生进入决赛。参赛作品以中华优秀传统文化、革命文化和社会主义先进文化为题材，讴歌党、讴歌祖国、讴歌人民、讴歌英雄、赞美家乡，是第二届校园文化月活动的组成部分。

河套学院开展了形式多样的实习实践活动，与巴彦淖尔市网信办达成实习意向，携手白脑包镇共建大学生社会实践教育基地。针对巴彦淖尔市一年一度的梨花节活动，组织学生开展了专题采访报道，举办了新闻专业学生作品展。开展了"部校共建"实践教学活动点评会，获得了各方一致好评。

集宁师范学院与乌兰察布日报社、乌兰察布广播电视台、内蒙古晨报驻乌兰察布记者站、乌兰察布电视报社(等)四家媒体单位签署了实习基地协议，四家媒体可同时接收和安排新闻学专业学生的实习实践活动，为专业见习和实习提供了稳定的场所，已开展多次各种形式的(合作)活动。

呼和浩特民族学院与内蒙古电视台译制中心和内蒙古蒙古语配音协会合作，组建了以大学生配音演员为中心的蒙古语配音团队，为下一步承接影视配音工作奠定基础；与央视蒙古语网合作共建实践基地，拍摄制作了6期《晚上有事吗》大学生节目，提高学生的实践创作能力；特别邀请了内蒙古广播电视台《草原音画》节目摄像师特格希巴雅尔，举办传媒系首届演播室讯道摄像培训班，多渠道提升学生专业技能等。

师资队伍建设方面，内蒙古大学文学与新闻传播学院刘寒娥教授被评为2019年度宝钢奖优秀教师，张丽萍教授被评为校级教学名师、三全育人先进个人。内蒙古师范大学新闻传播学院组织全院专业教师赴北京网易公司培训一周，增强了教师对前沿信息的了解，开拓了与互联网一线企业的联系通道，服务教学科研各项工作的开展。河套学院新闻学教研室引进7位具有硕士学位的年轻教师，同时加大在职博士的培养，目前有在读博士2名。教师参加“新智慧—深融合”2019全国融媒体中心建设与运营实战峰会，以及教育部“马工程”重点教材任课教师培训班、全国百家党报社长巴彦淖尔行高峰论坛、全国百家媒体天赋河套主题采访活动等，提升了教师的教学及科研能力。

在人才培养方面，内蒙古各高校新闻传播院系修订了人才培养方案，完善、优化了人才培养模式。内蒙古师范大学新闻传播学院萧乾实验班的培养方案、课程设置、学生选拔、师资配置等工作进一步完善。河套学院聘请了巴彦淖尔日报社和巴彦淖尔广电传媒的总编辑参与新闻学、网络与新媒体专业的人才培养方案制定。内蒙古大学文学与新闻传播学院院长魏永贵教授参加了在卡尔梅克国立大学举办的第二届“一带一路：教育、科学和文化”国际论坛，与该校建立协作关系，签署合作协议。内蒙古大学网络与新媒体专业纳入ISEC项目，开辟了人才培养的新渠道。内蒙古大学、内蒙古师范大学举办了2019届毕业生作品展，内蒙古师范大学新闻传播学院还举办了蒙古国文化艺术大学学生作品交流展。

2.29.3　课程、教材及实验室建设

在课程建设方面，内蒙古大学新闻学专业“新闻采访与写作”课程获得国家级一流课程申报资格，2门课程成为自治区级一流建设课程，2门课程成为校级一流建设课程，9门课程成为学校“课程思政”示范课程，学院成为课程思政试点学院。

在教学模式改革方面，内蒙古民族大学鼓励教师积极利用超星学习通、微课、慕课等新的信息化教育手段，有效提升教师的教学水平和教学能力。该校新闻学专业共有55 门课程利用雨课堂等网络平台参与混合式课堂教学改革，29 门课程参加了非混合式课堂教学改革。集宁师范学院新闻学专业的“新闻采访与写作”“报纸编辑排版”等课程成为学校教学改革应用性示范课程，改革教学方式和考核方式，教学改革效果较为明显。

在实验室建设方面，内蒙古大学文学与新闻传播学院投入 50 万元，在原有实验室基础上，建成大数据实验室。内蒙古师范大学新闻传播学院在自治区党委宣传部和学校的资金支持下，2019 年完成原有实验室全面升级改造，实验教学能力得到显著提升。集宁师范学院 2019 年建成新闻学专业移动采编实验室。河套学院在原有基础之上，新建 2 个实验室，目前共有非线性编辑实验室、可视录播实验室、全媒体融合实验室和新媒体创作实验室 4 个实验室，数字媒体产教融合创新应用示范基地正式投入使用。

2. 29. 4　科研与学术交流

在科学研究方面，内蒙古大学文学与新闻传播学院获批 2 项国家社科基金项目，内蒙古师范大学新闻传播学院获批 2 项内蒙古民委语言文字项目。河套学院获批内蒙古自治区教育厅项目 1 项。发表 CSSCI 论文多篇。内蒙古大学文学与新闻传播学院张丽萍教授与《内蒙古日报》编辑徐峰合作完成的《重大主题报道的融媒体传播创新实践——基于库布其沙漠治理报道的分析》获第二十九届中国新闻奖论文三等奖。内蒙古师范大学新闻传播学院张芸教授的著作《内蒙古电影六十年艺术创作史》获中国高校影视学会第十二届“学会奖”专著类二等奖。

在学术交流方面，内蒙古大学文学与新闻传播学院承办了中国新闻史学会少数民族新闻史研究委员会 2019 年年会。年会以“继往开来：民族地区舆论动员与中华民族共同体意识构筑”为主题，吸引了来自全国各地百余位专家学者、媒体嘉宾的参与。学院与新华社中国经济信息社内蒙古中心合作开展舆情发布会，并参与撰写 2019 年内蒙古网络舆情年度报告，组织召开了“2018 年突发事件舆情应对研讨会”。内蒙古师范大学新闻传播学院举办中蒙两国跨境传播研究暨新闻传播教育国际研讨会，内蒙古地区部分高校教师以及蒙古国学界业界人士参加了会议，加强了学术交流和业务来往。第二期蒙古国媒体青年骨干研修班由内蒙古自治区人民政府新闻办公室主办、内蒙古师范大学新闻传播学院承办，旨在纪念中蒙两国建交 70 周年，深化发展中蒙两国媒体间的交流与合作。此次研修班聘请内蒙古社会科学院副院长金海等区内专家学者进行理论授课，研修班学员与内蒙古广播电视台、内蒙古日报社、赤峰广播电视台，赤峰日报社等区内主要媒体联合采访了内蒙古阿鲁科尔沁旗、翁牛特旗、赤峰市等地区。

在校际合作方面，内蒙古大学文学与新闻传播学院与中国人民大学新闻学院签订合作协议，在师资培养、学生交流方面获得人民大学新闻学院的支持。内蒙古师范大学新闻传播学院与蒙古国媒体研究院签署合作协议，完成第二期蒙古国媒体青年骨干研修班以及第五期中蒙联合采访实践活动。河套学院到内蒙古大学、内蒙古师范大学、陕西师范大学以及北京、上海等地的知名高校走访交流，加强学术交流。

(张丽萍、陶格图、李敏霞)

2.30 新疆维吾尔自治区新闻教育发展综述

改革开放以来，中国新闻事业在快速发展的过程中经历着不断地改革探索，与此同时，新闻教育也跟随着新闻媒体在发生着变化。新疆当代新闻教育也在这个发展大潮中起步，发展壮大。

2.30.1 新疆新闻教育事业的发展历程

1. 新疆新闻教育的起步

新疆的新闻教育发轫于上世纪 80 年代，最早开设新闻专业的是新疆大学。顺应改革开放以后中国新闻传播事业的快速发展需求，新疆大学新闻学专业于 1983 年创办。但限于教学条件制约，该专业长期隔年招生，发展较为缓慢，在全国影响不大。1999 年 10 月，新疆大学人文学院新闻系成立，并在新闻学专业的基础上新增广播电视学与广告学专业，新疆大学新闻教育迈上了学科发展的快车道。特别是 2003 年 12 月成立新闻与传播学院，并拥有了自治区第一个新闻学硕士点，成为新疆新闻传播人才最重要的培养基地。

2. 新疆其他高校新闻专业的成长

新疆大学新闻教育长期在疆内一枝独秀的局面进入新世纪后被迅速打破。千禧年后，新疆新闻教育事业进入爆发式发展。从 2001—2005 年，伊犁师范大学、石河子大学、新疆财经大学、喀什大学、塔里木大学、昌吉学院共 6 所高校先后涉入新闻与传播教育，专业主要集中于新闻学与广播电视新闻学 2 个二级学科。

新闻教育在新疆获得长足发展的主要原因首先是国内新闻业在市场化改革与高科技

飞速发展的影响下，媒介数量快速增长，对人才的需要量相应大大增加；其次，由于传播事业的多元化发展，新闻传播教育界对传播功能的认识也开始转变，特别是大传播观念的确立，使得传播教育的内涵大大扩展，学生的就业面随之加宽。总之，媒介的发展、科技的进步和人才市场的需求，是新闻与传播教育事业在新疆得以发展的推动力。

2.30.2　新疆新闻教育事业的特点

1. 强化应用型本科人才培养定位

新疆新闻教育的两次跨越，主要动力来自当地社会新闻人才的迫切需求，因此在人才培养的目标上，各高校不约而同地将培养服务新疆的应用型人才作为首要任务。特别是地处南疆的塔里木大学与喀什大学，前者提出要培养“下得去、留得住、用得上、干得好”的新闻人才，后者则坚持为新疆，特别是南疆社会经济发展培养应用型人才。

地方新闻院校作为新闻教育领域不可或缺的一部分，如何定位新闻专业教育，发挥地方院校特色，培养适应时代发展的新闻人才，是地方院校新闻教育的首要问题。落实到教学模式及方法上，则是高校普遍强调实务教学，主张培养学生的业务技能，在课程设置中，凸显对学生实践能力的培养。石河子大学新闻与传媒系人才培养方案中，不仅加强了课内实践学时学分，而且设置了小学期综合实践训练教学环节，实践教学学分占总学分比例达 18%；昌吉学院新闻专业根据专业定位和培养目标及专业所对应的职业岗位要求，强化学生实践能力和职业素质培养，不仅实施部校/校媒/校企协同育人“3+1”人才培养模式，在第四年设置全年专业实习，而且引入毕业设计，出现了《“简易秀”视频工作室》《第三人约拍工作室》等新媒体运营类紧贴社会需求的设计选题，提升学生实际工作与研究能力，与就业无缝对接。

文理兼收，人才来源均衡化。目前除新疆大学外，6 所高校新闻专业依然设立在人文学院之下，这源自于新闻传播学属文学门类下的一级学科，但同时新闻传播学又是重视实践的应用型学科，它的发展与新闻传播业的发展有着紧密联系，与新闻传播技术的发展也紧密联系。在招生来源上，为顺应新闻专业大数据化要求新闻专业的学生具备计算机的相关编程知识的发展要求，新疆所有新闻专业相继改变了传统文科专业生源占比重的原则，调整文理招生比重，满足融媒体环境下业界对新闻人才的现实需求。

2. 形成了鲜明的区域新闻教学研究特色

首先，科学研究紧紧围绕新疆社会发展现实、新疆多民族地区新闻发展。近三年来，专业教师申报立项的各级各类课题主要涉及新疆维吾尔族形象的影像重塑、新疆少数民族语言电视频道发展、新媒体背景下新疆基督新教传播、新疆跨界民族国家认同研究、新疆少数民族媒介形象建构等领域，这些研究紧密联系地方经济文化发展，切实做到了为地方发展服务。

其次，注重培养学生服务新疆新闻事业发展的目标。新疆新闻教育应该立足于本地发展的特色，培养适合本地区新闻传播风格的新闻人才。各高校开设了区域特色相关校本课程，深化学生对当地新闻事业发展的了解和认识。例如“新疆新闻发展史”“兵团新闻史”“新疆日报研究”“新疆受众研究”等。在培养新闻人才时结合媒体资源，夯实学生基础知识的原则上，提高学生对新疆媒体的认识，培养学生对新疆地方媒体新闻内容的敏锐性，具备发现新疆特色并将其生成新闻产品的新闻素养。

3. 办学层次逐步提高、办学规模不断扩大，结构更加完善。

在学科建设上，通过近40年的发展，新疆大学从当初的新闻学专业发展成为新闻与传播学院，形成从本科生到硕士研究生的学科教育体系。2003年，新疆大学获得新闻传播学一级学科硕士学位点和新闻与传播专业硕士学位点，成为新疆新闻传播人才最重要的培养基地，新疆其他高校不少骨干教师毕业于此。2010年以来，新疆财经大学、塔里木大学也相继获得新闻传播学学硕与专硕学位授予权。当前新疆大学正积极申报新闻传播学的博士学位点，以使新疆新闻教育在办学层次上获得进一步提升。

在学科专业设置上，新疆大学新闻与传播学院目前已拥有新闻学、广播电视学、广告学、播音与主持艺术四个本科专业，是新疆新闻教育领域专业门类最多的学院。而新闻学与广播电视学这两个新闻传播学中最基本的专业也成为其他高校新闻教育的标配。随着媒介融合实践的快速发展，昌吉学院与塔里木大学分别于2013年、2018年开办网络与新媒体专业，既丰富了专业内涵，也体现了立足社会需求的人才培养观念。

4. 对口支援、部校共建政策有力推动新疆新闻教育发展

2001年6月，在国家实施西部大开发的背景下，教育部出台了提升西部地区高等教育质量，协调东西部地区高等教育均衡发展的政策——高校“对口支援”政策。目前，新疆新闻教育主要的支援高校包括中国人民大学、华中科技大学、山东大学、吉林大学、南京大学、东北师范大学等，这些大学对受援高校新闻专业的支援的方式主要有三种：一是以进修或招收博士的方式培养师资，二是支援高校选派教师到受援高校支教，三是依托科研项目形成高校间共同合作的科研团队。对口支援政策对新疆新闻专业师资队伍学历和能力的提升发挥了巨大的作用。对口支援政策实施以来，仅华中科技大学就为石河子大学新闻专业培养了 3 位博士、2 位老师(赴华中科技大学访学)；华中科技大学派出支教 4 人次，支教课程 5 门次；时任华中科技大学新闻与信息传播学院院长的张昆教授先后 2 次亲赴石河子大学举办学术讲座。

在《关于地方党委宣传部门与高等学校共建新闻学院的意见》的指导下，2015 年，新疆大学与新疆维吾尔自治区宣传部、新疆维吾尔自治区教育厅达成共建协议，就学院发展定位、人才培养机制创新、师资队伍建设等方面达成合作意向。2017 年，石河子大学、塔里木大学与新疆生产建设兵团宣传部建立共建协议，提出共建新闻学院、建立新闻智库、师资队伍建设及本科人才培养等一揽子建设目标和规划。经过几年的实施，省部共建在共建双方人员交流、学科建设、社会服务等方面发挥了一定的作用。

2.30.3　新疆新闻教育存在的问题

1. 师资紧缺，师资队伍不稳定情况突出

教师的专业能力与素养，是决定高校新闻传播教育发展高度的主要因素，也是衡量该校专业教育质量的重要指标。相较于本世纪以来新疆集中增长的新闻学科数量，专业任课教师紧缺，几乎成了每个高校面临的严峻问题。新疆 7 所高校平均拥有两个学科，从事相关专业教学的专任教师数量几乎都是个位数。传媒行业的发展使得高校新闻传媒类教学不断开发新的课程，新疆高校或引进相应的专业任课教师，或对现有教师进行相关课程培训，即便如此也难以弥补一些传媒技术应用课程的空缺。压在教师身上的，不仅仅是繁重的专业教学和科研任务，更重要的还有专业建设与发展的重担。

此外，由于新疆地理位置偏远、经济发展与内地有较大差距等多种因素导致一方面师资引进困难，一方面骨干教师、高学历教师不断流失，导致即便经过近 20 年的发展，新疆新闻教育师资队伍总量增幅不大。教师队伍的不稳定也极大地影响了新闻教育内涵建设和质量提升。

2. 学科的内涵式建设不足

第一，缺乏专业特色。一个省区内，高校新闻专业的绝对数量较多，就必需追求人才培养的特色。新闻人才的培养，受到市场需求的左右。如何满足市场人才需求，办出专业特色，得到社会认可，是每个院校都在不断探讨、实践的问题。新疆大学新闻专业起步早，专业积累深厚，把国际化、现代化、跨文化传播理念融入教学实践；新疆财经大学专业定位从最初“民族地区经济新闻”的学术型定位，逐渐向“理论研究与实务操作”并重的学术-应用型定位转移。2016年起，专业定位为应用型专业；其余各校新闻专业大多孕育于中文专业，在新闻人才培养的专业方向和特色定位上仍在不断摸索。难以满足我国媒体改革不断深化带来的人才需求变化。

第二，从我国新闻业发展的总体形势看，目前的新闻教育面临的是新闻传播行业对新型专业化人才需求日益增长与新闻教育相对滞后之间的矛盾。也就是说，既有的人才培养模式与行业发展需求不相匹配，专业人才供需矛盾凸显。而探索市场化背景下，媒介融合所带来的新闻人才培养变革要求专业教师从新闻思维、观念、教学内容、教学方法全面转型，这对于边疆地区的高校教师来说，难度颇大。

第三，教师构成单一，难以支撑职业化教育。从对新疆各高校培养传媒人才的导师、任课教师的调研情况来看，目前，相关专业课教师构成单一，专任教师中绝大多数是毕业于区内外高校的硕士和博士。缺乏具备新闻机构的业务骨干和领导者履历背景的实务课程教师。这种教师结构难以匹配新疆应用型、复合型新闻人才的培养目标。

3. 资金支持不足、专业建设任务繁重

新疆高校新闻专业大多脱胎于中文专业，在大学层面，管理思维上也倾向于文科思维，对于需要大量资金支持的新闻实验室建设认识本就有所不足，而新闻实验室相关设备应不断更新换代需要的持续性资金投入更缺乏了解，导致新闻传播专业建设和发展过程中都面临着资金支持不足的情况。需要建设的媒体融合实验室资金无法有效保障，已有的基础实验室则不同程度存在设备老化、数量不足等问题。

总体来说，新世纪以来，新疆新闻教育获得了长足的发展，专业数量增长、招生规模扩大，办学层次和科研能力提升，特别是培养了大批新闻专业人才，为新疆乃至全国新闻事业的发展作出了应有的贡献。但是在新闻教育深化改革的基础上，新疆新闻教育规模迅速扩大带来了不少问题。教学力量不能满足迅速扩大的教学规模，教师队伍整体力量不足，难以支撑新增专业的教学要求，教材、教学设备老化，更新不及时，教学内容与新闻界的实际存在脱钩，等等。相较于国内新闻教育的整体发展，新疆新闻教育任重而道远。

（高　山）

第3章　华南地区新闻传播教育地图

华南地区新闻传播教育地图主要涉及广东、海南和广西，为确保信息的真实性、及时性和完整性，此次调查根据各省教育厅网站发布的2017年普通高校本科专业目录进行新闻传播类专业筛选，再根据所列专业和高校在学院官方网站进行核对，资料全部来源于各级教育部门网站、各高校和学院官网以及中国学位与研究生教育信息网等权威网站。

3.1　专业设置

3.1.1　历史沿革及院系分布情况

在华南地区，广东省新闻传播教育相对发达，并随着中国新闻教育的潮流激荡起伏，茁壮发展。从1920年开始酝酿，广东新闻传播教育从无到有，逐渐发展壮大，成为中国新闻教育的岭南流派和重要力量。其中，历史最悠久、且最具代表性的是暨南大学新闻与传播学院。

1946年，暨南大学新闻学系在上海创立。1949年，因暨南大学停办而并入复旦大学新闻系。1958年，暨南大学在广州重建，中文系在1960年开办新闻学专业。1970年，暨南大学因文化大革命被迫停办，新闻学专业也随中文系并入华南师范大学。1978年，复校后的暨南大学重建新闻学系。从此，暨南大学新闻传播教育走上不断发展的道路。暨南大学新闻学系第一任系主任为冯烈山、第二任主任为詹文浒，以后历任系主任有杜导正、周冷、马戎、马彦珣、吴文虎、黄匡宇(主持工作)、马秋枫、蔡铭泽等。2001年升格为学院后，首任院长为蔡铭泽教授，现任院长为南方报业传媒集团原董事长范以锦教授。新时期以来，暨南大学新闻学系不仅扩大了办学规模，相继开办了广告学、广播电视新闻学、国际新闻学、播音与主持艺术等本科专业，而且提升了办学层次，在1986年即成为我国第三批新闻学硕士学位授予点之一，2001年获准建立传播学硕士学位授予点。新闻与传播学系也在2001年升格为新闻与传播学院。2003年，暨南大学新闻学专业成为广东省高校名牌专业，新闻学学科成为国务院侨务办公室重点学科。2005 年，暨南大学新闻与传播学院获批新闻学博士点，同年，“新闻事业经营管理”课程被批准为广东省精品课程。2006 年，新闻学被确定为广东省重点学科，2007 年获批新闻传播学博士后科研流动站，同年，与中文系合作建成广东省重点人文社科基地：海外华文文学与汉语传媒研究中心；与南方报业传媒集团、羊城晚报报业集团、广东电视台、广州日报报业集团共建广东省第一个文科研究生创新培养基地“华南新闻传媒研究生创新培养基地”。2008 年，媒体实验中心获评国家级实验教学示范中心。2010 年，获新闻与传播硕士专业学位授予权。2011 年，获新闻传播学一级学科博士学位授予权。

目前，暨南大学新闻与传播学院已建成本→硕、博→博士后的人才培养体系，形成了新闻传播史论、媒介批评、新闻传播业务、传媒经营管理、海外华文传媒、文化产业、广告公关与品牌传播、舆情研究与社会调查等几个主要研究方向。“十一五”期间，学院教师承担各类科研项目 60 多项，出版专著、教材 40 部，发表学术论文近 600 篇，获教育部及广东省人文社科成果奖 6 项，在华南地区一直处于领先地位。

在暨南大学的引领和示范下，从 1978—2000 年，广东新闻教育的发展逐步拓展。1985 年，在复旦大学、香港浸会大学、香港中文大学、北京电影学院、北京广播学院等校教授的鼎力扶持下，深圳大学建立大众传播专科，其后创办大众传播系。2000 年，广州市政府组建广州大学，广州师范学院并入广州大学，开设有广播电视新闻学专业和编辑出版专业。1997 年，广东外语外贸大学国际文化交流学院下设应用英语系，招收英语(国际新闻与传播方向)本科专业学生，1997—2000 年每年面向全国招收英语(国际新闻与传播方向)本科生 40 人。2000 年正式成立新闻系。1999 年，汕头大学成立文学院新闻传播系，2000 年广播电视新闻学专业本科开始招生，共招收学生 51 人。

新世纪以来，广东新闻教育快速发展，各大新闻与传播学院纷纷成立，招生人数和教师规模不断扩大。2001 年，暨南大学新闻学系扩建为新闻与传播学院，暨南大学新闻教育走上加速发展的轨道。随后，华南师范大学教育信息技术学院、广东商学院人文与传播学院、中山大学传播与设计学院、汕头大学长江新闻与传播学院、广州大学新闻与传播学院、华南理工大学新闻与传播学院、广东外语外贸大学新闻与传播学院、深圳大学传播学院等相继成立。整体来看，广东省从开设新闻传播教育的高校可用表 3-1 表示：

表 3-1　**广东开设新闻传播教育的高校**

本科院校 (22 所)	暨南大学、中山大学、华南理工大学、华南师范大学、广东外语外贸大学、深圳大学、汕头大学、华南农业大学、广州大学、广东财经大学、广东海洋大学、广东技术师范大学、广州体育学院、广东金融学院、五邑大学、惠州学院、韩山师范学院、韶关学院、岭南师范学院、东莞理工学院、肇庆学院、嘉应学院

续表

民办与独立学院（9所）	北京师范大学珠海分校、中山大学南方学院、广东财经大学华商学院、广东工业大学华立学院、广东白云学院、吉林大学珠海学院、东莞理工学院城市学院、电子科技大学中山学院、广东培正学院

广西新闻高等教育始于20世纪70年代的广西大学。1972年广西大学在中文系设立新闻写作教研室，同年招收新闻学本科专业。1977成立新闻学专业，是国内最早招收本科生的四所院校之一。1986年获得新闻学硕士学位授予权。当时全国只有5个新闻学硕士点。广西大学新闻传播类专业无论在办学历史、办学层次、办学质量、学术水平及社会影响力等方面，在广西的新闻教育界都遥遥领先。广西97%的新闻传播类专业开设于20世纪90年代之后，截至2019年年底，共有广西大学、广西民族大学、广西师范大学、广西财经学院、广西艺术学院、广西师范学院（2018年更名为南宁师范大学）、桂林理工大学、玉林师范学院、梧州学院、百色学院、钦州学院（2018年更名为北部湾大学）、河池学院、贺州学院、广西外国语学院、广西大学行健文理学院、广西民族大学相思湖学院、南宁师范大学师园学院、广西师范大学漓江学院、桂林理工大学博文管理学院等19所学校，开设有新闻传播类专业，具体详情如表3-2所示：

表3-2　**广西开设新闻传播专业的高校**

本科院校（13所）	广西大学、广西民族大学、广西师范大学、广西财经学院、广西艺术学院、南宁师范大学、桂林理工大学、玉林师范学院、梧州学院、百色学院、北部湾大学、河池学院、贺州学院
民办与独立学院（6所）	广西外国语学院、广西大学行健文理学院、广西民族大学相思湖学院、南宁师范大学师园学院、广西师范大学漓江学院、桂林理工大学博文管理学院

与广东、广西相比，海南省的新闻传播教育起步较晚。2001年，海南师范大学中文系新闻学专业正式开始招生，这是海南省第一个新闻传播类本科专业。2015年11月，海南师范大学批准在该校文学院新闻传播系的基础上设立新闻传播与影视学院，这是海南省唯一的新闻传播学院。2016年5月，由中共海南省委宣传部、省教育厅和学校主要领导揭牌。目前该学院下设新闻学、广播电视学、广播电视编导。2017年1月，海南师范大学和俄罗斯圣彼得堡国立电影电视大学合办的影视编导专业获得教育部批准，成为省内第一个中外合作办学的新闻传播与影视类专业。2012年3月，省内民办高校海口经济学院建立了传媒学院，下设新闻学、播音主持、广播电视编导专业。同

年，三亚学院成立传媒与文化产业学院，设播音与主持艺术、动画、广告学三个本科专业。2017年，为促进海南省新闻传播专业的学科建设，海南省新闻传播学类教育指导委员会第一次会议在海南师范大学召开，共有6个开设新闻传播学专业的教学单位参加，分别是海南师范大学、海南大学、海口经济学院、三亚学院、琼台师范学院、海南热带海洋学院。

整体而言，海南省开设新闻传播教育的高校数量较少，目前共有5所公办高校开展新闻传播教育。分别是：海南大学、海南师范大学、三亚学院、琼台师范学院、海南热带海洋学院。其中三所高校设有独立的新闻传播学院，分别是海南师范大学新闻传播与影视学院、海口经济学院中广天择传媒学院、三亚学院传媒与文化产业学院。

3.1.2 本科专业开设情况

依据2012年教育部普通高校学院专业目录，新闻传播学类本科专业共有5个，分别是：新闻学(050301)、广播电视学(050302)、广告学(050303)、传播学(050304)和编辑出版学(050305)。2013年，教育部增设网络与新媒体(050306T)和数字出版(050307T)专业。2017年，教育部增设时尚传播(050308T)专业。截至2020年3月15日，本节统计华南地区高校新闻传播类本科专业包含其中7个，没有数字出版和时尚传播两个专业(见表3-3)。

表3-3　**华南地区开设新闻传播类专业学校统计**

新闻传播学类专业	省市	高　校
050301 新闻学 (37家)	广东(20)	暨南大学、中山大学、华南理工大学、广东外语外贸大学、广州大学、华南师范大学、汕头大学、广东财经大学、深圳大学广州体育学院、广东海洋大学、广东技术师范大学、韶关学院、嘉应学院、岭南师范学院、广东财经大学华商学院、广东工业大学华立学院、电子科技大学中山学院、中山大学南方学院
	广西(14)	广西大学、广西民族大学、广西师范大学、南宁师范大学、广西财经学院、玉林师范学院、北部湾大学、梧州学院、河池学院、百色学院、广西大学行健文理学院、南宁师范大学师园学院、广西师范大学漓江学院、广西外国语学院
	海南(3)	海南师范大学、海口经济学院、海南热带海洋学院

续表

新闻传播学类专业	省市	高　　校
050302 广播电视学 （19 家）	广东(12)	暨南大学、华南师范大学、广州大学、汕头大学、广东财经大学、华南农业大学、惠州学院、韩山师范学院、东莞理工学院、广东白云学院、广东工业大学华立学院、中山大学南方学院
	广西(6)	广西大学、广西民族大学、广西艺术学院、玉林师范学院、贺州学院、广西民族大学相思湖学院、广东技术师范大学、肇庆学院
	海南(1)	海南师范大学
050303 广告学 （19 家）	广东(9)	暨南大学、华南理工大学、广东外语外贸大学、汕头大学、深圳大学、广东财经大学华商学院、吉林大学珠海学院、广东培正学院、中山大学南方学院
	广西(8)	广西大学、广西财经学院、广西艺术学院、南宁师范大学、桂林理工大学、玉林师范学院、南宁师范大学师园学院、桂林理工大学博文管理学院
	海南(2)	海南大学、琼台师范学院
050304 传播学 （7 家）	广东(4)	中山大学、华南师范大学、华南理工大学、北京师范大学珠海分校、
	广西(2)	广西民族大学、桂林理工大学
	海南(1)	海南大学
050305 编辑出版学 （8 家）	广东(4)	华南理工大学、广东财经大学、广东海洋大学、北京师范大学珠海分校
	广西(4)	广西民族大学、广西师范大学、南宁师范大学、广西民族大学相思湖学院
	海南(0)	
050306T 网络与新媒体 （14 家）	广东(11)	暨南大学、广东外语外贸大学、深圳大学、广州大学、广东金融学院、广东技术师范大学、韩山师范学院、岭南师范学院、五邑大学、广东财经大学华商学院、东莞理工学院城市学院、
	广西(1)	贺州学院
	海南(2)	三亚学院、琼台师范学院

其中，新闻学专业 37 家，广播电视学专业 19 家，广告学专业 19 家，传播学专业 7 家，编辑出版学专业 8 家，网络与新媒体专业 14 家。此外，广播电视编导、播音与主持专业等艺术专业在广东高校，尤其是地方院校里比较常见，深受学生欢迎。

3.2 本科教育

大学本科教育是高等教育的重点和基石，本科教育中的培养目标、课程设置、实践教学方面等，对学生的成长与发展有重大影响，也是衡量高校新闻传播学教育水平的重要因素。因此，可以从培养目标、课程设置、实践教学方面来具体分析华南地区高校的新闻传播学教育情况。

3.2.1 培养目标

为了能对华南三省新闻传播学类高校的学生培养情况有一个综合观察，可以选取不同类型的、颇具代表性的大学，进行比较，它们分别是暨南大学、中山大学、广东外语外贸大学、海南师范大学、广西大学，涉及综合性、师范类、外语类等高校。详细信息见表3-4。

表3-4 **华南三省新闻传播院系培养目标**

学校	省份	培养目标
暨南大学	广东省	学院坚持“立足华南、辐射全国、面向港澳台、影响东南亚”的办学方针，在人才培养方面夯实基础、拓展视野、注重实践、强化能力，着力为新闻媒体和泛媒体用人单位培养应用型、复合型人才，形成了鲜明的人才培养特色
中山大学	广东省	学院以“于学术界有学术之根，于业界有影响之力”为目标，坚持以马克思主义新闻观为指导思想，以新媒体研究和教学为重点，培养既具科学及人文素养又具有新媒体传播技能的应用复合型人才，逐步形成了“人文新媒体、融创传播学”的学科定位和“以通识教育为基础、以创意教育为中心、以实践教学为重点”的鲜明特色
广东外语外贸大学	广东省	学院以建设国际化特色鲜明的高水平新闻传播学科为目标，秉持专业+外语+全媒体技能的学科发展理念，着力构建“全媒体国际传播学科体系”，打造“国际传播，华南重镇”，致力于培养德、智、体、美全面发展，既有扎实的中英文基础，又掌握新闻与传播理论与技能的复合型高级传播人才。学生毕业后能在报刊、广播、电视、网站等媒体机构、党政机关、驻外新闻机构、涉外广告公关公司、外国驻华机构和国内外企业等单位熟练运用双语进行涉及新闻、传播方面的工作

续表

学校	省份	培 养 目 标
广西大学	广西壮族自治区	学院立足广西，面向全国，培养具有坚定正确政治方向、宽厚扎实人文社会科学基础和熟练专业技能的应用型新闻传播高级人才，能在报纸、广播、电视、网络媒体、宣传部门和广告行业等从事记者、编辑、媒介管理和广告实务等工作
海南师范大学	海南省	学院目标在于培养卓越全媒体新闻传播及公共传播人才，强化社会舆情分析、危机应对、网络治理、文化产业等学科研究特色，将学院建设成为海南舆情研判咨询重要智库、传媒产业和影视产业新型人才培养培训基地、区域社会公共传播人才培养培训基地

通过对比这几所高校的培养目标，可以看出他们都注重培养学生的专业知识和技能，并顺应区域和时代发展，以满足学生职业发展需要为培养目标。不过，由于各高校的招生情况及办学特色不同，都非常注意依据自身的学校和学科特征，确定自己比较独特的培养目标和培养方案，对人才培养的定位也有所偏重。

以海南省为例，海南师范大学和海南大学注重新闻传播综合能力和业务水平的培养。海南师范大学新闻传播与影视学院在专业建设上突出培养基础扎实、综合素质高、业务能力强的人才，制定了本科生“3+1”人才培养工程，即要求学生完成一定数量的书籍阅读、写作和发表规定数量的作品等，以提升学生的人文素质、写作能力和专业技能；为培养拔尖型的新闻传播人才，邀请媒体优秀编辑记者以“师傅带徒弟”的方式，推行“新闻传播卓越人才工程”。海南大学则大力实施教学质量工程，自 2008 年以来，海南大学开设举办冬季小学期，先后邀请戴锦华、陈平原、韩毓海、刘中树、吴晓东、马原、贺桂梅、叶伟民等国内著名学者和业界专家进校授课。根据多年的专业累积，结合专业优势，制定了完善的培养方案。主要原则是突出理论与实践相结合，课堂教学和学科竞赛相结合，专业技能训练与实战相结合。切实培养学生解决实际问题的能力，提升专业素养和综合素质。

海口经济学院传媒学院以培养宽口径、厚基础、强能力、高素质的复合型应用型传媒人才为目标，形成“依托媒体平台、强化实践教学”的办学特色。注重将课堂讲授与自有媒体平台相结合，强化实践实训力度，注重学生行业实践能力与专业素质的培养与提升，形成专业理论知识与媒体岗位实践深度融合的课程教学体系。三亚学院传媒与文化产业学院则立足于新兴学科和新兴产业的前沿，确立以数字技术和新媒体技术为学科的发展方向，以跨专业的联动与融合、发挥综合艺术优势为基本路径，力图打造成海南省传媒与文化产业人才的培养基地。

3.2.2 实验室建设与实验教学

在实验室建设方面，华南地区高校表现良好的是暨南大学、深圳大学、中山大学、华南师范大学。2001年，暨南大学成了媒体实验教学中心。2006年，媒体实验教学中心被评为广东省高校实验教学示范中心；2009年1月，被教育部和财政部批准为2008年国家级实验教学示范中心建设单位；2012年以优秀成绩通过教育部验收，并正式确认。媒体实验教学中心面向暨南大学新闻学等9个本科专业以及学校公共选修课开展实验教学。此外，中心面向全校各类不同专业设立的开放实验项目，包括学生创新工程科研立项，各类竞赛，校园文化活动，专业训练营等。中心继承和发扬暨南大学传媒教育重视实践操作、强化能力培养的优良传统，始终坚持“理论教学与实验教学并重、知行合一、强化能力”的实验教学理念，逐步建构了多维互动、整体提升的媒体实验教学体系，着力培养具有创新能力的传媒专业人才。中心在传媒实验教学、科学研究以及校园文化等各方面发挥出重要作用，在华南地区具有很好的示范辐射作用。2019年该中心以“不忘初心、牢记使命”主题教育为契机，认真学习贯彻习近平新时代中国特色社会主义思想，落实全国教育大会精神，坚持“立德树人，知行合一”的实验教学指导思想，秉承“厚基础，重素质，强能力，立前沿”的教学理念，倡导“大实验”教学，强调把理论教学与实验教学、实践教学有机结合起来，进一步完善了人才培养机制和实战型人才培养新模式。

此外，深圳大学传播学院紧跟技术进步，新增两个重要实验室：“增强现实/虚拟现实(AR/VR)联合实验室项目”(2018年度广东省校企合作协同育人项目)、“虚拟仿真实验教学中心”(由传播学院黄晓东老师负责主持创建，目前已投入使用)。中山大学传播与设计所建立的融合采编实验室、新闻摄影实验室、数字视频实验室、受众行为与心理实验室、大数据传播实验室、交互设计实验室等十多个实验室，发挥出色作用，并建成广东省实验教学示范中心，获批中山大学“国家级教学示范中心培育项目”。华南师范大学新闻传播学科则拥有广东省首个信息传播国家级实验教学示范中心、首批国家新闻出版业科技与标准重点实验室(AR+教育数字出版联合实验室)、首批文化和传媒类省市人文社科重点研究基地，与香港城市大学共建“新媒体传播国际联合实验室”。华南理工大学逐步改造原“视听元素分析实验室”和“广告摄影实验室”，组合建设“融媒体创新实验室”，并新建“虚拟仿真实验实训中心”和“智慧媒体实验实训中心”，进而申请省级新闻传播融媒体实验教学示范中心和国家级虚拟仿真实验教学项目，为申报国家级一流专业、打造一流课程创造条件。

华南各新闻院系都高度重视实践教学，通过加强与业界的接触，让学生深入了解新闻生产的全过程，提高新闻素养，为未来工作打下基础。比较典型的实践教学案例有：3 月 15 日，暨南大学广告兵法训练营举行开营仪式，舜飞科技产品副总裁梁丽丽女士莅临广告兵法训练营开营仪式，为广告系师生分享了题为“大数据营销之程序化广告”的演讲。4 月 15 日至 24 日，暨南大学新闻与传播学院喻季欣带领学生开展“我行我动”社会实践教学，两次深入四川省甘孜藏族自治州开展广东援藏调研，采访广东省对口援甘(藏区)工作，行程跨越甘孜藏区 18 个县市、约 6000 多公里，深入广东援建的 43 个项目工地现场，采访广东援藏干部、当地各族干部群众 135 人，举行座谈 5 次，入户脱贫藏族群众 3 家，调研扶贫“党员岗”两个。2018 年 7 月 17 日，由暨南大学新闻与传播学院与南方报业传媒集团共同主办的“准记者南方训练营”在暨南大学第二文科楼 516 开营。训练营主要分为学习和实习两个阶段。在学习阶段，学院邀请南方报业传媒集团包括肖文舸、刘军、王伟正、汤凯锋在内的来自新闻媒体一线的资深的媒体人进行讲座；在实习阶段，学院将训练营的“准记者们”分配到南方报业传媒集团的各媒体岗位，进行为期两个月的实习。

3. 2. 3　本科教育创新探索

华南地区位于改革开放的前沿，始终具有创新精神，致力探索教育创新，尤其是暨南大学新闻与传播学院对此贡献良多。在林如鹏、支庭荣和刘涛教授的带领下，暨南大学新闻与传播学院“国际标准　湾区特色——粤港澳“5A 卓越”新闻传播人才培养改革创新实践”荣获广东省教育教学成果一等奖。

这一成果针对粤港澳大湾区卓越新闻传播人才培养的巨大社会需求和存在的突出问题，以国际一流专业建设标准为引领，以促进新闻传播人才的跨区域适应和流动为抓手，以数字化信息传播技术转型为助力，以育人生态环境再造为支撑，以创新创业等创造性训练为突破口，形成了涵括“全人方向”“目标导向”“学术旨向”“专业径向”“创新取向”等内容的“5A 卓越”改革创新思路并付诸实践，取得了良好效果。在为粤港澳地区及其他地区培养新闻传播人才方面走在全国高等院校前列。该成果对新闻传播人才培养实施了脱胎换骨式的教育教学改革和创新。具体做法是构建及实践“5A 卓越”①模式。

---

① “5A 卓越”指的是：全人方向(All-around Development)、目标导向(Ambitious and Idealistic Objectives)、学术旨向(Academy Orientation)、专业径向(Acquiring Profession)、创新取向(Aspiring for Innovation)。

3.3 研究生学位点及研究生培养

华南地区新闻传播院系的研究生学位点——不但培养学术硕士和专业硕士，而且涵盖硕士层次教育与博士层次教育。

3.3.1 研究生学位点

在华南地区的新闻传播院系中，只有暨南大学与深圳大学设有新闻传播学一级学科博士点、中山大学传播与设计学院、华南理工大学新闻与传播学院挂靠在其他学科招收、培养博士生。综合起来看，华南地区共设有新闻传播学学术硕士点 13 个，新闻与传播专业硕士点 14 个。无论博士点还是硕士点，广东省新闻传播院系拥有的数量都是最多的，具有显著优势(见表 3-5)。

表 3-5 **华南地区新闻传播院系专业设置情况**

省市	新闻传播学博士点 2 个(全国共 26 所高校设点)
广东(2)	暨南大学、深圳大学

省市	新闻传播学学术硕士点 13 个(全国共 126 所高校设点)
广东(10)	暨南大学、深圳大学、中山大学、华南理工大学、华南师范大学、广东外语外贸大学、汕头大学、华南农业大学、广州大学、广东技术师范大学
广西(3)	广西大学、广西艺术学院、南宁师范大学
海南(0)	

省市	新闻与传播专业硕士点 14 个(全国共 109 所高校设点)
广东(10)	暨南大学、深圳大学、中山大学、华南理工大学、华南师范大学、广东外语外贸大学、汕头大学、华南农业大学、广州大学、广州体育学院
广西(3)	广西大学、广西师范大学、广西艺术学院
海南(1)	海南大学、海南师范大学

3.3.2　研究生培养

除了按照研究生培养方案授课和采用“读书会”的方式培养研究生之外，华南地区的一些新闻传播院系还通过各种方式培养研究生，其中的一些做法在全国产生了很大影响。比如，暨南大学新闻与传播学院研究生教育一直坚持面向媒体、服务社会的办学理念，把为媒体和社会培养高端人才和学科建设有机结合起来，先后与中央、省、市 100 多家新闻媒体、政府部门和企事业单位建立了实习实践基地。2008 年，学院与南方报业传媒集团、羊城晚报报业集团、广东电视台、广州日报报业集团共建广东省第一个文科研究生创新培养基地——“华南新闻传媒研究生创新培养基地”。自 2008 年起，学院每年 7 月举办一期面向全国青年教师和研究生学员的“传媒领袖讲习班”，邀请国内外传媒业领袖传经送道，共同探讨媒体改革创新的经验。“传媒领袖讲习班”至今已成功举办 12 期，在海内外的业界和学界引起了热烈反响。2011 年，学院与多家单位携手共建“广东省联合培养研究生示范基地”。

其他高校也采用多种措施，提高研究生培养的质量。比如，广州大学对研究生培养方案展开有步骤地修正，已基本形成了围绕学院五个科研团队的课程群，特色明显，同时打造研究生精品课程“马克思主义新闻观系列前沿讲座”，由校内外 16 位教授、科研骨干分别授课。暨南大学、广东外语外贸大学、中山大学等华南高校纷纷举办新闻传播学研究生论坛，面向全国研究生(包括硕士和博士)，并邀请国内外的新闻传播学界专家学者做主题发言或担任点评嘉宾。主办方不但承担论文入选的外地研究生的住宿费用，而且还组织评奖，对于推动新闻传播学科研究生从事学术研究起到了正向的激励作用。

3.3.3　学科建设情况

学科建设对专业发展极为重要，其中学科评估是关键，能大体反映学科建设的真实情况。教育部学位与研究生教育发展中心，按照国务院学位委员会和教育部颁布的《学位授予与人才培养学科目录》，对全国具有博士或硕士学位授予权的一级学科开展整体水平评估。2002 年首次开展，截至 2017 年完成了四轮，华南高校新闻传播学科的详细信息见表 3-6：

表 3-6　**华南高校新闻传播学科四轮学科评估统计**

评估年份	学校	等级/分数/排名	备　注
2004 年第一轮	暨南大学	第 6 名	全国参评高校共 9 所
	广西大学	第 9 名	

续表

<table>
<tr><th>评估年份</th><th>学校</th><th>等级/分数/排名</th><th>备　注</th></tr>
<tr><td rowspan="2">2007—2009 年
第二轮</td><td>暨南大学</td><td>69 分 第 11 名</td><td rowspan="2">全国参评高校共 31 所</td></tr>
<tr><td>广西大学</td><td>64 分 第 23 名</td></tr>
<tr><td>2012 年
第三轮</td><td>暨南大学</td><td>79 分 第 7 名</td><td>全国参评高校共计 48 所</td></tr>
<tr><td rowspan="6">2016 年
第四轮</td><td>暨南大学</td><td>A-级</td><td rowspan="6">全国参评高校共计 81 所</td></tr>
<tr><td>深圳大学</td><td>B 级</td></tr>
<tr><td>中山大学</td><td>B 级</td></tr>
<tr><td>华南理工大学</td><td>B-级</td></tr>
<tr><td>广西大学</td><td>C 级</td></tr>
<tr><td>汕头大学</td><td>C 级</td></tr>
</table>

学科评估资料显示，华中四省实力较强的新闻传播类院校有暨南大学、深圳大学、中山大学、华南理工大学、汕头大学、广西大学等，尤其是暨南大学表现最为突出，实力强劲，基础雄厚，一直名列前茅。广东省的其他高校，比如深圳大学、中山大学、华南理工大学、汕头大学等，发展迅速，进步很快，未来可期。海南省各高校力量相对较弱，需要进一步努力提高。广西壮族自治区则是广西大学一枝独秀，其他高校有很大的提升空间。

3.4 师资队伍

3.4.1 师资队伍情况

如前所述，华南地区作为中国新闻传播教育的重镇，师资水平上整体质量较高，尤其是位于广州和深圳两地的暨南大学、深圳大学、中山大学、华南理工大学、广东外语外贸大学等高校，师资队伍的整体水平相当不错。比如，暨南大学新闻与传播学院专任教师 79 人，其中教授 31 人，副教授 25 人，讲师 23 人，教师入选国家及省级人才工程 20 人次，含国务院特殊津贴专家 1 人、国家特支计划青年拔尖人才及教育部青年长江学者 1 人、全国新闻出版行业领军人才 2 人、广东特支计划宣传思想文化领军人才和青年文化英才 4 人、广东省青年珠江学者 1 人、广东省教学名师奖 1 人、广东省南粤优秀教师 4 人等。而且该院人才引进力度相当大，2019 年就引进 8 名高层次人才，其中第三层次人才 1 名，第四层次人才 3 名，第五层次人才 1 名，第六层次人才 3 名。在引进人才同时，兼顾加强中青年教师的培养。注重合理配置教师资源，完善专任教师走出去与著名学者、传媒业界人士请进来兼职授课的制度和机制，建立一支学历层次高、专业结构合理、年龄结构优化、富有学术活力与创新能力的师资队伍，为新闻与传播学专业建设提供可持续的人才保障。

广东外语外贸大学新闻与传播学院汇聚了一支拥有新闻传播学、语言学、社会学、政治学、经济学、管理学、艺术学、计算机科学等多学科背景的高素质、国际化、双师型教师团队。现有专职教师 44 名，其中教授 13 名、副教授 12 名，博士及博士后 31 名，在读博士 6 名，另聘有 4 名来自欧美的专职外教，而且具有境外访学经历者占 75%，境外学历者占 30%，从事全英教学者占 30%。此外，深圳大学传播学院师资力量也非常雄厚，人才引进力度较大，2019 年先后引进巢乃鹏教授、常江教授作为特聘教授加入学院，现有博士生导师 11 人、硕士生导师 44 人，其中有国家级教学名师、教育部教学指导委员、全国新闻传播学科相关学会负责人等，并引进了多位国际著名学者担任特聘或合作研究教授。

3.4.2　师资队伍存在的问题

华南三省新闻传播类高校师资结构不完全合理。广东省师资优势明显，海南和广西存在较大改善的空间。例如，以广西壮族自治区有独立新闻学院的广西大学、南宁师范大学、广西民族大学为例，可以说明这一现象。历史最悠久、力量最雄厚的广西大学新闻传播学院，专任教师 37 人，其中教授共 9 人，占 23.68%；副教授 18 人，占 47.37%；具有博士学位人员 21 人，占 55%。南宁师范大学新闻与传播学院现有教职工 41 人，其中正高职称 5 人，副高职称 15 人，博士 7 人，在读博士 2 人。广西民族大学传媒学院现有教职工 47 人，其中专任教师 35 人，专任教师中教授 4 人，副教授 6 人，中级职称 15 人，具有博士学位 3 人，硕士学位 25 人，在读博士 1 人；多数教师有传媒一线从业经验，教学经验丰富。这样的师资结构虽说已经相当不错，但和广东高校相比，还是偏弱，暨南大学专任教师 90%以上具有博士学位，广东外语外贸大学办学历史相对较短，但拥有博士学位的教师比例也接近 71%。

而且，整个华南三省，独立的新闻传播学院不多，大多是和文学院合为一体，不少地方院校将新闻类专业放在设计学院或艺术学院。比如，广东省独立的新闻学院只有暨南大学新闻与传播学院、中山大学传播与设计学院、汕头大学长江新闻与传播学院、广州大学新闻与传播学院、华南理工大学新闻与传播学院、广东外语外贸大学新闻与传播学院、深圳大学传播学院、广州体育学院体育传媒学院等8家。在海南省，有3所高校设有独立的新闻传播学院，分别是海南师范大学新闻传播与影视学院、海口经济学院中广天择传媒学院、三亚学院传媒与文化产业学院。其余两所高校的新闻传播教育则是与文学类专业合并在一起，隶属于该校人文学院，分别是海南大学人文传播学院的传播系、广告系，海南热带海洋学院人文社会科学学院的新闻学专业。类似情形在广西依然存在，只有少数高校设有独立的新闻传播学院。这样设置不足在于，部分教师没有新闻传播学背景，大多是学文学或设计出身，新闻传播理论基础较弱。不过，多学科融合也可以为培养复合型新闻传播类人才提供便利。

3.5 学术研究

在学术研究方面，海南省的科研成果主要集中在两所省重点本科院校海南大学和海南师范大学，尤其是海南大学传播学研究中心、海南省历史文化研究基地、文化部民族民间文艺发展中心海南民俗文化数字化研究基地等研究机构，基础较好。2009年以来，海南大学人文传播学院教师承担国家社会科学基金13项、教育部人文社科项目3项、海南省社科基金及海南省教育厅项目等课题30余项。海南师范大学则结合媒体融合发展的时代特征，在社会舆情和信息传播等领域形成一些特色鲜明的研究方向。建立海南省社会舆情与治理研究中心、海南省意识形态与舆论研究基地等省级智库平台，海南师范大学舆情监测分析研究中心等校级研究平台，对海南和南海舆情进行研究。

广西高校科研中最为突出的特色当属东盟传媒和区域传播的相关研究。广西大学新闻传播学院成立了东盟传媒研究所，围绕广西与东盟各国的传媒资源，研究东盟传媒概况，旨在探索“一带一路”背景下对东盟国家跨文化传播的特点与规律，搞好对外传播，应对传媒国际竞争，为广西传媒发展以及中国对东盟各国的传媒辐射力提供智力支持。该校的“中国—东盟文化产业(传媒)人才培养基地”项目获批进入国务院下发的《关于进一步促进广西经济社会发展的若干意见》，得到了新闻出版总署、自治区人民政府的高度重视和政策支持。此项目已正式纳入新闻出版总署“十二五”规划重点项目库、自治区“十二五”发展规划(草案)和自治区西部大开发重点项目，并已初步纳入自治区文化产业重点工程“广西文化产业城”建设规划；广西艺术学院则以跨文化传播为主轴，致力于研究面向东盟地区多元族群的视听新闻传播与民族品牌传播中的传播效果问题，建有“中国—东盟传媒艺术研究中心”和“中国—东盟华语有声语言研究中心”2个自治区重点人文社科研究基地，已经形成了面向东盟的跨文化传播研究以及立足西南地区进行民族品牌传播和广告传播研究等研究特色。2015—2017 年，广西高校先后获得以中国对东盟传播和广西区域特色为研究方向的国家社科基金项目 8 项。

广东各高校对科研投入力度较大，收获比较丰富。以暨南大学新闻与传播学院为例，2019 年度学院教师在中国知网期刊共发表论文 180 多篇；外文论文 14 篇，包括 A&HCI 3 篇，SSCI 第 1、2 区 1 篇，SSCI 第 3、4 区 5 篇，EI 检索 1 篇。出版专著、教材、编著 25 部，另外暨南文库—新闻传播学丛书即将出版，共 25 本。此外，暨南大学新闻与传播学院在 2019 年获广东省哲学社科成果奖 4 项，包括一等奖 2 项(李龙“党的十九大报告境内舆情报告—基于语言文本和视觉文本的综合分析”；刘涛“西方数据新闻中的中国：一个视觉修辞分析框架”)，二等奖 2 项(林如鹏、汤景泰“政治逻辑、技术逻辑与市场逻辑：论习近平的媒体融合发展思想”；汤景泰“意见领袖与议程设置：南海争端中的国际话语权研究”)。2019 年获第二十九届中国新闻奖二等奖 1 项(刘涛“让劳动光荣成为青年坚定信念”)。林爱珺获 2019 年度广东新闻奖“金钟奖”。

在项目方面，暨南大学新闻与传播学院更是斩获颇丰：(1)获批国家社科基金项目 8 项，包括重大招标项目 2 项，重点项目 2 项，一般项目 2 项，青年项目 1 项，专项课题 1 项。具体如下：曾一果的“数字媒介时代的文艺批评研究”、罗昕的“媒体深度融合发展与新时代社会治理模式创新研究”获批国家社科基金重大项目；甘险峰的“新中国新闻摄影 70 年”、曾一果的“都市文化生产的媒介实践研究”获批国家社科重点项目。(2)获批省部级社科基金项目共 11 项。其中教育部课题 5 项，具体如下：赖凯声的“基于‘态度-行为’大数据的网民谣言自治研究”“‘粤港澳大湾区’青年的人生理想、家庭观念、工作就业比较调查”分别获批教育部新闻传播学类青年基金项目和特别委托项目；李志敏的“人工智能背景下媒介伦理及技术规范建构研究”、林仲轩的“社交媒体时代香港本土派青年的媒介行动研究”、施畅的“基于虚拟仿真技术的视听艺术与沉浸式叙事研究及案例库建设”获批教育部青年基金项目。

华南三省科研实力和情况，可以从近三年新闻传播学国家社科基金青年项目与年度项目中，看出基本发展趋(见表 3-7~表 3-8)：

表 3-7　**华南三省近三年国家社科基金青年项目立项名单(新闻学与传播学)**

地区	所在高校	项目名称	负责人	项目类别
广东	深圳大学	网络视频直播管理研究	王建磊	青年项目
广东	暨南大学	移动传播情境下中国优秀传统文化传播与融入研究	晏青	青年项目

续表

地区	所在高校	项目名称	负责人	项目类别
广东	深圳大学	数字阅读对青年社会共识的影响研究	张晗	青年项目
广东	广州大学	美国当代新闻史研究的学术脉络与理论镜鉴(1970—2010)	方晨	青年项目
广东	深圳大学	线上医患交流平台的健康传播效果和风险评估研究	曹博林	青年项目
广东	暨南大学	技术发展影响下的新媒体平台社会影响力评估研究	刘倩	青年项目
广东	深圳大学	社会媒体环境中大众舆论关注焦点形成与演变动态过程研究	汪翩翩	青年项目
广东	中山大学	人工智能精准辟谣策略与效果研究	陈梁	青年项目
广东	广东外语外贸大学	职业权威转移视角下自媒体“类新闻生产”研究	陈鹏	青年项目
广东	暨南大学	算法时代恐怖主义信息传播的特点与应对策略研究	李龙	青年项目
广东	广东财经大学	新中国初期大众媒介与基层社会整合研究(1949—1966)	朱戈	青年项目
广东	华南理工大学	大洋洲华文媒体“中国”观念变迁研究(1890—2019)	曹小杰	青年项目
广西	广西大学	“一带一路”背景下中国网络游戏在东盟的跨文化传播研究	薛强	青年项目
广西	广西大学	基于大数据及遥感的“一带一路”新闻热点及争议事件研究	穆琳	青年项目

表 3-8　**华南三省近三年国家社科基金年度项目立项名单(新闻学与传播学)**

所在地区	所在高校	项目名称	负责人	项目类别
广东	暨南大学	视觉修辞的理论、方法与应用研究	刘涛	重大项目
广东	暨南大学	人工智能时代的新闻伦理与法规	林爱珺	重大项目
广东	暨南大学	中国共产党新闻宣传工作史料收集、整理与数据库建设(1949—1966)	赵建国	重大项目

续表

所在地区	所在高校	项目名称	负责人	项目类别
广东	暨南大学	媒体深度融合发展与新时代社会治理模式创新研究	罗昕	重大项目
广东	深圳大学	大数据时代计算传播学的理论、方法与应用研究	巢乃鹏	重大项目
广东	暨南大学	数字媒介时代的文艺批评研究	曾一果	重大项目
广西	广西大学	百年中国共产党新闻政策变迁研究(1921—2021)	郑保卫	重大项目
广东	华南理工大学	网络舆论中意识形态话语冲突的弥合机制研究	吴小坤	重点项目
广东	暨南大学	全球互联网治理的竞争格局与中国进路研究	罗昕	重点项目
广东	广东外语外贸大学	基于大数据的城市突发公共事件社会舆情治理研究	杨魁	重点项目
广东	暨南大学	新中国新闻摄影 70 年	甘险峰	重点项目
广东	广东外语外贸大学	社交网络舆论的风险生成机制与防控体系研究	全燕	一般项目
广东	中山大学	基于微信行为数据的网络谣言传播规律与对策仿真研究	何凌南	一般项目
广东	暨南大学	基于核心价值观传播视域的新媒体文化建设研究	陈伟军	一般项目
广东	广东外语外贸大学	中国近代报刊的海权观与南海诸岛报道研究	赵建国	一般项目
广东	广州大学	香港进步报刊的统战宣传研究(1927—1949)	田秋生	一般项目
广东	华南理工大学	基于社交媒体的新闻数据核查研究	刘银娣	一般项目
广东	广东外语外贸大学	微信海外传播的“中国故事”和“全球本土化”模式研究	刘康杰	一般项目
广东	广东工业大学	中国应对气候变化负责任国家形象构建与公众参与动员机制研究	熊开容	一般项目
广东	暨南大学	环境传播的公共修辞与符号化治理策略研究	刘涛	一般项目
广东	广东外语外贸大学	新时代中国国家领导人公共形象国际传播研究	朱颖	一般项目
广东	华南师范大学	中国近代报业经营史研究(1815—1949)	张立勤	一般项目
广东	广州大学	辛亥时期岭南革命报刊社会动员研究	黎藜	一般项目
广东	广州大学	社会性别视角下女性媒体工作者的职业发展研究	曾丽红	一般项目

续表

所在地区	所在高校	项目名称	负责人	项目类别
广东	华南理工大学	新时代我国主旋律纪录片价值导向研究	张步中	一般项目
广东	中山大学	信息扶贫精准传播机制与模式研究	陶建杰	一般项目
广东	深圳大学	大数据背景下学龄儿童新媒体使用与身心健康关系的实验研究	冯广超	一般项目
广东	暨南大学	中国青少年的艾滋病风险感知与媒介干预机制研究	张潇潇	一般项目
广东	广东外语外贸大学	我国人口结构变迁与文化产业互动机制研究	段莉	一般项目
广东	中山大学	大数据时代个人信息安全困境与共律体系构建研究	卢家银	一般项目
广东	广州大学	新时代背景下主流媒体对外传播观念变革研究	李鲤	一般项目
广东	汕头大学	媒体融合的难点与可行路径研究	黎勇	一般项目
广东	深圳大学	基于社会信任建构的记者群体网络公共参与研究	彭华新	一般项目
广东	中山大学	网络健康社区的运行机制及治理模式研究	聂静虹	一般项目
广东	暨南大学	大数据营销传播的伦理治理体系研究	杨先顺	一般项目
广东	广东外语外贸大学	重大公共卫生事件群体性恐慌度量模型与调适机制研究	罗坤瑾	一般项目
广东	华南理工大学	基于日常生活史视角的“十三行”跨文化传播研究	韩红星	一般项目
广西	广西大学	生态文明建设和绿色发展理念背景下我国气候传播的战略定位与行动策略	郑保卫	重点项目
广西	广西师范学院	壮族信息传播发展史研究	徐健	一般项目
广西	广西大学	中国民营报馆的阶层与社会流动研究(1898—1949)	李时新	一般项目
广西	广西师范学院	中越跨国族群信息传播公共外交价值研究	郑振锋	一般项目
广西	广西财经学院	东盟国家对“一带一路”倡议的媒介话语研究	谢卓华	一般项目
广西	桂林理工大学	提升北部湾城市群对“一带一路”沿线国传播力的策略研究	何德珍	一般项目
广西	广西大学	战略传播在构建中国—东盟命运共同体中的作用及路径研究	王辉	一般项目

续表

所在地区	所在高校	项目名称	负责人	项目类别
广西	广西师范学院	周边传播视阈下中越边境地区的舆论交融与扩散研究	林荧章	一般项目
广西	广西大学	“一带一路”背景下东盟国家华侨华人谱牒跨文化传播研究	邢永川	一般项目
广西	南宁师范大学	跨文化传播视域下壮族非遗传承与乡村文化复兴的耦合机制研究	周飞伶	一般项目
广西	南宁师范大学	中国非物质文化遗产在东南亚的跨文化传播效果与提升路径研究	戚剑玲	一般项目
广西	广西师范大学	中国近现代出版评论文献整理与研究	曾建辉	一般项目
海南	海南大学	南海《更路簿》的跨文化研究与国际传播	张军军	一般项目
海南	海南师范大学	媒介化时代中国社会意识形态的舆论表征与互动研究	王庆	一般项目

3.6　部校共建

华南地区部校共建很有成效，而且各省做法都有各自的特征。广东省“部校共建”新闻学院工作，由广东省委宣传部和暨南大学新闻与传播学院的共建工作拉开序幕。部校共建工作在广东省委宣传部与暨南大学共建新闻与传播学院院务委员会的指导下，在各级领导的关心与支持下顺利完成。

在广东省委宣传部的高度重视下，广东外语外贸大学新闻与传播学院、深圳大学传播学院和广州大学新闻与传播学院都纳入“部校共建”。其中，广东外语外贸大学新闻与传播学院的“部校共建”实施规划方案获得学校批准，上报省委宣传部，成为今后一段时间学院发展的总体战略框架，涵盖九大项目，各个项目顺利推进。尤其值得一提的是，“部校共建”的具体实施方案——广东省国际传播青年人才培养基地，第一期学员圆满完成学业，第二期也已经开班。

部校共建对新闻教育的推动作用非常明显。比如，依据中共广州市委宣传部与广州大学，共建广州大学新闻与传播学院的部校共建方案，广州大学新闻与传播学院在2018年组织开展暑期“新闻扶贫”主题社会实践。活动的基本形式是派出专业教师带领学生组成社会实践小组，前往广州市的主要对口扶贫地区，开展新闻扶贫。这些工作较好拓展了新闻教育的内涵：首先是参加实践的师生受到了教育，提高了思想认识，对扶贫工作的政策与成就有了切身的了解，对当地的红色历史文化有了新的认识，更加坚定了马克思主义新闻观的信念。其次是参加实践的学生，在老师的指导下，通过现场采制，提升了自己的新闻业务水平。再次是通过与扶贫点当地媒体从业者的交流，为当地媒体的新闻宣传工作提供了具体的专业意见，对部分新闻工作者进行了现场指导，提升了他们的业务水平。其四是通过报道，宣传了党的扶贫政策及扶贫工作所取得的成效，为扶贫工作营造了良好的舆论氛围。

广西壮族自治区的部校共建也很有起色。2014年7月，广西壮族自治区党委宣传部率先与广西大学共建新闻传播学院，共建管理机构、共建精品课程、共建人才队伍、共建实践基地和研究智库。随后，各市党委宣传部与驻地高校部校共建新闻院系也陆续启动。2017年以来，自治区党委宣传部又分别与广西师范大学、广西民族大学、广西艺术学院、广西财经学院、南宁师范大学5所区属高校签订部校共建协议。同年(2017年)，崇左市委宣传部与广西民族师范学院文学与传媒学院、钦州市委宣传部与北部湾大学(钦州学院)、贺州市委宣传部与贺州学院、玉林市委宣传部与玉林师范学院文学与传媒学院新闻专业、河池市委宣传部与河池学院先后进行共建，目前广西部校共建新闻院系已达11家。

海南省的部校共建在2013年拉开序幕。是年12月，经中宣部批准，海南师范大学文学院新闻传播系被列入全国10所由地方党委宣传部和学校共建的试点新闻院系之一。这是目前海南省唯一一所与中共海南省委宣传部合作建设新闻传播学院的高校。截至2020年10月，据不完全统计，华南地区部校共建的新闻传播学院院名单如表3-9所示：

表3-9　**华南地区部校共建的新闻传播学院统计**

地区(数量)	部委/新闻单位	高校
广东省(4)	广东省委宣传部	暨南大学
		广东外语外贸大学
	广州市委宣传部	广州大学
	深圳市委宣传部	深圳大学

续表

地区(数量)	部委/新闻单位	高校
广西壮族自治区(11)	广西壮族自治区党委宣传部	广西大学
		广西师范大学
		广西民族大学
		南宁师范大学
		广西艺术学院
		广西财经学院
	崇左市委宣传部	广西民族师范学院
	钦州市委宣传部	北部湾大学(钦州学院)
	贺州市委宣传部	贺州学院
	玉林市委宣传部	玉林师范学院
	河池市委宣传部	河池学院
海南省(1)	海南省委宣传部	海南师范大学

3.7　国　际　化

华南地区的新闻传播院系都不同程度上实施了与国际化相关的措施，具体表现如下：

(1)广西各个学校在人才培养中突出东盟特色、区域特色。广西地处南疆，与东盟中的越南接壤，南宁是东盟博览会的永久举办地，对东盟传播有着区位优势。国家“一带一路”战略、中国—东盟自由贸易区的建设也急需对熟识双方语言、文化背景以及跨文化传播技能的专门人才。在此背景下，广西大学新闻传播学院以“立足广西、面向全国、辐射东南亚”为办学特色之一，开设有关东盟的课程，2012—2015 年与越南河内国家大学下属人文社科大学新闻系联合培养“3+1”模式的越南留学生。

一些地方院校和民办高校也把国际性、区域性作为自己的办学特色，如北部湾大学(钦州学院)、广西师范大学漓江学院、广西外国语学院等。北部湾大学(钦州学院)把“人文性、区域性、国际性”作为办学特色，为区域经济文化发展和中国—东盟文化教育交流培养高素质复合型、应用型、创新型人才；广西外国语学院新闻专业除了开设有关东盟文化和东盟媒体的相关课程外，还开设越、泰、柬语课程，要求学生掌握一门东盟小语种，旨在培养既掌握国际新闻(面向东南亚)传播知识和技能，又精通双语的国际新闻传播人才，并与印度尼西亚《印华日报》等东盟媒体签订了校外实习基地协议。

(2)海南省各高校校际交流成就突出。海南省各高校基本建立起本校与国际学校的学术联系，如海南大学、海南师范大学均派遣教师或学术人才前往国外高校访问学习。其中，海南师范大学与俄罗斯圣彼得堡国立电影电视大学联合办学，开设影视编导专业本科生培养。中俄双方教师配合授课，达到课程要求，可获得该校广播电视编导文凭和俄方编剧专业文凭和高级指导课程的导演相关证书。海南大学人文传播学院也依托该校与境外26个国家和地区的98所知名高校的校际合作项目，每年选派优秀本科生、研究生前往美国、新加坡、日本、韩国等国家及我国港澳台地区的高校学习交流。

(3)广东各高校展开全方位的国际合作。一是聘请境内外著名专家和学者来校开讲。如暨南大学新闻与传播学院先后邀请港澳台地区，以及美国、英国、韩国、比利时、意大利等20多名境外知名高校和传媒界有影响力的媒介精英与学术泰斗来院为广大师生开展学术交流与讲座。举办面向本科生的高质量、高水平讲座超过40场。研究生新闻学术前沿讲座17场，其中博士座谈会5场，硕士学术前沿讲座12场，研究生新闻实务前沿讲座9场。二是继续推进与国(境)外高校的交流合作项目。如暨南大学新闻与传播学院与乔治梅森大学新闻传播学院的“3+1+1”本科生交流项目，并接纳境外交流生来院学习共计4人。华南理工大学组织5名本科生参与密苏里大学新闻学院“2+2”联合培养项目，4名联合培养学生顺利毕业。三是组织研究生参与国际交流。比如，2019年，暨南大学新闻与传播学院硕士生许依萍、苏芷妍、杨晓倩申请学校组织的短期出国(境)交流项目获准资助，将分别前往美国天普大学、韩国崇实大学、以色列布劳德工程学院进行交换学习；姚慧婕、罗敏、许依萍分别申请了学校资助前往美国、法国、荷兰参加国际会议。四是派遣赴境外访学教师。2019年暨南大学新闻与传播学院共派遣17人，出国(境)赴港澳台、法国、西班牙、加拿大、美国等7个国家(地区)。

(赵建国)

第4章　新闻院系巡礼

4.1　中国内地(大陆)新闻传播院系

4.1.1　北京大学新闻与传播学院

1. 历史沿革

北京大学是中国新闻学和新闻教育的摇篮，享有中国新闻教育史上“五个第一”的声誉。1918年，北京大学开设了中国高等院校中第一门新闻学课程。同年，成立了中国历史上第一个新闻学研究团体——北京大学新闻学研究会，1919年，北京大学教授徐宝璜撰写的《新闻学》是中国历史上第一部新闻学著作，北京大学新闻学研究会出版的《新闻周刊》是中国历史上第一份新闻学期刊。1952年，北京大学是在中华人民共和国成立初期全国院系调整后第一个新设新闻学专业的大学。

2001年5月28日，北京大学恢复成立新闻与传播学院。新闻与传播学院依托日益增强的新闻学和传播学学科基础，整合全校资源，逐步形成具有北大特色、适应时代发展的新闻与传播学研究和教学模式，形成了包括新闻学、传播学、广告学、编辑出版学、网络传播、广播影视、跨文化交流、公共关系、媒体经营管理等一系列的学科群和一支结构较为合理、拥有多学科背景的教师队伍。截至2020年5月，学院教师共有30人，其中教授16人，副教授10人，研究员4人。28位教师拥有博士学位，占教师总数的93%。

学院现设置本科、硕士和博士三种学历层次。本科设有新闻学、广告学、编辑出版学和广播电视学四个专业。研究生设有新闻学和传播学硕士点，是新闻传播学一级学科博士点，并设有新闻传播学博士后流动站。研究生专业方向涵盖国际新闻、新闻传播实务、新闻传播史论、国际传播与跨文化交流、大众传播、新媒体与网络传播、广告理论与实务、媒体经营管理、编辑出版学等领域。

截至2020年5月，学院共有全日制学生579人，其中本科生356人(含外国留学生100、港澳台学生10)，硕士生185人(含外国留学生7人、港澳台学生8人)，博士生38人(含外国留学生4人，港澳台学生1人)。

现任学院领导成员架构如下：

党委书记：陈刚。

党委副书记：卢亮。

院长：陆绍阳。

副院长：陈刚、俞虹、刘德寰、吴靖。

2. 办学理念与系所设置

北京大学新闻与传播学院的办学宗旨是：为社会培养掌握国家政策法规、通晓新媒体技术、精通外语、具有现代管理观念的新一代新闻与传播人才；为国家解决新闻与传播领域中面临的重大课题提供科学依据；构筑民族优秀文化与世界先进文明交流的桥梁。

学院设有新闻学、广播电视学、传播学和广告学四个系和多个学术研究机构，具体情况如下：

新闻学系下设新闻学、国际新闻、网络新闻等专业方向，旨在培养掌握国家政策法规，具备系统的新闻理论知识与网络时代的传播技能，具有宽广的文化与科学知识，能在新闻、出版、宣传部门从事编辑、记者与管理工作的高级专门人才。现任系主任为陈开和教授。

广播电视学系旨在培养具备系统的新闻传播理论知识与广播电视专业技能、宽广的文化与科学知识，熟悉我国新闻、宣传政策法规，能在广播电视等新闻与宣传部门从事编辑、记者与管理等工作的广播电视学高级专门人才。现任系主任为陆地教授。

传播学系下设传播学、国际传播、传播管理等方向，培养具备传播学基础理论与方法，能在大众媒体、信息产业和其他相关部门从事管理和实务工作的专门人才。现任系主任为师曾志教授。

广告学系注重广告产业与广告服务模式、中国农村媒介接触与市场、中国广告史等方向的教学与研究，强调应用性和操作型的学习和训练，旨在培养适应互联网时代和国际化环境的高层次广告实务和经营管理人才。现任系主任为陈刚教授。

北京大学新媒体研究院：成立于2014年2月，由谢新洲教授担任院长。研究院致力于推动新媒体理论研究、技术创新和产业发展，培养具有现代意识、国际视野和创新精神的复合型人才。研究院与业界、学界广泛开展合作，建立了“舆情管理与产业情报实验室”“信息交换与网络安全实验室”“新意互动互联网战略实验室”等实验室和研究基地，在大数据舆情分析、数字生态圈建设、新媒体用户行为分析等方面打造产学研互动平台。

北京大学国家战略传播研究院：成立于 2015 年 4 月，由程曼丽教授担任院长。研究院致力于现代国家信息和传播治理问题的研究，其主要研究和咨询领域涉及国际传播和形象建设、公共外交、地方政府的传播治理、企业国际化进程中的传播战略、互联网治理和传媒产业政策等。

北京大学文化与传播研究所：成立于 2002 年，由陈开和教授担任所长，研究所主要研究传播理论、媒体理论与实践。注重理论与实践的结合，科研与教学的结合，积极推进新闻传播学的本土化。

北京大学现代广告研究所：成立于 1999 年，由陈刚教授担任所长。研究所依托于北京大学的学术资源、研究力量及教学优势，经过多年发展，现已成为中国广告学研究、教育培训、市场研究和企业咨询的重要基地。

北京大学现代出版研究所：成立于 2001 年，由张积副教授任所长。近期担负的重点科研课题有三方面：出版经营管理及案例研究；中外传播媒介史，包括国家社科重点课题“中国出版通史”及中国印刷术起源与发展研究；电子出版与网络传播研究。

北京大学新媒体营销传播研究中心：成立于 2007 年 12 月，拥有着丰富的行业资源和雄厚的研究实力，由陈刚教授担任研究中心主任。中心围绕新媒体环境下的营销传播问题进行系列研究，形成新媒体环境下营销传播模式的系统理论框架，以此来启示整个行业尤其是学术研究领域对新媒体营销传播更广泛和深入的探讨。

北京大学新闻学研究会：历史上的北京大学新闻学研究会创建于 1918 年 10 月 14 日，由时任校长蔡元培亲自发起并担任会长。2008 年 4 月 15 日，北京大学新闻学研究会恢复成立，现任执行会长为程曼丽教授。研究会秉承历史传统，在开展新闻史论研究的同时，努力关照社会现实，以学术研究服务于新闻人才的培养，加强新闻史研究的内容和比重；对新闻业务的研究，也更加注重学理层面，逐渐形成新闻史论研究的特色。

北京大学视听传播研究中心：成立于 2009 年 3 月，由陆地教授任主任。该中心是以广播影视节目(栏目)形态研发和策划、广播影视节目制作与包装、广播影视产业发展战略规划和咨询以及新媒体视听技术追踪为重点的综合性研究机构。

北京大学新闻与传播学院公共传播与社会发展研究中心：成立于 2012 年，主任为师曾志教授。中心秉持北京大学学术精神和人文关怀，在社会发展的大视野下致力于公共传播领域的学术研究、国际交流、媒体培训和公益合作，旨在搭建政界、学界、企业界、媒体同仁、公益同仁跨界交流、融通合作的平台，以公共传播推动社会发展，以社会发展丰富公共传播。

3. 学科建设与人才培养

北京大学新闻传播学科已经形成鲜明的价值追求、严谨的学术品格和突出的实践特色，重视理论和方法训练，强调国际视野以及批判性和建设性思维的融合，立足学术前沿，以建设具有全球影响力、中国一流、在重点研究领域发挥引领作用的新闻传播学科重镇为发展目标。

学院的本科教育要注重调动与激发学生的潜能，注重全面素质的培养和人格的塑造。使学生具有社会责任意识、具备清晰的思维逻辑、良好的交流与沟通技能以及团队合作的精神。培养严谨求实，诚信公正的优秀新闻与传播人才。

近年来，学院加大人才引进力度。建立了符合新闻传播学科特点的人才评聘机制，营造涵育学术、激活思想的良好学术生态。借鉴新体制中心建设思路，引进有学术潜力的年轻教师，带动研究方向、学科结构的调整。学院近年引进了一位讲席教授、四名新体制年轻教师，其中一位已经入选中宣部“四个一批”文化名家。学院已经有五位教师入选高校和新闻单位人员互聘“双千计划”。

近三年来，学院教师发表学术论文及研究报告 400 余篇，出版著作 20 余部，立项课题 80 余项。其中在研的国家级重大课题 3 项，重点课题 1 项；省部级重大课题 2 项，重点课题 1 项，获得“四个一批”人才支持计划 1 项。

2014 年 5 月，北京大学与新华社签署了共同建设新闻与传播学院的协议，借助新华社的国际国内影响力，北京大学新闻与传播学院加快推进国际传播研究智库建设，与新华社建立了联合领导机制、人员互派机制、学生实习和就业机制；共同培育新闻采访、写作、编辑、评论等精品课程。此外，学院还设有数字传播教学实验中心。该中心由一个 Apple 实验室和一个非线编辑实验室构成，其功能定位为非线编辑、平面设计和媒体研究，属于综合教学实验室。数字传播教学实验中心以完成学院本科和研究生教学和实践为核心任务，同时也为师生的科研提供数据支持和平台服务。

当前，大健康发展已经成为我国的国家战略和人民的迫切需求，健康传播人才极为匮乏。在此背景下，北京大学新闻与传播学院立足国家、社会发展的重大需求，结合北京大学医学部优质的医学教学科研资源，强强联合，开始了健康传播方向硕士研究生的培养。从 2017 年 9 月起，每年招收健康传播专业硕士研究生。

学院学生的毕业去向主要为新闻传播机构、国内外高校及科研机构、大型企业和国家部委。

4. 对外学术交流

学院把建立与世界各国新闻传播学界、业界的联系放在非常重要的地位。学院成立以来，已与欧美、日本、韩国、澳大利亚、新加坡，以及中国港澳台等地众多高校的新闻传播学院与媒体机构建立了交流与合作关系。学院与欧盟、比尔·盖茨基金会、亚洲基金会等有深入的合作交流，美国西北大学、伊利诺伊州立大学，瑞典皇家理工学院，伦敦政治经济学院等 20 多所大学建立了学生交流机制。

自 2013 年起，学院与美国夏威夷大学合作，连续举办了多届“中美媒体论坛”，搭建中美两国重量级专家、学者和媒体人士沟通交流的平台。学院与瑞士卢加诺大学中国媒体观察研究中心联合举办的“中欧对话：媒介与传播研究暑期班”，邀请中外新闻传播领域的知名学者，为中国和欧洲的博士生和硕士研究生提供最前沿的学术动态和对话交流机会，已经连续举办了六届。北京大学创意传播管理(CCM)暑期学校自 2014 年以来也连续举办了六届，已有来自海内外近 300 所高校的 800 多名研究生和青年教师参加。凭借高品质的课程内容、创新性的实战模式、公益性的参与方式，北京大学创意传播管理暑期学校已成为暑期各高校同类项目中的优质品牌，多年来培养了诸多具备理论基础和实操能力的研究生，让大家在全新的学习体验中成长进步。北京大学新媒体营销传播研究中心被中共中央台湾工作办公室确立为两岸青年就业创业示范点。这是唯一在高校设立的示范点。

学院成立以来，成功主办了数十次重要的国际学术会议，包括北京论坛全球传播、媒介与创意产业分论坛，北京论坛新媒体与社会发展分论坛，中国互联网研究大会，中国广告趋势论坛，北京大学新闻学研究会年会，全球品牌峰会(美国芝加哥)，健康中国与健康传播国际论坛等。

学院多名教师在海外新闻传播学领域重要期刊担任编委和审稿委员。该院杨伯溆教授担任著名传播学杂志(SSCI 杂志)*Human Communication Research* 编委；王秀丽副教授担任 *Mass Communication & Society* 和 *Chinese Journal of Communication* 的评审专家；吴靖教授任期刊 *International Cultural Studies* 和 *Television and New Media* 编委以及多家海外期刊评审专家；胡泳教授担任中国香港《传播与社会学刊》《二十一世纪》、中国台湾《传播研究与实践》、美国 *International Journal of Communication* 匿名评审专家，美国宾夕法尼亚安能堡传播学院与新美国基金会“全球数字权利评估”项目顾问，英国牛津大学“全球媒介政策”暑期班讲师，世界经济论坛社交媒体全球议程理事会理事。

在 QS 全球学科排名中，北京大学的“传播与媒体研究”一直位于 50~100 位区间，居中国内地高校前列。

5. 社会服务

北京大学新闻与传播学院注重与产业和实践的结合，服务国家和社会发展的重大需求，学院教师与人民日报社、新华社、中央电视台、中央人民广播电台、百度、腾讯、阿里、微博等媒体，与中国银行等企业，开发多项产学研结合的重大合作项目与课题。新媒体研究院、国家战略传播研究院，以及其他科研机构的研究成果，涉及国际传播和形象建设、公共外交、地方政府的传播治理、企业的传播战略、互联网治理和传媒产业政策等，得到中央领导和有关部门领导的多次肯定和批示。学院教师还承担了中宣部、外宣办、文化部、卫生部、国家广电总局、新闻出版总署、文化部、国家外文局、侨办、国家工商总局、铁道部等多项政府咨询工作。北京大学新闻与传播学院也是全国新闻与传播专业学位研究生教育指导委员会秘书处所在地。

(陈开和)

4.1.2　华东师范大学传播学院

1. 历史缘起与沿革

华东师范大学新闻传播教育源远流长。1920 年上海圣约翰大学新闻系成立，亚洲新闻高等教育由此发端。1925 年，圣约翰大学部分师生分离出来，成立光华大学，光华新闻系承继圣约翰新闻系注重实践的教育理念，并注入了强烈的爱国主义精神。与此同时，大夏大学开办新闻教育，并于 1928 年创办我国最早的广告学系。光华大学、大夏大学的新闻传播教育英才辈出文华璀璨。戈公振、汪英宾、谢六逸、陆梅僧等名师先后于此执教，培养出邓拓、储安平、张稚琴等一大批杰出新闻工作者。1952 年，光华大学、大夏大学等合并组建华东师范大学。1992 年华东师范大学兴办广播电视编导专业，2002 年传播学系成立，2004 年传播学院成立。经历时间和时代的淬炼，华东师范大学新闻传播教育爱国家、重实践的教学特色风标高举，与时俱进。

华东师范大学传播学院现任院长为吕新雨教授，方奇华任党委书记，副院长为杜彬彬、陈虹、肖洋。

2. 办学理念和专业特色

华东师范大学传播学院秉持“多元办学、学科融合、知行合一、创新卓越”理念，聘请学界业界精英领袖，汇聚国内国外优质资源，营造多学科交叉融合教育生态环境，致力于培养具有如下特征的人才：跨媒体，具有全媒体传播能力；跨文化，具有国际传播才能；跨学科，具有多学科交叉融合知识结构；跨领域，能够适应新闻传播理论实践高层次、多方面的需要。

3. 专业设置

传播学院下设广播电视学系、新闻学系、广告学系、出版与文化系 4 个系，拥有广播电视编导、播音与主持艺术、新闻学、广告学、编辑出版学 5 个本科专业；拥有戏剧与影视学、新闻学、传播学 3 个学术硕士点，新闻与传播硕士、艺术硕士(广播电视)、出版硕士 3 个专业硕士点；拥有新闻传播学、戏剧与影视学 2 个一级学科硕士点，拥有新闻传播学一级学科博士点。

4. 本科人才培养

传播学院推行教研学与实践融为一体的工作坊式人才培养模式，优化和提升卓越新闻传播、影视人才、新媒体人才创新水平，巩固和丰富国内外名校名企联合培养模式。学院与新华社上海分社、上海报业集团、上海广播电视台等媒体单位开展合作，与上海广播电视台联合创建首家著名主持人曹可凡、印海蓉、骆新、陈蓉工作室。2017 年 12 月起，上海市委宣传部与华东师范大学开展部校共建新闻学院工作，学院与上海广播电视台对接，加快全媒型后备人才培养。

广播电视编导专业旨在为广播影视、文化传播和新闻宣传部门以及企事业单位的影像制作部门培养具有理论素养和策划操作能力的综合型人才。该专业强调理论联系实际，通过扎实的理论学习和制作短片、文案写作、节目策划等教学活动来提高学生的思维品质和动手能力，将来能从事电影电视节目撰稿、策划、编辑制作、广告策划与制作，以及影视文化经营管理等工作。

播音与主持艺术专业旨在培养具有较高政策理论水平，丰富的人文内涵以及播音与主持技巧的专门人才，该专业强调专业素养、艺术素养和文化素养并重，艺术感觉与现代传播技术融合，要求学生能胜任广播电台、电视台、网站以及其他媒介的播音、节目主持、文化传播、宣传公关、媒介管理等语言传播复合型工作。

新闻学专业旨在培养综合素质优秀、适应数字传播环境的复合型新闻传播人才，为日益发展的新闻业输送一流的策划、撰稿、编辑和记者。该专业强化学生的人文修养和综合创新能力，要求学生既要具备扎实的知识功底、开阔的人文视野、熟练的语言表达，又能系统掌握现代新闻传播业的基本业务技能，以胜任新兴媒介的工作要求，并具备持续发展的潜力。2019 年，新闻学专业入选国家级一流本科专业建设点。

广告学专业旨在适应现代社会对市场营销、广告策划与创意、商业和公益宣传、广告公司或部门经营人才的迫切需求，为各种层次的广告公司、媒体广告部门、企业广告策划部门和政府的宣传公关部门等培养高级专门人才。该专业坚持文化素养与专业素养相结合，市场意识和创新意识并重，专业理论学习与实践能力培养同步的培养原则，将学生的创意能力与现代传播技术有机融合，适应现代广告业的竞争和挑战。

编辑出版学专业依托学校丰厚的人文传统与出版资源，旨在培养具备系统的现代编辑出版理论知识与实践应用技能的高级专门人才，强调学生应具备宽广的文化底蕴与专门的学科知识，熟悉我国出版、宣传政策法规，掌握出版产业各个环节的基本技能，适应数字化条件下新型出版市场的需求。学生毕业后可在出版社、杂志社、报社以及其他各种新媒体企业从事编辑策划、市场发行以及出版管理工作，文化传播与创作以及文化产业经营工作。

5. 研究生学位点及研究生培养

新闻学博士点2010年经国务院学位委员会批准设立，2011年开始招收博士研究生。该专业秉承华东师范大学厚重、踏实的治学传统，依托文史哲人文学科的学术资源，发挥传播学院特色学科优势，主要研究方向包括：新闻政策研究，中国新闻史，新闻影像传播研究，新媒体与数字化创意研究，大众传媒与社会变迁，公共舆论与战略传播。

传播学博士点经国务院学位委员会批准，2010年在华东师范大学设立一级学科博士点，2011年开始招生。主要研究方向：批判传播学(传播政治经济学、文化研究、传播政策研究、乡村传播)，视觉文化研究(纪录片史论、广电研究、视觉文化)，纪录片史论，编辑出版研究，传媒文化研究，电影理论研究，动画、纪录片理论研究。

新闻学硕士点2005年批准设立，2006年开始招生，该学位点既密切关注新闻业界进展，又整合多学科理论资源，质化和量化研究并重，该专业主要研究方向：新闻理论与实务、新媒体研究、舆情与危机传播研究。

传播学硕士点2005年批准设立，2006年开始招生，该专业主要研究方向：文化理论与编辑出版实务、广告传播理论与实务。

戏剧与影视学硕士点是依托学院广播电视编导专业本科基础发展起来的研究生教育专业，拥有戏剧与影视学一级学科硕士学位授予权的硕士点。该专业主要研究方向：影视艺术理论、纪录片研究、动画片研究、广播电视主持艺术研究、影视跨学科研究。

新闻与传播硕士点是全国第一批应用型硕士专业，2011年开始招生。该专业培养全媒体实践高端人才，主要研究方向为全媒体传播。

出版硕士以出版行业需求为导向，在强调理论基础的同时，特别注重实践应用技能的培养。专业与华东师范大学出版社、上海人民出版社、复旦大学出版社、读客、果麦等十多家知名出版及传媒机构建立实习基地，为学生实践学习提供支撑和保障。该专业主要研究方向：书刊编辑出版、数字出版。

艺术硕士(广播电视)2011 年批准设立，2012 年开始招生。该专业以“通识博雅、技艺卓群”为培育理念，培养面对新媒介环境的高层次、应用型的艺术人才。该专业主要研究方向：数字媒体艺术、播音主持艺术、媒体与创意写作(中文系招生)。

为开拓研究生国际视野，学院与美国密苏里大学新闻学院、西北大学新闻与传播学院、纽约州立大学布法罗分校传播系、普渡大学、加州大学、特拉华大学、佩斯大学、里海大学，英国利兹大学、拉夫堡大学、诺丁汉特伦特大学等 20 多所世界著名新闻传播教育、科研机构，建立起教师互访、学生交流等全面深入的长期合作关系，如与佩斯大学联合培养出版专业硕士，与美国西北大学建立“国际新闻主播 1+1+1 硕士双学位项目”，与诺丁汉特伦特大学媒体学院、拉夫堡大学社会科学系、利兹大学传播学院建立 1+1+1 硕士双学位项目。学院与香港中文大学、香港城市大学具有良好的合作关系，与台湾地区的台湾师范大学、世新大学、中国文化大学等签订了科研合作和师生交流协议。

6. 师资队伍

传播学院现有教授 8 名，副教授 29 名，讲师、实验室及其他 22 名，其中：紫江特聘教授 1 人，终身教授 1 人，入选教育部新世纪优秀人才支持计划 2 人、入选上海市“浦江人才计划”6 人。师资队伍具有学历层次高、国际化程度高和传媒业界经验丰富等特点，75%具有博士学位，10%毕业于海外著名大学，45%拥有海外著名大学访学研究经历，多位教师曾在新闻传播业界工作多年并担任重要职务。学院曾聘请美国普渡大学传播学院塞弗尔教授、西北大学新闻学院哈姆教授等 31 位海内外知名专家担任兼职教授和客座教授。

7. 科学研究

近五年来，传播学院承担国家社科基金重大项目 1 项，国家社科基金重大委托项目 1 项，国家社科基金项目 16 项，省部级人文社科基金项目 39 项。近五年科研项目经费共计 2027. 5 万元，其中纵向项目经费共计 815. 2 万元。近五年在国内外学术期刊上发表论文共计 445 篇，其中 CSSCI 期刊论文 281 篇，出版学术专著 21 种，研究和咨询报告 83 份。近五年获得科研成果奖 7 项，如“上海市哲学社会科学优秀成果奖”“上海市哲学社会科学优秀成果网络理论宣传优秀成果奖”“全国广播电视学术著作评选”等省部级以上奖项。

8. 学术平台

传播学院现有亚洲马克思主义传播研究所、中国传媒政策研究中心、纪录片研究中心、传播学研究中心、影视创编研究中心、视觉文化研究中心以及战略传播研究中心7个研究机构，以及IDEA工厂、深度调查实验站、焦点纪录影像实验站、全景创客实验站、摄影EYE实验站、融媒体出版与传播实验站、大数据创新应用实验站、数字媒体艺术工作室8个实践教学平台。

学院与国内多个专业学会合作，先后举办和承办中国教育传播高峰论坛(2010)、第七届全国新闻与传播心理研讨会暨中国社会心理学会传播心理专业委员会第四届年会(2010)、口语传播国际高峰论坛(2012)、全球战略性传播高峰论坛(2013)、“戏剧与影视教学指导委员会”年会(2014)、第三届中国电视研究年会(2017)等具有较大影响的论坛和年会，举办“数字化时代的生存或毁灭？——权力、文化与社会国际”学术研讨会(2018)、第二届中国特色新闻学高级研讨班(2018)、首届“亚洲马克思主义传播”学术研讨会(2018)、首届大夏传播论坛(2018)——“却顾所来径：改革开放与中国传播学的发展与反思”学术论坛(2018)、中国共产党新闻政策发展史学术研讨会(2019)、第二届大夏传播国际论坛暨批判传播学年会“什么是数字时代的劳动——数字媒体时代的劳动问题与传媒变革”(2019)等学术会议。此外，学院推出的“国际学术交流月”“中国新闻奖得主工作坊”“全球华文传媒顶尖记者驻校计划”“三友学术沙龙”“大夏传播讲坛”等学术平台，为丰富和活跃师生学术交流提供了坚实的保障。

9. 学科建设举措

在教育部第四轮学科评估中，学院的新闻传播学评估等级为B+。学院与其他高校新闻传播院系展开错位竞争，凸显自身特色，建构“大传播”发展格局和学科发展优势，将新闻传播学、戏剧与影视学学科发展放在全球文化传播和新媒体迅速发展的大背景下展开，将新闻传播学、戏剧与影视学和教育学、心理学、社会学、文化学、计算机网络技术等相关学科结合起来，重点发展视觉文化与跨文化传播、教育新闻传播与新媒体、广告与传媒经济、影视艺术与传播、编辑出版与传媒文化研究等方向，拓展新闻传播学、戏剧与影视学学科的研究空间。

10. 社会服务

学院重视提升社会服务功能，在新华社、上海报业集团、上海广播电视台、华东师范大学出版社、李奥贝纳广告公司等 20 余家新闻媒体、出版机构、广告公司建立教学实践基地，既为学生提供丰富的实习实践平台，也推动学院与业界紧密合作，探索产学研融合机制，以校企合作与智库成果转化增强学院的社会服务合力。

由华东师范大学传播学院联合上海视觉艺术学院发起的上海大学生电视节，作为上海电视节的子项目于 2008 年正式启动，2013 年入选教育部“高校文化建设优秀项目”。历经十余年的发展，上海大学生电视节已成为国内最具权威性和最具影响力的大学生电视节。

华东师范大学与上海市委宣传部开展共建，与上海广播电视台对接，重点以习近平总书记关于党的新闻舆论工作重要论述为引领，大力加强马克思主义新闻观教育研究，以主动适应媒体深度融合、整体转型需要为目标，全面加快全媒型后备人才培养；以讲好中国故事、增强国际话语权为重点，更好地服务国家传播能力建设和国家对外传播战略。

（肖　洋）

4.1.3　上海大学新闻传播学院

1. 学院基本概况

上海大学新闻传播学院于 2018 年 10 月 20 日正式揭牌成立，由原上海大学上海电影学院新闻传播系、广告学系组建而成，其前身是创办于 1987 年 6 月的原上海科技大学新闻系。学院现由中共上海市委宣传部、中国社会科学院新闻与传播研究所和上海大学共同重点建设，是目前全国唯一的一所由宣传部、科研院所与高校“双共建”的新闻传播学院。

学院建有新闻传播学系、广告学系、智能媒体系；现有教师 96 人(含博士后)，其中教授 18 人，副教授 23 人；现有在校本科生、研究生 1100 余名(含国际留学生)。新闻传播学科在 2014 年和 2017 年两次教育部全国新闻传播学科的综合排名都进入前十，学科评分为 B+，具备建设一流专业的实力。目前学科在原有传统优势的基础上，瞄准新闻传播国际学术和应用前沿，聚焦智能媒体新闻传播，形成了学科特色和优势。

2. 发展愿景及总体目标

发展愿景：以一流的学术队伍、一流的科研成果、一流的学生质量、一流的学术声誉以及一流的社会服务，把学院建设成为教学、科研、服务产业和社会等多种功能为一体的世界一流新闻传播学院。

总体目标：服务于上海建设卓越全球城市的总体规划和中华民族伟大复兴的中国梦，把上海大学新闻传播学院建设成为立足上海、服务国家、放眼全球、特色显著、引领前沿的世界一流新闻传播学院。

3. 人才培养体系

上海大学新闻传播学院新闻传播学科覆盖学士、硕士、博士三个层次的完整教育培养体系，学院还拥有一个博士后流动站。

(1)培养目标。充分利用好上海全球城市优势，文理并重、跨学科培养、联合国内业界和国际学界共建课程，将学生培养成政治立场坚定、重合作、能担当、立足媒体融合前沿、能用新媒体讲好中国故事的具有全球眼光的新闻与传播界精英。

(2)本科专业基本情况。

①新闻学专业。新闻学专业的培养定位是智能媒体新闻。该专业旨在培养适应智能媒体时代需要、具备较高的新闻职业素养、深厚的新闻传播理论基础、宽广的知识面、良好的沟通能力、敏锐的新闻嗅觉、扎实的中英文写作能力、较强的数据分析和创新能力的高级新闻传播复合型人才。为了达成这个目标，采用“低年级专业实践+高年级课程研讨”的课程教学方式，成立了产学研基地建设，开设了“创新创业”课程，培养学生大数据挖掘、可视化、算法新闻等方面的能力，发展本专业智媒方向、实用新闻人才培养的特色。

②广播电视学专业。2019年广播电视学专业入选教育部首批国家级一流本科专业建设点。广播电视学专业旨在培养适应智能媒体时代需要、具备较高的广播电视职业素养、深厚的新闻传播理论基础、宽广的知识面、良好的沟通能力、敏锐的新闻嗅觉、扎实的中英文写作能力、较强的数据分析和创新能力、擅用视听语言讲述中国故事传播中国声音的复合型高级音频视频新闻传播人才。为了达成这个目标，以融合通识与专业教育、加强跨学科课程模块、建构价值塑造、能力培养、知识传授“三位一体”为目标打造本科专业课程体系。将广播电视学专业培养定位为智能媒体音视频，突出新闻传播+技术(音视频技术)+艺术(影像艺术)的专业特色。

③广告学专业。广告学专业致力于培养具备健全人格和良好科学文化素养、在智能媒体时代从事广告及相关工作的专业素质、营销传播战略规划和执行能力、在大数据时代自主学习和不断创新的能力以及熟练运用计算机和网络应用技能的广告人才，能够在创意策划、公关、营销、数据分析等运营团队中作为成员、技术骨干或主要负责人发挥有效作用。为达成这个目标，广告学专业依托教育部中国新闻史学会广告与传媒史分会

会长单位的全国性学术平台，多次主办如“上海国际广告节广告教育院长论坛”等国际学术研讨会，与上海市广告协会、上海美术设计有限公司等机构和企业签订实习基地协议，通过专业实践平台促进广告人才培养。

④会展专业。会展专业聚焦智能会展传播，以人文通识教育为基础，以创新能力培养为核心，以服务社会面向未来为目标，着重培养大会展(会议、展览、节庆、赛事、产业观光、传播和主题公园等)相关行业的策划和组织人才、创意人才、项目协调管理人才，培养具有会展策略传播、智能会展技术和会展创意设计能力的具有综合性素养的中高端复合型人才。在教育部公布2019年度普通高等学校本科专业备案和审批结果及普通高等学校本科专业目录(2020版)，会展专业成功获批目录外新增第一个特设交叉专业。该专业以“会展策划与经营”为人才定位，以“现场化交往沟通”为特色定位。

⑤网络与新媒体专业。网络与新媒体专业旨在培养适应数字媒介时代要求、具备基本的网络与新媒体思维方式、系统掌握网络与新媒体传播理论知识、熟练掌握基本的与互联网、大数据、人工智能相关的网络传播技术和应用开发能力、能融合运用网络与新媒体技术进行信息内容采制、创意策划、创新传播与运营管理的交叉复合型新闻传播人才。网络与新媒体专业将立足于学院自身的信息特色与技术优势，紧紧围绕国家及新媒体产业的发展需求，将通过融合型培养方案的设计，将传统的新闻传播基础训练融入网络与新媒体传播应用技能，将内容和技术的学习与训练有机交融，强调综合性、融合性的信息传播。

(3)研究生培养情况。自2003年以来，新闻传播学科作为上海市教委和上海市重点学科得到上海市政府的重点支持，学科建设项目主要包括上海市高校教育高地、上海市人民政府重点学科、上海市高校人文社会科学重点基地、上海市高等教育内涵建设“085”工程、上海市一流学科、上海市新闻传播卓越人才培养计划、上海市新闻传播高原学科等。目前学科点有博士研究生导师14名，硕士研究生导师近60名，并聘请共建单位的学界、业界导师40余名。学术硕士学位点研究方向：新闻与传播理论、新闻传播业务、国际传播、传媒经济与文化产业、会展与广告艺术设计、广告理论与实务、体育报道。专业硕士学位点研究方向：全媒体新闻、策略传播。

(4)特色课外培养。学院充分发挥新闻传播学科优势，结合校内外各种竞赛平台，全方位构建“无缝衔接”的专业实践平台。

①上海国际大学生智能媒体节。2019年，首届上海国际大学生智能媒体节由上海大学、上海市相关行业协会、新媒体企业联合主办。该节将设立智能媒体创意大赛、智能媒体高峰学生论坛、智能媒体训练营、智能媒体作品展四大板块，邀请国内外各大高校的大学生参加，激发广大学生了解智能媒体的兴趣和参与实践创新热情，为培养新时

代卓越新闻传播人才创条件、造氛围、搭平台。

②上海国际大学生广告节。上海国际大学生广告节由上海市教委、上海市市场监督管理局、上海市对外文化交流协会指导，上海大学作为主办方之一，携手海内外百余所著名高校共同参与，旨在通过大学生广告节这个创意平台，结合行业发展需求，把创新创业意识融入人才培养，让具有创新精神、创业意识和创造能力的人才脱颖而出。目前，广告节已成功举办了十八届。

③全国大学生会展创新大赛。大赛由上海大学新闻传播学院与上海会展研究院联合主办，上海风语筑展示股份有限公司战略合作，上海大学全国会展大赛组委会承办，中国会展经济研究会与《中外会展》《中国广告》杂志支持，上海复医会展管理有限公司、31会议网和上海皇狮创意咨询有限公司提供合作。目前，大赛已经成功举办了三届。大赛旨在通过校企合作，激发学生创作热情，把创新精神延伸到专业实践，推动会展相关人才孵化，为全国会展专业高校提供沟通、开放和共赢平台。

④马克思主义新闻观新闻实践创新项目。该项目以马克思主义新闻观为核心，推动新闻传播师生协同践行“四力”，主要内容包括：第一，“大学生下基层”新闻采风计划。利用上海大学夏季短学期的条件，已经持续六年带领学生进行田野采风教学，成果得到了人民网、文汇报、上海教育电视台等主流媒体的高度关注。2019年在浙江德清采风的《知·县》系列作品，人民网上海频道发表14篇、看看新闻网发表18篇。第二，“卓越新闻人”导师论坛。邀请国内主流媒体资深采编播一线导师开讲座，结合当下新闻热点分享一线采编经验，探讨马新观在新闻业务实践中指导作用。第三，“铸魂育人”精英学生记者作品提升计划。遴选优秀学生，协同课程导师和业界导师开展精品培育计划，以参赛标准提升作品质量，以主流媒体发布为目标，出精品，创品牌。第四，“践行四力”融媒协同训练营。切合上海本地媒体的内容需求和融媒体技能需求，助力学生结合上海本地新闻热点创作精品，重在服务上海本地融媒体中心。第五，“传媒新观察”创新创业基地建设计划。适应新媒体发展需要，搭建自媒体实践平台，探索自媒体创作人的培育路径。

4. 学科平台建设

上海大学新闻传播学院建有多个上海市级重点和上海大学校级重点研究基地，积极服务国家战略和上海地方建设，取得了较好的社会声誉。

(1)上海市政府决策研究基地。上海市政府决策研究基地作为上海市人民政府发展研究中心的决策咨询智库，近些年一直为上海市和长三角的文化繁荣与新媒体发展贡献智慧，近年来完成了十余项上海市决策咨询重点课题、热点课题。代表性课题有：“国际新媒体视阈下的上海城市舆论形象建构”“长三角一体化的区域形象传播策略”等。要报《发挥政协新媒体先行优势，构建长三角传播新格局》于 2019 年 6 月获上海市政协主席董云虎批示。该研究基地与中国社会科学院新闻与传播研究所联合主编的新媒体蓝皮书《中国新媒体发展报告》，2014 年、2016—2019 年五次获得“优秀皮书奖”一等奖。

(2) 上海会展研究院。上海会展研究院是国家商务部和上海市政府合作共建的会展研究专门机构，宗旨服务会展业发展、促进新学科成长、建设国家会展研究基地，为服务国家对外开放战略和上海建设国际会展之提供坚实学术支撑。2017 年完成进博会相关调研得到中央领导审阅肯定。2018 年完成上海市政府决策咨询重点项目，为上海承接进博会溢出效应提供了完整思路，为上海形成全球资源集聚配置平台和开放枢纽贡献了学术智慧。《中国国际进口博览会组织实施方案及相关调研报告》获得 2019 年上海市决策咨询二等奖。

(3) 上海市舆情监测与分析中心。该中心坚持中国特色的社会主义方向，秉承为上海地方发展服务，在跨学科的视角下围绕舆情生态和社会治理、媒体和政府新闻宣传需求展开研究。自 2018 年成立以来，通过对大数据即时挖掘，围绕重大突发事件和节点性事件展开研究，为国家和地方宣传部门提供大量的舆情报告。围绕科学传播、长三角一体化、城市形象等主题开展专题研究，并多次组织专项研讨会，努力搭建咨询和科研的跨学科平台。目前智库专报中，10 余篇被中宣部采纳，2 篇获习近平总书记批示，并在《新闻大学》等刊物上发表多篇文章。

(4) 全球人工智能媒体研究院。研究院宗旨：打造一流的人工智能媒体科学，推动科技创新与新媒体相关领域的研究发展，重点布局智能媒体领域。2019 年 11 月 30 日，在上海大学召开的全国新闻学与传播学教育年会上，该研究院发布了国内第一份《全球人工智能媒体发展研究报告》和《中国人工智能媒体发展研究报告》，主办了第一场智能媒体发展业界和学界 30 人峰会、全国第一个研究生智能媒体发展论坛、全国第一个上海国际大学生智能媒体节、全国第一个智能媒体高峰论坛和第一个智能媒体青年论坛。

5. 社会服务方面

第一，弘扬优秀传统文化，推进精神文明建设。组建学生纪录片创作团队，和上海申通有限公司、上海广播电视台共同开展上海城市文化地标公益项目。拍摄专题纪录片，传播上海优秀传统文化、红色文化和现代城市文化。与旺旺中时媒体集团、金犊奖组委会、台湾青年创客发展协会共同举办 2019 两岸青年城市体验营，用微视频记录上海城市文化独特景观，感受现代超大城市文化发展的独特魅力。

第二，推动智库建设，服务国家地方战略。依托“上海大学舆情研究中心”和 “新媒体传播与超大城市社会治理”上海市高水平大学建设重点创新团队，发挥专业优势，服务国家战略、推动智库建设。近年来有 4 篇报告获得习总书记批示，18 篇报告获得中宣部领导批示，近百篇报告为中宣部、上海市委宣传部、国家各部委采纳。成立中国视协电视纪录片学术委员会、中国教育电视台、中国视协旅游电视专业委员会长三角创作基地。

第三，举办国际重要学术活动，推进国际化合作工作。响应国家“一带一路”倡议，举办世界传播论坛 2018：“一带一路”与新闻传播学教育的跨文化交流；2018 年联合全球 10 余所知名大学新闻学院创立高端“国际新闻传播教育联盟”，以双边或多边方式展开合作、共建平台，以期在学术研究、人才培养、学科建设、联通业界等方面展开国际化的交流与合作，已经成为全球新闻传播教育国际化交流的重要平台。

（汪友宝）

4.1.4 南京大学新闻传播学院

从 1936 年金陵大学的“电影与播音专修科”起始，南京大学的新闻传播教育已走过 84 个春秋。从“专修科”到“新闻系”到“新闻传播学院”，南京大学新闻传播学科秉持“诚朴雄伟、励学敦行”的校训，为中国新闻传播教育和新闻传播事业作出了不可忽略的贡献。

1. 历史沿革

南京大学具有悠久的新闻传播学教育历史，新闻学家梁士纯、广告学家林振彬等诸多学科先驱任教于此。南京大学的新闻传播学科，发端于 1936 年南京大学前身金陵大学孙明经先生创立的“电影与播音专修科”，这是中国最早的电影广播教育单位，也是中国影音传播高等教育的起源。

1986 年，南京大学恢复新闻专业教学建制，并于 1992 年 10 月正式建系，丁柏铨、方延明等先后担任系主任。

2003 年 12 月，南京大学成立新闻传播学院。2013 年，南京大学与江苏省委宣传部签订了共建新闻传播学院的协议，确立了以建设一流新闻传播学院为目标的部校共建“八项工程”，大力推进体制机制创新，整合资源，拓展视野，加强国际交流，提升新闻传播学科的综合创新能力和服务国家需求的能力，培养优秀的新闻与传媒工作者及学术人才。

2. 办学理念

新闻传播学院秉承南京大学“诚朴雄伟、励学敦行”的百年传统，形成了“国家立场，国际视野，跨学科融合，一体化发展”的办学理念。“国家立场”，是指扎根中国大地，具有家国情怀和使命担当，为人民服务，为中国共产党治国理政服务，为巩固和发展中国特色社会主义制度服务，为改革开放和社会主义现代化建设服务。“国际视野”，是指立足中国、放眼世界、联通中外，提升学科的国际化水平和国际竞争力，推动中华文化传播和中外文化交流。“跨学科融合”，是指充分发挥南京大学综合性多学科优势，充分利用校内资源，在学科建设中积极探索和实践“文理交叉”“文工交叉”等多学科交叉和融合，在人才培养上追求复合型全媒化人才培养模式，在科学研究上积极吸纳和注入新的研究内涵和活力，提升学院对新的学科增长点的创新力和影响力。“一体化发展”，是指持续推进人才培养、平台建设、师资队伍、科学研究、社会服务以及国际化水平六位一体、协同促进的总体学科格局。

3. 专业设置

学院现有新闻传播学一级学科博士点和硕士点，下设新闻与新媒体、广播电影电视、应用传播三个系。新闻与新媒体系以“未来编辑部”“南大家书”等校园媒体为依托，重视学生理论与实践能力的双向培养。广播电影电视系旨在培养适应媒体融合背景下的广播电视新闻传播事业发展需要的应用创新型人才。应用传播系前身为广告学系，以广告策划和创意为核心，以广告管理与研究为特色。

4. 人才培养特色

近年来，学院依托南京大学“三三制”课程改革方案，在教学培养模式上积极探索创新，形成了以“不限选专业”的融合式大类教育为基础，以“国际化、前沿化、浸润式、跨学科”的精英教育为特色，以“学院即媒体”的实践教学理念为依托的新型人才培养模式。

(1)“未来编辑部”新媒体实践平台。为体现“学院即媒体”实践教学理念，学院成立了以本科生为主体的“未来编辑部”新媒体实践平台。编辑部下设“NJU 核真录”“南大新传”“新记者”“南大家书”等十个公号。在纪念抗战 80 周年等一系列重要历史时刻的报道中，引发了广泛关注和一致赞赏。“NJU 核真录”通过对多个事件的事实核查，产生了较为广泛的影响。2016 年以来，以“未来编辑部”为主体，学院学生在中国数据可视化创作大赛、全国数据新闻大赛、全国大学生创意融媒体作品大赛等各种重要比赛屡获佳绩，共获得四十多项各种奖项，其中，《90后与“90”后的党员对话：跨越70年的信仰接力》荣获第十六届“挑战杯”全国大学生课外学术科技作品竞赛终审决赛二等奖；《家书——智能化成人亲子之间的网络服务性平台》荣获第五届江苏省“互联网+”大学生创新创业大赛“红色赛道”一等奖；与蜻蜓FM合作的《家书》音频项目收听量近3000万；2016级本科生贾威获第七届范敬宜新闻教育奖学子奖(全国共10名)，并作为唯一获奖学生代表发言。

(2)传媒实验班项目。该班通过在南京大学全日制本科生中遴选招收大类分流后的优秀本科生，汇聚南京大学人文社会学科重点资源及相关高校、科研院所及传媒业界的力量，开设“通才教育与专才教育”“理论与实践”“思想教育与业务教育”三结合的精品课程群，组织到英美著名高校集体访问学习等，为国家培养造就适应媒体深度融合和行业创新发展，能够讲好中国故事、传播中国声音的优秀新闻传播后备人才。

(3)三大孵化性读书会。充分利用南京大学人文底蕴深厚优势，建立了“鼓楼”“仙林”“第谷”三大读书会。“鼓楼读书会”以硕、博士为主，书籍选择偏向于人文社科的经典著作，强调深度性、分析性与批判性，持续时间已超10年；“仙林读书会”以本科生为主，书籍选择偏向于通识性、普及性读物，强调“如何读书”与“怎样选书”；“第谷读书会”则以量化与实证为特色，鼓励小组性质的参与、探讨、分析等，以不同项目和选题为依据，强调对硕、博研究生的成果产出进行分析研讨，此读书会依托学院的计算传播学实验中心，在多家网站上设有直播平台，吸引大量网友参与。

(4)两级研究生学术训练平台。为促进研究生在学术沟通中成长，学院先后设立了“博士之家”“硕士之家”两层学术训练平台。前者主要面向博士生，以邀请海内外知名学者讲述自己的博士论文为特色；后者则为学院硕博生相互交流而设立，强调学校内部的同辈互助、学术共融。目前，“博士之家”已举办超过100期，各学科的20多位长江学者、数十位领军人物及青年才俊先后参与其中，已成为新闻传播博士培养的知名品牌。

5. 师资队伍和学术格局

新闻传播学院现有专任教师50人，其中全职正教授22人，副教授16人，博士后及专职研究人员12人，并聘有外籍特任研究员。学院专任教师形成了“教学科研型”和“实务师资型”“两翼齐飞”的师资格局。在学校的支持下，南京大学为新闻传播学院开辟了实务师资人才特区，引进了中央电视台评论员、《焦点访谈》主编、江苏卫视总监和曾有新华社等新闻媒体单位工作经历的实务师资教职，在高素质全媒化新闻传播人才培养中发挥了重要作用。

近年来，学院形成了以“互联网时代中国转型研究”为学科主线，以“数字项目群”(包括计算传播、网络新闻传播、新媒体与媒介融合研究等)、“社科项目群”(传播社会学、互联网法治、传媒经济与管理)、“人文项目群”(包括新闻传播史学、图像传播学、文化传播学等)为布局的学术方阵，并在网络传播、传播社会学、新闻传播史学、图像传播学、互联网法治等方向上形成了特色。

目前，学院拥有网络传播、传播与社会、新闻与政治、媒介经济与管理、中华图像文化、影视与文化、计算传播研究中心、新闻创新实验室、中德数字营销实验室等 9 个研究机构，分别由杜骏飞教授、胡翼青教授、陈堂发教授、丁和根教授、韩丛耀教授，张红军教授、王成军副教授、王辰瑶教授和郑丽勇教授领衔。目前学院院长为卜宇，执行院长张红军，党委书记刘源，副院长李声、胡翼青、李晓愚、朱江丽，副书记闻羽。

6. 科研基地和学术平台

(1)三大科研基地。南京大学新闻传播学院现下设南京大学传媒教学示范中心(国家级)、江苏省哲学社会科学研究基地(社会舆情分析与决策支持研究基地)、中国南海研究协同创新中心三大科研基地。南京大学传媒教学示范中心是目前南京大学文科中唯一的国家级教学示范中心，也是国内较早倡导实验室集中管理、传媒资源共享的实验教学单位；中国南海研究协同创新中心是综合研究南海问题的高端智库，新闻传播学院主要承担建设“南海舆情监测与国际交流对话平台”这一子单位的相关任务。

(2)五大学术平台。南京大学新闻传播学院拥有传播与历史小组、《中国网络传播研究》《传媒经济与管理研究》、奥美创意研究院以及紫金传媒研究院(北京)五大学术平台。

其中，传播与历史小组由相关研究领域方向教师自发组成，每年举办两期高质量、精英化的学术交流活动；《中国网络传播研究》是目前国内唯一的一部以网络传播、新媒体研究为主旨的学术研究刊物(集刊)，该集刊目前已入选 CSSCI 来源集刊；《传媒经济与管理研究》是中国新闻史学会传媒经济与管理研究会会刊，由研究会与南京大学新闻传播学院、北京师范大学新闻传播学院联合主办，南京大学媒介经济与管理研究所承办，是国内唯一的传媒经济与管理类综合性学术论文集刊；奥美创意研究院是中国首家专业广告人才培养教学基地，由奥美广告联合南京大学共同成立，将构建以高等学府全日制形式进行专业广告人才培养的模式；紫金传媒研究院(北京)作为新闻传播学院设立在北京的教学、科研、培训基地，是中共江苏省委宣传部和南京大学共建新闻传播学院的重要成果。目前，紫金传媒研究院(北京)与中国国际广播电台、共识传媒集团和视觉中国集团三家单位签署了战略合作协议。

在科研基地与学术平台相辅相成，彼此互融的基础上，新闻传播学院的学术科研方面收获颇丰：学院新闻传播学学科在教育部第四轮学科评估中跻身全国十强，并入选“十三五”一级学科江苏省重点(培育)学科、江苏省第三批优势学科建设名单。

7. 社会服务

学院依托江苏紫金传媒智库、江苏省社会舆情分析与决策支持基地、全国高校双创示范基地核心项目“南京大学文创平台”、南海研究协同创新中心“舆情监测与传播管理平台”和紫金传媒研究院，形成了一系列服务国家重大社会需求的重要成果。

2015 年 7 月，江苏省委宣传部与南京大学密切协作，整合南京大学社会学院、新闻传播学院、信息管理学院、政府管理学院及法学院等五大社会科学院系与省内四大媒体集团，正式成立“江苏紫金传媒智库”。智库自成立以来，在决策咨询、理论创新与舆论引导、重大任务等方面取得诸多成就，积极服务地方社会经济发展。五年间共提交报告 30 余篇，其中多项获省领导批示。近年来，智库承担了 30 余个年度重点课题，形成了一批有质量有价值的决策咨询研究成果。在理论创新和舆情引导方面，智库发挥各研究中心在社会舆论与舆情研究领域的优势，利用大数据、社会调查等科学研究方法针对社会重大事件进行舆情分析；重大会议召开期间，针对重要议题组织专家召开研讨会、撰写文章；组织研究员在《人民日报》《新华日报》《群众》等主流媒体发表理论创新文章近 30 篇。在重大任务方面，智库积极参与省委省政府的重要工作中，包括：2016 年连云港拒核事件发生后，智库社会舆情、新闻传播、风险问题等领域专家参与省委宣传部组织的讨论中，为良好的舆论宣传出谋划策；2017 年，协办省委宣传部主办的江苏发展大会传媒论坛；2018 年为改革开放 40 周年，智库策划并执行纪念改革开放 40 周年访谈活动等。从 2020 年起，智库研究聚焦传媒，重点围绕县级融媒体中心建设、马克思主义新闻观阐释、舆情分析与舆论引导、媒体融合发展及国际传播等领域展开研究，助力信息技术变革背景下的传媒实践。

除智库工作之外，学院还积极推动传媒产业实验室与产业教授制度。通过传媒产业与“新闻创新实验室”“南京大学文创平台”等研究平台的深度对接，积极提升实验室的社会影响力和社会贡献度，推动与国内文化产业集团建立合作机构，推动相关研究成果的转化。

信息科技革命所带来的传媒业跨界发展浪潮，使得新闻传播业正经历人类历史上“百年未有之大变局”。南京大学新闻传播学院将以“一流定位、系统推进、内涵发展、南大特色”为总体战略，积极响应国家建设和社会发展的战略需求，不断开拓创新，积极进取，努力谱写南京大学新闻传播教育的新篇章。

（南京大学新闻传播学院）

4. 1. 5　南京师范大学新闻与传播学院

南京师范大学新闻传播教育起源于 1964 年，1995 年成立新闻与传播学院，2017 年新闻与传播学院成为江苏省“部校共建”单位。2006 年获得新闻学二级学科博士点授权资格，2018 年获得新闻传播学一级学科博士点授权资格。“十五”至“十三五”新闻学连续 4 次获得江苏省重点学科，2018 年入选江苏省优势学科，第四轮学科评估中新闻传播学被评为 B+，2018 年新闻传播学入选江苏省高校优势学科。2007 年新闻学被遴选为国家首批特色专业，2019 年新闻学入选首批国家级一流专业。2006 年新闻学被遴选为江苏省品牌专业，2012 年新闻传播学获江苏省重点专业(类)。

1. 办学特色

学院一直坚持“求真、善学”的教学理念，努力培育具有独立精神、博雅知识和创新能力的人才。新时期以来，新闻与传播教育培育了一批又一批优秀的人才，他们有的活跃在新闻传播学界，如中国社会科学院新闻与传播研究所所长唐绪军研究员、清华大学新闻与传播学院常务副院长陈昌凤教授、中国政法大学光明新闻传播学院原院长陆小华教授、南京大学新闻传播学院执行院长张红军教授、华南理工大学新闻与传播学院院长苏宏元教授等；有的活跃在新闻业务与宣传管理领导岗位，如江苏省委宣传部原副常务部长周世康、新华报业传媒集团原社长周跃敏、江苏广播电视总台(集团)总经理周斌、《环球时报》副总编辑赵强等。当前学院办学特色主要体现在：

第一，适应卓越人才培养要求，精心设计模块化的课程体系。传统新闻传播学教育主要为媒体培养新闻采编业务人才，为党政部门培养新闻管理干部。在媒介融合、卓越人才培养的背景下，新闻传播学专业仍然需要为职业媒体培养新闻采编人才，同时还要为党政部门、社会机构、网络公司等培养宣传管理、舆情研判、网站维护、组织公关、新闻发布等各类型公共传播人才。根据媒介融合和社会发展的需要，学院不断对课程体系进行了调整和改革，逐渐形成了七大课程模块，形成了卓越新闻传播人才培养教育的课程新体系(见图 4-1)。

第二，盘活校内外资源，创造“两翼开放”的共享教学空间。所谓“两翼开放”指的是本研教学过程既向学院开放，也向社会开放。近年学院打破了一级学科下的各专业之间的壁垒，整合学院的所有教学、实践资源，为各专业学生的成长提供各种方便。在本

图 4-1　卓越新闻传播人才培养体系的课程模块结构

科生中间推行导师制，鼓励老师将学生吸纳到科研课题中，提升学生的实践和科研能力。同时，学院依托江苏社会的创新动力，南京丰厚的古都文化，学校百年的文科历史，不断加强与党政部门、企事业单位、省内媒体的合作，吸纳有用的社会资源参与教学，全面提高学生的媒介素养和业务素质。

第三，创新实践教学模式，形成“四化一体”式的技能训练体系。学院依托省优势学科、省重点学科、省实验教学平台，整合党政部门、新闻媒体和校内资源，形成“四化一体”的实践创新能力培养体系，即实验教学模块化、实践教学仿真化、行业训练基地化、实践创新项目化。整合实验资源建设 5 个模块化的主题实验室，整合师资力量创设 5 个工作坊，建设 12 个研究生工作站(其中 8 个为省级研究生工作站，1 个为校级重点研究生工作站)，近 5 年完成实践创新项目 50 多项。创设“求真 · 教师教学沙龙”“善学 · 学生学习沙龙”，举办沙龙活动 100 多场。

第四，依托部校共建的资源优势，强化国情、民情、世情教育。自 1964 年创办新闻学本科专业开始，南师大新闻传播教育的每一步发展，均得到江苏省委宣传部的直接领导和支持。2017 年，江苏省委宣传部和南京师范大学签订协议，再次共建新闻与传播学院。部校共建更加明晰了学位点的发展目标：加强马克思主义新闻观教育，培养学生积极向上的世界观、人生观和新闻观，践行社会主义的核心价值观；加强民情、社情、国情、世情教育，增进研究生对国家的思想认同、政治认同、理论认同和情感认同，深入社会实际，对接国家需要；密切与党政部门、新闻媒体的合作，注重培养学生的视频制作、新闻发布、舆情监测、信息报送、危机公关、社会化媒体管理与制作等方面的才能，提高学生的职业感、使命感和责任感。部校共建为学位点建设注入新的活力，架设了课堂与媒体、社会的桥梁，提高学生的专业认同感、社会适应性和职业创造力。

2. 专业设置

南京师范大学新闻与传播学院紧跟时代步伐，不断开拓创新，探寻新闻传播教育的新路径。经过半个多世纪的努力，学院建成新闻系、广播电视系、广告系、网络与新媒体系、影视摄影系等 5 个系，拥有新闻学、广播电视学、广告学、网络与新媒体、广播电视编导、影视摄影与制作 6 个本科专业。1996 年开始研究生教育，现已建成 1 个一级学科博士点(新闻传播学)，2 个学术型硕士点(新闻传播学、戏剧影视学)，2 个专业型硕士点(新闻与传播、广播电视)。学院本科专业和学位点建设情况如图 4-2 所示。

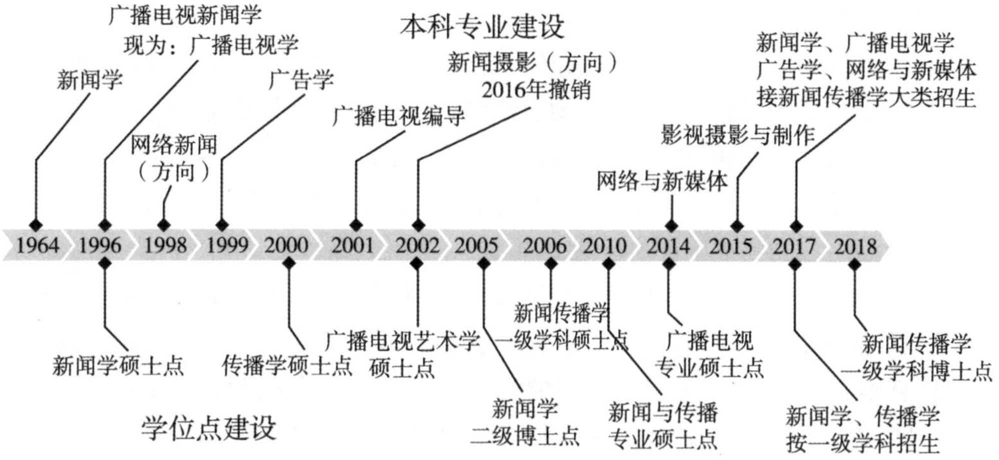

图 4-2　本科专业与研究生学位点建设情况

3. 师资队伍

学院提出“国内有影响、国际有声音”的奋斗目标，不断强化中青年教师队伍的培养，努力形成一支学缘结构、年龄结构合理的教学科研队伍。学院现有教职员工 65 人，其中专任教师 45 人，教授(研究员)14 人，副教授 20 人，博士生导师 8 人，硕士生导师 27 人。拥有 1 个江苏省“青蓝工程”优秀教学团队。1 人获江苏省 333 工程第二层次学术带头人，2 人获江苏省青蓝工程中青年学术带头人，1 人获江苏省社科英才，2 人获江苏省社科“优青”。紧跟计算传播学发展的趋势，引进计算机科学、信息管理学、图书情报学等专业人才，在数据挖掘、社交媒体分析、舆情监测等方面不断储备优质师资。近 5 年引进海内外名校博士 12 名，柔性引进海外兼职教授 1 名，聘请业界导师、兼职教授18名。出台各种激励措施鼓励教师出国访学、参加学术会议，使学术交流实现制度化、日常化。近年有15位教师赴美国密苏里大学、北卡罗来纳大学、威斯康星大学，日本东北大学，以及中国台湾世新大学、香港浸会大学、香港城市大学等高校访学或攻读学位；同时学院教师还赴美国、英国、奥地利、日本、新西兰等国参加学术会议。鼓励专业教师利用业余时间到媒体一线参与新闻采写编评、电视栏目策划与制作、广告创意与策划等实践，在提高新闻传播业务水平和业务能力的基础上构建“双师型”教学团队。目前已有一群中青年教师活跃在江苏广电总台、南京广电集团等媒体，他们成为媒体的兼职主持人、嘉宾和电视评论员等。

4. 学科建设

学科建设坚持“差异发展、把握特色、形成优势”的思路，不断拓宽学科建设的空间，丰富学科建设的内涵。经过多年的建设和发展，目前在新闻传播史论、新闻法规与伦理、媒介与社会发展和舆情与社会治理等领域形成自己的优势和特色。

新闻传播史论。包括新闻理论和新闻史学。张晓锋教授从事港澳台新闻史和两岸新闻交流史研究，主持完成国家社科基金项目“台湾近代新闻史研究(1885—1949)”；团队目前主持国家社科基金重大项目“海峡两岸新闻交流三十年史料整理、汇编与研究”、江苏省社科基金重大项目“江苏新闻史史料整理及其研究”，以及参与国家社科基金重大项目“百年中国新闻史史料整理与研究”的研究。倪延年教授领衔的中国报刊法制史与民国新闻史研究，经过20多年的学术积累，已经在全国新闻传播史研究领域确立了优势地位。该团队曾主持国家社科基金重大项目1项、重点项目2项、一般项目2项，省部级项目6项。

第二，媒介法规与伦理。由顾理平教授领衔的媒介法规与伦理科研团队，经过多年努力已在全国具有了较大的学术影响。团队成员在新闻作品著作权、网络权利与义务、网络版权的界定与保护等领域，开展过一系列有针对性的研究，不断在应用性法理研究上寻求突破。该研究领域主持了国家社科基金一般项目“新闻侵权与法律责任研究”，国家社科基金重点项目“大数据时代的隐私权保护问题研究”等课题6项。

第三，媒介与社会发展研究。从上个世纪九十年代中期开始，方晓红教授领衔的科研团队就较早涉足农村传播研究领域。方晓红教授曾主持3项相关的国家社科基金项目，研究专著《大众传媒与农村》《农村传播学研究方法初探》先后获得江苏省社科优秀成果三等奖、二等奖。该团队成员还完成了其他省部级项目6项，获得省社科优秀成果奖、省高校哲社成果奖7项。指导的博士生开展了村民选举、科技传播、农村电商、农村普法、农村非遗等专题研究，取得了一批有价值的农村传播研究成果。

第四，舆情与社会治理。以中青年学者为基础的舆情与社会治理研究队伍，近年来紧跟时代发展步伐，整合学院已有的科研资源，努力为党政机关和部门提供智库服务。该方向主持国家社科基金重点项目 2 项，一般项目 6 项，省部级项目十多项，项目研究涉及网络与国家安全、舆情与社会治理、手机舆情形成机制及应对、网络大 V 传播行为等内容。获得多项江苏省社科成果奖、江苏省高校哲学社会科学成果奖。

5. 科学研究

科学研究主要有三驾马车，即科研项目、科研成果和科研获奖。近年，在各项政策措施的激励和帮扶下，学院的科研项目申报出现了不错的局面，在国家项目、省部级项目、横向项目上均有了新的突破(表 4-1)。

表 4-1　　**近五年国家社科基金立项情况**

年度	项目主持人	项 目 名 称	项目编号	项目类别
2015	顾理平	大数据时代隐私权问题研究	15AXW009	重点项目
	卞冬磊	中国近代报刊阅读史及其史料库建设	15CXW003	青年项目
2016	于德山	新媒体视觉文化传播研究	16AXW008	重点项目
	骆正林	大数据时代网络舆情和社会治理研究	16BXW042	一般项目
2017	庄　曦	新型城镇化背景下城市新移民的互联网社会支持研究	17BXW105	一般项目
	曹　刚	“互联网+”背景下西部贫困农民社交媒体应用困境及对策研究	17BXW109	一般项目
	高　昊	新媒介环境下灾害信息传播与媒体社会责任研究	17CXW016	青年项目
2018	张晓锋	海峡两岸新闻交流三十年史料整理、汇编与研究	18ZDA318	重大项目
	张　宁	穆斯林流动人口媒介使用、社会交往与城市融入研究	18BXW073	一般项目
	邹　举	全球互联网治理背景下主权原则的理论调适与实践路径研究	18CXW016	一般项目
	刘继忠	社会化媒体空间表达与治理研究	18FXW013	后期资助
2019	顾理平	人工智能时代的公民隐私保护研究	19AXW009	重点项目
	周清清	融合多源异构数据的图书精准画像构建研究	19CTQ031	青年项目
	操瑞青	中国近现代新闻从业者伦理观念的发生、演变及其当代价值研究	19CXW009	青年项目

为了加强国际交流，提高科研国际化水平，学院在SSCI、SCI论文发表方面，付出了艰苦的努力，并取得了明显的进展。2019年学院老师发表国际期刊论文5篇(其中4篇SSCI、1篇SCI)。在科研成果获奖方面也不断有新的突破。2018年在江苏省第十五届哲学社会科学优秀成果获评审中，学院获一、二、三等奖各1项。在2019年教育部第八届高等学校科学研究优秀成果奖(人文社会科学)评审中，倪延年教授等的《中国新闻法制通史》(6卷8册)获二等奖，庄曦副教授的《流动儿童与媒介：移民融合中的传播与社会化问题》获青年成果奖。2019年胡正强教授的专著《中国近现代漫画新闻史》获中国新闻史学会新闻传播学学会奖方汉奇奖三等奖。

6. 教育教学

依托师范大学的母体，学院一直重视教育教学工作，把教书育人作为发展的头等大事。学院采取各种措施，激励教师在教育教学中投入更多的精力。

第一，提高教师素质，加强团队建设。从信息学科、管理科学、计算机科学等学科引进优秀博士充实教师队伍，不断优化计算传播学教学团队；鼓励教师参与各级教师技能大赛，1名教师获得江苏省青年教师教学大赛一等奖；与中国传媒大学南广学院合作，利用他们的实践性师资优化教学结构。

第二，优化课程结构，规划系列教材。学院在全国较早开设"新闻法学""传媒经营与管理""三维动画制作"等课程；"新闻学概论"(2015)获教育部马克思主义理论研究和建设工程"精彩一课"，"新闻理论研究"(2016)获得江苏省优秀研究生课程，"叙事蒙太奇之平行蒙太奇""时事新闻的著作权问题"(2014)分获江苏省微课比赛一、二等奖，《数据新闻初探》(2019)获江苏省微课教学比赛一等奖。《中国新闻史学》《当代电视编辑教程》《视听语言教程》《动画概论》获国家级规划教材；《视听语言教程》《新闻理论教程》获江苏省精品教材。

第三，推进教学改革，总结改革成果。学院有计划地推进教学改革，不断总结推广教学改革成果。"四级递进、两翼开放、产学协同——新闻传播复合型人才培养模式的构建与实践"获江苏省教学成果一等奖(2013)，"新闻与传播专业硕士'金字塔'培养模式的建构与实践"获江苏省教学成果奖二等奖(2017)，"同频共振、三驾齐驱、多元并举——新闻与传播专业硕士培养模式的建构与实践"获江苏省研究生培养模式改革成果三等奖(2015)；2019年"'双核四场景五方向'卓越新闻传播人才教育培养模式的研究与实践》获江苏省高等教育教改研究立项重点课题。

第四，更新实验设备，完善实践课程。传媒实验中心为江苏省实验教学示范中心、中央和地方共建高校特色优势学科实验室，拥有用房面积为2800平方米。拥有舆情调查实验室、数字高清演播室、卫星电视采集实验室、电子新闻采编实验室、媒介融合实验室等实验室。拥有实验设备 1776 台套，设备资产总值 2000 多万元；有 400 平方米和 300 平方米的演播厅各一个。目前正在建设虚拟仿真实验室，构建虚拟仿真教学项目，推动实践教学提档升级。虚拟仿真实验室正在搭建传媒素材采集平台、内容生产平台、融合发布平台、媒体管理平台、数据挖掘平台等相互融合衔接的实验平台。在研究生课程体系中，建立了大数据与新闻传播工作坊、媒体融合工作坊、深度报道工作坊、编辑出版工作坊、纪录片工作坊等实践操作类课程。

（骆正林）

4.1.6　浙江大学传媒与国际文化学院

1. 历史缘起

浙江大学传媒与国际文化学院办学历史最早可追溯自 1922 年之江大学创办的新闻科。1952 年之江大学文理学院和浙江大学文学院、理学院、师范学院组合成立浙江师范学院，1958 年定名为杭州大学，并正式成立新闻系。1998 年，杭州大学回归浙大母体，四校合并组建新浙江大学。2006 年，浙江大学传媒与国际文化学院宣告成立。在首任院长徐岱教授、继任院长吴飞教授、现任院长韦路教授的带领下，学院从无到有，从小到大，筚路蓝缕、风雨兼程，现已发展成为国内领先、国际知名的传媒教育重镇，在海内外享有盛誉。

2. 办学理念

学院遵循“创新驱动、以人为本、交叉取胜、主流引领”的发展思路，紧扣我国传媒领域的重大问题与国家需求，瞄准国际发展前沿，利用综合交叉优势，形成一支对传媒与社会文化具有深入研究力、影响力乃至领导力的高水平学术梯队，力争使学院成为中国乃至世界传媒创新创业人才培养的摇篮。学院汇聚优质办学资源，合理选择发展路径，充分激发内生动力和发展活力，突出学科交融与协同创新，推动教书育人与产业发展、社会需求和科技前沿紧密衔接，深化政产学研用相融合，培养一流人才，产出一流成果，贡献一流思想，作出一流贡献，使学科总体水平位居国内领先地位、跻身国际先进行列。

学院总体目标为到本世纪中叶，进入世界一流传媒学院的行列。到 2020 年左右，在教学质量、科研水平和社会服务方面成为国内领先的传媒学院。到 2030 年左右，汇聚国内外领军人才和杰出青年，成为国内领先、国际知名的传媒学院。到本世纪中叶，实现造就学术大师、培养领袖人才、建构重大理论目标，使学院成为世界一流的传媒学院。

培养目标：以培养“智媒”时代的卓越新闻传播人才为目标，以传媒+信息交叉培养模式为路径，造就具有宽广的文化与科学基础、扎实的专业理论知识、高超的传媒实践技能、卓越的创新创业能力，德智体美劳全面发展、具有全球竞争力的高素质传媒创新人才和领导者。

3. 专业发展

学院拥有新闻传播学一级学科博士学位授予权，美学二级学科博士学位授予权；戏剧与影视学一级学科硕士学位授予权，美学、新闻学、传播学、电视电影与视听传播学二级学科硕士学位授予权；广播电视、新闻与传播、汉语国际教育 3 个专业学位硕士授权点，以及汉语国际教育、新闻学、广告学、广播电视学 4 个本科专业和各类继续教育专业，已形成了博士、硕士、本科和继续教育的完整教学体系。

优化“宽专交”本科生培养体系。以“宽专交”为培养目标，进一步优化人文实验班传媒大类的专业结构和培养体系，针对传媒专业特点，适度推进专业前移，在夯实通识教育基础的前提下，强化专业教育的过程与效果，特别提升计算机与信息科学课程的比重，真正体现浙江大学传媒本科生宽基础、专业化、交叉化的培养特色，探索适应新媒体时代要求的人才培养模式。

完善因材施教的研究生培养体系。进一步完善科学学位和专业学位研究生教育协调发展的新机制，逐步将全日制硕士研究生中科学学位和专业学位的比例稳定在 1∶1 的水平。确保学术型和应用型人才的培养体系、课程设置、质量保障机制等符合各自的培养目标，实现科学学位教育和专业学位教育的协调发展，达到办学规模、结构和效益的综合平衡。

落实卓越新闻传播人才教育培养计划。以《教育部　中共中央宣传部关于提高高校新闻传播人才培养能力 实施卓越新闻传播人才教育培养计划 2.0 的意见》为指导，依托浙江省委宣传部与浙江大学共建学院，开创马克思主义新闻观教育新局面，打造新闻传播人才德育新模式，迈向一流新闻传播专业新目标，推动部校共建新闻学院新发展，构建国际新闻传播人才培养新范式，勇攀高等新闻传播教育质量新台阶。

4. 师资队伍

现有教职工 73 人，其中教授 14 人、副教授 28 人，浙大“百人计划”研究员 12 人。

博士研究生导师 33 人、硕士研究生导师 51 人。另有专业硕士校外兼职导师 30 人，学科博士后 4 人，在职博士后 11 人。

5. 科学研究

近三年来，学院发表权威刊物论文 24 篇，SSCI 及 A&HCI 论文共 32 篇，国内一级及核心期刊 225 篇，获得国家级和省部级总共 32 项，其中国家社科重大项目 1 项，重点 2 项，一般 10 项，其他国家级和中央部委项目 2 项。科研到款经费 6000 余万元，荣获浙江省哲学社会科学优秀成果奖一等奖 1 项、二等奖 2 项、三等奖 2 项。

推进重大教研平台建设，与浙江大学党委宣传部共建教育融媒体中心，入选教育部首批教育融媒体建设试点单位，成为全国 11 家入选单位之一，服务学校新闻宣传和人才培养，力争建成浙江省重点智库、教育部重点教育融媒体中心、国家级融媒体实验教学示范中心。对接国家重大战略需求，持续输出智库成果，与新华社研究院合作开展“人工智能时代的媒体变革与发展”重大研究，与浙江省委宣传部合作开展县级融媒体中心建设研究和新媒体传播力研究，共建国家级电影研发平台和影视大数据库，积极参与学科汇聚计划，优化科研成果激励机制。

6. 学术平台

学术期刊建设：重点打造“浙大-宾大-威斯康星铁三角”，办好三校合作的英文季刊 *Communication and the Public*，目前该期刊已经被 Scopus 和 ESCI 数据库收录，为下一步进入 SSCI 行列奠定了良好的基础。与此同时，继续办好《中国传媒报告》《马克思主义美学研究》和 *China Media Research* 三份学术刊物。

品牌学术活动：

浙大传播大讲堂：作为浙江大学传媒与国际文化学院的品牌学术活动之一，自 2011 年 5 月开讲以来，至今已经举办了 200 多期。“大讲堂”注重学科交叉，主讲嘉宾囊括了顶尖教授和知名学者，话题领域覆盖新闻传播学及其他相关学科，被评为浙大院系文化建设优秀成果。

卓越传媒人大讲堂：“卓越传媒人大讲堂”是浙江大学传媒与国际文化学院的另一品牌学术活动，旨在邀请传媒业界大咖进校园，为传媒学子带来业界最新鲜的声音，最前沿的观点。

中国全媒体高峰论坛：浙江大学传媒与国际文化学院自 2014 年开始，每年主办中国全媒体高峰论坛，嘉宾主要包括国内主要媒体负责人及重点高校知名教授，旨在加强新闻传播学界和传媒业界的沟通交流，探讨在新的技术条件和社会环境下新闻传播人才培养模式以及媒体的转型、融合与发展。

7. 学科建设

将“全球传播”作为重点建设的优势特色学科方向。该学科方向为新闻传播学一级学科下的一个特色学科方向。学院将以这一特色学科方向为突破口，发挥现有优势，整合相关资源，解决重大问题，产出一流成果，带动新闻传播学整个一级学科的发展，并为浙江大学文科整体声誉提升贡献力量。制订了优势特色学科 1.0 计划：包括国际传播能力研究、影视文化产业研究、媒体融合发展研究。

进一步凝练优势特色学科方向，制订优势特色学科 2.0 计划。在“全球传播”的基础上，强调“数字全球沟通”，进一步突出本优势特色学科的跨学科特色。从原来的三个研究方向，升级为以下 4 个研究方向：(1)全球沟通，与计算机科学、外国语言文学、国际政治交叉。(2)智能媒体，与计算机科学、控制科学、脑科学交叉。(3)数字文创，与计算机科学、艺术学、美学交叉。(4)数字健康，与计算机科学、医学、公共卫生交叉。围绕上述方向，对接国家地方战略需求，大胆探索学术“无人区”，孵化引领学术思想、增进美好生活、推动文明进步的重大创新成果。

8. 社会服务

(1)县级融媒体中心建设研究和新媒体传播力研究。学院与浙江省委宣传部合作开展县级融媒体中心建设研究和新媒体传播力研究，完成《关于浙江省创新县级融媒体中心建设，推动媒体融合向纵深发展的建议》《积极拓展县级融媒体中心在应对突发自然灾害中的功能作用》《关于配合基层减负 加快县级融媒体中心建设的三条建议》《省级主流媒体客户端的发展态势与改革建议 ——基于对“浙江新闻”“小时新闻”“中国蓝新闻”“中国蓝 TV” 四个客户端的监看分析》等智库成果报告，获得校领导批示。

(2)影视文化产业研究。以影视与文化产业大数据研究团队和浙江大学国际影视发展研究院为支撑，一是开展影视与文化产业大数据研究，通过整合学院影视、文化产业和新闻传播三大学科方向，对中国影视文化产业的剧本创作、项目风险评估和用户追踪等三个方面进行全面考察，使知识图谱转化为信息共享平台，通过大数据来为剧本分析、项目风险管理和目标受众画像提供数据支持，进而孵化出中国影视年度报告等相关课题研究，打造国家影视文化产业的高端智库。二是开展国际影视发展战略研究，与北京大学影视戏剧研究中心合作推出《中国电影蓝皮书》《中国电视剧蓝皮书》，至今已步入第三届，成为广受学界、业界好评的口碑书系，并获中国高等院校影视学会第十二届“学会奖”一等奖。承办由浙江省电影局主办、杭州市富阳区政府、浙江省文化产业促进会协办的浙江国际青年电影周“三十而立”编剧创投活动。1 项作品获 2019 年中国高校影视学会作品类二等奖。2 门课程获得校级 MOOC 立项，分别是“纪录片创作理论与实践”“影视剧本创作与鉴赏”。浙江大学国际影视发展研究院入选 2019 年度浙江省新型高校智库。

(3)农业品牌战略传播研究。响应国家战略，为乡村振兴和脱贫攻坚提供智力支持服务中国农业品牌战略传播，致力于构建新型农业品牌和农业技术推广体系，形成了具有影响力的农业品牌，实施完成禹上田园品牌规划推广项目、系列品牌茶叶推广、农业品牌战略咨询等研究报告。

(吴红雨)

4.1.7　厦门大学新闻传播学院简介

厦门大学是一所特色鲜明、学科齐全、综合实力雄厚，在海内外具有重要影响的教育部直属综合性研究型全国重点大学，是国家“双一流”世界一流大学建设高校(A 类)。厦门大学于 1922 年设新闻学部，1924 年改称新闻学系，1926 年停办新闻学系。1983 年，厦门大学恢复新闻学教育，成立新闻传播系，设广告学和国际新闻专业。1985 年创办广播电视新闻学专业，1989 年招收第一批学生，1994 年获批设立新闻学硕士点，2005 年获批设立二级学科传播学博士点及一级学科新闻传播学硕士点，2007 年成立新闻传播学院，2011 年获批设立新闻传播学一级学科博士点，建成了涵盖学士、硕士、博士的完整教育体系。2012 年设立厦门大学新闻传播学博士后科研流动站，2014 年入选中国新闻奖首批新闻教研机构试点报送单位，同年成为福建省委宣传部与厦门大学共建的新闻传播学院。

厦门大学新闻传播学院现有在职教职员工 60 人，其中专任教师 41 人，包括教授 13 人(其中 1 人为特聘教授)、副教授 23 人、助理教授 5 人；另有外聘讲座教授 2 人。专任教师中有 12 名博士生导师、39 名硕士生导师；38 人拥有博士学位，29 人具有海外学习经历。学院教师入选中宣部 2019 年文化名家暨“四个一批”人才(新闻界)1 人，享受国务院政府特殊津贴 1 人，入选教育部新世纪优秀人才支持计划 1 人，入选中宣部教育部高等学校与新闻单位从业人员互聘的千人计划(“双千计划”)5 人，入选福建省新世纪优秀人才支持计划 3 人、福建省教学名师 1 人、第三批福建省哲学社会科学领军人才(省特支双百计划)1 人、福建省第一批引进台湾高层次人才“百人计划”1 人。

1. 学科建设

厦门大学新闻传播学院设有新闻学系、广告学系、传播学系和新闻传播学博士后科研流动站。拥有新闻传播学一级学科硕士学位授予权、新闻与传播硕士专业学位授予权、新闻传播学一级学科博士学位授予权。广告学入选财政部、教育部第一批特色专业建设点，同时也是福建省特色专业建设点和福建省一流专业建设点；新闻学入选福建省特色专业建设点；广播电视学入选福建省产业特色专业；传播学入选福建省重点学科。学院还承担着中国新闻史学会台湾与东南亚华文新闻传播史研究委员会、华夏文化促进会传播研究专业委员会等两个学会的秘书工作。

厦门大学新闻传播学科高度重视新媒体的发展前沿，早在1996年即开设了网络传播课程，1997年在国内率先建设新闻院系专用教学局域网，并制定网络新媒体课程的建设战略，先后增设了网络传播、报纸网站规划设计、网络信息资源查询等课程。2002年，参与策划《大学新闻专业网络传播教材》。参与发起中国网络传播学会(后更名为“中国新闻史学会网络传播史研究委员会”)，是该学会首批常务理事单位。同时，学院还是中国新闻史学会外国新闻传播史研究委员会、应用新闻传播学研究委员会、公共关系研究委员会、新闻传播思想史研究委员会等二级分会的常务理事单位以及中国科技新闻学会数据新闻专业委员会的共同发起单位和常务理事单位。

(1)新闻学系。新闻学系设有新闻学和广播电视学两个本科专业。新闻学专业创办于1983年，原为国际新闻专业，学制五年。新华社《对外参考》1984年第9期对此评论说“厦门大学国际新闻专业的开办，填补了我国高等文科教育的一项空白”。创立之初，国际新闻专业的课程设置以及相应的师资结构主要采取新闻与英语“两栖型”，目标是培养学生中英新闻采写和编译能力，为我国主流媒体输送优秀外宣人才。1994年，国际新闻专业五年学制改为四年，1998年根据教育部新颁布的学科及专业目录，国际新闻专业改名为新闻学专业，国际新闻办学方向不变。

广播电视学专业创办于1985年，原为广播电视新闻学专业。2007年厦门大学新闻传播学院成立时，将新闻学与广播电视新闻学等两个专业归入新闻学系，以在教学层面促使平面媒体与电子媒体的融合，最后融入数字化的浪潮中。

(2)广告学系。厦门大学广告学专业是获教育部批准于1984年设立的中国第一个广告学专业，在全国率先探索了中国广告教育模式。上海《文汇报》1984年5月13日载文评说“厦门大学新闻传播系开设的广告学专业，是我国高等院校中首创的新专业”。三十多年来，厦门大学广告学在人才培养、学科建设、科研创新等各方面都取得了丰硕成果：1984年招收中国第一届广告学本科生，制定了第一套广告教育人才培养方案以及课程体系；1987年出版了大陆第一本广告学教科书；1993年出版了国内第一套广告学丛书《二十一世纪广告丛书》；陈培爱主编的《广告学概论》和黄合水主编的《广告心理学》入选普通高等教育“十五”国家级规划教材；1995年开始招收广告方向的研究生；

2000 年创建“中国广告教育研究会”。2005 以来，厦门大学新闻传播系先后与奥美等跨国广告公司以及美国伊利诺伊大学香槟分校等知名高校建立战略合作关系；2006 年创办《广告学报》。2007 年，厦门大学新闻传播学院成立时设立广告学系，开始招收广告方向的博士生，同年获批成为第一批中国高等学校广告学专业唯一的特色专业建设点。2019 年广告学专业入选福建省一流本科专业建设点。

(3)传播学系 。厦门大学传播学专业于 2009 年招收第一届本科生，2011 年成立传播学系，是国内第一个以口语传播学和战略传播学为教学和研究重点的传播学专业。课程内容包括大众传播、口语传播、战略传播、公共演讲、说服、语艺修辞、媒体关系、新闻发布、危机公关等课程。课程设置的核心目标是培养学生熟悉中外大众传播、口语传播与战略传播的理论和技能，既有丰富的知识和宽阔的视野又有较高的传播道德素质，能够综合运用大众传播媒介和数字化媒介在政府部门和企事业单位等社会组织机构中负责对内、对外的信息发布和沟通工作。在口语传播、健康传播、风险传播、跨文化传播、华夏传播等研究方向形成自己的研究特色，产出了一系列高水平的学术成果。

2. 人才培养

学院坚持以习近平新时代中国特色社会主义思想为指导，深入学习贯彻全国教育大会精神，全面落实立德树人根本任务，坚持马克思主义新闻观，用中国特色社会主义新闻理论教书育人，培养造就具有家国情怀、国际视野的高素质全媒化复合型专家型新闻传播后备人才。

(1)本科教育。截至 2019 年 12 月，累计培养了 3029 名本科毕业生、1951 名本科双学位(辅修)学生、64 名全日制大专生、497 名函授本(专)科生、1000 余名应用型自考大专生，以及 2000 余名各类进修、培训人员。2005 年，“中国广告人才培养模式的创建与推广”教学项目获得教育部优秀成果二等奖。2007 年，广告学专业获教育部批准为第一批高等学校特色专业建设点；2010 年，新闻学专业入选福建省第六批高等学校特色专业建设点。2016 年，广播电视学专业入选福建省产业特色专业。2018 年，国际新闻实验班入选厦门大学首批国际化 2. 0 建设项目。

(2)研究生教育。厦门大学新闻传播系于 1983 年成立之后，同年即开始招收新闻学硕士研究生，2005 年开始在历史学科招收广告史方向博士研究生。截至 2019 年 12 月，已毕业研究生中获硕士学位 1320 人、获博士学位 84 人。绝大多数毕业生积极投身于党的新闻舆论工作和国民经济建设主战场，部分硕士生到人民日报社、新华社、光明日报社、中央电视台等中央媒体及省市地方宣传部门或主流媒体工作，成为优秀的业务骨干和管理干部；部分硕士毕业生继续到国内外的世界一流大学攻读博士学位。有些博士毕业生在国内“双一流”高校新闻传播学院担任教授，并成为科研领军人物。

(3)思政教育。厦门大学新闻传播学院学生“马克思主义新闻观理论研修班”(简称“马新班”)成立于2017年，每年在全校本科生、研究生中选拔优秀学员，进行为期三年的集中培养，重点开展理论学习、专题调研、社会实践等活动。“马新班”由学院党政领导担任班主任，由学校理论报告员、业界专家、杰出院友和学院党员教师等组成导师团。2018年，“马新班”入选中组部、教育部《基层党组织书记案例选编》，其理论研习社入选福建省高校习近平新时代中国特色社会主义思想读书社。2019年，“马新班”先锋党支部获教育部第二批新时代高校党建示范创建和质量创优工作全国党建工作样板支部。

3. 科学研究

学院拥有一支实力雄厚的科研队伍，以马克思主义为指导，重点研究马克思主义新闻观、习近平新闻舆论工作重要论述、中国特色社会主义新闻理论，在中国国家形象国际传播研究、广告与品牌研究、台湾与东南亚媒体研究、华夏传播研究、舆论学研究、新闻算法伦理研究等领域成果丰硕。截至2019年12月，学院先后承担了国家社科重大项目、国家社科委托重大项目、国家社科重点项目、国家社科基金一般项目、国家社科基金青年项目、国家自然科学基金一般项目等国家课题35项，承担教育部规划项目、教育部青年项目、国台办等部级课题数十项。多项研究成果获得国家有关部门的奖项，并在新闻传播领域发挥了重要作用；共出版学术专著、译著、教材218部，正式发表学术论文1500余篇，获省部级社科优秀成果奖29项。

学院下设厦门大学福建媒体发展研究院和中华文化传播研究中心等两个省级研究机构，传播研究所、品牌与广告研究中心、海峡媒体研究中心、舆论研究中心、福建媒体发展与对外传播协同创新中心五个校级研究机构，以及新闻研究所、战略传播研究中心、华夏文明传播研究中心、思明舆情研究所、公共传播战略研究所、影像史学研究中心六个院级研究中心(所)。其中，厦门大学福建媒体发展研究院成立于2017年，是由中共福建省委宣传部和厦门大学共同发起并合作共建的集科研、教学、社会服务、国际交流于一体的学术机构。中华文化传播研究中心于2018年入选福建省高等学校人文社会科学研究基地。

4. 平台建设

学院新闻传播实验中心始建于1989年，成立之初的实验设备主要由香港传播学者余也鲁教授募集和捐赠。经过30余载的建设，现已拥有独立实验楼，成为学院最重要的实践教学平台，是福建省实验教学示范中心。2013 年新闻传播教学实验中心成为两岸关系和平发展协同创新中心的实验室，承担两岸民意调查和舆情监测任务，两岸关系和平发展协同创新中心于 2014 年入选国家“2011 计划”。

该实验中心设有演播厅、导播室，录音棚、摄影棚、混音棚、数字电影调色室，非线性编辑机房、广告设计实验室等实践教学场所，还设有广告心理实验室、舆情研究实验室等服务于实证研究的部门。实验中心开设三十多门线下实验课程和虚拟仿真课程，负责学生专业技能训练，并配合厦门大学党委宣传部，承担厦门大学新闻中心的部分新闻节目制作工作。2019 年，学院依托新闻传播教学实验中心成立新媒体大数据实验中心，进一步加强大数据对融媒体教学的服务能力以及对新文科研究的支撑能力。

新闻传播学博士后科研流动站 厦门大学新闻传播学博士后科研流动站成立于 2012 年，依托新闻传播学院，是重要科研平台。其使命是面向理论研究前沿和现实社会需求，努力为海内外刚刚获得博士学位的优秀青年科研人员创造一流的学术平台和支撑条件，帮助青年学者走上学术生涯的正轨。近年来，流动站又增设校企联合培养模式，提升了博士后对接社会需求的能力，增强了学科服务社会的功能。截至目前，已出站的博士后都取得了一流的科研成绩，出站就获得了国内大学的副教授职位。

2018 年学院与人民网澳大利亚公司合作成立海外实习基地，为国际新闻传播人才培养提供实践教学平台，截至 2019 年年底，已选送 22 名学生到澳大利亚实习。另外，厦门大学福建媒体发展研究院是福建省委宣传部与厦门大学部校共建的省级智库平台，中华文化传播研究中心是福建省高等学校人文社会科学研究基地。这两个省级科研机构目前已经成为厦门大学新闻传播学院以科学研究服务地方建设的重要平台。

（苏俊斌）

4.1.8　四川大学文学与新闻学院

1. 学院历史沿革

四川大学新闻学专业始于 1979 年，经教育部批准于 1981 年起招收新闻学专业第一批本科生，这也是我国改革开放后第一批批准成立的三个新闻学专业点之一。1984 年 6 月四川大学新闻系正式成立，1995 年新闻系升格为新闻学院，1998 年四川大学院系调整，将原四川大学文学院中文系与原四川大学新闻学院合并，组建成四川大学文学与新闻学院，2013 年 12 月该院进入全国首批十所与地方宣传部共建新闻学院(“部校共建”)序列，加挂四川大学新闻学院院牌。

1987 年，开设编辑出版学专业；1994 年，开设广告学专业；1995 年，开设广播电视新闻专业(现为广播电视学专业)；2007 年，新闻学专业被教育部列为全国第一批高等学校特色专业建设点；2015 年，开设网络与新媒体专业。1993 年获准招收新闻学专业硕士研究生，2001 年获新闻传播学一级学科硕士学位授予权，2006 年建立我国西部第一个新闻学博士点，2010 年获得新闻传播学一级学科博士学位授予权，同时获批新闻与传播硕士(MJC)、出版硕士(MP)2 个专业学位授权点，2012 年获准设置新闻传播学博士后科研流动站。2013 年，获准设置四川省哲学社会科学重点研究基地社会舆情与信息传播研究中心，新闻学、编辑出版学专业入选“四川省普通高等院校卓越新闻传播人才教育培养计划”试点专业。2017 年，以新闻传播学作为两个主干一级学科之一的“中国语言文学与中华文化全球传播”学科群入选四川大学重点建设的 12 个一流学科(群)。2019 年，新闻学专业入选教育部首批国家级一流本科专业。

2. 办学理念和专业特色

四川大学新闻学院秉承百年老校优良的办学传统和教风学风，依托综合性大学厚基础、宽口径、多学科的优质办学资源，坚持与国家社会和行业发展需求相适应，面向中华文化全球传播的时代需求，扎根西部，放眼世界，以建设成为西部领先、国内一流的新闻传播专业为目标，凭借西部第一个新闻学硕博士点及第一个一级学科博士点、博士后流动站学科优势，较早具备包括本科、硕士、博士和博士后各种层次的完整的人才培养体系，有力地支撑了本科人才培养质量。

(1)坚持“走出去、请进来”开门办学，扎实推进马克思主义新闻观人才培养。学院自开办以来一直坚持开放式办学理念，教学改革成果“实行教学、科研与社会实践相结合，探索文科教育改革新途径”“开创密切社会联系新思路，探索培养新闻人才新模式”曾先后获得高等教育国家级教学成果一、二等奖。近年来，不断创新“请进来、走出去”的人才建设机制，2013 年来先后派出 5 名骨干教师到业界挂职，同时请进来包括省委宣传部领导、媒体高层、中国新闻奖获得者等在内的五十余人次任客座教授或到校讲学。

(2)面向媒体融合需求，借助校地、校企合作构筑教学实践平台，探索西部新闻传播人才培养的新模式。学院借助部校共建推进课程体系优化，共建了马克思主义新闻观系列讲座、“国情教育”课、马克思主义新闻观专业课的课程体系，在人才培养过程中贯彻落实马克思主义新闻观教育。构筑校内校外结合的教学实践平台，培养融合式新闻人才，校外与中央电视台等主流媒体设立了 10 多个全媒体型高端人才培养基地与实习基地；校内建立了封面传媒双创实践基地、喜马拉雅声音“双创”基地、四川企鹅新媒体学院、一点学院、四川发布新媒体“双创”实验室等“双创”实验教学基地，参与建设了四川大学国家级“双创”教育与实践平台项目——人文艺术实践与转化中心；在院内成立了学生“产学研”实践中心——新闻中心。

3. 本科专业建设及人才培养

2018 年，学院面向媒体融合趋势，对本科专业进行了整合，现设有新闻学、广告学、网络与新媒体 3 个本科专业，每年招生规模约为 200 人。新闻学专业以为党的新闻事业和传媒产业培养与输送“厚基础、宽口径、广适应”的高素质全媒型新闻人才为目标；广告学专业坚持培养能从事广告创意、设计制作、经营管理等工作的复合型创新人才；网络与新媒体专业面向未来新兴领域，培养全媒体人才。

（1）本科人才培养以融通式人才为目标。专业课程设置打破传统新闻传播学相关专业壁垒分明的现状，促进专业间的课程教学与实训融合，加大全媒体与新媒体、素质教育课程比重。同时，探索建立“订单式新媒体专业人才培养课程”，2017 年开始联合腾讯共建了“网络新闻与文化传播”课程。此外，促进跨学科、跨专业、跨院系教学融合，2018 年开始与华西公共卫生学院共建“健康传播”课程。

（2）加强本科实验实践教学。学院开设了 30 多门实验与实践课程，建有国家级实验教学示范中心四川大学文科综合实验教学中心新闻与传播分中心、传播认知科学实验室、数字采编实验室、焦点小组实验室、新媒体实验室、演播厅等教学实验室。为健全实践教学体系，学院成立了人文艺术实践与转化中心、实习与就业办公室，专门指导学生参与文化项目、科研课题和创新训练以及社会实践，另建有 10 多个校外实习实践基地。

4. 研究生学位点建设及研究生培养

学院新闻传播学一级学科下设新闻学、传播学、广播电视学、广告与媒介经济、编辑出版学、网络与新媒体、符号学等 7 个二级学科点，以及新闻与传播硕士、出版硕士 2 个专业学位点。每年招生规模博士约 15 人、学术型硕士约 40 人、专业硕士约 90 人。

博士研究生培养，从 2017 年开始实施“申请考核制”；学术型硕士突出学术导向，专业硕士培养由四川省委宣传部牵头的专门工作小组，统筹协调四川省主要新闻单位，建立了专业导师和业界导师双导师制度。严格强化培养过程管理，近五年来，学院硕博士生学位论文抽检情况良好，抽检不合格数为 0。

设有新闻传播学博士后科研流动站，在站博士后人员 20 人左右。同时，协助新华文轩集团申请获批博士后国家工作站，2019 年开始联合招收博士后。

5. 师资队伍

学院现有专任教师38人，其中，高级职称教师比例超过60%，正高级职称教师占比将近1/3，将近90%的专任教师拥有博士学位，45周岁以下教师具有博士学位比例为100%，45周岁以下青年教师占比超过50%。形成了一支包括教育部教学指导委员会副主任委员、国务院学位委员会专业学位教学指导委员会委员、享受国务院特殊津贴专家、中宣部“四个一批”宣传思想文化青年英才、全国新闻出版领军人才、四川省学术和技术带头人及后备人选等各类专家在内的一流师资队伍，并聘请了近20名来自学界和业界的学者、专家作为客座教授，以及近50人规模的研究生业界导师队伍。2018年，邱沛篁教授荣获“新闻传播学学会奖‘终身成就奖’”；2019年，王绿萍教授被授予中国新闻史学会地方新闻史研究委员会“终身成就奖”。

6. 科学研究与学术平台

学院近年来承担了包括国家社科基金重大招标项目“新形势下提升舆论引导力对策研究”“当今中国文化现状与发展的符号学研究”和“丝绸之路经济带沿线国家文化产业合作共赢模式及路径研究”等多项重大项目，超过20项的国家社科基金项目；近五年出版学术著作逾百部，并在《新闻与传播研究》《国际新闻界》等权威期刊和SSCI、A&HCI期刊上发表论文数十篇；《舆擎中国——新形势下舆论引导力提升方略研究》《广义叙述学》《传媒与文化——文化视角下的传媒研究》等成果分别获得教育部高等学校科学研究优秀成果一、二、三等奖，另有多项成果获各类省部级科研奖励。

多年来，学院积极筹建、推动学科平台建设，通过学科平台建设带动学科发展与影响力提升，形成了多层次学科平台协同发展的局面。设有社会舆情与信息传播研究中心(四川省哲学社会科学重点研究基地)、出版融合发展重点实验室(国家新闻出版署重点实验室，与四川新华发行集团共建)、四川大学“美丽中国”研究所等高端智库平台，以及十余个校级和院级科研平台，参与建立了四川省舆情信息专家智库、舆情智库研究基地(封面传媒)。主办的中英双语学术期刊《符号与传媒》(*Signs & Media*)、与四川日报报业集团共建的学术期刊《新闻界》均为CSSCI来源刊物。2018年，牵头成立了中国新闻史学会传播符号学研究委员会。此外，学院正在筹划建立县级融媒体中心研究院(四川省委宣传部—四川大学)，开展融媒体研究与培训工作。

学院在近40年的发展建设进程中，形成了对四川籍新闻巨子范长江的新闻思想与实践研究和宣传的悠久传统。1986年11月20日，我国首次范长江新闻思想和实践讨论会在四川大学举行；2016年，该院又发起“滚滚长江，致敬长征！—‘重走范长江之路’

大型新闻教育实践活动”，来自全国各高校学者与新闻学子、新闻媒体记者近 100 人重走了范长江之路，全国各地报、网、微、端等媒体广泛聚焦了此次活动，成为学科发展和社会效益互动的特色品牌；2019 年，举办了“纪念范长江诞辰 110 周年暨首届长江新闻论坛”。

7. 学科建设举措

四川大学新闻传播学科为四川省重点一级学科，是西部地区最早的新闻传播学一级学科博士学位授权点，第三轮教育部学科评估排名全国第五，第四轮教育部学科评估被评为 B+，形成了新闻舆论与导向研究、媒介与集体记忆研究、西部广播电视研究、“美丽中国”研究、广告与传播符号学研究、民族出版与公益出版研究、网络行为与认知研究等特色研究方向。

基于四川大学百年的人文底蕴与研究特色，结合四川大学新闻学科特色与优势，构建、发展若干个具有全国特色优势的博士点和研究领域，拥有文艺与传媒博士点（2000）、符号学与传播学交叉学科博士点、网络与新媒体博士点（2014）、中华文化国际传播博士点（2015）等多个全国唯一/首个特色优势交叉学科博士点，在新闻舆论与导向研究、符号传播学研究、“美丽中国”研究、媒介与集体记忆研究等领域形成了研究特色。

以学科发展方向为引导，重点支持能够引领创新学科发展、具有研究潜力的优秀创新团队，以学术团队引领重大创新性成果的产出，促进学术带头人和高端学者的培育，该院的“符号学研究团队”“‘美丽中国’研究团队”等在国际国内学界都享有一定知名度。

学科平台建设以高端学术平台建设为导向，立足西部，坚持围绕部校共建，加强院地合作整合资源建设学科平台。目前，已经与四川省委宣传部、成都市委宣传部等党政部门，以及四川发布、腾讯、一点资讯等媒体和企业开展院地、院企合作，推动学科平台建设。

8. 社会服务

近年来，学院积极参与社会服务，初步打造成了“社会舆情与信息传播研究中心”高端智库、四川大学“美丽中国”高端智库两大智库平台，服务国家文化与网络信息安全战略、国家生态文明发展战略以及当地社会文化发展。

（1）服务四川省媒体融合发展。2017 年，承担了四川省委宣传部委托、四川省社科联重大委托项目立项的“四川媒体融合发展研究报告”，获四川省委宣传部重要批示。2019 年，承担了四川省县级融媒体中心建设的调研，形成调研报告获省委宣传部相关领导批示，成立了四川大学融媒体中心试点。

(2)服务四川省舆论宣传工作。学院参与四川省委宣传部舆情处牵头成立的四川省舆情信息专家智库，参与建立了舆情智库研究基地(封面传媒)，搭建了四川大学“一带一路”网络安全与舆情分析系统，强化对本地舆论宣传工作的服务能力。

(3)服务四川省全民阅读工作。依托与四川新华发行集团共建的国家融合发展重点实验室，先后申报了新闻出版广电总局改革发展项目库“四川全民阅读融合发展服务平台”“全民阅读智库建设”并获准入库，“四川全民阅读融合发展服务平台”还获2017年文化产业发展专项资金支持，联合成立了四川省全民阅读研究基地，联合开展全民阅读研究与推广工作。

(4)服务四川省新闻出版人才培养与能力提升。2016年，承担了四川省全省民族文字出版传媒人才培训工作；2019年联合四川大学继续教育学院、四川大学中华文化研究院承担了全省2000余名出版专业技术人员继续教育培训工作。

2016年以来学院作为中国新闻奖推荐高校单位之一，推荐的作品先后获得中国新闻奖一、二、三等奖。

(曾元祥)

4.1.9 西南政法大学新闻传播学院

1. 历史沿革

西南政法大学新闻传播学院前身为西南政法大学基础部。1994年7月，国家教委《关于近期普通高等学校本科专业设置审批和备案工作的意见》同意西南政法大学设置新闻学专业，这是全国法科大学开设的第一个新闻学专业。专业建设初期，学院明确提出“主新辅法”的培养模式，凸显新闻学和法学相结合的独特学科优势，形成了“媒介视野、法律正义、社会责任”三者并重的办学特色。

2010年学院对外更名为“全球新闻与传播学院”，提出了“以全球视角打造国内一流新闻学科”的发展定位，确立了以“法治新闻”为特色、以“人权与舆论”为亮点的学科设置思路，以建设特色鲜明、优势突出、全国一流、国际知名的新闻传播学科为目标，整合国际国内资源，开创国际化办学模式，走出了一条与综合性大学新闻传播学院错位发展之路。

历经26年励精图治，学院秉承“中国立场、全球视野、法律正义、社会责任”的办学理念，坚持“全员全方位全过程育人”的办学宗旨，已形成新闻、传播、广电、网络与新媒体多专业协调发展，从本科到硕士、博士研究生教育及留学生教育的多层次、多类型人才培养格局。

2. 专业设置及本科人才培养

学院设有新闻学、广播电视学、传播学、网络与新媒体四个本科专业。

新闻学专业于 1994 年设立，1995 年招生，是全国第一个以法治新闻作为研究对象的特色新闻学专业。新闻学专业 2007 年获评重庆市新闻传播类唯一特色专业，2010 年获评教育部第六批高等学校特色专业，2013 年获评重庆市“三特行动计划”特色专业，2018 年获评重庆市首批一流专业，2020 年获评国家级一流本科专业。该专业旨在培养秉持马克思主义新闻观，适应媒介融合变革与社会发展需求，具备系统的新闻学知识和技能、熟悉我国新闻、宣传政策法规，能从事新闻采、写、编、评等工作，既懂新闻又懂法律的精专型、复合型、创新型高层次新闻传播人才。

广播电视学专业于 2005 年设立，同年开始招生。2010 年建立首个重庆市法治新闻纪录片实验室。2019 年获评重庆市一流本科专业。该专业是新闻学专业在电子媒介方向的办学拓展。一方面根据广播电视人才培养要求，加强学生专业知识学习和专业技能训练；另一方面结合学校法学优势，注重对学生法治精神的熏陶与法治节目制作能力的增强，培养具备广播电视领域基础理论知识、实践操作能力，具有社会责任感和优良职业道德、能从事广电行业摄、录、编、排等工作的高水平应用型、复合型人才。

传播学专业于 2007 年设立，2008 年开始招生。2019 年获评重庆市一流本科专业。该专业聚焦新媒体传播、区域传播、城市传播等领域，顺应社会发展需求，坚持市场导向，构建具有全方位专业素养的当代传播人才孵化器。旨在培养具备传播学基本理论、基本方法，掌握传媒法规与媒介技术，能胜任媒体及相关文化产业组织传播、政府公共传播、企业传播等工作的精专型、复合型、创新型高层次人才。

网络与新媒体专业设立于 2018 年，同年面向全国招生。该专业顺应数字媒体时代发展需求与媒介融合的趋势，与华龙网集团共建融媒体学院，以新文科建设为目标，旨在培养熟练掌握基本的网络传播技术和应用开发能力，能从事融合新闻采编实务，网站建设与运营，数字产品内容策划、设计、研发、推广，新媒体舆论环境下的公共传播、舆情调查，大数据分析与应用等工作的复合型专业人才。

2015 年，新闻传播学院推出“蓝鲸计划”校企合作人才培养模式，推动本科教学改革与创新。同年“蓝鲸计划”入选第四届全国教育改革创新典型案例。

2018 年，西南政法大学新闻传播学院成为教育部首批全国高校“三全育人”试点院系，是全国新闻传播院系中唯一入选学院。

2020 年，新闻传播学院启动“新闻+法学”双学士学位复合型人才培养项目。以新闻传播学和法学两个一级学科博士学位授权点为依托，以“立德树人，新法双修”为理念，培养既具有新闻学专业技能，又具有法学专业思维的复合型跨学科人才，同年开始面向全国招生。

3. 学位点建设与研究生培养

2004 年，学院在全法科大学中率先获得新闻学二级学科硕士学位点。2005 年，获得传播学二级学科硕士学位授权点。2010 年，获得新闻传播学一级学科硕士学位授权点和专业硕士学位授权点。2018 年，获得新闻传播学一级学科博士学位授权点，实现了全国法科大学新闻传播学科博士点零的突破和重庆市新闻传播学科博士点零的突破。

从 2006 年始，西南政法大学新闻传播学科连续成为重庆市“十一五”“十二五”“十三五”重点学科。2013 年，在第三轮学科评估中排名全国第二十三、西部第三、重庆第一。2017 年，在教育部第四轮学科评估中，获评 C+。

新闻学二级学科硕士学位授权点 2004 年设立，研究方向包括新闻理论与实务、法治新闻、新媒体发展、媒介经营管理等。培养能够以新闻生产及传播为研究对象，具有法律与新闻融合意识和国际视野，适应社会发展的复合型新闻传播人才。

传播学二级学科硕士学位授权点 2005 年设立，研究方向包括传播与社会发展、传播法学、影视传播、政治传播等。培养能够以人类传播现象为研究对象，具有法律与传播的融合意识和国际视野，适应社会发展的复合型传播人才。

新闻与传播学专业硕士学位授权点 2010 年设立，2011 年首批招生，校内与业界组合的教师团队授课，重视理论与实践结合，培养具有国际视野，深入了解中国基本国情，熟练掌握新闻传播技能与方法的高层次应用型新闻传播人才。

新闻传播学一级学科博士学位授权点 2018 年设立，2019 年开始招生。旨在培养具有思想政治素质高、社会责任感强、道德品质优良、专业基础知识广博、综合学术水平深厚，具备高尚的职业操守与学术人格，能够独立地、创造性地从事科学研究、教学和实务工作的新闻传播学高层次人才。

4. 师资队伍

西南政法大学新闻传播学院现有专任教师 47 人，其中教授 11 人，副教授 18 人；具有博士学位的专任教师 36 人(含取得境外博士学位教师 8 人)；博士生导师 6 人。专任教师博士化率为 76.6%，高级职称老师比例为 61.7%。

5. 科学研究

西南政法大学新闻传播学科获批的“健全坚持正确引导舆论的体制机制研究”实现了重庆市新闻传播学科国家社科基金重大项目零的突破。获批国家级项目 12 项，省部级项目 40 项；发表 CSSCI 论文 84 篇；获国家级和省部级奖项 6 项；出版“新闻传播学系列丛书(4 辑)”40 部、“新闻传播学前沿译著”11 部、“新闻传播学系列教材”10 部、“新闻传播学研究生系列论丛”10 部。

6. 学术平台

西南政法大学新闻传播学院设有 4 个科研机构和 1 个教学实验中心。

法治新闻研究中心成立于 2004 年，中心将“新闻与法治”作为新闻传播学学科发展的主要特色方向，具有充实的人员配备和丰厚的研究成果，有力促进了新闻传播学与法学学科交叉融合。

世界与中国议程研究院成立于 2010 年 1 月 12 日，研究院秉承“全球视野、中国立场”宗旨，面向国家战略需求，瞄准世界前沿，开展跨学科的学术研究。自成立以来开展了一系列卓有成效的学术活动，多次举办具有重要影响力的国际会议，在国际、国内一流学术刊物上发表了一批重要文章，引起了国内外政界、新闻界、学术界的广泛关注。

广播影视与新媒体研究院成立于 2013 年 5 月 18 日。研究院以开放的办院宗旨，与相关管理机构、学术组织、有关传媒及知名学者展开合作，加强基础理论、深化应用理论研究，探索广播影视与新媒体的产、学、研路径。

成渝地区双城经济圈发展传播研究院成立于 2020 年 1 月 15 日。研究院贯彻落实习近平总书记关于成渝地区双城经济圈建设的讲话精神，重点从城市传播、区域传播、发展传播、品牌传播等学术视角开展研究，发挥西南政法大学新闻传播学科的学术和人才优势，整合法学及法学以外学科资源，推动成渝地区统筹发展，促进产业、人口及各类生产要素合理流动和高效聚集，强化重庆和成都的中心城市带动作用。

新闻传播实验教学中心建立于 2004 年，2010 年成为重庆市高等学校实验教学示范中心。2018 年，中心引入融合媒体虚拟实验教学云平台，以期最大化利用与共享教学资源。2019 年，中心产出的“重大成就融媒体报道虚拟仿真实验教学项目”入围省部级虚拟仿真实验教学项目，正在申报国家级虚拟仿真实验教学项目。

7. 学科建设举措

(1)西南政法大学新闻传播学学科群建设。2019 年 10 月，吸纳国务院学位委员会新闻传播学学科评议组专家意见，学校批准以新闻传播学学科为龙头，联合政治学、马克思主义、经济学、工商管理、哲学、公共管理等学科构建“新闻传播学学科群”，打造学术共同体，形成西南政法大学法学以外新兴优势学科集群和创新型“新文科”学科增长点。

(2)西南政法大学成渝地区双城经济圈发展传播研究院建设。2020年1月3日，习近平总书记在中央财经委员会第六次会议上强调，要推动成渝地区双城经济圈建设，在西部形成高质量发展的重要增长极。新闻传播学科结合自身研究优势与特色，率先成立“成渝地区双城经济圈发展传播研究院”，从城市传播、区域传播、发展传播、品牌传播等学术视角开展研究，发挥服务国家战略、服务地方经济和社会发展的作用。

(3)人权传播融媒体实验室建设。《教育部　中共中央宣传部关于提高新闻传播人才培养能力实施卓越新闻传播人才教育培养计划2.0的意见》中明确提出：增设20个国家级新闻传播融媒体实验教学示范中心，建设50个新闻传播国家虚拟仿真实验教学项目。为响应该文件的要求，学院以现有“重庆市新闻传播实验教学示范中心”为基础，奋力打造“人权传播融媒体实验室”与“重大成就融媒体报道虚拟仿真实验教学项目”，争取成功申报国家级新闻传播融媒体实验教学示范中心，进入全国虚拟仿真实验教学的先进行列。

8. 社会服务

西南政法大学新闻传播学院利用现有科研平台，发动教师撰写了大量政策建议、调研报告、智库报告，其中多篇智库成果获得上级领导批示。

(卢春、唐韵霞)

4.2　港澳台地区新闻传播院系

4.2.1　台湾铭传大学传播学院

铭传大学在1980年创办大众传播科，以当时大众传播主流媒体的实务教学与训练为重点，培养不少传播界女性精英。历经大传系至今日的传播学院，秉持着“整合传播”的理念，追求“人文与科技对话”的教育精神，培养理论与实务并重，具备国际视野的传播专才，追求“传播知识产业化”和“传播产业知识化”的学术卓越。

1999年铭传大学成立传播学院，设有传播管理研究所含在职专班、新闻学系、广播电视学系、广告学系、数字信息传播学系(2000年更名为传播管理学系)，及海外青年技术训练班大众传播科(简称“海青班”)。大学本科采取大一大二不分系制，全面培养传播业界精英。不少铭传传播学院学生如今纷纷成为台湾传播业的中高层管理人员，并成为该院重要的业师来源。

2000年起媒体界变化愈来愈快，互联网带动新媒体的崛起，2008年金融海啸波及造成传统主流媒体被迫转型以求生存，数字汇流与媒体融合成为当务之急，为因应此一巨变与趋势，2014年起传播学院不再实行大一大二不分系制，改由四系分系招生，分别为：新媒体暨传播管理学系(含硕士班与在职专班)、广告暨策略营销学系、新闻学系、广播电视学系。结合传统主流媒体与网络新媒体的产制流程、产业营销与未来体验进行课程改革与实务操作，并积极发展各系自身特色。

在分系招生的同时，传播学院亦强化相关实习媒体，作为大三媒体实务课程的重要实习平台，该院从2000起就开始发展新媒体为全院运营重点。院方设有数字多媒体实验平台，采跨媒体功能团队运作，并进行数字汇流与媒体整合，培养理论与实务兼备的传播专业人才。

该院现有十大媒体中心，分别为：广销系的整合营销中心(IMCC)、品牌中心(BL)及两岸交流中心；新传系的数字媒体中心、虚拟影棚；新闻系的铭报/MOL、VR实验室；广电系的铭传电视台、铭传广播电台、流行音乐中心。十大实习媒体已完成e化的装置，并透过网络e化，结合所有媒体的资源，建立跨媒体网络平台，除了因应数字时代的新趋势，更积极地进行新媒体的产制实验与检讨调整。主要重点方向就是建构该院成为以“新媒体”为定位的传播学院，培养未来更多新媒体与传统媒体职能兼备的媒体人才，加入媒体业界，参与并带动更新的媒体融合与改革。

该院四系媒体课课程以各系主要媒体中心作为实务训练平台，部分媒体开放供跨系选修，以利学生依个人兴趣，发展专业课程，创造个人专长，并培养业界所需专才或跨领域人才。四系充分运用该院所建构的数字多媒体实验平台，进行跨媒体的整合教学活动，从而培养具跨媒体运作的整合传播人才，以利学生毕业即就业。

科研亦是该院发展重点之一。该院目前设有“新媒体传播研究中心”，研究方向包含以下学门：传媒教育、大数据数据(Big Data)分析、云端运算(Cloud Computing)系统整合、多媒体(Multimedia)、自然语言处理(Natural Language Processing)等。近两年来，该中心集中研究文件数据分析，包含文字探勘(Text Mining)技术、文件检索(Text Retrieval)、自然语言处理(Natural Language Processing)、数据应用(Application)等研究主题，主要是将文章内所包含的重要知识探勘其关联性，判断文件知识、利用或分类其主题性，进而给使用者作参考。特别针对新闻时事评论的文件探勘，就评论主观(作者的个人评论立场)进行正反面立意分析，以助于情感分析之精准度。目前，该中心已争取到多个研究项目，并发表多篇期刊论文。

为因应社交媒体兴起，意见领袖及网民透过互联网平台热烈讨论公共政策与商业品牌议题，带动主流新闻媒体报导风向，对政府政策与企业形象影响颇巨，为实时了解网络舆情及洞悉民意趋向，就民众高度关注之政策议题与商家品牌认知，观测网络舆情、分析巨量数据、预测声量趋势、推播危机警示等，学院特别于2020年设立“网络声量与新媒体研究中心”，运用KEYPO、Sol-Idea两种大数据引擎技术，透过文字探勘与数据探勘技术，描绘政府部门或一般商家重要议题的网络声量、议题趋势、正负评价、意见领袖、关键意见、常用频道等，随时搜集与查询相关议题的社群网站舆情；并结合这两种大数据量测，导入校内教学、研究与产学合作的重要量测工具，建构本校数字传播教学特色。

该院设有一个硕士点，即“新媒体暨传播管理研究所”，鼓励师长与同学进行传播、信息与管理的跨领域研究，主要培养学生成为理论与实务兼备的新媒体人才。该院四系课程设计展现多元色彩，并鼓励学生赴海外进行学术交流，参加各项研讨会与讲座的学术活动，以拓展国际视野的教学目标。该院教师每年参与中华传播学会与国际和国内传播学者密切交流，多人发表论文并参与论坛研讨，此外，该院每年3月校庆广邀两岸与国际学者参与跨国学术研讨会，每年发行《传播管理学刊》两期，不断精进教师研究内容与论文数量。

在两岸学术交流方面，该院与大陆多所“985”“211”学校或“双一流”大学的传媒学院签订姐妹院，每年均有高校师长与近百名以上内地本科生与研究生赴该院进行短期交流，先后接待过包括厦门大学、吉林大学、江汉大学等多所高校传媒学院师长赴该院短期研究交流。由于该院特色即实务教学，曾与厦门理工学院媒创学院合作执行“三加一”方案近五年，以专班形式辅导来台大陆学生传媒实务学习。目前，郑州大学传媒学院亦派研究生与本科生赴该院以专班形式学习传媒实务。该院每年亦执行大陆传媒研究生赴台短期实习项目，目前已执行近20届。所有来台师长与同学均由该院两岸交流中心接待。

（倪炎元）

4.2.2 澳门大学传播系

澳门大学早在1991年即开设传播学课程，当年是在中文系及英文系分别开设传意专业，作为语言文学课程以外的一个分支，中文课程名为“应用中文与中文传意”，英文课程名为“英文传意”，课程涵盖文学、应用语言学、新闻、广告、公关及影视制作；两门课程同时强调文书写作，以培育秘书人才。课程开办初期规模不大，两门课程每年合共录取30名学生左右，毕业生获颁文学士，只有极少数进入新闻或媒体行业，多数从事教育、公关以及在一般商业机构和政府部门任职。早期师资较为薄弱，倚赖具传媒业界经验的兼职专任教师，开办数年后，随着每年报考学生增加，开始扩大招生规模，同时增聘教员。至2000年，学生规模大增至近300人，以澳门本土学生为主，两门课程的专任全职教师增至10人，教员背景多元化，有来自全国各地的学者，也有来先新加坡、印度、葡萄牙和美国的学者。由于学生人数大增，加上原有的课程设计未能满足媒体发展趋势的变化以及澳门的人才需求，澳门大学开始筹组合并两个专业，修改教学计划，筹办硕士课程以及筹备成立传播系。

2001年，澳门特区政府批准澳门大学设立两年制的传播与新媒体文学硕士学位课程，并在同年招生，由于课程以英语授课，吸引了不少准备到海外攻读博士学位的内地生报考，学生多数来自内地，少数来自澳门本土。2002年8月，澳门大学开设新闻与公共传播学士学位课程，取代原来的“应用中文与中文传意”，课程以培训新闻传播专业人员为职志，删去大量应用中文的课程，改为以新闻学、大众传播学以及公关和广告学为核心的新闻传播专业，课程开始脱离中文系独立管理，由本地新闻史学者林玉凤出任课程主任。英文传意课程则改组为偏重影视制作以及跨文化传播的专业，由来自美国的文化传播学者辛普森(Timothy Simpson)出任课程主任。2004年，两门本科专业和硕士课程合并，澳门大学传播系正式成立，由辛普逊兼任系主任，此时传播系两个本科专业报考人数超过1000人，每年录取新生约100人，当中近九成为澳门本地学生，一成为内地生，其余少量为来自香港、台湾以及海外的国际生。硕士研究生10人，以内地生为主要生源。学系的整体学生规模达至400多人，以学生规模而言，是澳门大学最大的学系。由于学生来自澳门乃至整个大中华区，传播系开始着重培养学生在熟悉澳门的同时，具有适应大中华环境的能力，加强了与香港以及内地院校的交流。2009年，澳门大学开办传播学博士课程(哲学博士学位课程)，开始培养传播研究人才，早期博士生以内地生为主。

2011年8月，因应澳门大学本科学制转变，所有学生均要修读通识课程。澳门大学将英文传意专业及新闻与公共传播专业合并为传播学专业，以英语为主要授课语言，毕业生改为获颁社会科学(传播学)学士学位。所有学生进入大学以后，必须修读一系列的通识教育课程；申报传播学的相关学科，则需要修读一系列基础理论课：包括人际传播、大众传播、新文学、广告学和公关学等。自大学二年级开始，课程会引入大量的实践课，包括摄影、短片制作以及刊载报章等，学生同时可以在大学二年级选择专业主修方向。专业内分为四个专修方向，分别为创意媒体、公共传播、新闻与大众传播以及国际传播，由于修读人数不足，国际传播方向在2015年撤销，保留另外三个方向。

澳门大学传播系一向强调着重理论与实践结合，学科分有理论内容课(Content Course)、技能课(Skill Course)和实践课(Capstone)三类，本科生必须要接受三种学科的训练；而且传播系和澳门以及大中华地区的多数传播行业机构，均有建立联系，所有学生在大学三年级的暑假，均会获安排到公私人机关实习，以了解传播行业的实际运作情况。学生在毕业前需要自行出版刊物、制作电影或其他影视作品，同时需要策划大型公关活动。硕士研究生可以选择完成研究论文(Academic Thesis)或应用论文(Apply Thesis)，后者包括创意论文(Creative Thesis)，可用影视作品取代文字论文。早在20世纪90年代，澳门大学已建立影视制作实验室，为学生提供所有动手技能的训练。目前澳门大学的多媒体创意实验室于2016年在澳门大学迁至横琴校区后落成，是澳门同类型实验室中规模最大的，可以为学生提供电视新闻制作、影视制作以及创意多媒体的技术训练。多媒体创意实验室同时为本地业界提供支持，包括借出器材和场地。

从1991年开办传播专业至今，澳门大学的本科传播专业已有超过2200名毕业生，取得传播与新媒体硕士学位的超过200人、博士14人。目前，每年本科生招生120~160人，硕士课程招生30~40人，在校学生规模约为600人，其中400位本科生，其余为研究生，仍然是澳门大学最大的学系，在澳门大学社会科学学院辖下。多年来，澳门大学的传播系学生进入澳门的新闻、媒体、公关、广告以及过去十年新兴的会展、文化创意以及影视制作产业，不少早期的毕业生已是行内中坚，也有毕业生进入政府成为新闻官，主管部门的政治传播工作。不少内地毕业生也在内地传播行业中发挥作用。由于澳门大学同时注重英语和国际视野的培训，个别毕业生顺利到海外著名学府如美国哥伦比亚大学升学，也有毕业生成功加入如CNN以及彭博新闻等国际传媒。

传播系目前全职教员有23人，兼职教员有4人，分别来看美国、加拿大、澳洲以及中国内地和港澳台地区，师资国际化而且多元化。自2004年开始，传播系的历任系主任包括有文化传播学者辛普森教授、新闻学学者陈怀林教授以及吴玫教授、新闻史学者林玉凤教授、媒体语言学者Martin Montgomery、文化研究学者Tony Schirato、大众传播学者赵心树教授及政治传播学者李天宗教授。现任系主任为李天宗教授。

(林玉凤)

第5章　新闻传播教育行业组织动态

5.1　新闻传播教育界主要管理组织2019年活动综述

5.1.1　国务院学位委员会学科评议组

2019年，学科评议组主要完成了以下几项工作：

一是学位点合格评估。此次合格评估的学位点由国务院学位委员会办公室按照“重点指定+随机抽取”的方式确定，其中博士点由学科评议组代评，硕士点由各省学位办组织抽评。学科评议组对抽中评审的五个一级学科博士点高校浙江大学、上海大学、暨南大学、四川大学、武汉大学进行入校考察和交流，五个学位点均顺利通过评估。

二是学位点专项评估。受国务院学位委员会办公室委托，新闻传播学科评议组对广东技术师范大学的新闻传播学硕士点进行函评，该学位点已顺利通过评估。

三是完成并上报《新闻传播学核心课程指南》，确定博士核心课程三门，分别为新闻传播学文献研究、媒介技术与社会发展、新闻传播学研究方法；硕士课程核心课程三门，分别为新闻传播史、新闻理论研究、新闻传播学研究方法（同名课程不同学段的内容和要求不同）。

四是 完成并上报《新闻传播学一级学科发展报告》，内容涉及学科概况、学科基础、人才培养、科学研究、社会服务/文化传承等方面。

五是2019年4月在江西师范大学召开学科评议组扩大会议，2019年11月在西南政法大学召开学科评议组工作会议，与两校新闻传播学科师生交流，并对两校的学科建设给予指导。

5.1.2　教育部高等学校新闻传播学类专业教学指导委员会

2019年，新闻传播学类专业教学指导委员会在教育部高教司的领导下，深入学习贯彻全国教育大会精神和新时代高等学校本科教育工作会议精神，紧紧围绕立德树人根本任务，推动新闻传播高等教育内涵式发展，召开国家级一流本科专业建设点推荐专项工作会议，不断完善工作机制，促进新闻传播教育教学改革与创新，搭建学术交流与咨询服务的平台，推动新闻传播高等教育国际化，取得了较为丰硕的成果。

1. 圆满完成国家级一流本科专业建设点推荐工作

2019 年 4 月，教育部正式发布《关于实施一流本科专业建设“双万计划”的通知》，计划 2019—2021 年，建设 10000 个左右国家级一流本科专业点和 10000 个左右省级一流本科专业点。新闻传播学类专业教指委按照教育部高教司的工作部署，于 8 月启动了新闻传播学类首批国家级一流本科专业建设点推荐工作。

通过统计分析，2019 年新闻传播学类国家级一流专业申报高校 117 所，申报专业建设点 131 个，其中新闻学专业 75 个、广播电视学专业 17 个、广告学专业 20 个、传播学专业 5 个、编辑出版学专业 6 个、网络与新媒体专业 6 个、数字出版专业 2 个。申报学校类别有三类：教育部直属高校(含 9 所部省合建高校)、省属高校、其他部委高校。按照推荐工作要求，教育部直属高校(含 9 所部省合建高校)和其他部委高校纳入中央赛道评审，省属高校纳入地方赛道评审。

为公平、公正地完成 2019 年国家级一流专业建设点的推荐工作，教指委组织委员认真审看各专业点提交的材料，并于 8 月 31 日在中国传媒大学举行了教指委第二次全体会议，专项讨论推荐 2019 年度新闻传播学类专业国家级一流专业建设点。在此次会议上，教指委主任、副主任委员牵头，成立了 6 个工作小组，经过认真审慎地讨论，并通过全体委员无记名投票，最终推荐了 42 个中央赛道一流本科专业建设点，25 个地方赛道一流本科专业建设点。

2. 举办四期高校新闻传播院系骨干教师马克思主义新闻观主题培训

受教育部高教司委托，新闻传播学类专业教学指导委员会于 2019 年 4—8 月在中国人民大学、中国传媒大学、广西大学、复旦大学举办了四期“高校新闻传播院系骨干教师马克思主义新闻观主题培训”。教育部高等教育司徐青森副司长出席第一期、第二期主题培训开班式并讲话，希望通过培训能够推动教师以言传身教带动学生树立正确新闻观，让马克思主义新闻观教育切实发挥好“定盘星”的关键作用，真正培养让党和人民放心的新闻传播后备人才。

首期主题培训于 2019 年 4 月 20—21 日在中国人民大学新闻学院举行。来自清华大学、武汉大学、南京大学、暨南大学在内的全国各地 56 所新闻传播院系的 62 位骨干教师参加培训。授课专家由来自中国人民大学新闻学院、北京大学新闻与传播学院、人民日报社新媒体中心和新华网融媒体未来研究院的八位学者组成，汇集了国内在马克思主义新闻观领域的领军人物和代表性学者。

第二期主题培训于 2019 年 6 月 1—2 日在中国传媒大学新闻传播学部举行。此次培训总共录取 44 所新闻传播院系、研究机构的 54 位骨干教师为本期学员。授课专家由来自中国人民大学新闻学院、复旦大学新闻学院、中国传媒大学新闻传播学部、北京大学新闻与传播学院以及中国改革报社的五位专家组成。为完善培训体系，强化案例教学，此次培训还专门设置“不忘初心 · 主题主线报道优秀作品巡讲活动”，邀请了五位来自主流媒体的编辑记者分享在实践中践行马克思主义新闻观的体会与思考。

第三期主题培训于 2019 年 7 月 9—12 日在广西大学新闻与传播学院成功举办，来自全国 51 所新闻院校的 75 位教师参加培训。授课专家由中国人民大学新闻学院、复旦大学新闻学院、清华大学、中国社会科学院、南京大学等高校和科研院所 10 位专家组成。专家们围绕中宣部、教育部组织编写的马克思主义新闻观教材《马克思主义新闻观十二讲》和《实践中的马克思主义新闻观》的编写背景、主要内容、教学方法及要求进行讲解，并组织学员参观了广西日报传媒集团，考察了广西云融媒体平台和《南国早报》编辑部。

第四期马新观主题培训于 2019 年 8 月 19—22 日在复旦大学成功举办，来自全国 56 所新闻院校的 64 位教师参加此次培训。此次主题培训的 11 位授课专家分别来自复旦大学新闻学院、中国传媒大学新闻学院、清华大学新闻与传播学院、北京大学新闻与传播学院、广西大学新闻与传播学院、南京大学新闻传播学院、武汉大学新闻与传播学院、重庆大学新闻学院以及上海报业集团。为了增强效果，此次培训还加大现场教学、案例教学和研讨教学等实践性教学力度，专门安排全体学员赴中共一大会址参观见学。学员在党的诞生地重温入党誓词，回顾建党历程，解读党的初心，在红色起点汲取养分。

3. 成功申办 2022 年第六届世界新闻教育大会并组织国际学术研讨会

2019 年 7 月 8—11 日，第五届世界新闻教育大会在法国巴黎召开。新闻传播学类专业教学指导委员会派出代表团参加此次大会，并成功申办 2022 年第六届世界新闻教育大会。8 日，教指委代表团代表候选国家，就申办第六届世界新闻教育大会展开陈述，介绍前期准备情况并回答与会代表问询。世界新闻教育理事会全体成员 11 日投票决定，中国成功获得 2022 年第六届世界新闻教育大会主办权。

为进一步提高我国新闻传播教育的国际影响力，当地时间 7 月 8 日上午 9 点，中国代表团在第五届世界新闻教育大会上举办研讨会，学者们围绕“全球化背景下的中国新闻教育：四十年回顾”这一主题，探讨了目前中国新闻教育的现状及创新尝试。复旦大学、中国传媒大学、清华大学、北京大学、武汉大学、上海外国语大学、黑龙江大学等高校的新闻传播学者先后在会上发言讨论，交流了新闻传播教育的经验和方法。

复旦大学新闻学院执行院长张涛甫教授发言的主题是“媒介技术革命与中国新闻传播教育应对”。他首先指出了媒介技术革命带来的不确定性是当前新闻传播教育正在面临的挑战。中国新闻教育在应对之时，应当打破新闻传播教育惯性。张教授提出从价值、知识、能力三方面完善人才培养机制，打造新型新闻传播教育。

上海外国语大学陈沛芹教授首先回顾了中国国际新闻教育事业的发展，并用课堂教学案例，展现了上海外国语大学在国际新闻教育方面取得的成果，探讨了本科生双语培养与研究生多语种培养的可能性。

中国传媒大学王晓红教授针对当下媒体环境面临的一系列变化以及中国高等教育改革的大背景对新闻人才培养提出了新要求，认为媒体人才培养要聚焦于跨学科(Interdisciplinary)、国际化(International)、兴趣专长(Interest)、社会责任(Impact)四个“I”的培养模式。

武汉大学新闻与传播学院院长强月新教授总结了前三位教授的发言。他认为，张涛甫教授从知识生产、哲学的角度讲述了新闻事业在技术革命背景下的现代化发展；陈沛芹教授从国际化角度论证了中国新闻教育事业的历史和发展；王晓红教授则从本土化角度深刻思考了人才培养的未来发展，提出四个“I”的培养模式。这些对于中国新闻传播教育来说，都是非常重要的方面，值得新闻传播教育者和研究者更深入地思考和实践。

清华大学新闻与传播学院常务副院长陈昌凤教授发言的题目为“中国新闻教育的未来：融合模式”，分别从“我们为什么要发展新闻事业”“我们应该如何做：融合性新闻教育”两个方面进行了探讨。她认为，从技术背景来看，“数据、智能、移动”是未来新闻传播教育的发展方向，新闻学子在未来应不断地提高自身对新闻的解释力、判断力。

黑龙江大学新闻传播学院院长郑亚楠教授分享了来自塞尔维亚、克罗地亚、罗马尼亚、阿尔巴尼亚、黑山和摩尔多瓦 6 个国家的 10 名青年导演与黑龙江大学新闻传播学院 19 名制片人及志愿者在 15 天内围绕哈尔滨这座城市完成一部纪录短片拍摄的经验。通过对这次活动的思考，郑教授从城市形象的影像传播实践角度出发，探究了多重交流的教育模式。

北京大学新闻与传播学院院长陆绍阳教授对前面的发言进行了总结。他认为新闻教育的新业态是不可控的，充满假设性和不可测性的，甚至要用到一些未来学、社会学的知识。围绕业界，陆院长提出了技巧思维、技术思维和融合人才培养的概念，提出新闻不仅仅要以公众为中心，更要以社会为中心。

4. 推动新闻传播学类本科专业建设

教指委作为教育部聘请并领导的专家组织，接受教育部的委托，开展高等学校本科教学的研究、咨询、指导、评估、服务等工作。2019 年，新闻传播学类专业教学指导委员会继续全面推动新闻传播学类本科专业建设。4 月，按照教育部高等教育教学评估中心的要求，组织全体委员认真研究《普通高等学校人文社科类专业认证标准》并反馈意见建议，以求增强标准的科学性、可行性和可信度。9 月，根据教育部专业申报审核工作的整体要求，以“新闻传播学类专业本科教学质量国家标准”为依据，遵循“公平、公正”的工作思路，结合各高校的申报材料，对人才培养方案、师资队伍情况、实验设备情况等内容进行重点审核，并提出中肯的意见与建议，顺利地完成了 2019 年新闻传播学类本科专业申报审核工作。

（新闻传播学类专业教学指导委员会秘书处、冷爽）

5.1.3　全国新闻与传播专业学位教育指导委员会

2019 年，全国新闻与传播专业学位研究生教育指导委员会(以下简称新闻与传播教指委)在国务院学位办、教育部、中宣部的领导和支持下，在各培养单位的共同努力下，围绕核心课程建设、师资队伍建设、学位授权点专项评估以及水平评估、专业学位类别领域设置、产教融合等方面开展了各项工作。

1. 推动新闻与传播硕士专业学位教育进入内涵式发展新阶段

2010 年 1 月，国务院学位委员会第 27 次会议审议通过了新闻与传播硕士专业学位(英文简称 MJC)的设置方案。这是新闻学硕士研究生教育的一个重大转折点。该方案突出强调了在新闻与传播硕士培养过程中的实践导向，旨在推动新闻与传播硕士研究生教育从以培养学术型人才为主的模式，向以培养应用型人才为主的模式的转变，完善新闻传播的培养体系。2011 年，全国新闻与传播专业学位研究生教育指导委员会成立。在过去的几年中，新闻与传播专业硕士研究生教育工作在教指委的推动下，起步发展很快，取得了可喜的成果。到目前为止，全国已有 165 所(据 2019 年国务院学位办数据库)大学能够招收新闻与传播专业硕士，报名招生人数也在逐年增加，从各种渠道反馈回来的信息看，社会各界与相关行业对新闻与传播专业学位研究生教育非常认可，给予了高度评价。

2019 年，新闻与传播教指委致力于服务行业需求、提高整体教育质量，从核心课程的设置与指南编写、学位授权点专项评估与质量监督、师资队伍建设等方面进行了不断的探索。

课程是人才培养的关键，亦是人才构建知识体系的关键，课程质量直接关系到人才培养的质量。2017年年底，经过新闻与传播教指委委员的反复论证与业内专家的多轮认证，最终确定将“新闻传播学理论基础”“新闻传播学研究方法”“新媒体研究与应用”“媒介经营与管理”“新闻传播学政策、法律与伦理”五门课程作为新闻与传播专业硕士研究生教育的核心课程。2018年年初至2019年年底，新闻与传播教指委秘书处积极推进五门核心课程与教材的编写工作，将五门核心课程的编写工作分别授权给北京大学、人民大学、复旦大学、浙江大学、中国政法大学五所学校，由相关教师专家牵头成立编写小组。五门核心课程指南的编写已经在2018年12月完成并上报给国务院学位办，并在2019年上半年进行了进一步修订，五门核心课程教材的编写预计在2020年年底完成。

为进一步研究新闻与传播专业学位研究生教育在新时代中国特色社会主义实践下的改革与发展，准确把握新时代新闻与传播专业硕士人才培养目标，提高新闻与传播硕士专业学位教育的质量水平，新闻与传播教指委于2019年12月3—5日在北京大学举办了全国新闻与传播专业硕士核心课程教学师资培训。共有来自全国新闻与传播院校的125名在职教师参加此次师资培训，培训会议得到了全国新闻与传播院校老师们的积极响应与高度评价，在为老师们提供学习与交流平台的同时，也增强了新闻与传播教指委的影响力与服务力。不定期的专硕师资培训目的是提高新闻与传播专业硕士教师的职业技能与教学水平，不断优化与强化师资队伍，搭建授权点之间的交流平台，促进新闻与传播专业学位教育迈向新的台阶。

2019年12月20日，全国新闻与传播专业学位研究生教育指导委员会在北京大学英杰交流中心召开了第二届第三次全体工作会议，全国各地的委员专家、嘉宾共20人参加了会议。在会议上，来自国务院学位办、中宣部干部局、教育部学位与研究生教育发展中心、北京大学研究生院的嘉宾做了发言，教指委秘书处汇报了2018—2019年度工作进展和2020年重点工作事项，与会委员和专家就专业学位水平评估相关问题进行了研讨。北京大学出版社的专家代表介绍了新闻与传播专业学位研究生教育核心课程教材建设的进展。

2019年，新闻与传播教指委秘书处还参加了由教育部研究生司、中宣部干部局、教育部学位与研究生教育发展中心举办的若干会议，如“研究生保质保量会议”“专业学位水平评估调研会议”等，完成了专业学位研究生课程教材建设调查问卷、专业学位水平评估、学位授权审核申请基本条件、专业学位类别设置专业领域管理办法、有关产教融合等的意见征集与反馈。在充分调研的基础上，完成了《新闻与传播专业学位发展状况调研报告》《新闻与传播专业学位类别发展报告》等文稿并上报国务院学位办，报告中梳理了新闻与传播专业学位的社会需求、发展状况、人才培养、社会服务与文化传承、比较分析与展望等。

2. 推进教学资源开发与加强联合培养基地建设

新闻与传播硕士专业学位的培养目标是：培养具备良好的政治思想素质和职业道德素养，具有现代新闻传播理念与国际化视野，深入了解中国基本国情，熟练掌握新闻传播技能与方法的高层次、应用型新闻传播专门人才。为实现以上培养目标，新闻与传播硕士的课程设置必须充分反映新闻与传播实践领域对专门人才的知识与素质要求，掌握基本的研究方法，着重提升新闻与传播实务能力和创造性解决实际问题能力的培养。

2019 年，新闻与传播教指委继续推进新闻与传播专业学位教学案例库的开发，同时针对案例库教学的推广工作进行整体规划和部署，明确分工与责任机制、激励机制、保障机制，继续筛选出一定数量的优秀案例，并强调需重视运用团队学习、案例研讨、现场研究、模拟训练等教学方法。

新闻与传播硕士的培养过程须突出新闻与传播实践导向，加强实践教学，实践教学时间不少于半年，培养实习基地的重要作用由此可见。2019 年，新闻与传播教指委进一步推进各授权单位新闻与传播专业学位研究生联合培养基地的建设，并制定评优激励机制，计划以“校际联合培养基地”“全国新闻与传播专业研究生联合培养基地”“全国新闻与传播专业研究生示范性培养基地”三个层次来划分，评选优秀的联合培养基地，形成品牌示范效应。同时，适度开放面向行业内在职人员的在岗培训，促进产学研互动。在专业学位授权审核中，将产教融合、联合培养基地建设作为申请基本条件的重要内容。

3. 加强教指委秘书处自身建设，不断提高服务质量与效率

新闻与传播专业学位教指委秘书处挂靠在北京大学新媒体研究院，是教指委的常设机构与具体工作实施单位。为更好地向新闻与传播专业学位研究生教育提供服务，加强专业学位研究生教育的信息化建设，2019 年，新闻与传播教指委申请了域名为 npjc. pku. edu. cn 的全国新闻与传播专业学位研究生教育指导委员会工作网站，预计将于 2020 年暑假完成文件上载等建设。并在原有“全国新闻与传播专硕教指委委员群”“全国 MJC 专硕授权点工作一群”“全国 MJC 专硕授权点工作二群”“案例教学师资交流群”“核心课程教学师资交流群”等微信工作群的基础上，新建了“全国 MJC 专硕授权点

工作三群”，将2018年增列的授权单位纳入此群，专项专办，极大地提高了工作效率，加强了沟通频率和效果。

教指委秘书处除了协助委员会完成制订有关专业学位研究生教育发展规划、制订和修订专业学位研究生指导性培养方案、组织开展专业学位授权点合格评估、质量监测和专项检查等工作外，还有就专业学位研究生教育的发展状况、教育质量、社会需求等开展调查、监测、分析和研究，并向主管部门、研究生培养单位提供咨询建议，以及加强专业学位研究生教育的宣传和引导。2019年，新闻与传播教指委秘书处在承接全国各授权点关于新闻与传播专业硕士项目的业务咨询时，也提高了秘书处自身的专业能力建设。并且，利用参加教育部、国务院学位办、中国学位与研究生教育学会组织相关会议的机会，加强与其他教指委秘书处的交流，不断提高秘书处的服务质量。

新闻与传播教指委计划在2020年加强对专业学位各授权点建设现状的调研工作，包括师资队伍建设、专业硕士课程设置和培养方案等方面，同时增强对各授权单位毕业生就业状况的调查，及时解决培养过程中存在的问题，并准备向国务院学位办申请设置新闻与传播博士专业学位。

（谢新洲）

5.2 其他新闻传播教育类学会2019年活动综述

5.2.1 中国新闻史学会

中国新闻史学会是中华人民共和国境内新闻传播学方向唯一的一家以研究中外新闻传播历史与现状、促进新闻传播学发展为宗旨的全国一级学术团体，现有22个二级分会。中国新闻史学会2019年活动综述如下：

1. 积极召开理事会议，完成学会交接工作

(1)1月5日，中国新闻史学会京津冀常务理事2019年工作会议在中国人民大学新闻学院举行。学会名誉会长方汉奇、赵玉明、程曼丽，会长陈昌凤，副会长王润泽，常务理事熊澄宇、黄升民、白贵、赵丽芳、李秀云、陈开和、万京华、向芬，特邀理事白润生、乔云霞，秘书长史安斌、邓绍根，副秘书长常江等出席会议。方汉奇名誉会长在致辞中回顾了学会30年来的成长历程，陈昌凤会长作了发言，邓绍根秘书长报告了

2018 年度学会的工作情况和 2019 年学会的相关工作计划。

(2)4 月 3 日，庆祝中国新闻史学会创建 30 周年座谈会在清华大学新闻与传播学院举行，中国新闻史学会名誉会长方汉奇、赵玉明，清华大学新闻与传播学院院长、中国新闻史学会顾问柳斌杰，中国新闻史学会会长陈昌凤，中国社会科学院新闻与传播研究所所长、中国新闻史学会学术咨询委员会委员唐绪军，北京师范大学新闻传播学院执行院长、中国新闻史学会常务理事、传媒经济与管理研究委员会会长喻国明，学会原秘书长谷长岭，原常务理事卫元理，特邀理事白润生、乔云霞、哈艳秋，副会长王润泽，常务理事陈开和、万京华、向芬，副秘书长常江等出席，联席秘书长史安斌、邓绍根主持了会议。老中青三代学者共聚一堂，观看学会的历史短片，研讨新闻与传播学科发展大计。

(3)4 月 13 日，由中国新闻史学会主办，南京师范大学新闻与传播学院承办、扬州大学新闻与传媒学院协办的中国新闻史学会常务理事会第五届第七次会议。中国新闻史学会会长、亚太新闻传播学会联盟主席、清华大学新闻与传播学院常务副院长陈昌凤教授在致辞中深情回顾了学会创办 30 年来筚路蓝缕的发展历程。会议首先听取了联席秘书长邓绍根教授代表学会秘书处所作的工作报告。史安斌教授一一介绍了第五届“新闻传播学学会奖”候选成果，与会代表经过审阅、讨论，投票通过了预评结果。下一届会长候选单位代表、中国人民大学新闻学院副院长王润泽教授作了申办发言，经过与会常务理事经认真讨论、审议，以无记名方式一致通过了中国人民大学新闻学院的申办，中国人民大学新闻学院执行院长胡百精教授作了表态发言。会议还就学术年会举办、学会二级分会管理等其他相关事项进行了充分交流和广泛讨论。

(4)7 月 10 日，秘书处发出了中国新闻史学会第六届理事会换届通知。中国新闻史学会将于 2019 年下半年正式启动第六届理事会换届工作。11 月 16—17 日，中国新闻史学会先后召开第五届第八次常务理事会和第六届第一次常务理事会，也召开了第五、六届会员代表大会暨理事会议，172 家团体会员与会，表决通过了第六届组织机构名单，中国人民大学新闻学院副院长、中国人民大学新闻与社会发展研究中心执行主任王润泽教授当选为中国新闻史学会第六届理事会会长，完成了学会的交接仪式。

中国新闻史学会第六届理事会组织机构

名誉会长(4 人)：方汉奇、赵玉明、程曼丽、陈昌凤

会长：王润泽

副会长(7 人，音序)：

陈建云、陈先红、胡钰、林如鹏、单波、隋岩、赵振祥

顾问(10人，音序)：

丁俊杰、郭振羽、黄瑚、柳斌杰、李金铨、李瞻、秦绍德、吴廷俊、尹韵公、卓南生

学术咨询委员会(16人，音序)：

陈韬文、丁柏铨、范以锦、李良荣、罗以澄、童兵、郝晓鸣、胡智锋、黄懿慧、刘幼琍、唐绪军、郑保卫、Clifford Christians、Colin sparks、Michael Schudson、Richard John

常务理事(65人，音序)：

艾红红、白贵、常江、巢乃鹏、陈建云、陈开和、陈先红、陈信凌、程丽红、邓绍根、董天策、樊亚平、顾理平、韩立新、胡钰、胡易容、黄升民、蒋建国、蒋晓丽、李珮、李文、李建新、李秀云、廖声武、林如鹏、刘洪、刘光牛、刘明洋、吕新雨、曼叶平、彭祝斌、濮端华、单波、史安斌、宋兆宽、隋岩、孙有中、唐海江、王润泽、王天根、王晓梅、韦路、吴飞、武宝瑞、向芬、谢耘耕、邢云文、熊澄宇、徐新平、阎立峰、杨海军、杨萌芽、余清楚、喻国明、张昆、张红军、张举玺、张晓锋、张志安、赵丽芳、赵云泽、赵振祥、郑亚楠、支庭荣、祝建华

特邀理事(19人，音序)：

白润生、陈卫星、董广安、杜骏飞、方晓红、谷长岭、郭镇之、哈艳秋、胡连利、胡太春、李润波、李少南、刘大保、刘亚、刘家林、马艺、闵大洪、倪延年、彭家发、乔云霞、石长顺、万京华、王绿萍、姚福申、殷俊、张之华、郑德金

联席秘书长(2人)：邓绍根、常江

秘书(1人)：张筱月

《新闻春秋》(6人)：

社长：王润泽

主编：周蔚华

执行主编：邓绍根

副主编：赵云泽、常江、陈开和

(5)11月，学会秘书处接到教育部“不忘初心牢记使命”主题教育领导小组文件部教发(2019)19号《关于教育部业务主管各社会组织认真开展“不忘初心 牢记使命”主题教育通知》后，立即学习文件精神，制订方案，分工布置，开展“不忘初心 牢记使命”主题教育。

2. 认真组织学术会议，蓬勃开展学术交流

2019 年 11 月 16—17 日，由中国新闻史学会、中国人民大学主办，中国人民大学新闻学院、中国人民大学新闻与社会发展研究中心承办，中国新闻史学会 22 个二级分会联合协办的“中国新闻史学会 2019 年学术年会”在北京会议中心隆重举行。此届学术年会以“全球视野 · 中国学派：全媒体时代的新闻传播研究”为主题，设有 1 个院长论坛、1 个主编论坛、24 个分论坛，举行了 50 余场活动。来自国内外主流新闻院校的近千名专家学者荟萃一堂，共享前沿关切、共通专业智慧、共建学科未来。国外新闻高校的院长教授，围绕八个主题板块，展开交流探讨。此次学术年会还举办了主编论坛。中国新闻史学会及其 22 个分会组织的分论坛学术交流同步进行，围绕讨论主题进行了充分的学术交流，为与会者奉献了一场场丰富的学术盛宴。大会经各分论坛推荐，25 篇新闻传播学论文荣获中国新闻史学会 2019 年学术年会“优秀论文奖”。

2019 年 9 月 21—22 日，由中国新闻史学会、中国社会科学院新闻与传播研究所主办，湖南师范大学新闻与传播学院承办的“第五届新闻史青年论坛”成功召开。来自全国各地 28 所高校、研究所及出版社的 64 位学者参加论坛，此次论坛共接收论文 34 篇。在学术探讨的过程中，学者们敏锐地捕捉到新闻史研究的变与不变，特别强调历史与理论的对接、历史与现实的对话，拓展了研究的诸多边界，提出了许多有价值的观点。

2019 年 10 月 26—27 日，第十一届世界华文传媒与华夏文明国际学术研讨会在重庆大学举行。此次大会由中国新闻史学会、华中科技大学新闻与信息传播学院、新加坡南洋理工大学黄金辉传播与信息学院、重庆大学新闻学院联合举办，国际中华传播学会、台湾中华传播学会、华夏传播研究会协办，重庆大学新闻学院、重庆大学新闻传播与社会发展研究院承办。研讨会主题为“人类命运共同体与华文传播”。来自台湾世新大学、台湾政治大学、香港城市大学、澳门大学、清华大学、北京大学、华中科技大学、中国人民大学、中国传媒大学、北京师范大学、厦门大学、西南大学、封面传媒等 30 多所高校与媒体的专家学者出席会议。

2019 年 10 月 25 日，由华东师范大学传播学院、中国新闻史学会合办的第二届大夏传播国际论坛暨批判传播学年会开幕式在华东师范大学举行。此次国际研讨会以“什么是数字时代的劳动——数字媒体时代的劳动问题与传媒变革”为主题，针对“数字劳动到底是什么？”“数字劳动是否意味着工作与休闲？”“生产与消费之间的分割线是否模糊、崩塌或者重叠？”“数字劳动对新闻业正在产生或已经产生了什么样的影响？”等诸多问题进行观点发表与意见讨论，来自海内外 12 个不同国家和地区，共 70 名学者参加了此次会议。

2019年11月24日，2019年生态文化传播国际学术研讨会在南京林业大学隆重举行。此次研讨会由中国新闻史学会和南京林业大学联办。来自中国、美国、伊朗、印尼等国家和地区的专家学者和参会代表80余人参加了此次会议。

3. 组织评选中国新闻史学会第五届新闻传播学学会奖

中国新闻史学会第五届“新闻传播学学会奖”于2018年12月15日发出征集通知，2019年2月28日截止。2019年3月27日，中国新闻史学会组织了匿名专家和会评专家完成了专家双盲式评审；4月3日学会奖定评会在清华大学举行；4月12日评选结果在中国新闻史学会常务理事会第五届第七次会议上审议通过。目前中国新闻史学会第六届“新闻传播学学会奖”会员优秀学术成果征集通知工作已于2019年12月26日启动，2020年3月28日截止。

4. 规范二级学会管理

2019年4月13日的常务理事会上各二级学会分别报告了2018年工作和2019年的工作规划，常务理事认真听取了他们的汇报，并经过与会常务理事的投票表决，评选出了新闻传播教育史研究委员会、网络传播史研究委员会、应用新闻传播研究委员会、媒介法规与伦理研究委员会等五个2018年度优秀二级分会。

5. 加强国际学术交流

11月7—9日，亚太传播学会联盟(APCA)在泰国清迈召开2019年度学术年会。主题是：连接亚洲与世界：球土化视野下的传播研究。此届学术年会设立中文专场。

国际媒介与传播研究学会(IAMCR)2019年会在西班牙马德里召开。大会期间，由中国新闻史学会、清华大学、西交利物浦大学共同组成的代表团，成功申办2020年国际媒介与传播研究学会年会。这将是新闻传播学领域四大国际学会首次在中国大陆办年会。

6.《新闻春秋》会刊创新出版

根据办刊需要，经上级主管部门批准，《新闻春秋》于2019年改为双月刊，每年2、4、6、8、10、12月出版。该刊实行来稿匿名评阅制度，常设“报刊史研究”“传播史研究”“广播电视研究”“新媒体研究”“媒介文化研究”“新闻人物研究”“媒介伦理与法研究”等栏目。

7. 秘书处日常工作运转正常

2018 年顺利通过民政部、教育部 2018 年度社团年检，2019 年年检工作已经启动。目前也正在进行换届的财务审计工作。

秘书处已由清华大学换至中国人民大学，明新楼 603 室作为目前秘书处办公地点。

（中国新闻史学会秘书处，邓绍根）

5. 2. 2　中国新闻史学会新闻传播教育史研究委员会

中国新闻史学会新闻传播教育史研究委员会，是中国境内唯一一家专门研究中外新闻传播教育历史与现状的全国性学术团体，由单位和个人自愿结成，属于非营利性社会组织。它是中国新闻史学会成立的第一个二级学会，接受教育部和民政部的业务指导和监督管理。2019 年，学会继续致力于贯彻成立宗旨：团结全国新闻传播教育史专家，推动新闻传播教育史研究，促进新闻传播教育的发展。这一年里，学会集体编撰的《中国新闻传播教育年鉴(2016)》喜获第八届高等学校科学研究优秀成果奖(人文社会科学)三等奖，给致力于这项近于公益工作的学会同仁们带来了莫大的鼓舞。

1. 学会主要成果：《中国新闻传播教育年鉴(2019)》顺利出版

新闻传播教育史研究委员会将集体编撰《中国新闻传播教育年鉴》确定为学会目前的中心工作。2019 年 11 月，历经一年多时间的准备，通过学会全体会员的艰苦努力，《中国新闻传播教育年鉴(2019》正式出版。这是以新闻传播教育为主题的年鉴系列的第四部，全书篇幅达到 133 万字。

在主要栏目设置上，2019 版年鉴延续了 2018 年版的中国新闻传播教育年度综述、各省(自治区、直辖市)新闻传播教育发展综述、中国新闻传播教育地图、院系巡礼、教育家研究、口述史研究、院长论衡、行业组织和相关学会介绍、学科专业建设、本科人才培养、研究生与博士后流动站、各类获奖、学生竞赛、新闻教育研究、大事记及各种附录等板块设计，体现了年鉴编撰风格的稳定性。但内容更为充实、编撰方法更为优化，受到业界好评。

年鉴首发式在兰州大学举行，白润生、童兵、罗以澄、郑保卫、程曼丽、米博华、张昆、冯程等诸位新闻传播教育界资深专家，以及甘肃省委宣传部、兰州大学校方领导，担任揭幕嘉宾，一起揭开了《中国新闻传播教育年鉴(2019)》的神秘面纱。此次会议上，为表彰广大教师的辛勤付出，推进年鉴工作进一步发展，还特设了“第一届《中国新闻传播教育年鉴》编撰工作杰出贡献奖颁奖仪式”，复旦大学陈建云教授等25人获得表彰。

2. 学会主要会议：两次学术会议与一次年鉴编辑会议

(1)2019年学术年会。中国新闻史学会新闻传播教育史研究委员会2019年学术年会以“回顾与前瞻——新中国新闻传播教育70年”为主题，旨在通过回顾和前瞻，检视新中国新闻传播教育的历史经验，展望中国新闻传播教育的未来发展。2019年11月9日，来自中国人民大学、复旦大学、华中科技大学、北京大学等全国高校新闻院系的专家学者作年会主题发言，分享“新闻教育经”。在当天举行的院长论坛以及70年新闻传播教育、新闻传播教育改革两个主题分论坛上，数十位专家学者共话中国新闻传播教育的历史、现实与未来。全国高校新闻院系、新闻媒体、兰州大学新闻与传播学院的一百多位专家学者与会。

(2)中国新闻史学会2019年学术年会上的分论坛。2019年11月16—17日，中国新闻史学会2019年学术年会期间，该学会也召开了分论坛，主题为“全媒体时代的新闻传播教育改革”。遵循会议主办方规定，学会秘书处从投稿中精选了20篇论文参会发表，讨论主题涉及：全媒体时代新闻传播人才需求和目标定位的嬗变、全媒体时代新闻院系的课程设计与教材建设、全媒体时代新闻院系的实验与实践教学改革的新趋势、国外全媒体新闻传播教育改革的经验借鉴、中国新闻史研究等。

(3)年鉴编撰会议。2019年4月27日，学会第三届第一次常务理事会议暨中国新闻传播教育年鉴编委会第六次会议定于在天津市召开，由天津师范大学承办，与会人数60余人。此次会议的核心议题是商讨《中国新闻传播教育年鉴(2020)》的编辑工作。主要包括：通报《中国新闻传播教育年鉴(2019)》编辑进展，并进一步总结经验、探讨问题；商讨《中国新闻传播教育年鉴(2020)》的编写大纲、具体编写要求；分配《中国新闻传播教育年鉴(2020)》的编写任务。

3. 秘书处日常工作

2019年，秘书处的日常工作也在有条不紊地推进。除维持学会高效运转的各种基础性工作外，新完成的主要工作包括：向常务理事、副会长、会长、秘书处工作人员颁发第三届学会任职聘书；开通学会微信公众号(名称源自学会的英文缩写AHJCEC)，并推送了7篇文章。此外，周婷婷老师因工作内容调整，辞去学会副秘书长一职，由华中科技大学新闻与信息传播学院新进教师王一鸣博士接任。

(中国新闻史学会新闻传播教育史研究委员会秘书处)

5.2.3　中国高等院校影视学会

2019年，中华人民共和国成立70周年，为营造积极向上的喜庆氛围，中国高校影视学会积极谋划、精心筹办、统筹推进，成功主办第十九届年会和第十二届中国影视高层论坛，顺利举办第十二届学术成果推优活动、第九届影视作品推优活动和第四届影视教育终身成就推选活动，正式成立影视史学专业委员会，批准筹建影视评论专业委员会，批准挂牌三个创研中心，支持各专业委员会举办一系列学术研讨论坛和作品竞赛活动。2019年，学会共发展新会员近150人，学会会员总人数超过1800人。总结2019年，学会正以奋发进取的姿态努力推动中国高等影视教育走向新征程。

1. 第十九届年会暨第十二届中国影视高层论坛圆满举办

2019年11月1—3日，中国高校影视学会第十九届年会暨第十二届中国影视高层论坛在山东济南举行。此届年会在论坛设置、会议宣传、晚会策划等方面新意突出、亮点鲜明，规模和品质皆创新高。其亮点之一是规模大，此届年会参会规模再创新高，来自北京师范大学、中国传媒大学、上海交通大学、清华大学、山东师范大学等全国近300所高等院校的专家学者齐聚泉城，实际与会人数突破600人；年会宣传如火如荼，年会报道组与学院报道组精心配合，社会媒体多屏多媒体呈现。亮点之二是品质高，此次年会设置1个主题论坛、5个特别专场论坛、14个分会场专题论坛和1个博士生论坛，与会者围绕“新中国 新时代：影视的历程与图景”这一主题进行了多层面多角度的交流与探讨：主题论坛立意高远，五位专家的发言共同体现中国影视理论与实践“五性”之融合统一；专题论坛维度多元、视角创新，内容与形式较往年均有丰富。亮点之三是新意多，前沿科技广泛运用，网络直播、VR拍摄、“扫码找我”等综合网络新技术的宣传形式层出不穷；儒家文化与鲁剧艺术创新呈现，“儒家文化与鲁剧创研中心”正式揭牌。亮点之四是氛围浓，颁奖晚会旨意突出，典礼现场异彩纷呈，以“不忘初心，牢记使命”为主题，特设“致敬经典鲁剧”环节，资深导演王大安和著名编剧赵冬苓现场致辞，各大高校院长、校长莅临助阵。此次年会由中国高等院校影视学会与山东师范大学联合主办，由山东师范大学新闻与传媒学院、教务处、社科处、研究生院联合承办。

年会期间，学会做出决定：第二十届年会承办方为四川电影电视学院，第二十一届年会承办方为浙江传媒学院。

2. 学会系列推优推选活动正常开展、公正评审并隆重颁奖

应上级要求，学会决定于2019年起，将原“学会奖”“学院奖”“学人奖”分别更名为

“学术成果推优活动”“影视作品推优活动”“影视教育终身成就推选活动”继续开展。

2019 年 8 月初，第十二届学术成果推优活动、第九届影视作品推优活动征集函相继在学会微信公众号发布。9 月 20—21 日，学会在四川成都召开第五届理事会第四次常务理事会暨第十二届学术成果推优活动评审会、第四届影视教育终身成就获得者推选会，会议由学会秘书处、四川大学传媒研究中心承办。10 月 16—18 日，学会在成都召开第九届影视作品推优活动评审会，会议由微电影专业委员会、成都大学影视与动画学院承办。

11 月 2 日晚，中国高校影视学会年度推优活动颁奖晚会在山东师范大学大礼堂隆重举行，此次晚会紧扣中华人民共和国成立 70 周年，以“不忘初心，牢记使命”为主题，积极传播正能量，营造团结向上的喜庆氛围。第十二届“学会奖”、第九届“学院奖”的获奖代表 500 余人和山东师范大学师生 600 余人共同参加了晚会。特别指出的是，第四届“学人奖”终身成就奖获得者分别为中国艺术研究院影视研究所原所长章柏青研究员、福建师范大学传播学院原院长颜纯钧教授，他们多年来或在影视学术领域卓有建树，或在影视教育岗位上潜心奉献，为年轻的学者们树立了榜样。

3. 各专业委员会举办系列学术论坛

2019 年，中国高校影视学会所属二级机构——各专业委员会举办了一系列学术活动，精彩纷呈：

5 月 31 日—6 月 1 日，网络视听专业委员会与浙江传媒学院联合在杭州举办第二届中国高校网络视听学术论坛。

7 月 3 日，微电影专业委员会与中国传媒大学电视学院在北京举办第四届中国高校微电影学术论坛。

7 月 5—7 日，民族影视专业委员会与西北民族大学新闻传播学院联合举办第五届民族影视高端论坛。

7 月 11—12 日，动画与数字媒体艺术专业委员会与青岛大学在黄岛联合举办首届“中国高校动画与未来影像年度峰会”暨动画、数字媒体毕业作品展映交流会。

9 月 21—21 日，影视国际传播专业委员会与大连外国语大学在大连联合举办第三届“中国影像 全球传播”高峰论坛。

9 月 29—30 日，纪录片专业委员会与山西传媒学院在太原联合举办第三届纪录片学术年会暨 2019 中国纪录片论坛。

10 月 13—14 日，广播专业委员会与内蒙古广播电视台在鄂尔多斯联合举办第四届中国广播创新发展高端论坛。

10 月 17—18 日，影视教学专业委员会与浙江传媒学院联合举办第四届影视教学高端论坛暨第三届青年学者论坛。

10 月 23—24 日，影视实验教学专业委员会与云南大学新闻学院等在昆明联合举办第四届媒体融合实验教学创新高峰论坛。

11 月 2—3 日，影视产业与管理专业委员会与山东大学新闻传播学院联合举办第四届影视产业与管理学术年会暨影视的工业化发展之路与山东影视产业发展高峰论坛。

11 月 20—21 日，播音主持专业委员会与中国传媒大学播音主持艺术学院在北京联合举办齐越朗诵艺术节暨播音主持专业委员会 2019 学术论坛。

11 月 22—24 日，媒介文化专业委员会与四川外国语大学在重庆举办第三届媒介文化学术年会暨 2019 媒介文化论坛。

12 月 6—7 日，影视史学专业委员会在广州举行成立大会，并召开首届中国影视史学年会。

4. 专业委员会和创研中心建设稳步推进

12 月 7 日，学会第 14 个专业委员会——影视史学专业委员会成立大会暨首届中国影视史学年会在广州珠江宾馆举行。该专业委员会历经三年酝酿，并经学会会长会、常务理事会、理事会多次讨论和最后批准。影视史学专业委员会主任委员会由学会副会长、中国艺术研究院影视研究所所长丁亚平研究员担任，秘书处分别设于中国艺术研究院影视所与广州大学新闻传播学院。大会期间，影视史学专业委员会召开了第一届理事会第一次会议。此外，9 月 20 日，第五届理事会召开第四次常务理事会，决定设立影视评论专业委员会。

2019 年，学会共批准挂牌成立三家创研中心：

①儒家文化与鲁剧创研究中心，山东师范大学，11 月 2 日。

②民族影视创研中心，中央民族大学，11 月 15 日。

③纪录片创研中心，浙江工业大学，11 月 24 日。

5. 支持各类高校主办或者举办各项作品竞赛活动

2019 年，中国高校影视学会以指导单位或者主办方、协办方名义支持以下活动：

第 26 届北京大学生电影节“道路、经验与模式——全球视野下的新中国电影七十年”，北京师范大学、北京大学生电影节组委会，2019 年 4 月。

第四届全国大学生无人机航拍竞赛，首都师范大学科德学院，2019 年 4 月。

第八届国际大学微电影盛典，首都师范大学科德学院，2019 年 10 月。

首届中国—东盟大学生短片节，广西艺术学院影视与动画学院，2019 年 11 月。

第二届全国大学生少数民族题材影视作品大赛，中南民族大学新闻传播学院，2019 年 11 月。

6. 第五届理事会正常履职

学会全年共召开三次会长工作会(北京、成都、济南)、一次理事会(济南)、一次常务理事会(成都)，积极统筹推进学会各项工作。

9 月 20 日，第五届理事会在成都召开第四次常务理事会，决定设立影视评论专业委员会。11 月 1 日晚，第五届理事会在济南召开第四次会议，正式批准设立影视评论专业委员会，还一致通过关于增补马池珠、朱天为第五届理事会常务理事，增补张丽军为第五届理事会理事的议案。11 月 3 日，在十九届年会会员代表大会上，学会宣布了上述决定。

7. 出版学会论文集

《新时代 新影视：中国影视的责任与使命：中国高校影视学会第十八届年会论文集》于 2019 年 10 月由中国传媒大学出版社出版，并在第十九届年会上赠送会员和作者。

（中国高校影视学会秘书处，张国涛）

5.2.4　中国高等教育学会新闻学与传播学专业委员会

中国高等教育学会新闻学与传播学专业委员会(原名：中国新闻教育学会)于 1984 年 11 月 2 日在北京成立，是我国新闻与传播学科领域历史最悠久、规模最大的学术团体，历经 30 年的成长与发展，学会的理事单位从最初的 30 个已增至 190 多个。学会为促进中国新闻学与传播学的学科建设、教学改革、人才培养、学术研究等方面的沟通交流与提升发展发挥了积极而显著的作用。2019 年度学会充分发挥学术性团体的作用，努力进行理论研究和实践探索，以及搭建学界与业界的对话交流机制。一年来，学会各项工作富有成效，并为推进学会的下一步发展奠定了良好基础。

1. 召开“中国高等教育学会新闻学与传播学专业委员会第八届理事会”

2019 年 11 月 29—30 日，中国高等教育学会新闻学与传播学专业委员会召开了常务理事会和全体理事大会，总结和部署相关工作，并就审议新任理事人选、新申请入会理事单位等事项和学会未来工作计划征求意见和建议。会议由委员会秘书长王斌教授主持。新闻学与传播学专业委员会理事长周勇教授在会上介绍了委员会目前的发展规模、日常工作、品牌项目和未来工作设想。周勇教授特别强调要在工作中严格把握意识形态，尤其是审核把关学会在课题研究、学术论坛、智库建设等方面的意识形态工作。八届二次全体理事会议履行了新闻学与传播学专业委员会作为团结全国新闻传播教育界重要机构和沟通新闻院校协作重要平台的职责使命。

2. 召开"智能媒体与新闻传播学科变革"学术年会

2019年11月30日，"智能媒体与新闻传播学科变革"学术年会在上海大学召开。来自多所高校的260多位专家、学者和多家媒体代表参加会议，共同探讨智媒时代的新环境、新机遇、新成果。上海大学新闻传播学院院长严三九教授在致辞中介绍上海大学新闻传播学院基本情况。新闻学与传播学专业委员会理事长周勇教授在学术年会开幕式上表示，面对新技术、新理念，学界应该沉下心来思考如何应对行业的新变化、新发展，在"变"与"不变"中明确自身定位，保持对主流价值的坚持，结合教育教学需求和业界发展动态，让学界成为能够分析变化内在逻辑的引领者，而并非只是盲目跟风的学习者。

在主题报告环节，来自学界、业界的嘉宾围绕智能媒体发展，从新闻传播教育与行业前沿的互动、智媒时代对人才培养的影响等层面，分享最新研究成果，发表自己的观点和看法。周勇教授作了题为《新媒体技术的演进逻辑及其治理规则》的主题报告；尹韵公教授作了题为《技术快速进步推动传媒急切变革》的主题报告；陈昌凤教授带来《智能时代的新闻传播理念变革》的主题报告；张昆教授带来《新闻传播教育史研究刍议》的专题分享；张涛甫教授以《知识"流量化"与新闻传播教育"护城河"打造》为题带来主题报告；王晓红教授作了题为《智能传播的新文科图景：本土寻路与国际视野》的主题报告；强月新教授分享了《改革开放以来我国媒体发展思维的嬗变路径》的报告；封面传媒董事长兼CEO李鹏带来《智媒体：新物种进化论》的主题分享。

此次学术年会包含"智能媒体发展30人峰会""智能媒体与新闻传播学科变革""智能媒体与新闻传播行业发展""5G与新闻传播发展""智能媒体新闻传播的人才培养""智传时代新闻传播教育的改革与创新"等分论坛。与会专家学者经过深入交流探讨，形成了许多具有开创性、建设性的共识与成果。值得一提的是，此次学术年会与业界形成了更深层、更充分的对话，不仅邀请了来自封面传媒、新华网、《齐鲁晚报》、东方网、看看新闻、界面、《北京日报》和腾讯、字节跳动等在媒体融合发展中走在前列的媒体和互联网企业代表参会，还首创"智能媒体发展30人峰会"，为智能媒体的未来发展汇聚学界、业界的智慧和力量。

此次学术年会还首发《全球人工智能媒体发展研究报告》《中国智能媒体发展研究报告》两大研究成果。上海大学新闻传播学院院长严三九教授从战略、技术、产业、业务、伦理等角度全面梳理总结了全球主要智能媒体情况，同时还从战略、基础、应用、融合、产业、反思六个视域梳理中国智能媒体发展现状，为洞悉智能媒体发展提供重要参考。

3. 组织推选和发布年度新媒体创新推荐案例

2019 年 5 月 11 日，中国高等教育学会新闻学与传播专业委员会发布了《年度新媒体创新推荐案例》，这是学会连续第二年发布新媒体创新案例。在两个多月的时间内，学会向专业媒体机构征集创新案例，最终经新闻学与传播专业委员会理事单位负责人评议，筛选出了最具代表性的 15 个新媒体创新报道推荐案例、8 个新媒体创新应用推荐案例、8 个媒介融合创新建设媒体推荐案例。

为了传递创新的经验、交流探索的体会、启发研究的智慧、记录历史的足迹，新闻学与传播专业委员会在发布推荐案例同时，联合了中国人民大学、中国传媒大学、复旦大学等国内领先的新闻传播院校顶尖专家，邀请了新华社、人民日报社、中央广播电视台等全国性主流媒体，《解放日报》《钱江晚报》等区域性主流媒体，以及今日头条、澎湃新闻等新型传媒机构负责人，聚人汇智，以推荐案例为基础，进行了一场智慧的交流和激荡，共探未来传媒业发展趋势。与会专家纷纷表示，此次活动推荐的案例用户意识强，尤其是为一些主流的价值信息和话题赋予了社交动力。新媒体创新案例推荐是一项面向全国专业媒体机构举办的持续性年度活动，新闻学与传播专业委员会希望通过这种将传媒业界一线实践探索经验案例化的方式，推荐业界优秀案例，为中国传媒行业汇聚、沉淀、输出更新智慧。

新媒体创新案例推荐是一项面向全国专业媒体机构举办的持续性年度活动，“学会”希望通过这种将传媒业界一线实践探索经验案例化的方式，推荐业界优秀案例，为中国传媒行业汇聚、沉淀、输出更新智慧。

4. 继续组织举办品牌学术活动“全国新闻传播学骨干教师研修班”

7 月 29 日至 8 月 1 日，2019 年全国新闻传播学骨干教师研修班在云南昆明举办。来自全国 29 个省(市、区)的 255 位新闻传播学一线教师参与了此次研修和学习。此次研修班由中国高等教育学会新闻学与传播学专业委员会、中国人民大学新闻学院、中国人民大学出版社共同主办，云南大学新闻学院协办，旨在探讨新媒体环境下新闻传播教育的前沿问题、推进教师群体的教学与科研经验交流。

此次研修班立足教学与科研，设立了马克思主义新闻观教育、推动媒体融合发展、构建新媒体环境下的新闻教育体系等主题。在四天的学习时间里，研修班学员共听取了 9 场新闻传播学相关讲座。学界嘉宾的授课集中于“马克思主义新闻观”“新闻采访”“新闻评论”“广电转型”“算法新闻”等新闻传播学核心课程的教学内容及方法，探讨了全媒体时代新闻传播教育的路径和逻辑。来自业界的嘉宾则结合当前新闻内容生产、新闻传播渠道所发生的变化，结合业界对新闻传播人才的需求，对当前的新闻传播实务教学在人才培养、课程设置等方面提出了建议。来自学术期刊的嘉宾则对学术论文写作与发表进行了精要的解析，鼓励青年教师做有问题意识、现实关怀的学术研究。此外，部分学员提交了论文并听取了论文点评。

5. 举办马克思主义新闻观师资研修班

2019 年 10 月 18—21 日，马克思主义新闻观骨干师资高级研修班教学实践活动在涉县西戌镇展开。来自全国 22 个省份的高等新闻院校学员参与了此次教学实践活动。来自全国各地的 40 多位专家、学者出席开班仪式。此次教学实践调研活动由中国人民大学新闻学院、中国人民大学马克思主义新闻观研究中心、中国高等教育学会新闻学与传播学专业委员会、中国人民大学新闻与社会发展研究中心、中共涉县西戌镇委员会、涉县人民政府联合举办。中国人民大学新闻学院党委书记、中国高等教育学会新闻学与传播学专业委员会理事长周勇教授为开班仪式致辞。他谈到，中国的新闻教育事业已经走到一个关键的节点，我们这一代人应该有这个能力和使命担当，承担起历史重任，回到源头去寻找历史的脉络，找到中国特色新闻理论体系相关建构的源头思想，系统地梳理新中国新闻事业的发展。

在理论学习环节，中国人民大学新闻学院王润泽教授为学员们讲授关于中国共产党新闻事业党性与人民性原则确立的历史轨迹的内容，系统地梳理了中国共产党新闻事业的发展脉络；中国人民大学新闻学院邓绍根教授为学员们系统讲授了原新华通讯社社长廖承志在西戌镇的新闻工作情况。

在实践调研环节，专家、学者们一起参观了沙河村陕北新华广播电台播音旧址、新华社和晋冀鲁豫军区通讯处培训学校旧址、大南峧邯郸和陕北新华电台备用台址、沙河村西山记者岭、西戌村新华总社、太行青记旧址、新闻湖、宋家庄晋冀鲁豫中央局电话总局旧址、圣福天路、偏城镇庄子岭及大岩村何云牺牲地等旧址。

（中国高等教育学会新闻学与传播学专业委员会秘书处）

5.2.5 中国高等教育学会广告教育专业委员会

2019 年广告教育专业委员会开拓进取、努力工作，取得了显著的成绩。

1. 成功举办了第九届全国大学生广告艺术大赛

第十一届全国大学生广告艺术大赛(简称“大广赛”)于 2018 年 11 月 24 日启动后，赛事活动按计划和程序稳步进行，先后完成命题征集宣传、校园创意巡讲、学生创作提交、各赛区评选、全国总评审、网上公示、复活赛、颁奖典礼等环节。第十一届大广赛的重头戏依然是大家最关注的公益命题。2019 年是中华人民共和国成立 70 周年，其间经历 40 年改革开放，为总结历史经验，揭示历史规律，把握历史趋势下新时代奋斗目标，实现民族的伟大复兴，此届大广赛通过公益命题，引发青年一代对于责任的思考，引导大学生从自我做起，立足当下。从小事出发，从身边做起，用开阔的视野，发展的眼光来看待自己的责任与担当。

此次大赛首次举办赛前训练营，探索竞赛创新新模式。第十一届大广赛以“义乌——世界小商品之都”为创作主题，首次举办了赛前训练营，通过定制公开课、命题主题解析、义乌参观考察、创意导师指导、小组主题创作等五个阶段的赛前训练，深度解读义乌命题，从义乌行业市场一线挖掘创作题材，深化创新。学生通过实地考察、现场拍摄、视频创作，用年轻人的视觉传播义乌形象。在赛前实现了一次“定制培训-实地考察-视频创作-终极 PK”为一体的竞赛创新模式的探索。

大赛贴近时代传播方式，开拓全新的内容创作方向。随着信息碎片化时代的到来，短视频快速兴起，已成为新媒体传播主流。大广赛不断与时俱进，推陈出新，紧跟传播的潮流与趋势，贴近生活，注重实用，引导学生的创作适应快速发展的广告环境。

此次大广赛新增了 15 秒的短视频创作类别，并首次联合抖音、图虫创意发起“2019 大广赛抖音短视频挑战赛”。不仅丰富了创作形式，还让学生有机会学习并体验到短视频营销的新玩法，也促进了“责任与担当”公益命题和义乌城市形象宣传命题的作品推广。

(1)第十一届大广赛的基本情况：

①竞赛活动安排。第十一届大广赛自 2018 年 11 月 24 日颁奖典礼上启动。在时间安排、选题的确定、活动内容等各个方面，都注意与学校的教学进度相衔接。2018 年 12 月—2019 年 3 月征集企业选题、2019 年 3 月举办指导教师培训班、4—5 月组织名家名师进校园巡讲活动、4—5 月各赛区启动大广赛、6—7 月各院校组织学生创作与选拔、7 月份各赛区评选、8 月全国总评审、9 月获等级奖作品公示并举办了“中国大学生好创

意策划案现场决赛”，10 月全国获奖作品公布，11 月 23 日在全国政协礼堂召开了大广赛学科竞赛成果展示盛典(即颁奖典礼)。

②选题情况。参赛作品分为平面、视频、广播、动画、互动、策划案、文案和公益 8 个类别，涉及 11 个命题。

③名师名家校园巡讲活动。第十一届大广赛从 4 月至 6 月期间，走过 29 个赛区，46 个城市，共举办了 57 场线下校园创意巡讲推广活动。聘请了 30 位来自学界、业界的名家名师，如麦肯光明、奥美、电通、阳狮、旭日因赛、北京广告的当家创意官为同学们带来创意演讲，倾囊相授自己一线从业的真实感受。9 家命题单位 67 名企业讲师走进校园，进行命题解析，互动分享，启发学生创作。共计近 3 万师生参与了现场活动。

(2)作品创作、提交。统计数据显示，此届大广赛共有 11 家命题单位，共收到来自全国 29 个赛区 1504 所高等院校的 404662 组参赛作品，参赛学生达 101 万人次。经过校级筛选，共收到作品 404662 组。经各赛区评选，共选送 31421 组作品报送全国。去掉违规作品，最后确认符合创作原则的 29539 组作品参加全国总评审，除了参赛作品数量上的突破，创作水平和创作质量相较往年也有了大幅度提高。

(3)评奖情况：

①评审结果。经全国总评审、复活赛、中国大学生好创意策划案现场决赛、网上公示、处理违纪作品等各环节，此届大广赛共评出 132 个一等奖、372 个二等奖、880 个三等奖、3269 个优秀奖，全国奖获奖作品共计 4653 组。

②复活赛。为给更多的同学提供获奖的机会，第十一届大广赛延续了复活赛的做法，分赛区获一等奖而在全国总评审中未获奖的作品，由专家评委评出 50 件候选作品，于 8 月 24 日在大广赛组委会官方微博平台接受大众投票，最终评出 10 件作品在全国奖中“复活”。

③中国大学生好创意——策划案现场决赛。2019 年 9 月 13 日，中国大学生好创意——第十一届大广赛策划案现场决赛在浙江省温州电视台演播厅举行。策划案现场决赛共有 13 支团队参与了竞赛，这些作品是从参与大广赛的 12360 件广告策划案作品中，通过校级初评、赛区评选、全国总赛区评审脱颖而出的。通过为时一天的激烈竞争，最终决胜出 8 个一等奖、1 个最具人气奖团队、1 个最佳表现个人奖。

(6)宣传工作和媒体数据。自第十一届大广赛开赛以来至今，媒体的推广力度较往届有所加强。传统媒体、门户网站、自媒体三大类别在大广赛每个活动阶段都有媒体露出。通过百度搜索到的“全国大学生广告艺术大赛”信息共计 1640 万条，通过百度搜索到的“第十一届全国大学生广告艺术大赛”信息共计 2080 万条。自媒体自第十一届赛事开赛起，官网点击量达 1278757 人次；官方微信 2 个公众号合计 53 万多个粉丝，2019

年1月5日至12月26日期间累计发布602条，累计阅读量达175.6万人次；大广赛官方微博粉丝共计72670人，较上一年度相比共计涨粉2.2万余人。第十一届共计发布微博370条，共计阅读量1210万/人次。

第十一届大广赛校园巡讲活动共计举办57场，其中35场使用“Hi现场”技术互动，现场参与人数10589人，发送消息达29942条。

2. 组织开展中国高等教育学会高等教育科学研究“十三五”规划课题广告教育与研究专项课题

进入2019年以来，组织专家委员会对已立项的11项课题召开专项课题开题评审和中期检查，评审结果报中国高等教育学会秘书处学术部并公示。各个课题组按照课题研究计划开展研究，顺利进入结题阶段。

3. 召开中国高等教育学会广告教育专业委员会2019年学术年会暨第九届中国广告教育论坛

2019年11月9日在暨南大学成功举办中国高等教育学会广告教育专业委员会2019学术年会暨第十届中国广告教育论坛。来自全国130余所院校的220余名广告学者、业界专家与专业教师济济一堂，共同展开了对当代广告教育的深入探讨。

此次论坛以“传承与变革：智能时代的卓越广告人才培养”为主题，以“中国广告业恢复40周年与中国广告教育的发展”“智能时代的广告变革与广告教育的改革”“新文科与广告人才培养模式的创新”“可行与可能：大广赛嵌入广告教学活动的路径与人才培养探讨为议题展开研讨”“智能+背景下广告学专业的课程改革(含慕课建设)”“一带一路背景下品牌战略与广告国际化人才培养”“粤港澳大湾区广告教育协同发展”等为议题展开研讨。

在主论坛主题演讲环节，八位专家学者、业内精英进行了主题演讲，从新文科背景下广告学科发展、人工智能对广告学科带来的变革、专业国际认证视域下的人才培养等多个维度汇报了他们的思考和研究成果。论述了人工智能给广告业和广告教育带来的挑战与机遇以及广告教育的应对之策、探讨了智能时代的卓越广告人才培养的模式创新等主题内容。

11月9日下午，会议举办了五场分论坛。分别以“可行与可能：大广赛嵌入广告教学活动的路径与人才培养探讨”“新文科与广告人才培养模式的创新”“智能时代的广告变革与广告教育的改革”“大数据营销与智能广告发展”和“智能时代的营销传播与品牌战略”为议题，来自全国各院校的40多位嘉宾分享了他们的研究成果。

闭幕式上五个平行分论坛代表依次进行汇报，广告教育专委会理事长丁俊杰教授进行总结发言。他强调了广告教育专委会下一阶段的目标任务和工作思路，认为将继续不忘初心，推动中国广告教育奋勇向前。

4. 召开广告教育专业委员会常务理事会

2019 年 11 月 8 日晚上，在暨南大学召开了中国高等教育学会广告教育专业委员会常务理事会议。理事长、副理事长、秘书长、副秘书长、常务理事共计 27 人到会。会议对 2019 年的工作进行了总结，对新申请入会的院校进行了审核、批准。

5. 召开“深化广告教育改革、凝聚学科竞赛成果”研讨会

2019 年 12 月 12—13 日，广告教育专业委员会召集理事长、副理事长、部分常务理事在河北师范大学召开了以“深化广告教育改革，凝聚学科竞赛成果”为主题的小型研讨会，与会人员共 17 人。此次研讨会参会的各常务理事就理事长丁俊杰教授和副理事长乔均教授提出的会议研讨主题：广告教育专业委员会的职责与作用；广告学专业的评估与认证；大广赛的学科竞赛成果凝练等方面进行了积极和热烈的讨论。

6. 发展新会员

经讨论，2019 年度接受西北民族大学新闻传播学院、鲁迅美术学院中英数字媒体艺术学院、长江师范学院传媒学院 3 所学院申请为理事单位，并通过对这 3 所学院进行审核，认为符合常务理事单位条件，一致同意接受为广告教育专业委员会常务理事单位。

（中国高等教育学会广告教育专业委员会秘书处）

5. 2. 6　中国高等教育学会公共关系教育专业委员会

中国高等教育学会公共关系教育专业委员会（以下简称公关教育专委会）属于中国高等教育学会的二级分会，是中国高等教育学会的理事单位。该专业委员会具有承上启下的桥梁作用，既接受高教学会的领导，在高教学会章程及有关规范性文件的指导下开展工作，又要本着民主自治的原则，致力于发挥公关教育专委会在公关教育领域的教师联谊、学术交流、教学改革、会员服务、专业促进等方面的自我组织、自我服务功能，从而推动和促进高校公关教育事业的健康发展。

公关教育专委会自 1995 年 5 月在西安成立，至今已经历了 24 个春秋。公关教育专委会现已发展成为会员遍及全国大部分高校，凝聚力、向心力日益增强，专家学者云集，科研成果荟萃，知名度、美誉度不断提升，对外影响力不断扩大的，一个具有完善组织架构体系的学术团体。

1. 公关教育专委会组织机构建设

公关教育专委会作为公关专业教学领域的专业学术团体，按照专委会章程的规定，其理事会为四、五年一个任期。自 1995 年 5 月专委会成立，专委会分别于 2003 年、2008 年、2013 年、2017 年召开五届会员代表大会，产生了五届理事会。专委会换届工作，不仅涉及组织机构和组成人员的变更和调整，更重要的是涉及专委会理念、思路的传承。专委会在 20 多年的办会历程中，逐步形成了“学以育人，同以致和”的办会理念，以及相应的办会思路、工作方法和作风。在“学以育人，同以致和”的办会理念下，做到每一次换届专委会工作有序过度，继往开来。2017 年产生的第五届理事会任期四、五年，即任期从 2017 年 8 月到 2021 年或 2022 年 8 月。现任理事会组织机构成员包括：正副理事长、监事、正副秘书长、常务理事和理事。理事长由对外经济贸易大学公共管理学院教授彭向刚担任；副理事长由王群(上海市文史研究馆、正局级巡视员)、鲍善冰(山西大学马克思主义学院教授)、吴满意(电子科技大学教授、院长)、马志强(浙江传媒学院教授)、陈小桃(海南大学政治与公共管理学院教授)五位专业学者担任；监事由吉林农业大学经济管理学院教授邵喜武担任；秘书长由对外经济贸易大学公共管理学院教授张红担任；副秘书长由邵喜武(吉林农业大学经济管理学院教授)、徐曾阳(华中师范大学公共管理学院教授、副院长)、钱振林(南昌航空大学教授)、高永军(山东科技大学济南校区、党委副书记)、褚云茂(东华大学传播系、城市形象研究所教授)、蒋楠(中国计量大学教授)等五位学者担任；此届理事会产生常务理事 49 名，理事 103 名。

此届专委会工作机构由专委会秘书处和各专业事务部构成。专业事务部有公关教育教学和教师发展事务部、公关科研和专业建设事务部和公关咨询和社会服务拓展事务部。此届第二次理事长工作会议对此届理事会各个专业事务部负责人进行了明确，确定陈小桃、吴满意两位副理事长主抓公关教育教学和教师发展方面工作；王群、马志强两位副理事长主抓公关科研和专业建设方面工作；鲍善冰副理事长、邵喜武监事主抓公关咨询和社会服务拓展方面工作。

2. 坚持学术立会，促进高校公关人才培养质量的提升

为进一步推动公共关系教育专业委员会学术研究工作的创新与发展，不断提升公共关系教育专业的理论水平与实践能力，加强会员单位及会员间的交流和联络，促进新时代高校公共关系教育教学水平和人才培养质量的提升，2019 年 7 月 27—28 日，专委会以“面向社会发展的公关教育——公关教育新案例研讨会”为主题，在吉林延边大学召开第二十一届学术年会。

此次学术年会内容的安排有学术报告、分论坛研讨和参观延边大学的国家重点实验室项目等教育、教学设施等。其中学术报告包括一个主报告和两个会员分享报告。主报告为华扬联众数字技术股份有限公司 CIO、清华大学国家形象研究传播中心秘书长——潘建新作的“企业公关与公关教学”为主题的教学研究报告。两个会员分享报告分别是由有着丰富教学经验的中山大学副教授、专委会常务理事谭昆智以“收获的是精彩，难忘的是记忆——以公共关系策划课程及竞赛为例”为主题的报告，和有着丰富教学研究经验的上海外国语大学公共关系研究中心首席研究员、专委会常务理事储云茂教授以“融媒体时代公关教师基本素养的提升”为主题的报告。主报告和两个会员分享报告内容受到了与会会员和专业教师的好评。学术年会的分论坛研讨活动内容有科研教学论题研讨和上海哲寻信息科技有限公司有关公共管理教学实训整体方案介绍。论坛的主题研讨方向为习近平新时代中国特色社会主义公关思想学术研究；适应新时代高质量发展的要求，探索公关人才培养路径及教学方法创新；以及教育部提出的“三全育人”为指导，探索新时代高校公关教育发展定位等。与会会员和各位专业教师围绕论坛的发言内容，对如何搞好公关教学，以及公关学科建设中的问题进行了热烈的讨论。

3. 规范办会，探索开展培训服务的新方式

规范办会的一项工作是建立完善的专委会会员制度。根据《中国高等教育学会章程》《中国高等教育学会分支机构财务管理暂行办法》《中国高等教育学会会费管理办法》等规定，公关专业委员会自 2018 年开始，开展了老会员的登记、新会员的入会申请和登记，以及会员费的收取工作。在 2018 年工作的基础上，2019 年继续推进此项工作。通过此项工作的开展，培养专业教师的会员意识，为专委会的运行和活动提供资金支持，吸引年轻教师入会，进一步增强专委会活力。

规范办会的另一项工作是探索开展培训工作的方式。专业培训是高等教育学会分支机构的一项重要社会服务内容。根据专委会的现有条件，探索专委会开展专业培训的方式，使其既合规、又能发挥专委会这一专业学术组织的社会作用，是当前专委会工作的一项重要内容。

（张红、孙瑞祥）

5.2.7　中国体育科学学会体育新闻传播分会

2019年是我国体育事业发展非常重要的一年，国务院发布了《体育强国建设纲要》，体育事业发展进入新的阶段。在此背景下，中国体育科学学会体育新闻传播分会完成了以下工作：

1. 发布学科发展报告

2018年9月中国体育科学学会下发了关于《组织撰写体育科学学科发展报告(2016—2019)的通知》，体育新闻传播分会高度重视，由成都体育学院、北京体育大学、上海体育学院、武汉体育学院、南京体育学院、首都体育学院六所学校推荐了该校在体育新闻传播领域的首席专家参与该项工作。

在体育新闻传播分会主任委员陈伟教授的领导下，由体育新闻传播分会副主任委员、分会常委郝勤教授担任顾问，分会秘书长郭晴教授组织专家历时8个月完成了《体育新闻传播学学科发展报告(2016—2019)》。研究报告分为四部分，第一部分是序，从知识体系、教育历史、职业化发展历程3个方面梳理了体育新闻传播科发展历程，论证了该学科对我国体育事业和新闻传播事业发展、人才培养方面的独特作用和成就；第二部分是对我国2016—2019年体育新闻传播研究的综述，该部分主要对这四年发表的学术论文、出版的学术专著、教材进行了梳理和评述，并回顾了这四年间体育新闻传播学的学术会议、立项的课题情况及对外交流；第三部分梳理了2016—2019年我国体育新闻传播教育取得的成就、人才培养特色及课程特色；第四部分为他山之石，通过对西方体育新闻传播研究的综述梳理为我国体育新闻传播研究发展提供了具有启发性的思考；第五部分是对我国体育新闻传播学科发展的评析和对学科的未来想象。

2. 推进体育新闻传播系列教材出版

2018年11月，在北京体育大学承办的第十四届体育新闻传播学术会议期间，新世纪体育新闻传播系列教材的撰写工作开始启动，该系列教材共6种：《体育新闻概论新编》《新媒体体育新闻评论》《体育组织与媒体关系管理》《体育新闻采访》《体育新闻写作》。

3. 参与国内外重要会议的组织与审稿

(1)第十一届体育科学大会。第十一届体育科学大会体育新闻传播学科的论坛、专题和审稿等工作都由中国体育科学学会组织，分会的主要任务是推荐了审稿专家、专题论坛名称的拟定，其他一切活动都由一级分会完成。分会需要在此届大会结束以后，对本学科的专题报告情况进行分析。

(2)成功组织 BEA 国际会议。BEF(Broadcasting Educational Association，广播电视教育协会)成立于 1955 年，是美国新闻传播最悠久的级学术研究、教育与广播电视、数字媒体业为一体的学术平台。BEA 最初是专业广播教育协会，但现在的名称是在 1973 年采用的，成员们来自电信、电子媒体、数字媒体等各方面，有 2500 多名教授、学生和媒体专业人士的独立成员，约 270 余个大学院系是机构成员。受美国 ICA 体育传播兴趣小组主席、肯特州立大学 Tangtang 教授的邀请，分会 2018 年组织了 17 篇论文与美国体育传播学者合作，共同申请在拉斯维加斯举行的 2020 年年会专题报告，参与的学校主要有北京体育大学、上海体育学院、成都体育学院和武汉体育学院。目前，17 篇论文均获得 BEA 录取。如果说国际(成都)体育传播高端论坛和各学校派出的访问学者、交换学生是我们学科国际化的第一步，那么组织在国际有影响力的学术会议上申请中国专题是体育新闻传播分会迈向国际化的又一有力举措。

4. 开展体育影像节活动

2018 年 7 月 14 日，上海体育学院承办了“第七届全国大学生体育影像节”，该影像节由中国高等院校影视学会和中国体育科学学会新闻传播分会主办，上海体育学院传媒与艺术学院、中国高等院校影视学会体育影视专业委员会承办。此届影像节历时 6 个月，吸引了来自全国各地百余所院校的选手参赛，共收到 130 项作品，包括 61 部微电影作品和 69 组摄影作品。通过前期专家评审，此届影像节共评审出了摄影五大奖项和微电影最佳作品、优秀作品奖。来自全国的 5 位教师获得优秀指导老师，同济大学获此届大学生影像节的优秀组织奖。

5. 举办或参与学术会议

(1)第五届国际(成都)体育传播高端论坛。第五届体育传播(成都)国际高端论坛 11 月 15—18 日将在成都举行，该高端论坛已经成为中国体育传播学术机构在国际体育传播研究圈的一张名片。主题为：“对话与互鉴：新媒介、新体育与新问题。”论坛邀请了来自美国、英国、德国等国以及北京外国语大学、北京体育大学、上海体育学院、武汉体育学院、成都体育学院等国内 20 余所高校的体育传播专家学者，就新时代全球体育传播理论和实务展开深入探讨，以期在交流中增进了解，共同反思体育传播的责任与价值，迎接来自社会变革和技术合力带来的新挑战新机遇。此次论坛特设“体育传播职业化与体育传播教育”圆桌会议，就美、英、德、中的体育传播职业化历程及体育传播教育进行讨论，新浪体育、腾讯体育等业界代表参与了讨论。

(2)第十一届体育科学。体育新闻传播分会作为中国体育科学学会 19 个分会之一，在团结组织广大体育新闻传播工作者，促进体育新闻传播的繁荣和发展，促进体育新闻传播学科的普及和推广发挥了积极的作用。此届大会在体育新闻传播分会下设立了包括体育新闻传播价值与功能、体育文化国际传播路径、体育新闻生产与话语以及新媒体与体育传播等四个专题主报告。在体育新闻传播领域方面，邀请担任体育新闻传播分会主任委员的陈伟，郝勤、郭晴、毕雪梅、张德胜、邹英等促进体育新闻传播发展的学者担任体育新闻传播分会的主持人和点评嘉宾。

郝勤教授作了“体育的文化本质与场景生产”的主题汇报，他指出体育的本质定义为“人的文化”，即从身体、精神和社会属性统一来定义体育，才能正确地认知体育的功能价值并指导其社会实践。他倡导研究体育就要了解体育的本质是什么？把握体育与人、游戏、媒体等的关系，让体育回归文化本质。郭晴教授的《体育新闻传播学学科发展报告：2016—2019》对体育新闻传播的研究方法、研究领域、研究视角等方面进行了分析和总结。她从加强学科融合、范式再造、知识重构以及方法创新四个方面总结体育新闻传播学科的发展趋势。毕雪梅教授从 Hasan 语类视角下分析奥运会话语权组成及相互关系，利用 Hasan 的 GSP 理论研究奥运话语权之间的关系是融合与对抗并存的。

其他来自各大体育院校的 50 多名参会代表、师生在体育新闻传播分会下汇报专题报告。

(张德胜、郭晴)

5.2.8　华夏传播研究会

1. 华夏传播研究会简介

华夏传播研究会于 2018 年 9 月正式成立，是以从事中华文化传播研究为特色的传播学研究学术团体。学会全称是“华夏文化促进会传播研究专业委员会”，简称华夏传播研究会(Huaxia CommunicationAssociantion，HCA)，秘书处设在厦门大学传播研究所。

研究会是以厦门大学传播研究所为依托，联合海内外致力于中华文化传播研究的学者和各界朋友而成立的学术共同体。厦门大学传播研究所是在时任厦门大学常务副校长郑学檬教授的亲切关怀下于 1993 年经校长办公会议批准成立的校级学术机构，此后成为推动传播学中国化研究的重要基地。研究所在香港中文大学的余也鲁、台湾政治大学的徐佳士和厦门大学郑学檬等教授的共同推动下，举办了多次学术研讨会，出版了《从零开始：首届海峡两岸中国传统文化中传的探索座谈会论文集》《华夏传播研究丛书》《华夏传播论》等。进入 21 世纪以来，黄星民教授发表了《华夏传播研究刍议》等系列论文，并开设"华夏传播研究"研究生课程；谢清果教授开设"华夏传播概论"本科课程，并主编了《中华文化与传播研究》《华夏传播研究》两部辑刊；还有南京大学潘祥辉教授，暨南大学的李红、姚锦云老师以及郑州大学的张兵娟教授等称彼此呼应，共同致力于华夏传播学的学科体系、学术体系与话语体系的建构。

2. 2019 年度学术交流

2019 年，华夏传播研究会与厦门大学传播研究所联合国内几所高校举办多场学术研讨会。4 月 12—14 日，与郑州大学新闻与传播学院联合举办"首届礼文化与华夏传播研究工作坊"；5 月 11—12 日，第一届"媒介中国研究百人会"暨第五届"新闻传播学 C 刊双年会"在南京大学召开，其中"传统文化中的传播考古"专场圆满举行；7 月 5—7 日，与中盐金坛盐化有限责任公司、江苏宏德文化出版社基金会在厦门大学联合举办"贤文化与华夏文明传播工作坊"；11 月 7—9 日，研究会在 2019 年亚太新闻传播学会联盟泰国会议上组织了一场"中华文化与本土传播学"的讨论组；11 月 22—24 日，与南宁师范大学新闻与传播学院联合举办了"'一带一路'倡议与华夏文明传播学术研讨会"。此外，10 月 25—27 日，与重庆大学新闻学院合作，参与协办了"第十一届世界华文传媒与华夏文明国际学术研讨会"；12 月 13—15 日，与华南理工大学新闻与传播学院合作，协办了"跨学科视域下传统族群文化的现代传承与文化认同"学术研讨会。

2019 年，华夏传播研究会的学术活动精彩纷呈。在期刊方面：《中华文化与传播研究》上半年出版了第 5 辑，主题为"大道和生学探究"；下半年出版了第 6 辑，主题为"认知传播学新探"。《华夏传播研究》出版了第二辑。在著作方面：《中华传统文化传播研究举隅》《共生交往观：文明传播的"中国方案"》《华夏传播研究：媒介学的视角》《华夏文明研究的传播学视角》《庄子的传播思想》等一批著作面世。在课题方面：国家社科基金一般项目"华夏文明传播的观念基础、理论体系与当代实践研究"获批，省级教改项目"华夏文明传播学的理论本系、教学模式与实践探索的综合改革研究"获批，校级一流本科课程"华夏传播概论"获批，等等。在专栏合作方面：与《西北师大学报》合作，首次开辟了"华夏传播研究"专栏，与《郑州大学学报》合作，组织了两篇华夏传播研究文章，尤其是与《广西职业技术学院学报》达成长期合作协议，从 2019 年第 4 期开始，每隔一期推出一期"华夏文明传播研究"专栏，其他与《山西大学学报》《徐州工程学院学报》等刊物的合作也在落实之中。在获奖方面：潘祥辉的著作《华夏传播新探》荣获新闻史学会新闻传播思想史研究委员会年会著作一等奖，谢清果的《华夏传播学引论》荣获福建省社科优秀成果三等奖，还有一批华夏传播研究的博硕士生们获得了各类奖项……

3. 工作展望

面对蓬勃发展的华夏传播学，前辈学者邵培仁教授称赞华夏传播研究会“广泛联络海内外专家学者，硬是将一个原本比较冷清的研究领域搞得风生水起、红红火火，成为显学!”吴予敏教授也在南宁召开的“‘一带一路’倡议与华夏文明传播研讨会”闭幕式上深情地勉励同仁说，在许多年青学者的共同努力下，华夏传播研究“在中国传播学界形成了一股‘旋风’，给整个中国新闻传播学科带来了强烈的文化氛围和文化冲击”。还有许多同行也时常称赞华夏传播研究开始有了新气象。同行的鼓励正是对我们同仁的鞭策，我们更应当沉潜学术，坚持“中华文化立场，全球传播视野”，以期开拓华夏传播研究的新境界。

充满希望的2020年已然来临，我们年轻的华夏传播研究会以“苔花如米小，也学牡丹开”的豪情，扎根中华大地，探讨中华文明五千年绵延不绝的传播学原理，阐扬促进人类命运共同体建构的中国“共生交往”主张，把建构能与西方传播学相媲美的“华夏传播学”作为我们不懈奋斗的远大目标。

2020年，研究会将继《华夏文明传播研究文库》之后推出《华夏传播学文丛》《经典与传播研究丛书》《华夏传播研究论丛》等多套丛书。并将与多所高校合作召开学术会议，不定期举办工作坊，主持《华夏传播范畴论》的编写，编写《华夏传播研究年鉴》和《华夏传播研究通讯》，筹划出版《华夏传播研究博士文库》，联合海内外的同仁共同推进中华文化传播事业更上一层楼。

（华夏传播研究会秘书处，厦门大学传播研究所）

5.3 各省新闻教育学会或教学指导委员会等组织介绍

5.3.1 河南省高等学校新闻传播学类专业教学指导委员会

河南省新闻传播学类专业教学指导委员会成立于2016年9月，是河南省教育厅聘任并领导的专家组织，具有非常设学术机构的性质，受教育厅委托开展高等学校新闻传播学类本科教育教学的研究、咨询、指导、评估、服务等工作，委员聘期为3年。现任委员会主任委员为张举玺，副主任委员有杨萌芽、尚恒志、郑素侠、穆乃堂，秘书长由郑素侠兼任。秘书处设在郑州大学新闻与传播学院。

自成立以来，河南省新闻传播学类专业教学指导委员会开展了两届新闻传播学类专业评估工作，先后对新闻学、广告学、广播电视学进行全省范围内的专业评估，对优化河南省新闻传播学类专业结构、合理配置办学资源、促进专业内涵式发展起到了显著的推动作用。

2019 年 10 月 25—26 日，河南省高等学校新闻传播学类专业教学指导委员会 2019 年会暨第三批专业评估专家会议在南阳师范学院召开。教学指导委员会主任委员张举玺教授、副主任委员兼秘书长郑素侠教授，以及来自河南大学、河南工业大学、河南财经政法大学、河南师范大学等全省 17 所高校的委员参加了会议。会议由南阳师范学院新闻与传播学院院长靳义增教授主持。南阳师范学院副校长周旗教授出席开幕式，并在致辞中对新闻传播学类专业教学指导委员会在卓越新闻传播人才培养中发挥的咨询、指导和建议作用给予高度肯定。

张举玺主任委员通报了国家一流专业的申报和推荐评审情况，并带领委员们学习了《河南省教育厅 中共河南省委宣传部关于提高高校新闻传播人才培养能力实施卓越新闻传播人才教育培养计划 2.0 的实施方案》，梳理了当前卓越新闻传播人才教育培养面临的主要任务和工作目标。

郑素侠秘书长作了《2018—2019 年度河南省新闻传播学类专业教学指导委员会工作报告》，并部署了河南省新闻传播学类第三批专业评估工作。委员们就如何有序推进“卓越新闻传播人才教育培养计划 2.0”展开了热烈讨论，并明确了下一阶段的努力目标。

（河南省高等学校新闻传播学类专业教学指导委员会秘书处）

5.3.2　海南省新闻传播类专业教学指导委员会

海南省高校新闻传播学类专业教学指导委员会于 2017 年 4 月成立，是省教育厅领导的专家组织，具有非常设学术机构的性质，接受省教育厅的委托，开展高等学校本科和高职高专教学的研究、咨询、指导、评估、服务等工作。主任单位为海南师范大学新闻传播与影视学院，委员单位包含海南大学人文传播学院、热带海洋学院人文社会科学专业、三亚学院传媒与文化产业学院、海口经济学院中广天择传媒学院、琼台师范学院文学院。主要工作任务包括组织本学科专业教学领域的理论与实践研究，指导高等学校的学科各方面建设，制定本专业规范或教学质量标准等。自成立以来，一直非常关注对省内各个高校新闻传播专业的联络、协调和指导工作，对于全省新闻传播与影视戏剧文学等专业的结构优化调整、专业内涵式发展、学科建设发挥了积极的指导作用。

按照教指委的规定，每年集中召开1~2次年度工作会议，对学生开展一次作品比赛的评奖或开展师生的培训工作。

2019年11月15日，教学指导委员会年会在三亚市三亚学院书山馆召开，海南省高校新闻传播类专业教指委委员，以及来省各高校新闻传播类、戏剧与影视艺术类专业负责人及骨干教师代表参加了会议。会议对2018年度的工作情况进行了总结。2018年，海南省新闻传播教指委牵头主办了第一届海南大学生新媒体作品大赛，参与编著中国新闻史学会新闻传播教育史研究委员会编辑的《中国新闻传播教育年鉴(2019)》等，这些重要活动为促进海南省高校新闻传播类专业的建设和扩大对外影响发挥了重要作用。

会议代表对马克思主义新闻观的教学以及实践教学环节产生的困惑和教学手段进行了探讨和交流，对校企合作模式、培养目标制定和课程设定等议题展开积极探讨。各高校与会代表一致肯定教指委一年来所做的工作及明年的工作计划，表示将继续在省教指委的带领下，更加注重高校之间的实践合作，继续联合筹办省级新闻传播类专业学科竞赛、短期培训，积极探索出适合海南自贸区(港)就业环境的人才培养模式。

同时，为了加强对新闻传播专业及影视戏剧相关专业学生的培训和指导，在省文联和海南师范大学的指导下，海南师范大学新闻传播与影视学院联合海南省影视家协会建立了海南影视创作研究与人才培训中心。2019年11月1日，海南影视创作研究与人才培训中心揭牌仪式和第一期培训班的开办仪式在海南师范大学新闻传播与影视学院交互式演播厅举行。海南省文联作协党组书记、省文联主席孙苏，海南师范大学党委书记李红梅，海南省委宣传部电影处处长符海沧，省影视家协会驻会副主席兼秘书长林青，海南师范大学校党委委员、宣传部部长黄培怡，海南师范大学新闻传播与影视学院负责人等出席了仪式。

海南影视创作研究与人才培训中心第一期培训班是海南省影视家协会和海南省新闻传播类专业教指委共同主办，海南师范大学新闻传播与影视学院承办。第一期影视人才培训班学员由教指委协调从全省各个高校的新闻传播和影视戏剧文学两个专业中选取的20名同学组成，培训时间为期15天。培训开设了习近平文艺思想专题讲座、导演技巧专题讲座、摄像技巧专题讲座、录音技巧专题讲座、表演技巧专题讲座等系列讲座，还利用讲座之余开展了海南青年导演作品系列交流会。培训班专门邀请国家一级导演阚卫平、高级录音师陈晨等国内高等院校知名专家学者、知名影视艺术家等为学员授课。11月15—16日，教指委和海南师范大学新闻传播与影视学院、三亚学院艺术与传媒学院举行了第一期影视人才培训班结业仪式暨学员作品展。全省高校的新闻传播和影视戏剧专业的负责人及教师、学生代表出席了培训班结业仪式。海南省影视家协会副主席兼秘书长林青发来贺信，祝贺第一期学员顺利结业。中心为第一期培训班的 24 名学员颁发了结业证书。16 日上午，由教指委指导培训中心第一期培训班学员作品展在书山馆天智创客影视展映厅举行，8 部作品赢得了在场师生的阵阵掌声，各高校专业教师代表为展映作品分析点评。参会的学员表示经过培训收获很大，以后将努力学习专业理论，并积极参与实践，把自己培养成为卓越的新闻传播和艺术专业人才。

（海南省新闻传播类专业教学指导委员会秘书处）

5.3.3　湖北省高等教育学会新闻传播教育专业委员会

1. 召开 2019 年湖北新闻与传播教育学会常务理事会议

2019 年 4 月 21 日，湖北省高等教育学会新闻与传播教育专业委员会于武汉体育学院召开 2019 年度常务理事会。湖北省高等教育学会秘书长李友玉教授，新闻传播教育专业委员会名誉会长、华中科技大学石长顺教授，新闻传播教育专业委员会会长、武汉大学新闻与传播学院院长强月新教授等 30 余名专家、学者参加会议。会议就 2019 年度学会的年会、大学生新闻传播教育创新实践技能竞赛等相关工作进行了商议和部署。

2. 举办 2019 年湖北省大学生新闻传播教育创新实践技能竞赛

2019 年湖北省高等教育学会新闻与传播教育专业委员会经省教育厅审批后组织开展了湖北省大学生新闻传播教育创新实践技能竞赛活动。赛事设新闻采编类（新闻和新闻评论）、微视频类（微电影、微纪录片）、广告类（公益/商业广告均可参赛，形式包括平面、音频及视频等）、媒体融合类（移动端融合作品、移动直播、H5 作品等）和学术论文类（应用型研究、理论型研究）五大类别。

赛事营造了创新创业人才培养的良好氛围，共吸引了全省 43 所本专科高校参赛，462 项作品参赛，最终从中评审出一等奖 41 项、二等奖 80 项、三等奖 82 项，共 203 项。赛事作品不仅充分展现了当代大学生的艺术鉴赏力和创新实践能力，也体现了参赛高校人才培养质量的提升；并评出华中师范大学等 8 家院校为优秀组织奖。

会议还决定，2019 年湖北省大学生新闻传播教育创新实践技能竞赛的承办单位为武汉体育学院。

3. 举办2019湖北新闻与传播教育学会年会暨“新中国70年新闻与传播人才培养”论坛

2019年11月8—10日，湖北新闻与传播教育学会年会暨“新中国70年新闻与传播人才培养”论坛在湖北省荆门市荆楚理工学院举行。此次年会由湖北省高等教育学会新闻与传播教育专业委员会、荆楚理工学院文学与传媒学院主办。来自国内40余所高校新闻院系的100多名新闻传播学者出席此次年会及论坛。

在年会主题报告会上，中国高等教育学会新闻与传播学专业委员会理事长、中国人民大学新闻学院党委书记兼副院长、教授、博士生导师周勇作题为《回到新闻教育的初心》的专题报告，湖北省新闻与传播教育学会名誉会长、华中科技大学广播电视与新媒体研究院院长石长顺作了题为《智能时代传媒的应用场景与趋势》的学术报告。此外，中国传媒大学国际传播学院博士生导师、中国传媒大学出版社副社长张毓强，武汉大学新闻与传播学院教授、博士生导师周茂君等也分别围绕“新中国70年新闻与传播人才培养”进行了主题发言。

与会专家学者就新媒体环境下新闻传播学科教育及未来媒体变革等问题展开讨论，共谋湖北新闻传播教育的深刻转型和内涵发展，共商湖北省新闻传播学科专业建设之路，并结合新闻传播学科发展与人才培养的实际，对学科建设提出了一系列具有前瞻性的意见。

会议还举行了三场分论坛，分别以“传媒未来发展与新闻传播教育改革创新”“新闻传播学类一流本科专业建设”“新中国70年新闻传播人才培养与新时代传播发展”为主题，为全省高校新闻传播专业教师搭建了交流学习的平台。

大会还对2019年度湖北大学生新闻传播教育创新实践技能竞赛获奖者颁奖。

(湖北省高等教育学会新闻传播教育专业委员会秘书处)

5.3.4 湖南省新闻传播学会

湖南省新闻传播学会于2018年12月29日在长沙成立，是经湖南省社会科学界联合会、湖南省民政厅批准成立的由湖南省新闻传播教育和研究工作者等自愿参加的学术性地方性非营利性社会组织，是具有独立法人资格的人民团体。湖南大学新闻传播与影视艺术学院院长彭祝斌当选为首任会长，湖南师范大学新闻与传播学院院长尹韵公受聘为名誉会长。

学会的宗旨是：坚持党的领导，以马克思主义新闻观和习近平新时代中国特色社会主义思想为指导，团结和组织全省广大新闻传播教育和研究工作者，为繁荣新闻传播学术，推进新闻传播教育，发展新闻传播事业，优化新闻传播生态，促进经济、文化与社会发展，作出应有的贡献。

在湖南省社会科学界联合会的领导下，学会成立一年来，在举办学术会议、开展国际交流、加强党的建设、推进日常管理等方面，取得了初步成效。

1. 举办学术会议

为有效整合湖南省内高校和社会各界力量，推动全省新闻传播科学发展和专业建设，促进新闻传播人才教育培养，该学会成立伊始，即创办了“湖湘新闻传播论坛”，主办了学术年会。

2019 年 8 月 27 日，湖南省新闻传播学会 2019 年学术年会暨第一届湖湘新闻传播论坛在湖南理工学院举办。来自中南大学、湖南大学、湖南师范大学、湘潭大学、湖南理工学院、湖南工业大学、长沙理工大学等湖南 20 余所高校新闻传播教育领域的专家学者和业界人士 100 余人参加会议。与会专家学者围绕“传承与创新：智媒时代的新闻传播学科与专业建设”的主题展开了充分讨论，并互相分享研究成果。湖南理工学院校长卢先明出席开幕式，湖南理工学院副校长徐小立、湖南省新闻传播学会会长彭祝斌先后在开幕式上致辞。

会上，有 6 位教授应邀在第一届湖湘新闻传播论坛发表主旨演讲。湖南师范大学新闻与传播学院院长尹韵公教授结合学习习近平总书记关于媒体融合发展重要讲话精神的体会指出，新闻工作者应立足于互联网时代背景进行理论与实践创新。尹韵公认为，中国在互联网发展方面已经取得丰富的实践经验，但相较而言理论创新不足，如何将实践转化为新的理论已成为新闻工作者的严峻任务。要树立问题意识，学会从事物最新发展和走向思考问题，研究学术理论一定要从实际出发，让新闻传播教育“实”起来。

湖南大学新闻传播与影视艺术学院特聘教授雷跃捷探讨了智媒时代新闻传播教育面临的挑战、机遇与应对之策。雷跃捷认为，要加强马克思主义新闻观教育，在马克思主义新闻观教学和研究中发挥湖南的优势、做出湖南特色；要加强文史哲和自然科学通识教育，打牢新闻传播学专业学生的文化科学基础；要跟随新文科建设的节奏，加快传统新闻传播人才培养向全媒体复合型、专家型新闻传播人才培养的转型；要加强新闻传播专业学生的批判性思维训练，大力培养学生的创新性思维，让学生充分掌握新闻传播法制及拥有伦理意识。

湖南大学新闻传播与影视艺术学院院长彭祝斌教授分析了新闻传播专业硕士研究生培养过程中在定位、生源、培养方式、课程设置、培养过程和师资建设等方面存在的问题，并提出五点建议：一是侧重实践与应用定位，加强实践技能的培养与应用；二是培养方向设置可以多样化、特色化、个性化，有条件的可以跟行业合作设置特色专业方向；三是课程设置应涵盖新闻传播学理论基础、新闻传播学研究方法、新媒体研究、媒介经营管理和新闻传播政策法规五门核心课程，其他课程各院校可根据自身定位自行设置；四是推进实践平台的建设，构建立体化、梯级化、全媒体实践教学体系；五是加大投入，加强双师型队伍建设，明确业界导师职责，落实业界导师待遇。

湖南师范大学新闻与传播学院副院长周国清教授就编辑活动的新变化进行了深入的阐述，他认为，具有创造性的编辑活动存在于所有信息传播过程之中，是实现精神产品的个人化向社会化转化的中介。编辑活动的动态变化使编辑学研究面临新的构建，对编辑出版学人才提出了新的要求，编辑学要坚持中国作风和中国学派。湖南工业大学文学与新闻传播学院院长郑坚教授剖析了“十七年”中国反特电影的冷战因素，指出中国“十七年”反特电影的创作浸入了冷战思维和冷战美学。湖南理工学院新闻传播学院院长王文锋教授则基于当下传播技术迅猛发展和社会经济的深刻转型，介绍了媒体融合背景下“一化两型”新闻传播人才和“课程群+工作坊”的培养模式的改革与实践。

2019 年 8 月 27 日下午，与会学者分成 4 个小组围绕论坛主题展开了广泛而深入的讨论。与会者认为，新闻传播学会要服务于湖南的新闻传播教育，新闻传播教育要有“大思维”，注意平衡全媒体素养和“看家本领”之间的关系；高校按照技术学习类别分班会导致学生产生技术决定论想法，不利于新闻价值伦理意识的培养；高校应引入技术型师资，优化新闻传播学教育的知识结构；新闻传播专业课程设置应遵循以内容生产为核心的原则，充分锻炼学生的采写功底、创意能力和融媒体能力；新闻传播教育要融合人文、艺术和技术三大要素，等等。

2. 注重开展国际交流

(1)协办国际论坛，参与国际学术对话。由湖南大学新闻传播与影视艺术学院和美国密苏里大学新闻学院共同举办的第三届岳麓传媒与文化发展国际论坛 2019 年 11 月 3 日在长沙开幕。湖南省新闻传播学会作为协办单位积极参与，组织学会各会员单位选派代表参加国际学术交流。此届论坛的主题是“媒体融合背景下的新闻传播教育”。媒体融合背景下，如何开展新闻传播学学科建设，如何重新定位新闻传播人才的培养模式，如何设计和实施高等院校新闻传播学专业的课程教学体系与新闻实践活动，新闻传播教育又如何服务于国家经济社会的发展，如何应对当下全球传播的机遇和困境，如何强化学术意识和批判精神，如何平衡全球传播背景下的传播自由与媒体责任等，是此届论坛着重关注和探讨的议题。湖南省新闻传播学会各会员高校新闻院系共选派 80 多名师生与会，提交会议论文及详细论文摘要 28 篇，会员单位师生代表在论坛发言交流 39

人次。

(2)抓住与会契机，主动谋求国际合作。在第三届岳麓传媒与文化发展国际论坛举办期间，湖南省新闻传播学会会长彭祝斌教授分别与日本早稻田大学新闻学院教授濑川至朗(Shiro Segawa)教授一行、国立莫斯科大学新闻系副主任玛丽亚·卢基娜(Maria Anikina)副教授、澳大利亚圣母大学研究员、纽卡斯尔大学联合教授马克·巴尔内夫斯(Mark Balnaves)就寻求和开展国际合作交流，举行了专题会谈，在学术互访、共同举办国际学术会议、教师进修、学生专题实训等方面达成合作交流意向。

3. 着力加强党的建设

湖南省新闻传播学会于 2019 年 1 月 7 日按标准建立了党支部，召开了第一次支部会议，明确了支部委员分工。会议选举学会副会长、湖南师范大学新闻与传播学院副院长周国清担任学会党支部书记，学会副秘书长、湖南大学新闻传播与影视艺术学院新闻学系主任徐琼任组织委员，学会副会长、湘潭大学文学与新闻学院院长李剑波任纪检委员，学会副会长、湖南工业大学文学与新闻学院院长郑坚任宣传委员，学会副会长、湖南理工学院新闻传播学院院长王文锋任青年委员。学会党支部于 2019 年 3 月初完成了学会全体党员会员的信息完善工作，制定了 2019 年党支部工作要点。

2019 年 8 月 26 日，学会党支部在湖南省岳阳召开第二次支部会议。支部书记周国清介绍了会议的主要内容和 2019 年党支部工作要点落实情况，并提出今后学会的党支部工作和党员学习，要紧密围绕习近平总书记对教育工作的指示和新闻舆论工作的重要论断展开，要把党的理论学习与促进新闻传播教育和科研工作紧密结合。而后，党支部会议全体与会党员观看了习近平总书记在全国教育大会上的讲话视频。

2019 年 11 月 21 日，学会在湖南大学新闻传播与影视艺术学院开展了“不忘初心，牢记使命”主题教育活动。支部书记周国清以《始终坚持马克思主义新闻观，牢记新时代传媒人的初心和使命》为题给与会党员同志讲党课，并主持召开主题教育动员部署会议。会上全体与会人员观看了“不忘初心，牢记使命”主题教育视频，开展了学习体会交流活动。当天上午，学会党支部还组织开展了主题党日活动，与会人员一同参观新民学会旧址，接受了一次深刻的党史和党性教育。

2019 年 11 月 22 日，学会党支部书记周国清应邀参加了湖南省社科联组织的“不忘初心，牢记使命”主题教育经验交流会。此次会议的内容主要包括文件学习、专家讲座、经验交流三个方面。周国清在会上学习党的十九届四中全会精神，倾听两位专家就党性教育和社会组织党建工作进行的讲座，并与其他社会组织党支部书记交流和分享了开展“不忘初心、牢记使命”主题教育活动的经验体会。

湖南省新闻传播学会成立时间虽然较短，但已初步建设起一套学会的管理制度。第一，学会工作有规划。2019 年 3 月 13 日，湖南省社科联副主席胡卫箭一行调研学会建设情况时，对学会在短时间内所取得的工作成绩给予了充分肯定，认为学会 2019 年工作计划思路清晰，具体可行。第二，财务管理有计划。学会已开设了对公账户，有清晰的账务管理制度，明确了账务负责人，目前已基本完成 2019 年度学会会费的收取工作。第三，学术年会制度化。自 2019 年开始，学会拟每年举行一次学术年会暨“湖湘新闻传播论坛”，打造具有湖湘特色的学术平台和学术品牌。

根据学会章程规定，湖南省新闻传播学会常务理事会每半年召开一次会议。2019 年 8 月 26 日，学会在湖南省岳阳召开了第一届常务理事会第二次会议。会议确定了 2019 年学术年会暨第一届湖湘新闻传播论坛的议程，具体部署了各项会务工作，并对 2019 学会会费的收取和支出情况进行了说明。在此次会议上，彭祝斌会长提出了编撰《湖南新闻传播教育发展史》的动议。彭祝斌认为，湖南的新闻教育有渊源、有特色，应当编撰自己的发展史，建议学会在适当的时候将《湖南新闻传播教育发展史》的编撰工作提上议事日程。

（彭祝斌、孙玉玲）

第6章　教育家研究系列

6.1　教育家研究

6.1.1　成舍我：开创中国新闻教育史上的“新专模式”

被誉为“一代报人”的成舍我，在投身报刊实践的同时，积极兴办新闻教育事业。方汉奇先生曾评价其为“以个人力量从事新闻教育，时间最长，影响最大，成绩最突出的卓越的新闻教育家”①。成舍我自20世纪二三十年代投身新闻教育事业，先后创办北平新闻专科学校、桂林世界新闻专科学校、台湾世新大学等，历时近60年之久。在其辗转各地，命运多舛的新闻教育实践中，他提出了“手脑并用、德智兼修”的新闻教育理念，探索建立一套报人办学的“新专模式”，为中国新闻教育留下了宝贵的财富(见图6-2)。

1. 辗转各地、命运多舛：成舍我的新闻教育实践

(1)从设想到实践——北平新专的成立。中国近代新闻事业于19世纪拉开序幕，而早期从业者除了略通报纸的外人，国人对于报业可谓隔膜。报业人才之匮乏、缺乏新闻教育一直阻碍中国新闻事业之长足进展。民国初年，成舍我在沪上卖文为生，虽浸润报业环境，但对于专业报刊和职业新闻之认识，也许要到其进入北京大学并参加由徐宝璜和邵飘萍开办的北京大学新闻学研究会才获深刻理解。北京大学新闻学研究会开启了中国新闻教育之首端，但20年代中国的新闻教育尚是蹒跚起步，新闻事业人才匮乏，严重阻碍了中国新闻事业之发展。1929年，成舍我在北平大学担任秘书长时，校长李石曾曾提议由成舍我出面在北平大学开办新闻专修科，或是在法学院设立新闻学系，并计

---

①　方汉奇．一代报人成舍我//新闻史的奇情壮彩[M]．北京：华文出版社，2000：251.

图 6-1　成舍我教授

划聘请成舍我担任该科教授兼主任。后因教育经费长期拖欠，成舍我又被其他事务牵扯，这一想法被搁浅。次年，成舍我开始游历欧美，研考西方报业，并走访了密苏里大学新闻学院。①

1933 年 2 月，北平新闻专科学校创办，成舍我任校长。3 日，学校开始招生，投考学生十分踊跃。② 时人称："北平最近最有号召能力之学校，厥为世界日报社长成舍我创办之新闻专科学校。"北平新专初次招职业班新生，只取 40 名，报名者达 438 人，"盖以该校不收学费，且可担保异日有事可作也"。③ "其招考年龄限制在 18 以下，竟有两鬓斑白者前来报考。另外，学校原只希望初中资格者报考，但高中、大学生亦来投考。虽是报考者有出于营生考虑，但足证其号召力之大矣。"④为了开展系统全面的新闻教育，北平新专分为初级职业、高级职业、本科三个班。在成舍我的设想中，初级职业班主要打造一般新闻事业中的基本社员，即"报馆里最重要也最神圣的印刷工人"⑤，学制

① 成舍我．先考行状[N]．世界日报，1931-09-04(05)．

② 唐志宏．成舍我先生文集(港台篇)[C]．台北：世新大学出版中心，2007：572．

③ 《北平新闻专科学校通告(第一号)[N]．世界日报，1933-02-19．

④ 中国人民大学港澳台新闻研究所．报海生涯——成舍我百年诞辰纪念文集[C]．北京：新华出版社，1998：297-298．

⑤ 成舍我．如何使报纸向民间去[N]．民生报，1933-04-15．

二年，课程包括国文、英文、新闻学、社会科学、自然科学等一般专业相关知识，以及排字、铸字、制版、运行机器等实践学习；高级班目的是为培养发行、广告及事务上的管理人员，学制与初级班相同，授课内容更偏向外勤记者、助理编辑方向；本科则为造就一方面既常识充足，一方面且学有专长，而对新闻事业又已得到深刻了解的编辑采访和报业指导者①，课程与当时的法科大学相当，包括政治、经济、法律以及多门社会科学课，难度更大，学制为三年。此外，北平新专应《世界日报》与南京《民生报》所托，曾先后于 1933 年、1934 年开设短期报业管理夜班与无线电管理特班，分别招收 15 名与 6 名特训生，前者课程以培养报业管理人才的簿记、会计、统计、报业管理和商业通论为主，后者则以培训电务人员的实际操作能力为主，均偏重实践。这一时期的主要教员有成舍我兼任新闻学教师，吴范寰任教务主任兼英文、自然科学大意及报业管理教师，张孟吟任工场主任实习教师，金秉英任国文教师，左啸红任新闻学实习教师，张象鼎任社会科学大意教师，赵家骅任簿记、会计、统计教师，萨空了任商业通论教师，黄金鳌任体育老师，葛昌仪和叶静忱任事务员，陈哲民负责训练电务人员等，后期还有李翰章、吴谨铭等加入。②

北平新专于 1935 年开设高级班，招收学生 40 名，并计划 1937 年开办本科班，招收学生 30 名。③ 初级班学生完成两年学业后可选择在《世界日报》担任排印等技术工作，亦可选择进入高级职业班继续学习。据成舍我在 1946 年 5 月在北平新专复校通告中所提及，新专此前“已毕业初级职业班三班，高级职业班一班，又短期训练报业管理特班一班，无线电特班一班，今毕业诸生，极大多数，均在新闻文化机关服务”④。随着 1937 年“七七事变”日军于 8 月攻陷北平，《世界日报》被迫宣布停刊，10 日，成舍我召集新专学生讲话，不愿做亡国奴，随即宣布学校停办，全部校具及附设实习工厂，均为日寇掠夺没收。

(2)昙花一现——战火纷飞中的“桂林新专”。因北平沦陷，成舍我离开北平，辗转各地，谋求新的发展机会。1937 年 11 月 24 日，一直坚挺在抗战前线的上海《立报》因战事吃紧不得已发布停刊启事。⑤ 上海《立报》的停刊，同时意味着北平新专最后一个实

① 成舍我．我所理想的新闻教育[J]．报学季刊 1935，1(3)．

② 左笑鸿．古都新闻界拾零[J]．新闻研究资料，1984(Z2)：200-206；许晓明．中国近代新闻教育发展史研究 1912—1949[D]．河北大学博士论文，2015：111-112.

③ 中国人民大学港澳台新闻研究所．报海生涯——成舍我百年诞辰纪念文集[C]．北京：新华出版社，1998：297-298.

④ 成舍我．北平新闻专科学校复校通告[N]．世界日报，1946-05-08.

⑤ 成舍我．上海立报奋斗的经过[N]．(香港)立报，1938-11-24.

习基地的关停。因之而聚集的大批新专学生一下子没了据点，不得不为了生计四处流散。1938 年，成舍我由汉口前往香港，于 4 月 1 日在香港刊发《立报》，自任社长并兼任总编辑。香港《立报》作为上海《立报》的延续，仍继承其特色。① 在步入正轨后，该报开始发布启事，招考编辑、营业、印刷等部练习生。② 此举实际上是部分恢复了成舍我的新闻教育实践，延续北平新专时期的培养特色，注重实践操练，同时简化培养模式，由报社成员直接带领练习生进行实践学习，学成后直接为报馆所用。

1941 年 12 月太平洋战争爆发后，香港沦陷，许多文化人与新闻工作者内迁桂林。次年，成舍我亦携家眷前往桂林，为解决《世界日报》部分人员生计和培养日后复刊所需新闻人才，决定恢复办学。后经广西省教育厅核准立案，创办“私立北平新闻专科学校桂林分校”，又称“桂林世界新闻专科学校”，成舍我担任校长。该校借用原广西省政府干训班校址与校舍，招生、学制、费用等仍沿用“北平新专”旧制，分为初级班、高级班与本科班。原本决定在 1943 年秋季开办，后因计划有变，实际于 1944 年 4 月 3 日正式开学，仅设初级班，招生 40 名，同时另设 10 个试读名额。③ 师资以随成舍我前往桂林避难的《世界日报》新闻工作者为主，学员以流亡学生为主。由于免收学费，并提供膳食，学校成为这些流亡学生的收容地。成舍我还与商务印书馆进行合作，安排学生前往印书馆从事书籍排印工作，解决了学生的实习从业和部分食宿问题。④ 然而，随着日军进攻衡阳，战火不断蔓延，校舍被炸，“桂林新专”被迫撤退，并宣告停办。成舍我也由此退出桂林这座战时文化城，迁至重庆。“桂林新专”以其极短暂的生命在战火纷飞中“昙花一现”。

1946 年 7 月 7 日，“七七事变”九周年纪念日之际，北平新专宣布复校。在开学典礼上，成舍我报告创校意旨、复校经过及今后计划，称“战后厉行民主，新闻事业突飞猛进，新闻人才之需要亦至多且亟”⑤，利用暑假，先开办编采(15 名)、印刷(30 名)两短期训练特班，教学依旧采取半天上课半天实习的培养模式，前者课程以新闻学概论、编辑学、采访学、报业管理、世界报业现状等为主，后者以新闻学大意、印刷学、国文、英文、算数、常识等为主。并于秋后恢复初高级职业班招生。后因政治局势变化，1948 年年底，成舍我离开大陆，北平新专就此停办。

---

① 方汉奇．中国新闻事业编年史[M]．福州：福建人民出版社，2018：1384.

② 成舍我．《立报》招考编辑、营业、印刷等部练习生[N]．(香港)立报，1939-03-19.

③ 许晓明．中国近代新闻教育发展史研究 1912-1949[D]．河北大学，2015：113.

④ 中国人民大学港澳台新闻研究所．报海生涯——成舍我百年诞辰纪念文集[C]．北京：新华出版社，1998：305.

⑤ 成舍我．北平新闻专科复校通告[N]．世界日报，1946-05-08.

至此，成舍我在大陆的新闻教育事业宣告结束，继而转向台湾开启“世新”新闻教育的新篇章。在大陆命运多舛的“新专”时期，成舍我培养出一大批散布在新闻文化各个机关的新闻工作者。

(3)重心转移——台湾新闻教育重镇的崛起。1952 年冬，成舍我举家迁往台北，拟在台北复刊《世界日报》。当时台湾当局已实施报禁，这给复刊工作带来了阻碍，计划因此搁置。办报不得，反而为成舍我提供了办学的机会。据成舍我回忆，从 1952 年至 1954 年，“这几年中，我就断绝了办报念头，一面教书，一面写点评论或专栏之类的文章”①。在此期间，成舍我还在台湾师范大学、成功大学、东海大学兼课，讲授新闻学。自此，其工作重心也逐渐从办报转至兴学。

1953 年 4 月，成舍我向台湾当局提出通过新闻教育储备新闻人才的建议。他认为，随着近代新闻事业的突飞猛进，新闻工作日益专门化，实际上新闻学校成为最多数新闻工作者的储藏所，那么新闻教育则无疑是储备大批新闻干部的最主要道路。成舍我提出了加紧新闻人才储备的五项建议，分别是：从现有大学增设新闻学院或新闻系、鼓励社会增设新闻专科或职业学校、重视对承担新闻宣传任务的政府机构的技能培训、通过报馆等新闻机构及学术团体招收具备一定基础的学员成立新闻人才“速成班”、联合大陆退到台湾地区的报人研讨新闻复原的问题。② 面对因报禁无法复刊《世界日报》的情况，许多新闻界及教育界人士劝成舍我在台湾开办一所新闻学校。对此，成舍我曾犹豫再三，终于下定决心于 1955 年 2 月至 7 月间开始筹办世界新闻学校。此次办校，成舍我善用资源，在其积极联系下，该校兴办的发起人，还包括于右任、黄少谷、王云五等 19 位同仁。③ 筹办期间，同仁曾提出开学前最低限度须筹足 200 万台币的建议，但实际上成舍我通过募捐仅凑足近 30 万台币，因而建校场地实属有限，加上成舍我私人告贷以及一处住宅抵押，才勉强盖成四间教室及一所作实习用的印刷工厂。此时，成舍我希望创办学院或专科学校，但由于资本薄弱未获台湾当局批准，仅获开办职业学校的资格。④

1956 年，世界新闻职业学校在台北木栅沟子口成立，成舍我担任该校董事长。学校开学之初，仅设有初、高级各一班，学生共 63 人。但学校却拥有大众公认的一流师资，如程沧波、阮毅成、端木恺等专家学人都曾担任教职，王云五、胡适诸位先生也曾

① 唐志宏 . 成舍我先生文集(港台篇)[C]. 台北：世新大学出版中心，2007：576.
② 成舍我 . 需要一万名新闻干部回大陆[N]. (台北)新生报，1953-04-18.
③ 唐志宏 . 成舍我先生文集(港台篇)[C]. 台北：世新大学出版中心，2007：577.
④ 叶明勋 . 敬悼成舍我先生[J]. (台湾)传记文学，1991，58(5).

来校作专题演讲。① 1960 年，学校粗具规模后，世界新闻职业学校改制为世界新闻专科学校，学制分为三年制、五年制两种。其中三年制专科共设八科，五年制专科则共设有四科，涉及报业行政、编辑采访、广播电视、电影制作、图书资料、观光宣传等课程。此时学生规模达到 6055 人。台湾世新学校与北平新专、“桂林新专”一脉相承，仍然采用“德智兼修，手脑并用”的校训。1957，成舍我创办报纸型的《小世界》周刊，专供学校学生实习。1988 年，台湾开放报禁，成舍我以 91 岁高龄创办台湾《立报》，其意就是“为供应世新校友及在校同学，实现其所学的新闻理论及增进其技术”②，即作为台湾世新学校的实习基地、实践场所，这一点与北平新专时期的上海《立报》一脉相承。在台湾，相对稳定的环境和持续的实践使成舍我得以专注于新闻教育事业，这也使台湾世新学校逐渐积累，形成了深厚的基础，此后逐步发展为台湾世新大学，成为台湾地区新闻教育和研究的重镇之一。

2.“手脑并用、德智兼修”：成舍我的新闻教育思想

(1)实操：职业导向的技术培养。成舍我在北平新专的一次讲话中提到校训：新闻学校的学生不是“死读书，读死书”，而是“手脑并用”。手，就是学好一门技艺，不管是铸字、排字、打版、印刷等，必须在学习期内都学会，即强调了对职业新闻人才动手能力的培养。③ 这是作为新闻工作者的成舍我对于新闻教育的首要要求。

《世界晚报》创刊初期，在 1924 年秋爆发了“直奉战争”，直系军阀曹锟为了堵住奉系入关，特派吴佩孚为统领，而吴又调来张福来任前敌总指挥。该报得此消息后，立即发出头条新闻，标题为“前敌总指挥张福来今早出发”。成舍我因外出参加外交部的记者会而来不及看稿，不料编辑龚德柏未仔细校稿，标题中的“福来”竟错印成“祸来”。一字之差，使报馆被查封，成、龚二人险些入狱。④ 这一件事使成舍我认识到，报馆中即使是排印工人也应具备足够的新闻素养，“假使他有编辑同学的学力，那么工作的迅速和错误的减少，甚至编辑发稿时匆忙中没有注意到的疏忽，都可以代为纠正”。另外，成舍我认为，一个有印刷知识的编辑不但不会感受到印刷方面的麻烦，并且在技术上使

---

① 成舍我．我如何创办“世新”[N]．联合报，1976-10-15.

② 唐志宏．成舍我先生文集(港台篇)[C]．台北：世新大学出版中心，2007：577.

③ 李鸿铭．百岁冥寿念校长——追忆创业艰难，缅怀丰功伟绩[C]//中国人民大学港澳台新闻研究所．报海生涯——成舍我百年诞辰纪念文集．北京：新华出版社，1998：254-255.

④ 黄侯兴．成舍我的三个“世界”[C]//中国人民大学港澳台新闻研究所．报海生涯——成舍我百年诞辰纪念文集．北京：新华出版社，1998：75-76.

得报纸的形式，编得更为生动，美观。① 由此，出于两方面的考虑，针对新闻实践的技术教育十分必要。

成舍我在北平新专开办两年后的一次演讲中称，首批初级班学生四十人，经过近两年训练，“已能排字，制版，开机器，虽然编辑采访，不是他们的主要课程，但因为他们十分爱好的缘故经过这两年的附带训练，似乎也勉强可编，可访”。学校也为学生提供了排、制印的实习工厂，举行自编自印小型日刊的练习。“在这个小型日刊上，从社论，编访，排印，以至用自行车将刊物送给读者，都是由学生担任，不许有半个外人，参加工作。”②到了第二学年，进一步将北平《世界日报》的“北平增刊”和“世界画报”划归学生去实地排版印刷。并将一部分编辑采访的职务，也交他们负担。学生们还承担了世界日报的社会、教育、妇女等版新闻采访的任务。

据学员李鸿铭回忆，在初级职业班学习期间，每日早晨进行劳作，上午学习专业课，下午则进工厂上实践课，包括浇字、排字。为了缩短新闻生产环节，成舍我设计了一种新型的排印桌，以及应用于此的新型排字方法。这一印刷设备是将常用字字盘和拼版材料装置在桌上，桌面正中为铁盘，罕用字字盘排列在桌子附近，排印人员便可在桌上照稿排字，使得发报、编报、校样与排印可由一人完成。新型排字方法则可将电报电码直接对应排字版，而无需事先翻译成文字。学会使用这套设备排印报纸，也是北平新专技术培养中的重要内容。③

至成舍我在南京创办《民生报》、上海创办《立报》时，更是将报馆作为学生实习之舞台，一大批学生进入报馆实习，组建有名的“成家班”。这一点延续到其台湾新闻教育时期。在此时期，他创办校报《小世界》和台湾《立报》，作为学生实践实习的场所。随着学科设置则从早期的采编印刷，扩展外广播电视、电影制作等，则为学生提供了更为全面的技术教育。

(2)文教：专业知识与通识结合。北平新专的初级职业班是针对培养新闻行业的技术从业者而设置的，但教学内容除了实地练习排字、铸字、制版、机器操作等工作外，几乎以相等的时间来讲授中国文、外国文、自然科学大纲、社会科学大纲、新闻学等，使得学员在两年的学习时间里，技术与知识并进，即使从事最具技术性的排印工作，也能够对文字具有较好的辨别判断能力。为了让学员有更直接的深造机会，北平新专在开

---

① 成舍我．我所理想的新闻教育[J]．报学季刊，1935，1(3)．

② 成舍我．我所理想的新闻教育[J]．报学季刊，1935，1(3)．

③ 贺逸文，夏方雅，左笑鸿．北平《世界日报》史稿//张友鸾，等．世界日报兴衰史[M]．重庆：重庆出版社，1982：135-136.

办后的五年时间里先后设置了高级职业班和本科班。在高级职业班中，则是以训练外勤记者、助理编辑，及报馆事务，如广告发行、会计等职员为目的。一面有实习工作，一面有学科讲授。在学习内容上则倾向于文字工作与管理工作。本科班的课程，则专注于法律、政治、经济和若干主要的社会科学，其程度与一个完全法科大学相当。目的在于造就主笔、总编辑，及事业方面的指导人才。依此设计，如成舍我所说，北平新专所培养的新闻人才就能“穿上长衫，可以做经历、当编辑，换上短衫，也马上就可以排字、铸版、管机器”①。

成舍我认为，新闻教育“一方面是职业教育的一种，一方面也是文化教育的一种”。他反对将新闻教育仅仅当做职业技能教育来看待。“自来轻视新闻教育的人们，总以为新闻教育，其目的只是训练一些技术的人才，是职业教育的一种，没有什么高深学理的研究，不能成为一个学术上独立研究的部门。”这无疑阻碍了新闻教育的发展。在其看来，“至于新闻教育的学理方面，如新闻道德对于社会之影响，公共舆论之如何形成，羣众心理之如何善导，及各国报纸与其国内政治文化演变关系之所在。何一不需要有系统的高深研究？岂可以职业教育，而抹杀其学术地位？”②新闻学研究如何使报纸更有益于人类，其范围之广，涉及社会学、政治学、经济学、心理学、史学与报业的关系。即在研读新闻学或从事新闻工作时，还需要以新闻学为中心进行外延，对其他学科进行涉猎，以寻找出报业发展应循的路线。③ 这样一种新闻教育理念思想一直延续到成舍我在台湾时期的新闻教育活动。1956 年，在台湾世界新闻职业学校开学仪式中，成舍我公开表示要尽力聘请最好的老师加强学生国文、数学等教育，培养通识人才，以便学生在掌握新闻技能之余能够进一步升学深造。④

(3)重德：突出新闻职业精神教育。成舍我所秉持的新闻职业精神影响了其新闻教育实践。1935 年，成舍我在《十日杂志》《世界日报》《新闻学周刊》先后刊登《报纸救国》一文。成舍我在文中提出：“我们在这个时机提出这个口号，并不是凭空妄造。因为我们最深切感受到的是，最近几十年来，中国的政治，为什么一天比一天腐化？中国的国势，为什么一天比一天衰落？”面对时局，成舍我认为，解决中国真正的根本毛病。“只有开发中国最大多数国民的知识，让他们都能了解个人和国家的关系，这才能有起死回生的希望。”国民思想的开化，则需要借助报纸的力量，“使每一个中国人，都知道国家

① 成舍我．我所理想的新闻教育[J]．报学季刊，1935，1(3).
② 成舍我．我所理想的新闻教育[J]. 报学季刊，1935，1(3).
③ 成舍我．当前报业的几个实际问题[J]. 新闻学季刊，1947，3(2).
④ 李正宗．“世新”——传播专业人才的摇篮[C]//中国人民大学港澳台新闻研究所．报海生涯——成舍我百年诞辰纪念文集. 北京：新华出版社，1998：110.

和个人，是一而二、二而一”，命运相连。这即是所谓的“报纸救国”。① 如此，则强调了新闻从业者的社会责任意识。另外，成舍我办报一贯秉持言论自由的新闻专业主义精神。首先，“报纸记载”应力求确实，在此基础上方讲自由。② 而报纸自由的言论则应“真”能代表“民意”，而不应被资本所左右，这里包括报馆投资人的资本，同时也包括政府的资助。③

北平新专以“德智兼修，手脑并用”为校训，并一直延续到台湾世新学校。其中德即是新闻从业者应具备的品格。成舍我本人十分注重对学生的人格品德教育。在其理想之新闻教育中点出，新闻记者的第一个信条便是“忠于职守”。如外勤记者往往因为急于交差的缘故，任意捏造消息。在成舍我看来是“骗自己，骗报馆，骗读者”④。而广告作为“报纸最重要也是最庞大的一项财源”，也需要诚实，广告道德甚至比新闻道德更为重要。因为“报馆在广告方面所要树立的信誉，正和言论报道，同等重要”。营业收益也随着广告信誉而增加。由此才可在对大众负责人之余，赚取长期利润。⑤ 另外，成舍我曾在台湾报禁开放后，刊登《报禁与新闻教育》一文。其中一节即明确提出“人格教育尤其重要”，并指出，“一名人格低落的新闻记者，对传播事业所造成的负面影响，实在太大”。这并非成舍我的一种教育设想，而是在多年新闻教育实践基础上所得出的结论。成舍我在给台湾世新学校毕业学生的纪念册上写道：“新闻记者拿红包，罪恶甚于贪官污吏。”⑥将记者拿红包比作他贪污，将新闻行业内的失德行为等同于社会的腐朽黑暗，这同样体现了成舍我重德重教的新闻教育思想。

3. 成舍我道路的形成及其评价

从北平新专到世新大学，成舍我近 60 年的新闻教育活动，为中国新闻教育探索出了一条新路。自其开办北平新专，成舍我出于改良中国新闻事业之宏愿，直面中国新闻事业接连遭受党争、资本双重压力的桎梏，以其追求独立自由报业之职业精神，探索报

---

① 成舍我．“报纸救国”[N]．世界日报·新闻学周刊，1935-11-14.

② 成舍我．新闻来源与报馆责任[N]．世界日报，1931-09-03.

③ 成舍我．报纸必如何始“真”能代表“民意”[C]//刘家林，等．成舍我新闻学术论集(上)．广州：暨南大学出版社，2012：114.

④ 成舍我．我所理想的新闻教育[J]．报学季刊，1935，1(35)．

⑤ 成舍我．“广告道德”比“新闻道德”更重要——从大批显要介绍“包医毒癌”谈起[J]．报学杂著，1953-11-24.

⑥ 成舍我．报禁开放与新闻教育[C]//刘家林，等．成舍我新闻学术论集(下)．广州：暨南大学出版社，2012：332.

人办学的新模式，并将其个人气质贯穿于其办学机构和课程之中，艰苦奋斗，屡仆屡起，锲而不舍，塑造了中国新闻教育史上的成氏传奇。

(1)改善中国新闻事业“根本彻底的办法”。在1933年刊布的北平新专招生广告中，成舍我提出该校的目的为“改进中国新闻事业”。在随后的成立大会演讲上，成舍我将办好一所新闻学校作为“改善中国新闻事业”的“根本彻底的办法”。① 成舍我的办学理念和措施与其对中国新闻事业之问题的思考密不可分。

在北京大学求学期间，兼职北京《益世报》的成舍我提出“舆论家既是社会底向导，自然应该走在社会底前面”，对于中国新闻事业卷入党争，进而进退失据，提出“舆论家是公的，不能渗入党见”。② 至世界日、晚、画报创办，曾经锒铛入狱险遭奉系军阀杀害的成舍我对于党派势力钳制中国新闻事业不可不说有着切肤之痛。20世纪30年代初，成舍我的欧美之行为其改革新闻事业提出了一种新的方式。但在吸收西方自由报业经验的同时，成舍我也注意到当时西方报业被资本严重腐蚀的情状：“欧美的新闻大王，他们只知道自己如何投机发财，对于社会公众的福利，几乎是毫未想到，照这样继续推进，直到现在，‘新闻商业化’，所以就成了世界上各种最严重问题之一。”③同时他提醒由商业化带来的劳资冲突势必成为“中国新闻事业的一大危机”④。为此，他提出了一系列的解决办法，如消除劳资对立：“我们要预防这种危机，就应该设法使一个报馆，成一个合作的集团，由排字工人，至社长止，都要忠诚合作，全成报纸的主人，不但要消灭资本劳动两阶级的对立 ，并且要镕和劳心劳力，使他们平等的同为一个报馆生产者，只应从他们劳动的时间和效率，去区别他们的报酬，而不应该从劳心劳力上有所歧视。”⑤在成舍我关于未来中国报纸组织设想中，提及报馆主权问题——“未来的中国报纸，他应该是受民众和读者的控制，它的主权，应该为全体工作人员——无论知识劳动或筋肉劳动者所共有，他在营业方面，虽然还可与一般营业无异，但编辑方面，却应该绝对独立，不受商业化任何丝毫的影响”⑥。从其对于新闻事业的构想我们也能看出其教育理念(如手脑并用)的针对所在。因此，在其看来，“新专模式”恰恰是为实现这一

① 成舍我．如何使报纸向民间去[N]．民生报，1933-04-15(16)．

② 舍我．舆论家底态度[N]．时事新报，1920-04-15．

③ 成舍我．中国报纸之将来(1932年4月29日成舍我在燕京大学新闻系新闻周所作专题演讲)[N]．世界日报，1932-05-06(12)．

④ 成舍我．如何使报纸向民间去[N]．民生报，1933-04-15．

⑤ 成舍我．如何使报纸向民间去[N]．民生报，1933-04-15．

⑥ 成舍我．中国报纸之将来(1932年4月29日成舍我在燕京大学新闻系新闻周所作专题)[N]．世界日报，1932-05-06(12)．

理想组织的"训政"。学员倘若完成从初级班印刷训练至高级班管理编辑再到本科专业素质的培养，那么一个报馆内劳心者与劳力者之间的界限就会被打破，每个人都是报馆主权的拥有者，为共同体而努力奋斗各尽所能，报馆组织也将从根本上得以改革。"我办新专的理想，就预备最后能将这些新的报业人员，多应用到这种新的组织上去。"①后来他提出"报纸大众化"、小型报以及"工作者有其报"等观点，与其新闻教育观念和实践一脉相承，相互促发。

（2）报人办学：中国新闻职业精神的建构。成舍我关于新闻教育的构想和实践，主要是围绕新闻职业出发而展开的。也就是说，在宏观层面突出新闻教育在改进中国新闻事业的基石作用，同时强调手脑并用、德智兼修等方面，推进中国新闻职业精神落地生根。

同民国初期大多数的新闻教育实践一样，北平新专的整个设计不可避免地吸收了"密苏里模式"的影响。在1931年欧美之行途经美国受邀访问密苏里大学新闻学院。归国后的第三年，成舍我以"训练手脑并用之新闻人才"为目标，强调专业技能培养的北平新闻专科学校成立。在新闻人才培养要求上，成舍我坚定秉持"密苏里模式"实用主义对动手能力的强调，甚至对实践操练的要求更高——"我们的学校，是一个工厂，同时又是一个报馆，希望将来凡在本校毕业的，能做一个用脑的新闻记者，同时也能做一个用手的排字工人"②。在成舍我新闻教育的设计里，北平新专被当做生产报业工作者的"工厂"，同时作为实践操练的"报馆"，被赋予极大的自由空间，培养具有全面专业技能的合格报业人才是新专人才培养的唯一目标。对比同时期的其他新闻教育培养模式，燕大与复旦同属大学新闻教育实践中的佼佼者，前者从创立资金、学制到师资等各方面横向移植"密苏里模式"；后者脱胎于文学科，秉持兼容并包的自由态度，在独立摸索中艰难而起，成为国人自办新闻教育的探索者，二者皆怀抱培养专业素质过硬兼具道德和责任感的新闻人才以改良国内报业现状的目的，并称为新闻教育实践之"瑜亮"。③ 相较于燕京大学、复旦大学的培养模式，由于报人办学的原因，成舍我的新闻教育模式更加注重新闻教育的实践性，将学校和报馆资源的有机结合，合二为一。新专实际上是成舍我世界报系人才培养的配套设施。1935年，北平新专首批初级班的四十名毕业生中除去2/3升入高级班，剩余的1/3全部进入《世界日报》服务；1933年、

---

① 成舍我．我所理想的新闻教育[J]．报学季刊，1935，1(3)．

② 成舍我．如何使报纸向民间去[N]．民生报，1933-04-15(16)．

③ 《新闻系主任谢六逸应教育部专函敦请 起草新闻系课程及设备标准》，载复旦校刊，1931（116），第2-3页，转引自梁德学、马凌．复旦大学新闻学系的孕育、创建与早期建设1924-1931》，载《新闻大学》2019年第10期。

1934 年的短期性质报业管理特班和电讯特班也是受《世界日报》委托而创办。但同时也正是这批新专人，后来 1937 年抗战冲在上海《立报》报道前线，为抗战宣传作出贡献。

(3)“成家班”：成舍我的个人印记。在中国新闻史上，以个人之力打造报业帝国屈指可数，成舍我是其中之一。而在中国新闻教育史上，以个人努力，持之以恒，投身中国新闻教育活动，并取得成功，成舍我可能是唯一之人。这一切与成舍我的个人努力和行事作风分不开，也正因为如此，从北平新专到世新大学，其人才培养模式无不打下了成舍我鲜明的个人色彩，其散布全国各地的学生因而具有“成家班”之印记。

作为报人，成舍我在近代中国可谓多灾多难，多次因言获罪，或坐牢，或受审；报纸多次被封、被停；报业资产因各种原因或被罚没、或被抄收。作为新闻教育的探索者，成舍我开办新闻教育也是尝尽苦头，但艰苦奋斗，屡仆屡起。如开办经费问题，北平新专的创立资金由成舍我个人以及北平《世界日报》、南京《民生报》捐款创办，不收学费，而后的日常运营也大多依仗以上两报的资金注入。桂林新专的开办，更是条件艰苦，但成氏没有放弃。在台办学时，“全部经费仅有三十万元……捉襟见肘，校舍、图书及一切设备，极为简陋”。也正是如此，成舍我发扬苦斗精神，“精打细算，省吃俭用……不许有一文钱浪费，一文钱贪污”。①

在办学人员和师资上，主要是成舍我报社同业和志同道合之好友。新专师资大多是成舍我报界好友与《世界日报》系同仁，如吴范寰、张友渔、萨空了等均是其师资。世新学校的开办则获得有于右任、王云五、端木恺、萧同兹、陈训悆、阮毅成、程沧波、谢然之等人的支持。报馆与学校相互促进，同道合心，有利于学校资源统合和人心的和谐。

值得一提的是，在民国新闻史上，由于时局动荡，报人收入不稳定，报馆人员经常流动，直接影响报馆事业发展。成舍我的世界报系人员流动也颇为频繁，被人戏称为“一场流水席”。但是因为新专的创办，其学员进入到世界报系，成为《民生报》和上海《立报》的班底，这对成舍我的报业无疑是一重要保障。也正是如此，通过做中学，在成舍我的严格训练下，成家班不仅支撑着其报系之发展，对于整个中国新闻事业做出了积极贡献。而这些，与成舍我对于自由独立报业的追寻，对职业技能的强调，对于记者人格的培养等新闻教育观念不无关系。

成舍我是中国新闻教育的先行者，也是孜孜不倦的探索者。其新闻教育的构想和实践，是其个人对于中国新闻事业和中国新闻教育的一种回应，也折射出整个时代职业报人群体改革中国新闻事业和新闻教育的一种进路。“手脑并用、德智兼修”，作为其核心概

---

① 成舍我．我如何创办世新？[N]．联合报，1976-10-15.

括，开创了中国新闻教育的一种模式——“新专模式”。该模式不是为资本家服务，也不是充当政党的宣传工具，而是基于中国独立报业的构想而进行的一种人才培养实践，具有极强的实践性、操作性和专业性。这大概是成舍我为中国新闻教育史留下的宝贵财富。

（唐海江、陈捷琪 、胡康静）

6.1.2　张隆栋的新闻传播教育实践

张隆栋(1917—2009)，我国著名新闻传播学教育家，中国新闻传播学科开创时期优秀的教师队伍的一员。他早年从事新闻实践，从 20 世纪 50 年代开始进行传播学研究。他是《国际新闻界》杂志的第一任主编 ，是国内高校中最早介绍传播学理论的学者之一，80 年代在《国际新闻界》上连续发表详尽介绍和评析传播学的长篇论文 ，同时他在外国新闻史领域的研究也扮演着领头羊的角色。他编著多本教材，是《大众传播学总论》的主要作者之一。他和傅显明教授合著的《外国新闻事业史简编》，是中华人民共和国成立后出版的第一部外国新闻史教材，荣获“国家教委优秀教材奖”(见图 6-2)。

图 6-2　张隆栋教授

1. 新闻缘：从新闻工作者到新闻学者

张隆栋，笔名凌俊，湖北汉口人。因为父亲是铁路职工，张先生的童年从湖北到河南再到北京，小学和初中都处于居无定所的状态。高中就读于当时著名的北京育英中学就读，1936 年毕业后，被保送至燕京大学政治系。他的生活经历使他对社会和百姓产生深深的同情。回忆起早年生活，张隆栋曾向学生回忆说正是因为早年漂泊的生活让他目睹了兵荒马乱中百姓的疾苦，才促使他日后从事新闻工作，他想为身处苦难中的百姓呐喊。①

1940 年，张隆栋从燕京大学政治系毕业。随后，他在重庆度过六年时光，期间曾经历失业，做过公务员，1942 年起在重庆大学商学院任教，1944 年起兼任重庆《国民公报》编辑。1946 年，抗战胜利后，张隆栋和同在《国民公报》工作的同学张师贤深感抗战胜利没有使国家富强，更没有给人民带来自由和幸福，反而使得国际面临内战危机，人民陷入贫困、饥饿和战祸的深渊。为了国家的前途和个人的出路，抱着民主个人主义的幻想，他们相约回天津或者北京去筹办一家民营报纸，这份报纸就是后来在天津创办的《新星报》，张隆栋担任报纸总编辑。②

1948 年秋，张隆栋离开报社，前往燕京大学新闻系担任讲师。在校期间，他给学生们讲授新闻学概论和新闻采访与写作等课程。1948 年 9 月，时任燕京大学新闻系主任的蒋荫恩受学校委派，去美国密苏里大学新闻学院担任研究员。那时燕京大学校长是出生在中国的美国教育家司徒雷登，司徒雷登找张隆栋谈话让他兼任新闻系代理主任。于是在 1948—1949 年，张隆栋代理蒋荫恩担任北京大学新闻系主任，直到北京和平解放。

中国新闻教育开始于 20 世纪 20 年代，随着高等教育事业和新闻业的发展，到中华人民共和国成立前，全国已有 30 几家院校开办相关专业。在北京，新闻教育实力最强的燕京大学完全采用美国密苏里教育模式，因院校调整和思想改造运动等原因，1954 年燕京大学被并入北京大学。同年，中央决定中国人民大学创办新闻系，以“培养既懂马列主义和人类知识的精华，又有中国革命的实践，特别是掌握毛泽东思想和党的路线方针政策；既要学习大学所需要的各种课程，又要突出新闻的重点的新闻多面手”为教育目标。

在 20 世纪 50 年代一系列院校调整和思想改造运动中，革命知识分子逐渐取代旧知识分子，走上教学科研岗位。在进入北京大学新闻系以后，由于中华人民共和国成立前在旧社会的报社有过工作经历，张隆栋长期没有得到重用。他不能上课，只好另起炉灶

---

① 马云鹏 . 传道授业默默耕耘——记中国人民大学新闻系教授张隆栋[J]. 新闻爱好者，1992(12)：15-16.

② 张兴铂 . 昙花一现的新星报[M]. 中国社会科学研究院，1983：220.

学习俄语，翻译苏联新闻教材。① 张隆栋精通英文、法文、俄文等多国语言，北京大学新闻教研室主任罗列了解到张隆栋出色的外语能力后，就请他搜集和翻译各种外文资料。在当时一边倒的学苏联风气之下，张隆栋凭借其出色的外语能力，与伍福强、郑兴东等人合作翻译苏联高教部审定的《党和苏维埃报刊的理论和实践教学大纲》，当时各主要新闻教育单位都曾参考这个大纲制定各自的教学任务。张隆栋的加入，增强了北京大学新闻课程的教学力量，而在他们的带领下，一批青年教师也迅速成长起来。

1958 年，为了集中师资力量搞好新闻学研究和多快好省地培养又红又专的新闻战士，中宣部和教育部决定将北京大学新闻学专业并入中国人民大学新闻系，张先生便从此开始了在中国人民大学新闻系的教育生涯。

2. 译传播："文革"前后摧残再起

清华大学教授李彬曾对中国传播研究者群体做过划分，他按时间将其分为三代，第一代便是以张隆栋先生和复旦大学郑北渭先生为代表的开山人物。②

"文革"之前，中国人对西方新闻界所知甚少。那时候只有几位学者在研究西方的新闻学，张隆栋在中国人民大学教授西方传播史的课程时，翻译了施拉姆的《报刊的四种理论》。《报刊的四种理论》一书由威尔伯·施拉姆与弗雷德里克·赛伯特、西奥多·彼得森三人合著，由美国教会全国委员会作为研究大众传播媒介的资料编辑出版后，曾得到美国领导集团的赏识和美国新闻学荣誉学会授予的奖章。该书认为，世界各国的新闻传播制度与其社会政治制度是一脉相承的，基本上可以分为四种：集权主义、自由主义、社会责任和苏联社会主义理论。在现在看来该书的分类有着较为浓烈的冷战色彩，但是它探究不同社会制度与报刊的关系这种研究方法对西方新闻学研究产生了影响；对各种报刊体系差异所作的哲学根源上的探究提升了新闻学的理论层次，也对后来的媒介理论研究产生了很大的影响。当时张隆栋的翻译本仅内部发行，供教学参考，直到 1980 年这本书才由北京新闻出版社公开发行。这实际上是我国较早对西方报刊理论的翻译引入。

1960 年，中国人民大学新闻系编印了 6 册《批判资产阶级新闻学资料》。张隆栋在摘译威廉·爱琳的《大众传播研究》(1958)一文时，将"Mass Communication"译为"公众通讯"。

---

① 刘鹏. 为何是王甘——王中、甘惜分新闻思想及"甘王之争"的产生原因与时代背景［M］. 北京：中国人民出版社，2019：31.

② 李彬. 中国传播学，掠影三十年[M]. 上海：复旦大学出版社，2013：16.

1961年，中国人民大学新闻系系刊《国际新闻界》创刊(前身是《国际新闻界简报》)，张先生参与筹办并担任首任主编，他从那时起就开始追踪方兴未艾的传播研究。但是起初的摸索只是星星之火，没过多久《国际新闻界》就停刊了(1961年4月在北京创刊，至1965年12月停刊，共出24期)。

学界公认中国传播学是从1968年开始发展的，其实早些年张先生就已经在做传播学翻译引介工作了。1967年，中国人民大学布置张隆栋先生摘要翻译了“美国公众通讯理论”(现在翻译为“大众传播理论”)中的一些观点，打印装订成册，但是因为这本油印的小册子并非正式出版物，传播范围极为有限，“知悉者仅限于极少的几个大学新闻系教授”①，因此将其作为传播学引入中国的时间不很妥当。即便如此，该翻译材料还是对中国对传播学的理解提供了不少支持。

大众传播译名的出现表明学者已经开始关注传播学这一领域，传播研究已呈现萌芽状态，但最终因为缺乏适合发展的时代背景和学术土壤，即便较早引入传播学的概念也只是供广大师生作为批判的靶子，传播学在研究范围和力度上都极为有限，零星的研究也只是星星之火，且不久就熄灭了，并未能有较大的发展。

中华人民共和国成立以后政治运动并没有停下反而有愈演愈烈的趋势，教学秩序一度不稳定。“文革”的内乱更是对中国新闻教育事业的严重摧残。新闻学科发展本来就刚刚萌芽，根基不稳，“文革”从政治界弥漫到文化界对新闻传播的造成了巨大摧残，中国人民大学也未能幸免于难。“文革”期间，中国人民大学“下放”给北京市管理。1970年10月，北京市委会通知中国人民大学停办。中国人民大学新闻系成建制地划归北京大学中文系新闻专业。张隆栋先生由于早年在国统区从事新闻实务工作和在燕京大学(属于西方传教士办的学校)有过求学和任教的经历而遭受批斗，被打成“牛鬼蛇神”，在折腾中度过了十多年。”文革”期间，他与同事罗列、余致浚等被安排到北京第一机床厂“下放劳动”。因为三人都已经年过半百，干不了什么力气活，就在工厂宣传科的一间小房子里帮忙做一些文字工作，他们当时主要的工作是为北京出版社撰写几本书稿。张先生凭借其优秀的外语能力和深厚的古汉语功底，确保发表文章引经据典的正确性。

3. 再起航：传播学、外新史的领路人

“文化大革命”结束以后，张隆栋回到中国人民大学新闻学院做教授。他和当时老一辈的新闻教育工作者还不算老，凭借着中国人民大学新闻系原有的班子，他们重新找回热情，热切探索新闻教育发展之路，在这其中传播学引入中国就是很重要的一步。

---

① 徐培汀. 中国新闻传播学术史［M］. 重庆：重庆出版，2006：420.

1980 年前后，较为敏感的中国新闻专业教学人员首先在国内介绍西方传播学，中国人民大学新闻学院是国内最早开展传播学研究与教学的单位之一，张隆栋在其中担任重要角色。

1979 年 5 月，《国际新闻界》改版复刊，他开始在《国际新闻界》上刊载不少文章，对传播学的引入和发展产生了深远的影响。从 1962 年到 1992 年，张隆栋在《国际新闻界》上发表了大大小小 30 篇文章。其中介绍和引介新闻传播学的有 6 篇，介绍美国英国和法国等主要西方国家的新闻界情况的有 14 篇，分析《纽约时报》等报纸如何报道的有 3 篇，还与傅显明一同发表了 4 篇《外国报刊史》的教学提纲等。

第一期刊登了该刊主编张隆栋翻译的希伯特的一篇长文《公共通讯的过程、制度和效果(一)》(此文的后两部分后来又分两期连载)。这篇文章是当时国内第一篇全面系统地介绍、引进、研究传播的过程、传播制度和效果研究的长篇论文，引起了当时新闻传播学界的普遍关注。几年后，张先生出版专著《传播学导论》，逐渐成为国内这一学科的著名学术带头人。

1982 年，张隆栋撰文介绍“枪弹论”“5W 模式”，并根据“5W 模式”详细介绍了美国大众传播研究的五个范畴(控制分析、内容分析、渠道分析、受传者分析、效果分析)，这是国内最早介绍大众传播研究范畴的文章，后来这篇文章后来获得中国人民大学优秀科研成果奖。文章名为《美国大众传播学简述》，分为上中下系列刊登在《国际新闻界》(季刊)第 2~4 期上，它与张先生之前纯粹的翻译不同的是，这里明显体现出张先生的归纳和整合的功力。这组文章内容广博，材料翔实，脉络清晰，新人耳目，可谓第一代研究者给人印象最深的力作。

1982 年北京新闻学会成立(后改名为首都新闻学会)，该学会在成立后一年里多次召开学术会议，并与中国社会科学院新闻研究所一起开展多项受众研究和社会调查，张隆栋曾担任首都新闻学会“大众传播学组”召集人。1986 年曾作为中国新闻学术界的代表参加澳大利亚举行的大众传播学术讨论会。

1993 年，由张隆栋先生主编，校内外 9 位专家学者共同编写的《大众传播学总论》出版发行。全书共 35 万多字，它论述了传播学的基本理论、大众传播的五大部类研究、传播学理论的应用(传播与舆论、传播于民意测验、传播与广告等)、传播学的批判学派，大众传播学的研究方法以及传播学研究的新领域“发展传播学”，可以说十分全面地评述和概括了传播学理论和实践问题。

除了引介传播学，张隆栋对外国新闻史的研究也是中国新闻传播学科的领军者之一。

20 世纪 50 年代初期中期，中国高等院校基本是在向苏联学习，从教学要求到课程设置，很多系科如法炮制，新闻专业也不例外，然而这种模仿尝试并没有获得令人满意的结果。中国人民大学率先打破僵局，努力创立自己的特色课程。当时的思路是向已有的经验学习，于是西方的东方的凡是可以搜集到的资料都被找来参阅和研究，择其善者加以应用。张隆栋的外语能力出众，他悉心搜集和翻译许多外文材料供参考，被分配讲授“外国报刊史”课程。①

中国高校正式开设外国新闻史课程是在改革开放以后，初期并无教材，一般都是老师在课堂上讲、学生记笔记的方式授课。1984 年，《国际新闻界》杂志分四期刊载了张隆栋和傅显明合编的“外国报刊史”教学提纲，才为这门课提供了最早的文本材料。

此外，张隆栋还多次在《国际新闻界》上刊登研究外国新闻史方面的文章，如《美英的支票新闻》《略论英国垄断报业》和《法国新闻业》等，介绍美国、英国、法国等国家的报业、报人和对报道方式方法，这在当时是扩展我国对其他国家新闻业认识的重要途径。

1985 年夏，中国新闻教育学会专门在黄山召开了外国新闻史教学研讨会，到会的共有 14 个新闻系(专业)的教师，大家对这门课程的名称、地位、目的和要求进行了认真探讨，达成了初步共识。1988 年年初，张隆栋和傅显明教授合著了我国内地第一部外国新闻事业史教材——《外国新闻事业史简编》，在外国新闻史课程初创过程中具有重要的奠基作用。该书共计 48 万字，介绍了世界新闻事业发展的梗概和基本规律，以及几种不同类型国家新闻事业发展的梗概和基本规律，以及几种不同类型国家新闻事业的概况、特点和发展趋势。该书在 1990 年获得了中国人民大学优秀科研成果奖，1991 年获得了中国人民大学优秀科研成果奖，1986—1989 年优秀教材奖，并被国家教委指定为高等院校文科教材用书。由于张隆栋在外新史方面的研究颇有贡献，1990 年教育部还邀请以张隆栋为代表的等外国新闻史研究学者撰写教材。

4. 育人心：心系学生 传道授业

张先生在新闻教育的岗位上一待就是几十年，期间他勤勤恳恳，默默耕耘，对新闻教育事业和中国人民大学新闻学院有着深厚的感情，十分关注新闻人才的培养，为新闻学科的建设作出了重要贡献。

现在的中国人民大学书报资料中心的前身是中国人民大学剪报公司，于 1958 年成立，是我国最早从事人文社会科学信息资料搜集整理、编辑加工、信息发布的学术研究

---

① 溢金流彩四十年——人大新闻学院师生回忆录（1955—1995）[M]. 中国人民大学内部资料：9.

出版单位。当时北京大学新闻专业刚刚并入中国人民大学新闻系，从北京大学转过来的老师需要做一个选题，张隆栋提出创建剪报公司并最早负责运营，因此张隆栋实际上是剪报公司的主要创始人之一。中国人民大学新闻系的学生们在剪报公司做一些实事，对各大报纸每天发表的文章进行二次开发，编印专题资料，为后面的编辑工作打下良好基础。剪报公司成为当时中国人民大学新闻系学生重要的新闻实践场所。

张隆栋教授讲授新闻概论、报学实务、新闻采访、新闻编辑、中外报刊史、外国报刊史、大众传播学、美国报刊和外国资产阶级新闻理论等课程 。据学生反映，听张先生的课是一种享受。张先生似乎对西方新闻学无所不知无所不晓，博古通今，信手拈来。但是他又没有名师的孤傲之气，而自带春风之感，课堂教学颇为生动。张隆栋主张，大学教学应该讲授、讨论和辅导相结合。学生马云鹏曾在文章中回忆先生“73 岁高龄，每周有课的日子，凌晨四五点就起来备课”。每次上课，张先生必然在臂下夹着一大堆挂图和各种报刊资料走进教室。在讲授过程中，他会不断提问，让课堂氛围紧张起来，同时又用幽默的语言调剂学生的上课心理。一张一弛间，学生听课颇有兴趣。

他对学生寄予厚望，他认为正如韩愈所言“学生不必不如师”，以此鼓励学生上进。对于记者的培养，他认为应当具备“三度”，即思想的深度、调查研究的深度和知识面的广度，这应该是记者培养的长期目标。①

他教学上严厉如斯，但是在日常与同学们相处却又十分平易近人。他会与学生一边吃饭一边聊生活或是实习感受，会蹬着自行车从家里到学校上课。

范东升清晰记得张隆栋老师某天带他去图书馆，推荐一本介绍传播学理论的英文原版书给他。他的英文水平不高，但是仍旧坚持读完。他十分感谢张隆栋老师，“是他为我打开了瞭望世界的第一扇窗口”②。

1988 年，张隆栋退休了，但是他为新闻教育所做的工作并没有停止。为发挥老教师的作用，学院通过返聘的方式，请张隆栋继续为新闻系学生讲授课程。他继续为新闻系的研究生们讲授“中外资产阶级新闻思想研究”课和“西方报纸的新闻手段”专题。不少学生对张先生印象深刻，在他们的记忆中，老先生总是打扮洋气，外语流利，口头禅是“我在燕京的时候”，记忆中总爱讲“沉默的螺旋”。1993 年 7 月 5 日，在张先生 76 岁

---

① 马云鹏．传道授业默默耕耘——记中国人民大学新闻系教授张隆栋［J］. 新闻爱好者，1992（12）：15-16.

② 溢金流彩四十年——人大新闻学院师生回忆录(1955—1995)，人大内部资料：110.

生日时，他曾赋诗《七十六岁杂咏一首》："人生易老七十六，新闻教学卅五年；传道授业怡然乐，胼胝耕耘苦亦甜。"这真的是张先生从教多年的最真实写照了。

2009 年 3 月 2 日，张隆栋在北京逝世，以 92 岁高龄走完他的一生。张隆栋先生学贯中西，具有扎实的语言基础和深厚的文学底蕴。他的一生，从新闻实践走向新闻教育，但是他投身新闻教育的时间和精力远远超过新闻实践，潜心研究，默默教学，在中国传播学的引入和外国新闻史研究方面创造出重大的新闻教育业绩，为后续的学界发展奠定了坚实的理论基础，是一位名副其实的新闻教育家。先生平易近人的性格和认真教学的态度也获得了学界和学生的一致好评。光阴荏苒，时至今日，师生仍旧常常怀念他。

（丁静、邓绍根）

6.2 口 述 史

6.2.1 黄旦：处处以学术着眼

黄旦，1955 年生于浙江温州，现为浙江大学文科资深教授。曾任复旦大学新闻学院教授，复旦大学信息与传播研究中心主任，国务院学位委员会第六届、第七届新闻传播学科评议组召集人。1979—1983 年、1986—1989 年就读于杭州大学中文系，获学士和硕士学位，1983—1984 年曾就读于中国人民大学新闻学院助教进修班；1995—1998 年就读于复旦大学新闻学院，获博士学位。1991—1992 年、1998—1999 年，分别赴澳大利亚和美国访学。主要研究方向为中外传播思想史、中国城市与媒介史、媒介哲学。著有《新闻传播学》《传者图像：新闻专业主义的建构与消解》(获上海市和教育部人文社科优秀成果奖)，主编《传播与中国研究文丛》《传播与中国译丛》《"传播 · 文化 · 社会"译丛》等，在《中国社会科学》《新闻与传播研究》《学术月刊》、*Critical Studies in Media Communication* 等国内外重要刊物发表论文多篇。目前正在进行"新媒介崛起：19 和 20 世纪之交的上海"项目研究(见图 6-3)。

黄旦教授在新闻传播学界以治学严谨、思考深刻而著称。他善于反思、不断求新。在研究中从不人云亦云，而是一步一步地厘清根基、关照现实，追问再追问，推敲又推敲。在从事新闻传播教育工作时，也始终坚持学者本色、贯穿学术理想。在黄旦教授的

图 6-3　黄旦教授

一篇文章①中，有一句总结复旦传播研究之特色的话，放到他自己身上也特别贴切，即“处处以学术着眼”。在他身上很难将教育与研究剥离开来书写。他在担任国务院学务委员会新闻传播学科评议组召集人的同时，致力于对新闻传播学科的整体转型深入研究，提出了极具前瞻性的见解。他和复旦同事凝练方向，提出以“城市传播”为研究中心，在研究路径不断清晰、研究成果渐渐积累的同时，培养出了一批优秀的研究生，结成了一个密切互动、富有活力的学术共同体。无论是自主的工作还是交办的任务，他都尽量用学术的方式去做，做能推动学术创新的工作。他对新闻传播学科的认识与把握、在学术研究中的不懈开拓与创新，对于我们在这个快速变化的时代里思考新闻传播教育和研究，能带来重要的启发。

1. 学科地图的再思者

周婷婷(周)：从您的多篇著述中，我们可以看到您对知识社会学有着浓厚兴趣，对于学科方面的多个问题(如学科规训制度、学科边界、学科自主性等)一直保持着警觉与深入思考。所以非常好奇。当您作为国务院学务委员会新闻传播学科评议组召集人、自己执笔牵头起草《新闻传播学一级学科简介》时，经历了一个怎样的过程？哪些部分是您觉得较难下笔、几经修改的？在审议讨论阶段，有没有一些点是大家讨论较多

---

①　黄旦，李晓荣．领风气之先，开多源以用，探新径来行——复旦大学的传播学研究[J]．新闻大学，2019(10)：69-80，126.

的？这份学科简介，如果放到今天重新审视，有没有觉得想要修改的地方？

黄旦（黄）：学科评议组本身从工作性质上讲，它没有行政权，没有权力给各个学校下指令。我上去的这一届学科评议组①跟上一届有非常大的不同。上一届时报博士点是完全通过学科评议组，从我这一届开始，博士点名额可以由各省自己做主，不再非得通过学科组。这样就给学科组减轻了非常多的负担。我感觉从教育部来讲，从2010年第六届开始，将咨询、调研、检查、指导作为学科组的主要任务。所以学科组的工作其实自己的主动性是不多的，主要是完成教育部要求的事情。第六届的学科评议组做了学科的简介以及培养研究生的规格问题，几个文件一起出来。我理解教育部实际上是想转变研究生的培养方式，开始朝标准化方向发展，对质量有个基本要求、对学科有个基本估价。这件事情是教育部要求做，当时各个学科都在做，这是一个基本背景。

当然我们怎么来做这件事情，做成什么样，这跟学科评议组有关。我做了十年学科评议组召集人，其实经历了两个阶段。第六届是我主要在负责，第七届是胡正荣老师主持。两名召集人虽然没有明确地分第一、第二，但实际上有个基本的排列。我在第六届里边主要做了学科简介。当时我的指导思想是，首先希望能做得公开。不要把学科组变成好像几个人的权力机构一样，实际上应该是帮着学科来做事情，做能推动学科发展的有益事情。学科组开会时经常邀请有关高校，比如已经有一级或二级学科博士点的高校分管研究生工作的负责人一起参加。各个学校情况千差万别，不同的高校来讲各自的情况，互相之间可以有个交流。另外，也可以把评议组的一些想法跟他们沟通，取得他们的支持和理解。各高校的老师挺支持，每次会议都尽量参加，这个氛围挺好。达不成一致没关系，完全一致是不对的，有不同的意见很正常。但是一定要更多的人参与讨论、参与意见的交流。每次会议之后还专门出了简报，呈送给教育部及有博士点的高校，把学科组变成一个沟通的渠道。

学科简介的编制其实是一件比较棘手的事情，特别是其中的专业设置部分。学科到底要设几个专业，那就牵涉到一些本位利益。不同高校可能有不同的专业，都希望能够列进去。最后我们比较折衷，从原来的2个变成了4个专业，列进去了我觉得就是一个突破。这个“列进去”怎么列？当时学科组的成员们，包括各个高校的老师还是费了一番脑筋。教育部对新增专业的比例有规定，原来的新闻学与传播学专业不能变动。新增的专业在表述上都是“什么与什么”②，这样的话就留有活路，看起来是增加了两个专业

① 以下“学科评议组”有时会简称为“学科组”。

② 这一版的“新闻传播学一级学科简介”中，除了原有的新闻学、传播学专业，新增了广播电视学与数字传播、广告学与传媒经济学专业。

实际上包含了四个专业在里面。包括专业名字的设想，我们也是想尽量体现出一些变化。不是说换一个名字而已，而是说有推动引领的作用。做到做不到是另外一回事情，至少我们学科组做这个事情的时候是思考过。我们起草完了，还发到各个院校去，让他们讨论反馈意见。当时有一个意见非常尖锐，说传播学怎么是人文学科？它是社会科学。这就是有争论。

当时拟定了这样一个学科简介，说明我们的眼光还是可以的。不是困于原来的大众传播框架里面，而是在新媒体的框架里边考虑问题，想给大家另外一种视野，重新考察这个学科。

周：这份学科简介写得相当大气，也包含着对学科未来发展的预测，很有见地。但是据我的观察，有些地方要推进改革有较大的难度。比如"在人才培养和专业设置上，将不再是以媒介作为划分的唯一依据，而以传播内容或其他新的尺度为依据重新规划专业类别"。这似乎在全国主要的新闻传播院系中，还无一家能够实现。而原有的专业建制，确实对学科发展带来了明显限制。这个困局，在您看来，有什么突破的方法吗？

黄：取消以媒介作为划分专业的唯一依据，这实际上跟当时复旦大学本来酝酿的改革有关。复旦大学新闻学院曾经做出过一个方案，把系的名称全部变掉，当时是想以内容来区分。比如说新闻系叫新闻传播，传播学系叫公共传播，广告叫商业传播，广播电视那一块叫艺术传播。中间一块是新媒体实验中心，所有的专业课程都必须与它发生关系。后来因为复旦大学要实行"2+2"，这个方案就没有贯彻下去。但并不是说这些设想是空的。现在不少学校在琢磨改变名称，改变名称的背后说明原来那个划分已经出现问题了。新闻当然暂时还不会动，首先针对的是广播电视。现在网络上都是音频视频，还能按照原来那种制作广播电视节目的方式培养学生吗？中国传媒大学前段时间曾经讨论过电视学院的改名问题，后来阻力太大没有实行。中国人民大学好像已经变了，再不叫广播电视系了。① 大家都在摸索吧，我觉得将来广播电视面临的问题是最大的，估计接下来新闻也不会是这么一个新闻系，可能会变成数字新闻或其它。

周：2014 年以来，您发表了好几篇关于学科的重要论文，这和您在学科组的工作也很有关系吧？

黄：当然有关系。如果没有那种思考，你对整个学科的把握是不够的。当时学科组的老师们还是比较支持，大家也觉得要有引领性。虽然学科组没有行政上的压力，但是你做出的东西、讲的话，应该让各高校感觉受到启发。2014 年以后，我写的文章主要

---

① 中国人民大学新闻学院现有四个系：新闻系、传播系、视听传播系、广告与传媒经济系。其中，视听传播系由新闻学院原广播电视专业和新闻摄影方向的授课团队共同组建而成。

是受新媒介的影响，同时我对学科的问题一直很敏感。我始终觉得我们不应该被学科所限制，好像有个万古不变的学科，我们就站在这个学科内来思考问题，对此我很警惕。

我读过华勒斯坦的书，读过其他人对于学科的一些研究。学科本来就是一种人为的东西，就是应对当时情况而设置。现在当然出去讲已经没什么，前些年在外面讲，有人还是会质疑。质疑最多的就是，我们的学科总归有自己学科特性的吧？意思是原有的所谓特性是不能变的，不然的话我们新闻学科或新闻传播学科还怎么立足？他们总觉得学科可以有改变，但那些东西是不能丢的。我在这一点上恰恰不一样。觉得首先要问那些东西从何而来。过去学科都没有啊，哪来那些先定的东西？实际上应该是重塑学科的基础。原有那个东西是什么？它在什么情况下形成？把这讨论清楚以后，我们才可以继续探讨，在现有情况下这些东西怎么发生改变，反过来推动变化，这样才有余地。

这个跟做学问一样。有些作者在写文章时，已经觉得有个东西是不能动的。所以相当多的文章写的都是规范式的，应该或者不应该，但是从来没有反思过这个前提预设。如果不假思索就觉得原来那个东西是不能动的，那样就提不出问题。研究问题首先要提的就是“是什么”。把“是什么”讲清楚了，我们才可以讨论它们是怎么形成的，再推下去看我们现在是否还应该是这样。如果把前两部分省略掉，一提就是应该怎样不应该怎样，做来做去就很窄。难以突破的原因就是把原有的东西当成天然的东西。

在推动学科变化时，往往还是有阻力的。有些人还是觉得想不通，可以接受做增量、进行外延扩展，但是对于改变内涵有时会抵触。当时做学科简介，碰到的也是这种问题。就我自己对学科的研究来讲，较具突破性的是 2018 年发表的那篇文章。① 它在原有对学科讨论的基础上，又推进了一步。文中提出，我们的学科本来就跟媒介本身有关，是在不同媒介背景下形成了这种学科和研究方式。新闻学跟印刷媒介有关，传播学跟广播媒介有关。如果我这个观点基本站得住的话，接下来一个推理就很清楚。现在媒介是这个情况，我们学科应该怎么来做？把印刷时代和广播时代的东西放到今天来能行么？

2. 学术研究范式的拓展者

周：您在学科范式的反思与创新上颇有见树，比如对美国传播研究功能主义范式的反思、对新报刊(媒介)史书写范式的倡导与实践等。突破原有的学术研究范式、发现其局限与不足，开辟出新的研究取向，是非常困难的事情。对于原有的范式，我们可能习焉不察。而提出新的范式，也特别考验思考、治学功力。您好像很早就读过库恩《科

① 黄旦．新闻传播学科化历程：媒介史角度[J]．新闻与传播研究，2018(10)：60-81.

学革命的结构》吧？思辨的抽象层次很高，会考虑到元学科的问题。然后我看您在文章①中写得也很中肯，说有时候提出一些新的范式，不一定是像库恩说的范式革命那样要取代原有范式，而是开辟新的研究路径出来，对以往研究加以拓展。在这些方面，请和我们分享一下经验与心得。

黄：这个其实我也是在不断地突破、不断地成熟。第一，我在不同场合都讲过，我批判或批评研究范式中的一些问题，其实是在批评我自己；我可能都犯过这些错误。我从前的文章和现在的不一样、有变化，这实际上有个过程，是在一个一个问题不断地厘清自己。一开始我也有压力，知道外面有人讲，你只会破没有立，言外之意是批别人很容易，你自己做出点东西看看。其实从另一方面看，有破才会有立。当你想到了那个问题，你才可能会有所弥补。我觉得对一个学者来讲，不断地反省自己很重要。做学问如果不反省自己，以为做得天衣无缝，而且总是不断按照一个路数做下去，以不变应万变，是挺危险的。好像已经形成了一个固定的东西，每次只要换些材料套进去，一篇文章就出来，虽然可以比较容易，但我觉得很无聊、等于没进步。从个人因素来讲，我可能比较有自我批判的意识，不想老困在某个固定的东西里面。

第二个与范式有关的是新媒体技术、新传播技术的变化带给我的刺激。让我们来重新思考整个学科，比如过去我们尽管接触到晚清报纸的史料，但都没有真正意识到报纸对当时人而言究竟意味着什么。如果从现在数字媒体对我们的影响来揣测的话，这样通达过去，我们也可以想到当现代报刊进来以后，对当时知识人和社会的冲击，我觉得是一样的。我们反过头再去看媒介素养问题在英国的提出，以及过去一些文人对报纸杂志的不屑，我们就明白了原因。按我们现在的话来讲，本来是很精英很高尚的东西被碎片化、平庸化、世俗化了，跟我们现在是一样的问题。这对我是一个非常大的刺激。做报刊史研究，我们需要体会当时人的所思所想，而不能以我们现在这种对报刊非常熟悉、习以为常的状态来理解它们。如果没有这种新的传播技术出来，我们体会不到这一点。

第三就是你刚才讲的新的范式与原有范式之间的关系问题，我觉得这个非常重要。如果你以为自己思考的东西就可以把原来的都盖住了，或者说你这个是唯一正确的，这是很危险的。一方面是不尊重前人，正是他们奠定基础，我们才能思考怎么来推动新的东西；另一方面，即便是我们现在讲的报刊史书写的革命范式问题，显然也是有它特定的缘由在里面。晚清以来的中国民间报刊跟政治的关系确实非常密切。晚清以来的整个中国近代问题实际上是救国的问题、是现代化的问题。库恩从那个层面考虑报纸，也在一定角度里展示了报纸对社会的作用，不能一笔抹杀、全盘否定。但是到现在也只能有

---

① 黄旦．新报刊(媒介)史书写：范式的变更[J]．新闻与传播研究，2015(12)：5-19.

一种范式？我们有没有新的东西？从这个意义上讲，我觉得我们要有新的路径出来。新的路径是我们这一代人在新的媒介的刺激下面，现在重新理解的报刊的历史。这样可以起到相互补充的作用。

其实应该有更多人提出不同的路径，这样研究起来才会有对话才会丰富。库恩的著作当然对我有启发。库恩讲的是科学史的问题，对我来讲就是化解了我们原来以为科学的东西都是固定不移、前后相继的过程。他恰恰给我们展示了科学革命不是这么发生的，科学范式的形成跟信念有关。你信它、按那个走，就形成了它那种范式。这个对我确实有解构作用。跟我们对学科的思考是一样的。你信奉什么，你就可能觉得那个东西是唯一，于是大家都跟那个走，觉得是正确的。这个对我很有刺激。既然都没有一个固定的东西都是跟信念有关，我们也就没有理由认为自己这个就是唯一。人家也可以来否定你，可能也会有跟你不一样的东西，这样才会有更多推动大家思考的余地。

周：我感触很深的是，对于经典文本，您能不时解读出新意。我们读书一般会划重点，再读往往也是回顾这些重点以唤起记忆。您如何能做到一遍一遍将自己放得如此之空，不时还能从原先略过的地方获得启示，或是突破原来的理解获得新解？

黄：这是我感兴趣的一个话题，我也是在不断地学习。这里边牵涉到的问题比较多。从我个人体会来讲，首先是跟自己思考的问题有关。读书哪里有不忘记的，读得多过目不忘那还了得。通常是围绕着问题，你会集中思考。哪怕我不看这些书，这个问题始终在我的思考中。这样的话当我们读不同的书时，可能突然会碰撞到那个东西。其实我读的书自己也觉得很杂，精力牵扯比较大。但是杂的好处也是有的，单一的书里所没有的那种刺激，有时不经意间会突然冒出来，引发我的共鸣。

我的好多文章实际上在脑子里盘旋了很长时间，之所以不落笔，就是觉得还没有形成自己想要的或者能够说清楚的东西。我带着心目中滚动的不少问题在不断地看。看，一方面是在理解一些不同脉络里的东西，另一方面也可能给你思考的问题增加新的面向，同时也可能形成新的问题。可以把对某个观点或者对某个人的不同研究，结合起来看，这样会刺激我们产生更多的思考。如此你不会被某一种观点限制住，觉得它特别有道理。我觉得不同的观点之间会形成张力和碰撞，对于思考问题有很大好处。

还有一个就是解读的问题。我承认我对文本的解读能力有时候是不错的，尤其是会对一些关键词做一些分析或者阐释。这可能跟原来读中文有关，中文强调文本，可能有意无意带来这种刺激。我们的老师和同学，有些还没有养成这个习惯。在阅读里边很容易被一些观点所吸引，很少能够跳出来。读书要看作者到底讲了些什么，他的预设是什么，他要解决什么，他提出了什么。这样跳出来的话，就可能对文本有一种自己的概括和归纳。用关键词抓这些东西，是一个很重要的方面。关键词抓住了以后，还要去不断地琢磨上下文之间以及整个文本里边，到底有几层意思。这可能还不够，如果我们再展开，他是在什么背景下写了这个东西，或者说是我们经常喜欢讲的语境问题。我可能会找到他本人的一个东西来了解写作背景，也可能找不到。找不到时可以参考同时期的资料，大致知道当时是一个什么情况，也许我们就可以间接地揣测。这样的话，把他读的东西、他想的东西以及现实中他碰到的东西都结合起来，就可能会产生一种新的解读。如果我再回过头，思考我们现在为什么对他这个东西感兴趣、觉得很有用？比如说职业化的问题，为什么改革开放大家都觉得要职业化？这是跟我们的现实变化有关，再这么一结合，从里边读出来的东西就会不一样。

3. 学术共同体的组织者

周：依托复旦大学信息与传播研究中心，以您为领军人物之一，复旦大学新闻学院的数位老师、学生(博士生为主)，逐渐形成了一个互动密切、有着相当大影响力的学术共同体。特别是 2011 年以来，明确提出以"城市传播"为研究核心，俨然有"复旦学派"之气象。也让我们联想到您自己较为推崇、从中获得不少思想滋养的美国社会学芝加哥学派。说到学派，在中国新闻传播学界其实是较为罕见的。学者们以个体研究为主，近年来虽然对学术团队建设日益重视。但学派较诸学术团队，还有更高追求。不仅仅是集合多人共同开展研究，还需要有显著的理论贡献，形成独特的、具备较高创新性的研究范式。不知您是否赞同我对已经形成了学派的判断，您是否想到过、或者说从什么时候起开始想到可以向学派的方向努力？

黄：如果说要形成一个学派，第一是信念的问题，大家共同的对学术的认同。第二是路径的问题，大家可能有一些共同的取向。第三是要出成果，研究一定是拿成果说话，否则说一千道一万都没有用。成果这一块，我觉得我们还不够，有分量的东西不多。比较有可见性的成果如果能增加，可能就成为一个学派的模样。现在感觉说学派还是底气不足，没有形成很厚重的、让大家觉得确实有不少具有学术创见的标志性成果。当然我们一开始做的时候，也没有说一定要成为什么学派，只是有推动某些东西的想法。如果慢慢确实形成了自己特色的话，说不定就成了一个学派。这个推动的过程实属无心插柳。而有心栽花一开始就说我要成为一个学派、我要成为一个学术大家，那个肯定不行，叫得再响也没用。我们现在只能是继续不断地推进研究，推动研究成果的出现，要不断有新的想法出来，这样才会有生命力。

周：这个学术共同体为何是以"城市传播"为研究核心？学派的主要成员如何一方面凝聚共识、一方面又保留、发展自己的研究兴趣与特色？

黄：教育部对中心有凝练方向的要求。城市传播也不是一个人提出来，而是中心的几位老师2011年一起开会讨论出来的。第一，大家觉得这个概念具有比较大的包容性，较为合适。第二，现代媒介实际上是跟现代城市捆绑在一起的。这就是帕克讲的，在农村街谈巷议也许可以互相沟通；但是到了城市，人口规模那么大、构成种类那么多，就必须要有报纸。当然大家也会思考，个人的研究兴趣和这个大框架之间的关系如何处理。个别老师比较担心，会不会要求必须按照那个路子走，否则就容纳不进去。

所以说既要有一个比较一致的耕耘的中心，同时每个人又都能发挥自己的特长。当时我们提出不会强迫大家怎么来做，只是希望大家在做的过程里面，自己的特长能够朝这个方向靠，能够跟这样的东西联系起来。这实际上对老师们也是有好处的。比如我们过去研究电视节目就只研究节目本身，这其实是把根基给挖空了。当你把城市的东西纳入进去，研究空间可能就拓展了。大众传播学的很多研究模式，比如“5W”，都会把经验性的东西挖空，变成一个抽象的东西到处套，这会有大问题。即便是“5W”，也可以考察纽约市的“5W”和北京市的“5W”到底有什么区别。这样贴近经验层面，研究就会做得厚重；否则会变得像数学公式一样，几个变量一放、数据一放，然后就出来一个结果。哪怕是做全球范围的比较研究，变量可能会变化一下，但思考的尺度还是一样，这怎么可能呢？社会科学可能是这么一种思考方式，我们从人文角度看，这里面的差距非常之大。我看过几个做老年人媒介素养的研究，都有类似的预设在里面，即老年人都需要像青年人那样使用数字媒介才是正常的、才是好的。为什么不能是另外一个预设；即不同年龄段的人能以不同的方式使用数字媒介享受到生活中的便利。研究时应该回到具体的场景中去，体会不同的人是怎么想的。对城市传播来讲，把城市一纳入进去，再去做定量研究的话就复杂了。比如武汉和上海是两个不同的城市，是不是可以用同样的标准来做定量？如果不是用同样的标准，变量的选择就要根据每个城市不同的特点来定。

周：虽然各个院系都在提凝练方向，但真正做到方向明确、特色鲜明的并不多见。可能是依托一些重大课题，一群老师有时能够一起做点事情。但大家还主要是在各个的研究领域里往不同的脉络伸展。像复旦大学这种，老师们不仅仅研究对象有关联，还能一起去读媒介理论的书，形成很深的研究路径共识，真的是挺少的。我们可能组织一个老师间的学术交流沙龙，都很容易断掉。

黄：在凝练方向、形成团队上，首先学院领导有没有这个意识是非常重要的。不是说不要重大课题，但是能不能让重大课题围绕着我们要的那个东西，不是说出一个题我们就跟着做一个题。最理想的就是我们能够围绕自己的研究领域给上面提供重大课题的题目，这样不仅重大课题做了，我这个领域也放大了，互相之间就可以形成一个正面作用。这里有一个摸索的过程。

作为老师来讲，大部分老师是个体作业式的。社科还好一点，人文尤其是如此。老师个人有的还没有形成一个固定的研究路数或者研究特色，只能说大概是做哪一块的。这个我觉得会改变。现在教育部提出双一流建设，一流其实就是特色。将来各个院校一定是朝着这个方向走，学科建设不朝这个方向走肯定不行，肯定要落后。所以说学院从总体规划上一定要有这种意识，我这个学院大概要抓些什么，几年内要抓什么？

我上次看到复旦大学哲学系周年纪念时把过去的系主任都请来了。每一个主任都来讲在任上推动了什么，然后下一任主任说在前任主任的基础上又做了什么。这才是我们讲的有传统，特色就是传统的问题。于是同学来考博士生的时候，他会根据自己的兴趣选择，觉得你那边的研究跟他有关联，这样就会慢慢更加形成了一个团队、一种研究路径。如果学院都没有这个要求，那么老师就很难。如果学院有个领域确定好了以后，就可以跟老师们讨论，大家怎么样跟这个结合。学院的资源朝这方面倾斜，比如说做有关的东西给一些资助，这样对大家就会有一种推动的作用。

在组织学术交流活动方面，有些读书会或者沙龙之所以很容易就断掉了，或者说没有兴趣了，主要是大家觉得没有新的东西，变成了一个仪式性的活动。没有一个共同的基础，所以大家无法深入讨论，主讲者也没有太大的收获。比如说我现在想出新，想从媒介的角度来做，参加讨论的人如果对什么是媒介根本没有关注过，那就无法讨论。这种沙龙读书会要激起大家的兴趣，就要有人来推动大家接触一些新的东西。大家共同来推进，这可能才会有延续性。我们这个团队在读书会之类的活动上其实很花精力，并不是说我今天在读这本书，然后请大家来。当我提供某一本书的时候，背后是有想法的。通过读这本书，可能会在哪些方面给你提供一些参考。这样大家读了，才可能会再反馈到他的研究里面去，才可能觉得这是持续给他活力的一种事物，而不是完成任务。

复旦大学的特殊性是在于我们这几位老师还是比较一致，这比较难得。大家无论是为人的方式、品性以及对学问的理解，都比较一致。这样聚拢来，才可以消除很多的麻烦和问题。

（黄旦、周婷婷）

6.2.2　董广安：中原新闻传播教育的先行者与深耕者

“捧着一颗心来，不带半根草去。”这是著名教育家陶行知对教育工作者的盛赞，也是董广安 40 余年如一日勤勉耕耘、诲人不倦的真实写照。自 1976 年毕业留校任教，她倾其心血于所热爱的新闻教育事业，至今初心不改。

1. “真想一天变两天”

1973年9月，当了4年知青的董广安，通过考试加推荐进入郑州大学中文系学习。毕业前夕，董广安和60多名同学到大别山革命根据地新县“开门办学”，撰写革命斗争故事。最后，唯有她主撰的《赚枪》被收入1979年河南人民出版社出版的《柴山烈火》一书。

1976年，董广安毕业留校任教。时逢郑州大学教学改革，中文系开设文学创作和新闻两个专业，自认为最有条件分到创作专业的董广安，却分到了新闻专业。虽然不情不愿，但受“革命战士是块砖，哪里需要哪里搬”的思想影响，就只好接受了现实。从此，董广安便与新闻教育结下不解之缘，开启长达42年的新闻教育生涯。

1980年，教育部为解决高等学校师资队伍青黄不接的问题，特选派有培养前途的青年教师到重点大学进修。经过严格选拔，董广安得到了复旦大学新闻系进修一年的机会。

董广安格外珍惜这来之不易的学习机会。那一年，董广安科学地分配时间，复旦大学新闻系本科4年的专业课，她一年选修完。有时一天听4门课，甚至新闻摄影课都坚持系统学完。那时候，她整天都觉得时间不够用，时常抱怨：一天为啥不是48小时呀，真想一天变两天！每天早上5点多钟，室友还在酣睡，她就悄悄起床，摘抄资料。室友起床，她就去洗漱、吃饭；室友吃完饭，董广安已经来到教室占位，那时的她就像一块海绵，拼命地吸收养分。一年下来，整个人瘦了20多斤。也正是这一年，为董广安打开了一扇通向新闻专业道路的大门。

在复旦大学新闻系进修的这一年，是董广安新闻教育的转折点。在那里，她打下了深厚的新闻学基础。刚留校任教时，新闻学术研究基本是一片荒漠，没有资料查阅，可借鉴的东西少之甚少，处于迷茫期的她很幸运地进入复旦大学进修，也刚好赶上了改革开放后复旦大学新闻系蓬勃发展的大好时期。当时，复旦大学新闻系主任是刚刚恢复教师身份的王中教授，他对新闻教育充满了热情和激情，非常重视兄弟院校送来进修的教师，为他们提供良好的学习条件，并在分配指导教师、安排听课、借书、查阅资料等方面给予最大的支持。王中教授不止一次对董广安说，时间宝贵，可以少听课，但复旦大学新闻系的资料室要充分利用，复旦大学新闻系的价值在于它有很多珍贵的文献资料。他还说，你记住，资料就是学问。“资料就是学问”这句话成为影响董广安教学和科研生涯的至理名言。

2. "必须在提高师资队伍的专业水平上做文章"

基于社会对新闻人才的急切需要，郑州大学于 1976 年创办新闻学专业，当年招收的 80 多名学生，成为河南高等教育史上第一批新闻学专业学生。新闻学专业成立后，学校非常支持。当时迫切需要师资，学校陆续引进多名毕业于重点大学的青年教师。如毕业于中国人民大学新闻系的樊炳武、林玉善、项德生，毕业于复旦大学新闻系的彭正普等，都是这个时期先后进入郑州大学，担任新闻学专业教师。记者出身的王振亚、郭本初、林玉善等人"投笔从教"，从媒体人华丽转身为新闻学教师。不仅如此，新闻系也多策并举。一是从外引进，二是自己培养。1984 年新闻系从郑州大学人文社科相关专业物色优秀学生 5 名，作为后备师资，大四的时候就送到有新闻专业的高校进修新闻专业课程。经过系统严格培养的新闻专业毕业生、具备新闻业务经验的媒体人，以及具有人文社科相关专业背景的师资，共同汇入郑州大学新闻学专业，为初创时期的新闻专业师资队伍打下了良好的基础。

20 世纪末至 21 世纪初，随着传媒业的发展，人才供需矛盾日渐突出，很多学校开设新闻学专业，一时出现了师资队伍青黄不接的状况。不少院校的新闻学专业充实了一大批学历较高、富有活力的年轻教师，他们观念新颖，对新闻教育充满热情，但知识结构不理想、理论与实践脱节等问题陆续显现。2004 年 6 月，郑州大学在原新闻系、广告系的基础上改建制为新闻与传播学院，董广安担任首任院长。作为郑州大学新闻与传播学院院长、学科带头人，董广安强调：要塑造良好的育人环境，必须在提高师资队伍的专业水平上做文章。因此，她鼓励教师和业界保持紧密联系、密切关注传媒现实问题，并在招聘新闻实务教师时，不唯学历和毕业院校，而把媒体实践工作经验作为一个重要条件加以考量。

那几年，董广安不仅积极创造条件，鼓励中青年教师攻读博士学位，还多方奔走，努力延揽有新闻媒体工作经历并具有博士学位的记者、编辑，弥补学院师资实践经验不足的短板。提及董广安对传媒人才引进的热情，曾在河南电视台工作、现为学院教授和博士生导师的张兵娟深有体会："董老师得知我有意从新闻单位转到高校的信息后，在第一时间就和我取得了联系。她推心置腹地和我交流意见，不厌其烦地向我描绘学院的未来发展蓝图，这种热情令我由衷地感动。"

除此之外，还邀请新闻传播学专家、业界资深编辑和记者加入学院：时任河南广播电影电视局局长赵景春受聘为郑州大学新闻与传播学院的名誉院长以及郑州大学传媒发展研究中心名誉主任；《大河报》原总编辑、高级记者王继兴以及《河南日报》时任副总编王亚明等一批媒体实务工作者受聘为学院的兼职教授；《大河报》首席记者杜超等一批优秀一线记者和同学们进行热烈交流，传授他们的新闻采写经验。这些举措受到学生的热烈欢迎，也进一步弥补了学院师资结构的不足。

教育部普通高校本科教学评估开始后，师资队伍这一指标中，要求具备博士学位教师比例的权重不低，各个学校也是到处引进博士。但新闻传播学科每年毕业的博士数量有限，缺乏人才吸引力的二、三线城市的高校，很难引进到新闻传播学博士。在这种情况下，董广安决定采取变通的办法，先引进非新闻传播学科的博士，不能仅仅看学历，还要看他的专业兴趣和学缘关系、工作经历。非新闻传播专业的博士，只要拥有媒体工作经历，就优先考虑引进，然后再结合学院的教学科研工作要求，引导这些青年博士逐步调整研究方向。这一举措，一定程度上解决了新闻传播专业急需补充博士师资的燃眉之急。学院的汪振军、张兵娟、陈晓伟等，就是在这一时期引进的现当代文学、影视艺术学博士。经过几年的磨炼，这些相关学科毕业的博士，已经成功地将个人研究兴趣与学院的教学科研需求完美结合起来，成长为学院的中坚力量。

此外，为了营造浓厚的学术氛围，提高教师队伍的科研创新能力，董广安不仅进行科研创新，还着力推行规范管理。在全体教师会上，她明确宣布：把教师的职称评定、推优评先与教学科研成果紧密联系起来，加以量化考核后，优先支持教学科研一线成绩突出的骨干教师。这样一来，学院的教师都有了危机感，同时也有了努力的方向和目标。新规章制度实施以后，学院教师在新闻传播学权威和核心期刊上发表的论文和申报的科研课题明显增多。

董广安很重视将理论研究与传媒业发展实践相结合。许多媒体和企业迫于激烈的竞争，请郑州大学新闻与传播学院帮助策划、专题调研和论证，她都采取相关措施激励学院的教师承担调研项目，带领研究生和本科生参与其中。许多研究报告被业界所认可和采用，激发了学院教师积极投身科研的动力和热情。

3. “要尊重新闻传播教育规律”

1984年4月，郑州大学新闻系独立。成立初期的新闻系，就与新闻单位如中央驻豫媒体、河南主流媒体等联合办学，在全国开创与中央媒体和省级媒体联合办学的新模式。

董广安认为，新闻传播学是一门实践性、应用性很强的学科，新闻传播教育应根植于传媒业这片广阔的沃土；离开传媒业，关起门来办教育，培养的人才就无用武之地。因此，在学院成立之初，她就和河南日报报业集团和河南广播电影电视局的相关领导积极磋商并签署了共建协议。根据共建协议，除了科研以及人才合作外，河南日报报业集团和河南广播电影电视局分别在新闻与传播学院设立“大河奖学金”和“广电学子成才奖学金”，评选一些品学兼优的研究生和本科生。这在很大程度上激发了新闻学子学习专业知识、关注传媒实践的热情。

上世纪 90 年代，郑州大学新闻系迎来了它的第二次发展高峰，于 1990 年开始招收舆论学硕士，并于 1993 年正式获得新闻学硕士学位授予权，是全国最早的几家新闻学硕士点之一，为新闻人才的培养奠定了平台基础。1996 年年底，郑州大学中文系、新闻系和艺术教研室合并，建立文化与传播学院。合并建院后，作为新闻系副主任的董广安担任文化与传播学院副院长，分管学院科研和成人教育工作。但新闻传播学科的发展受到了一定限制，失去了专业发展自主权，并且由于部分教师的退休和调离，学科的发展面临资金短缺和师资不足等困难。2000 年 5 月，董广安递交辞职报告，决定辞去副院长职务，只担任实际相当于教研室的新闻系主任。她说，“无论什么时候，都要尊重新闻传播教育规律。如果我的职位不能助益于新闻传播学科发展，那我宁愿只做一名教师，把对新闻的热爱传递给学生”。2000 年 7 月，原郑州大学、郑州工业大学和河南医科大学三校合并组建新郑州大学。由于三校合并之初事务繁多，董广安的辞职申请便被搁置了。即便如此，董广安仍没忘记发展郑州大学新闻传播学科的责任：2000 年，新闻学本科专业中增设了网络新闻方向，2002 年开设广播电视新闻学本科专业，2003 年获得传播学硕士学位授予权，2003 年年底，新闻系出版了系列教材，本科各门专业课程拥有了郑州大学自编的教材。也因为此，董广安坚持新闻人才培养规律、服务新闻学发展的理念和形象在郑州大学流传开来。

董广安尊重新闻传播教育规律还体现在她对硕士研究生学制的坚持。在研究生学制管理上，教育部曾要求研究生学制缩短至两年或两年半，郑州大学立即贯彻落实，要求各个学院调整研究生培养方案，压缩学制。全校所有的学科点都上报了调整方案，只有新闻传播专业没有响应。研究生院领导问起缘由，董广安陈述理由：拥护教育部调整研究生学制的规定，但由于我们专业的实际情况，不宜一刀切地压缩学制。首先，因为新闻传播学科自身特点，生源中跨专业的学生占有一定比例，他们在入学后的第一年要系统性地学习新闻专业的骨干核心课程，如果学制是两年，很难保质保量地完成本专业学生应具备的专业知识和专业能力。其次，同意实行弹性学制，对于毕业于本学科、本专业的硕士研究生，如果他们的课程成绩达到良好以上要求，并在核心期刊发表学术论文，可申请提前答辩、毕业(见图 6-4)。

因为董广安的坚持，新闻与传播学院的科学学位硕士研究生学制一直未作调整。而很多高校在施行硕士研究生两年制后不久，又默默地改回了最初的三年制，部分学院的专硕也开始调整为三年制，以保证研究生培养质量。

在新闻传播教育应培养什么样的人才上，董广安始终认为，新闻传播专业的学生应该像医学院校的学生那样，既要有理论知识，又要有丰富的临床经验。在日常教学活动

图 6-4　董广安与学生交流

中，她坚持理论与实践相结合的教学理念，努力把实践教学引进课堂，注重学生实践能力的培养。这是她对新闻传播教育规律的坚守，更是她一直秉持的新闻传播人才教育理念。进入新世纪，在董广安的带领下，郑州大学新闻系以其雄厚实力迎来新的发展机遇。2006 年，郑州大学新闻传播学科被评为河南省一级重点学科，在全国和中西部地区享有较高的声誉。2007 年，新闻学专业入选教育部第一批特色专业建设点。2008 年、2012 年、2017 年，新闻传播学科连续 3 次获河南省一级重点学科建设资助。2010 年，学院成功获批新闻与传播专业硕士学位授权点。40 余载筚路蓝缕，郑州大学新闻传播教育取得辉煌成就，董广安的新闻传播教育步伐坚定而有力。

4.“学生总是第一位的”

董广安常说，学生总是第一位的，每个学生都像孩子一样让她牵挂。她对学生的爱，倾注进她讲授的每一节课里，体现在她与学生交往的点点滴滴中。

1995 级研究生王灿发，现在已经是中国传媒大学新闻学院的教授、博士生导师。他动情地回忆起董广安曾为他们讲授“新闻写作”课程的情形：“她很善于运用启发式、诱导式教学，常常通过生动的案例将学术前沿引进课堂教学中来。”1995 年招收的 5 名研究生，最后一年进入毕业论文撰写阶段才分导师，但董广安把这 5 名研究生都当成自己的孩子，多方联系媒体单位，为研究生们寻找开展调查研究的机会。王灿发清晰地记得，自己和同学合作发表的第一篇论文，就是在董广安的鼓励和介绍下，去河南的《开封日报》和《汴梁晚报》调研之后写出来的。当他和同学将论文拿给老师看时，老师笑得比同学们还开心。董广安对学生的关心和支持，一直伴随着学生成长的每一步。1998年，王灿发从郑州大学新闻系获得硕士学位后，入职华中师范大学文学院新闻系。新入职的王灿发，担任新闻写作课程的教学，但苦于找不到合适的教材。当他把困惑讲给董广安时，董广安当即对他说：河南人民出版社刚出版了我的《当代新闻采写方略》，你来郑州取吧！王灿发背着老师赠送的 50 本教材走进课堂，发给了华中师范大学新闻学专业的同学们。他从老师这里获得的，不仅仅是这 50 本教材，还有老师给予他的作为人民教师的精神感召和激励。

1999 级研究生许向东，回忆起自己的读研生涯："董老师没有门户之见，甭管是不是自己的弟子，她都关怀备至，经常问我们生活上是否有困难，督促我们好好读书，询问是否需要她帮助协调实习等。当时董老师是《郑州晚报》的阅评专家，每个月都会带着我们去报社参加评报工作，还带我们参观报社的主要部门。2000 年时，我和同学们就在董老师的带领下去媒体考察了网络报纸的早期形态和运营情况。当时很惊讶，很开阔眼界。"已经是中国人民大学新闻学院教授的许向东，谈及这段经历，他认为董广安对所有同学一视同仁、如同己出的大爱情怀，深深影响了自己作为高校教师的职业追求。

董广安不仅在教学上倾尽所能将专业知识和技能传授给学生，亦在生活上关心学生的成长。对于走出校门的郑州大学新闻系毕业生、特别是研究生来说，最美好的回忆就是周末受邀去董广安家"蹭饭"了——忙碌了一周的董广安，周末亲自下厨，蒸排骨、包饺子，让这些饥肠辘辘、肚子里没有油水的学生们一次吃个够。王灿发、许向东不约而同地回忆起，周末在老师家"蹭饭"时，"老师边做饭边给我们讲新闻前辈穆青、赵德润的故事；吃完饭后，老师和她爱人还给我们讲，将来在工作岗位上如何更好地与同事们相处、更好地融入社会，如何把书本知识与实践经验结合起来。每次去老师家，我们感觉就像回到自己家了，回到父母的身边"。

每年新生入学，董广安总要到学生宿舍查访，对家庭困难的同学她往往格外关心和爱护。她说，对家庭困难学生的关爱，会影响学生一生。你在学生最需要帮助的时候奉献了爱心，学生就会感受到爱的温暖，他们也就学会了爱；通过学生就会将爱延伸到社会的每个角落，人世间才会处处充满爱。1998 级有两名学生，家庭经济困难，性格比较内向，学习压力大。董广安就想方设法更多地关心他们，除了在学习上多帮助、多引导外，还为他们寻找对口资助，联系假期实习，最终使他们克服自卑心理，放下了思想包袱，顺利完成学业。一名多次受她关爱的学生在写给她的信中深情地说："从一个贫穷落后的小山村步入繁华的都市，我无法适应，倍感自卑，但幸好有了您无微不至的关心与照顾。董老师，你是那么的慈爱，我多想叫你一声：妈妈!”这样的事情又何止一两件！她帮助过的学生太多太多。她时常叮嘱家庭贫困的学生，一定要珍惜来之不易的学习机会，一定要自尊、自立、自强！她希望学生不仅知识富有，更要有健全的人格、健康的心理和崇高的理想。

董广安经常强调，面对朝气蓬勃但又极易冲动的青年学生，在教会他们知识的同时，更重要的是引导他们如何树立正确的人生观和价值观。新闻学专业学生小文，因为恋爱受挫而威胁、恐吓女友，跑到女友所在学校并在她的笔记本上写下“明年的今天就是你的周年”。被女友反映到学校后，系里决定处分小文。当时，身为班主任的董广安主动申请做这位同学的工作。她说：“我的学生我非常了解，他本身就比较自卑，且自尊心强，如果给予他处分，就毁了他的一生，女生心理也不会安宁。”鉴于董广安在学生中有着较高的威信，系里决定先等待她的协调结果。

当天，董广安就在学生下课必经的路口守候小文，当她把自行车横在小文面前时，并没有直接问“恐吓”的事情，而是不经意地问“你最近怎么总是躲着董老师呀，是不是对我有什么意见呀?”小文急忙回应：“没有，没有。”“那一定是有什么心事或者误会，如果你信任老师，咱们可以交流交流,”董广安说。

晚上，小文就主动到了董广安家里。董广安小心翼翼地从问候家人的话题入手，等待小文主动提起与女友分手的事情。在小文敞开心扉后，她耐心地从新闻学专业学生的发展前景，小文个人的前途等方面进行了劝解和开导，使他放下了“仇恨”。在这次谈话后，董广安还悄悄安排班干部日夜盯守他，同时叮嘱同学们避免谈论此事，最大限度地保护小文的自尊。在董广安的巧妙化解下，小文安全度过了心灵最痛苦的时期，毕业后到媒体工作，组建家庭，事业发展很顺利。这种不仅重视知识传授、更重视完善人格心志的教育方式，使董广安颇受学生爱戴。她每年都会收到大量贺卡和信件，其中有一封最能表达学生们的心声。信的全文如下：

亲爱的董老师：

难忘您在课堂上“指点江山”的豪情、口若悬河的激情、谆谆教诲的热情；更难忘您在课堂外慈爱无比的笑容、关怀备至的话语、温馨可人的气息。您的一颦一笑、一举一动都是一道美景，魅力无穷。用什么样的词语才能准确地表达我们心中的那份感动呢？写不出，也说不出。因为那是一种神秘的感触，虽难以言传，但我们相信，心有灵犀一点通。一学期的时光太短暂。我们即将告别大一，似乎还没有听够您有滋有味的故事。时间的脚步匆匆，似乎刚从紫荆山湖畔归来，转眼却要作别。想想看，与其把您称作老师，我们倒更希望将您当做朋友，因为您的思想总是那么前沿，总是那么年轻！

您说呢？

您的学生、朋友，九九级新闻系全体同学

公元二零零零年六月十三日

提到这封信时，董广安感触颇深。这是那个学期最后一节课下课时的一幕：一位女生走到讲台前，宣读了这封带着温度的信。她说："每每读及，总是感动得泪流满面。孩子们太可爱、太率真了，作为一名教师，还有什么比学生的认可更令人欣慰呢！"

她的独生女儿小时候已经习惯了母亲因周末忙于工作、时常无法兑现陪女儿逛公园的承诺。在女儿看来，母亲眼里只有新闻系的学生。1997 年，女儿考上大学，要去外地上大学了，开学日期正好和郑州大学的开学时间相冲突。女儿看她为难的样子，就先开了口：我知道，新闻系的学生是你的亲儿子，我是你的"养子"，我本来就没打算让你送。她的女儿成为大学班里唯一一个没有家长陪伴报到、大学期间也没有家长去探望的学生。女儿的理解与宽容，让她愧疚又颇感自豪，因为在她心中，每个学生都像儿女一样让她牵挂。

5."要始终关注传媒现实和学术前沿"

1981 年，董广安从复旦大学满载而归，她的征途彼时才真正开始。做一名大学教师并不单纯是重复别人的学问，更重要的是要有自己的研究和发现。但研究并不像说说那样简单，它不仅需要比别人付出更多的努力，更需要勇气、求真务实和敢于创新的精神。"作为教师，要始终关注传媒和学术前沿"，是董广安对学院青年教师的殷殷叮嘱。

20 世纪 80 年代末，晚报在香港日趋没落。1997 年香港《新晚报》的停刊标志着晚报这一报纸品种在香港的消失。于是，有人提出晚报在内地也会很快消亡。董广安经过认真思考后，提出了自己的观点：在内地，晚报不但不会消亡，还会走出当前的低谷。基于这种思考，她果敢承担国家社科基金项目——"晚报舆论导向研究"。在之后长达七年的时间里，实践证明了她的观点：晚报没有消亡，反而更加蓬勃地发展。研究成果《晚报舆论导向理论与实务》以专著的形式，于 2002 年 3 月出版。该著作一经出版，即引起国内新闻学术界的关注，著名新闻学专家、博士生导师童兵撰文评价，称她"进行的是一项开拓性的研究工作"，"探索、研究、总结了新形势下晚报舆论导向的规律性和特殊性，为晚报提供政策性建议和新的运作思路，构建了具有中国特色的晚报舆论导向的理论体系"。复旦大学新闻学院一度将该书列为新闻业务方向博士生必读书目。

2004 年 11 月 9 日，时任中共中央宣传部部长的刘云山一行视察郑州大学新闻与传播学院，再三嘱咐成立穆青研究基地。根据刘云山同志的指示，郑州大学于 2004 年 11 月成立了全国高校唯一一家专门从事穆青研究的学术机构——郑州大学穆青研究中心，时任郑州大学新闻与传播学院院长的董广安被学校任命为穆青研究中心主任。

穆青研究中心成立以来，开展了一系列“以科研反哺教学”的实践活动。2005 年 7 月发起“重走穆青路”活动，郑州大学新闻与传播学院 23 名在校研究生和教师，分三条路线重走穆青路：北线林州至辉县；东线开封、兰考、杞县、宁陵；南线许昌、长葛、周口、扶沟、鹿邑、项城、沈丘。这是郑州大学穆青研究中心成立以来规模最大的一次活动。师生一起访问了那些与穆青生活接触过的知情人、见证人，以消息、通讯、图片、音频等形式，如实记录和再现了穆青早年的新闻生涯。此后，中心又开展了 10 余次大型采访活动，包括与兄弟院校如暨南大学、重庆大学联手开展的“重走穆青路”活动。2018 年 11 月，在“伟大的变革——庆祝改革开放 40 周年大型展览”中，2016 级穆青新闻实验班“重走穆青路”教学实践活动图片在中宣部的图片征集中脱颖而出，被展示在“历史巨变”展区第三单元，这是河南省教育领域入选的唯一图片。

2005 年 5 月，穆青研究中心主任董广安主持的国家社科基金一般项目“穆青新闻主张与新闻实践研究”通过立项评审，3 年后研究成果《穆青新闻思想和新闻实践》顺利出版；2014 年 5 月，董广安作为主持人申报的国家社科基金重点项目“穆青精神的现实影响及其传承研究”得到评委的一致认可，获得立项，穆青研究再上新台阶。2005 年 10 月，穆青研究中心成功召开了第一届全国穆青新闻主张与新闻实践学术研讨会；2008 年 10 月，召开“纪念穆青逝世五周年——新闻名篇与名记者全国学术研讨会”；2011 年 3 月，召开“纪念穆青诞辰九十周年暨新闻名篇与名记者全国学术研讨会”；2013 年 10 月，召开“纪念穆青逝世 10 周年暨数字化背景下新闻人才培养与新闻创新全国学术研讨会”……系列研讨会的成功举办，凝聚了穆青研究的学术团队，对穆青研究领域的拓展和深化起到了极大的推动作用。穆青研究中心也成为河南省人文社科重点研究基地。

作为落实新华通讯社与郑州大学签约共建“穆青研究中心”的重要举措，郑州大学新闻与传播学院创办了穆青新闻实验班。从院长岗位退下来的董广安，每年都为穆青新闻实验班面向全校跨专业选拔人才出谋划策、担任面试考官。面试考场上的她，每每遇到优秀的学子，就会情不自禁地欢欣鼓舞，为选拔到新闻后备人才而倍感欣慰。穆青研究中心创办的“穆青纪念展”展厅，已经成为郑州大学新生接受入学教育第一课的教学现场，学习穆青“勿忘人民”精神成为新生入学教育的内容。

除此之外，董广安受邀前往兄弟院校讲学时，总不忘向新闻学子们讲述穆青精神，她说：“穆青的‘勿忘人民’是马克思主义新闻观的重要组成部分，穆青的优良作风需要我们代代弘扬。新闻传播专业学子应将‘穆青精神’作为职业信念融入血液，为人民、为时代鼓与呼，谱写时代新篇章。”

在董广安的带领下，穆青研究中心科研人员在专业学术期刊上发表穆青与名记者研究的学术论文 50 余篇，在全国新闻界、学术界产生了较大影响。穆青研究中心培养的近 20 名穆青研究方向硕士研究生，已经成为全国知名媒体和高校的业务骨干。

44 年过去了，董广安一路陪伴郑州大学新闻与传播学院走过筚路蓝缕的征程，郑州大学新闻传播教育 40 多年的发展历程已深深嵌入她的人生轨迹里。绿茵不减来时路，添得黄鹂四五声。2018 年 3 月董广安光荣退休，她终于可以兑现 2009 年 60 岁时对家人的承诺，陪伴热爱摄影的老伴四处走走，为女儿和外孙烹饪美食，开启人生最从容、最惬意的时光。但回忆起自己的职业生涯，董广安说，在外界给予她的诸多称谓和身份中，她最为珍惜还是教师，教师是她最感到骄傲的职业。

（郑素侠、李雪丽）

6.2.3　吴予敏：荔园耕耘记

深圳大学传播学院是南方中国新闻传播教育的重镇。在深圳大学新闻传播教育创办 35 周年前夕，笔者专访了深圳大学传播学院原院长、知名传播学者吴予敏教授(见图 6-5)。

问：吴老师，今年是我们深圳大学新闻传播专业教育的 35 周年。您作为老院长，也是深圳大学新闻传播专业教育发展的见证人，能否跟我们分享一下这个历程?

答：谈起中国的新闻教育的历程，可谓一波多折。“文革”以后百废待兴，新闻专业教育是其中之一。从改革开放的阳春季节起步，深圳大学的新闻传播专业教育一路走来，35 年的步履，可以说是这个大时代变迁的一个缩影。

问：据说，“深圳速度”这个概念是从深圳大学开始的?

答：是的。可以说，深圳大学是改革开放的新生儿。诞生之初，颇得各方青睐。邓小平同志在 1984 年 1 月第一次视察深圳特区，26 日上午由当时的市委书记梁湘陪同，去蛇口工业区视察路过深大校址。那时只能是路过，因为深圳大学大还是一片工地。梁湘向邓小平汇报说，这里是深圳大学，我们当年建设当年招生。邓小平很高兴地说:“这就是深圳速度!”以后“深圳速度”这个词就传开来成了深圳的名片口号。从后来陆续披露的信息可以了解到，邓小平对于在深圳建立一所什么样的大学，是有期待的。这就是要建一所不同于国内高校的、完全国际化的、可以由外国人或海外华人来举办的、以科技教育为主的大学。深圳大学正式获批建立是 1983 年。那时候深圳还很穷，梁湘书

图 6-5　吴予敏教授与学生交流

记经常轻车简从跑到深圳大学来看工地看老师，发誓说：“深圳就是卖裤子也要把深圳大学办起来！”如果说深圳特区是平地起风雷，深圳大学则是移花接木的产物。理工科靠清华为主援建，文科靠北京大学为主援建。当时的中文系主任乐黛云带着浪漫的想象形容说，希望把深圳大学办成“亚洲的灯塔式的大学”。那个时候尽管带着“文革”动乱留下的内外创伤，人们还是“一切向前看”，满怀憧憬，思无羁绊，充满创业的激情。

问：深圳大学的新闻传播教育是怎样办起来的？大家都说全国第一个“公共关系”专业是深圳大学创办的。当时的情况是怎样的？

答：深圳大学的新闻传播专业教育起步是在 1985 年。那时深圳大学在全国率先实行了毕业生不包分配自谋职业、自主创办适合社会需要的新专业、全校实行学分制、在校学生勤工俭学承包行政后勤服务等改革。传统的中文系不大好办，老师们只好从市场经济需求出发另外想辙。“大众传播学”这个新概念就传到深圳大学来。本来“大众传播学”这个旗号是复旦大学先打响的。深圳大学得到复旦大学陈韵昭教授的指点，别开蹊径创办“公共关系”专业。第一届的“公共关系”班是大专学历教育，学生一部分在校内已经录取的全日制专科学生中选拔再录取，一部分是成人大专生，合在一起上课。同等水平课程的学分互认。公关专业在深圳确实“火”过一阵，在深圳第一届“荔枝节”(这是深圳特区最早的文化节庆)上大出风头。这之后，得到香港浸会书院(后来才改为浸会学院、浸会大学）的传理系主任林念同的建议，学校决定从中文系分出来创办独立建制的“大众传播系”，开办了“公共关系”专科和“影视编导”专科。“影视编导”专科主要是在北京电影学院周传基、孔都等教授的友情支援下办起来的。大众传播系白手起家，开办经费完全自筹，专业课程一半要靠校外专家支持。老师们拿出本单位“创收”的经费约 30 万元购置了最早的影视教学设备。不少影音教学资料，都是北京的老师用旅行袋一包一包背到深圳大学来，有一些是利用香港电视台节目录制的。作为 80 年代中期开始的公共关系专业教育的主要成果，是由深圳大学教师主编并撰稿，在 1988 年由湖南文艺出版社出版的全国第一套“当代公共关系丛书”，共 10 种。

问：您当时是怎样来深圳大学的？深圳大学有什么特点吸引了您？是什么契机让您这位文学博士来办广告学专业？

答：我是 1988 年年底到深圳大学求职的。这座学校是没有围墙的，在农田和海边滩涂地上突然冒起一片非常有现代感的建筑。校园中心广场上空一群白鸽自由盘旋飞翔。行政大楼的墙上刻着“自律、自立、自强”六字校训。学校内只有极少的行政人员，大多数行政工作由学生勤工俭学承担。就连大学教职员的工资，也是由经济系开办的学生实验银行来管理。图书馆实行全天候开架。学校办公都实行自动化。行政工作会议采取校长午餐会形式，校长和老师们一边吃盒饭一边谈工作。学生是这个学校的关切轴心。学校成立了两个中心，一个是就业指导中心，另一个是心理辅导中心。学生自主建立了自律委员会，处理学生里面的各种纠纷和思想问题，有申诉、辩护、评议机制。学生会通过民主竞选产生，对全校学生大会负责。学生毕业时各种招聘可以进校园。在当时“特事特办”的新特区，深圳大学自我定位是要办成不同于内地高校的“特区大学、窗口大学、实验大学”。

俗话说：“起个大早，赶个晚集。”我来深圳大学算是赶了一个晚集。1989 年 2 月正式入职，1990 年转到大众传播系任教。只几个月的光景，已经恍若隔世。中心广场的白鸽消失以后，校园变得沉寂。恰在此时，国家教委关于批准深圳大学开办广告学本科专业的批文已经下来，从申报到审批都是在 1989 年内完成的。深圳大学原本希望申办“公共关系”本科专业。国家教委高教司文科处领导说，国家办学的专业目录里面没有这个专业，建议深圳大学先试办比较接近的广告学专业，这是和市场经济联系最紧密的新闻传播类本科专业，是国家鼓励要大力发展的新专业。这很符合当时“深大人”的想法——“不走别人走惯的路，要搞就搞新的”，将计就计把申报要求改为广告学本科，很快就被批准了。高教司文科处对深圳大学的文科教育改革很关注，在 1989 年就决定把第一次全国新闻系主任联席会议放在深圳大学举办。这个联席会议机制，是教育部新闻学科教学指导委员会的前身，一直延续到 90 年代后期。1990 年年初全国新闻系主任联席会议由深圳大学的大众传播系承办，在校园内粤海门客舍顺利举行了。时任中国人民大学新闻系主任的何梓华教授主持了会议，自那时起他就始终热情支持深圳大学办学。在开会的同时，学校机构整顿，将大众传播系和国际文化系(中文系)合并，成立中国文化与传播系。我是在这个机构整顿的“茬口”，接受组建广告学专业课程任务的。系里当时只有少量的专任教师，都压在公关专业上，广告正缺人。这个不容推辞的任务，就这样接下来，从此开始了荔园三十年的耕耘。

问：深圳大学的广告学专业是继厦门大学和北京广播学院之后第三家开办的，当时是怎样开办起来的？课程设置有什么特点？

答：教书育人先要有书，课程设计须有门径。广告学是新专业，在课程体系上我们最早借鉴的主要是台湾中国文化大学广告学专业的框架。教材编写则是从台湾广告学的教科书再追踪到美国教材而兼收并蓄。在90年代初的三四年中，深圳大学广告学专业分为两个方向，一个是广告学方向，另一个是公共关系方向，隔年轮流招生。在广告学专业之下名义上设了广告和公关两个教研室，我负责广告教研室，没有明确的教师编制。培养方案是双轨的，任课教师在中国文化与传播系内打通安排。这个系涵盖了中文、哲学、传播三类专业的教师。师资队伍专业化是短板，跨学科却是长处。早期的问题出在课程和教学内容不够稳定。经过一段时间的摸索，我在1995年建议进行广告学专业课程改革，按照“人文社科基础、传播媒介、市场营销、广告策划、创意设计”五条知识线贯穿课程体系，经过讨论修订完成了广告学专业课程改革方案，当年度开始实施，受到学生们的欢迎，初步形成了符合广告学人才培养目标的复合型知识框架。

问：您曾经担任传播系主任和文学院院长。在那个时期，您怎样组织开展教学改革？

答：1997年深圳大学实行学院制，原来的中国文化与传播系整合了外语系，成立文学院，重新建立传播系。我先是受命担任系主任，继而在2002年接任文学院院长。此时，出现了两个重要的发展趋势。一个是数字化网络化的信息传播革命。深圳一跃成为高新科技创新城市，马化腾等毕业生抓住时机创办了“腾讯”。另一个趋势是高等教育从精英化向大众化转型，大学扩招。深圳大学新闻传播教育的办学规模扩张势在必行。在社会进程、知识类型、学科发展和教育体系之间存在着紧密的纽带关系，我们必须从这个纽带关系中思考传播教育的定位。2003年我们又申办了传播学本科专业。深圳大学有新锐的理想追求，但缺少厚重文化积淀。“船小好调头”是她的优势。传播学本科专业的培养目标和课程体系在国内一直未能达成共识，这反而成为“八仙过海，各显神通”的契机。从深圳大学的实际发展来说，传播学本科专业成了后来孕育新闻学和网络新媒体专业的孵化器。2002—2006年的深圳大学文学院包含中文、哲学、传播、英语、日语、法语、大学英语等多个学科专业。从当时的办学行政体制和学科建制实际出发，我在文学院内提出构建“通识和专精”相结合的教学架构。与各系各专业反复协商，设计出“底座—主干—分支”三阶递进的课程体系，也有的老师将它称为倒“干”字形的课程结构，即由学院专设人文学部，开设人文社科基础课程，各系开设专业基础主干课程和专精选修课程，彻底实行学分制，准许学生在文学院内跨专业自由选修。新闻传播教育必须以人文教育为本是我一贯的主张。人文教育的理念是以“全人”即培育健全人格和传授人文知识为中心的教育。从“体”和“用”的关系角度说，人文教育为体，专业教育为用。当然，人文教育不只是通识教育，但通识课程却是将人文精神和人文知识融合的。在有限的学制、学分框架内如何平衡通识和专业的关系？专业学系比较强调专业教育自成体系，课程设置垂直化；人文通识课程也不能全面覆盖搞成“大水漫灌”的架势。权衡利弊，我提出以限选课程板块的方式设置“人文学分”板块，只规定学分数量，不规定课程科目，学院开出远大于学分规定数量的“人文社科菜单课程”供学生们跨专业跨学期自由选修，到毕业之时再核算学分清账。这一改革尊重学生的兴趣和个人计划，对于人文社科通识课程的优选劣汰也有促进。

问：深圳大学新闻传播教育改革的思路是怎样提出来的？

答：教育和教学改革一般有两种思路，一种是突出“顶层设计”，从发展规划、培养目标出发；一种是“摸着石头过河”，从实际状况、客观效果出发。深圳大学不长的办学传统和深圳特区的建设过程一样，“顶层设计”仅仅是大方向画个圈，实际有力的改革举措都是社会发展和市场经济“倒逼”的结果。深圳大学新闻传播教育历程中迄今最具持续影响力的莫过于本科毕业设计改革。这就是社会“倒逼”的产物。

问：为什么说深圳大学的教学改革是“倒逼”出来的？我们坚持多年的很有特色的本科毕业设计也是“倒逼”的结果吗？

答：20 世纪 80 年代深圳大学在全国高校中首先实行毕业生不包分配自谋职业。当时中央电视台在“新闻联播”节目里还做过宣传。这是在高等教育领域打破计划经济用人体制，适应市场经济需要的重大改革，适应了特区发展对大学毕业生的需求，也大大释放出大学生自主择业、自主创业的能量。往高里说，择业自由和求知自由是人的基本自由。到了 90 年代中期，特区的发展向高新科技转型，全国各地的优秀毕业生奔赴特区，供大于求。而深圳大学作为深圳唯一的综合性大学，为深圳本地应届高中生升学起“兜底”作用，不得不长期“憋屈”地处于“二本”院校的位置。社会上流传着“一流的校园、二流的师资、三流的学生”的说法。社会需求、公众认知和学校地位之间产生了越来越大的距离，以至于有些用人单位在招收大学毕业生的时候，标榜“非名牌大学毕业生不予录用”。当时我们广告学专业每年仅有 20 多个毕业生还出现了就业困难、专业不对口的情况。这是令人郁闷的事情。1997届广告专业的班长在毕业之前找到我，声称他们不希望悄无声息地离开校园，想在毕业之前办一个广告摄影作品展览。这一下触动了我的念头。我们办教育的人，不能总是怪社会势利眼。在市场经济条件下，优选劣汰是基本法则。倘无机会公平竞争，社会往往只能根据“刻板印象”来粗选人才。要想在人才激烈竞争的特区环境里秀出于林，就得显示出专业实力。“你有牌子，我有实力”，“你有书本知识，我有实战经验”，“你有优等分数，我有成功作品”——这是深圳大学广告学专业毕业学生唯一可行之道。因此，我建议毕业班同学自由结合组成小组，进行实战性的广告毕业设计：项目选题必须是来自企业的真实的广告营销计划，项目报告必须包括市场策划、广告策略、创意执行、媒体投放计划和经费预算等综合内容，设计结果必须取得出题企业的认可，报告文本必须达到专业广告公司提案的质量标准，举行公开的毕业答辩，邀请企业、广告专业公司或媒体专家，与专业老师一起来评审。“是骡子是马，拉出来溜溜！”这个班的学生很兴奋地接受了这个挑战。传播系的各位老师也都非常认同。起初，究竟是让学生做一个规范的模拟性项目，还是做一个真实的实战项目，还有一些犹豫。实战项目来自企业需求，而企业的市场营销需求是多种多样的，有的很短期很功利，不见得都符合毕业设计所要求的综合性以及难度和深度。另外学生也没有什么实践经验和社会人脉，难以得到企业信任，拿不来项目怎么办？在毕业设计启动的初期，传播系的所有老师都调动了个人的社会资源，帮助学生们争取到了企业委托项目。我自己带着学生小组多次下企业，进行业务讨论，让学生完整进入广告策划的全过程。第一次的广告毕业设计答辩获得了空前的成功。在毕业答辩的现场，我们邀请了主流媒体、骨干广告企业的老总们来参加答辩。学生们的出色设计和答辩给他们留下深刻的印象。这一届的学生当下就被订购一空。过去不可能进入的国际4A、主流媒体广告部都主动来和毕业班同学签约。

问：深圳大学的毕业设计改革和传统的毕业论文有什么不同呢？

答：我曾经将广告专业毕业设计改革比喻为足球竞赛场上的“临门一脚”。这一脚能不能破门，考验的是整个球队的总体素质和训练体系。在广告学专业搞毕业设计之前，都是和中文专业的学生一样写个人毕业论文。其中也有写得认真的，但是大多数脱离实际、脱离专业特点。搞毕业设计就难多了，要去研究市场，和企业洽谈，组建团队协调作业，调查消费者，分析媒体，做创意设计，制作广告样品，等等。综合性的毕业设计没有办法一个人完成，学生必须走出狭小的自我，有很好的团队合作意识，懂得时间管理、成本管理、公关推广。毕业设计对指导教师也提出了完全不同的要求，仅仅停留在书本上，缺少实际社会经验和市场经验的，就很难应付学生提出的种种问题。对于学生和教师来说，这都是走出象牙塔的第一步。

问：在教学改革过程中是否遇到困难和压力？是怎样闯出来的？

答：这一步其实走得相当艰难。毕业设计中发生制作成本所需经费从何而来？学生们当中有的要考研、有的要出国、有的要提前就业实习、有的出工不出力合作不愉快怎么办？老师们原本看看论文本子就可以完成教学任务，现如今跟着学生项目耗时耗力怎么办？在这项改革的第三年来自内部的压力迫使我打起了退堂鼓。这时文学院院长郁龙余语重心长地对我说："深圳大学的广告专业有什么本钱呢？就这一点东西还可以说一说。如果连这点东西都没有了，还有什么搞头？"教学改革不可能不去冲击旧的习惯和心理，改虽然是痛苦的，但不改是没有出路的。从另一方面来看，学生就业和社会反响是空前的好，大多数老师秉持仁心仁术，衷心支持改革，积极适应改革。因此一咬牙就坚持下来。所有具体问题都在改革的过程中加以解决。当时我没有想到更大的压力还在后面。

2006 年再次机构改革，我们从文学院里分出来成立了传播学院。不久，我们就迎来了教育部的本科教学评估。教务管理部门要求严格进行教学规范性检查，细到每一份教案、每一张卷子，连评卷必须使用红笔都有规定。学校督导组到传播学院一查，发现从 1997 年以来都是小组毕业设计，没有个人的毕业论文！汇报到校领导那里，问题提得很尖锐，如果在评估中出现重大教学事故，就是历史性错误，学院和学校都是教学管理的大漏洞，可能影响到全校的本科评估结果。但是深圳大学历来有支持改革的传统，为了慎重起见，学校在正式评估之前，先邀请国内专家进校进行预评估，校领导特别指示要请新闻传播学科的专家来。四川大学蒋晓丽老师是受邀专家。在预评估过程中，蒋老师调阅了毕业设计文档，听取汇报，对我们的毕业设计改革给予了很高的评价，认为这是在新闻传播专业教学改革上的一个亮点。2007 年教育部评估专家组进校一周进行正式评估，7 位专家组成员当中有一位新闻传播学的资深专家，就是复旦大学的李良荣教授。李老师全程参加了当年度的本科毕业答辩，在答辩现场直接询问和指导，他给我们的评价不只是特色之"特"，而是"特满意，特赞赏"！李老师时任教育部新闻学教学指导委员会主任委员，他在后来召开的教指委全体委员会上，特地让我介绍本科生毕业设计改革，热情推广我们的创新探索。

问：毕业设计改革对于广告这样从属于服务业的专业是合适的。为什么在新闻和网络新媒体专业里也推行了这项改革？又有什么新的特点呢？

答：成立传播学院以后，我们的学科和专业设置更趋合理，先后又设立了新闻学、网络新媒体等专业。在这些专业里要不要推行毕业设计？这个问题是交给第一线的老师和同学们去讨论决定的。反馈回来的信息说，都要做毕业设计。这些专业的本质特点和广告学又有所不同。如果说，广告专业更多地体现策略传播的导向，那么新闻专业则要有公共传播的品质，网络新媒体专业更需将科技传播、公共传播、策略传播、艺术传播整合。我们的毕业设计在结合专业特点和社会需求方面，在充分释放学生们的创造性思维和社会关怀方面，势必形成百花齐放的新局面。尤其是新闻专业的毕业设计，倾注了学生们对新闻事业的崇高理想和老师们的心血。这些年下来，始终坚持以深度调查报道为主要的毕业设计形式。选题勇于直面社会问题，如深圳本地无户籍人群的就业就学、购物中心开发乱象、垃圾处理设厂、海岸线和生态环境保护、香港民众的住房困境、老年人婚恋、临终关怀、自闭症儿童的家庭等。这些都是社会快速发展中关系到人民群众切身利益的问题，有些暂时还处于公共政策的盲点。学生们在发现问题，研究问题，探讨问题寻求解决出路的全过程中，深入社会的各个层面，搜集动人故事和各方观点，学会理性地平衡报道，学会非虚构叙述技巧。这些新闻报道的处女作，每次都深刻打动了专业新闻工作者，不断被媒体公开转载。去年新闻系将优秀的毕业设计成果编辑成一套四卷本的《以新闻的名义》，包括一卷《新闻专业毕业设计》教程、三卷优秀作品选集，由中国人民大学出版社出版了。人文教育和新闻教育的内在结合，充分体现在这种坚守社会责任和专业精神的新闻人素质上。无论这些学生未来是否从事新闻工作，这都是他们最重要的人生一课。很多同学多年以后还会深情地回忆说，大学真正改变他们对社会的态度和自己人生轨迹的，就是毕业设计的这一段日子。

问：在您看来，毕业设计和教学改革的根本意义在哪里？

答：从 1997 年到今天，深圳大学新闻传播各专业的毕业设计持续了 23 年，我相信还会继续下去，这已经成为办学的传统，深刻烙印在每个专业每届学生的心目中，成为他们专业人生的成年礼。我们不仅收获了成百上千个精彩的毕业设计成果，更重要的是实现了新闻传播教育所追求的本质东西——培养出“铁肩担道义，妙手著文章”的有大爱和良知的媒体人，脚踏实地推进社会改革和国家进步。

新闻传播教育改革从很多方面来说，都是“倒逼”的结果。关键的是，我们如何敏锐地抓住这个“倒逼”带来的契机，从而顺理成章地推进制度和机制的改革，将富有建设性价值的经验固化下来。我们根据毕业设计所暴露出来的问题，及时充实改进教学内容，完善教学管理。比如，老师们进行课程模块的改革、开设研究性短课，引进国际化的创意工作坊等等，让教学改革向全流程深化和延伸。

问：您一直强调新闻传播专业教育要以人文教育为本。人文教育的核心和重点是什么？

答：长期以来，我们的新闻传播专业教育总是无形之中将重心放在如何“教”的方面。例如特别看重课堂讲授，看重权威教科书，看重各种规范审核，看重教师主导作用。这些教学要素固然是必要和重要的，然而我们也需要自省，克制某种“好为人师”

的“权威人格”的冲动，把学生看作一个个独立的“人”，而不是把他们看成一类标准模式的产品。更重要的是给他们提供自由呼吸、自我探索、自主学习和实验的环境，这是大学之所以为“大”的关键。

问：您怎么理解在新闻传播专业教育中科技的地位和作用？深圳大学的新闻传播教育有实验教学系统作为技术保障。在这方面您是怎样考虑和组织实施的？

答：新闻传播专业教育需要科技力量的支撑。科技作用要具体落实为实验教学体系的建立。我们走过几乎要“卖裤子”办学的艰难创业的时期。要办一流的新闻传播教育，就要有一流的实验教学条件。要建设好实验教学中心，首先要学会讲好“文科实验室”概念。我当时借用一句著名的广告语，“手机中的战斗机”，不断地给校领导和实验设备处吹风，说新闻传播是“文科中的理工科”，必须下决心投入建设。利用本科教学评估的时机，利用申报国家级实验教学示范中心的时机，利用新校园启动建设的时机，不断挖潜筹措资源。实验教学中心建设，一要有前瞻性的规划思路，在这方面国际先进经验、新闻和网络传播业界经验是最好的参照。二要有系统严格的管理制度，坚持“设备宁可用坏不能放坏”的原则，将实验室开放给学生使用；除了上课计划之外，学生都可以预约使用；在专业竞赛和毕业设计期间有些实验室可以通宵供学生使用；在用的过程中发生过丢失设备的责任事故，我作为实验教学第一责任人带头掏腰包赔偿，相关人员都要连带赔偿，从而加强了管理的责任心。三要实行“教、学、用、管”一体化，大量启用勤工俭学的学生兼职管理实验室，让他们在管理过程中也能得到更多的学习锻炼的机会；全院实验设备按照技术规格实行分级管理，学生按照使用技能分级借用设备，实行个人信誉备案制度；每台设备都有户口台账记录(现在每学期的学生借用设备量达到 9000 多人次)。四是强调建设和服务滚动促进，比如数字化舆情调查实验室，在 2005 年投入建设，当年就争取到深圳市的专项研究项目，进而发展为地方政府服务的长线项目，持续了十几年；通过不断的项目投入滚动发展，提升技术设备和软件水平。五是充分发挥校企合作平台作用，将实验室办成先进设备的试验场、先进技术的演示场，实行共建共享机制。

问：您一直认为，学生是我们办教育的出发点和落脚点。我们用什么方式来激励深圳大学传播学院的学生？

答：相对于办学的硬件条件而言，建设崇尚创新氛围的软环境更为重要。我的观点是要建立两个机制——激励机制和约束机制，来保证软环境的建设效果。我们建立了“创新学分”制度，要求各专业学生在校期间必须参加两次以上的国内外专业性的竞赛或创新活动，并取得社会公认的专业评价。例如参加全国大学生广告艺术大赛、大学生影视节、国际短片节、公益广告大赛、海峡两岸大学生报纸竞赛，以及各类学术性和公益性创新活动等。创新学分作为必修学分具有约束性，而获得其他各种奖励具有激励性。用这两个机制来实现全院创新氛围的提升。我积极鼓励新闻系学生在辜晓进等老师的指导下创办了《新新报》，每期 8 个彩色专版，10 天一期，定期出版。由学生轮流成立编辑部，从消息报道到专题调查，从人物专访到时事评论，不设禁区，体现学生立场。配合学生办报，新闻系开设工作坊课程。在学院层面我主动承担每期报纸的终审责任，不干预编辑部选题，遇到具体问题，提出意见和编辑部同学协商处理。这张校园报纸已经出版了 120 多期，还推出了多媒体公众号，在校内外很受青年人的欢迎。此外，多年坚持的还有扶持学生组织各类专业社团、支持学生自由组合成立创意工作室等，其中有些到毕业时孵化成创业公司。

问：深圳大学新闻传播教育已经走过了 35 个年头。您作为第一代创业者，有什么感悟和期待呢？

答：我想起一百多年前，鲁迅在《新青年》刊物上发表《我们现在怎样做父亲》。他写道："觉醒的父母，完全应该是义务的，利他的，牺牲的，很不易做；而在中国尤不易做。中国觉醒的人，为想随顺长者解放幼者，便须一面清结旧账，一面开辟新路。就是开首所说的'自己背着因袭的重担，肩住了黑暗的闸门，放他们到宽阔光明的地方去；此后幸福的度日，合理的做人。'这是一件极伟大的要紧的事，也是一件极困苦艰难的事。"我们今天已经走在中华民族伟大复兴的征途上，光明的前景就在前面。我们今天取得了一些进步，但是距离邓小平同志当年对深圳高等教育事业发展的期待，距离国际化高水平创新型大学的标杆，还有相当的距离。改革不能停步，理想不能放弃，意志不能消散，还需要一代又一代的改革者奋力前行。

（黄玉波）

6.2.4 刘卫东：用文化积淀与创新提升学院影响力

在新中国新闻教育版图中，天津是一块坚韧进取、底蕴深厚的热土。1959 年，作为中华人民共和国成立后最早创办新闻学专业的高校之一，天津师范学院(今天津师范大学前身)新闻学专业的建立，拉开了这座华北重镇新闻教育事业的序幕。

半个多世纪以来，几代学人的兢兢业业、不懈奋斗换来了时至今日的大局既定、独具一格。个中甘苦起伏、冷暖得失，无不令每一位亲历者心存怀想、念念难忘。而在这筚路蓝缕的艰辛创业史中，不得不提的便是眼前这位身居天津师大新闻传播学院院长之职 12 载的儒雅学者。

2020 年初夏的一个周末，我们采访了天津师范大学新闻传播学院首任院长刘卫东老师(见图 6-4)。

图 6-6　刘卫东教授

陈娜、司玲玲、熊艳(以下简称陈、司、熊)。

刘老师您好！刚刚过去的 2019 年，恰逢天津师范大学新闻学专业成立 60 周年。非常高兴您能在这样一个具有纪念意义的时刻，接受我们的采访。据了解，2018 年，天津市新闻传播教育获得历史性重大突破：新闻传播学一级学科博士学位授权点获批；2019 年，在国家“双一流”建设中，学校新闻学专业又获得首批国家“一流本科”建设单位的荣誉。您是这些成绩的亲历者和见证者，请您谈一谈这方面的情况。

刘卫东(以下简称刘)：天津的新闻教育和天津师范大学的新闻教育是同时起步的。学院学术的发展进步凝结了几代人奋斗历程与牺牲精神。今天，我们回首历史，一大批打下良好基础的老教师、老领导的光辉形象，历历在目。比如天津师范大学新闻学专业首批教师张虎刚、薛应琦、许克诚等五位先驱；还有主持新闻学专业工作的赵传慧老师，他是 1980 年恢复招生以来第一任主任，在老校长李继之、中共天津市委书记张再旺和《天津日报》总编辑石坚等同志的全力支持下，天津师范大学重新扬起新闻教育航船的风帆。他们为天津新闻教育打下了坚实的基础。没有前辈先驱筚路蓝缕的艰苦创业，没有几代教师们的不懈努力，没有历届学校领导的大力支持，特别是全国新闻传播教育兄弟院校和学界同仁的鼎力相助，我们很难有所作为。

陈、司、熊：我们曾经在《新闻爱好者》杂志上看到过采访您的“学术事业发展离不开集体的力量”文章，您一直念念不忘那些与您共同走过这段历史的老师们。

刘：是的，对学院发展作出重要贡献的老师，如已经调走的籍祥魁、李靖、苏麟三位书记，退下来的孙瑞祥院长，马艺副院长，学校教学督导刘鹤文教授，负责学生工作的孙家正、李文东副书记等。

特别需要指出的是，在天津市重点学科建设、博士一级学科授权点申报，国家级特色专业和国家级“一流本科”专业申报，国家级实验教学示范中心、天津市优秀教学团队建设、国家社科规划重大项目申报、“首批部校共建”等工作中，作出突出贡献的苏麟书记、李秀云院长、孙瑞详院长，以及因过度操劳而倒在讲台上的广告系主任许春老师，都对学院发展作出了巨大贡献。

陈、司、熊：作为新闻传播学院首任院长和博士一级学科带头人，请您谈谈学院的建设与发展。

刘：当年，受中共天津市委宣传部委托，天津师范学院(今天津师范大学前身)在中文系创办了新闻班(专科生)。时任天津市委宣传部部长、兼《天津日报》总编辑的李麦同志为首届班主任。“文革”期间除了招收两届“部队新闻干部培训班”外，该专业完全处于停办状态。1980年中文系新闻学专业恢复，开始招收本科生，赵传慧老师是专业主任。

我从一名普通教师成长为“双肩挑”业务干部，是非常偶然的。

上世纪80年代末90年代初，正是国内高校办学低谷时期，学校新闻学专业有四位老师先后调离学校，还有一位老师出国。新闻学专业不仅缩小了招生规模，甚至由“本科”教育退回到“专科”教育！由于隔年招生，全年仅有两届在校生，一幅“青黄不接的衰落”景象。1992年年底，我在教学之余，就到《天津日报》文化部做了三年夜班编辑(文化部主任郑秉伏是我大学同班同学)。同时，在天津人民广播电台“1386”频率任“早新闻”编辑。这段业界经历，对我后来有一个完整的新闻传播理论与实践生涯，是很好的补充。

1995年初夏，中文系党总支书记方淑占老师找我谈话。她说，负责中文系教学和新闻学专业工作的曹作雄副主任60岁退休，学校推荐你接替曹作雄同志的工作。党委组织部的条件要求是，40岁、副教授职称、兼有中文和新闻专业经历。当时，新闻学专业只有我一个副教授。

在突如其来且毫无经验的情况下，我走上了中文系教学副主任的岗位。当时面临的首要任务就是尽快恢复新闻学专业本科教育！所以，当年我做的第一件事，就是执笔撰写了《关于我校新闻学专业恢复本科教育的请示报告》，报告很快获得学校批准。转年即 1996 年恢复招收新闻学专业本科生。1999 年，中文系改名文学院，原新闻学专业随之更名为新闻传播学系。2003 年，新闻传播学系从文学院独立出来，成立新闻传播学院。我从文学院教学副院长的岗位，成为新闻传播学院首任院长。

创院之初，学校决定，由党总支书记籍祥魁同志负责学院人事、财物和创收工作，孙家正副书记负责学生工作，马艺副院长负责教学工作，我负责科研、学科建设并主持日常工作，这就是建院之初领导班子全部成员。我非常高兴这种安排，并由衷地感谢领导班子各位老师为学院发展作出的巨大贡献！

陈、司、熊：学院创办之初，一张白纸，一切都要从头开始，那时主要做了哪些基础性工作？

刘：新立门户，白手起家，一切均需从零开始。当时，学校党委组织部长和我谈话时说，要建章立制，确定方圆。所以，我们首先要明确学院在全国高校中的定位，我们处于什么样的位置和水平。在深入调研基础上，确定办学方向。

我们的办学定位是："立足天津市，服务环渤海，辐射三北地区，成为环渤海地区新闻传播教育和科学研究的重镇。"

本科教育阶段培养目标是，以马克思主义新闻思想为指导，坚持社会主义办学方向，依托学校人文社会科学深厚历史文化积淀，为国家培养、输送厚基础、宽口径、一专多能的"让党放心，让人民满意"新一代人民记者。

学院基本定位是，发扬优良传统，形成自身特色，主动创造条件，提升办学层次，狠抓办学质量，提高办学水平。将学院办成我国新闻学与传播学教育、科研的重要基地，成为中共天津市委宣传部、组织部和新闻媒体培养各类专业人才的培训基地，成为各级党政机关的"外脑""智囊"与"思想库"(当年还没有"智库"的说法)。

学院发展目标是，制定学院发展中长期规划，力争三年内完善本科专业布局；中期规划是，积极培养和引进优秀人才，力争 5~8 年时间创办研究生教育；远期目标是，力争用十年左右的时间，申报天津市重点学科，创办博士研究生教育。

陈、司、熊：为了实现这一宏大目标，当时都有哪些具体思路和举措？

刘：要搞好教学科研工作，提高办学水平，确保教育质量，优秀师资队伍是关键中的关键！因此，我们加强教师队伍建设，实施"自身培养与人才引进"相结合，"自学成才与在职进修"相结合等多元模式，提高教师学历层次，解决教师后顾之忧。鼓励教师积极申报国家社科规划项目，发表高水平论文，创造条件尽快解决教师职称问题。

我们办学的基本思路是：扎扎实实强基础，认认真真讲好课，积极奋进拿项目，埋头苦干争上游。

"强基础"就是抓好师资队伍建设，提高教师整体素质与实力；"讲好课"就是不忘初心，狠抓教学质量，牢牢把握培养合格的党的新闻事业接班人这个核心任务；“拿项目”就是以高水平科研成果促进教学水平提高，提升学院整体办学实力；“争上游”就是向高水平兄弟院校虚心求教，发扬“有红旗，就争取扛回来”的精神，以责任心和使命感，干好每一项工作。

具体做法就是以“我要和你不一样”(中国传媒大学王武录教授语)的创新思路，在借鉴兄弟院校好经验基础上，进行“创造性模仿”(哈佛大学莱维特教授语)。符合自身条件的好经验立刻学习借鉴。比如，我们作为地方重点大学，有很多本校重点学科优势，也有学院自身先天的短板和不足。因此，我们必须扬长避短，顺势随行，借势发展，坚持集中力量办大事、办实事、办好事的工作思路。这一点，我也是受到当年北京广播学院播音与主持艺术专业张颂教授的启发。在天津师范大学校长高悌教授欢迎张颂老师的座谈会上，张颂老师对我说，在培养学生过程中，既要坚持“有教无类”，也要有“重点关注”，要有品牌意识，他举了白岩松的例子。我细细品味和领悟着张颂老师这句话的含义。

陈、司、熊：谈到办学优势、特色，请您详细介绍一下“优”与“特”是如何体现的?

刘：优势是指办学历史悠久，经验比较丰富，是国内首家师范院校创办新闻学专业的高校，也是唯一由市委(省委)宣传部创办的新闻学专业。

特色是指面向实际，服务社会，与新闻媒体互为依托的专业特色；优化资源结构，多学科兼容，突显人文特征的学科特色；加强“三基教育”，使学生全面发展的育人特色；学院派风格与应用型人才相结合的学术特色；显性教育与隐性教育相结合、干部教师言传身教，学生知行统一的管理特色等。

具体说来，主要体现在，要重视对学生进行以“基本素质的提高，基础知识的夯实，基本技能的培养”为内容的“三基教育”，把高尚的人格塑造、良好的道德修养，知识的迁移融合，人才的一专多能作为培养的目标，使学生成为不仅具备专门知识，而且具有良好综合素质和创新能力，全面、可持续 “和谐发展的人”(爱因斯坦语)。在专业课程设置上，注重完善学生知识结构和创新思维能力训练。这些可以在当年学院网页上看到。

突出特色，还体现在学院所有的工作中“我要和你不一样”。例如，在申报国家级实验教学示范中心工作中，作为地方院校，综合优势不突出，要想在强手如云的高校中脱颖而出，必须要有过人的创新思路。为此，我们兵分三路，走访了全国已有的 11 所高校国家级实验教学示范中心的 9 所学院，虚心求教，学习取经。最后凝练出自己的特色，即“人无我有，人有我优，人优我特，人特我绝”。

第一，我们采取了与众不同的工作思路，别的学校都是模拟建设仿真的实验教学环境。我们干脆直接“把新闻媒体请进校园”。在天津人民广播电台领导的支持下，将对方 10 万元广播播出设备放在我院，成立了“天津人民广播电台电话直播间”，让学生直接进行新闻实践操作，教师的实践课就是实战课。

第二，我们与甘肃省定西市广播电视局合作，将对方的“音乐广播”节目制作工作放在我院，利用学院的新闻直播间设备，学生参与制作后直接上传节目。

第三，成立“大学生创新工作坊”，让学生参与实验室管理，在实践教学重要节点，24 小时全天候开放实验室。我们的口号是，设备宁可用坏，不可放坏。

第四，在全国率先建立了“中国广告历史文化博物馆”，让学生有一个直观的教学展示平台。由于上述举措有一定的新意，新闻传播学院 2008 年一举获批国家级实验教学示范中心建设单位。

陈、司、熊：这些具体做法是否可以理解为您的办学理念？

刘：有这个意思，但不是全部。我始终认为，大学生不是教出来的，而是在校园里“熏”出来的。1983 年，我参加在成都举行的全国晚报工作会议时，参观过生产五粮液的酒窖。据介绍，酒窖周边的土壤已经有几百米厚度、被醇香酒液长期浸润的地下空间。酿造好的“酒液”在具有浓烈醇香浸润的地窖中被长期“熏陶”涵化。教育也是如此，学院营造这样的“酿酒环境”，用来“熏陶”每一位莘莘学子，就是学院干部和教师的主要工作。书记、院长、干部、教师、后勤、保卫乃至餐厅服务、校警、保安等全校所有员工，都是在以无声的行为举止，服装饰物，道德情操，言谈话语，潜移默化地教育着学生。这种隐形教育是大学教育的本质。它和课堂教学、论文指导、实践操作等显性的教育形态共同构成大学教育的内涵。一言以蔽之，就学校、学院而言，教育教学无处不在，学院中的空气中就应该弥漫着浓厚的有利于学生成长的“培养基”“营养素”。院长的首要任务就是创造一切条件，构建、营造这种具有独家特色的“熏人”环境与氛围。使教师与学生在这种特有的氛围中相互涵化、相互熏陶。

我常常思考，历史阴差阳错地把我放在了院长这个位置上，就要求我们必须有所作为，才能对得起历史和后人。尽管我们学校不是“密苏里”和“哥伦比亚”，不是中国人民大学、复旦大学或北京广播学院(今中国传媒大学)，但作为天津市重点大学，我们有责任为学生们营造一个大师云聚的研究氛围和思想碰撞的学术空间。所以我们经常召开国内外重要的学术会议，经常邀请国内外一流的学者和大师，让我们的学生与大师们面对面。比如，学界的何梓华、张隆栋、童兵、王武录、郑保卫、李良荣、罗以澄、高晓虹、张昆、高钢、丁柏铨、吴高福、吴廷俊、戴元光、赵玉明、喻国明、石义彬、黄升民、倪宁、胡正荣、胡智锋、程曼丽、陈昌凤、黄旦、尹韵公、雷跃捷、熊澄宇、李彬、白贵、吴予敏、孟建、方小红、段京肃、马凌、王润泽、孙玮、李希光、张咏华、卜卫、白润生、刘洁、周勇、朱春阳、刘鹏、胡翼青等；中国社科院新闻与传播研究所的陈力丹、孙旭培、徐耀魁、陈崇山、陈祖生、岳颂东、何光先等；海外著名学者魏然、拉尔斯-维纳、罗文辉、郝晓鸣、黄煜等。

业界的关山、方明、林茹、罗京、敬一丹以及人民日报社、新华社、中央电视台、中央广播电台的总编辑和台长等名流，都作为我院兼职教授或我的挚友，经常出席学院学术会议，让我们的学生与大师面对面进行心灵对话，感受大师们的睿智思想和风采。我以为这也是一种大学文化。

陈、司、熊：大学文化是一个比较抽象的概念，您能不能具体谈谈其主要内涵？

刘：我个人理解，可以从以下四个方面看大学文化创新的内涵：

(1)物质层面，如大楼设备，校园面积，师生规模。(2)制度层面，如独特的培养模式；便于学生自主学习、健康成长的学校章程和管理制度。(3)行为层面，如大学所在地域文化与文明。从后勤人员到机关处室，从普通教师到每一位学生，在无压力状态下的自觉的公共意识，“我为人人、人人为我”的共产主义协作精神。(4)观念与精神层面，如学校特有的精神气质。前三种属于外在的文化的浅层结构；第四种是内部核心的文化深层结构。

一所大学的文化创新精神及其影响力，在于她培养的学生对整个人类的贡献率，在于学校精神文化创造的能量级和辐射力，在于它的文化资源不断创造和付诸实现的长期积累。这一切核心竞争力要素的载体，就是大学要有各个学科领域的大师级教授，他们是学校的“品牌”与核心竞争力。

“十年树木，百年树人。”一所大学的文化积淀需要半个世纪的历练，方显她的神奇和魅力！没有长期的学养积累，难以形成自身体系与特色。办教育，不可急功近利，更不是市场化运营的载体。教育是心灵与心灵的碰撞与感化。

大学靠思想引领社会发展，靠思想去推动文化走向社会。没有思想的大学，对社会便没有价值，对人类便没有意义！大学之所以受人尊重，一个重要原因就是大学里有大德、有大爱、有大道、有大精神、有大师。有人说，大学与世俗的区别之一，就在于她总是把高尚、高雅、尽善、尽美作为群体的生活方式特征，以精神价值和道德修养为生活方式的基调是大学的重要特征。

2009年，天津师范大学曾组织全校师生员工进行大学精神大讨论。这对于加强对学校内涵与核心竞争力凝练，构建独特的“天津师大新闻精神”为核心要素的文化形象塑造，具有极其重要的意义。

陈、司、熊：从学院的网站上可以看到，新闻传播学院从创院之初就有自己的院徽和院训，请您从“天津师大精神”角度谈谈这是基于什么考虑设计的？

刘：这要从我读大学时的亲身感受说起。1978 年，我考入天津师范大学。坐落在天津六里台的师大北院，是当年周恩来总理青年时代在津求学时居住的地方。1976 年唐山大地震留下的部分遗迹，仍然历历在目。我们的开学没有典礼，我们的毕业也无声无息，给我留下极为深刻的印象。新闻传播学院建立之后，我念念不忘的就是一定要给学生们留下他们人生中最重要的成人礼——隆重的开学和毕业典礼！因此，就在学院成立当年的夏天，在南院逸夫楼礼堂，我们举行了隆重的本科生毕业典礼，这是全校第一个穿学士服举行毕业典礼的学院，由学校一把手校长靳润成教授亲自为每一位本科毕业生颁发证书，拨学士帽上的知识穗。当时，全院教师和学生、家长以及他们的亲属，聚集在礼堂和绿茵茵的草坪上，鲜花盛开，气氛极为热烈，青春的喜悦和欢歌笑语在师大校园上空飘荡！

建院之初，我们就着手进行院训和院徽征集工作。最后，由著名书法家刘鹤文教授拟文撰写的"修德、立志、勤学、广闻"荣登榜首。在面向全院征集院徽活动中，摘得桂冠的是广告系荣获全国大学生广告大赛金奖的学生。举行这些极具仪式感的活动，不仅仅是一种象征，而且是在每一位学生人生最重要的时间节点上，留下最美好的印记，它彰显着天津师范大学新闻传播学院的精神血脉与魂魄，凝聚着天津师范大学新闻人的光荣与梦想。

在以后的学院日常工作和生活中，在重要的历史时间节点上，我们都举行具有历史意义的纪念活动。如 2009 年，恰逢新闻学专业成立 50 周年，我院举行了盛大庆典，举行师生同台、精彩迭起的文艺演出，出版了纪念画册和学术文集。在每一位教师生日那一天，学院为老师们送上一个生日蛋糕。我和学院办公室的朗瑞老师，分别为教师创作一首诗歌，以示庆贺。我以为这些都属于学院文化精神的应有之义。

正如在新闻学专业建立 50 周年纪念大会上，时任天津师范大学校长的高玉葆教授所指出的，"办学经验的实质是文化积淀的成果"。60 余年来，经过几代新闻教育工作者和全体学生薪火相传不懈努力，学院凝练出具有时代特色和天津特色的文化精神，其核心内涵是："坚定正确的政治方向，严谨规范的工作作风，与时俱进的创新理念，勇攀高峰的进取精神"

新闻学专业历史形成的文化积淀是几代新闻教育工作者奋斗的结晶，学院历史文化积淀中的积极因素助推着学院的发展。对新闻学专业悠久的历史，我们要有一种敬畏感。当然，对历史心存敬畏并不意味着简单地重复，而是要在传承历史文化中，克制和摒弃文化中已经过时的成分，适应时代发展与学院所处内外环境新变化，对学院文化进行必要的调整、更新、丰富和发展，实现学院文化的不断创新，这是可持续发展的重要保证。

陈、司、熊：在可持续发展的创新举措中，学院取得了哪些主要成绩？

刘：2003年成立之初，学院有新闻学、广告学两个本科专业，十几个人的教师团队，发展到今天有70多位教职员工，6个本科专业。

在学科建设方面，2004年获批传播学硕士授权点，2006年获批新闻传播学一级学科硕士授权点，2007年新闻学专业被教育部授予国家级特色专业，是全国新闻传播类20个国家级特色专业中唯一不是“985”“211”的高校。

2008年，获批教育部国家级实验教学示范中心，2011年获教育部专家组验收通过。同一年，又获批新闻传播学一级学科专业硕士授权点和戏剧影视艺术一级学科硕士授权点。

2013年，党中央提出“推广复旦大学与上海市委宣传部合作共建新闻传播学院的经验”，学院着手进行天津“部校共建”前期准备工作。在时任天津师范大学党委书记杨庆山，市教委主任王璟，中共天津市委常委、宣传部长陈浙闽，以及成其圣等同志的亲自领导下，学校成为首批天津市“部校共建”新闻传播学院的单位。

学院先后建立“天津师范大学战略文化与传播研究所、天津地方新闻史研究所、国际传媒研究中心以及公益影像研究中心、舆情分析中心”等5个校级科研机构。

2015年4月，我从院长岗位上退居二线。在新的学院领导班子带领下，学院工作取得了新的重大成果。2014年新闻传播学一级学科成为天津市重点学科；2015年，新闻学专业获批天津市教学团队荣誉；2018年，获批新闻传播学一级学科博士学位授权点；2019年，新闻学专业获批国家级“一流本科”专业等。

我作为天津市重点学科带头人、天津市教学团队负责人、博士一级学科带头人，国家级“一流本科”、天津市“一流本科”建设单位负责人，参与了上述工作。

几十年来，学院狠抓教育教学质量建设，持续召开教学工作研讨会，鼓励全院教师积极参与教学改革，取得了喜人的成果。如2012年，在教育部举行的全国首届青年教师基本功大赛上，陈娜老师过关斩将，一举荣获文科一等奖第一名。另有5人次荣获天津市青年基本功大赛一等奖。

陈、司、熊：我们从学院的网页中，了解到您主持过国家社科规划重点项目和省部级科研项目，参与中宣部、教育部马克思主义理论工程重大项目《新闻学概论》的编写，出版了10余部学术著作，仅在《新闻与传播研究》上，就发表了5篇论文。这些成果奠定了您的学术基础。您能不能将自己的新闻教育和学术人生做一个简单的介绍，勾画出几个学术节点？

刘：我今年整整65岁，有时候回想起自己的过去，会发现有许多有趣的巧合、机缘，比如一直在新闻界、教育界和文化界工作，会让我想起与小时候成长环境的契合，有些从小仰慕的大师或名流，有的竟然成为我的老师或同行，这就像命运的某种暗示，偶尔想想总会有特别深的感触。

1954 年 12 月 26 日我出生在一个知识分子家庭。祖辈是经商的，父亲当过工商联的副主席，喜欢京剧和书法艺术，我在小学读书时，我们班教室黑板上面毛主席像旁的“好好学习，天天向上”八个字，就是我父亲写的。我母亲是一位对音乐艺术很有悟性的人。他们从小教育我们要做一个善良、正直，对社会有益的人。

我家住在天津市和平区，小学坐落在旧时代日租界，就在张园(溥仪在津寓所)正对面。我家邻居有很多是文化界、新闻界名流，他们的孩子有许多是我的同学，如《天津日报》总编辑鲁思、名编辑张虎刚、名记者邹朴、名作曲家王莘等老前辈，他们的孩子都是我在鞍山道小学的同学。

最具有戏剧性的是我上中学时的冷吉朴老师。“文革”期间，当教师最受排挤，我们几个同学私下里和他关系最好。后来他调到北京广播学院工作，我和几个同学还特意到北京看望过他。等到我在天津师范大学任教以后才得知，冷老师和中国传媒大学校长刘继南教授竟然是夫妻！天津师范大学新闻传播学院成立后，刘继南教授经常参加我院和中国传媒大学党报党刊研究中心一起举行的学术活动。

中学毕业后我在市文化局工作了 6 年，这是我最快乐的时光之一。有一段时间我作为“天津人民广播电台青年节目”通讯员，和朱薇(天津大学校长朱磊的大女儿，时任市文化局办公室主任)、高岚(天津电视台主持人，市戏曲学校学生)，经常到天津市文化局下属各演出剧团采访，在那里结识了许多老艺术家。如关山(著名播音艺术家)、周正(北京人艺表演艺术家)、陈贻薪(天津歌舞剧院院长、后来任中央歌舞剧院首席指挥)、丁志云(著名评剧艺术家)、陈佩斯、斯琴高娃、洪学敏、马超、颜美怡、孔祥玉、郑在石、常汝言(天津人艺表演艺术家)等。在市文化局出版处，我还结识了一些书画大家，如李鹤年、王学仲、赵半知、王颂余、刘炳森、孙其峰、萧朗、董嘉田等，还有我的中学同学李志强(杨柳青画社社长)、魏铁相(天津市艺术博物馆裱画大师)。

1982 年，我从天津师范大学毕业留校就被赵传慧老师派到中国人民大学去进修，我是和马艺老师一起去的。在中国人民大学新闻系，我主要听甘惜分老师的新闻理论课，还有何梓华、成美老师的课，包括郑兴东老师的编辑学、蓝鸿文老师的采访学、方汉奇老师的中国新闻史、张隆栋和傅显明老师的外国新闻史也都听了。

当时我了解到中国社科院研究生院也有一个新闻系之后，就同时在中国人民大学和中国社会科学院两边听课学习，主要听了沈如刚(新闻理论)、钟立群(编辑学)、王武录(采访与写作)等老师的课。有时候学习得太晚，就干脆住在社科院新闻所的宿舍里。

我很难划出清晰的学术节点，但是就我个人来说，有几个标志性事件可以勉强算作我的学术拐点吧。

第一个拐点就是我首次独立出书，也就是1988年那本《信息论与新闻》。我要感谢王武录教授的亲自指导和帮助，一些重点章节武录老师都亲自帮我修改润色。在这之前，我发表的都是学术问题方面的文章，出书对我(时年34岁)来说就是个奢望，所以出版这本书的时候，就像人生的第一个孩子出生那样欣喜，有一种艰难攀登、终于登顶的那种胜利感和成就感，印象可真是太深刻了。

作为国内最早使用信息论基本原理研究新闻学的专著之一，这本书获得当年天津市哲学社会科学优秀成果三等奖。当时获奖我也很意外。因为直到1996年新闻传播学才被教育部确认为一级学科，所以1991年领奖的时候都没有我的座位，人家问我是哪个学科的，我回答“新闻学”，对方都很诧异：哪有这么个学科呀？最后工作人员在紧邻法学组的过道上，加了一把椅子，我孤零零地在那儿等待领奖。

第二个拐点是我参加的十四次全国传播学研讨会。到目前为止，历届会议参加最全的，恐怕只有我和陈力丹老师两个人了。1982年在北京，1986年在黄山，1993年在厦门，1995年在成都，1997年在杭州，1999年在南京……现在我还保留着1982年首届会议的记录。就像前面说的，正是传播学让我找到了研究新闻理论的突破口。

第三个拐点就是1999年年底，我出版了《新闻传播学概论》这本书。此前的1994年，我还出版了专著《新闻摄影基础》。而写《新闻传播学概论》的时候，我家里有老人病瘫在床。我太太为我做出了极大的牺牲，这本书的问世也得益于她和许多人的帮助，这些我都在后记里有记载。

在传播学研究与教学工作中，我发现政治学与传播学之间有着深厚思想渊源，饮读政治学著作让我感到非常解渴。2007年，我在中国著名政治学家徐大同先生的嫡传弟子高建教授门下攻读政治学博士学位，正是从这个时候开始，我的学术视野和兴趣渐渐从新闻传播学的基础理论开始转向更为宏阔的研究视域。

陈、司、熊：再次感谢您接受我们的采访。

结束语：刘老师对于这份投入其毕生心血励精图治的事业，始终谨慎且自省。他对先行者充满敬畏，对后继者满含期待，从他的言谈中尽显艰涩岁月中彼此扶携的趣事欢喜。学生们对他的评价是，乐学深思，亲和谦逊，在他的学术人生里，留下的是一路“敬天爱人”的赤子之情。

有一位哲人说过这样一段话：“能敬畏者，必能戒慎恐惧；能不欺者，必能遇事忠诚；能知定分者，必能尽人事以待天命。”作为受党教育培养多年的少数民族知识分子，刘卫东老师的精神深处始终守候着一片和平与安宁：为而不恃，功成不居。正如他办公室悬挂的那幅欧阳中石先生的题词："持心若水"——随物赋形，宠辱不惊，或许这便是他内心深处最向往的智者之境。

（陈娜、司玲玲、熊艳）

6.2.5　白贵：从教卌载，桃李九州

白贵教授祖籍河北定州，1956 年出生在内蒙古呼和浩特，燕赵侠士的慷慨与草原儿女的豁达都在他身上得到体现。他年幼时，父母身上传统回族人民的勤劳质朴、正直善良都深深影响了他，使他形成了坚韧、勤奋、正直、乐观向上的品格。少年时代，他就体现出对文学特殊的喜爱及学习能力，养成了好学深思的习惯。除了读书，生活生存的本领也学了不少。高中毕业后，他回到了自己读过书的中学当上了一名教员。1977 年他参加高考，进入河北京大学学中文系。大学毕业后，回到了家乡的内蒙古大学，任教于中文系，从此开始了近 40 年的大学执教生涯(见图 6-7)。

图 6-5　白贵教授

问：除了自身天性外，家庭教育和校园教育、社会教育共同构成人的成长环境，回想儿时的成长环境，您的家风、时代氛围对您的品格塑造、人生选择有什么影响呢?

白贵：这个问题很容易勾起回忆。不错，人后天的发展一方面基于他个人的天性禀赋，另一方面，也离不开它周边的环境。包括家庭教育、学校教育、社会教育等。我的家庭在城市里很普通，父亲是商业厅的普通干部，母亲是街道居委会主任。父母一方面深受中国传统文化的价值观浸润，同时作为回族家庭，也受到少数民族的文化传统的影

响，使我们兄妹养成了乐观、坚韧、豁达的性格。

我住的是内蒙古自治区商业厅一个干部家属院，里面天南海北的人都有。让我也领略到了天南海北不同的文化风俗、传统、性格。作为内蒙古首府的呼和浩特，又是一个多元文化、多民族的聚集地。蒙古族、汉族、回族、满族、鄂伦春族、达斡尔族、鄂温克族等，多个民族在这里共同生活，他们相互交流、互助融合，深深影响了这个城市的所有的居民。我身上有父母身上体现出来的河北人的特点。父母的教育比较严厉，我记得父母叮嘱我们：凡是到家门口乞讨的人，哪怕给他一分钱或一块馒头、一个窝头，也尽量不让他们失望地离开，更不允许呵斥、欺负穷人。如果在外面捡到了东西带回家，父母一定会让你把捡到的东西放回原处去。后来明白了，一是大家都不捡拾别人遗失的东西，那东西就不会丢失，就是“路不拾遗”嘛，二是怕孩子养成拿别人东西的不良习惯。母亲最看不下去的就是人们遭受苦难困厄。每见普通人处于无奈之际，她说得最多的口头语就是“可怜的”，然后一声叹息。我的悲悯情怀的养成，大概是从此开始的。我记得小学读了刚过一半儿，“文革”就开始了。后来几年的时间虽然每天还是去学校，但实际上学到的东西很少。现在想来，在那个极“左”思潮垄断的时代，虽然我只有十多岁的年纪，但也对后来的观念产生了一定的影响。所以我觉得给年轻一代构建一个宽容、自由、多元的文化环境是必要的。

我从小喜欢文学，业余时间大多数是如饥似渴地找来一些书阅读。其中获益最多的是从我的舅舅那里，他是一个文学爱好者，家里藏书不少，我常常去借来看。在他的影响下我对文学的兴趣与日俱增，后来成为一个“文学青年”。现在想来，我所成长的环境，对我后来的人生道路产生了深远的影响。

问：您作为恢复高考的第一届大学生，在那个时候一定很荣耀，我们感觉你们这一代人身上有一种“天将降大任”的气魄，给我们讲讲您那时候的大学以及您的大学生活和经历。

白贵：77级作为恢复高考后的第一届大学生，可能是在历史上注定会浓墨重彩记录的一个群体。从1966年一直到1977年，除“文革”中后期招收过少量推荐的工农兵学员上大学外，大学一直没有高考，这种情形持续了12年。1977年高考闸门一开，历届学生一起上考场，人们也没有重点非重点大学的概念，重点考虑的是选择什么专业。读中文的，多数是文学青年、文学爱好者。我记得，我们河北大学中文系77级一共92位同学(93位，大学时去世一位)。大家似乎都处于一种亢奋的状态。每个人都是以极大的热情在听课、读书、写作、辩论，就连吃饭也是脚步匆匆。大家不太追求伙食如何，穿戴如何，穿补丁衣服也不稀奇，在意的是谁最近有了什么新的创作。大家特别注意充分利用时间，如果晚饭吃慢点再去图书馆，就只能是站着看书了。那个时候文史哲是热门学科，大家觉得上大学不学文史哲就亏了，经济、法律、外语等学科反倒报名的人少。文史阅览室里经济、理工等学科的同学也都在争看文学杂志。经过十多年的禁锢，一旦有了学习知识的机会，大家都如饥似渴，教室的灯总是亮着，每天直到夜里12点都有人在读书学习。那个时候的大学生活比较丰富，除了一般的文艺活动，中文系的学生还组织了很多文学社团。那个时候我在班里组织了文艺理论学习小组，10位成员，后来其中4位当了教授，2位当了刊物主编、副主编，1位当了省作协领导。大二时，在佟德真、王德臣老师的指导下，我们还排了大型话剧《丹心谱》，老师让我当导演助理，给主要人物编写小传、帮助演员理解角色，还请来了剧作家苏叔阳做指导，然后去观摩北京人艺的演出。回来之后，同学们自己制作背景、道具。话剧经过排练，最后在河北大学以及驻保部队等单位演出，大获成功，校党委书记肖光等领导和部分教师，看到动情处流下了眼泪。我们得到了非常好的锻炼，对戏剧也有了更深入的理解。那时候，一大批学者名流被请来河北大学做讲座，包括周有光、冯其庸、周汝昌、李泽厚、马奇等。思想解放的时代激发出了年轻人的活力，培养了人们思考、质疑的习惯。我最初的几篇学术论文都是在本科期间发表的，有质疑“现实主义”的定义的，有质疑”文艺为政治服务”口号的；有探讨中国古代美学思想史的；有质疑名家郭沫若历史剧《蔡文姬》的，有探讨大学文科学生能力培养问题的。这些文章后来发表在《延河》《文科教学》《河北大学学报》《内蒙古社会科学》《内蒙古大学学报》等刊物上。

问：您大学毕业后回到了内蒙古，当时是出于什么考虑，您现在回顾一下在内蒙古大学的工作经历，有什么特别值得回味的地方。

白贵：1982年1月份我大学毕业时，学校本来是想留我在中文系文艺理论教研室工作。因为我的家人都在内蒙古，未婚妻在内蒙古大学即将毕业，他们都希望我回去，考虑到现实情况我选择回到家乡，进入内蒙古大学中文系任教。当时是在文艺理论教研室工作，教研室主任是温小钰，老北大毕业的，当时已是中国作协常务理事，与她的丈夫汪浙成一道，发表了《土壤》《苦夏》等一批有影响的作品，获得过“全国优秀中篇小说奖”，当时已经是全国颇有影响的作家了。同在教研室的还有马白教授，研究《文心雕龙》的美学思想，是中国《文心雕龙》学会的秘书长，后来携夫人李文英老师随语言学家梁东汉先生一道调入汕头大学。现在回想上世纪80年代，是内蒙古大学中文系最具活力的一段时期，老中青人才济济。我作为青年教师，先后担任了马列文论、文学概论、美学、小说美学等课程的教学，主要教文学专业。1985—1986年，我被学校派遣到北京大学哲学系美学教研室，作为进修教师研修美学，师从阎国忠教授。所住的楼离燕南园很近，离三角地只有几十米。当时北京大学中文系的教研室主任是杨辛教授，副主任是叶朗教授；后来的教研室主任是阎国忠教授。我记得修了汤一介教授的“中国传统文化”课程，听了中文系张文康、胡经之、乐黛云、谢冕、孙玉石、曹文轩等几位教授的课程。借着很好的机缘我曾登门拜访过张岱年、王瑶、王力几位年高德昭、声望素著的老教授，颇多受益。

1991年，因为内蒙古大学中文系新闻教研室的负责教师工作调动，赶上新闻专业正式成立，我被系里派去担任新闻专业负责人。先后开设了报纸编辑学、新闻学概论等课程。内蒙古大学的新闻专业1986年开始招生，最初的负责人是胡志霄教授，原来是《内蒙古日报》记者，具有学者气质。后来是闫泽老师。这是在我之前的两位主要负责新闻学教学的专业老师。后来胡先生退休，稍后闫泽老师调走。我带领一批青年教师在困难中发展，有的现在已经是骨干教授、学院领导。2017年内蒙古大学60周年校庆的专题片，把我作为该校第一任新闻专业负责人进行了采访。其实，新闻作为一个专业最初是设在写作教研室，然后是新闻教研室。我只是当了独立后的首任专业负责人，也算是内蒙古大学新闻专业90年代的掌门人吧。

问：您在1999年来到河北大学，当时是来读博，博士毕业后留校工作，您为什么选择河北大学作为自己的新起点。

白贵：说实在的，1999年之前本来是有几次很好的机会可以读博士，北京大学和中国人民大学有的教授也想招我读博。但当时一是家里孩子小走不开，二是工作因素，作为新闻专业的负责人也离不开，三是学历在当时并不热，想当“穷博士”的人不多。所以一直就拖到了1999年才考入河北大学古代文学专业，师从詹福瑞教授。导师的学问和人品都有很好的口碑，读博期间受益良多。我当时的想法是在河北大学拿到博士学位以后，换一所大学去工作，没想到博士第一学期时，学校就希望我留校工作。当年本科毕业没能留下来，现在又面临着一个新的抉择。新闻系主任吴庚振教授、中文系李国华教授都是我原来的老师，都来力邀我加盟，学校也准备破例给我比较优厚的条件。考虑之后，我就决定留下来。在读博期间，我同时担任新闻学硕士生导师。2000年河北大学新闻传播学院成立，学校任命我为首任院长，于是我开始了长达15年的河北大学新闻传播学院掌门人的历程。

问：由中文专业转到了新闻专业，您是如何看待这两个专业的区别与联系的。

白贵：从中文专业到新闻专业，我实际是经历了两次转型。第一次是在内蒙古大学，从事文艺理论和美学教学研究，1992年转到了新闻专业。当时很长时间内两个专业我同时在担任教学工作；第二次转型是在河北大学中文系，读的是古代文学博士，然而所从事的教学和研究领域主要是新闻传播学。其实中间有一段过渡阶段，我博士毕业后在河北大学当了近十年的古代文学博士生导师，期间在新闻传播学院每届还带着新闻学、传播学硕士生，带出了数届古代文学博士之后才彻底从文学转向新闻传播；担任古代文学博士生导师研究中古文学，重点是诗话、词话与诗歌发展传承及经典化的关系。2012 年我终止招收古代文学博士，改招新闻传播学博士。这两个学科可以说伴随了我几十年，而我对这两个学科都有深厚的感情。我觉得这两个学科之间有很强的关联性：一个好的新闻人，应该对文学有一定的了解，并具备良好的文学功底。从这个意义上来说，文学有着很强的工具性。除此而外，文学还有助于培养人的审美意识以及对艺术的感受能力，促进人们良好人文素质、人文情怀的养成，而汉语言作为母语的新闻人无论书面表达还是口头表达，都离不开对母语的理解和运用水平。所以很多中文专业出身的人供职于媒体行业，新闻奖获奖者许多也出身于中文专业。当然在今天的媒介化时代，学中文的人如果想进入传媒的圈子，也应该学学新闻，作为应用学科，新闻学还是有很多专业的东西：譬如专业理念、精神、规范、操守应该掌握。当然还有一些技能层面的东西，也需要专业训练。传媒在今天影响越来越大，上世纪 80 年代初，全国只有十几家大学设有新闻专业，多数从属于中文系，今天传媒类专业点全国已经超过了千家，很多学校的新闻传播院系发展速度、规模正在赶上或超越中文系，实在令人刮目相看。所以说中文、新闻二者经常是剪不断理还乱的兄弟关系。我认为学新闻的人同时也应该学点史学和哲学，因为中国自古以来一直是文史哲不分家，中国的国学本身就涵盖着文史哲的范围，这两个学科基于自身的特点，就决定了它们观察世界、研究世界、表达世界的不同角度和方式，对于新闻人思考问题的高度、纵深度，乃至认识世界的复杂性，养成正确的思维习惯，都是必要的。

问：您在河北大学新闻学院院长的位置上一干就是 15 年，在您的任内，河北大学新闻传播学院拥有了国家级特色专业、省级重点学科，有了国家一级学科硕士学位点、博士学位授予点，以及首批新闻与传播专硕、出版专硕授予点，培养了很多优秀的新闻人才，成为国内较有影响力的新闻学院，您怎么看待这一阶段的成果和不足？

白贵：西谚有云，罗马不是一天建成的。河北大学新闻学专业始建于 1981 年，其实从 1980 年就开始酝酿筹备并获得国家批准，1982 年开始招生。1980 年批准的时候我本科还没有毕业，当时有老师给我们讲过申办新闻专业的过程。河大新闻专业最初的倡导者和领导者是谢国捷先生（1915—1989）和楼沪光老师（1933—2012）。谢国捷，出身津门望族谢氏，排行第六，大哥是著名历史学家谢国桢。谢国捷先生早年毕业于辅仁大学哲学系，我读本科时谢先生给我们上过课。他曾任第一任河北大学中文系新闻教研室主任。楼沪光老师 1955 年毕业于北京大学新闻专业，曾任《河北日报》副总编。另一位元老是吴庚振教授，也是我们的老师。吴老师 1995 年担任第一任新闻系主任，对河北大学新闻传播学科建设作出过巨大贡献。80 年代初创时期的新闻专业教师，还有乔云霞、李广增、焦国章、杨秀国、胡连利、王瑞棠、曹茹、杜浩、李亚男等，以及稍后的郝亦民、张威等。2000年成立新闻学院的时候，我们已经有了四个本科专业，30多位教师。可以说有了一定的规模。在我离任的时候河大新闻学院专任教师将近80人。我和全院的老师一道经历了一路爬坡、一路风雨。我们先后获得了国家级特色专业、河北省重点学科、新闻传播学一级学科博士点。我们在全国第一批同时获得了新闻与传播专业硕士、出版硕士授予点。我们培养出了1万多名毕业生，分布在全国各地，并且进入了国内绝大部分主流媒体，特别是京津冀地区的媒体。粗略统计，我们的毕业生分布在海内外60多所大学任教，可以说桃李满天下。进入媒体工作的我们没有做过全面的统计，至少是遍布全国各地的大小媒体，其中不少人还担任多家媒体的领导和骨干。特别值得一提的是我们非常有力地支撑了河北的媒体，支持了河北省的传媒与社会发展，同时也支持了国家的众多的媒体，涌现出一大批杰出校友。说实话这些年河北大学的新闻传播学科发展是迅速的，取得的成果令人感到自豪。说到不足也是存在的，主要是作为地方性大学，我们经常有心余力拙的感觉，在一流人才引进，以及学科的特色凝练、学术团队的打造等方面，还存在着一些薄弱环节，不能令人满意。和国内一些顶级院校相比，还有一定的差距，这是我们需要今后努力的。

问：每个大学甚至每个学院都有自己的文化和气质，您认为河大新闻学院的文化与气质是什么？

白贵：文化与气质不是设计出来的，而是在好的理念及其追求过程中践行出来的。如今好概念、好名词满天飞，有些是做给人看的。我们虽然没有"院训"式的表述文字，但可以试着加以概括。我认为我们学院文化可以概括成这样几句：学风建基，谨守良知；包容个性，反对山头；学术民主，教师主体。气质可以概括为：自信，严谨，踏实，包容。这样表达是有依据的，在这里我分别解释一下：

首先是自信。河北大学是一个地方性高校，照理说来和国家部属重点大学相比没有什么优势。人才、经费、地域、基础都有不足。但另一方面，作为积淀深厚、有百年历史的高校，又具有某一方面的有利条件：譬如，学术传统、基因，综合学科的互补性、重点传统学科带头人的影响力与学科的历史积淀，等等。还有人才培养的经验、规范、质量。上述几方面几十年来在国内外有口皆碑。就新闻传播学而言，发展的历程在全国也是备受瞩目。第一，新闻传播专业起步比较早，筹备于1980年。那个时候全国有这个专业的学校只有不到十家；第二，在发展当中一步一个脚印，从专业、系、发展到学院。没有自信就很难历尽坎坷一路走来，在强手如林的新闻传播教育界站住脚、赢得声誉。

其次是严谨。因为只有追求严谨才能养成良好的学风，才能培养出高质量的学生。如果没有点"计较"的态度，没有严谨求实的治学精神，老师混日子，学生也会混日子，久而久之培养出来的学生就会砸你的牌子。而且糟糕的学风会像传染病一样败坏整个专业乃至学院、学校的学术风气。一旦学风坏了，很难在短期内重新竖起自己的招牌、找回昔日的风采。

再次是踏实。我们既然没有金字招牌，也没有雄厚的经济实力，更没有大都市对人才的独特吸引力。老师和学生都没有什么可炫耀的，没有体现优越感的天然资本，要发展必须靠一步一个脚印，不搞大跃进、不搞虚张声势、不能靠城市的魅力、学校的招牌、优厚的条件来吸引人才。我们就得踏踏实实走自己“内涵式发展”的路，着力于培养人才、着力于吸收有理想的人一起奋斗。做人也要踏踏实实，靠本领吃饭。这种气质要传到学生的身上，让培养出来的学生没有那种浮躁之风、狂躁之气。让学生养成踏踏实实、有实力而内敛的这样一种风格和作风。

最后是包容。一个学院，在教师之间要相互包容，包容不同的个性，包容不同的治学之道，包容不同的学术观点，包容不同的性格。对学生也是一样，也要做到能够包容、爱护，因材施教。让每一个学生在这里找到自己的位置，能够从这里起飞。

学院文化的主要内容大多也体现在气质之中。除此而外，还要特别解释一下“谨守良知”“反对山头”和“教师主体”。不管研究什么学问，动机与规则至关重要。缺乏良知的教学科研，会害人害已，危害社会；而“山头主义”往往是影响学科、学院、学校发展的常见“病灶”与障碍，必须旗帜鲜明地反对；“教师主体”，教师是办学之本，尊重教师、依靠教师，以之为本，是激发学院活力、创造力的根本。师资队伍不稳，学科、学院发展就很难行稳致远。

问：您一手创立了河北大学跨文化传播研究中心，提出构建全球化的文明观和共情的沟通能力的新闻人才培养理念，您能为我们解释一下这种理念的含义吗？跨文化传播从来是以文化为边界，而非国界或行政区域为边界。今天，我们看到有些社会矛盾被定为舆论问题，而实际上是一个跨文化传播的问题，您认为对内向度的跨文化传播是否有解决的路径呢？

白贵：无论是在担任院长期间还是卸任之后，创建并负责河北大学跨文化传播研究中心发展过程当中，我一直在努力践行习近平同志提出的“构建人类命运共同体”的主张。其实在十多年前，我也有过这样的思考。我在 2007 年《新闻与写作》邀约的一篇访谈当中谈到这样一个命题，就是我们要致力于”培养世界文化舞台上的舞者”。近几年我又进一步提出，要构建全球化的文明观和共情的沟通能力。对于新闻传播专业的学生而言，是不是具有很好的与世界沟通的能力，有能力跨越不同文化边界实现全人类沟通，是未来新闻人才培养的最高理想，也是新闻传播教育走向世界、走向未来的关键。我们现在的人才培养一定要着眼于未来，不能只盯着眼前。所谓共情就是人要有能够理解他人、站在他人的角度思考问题的意识，要有同理心；要有尊重别人、能和别人平等对话、能够倾听他人讲话这样的一种气度和素养。所以我在近20年的教育和管理当中一直努力在践行这样一种理念，就是新闻传播要促进人类沟通，新闻人要有全人类的意识，这一点非常重要。

最近全球所面临的新冠肺炎大流行，我们就突然面临了这样一个现实的问题：人类命运共同体的意义。有一种观点：全球抗“疫”的结果取决于防控最差的国家，而不是最好的国家，这意味着什么？我们所说的同甘苦共患难。现在患难先来了，我们如何对待？我们如何处理和其他国家之间的关系？如何进行沟通？如何在危难之际让人们认识中国、了解中国，接近中国、尊重中国，而不是误解中国、排斥中国，这是至关重要的。对于我们新闻传播专业培养的人才来说，必须能够游刃有余地来面对这样的现实，能够用自己的笔、镜头、行动来写出、展示出正确的主张，提出高瞻远瞩的方略，引发国际间的共鸣，让大家愿意和你交朋友，化弊为利，因势利导推动构建人类命运共同体的进程。

问：国家提出一带一路倡议和人类命运共同体理念，您认为对于新闻传播学科有什么积极的意义。

白贵：关于国家提出一带一路倡议和构建人类命运共同体这个问题。我和弟子曾经写过几篇文章，专门探讨这个话题。这和我前面所讲到的新闻教育要面向世界，促进全人类的和谐进步是一致的。在这样一个全球化背景下，地球村时代，国际化、全人类，是我们做任何事情都要考虑的重要着眼点。因为当今一个重大事件的发生，其影响无论正面负面都很可能随时会演化成全球性的问题。我们培养卓越新闻人才，必须把这个理念作为它的基石；脱离了这样一个出发点，即使我们培养出来的人才能够写新闻、编稿子、做节目，也势必无法适应我国媒体发展和社会发展的需要。对于新闻传播学科来讲，这一点至关重要。

问：关于国家提出的“新文科”建设和“卓越新闻人才培养方案”，您是如何理解的？记得您早在2003年前后就提出“多学科融通”的问题，回顾您的专业背景以及40多年的教学研究，都在朝着这样一个融通的道路前行，为什么您说“打通各个学科，就会发现一个人的创造力。超越专业，通晓世界。读懂世界，熟悉国情，才能成为真正的知识分子”？“新文科”与此有关吗？

白贵：这是一个很好的问题。的确如此，在2003年一次长篇访谈当中我就专门谈了这样一个问题。当时访谈我确定的题目叫“融通多学科瞄准新定位”，直到现在人民网上还可以搜到这个长篇访谈。这个访谈后来收入2003年出版的《倾听传媒论语》(王永亮主编)这样一本书里面。被挂到人民网上之后，人们一直在不断浏览。十几年了，到现在还有很多人在看。这是我多年来的一个主张。我认为文科的学生，在正在到来的时代，一定要有不同于以往的新的定位，为了适应新时代的巨变，必须打破学科壁垒，在知识学习过程中树立整体观念、融合意识。一定要既立足专业，又要放眼各个学科。尤其是打通文科的各个领域，还要了解科技进步，掌握必要的计算机、大数据、人工智能等知识与技能。对于今天的新闻人来说，不了解这些，会被人看成落伍的、被淘汰的人。所以我们今天培养的人才必须要融通多学科，必须有新文科培养的意识。新文科其实正是基于这样一个背景提出来的。我认为新文科的提出主要是为了应对飞速发展的社会现实。全球化、人类命运共同体、智能化的发展越来越紧密地把全人类结合到一起。各个学科之间的相互交叉、相互融合、你中有我、我中有你，已经日益变成现实。面对这样的发展趋势。无论是文科还是其他学科，都必须树立新的观念。在这样的情况下就出现了新理科、新工科，新医科，新文科这样的一些概念。我认为它反映了我们今天严峻的现实。从教育环境来讲，一个大学靠单一的专业化学科甚至单一的大门类，已经很难撑起一个现代化大学。所以综合化、交叉化，不断激发着跨界探索者的灵感，借鉴与渗透，成就着源源不断的创新成果。所以学科与学科之间的融合、交叉、跨界，已经不仅限于之前的相近学科，更多的是跨学科、跨行甚至是跨领域的合作。因为整个世界正在打破固有的边界，日益融合。作为大学，必须有良好的学科生态。学科生态只有建立在一个科学的、良性互动的基础之上，这样才能够培养出适合社会需要的人才，新闻传播教育正应如此。

问：您见证了我国新闻业和新闻传播学的黄金时代，也亲身体验着媒介生态的变革，对于传统媒体的衰落有两种观点，一是归因于历史演化，二是归因于新媒体，您认为新闻传播学和新闻业发生了怎样的变化？您认为以培养传统媒体人才为基础的新闻学院，如何应对时代的机遇和挑战？

白贵：我确实是经历见证了新闻业和新闻传播学的这个黄金时代，因为学界之外，我还在业界兼一点职，其中一个角色是河北省报业协会副会长。那时的河北省报纸，在压缩整顿之后还活跃着 90 多家。回头看，即使是到了 21 世纪初，整个报业还是在一种非常乐观的状态下生活。那个时候的报纸日子非常好过。一个地市级报通常的广告收入可以达到一两千万甚至几千万，所以日子过起来比较轻松。

不成想很快一些人的预警变成了现实。仅仅过了十多年历史就发生了翻天覆地的变化。新媒体全面崛起，传统媒体受到了前所未有的冲击。这也可以说是一个百年未有之大变局。互联网的崛起、技术的不断进步、智能化的不断的助推，整个的知识生产与传播，新闻生产与传播，方式全面改变。新媒体层出不穷，日新月异，一浪高过一浪。尽管传统媒体的衰落在不同的国家、不同的地区有着不同的情况，存在着一定的差异性。

但作为一个媒体行业，传统媒体的式微已经是大势所趋。传统媒体上试图寻求一条新的生路。很多媒体试图结合新媒体、或者说融合新媒体，找到一条突围之路。所以我认为光是抱怨，当“九斤老太”是没有意义的。这种发展体现了历史演进的必然，是媒体不断进化所致，媒体进化的方式也直接制约和影响着知识的生产与接受的方式。我们要不断研究媒体变化的内在规律，研究媒体与社会互动关系，研究媒介进化的规律，新媒体出现的特点，新媒体发展的内在驱动力。对于培养媒体人才的新闻院校来说，也存在转型的问题。就是要审时度势，把培养的重心转移到新媒体上、转移到媒体融合上、转移到媒体与传播的创新上、转移到媒体的智能化驱动上、转移到移动媒体、视听媒体的全面进化发展上。这是已经到来的媒介化社会所要求的。大学新闻传播教育不转型是没有出路的。未来的新闻人和传统的新闻人毫无疑问会有很大的差别。对于未来的新闻人而言，要全面提升个人的素质和技能。要深刻的理解社会，要了解科学技术发展的前沿，要掌握传播的规律和传播的技巧，要拥有现代的传播观念。不管媒体进化到什么层次、怎样的高度，有一些基本的主体守则是不变的：就是传播者必须熟悉媒体特性、树立专业意识、守道重器。

（曹磊、杨新明）

6.2.6 李建伟：当好学院师生的服务员

河南大学新闻与传播学院成立于2002年4月，是我国较早成立的专门培养新闻与传播专业人才的学院，也是全国比较少的专业比较齐整的学院之一。

“筚路蓝缕，玉汝于成。”河南大学新闻与传播学院成立至今已整整18年，作为首任院长，李建伟就像看着孩子终于长大成年。从无到有，从小到大，从弱到强，学院发展的每一步，他都倾注了心血。近日，在记者电话采访他时，深知创业之艰辛、开拓之不易的李建伟，用了这八个字概括一路走来的坎坷经历。以下是采访实录(见图6-8)。

记者：您是河南大学新闻与传播学院的首任院长。当时，为什么会让您到这样一个新的学院去“创业”？

李建伟：河南大学新闻与传播学院是2002年4月12日成立的，当时，学校派我到这个新成立的学院担任院长。

学校选派我到新闻与传播学院当院长之前，我在河南大学《中学语文园地》编辑部当主任和主编。五年多的编辑生涯，使我养成了严肃认真、一丝不苟的工作作风，不仅积累了很多编辑实践知识，同时，编辑学理论水平也得到了大大提升。

说起来，我这一辈子和文字、和“传播”一直在打交道。我是改革开放后第一届大

图 6-8　李建伟教授

学生，也就是社会上所说的七七级，我上大学之前是安阳染料总厂一个工人，听到高考要恢复的消息后，好像就复习了两三个月功课，实际上是我白天上班，晚上看一些复习材料，就直接参加了 1977 年 11 月的考试。1978 年春节前接到了开封师范学院(今天的河南大学)中文系的录取通知书。1978 年 3 月 3 日，我独自一人带着行李到开封来报道。四年的大学本科学习使我学到了很多东西，也读了很多书。1982 年 2 月毕业后留校任教，在汉语教研室教古代汉语课。其间到北京师范大学上古文字学习班，1987 年 6 月考上东北师范大学古代汉语研究生班。后来从助教、讲师到副教授，1992 年起兼任中文系办公室主任。1995 年 2 月，学校任命我到《中学语文》(1997 年改名《中学语文园地》)编辑部任主任和主编。在编辑部全体同志的努力下，我们的杂志被评为全国青少年优秀期刊和河南省一级期刊，在全国特别是河南省也算是比较有名的一份语文教辅期刊。

河南大学新闻与传播学院成立前，编辑出版专业已经在国内都很有名气。这个专业开办得比较早，从 1986 年开始，就招收了全国第一届硕士研究生，到学院成立时，经过 16 年的积淀，已经产出了论文、专著等一批丰硕的成果。而我当时的工作也恰恰与编辑学这个学科密切相关。现在想来，可能当时学校领导在选拔新闻与传播学院院长的时候，考虑到我这个主编与新闻传播相关专业联系比较密切，所以派我去新成立的新闻与传播学院当院长。

这里还有个小插曲，学校最初下发的文件是成立新闻传播学院，我看到文件后请教了王振铎先生等老师，给校长提出建议——学院名称应该是新闻与传播学院，而不应该是新闻传播学院。学校后来又下文把学院名字改为新闻与传播学院。

从进入河南大学新闻与传播学院那天起，某种意义上讲，我和团队就开始了创业之路。从2002年4月到2013年6月，我在院长位置上一干就是11年，新闻与传播学院就像是孩子一样，我看着它一点点长大强壮。

记者：听说学院成立初期条件很艰苦，您能回顾一下学院当时面临的情况吗？

李建伟：“忆往昔峥嵘岁月稠。”回想起学院成立之初的情况，可以用“一穷二白”来概括。我和我们这个整合了多个学院教职员工的团队，白手起家，艰苦创业。

学院成立了，但是没办公地方。这是我们面临的第一个问题。当年4月到9月，我们都是在校团委书记办公室办公(学院书记是原学校团委书记)。直到9月份，新学年开学，学校才给我们挤出了东二斋五间办公房和东三斋一间资料室。我们没有地方召开全体教工会议，就在学校东二斋门口开会。第二个问题是穷。当时，文学院给我们拨付了20万元的科研经费，其他办公经费一分钱没有。我们学院成立第一年发的讲课费和科研奖励费，还是我从学校出版社借的。

作为新成立的学院，可以说，当时的新闻与传播学院是学校的小“联合国”，教职员工整合了学校11个院系和单位的人员。学校任命我们学院第一届班子是从六个单位抽调的。我从杂志社来，学院的书记是原学校团委书记，行政副院长是原学校党办副主任，科研副院长是原历史系广告教研室主任，教学副院长是原中文系播音与主持教研室主任，还有一个副书记是原学校成人教育学院调来的。学院成立时由四个专业组成，其中广播电视新闻专业、编辑出版专业、播音与主持专业是中文系过来的，广告专业是历史系过来的。还有学校电教馆，原开封师范高等专科学校中文系、历史系部分同志，40多位教职工。

当时学院最困难的有几点，一是师资力量薄弱。当时我们学院40多位同志只有5个教授(3个兼职)，没有一个有博士学位；青年教师居多，学缘结构也不合理，所以科研也很薄弱。二是教学设备缺乏，虽然学校把电教馆分给了我们学院，但是教学设备陈旧。三是没有任何图书资料，老师备课只能依靠自己去学校图书馆查阅。最重要的是，这原11个单位的人员来到一个学院，内部的管理十分麻烦，制度建设迫在眉睫。

记者：在这样一个整合了11个单位人员的新单位，面对这么多亟待解决的问题，作为院长，您是怎么做的？

李建伟：首先要解决我们的培养目标问题。我和班子全体同志在任期间，始终贯彻党的教育方针，无论从教学大纲的制定和学生各种活动中，体现我们的办学宗旨，努力培养具有正确的政治方向、能够熟练掌握专业知识的“四有”新人。

其次要着力抓好师资队伍建设，我们采取“请进来”和“送出去”两条腿走路。“请进来”就是在全国招聘具有博士学位的师资和专业人才，比如我们听说有一个俄罗斯人民友谊大学即将毕业的博士是郑州人，曾经当过十几年的记者，我们就千方百计与他联系，帮助他解决所有的学习和生活上的困难，学校领导出面协调我们进人的种种困难。这个同志毕业后愉快地来到我们学院工作，很快解决了高级职称，被学校聘为特聘教授，我们聘任他做学院传媒研究所所长和国家级实验教学示范中心主任，他后来工作很出色，写了 5 部专著，拿到了三个国家社科基金项目，后来还接替我担任了学院主要领导。另外，我们还请学校出版社、学报、图书馆具有高级职称的老师来学院带研究生，担任一些技术课程。我们聘请了 60 多位校外兼职教授和业界研究生导师，大大提高了教学质量。

“送出去”就是把学院在职的教师送出去读博士，学院先后送出去到北京大学、复旦大学、浙江大学、武汉大学、华中科技大学等高校读博士的有 20 几位老师，这些博士毕业以后有的回到学院服务，后来成为学科带头人或者骨干教师。有的还当了博士生导师、副院长，有的去了人民日报社、中国传媒大学、中国出版集团等单位，都做出了显著成绩。另外，我们把所有讲师以上的老师都送到著名高校进修一年以上，这些从北京大学、中国人民大学、复旦大学、中国传媒大学、大连理工大学等著名高校进修回来的老师在教学中都取得了很大的成绩。

对于一个学院来说，要想在全国做出点名堂，科研工作是重中之重。由于学院建院初期师资力量薄弱，教学任务又很重，所以教师的科研工作比较薄弱。我们当时加大了科研成果的资助和奖励，比如在国家级出版社出版的专著我们不仅资助出版，还要奖励。在国家 A 级期刊发表一篇论文奖励两万元，在《新华文摘》被全文转载的和 CSCI 期刊发表的论文学校各奖励 5 万元，学院再各奖励 1 万元。对于获得国家社科基金项目和教育部人文社科项目的老师也给予了高额奖励。对于获得省部级以上奖励的(包括教学)也给予了一定的奖励。这些奖励措施迅速产生了很好的效果。

教学工作是学校的中心工作。我们学院建院初期教学任务很重，为此，我们到多所著名高校走访，研究了全国十几所有相同专业的高校办学情况，制定了符合我们学院实际的各个专业的教学大纲。鼓励老师在教学上能够做出显著的成绩。我们还请学校学报编辑部老师和出版社老师到我们学院带研究生和上课，解决师资力量不足的问题。另外，新闻传播学科是一个实践性很强的学科，我们学院又有广播电视专业和播音主持艺术专业，所以我们创造条件，鼓励学生积极参加第二课堂的活动和教学实践活动。比如，新闻系的“记者文化节”系列活动、播音与主持艺术专业的“绽放”教学成果汇报活动、编辑出版专业的图书策划大赛和国际读书节系列活动、广告专业的河南大学广告节活动、广播电视专业的短视频创作教学汇报活动等，到今天还是河南大学的著名校园活动。当然他们在全国相应专业大赛中也取得了很好的成绩。比如，广告专业的一个学生团队曾经荣获全国广告大学生“学院奖”大赛最高奖，奖金5万元。播音与主持艺术专业的学生也在历年全国播音专业“夏青杯”大学生播音主持大赛和齐越朗诵节等大赛中取得了很好的成绩。

抓好创收工作是我们学院发展的基础。经济基础决定上层建筑。学院建院初期，经费十分困难，在这种情况下，我们广开思路，努力创造一个好的办学环境，为全院广大师生服务。首先我们举办新闻学在职研究生班，我们联合有关报社，举办了多期在职研究生班，取得了很好的社会效益和经济效益。另外，我们在学校新设的民生学院和欧亚国际学院下面开办我们学院的专业，如新闻学、播音与主持艺术、广告学等。我们学院负责学生的教学工作，这些学院每年能给我们提供200万元左右。再有就是我们举办面向社会的专业辅导班，比如播音主持艺术专业和广播电视编导专业。我们每年到市教育局、发改委申请办学资格和学费收取标准，最多时一期有七百多人。还有就是新闻学自考辅导班和函授教育，也可以补充少量经费。这样我们经过几年的努力，计划外年收入最多时有500多万元，对于我们的教学科研和学生活动给予了有力的资金支持。

记者：可以说，科研是立院之本，教学是中心工作。作为院长，也是教学科研的带头人，您当时在教学科研上有哪些做法？

李建伟：院长既是一个学院的行政一把手，也要成为教学科研的带头人。在教学上，我坚持给本科生上课，先后给本科生和硕士研究生上过“古代汉语”“马克思主义新闻学导读”“编辑出版学”“书报刊校对实务”“新闻传播学前沿理论”等课程。我坚持认真备课，把学科理论最前沿的东西交给同学们。我也担任河南大学新闻与传播学一级学科和编辑出版专业学科带头人。2012年被评为河南省优秀教师。另外，我也作为河南省学术技术带头人，经常给省委宣传部、省广播电视新闻局培训班讲课，受到热烈欢迎。作为中国新闻奖审核委员会中河南省高校领域的唯一专家，我参加了从2013年到2019年的评审工作，多次受到中央领导的接见。另外，我自己带的硕士研究生有十几人考上北京大学、复旦大学、南京大学、武汉大学、华中科技大学等著名高校的博士生，我还是很自豪的。

在科研上，我在编辑出版学和新媒体领域的研究可归纳为如下四个时期：

一是2001—2004年。此阶段研究多集中于对编校过程中遣词用句的探讨辨析以及期刊、广播、电视等媒介所发挥的舆论功能作用的探讨。

二是从2005—2009年。随着专业教学的不断深入和管理经验的不断累积，我开始潜心研究新闻学教育特别是编辑出版学高等教育问题。通过对编辑出版专业高等教育现状的梳理和对全球背景下编辑出版人才培养的探析，我于 2008 年第 3 期在《新闻与传播研究》发表的论文《从西方媒体的偏见看中国新闻教育的取向》被中央宣传部主要领导批示，要求教育部、中宣部联合调查我国新闻教育落实马克思主义新闻观的现状和问题。

三是 2010—2016 年。在这期间，外部时代发展的变化重塑了整个出版生态体系，以科技为导向的数字出版异军突起，也成为我在研究编辑出版学人才培养方面所考虑的重要问题。2010 年，我应教育部邀请参加了全国新闻学与传播学“十二五”发展规划(编辑出版学科)的起草和定稿工作，和全国哲学与社会科学“十二五”发展规划(出版学)的编纂工作。通过不断地交流与碰撞，我在继续编辑出版高等教育领域研究的同时，着重对以手机为媒介、以微博为平台代表的新媒体传播趋势及所对应的编辑人才素养问题进行了深入的分析和探讨。

第四阶段是从 2016 年至今。2016 年，我申请的国家社科项目“新媒体叙事编辑规律研究”获批，多年来的理论分析与实践经验，使我在积累丰富的一线教学经验同时，清晰把握了出版业的时代发展趋势。面对复杂的网络传播现状，我经常思考一个问题：新时代新气象，如何能在当今社会重塑“内容为王”的价值导向，将新媒体的内在传播机制与传统的编辑规律进行融合升华，使古老的编辑技艺与工匠精神在数字时代重新焕发生机与活力，真正讲好中国故事，传递中国好声音。希望通过进一步的学习与研究，能给我以答案。

我的部分教学和科研成果：一是在新媒体编辑研究方面，《新媒体叙事编辑规律研究》项目获批为国家社会科学基金项目，《社会化媒体编辑力初探——以新浪微博为例》一文获评 2012 年度互联网与数字出版优秀论文。二是在在编辑出版学教育方面，承担并结项了教育部人文社科“我国编辑出版学教育发展现状及前景研究”项目，“编辑出版专业本科教学‘3+N’模式的建构与实践”项目获评全国新闻学与传播学教学创新项目，《从西方媒体的偏见看中国教育的取向》一文获评河南省社会科学优秀成果，《中国编辑出版教育透视》一书获评河南省人文社会科学研究优秀成果；三是在研究版权贸易方面，我与王志刚合著了《版权贸易基础》，获得河南省教育科学研究优秀成果；四是在文化传播方面，承担并结项了河南省教育厅社科重点课题“河南形象文化符号传播研究”，并被鉴定为优秀课题。

记者：我们知道，河南大学的编辑出版专业在整个新闻传播学界的分量很重，有“中原学派”之称，这样的专业特色和优势是怎么形成的？

李建伟：说起河南大学新闻与传播学院，就必须要说编辑出版专业。河南大学新闻与传播学院虽然是个年轻的学院，但是编辑出版专业却有较长的历史。某种意义上说，这个专业是立院之基。

从1986年，河南大学就开始招收挂靠在现当代文学等专业下面的第一届编辑学方向的硕士研究生，这也是全国第一届编辑专业研究生。现在中国传媒大学的李频教授就是第一届学生。1988年，这个专业开始实验性地招收第一届编辑学专业方向的本科生，到1993年获批正式招收编辑出版学专业本科生。先招研究生，再招本科生，这也成为大学招生的一个创新之举。当时，我是中文系的教师，是编辑班的专业教师。

在河南大学新闻与传播学院之时，河南大学编辑出版学已经发展近20年，形成了以学报编辑部王振铎、司锡明、宋应离、张如法、李明山等教授为代表的编辑出版学研究群体，并出版了《编辑学通论》《中国大学学报研究》《编辑社会学》等著作，发表了若干篇论文，为以后的理论探索与研究奠定了基础。基于此，从建院之初，我们就确定了编辑出版学科作为重点发展的学科。

2004年，学院申请设立了"编辑出版研究中心"，王振铎老师是第一任研究中心主任。河南大学编辑出版学的研究进入到成熟期，凝聚了以王振铎、宋应离、张如法、张天定、李建伟、姬建敏、王鹏飞、王志刚等为代表的年龄结构合理的老中青科研教学团队，出版了《编辑学原理论》《中国当代出版史料》《中国期刊发展史》《中国大学学报简史》《20世纪中国著名编辑出版家资料汇辑》《编辑社会学》《编辑出版学》《编辑心理论》《中国编辑出版教育透视》《"孤岛"文学期刊研究》《出版企业版权战略管理》《中国编辑学研究60年》等一系列的编辑出版学理论研究著作。

经过30多年的发展，河南大学编辑出版学形成了特色鲜明的"中原学派"，中国编辑出版学的理论构建、学科建设、专业教育方面做出突出贡献，成为我国编辑出版高等教育的重镇之一。编辑出版学专业现为教育部国家一流本科专业，30多年来，培养了以李频、王衍诗、李明伟、平萍、李强、刘大年等为代表的大批优秀毕业生，为我国的编辑出版事业作出了重要贡献。

记者：在您看来，在您担任院长的11年中，学院取得的哪些成绩可圈可点？

李建伟：在学校党委、行政支持下，在全院师生的共同努力下，学院十年取得了十大成绩：一是制定了学院正确的发展方向；二是荣获了教育部国家级实验教学示范中心；三是培养了一支学历和学缘结构比较合理的师资队伍，向全国其他高校输送了一批博士生师资和教学骨干；四是取得了河南省新闻与传播学一级学科硕士授予点和一个跨文化传播二级博士点；五是编辑传播专业获得了河南省特色专业(2019年荣获首批国家级一流本科专业)；六是学院成为全国高等教育学会编辑传播专业学会(组)会长单位；七是学院成为中国新闻学研究会编辑传播专业委员会首任常务副会长和秘书长单位；八是增加了2000多万元的教学设备；九是在全国高校新闻与传播专业结交了很多专家和朋友，他们对我们学院发展提供了无私的帮助和支持；十是在 2011 年教育部首次学科教学质量评估排名公布时，河南大学新闻与传播学院排在全国第 9 名(并列第 19 名)，当时河南大学在这次学科评估排名前 20 的只有 6 个学科。

记者：从全国范围来看，河南大学新闻与传播学院已成为少有的学科齐全、人数众多的学院，请您介绍一下学院在专业建设方面的情况。

李建伟：是的。经过 18 年的努力，在全院师生共同奋斗下，河南大学新闻学院已经成为全国少有的学科齐全、师生众多的学院。

我们现在拥有 6 个本科专业：编辑出版学、新闻学、广告学、网络与新媒体、播音与主持艺术、广播电视编导。有河南省新闻与传播学一级学科，硕士学术学位招生授予权有两个：新闻传播学、戏剧影视学；硕士专业学位授予权有三个：新闻传播、出版、广播电视。还有一个跨文化传播博士二级授予点。学院还荣获教育部国家级教学实验示范中心(新闻传播类)，这是河南省唯一的一个文科新闻传播国家级教学实验示范中心。编辑出版学专业是教育部一流本科专业，新闻学专业是河南省一流本科专业。学院现有教职工 84 人，其中教授 24 人，博士将近 50 人。学生 1800 余名。十几年来，学院获得国家社科基金项目等国家级社科项目近 30 项。

记者：做了 11 年的院长，河大新闻与传播学院一路发展壮大，您一定有很多心得，可否给现在的年轻院长谈谈您当院长的体会?

李建伟：我总有一句话，作为院长，就是当好学院师生的服务员。这是从和师生相处的角度来说的。我认为，学院的院长也好，书记也好，都是为全院师生服务的。不要把自己当成领导，不要认为自己是什么什么级别，有了这种服务思想，院长就不会高高在上，就不会把自己当成一个什么官，就会心甘情愿踏踏实实地为全院师生服务。全院师生无论工作上、生活上有什么问题，都会积极给你反映，让你解决。让他们把你当成大哥或者兄弟姐妹。学生会干部培训班曾经让我讲怎么当学生干部，我给他们说了我的体会：把同事当上级对待，把下级当同事对待，就能够当好一个领导。领导就是服务，领导就是服务学院师生的，是我们高校每个干部始终应该牢记的宗旨。

从学院发展的角度来说，实事求是是当好院长的基本工作原则。我们党的思想路线就是实事求是，一切从实际出发。当好院长也必须时时处处贯彻实事求是的原则。这好像是官话套话，实际上不是。比如，河南大学是一个省属地方院校，新闻传播学院是一个新成立的学院。这两个特点决定了我们的工作必须围绕河南省经济建设人才需求的需要去办学，不能好高骛远。不能脱离实际地制定工作规划。又比如，我们的学生来源 80%是河南本省，一半以上是农村出来的学生，所以我们在工作安排和学生活动中就不能不考虑这个特点。又比如从学科建设上，河南省是一个人口大省，又是一个生源大省，我们学院办学就要尽可能增加专业，增加招生人数，才能够符合实际地为河南经济发展作出贡献。

做院长，说易不易，但是抓好核心工作就不难。我认为，实际上院长做好两件事就可以了：一是抓人，千方百计培养人才、引进人才，一个学院有十几个潜心教学特别是科研的名师，一个专业有一到数个带头人，就可以成为一个全国出色的学院或者著名的专业。二是抓钱。俗话说，手中有粮，心中不慌。没有办学经费、教学设备落后，又怎么能够把学院建成国内外知名学院？我认为是不可能的。

不管是从新闻传播学科的发展来说，还是学院的发展来说，都要有明确办学目标和奋斗方向。我们学院虽然是在河南大学这个百年老校中，与其他名牌学院如文学院、历史文化学院、经济学院等相比，教学科研底子薄、办院历史短，怎样在较短时间充分发挥我们优势，争取办出特色、办出成效，就成为我们全院领导班子始终考虑的问题。通过分析研究，我们制定了以编辑出版学为龙头，以广告学和播音主持艺术专业为两翼、兼顾其他专业的办院方针。十几年坚持下来，取得了很好的成效。编辑出版专业从省特色专业到荣获国家级一流专业，我们学校也成为全国高等教育协会新闻与传播专业委员会编辑出版高等教育委员会(学组)会长单位，我也被选为中国新闻史学会编辑出版专业委员会常务副会长。我们学院也成为全国广告学教育学会副会长单位。我们学院还被河南省教育厅指定为播音与主持艺术专业高考主考单位(十年)。

俗话说，火车跑得快，全靠车头带。党政班子一条心，学院就能大踏步向前走。这就需要处理好党政关系。每个学院都有党委书记，按照学校党委行政的要求，学院实行党政联席会制度。作为院长，要和学院党委书记搞好关系，大事要商量，小事要打招呼，最大限度地争取党委书记的支持。如果院长和书记闹矛盾，不但学院的事业发展要受到严重影响，而且老师们也无所适从，特别是在“三重一大”问题上、在学科发展目标制定上、在教师使用上等方面，院长和书记都要达成一致的意见。其实很简单，只要大家出于公心，意见就能达成一致。院长和书记有时意见不一致是正常的，出现矛盾可以先放一放，意见达成一致再实施，切忌争权夺利。我们要知道，党把我们放在这个岗位是临时的，学院不是某个人的，不要把学院当成自己的自留地。有句话说得好：当官是暂时的，朋友是永远的，身体是自己的。

还有一个很重要的经验是，民主办院，科学决策。作为院长的智慧和能力是有限的，办院就要坚持民主办院，科学决策。要集中大家的智慧才能办好学院。我们学院无论是制定学院发展方向，制订教学计划，评聘职称、制定教学和科研奖励条例等工作，都要征求广大教师意见，甚至要在学院教代会上通过。如果对某一问题个别教师有意见，就要充分听取，弄清楚教师所提的意见是否有道理，如果有道理就及时改正。如果没有民主办学、科学决策等一系列措施，学院的发展肯定会受到挫折，你也不会受到大家的拥护。

记者：现在回头想想，您当院长这 11 年中，最难忘的事是什么？现在最想说的是什么？

李建伟：我最难忘的是，我们学院每取得一个成绩时大家的喜悦：我们拿到每一个国家社科基金项目时，我们获得河南省新闻传播一级学科时，我们在每年全校学生运动会上名列前茅时，我们主办的国际、国内学术研讨会圆满结束时，我们的毕业生有的专业一半以上同学考上研究生时，我们的青年教师一个一个考上博士生时……很多很多场景，看着学院和师生们拿到的每一份成绩、取得的每一个成就，我们欢呼雀跃，相拥而泣，感慨万分……

我感谢全院师生，他们给我提供了一个团结奋进的好平台，是他们成就了今天发奋图强、成绩卓著的学院。

我感谢我的老师们：王振铎老师、宋应离老师、张如法老师、张豫林老师、刘增杰老师、王文金老师、张仲良老师等。我的每一步成长都是他们手把手教我的，没有他们的帮助，我是不会取得现有的一点点成绩的。

感谢一直十分关心支持我们河南大学新闻与传播学院发展的兄弟院校各位专家和老师们！华中科技大学新闻与信息传播学院曾经一年招收我们 5 位青年教师为在职博士生，中国社科院新闻与传播研究所曾经连续三年录取我们学院硕士毕业生为他们的博士生，我们与许多兄弟院校的友谊源远流长。在这里我特别向方汉奇老师、宁树藩老师、丁淦林老师、何梓华老师、赵玉明老师、罗以澄老师、童兵老师、郑保卫老师、尹韵公老师、胡正荣老师、李晓华老师为代表的各位老师鞠躬致敬！向支持我们的全国新闻与传播学院的各位院长鞠躬致敬！

岁月沧桑，白驹过隙，最后用我朋友的话结束采访：

“无论何人，我们都是匆匆的历史过客，来也匆匆，去也匆匆。既然是过客，那么我们必须早早调整好心态。还有一个问题，就是别把自己看得太重。也许你在任上是干得不错，也许你在目前的岗位上干得风生水起，但是，你应该记住，没有你，事情一样能干好，说得白一点，离了你，地球一样转；你更应该记住，你能干好，别人也一样能干好。”

（张　静）

第7章 名师风采

7.1 孙旭培：默默耕耘在冻土带的新闻学者①

孙旭培曾任《人民日报》记者，中国社会科学院新闻研究所研究室主任、副所长、所长，华中科技大学特聘教授、博士生导师，一生致力于中国新闻自由与法治的研究，人们评价他为“中国最为敢言的新闻学者”“中国大陆新闻自由最勇敢的倡导者”“一位默默耕耘在冻土带上的人”“甘为新闻改革铺路奠基”“面向真理，一以贯之”(见图7-1)。

图7-1 孙旭培教授

① 本节主要根据《新闻自由冻土带的播火者——孙旭培传》(王英著)一书摘选整理而成。

7.1.1 宁要真理，不要桂冠：在动乱中成长为学者加斗士

1944年，孙旭培出生在安徽怀宁一个贫苦的农民家庭。在极端贫困的情况下，家人和老师都对他的学业给予了最大的支持。1963年他考入安徽大学外语系，1969年秋，大学毕业的他到安徽淮北矿务局袁庄矿中小学当老师，后来被抽到袁庄煤矿宣传科担任新闻干事，从事新闻报道工作。他积累了丰富的实践经验，也逐渐对中国政治形势有了判断。1977年10月4日《人民日报》刊登了他撰写的反“左”文章《四人帮假左派伪装与极右实质》①，由此他成为第一个在《人民日报》上批“左”的人。11月1日《人民日报》理论部还专门给他去信，称赞：“已经发表的那篇文章，读者反应还是不错的，主要是问题讲得鲜明，反映了许多人民要说的话。”这次经历让他认识到，思想的解放要一步步地实现，改革的过程就是挤门缝的过程，一步到位是不现实的。这为他日后研究新闻自由确定了一个比较可行的思维方法和文稿处理方法，就是在渐进中不断深入发表见解。

1978年国家恢复招收研究生，孙旭培考入中国社会科学院，成为研究生院新闻系“黄埔一期”的学生。他撰写出了六万多字的毕业论文《社会主义新闻自由刍议》。文章以八章的篇幅阐述了对社会主义新闻自由的认识，这是新中国第一篇全面系统地论述社会主义新闻自由内容、特点及表现形式的一篇专文。当时复旦大学王中教授看完回信称赞说：“是极好的，少见的好文章……你的论文给我带来希望。”理论家王若水任他的答辩委员会主席，给予了极高的评价，他得以顺利毕业。

因为毕业之后想要从事新闻自由相关的研究，他留在中国社会科学院新闻研究所。他解释说：“在中国，多一个记者少一个记者都无所谓，但中国不能少一个研究新闻自由的人。”他曾讲：“我是对讲假话很反感。当记者离自己的新闻理想距离很大。眼下政治清明，新闻媒体表现还算可以。但整个新闻制度没有改革，发生反复是随时可能的。我觉得要建立一个健全的民主制度，就要先有人研究出自由度合适的新闻制度。”孙旭培在1983年春夏交接之际，开启了他研究新闻自由与法治的征途。

7.1.2 为民立言，唯真为美：艰辛的新闻自由与法治征途

孙旭培研究新闻改革与新闻自由，他始终认为，做学问要坚持一个学者的良知和严谨。他常说“发现表达真理的方式，比发现真理本身还难；坚持真理并不比发现真理容易，有时更难”。他独立地、批判性地进行思考。中国人民大学教授方汉奇评价他：在

① 原文标题为《应当把“四人帮”的极左面目与极右实质联系起来批判》，登报时将极“左”的提法改成了“假左”。

科学研究上，孙旭培不唯上，不唯书，敢于发表自己的独立见解。他的文章既体现了他的睿智和机锋，也体现了他的缜密和严谨。只要不抱任何偏见，就应该承认他是一个既有一定的学术底蕴和学术勇气，又有强烈的社会责任感的忠于党和人民的事业的学者。

1983年回到新闻研究所，孙旭培最想做的是研究并参与制定一部新闻法。1984年5月新闻法研究室正式成立，他带着研究生撰写《新闻法知识讲座》。尽管新闻出版立法未能实现，但他依然通过做演讲、写文章等方式，“子规啼血”般地努力着。1986年他的《社会主义新闻法是新闻自由保护法》的长文在《文汇报》上发表，这是中华人民共和国成立以来首次有学者在报纸上正面公开论述新闻自由。同时，他协助湖南出版社编辑出版了《出版家文摘》①，这本创刊号即是终刊号的杂志昭示了他们为呼唤新闻自由所做的努力。当新闻立法被排在“近期规划”外、论文无处可发时，孙旭培将自己的研究转向了新闻改革：他给《人民日报》撰写系列改革建议，他研究新闻舆论体制改革，呼吁“平衡报道”……1989年他成为新闻研究所所长，继续为中国的新闻事业发展前后奔走。

孙旭培在做学术研究的过程注重理论研究与中国现实的结合。他关于新闻自由、新闻立法、新闻改革、新闻理论及业务的研究，处处显示出社会主义中国新闻事业不断进步的烙印，是新中国通向新闻自由与法治途中的战鼓和号角。②

1. 关于新闻自由的研究

辨析“形式自由”与“实质自由”。1981年，他在硕士论文《社会主义新闻自由刍议》中指出：社会主义国家避而不谈新闻自由的实现形式(即“形式自由”)，却美其名曰有“实质自由”。其实，有了形式自由，实质自由未必充分；但如果连形式自由都没有，根本就谈不上一点实质自由。1984年1月该文发表后，关于“形式自由”与“实质自由”的诡辩不复出现。

(1)辨析“阶级自由”与“社会自由”。2007年，他在《从精英主义新闻观念到“无产阶级新闻自由”》中分析：世界新闻思想史上有两条思想路线，即精英主义路线和民主主义路线，两条路线的分水岭是“平等”二字。民主主义认为人人有言论自由、新闻自由，所以新闻自由是社会的自由。精英主义认为只有一部分人有言论、新闻自由，另外的人则没有。20世纪出现的所谓“无产阶级新闻自由”，则是与精英主义新闻观念一脉

① 这是一本专门收集和刊登论述新闻自由文章的刊物。创刊号的头五篇文章为：《论出版自由》(约翰·弥尔顿)、《要制定新闻出版法》《从政策上资金上保证出版自由》《试论出版物的社会效益》《审定稿件编委会负责，任何“首长”不应干预》。

② 下文关于孙旭培学术思想的内容摘自其学生吴麟的文章《思考品质决定学术生命力——评价孙旭培的学术研究》。

相承的。所谓大多数人的自由经过一系列置换以后，就变成少数人甚至领袖个人的自由。阶级自由的说法是违宪的，因为宪法规定的是不分阶级的，有国籍的人都应该有的公民自由。

(2)强调多在舆论监督上做文章。1981年他在硕士论文中首次提出新闻媒介要发挥舆论监督的作用，并将舆论监督和法律监督、人民代表大会监督并提。舆论监督的提法在当时是中华人民共和国成立以来的首创，而现在已成为新闻学重要语汇之一。他还曾以舆论监督为主题撰写过多篇文章，如2001年在《“跨地区监督性报道”析》中强调：“跨地区监督”有利于冲破地方保护主义的阻挠，受“人情风”的干扰程度也会降到最低。

2. 关于新闻立法的研究

(1)讨论新闻自由和民办报纸。1986年8月30日，他在上海《文汇报》上发表《社会主义新闻法是新闻自由保护法》，提出中国新闻立法应该考虑的一些基本原则，其中包括新闻自由和民办报纸，引起了海内外的关注，英国 *Summary of World Broadcast* 和美国 *Foreign Broadcast Information Service* 都进行了译载。

(2)强调公众利益原则。2004年他在《公共利益原则与传播文明——对“黄金高事件”该不该报道的探讨》中指出：公众利益原则可以用于对腐败事件的报道，该原则可用作媒体披露某些信息的抗辩理由，从而形成对反腐败报道的重要保护。实施这一原则有助于构建信息互动、循环的网络，形成政治系统与社会互动、反馈的良性传播生态。

将新闻传播立法所要调整的主要关系归纳为三种：传媒与国家、传媒与社会、传媒与公民。其中，每种关系中都存在自由与控制问题、权利与责任问题。依此脉络，他写成一本集世界主要国家新闻法治文明成果的著作《新闻传播法学》。

3. 关于新闻改革的研究

孙旭培曾说，他花时间最多的领域是研究如何实现在自由与法的框架下的新闻改革。

(1)提出新闻体制的改革思路：两种作用——多层次报业结构——两种标准管理。1986年，他在《新闻体制改革略议》中指出：我国社会主义新闻事业，应发挥两方面的作用，一是上对下的作用，即作为党和政府的宣传工具和喉舌而发挥的宣传作用、指导作用；二是下对上的作用，即作为社会舆论工具，对政府、政党和各级官员发挥的舆论监督作用。为此，要建立以党报为中心、由多种类多层次的报纸组成的多样化的报业结构。对于这种多层次的新闻事业，应该有两种标准管理，一个是法律标准，一个是党性标准。

(2)主张应有不同层次基调的报纸。1994年，他在《论新闻观念的更新》中分析：既然中共十四届六中全会决议精神，作为思想文化重要组成部分的新闻事业，也应该是多层次的。比如，有的是社会主义-共产主义这个层次上的，有的是爱国守法这个层次上的。这可以为新闻体制改革开拓新的思路。

(3)提出应不断扩大信息量和言论尺度，以过好言论自由关。1994年11月10日，他在全国人大法工委召开的出版立法座谈会发言中指出：如果过不好言论、出版、新闻自由关，社会主义制度就不能巩固地确立。不能把苏联、东欧的剧变仅仅看作是经济没搞不上去造成的，而是经济、政治、文化、民族等各方面的原因综合作用的结果，其中也包括没有处理好言论、出版、新闻自由的问题。

4. 关于新闻理论及业务的研究

(1)质疑“本质真实论”。他于1985年撰文指出：并不存在现象真实而本质不真实的实例，反映本质只存在深浅的问题，不存在真实不真实的问题。本质真实论实际上是“主流真实论”(“只有报道成绩的新闻才谈得上真实”的理论)，是为只报道成绩而不报道问题的宣传政策辩护的，并与知情权的理论格格不入。

(2)提出“信息产业论”。2003年，他在《论作为信息产业的传媒业》中强调：仅以喉舌和宣传为己任的传媒，对信息的筛选是高强度的、传播的信息是不完整的。我国的传媒业只有作为信息产业发挥作用，才能形成信息丰富、灵通，决策及时、有效的经济建设环境，才能推动我国的改革开放和市场经济建设跃上一个新的台阶。只有坚持依法办传媒，我国传媒业才可以负担起信息产业所应承担的责任。

(3)主张“平衡报道”准则。他在1991年初次发表的《论新闻报道的平衡》中提出：平衡就是在突出报道一种主要因素时，还要顾及其他因素，特别是相反的因素；在突出报道一种主要意见时，还要注意点出其他意见，特别是相反的意见。平衡手法不是讲多种因素、多种意见均衡地、中庸地报道，仍然是把某种因素、意见作为主要的因素、意见突出进行报道。

(4)主张传播学研究“既要有本土化，又要有国际化”。20世纪90年代他主编了《华夏传播论》，这是集海峡两岸近30位学者之力共同完成的一本传播学本土化研究的专著。其中，在《政治传播》篇中，他发现了“决策圈”和“信息圈”的对应关系及不同后果——决策圈和信息圈一致，政治就清明；而决策圈和信息圈不重合或相分离时，政治就腐败。

7.1.3 师者仁心，仁者爱人：尽全力壮大新闻自由的队伍

2001年春，华中科技大学新闻与信息传播学院向孙旭培发出邀请，他当即做出决定："我愿意去你们华中科大。"随后，开启了在华中科技大学的十年科教生涯。

1. 关心爱护学生、成为"学生最喜爱的导师"

在华中科技大学，让孙老师感动的不仅有校园的美丽①、同事的热情，还有学子的勤奋与刻苦。每每站上讲台看见学生们求知的神情，他都感觉精神振奋，有刻苦学习的学子可教，对他来说是一种真正的幸福。在华中科技大学的十多年，孙老师先后指导了几十名学生，如何志武、滕朋、杜俊伟、吴麟、路鹏程、崔明伍、卢家银、牛静等。他曾说："带出一位优秀的研究生，就等于延长了自己的学术生命。"他对学生倾囊相授，不断壮大着新闻自由研究者的队伍。

在为招收硕士研究生而举行的"师生双选会"上，孙老师曾说："对报我的研究生，我没什么要求，分数高低不限，学校出身不限。我只欢迎有勇气、有兴趣，喜欢思辨的同学报名做我的研究生!"直率而真诚的话语赢得了同学们的掌声。

在学生眼里，他是一位可爱的老人，常常流露出孩子般的天真可爱。他常常手里拎着一只老式的黑色手提包，形色匆匆地走在去教书或工作的路上。2007年6月，华中科技大学开展了"我最喜爱的导师"评选活动，孙旭培最终获得1064票，票数居第一而当选。在颁奖现场，学生席位上同学们举起了"老师，我爱你"的标语牌，孙老师发表获奖感言："校研究生会要把最喜爱的研究生导师奖颁给我，我什么活动都可以不去，也要来领这个奖。这是青年给我的奖，是最珍贵的。"

2. 与年轻传媒人交朋友，支持新闻从业者

新闻自由的实现必须从一步一步的新闻改革做起，需要更多新闻工作者的不断努力。孙老师寄希望于年轻的学子和传媒人，和他们交朋友，给予他们鼓励和支持；他尊重每一位为公平正义奔走呼喊的、非体制内的"另类"新闻从业者，尽自己所能帮助他们。

孙老师乐于和年轻媒体人交往，他觉得通过和他们交流，自己可以了解年轻人的想法，获得一些新的认知；他也可以尽可能告诉他们一些自己的看法，让年轻人少走一些

---

① 有感于华中科技大学校园的美丽，孙老师曾写下《绿色的感动》一文，发表在华中科技大学校报上。

弯路。他与凤凰网副总编辑李小鸣就是忘年交。多年前，李小鸣曾南下武汉参加创办《新周报》，当时孙老师告诉他，他希望中国再有几份报纸像《南方周末》那样敢于进行跨地区监督。

“流浪记者”石野采写出很多有震撼力的独家新闻。他虽处境艰难，但依然坚守正义。孙旭培曾与其有过交往，当他听完石野的叙述后，为之感动，并为他即将出版的舆论监督报告文学《流浪者：我在北京做记者》作序。孙老师的序以《中国舆论监督的特种兵》为题，说石野是中国舆论监督的“特种兵”，“全社会都应该支持和帮助他们，要敢于为他们提供采访线索和材料，要协助他们解决工作和生活上的困难，特别要给他们的稿件提供发表和出版的条件和机会，切不要使他们的辛苦泡汤”。

3. 到高等学府宣讲新闻自由

孙旭培认为，新闻自由越是没人讲，他作为专门研究新闻自由的学者，越是有义务多讲。他先后被许多大学邀请担任客座教授、兼职教授，他曾到北京大学、武汉大学、浙江大学等几十所高校做讲座，他还走出国门，在美国、日本的学术会议上发表自己的学术观点。

他曾为北京大学新闻传播学论坛讲座教授，在那期间，陈昌凤教授几乎每年都要安排他做一场讲座。在2005年12月29日的讲座上，他作了《世界新闻自由发展的大趋势和入世对我国新闻业的挑战》的报告，介绍了各国新闻自由的情况，建议青年学人多了解国外新闻自由的情况，这样才有利于克服狭隘民族主义。

孙旭培曾安慰研究新闻自由的学生说：“不要怕(研究成果)暂时无人理会，只要不受打击就比你们先辈们幸运多了。”在做讲座时，他经常引导学生要珍惜今天来之不易的好形势，新闻自由要渐进发展？有的学生问，为什么要强调新闻自由的渐进发展？他给出的理由是：“我们要珍惜这种大好局面，就要使新闻自由在可控的形势下发展，也就是在“有法可依，有法必依”的形势下发展。但是，我们不能借口渐进、借口保持形势稳定，结果渐而不进。我希望我们的学生走向新闻工作岗位以后，要处处维护人民的利益，要敢于为新闻的自由与法治呐喊。”

孙旭培一辈子都是研究新闻自由、新闻立法、新闻改革。2019年10月，在西北政法大学召开的第四届中国传媒法治建设高峰论坛上，主办方在颁发何微法治新闻奖时，特授予孙旭培教授终身成就奖。

中国新闻事业的发展离不开新闻人前赴后继的努力，孙旭培曾说：“我的研究使我不得不经常想着国家改革开放的进程。如果不抓紧时机，抓住历史的机遇，以后就会付出更大的代价。我对这些问题的考虑，经常折磨着我。但是，我并不认为我就不应该在这方面苦思冥想。”每个时代有每个时代的问题，每个时代有每个时代的机遇，孙旭培希望，有志于为社会主义中国新闻事业贡献力量的学子需要接过新闻自由的火种，继续播撒、继续耕耘，不辜负前人的努力与坚持，不辜负时代赋予的责任与希望。

（牛静、王康平）

7.2 陈力丹：学界名家、师者典范

陈力丹，江苏南通人，生于1951年。1973年就读于北京大学中文系新闻专业，1976年在《光明日报》任编辑。1978年考入中国社会科学院研究生院新闻系学习，师从温济泽教授。1981年获全国首批文学硕士学位，留中国社科院新闻研究所工作。1987年任硕士生导师，1993年起为研究员、享受国务院特殊津贴，1998年任新闻学博士生导师。2003年调入中国人民大学任教授、博士生导师。在中国人民大学工作期间，曾任中国人民大学新闻与社会发展研究中心新闻传播所所长(2003—2016)、新闻学院博士后流动站站长(2004—2016)、《国际新闻界》主编(2005—2016)、第六届国务院学位委员会学科评议组成员(2008—2015)等职，2016年12月被聘为一级教授，同年三月荣退，故为中国人民大学荣誉一级教授。代表论著有《精神交往论》《舆论学——舆论导向研究》《世界新闻传播史》《新闻理论十讲》《马克思主义新闻观百科全书》(主编)等。

陈力丹是新闻传播学科的领军人物：他的研究涉及新闻理论、中外新闻传播史、传播学和舆论学……可谓既博又专，且颇有建树。他是当之无愧的一级教授：他发表各类新闻传播学的研究成果八百多万字，论文、著作广泛被引、多年来名列新闻传播学科第一位，为我国“万引学者”之一。他是桃李天下的名师：他的学生遍及神州内外，且成绩斐然，名震一方。他是德高望重的长者：他已年近七旬，仍勤于思考、笔耕不辍(见图7-2)。

7.2.1 建设东北，他结缘新闻工作

陈力丹曾坦言：“我从根儿上就不想干新闻。”可正是这个本对新闻工作不感兴趣的人，却和新闻打了一辈子交道。陈力丹和“新闻”结缘，算是一波三折，机缘巧合。和当下的新闻学子不太一样，他是先从事新闻工作，后接受新闻教育的。1968年7月，17岁的陈力丹报名从北京到黑龙江生产建设兵团二师八团，先是做场院农工，后被调入营

图 7-2 陈力丹，一位为人、为学、为师都堪称典范的新闻传播学研究者和新闻教育家

汽车队再并入团汽车连。1970 年 9 月，他从汽车连调到团宣传股报道组，次年任报道组组长。1973 年 3 月精简机关，报道组解散，他被分配到团修理连当统计员。同年 8 月，他以较高的语文分数和数学满分(当时按初三文化考试，“文革”发生时陈力丹读初二)的成绩考取“工农兵学员”资格。修理连属于团直属单位，分配给团直唯一的“工农兵学员”名额是北京大学数学系的，另一北京大学中文系新闻专业的名额分到二营。团直干事出于好心，认为陈力丹原是团报道组组长，更适合学新闻专业，就把团直的名额与二营对换了，这是陈力丹事后知道的。于是，他进入北京大学中文系新闻专业学习。

当时的北京大学新闻专业即被解散了的中国人民大学新闻系，因此人大老一辈教师，如甘惜分、方汉奇、张隆栋、郑兴东等人都是他的老师。他一年级的班主任何梓华老师，后来是首任中国人民大学新闻学院院长。1975 年春，陈力丹参加《新闻理论讲话》的写作工作，第一章“革命导师马克思恩格斯列宁斯大林和毛主席的办报活动”是他写的，初稿 4 万多字，为此他通读了相关卷的《马克思恩格斯全集》《列宁全集》和《斯大林全集》。经徐国兴老师的认真删改，铅印本发表 2.4 万字，分别论述了马克思恩格斯的《新莱茵报》、列宁的《火星报》和毛泽东的《湘江评论》。1976 年年初，专业党支部书记秦珪老师安排陈力丹和方汉奇、张之华老师共同完成一项上级布置的关于毛泽东《湘江评论》的研究，陈力丹负责的部分写了 1.3 万字。这是他最早参与新闻学研究，时年

25岁。

1976年毕业后他被分配到《光明日报》总编室，任夜班“第一读者”。1978年考入中国社科院研究生院新闻系学习，在导师温济泽的指引下，开始正式研究马克思主义新闻思想。

从他在黑龙江初次接触新闻工作到北京大学系统学习新闻学知识，再到考入中国社科院正式开始新闻学研究，“新闻”逐渐成为他学习、工作和生活的关键词。从在建设兵团从事报道工作至今，他与新闻结缘半个世纪了。光阴倏忽而过，如今，无论是老师还是学生、学界还是业界，提到“陈力丹”三个字，大家或许立刻想到新闻理论、舆论学、外新史、马克思、精神交往……但是无论想到什么，最终都绕不开“新闻”这个话题。

7.2.2 成绩斐然，他是著名新闻学者

1. 十年磨剑，潜心研究

在中国人民大学新闻学院教授马少华的笔下，陈力丹是他认识的新闻人里“离马恩最近的人”。呕心沥血，十年磨砺。1993年，《精神交往论——马克思恩格斯的传播观》出版。此书是陈力丹倾注全力完成的，也是他的代表作之一。今天，该书已经成为多所大学新闻传播院系的研究生学习马克思主义新闻学的基础理论书目。

是什么引发了他对马恩传播思想的系统研究呢？陈力丹写道：“马克思恩格斯都是对现代世界产生重大影响的思想家，其传播观是现代传播学早期发展的一个重要环节。因此，有必要对它进行严肃的学术研究。《精神交往论》尽可能客观地有系统地再现他们关于传播的各方面观点，再现了他们所处的时代环境。”

研究马恩的传播观念，在当时是一个全新的研究角度，几乎没有参照系，因而一切得从阅读他们的著作开始。为此，陈力丹历时十年，写就此书。1983—1987年，他通读了马恩的全部著作，以及能够找到的关于马恩的所有中文文献，并跟踪了少量德文原著(1982—1983年北外自费函授学习德语)。作了大约一万条名目索引，三千张卡片和一本提要笔记。他1988年开始动笔写作。1989—1990年因故停顿，1991年重新开始，于1993年完成。

他曾写道：“主要是个人的脑力劳动，这种劳动是无法用钱交换来的，需要当事人耐得住寂寞，需要有多年坐冷板凳的毅力。我当时没有任何课题费，只是在接近完成的时候，得到过2500元的资助，但是时间相对充裕，加上自己的努力，这样才有可能做出成绩来。”

陈力丹(当时在中国社科院新闻研究所工作)1993 年 12 月 27 日在全所的述职报告曾说:

今年我发表了 77 万字的成果，占全所发表量的三分之一。《北京人在纽约》的电视剧我只看过几集，其中有一个情节：王起明不惜花 5 万多美元，雇了一个高级乐队和指挥，配合自己作为首席大提琴手的演出。他对阿春说，我之所以能够活下来奋斗，因为有一个精神支柱，就是我没有忘记自己是一个大提琴手，要实现作为提琴手的夙愿。这个情节使我默默地流泪了。我经历着与他异质同构的事情。如果说这些年在多重打击下我能够把马克思研究的课题坚持下来，那的确由于它已经成为我生命的精神支柱。历经 10 年，这个课题最后终于完成了。我为此付出得太多太多。身体垮了，钱也花了……

艰辛创作，终摘硕果。2002 年、2008 年和 2016 年此书 3 次再版，先后荣获中国大学出版社优秀专著一等奖、吴玉章人文社科一等奖、教育部人文社科优秀成果一等奖和中国马克思主义研究优秀著作一等奖。该书屡屡获奖，可见广泛的认可程度和学术价值。武汉大学长江学者单波教授曾这样评价此书："《精神交往论》是新闻传播领域的一部创新性力作……首次从人类信息交流角度对马克思恩格斯的思想进行了系统研究，填补了国内马克思主义研究领域的一个空白。"

2. 功不唐捐，"百科全书"终得问世

由中国人民大学出版社 2018 年出版的《马克思主义新闻观百科全书》是陈力丹老师主编的又一力作。该书分为六个部分：理论思想、观点术语、人物活动、论著文件、媒体组织、历史事件。全书共计 157 万字，词目 575 个，插图 600 多幅。

《马克思主义新闻观百科全书》凝聚了陈力丹老师数载的心血。从 2010 年年底启动到 2018 年成书，历时八年。没有列入国家或地方的研究基金项目、研究经费一度中断、研究进度一再放缓……千淘万漉虽辛苦，吹尽狂沙始到金。在陈力丹老师的不懈努力和统筹安排下，以中国人民大学和暨南大学的师生为主力，全国共有 45 个单位的 168 位师生参与了本书的写作，终于在 2018 年 7 月，《马克思主义新闻观百科全书》得以面世。

中国新闻史学会会长王润泽教授曾评价此书"非常有创新性，言之有物，有知识性、系统性和历史感。是一部可以拼出知识地图的词条百科全书"。

3. 既博且专，他是学界的领军人物

一门学科的建设与发展离不开学科的领军人物。如果某一学者一直勤于思考、敏于学习、笔耕不辍，研究成果丰硕，那么他是一位高产学者；如果某一学者的学术理论、学术观点、研究方法等得到学术同仁的肯定与借鉴，研究成果社会影响力大，那么他将是一位高被引学者。如果一个作者在某一时期既是高产学者，又是高被引学者，那么他就是新闻传播学界的领军人物。陈力丹就是这样一位“领军人”。

根据2019年1月发布的《高校人文社科学者期刊论文排行榜》(2006—2018)，陈力丹教授在核心期刊发文512篇，名列全国高校第一位和新闻传播学综合排名第一位；根据2019年3月CNKI“中文引文数据库”对在世的文化理论界学者论文、著作被引用的统计，陈力丹进入中国“万引学者”的行列，名列新闻传播学科第一位。截至2020年3月11日，CNKI共收录他的文献2153篇，总被引21033次。2020年3月，中国人民大学人文社科学术成果评价研究中心和书报资料中心授予陈力丹“复印报刊资料重要转载来源作者(2019年版)”称号。新闻传播学界共有九位学者获得此殊荣，陈力丹再次居本学科转载第一位。2016至2019年，他有七篇论文被中国人民大学报刊复印资料全文转载，包括他的最长单篇论文《党性和人民性的提出、争论和归结》(3.9万字)。

陈力丹教授的研究涉及新闻传播学的诸多领域，论文发文量和被引量多年占据新闻传播学科第一位，这和他的勤奋是离不开的。1979年以来，他发表各类新闻传播学的研究成果800多万字，其中独著、第一署名著作、独编著54本(独著31本，第一署名论著14本，独编著8本，独编1本)，论文和一般文章2000多篇。

陈力丹教授学术成果丰硕，成绩突出，曾获得过多种奖励：

1984年获全国记协“全国优秀新闻工作者(一级)”称号。

1996年获中国社科院优秀信息三等奖。

1997年获中国新闻奖三等奖。

2000年获中国新闻奖二等奖；获中国社科院优秀信息二等奖(两项)。

2005年、2009年获北京市精品教材奖各一项(《马克思主义新闻思想概论》《传播学纲要》)。

2006年获北京哲学社会科学优秀成果二等奖(《马克思主义新闻思想概论》)。

2009年获北京哲学社会科学优秀成果一等奖(《马克思主义新闻观思想体系》)；获“北京市优秀教师”称号。

2011年获教育部高校精品教材奖(《马克思主义新闻观教程》)；获中国大学出版社优秀专著一等奖(《精神交往论》)。

2012年《外国新闻传播史纲要》列入十二五国家规划教材；获吴玉章人文社科一等奖(《精神交往论》)。

2013年获教育部人文社科优秀成果一等奖(《精神交往论》)。

2014年《马克思主义新闻观教程》列入十二五国家规划教材；获宝钢优秀教师特等奖提名奖。

2015年获“北京市高校名师”称号；获教育部人文社科优秀成果三等奖(《舆论学》)；获中国大学出版社优秀教材二等奖(《新闻理论教程》)。

2017年获中国新闻史学会和中国新闻传播学学科教学指导委员会新闻传播学优秀学术奖一等奖(《党性和人民性的提出、争论和归结》)(唯一)；获中国马克思主义研究优秀著作一等奖(《精神交往论》)。

2020年获中国人民大学“复印报刊资料重要转载来源作者(2019年版)”称号。

博观而约取，厚积而薄发。他的作品既有沉甸甸的学术价值，也广受市场的欢迎。他所著的《世界新闻传播史》提纲挈领、纲举目张，原来仅是中国社科院新闻与传播研究所的一个项目成果，50多万字的著作从2002年至今，持续18年3版16次印刷，发行5.5万册，很是不易。

他的著作《舆论学》是他1994年承担的第一个国家社科基金项目成果。该书文字深入浅出、章章动人，两次出版、九次印刷。根据2012年《中国人文社会科学图书学术影响力报告》，该书为新闻传播学论文引用最多的十本书之一；2016年中国人民大学舆论所成立30年的学术会上宣布的调查结果，陈力丹是近30年来舆论学论著被引证最多的学者。

他写的《新闻理论十讲》，不属于任何教材系列，也没有纳入国家教材规划，却从2008年至今12年两版16次印刷，发行10.7万册。“不说套话，可能是本书的特色。”陈力丹老师视新闻理论教材中的套话为痼疾，因此该书没有高头讲章，没有学术八股，全书旁征博引、循循善诱，平和幽默的笔触让人无法置之一旁而不顾。该书2020年年初修订再版，由32万字增至38万字，修改幅度达70%！

陈力丹在外国新闻史研究方面也有突出贡献。他从2010年至今，组织各方面的师生研究外国单国新闻传播史，已经发表了80多个国家的单国新闻传播史论文(他直接参与了60多国论文写作)，还在2015—2019年每年组织出版一本单国新闻传播史专著，完成了《欧洲五国新闻传播史》系列丛书。这些工作没有得到任何课题资助，全凭他个人来组织，参与者近百人。尤其是2018—2019年间，他组织北外阿拉伯学院马晓霖教授和各方面的学生完成了10个阿拉伯国家新闻传播史论文的写作，由于精通阿语的人少之又少，这些成果的取得实属不易。

在中国新闻史研究方面，他另辟蹊径，组织学生历经数年完成《不能忘却的1978—1985年我国新闻传播学过刊》一书，把已经从多数人记忆中忘却的11本新闻传播学过刊，重新展示给本学科的后人。由于抢先一步做此工作(当时采访的过刊当事人，现已大半过世)，该书2009年出版时，中国社科院新闻与传播研究所宋小卫说：“这是本年出版的最有价值的中国新闻史研究成果。”

7.2.3　他是桃李天下的新闻名师

1. 治学严谨，他是一位严师

中国人民大学新闻学院副教授王亦高曾感慨道："读博士期间，陈老师在学习研究的各个方面一直给予我认真而细致的指导，对我的论文尤为关注，大到框架构想，小到字句斟酌，事事关心。从论文的定题到完成，无不是在陈老师的指导与帮助下进行的。陈老师的博学、睿智、严谨、真率、谦逊，令我钦敬，更令我向往。跟随陈老师的所学所得、所感所悟，弥足珍贵，我将终生难忘。"

念及恩师，付玉辉博士动情地写道："陈力丹教授温暖、严格的师教都弥漫在我文字周围，使我惭愧又奋起。……有时是深夜时分的一个关怀电话，有时是一封充满叮嘱的电子邮件，有时是关于论文的几多直责。三年之间，无数这样的瞬间让我感怀又难忘。这种深切而严格的师教，对于我这一介书生来说，不仅是我在读博三年中感触最深和最为珍视的收获，也是我一生最为厚实的精神财富和最为温暖的人生体味。"

2. 知识渊博，同事称他为"活字典"

陈力丹涉猎广泛、知识渊博，这在新闻传播学界是有目共睹的。长江学者喻国明称他为"一流的大师"。在2014年末的一次演说中曾说："中国人民大学有一位陈老师，他对马克思恩格斯的熟悉程度可以用'活字典'来形容，让我无比佩服。"

"他就像一本百科全书。"硕士生霍仟感慨道："陈力丹老师带我们去植物园、去十三陵，一路上欢歌笑语，每次出去玩，都是他一个人迈着矫健的步伐走在前面。每到一个景点，他给我们细心地讲解各种知识，连路边的花花草草他都知道。在我印象中，陈老师的知识就像一本百科全书那样渊博。"

3. 亲切平易，他是一位良友

陈力丹老师被同事和学生亲切地称为"丹爷"。"丹爷"不仅是对年长教师的尊重，也是对陈老师学术地位的肯定。他的学生周俊说："知者不惑，仁者不忧，勇者不惧。力丹老师的不惑不忧不惧也拉近了与学生的距离，随着互联网成长的学生现在称力丹老师为丹爷！我起初不喜欢这样的称呼，但后来从学生中感受到，这是一种互联网时代的师生之情，一声'丹爷'恰恰形象地定格了不惑不忧不惧的力丹老师。"

4. 言传身教，他是我们前行的标杆

“能够成为陈力丹的学生是我一生的荣幸。”董晨宇感慨道：“陈老师曾在自选集的前言中说：‘检阅以往的文章，我感到满意的地方在于，作为学者，我基本坚持了不说违心话，不说套话，无愧于1978年以来我确立的信念。’这句话一直伴我左右。与我而言，能做的便是将学术中的‘诚实’视为自己的坚守之物，虽能力有限，但绝不写些逢迎虚空之事。”

谈到导师，林羽丰说：“回顾博士四年，陈老师保全我以最大的思考空间，鼓励我探索自己是研究志趣；他是指点不多但总能醍醐灌顶；是他教授了我做学问的品位和志气。”

陕西师范大学教授张勇锋说：“陈力丹先生是学界大家，三年之中，来自太行小城的我却能以弟子之身聆听先生的耳提面命，这是一份何等的人生幸运。对于外人看来高不可攀的恩师，我常常因自己的愚钝而心怀敬畏，而先生对我在学业上的严格要求、悉心指教和生活上的点滴关心，又常常使这份敬畏化作心底的温暖和钻研学问的动力。……先生的高洁道德，渊深学问，独立思想，正直人格和孜孜不辍，不但漂洗了我入学之前已被世俗浸满的身心，先生的言传身教更将使我终身受益。”

“在未来的路途中，师父的期望和教导必将伴随着我一路前行。”王晶博士说：“跟师父相处的时光可以写一本书，因为他本人就如同他的文章一样，有思想，有深度，需要长时间的思考与解读。在生活中，他像慈父；在研究中，他是严师。正是在这双重的体验中，我的学业日益精进，思想逐渐提高，认识不断深化。”

成绩斐然、桃李芬芳。陈力丹老师从1998年开始担任博士生导师。如今他带的博士已遍及大江南北。在业界，如新华社、人民日报社、中央广播电视总台等新闻一线不乏其学生的身影；在学界，如中国传媒大学的曾庆香，四川大学的朱至刚，南京大学的王辰瑶，中国人民大学的周俊、王亦高、董晨宇等学术新秀正在开启新的学术旅程。

7.2.4 老骥伏枥，志在千里

1. 年近七旬，他组织系统研究《新莱茵报》

《新莱茵报》是世界上第一家无产阶级日报，共出版301号(包括203次号外和30次增刊)。目前国内关于《新莱茵报》的研究为文章，都是根据《马克思恩格斯全集》中文版第5卷、第6卷及第43卷他们在报纸上发表的文章来叙述该报，而这些文章不及该报所有文章的一成。由于不懂德文，国内无人读过《新莱茵报》，不清楚报纸的版面编排和广告情况，因此编译和研究马克思创办和主编的《新莱茵报》，具有重大的政治意义和学术价值。

陈力丹是我国马克思主义新闻观研究中对于《新莱茵报》最熟悉的专家，对该报的历史背景了如指掌，也是目前我国马克思主义新闻观研究者唯一略懂德文的人。2018年7月的一次学术会议上，当有人挑战性地提出翻译《新莱茵报》时，他当场承诺此事。回到学校，他与中国人民大学图书馆副馆长付晓静联系借《新莱茵报》合订本。学生王敏去取时，那里的管理员感慨地说：他在这个岗位工作十几年了，从未有人来翻阅过《新莱茵报》。王敏也没有想到两本合订本如此厚重，不得不再找一位男生，用小推车把《新莱茵报》给拉了回去。

这是一项需要两代人才能完成的研究工作，意义重大，困难重重。《新莱茵报》的总翻译字数(中文)1200~1500万，可以出版15~22卷。翻译《新莱茵报》不仅对研究者的德语水平要求很高(全部是哥特体字，要先把这种字转换为现代拉丁文的德文，能直接看懂哥特体德文的人不多)，而且工作量巨大，因为是172年前的新闻，涉及的具体事件，以及大量人名(绝大多数仅有姓)、地名(大量地名因二战后德国领土缩小，名称早已变化)、报刊名(大多数为缩写)，必须加以注释，后人才能看懂。例如，第1号报纸译文两万多字，而关于事件、人名、地名、报刊名的注释170多条，累计一万多字。有时，仅仅查证一个人物的生卒年代，就得花费几天时间。陈力丹计划在三至四年的时间里完成《新莱茵报》前25号报纸的编译和研究工作，出版《新莱茵报》第一卷，以后的工作需要有人接班继续下去。目前，该研究在他的主持下，已完成了第1、2和第301号《新莱茵报》的编译和研究工作。第3~25号报纸，除了第14号正在翻译中外，都有了译文初稿。

2020年3月，除了组织《新莱茵报》的翻译和审读外，他一直在写纪念列宁诞生150周年的学术文章《列宁"党的出版物党性"的普遍意义和历史局限》和《列宁苏维埃报刊思想的普遍意义和局限》，两篇文章总计5万字。

"在科学上没有平坦的大道，只有不畏艰险沿着陡峭山路攀登的人，才有希望达到光辉的顶点。"马克思的这句话历来为人所称道，也映射出陈力丹老师严谨治学、笔耕不辍的宝贵品质。

2. 诲人不倦，他是一个闲不下来的人

几十年学术生涯一晃而过。陈力丹老师在新闻传播的学术领域辛勤耕耘奠定了他在学术界的地位。中央民族大学新闻与传播学院副院长毛湛文曾对此感慨道："他实在是太忙了，常常超负荷工作，有时深夜一两点还能收到他的邮件。"他的博士生钱婕感慨："每次见他，他都行色匆匆；每次通电话，他的声音都满是疲惫。"付玉辉写道："陈力丹教授匆匆的步伐和急促的话语，总是让我感到时间对于他来说，似乎永远是最为匮乏而又最为珍贵的资源，同时也总让我忍不住每每提醒导师多多保重，多多休息。”

关于忙，陈力丹也曾在自选集中提及：“我很想轻松一下，想到这里或那里走一走，玩一玩，但是无始无终的工作迫使我把这种有限的享受愿望无限期地推到了以后，以后……”

老骥伏枥，志在千里；烈士暮年，壮心不已。如今，“退休不赋闲”的陈力丹老师仍然活跃在新闻传播界，他将为推进我国新闻传播学科的学术发展继续发光发热。

(谷冰阳、邓绍根)

7.3 汪琪：从跨文化传播到本土传播研究

对于一名学者而言，扩展自己的研究议题或兴趣，甚至涉足专业之外的研究领域，在学术圈之中不算少见。在传播学界之中，人们所熟知的拉斯韦尔(H. Lasswell)，原是一名芝加哥大学政治学博士，而撰写《创新的扩散》(*Diffusion of innovations*)的罗杰斯(Everett Rogers)对拉斯韦尔的评价是“(拉斯韦尔)从不让政治学这一学科限制他的理论兴趣，而这一兴趣囊括社会学、精神分析、历史、社会心理学与传播”①。然而，对于华人的传播学者来说，在涉猎诸多研究领域之后，仍能综合各家之言，理出一条自己的理论思路，并引起国际学界的重视，这样的例子或许少见。就此而言，汪琪教授如何从过往的跨文化传播领域，走向今日的传播研究本土学术的议题，值得后继的华人学者(子)借鉴。本节除了介绍汪琪教授之外，也试图从她早期的著作与晚近的本土化论述之中，爬网一条可能的思想联系，希冀能对汪琪的治学增加更多的认识(见图7-3)。

汪琪1948年生于法国巴黎，三岁时才到我国台湾，由于其父(汪公纪)的职业所需，中学时还随父亲前往马达加斯加生活，而由于马达加斯加在历史上曾是法国殖民地，官方语言是法语，因此法语就是她除了中文、英文之外，所接触过的第3种语言。多元文化的家庭与学校教育背景，使得汪琪养成比常人更加敏锐的文化敏感度，以及思索问题追根究底的习惯。

1971年汪琪由台北政治大学新闻系毕业后，赴美攻读硕士(康乃尔大学)，两年后

① [美]E. M. Rogers. 传播学史：一种传记式的方法[M]. 殷晓蓉，译. 上海：上海译文出版社，2005：179.

图 7-3　刘忠博与汪琪教授合影

继续攻读博士(南伊利诺大学)，并于1977年取得博士学位，她是台湾第一位留美的女性传播学博士。

完成博士学业之后，汪琪没有马上在学界谋职，而是选择进入美国《时代》(*Time*)实习半年，从编辑、采访、到整个杂志的经营管理，汪教授都有涉入与学习。后来汪琪担任《台湾光华杂志》的总编辑，也将这段时代杂志的经验运用其中。汪琪第一份正式的学术工作是夏威夷东西文化中心传播研究所研究员，三年后返回母校政治大学新闻系任教。尔后担任政治大学新闻系系主任与研究所所长、“国立”中正大学社会科学学院院长、台湾交通大学讲座教授、香港浸会大学传理学院讲座教授兼院长与政治大学讲座教授，2010年退休，但是研究工作并没有因此停顿。2009年时，汪琪应新加坡南洋理工大学之邀，担任该校黄金辉传播与信息学院客座教授，她也是该校“黄金辉讲座”的第一位亚洲学者。南洋理工大学传播学院创始院长兼教授郭振羽表示，“汪琪老师是目前台湾传播学界在国际学术圈上知名度最高的一位学者，她的研究领域比较尖端……努力是有目共睹的”①。有鉴于汪琪在亚洲传播研究的贡献，2011年，“亚洲媒体讯息与传

① 杨倩蓉．汪琪　台湾第一位传播学女博士[EB/OL]．[2012-10-30]．https：//reurl. cc/R4nyAG.

播中心”(Asian Media Information and Communication Centre)将年度的“亚洲传播奖”颁给了汪琪。

1. 知识的起点：跨文化传播的问题意识

汪琪在台湾的第一本学术著作——《文化与传播：“世界村”里的沟通问题》(以下简称《文化》)，出版于1982年，虽然已过数十寒暑，但以今日眼界观之，仍具有跨时代的意义。写作这本书时，汪琪在夏威夷东西文化研究中心担任研究员，并与当时已是美国传播学界知名的学者施拉姆(Wilbur Schramm)共事；在该书的自序中，汪琪还对于施拉姆敦促她完成此书的书稿，表示由衷感谢。①

《文化》一书向世人提问了一项重要的问题：如何进行有效的“文化间传播”。汪琪提醒读者注意，我们对信息本身的理解，已在无形之中受到先入为主的观念之影响；即使标榜价值中立的学术研究也会受到一地的社会文化影响，甚至许多跨文化传播的研究，也没有反思自己使用的理论与研究方法有其社会与文化背景的局限。除此之外，她还质疑智力测验中使用的图表和问题是美国白人文化较为熟悉的，白人儿童自然容易得到高分。从社会文化的角度反思理论与研究方法的可能限制，这条思路一直是她一贯的思考轴线，我们在后文谈及汪琪晚近的本土化理论时，依然可以看到类似的论述。

更值得注意的是，在台湾盛行现代化理论的80年代，汪琪对于这套理论也是保持距离。现代化理论大师冷纳(D. Lerner)认为，传播媒介要能形塑现代人格，用以配合国家发展，社会才能及早进入现代化，然而他却说发展中国家的人民知识贫乏，与外界甚少往来，无法设想自己更换另一种职业，因此缺乏改变现状的动机。汪琪批判地指出，这是没有考虑该理论与当地社会文化的适用性。由此或许预见了，汪琪教授将来走向传播研究本土化的轨迹，已然在当时就搭建成形。

尤有甚者，世界新闻传播学院(世新大学改制前的前身)于1987年5月出版的《新闻人》刊物之中，其社论曾指出当时新闻传播教育的主要教材，仍是以英美的理论学说为主，并且说“我们新闻科系的学生，除了宣韦伯(Wilbur Schramm)②、迪弗勒(Melvin Defleur)、冷纳(D. Lerner)等理论之外，几乎一片空白”③，可见当时主流的理论，仍是认为大众媒体需配合台湾当局和社会经济发展的需要，继而发挥自身的功能，传播有益发展的信息(也就是偏向现代化理论的观点)。如果将《文化》摆回20世纪80年代的台

---

① 汪琪．文化与传播［M］．台北：三民书局股份有限公司，1982：12.

② 中国大陆一般翻译为“施拉姆”，为了尊重原文，此处还是保留了宣韦伯这种译法。

③ 给我们一套属于自己的新闻教育［J］．新闻人，1987-05-21，要闻版。

湾社会，汪琪已提醒我们，大众传媒并非只有传递信息与配合社会发展的功能，媒介传递的信息及其理解也至关重要，而这种观点在当时实属超前了，即使以今日眼光观之，也无失其重要性。①

被问及为何与当时台湾的主流理论观点有如此落差时，汪琪对笔者表示，这与她的成长背景、个人思考习惯与当时在夏威夷东西文化中心的经历都有关系。她说，东西文化中心本身就是多元文化的学术环境，再加上跨文化研究的议题也是该中心的重点方向，自然就会关心不同的文化之间如何沟通与理解的问题。在跨文化传播领域之中，理解(understanding)的问题是学术研究的重中之重，只不过汪琪谦虚地说，她当时并没有进一步思考更深层次的理论问题，可能由于参与了比较研究的研究团队(包括针对流行音乐的研究)，以及日后不断受邀谈论跨文化传播的议题，如此才激发她思考更为深层的理论，而这些学术实践也替她日后的立论打下基础。

2. 知识的支线：寻找资讯社会②

20世纪90年代之后，台湾当局对于媒体解除管制，除了传统的主流媒体之外，卫星电视、有线电视等等的新媒体技术与平台应运而生，汪琪教授也转向新媒体与新技术的议题，包括直播卫星、电传视讯、高清电视等。在此期间出版的两本中文书籍，分别是《寻找资讯社会》(1995)与《第二代媒介——传播革命之后》(1998)③。

这一段时期，汪琪思考的是，发展资讯社会的路径是否只有一条？如何前行？在此问题意识下，她将关心焦点转往与资讯社会有关的政策与法规研究，而她的观点也引起国际学界的注意。例如在国际传播学会(International Communication Association，ICA)2009年的年会之中，汪琪受邀出席一场由全体与会者参加的讨论会时，发表了她对于管制数字媒体的看法。④ 当时的会议主席是罗伯特·W. 麦克切斯尼(Robert W. McChesney)，与会者还有时任美国联邦通信委员会的代理主席迈克尔·科普斯(Michael

① 事实上，汪琪教授除了在1982年出版了《文化》一书之外，两年后(1984)与W. Dissanayake合编了一本英文著作 *Continuity and change in communication systems : an Asian perspective*，由Ablex出版社出版，其探讨的主要观点与《文化》一书类似，算是当年汪琪教授出版的两本与跨文化传播有关的姐妹作。

② 由于大陆学界习惯将“information”翻译成“信息”，然而为了尊重汪琪著作里的原文，我们还是保留“资讯社会”的说法。

③ 《第二代媒介——传播革命之后》是由汪琪与钟蔚文教授合著，第一次出版是在1988年，第二次再版是1998年。

④ 这场会议的全名是“管制中的关键词，美国联邦传播委员会及其他单位如何检视数字时代的管制议题”(Keywords in Regulation, Or How the FCC and Others See Regulation in the Digital Age)。

Copps)。在这场讨论当中，汪琪宣告，以亚非国家的经验来看，这些地区行动数字媒介的发展，已经使其踏上一条与西方国家不同的道路，传播研究者必须了解此一发展所代表的意涵。

虽然研究议题转向资讯社会是与当时的社会条件有关，然而从以下两个角度来看，汪琪在同一时期仍对于跨文化传播与本土的相关议题保持高度的兴趣，甚至仍是其研究的主轴：首先，检视汪琪在1990—2010年的著作，若只计算期刊论文与专著的发表，总计有39篇(部)，其中17篇(部)发表是与资讯社会有关①，约占44%，而端视其他22篇(部)约占56%，仍是处理跨文化传播的相关议题。其次，1995年出版的《寻找资讯社会》，汪琪当时提出的研究问题是："信息社会出现了吗？信息化对社会发展有多大贡献？"而其一贯的立场仍是批判主流的现代化发展理论，亦即该理论认为发展中国家应该大量投资在传播建设，并提高媒介普及率的看法，汪琪认为应该批判性的检视，而非照单全收。甚至她质问："在一个十五名学生只分到一本教科书的国家，应该放弃买书而去买电脑吗？"虽然转向资讯社会的研究，但是汪琪依然认为，要注意西方理论与在地社会脉络的适用性。

3. 知识的扩展：从跨文化传播看本土研究

事实上，由20世纪90年代末期开始，仍在"国立"中正大学社会科学院长的任内，汪琪就开始将"发展由本土出发的社会科学研究"作为努力的方向；除了举行跨学门工作坊，讨论各学科关键概念在中华与西方的异同与意涵，她也将台湾交通大学颁给她的讲座研究费全数用于建置本土研究文献的数据库。但是离开交通大学之后，这一部分的努力便因为繁重的行政职务而中断，直到汪琪辞去香港浸会大学传理学院院长一职，回到政治大学担任讲座教授才恢复。回到政治大学后，她同时兼任"华人传播研究"的项目主持人，并开启了一系列探讨本土化议题的会议学术活动，包括2007年举办"华人传播研究工作坊"，2008年举办"去西方国际研讨会"，而这场研讨会之后，她将在该会发表的文章，分别以期刊专刊与专书形式出版。②

约同一时期，以华人传播研究为主题的还有香港中文大学举办的"华人传播想象"会议，以及第8届华夏文明研讨会与"亚洲论坛"，而从时间点来看，"本土化"议题在

---

① 这些数据是在2008—2011年，笔者担任汪琪教授的研究助理时，汪老师寄给笔者的发表记录。根据记录，若加计研讨会的论文(共18篇)，则汪琪在1990—2010年的发表总计有57篇文章/著作，其中与跨文化传播有关的文章计有34篇(约60%)，与资讯社会有关的文章计有23篇(约40%)。

② 专著由Georgette Wang主编，Routledge出版，书名为De-westernizing communication：Altering questions and changing frameworks.

20世纪末期似乎在台、港达到一个高点，然而事实上，对于传播学界而言，“华人传播研究”或“传播研究的本土化”并非新鲜议题。1978年时，两岸学人已齐聚探讨学术的中国化/本土化。直至1993年，两岸学人再次聚首于厦门，将本土化议题重起炉灶，约莫四年后，将当时的讨论集结成《华夏传播论》一书问世，这也标示着从20世纪70年代末以来，探索华人传播学已非从零开始，至少存在渐成体系的知识资源，供后继者继续探究。除此之外，80年代的台湾，也就是汪琪刚回台湾任教之际，台湾学界的心理学与社会学领域，已然先行本土化的理论探索，相关论述也很丰富。站在这些前人的肩膀上，不管是专业领域之内或之外的知识，汪琪都努力将这些资源融进她的本土化理论之中。

从汪琪晚近的著作中可看出，她是有策略来建构自己的本土化理论，即一方面针对西方的理论论述进行批判，另一方面也针对华人过往所提出的本土化理论进行批判。针对西方理论而言，她直接挑战了西方的本体论立场：二元论①；针对华人的本土化论述，她也提出了一些有别于他人的看法。首先，她非常强调研究者建构论述与提出观点的重要性。她注意到，多年来华人学者在学术期刊的发表上已有大幅增长，然而和许多其他亚非地区学者一样，仍没有摸索出建构论述理论论述的明确途径，遑论在理论对话中取得一席之地。然而无论是西方或东方的学术传统，研究的最终目的并不只是测试既有理论，甚至也不只是批判现有论述，而是提出自己的看法、论点与解决方案。华人的文化资产是非常珍贵的“学术原料”，但是研究人员必须知道如何将这些原料转化为学术概念。汪琪强调，她提出的解决方案未必可行，但是希望可以激发学术社群在这方面更多的讨论，

另一个汪琪十分关注的议题，是“本土化”概念的意涵。她认为“本土化”既非突破现状的解决方案，亦非一个恰当的名词。这是因为，首先，“化”的意思相当于跨文化比较研究方法所讲究的“语境化”(Contextualization)；也就是说，移植一个在其他文化中发展出来的论点、研究工具或诠释在地研究结果，必须放入当地的社会文化脉络来看。她认为“本土化”的要求可以提醒我们“外来”与“本土”可能有扞格之处，因此需要“因地制宜”地 调整，但同时我们却没有醒觉到这么做等于预设了“移植”的必然性，也没有了解社会科学研究的精神，根本不容许任何时地、形式的“移植”或套用。正因为任何论点都可能存在盲点，因此作研究本来便是要由检验、质疑开始，而以提出更有效的论述为结束。“因地制宜”式的“移植”，引导我们在“套用”前后去从事修剪与包

① Wang, G. Media Communication Research in the Digital Era: Moving Beyond Ontological Dualism. [J]. Communication Theory, 1980, 28(3): 235-253.

装的工作，却没有引导我们回归学术研究原本的目的以及应有的程序。

汪琪认为，将我们自己标榜为“本土”，是掉入了“本土/特殊”vs.“西方/普同”的“二元对立”陷阱；“本土”既然是“普同”的对立面，又如何发展出普世论述？她指出，后殖民学者之所以提出“将欧洲在地化”的说法，就是提醒我们，现代科学虽源自欧洲，但并非所有西方的论述与价值都等同“普世”。依此观点，普天之下皆“本土”，又何需将我们自限于“本土”的框架？但正因为我们没有妥善处理外来/本土、普世/特殊等对立的概念，因此常常陷入非此即彼的困境：追求理论普世性的研究，往往沦为替西方理论代工的“复制型研究”，而不去思考西方理论有其历史文化的背景，难以全然照搬硬套。而且追求理论特殊性的研究，又常陷入文化本质主义的死胡同，文化立刻被典型化，不同文化之间的交流也难以企及。

汪琪批判的目的实为扮演一种桥梁，让东西方原本生涩难懂而不被认识的知识，有了交流与理解的可能。新桥梁的搭建，汪琪的方法是将概念或理论不再区分为“外来”或“本土”，而是视之为一种文化产物，有其社会历史的根源和语境。身处另一种文化语境的研究者，若要使用这套理论，必须先对该理论的语境进行认识，继而从自己身处的语境中找出类似的概念，将其重新诠释，如此来自不同文化语境的理论，才能在另一语境中旅行且不被误解的使用。

就此而言，汪琪借诠释学的观点，将“理解”的问题重新提出。之所以在此称为“重新提出”，是因前文所述，汪琪在1982年出版的《文化》之中，即注意到理解的问题，然而当时的她没有进一步深化。但是，在《迈向第二代本土研究——社会科学本土化的转机与危机》之中，汪琪进一步解释了为何受到社会文化的限制之后，理解难以达成：她认为理论有其生成的特性，而这种特性是指理论形成的历史与文化脉络，欲达成对于理论的理解，必须先针对这种历史与文化脉络进行理解，这即是达成理解理论的先行条件，对此汪琪借用诠释学的“前理解”(Pre-Understanding)概念，说明这种先行条件的重要性。

前理解至关重要，但一般的学者往往忽视这层的影响，仅凭字面上的意义理解理论文本，继而造成概念上的理解不到位。汪琪在批判华人学者运用西方理论时，并没有把握理论的前理解及其文化的意义，继而“好用就拿来用”①，如此一来不但会误解理论的意义，假使用之检视本地的议题，还会产生错误的诊断。例如前述智力测验的例子，非白人文化的孩童在难以得高分的情形下，很可能会被诊断为低智商。更有甚者，即使

① 汪琪. 迈向第二代本土研究——社会科学本土化的转机与危机[M]. 台北：台湾“商务印书馆”，2014：202.

西方学者使用源自西方的理论或概念，也会因为时间的推展，而容或有意义上的变化。雷蒙·威廉斯（Raymond Williams）曾谈及，“industry”原本是指“技艺、努力、坚毅、勤奋”等人类特质，但是18世纪后期又产生了新的意义：泛指生产制造体制及其一般活动。① 因此理论作为一种文化的产物，文化在变，理论的意义也跟着变。

然而，如果理论都有自身的社会文化背景，也就是有其地域上的限定，那么我们如何能走出某一地的限制，朝向共同的理解发展？就此而言，汪琪借助库恩（T. Kuhn）的“可共量性”（Commensurability）和“不可共量性”（Incommensurability）概念，说明从不可共量转换到可共量是有可能的。简略而言，不可共量是指“欠缺比较的基础”，在库恩看来，新旧范式之间是不可共量的，这是因为两种范式各有自身的理论语言，而这两种理论之间找不到同一种语言/词汇来翻译。相对地，可共量性的概念就是可以翻译。汪琪认为，即便我们找不出完全相同意义的词汇来置换，但仍可以在自身的文化之中，找出类似的概念来诠释，因此理论的不可共量性即使存在，但人们互相理解还是可能的。② 思想史学者黄克武（2007）也有类似的看法，他指出，“society”一词当初传至日本时，福泽谕吉将之译为“交际”，中村正直翻译为“仲间”（意指日本共同体中的伙伴或朋友），这些翻译不一而足，要到明治中期才固定成“社会”。③ 他还指出，“翻译并非如字典那样指涉不同语言之中词汇间单纯的对等关系，而是跨文化、跨语际、跨领域的实践，牵涉两国文化、两种语言、两种文化符码的交流沟通，此一沟通过程包括理解、误会、投射、挪用等”。④

汪琪将传播本土化的探讨框架，从全球/地方，普世/特殊这些二元对立的概念打破，取而代之的是可共量与不可共量之间的流动：一个理论有它不可共量的地方，然而透过翻译与诠释，仍能走向可共量性。翻译与诠释并非一蹴可及，很可能是漫长的过程，随着时间的进展与社会条件的改变而变化，前述“society”或“industry”的概念，即历经了不同的历史与文化语境的旅行，如果当时的日本学人拿“仲间”理解“society”，或美国学者拿技艺理解“industry”，这不仅会造成理解上的滑溜，更有概念上误用的危险。

---

① ［英］雷蒙·威廉斯．文化与社会（1780—1950）［M］．高晓玲，译．北京：商务印书馆，2018：16.

② 汪琪．迈向第二代本土研究——社会科学本土化的转机与危机［M］．台北：台湾“台湾商务馆”，2014：220.

③ 黄克武．近代中国转型时代的民主观念// 王泛森，等．中国近代思想史的转型时代——张灏院士七秩祝寿论文集［C］．台北：联经出版事业股份有限公司，2007：355.

④ 黄克武．近代中国转型时代的民主观念// 王泛森，等．中国近代思想史的转型时代——张灏院士七秩祝寿论文集［C］．台北：联经出版事业股份有限公司，2007：358.

从跨文化传播一路探讨传播的本土化议题，与其说汪琪打造了传播的本土化理论，不如说她将理论如何在跨文化之间进行理解，提供了完整的论述。为《迈向第二代本土研究》撰写序言的香港浸会大学传理学院教授肖小穗，曾如此评价："我倒认为汪琪对跨文化对话的热切关照和强烈的反思意识，正好凸显出她的本土化论述的主要特色。"① 这种对于跨文化对话的关怀，也许从汪琪正式踏入学术研究的工作开始，就不曾间断过。

4. 代结语：本土化研究之后

从汪琪建构的理论之中，或许可窥见她除了挑战西方的知识论立场之外，还综合了诠释学、社会学、科学哲学与传播学等知识，跨领域且跨学科地处理如何超越文化典范的界线、借助西方学术传统之外的思想来发展学术论述的议题。尽管已有如此深厚的知识背景，但汪琪仍谦虚地表示，她仍在思考下一步是什么。在她最近的中文著作《迈向第二代本土研究——社会科学本土化的转机与危机》之中，其书名隐含了前期的第一代本土研究，以及预示了之后的第三代、第四代……本土研究。对此汪琪比喻说，本土化研究是历经了"见山是山""见山不是山" "见山又是山"的阶段：第一代研究是西方学理说什么就是什么，依样画葫芦(见山是山)。第二代研究是反思西方的学说(见山不是山)。第三代之后则是要立定脚跟，试图走出自己的路。

反思西方的学说和走出自己的路都比较困难，特别是在华人文化的传统下，内省是比较受推崇的，先检视自己的问题才是美德。但是对汪琪来说，这并不能成为模仿或套用的借口；在春秋战国这个中国思想史的黄金时代，士人在学习、自省与反刍之后有了不同的体会，对于前人的说法作法自然就有了所谓的 "因、革、损、益" 。因此学术思想活动的起始点即便不是批判，对于 "创见" 一样是有期待的。因此对于汪琪来说，文化是本土化研究能否开展的深层原因；她从文化中找到了病根，也试图从文化寻找答案。

(刘忠博)

7.4 祝建华：从定量研究到计算传播学的探索者

2018 年，在捷克布拉格举行的国际传播学会(International Communication

① 肖晓穗. 迈向第二代本土研究——社会科学本土化的转机与危机[M]. 台北：台湾"商务印书馆"，2014：8.

Association，ICA）2018 年会上，香港城市大学祝建华教授被选为新一届会士（ICA Fellow），以此表彰他在传播研究领域的卓越贡献。当时他是第二位华人传播学者获此殊荣。

国际传播学会的颁奖词中指出，在过去长达 30 年的学术生涯中，祝建华在政治传播、新媒体研究和计算传播研究领域作出了诸多贡献。他提出了一系列原创的概念、理论和模式，产生了深远的学术影响力。自 2005 年以来，祝建华致力于将计算思维和方法纳入传播学研究，成为这个新兴领域的先行者之一。大数据时代来临，走进计算传播学在一些人看来是“赶热点”“追红利”，但对祝建华来说，这是他从事大众传播定量研究 30 多年后的“水到渠成”的自然路经。

祝建华先后在复旦大学取得学士、硕士学位，在美国印第安纳大学获得博士，曾任美国康乃狄格大学助理教授、副教授和中国人民大学长江学者讲座教授，现为香港城市大学媒体与传播系及数据科学学院双聘讲座教授。回顾自己的学术经历，祝建华将它分为两段，第一段是在美国的政治传播研究，第二段是回到香港的互联网研究。对实证研究、因果推论的坚守，贯穿了他的整个学术生涯。

1. 审慎敏锐的前沿视野

“很多不了解我的人，还以为我是一个走火入魔的工科男。”谈起研究计算传播学的兴趣起点，祝建华笑道。然而，他其实并非理工科出身；相反，他和多数进入复旦大学新闻系学习的学生一样，最初怀抱着成为一名记者的理想。

早在进入大学前，祝建华就在媒体行业参与过新闻的采访与写作。就读于复旦大学后，除了继续提高自己的新闻采写编能力之外，他也开始接触到一些“入门”的实证研究机会。1980 年春，他与三位同学在《常州日报》实习，自告奋勇提出替报社做一次近千人的读者调查。就此开始，他与受众研究结下了不解之缘，这也成为他在定量研究学术道路上的兴趣起点。

首次尝试的成功，让祝建华食髓知味，迷上了受众调查。两年后，他又与复旦大学研究生同学分赴上海附近的七座城市，调查上海报纸在当地的影响力。经过此番实践，他意识到，“读者调查，乍看之下似乎谁都会做，但要真正做好却不容易，是一门实实在在的科学”①。研究生时期，通过导师陈韵昭教授的指点，他开始系统地阅读西方传播学研究方法的教科书，并参与翻译了《传播学的起源、研究与应用》一书，负责其中

---

① 祝建华．精确化、理论化、本土化：20 年受众研究心得谈［J］．新闻与传播研究，2001（4）：68.

数十个经典研究案例的翻译，为了力求精准，他反复翻阅复旦大学新闻系资料室的有关英文期刊原文。同时，他还为此选修了概率论与统计学等课程，并到上海计算机技术研究所学习 SPSS……通过这一系列的努力，他不仅将这些案例翻译得准确而又易懂，更自此对西方传播学实证研究传统如数家珍。实证研究的科学是讲究积累的①，在作为一名青年学者时，祝建华就已有了这样的体悟，这段经历也为他此后的实证研究打下了坚实的基础。

1986 年秋，在复旦大学进行了 8 年的学习与任教后，祝建华成为印第安纳大学新闻学院的第一批中国博士生。在此期间，他的定量研究基础，已使从来没有接触过中国传播学者的美国师生十分意外。如他带去了一个自己在上海做的市民日件调查数据，准备验证美国传播学中有关教育程度与收看电视之关系的一个经典案例，还能帮助他的美国“师兄师姐”们学习使用最新版本的 SPSS-X。他的导师 David Weaver 很快找他协助更新一篇传播学统计分析的章节。

祝建华在就读博士期间修读了大量方法课程，接受了严谨的学术训练，他的研究也因此避免了空泛。他认为尽管自己此前的描述性研究已相当精确，但精确化只是科学化的充分条件，而非必要条件，科学化的必要条件是理论化。作为一位在方法论研究方面颇有心得的学者，祝建华强调方法是为理论服务的，理论的发展是主产品，而方法的改进是副产品。② 同时他也反对缺乏理论指导、单纯追求方法的“精密”或“新奇”。从另一个角度讲，他认为，许多理论概念的形成与深化需要有合适的方法作为思维工具，一个理论在被大家接受之前，就需要一套方法来验证。理论最初都是一些易懂能记的命题，只有在一套严密的程序方法的支持下，才能发展为严格意义上的理论。与此同时，通过操作、测定和验证过程，又可能发现某些理论存在漏洞。③

他的“数码沟指标”便是一个例子。1995 年，美国商业部第一次提出“数码沟”(Digital divide)这一名词时，立即引发了全美乃至全世界范围内的关注与讨论，有关“数码沟”的定义也是林林总总，其中最普遍的是将数码沟等同于互联网普及率。2002 年，他设计一个“数码沟指标”（Digital divide index)，从操作层面上证实了数码沟实际上是社会贫富差别在媒体信息资源占有上的反应。这一研究，印证了“理论问题的澄清和解

---

① 丰帆，周萃．传播学研究的动力：多层面、多角度、多方法——香港城市大学祝建华教授访谈录[J]．新闻记者，2005(7)：39-42.

② 祝建华．精确化、理论化、本土化：20 年受众研究心得谈[J]．新闻与传播研究，2001(4)：68-73，96.

③ 丰帆，周萃．传播学研究的动力：多层面、多角度、多方法——香港城市大学祝建华教授访谈录[J]．新闻记者，2005(7)：39-42.

决通常是以科学方法为前提的"①。这也仅仅是他在追求理论化、科学化漫漫道路上的一次实践。

秉承自己对理论化、科学化的追求，1986—1998 年，祝建华做了数十项受众及媒介效果研究，发现了诸多对理论和实践都有价值的结论，如报刊订阅过程中的动态行为、媒体议程设置中的竞争过程、电视辩论对公众知识和形象的影响等。其中的"零和游戏"理论，被议程设置理论之父 Max McCombs 和 Donald Shaw 认为是一个重要贡献。前者并主动与祝建华合作在议程设置的发源地《舆论季刊》上发表论文，进一步发展这一理论。除此外，祝建华主持了一项 1992 年美国总统选举的实验研究，在全美众多研究团队中最早发现克林顿是民主党内竞争力最强的竞选人。这是一段他本人一直引以为豪的学术经历。美国康乃狄格大学于 1995 年破格授予祝建华该校的"终身教职"，并给予他两年的学术假。借此机会，他来到香港城市大学，开始从事大中华区新媒体与受众研究。

2. 开疆辟土创立计算传播学派

祝建华对于传播学的发展有着冷静而清晰的判断，特别是对新技术与新方法有着敏锐的关注。几十年来，传播学一直在发酵之中，"推陈"的必要性被反复强调，但却鲜有"出新"的解决方案。

作为国际传播学界中少数横跨自然科学和社会科学的学者，祝建华将传播学定量研究的范式转移到计算传播学上。随着互联网技术的飞速发展，面对研究现象的改变和现实操作的新挑战，他注意到计算机技术的优势。早在 2005 年，经历了在美国的政治传播研究，以及在香港以传统抽样调查方法进行的互联网研究后，他将视线投向了计算方法。面对互联网使用所蕴含的海量数据内容，成本高昂的传统量化研究方法难有成效，而计算方法为此提供了有效的出路。敏锐的判断力使得他认定搜索引擎技术在整个互联网发展中占据着核心的地位。在放学术假时，有些学者会去欧美顶尖大学"镀金"，他则选择去一家搜索引擎实验室"实习"，亲自了解互联网产品的开发与数据挖掘的知识和技能。这段经历为他此后在互联网与计算方法的研究提供了独到的帮助。回到香港城市大学，他建立了"互联网挖掘实验室"，成为国内外传播学与计算科学等领域的学者合作与碰撞的跨学科平台，日后更成为"计算传播学派"的一个发源地。

由于早就身处实证数据研究的源头，计算传播学的浪潮对祝建华来说，更像是水到

① 丰帆，周萃 . 传播学研究的动力：多层面、多角度、多方法——香港城市大学祝建华教授访谈录[J]. 新闻记者，2005(7)：42.

渠成的下半场。2014年，祝建华与他的几位学生发表了《计算社会科学在新闻传播研究中的应用》一文，回顾和讨论了新兴的计算社会科学在新闻传播研究中的应用，按照新闻传播研究中经典的5W模型，介绍了计算社会科学在“who(传播者)，says what(内容)，in which channel(渠道)，to whom(受众)，with what effect(效果)”五个领域的主要应用案例，并讨论了计算社会科学和网络大数据对这些研究领域的主要贡献和现存问题。① 这篇文章成为中文文献介绍计算传播学的标志性文献。但正如这篇文章的标题，祝建华始终强调，计算传播学是一种新的研究取向或方法，并非一门新的学科。② 这种观点在很大程度上源自他对传播学“5W模型”的坚持，即计算传播学是为“5W”服务的。无论是面对当下不断加强的跨学科融合趋势，还是早已出现的针对“传播学缺乏主体性”的质疑，他始终并不认可。在他看来，“5W”正是传播学的研究基础、本体论乃至核心问题。“5W模型的可贵之处，恰好就是超越了传播现象中具体的语境(context)和范围(level)，把传播现象上升到概念(concept)的高度，从而使这个模型具有普适性。抽象是科学化必需的一步。计算传播学同样也是以5W为核心，这是传统传播学的知识财富，千万不要把宝贝婴儿当作洗澡水泼掉。”③

作为新方法的计算传播学若要与理论产生联系，祝建华指出两条路径：其一是自下而上的探索性研究，由计算方法获取、分析数据，再得出理论；其二是自上而下的验证性研究，根据理论运用计算方法与数据进行验证，他并不反对在计算传播学的初期进行描述性和探索性的研究，但他认为现阶段的探索性路径只是一个过渡时期，随后应该逐步走向验证性的路径——“因果推论”和“验证性研究”，这也正是他对包括自己在内的计算传播学者提出的转型要求。这种要求，来源于他对学术“保守”的坚持——“科学研究必须回答因果关系”，而他的“保守风格”正是对科学原则的内化，回归了他所秉持的社会科学想象力要从传统出发。他提出，文本挖掘作为计算方法最常用的分析手段，尽管成本较低、容易操作，并且能够获得自然状态下的海量行为数据，但无法根据随机原则进行抽样，研究者不知道行为发生的原因，建立因果链的难度也因此加大。他认为借鉴传统实证研究方法的基本原则，补充多元的数据，打破一元的研究思维与方法，这对每个人的想象力都是挑战，谁在这个上面有所收获就会有所突破。

---

① 祝建华，彭泰权，梁海，王成军，秦洁，陈鹤鑫．计算社会科学在新闻传播研究中的应用[J]．科研信息化技术与应用，2014，5(2)：3-13.

② 祝建华，黄煜，张昕之．对谈计算传播学：起源、理论、方法与研究问题[J]．传播与社会学刊，2018(44)：1-24.

③ 祝建华，黄煜，张昕之．对谈计算传播学：起源、理论、方法与研究问题[J]．传播与社会学刊，2018(44)：14.

尽管计算传播学逐渐成为传播学研究的新兴热点领域，但祝建华依然保持着长久以来的审慎习惯。他认为追求“新现象”“新名词”是一个大陷阱，唯有脚踏实地、实事求是地做研究，才可作出贡献。“我们要挖掘新的现象，但这并不刻意追求‘新’，如果意味最后结果发现仍然是大同小异，我们也要接受这个现实，不能为了‘新’而‘新’。”祝建华曾经提出“新闻传播学研究的九大陷阱”，这成为无数新闻传播学研究者的珍贵参考。而面对当下计算传播学的发展，他认为在这个领域仍然存在新瓶装旧酒的研究情况，“用新的方法去研究新的传播形态，发现了一些早已存在的规律，在某种程度上，这其实是一个好消息，因为人的行为没有发生大变”。

祝建华曾批评当代新闻传播学研究存在“追逐新媒体、研究单一原因、研究常数、为比较而比较、为方法而方法”的问题，他认为追逐新媒体”的主要问题在于研究者有可能误以为只有“新”才是重要的，跟风热点太紧以致看不清长期趋势与短期泡沫的区别；“研究常数”最常见的例子是在单一社会里研究该国的特殊性或文化传统的影响，“为方法而方法”是指理论性或应用性研究中以方法的新颖或强大来取代或掩饰理论或论点的贫乏或证据的薄弱。

计算传播作为一种新的研究方法，祝建华认为与传统的量化研究方法相比各有长短，相同之处在于都是研究人类传播的现象和行为，但是由于不同的记录方法，产生了不同的数据，从而导致了一系列的区别。针对目前最流行的文本挖掘和访问日志的数据和方法，他认为不同之处主要有三：

首先，数据结构不同。传统定量方法用的多是“矮胖型”数据，观测的个案数目少，但是变量很多，有的社会调查可以问到成百上千个问题。大数据时代的数据是“高瘦型”，尤其是网上获取的行为数据，个案很多，可以达到数亿甚至数千亿，但是变量很少，通常只有三五个变量，如用户在什么时间、什么地点、做了什么事情这几项而已。造成这样局面的原因之一就是每人只掌握了一小部分变量，也就是所谓的“数据孤岛”。这样虽然可以获取行为数据，但缺陷是行为确实发生了，而不知道为何发生，更难建立因果链。因此，“为大而追踪大数据”可以被补充为新闻传播学研究的第十大陷阱：数据量并非越大越好，这其中存在着边际效益递减的问题。理想中的大数据，不仅要个案多，而且要变量多。

其次，变量的内容和品质也不一样。过去的调查、实验等方法提供的数据是受访者自己报告的认知、态度以及行为意向等，统称为动机。我们知道，人的记忆很可能出错，或者因为从众心理，人可能有意无意地说谎。而网络数据中观测到的数据是人类的行为，基本上没有记忆、说谎等人为误差，也就是进行自然状态(即非干预)的观测。

最后，观测的时间粒度不同。过去传统方法的时间粒度，往往非常粗略，如“过去”“现在”或“今年以来”“本月(周)内”等等。最精确的是日记调查，也只能做到以小时为单位。网络数据在时间上非常精确，一般以毫秒(秒的千分之一)为单位。如果一个用户的手机24小时开机，那么他每天就有近一亿条记录！也因此大数据中含有海量的冗余信息或噪音，并且难以根据随机原则进行抽样。总的说来，精准的时间粒度是利远大于弊，是对传统研究数据的显著进步。

祝建华认为计算传播作为一种新的研究方法与传统的量化研究方法并非只有二选一的关系，他认为如果计算传播和传统方法两者都能达到相似的效果，那么应该多用计算，因为其计算速度更快，成本更低。但是如果仅用计算，有些致命的弊病是难以克服的，例如无法建立因果推论。

在跨学科的背景下，祝建华认为计算传播学理应避免长期成为不同学科交叉汇聚的“十字路口”，而要实现一片真正融合的绿洲。施拉姆曾借用“十字路口”的比喻传播学领域中各学科顺着他们的研究兴趣在这个领域中总是驻留片刻后又再离去。当下的计算传播学也正式处于这样的研究场域中，包括计算科学在内的不同学科背景的学者汇聚在此，面对这样一个越来越凸显的问题，他认为，当下乃至未来，计算传播学最需要的相关学科相互融合并进入“深耕”阶段，而“想象力”是这个新型学科获得突破性发展的关键词。

对于计算传播学的未来发展，祝建华既抱有期待，也深知“路漫漫其修远兮”。“我们现在还在享受互联网和大数据所带来的便利，但整个范式及传播学科的发展还有很长的路要走。若不想它再次成为一个十字路口，最后还是要靠我们的共同努力。”

3. 培育学术共同体

作为计算传播学的先行者，祝建华坚守自己的学术理念和思维方式，对这个新领域的开拓作出了重要贡献。但这个新兴领域能否成为既是有兴趣的旅行者暂时客居之地，还是一批批怀抱共同理念和学术追求的学者们相聚甚欢的“学术共同体”，他还在探究中。学术的进步一方面于直接表现为学者自身对所在领域的扎根钻研，另一方面也依赖于知识在学术共同体之间可持续的传递与延续。身处新兴领域浪潮前端的祝建华深谙这一点。他在以先行者身份力促计算传播学相关理论与方法发展的同时，还推动了计算传播人才的培养与学术共同体的打造。

自2008年建立互联网挖掘实验室至今，他已经培养了十余名博士生，分别在美国、中国内地、中国香港、中东等地的高校执教计算传播学，也有的在跨国社交媒体担任数据科学家，这些学生形成了第一代原生计算传播学者中目前规模最大的一个群体，而互联网挖掘实验室正是他传道授业、培养人才的关键平台。由于实验室经常需要接待来自不同高校研究机构、不同专业领域的学者进行访问交流，他常会安排学生与访问学者进行对接。在这样的过程中，学生们获得了许多与来自不同专业顶级学者沟通的机会。与此同时，在他的吸引与带领下，实验室每星期的组会都会迎来众多参与者，这其中既包括当下仍在实验室从事科研学习的研究人员，也包括早已离开的毕业生和访问学者。

祝建华强调："我们实验室很开放，有好几个在实验室待过的学者或学生，回去后会继续远程参与组会，这种参与是没有任何组织压力下自发的，都是出于共同的学习兴趣。"而在他的影响下，实验室组会也形成了一种独特的交流文化。在这里互相批评的比互相点赞的要多，但对事不对人的，他认为："每个人的思想总归有局限，在这样一个平台里面得到冲击。"但他也对年轻的学者泼些冷水，提醒他们不要为方法而方法、为数据而数据，因为这是历来一条走不通的路。

也正是在这样一个开放包容的学术共同体之中，许多不同学科的学者们，尤其是年轻的学者相互之间擦出了耀眼的思维火花，结出了丰硕的学术成果：目前国内与计算传播学相关的两本中文著作均由互联网挖掘实验室前成员编写——2015年，许小可、胡海波、张伦和王成军共同出版了《社会网络上的计算传播学》，2018年，张伦、王成军和许小可共同出版了《计算传播学导论》。其中，张伦和王成军曾是实验室的博士生，许小可和胡海波曾在实验室做博士后研究。

在学术共同体的搭建上，祝建华的视野远不止在中文传播学界。2014年，他带领彭泰权、梁海等在国际传播学会（ICA）内倡议建立计算方法小组，并征集了欧美亚太等地50多位ICA会员作为发起人，这也是计算传播学在国际传播学术圈内得到关注的标志性事件。至今，该小组已有200多位会员，很快将升级成为国际传播学会的分会之一。此时，中文世界的计算传播学与国际范围的计算传播学之间的发展是同步挂钩、互相推动的，这在传播学其他分支中是十分罕见的情形，他在其中作出了重要的贡献。

作为中国第一批计算传播学原生学者的教育者和引导者，祝建华既深知这个新学派所面临的挑战，融合绝非易事；但是他也同样知晓这个新学派所具备的独特价值：既打通了连接计算科学与传播学的学术桥梁，也开拓了探索、理解与反思互联网时代的各种传播现象、社会现象和政治现象的创新型思维逻辑模式与研究方法。因此，他借用社会网络分析的术语，将计算传播学称作跨学科的"结构洞"。他相信，借助历史性的机遇，协调和发挥计算学者和传播学者双方的互补作用，将是计算传播学这片绿洲形成独特学术风景的关键所在。

（赵萱、陈子阳、龚彦方）

7.5 蒋晓丽：行走在学术与育人路上的逐梦人

历史与新闻，乍看似乎相差甚远，但在四川大学文学与新闻学院恰恰就有一位“学历史出身的新闻学教授”，她便是蒋晓丽教授。提起蒋老师，认识她的人第一时间便会在头脑中闪现出一连串的关键词：温婉大方、和蔼可亲、充满智慧……这是一位女性与生俱来的内在气质，也是一位学者饱读诗书后的岁月沉淀(见图 7-4)。

图 7-4　四川大学新闻传播学科带头人蒋晓丽教授

1978 年，蒋晓丽作为恢复高考之后的第二批大学生进入四川大学求学，从此与川大结缘。回望过去的 40 多年，她始终行走在学术与育人的途中，在她身上，不仅可以为她的学术坚守感染，亦能够为她的学者旅迹的奋进与服务学科建设的奉献而感佩。

1. 思承一脉 花开数枝：历史教给我治学之道

历史专业的学习经历在蒋晓丽教授的学术生涯中扮演着举足轻重的角色。1978 年，正在重庆日报社当实习记者的蒋晓丽老师得知高考恢复的消息，埋藏在她内心深处的大学梦像种子一样发芽、疯长。她不顾报社社长的挽留与亲友们的劝阻，毅然决定放弃当时优越的工作条件而奔赴心目中的象牙塔。

大学阶段的学习是辛苦而又充实的。在历史系78级的120名学生中，仅有13位女生，而蒋晓丽便是那13位女生中年龄偏小的一个。年龄小，阅历不足，基础不牢让初入大学的蒋晓丽倍加努力。她废寝忘食地汲取着知识的养分，仅在大二、大三阶段，便凭借出色的专业知识和敏锐的学术洞察力，在《文史资料》《社会科学研究》《史学月刊》等学术刊物上发表了数篇学术论文。功夫不负苦心人，她以年级唯一一位"全优生"的成绩毕业。多年后，每当回忆起这一段勤奋求学的日子，蒋老师都深有感触和倍加珍惜。正是大学阶段的四年，让她打牢夯实了专业基础，储备了一生受益的知识财富。

1982年，蒋晓丽留校任四川大学马列教研室讲师，担任"国际共产主义运动史"课程的教学工作。在此期间，她始终醉心学术、力求精进，确定了继续学习的目标。1985年，她再次以出色的成绩考入四川大学近代史专业攻读硕士学位，这一阶段的研习经历让她与学术结缘，并为后来研究新闻学的转向埋下了伏笔。在硕士阶段的学习中，蒋晓丽老师发现，历史与新闻密不可分，"历史是昨天的新闻，新闻是明天的历史"。整个近代史的研究都离不开报刊这一媒介文本，翻报纸、查资料成为学习的常态。在与报刊的亲密接触中，蒋老师逐渐从载体与工具的认知思维中脱离出来，对报纸这一媒介乃至整个报业与新闻业产生了浓厚的研究兴趣。尤其是在硕士毕业论文对于清代第一位驻外大使郭嵩焘的相关研究中，蒋老师与报刊的大量接触更加深了她对新闻学的热爱，并最终确定了自己的学术兴趣点——新闻学研究。

彼时，四川大学新闻系刚刚成立不久，正处于筚路蓝缕的创业初期，条件简陋、师资紧缺。蒋晓丽硕士一毕业便婉拒了历史系请她留教的邀请，加入了新闻系的教师队伍，并主讲中国社会与文化与新闻编辑学两门重要课程。"非科班"出身的学科背景让她最初的新闻学研究遭遇挑战。对此，蒋老师回忆道，"'非科班'出身的背景使我在最初时期进入新闻学科的研究和教学速度较慢"①。但靠着自身的不懈努力，加之新闻学科的兼收并蓄、开放综合的特性，以及历史专业学习所打下的坚实的人文学科基础，蒋老师逐渐打开局面，找到了有机融合的突破点，走出了属于自己的研究之路。入职新闻系的第三个年头，她便在《新闻界》上开辟专栏，撰写了数篇新闻史方面的学术论文，尤其对西部地区的新闻历史及新闻人物进行了大量细致而又翔实的研究。她承担研究的国家重大科研项目"重庆近代城市史"的子课题"重庆大众传媒史"是最早为西部大众传

① 蒋晓丽．我的"新闻教师情结"[J]．西南民族学院学报(哲学社会科学版)，2001(11)：100-101.

媒做史的学术成果，至今仍是重庆大众传媒史研究中的重要学术文献。正是得益于新闻史研究方面的丰硕成果，入职仅四年，蒋晓丽老师便破格晋升为副教授。

从史学的角度研究新闻构成了蒋老师在新闻学研究中的最初进路。然而，历史学的治学启悟带给她的远不止这些。在后来的学术创新脉络中，尽管研究侧重点立基新闻学的现实关切而与时俱进，在多个面向上广开学术之花，但历史学的思维和视野却始终贯穿于蒋老师学术研究的每一个阶段，滋养并影响着她的整个学术生涯，也体现着她不断探新的学术追求。用蒋老师自己的话说，“鉴古知今，学史明智。往后看的最终目的是为了更好地往前看。历史学背景让我拥有了看待事物从古至今的历史纵深感，这也在无形中教会了我治学的道理”。用历史的眼光看待现实，将“向后看”的学术专长转变为“向前看”的研究支撑，需要的不仅仅是知识的积累与连接，还有细腻的学术触感与开阔的学术识见。这是日后将晓丽教授的治学特色和培养新闻传播人才的匠心所在。

2. 勇当大任 与时俱进：为学术和学科发展服务奉献

自20世纪90年代初以来，互联网迅速发展，传媒格局深刻变革，时代与个人命运的交织在蒋晓丽教授身上首先体现在她对学术研究与学科建设的敏锐前瞻和自觉调适。

1993年元月，蒋晓丽前往美国常春藤名校康奈尔大学做访问学者，就中国新闻传媒语言发展变化的课题进行深入研究。在国外，她如饥似渴地钻研，“接触了大量西方传媒以及西方传媒研究著述，对新闻传播学科有了较广阔的视野和更深入的了解”①。她以敏锐的洞察力捕捉到互联网这一新兴事物。回国后，她马不停蹄地将国外的所见所闻整理成文，向国内学界与业界大力介绍“信息高速公路”。这次国外访学经历深深触动了蒋晓丽敏感的学术神经，她意识到未来社会将是网络主宰的时代，互联网的发展将会在不远的将来深刻重塑人类社会与传媒发展生态。作为一个新闻研究者，自己有责任也有义务走在时代前列，做时代发展的瞭望者。报此信念和前瞻，她逐渐将研究重点转移到互联网及传媒文化方向，并结合自己讲授“中国社会与文化”课程的心得与积淀，在《人文杂志》《求是学刊》等刊物上发表了多篇研究成果，打开了一扇崭新的学术之窗。

1998年，刚刚晋升为教授的蒋老师再次远赴康奈尔大学，这一次，她的目标更为明确。她广泛涉猎了中外传媒中的各种文艺、文学作品，收集了大量有价值的研究资料，写出了长达五万余字的研究报告。回国之后，她将访学期间所收获的前沿理念运用到实际的教学与科研之中，引导学生“将若干新闻传播方面的重大问题放在时代和文化

---

① 蒋晓丽．我的“新闻教师情结”[J]．西南民族学院学报(哲学社会科学版)，2001(11)：100-101.

的大背景下进行深层次的观照，开阔视野、开拓思路”①。在此期间，蒋老师参加的国家八五重点课题成果荣获四川省政府社科一等奖，首届国家社科基金优秀成果三等奖。与此同时，她的博士论文《近代大众传媒与文学》出版。2008年，蒋老师集结多年来文化与传媒的教学研究体悟，出版了专著《传媒与文化：文化视角下的传媒研究》，不仅填补了国内文化与传媒领域交叉研究的空白，也开辟了传媒研究的文化视角，使传媒研究推向深入和具象。专著中提出的“传媒化生存”这一观点已被当下的传媒发展所验证，成为公认的学术热词。该书获教育部第六届高等学校科学研究优秀成果三等奖，是蒋老师在传媒文化研究方向的代表作之一。

学术探新无止境。1994年，高校体制改革进入如火如荼的阶段，蒋老师被委以重任，担任四川大学党委宣传部副部长(2000年晋升为部长)，“分管对外宣传，负责与新闻媒体打交道”②。随着工作的深入，蒋老师强烈地意识到传媒文化研究已经无法涵盖互联网与传媒发展赋予整个社会及学科的命题。她将目光聚焦到舆论研究上来，做了很多建设性的思考与研究，并培养和建设了一支高水平的舆论研究团队，较早关注了国内尤其是西部区域的重大突发事件。以此为突破口，2008年，她作为首席专家成功申报并获批国家社科基金重大招标项目“新形势下提升舆论引导力对策研究”。在蒋老师的带领下，整个团队宵衣旰食、殚精竭虑，用了整整五年的时间完成了一部立意高远、系统深入的舆论研究著述——《舆擎中国：新形势下舆论引导力提升方略研究》。该书立足于中国和平崛起、社会重大转型的新形势，将舆论、舆论引导和舆论引导力置于国家-社会的结构关系中，由此架构起以新形势为背景、以理论为基石、以靠前近期发生的重大公共事件为案例、以西部区域社会典型事件为焦点、以已然经验和应然路径为策略突破、以科学和合一的指标体系为评价标准，将提升舆论引导力作为一门综合性科学和一项系统化工程，系统探索提升舆论引导力的创新策略和实现路径。该成果严谨扎实，体现跨学科结合的创新成果，荣获教育部第七届高等学校科学研究优秀成果奖一等奖、四川省第十六次哲学社会科学优秀成果一等奖。

在关注学术热点，引领学术研究前沿的同时，蒋老师对学院师资培养与学科发展的建设及关注一刻不停。她深知社会变革对学科发展的重要意义，以及自己作为西部新闻传播学科重镇中的一员所肩负的历史使命与责任，无论何时都不忘初心、满怀热情。尤

---

① 蒋晓丽．我的“新闻教师情结”[J]．西南民族学院学报(哲学社会科学版)，2001(11)：100-101.

② 蒋晓丽．我的“新闻教师情结”[J]．西南民族学院学报(哲学社会科学版)，2001(11)：100-101.

其是在四川大学新闻学科建设的一代领军人邱沛篁教授荣退之后，蒋老师更是义不容辞地从老一辈手中接过了学科发展的接力棒。在那段时光里，她白天全力以赴地处理学校宣传部的各项事务，晚上挑灯夜战，思考学科发展的出路，常常夜不能寐。由于地处西部，在吸引人才的地理条件、薪资待遇与发展机遇等方面，同北京、上海、广东等地存在一定差距，不少学者陆续离开四川大学，前往经济发达的地区就职。这让原本就人才紧缺的学科建设更显艰巨。面对这样的困难和挑战，蒋老师做好表率，和同事们经过共同努力，使川大新闻传播学科走出了一条独具特色的发展之路。2006 年，学院获得新闻学博士学位授权点，开创了西部第一。2010 年，学院获得西部唯一的新闻传播学一级学科博士点、博士后流动站，形成了完备的具有自身发展优势和特色的学科体系，在整个西部乃至全国的新闻传播教育领域发挥着举足轻重的作用。

百花齐放春更美。这是蒋老师立足川大积极参与全国及助推西部地区新闻传播学科建设的奉献心境与服务愿景，她以真情与热忱躬耕其间，倾注了大量心血。早在 2013 年，蒋老师便发出建构西部新闻传播学学术共同体的倡议。她指出，西部地区特有的地理战略位置、社会生态环境以及媒介环境都决定了我们建构并发展西部新闻传播学学术共同体的可能性和必要性。无论是对于高速发展变化的大众传播事业，还是不断深入开展学术研究的学院派来说，立足西部都充满了机遇与挑战，作为西部新闻传播学学术共同体来说也应该有更强的使命感。她从团体成员专业化、研究进路务实化、活动形式多样化以及制度规范化四个方面对具体的实践策略给出了自己思考。① 正是以此宏观视野与远见卓识为动力，蒋老师在学科发展中始终做好示范和带动，她勇担重责，不辞辛劳，同时也春风化雨般的以服务的言行感染与激励着身边的每一个人，尤其是青年教师深受其益。每学年的寒暑假，蒋老师都会定期去四川大学对口支援的民族院校新闻传播学院，同那里的青年教师座谈交流，分享教学与科研经验，为其学科发展提供支持和提出建议。为了帮助青年教师快速成长，她及时告知各类专业学术交流信息，热情推荐一批青年教师参与其中，不断为学科发展的人才成长尽心出力。

无论是作为学者，还是作为学科发展的领军者，蒋老师在从教生涯里都始终保持着敏锐的社会洞见力与勤勉的执行力，她勇当大任，能担责任，与时俱进，以自己的独到的跨界融合思维及创新成果建设学科、服务学科，赢得了学界内外的广泛赞誉。

3. 大道致远 行者无疆：学术与育人永无休止符

2020 年是蒋老师与四川大学结缘的第 42 个年头，也是她作为一名新闻传播学教育

---

① 蒋晓丽，杨公成．西部新闻传播学学术共同体使命的探讨[J]．新闻学论集，2013(6)：37-40.

工作者孜孜奋斗的第32个年头。她同时任教育部新闻传播学专业学位指导委员会委员、中外文艺理论学会文化传播符号学研究委员会会长、中国新闻史学会符号传播学研究委员会会长以及四川省哲学社会科学重点研究基地——社会舆情与信息传播研究中心首席专家。作为四川大学新闻传播学科带头人，现已在权威及CSSCI来源期刊发表学术论文100余篇，出版著述22部，并作为第一负责人主持国家重大、重点、特别委托、一般项目及教育部、省级重大科研项目15项。她“桃李满天下”，培养的大批优秀学生广泛活跃在国内各大新闻院校与传媒行业并已成为行业领域的骨干。

“无论是学者还是学科，任何时候都不能停止对所处时代的观照，对学术热点的追踪和对学术前沿的引领。新闻传播学科的学者更应当坚守这一点，这既是学术研究的内在要求也是学科特性的必然选择。”她是这么说的，也是这么做的。如今已入花甲之年的她，从未停止过对学术及学科的思考与想象。在她看来，无论何时，这两种精神都是保持学术与学科生命力的不二法宝。

21世纪初期，新媒体技术的蓬勃发展与广泛普及在极大地重塑了以往的新闻传播格局的同时，也为新闻传播学学科发展带来了新的挑战。“新闻是否有学?”“传播学是否还有存在的理由?”等质疑之声甚嚣尘上，学科发展面临困境。为了应对学科危机，蒋老师结合四川大学符号学研究的特色及优势，在同赵毅衡教授等符号学学者的交流与探索中，创新性地开拓了符号与新闻传播研究融合的研究与阐释范式，并牵头举办了多次传播与符号学大型学术会议，力求集思广益，借助符号学的阐释力对新闻传播学学科研究中的诸多问题进行回应。“求新声于异邦”，试图为学科发展贡献西部思考与西部力量。在一次采访中，蒋老师对开拓与革新的精神做了如下阐释：“在我看来，新闻传播学的实践和研究，都有着一种‘求新’‘求异’的性格。因此，对非常规的东西，新闻传播学应当抱持一个与其他学科不一样的态度，以一个敏锐、包容、鼓励的态度，去做一些探索、寻求一些路径和解释，即便这种解释不是唯一的解释。”①

如果说开拓与革新是蒋老师始终遵循的学术准则，那么反思与传承则是她难能可贵的学者风范的体现。在治学生涯中，蒋老师从不吝啬对学术研究与学科发展的反思。她常说，学术研究是无限的，但学者的能力与视野是有限的。因此，学者的价值便在于用有限的能力去开拓无限的学术沃土。承认不足，才能直面缺憾。随着年龄的增长，这种反思也更加深刻。她期待自己能够有一次学术转型，不再做一些应景的“热”研究，而是去做一些基础性的“冷”研究，期望能找到一些基础性的、深层次的东西。“哪怕只能

---

① 蒋晓丽，李玮．危中求机，破中求立：中国新闻传播学发展的符号学路径——蒋晓丽教授访谈录[EB/OL]．[2017-09-19]．符号与传媒，https：//www. sohu. com/a/193090528_ 258583.

做一点点，也感觉无愧于心。”①

这种不间断的反思同时带给蒋老师深深的忧虑。她忧心于自己无法像青年时期那样保持旺盛的精力，全副身心地投入学术研究之中，更忧心于学院的学科发展与未来走向。而越是担忧，她想要将学术研究与学科发展传承下去的想法就愈发强烈。在教学与科研中，她始终热衷于引导学生找到自己的研究兴趣，鼓励学生追踪学术前沿热点，因材施教，充分发挥每一位学生的学术专长。帮助学生培养学术素养，勉励其树立学术信心，带领其走好学术路上的第一步。作为四川企鹅新媒体学院院长，蒋老师也会定期邀请业界与学界的专家学者来学院讲座，助力学生拓展视野和紧跟实务前沿。多年来，她指导的本科生曾获得全国大学生“挑战杯”“范敬宜新闻学子奖”“许川新闻奖”等多项奖项，她指导的硕、博毕业生中则有多人获批国家社科基金、教育部项目立项。至今，即使是毕业多年，已在工作岗位上颇有成就的学生依然会亲切地称蒋老师为“蒋妈妈”，这无疑是对她躬身学术、致力育人的真切写照。“落红不是无情物，化作春泥更护花”是蒋老师偏爱的一句诗词，而这其中的深意她一直在用行动表达。

如蒋晓丽教授所言，学术与学科永远不会有休止符。如果说她的求学和教学、治学历程生动诠释着其开拓、革新、反思、传承的学术追求；那么，她对学生的关爱、指导和对青年教师的支持、帮助更映照出她身为新闻传播教育师者的情怀和品格。正所谓“行者独步于遥远的旷野，素昧平生的未知，遭遇处处的难题，只因为一个执着的信任，敢于把世界上任何一片土地都放在脚下，为后来人度步出一往无垠的疆土”。此为蒋晓丽教授的教育追求与学术心志的写照。

（贾瑞琪、操慧）

① 蒋晓丽，李玮．危中求机，破中求立：中国新闻传播学发展的符号学路径——蒋晓丽教授访谈录[EB/OL]．[2017-09-19]．符号与传媒，https：//www. sohu. com/a/193090528_ 258583.

第8章　教授名录

艾红红

艾红红，女，1970年生，文学博士，新闻学博士后。现任中国传媒大学新闻学院教授、博士生导师，兼任中国新闻史学会第五、第六届常务理事，中国新闻史学会地方新闻史研究会副会长；主要研究领域为新闻传播史论、广播电视历史与理论；已出版的个人专著有《中国广播电视史初论》《新时期电视新闻改革研究》《〈新闻联播〉研究》《中国宗教广播史》《中国民营广播史》；参著有《中国广播电视通史》《中华人民共和国科技传播史》《中国广播电视史教程》等。主持教育部青年基金课题“中国宗教广播史研究”（已完成）、一般课题“中国民主党派报刊史研究”及国家民委、中央社会主义学院委托课题等；参与国家社科基金重大课题“中华民国新闻史研究”“新中国70年新闻传播史”等。

包鹏程

包鹏程，1964年10月出生，博士，安徽大学新闻传播学院教授。安徽省人力资源和社会保障厅专家咨询委员会委员，北京师范大学出版集团-安徽大学出版社编审专家，安徽大学新闻传播学院教授委员会委员。

近年来一直从事影视文化、视觉文化、媒介文化的教学和研究，先后出版了《敞视与隐匿——视觉文化理论与实践》《电视的言说——电视表达的文化阐释》《比较新闻传播学导论》《艺术传播概论》等多部学术著作。同时在《现代传播》《国际新闻界》《新闻大学》《电影艺术》《安徽大学学报》《河南大学学报》等期刊上发表学术论文近40篇。主持和参与省部级项目 3 项，同时还主持各类横向项目 3 项，并且有多篇纪实性新闻特写发表。

蔡　斐

蔡斐，1982 年出生，西南政法大学法治新闻中心主任、教授、博士生导师，西南政法大学法学博士。2011 年至今在西南政法大学新闻传播学院任教。先后获得全国宣传思想文化青年英才，教育部网络教学名师等称号。

出版《二十世纪影响中国 20 大案》《新闻传播经典文献导读》《1903 年：上海苏报案与清末司法转型》等专著。在《重庆社会科学》《新闻爱好者》《西南政法大学学报》发表各类论文 20 余篇。研究方向有新闻史学、新闻传播法治、新媒体研究等领域。荣获中国新闻传播学国家级学会学术奖等荣誉。

陈国明

陈国明，美裔华人，1955 年 6 月出生于中国台湾屏东。美国罗德岛大学传播学教授、美国中华传播学会创始人。曾任国际跨文化传播研究学会会长与执行长、美国国家传播学会立法委员、美国东部传播学会跨文化传播组主席，并在多个国际传播学学术期刊担任编辑或审稿人。多年来往返两岸从事学术交流，对华人世界跨文化传播教育与研究作出了贡献。

陈国明的研究专注于跨文化传播领域，擅长从中西方文化、哲学传统的讨论和分析中进行跨文化传播议题的研究。论文发表与著作颇丰。代表著作包括 *Foundations of Intercultural Communication*、*Communication and Global Society*、*Chinese Conflict Management and Resolution*、*A Study of Intercultural Communication Competence*，《文化间传播学》《传播研究方法》《传播理论》等书。其研究主轴有二：跨文化传播能力与华人传播/沟通行为。30 年来，从跨文化传播能力的本质与意义的探讨，一直到跨文化能力传播模式在全球社会的建立。他认为华人传播行为研究建立在人类传播行为因文化的差异而有所不同的主张，试图从中华文化的维度，建构可以挑战与匹敌西方传播行为的模式。目前两个研究主轴已逐渐合一。

陈华明

陈华明，出生于1972年9月。湖南宁乡人，文学博士，四川大学文学与新闻学院教授、博士生导师。四川大学网络空间安全研究院研究员，网络空间治理研究所所长，四川大学双一流建设办公室副主任；四川大学双一流建设学科大数据与人工智能学科大数据与舆情方向学科带头人。曾任《成都商报》记者、编辑，四川大学校刊编辑部主任。兼任中国高校质量监测研究会理事、四川省高校校报协会副会长、四川省新闻教育学会副会长。美国华盛顿州立大学、英国剑桥大学访问学者。曾任美国亚洲高等教育基金会(United Board)高级研究员。

长期从事新闻传播教育，主讲媒介文化与伦理、大数据与舆情分析等课程。

致力于新媒体与社会文化、政治传播、健康传播和网络空间治理研究等。主持与主研国家社会科学基金项目、国家自然科学基金项目、教育部人文社会科学规划基金项目、四川省社会科学规划基金项目等10多项。目前正在主持国家社科基金项目“基于功能共振理论的网络舆情演化与治理机制研究”。

出版《网络社会风险论——媒介、技术与治理》《裂变与认同：微博传播研究》《当代中国大众传播的隐私话题研究》等著作多部；在《新闻界》《四川大学学报》、IJERPH、*Healthcare* 等CSSCI和SSCI刊物发表论文50多篇；多篇论文被《中国社会科学文摘》《高等学校文科学术文摘》《新华文摘》等全文转载或摘登。曾获四川省优秀社会实践指导教师、四川省社科成果三等奖、成都市“十佳”优秀青年教师、成都市新闻奖等荣誉称号或奖励。

陈立生

陈立生，江苏人，中共党员，先后获得南京大学新闻学硕士学位和复旦大学传播学博士学位。现任同济大学艺术与传媒学院教授、硕士研究生导师、马克思主义新闻观研究中心主任、全球城市文化传播中心主任。兼任全国高等学校新闻传播教育学会理事、中国应用新闻传播学研究委员会理事。

曾从事新闻媒体工作17年，获“主任记者”任职资格。2000年正式进入高校从事教学科研工作。曾任同济大学传播与艺术学院院长助理(负责教学工作)、新闻与传播学科负责人、设计与艺术学科学位评定分委员会委员。

单独或联合主讲的研究生课程有："大众传播研究方法""媒介融合与新闻传播实务研究""马克思主义新闻思想研究"等；本科生课程有："新闻学概论""受众心理与文化创意"等。

主要研究领域：马克思主义新闻传播思想、全球城市与国际传播、新媒体与文化创意。自 2000 年以来，主持和参与各类科研和教学项目 16 项，其中包括主持国家社科基金项目 1 项、主持上海市社科规划项目和上海市政府委托项目各 1 项，参与国家社科基金重大项目 1 项、国家社科基金一般项目 1 项。出版专著《传媒博弈论》(合著)、《文化创意产业：内涵、测量与评估》(独著)，后者获第四届中国大学出版社协会优秀图书教材二等奖。发表学术论文、文章 20 余篇。

陈　爽

陈爽，女，1979 年 3 月生，辽宁工业大学文化传媒学院教授、硕士研究生导师。主要研究方向为广告理论、新媒体传播。2002 年毕业于辽宁大学获文学学士学位，2007 年毕业于北京大学并获文学硕士学位。是辽宁省影视家协会会员。

主持的各级课题有：辽宁省社会科学规划基金项目"人工智能环境下媒介融合发展路径研究"与"新媒体环境下报纸媒体转型发展策略研究"；辽宁省教育厅项目(人文社科类)"新媒体环境下辽宁省内报纸媒体传播效果及发展策略研究"；辽宁省高等学校本科教学改革研究项目"基于应用型人才培养的广告学专业创新创业教育改革研究与实践"；辽宁省"十三五"教育科学规划项目"应用型高校广告学专业校企联合人才培养模式研究"。参与完成教育部人文社科项目 2 项。

出版专著《新媒体时代的报纸广告传播》《新媒体环境下报纸媒体转型发展策略研究》，主编教材《广告文案写作》《广告学概论》，参编教材《广告学教程》。在《传媒》《当代电视》等期刊发表学术论文 30 余篇。获国家外观设计专利 3 项。多次获得锦州市哲学社会科学成果奖。

辽宁省精品资源共享课程"广告学概论"负责人。主讲广告学概论、广告文案写作、新媒体广告传播等课程。指导学生参加全国大学生广告艺术大赛获得国家奖和辽宁省分赛区奖励 30 余项，多次被评为"全国大学生广告艺术大赛辽宁分赛区优秀指导教师"。

程 红

程红，1958年1月出生。贵州大方人，宾夕法尼亚州立大学大众传播学博士。现任美国芝加哥洛约拉大学传播学院教授、院长。曾先后在美国布拉德利大学任助理教授、终身副教授，美国俄亥俄大学E. W. Scripps新闻学院终身副教授、终身教授，弗吉尼亚联邦大学理查德·特·罗伯逊传媒与文化学院任终身教授、院长。曾先后被聘为新加坡南洋理工大学传播与信息学院高级访问学者、中国台湾“中山大学”管理学院访问学者、日本中部大学Kohei Miura客座教授、中国香港浸会大学传理学院客座教授和北京大学新闻与传播学院客座教授。现兼任厦门大学新闻与传播学院讲座教授。曾先后担任美国新闻与大众传播教育协会(AEJMC)广告分会会长、国际传播分会会长、专业自由与责任常委会主席。还曾先后担任美国广告学会(AAA)秘书长与美国广告联合会(AAF)全国教育执行委员会主席。曾兼任在新加坡出版的《亚洲传播学刊》副编辑多年、现兼任在美国出版的《新闻与大众传播季刊》副编辑。

研究兴趣集中在跨文化广告、国际品牌及社会营销学方面。曾在《广告研究学刊》《国际广告研究学刊》《新闻与大众传播季刊》《传播学刊》等十多种国际学术刊物上发表文章，并为多本学术专著撰写了数十篇章节。与人合著《培养善用媒体的学生：如何教授媒体辨识技巧》；与人合编《广告与中国社会：影响及议题》《社会营销与公共健康：全球趋势及成功案例》；主编《国际广告研究纵览》。曾多次获得教学、科研及专业服务方面的奖项。

崔 波

崔波，女，出生于1968年7月。山西太原人，法学博士，哲学博士后。浙江传媒学院新闻与传播学院教授、硕士生导师，浙江省优秀教师，浙江省“三育人”先进个人。现任浙江传媒学院新闻与传播学院党委书记、中国社会科学院大学—浙江传媒学院长三角智能传媒研究院执行院长、浙江传媒学院数字出版研究所所长。兼任浙江省社科规划评审专家、浙江省第一批高校高水平创新团队(数字出版方向)带头人、中国新闻史学会编辑出版研究委员会常务理事。曾任英国奥斯特大学孔子学院教师、国家汉办伦敦书展版权贸易谈判专家。

致力于新闻传播史、城市传播和风险传播的研究。主持国家社科基金课题2项、省部级课题3项，参与国家社科重大课题1项、重点课题1项。出版《在政治与知识之间——以晚清翻译出版为中心》《清末民初媒介空间演化论》《城市传播：空间化的进路》《中国民营文化资本跨界研究》《版权贸易实战教程》等学术专著、教材5部，在学术期刊发表论文、报告65篇，多篇论文被《中国社会科学文摘》、“中国人民大学复印报刊资料”转载。研究成果曾获得浙江省社科联社会科学优秀成果二等奖，新闻传播学科权威期刊《新闻与传播研究》年度优秀论文。

邓向阳

邓向阳，出生于1972年5月。湖南邵阳人，经济学博士。湖南大学新闻传播与影视艺术学院教授、硕士研究生导师。现任中国新闻史学会传媒经济管理分会理事、湖南文化产业研究基地研究员、湖南省高校系列及新闻系列高级职称评委、湖南大学新闻传播与影视艺术学院学位委员会委员兼教学委员会委员。

2002年起从事新闻传播教育，作为主要人员参与湖南大学新闻学院媒介经营管理专业方向的组建和学科建设。致力于媒介经济学、文化贸易与跨文化传播、影视与图书出版经营、网络与新媒体的研究。主持国家社会科学基金课题、国家新闻出版广电总局课题、湖南省社会科学基金课题、湖南省软科学课题多项，主持国家社会科学基金重大课题子课题1项，参与国家社会科学基金课题、教育部社科课题和科技部课题多项。出版《中国电影产业研究》《媒介经济学》《知识经济》《公共关系学》等学术专著、教材4部，参著参编多部著作和教材，在国内外学术期刊上发表论文、报告50余篇。合作研究成果获得教育部人文社会科学成果奖三等奖1项、湖南省社科学科成果奖二等奖1项。曾获中国新闻史学会年会优秀论文奖、湖南省第四届社会科学青年学术会优秀论文奖、湖南省“新世纪”学术研讨会优秀论文奖、湖南省“纪念改革开放二十年”优秀论文奖。

主讲传媒产业发展研究、媒介经济学、媒介与社会等研究生与本科生课程8门，承担多项校级教改项目，曾获湖南大学优秀教师奖。

邓秀军

邓秀军，华中科技大学大学新闻与信息传播学院广播电视系教授。博士毕业于中国传媒大学电视学院，先后在四川电视台、北京电视台和中央电视台从事摄像、编导和记者工作，2014 年 8 月至 2015 年 8 月在湖北电视台新闻中心担任副主任（挂职），2017 年 2 月至 2018 年 2 月获得国家留学基金委资助到美国阿拉巴马大学担任访问学者。

有丰富的电视媒体从业经历，长期从事视听传播领域的教学与科研工作。承担了“电视画面与摄像”“电视编辑与制作”“新媒体视听节目制作”“广播电视新闻报道”等本科课程和“纪录片叙事”“视听新媒体研究前沿”“视听传播理论”等研究生课程的讲授，曾荣获华中科技大学优秀班主任和优秀创新创业指导老师称号，指导学生参加大学生计算机设计大赛等创新创业大赛获得多项全国顶级大奖。

研究方向为影像叙事、融媒传播和社会动员，立足学科交叉、擅长实证研究。申报立项了国家社科基金（基于用户行为大数据分析的微博反腐机制研究）、教育部人文社科基金（基于社会计算的微博舆论生成模式与引导机制研究）、湖北省社科基金（新媒体纪实影像叙事：文本的解构与话语的重构）等多项纵向研究课题，在《亚洲传播学刊》《新闻与传播研究》《现代传播》等重要期刊发表学术论文 10 多篇，出版了《新媒体纪实影像叙事》等 5 部著作，获得了湖北省社科优秀成果奖、中国高校影视学会学会奖等多项学术奖项。

董小玉

董小玉，女，1956 年出生，华东师范大学博士、北京师范大学博士后。现任西南大学新闻传媒学院教授、新闻传播学一级学科硕士点带头人、博士生导师。兼职有：教育部新闻传播学类专业教学指导委员会委员、国务院政府津贴获得者、中国写作学会副会长、重庆书画文史研究会文史研究院院长。

主持国家社科基金以及省部级社科项目十余项，在《人民日报》《光明日报》《文艺研究》《文艺理论研究》《新闻与传播研究》《现代传播》《当代传播》《出版与发行研究》等期刊上发表论文 100 余篇，主编国家级规划教材等十余部。

先后获得重庆市优秀教师称号、重庆市优秀共产党员称号、重庆市“最可敬可亲教师”称号；主讲的“写作”课程被评为国家级精品课程。

范玉吉

范玉吉，出生于1969年，毕业于复旦大学中文系，华东政法大学教授、传播学院院长；兼任中华全国法制新闻协会常务理事兼法制新闻理论研究专业委员会常务副主任、中国法学会法治文化研究会理事兼法制宣传专业委员会副主任、上海市新闻传播学类专业教学指导委员会委员。

先后参与创办了华东政法大学新闻学专业(法制新闻方向)、传媒法制硕士点、新闻传播学一级学科硕士点，创办了法制新闻研究中心、传播法研究中心。主讲的传播法研究、新闻法规与职业道德两门课都是上海市精品课程。

主要研究方向有法治传播、传媒法、传播伦理等。主持过教育部、司法部、上海市哲社等多个项目，担任多个国家社科重大项目的子课题负责人。在各类刊物发表论文百余篇，出版有《趣味的变迁》《传媒侵权经典案例评析》《年度中国法制新闻视角》等著作。

郭金明

郭金明，1963年出生，内蒙古自治区哲理木盟人。大连理工大学教授，硕士生导师。自1999年起，历任学校宣传部长、新闻中心主任、出版社总编辑等职务，参与创建大连理工大学新闻与传播学专业，并开始硕士研究生培养工作。现为大连理工大学校长助理，盘锦校区管委会主任。

主要学术兴趣及研究方向为新闻的跨文化传播、文化的传承与传播、国学与国民素养研究等。主持、参与完成10余项省部级科研及社科基金项目；主持完成国家重大出版工程——《大中华文库》水浒传、诗经、楚辞的日文、西班牙文版本的出版工程等。曾发表《共和国老一辈教育家传略·钱令希》《城市品牌研究的知识图谱分析》《大学出版社传播力研究及实证模型构建》等专著、论文20余部(篇)；近年来，先后推出“《资治通鉴》与社会管理”“国学经典中的管理智慧”等系列报告，以切身实践入手，深入研究学术个体与文化传播的关系。

郭力昕

郭力昕，1956年出生于中国台湾台南，父母亲来自中国大陆北方。台湾私立东海大学外文系学士、美国爱荷华大学(University of Iowa)新闻系硕士、英国伦敦大学金匠学院(Goldsmiths, University of London)媒体与传播系博士。

曾任图文报导月刊《人间》杂志摄影主编，辅仁大学、世新大学兼任讲师，《中时晚报》媒体评论专栏作者，阳明大学兼任教授，现任台湾政治大学广电系教授兼传播学院院长。

在台湾的其他经历包括：各类年度新闻摄影奖、纪录片竞赛、国艺会“国家文艺奖”(电影类)、“华语电影金马奖”“台北电影奖”等评审委员，第十五届“卓越新闻奖”评审团主席(2016)，第二、五、八届台北电影节之“社会公益奖”评审团主席，并自2003年迄今担任“台北电影节”咨询委员。

在大陆与香港的部分经历包括：香港“华语纪录片节”(2012)、香港“鲜浪潮国际短片节”(2018)评审委员，担任第一至三届“广东摄影双年展”学术委员会委员(2005、2007、2009)，广东省“连州国际摄影年展”第四届起(2008年迄今)学术委员会委员，第十一届“北京独立影像展”纪录片类评委(2014)。

专书著作包括：《电视批评与媒体观察》《新频道：电视、传播、大众文化》《书写摄影：相片的文本与文化》《再写摄影》《真实的叩问：纪录片的政治与去政治》《阅读摄影》《制造意义：现实主义摄影的话语、权力与文化政治》。

郭良文

郭良文，上海交通大学媒体与传播学院光启特聘教授、国家社科重大项目首席专家、上海市重点学科高层次创新人才。本科毕业于台湾东海大学社会学系，毕业后赴美留学，于1991年取得美国加州大学洛杉矶分校社会学博士，后复于2006年完成澳大利亚新南韦尔士大学媒体、电影与戏剧系博士学位。在转移工作岗位至上海交通大学之前，担任台湾交通大学教授。主要经历包括担任中华传播学会理事长、台湾资讯社会学会理事长、台湾交通大学人文社会学院院长、台湾交通大学传播研究所所长暨传播与科技学系主任、台湾玄奘大学资讯传播学院院长，以及台湾世新大学传播研究所所长暨公共传播学系主任。

研究领域主要为传播与新科技、媒体数据数据库创意与加值应用、少数民族传播发展以及两岸传媒交流研究。至上海交通大学任职后，所执行的科研项目包括：担任国家社科基金重大项目““中国非物质文化遗产的数字典藏、智能创意平台设置与全球化传播””首席专家，以及国家社科基金冷门绝学和国别史等研究专项““台湾达悟族歌谣与部落文化传播史””课题负责人。

主要开设课程有定性研究方法、网络传播研究、消费社会与流行文化。

何海翔

何海翔，出生于 1980 年 1 月，浙江诸暨人，组织发展学博士。浙江越秀外国语学院网络传播学院教授、硕士生导师。现任浙江越秀外国语学院网络传播学院院长，主要学术兼职包括全球修辞学会视听传播学会常务副会长、浙江省网络文化传播研究基地主任、绍兴市网络文化协会法人兼秘书长、绍兴市工业设计协会副会长、中国新闻史学会应用新闻与传播学委员会理事等，主要社会兼职包括浙江省网评专家组成员、绍兴市政协委员、绍兴市人民政府决策咨询委员会特约研究员、绍兴市网络舆情研究院院长(市级智库)、绍兴市社科院文化与旅游研究中心主任。

主要从事新闻传播教育，致力于政治传播与社会发展的研究。近年来主编《网络传播与社会发展研究系列丛书》《网络传播研究》《新传媒》等学术著作 10 部，主编《网络传播实验示范教材》等教材 7 部，专著、合著《新媒体管理规制论》《新媒体时代大学校园文化建设研究》等著作 7 部。在 *Journal of Intelligent and Fuzzy Systems*(SCI)、《中国广播电视学刊》《中国高等教育》《中国大学教学》《社会科学家》《青年记者》等期刊发表论文 30 余篇。主持教育部协同育人项目、浙江省哲学社会科学课题等省部级课题 6 项，主持全国教育信息技术课题等省厅级课题 7 项，研究成果先后获得浙江省教科规划优秀成果奖一等奖 1 项，绍兴市哲学社会科学优秀成果奖、绍兴市德育创新成果奖、绍兴市高等教育教学成果奖 8 项；先后获得“浙江省教坛新秀”“绍兴市社科新人”等荣誉称号 10 余次。

贺雪飞

贺雪飞，女，出生于 1962 年 1 月，浙江嵊泗人。1982 年本科毕业于杭州大学中文系，1988年硕士毕业于北京师范大学中文系。曾担任过宁波大学艺术与传媒学院副院长(主持工作)，现为宁波大学教育督导委员会副主任，人文与传媒学院教授，文艺与新传媒硕士点负责人、硕士生导师。兼任教育部人文社科项目评审专家、中国广告协会学术委员会委员、浙江省传播学会副会长、浙江省高校教学指导委员会(新闻传播学)委员等。

主要从事传播学、广告学、文化产业方面的研究与教学工作。主持或参与过多项省部级课题，以及市厅级课题与横向课题。近年来先后在《现代传播》《当代电影》《浙江社会科学》等学术期刊发表论文30余篇。出版专著《全球化语境中的跨文化广告传播研究》，合著《文化广告学》《广告与广告创意》《全球化背景下宁波城市品牌形象构建与传播策略规划研究》等，科研成果两次荣获浙江省高等学校科研成果奖二等奖。

主讲“广告与文化”“媒体批评与文艺理论重构”等课程，是国家级精品在线开放课程“好玩的广告学”的主要参与者。主编出版浙江省重点建设教材《广告案例教程》，担任国家级规划教材《广告策划》的副主编。获得的主要荣誉有：浙江省高校中青年学科带头人，宁波市宣传文化系统“六个一批”(理论类)优秀人才、宁波大学“王宽诚育才奖”、宁波大学“最美导师”、宁波大学真诚奖教基金“忠诚教育奖”等。

蒋海升

蒋海升，1975年出生，山东政法学院传媒学院院长、教授，山东大学历史学博士，中国传媒大学新闻传播学博士后，山东省有突出贡献中青年专家。主要从事文化传播、政治传播等相关方向研究工作。

出版《“西方话语”与“中国历史”之间的张力》《资政通鉴·中国历代农民问题》《运河文化保护与开发研究——以京杭运河山东段为中心》(主编)等学术专著，以及《新媒体概论》(副主编)等教材2部。

在《文史哲》《人文杂志》《史学月刊》《国际新闻界》《山东大学学报》《山东社会科学》等学术期刊发表论文28篇，其中3篇被“中国人民大学复印报刊资料”全文转载，多篇被《人民日报》《新华文摘》《历史教学》以及人民网、新华网、光明网等多家网站转载、摘录。

主持、参与课题23项，其中参与国家级课题1项，主持、参与省部级课题15项，其中主持6项(包括山东省社会科学规划重点项目“‘西方话语’与‘中国历史’：以‘五朵金花’为重心的探讨”“‘网络一代’的网络道德建构研究”“社会稳定视域下的网络突发事件处置研究”，中国博士后科学基金资助项目“语境变迁与范式转换：中国新闻史学史论”)。

获山东高等学校优秀科研成果奖3项(其中一二三等奖各1项)，中流文教基金会及喜玛拉雅研究发展基金会(台湾)青年学者基础研究奖助1项。

蒋　蕾

蒋蕾，女，1971年出生，吉林省吉林市人，博士，吉林大学文学院暨新闻与传播学院教授、博士生导师。担任中国新闻史学会理事、吉林省委宣传部新闻阅评员、吉林电视台专家评审员。

1992年毕业于吉林大学中文系新闻专业，任长春日报社记者11年，2003年任教吉林大学文学院新闻系。2002年获吉林大学文学硕士，2008年获吉林大学文学博士，2010—2014年在复旦大学新闻学院做博士后研究。

研究方向为东北新闻传播史、口述史、影像史，主要在伪满时期媒介文化与文学传播领域展开研究。主要研究发现有：“‘九·一八’之后东北知识分子精神抵抗现象”“伪满洲国新闻统制特征”“抵抗文学地下传播”等。

目前主持国家社科基金一般项目“东北沦陷区抵抗文学的生成及属性研究”。已主持完成项目有：国家社会科学基金青年项目“东北沦陷区报纸文学副刊研究”、第四十八批中国博士后科学基金面上项目“伪满洲国新闻统制研究”、2014年度吉林省哲学社会科学基金项目“伪满洲国新闻统制研究”等。

出版学术专著《精神抵抗：东北沦陷区报纸文学副刊的政治身份与文化身份——对伪满〈大同报〉的历史考察》《伪满新闻统制研究》，在《社会科学战线》《文艺争鸣》等刊物上发表《东北沦陷区中文报纸：政治身份与文化身份的分裂——对伪满〈大同报〉副刊叛离现象的考察》《“满映”作家群落考》《以法律之名制造的“新闻樊篱”——对伪满新闻统制的历史考察》《伪满时期抵抗文学的地下书写与战后呈现》等学术论文20余篇。

焦若薇

焦若薇，女，1968年5月出生，河北人，新疆财经大学新闻传播学科带头人、文化与传媒学院院长。主要研究方向：中亚跨文化传播、新闻史研究。

从事新闻传播教育、研究18年，专注于边疆地区跨文化传播研究。主持、参加国家级课题6项，参与撰写专著3部，在核心期刊发表论文10余篇。参与撰写研究报告、论文获新疆维吾尔自治区第九届、十一届哲学社会科学奖二、三等奖。撰写资政报告被自治区有关部门采纳，为政府制定中亚跨文化传播策略提供重要参考。

金玉萍

金玉萍，女，1973年1月出生，现任新疆大学新闻与传播学院副院长、教授。主要研究方向：传播与社会治理、受众研究、文化传播、广播电视学等。

1994年获得文学学士学位，1999年获得史学硕士学位。硕士研究生毕业后在新疆大学任教，2012年被聘任为教授。2007年考入复旦大学新闻学院，攻读广播电视学专业博士研究生，2010年6月获得博士学位。

先后在《新闻与传播研究》《国际新闻界》《新闻大学》《新闻与传播评论》《西域研究》等刊物发表论文约40篇。主持、完成国家级、省部级科研项目6项，作为主要完成人之一参与完成国家级重大项目1项、教育部重大项目1项。撰写的咨询报告1篇获得国家领导人批示，1篇得到中央机关采纳。出版专著《电视实践：一个村庄的民族志研究》，入选教育部人文社会科学重点研究基地复旦大学信息与传播研究中心“传播与中国”研究文丛。

论文《电视实践与维吾尔族村民日常生活研究》荣获第十届新疆维吾尔自治区哲学社会科学优秀成果二等奖，《少数民族网络政治参与研究的价值与路径》荣获新疆维吾尔自治区第二十七届新疆新闻奖新闻论文三等奖。

柯　泽

柯泽，1964年8月出生，湖北人，现任西北政法大学新闻传播学院学术带头人、二级教授、陕西省“百人计划”人才项目入选者、西北政法大学首届长安学者。

主要研究方向：新闻传播理论及业务、广播电视新闻与艺术、社会心理学、艺术理论等。

1994年硕士研究生毕业后在省级电视台从事了12年新闻采编工作，先后任记者、主任记者、高级记者。2003年考入武汉大学新闻与传播学院新闻学专业博士研究生，2007年6月获得博士学位，2009—2011年在南京大学社会学院以及加拿大渥太华大学从事博士后研究和访问学者研究。

在《国外社会科学》《浙江大学学报》《武汉大学学报》《现代传播》《新闻大学》等刊物发表学术论文70多篇，其中20多篇论文被《中国社会科学文摘》《新华文摘》、“中国人民大学复印报刊资料”等转载。在研和已经完成国家社科基金课题以及省部级等课题8项。主要代表性成果有《理性与传媒发展》和《传播学研究的社会心理学传统》等。著作《理性与传媒发展》获第六届高等学校科学研究(人文社会科学)优秀成果奖三等奖。学术论文《统一与冲突：论美国传播学的研究的传统》获2019年度陕西省高等学校人文社会科学研究优秀成果奖论文一等奖。著作《传播学研究的社会心理学传统》获陕西省高等学校人文社会科学研究优秀成果奖著作二等奖、陕西省第13次哲学社会科学研究优秀成果奖著作三等奖。

孔　非

孔非，女，出生于1978年7月。吉林长春人，管理学硕士，高级记者，海南省高层次人才，海南大学人文传播学院教师。具有19年记者及媒体管理工作经验，曾任长春日报社政务要务部副主任。多次获吉林新闻奖，获吉林省新闻出版奖优秀人物奖、长春市“名记者”等业界荣誉，获全国首届“好记者讲好故事”比赛优秀奖并参加全国巡讲。2019年5月入职高校任教。目前主要从事新闻实务、网络传播研究。

李继荣

李继荣，女，1964年出生，汉族，中共党员，东北农业大学艺术学院教授。兼任中国高等院校影视学会会员，黑龙江省电影家协会会员，黑龙江省文化产业专家库成员，黑龙江省高校教育电视协会副秘书长。

有近20多年的广播电视媒体从业经历，曾任哈尔滨广播电台节目主持人，哈尔滨电视台任记者、栏目制片人、大型电视晚会策划、导演、撰稿人等。创作的《深埋的希望》《行者无疆》等多部新闻作品获得省市新闻一等奖。

2010年进入东北农业大学任教。研究方向：广播电视理论与实践、大众文化研究、影视制片管理。同时还主持参与黑龙江省哲学社科规划项目、黑龙江省艺术规划项目、黑龙江省教育厅人文社科项目等多科研项目、全国哲学社科基金规划项目子项目，发表论文10余篇。主编的《青少年最应了解的文明秘迹》获第十六届黑龙江省社会科学优秀成果二等奖并有多项科研成果及影视作品获奖，组织创作的电视片《祭祖》获黑龙江省艺术学科优秀科研成果一等奖、纪录片《满语坚守》被北京市新闻出版广电局评为“优秀网络原创专业视听节目”、纪录片《满族美食》获2015年度美丽乡村国际微电影节最佳纪录片奖等。

主讲的“广播电视新闻采访与写作”课程中的“人——新闻中永远的主角”曾获黑龙江省第二届高校微课教学比赛文史组一等奖、教育部主办的全国第二届高校微课教学大赛二等奖。

李敏霞

李敏霞，河套学院教授，院学术委员会委员。中国高等教育学会新闻传播学专业理事会理事，复旦大学访问学者。2014年7月，被评为河套学院教学名师、院级学科带头人、教学督导员；2014年9月，荣获巴彦淖尔市优秀教师称号。

教学研究论文《互联网时代的新闻传播实践教学改革研究》荣获2016年度内蒙古自治区高等教育优秀论文三等奖。2017年12月，学术著作《新闻传播历史发展与理论前沿》荣获内蒙古自治区第六届哲学社会科学优秀成果政府奖三等奖。

李　鹏

李鹏，出生于1968年6月。天津人。天津体育学院体育文化学院教授，体育新闻传播研究所所长。中国新闻史学会体育新闻专业委员会常委、中国体育科学学会体育新闻分会常委、天津新闻心理学会理事、天津体育记者协会理事、中国法学会会员、天津法学会体育法学分会理事。

致力于体育新闻传播、新闻法规与新闻伦理、体育文化产业等领域的研究。主持完成2015国家社科基金艺术学项目“中国体育竞赛表演业全媒体运行模式研究”、教育部人文社科课题“大众传播媒介对民俗体育发展的影响力研究”、天津市艺术规划重点项目“天津市体育文化产业知识产权服务于保障体系研究”、天津市社科规划课题“关于全面提升我市体育服务业发展水平的对策研究”等多项国家级、省部级项目。

出版《体育文化产业策划与创意》《体育知产力》《传媒视域下的民俗体育》《媒体与

竞赛表演的联姻》等学术专著多部，主编《体育新闻采访写作》《媒体实务操作教程》等教材5部，发表论文20余篇。曾获天津市社会科学成果奖。主讲新闻法规与职业道德、体育文化产业、马克思主义新闻学等课程。

李卫东

李卫东，管理学博士、传播学博士后，华中科技大学新闻与信息传播学院教授，华中科技大学国家传播战略研究院执行院长。先后在华中科技大学动力系、公共管理学院学习，美国伊利诺伊大学香槟分校传媒学院访问学者。拥有国家计算机技术与软件专业技术“系统分析师”(高级工程师级)资格。

编著教材《网络与新媒体应用模式——创新设计及运营战略视角》，是国家精品在线开放课程“网络与新媒体应用模式”负责人、主讲人。

研究方向：云传播与智能社会治理、国家战略传播。出版了《云传播时代：人类传播与治理的云端化、平台化、泛在化、社交化和智慧化革命》等专著3部；《云传播的理论模型研究》(系列论文)等成果获得湖北省社会科学优秀成果三等奖2项，二等奖1项；4篇文章被《新华文摘》、中国人民大学报刊复印资料《公共行政》全文转载；2016年获“中国传媒经济年度观点奖”，中国舆论学学会奖“舆论学研究杰出青年奖”。先后主持2项国家自然科学基金面上项目：“平台社会中个人数据的云端共享行为、开放生态系统和协同治理研究”和“移动社交网络中政府形象传播机理及治理研究”；国家社会科学基金重大项目和国家自然科学基金重点项目子课题负责人。

李晓灵

李晓灵，1971年出生，甘肃榆中人，文学博士，复旦大学新闻与传播学博士后，现为兰州大学新闻与传播学院教授，硕士生导师。从事新闻传播学相关课程教学，研究方向为新闻传播和影视传播。先后主持国家社科基金项目一项(“延安时期中国共产党新闻传播话语体系建构及其当代价值研究”)，教育部社科基金青年项目一项(“渊源与化变——延安《解放日报》的传播体系及其当代价值之研究”，以及中央高校基本科研业务费专项基金项目两项，参与国家社科基金重大项目、教育部社科基金重大项目、国家社科基金项目多项；在中国社科出版社出版《渊源与化变：延安〈解放日报〉的传播体系及其当代价值之研究》《建构和想象：中国电影中的国家形象之研究》等学术专著两部；分别在《新闻大学》《兰州大学学报》《当代传播》《河南大学学报》《北京电影学院学报》《北京社会科学》《台湾研究集刊》等学术期刊代表论文30余篇，并有散论、小说和诗歌发表。

李亚虹

李亚虹，女，出生于1972年7月。河北邢台人，文学博士。河北大学新闻传播学院教授、硕士生导师，播音与主持艺术系主任。中国新闻史学会视听传播研究委员会理事，中国高等院校影视学会广播专业委员会理事会理事，中国广播电视电视社会组织联合会有声阅读委员会高校工作部常务理事，河北省妇女发展研究会副会长，国家级普通话水平测试员。

从事新闻传播及播音主持教育20余年，曾担任河北电视台、保定电视台兼职节目主持人，致力于广播电视新闻、海洋新闻、播音与主持艺术的研究。主持河北省社会科学基金课题两项，厅级项目多项，是河北省广播电视协会播音主持行业评审专家。出版学术专著《21世纪我国海洋产业报道研究》、合编教材《播音创作理论基础》。在学术期刊上发表论文20余篇。研究成果曾经获得河北省、保定市社会科学成果奖。主讲口语传播、广播编辑与节目制作、播音发声学、播音创作基础、即兴口语表达与思维训练、广播电视主持等课程。主持的教学改革项目获得校级教学成果奖，曾获校青年教师大奖赛一等奖。2013年起作为主力成员之一主办四届“声动河北”大学生语言文化艺术节和两届“新声”大学生语言文化艺术节。

廖圣清

廖圣清，1971年出生，传播学博士，曾任复旦大学新闻学院教授、博士生导师，新闻学院研究生工作组组长(2000—2005)、传播学系系主任(2010—2019)、复旦大学信息与传播研究中心主任助理(2000—2018)；参与创设教育部人文社科重点研究基地，推动与澳门科技大学创办合作研究基地。现任云南大学新闻学院院长。

主要社会兼职有：中国新闻史学会符号传播学研究委员会副会长；中国新闻史学会党报党刊研究委员会副会长；中国科技新闻学会数据新闻专业委员会副理事长；国家

2011两岸关系和平发展协同创新中心专家委员；上海市高校新闻传播学类教学指导委员会委员兼秘书长；澳门科技大学兼职教授。

主要研究领域有传播理论、受众与传播效果、计算传播(开设博士专业方向)。主讲传播学概论(上海市精品课程)、新闻传播学研究方法、精确新闻报道等课程。出版专著《20世纪90年代西方大众传播学研究》《传播与中国受众》，发表论文《中国大陆新闻传播学研究十五年：1998—2012》《大学生的媒介使用、社会接触和国家印象：以刻板印象为研究视角》等。

主持教育部基地重大项目、国家社科重点项目等课题；荣获上海市哲学社会科学优秀成果奖、国家教学成果奖、上海市高校教学成果奖、上海市育才奖、宝钢优秀教师奖等奖项；获上海市“浦江人才”荣誉称号。

林　晖

林晖，女，1971年出生，复旦大学传播学博士、经济学博士后，现任海财经大学人文学院教授、副院长、博士生导师；曾以高级访问学者身份赴伦敦政治经济学院访学。入选上海市曙光学者，曾任上海市高校新闻传播学科评议组成员、上海市高校新闻传播学教学指导委员会委员。2013年9月至2014年9月挂职担任《解放日报》总编室副主任。

先后主持并完成省部级科研和教学项目5项，包括上海市重点课程项目、上海市级虚拟仿真实验教学项目各一项。

先后4次获得省部级教学和科研奖项。在全国新闻传播学权威和核心期刊发表论文近20篇，出版《断裂与共识：网络时代的中国主流媒体与主流价值观构建》等专著和教材4部。获得上海市第12届哲学社会科学优秀成果奖著作类二等奖、教育部第七届高等学校优秀科研成果奖著作类三等奖。

以“卓越财经新闻人才培养体系的探索”(第一完成人)获得上海市2017年上海市级教学成果奖(高等教育)二等奖。

刘　娜

刘娜，女，1974年出生。英国伯明翰大学文化研究博士，武汉大学新闻与传播学院教授，英国利物浦大学高级访问学者。曾任职于湖北卫视、英国广播公司(BBC)、欧盟比利时总部、欧洲议会、美国福克斯新闻集团(FOX)、凤凰卫视美洲台。2006年作为“海外高层次引进人才”进入武汉大学新闻与传播学院任教。兼任中国高等院校影视学会影视国际传播专业理事会理事、《新闻与传播评论》责任编辑等。

长期从事新闻传播教育，致力于影像传播研究、国际传播研究、文化研究等。担任武汉大学新闻与传播学院视听传播方向学科带头人。主持并完成国家社科基金、教育部人文社会科学基金、国家新闻出版广电总局广播影视部级社科研究、国家民委民族问题研究、共青团中央“青少年发展研究”课题、湖北省教育厅哲学社会科学研究、湖北省教育科学规划重点课题等十多项国家级与省部级项目。获得省部级及武汉市社科奖多项。2017年中国“一带一路”国际合作高峰论坛举办前夕，在《求是》发表论文《努力推进“一带一路”建设下中外文化交流》，该文于同年5月被中央宣传部主办的《学习活页文选》全文转载，且被中国社会科学网、中国文明网、求是网等多个国家级网站全文转载。2017年在社会科学文献出版社出版专著《中国广播电视对外传播力研究》。在《新闻大学》《现代传播》等重要核心期刊发表论文40余篇。2018年获“中国传媒经济与管理年会十佳论文奖”。

刘　毅

刘毅，1966年5月出生，教授，高级记者，贵州民族大学新闻与传播、广播电视艺术专业硕士生导师、贵州省人民政府学位委员会第四届学科评议组成员。曾经在电视台从事新闻采编、采编管理、广播电视文化产业管理工作20年，获得中央、省、市级政府、行业新闻奖60余条(次)，发表了专业论文和经验文章30多篇。系中国电视艺术家协会、中国电视艺术家协会纪录片分会会员，中国高校民族影视研究会会员，贵州省传播学学会秘书长，贵州省广告协会、贵州省新闻工作者协会、贵州省新闻学会理事，贵州省广播影视协会、贵州省电视艺术家协会会员。

主要从事电视纪录片创作、电视节目栏目策划、广播电视节目编导、广播电视新闻采访与写作等课程教学，主要研究方向是新闻与传播、广播电视艺术、媒介产业与经营等。

刘永昶

刘永昶，南京师范大学新闻与传播学院教授、博士生导师，华中科技大学新闻学博士，南京师范大学文学院博士后。江苏省作家协会会员，中国高校影视学会媒介文化研究委员会理事，江苏省传媒艺术研究会理事。2001年起在解放军南京政治学院新闻传播系任教，被评为军队“群星锻造”工程培养人才。2017年调入南京师范大学。

主要从事影视艺术传播、网络传播、媒介文化等方向的研究。主持国家社科基金艺术学项目“我国电视剧的网络传播现状及管控研究”、国家新闻出版广电总局项目“国产动画电影的主流价值承载及有效传播研究”。主持完成国家新闻出版广电总局重点项目1项、江苏省社科基金项目1项、全军“十二五”规划课题1项。获国家新闻出版广电总局第五届“星光”电视文艺评论三等奖1项。

出版专著《20世纪30年代视觉媒介研究》；主编《新媒体概论》《中国战地记者的口述新闻史》《军队应对媒体指南》《融合新闻传播实务》(第二作者)、《广播电视栏目案例精选》(第二作者)、《广播电视节目形态解析》(第二作者)、《影视艺术概论》(第二作者)《中国文学史纲要》(第二作者)等编著或教材。在《新闻大学》《中国电视》《电影艺术》《光明日报》等CSSCI期刊发表学术论文20余篇，其他期刊80余篇。

担任《中国影像方志》《古田会议》《强军》《战狼》等影视剧、纪录片、电视节目的文案创作、编导或宣发工作。在《文艺报》《解放军报》《光明日报》《北京青年报》等报刊发表文艺作品或新闻作品100余万字。

罗　锋

罗锋，1978年1月出生，安徽合肥人。复旦大学新闻学博士，安徽大学新闻传播学院教授、博士生导师，广电系主任。研究方向为纪实影像与视觉文化。为本科生开设“广播电视概论”“电视纪录片”“网络与新媒体”等课程；主持研究生课程“传播学专题讲座”。主持国家、教育部和省教育厅社科项目各一项，参与国家社科项目七项，在《国际新闻界》《新闻大学》《现代传播》《新闻记者》《民族艺术研究》等刊物发表数十篇论文，其中数篇文章被《新华文摘》和中国人民大学报刊复印资料全文转载。

曾入选安徽大学首批青年骨干教师和安徽大学首批“俊才I”人才项目；入选全国“卓越新闻传播人才培养千人计划”，任安徽广播电视台科教频道挂职副总监(2017)；目前兼任中国高校影视学会纪录片专业委员会理事、中国高校影视学会网络视听专业委员会理事、中国新闻史学会视听传播研究委员会会员、安徽新闻奖评委、安徽交通广播频率特约评论员。

罗 桑

罗桑，1966年出生，藏族，西藏日喀则人，西藏大学首届藏语言文学专业硕士研究生，现为西藏大学教授、硕士研究生导师。多年来从事藏语言文字和藏语新闻的教学和研究工作。1994年9月至1995年6月在中国人民大学新闻学院进修；2006年9月至2007年6月在复旦大学新闻学院访学1年。

在教学方面，主要用藏语讲授“新闻理论”“新闻学”等课程，并编写藏文版教材《新闻理论教程》，为全国首部藏文版新闻理论教材，填补了藏语新闻传播教材建设的空白。

在科研方面，主持省级科研项目“西藏职业学校学生就业问题研究”，承担了西藏大学理学院生物系生物名词术语翻译项目。在学术刊物上发表十余篇论文，多次参加校内外学术研讨会并获奖。

罗书俊

罗书俊，教授，武汉大学新闻与传播学院博士，江西财经大学应用经济学专业博士后。历任江西财经大学广告学系、传播学系系主任，现为新闻与传播专硕点负责人。江西省高校中青年骨干教师，中国新闻史学会广告与传媒发展研究会常务理事；日本电通株式会社东京总部研修员，美国弗吉尼亚联邦大学高级访学学者。

在江西财经大学从事高等教育工作近30年，始终将学术研究聚焦于新媒介传播与营销，出版论著5部，主持完成国家、省部级课题10余项，发表论文20余篇。出版《广告传播导论》《基于价值增值的手机媒介发展研究》《数字营销传播理论与实务》等论著。科研成果荣获江西省高校人文社科奖等多项奖励。现主要从事我国县级融媒体中心建设的服务力生成研究(国家社科项目)。

马 梅

马梅，女，1976年12月生，安徽合肥人，中国传媒大学广播电视新闻学专业博士，安徽师范大学新闻与传播学院教授，博士生导师，新闻与传播学院副院长，新闻传播学二级学科硕士点负责人。2014 年入选教育部、中宣部联合实施的高等院校与新闻单位从业人员互聘“千人计划”，在芜湖广播电视台挂职副台长一年。

兼任中国高等院校影视学会影视教学专业委员会理事、中国高等院校影视学会纪录片专业委员会理事；中国新闻史学会应用新闻传播学研究委员会理事。

主要研究领域为新闻传播理论与实务、广播电视学、媒介文化等。发表学术论文 40 余篇，主持国家社会科学基金项目 1 项，主持其他各类项目 8 项，出版著作 4 部。

自 2000 年 7 月至今，一直任教于安徽师范大学新闻系，先后主讲“广播电视学”“广播电视新闻基础”“广播电视广告”“广播电视主持人”“广播电视节目主持”“新闻写作”“中国新闻事业史”“外国新闻事业史”“传播学概论”“电视节目类型学”“纪录片研究”“全媒体采编实训”“实践中的马克思主义新闻观”“媒介批评”“专业采风”“纪录片与专题片创作”“当代期刊研究”“新闻传播理论与实践”等本科及硕士研究生课程。

莫梅锋

莫梅锋，男，出生于 1977 年 7 月。湖南邵阳人，新闻传播学博士。现任湖南大学新闻传播与影视艺术学院教授、硕士生导师、广告系主任；兼任国务院发展研究中心东方所文化产业政策长期跟踪研究课题组研究员、中央文化管理干部学院(文化部)文化体制改革与发展研究中心研究员、湖南文化厅公共文化专家组成员、拓维信息顾问、智顶互动独董。获评国家社科基金项目认真负责的鉴定专家。

长期从事新闻传播教育，致力于广告传播、新媒体的研究。主持国家社科基金项目“手机沉迷对青少年发展的影响与干预实验研究”、国家社科重大项目“建设社会主义文化强国研究”子课题转立湖南省社科基金重点项目“社会主义文化强国的核心价值观研究”、国家社科艺术类重大项目“文化产品价值评估的标准与方法研究”子课题转立湖南省社科基金重点项目“文化产品价值评估的标准研究”、湖南省教育科学十二五规划重点项目“青少年手机依赖的心理机制与干预实验研究”、教育部人文社科课题“青少年手机沉迷的形成、预警与反转机制研究”等项目 20 多项。

出版《互动广告发展研究》《数字营销传播》《广告投放》《中国城市轨道交通文化蓝皮书——城轨传媒文化卷》等专著、教材、报告 4 部，在国内外学术期刊上发表论文 100 余篇，多篇论文被中国人民大学报刊复印资料收录。

倪炎元

倪炎元，1957 年 11 月生，台湾政治大学政治学研究所博士，现任铭传大学传播学院教授兼院长，中华传播学会理事长(2018—2020)、台北文化促进会理事长、新媒体文化协会理事长、电视学会新闻自律委员。台湾文化大学传系、台湾政治大学新闻系、台湾大学新闻所、世新大学兼任教授。曾任职台湾《中国时报》，先后担任专栏组主任、特案新闻中心主任、总主笔。任职期间曾获专业奖项包括第 27 届曾虚白先生新闻奖“公共服务报纸评论奖”(2001)、第 1 届卓越新闻奖“新闻评论奖”(2002)、第 29 届曾虚白先生新闻奖“新闻学术奖”(2003)、第 20 届吴舜文新闻奖“新闻评论奖”(2006)等。

学术专长领域：政治传播、政治公关、比较政治、文化研究等。学术专研取向大致分四阶段，早年专注东亚比较政治研究、接着转向平面媒体报纸中有关“他者”建构的研究，第三阶段致力梳理“话语研究”的文献，第四阶段则从事华语电影中意识型态的研究。

主要学术著作包括《再现的政治：台湾报纸媒体对“他者”建构的论述分析》《公关政治学：当代媒体与政治操作的理论、实践与批判》《论述研究与传播议题分析》。期刊论文散见《新闻学研究》《传播与社会学刊》《远景基金会季刊》等。

庞慧敏

庞慧敏，女，1975 年出生，山西大学新闻学院教授、硕士生导师，毕业于中国传媒大学新闻学专业，获博士学位。德国多特蒙德工业大学国际新闻研究所访问学者，并被聘为客座讲师。2015 年入选山西省高校优秀青年学术带头人支持计划。

主持国家社科基金“‘早期肺癌筛查计划’传播策略与政策实践”、教育部人文社科青年基金“中美医患新闻报道比较研究”，以及省级项目多项。在《新闻与传播研究》《国际新闻界》《新闻大学》《现代传播》等期刊发表论文多篇。

彭　涛

彭涛，1965 年 7 月生，湖北红安人，研究生学历，博士学位。现为华中师范大学新闻传播学院教授、副院长、博士生导师、影视传播研究中心主任。曾任黄冈师范学院“彩虹学者”。社会兼职有：中国电影电视评论学会副秘书长、中国高校影视学会理事、湖北省广电协会理事等。研究方向为影视艺术、大众传播和新闻业务。

曾在武汉电视台与中央电视台合作的栏目《科技之光》任编导、制片人，主创(总编导或撰稿)的节目曾获得国家科技进步二等奖(通用项目类之科普，排名第二)、国家音像奖(排名第一)、国家广电总局科技创新一等奖(排名第二)、中国广播电视新闻三等奖、湖北广播电视新闻一等奖。

2002年回归大学，先在戏剧影视文学专业，后转至新闻传播专业，主要研究中国主流电影的转型、当代韩国电影，以及网络传播。主持国家社科基金项目、湖北省社科基金项目及中国科协项目4项，主持横向项目10余项。出版和主编的著作有《坚守与兼容——主旋律电影研究》(专著)、《实用新闻编辑学》(主编)、《类型表达与现实关怀——第二届中韩影视国际论坛论文集》(主编)、《沟通·融合·发展——中韩影视论丛》(主编)、《国际视野与本土表达——第三届中韩影视国际论坛会议论文集》(主编)、《中国电视剧名剧鉴赏辞典》(副主编)。发表论文20余篇。2013年创办中韩影视国际论坛，迄今为止已经举办四届。

目前承担的课程有中国影视专题(研究生)、新闻编辑学课程(本科生)等。

齐　辉

齐辉，重庆大学新闻学院教授、博士生导师、重庆大学“百人学者”，北京师范大学中国近代文化史专业博士毕业，历史学博士。主要研究方向为中国近代新闻传播史、中国近代传媒与社会、抗战新闻史等方向。中国新闻教育史学会理事、地方新闻史研究委员会理事。2007—2014年黑龙江大学新闻传播学院讲师、副教授，硕士研究生导师。2009年入中国新闻史学会会员，2012年中国人民大学新闻学院访问学者，2015年入复旦大学中外新闻传播理论与方法学习班(第11期)学习，2016年香港城市大学访问学者，

先后主持和完成国家社科基金项目、国家社科基金重大项目子项目，教育部人文社科基金项目、重庆市人文社会科学基金项目，黑龙江省人文社科基金项目，黑龙江省教育厅人文社科项目多项。

在《新闻与传播研究》《国际新闻界》《现代传播》《新闻大学》《中国社会科学报》《中

国广播电视学刊》《新闻战线》《新闻春秋》等刊物发表论文40多篇，其成果被中国人民大学报刊复印资料《新闻与传播》全文转引，并获得首届中国新闻传播学国家级学会学术奖，中国新闻学青年学者优秀成果奖，首届媒介法规与伦理优秀学术成果奖、黑龙江省人文社会科学优秀成果奖等。

沈福元

沈福元，江苏苏州人，美国北卡罗来纳大学传媒学博士。现任美国宾夕法尼亚州州立大学 Donald P. Bellisario 传播学院终身教授、博士生导师、广告与公关系系主任、媒体效应实验室兼职教授，曾经担任世界银行健康传播研究顾问、在夏威夷大学商学院和香港浸会大学传理学院担任客座教授。是 SSCI 期刊《大众传播与社会学刊》的现任主编，之前曾担任《亚洲传播学刊》副主编。

研究方向为媒体理论、效应及广告心理学。在媒体框架及叙事效应、健康信息效应方面进行过深入研究。论文发表在众多国际权威学术期刊上，其中包括《传理研究》《传播学刊》《新闻与大众传播季刊》和《广告学刊》。学术论文曾多次在国际传播协会等学术会议上获奖。

汤景泰

汤景泰，出生于1981年1月。山东济宁人，文学博士。暨南大学新闻与传播学院教授、博士生导师。担任广东省青联常委、广东省舆情大数据工程技术中心副主任、广州市舆情大数据重点研究基地副主任等职，并受聘全国“中长期青少年发展规划”专家委员、中国青少年新媒体协会理事、广州市重大行政决策论证专家等。

主要从事传播大数据与舆论学研究，已在核心期刊发表学术论文50余篇，出版专著2部，编著3部，译著1部；10余篇研究报告获中央领导批示，100余篇研究报告获中共中央宣传部、中央网信办、共青团中央等部门采纳；获广东省哲学社会科学优秀成果一等奖、中宣部舆情信息工作优秀个人奖、中国新闻史学会舆论学分会“舆论学研究杰出青年奖”等；入选2020年度全国宣传文化系统文化名家暨“四个一批”人才计划，入选2014年度广东省特支计划。在《南方日报》《大众日报》《深圳特区报》等发表时评

30余篇。主持国家社科基金项目、教育部人文社科基金项目、中英国际合作项目等多项。

唐佳梅

唐佳梅，女，出生于1975年9月。重庆奉节人，新闻学博士。现任广东外语外贸大学新闻与传播学院教授、硕士生导师，新闻系主任。兼任广东外语外贸大学高级翻译学院硕士生导师、高级翻译学院翻译与国际传播研究中心研究员；武汉大学媒体发展研究中心研究员；广州国际城市创新传播研究中心研究员；广州国际移民研究中心研究员；广东省新闻学会会刊《岭南传媒探索》副主编。

致力于国际新闻、跨文化传播、传媒伦理、健康传播等领域的研究，在国内外学术刊物上发表中英文论文40多篇，出版学术专著与教材，主持国家社会科学基金课题。负责国内、国际舆情编译研判，政府新闻发布会和媒体报道分析评测，网络视听内容规范评估等课题，撰写决策报告获得各级政府和管理部门采纳和批示。长期从事新闻传播教育，主讲对外报道、国际新闻编译、跨文化传播、媒介伦理等全英语和双语课程，主持省级教改项目，为广东外语外贸大学教学督导专家，广东外语外贸大学全英语课程评审专家，获评广东外语外贸大学教学名师。

唐锡光

唐锡光，1964年出生于山西灵石，祖籍江苏无锡。1985年毕业于山东大学中文系，获文学学士学位，留校任教至今。在职攻读中国现当代文学博士生并获文学博士学位。主要研究方向为民国电影史、影视传播，文化产业，在左翼电影运动方面着力尤多，近年来对媒介生活研究和媒介融合研究关注较多。

兼任山东大学社科学部委员、山东大学新闻传播学院学术委员会主任。主要社会兼职包括：山东省电影家协会副主席、山东省广电协会副会长、山东省记协常务理事、山东省新闻道德委员会委员、泰山文艺奖评委。

在本科教学和研究生培养工作中，开课数量位居学院前列，是山东大学最受学生喜爱的老师之一。

屠凤娥

屠凤娥，女，1963年1月生，内蒙古乌海市人。现任宁夏大学新闻传播学院教授。

1988年毕业于宁夏大学中文系新闻专业。曾在报纸、广播媒体从事新闻采编业务工作14年，有30多篇新闻作品获中国广播奖、宁夏新闻奖，发表专业论文10多篇。

2002年8月调入宁夏大学，主要从事中国新闻史、新闻实务的教学、科研工作。从教18年中承担本科生的“中国新闻传播事业史”“公关原理与实务”“新闻采访学”“新闻写作学”“新闻采访与写作”等课程的教学和研究工作。曾9次获得校级优秀教学奖和教学质量奖。8次荣获学校本科毕业论文、毕业设计、毕业实习优秀指导教师，受到学校的表彰奖励。2018年负责组建并获批宁夏大学“黄大年式教师团队”。主讲的“新闻采访与写作”入选国家级线下一流本科课程 。完成和在研的省部级、校级教育教学改革项目和创新项目共计7项，发表教学改革论文3篇。获2项校级教学成果奖。指导学生完成自治区级和校级大学生创新项目8项。完成省部级科研项目2项。

汪青云

汪青云，女，1963年3月出生，江西师范大学传播学院新闻与传播学院教授。教育技术学硕士生导师、传播学硕士生导师。1987年入职江西师范大学，复旦大学做访问学者一年；2003年破格晋升为教授；获国家留学基金委资助到芬兰做访问学者一年。

主持国家社科课题“突发事件中政务微博的信息传播与危机应对机制研究”；江西省社科重点课题“3G时代手机微博的危机传播研究”、高校人文社科重点课题“突发事件中网络谣言传播与舆论引导研究”。还主持全国教育科学规划重点课题子课题一项、省级课题11项，其中省高校教改重点招标课题一项，省教育规划课题三项。在学术生涯中共出版专著二部；发表论文50余篇，学术代表作有《突发事件中政务微博信息发布理论框架建构》，并获省社联优秀社科成果三等奖、教育技术学论文一等奖。指导学生参加全国第八届“挑战杯”科技作品大赛，指导的作品获全国二等奖，江西省一等奖，打破江西省历史记录。教学曾获江西师范大学青年教师课堂竞赛二等奖。

王　斌

王斌，中国人民大学新闻学院教授、博士生导师，中国人民大学舆论研究所副所长、中国人民大学马克思主义新闻观研究中心副主任、《国际新闻界》杂志主编助理；兼任中国高等教育学会新闻学与传播学专业委员会秘书长、中国新闻史学会网络传播史研究委员会副会长。入选“北京高等学校青年英才”“中国人民大学杰出学者(青年)”，曾任新加坡南洋理工大学、瑞典延雪平大学、香港城市大学访问学者；研究兴趣为新闻传播理论、媒介社会学、传媒转型与创新、舆论学、新媒体传播等。近年来的研究主题聚焦于两个方面：一是互联网新闻学，以新闻职业理念变革和新闻生产模式重构为核心，系统性地开展新闻学有关议题的知识更新；二是新媒体与社会治理，考察中国城市社区居民的利益表达与群体协商，从新闻传播方面为推进国家治理能力现代化提供学理探索。

主持国家社科基金项目、教育部人文社科项目、北京社科基金项目等多项纵向课题，承担过人民日报社、中央电视台、新浪网等单位委托的多项战略咨询项目；出版专著《传媒业空间形态演化研究》《社区传播论：新媒体赋权下的居民社区沟通机制》、合著《中国传媒发展指数报告》《中国社会舆情年度报告》《微博：影响力模型和社会性应用》等，在CSSCI期刊发表论文40余篇，多次在ICA、IAMCR等国内外学术会议作学术报告。获宝钢教育奖、中国国际广播新闻奖、北京市哲学社会科学优秀成果奖、全国新闻学青年学者优秀学术成果奖、新闻传播学学会奖优秀学术奖等。

王　海

王海，出生于1967年11月。河南新乡人，博士。广东外语外贸大学新闻与传播学院/高级翻译学院教授，翻译学博士生导师，新闻与传播学院学术委员会委员/硕士生导师。中国翻译史学会会员，中国新闻史学会会员，郑州大学穆青研究中心研究员，广东外语外贸大学翻译学研究中心/国际汉学研究中心研究员；研究方向：翻译与汉学、新闻史。主讲“汉学与翻译”“传媒翻译”“中国新闻事业史”“外国新闻事业史”“媒介文化”“媒介经济学概论”等课程。

从事翻译与汉学、中外新闻史的教研工作。十年来，主持国家社科基金项目“《京报》外译的跨文化传播研究”、教育部人文社科项目“民国报人的跨中西文化特质研究”、《广州大典》与广州历史文化研究专项课题“岭南风土人情对外译介策略研究——以《中国丛报》文本为例”等课题研究。在《中国翻译》《中国编辑》《国际新闻界》与*International Journal of Language and Linguistics*/*Journal of Sociology*等中外期刊发表论文60余篇。在科学出版社、中央编译出版社、中国人民大学出版社、北京师范大学出版社、江西人民出版社、暨南大学出版社等出版《报史报人译丛》(《追溯柏拉图：传播学起源概论》《世界报刊史》《在华宗教报刊》等)、《经典新闻学译丛》(《中国报纸(1800—1912)》《中国本土报刊的兴起》《中国新闻舆论史》等)、《美国新闻事业史》《新闻学原理》《杂志产业》《清末民初报人的跨中西文化特质研究》《博弈：反垄断与传媒集中》《传媒翻译概论》等译(专)著30种。

王莉丽

王莉丽，女，中国人民大学新闻学院教授、国家发展与战略研究院副院长、全球公共外交研究中心主任。清华大学中美联合培养传播学博士。中国公共外交协会专家委员会委员。美国布鲁金斯学会主席约翰·桑顿“全球领导力”项目成员。曾任美国布鲁金斯学会访问研究员、中国国际广播电台记者、全国人大环境与资源保护委员会中国环境资源网总编辑。

主要研究领域：舆论传播、公共外交、智库与公共政策、中美关系等；已出版《公共外交：多元理论与舆论战略研究》《智力资本——中国智库核心竞争力》《旋转门——美国思想库研究》《舆论学概论》《绿媒体——中国环保传播研究》等多部著作。主持国家社科基金重点项目、青年项目，教育部重大课题首席专家，主持多项中宣部、外交部委托课题。获得第八届高等学校科学研究优秀成果奖(人文社会科学)二等奖；撰写的内参、研究报告多次获得党和国家领导人批示，对国家智库建设、公共外交作出了积极贡献。

王鹏飞

王鹏飞，1978年出生，河南郑州人。文学博士，教授。现为河南大学新闻与传播学院副院长、编辑出版研究中心主任。担任国家级一流本科专业“编辑出版学”牵头人，河南省级特色品牌专业学位“出版硕士”牵头人。兼任全国出版专业学位研究生教育指导委员会委员；全国高校编辑出版专业教指委委员；中国新闻史学会编辑出版研究会秘书长。

主要从事出版文化和新媒体研究，承担省部级以上项目七项，参与国家社科基金重大项目和重点项目三项。主持省级双语课程“出版文化经典导读”，独著和编著《孤岛文学期刊研究》《海派文学》《出版学》等三部，获得河南省哲学社会科学优秀成果二等奖等。在出版类、文学类等核心刊物发表文章30余篇，其中多篇被《中国人民大学报刊复印资料·出版业》等全文转载和《新华文摘》摘编。曾获得河南省百名优秀青年社科理论人才、省委宣传部优秀青年理论宣讲专家、河南大学首批理论专家等称号。

王　薇

王薇，女，出生于1963年7月，天津人，文学学士。现任天津师范大学新闻与传播学院教授、硕士生导师。兼任中国新闻史学会外国新闻史研究会理事；中国写作学会应用文写作研究会理事。

致力于外国新闻传播史、西方媒介发展等方面的研究。主持国家级横向课题1项、天津市社会科学基金课题2项，参与国家社会科学基金课题2项。出版专著《外国新闻传播史论》，参与撰写《天津新闻传播史纲要》《天津新闻史》等学术著作。在学术期刊上发表论文、报告50余篇。

主讲的“外国新闻史”课程是天津师范大学精品课；“广告文案写作”课程是天津师范大学优秀课。

王　熙

王熙，1978年6月出生，天津人，博士。现任天津工业大学人文学院教授、硕士生导师，天津工业大学新媒体研究中心主任，数字传媒实验中心主任，国际教育学院副院长。曾任天津工业大学人文与法学院副院长、新闻传播系主任。兼任中国高等教育学会大学素质教育研究会常务理事、中国新闻史学会网络传播史研究委员会理事、新闻传播国家级实验教学示范中心(天津师范大学)教学指导委员会委员。

致力于网络与新媒体、传媒意识形态领域的研究。出版《应用媒体资产管理学》《从经济思潮传播到意识形态扩张》等多部专著，在CSSCI、EI等期刊发表论文50余篇，其中多篇被中国人民大学报刊复资料全文转载或摘编；主持、参加国家社会科学基金、教育部产学合作协同育人项目、天津市社科规划、艺术科学规划、教育科学规划、科技战略支撑计划等省部级以上课题30余项，主持开发“媒体资产管理师”职业包和职业标准，获得省部级学会研究成果奖励多项。

主持“新媒体导论”课程建设，并先后被评为天津市级一流课程、“课程思政”精品课和全国大学素质教育优秀课；主持建设“面向舆情引导的突发事件全流程报道”实验项目获天津市虚拟仿真实验教学项目；主持完成“工科高校新媒体人才培养模式的探索与实践”等项目获省部级教学成果奖4项；获天津工业大学教学名师称号，获校优秀教学质量一等奖；指导学生获国家级、省部专业学科竞赛奖励30余项。

王炎龙

王炎龙，出生于1972年1月。湖南双峰人，文学博士。四川大学文学与新闻学院教授、博士生导师。四川大学文化传播研究中心主任、四川省哲学社会科学重点研究基地社会舆情与信息传播研究中心研究员。现担任全国出版专业学位研究生教育指导委员会委员。受聘韬奋基金会学术委员会委员、中国新闻史学会应用新闻传播学研究会常务理事、中国新闻史学会编辑出版研究会常务理事、新华文轩博士后科研工作站专家库成员、国家新闻出版广电总局出版融合发展(四川新华)重点实验室学术委员会专家。

长期从事新闻传播教学科研工作，主要研究方向为公益传播、媒介社会与舆情治理、数字出版等。主讲传播学概论、新闻出版法律法规等课程。主持国家社科基金项目、教育部人文社科基金项目、四川省哲学社会科学规划基金项目等10多项。目前主持国家社科基金一般项目，公益传播力构建的理论、路径与测评研究。已出版《网络语言的传播与控制研究》《公益出版的制度化创新研究》《微博公益传播：机制、效果与规范》《传媒法规与伦理》等多部著作。已在《现代传播》《新闻大学》《新闻记者》《新闻界》《西南民族大学学报》等期刊发表学术论文100余篇。相关研究成果荣获第五届飞天电视剧优秀评论二等奖、四川省第十四次社科成果优秀奖、四川省第十六次社科成果一等奖、第七届高等学校科学研究(人文社科)优秀成果一等奖等。入选第五批全国新闻出版行业领军人才。

卫军英

卫军英，出生于1960年11月。文学博士，传播学教授，诗词创作家。浙江大学传播研究所博士生导师、浙江大学城市学院传媒与人文学科带头人。现主持杭州市哲学社会科学重点研究基地"城市文化创新传播研究中心"，并担任首席专家。曾任浙江大学新闻与传播学院党总支书记、杭州娃哈哈集团董事长首任助理(负责市场营销和广告策划)等，并兼任浙江省传播学会副会长、浙江省新闻传播学教指委副主任等。

主要研究方向：品牌与整合营销传播研究、文化创意产业及城市文化传播研究等。立足于广告和营销传播并进一步延伸，研究视野不断拓展，将品牌研究理论方法导入城市文化传播的研究与应用。出版《广告策划创意》《广告经营管理》《广告的倾斜度》《整合营销传播：观念与方法》《品牌营销管理》《营销的律动：卫军英谈营销传播》《媒体创新：营销即传播》等著作25部。有诗词集及文化类著作《栖溪风月》《魏晋风度诗与思》《最后的风华绝代》等出版。多篇论文发表于《文学评论》《新闻与传播研究》《浙江大学学报》《浙江学刊》《读书》等刊物。目前正主编《城市文化传播书系》《东南佛国文化传播丛书》等丛书。

国家级规划教材《整合营销传播理论与实务》曾获全国大学出版教材一等奖。

温伟群

温伟群，1966年11月6日出生于台北市，毕业于台湾东吴大学法律学系，其后取得美国中央密苏里大学传播学硕士、美国密苏里大学传播学博士。曾任台湾中国广播公司新闻部记者、TVBS无线卫星电视台新闻部记者、超级电视台专题记者、中央电视台CCTV4特约评论员、东南卫视特约评论员。现任台湾世新大学口语传播学系教授兼新闻传播学院院长。

长期致力口语传播研究，自赴美求学时，即学习政治传播、危机沟通与修辞学，先后于美国、荷兰、新加坡，以及中国香港与台湾之主要学术期刊出版政治传播、修辞理论与危机沟通之研究论文。在学术专书部分，著有《总统电视辩论：语艺策略与类型批评》，与游梓翔教授、刘文英教授共同翻译《人际关系与沟通技巧》，与游梓翔教授共同主编《社群媒体与口语传播》论文集。

先后担任世新大学公共事务处副处长、口语传播学系主任、《传播研究与实践》主编与新闻传播学院院长。在新闻传播院长任内促成世新大学与美国有线电视新闻网(CNN)缔结大学伙伴关系，试办世新大学手机传播系列课程，办理世新大学与TVBS电视台合作青年论坛课程/节目，并推动所属口语传播学系更名为“口语传播暨社群媒体学系”。

吴定勇

吴定勇，侗族，出生于1969年11月，贵州从江人，文艺学博士、新闻学博士后。西南民族大学文学与新闻学院教授、研究生导师，现任西南民族大学期刊社副社长、副主编。系四川省学术与技术带头人后备人选、四川省新闻教育学会副会长、中国新闻史学会海外华文新闻研究会副会长、上海师范大学人文与传播学院客座教授、重庆工商大学客座教授等。曾长期在《成都商报》《成都晚报》《华西都市报》等媒体从事新闻采编工作，后又从事学术期刊的编辑和管理。

主要从事新媒体与民族文化传播、环境新闻以及民族学、民俗学的教学与研究，以及学术期刊管理等。主持国家社科基金项目(含委托项目)4项、教育部及省级社科规划项目5项。已出版专著3部、合著多部，在《国际新闻界》《新闻界》《新闻记者》《社会科学研究》等期刊发表论文数十篇。研究成果获得省部级二等奖1项、三等奖1项、优秀奖1项。

为本科生、硕士生先后讲授“新闻学概论”“传播学概论”“中国新闻事业史”“新闻编辑”“编辑理论与实务”“大众传媒研究”“新媒体与民族文化传播”“新闻传播学研究方法研究”“少数民族文献学”等课程。

吴　非

吴非，暨南大学新闻传播学院教授。2001年1月毕业于国立莫斯科大学新闻系社会传播学专业，2005年自复旦大学新闻学院传播学博士后出站。

兼任《QS世界大学排名》(QS World University Rankings)2020年评委、美国美国宾夕法尼亚大学“智库研究项目”(TTCSP)2017年迄今的智库项目评委、美国纽约英文《传播与公共外交》杂志主编；公共外交智库察哈尔学会高级研究员、中国与全球化智库高级研究员、美国东西方中心(EWC)访问学者，美国布鲁金斯学会、国际关系与战略中心(CSIS)访问学者；美国乔治城大学外交学院和乔治·华盛顿大学政治系访问学者、中央广播电视总台英语频道顾问；2016年“中俄传媒国家”顾问、2016年10月任《中国日报》与俄新社共同主办中俄网络国家年广州会议总顾问、并担任中俄国家年通过的传媒《天河宣言》的总撰稿。现还是香港凤凰卫视、中央电视台英语频道、俄罗斯卫星通讯社、法国24英语频道评论员。

主持2016年国家社会科学基金重点项目：“全球治理中制度性话语权的构建研究——基于中俄传媒交流的实证研究。”参与郑州大学国家社科重大攻关课题项目中的子课题：“中俄媒体合作与国际舆论话语权构建研究。”

吴海荣

吴海荣教授，1970年6月出生。在中国人民大学获得博士学位，在中国传媒大学完成博士后工作。广西大学新闻与传播学院教授、硕士生导师、广西大学气候变化与健康传播研究中心主任；兼任农业部中国动物卫生与流行病中心兼职教授、美国乔治梅森大学传播系 Affiliate。2016年至今，被聘为广西新闻出版广电系统数字媒体转型专家组成员；2007—2011年，被广西壮族自治区党委宣传部聘为新闻阅评员。曾经担任过电视台记者，报社编委会委员、总编助理、总编室主任，广西大学新闻传播学院副院长。

主要研究领域为风险和健康传播，媒介融合与文化产业发展。主持完成“十二五”时期文化体制改革规划预研究”等省部级课题3项，完成农业部中国动物卫生与流行病学中心委托课题8项。出版著作3部。在SCI、SSCI二区以上期刊发表论文2篇，国内核心及其他期刊发表论文40余篇。

2016年获得农业部创新项目综合评审第二名；2012年获广西壮族自治区高等教育教学成果奖一等奖(主要参与人)。

武文颖

武文颖，女，出生于1972年12月，安徽淮北人，法学博士。大连理工大学人文与社会科学学部副部长、新闻与传播学系教授、硕士生导师。曾赴美国西弗吉尼亚大学新闻学院访学一年。目前为国际传播学会会员、亚洲媒体信息与传播研究协会(AMIC)会员、全球传播与公共外交学会常务理事、中国科学传播学会理事。

致力于传播理论与实务、国际传播、青年与传媒研究。近几年来，主持国家社科基金1项，主持、参与国家级、省部级、市校级课题40余项，在CSSCI期刊、核心期刊等学术期刊上发表学术论文50余篇，出版专著、编著《大学生网络素养对网络沉迷的影响研究》《大众传播时代媒介歧视问题研究》《提高国家文化软实力的哲学研究》《文科实验教学中心建设的理论与实践》等5部。

主讲新闻学理论、高级新闻写作、新闻理论与方法研究、新闻传播学理论基础等课程，荣获宝钢优秀教师奖、辽宁省教学成果一等奖。

肖燕雄

肖燕雄，出生于1965年6月。湖南新宁人，文学博士。湖南师范大学新闻与传播学院教授、博士生导师、副院长。现任中国高等教育学会新闻学与传播学专业委员会理事，湖南省现代传媒大学生创新创业教育中心负责人、校学术委员会委员兼教学委员会委员、新闻传播学一级学科学术硕士点负责人，湖南省委宣传部新闻阅评员。全国新闻学研究会常务理事，《中国大百科全书·新闻学卷》编委、子栏目副主编，

主要研究传媒法制与伦理、中国新闻制度、抗战舆论动员、新闻教育与学术史。主持国家社科基金重大委托项目子课题1项，主持省部级科研、教改项目8项。出版著作《新闻传播制度研究》《中国传媒法制的变革空间》《大众传媒新闻绩效考核与评价制度研究》《中国传媒法制变革路径与国家治理能力的提升》等7部。独立编著教材1部，主编或副主编教材、教学参考书12部。在学术期刊发表论文110余篇。曾获北京大学研究生光华奖1次，教育部人文社科博士生论坛论文奖1次，获中国高等教育学会新闻传播学分会教学改革创新项目表彰1次，省级教学成果奖一等奖2次(1次排名第一、1次排名第四)、二等奖1次(排名第一)。先后承担本科生、研究生课程16门，其中多门校级精品课程，主持省级虚拟仿真实验教学项目“突发事件现场报道”。2007年入选湖南省“新世纪121人才工程”，2009年获湖南师范大学第二届“十佳青年教工”荣誉称号，2016年入选湖南师范大学“世承人才计划”。

徐明华

徐明华，1979年9月生，湖北武汉人，中共党员。华中科技大学新闻与信息传播学院学士，新加坡国立大学社会学系硕士和博士，香港城市大学媒体与传播系访问学者。现任华中科技大学新闻与信息传播学院教授、博士生导师、国际交流与合作办公室主任、国家传播战略研究院研究员，曾入选“华中卓越学者”。

担任国际知名SSCI期刊*Telematics & Informatics*(排名一区)编委、中华传播学会(CCA)华中地区负责人、全国网信办智库成员、中国新闻史学会计算传播学研究委员会理事、中国新闻史学会公共关系分会副秘书长等职务。

主要研究方向包括传播理论、跨文化与国际传播、人工智能技术创新应用等研究。主持国家社科基金、教育部人文社科项目、省市级课题等20余项。发表排名一区SSCI和SCI期刊论文10余篇，中文权威期刊、CSSCI期刊和核心期刊论文30余篇，出版专著《全球化与中国电视文化安全》《国际传播的理论、方法与展望》《中国国家形象的全球传播效果研究》，主编教材《网络新闻采写》《融合新闻报道》等多部。

主讲“传播学原理”(本科生)、“新媒体内容创意生产”(本科生)、“传播理论”(研究生)、“跨文化传播”(研究生)等课程，曾荣获华中科技大学教师竞赛一等奖、教学质量奖二等奖等荣誉。

许爱珠

许爱珠，1969年出生，女，江西宜黄人，中共党员，南京大学文学博士，南昌大学新闻与传播学院教授，南昌大学新闻与传播学院教授委员会主任委员，传播学专业博士生导师，广播电视艺术学专业和中国现当代文学专业硕士生导师。兼任江西省中青年骨干教师、江西省非物质文化遗产保护委员会委员、中国高校影视学会媒介文化专业委员会理事、中国高校影视学会纪录片专业委员会理事。2015年国家公派留学日本访问；曾任日本东洋文库客员研究员，以及抚州汤显祖国际研究中心客座研究员、江西省妇女研究会常务理事、江西现代文学研究会常务理事、江西省戏剧家协会会员、南昌市文联第九届委员、南昌市戏剧家协会副主席。

主要从事戏剧、影视、文学研究。出版专著《20世纪中国作家对明清性灵文学的接受》《性灵与启蒙——贾平凹评传》《影视文学》《光明一生——海伦·凯勒传》等，公开发表省级以上论文30多篇。曾获得江西社科优秀成果奖三等奖，江西高校社科优秀成果奖二等奖，江西十佳科普读物奖，全国优秀科普读物奖；江西省优秀硕士论文指导教师，南昌大学优秀教学成果二等奖。

主持完成国家社科基金项目1项，完成省级社科和艺术学项目4项，参与国家重大项目《全清戏曲》的编撰工作，参与国家级重大项目“延安文艺与现代中国研究”子课题研究。

薛文婷

薛文婷，女，1971年出生，北京体育大学新闻与传播学院副院长、教授、博士生导师，入选国家体育总局“优秀中青年专业技术人才百人计划”(2016年)。博士论文《中国近代体育新闻传播历史研究(1840—1949》被教育部、国务院学位委员会评为2010年全国优秀博士学位论文。主要研究领域为体育新闻传播史论、体育传播与社会变迁、体育解说人才培养。

主持国家社科基金一般项目“中国体育新闻传播史”、教育部全国优秀博士学位论文作者专项资金资助项目“新中国体育新闻传播史”；主持2019年北京高等教育本科教学改革创新项目“媒介融合背景下体育解说人才培养研究与实践”、北京市支持中央在京高校共建项目(教学改革创新项目)“北京体育大学卓越特色体育新闻传播人才培养”。

主要著作有《中国近代体育新闻传播史论(18401949》(独著)、《体媒人物——新中国体育新闻传播口述史》(上、下，主编)、《新闻春秋 第十辑 奥运传播暨体育新闻传播史研讨会论文集》(副主编)。其中，《中国近代体育新闻传播史论(1840~1949》获2012年中国体育科学学会科学技术奖二等奖；《体媒人物——新中国体育新闻传播口述史》(上，下)，获2016年中国体育科学学会科学技术奖三等奖。在 *The International Journal of the History of Sport*、《北京体育大学学报》《体育与科学》《中国广播电视学刊》等期刊或学术会议上发表中英文学术论文30余篇。

燕道成

燕道成，出生于1972年11月。湖南桃源人，传媒伦理学博士。湖南师范大学新闻与传播学院教授、博士生导师、网络与新媒体系主任，湖南省“一流本科专业”网络与新媒体专业负责人。兼中国新闻史学会媒介法规与伦理研究委员会副会长、湖南省青少年新媒体研究中心首席专家、湖南省社会舆情监测与网络舆情研究中心秘书长、湖南红网智库首批特聘专家、国家广播电视总局媒体融合发展专家库专家。

主要研究领域为新媒体传播。已主持国家社科基金项目2项、教育部人文社科研究项目1项、湖南省社科基金重点项目1项、湖南省社科基金一般项目2项、湖南省自科基金项目1项。出版专著《媒介化风险与传媒责任伦理》《否定与重构：媒介暴力的伦理批判》《群体性事件中的网络舆情研究》《网络暴力游戏对青少年的涵化与引导研究》《大数据时代青少年网络政治参与的有序机制研究》5部。发表50多篇CSSCI期刊论文，多篇论文被《新华文摘》《中国社会科学文摘》、“中国人民大学复印报刊资料”《新闻与传播》全文转载或摘编。曾获湖南师范大学年度教学优秀奖、湖南师范大学“十佳青年教工”、湖南省社会科学优秀成果奖。2013—2014年，挂职任湖南广播电视台都市频道副总监。2017年入选中国新闻与传播学学科最有影响力学者排行榜；2018年入选全国高校学者中文期刊论文排行榜(新闻传播学)TOP50。

杨国斌

杨国斌，1963年10月出生于山东淄博。1993年获北京外国语大学英美文学专业文学翻译方向博士学位，2000年获私立纽约大学(NYU)社会学博士学位。现任美国宾夕法尼亚大学安南伯格传播学院副院长，Grace Lee Boggs传播学与社会学讲席教授，安南伯格传播学院数字文化与社会研究中心主任，宾夕法尼亚大学当代中国研究中心副主任。曾任美国哥伦比亚大学巴纳德学院亚洲与中东文化系副教授，哥伦比亚大学人文与科学研究生院副教授，夏威夷大学马诺阿分校社会学系助教授。现为美国华人校长与院长协会会员。

长期从事跨学科的传播学与社会学研究，主要研究领域为互联网文化与政治、国际传播、环境传播、社会运动理论、文化社会学、情感社会学、叙事学、文学翻译等。英文专著 *The Power of the Internet in China*（中文版《连线力》）获美国社会学学会信息与传播技术分会2010年最佳图书奖。另有英文专著 *The Red Guard Generation and Political Activism*（2016）及大中华文库版《文心雕龙英译》(*Dragon-Carving and the Literary Mind*)。发表英文论文近百篇。

现任数十种传播学、社会学及当代中国研究国际刊物编委会委员。2003—2004任威尔逊国际学者中心研究员。2017—2019 年任国际传播学会“行动、传播与社会正义”准分会创会主席。受聘为香港中文大学崇基学院 2019—2020 年度“黄林秀莲访问学人”(Siu Lien Ling Wong Visiting Fellow)。多年担任香港大学教育资助委员会人文学与社会科学评委会委员。

杨 华

杨华，1974 年 2 月出生，甘肃临洮人。现任西北师范大学传媒学院副院长、教授、硕士生导师。1997 年本科毕业于西北师大中文系；2003 年硕士毕业于兰州大学新闻系；2008—2009 年在复旦大学新闻学院访学。代表性论文有《解放初期〈展望〉周刊实行公私合营的历史考察》《〈读者〉的想象：主体共谋与风格构建》等，主要著作有《泛传播时代的媒介想象》《传媒甘肃：文化思考与资源开发》等，主持完成的科研项目有“耦合再造：甘肃省深化‘一带一路’人文交流与合作平台研究”(甘肃省社科规划重点委托项目)等，参与的科研项目主要有“西部大开发背景下西部电视剧创作问题研究”(国家社科基金项目)等。目前，主要承担“中国新闻传播事业史”(本科)、“媒介文化研究”(硕士)等课程的教学工作，侧重于地方新闻史研究、文化传播理论研究与实践。

杨向东

杨向东，出生于 1969 年。山东海阳人，中共党员，民盟盟员。新闻与传播专业毕业，法学硕士，青海师范大学新闻学院教授、高级编辑、硕士生导师。

2014 年前在西宁电视台工作，历任记者、编导、制片人、主任、台节目总监等职务，2010 年负责西宁电视台全盘宣传工作时，对玉树地震进行了省内首家报道并进行了长达 17 天的全天候全程直播。曾获 1999 年青海省十佳优秀新闻工作者、多届“环青海湖国际公路自行车赛”优秀记者等荣誉称号。后调入《西宁晚报》工作，从事经济新闻、新媒体宣传报道和夜班编审工作。在媒体任职期间多部作品和论文获得省部级新闻奖。

2017 年 9 月调入青海师范大学新闻学院，主讲“媒介经营与管理”“新闻采访”“融合新闻”“网络舆情”“社会科学研究方法”等本科和硕士研究生课程。出版《传播学》《新闻采访》《新媒体环境下新闻传播理论与实务》《媒介融合策略研究》等教材和专著，有《对广播电视体制的几点思考》《试论新时期舆论监督的导向作用》《浅谈三网融合下地方广电传媒的发展之机》等多篇论文发表。主要研究方向为新闻实务、媒介融合管理、地方新闻事业史等。

殷　琦

殷琦，1983 年 9 月出生，湖北孝感人，厦门大学新闻传播学院教授、博士生导师。2009 年毕业于武汉大学新闻与传播学院。2013—2014 年美国伊利诺伊大学香槟分校传播研究所访问学者。2018—2019 年挂职《厦门晚报》副总编辑。

主要研究方向为传媒经济与产业发展，研究兴趣集中于传媒体制改革、传媒公司治理，主持国家社科基金青年项目、教育部人文社会科学研究青年基金项目、福建省社科规划重点项目、福建省软科学项目和福建省委宣传部委托项目等多项课题，包括“党管媒体原则在国有传媒企业治理中的实践路径及效应研究”“制播分离背景下中国广播电视机构治理模式创新研究”“面向媒体融合的福建省新型传媒集团建设路径及运行机制研究”等；出版专著《中国传媒组织治理结构创新研究》；以独立作者或第一作者署名在《新闻与传播研究》《国际新闻界》《现代传播》《厦门大学学报》《台湾研究》和 *Chinese Journal of Communication* 等 CSSCI 与 SSCI 期刊发表《1978 年以来中国传媒体制改革观念演进的过程与机制——以“市场化”为中心的考察》《转型政治经济环境下中国传媒治理结构的变迁与走向》、“Exploring the roles of government involvement and institutional environments in the internationalization of Chinese Internet companies”等多篇论文；专著《中国传媒组织治理结构创新研究》获福建省社科成果奖二等奖，论文《“国家一元论”到多元治理框架的构建：中国传媒治理结构改革的路径、逻辑及其转型取向分析》获福建省社科成果奖三等奖，入选 2016 年度“福建省高校杰出青年科研人才培育计划”。

于建华

于建华，女，1963 年出生，河南省新乡人，河南工业大学教授，硕士生导师；现任河南工业大学社会科学处处长、河南省国际与国内公共关系学会执行委员会委员。多次获得校级年度优秀教师称号，2004 年获河南省文明教师等荣誉称号。

长期以来进行媒介经营与管理、网络传播的教学与科研工作，重点研究社会化媒体、媒体类网络公司的社会责任、正能量传播等。主持或参与完成国家社科基金，国家自然基金、教育部人文社科研究基金等国家级和省部级项目10多项。在《中国流通经济》《科技进步与对策》《中州学刊》等刊物发表学术论文40多篇，被CSSCI、新华文摘、中国人民大学报刊复印资料、ISTP等收录10多篇。出版教材与著作6部。第一作者或独著《论微信社群的社会责任》《现代企业网络新闻的传播策略》等研究成果分别获得河南省2010、2017年度社会科学优秀成果二等奖、河南省教育厅2006与2009年度人文科学研究优秀成果一等奖、2004年新世纪中国首届公关市场理论研讨会论文二等奖、中国教科文卫体全国委员会2014年“知识女性与实现中国梦”论文三等奖、河南省教科文卫体工会2013年工运研究优秀论文和调研报告一等奖；参与的研究报告获1998—1999年度河南省社会科学优秀成果二等奖、2005年度河南省科学技术进步二等奖。

岳晓华

岳晓华，1965年10月生，广西大学新闻与传播学院教授。1986年毕业留校任教至今，曾任教研室副主任、新闻系副主任、文化与传播学院副院长、新闻传播学院首任党委书记、广西大学宣传部部长；兼任中国教育学会新闻与传播分会常务理事、广西记者协会理事等。

主讲新闻理论、广播电视学、舆情分析研判等课程，多次获得教学质量优秀奖；发表《高校文科考试制度的改良》《新闻专业毕业实习环节的创新与探索》《联合办学模式研究》等教改论文，教学研究从课程建设研究、培养目标研究开始，逐步形成了以“联合办学”“部校共建”为核心的研究方向和研究体系，获得广西教学成果一、二、三等奖，并以此推动了广西大学新闻与传播学院独立建制、广西大学新闻与传播学院大楼的建设，“共建”也成为广西大学新闻与传播学院的主要办学特色。

科学研究的主要方向是广播电视、文化产业和马克思主义新闻观等，主持教育部项目“从‘新华体’看马克思主义新闻观的中国化、大众化、时代化”、广西社科重点项目“马克思主义新闻观读本”等各类项目十余项，发表论文近30篇，出版专著2部。近几年主要从事舆情分析与研判研究，2019年主持“‘第16届中国—东盟博览会，中国东盟商务与投资峰会’东盟舆情研究”等项目。

曾祥敏

曾祥敏，1972年出生，中国传媒大学电视学院党委书记、教授、博士生导师，先后被评为北京市青年教学名师(2017)，北京市“师德先锋”(2018)、北京市教学名师(2019)。兼任中国记协新媒体专业委员会副主任委员、北京记协理事、北京市突发事件应急委员会专家、《中国新闻传播研究》副主编，曾荣获一次国家级教育教学成果一等奖、一次国家级教育教学成果二等奖；入选教育部“新世纪优秀人才支持计划”，担任国家级优秀教学团队“广播电视新闻学”核心成员，以及“中国新闻奖”“长江韬奋奖”评委、中国广播影视大奖评委、中国高等院校影视学会网络视听专业委员会副主任委员兼第一届理事会副理事长。

主要研究领域有：广播电视新媒体、国际传播、网络舆情传播。主持完成教育部人文社会科学重点研究基地重大项目“媒体融合背景下广播电视新闻理念与形态发展创新研究”、国家广电总局首届社科研究项目“中国电视事业发展中的制播分离问题研究”等，主要著作有《中国新媒体研究报告》(主编)、《新媒体背景下的电视分众化传播》《广播电视新闻采访报道》《电视新闻学》《电视采访》《电视摄影创作》。其中，《电视采访》教材入选第二批“十二五”普通高等教育本科国家级规划教材。在《人民日报》《中国日报》发表评论多篇，在《现代传播》《当代传播》《中国电视》《电视研究》等学术刊物发表论文百余篇。

曾秀芹

曾秀芹，女，1974年4月出生，福建龙岩人。厦门大学新闻传播学院教授、博士生导师。本科毕业于华东师范大学，硕士和博士毕业于北京师范大学心理学院。曾到香港城市大学和美国麻省州立大学访学。主要从事消费者心理与行为、广告与品牌、计算机中介传播(CMC)的心理效果等方面的教学与科研工作，擅长定量研究方法和数据分析，曾担任《现代广告(学术季刊)》的执行副主编、《心理学报》的评审专家。

开设“广告心理学”“应用统计学”“统计分析方法与SPSS应用”和“调查法”等课程。

在《国际新闻界》《心理科学》《经济管理》《社会科学战线》、*Asia Pacific Journal of Tourism Research* 等国内外优秀刊物以及世界顶级的国际会议上发表30多篇学术论文。

专著有《营销传播中的社会影响效果》，教材有《新闻传播统计学基础》和《广告心理学》。主持过“政府新闻发言人胜任力模型及相应选拔培养机制研究”“我国户外运动消费心理现状调查研究”“福建省深化对接台湾文化创意产业资源路径调研”“BRT 乘客满意度调研”“厦门消防年度全媒体宣传”等十几项纵向和横向课题。

曾一果

曾一果，1974 年 9 月出生。江苏盱眙人，文学博士。暨南大学新闻与传播学院教授、暨南大学新媒体文化研究中心主任、博士生导师。曾任苏州大学传媒学院院长助理、新闻传播系主任、苏州市人大代表。兼任中国高校影视学会媒介文化专业委员会秘书长、中国新闻史学会视听传播委员会常务理事、中国作家协会会员。

主讲媒介文化、影像文化等课程。致力于媒介文化、新媒体文化、城市传播和影视文化研究等。主持国家社科基金重大、重点和后期资助项目、教育部人文社会基金项目、国家广电总局项目、江苏省社科基金项目等 10 多项。目前主持国家社科基金后期资助重点项目“都市文化生产的媒介实践研究”。已出版《西方媒介文化理论研究》《中国传媒文化百年史》(国家出版基金重点资助项目)《中国新时期小说的城市想象》《恶搞：反叛与颠覆》等著作多部；在《新闻与传播研究》《文学评论》《文艺研究》《国际新闻界》《现代传播》《探索与争鸣》《南京社会科学》等刊物发表学术论文 100 多篇；研究成果曾获教育部人文社科成果奖、江苏省社科成果奖等各类奖项。其中，《西方媒介文化理论研究》获得第八届高校科学研究优秀成果奖三等奖和江苏省第十五届哲学社会科学优秀成果奖二等奖，《中国新时期小说的城市想象》获得江苏省第十四届哲学社会科学优秀成果奖二等奖，《中国传媒文化百年史》获得中国高校影视学会“学会奖”专著类一等奖。入选江苏省“333”工程高层次人才、江苏省“青蓝工程”中青年学术带头人。

詹　恂

詹恂，女，1973 年 10 月生于重庆。文艺学博士，电子科技大学公共管理学院教授、新闻传播系主任、跨喜马拉雅地区传播研究中心副主任、藏区传播研究中心副主任，硕士生导师。四川省网络新闻阅评专家。美国加州大学圣地亚哥分校(2010—2011)和美国威廉玛丽学院(2019)访问学者。多次赴美国、澳大利亚、英国、日本、加纳、尼泊尔和以色列等国学术交流访问。

致力于新媒体与网络传播、涉藏传播、跨喜马拉雅地区的周边传播、民族传播等研究领域。主持国家社科基金项目“提高我国藏区党媒‘两微一端’传播力研究”和省部级课题14项。在CSSCI来源期刊发表论文近20篇，CNKI单篇被引数超过100次；发表英文论文34篇(全部被ISTP和ISSHP双检索)。曾分获省级科技进步三等奖和社会科学优秀成果三等奖。多部决策咨询报告被省市有关部门采纳。

目前主讲新闻学理论等课程。

张成良

张成良，1972年生于吉林四平，鲁东大学新闻学与传播学院教授，学科带头人，硕士生导师，中国人民大学新闻学博士，新闻与传播硕士专业学位点负责人。兼任中国新闻教育史研究会常务理事，中国高等教育学会新闻传播专业委员会理事；山东省新闻传播学类专业教学指导委员会秘书长，山东省创新创业教育导师库专家。

曾在省级电视台、杂志、报纸从事采编业务工作12年，在省级以上媒体发表新闻作品1200余篇。先后获中国新闻奖1项、中国广播电视经济新闻奖4项。2012年获山东省十佳新闻通讯员称号。

致力于新媒体研究。在《现代传播》等刊物发表学术论文70余篇，其中CSSCI期刊20余篇，多篇论文被《新华文摘》《中国社会科学文摘》等转载。著有《新媒体素养论：理念、范畴、途径》《融媒体传播论》等学术专著与教材4部。主持或参与各类项目20余项，其中，主持国家社科一般项目、教育部人文社科、山东省社科规划项目各1项。成果获得山东省第31次社科优秀成果奖二等奖1项，山东省第33次社科优秀成果奖三等奖1项。同时获得山东省高等学校人文社会科学优秀成果奖2项，烟台市社科优秀成果奖2项；2018年获得山东省教学成果二等奖。负责主讲的课程“纪录片创作”2019年被评为山东省本科一流课程。指导学生获得国家“创青春”创业大赛、山东省“挑战杯”课外学术创新大赛等3项。

张冠文

张冠文，女，1969年出生，山东师范大学新闻与传媒学院教授、博士生导师、副院长，新闻传播学一级学科带头人，兼任二级学科传播学的学科带头人。主要从事互联网研究、传播理论、媒介素养教育及文化产业等方面的研究。国务院应急办公室传播学专业应急专家库成员，中国新闻史学会新闻传播教育史研究委员会常务理事，中国新闻史学会理事，中国新闻史学视听传播研究委员会常务理事。

近年来主持全国教育科学十五规划重点课题1项（“信息时代青少年媒介素养教育研究”）、教育部人文社科课题1项（“互联网信息消费对社会文化的解构与重塑”），主持山东省社科课题2项：“青少年媒介接触行为研究”“网络游戏中的精神交往对青少年的影响”，山东省软科学课题1项：“网络客文化的传播特征与社会影响研究”，另有多项省级课题及“调研山东”大型社会调查项目。出版著作3部：《人与互联网的同构——媒介环境学视阈下互联网交往形态的演化》《媒介素养教育研究》《大众传媒概论》。在《新闻大学》《当代传播》《编辑之友》《新闻界》《中国远程教育》《电化教育研究》等期刊发表论文80余篇，CSSCI期刊20余篇，7篇被中国人民大学报刊复印资料《新闻与传播》《文化研究》等全文转载，核心观点被《新华文摘》摘引。获山东省社会科学成果二等奖，山东省教育厅人文社科成果二等奖，山东省软科学优秀成果二等奖，山东省教学成果一等奖，山东师范大学优秀研究生导师、优秀教学奖等多项奖励。

张洪忠

张洪忠，北京师范大学新闻传播学院教授，北京师范大学新媒体传播研究中心主任。研究方向为传播效果测量、智能传播、传媒公信力等。美国印第安纳大学、香港城市大学、香港中文大学访问学者。曾参与中宣部“马工程”教材《新闻学概论》的编写，以及全国新闻记者培训教材的编写，承担“The global journalist in the 21st century”全球研究计划中国项目。在SSCI、CSSCI等学术刊物发表近百篇论文，出版4本专著，参与编著近十本著作。独立承担3项国家自然科学基金项目和国家社科基金项目，完成省部级课题及横向课题近百项，先后担任多家媒体机构顾问。

从2003年开始一直年开展传媒公信力研究，分别于2009年、2012年、2018年组织开展了3次全国性传媒公信力调查。在该领域发表英文论文6篇，出版专著3部：《大众媒介公信力理论研究》《中国传媒公信力调查》《转型期的中国传媒公信力》，组织召开了五届中国传媒公信力论坛。

积极开展智能传播研究。2012—2014年担任腾讯汽车消费数据研究院首席专家，开发大数据产品“腾讯汽车指数”。2014—2016年创立并主持32期“移动互联网与大数据沙龙”。2017 年 9 月 16 日牵头与微软和封面新闻联合成立了“人工智能与未来媒体实验室”，参与微软小冰团机器写作的开发工作，共同合作探索出一套资讯聚合类新闻机器写作模板。

开发了海外网络传播力的大数据分析模型和数据采集方法，从 2015 年开始每年发布《中国大学海外网络传播力报告》《央企海外网络传播力报告》《中国城市海外网传播力报告》。

张　健

张健，1967 年 7 月出生，苏州大学传媒学院教授、博士生导师；兼任苏州大学校学术委员会委员、中国新闻教育学会理事、中国新闻传播思想史研究会常务理事、中国新闻传播教育史研究会常务理事等，被评为“江苏省社科英才”。

1985—1989 年在苏州大学历史系学习，获学士学位；1992 年在四川师范大学中文系获硕士学位；2002—2005 年在复旦大学新闻学院学习，获博士学位；2013—2014 年，赴美国威斯康星大学麦迪逊分校国家公派访问。

先后在地方电视台担任记者、编辑以及政府机关公务员。2005 年至今，任苏州大学传媒学院任教。主要研究领域：政治传播、新闻传播史论、视听节目类型等。

先后主持并完成国家社科基金项目“新媒体语境下政治认同的建构路径研究”、教育部规划基金项目“美国总统选举中的民意调查与政治(1932—2008)”、国家广电总局部级社科研究项目“央视频道集群的品牌化建设研究”、江苏省社科基金“中国新闻业编营分离制度研究：以美国为鉴”等。出版有《用数字说话：民意调查如何塑造美国政治》(译著)、《视听节目类型解析》《自由的逻辑：进步时代美国新闻业的转型》《民意表达与危机治理》《当代电视节目类型教程》《徘徊在“教堂”与“国家”之间》等，先后在《国际新闻界》《现代传播》《学习与探索》《新闻大学》等 CSSCI 刊物发表 40 余篇论文。

张金桐

张金桐，出生于 1963 年 8 月，河北故城人，文学博士，河北经贸大学文化与传播学院院长，教授，硕士生导师。1986 年参加工作，曾任《固原师专学报》编辑。1994 年 6 月—2001 年 6 月就读于南开大学，获古代文学专业硕士、博士学位，2001 年 7 月被引进河北经贸大学任教至今。其间曾赴美国、赞比亚、尼泊尔等国考察、访学和讲学。

兼职有：全国财经类院校语文研究会副会长、全国新闻传播教育学会理事、河北省新闻传播学学会副会长、河北省教学指导委员会委员等。

长期从事文学与新闻传播学教育和研究工作。主持国家级、省级教学、科研项目近30项，出版专著有《唐代妇女与唐代小说》等5部，参撰、参编著作6部，发表学术论文60余篇，多篇被中国人民大学报刊复印资料中心复印。教学与科研成果获省级奖项一等奖1项，二等奖3项，三等奖3项。主讲中国古代文学史、古代汉语、唐代小说专题、文学基本原理等课程。2002、2003、2004年连续三年被评为校级“十佳教师”，曾被评为河北省“三育人先进个人”、河北省高校“教学名师”。

张　梅

张梅，女，1977年3月生，安徽芜湖人，福建师范大学传播学院教授、副院长，传播学、新闻学硕士生导师；南京大学文学学士、文学硕士、社会学博士；福建省高校首届以马克思主义为指导的哲学社会科学学科中青年理论人才、福建师范大学“宝琛计划”高端人才；担任中国新闻史学会台湾与东南亚华文新闻传播史研究委员会常务理事、福建省新闻学会常务理事、福建省传播学会常务理事、福建省新闻评议小组专家；美国北亚利桑那大学访问学者。

开设“传播史研究”“定性研究”“新闻评论写作”等本硕课程。

研究方向为传播社会学，主持国家社科基金一般项目、教育部社科基金青年项目、福建省社科一般项目以及福建省新闻研究重点课题等，包括“转型时期微博场域中社会共识的构建研究”“后真相时代公共言论的共识构建研究”等；出版专著《分裂的图景：住宅议题新闻的框架研究》；在《新闻大学》《现代传播》《新闻记者》等期刊发表多篇论文；论文《论新闻报道体现社会公平正义》获福建省第九届社会科学优秀成果奖三等奖、专著《分裂的图景：住宅议题新闻的框架研究》获福建省第十二届社会科学优秀成果奖三等奖。

张雪魁

张雪魁，上海财经大学经济学博士，复旦大学哲学博士后，现任上海社会科学院舆情信息研究中心主任、社会科学大数据实验室主任，国家高端智库舆情智库创新工程团队首席专家，新闻研究所副所长、研究员。入选国家“四个一批”人才工程。兼任《舆论先锋丛书》(中信出版社)主编、华夏数字乡村研究院院长等职务。

主要研究方向为舆论学和传播学。目前担任国家社会科学基金重大委托项目“网络舆情大数据案例库建设与研究”首席专家、国家社会科学基金特别委托项目“把宣传思想工作创新发展的战略重点放到互联网上来”首席专家、国家高端智库重大项目“网上意识形态焦点难点问题及对策研究”首席专家、文化名家暨“四个一批”人才自主选题项目“数字媒介与计算宣传”项目首席专家等。

担任中共中央宣传部、国家科技部“全国宣传思想文化工作与大数据应用重大工程”论证专家组成员、咨询专家委员会成员，先后承担中央部委委托课题47项，受邀参与一系列党和国家重要决策咨询活动、报告文件起草，18项成果获得中央领导肯定批示，连续6年(2013—2019)被评为中共中央宣传部舆情信息工作先进个人荣誉称号。

张雅明

张雅明，出生于1969年7月。河北涞水人，心理学博士。河北大学新闻传播学院教授、硕士生导师。中国心理学会科学普及委员会委员，河北省心理学会理事。自1998年进入河北大学新闻学院任教，于2016年6—12月在美国宾州印第安纳大学做访问学者。

长期致力于新闻传播学量化研究方法课程的教学，为本科、硕士、博士各阶段开设相关课程。研究方向为传播心理、社会心理学，关注媒体对青少年发展的影响。主持并完成教育部重点课题“学业不良儿童自我同一性状态、风格及心理救助问题研究”；主持国家课题“新媒体对青年学生心理健康发展的影响研究”。出版学术著作《元认知发展与教学》，主编、参编不同层次心理健康类教材多部，在国内外心理学学术杂志发表论文多篇。

张宇丹

张宇丹，1955年生，长于天南铜都，当过知青，做过中学老师。1977年考入云南大学汉语言文学专业，毕业后到云南电视台做编导，后调入云南大学新闻专业任教，讲授电视和广告方面的课程。现为云南大学新闻学院教授、博士生导师，云南省高校教学名师，著名电视人。

主要研究方向是影视文化传播和营销传播。出版《应用电视学：理念与技能》《可视的文化：影像文化传播论》《营销传播：经营与策略》等专著，发表《简论景物在银幕形象构成中的地位》《影视作为一门叙事语言》《论电视文化》《消费文化中的广告意识》等论文50余篇。

编导《火的节日》《苍洱曲》《高原女人》《乐土·古乐》《云南十八怪》《实在舍不得》等各类电视作品百余部集。创意摄制《胡萝卜汁》等电视广告50余条，策划组织全国及云南省多种广告及公关活动。策划编导《美丽中国之夜：昆明国际旅交会文艺晚会》等大型文艺晚会。

有学术论文和专著分别获得云南省哲学社会科学学术成果奖，有书籍获得全国优秀畅销书奖，有电视作品获得全国首届大众电视"金鹰奖"、中国纪录片学术奖、全国有线电视节目一等奖等，有电视作品选送法国参加电视节比赛，被瑞士苏黎世大学民族学博物馆收藏，在日本、美国、加拿大和中国香港等国家和地区播出。

张玉荣

张玉荣，1973年3月出生，藏族，藏名泽玉，西藏林芝人，博士研究生学历、教授。张玉荣系内地西藏班毕业的第一届学生，本科毕业于北京广播学院新闻系，硕士与博士毕业于中国人民大学新闻学院新闻学专业，现为西藏民族大学新闻与传播学院专职教师、西藏民族大学2011西藏文化传承发展协同创新中心对外传播平台执行负责人。

曾在西藏电视台供职十多年，供职期间编导摄制的《乡里来了医疗队》《古荣糌粑兄弟》《拉萨北郊环保迫在眉睫》等多部作品获省部级新闻奖。

主持完成国家社科"西藏社会舆论与媒介引导力"等多项省部级课题，著作《电视与西藏乡村社会变迁》获西藏哲学社会科学优秀成果二等奖，发表了《西藏青年微信传播与舆论引导方式探析》《喜马拉雅山脉的吉隆与吉隆人》《少数民族地区电视媒体转型路径探析》《西藏农牧区电影放映事业的现状、问题与对策》等多篇论文，主创编导的纪录片《牧人》为西藏自治区文化产业扶持资金项目。

主讲新闻采写、危机管理、节目策划、国际传播等课程，以及慕课"西藏传播史略"。多次获省级和校级教学奖励，2018年获西藏自治区师德标兵荣誉称号。

张毓强

张毓强，中国传媒大学教授、博士生导师，传媒大学出版社副社长，《现代传播》特约编辑，澳大利亚麦考瑞大学访问学者(2013—2014)。先后毕业于聊城师范学院，中国新闻学院、北京广播学院及中国传媒大学，2006 年取得文学博士学位，2008 年获聘副教授，2012 年获聘教授；2010 年获教育部霍英东教育基金会优秀青年教师奖；2013 年入选教育部“新世纪优秀人才支持计划”；出版著作、译著、编著等多部，在《国际新闻界》《中国记者》《现代传播》《当代传播》《对外传播》《国际广播影视学刊》等学术刊物发表学术论文 40 余篇；主持的主要科研课题包括：国家社科基金重点课题“新时代中国国际传播实践问题与本土化理论创新研究”、国家社科基金课题“中国国际新闻报道研究”、教育部人文社科项目“中国共产党国际传播思想研究”、国家社科基金子课题“西方媒体涉‘3·14’报道与西方新闻专业主义”，参与中央电视台“国际一流媒体研究”、主持高校人文社科青年培育项目“中国国际传播思想的历史沿革”、高校“382”人才项目“中国国际传播口述史”等；现在致力于国际传播史论、国际新闻史论、公共外交史论、传播思想史的研究。主讲课程：“国际新闻采写研究”“国际传播”“传播学概论”等。

赵红艳

赵红艳，女，出生于 1978 年 7 月，天津人，社会学博士。黑龙江大学新闻传播学院教授、硕士生导师。1997—2004 年于吉林大学文学院攻读新闻学学士、新闻学硕士学位，2004 年至今任教于黑龙江大学新闻传播学院，担任传播学专业主讲教师，2013 年于哈尔滨工业大学获得社会工程与管理博士学位。兼任全国网络社会学研究小组委员。

主要讲授新闻采访、网络与新媒体概论、社会学理论、跨文化传播、传播心理学等课程，主要研究方向为新媒体传播、跨文化传播。主持国家社会科学基金 1 项，黑龙江省社会科学基金课题 2 项。独自出版学术专著《热点事件中网络媒介权力运行机制及管理策略》，在《新闻与传播研究》《中国广播电视学刊》《中国社会科学报》等刊物发表学术文章 20 余篇，论文《中心性与权力体现：基于社会网络分析法的网络媒介权力生成路径研究》获得黑龙江省社会科学优秀成果奖、黑龙江省文学学科优秀科研成果奖，另多篇论文多次获得黑龙江大学优秀科研成果奖。

赵瑞锁

赵瑞锁，1963 年 4 月出生，现任山西大学新闻学院副院长、教授、硕士生导师。1984 年 7 月毕业于山东大学中文系，1984 年至 2017 年在山西大学文学院任教，2017 年至今在山西大学新闻学院任教。

主要教授“中国电影史”“广播电视艺术学”“影视评论”“影视传播”等本科课程，以及“戏剧戏曲学”和“广播电视艺术学”“新闻与传播”等硕士研究生课程。

主持“电视文化环境对小学生教育的影响及应对措施”“山西省‘四大科普计划’顶层设计”“当前国产热播电视中的中国传统文化元素研究”“乡宁历史文化漫谈”以及“《中华文脉》地方文化研究及解说词撰写”等国家级、省级科研项目；发表论文《历史幻象下的囚徒》《论电视戏曲的专创意识》《转型期电视文化功能的蜕变》以及《校园真人秀节目对儿童社会化的积极影响》等十余篇；拍摄反映教育问题的电视片《奠基》、电视片《经济发展环境启示录》和大型文献片《中华当代名医》等 80 余部集作品，其中《神外巨人王忠诚》获得国家级二等奖。

著有《龙的文化解读——世俗支配下的中国传统人生》《山西大学百年风云》《月满西楼——赵树理作品中的沁河风情》以及《白云生处——乡宁历史文化探幽》等著作。

郑素侠

郑素侠，女，1975 年 1 月出生，河南永城人，新闻学博士。郑州大学新闻与传播学院教授、副院长，博士生导师，河南省学术技术带头人，河南省宣传文化系统“四个一批”理论人才，河南省第十八届“青年五四奖章”获得者。入选河南省高等学校青年骨干教师资助计划、河南省高校科技创新人才（人文社科类）支持计划、河南省“百名优秀青年社科理论人才培养工程”。获教育部青年骨干教师出国研修项目资助，2016 年 1 月—2017 年 1 月在美国密苏里新闻学院访学。

主要从事发展传播学、传播社会学的研究，长期关注传媒如何参与包容性社会建设、传媒与乡村现代化及乡村信息传播的议题，致力于以实证方法研究传媒对乡村社会及个体的影响，并利用寒暑假带领志愿者以行动研究法在中西部农村地区开展农民工及其子女的媒介素养教育实践。主持完成国家社科基金青年项目“大众传媒与农民工的利益表达”(2009年度)、“农村留守儿童的媒介使用与媒介素养教育研究”(2012年度)，主持在研国家社科基金重点项目“反贫困语境下农村地区的信息贫困与信息援助研究”(2018年度)；担任国家虚拟仿真实验教学项目“基于大数据技术的媒介融合实训项目”负责人、河南省高校科研创新团队“新闻传媒与包容性社会建设”首席专家。

钟　布

钟布，出生于1966年1月，重庆人。马里兰大学新闻及公共传播学博士，宾夕法尼亚州立大学传播学院终身教授、博士生导师，同时担任宾州州立大学信息传播技术研究中心、科学传播中心、媒体效果研究实验室、数据同化及预测中心兼职教授。现任《电脑与人类行为》高级编辑及十余种SSCI学刊编委或评审，香港研究资助局海外评审及国际传播学会(ICA)附属学刊评审委员会评审。曾担任AEJMC新闻与大众传播教育协会大众传播与社会分会主席及国际中华传播学会会长。

持续关注数字信息处理策略对思维模式、认知判断、精神健康及行为改变等方面的影响，在分析特殊人群(如驻外记者，危重病患、公交司机和毒品成瘾者)的思维模型和心理机制方面提出多项理论创新研究模型。目前的研究主要运用决策学探讨特定信息如新闻、健康及品牌信息及新媒体技术对认知、情绪与决策的影响。特别关注对社会产生直接影响的课题，如健康信息对疾病症状的干预，受众的算法体验等。研究方法以传播学为框架的跨学科模式，如心理学、信息科学、神经科学与医学相结合，其数据来源于社交媒体、病友互助小组、医生病历及健康大数据等多种信息渠道。

教学以传媒技术与研究课程为主，主讲“新闻及社交媒体算法”“社交媒体传播”及“社交媒体研究方法与趋势”等课程。

钟　华

钟华，女，42岁，毕业于中国传媒大学播音主持专业。现为贵州民族大学教授、播音系主任、硕士生导师。贵州师范大学、贵州师范学院客座教授，国家级普通话水平测试员，国家语言文字督导专家，贵州省委宣传部新闻阅评员、贵州省语言文字工作专家委员会副主任、贵州省语言文字研究会会长、贵州省电视艺术家协会播音主持委员会主任、贵州省礼仪学会副会长、原贵阳新闻联播主播，贵阳电视台总编室副主任。

获奖情况：2003年至今，11次荣获贵州省播音主持作品、论文评奖一等奖；两次荣获贵州省播音主持作品、论文评比二等奖；获得中国播音“金话筒”提名奖；获得“贵州省德艺双馨电视艺术工作者”“贵阳市十佳新闻工作者”“贵阳市三八红旗手”“最受观众喜爱的主持人”“贵州省四个一批人才”“贵阳市管专家”称号。2018年被贵州省语言文字工作委员会推选为“贵州省推普形象大使”。

科研情况：完成厅级课题三项、省“艺规课题”一项。在研有省哲学社会科学重点课题一项、省教改课题一项、中华职教总社课题一项。

教学情况：2007—2017年，兼职担任贵州师范大学、贵州民族学院、贵州师范学院、贵阳学院新闻及播音专业的教师。2017年至今，担任贵州民族大学播音专业教师。

周大勇

周大勇，1972年1月出生于吉林省长岭县，博士，吉林大学新闻与传播学院教授、博士生导师、教学委员会委员；2017—2018年，赴美国肯塔基大学国家公派访问。社会兼职有中国新闻史学会广告与传媒发展史研究委员会常务理事、吉林省传播学会副会长兼秘书长、吉林省编辑出版学会副会长、国家艺术基金专家委员会委员。

主要研究方向为东北文化传播、网络传播、新闻“文学化”、媒介素养等，发表《东北文化的现代表达与传播》《互联网信息背景下经典传播理论的弱化与新变》《互联网“圈子”传播：分层互动与关系的弥合》等40余篇学术论文，被《新华文摘》全文转载2篇；编写《当代传播与东北文化发展》《中国历史文化名街：长春新民大街》《笑与生活艺术化》《东北民俗文化的当代形态及其传承》《媒介素养教育》等著作。论文获吉林省第十二届社会科学优秀成果一等奖、第十届社会科学优秀成果二等奖，荣获吉林省第六届、第八届教育科学优秀成果二等奖。

主持国家社科基金后期资助项目1项、吉林省社会科学基金项目3项、中央高校基本科研业务费项目3项。先后组织召开“社交媒体与后传播社会”“东北文化的现代观照与反思”“笑与生活艺术化”“现代传播与中国社会发展”“东北民俗文化的当代形态及其传承”等10余场学术研讨会；参加“第71届KFLC国际学术会议”（University of Kentucky）等国际、国内学术会议并作分会报告。

周光明

周光明，1963年7月生，湖北浠水人，九三学社社员。武汉大学新闻与传播学院教授、武汉大学媒体发展研究中心研究员。武汉大学历史学系中国史专业本科，中国人民大学新闻学院新闻史论助教进修，日本同志社大学文学研究科新闻学专业修士课程学习，武汉大学中国传统文化研究中心文化史博士。

长期从事中国新闻传播史的教学与科研工作，主讲“中国新闻传播史”(本科)、“近代报刊研究”(研究生)、“中国新闻思想史研究”(研究生)等课程，曾荣获武汉大学优秀主讲教师称号和武汉大学本科优秀教学业绩奖。参与“近代汉字术语生成演变与中西日文化互动研究”(教育部重大攻关项目子课题)、“新媒体环境下中国媒体新闻传播观念创新研究”(教育部基地重大项目子课题)，以及主持两项省部级课题：“中日新闻交流史研究”与“晚清媒介形态史研究”。

在中国新闻传播史的相关研究中，比较侧重于近代新闻史领域，兼及新闻思想史与新闻学术史。在《新闻与传播研究》《国际新闻界》《武汉大学学报》《新闻与传播评论》等期刊上发表论文30余篇。

周　凯

周凯，1970年出生，南京大学新闻传播学院教授、博士生导师。中国人民大学商学院博士后，南京大学政府管理学院博士。美国堪萨斯大学、香港城市大学访问学者。国务院特殊津贴专家，中国文化产业发展研究中心智库秘书长，南京大学创意产业研究中心主任，江苏省长江城镇产业经济研究院院长，南京大学安高文化科技研究院院长，中国人民大学中国市场研究中心副主任、研究员，南京大学深圳研究院新兴产业与金融科技中心主任。江苏省广告协会常务副会长，江苏省朗诵协会副会长，南京电影协会会长，莫愁生态环境保护协会会长，中国广播电视学研究会常务理事，文化部中国传统文化促进会常务理事，中国电视艺术家协会行业电视委员会委员，江苏省青联委员等。

入选全国首批中宣部/教育部卓越传播“千人计划”、江苏省高层次人才计划等；国家财政部注册会计师，荣获“江苏省十佳双创名师”称号。香港凤凰卫视集团旗下《凤凰城市》杂志创刊人、第一副主编，《文化产业》等4家期刊编委；南京大学广播电视与新媒体系主任，江苏电视台与南京电视台兼职电视节目主持人，挂职江苏广电集团副总监，江苏省网络电视台副台长。

主持教育部重大课题攻关项目、国家社科基金一般项目、国务院发展研究中心、国家发改委、省社科基金等各类课题45项；主持规划政府及企业项目100余项，著编译正式出版物16部，发表各类文章150余篇(其中CSSCI论文60余篇)。国家发明专利2项，软件著作权24项，出品各类影视作品20多部。荣获国家及省部市级各类奖项32项。

朱 杰

朱杰，1972年7月生，中共党员。四川大学网络与新媒体在读博士，教授、硕士生导师。中国新闻史学会少数民族新闻传播研究委员会副会长、常务理事。现任西北民族大学新闻传播学院副院长，主持新闻传播学院行政工作。2014年在《甘肃日报》出版部挂职一年，2015年在四川大学文学与新闻学院挂职半年，从事新闻教育已有20年。主要研究方向是中国少数民族新闻传播理论与实务，文化传播研究，新媒体研究。主持国家社科规划项目、省部级社科规划项目；参与国家社科项目以及其他各类项目多项；获得国家民委教学成果二等奖，甘肃省社科成果三等奖、甘肃省教学成果二等奖；出版学术专著及教材多部，先后在核心学术刊物发表学术论文几十篇。治学感言：尊重事实，理性思考。求知行合一，念新闻情怀，行共情传播。

朱丽丽

朱丽丽，女，出生于1973年4月，安徽六安人，武汉大学历史学学士、文学硕士，南京大学文学博士，现任南京大学新闻传播学院教授、博士研究生导师。兼任中国新闻史学会视听传播学会理事、高校影视学会媒介文化研究专业委员会理事、江苏省传媒艺术研究会理事。先后赴香港城市大学、香港中文大学，以及威斯敏斯特大学做访问学者或研修。

主要研究方向集中在媒介文化研究、粉丝文化研究、数字文化研究、影视研究等领域，担任本科生及研究生“电影学”“影视美学”“媒介文化研究”“电影理论与研究方法”等多项课程。主持或参与了多项国家、省部、校级研究课题，主持国家社科基金项目“基于社交网络的青年群体日常社会-文化研究”，教育部青年基金项目“网络迷群体文化研究”。出版有《数字青年》等专著和教材。研究论文《语境变迁、符号转译与迷群体——〈潜伏〉迷的文化分析》，获得2010年度中国电视金鹰奖理论奖一等奖。在《新闻与传播研究》《传播与社会学刊》《文学评论》《现代传播》《江苏社会科学》《南京社会科学》等CSSCI刊物和TSSCI刊物发表论文30余篇。

朱志红

朱志红，女，出生于1966年5月。天津师范大学新闻传播学院教授、硕士生导师、高级编辑。现任中国高校影视学会纪录片专业委员会理事、中国电视艺术家协会会员。

具有24年电视从业经历，长期从事电视节目创作、研究和管理工作；主创的电视新闻、专题、知识竞赛、小品、文献纪录片、现场直播节目数十次获得各级各类奖项，其中，国家级和省部级奖励20余项。

主要研究方向：电视专题节目研究、纪录片研究。

主讲“视听语言”“专题片创作”“广播电视节目编辑”“电视节目制作”(精品课)、“微电影制作”等课程。组建纪录片学生实践工作坊，指导学生创作的多部作品在北京大学生电影节、广州国际纪录片节大学生纪录片大赛、中国纪录片学院奖、天津市大学生校园微视频大赛等竞赛中获奖。

第9章　院长论衡

9.1　施政方略

9.1.1　李良荣：互联网时代新闻传播学科的坚守与创新

我于2019年3月中旬被聘为浙江传媒学院新闻与传播学院(以下简称浙传媒新传院或新传院)院长。在任命会议上，我就毫不隐瞒地提出新传院的教学、科研必须全方位转向新媒体，对教学进行大刀阔斧改革的设想。在2019年11月底浙传媒全校教学研讨会上，我语惊四座，公开声称：我采用“暴力”手段来推行全新的教学大纲(见图9-1)。

图9-1　李良荣教授

浙江传媒学院很年轻，1988年才创办，创办之初是专科学校，上世纪90年代改大专，新世纪初改本科。自创办以来，主要就是为传统媒体尤其广播电视培养专业人才，院系结构、基本课程都围绕着为广电培养专业人才而定位、设计，确实为广电系统培养了一批优秀人才。互联网的突飞猛进彻底打乱了浙传媒的定位。这当然不仅仅是浙传媒的难题，而是全国新闻传播专业都面临的困惑。我到浙传媒新传院就职，就是想探索一条新闻传播学学科新的发展模式。

1. 培养目标：转向公共传播

历年的新传院的培养目标上都明确是为报纸、广播、电视培养专业人才，在其辉煌时期(上世纪90年代后期到新世纪前10年)高达60%以上的毕业生在广电系统就业。然而到2018年，到广电系统就业学生只有5%左右，即使这5%左右，也是在新媒体部工作。新传院的毕业生就业率近几年都在98%以上(据调查，不到2%的学生并非找不到工作，而是家里有钱，不愿去工作)，不愁找不到工作。毕业生就业的单位可以说五花八门，但他们的岗位却惊人的一致：从事传播工作(或称新闻、宣传、舆论工作)。

这是互联网给新闻传播学专业带来的全新变化，互联网给所有人的技术赋权：信息生产、传播从极少数精英转为泛社会化传播。传播不仅仅是显示任何个体、任何单位的在世存有，而且为任何个体、任何单位、任何产品创造极大的社会资本，提升社会价值。“传播创造价值”成为社会常识，传播人才尤其优质的传播人才成为社会的稀缺人才。

现实迫使新闻传播学专业的培养目标必须转向：从过去为传统媒体培养专业人才转向为社会提供公共传播人才。所谓公共传播包含两层意义：一是为所有企业、事业、行政单位甚至个体(例如自媒体)提供传播人才；二是面向全社会或本系统的传播。

2. 教学转型：转向新媒体

为适应培养目标的转变，我在新传院提出，我们新传院培养学生的具体要求是，在全面贯彻党的教育方针的前提下，新传院的毕业生必须是“四能”人才：提笔能写，扛机能拍，对镜能讲，坐下能编的互联网操盘手。为此，新传院的教学必须要有三大转型。

一是课程设计整体以互联网为中心。我们砍去了一批陈旧的、重复度高的课，把当前及未来网络新颖的表达形式列入必修课，包括图文表达的短消息、短视频、数据新闻及可视化表达、网络直播、AR、VR制作、航拍等。

二是从半职业化教学转向全专业化教学。和全国大多数的新闻传播学校院系一样，浙传媒新传院下设四个专业系，院里负责专业基础课程，如新闻学概论、传播学概论、中国新闻史等，而各专业系开设本专业的专业课，即主要的技能技巧课，报业、广电、编辑出版、广告公关各设各的专业课。这样教学设置是一种半职业化的即为特定行业进行职业培训，强调职业的技能技巧。

现在新设计的教学大纲淡化了各个专业，以学院为基本的教学平台，从新闻传播学学科所必需的专业素养出发来设置课程，即从半职业化教学转向全专业化教学。我们称之为“盖浇饭”：学院提供学科所必须具备的专业教学，各专业系提供一两门本专业的特色课。

三是从满堂灌转向案例教学，尤其专业实务课，案例、讨论、实验(实训)构成教学三大环节，深受学生欢迎。

3. 重新调整院系结构

过去的教学计划是拼盘：学校的公共课、学院的专业基础课、系一级的专业课。每学期的教学计划实际上由系一级最后制定、落实。新的教学大纲强化了院一级平台，弱化了系一级。为提高教学质量，便于教学管理，我们新传院采取“课群制”：每一门课由多名老师共同承担，自愿组合，组成“课群组”。每一个课群有一名小组长，共同备课，合作上课，每名教师讲授自己最擅长、最喜欢的那个部分。同时，每名教师必须至少承担三门课。这样做的好处是教师可以相互取长补短，资源共享，开拓教师知识面；一旦有教师临时有事，无法上课，其他教师都可以顶上。在组织“课群”同时，我们新传院还组织“科群”(科研群)，一个小组研究一个课题，合作研究，单独写作。“课群”“科群”制使教师的关系更加融洽，有助于提升教师的教学、科研水平。

4. “互联网+”还是“+互联网”

在我上任之初提出教学改革设计时，我曾征询院级班子的意见：“我们究竟是实行‘互联网+’呢还是‘+互联网’?”“互联网+”意味着全盘推翻原先的教学计划，设计以互联网为中心的教学大纲。“+互联网”就是在原先的教学计划基础上修修补补，即砍去一些老旧课，增加一些网络操作所需要课。班子里一致选择“+互联网”。一个基本原因是师资力量跟不上，最后达成共识：小步快跑，每年改一点，三年内做到“互联网+”。

教学必须紧跟互联网的快速发展，这一点大家都认识到了，但师资一时跟不上，一门新课从设计到基本成熟，至少3年时间。有些教师一门课已上了10多年，一下子砍掉了，上一门全新课，一时转不过身。

我们新传院的师资很年轻，40岁以下教师占了70%左右，而且都是博士生，非常有活力，都有股奋力向上的干劲。但问题在于，现在青年教师读博期间都以论史为研究方向，极少有研究网络实务的，具体的网络实务操作几乎不会。而业界有相当一批实务经验丰富的年轻人，他们中也有相当多人愿意转入教师，但碍于学历不够，无法来学校执教。

本来，青年教师真想学实务操作，只要下功夫，转身也不难，但问题就在于当下的考核机制。青年教师们要评职称，教学名义上是硬指标，实际上可以忽略不计，几乎人人都够格。真正的硬核是中标的国家课题和论文数量。所以，青年教师们很少有人愿意转向实务操作课。院里领导不得不个别做工作，甚至用“暴力”手段压青年教师来承担实务操作课。

这就是我们教学创新的困难所在。

（李良荣）

9.1.2 余清楚：牢记发展使命，迎接三个“百年”

光阴荏苒，岁月如歌。我来厦门大学新闻传播学院任院长快两年了。令人欣喜的是，扑面而来的三个“百年庆典”将成为我们学院高质量发展、跨越式发展的重要契机。2021年7月1日，是伟大的中国共产党的百年华诞。2021年4月6日，是厦门大学的百年诞辰。2022年，是厦门大学设立新闻学部的百年纪念。我们学院将以“立德树人、守正创新”为发展目标，将以出色的教学成绩和优异的科研成果迎接“三个百年”的到来。

1989年，我从中国社科院研究生院新闻系毕业之后，在人民日报社工作了整整30年，算是老新闻工作者。然而在新闻传播学院院长的工作岗位上，还是“新人”。但作为一名老记者、老媒体人，对习近平总书记提出的“立德树人”“守正创新”、培养“四力”记者的要求，有深刻的感受和情感共鸣。在此，以一个“老报人”和“新院长”的角度，谈谈厦门大学新闻传播学院未来发展的几点思考，祈此向同行请教。

1. 回顾历史百感交集，面向未来如沐春风

厦门大学由爱国华侨陈嘉庚先生创立于1921年。随后于1922年，厦门大学设立新闻学部，与中国早期新闻界先行者一起，开启了中国人办新闻学高等教育的探索历程。1926年，厦门大学新闻学门由于校内院系调整而被合并到其他院系。直至1983年，在厦门大学校领导未力工和香港《大公报》老报人徐铸成、刘季伯等前辈的推动下，在余也鲁等海外华人学者的帮助下，厦门大学恢复新闻学科，成立了新闻传播系，下设广告和国际新闻专业。新闻传播系成立之初，得到了中国人民大学、复旦大学、北京广播学院的大力支持，甘惜分、方汉奇、张隆栋、陈韵昭、赵玉明等学界前辈从千里之外驰援厦门大学为首届学生授课。20载耕耘，老树新枝学脉重续。2005年获批设立传播学博

士点，2007年成立新闻传播学院，2011年获批设立新闻传播学一级学科博士点，建成了涵盖学士、硕士、博士的完整教育体系。建院13年来，在历届院系领导和全院教职员工的共同努力下，现已形成以广告学和国际新闻实验班为本科教学特色、以广播电视学和传播学为新生长点、以台湾与东南亚华文新闻传播史为学术研究特色的发展格局。厦门大学校园面朝大海，比邻港澳台，眺望东南亚，其所在地福建省是古代“海上丝绸之路”的起点，校主陈嘉庚被毛泽东称为“华侨旗帜，民族光辉”。新时代，新机遇，新发展。我们学院将不忘初心，牢记使命，奋发有为，勇于进取，开创学院新的一百年的新辉煌。

2. 紧跟传媒转型发展，努力培养新型人才

2016年2月19日，习近平总书记在党的新闻舆论工作座谈会上强调指出，“媒体竞争关键是人才竞争，媒体优势核心是人才优势”。在互联网时代，新媒体的快速发展、新技术的日新月异，促进了新闻和技术人才的培养和竞争。我个人认为，新闻传播学科应该而且必须与时代同步，与实践接轨。当今信息技术革命给现代传媒实践带来了一系列变革契机，毋庸置疑，保守就是退步，创新才有出路。以媒体的智能化为例，当前实践对新闻传播学科提出的现实问题是：我们应该怎样培养既懂内容又懂算法的新闻毕业生，如何驾驭算法来有效提高主流媒体的传播力、引导力、影响力和公信力。在互联网时代如何按照习总书记提出的媒体融合要求加快新闻人才培养，对院长而言就是一个现实课题。我特别看重新老媒体的结合。我在人民日报社工作多年，写过不少稿件。传统媒体记者的优势就是新闻素养好，文字功底好，采访作风好。我曾要求人民网到都市报去挖时政记者和评论记者。新媒体记者年轻有为，掌握新技术快，做“爆款”产品快，与新时代、新媒体接轨快。如果新旧融合，新旧同心，这个媒体就一定能够创新发展。我来厦门大学新闻传播学院后，就调整学生努力方向，其中之一就是把会做新媒体产品作为学生的基本技能。厦门大学新闻传播学院将深入学习贯彻习近平新时代中国特色社会主义重要思想和习近平关于新闻舆论工作重要论述，把培养造就一大批具有家国情怀、国际视野的高素质全媒化复合型专家型新闻传播后备人才作为根本任务。

3. 主动跟进媒体融合，加快推动学科融合

2019年1月25日上午，中共中央政治局就全媒体时代和媒体融合发展举行第十二次集体学习，习近平总书记指出：“全媒体不断发展，出现了全程媒体、全息媒体、全员媒体、全效媒体，信息无处不在、无所不及、无人不用，导致舆论生态、媒体格局、传播方式发生深刻变化，新闻舆论工作面临新的挑战。”面对现代传媒所发生的新的格局和新的挑战，高等院校的新闻传播学院必须转变观念，迎接挑战，主动跟进媒体融合，调整学科专业，加速学科融合。当前，大数据、云计算、区块链、第五代移动通信、人工智能在为我们研究人类行为与社会互动提供空前便利条件的同时，也在模糊各个学科之间的界线。不仅社会科学各学科的交流互鉴在日益增多，甚至数学、物理学等自然科学的理论与方法也被频繁地应用在关于网络舆论的传播动力机制、符号表达的说服效果等问题的研究之上。在全媒体时代，如何加快人才培养，如何加速学科融合，如何提升教学质量，我们开展了“融合什么”“如何融合”“怎样提升”的学习讨论，让每位老师了解我们的优势和劣势在哪里，我们的强项和短板在哪里。学院将扬长避短，精准发力，充分发挥处于综合性大学的多学科优势，与厦门大学信息学院、海洋与地球学院、经济学院、艺术学院等兄弟学院在算法新闻学、计算广告学、环境传播与风险传播、影像史学等教学科研项目上持续进行学科融合，并将跨学科、跨专业、跨领域调整结构，完善布局，实现高质量发展。

4. 提升国际传播水平，提高讲好故事能力

我在人民网当了 4 年总编辑，深知做好国际传播、讲好中国故事是我国主流新闻网站的重要任务。但在国际传播方面，我们有两个明显的“短板”。一是“西强东弱”“敌强我弱”的国际传播格局没有改变，同时也急需改变。二是国际传播人才奇缺，现在大部分国际传播记者是学外语专业转行过来的，懂外语的新闻人才不多，巧妇难为无米之炊。所以，要完成中央交给的国际传播任务，要培养讲好中国故事、讲好“一带一路”故事、讲好人类命运共同体故事的人才，还有许多工作要做。1983 年厦门大学恢复新闻学科建设之际，即创办国际新闻专业。然而我们以往的英语加新闻的教学模式，只能满足跨语言新闻编译人才的培养，不能适应当今全球化新形势对国际传播人才的需要。为此，我们需要整合品牌广告、国际新闻、口语传播、影像表达等方面的资源，充分利用厦门大学在马来西亚分校设立新闻学系和广告学系的各种资源优势，进一步优化课程体系设计，增强融媒体技能和国际视野的培养，发挥学院与人民网合作海外实习基地的重要作用，培养面向东南亚国家和“21 世纪海上丝绸之路”的一流国际传播人才。教师强，则学生强。培养国际传播新闻人才，必须有一支懂外语、高素质的师资队伍。学院现有师资队伍的教育背景、学术结构和年龄分布非常合理，这是提高外语教学水平、提升国际传播理念的有力保障。我们将加强与国外院校的教学交流，加强对教师国际传播的见习和培养，进一步提高老师的外语水平和教学能力。

潮平两岸阔，风正一帆悬。面对新时代新闻舆论工作的新要求和新闻媒体实践中提出的新问题，矗立于台湾海峡的厦门大学新闻传播学院将以全新的视角审视传媒变革，以全新的理念推动教学与科研创新，大力发扬嘉庚精神，努力培养“四力”人才，服务国家事业发展。

（余清楚）

9.1.3 张举玺：栉风沐雨40载 扬帆远航再出发

我有幸先后在百年名校河南大学和中华人民共和国成立后国家创办的第一所综合性大学郑州大学担任新闻与传播学院的院长，纯属机缘巧合。2005年从莫斯科回国时，我被河南大学明伦校区那古朴典雅、中西合璧的建筑文化所吸引，不顾全家反对，到开封加盟了河南大学新闻与传播学院，2013年出任学院院长。2015年，因健康原因不得不返回郑州，在家养病期间受聘了郑州大学新闻与传播学院常务副院长和院长。在两所高校担任院长，是我人生最宝贵的财富，亦是我一生最值得珍惜的经历。

1. 郑州大学新闻教育砥砺奋进40载

郑州大学新闻学教育开始于1976年，1983年成立新闻系，1993年获批新闻学硕士点，2004年成立新闻与传播学院。2014年同时与新华社共建“穆青研究中心”、与河南省委宣传部共建“新闻学院”。在上世纪90年代，郑州大学曾是我国第一批拥有新闻学硕士点的单位之一，学科实力一直名列第一方阵。2007年新闻学专业被评为教育部第一批特色专业，2008年新闻传播学被评为河南省一级重点学科，2017年在第四轮全国学科评估中，郑州大学在全国高校新闻传播学学科排名中位居第19名。但在2009—2012年间，受各种校内外因素影响，学院发展一度受阻。

2013年，新华社原总编辑南振中先生受聘郑州大学新闻与传播学院院长后，制定了《教职工互勉信条》，在他以身示范的影响下，“严谨治学、敬业爱生、以苦为乐，清廉从教、淡泊名利、为人师表，相互包容、同舟共济、情同家人等”逐渐形成了学院文化，学科建设焕发出勃勃生机。

目前，学院设有新闻学、广告学、广播电视学、网络与新媒体4个本科专业和穆青新闻实验班，是河南省普通高校新闻传播学类本科专业教学指导委员会主任委员和秘书长单位。学院拥有新闻传播学一级学科博士学位和硕士学位授权点，新闻与传播、艺术学2个专业硕士学位授权点，以及新闻传播学博士后科研流动站。

2. 临危受命，重振郑大新闻教育

2013年，我接任河南大学新闻与传播学院院长后，推出了多项改革措施，牵头申报并获批“跨文化传播”二级学科博士点，在2013年和2014年教授职称评审中先后从学校争取到7个教授指标，引进2名黄河学者特聘教授，并在安阳日报社开办了一个有200多名学员参加的研究生课程进修班……

2015年年初，就在我全身心投入，想干出一番新成就时，突如其来的晕倒，把我推向了深渊。有幸被同事们及时送医，经过两周精心治疗，得以平安出院。遗憾的是，后遗症打乱了我所有秩序，生活无法自理，只好回到郑州，由家人照顾。

2015年春节期间，在朋友张罗下，我见到了郑州大学校长刘炯天院士，没想到他居然知道我爱人在郑州大学工作。在交谈中，我向刘校长表达了来郑州大学工作的想法。他没有当面给予答复，只是建议我先安心养病，等康复之后再说。

带病之身，唯恐拖累和耽误河南大学新闻与传播学院的发展，春季开学后，我向河南大学校党委呈交了院长辞职报告。然后，一边治疗一边处理工作上的善后事宜。

5月中旬的一天，时任郑州大学新闻与传播学院党委书记焦世君来电说，刘炯天校长想见我，能否尽快来校一趟。这次是应约而来，刘校长显然留足了交流时间。寒暄过后，他直接告诉我，校长办公会同意我来郑州大学工作。

从谈话中得知，刘校长这次见我的目的有三：其一，协助新闻与传播学院建设新闻传播学一级学科博士点。其二，让我牵头申报国家社科重大招标项目。其三，着手申报教育部长江学者特聘教授。这些工作，没有一件是可以轻而易举实现的。这些要求，对我而言是严峻挑战。

2015年7月30日，河南大学党委批准了我的辞职报告，我随之向人事处递交了调离申请。万般不舍离开已经工作10年的学院和亦师亦友的同事们，回到了郑州。一边在家养病，一边等待办理工作调动手续。

2016年2月1日，焦书记邀请我参加新闻与传播学院大会。会上宣布了郑州大学党委决定：聘任我为新闻与传播学院常务副院长，协助南振中院长负责学院的日常工作。因大病一场，我连河南大学的院长都不干了，现在要接这个副院长吗？我陷入懵圈状态。

3天后，刘校长在电话里跟我解释说：“下学期焦书记(主持学院工作)要去国家教育行政学院学习，郑院长(本科教学副院长)要出国访学，急需你出面救场。”“你在河大做过院长，考虑再三，请你来学院主持工作比较好。如果有什么困难，请先克服一下，坚持到焦书记回来就好了……”

学院的工作千头万绪，没想到校领导就这样突然交给了我。为了尽快熟悉学院情况，我多次深入基层组织进行调研，先后跟60多名教职工进行过当面交流，逐一了解各自情况和大家对学院发展的期许。为了摸清学院的学科发展现状，我先后给老师们写了200多封沟通信件。通过半年多调研，基本上掌握了学院的具体情况，以及亟待解决的主要矛盾和问题。

3. 加强内涵建设，促进学院全面发展

2016年上半年很快就过去了。到了9月，我被郑州大学党委直聘为院长，肩上的担子更重了。随着健康状况好转，我用于思考学院发展的时间越来越多。由于经历过两所学院的管理岗位，深谙“学院要发展，内涵建设是关键”。

第一，理顺规章制度，激发正能量，稳定发展局势。本着“公平、公正、公开”等原则，先后对课时费、教学奖励、科研奖励、公务接待、绩效分配等容易引起误解和产生矛盾的规章制度，重新进行了修订与完善，尽量做到了“奖勤罚懒，多劳多得，少劳少得，不劳不得”。凡是涉及学院人、才、物等“三重一大”事项，必须由党政联席会议协商决定。用公开透明的制度来管理学院，有效激发了师生们正能量，凝聚了向心力。

第二，加强学术团队建设，人才培养与引进并举。2016年年初，学院只有5名教授，要建设一级学科博士点，必须得快速解决高层次人才的短缺问题。本着“引得进，用得上，留得住”的原则，学院动员豫籍学者回家乡发展，先后引进5名教授。同时，积极支持本院4位副教授晋升为教授。还从学报、出版社吸引来3名教授。几年来，学院教授数量稳升到17位。

同时，围绕新闻学、传播学、新媒体公共传播、广播电视与数字传播4个学科方向，积极组建学术团队。激励中青年教师，出国访学进修，考博士研究生等，充分盘活了学院既有学术力量，努力消解了人才引进与培养之间的矛盾，解决了人才短缺问题。

第三，重视课题申报过程，重奖高级别科研成果。学院围绕穆青研究中心、中原传媒研究院、新媒体研究中心和俄罗斯媒介发展研究中心等科研机构，积极申报各种级别的课题。举办多种课题经验交流会，向拟申报课题者逐一进行辅导。动员在研课题主持人，为申报者作一对一指导。同时，学院设立科研激励基金，用于资助论文发表、著作出版、高级别课题与成果的奖励。促使科研成果数量逐年递增，成为学院发展的有力支撑。

第四，创新教学模式，严把论文质量关。为了实施上述两个共建，培养“政治立场坚定、业务能力精良、作风素质过硬”的新闻传播后备人才，学院在本科教学中采用了“三双机制”模式，即“双班主任”“双辅导员”“双导师制”，使学界与业界教育资源得到有机结合，取得显著成效。大部分应届毕业生被媒体提前就业。为了加强马克思主义新闻观教育，学院实施了“名师名家讲坛”“传媒专家进课堂”和精品教材建设计划。

为了严把毕业关，本科生毕业论文一律进行查重查新，硕士和博士毕业论文一律进行校外导师盲审。若有专家提出修改意见，毕业者将被延期答辩。刚开始，导师们对此存在抵触情绪。但随着工作推进，大家意识到该措施能够消解压力与风险，就变成主动配合。

4. 集中优势资源，办好学院发展大事

学院一直在倡导集中优势精力，全力办好学院发展大事，以激发师生士气。

2016 年 5 月初，学院接到中宣部的通知，6 月中旬要在郑州大学举办“第三届中宣部教育部共建新闻学院现场推进会”，向全国介绍和推广郑州大学实施部校共建、社校共建的经验。学院以此为契机，全面动员，积极筹备，确保了推进会在 16—18 日成功举办。向来自全国 30 多个省市区宣传部长、教育厅长、社长、校长、院长等 200 多名代表，展示了学院的共建成果与师生风采。

2017 年 8 月 17—20 日，学院成功承办中国新闻史学会 2017 年学术年会。大会设立 1 个主题论坛、18 个分论坛，使用 27 个分会场，举办了 40 余场学术专题论坛。有 1300 多名国内外学者专家与会，被媒体誉为“我国新闻学界史无前例的千人盛会”，充分展示了学院的组织与协调能力，很好地宣传了学院朝气蓬勃的精神风貌。

2017 年以来，学院高度重视国家社科基金重大招标项目的申报工作，先后获批 2 项。

2018 年 1 月，学院申报的新闻传播学一级学科博士点，获得国务院学位委员会批准，入选全国新增一级学科博士点序列。

2018 年 11 月，学院推荐的教育部长江学者特聘教授候选人，经过多轮竞争，入围了会议答辩环节。虽然最后没能入选，却极大提振了同事们的自信，为今后申报国家级各种名师等，积累了经验和勇气。

2019 年 10 月，学院申报的新闻传播学博士后科研流动站，获得人力资源社会保障部和全国博士后管委会批准，入选全国新设博士后科研流动站序列。

5. 面向未来，慎思追远

新闻学在郑州大学由本科起家，到获批硕士点走了 17 年；从硕士点到获批博士点，用了 25 年。经过广大师生的不懈努力，郑州大学新闻与传播学院已经形成了多专业并行、师资充沛、成果丰硕，集本科、硕士和博士完整的新闻与传播人才培养体系，成为我国中部地区新闻传播研究与教育的重要平台和基地。

确切地说，学院在最近几年抓住了发展机遇，在短期内完成了学科建设“三级跳”，得到快速发展，初步实现了刘炯天校长在2015年预设的目标。但是，如果跟第一方阵兄弟院校相比，郑州大学新闻与传播学院尚处于工程封顶状态，还有太多的内涵建设需要向兄弟院校学习。

比如，学院在国际交流与合作方面做得还不够；拥有著名学者、名师人数太少；发表的四大期刊论文和SSCI期刊论文数量不多；国家级优秀成果奖仍需努力突破；学科方向有待凝练，学科特色尚需雕琢，学科团队需要创新培育……这些都是学院应该全力以赴去建设的内涵与目标。

2019年8月，郑州大学新闻与传播学院党政班子顺利换届。站在新高程，立在新起点，学院自此掀开了建设新篇章。

（张举玺）

9.1.4 张红军：完善制度环境 提升治理能力 打造一流新闻传播学科

学科治理，是学科建设宏观政策体系中的微观实践。在当前高等学校“双一流建设”的大背景下，如何完善制度环境、提升学科治理能力，是高校推进学科建设的基础和关键。以下结合南京大学新闻传播学院的具体实践，提出打造一流新闻传播学科的几点粗浅看法，敬请方家指正(见图9-2)。

1. 建章立制，优化制度环境

一流学科的形成不是一蹴而就的，更不是人为堆砌而成的，需要有完善的、长效的制度保障。可以说，良好的制度环境是“一流学科”成长的土壤，只有土壤肥沃，才能结出学科建设的硕果。从学科治理的微观层面来看，目前不少大学尤其是二级学院的制度环境建设受到忽视，学院的治理模式与运行方式缺乏制度的规约，党政联席会的运行程序与规则、学术委员会等学术权力机构、教职工代表大会等民主权力形式的权限与实施程序不明确、不透明，这使得学科治理处于“因人而异”的风险之中。

为优化制度环境，近年来南京大学新闻传播学院作了一些努力。一是出台系列文件、明确决策主体和程序。2019年以来，制定、修订了《院务委员会会议议事规则》《院“三重一大”决策制度实施细则》《院学术委员会、学位评定委员会、教学委员会委员推选办法》《院学术委员会章程》《院行政教辅人员岗位职责》等一系列文件，明确规定了学院、学科各权力机构的职责范围和实施程序，并且在公开透明的基础上严格遵照执行。与此同时，还在广泛征求师生意见的基础上，出台了《本科生教学工作指南》《研究生工

图 9-2 张红军教授

作指南》《系主任工作指南》《教师绩效激励评定办法》《出版资助办法》《学术国际化资助办法》《教师预研项目管理办法》等一系列涉及学科建设、人才培养、队伍建设、科学研究的文件，使得师生充分了解学科事务决策及管理的规则和程序，从而避免“临时起意、就事论事、权力集中、缺乏监督”的现象。二是推出多项举措，加强人才培养。建立本科教学团队例会制度，定期就学生反馈情况进行交流探讨。建立新生学业导师、班导师及面向本科生的值班咨询制度，等等。这些举措的推出，使得立德树人三是以项目制支持院内学术组织开展研究活动，形成激活各研究所、实验室的动态发展机制。例如，2019 年下半年学院正式成立了“新闻创新实验室”和“中德数字营销实验室”，并组建了相应学术团队。“新闻创新实验室”是国内首个依托高校新闻院系的新闻创新研究机构。“中德数字营销实验室”是南京大学、德国哥廷根大学及中国商务广告协会合作创办的跨国、跨界、多学科合作的数字营销实验室。这两个团队不仅是形成研究合力的学术团队，也是促进教学改革的教学团队，他们都以项目制方式得到了学院的各种支持。

2. 结构跟随，促进教育转型

这是一个媒体格局深度重构的时代。基于大数据、人工智能、区块链、物联网和云计算等技术的融媒介技术，正加速消解当今时代不同媒介类型间的原生壁垒，在对传统信息思维产生结构性变革的同时，也在重塑着媒介信息的生产、传播和接受模式，进而对传媒从业者职业能力和传统新闻传播教育理念提出了挑战。以往我们人才培养的目标是以传统媒介机构需求为导向的，更多注重的是以“揭示真相、报道事实”为旨归的采写编评、拍摄剪辑等技能训练。而在社会化媒体日渐壮大的今天，新闻传播教育的目标，要转向培养能够“适应媒体深度融合和行业创新发展”、在掌握传统专业技能的同时，兼具新媒体思维、跨媒体合作能力和信息聚合能力的复合型人才，他们既能在传播网络中作为重要“节点”进行专业传播，又能网罗周围“节点”进行跨媒体、跨领域的公共传播。

根据美国学者钱德勒的“结构跟随战略”，传媒教育的战略目标发生变化，其人才培养的组织形式也应发生变革。这一变革首先应当体现在，学科设置应当由原来的以媒介形态为划分依据的“区块式”结构改为媒介融合逻辑下的“链条式”结构。在这一理念的统领下，南京大学新闻传播学院近年来在人才培养上做出了相应调整。一是调整专业布局。不再以传统的新闻、广播电视、广告、新媒体等来划分专业。学生进校之后，先不分专业，在人文大类中读一年，由文学院、历史学院、哲学系、新闻传播学院和海外教育学院等学院提供基础类课程，二年级开始选择进入哪个学院。之后再按照学院所提供的课程，自主组合课程菜单，选择适合自己的发展方向。二是改革课程设置。除传统的采写编评课程之外，还开设符合融媒体实践需求的技能型课程。比如，依托学院融合应用传播实验室和全媒体中心，开设“融合媒体报道”“可视化新闻”“视觉传达”“网络编辑”“事实核查”“口语表达”等课程；依托计算传播实验中心，开设“数据挖掘”“计算传播”和以问题为导向的“计算社会科学工作坊”；定期举办涉及网络科学、计算传播学等主题的“第谷读书会”，等等。三是开设第二课堂。依据“学院即媒体”的理念，开设“未来编辑部”第二课堂。以重构教学场景的方式，设立了多个自媒体平台进行实践教学。比如“NJU 核真录”致力于事实核查，短视频媒体“大学英雄”旨在发现高校里的“牛人”，还有首档大学生网络电台家书栏目——《南大家书》等。学生在这些自媒体项目所营建的实践教学场景中互相配合，以练代学，既提高了采写编评、音视频制作等传统业务技能，也训练了数据可视化、数据挖掘分析及跨部门协作等融媒体实践能力，有效弥补了第一课堂的不足。四是引进实务师资。在学校开辟人才引进特区，设立实务师资教职。近年来我们引进了多位业界精英，包括央视评论员、《焦点访谈》主编、《非诚勿扰》《最强大脑》创办人等，大大增强了实务教学师资力量。五是强化支撑保障。学院近年来建立了数据实验室集群，强化了融媒体教学的支撑保障。除了计算传播实验中心，学院还建立了中国传媒数据中心、南京大学谷尼舆情分析研究室、中德数字营销实验室、新闻创新实验室等。六是注重国际化培养。近年来，为提高国际化培养力度，除了校级海外访学项目，学院还设立了院内的海外访学项目。比如，传媒实验班集体赴美国、英国知名大学访学半年，海外广告创意访学项目近年来已访问过新加坡、日本、韩国、泰国，以及中国台湾等国家和地区。

3. 聚焦重点，注重内涵式发展

党的十九大报告提出，要“加快一流大学和一流学科建设，实现高等教育内涵式发展”。内涵式发展是相对于外延式发展而言的，更注重内在品质和潜力挖掘，这就要求在学科治理中要充分认识“自我”，了解优势、挖掘潜力、重点突破、彰显特色。

南京大学的新闻传播学科，发端于1936年南京大学前身金陵大学所创立的“电影与播音专修科”，是中国最早的电影广播教育单位，也是中国影音传播高等教育的起源。长期以来，新闻传播学科的发展依托于1992年建立的新闻传播学系和2003年成立的新闻传播学院(2014年江苏省委宣传部和南京大学共建新闻传播学院)。目前学院下设三个系科、八个研究机构，并拥有国家级传媒教学示范中心、国家级双创示范基地文创平台、中国南海研究协同创新中心传播学部、江苏省哲学社会科学研究基地(社会舆情分析与决策支持研究基地)、江苏省紫金传媒智库等重要学科平台。在30多年的发展历程中，南京大学新闻传播学院定位一直明确：在人才培养上，致力于为新闻传播学界和业界培养有创造力的复合型专门人才。在科学研究上，专注于学科前沿和重大现实理论问题研究。在社会服务上，以跨学科协同为国家和地方发展作全方位贡献。近年来，学科在三个方面形成了特色和优势：一是新媒体传播研究特色明显，已形成了新媒体政治传播研究、互联网法律法规研究、计算传播学、新媒体文化研究等多个学术团队和一批学术成果。二是多学科交叉色彩浓厚，新闻与政治、传播与历史、传播与社会、媒介与文化等跨学科交叉领域成果丰硕。三是中青年学者阵容坚强，45岁以下学者占总数的60%以上，并且有不少人已在国内学术界崭露头角。

根据目前学科发展的特色和优势，我们将强化以“媒介中国研究”为学科凝练的主导方向，以文创产研基地、智库平台和实验室群为基础，以聚焦立德树人、科学研究、队伍建设、社会服务的质量提升为重点，努力打造一流新闻传播学科，为推动具有中国特色、世界一流的新闻传播事业发展作出“南大贡献”。

(张红军)

9.1.5 巢乃鹏：推陈出新，砥砺前行

深圳大学新闻传播学科始建于1985年，开办了公共关系专科，1989年开办广告学本科，此后陆续开办了传播学、新闻学、网络与新媒体等本科专业，2006年深圳大学传播学院正式成立。深圳大学传播学院现有新闻系、广告系、网络与新媒体系三个系，

分别设有新闻学、广告学、网络与新媒体三个本科专业，具有新闻传播学一级学科硕士学位授予权、专业硕士学位授予权以及一级学科博士学位授予权，2019 年获批设立新闻传播学博士后流动站，目前有在校本科生及研究生 1300 余人。在第四轮教育部学科评估中，深圳大学新闻传播学科位列 B 类，并列全国第 17 名。

感谢深圳大学的邀请，也感谢很多师友的鼓励，我于 2019 年 4 月正式加入深圳大学传播学院。在这之前我一直在南京大学新闻传播学院工作。作为我这样一个生于南京大学、长于南京大学的南京大学二代子弟来说，做出这样一个抉择很大程度上也是对我自己的一种拷问，一种鞭策。在加入深圳大学传播学院之后，我一直在思考如何才能在深圳大学传播学院已有的坚实基础上推陈出新，推动传播学院更上一层楼。我曾经仔仔细细拜读过华中科技大学张昆院长的《新闻学院院长的战略思维》，深受启发，结合我自己曾经在南京大学兼任过一些学科服务方面的工作，我觉得最核心的一些要点都是共通的，也是我在深圳大学传播学院工作的指导思想。

1. 学科建设是龙头

深圳大学传播学院长期以来都十分注重将新闻传播学和其他相关学科融合，在前沿领域进行学术创新。上个世纪 90 年代以来在传播学中国化和媒介环境学方面作出了一定的开拓性学术贡献。近年来，随着粤港澳大湾区建设的推进，深圳大学传播学院也特别注意结合深圳城市的创新精神和社会变革，根植深圳改革热土，从改革开放和创新发展中寻找学科发展的机遇。2019 年 8 月 18 日，中共中央、国务院正式发布了《关于支持深圳建设中国特色社会主义先行示范区的意见》，充分肯定了深圳前 40 年建设的伟大成就，同时提出到本世纪中叶，深圳要成为“竞争力、创新力、影响力卓著的全球标杆城市”。这给深圳市的发展带来了新的机遇和挑战。全球标杆城市的一个重要标志即是需要有一所以这个城市命名的高水平大学，这也对深圳大学的发展提出了更高的要求，同样也给深圳大学传播学院的进一步发展带来了机遇和动力。

与此同时，我们还应该看到的是，学科的竞争正在进入一个新的阶段，对于众多新闻传播院校而言，原来构成学科竞争壁垒的平台(包括一级学科博士点、省级重点研究基地、国家级教学示范中心等)大多已具备，或者很快也会具备，因此必将导致彼此之间的学科竞争更加激烈。

深圳大学传播学院的学科发展既要契合深圳这个城市的创新精神，抓住当前深圳作为社会主义先行示范区的发展机遇；同时也需要积极参与到全国新闻传播学科发展的浪潮中去，要与全国新闻传播院校共同努力，推动新闻传播学科的发展。因此，深圳大学传播学院需要在夯实现有学科建设的基础上，进一步凝练学科特色，寻找学科发展的新动能。

在学科特色方面，我们希望能紧密契合深圳作为中国科技创新的前沿，全国“最互联网城市”的定位，聚焦在“智慧媒体与网络传播”这个大的研究领域，这既是与深圳市科技创新的城市烙印相匹配，也契合新闻传播学术研究的发展主流。围绕着“智慧媒体和网络传播”，我们希望在深圳大学传播学院已有学科基础上，不断推动和深化“大数据与计算传播”“数字营销与创意传播”“数字新闻与媒介文化”“中国社会与公共传播”等特色研究方向。此外，学科特色需要能物化下来沉淀下来，除了学术成果的发表于积累外，(人文)社会科学已呈现出较为明显的数据化(计算化)转型，谁掌握了有独特价值的数据谁就有发言权，因此学院也非常重视能代表学科特色的独特数据平台和数据资源的建设。

学科建设与发展，需要有学术团队和学术氛围的支撑。围绕着上述研究方向，学院也在不断调整优化师资结构，打造学术团队。为此，学院一方面采取筑巢引凤的方式引进优秀师资和学科带头人；另一方面，也通过各种方式积极培养学院的优秀中青年教师。同时，学院推出一系列学术活动，从大型学术会议的举办，到与密西根州立大学、香港城市大学连续三年合作的健康传播工作坊；从名师名家学术讲座到“荔园传道”教师学术沙龙等，不断凝聚教师共识，提升学院学术氛围。

2. 人才培养是基石

毋庸置疑，高校最重要的职责是培养具有创新精神的高素质优秀人才；学科建设的根基也是在于优秀人才的培养。在这方面，深圳大学传播学院有其独到的特色。得益于吴予敏、王晓华两任院长以及传播学院老师们的共同努力，深圳大学传播学院所首创的本科毕业论文设计及公开答辩已经成为深圳大学的一个文化现象，在国内新闻传播教育界也备受瞩目，众多院校纷纷组团多来观摩学习。在此基础上，传播学院又以“开放式、融通性、实战化”为特点，通过“全媒体培养+产学研合作”的双轮驱动，以“优质课程建设工程+教学实践平台创新工程+本科毕设改革工程”三大工程为抓手，层次递进，条块组合，良性互动，以实现“理论与实践融通+技术与人文融通”高水平应用性传媒人才培养的目标。这一尝试也取得了 2019 年广东省教学成果一等奖。但是成绩属于过去，我们需要面向未来。在当今这个社会与媒介都在剧烈变革的时代，我们到底该培养什么样的学生？我们在教学过程中该怎么面对如此剧烈变革的社会和媒介环境？我们也意识到需要再次思考这些最基本的问题，从而在优秀人才培养方面能有更大的突破和创新。

首先，仍然需要坚持传播学院长期以来所形成的良好的人才培养传统，坚持“素质为本，技能为用，学用贯通，创意实践”的人才培养理念，进一步完善“创意-创新-创业”+“作业-作品-产品”面向各专业打通的教学实践模式，充分利用学院在深圳这个创新城市中所拥有的独特企业资源，弘扬产学研合作教学特色，充分发挥校企双方优势，实施教学内容与企业真实课题双结合，只有这样才能让学生真正学有所获，学能致用，融入传媒变革的大浪潮中去。

其次，借着国家双万工程的实施，以一流专业和一流金课申报与建设为抓手，推进专业与课程的改革创新。2019 年广告学专业获得了国家一流专业，这是新闻传播教育界对我们的认可，但这仅仅是一个起点。我们也在尝试，在形式上通过推进课程改革，推进教学创新等，能更好地给学生提供能力上的培养；同时在内涵上也应该让我们的学生更具有社会关怀感，更有社会参与意识，更有独立思考的能力。

再次，学院将更加注重对专业硕士的培养。学界业界双导师模式是专业硕士培养的标配，但是很多时候双导师制名存实亡，学院在启动双导师制的时候就清醒地意识到必须将双导师制落在实处。深圳大学传播学院具有比较独特的业界资源优势，且不说围绕着深圳大学周边的就是腾讯、华为、大疆等互联网的顶级企业，在深圳也有着大量的创新性的企业，因此我们在选择业界导师的时候就能比较好的把握导师对于专业硕士培养所能给予的资源。为了能将业界导师真正融入专业硕士的培养全过程中，学院与业界导师一对一签署了正式的导师聘任合同，在征求业界导师同意的基础上，严格规定了业界导师需要承担的职责，例如需要协调所属机构安排专硕学生全职专业实习(一般不少于 6 个月)，需要全面参与指导专硕学生的毕业设计(选题、开题、研究、预答辩等)。合约的签订给了业界导师以较强的约束，而深圳众多企业对人才的渴求也使得业界导师非常愿意全面融入双导师的合作培养体系中，从而真正实现双赢。

3. 制度文化是保障

个人的力量是有限的，集体的智慧才能创造价值。毋庸置疑，每个人想法并不相同，因此集体中永远有各种不同的声音，寻求最大的共识并不容易。而对于一个学院来说，保持最大的向心力是学院发展的基础，因此需要有良好的制度保障和学院文化。深圳大学传播学院一直以来都提倡“各美其美、美人之美、美美与共”(费孝通)的学院文化，希望在传播学院这个集体中，每个老师都能彼此坦诚相待，互相促进。当然学院也非常鼓励开放的学术争论，鼓励老师对学院发展的各项事宜发表意见。近一年来，学院仍然在不断完善各项规章制度，根据学校和学院已有的各项制度政策，逐步完善学院的制度体系，力争能让学院每位老师都在学院的发展和自身的成长中找到自己的定位和道路。

此外，通过学院不断推出的各种内部小型的学术活动，以及学院党委和工会所开展的各项活动。一方面将学院已有的“各美其美、美人之美、美美与共”的文化进一步推行；另一方面，也在逐步塑造学院开放透明、多元活泼的文化氛围，让老师们真正感受到学院大家庭的温暖。

(巢乃鹏)

9.2 卸任感言
——王晓华：使命与担当

2019 年 4 月 4 日，我如卸负重回归教师岗位。1995 年为了家庭团聚，我离京加盟深圳大学。在深圳大学 27 年的职业生涯中，我先后担任传播系副主任，传播系主任，2006 年参与创建传播学院，后担任副院长，书记、院长兼党委书记，在各个层级承担服务系、院工作有 22 年(见图 9-4)。

图 9-4　王晓华教授

在系主任、副院长的岗位很好磨炼了我落地实施的能力。担任书记的四年让我明白了新闻传播学院必须让校党委放心、安心才能有自己的生存和发展空间。不同岗位的经历为履行院长的使命打下了基础。

2006年传播学系从文学院独立成传播学院，吴予敏教授担任院长兼党委书记，我担任副院长，组建了两个人的院班子。新学院一切都从头开始，我被戏称为学院的“工蜂”。院长是脑我是脚，院长顾及不到的我都要做，基本是“拳打脚踢”地应付各项日常工作，这使我有机会接触教学、科研、实验室建设等学院发展中各领域的事情，全力配合推动实施院长的各种奇思妙想。这种工作模式很好地锻炼了我的落地实施能力，可以说是累身不累心，遇到解决不了的难题直接交给了院长，这是做副手的幸福。

2012年换届，我被任命为学院党委书记。根据院长的工作特点，我做了适当的调整，以使学院发展顺畅。这个岗位让我深刻体会了学院党委必须处理好校党委关注的各种问题，让校党委放心，院长才能放手推动学院发展。因比较超脱学院的行政事务，这是我个人专业成果比较丰盛的四年。

2016年换届时，吴院长退休，我担任了院长兼党委书记，变成了“双肩挑”，深感这是挺艰难的一个角色。“维稳”在高校党委工作中出现的频率越来越高，一岗双责让我承受着巨大的压力。我只能自己的左脑与右脑反复权衡，在确保政治安全的前提下尽最大努力来带领学院向前发展。我要特别感谢班子成员黄春平、胡莹、王婷三位副院长以及范芳彬副书记，他们尽职尽责服务学院。虽然性格特点、做事风格各有千秋，时常有不同意见，但是能坦诚交流、互相协助，大家有共同的理想——推动学院健康快速发展。正是在这样群策群力的班子的带领下，传播学院比较准确踏着高校发展的节奏，抓住了一切机会使得学院发展呈现了质的飞越。

我始终认为培养学生是学院的核心工作，每一位教师都是学院大家庭的宝贵财富。人各有千秋，学院不能为了学科评估等各种排名将压力直接转嫁到教师身上，而是应该实事求是发掘每位教师的优势，尊重每位教师的特点，引导教师认同自己所长，在自己的优势领域充分发挥自己的能力，并得到相应的鼓励和回报。虽然在职称评审等很多领域，院长无法改变游戏规则，但是在学院层面可以倡导一种“交响乐”似的和谐文化，让大家能够在温暖的环境下，在和谐向上的氛围中充分发挥自己的才智，尽量避免在院内形成的恶性竞争。我梦想将学院建成师生共同的大家庭，大家愿意来办公室工作，学院有足够的魅力吸引大家，为此尽我所能做了不少努力，也取得了些成效，体现在以下几个层面。

1. 加强了学院的文化建设

学院提倡“各美其美、美美与共”的和谐发展文化理念，期待不同特点的老师都能根据自己的特点定位自己的发展路径，以自己的方式服务学院，只要尽职尽责就值得尊重。

2. 提高和完善办学层次

实现了办学层次的全面提升，由原来的只有本科和学术硕士两个层面发展为本科、专业硕士、学术硕士和博士四个层次的完整办学结构。尤其2018年的博士点申报，深圳大学在省内与两所985学校的竞争中有幸脱颖而出，成为广东省第二所具有新闻传播学一级博士授予权的学校，同时获得了专业硕士的培养资格。

3. 彻底改善了学院的办学条件

2006年创建学院时只分到了不到20间办公用房，学院规模的不断扩大，办公空间严重制约了学院的发展。2016年换届后根据学院发展的趋势，组织力量对未来10年乃至更长时间学院发展的趋势和规模进行了研究和论证，对正在兴建中的学院大楼进行了全面盘点，积极与学校、深圳市主管部门的沟通，修改了原设计规划，增加了教师办公和实验室空间，这一超前的介入确保了学院办公和实验室建设的足够空间。

4. 借新大楼启用系统升级扩展实验室系统

秉持实验室由教师参与建设和使用的理念，带领系主任、专业教师、实验室专职人员共同谋划未来实验室建设。大家分批参观走访国内多家顶级媒体，到国际顶尖的麻省理工、斯坦福大学交流，整合深圳传媒产业先锋型企业的探索，多样化设计各领域实验室。经过超前的研究规划，启用新大楼后对已有的国家级实验教学示范中心进行全面的改造和升级，迭代升级14个教学训练实验室，新增了18个科研及未来媒体实验室，使得新大楼中全部实验室规模达到44个。因院长兼任中心主任，从规划设计、找钱找资源、甚至推动装修设计与招标等环节都要亲力亲为，这些艰巨的工作和挑战大大拓展了我的视野，让我学到了不少象牙塔中无法接触的领域。

5. 全面推动实施了教学改革

为了解决传媒领域高速发展给传播学院教学带来的冲击和困扰，学院用了整整一年的时间，多轮讨论形成了传播学院的教学改革探索性方案。在校长的全力支持下，突破了学校教务管理系统的制约。从2017年起全面实施本科教学体制改革，促进产业发展前沿科技与教学内容的融合；将教师从业界发展的倒逼压力中解放出来，每年春季的小学期成为开门办学、师生共同学习的特别时段，既促进学生的学习，也给教师队伍的成长和学习、科研提供一定的时间和条件，使得学院能够师生共同成长。

6. 纵横拓展教师的发展空间

借部校共建之机，学院专门为各类教师设计和实施了个人提升计划包括：

(1)系主任海外专项培训。2017年暑期，实施了深圳大学有史以来第一个由学院设计组织的系主任海外培训项目。利用暑期，全院系主任到美国斯坦福大学、加州大学伯克利分校、硅谷等教育和科技高度发达的学校和地区进行培训和考察，不仅开阔了系主任们的视野，在朝夕相处中形成了院内团结互助、相互促进的氛围，培养了一批中青年骨干力量。

(2)全员分类培训。2018年部校共建项目设立后，先后组织了5个不同专题的海外传媒工作坊，分别组织安排了5批不同专业的骨干教师共44名赴境外参加学习。

(3)专项研究能力提升培训。为提升各类教师的研究能力，学院挖掘了国际各类高水平研究团队，每年定期在深圳大学举办旨在培养教师研究能力的工作坊，如利用小学期先后举办的网络分析方法讲习班，质化研究工作坊、健康传播学讲习班、针对NVivo的使用及divominer软件使用的专项培训班等，不仅服务本院教师，也免费为国内外有兴趣的青年教师提供了专门的学习机会。

总结这四年的工作，我感觉院长要有力推动学院工作，以下几各方面工作不容忽视：

第一，处理好与校内各行政部门的关系，使学院各项事务在校内得到各部门的支持和帮助。第二，积极参与学界的发展。关注学界发展动态，承担学界责任，积极参与学界的各项工作。不仅院长自己努力参与，更重要的是创造条件鼓励和支持系主任、教师以不同的方式参与学界各项事务，在交流中相互学习和成长。第三，努力处理好与当地党委、政府的关系，做当地党委、政府可信赖的智库。深圳大学传播学院在服务地方政府方面做了很大的努力，在社情民意研究、城市文明建设、宣传文化基金绩效评估等多领域建立了服务当地政府的长期的应用研究项目，不少教师在服务地方政府的应用研究中发现学术问题，确定自己的研究视角，取得了很好的学术成果，同时也拓展了学生的就业。

我相信每一位院长都承受着学科评估排名、各种平台建设等多方面压力，既要在校内诸侯竞争中脱颖而出，又想在本学科全国的竞争中获得一席之地。深圳大学作为年轻的院校，我们的发展没有包袱；我们深知学校品牌对学院子品牌带动的优势有限，必须靠学院的努力拓展自己的生存和发展空间。学院一直秉持扎根改革开放前沿城市，培养有服务业界能力的应用型人才的理念，无论学科评价体系如何变化，本科教学质量永远是最坚守的核心工作。身为院长需要解决好本科教学投入与学科评估指标有所偏移的矛盾。

过去四年是我个人职业生涯辛苦并快乐的时光。我自认为不是个具有高瞻远瞩特质的院长，感恩这四年得到了卸任的吴予敏院长、学界不少前辈和同僚的多方面指导和帮助，让我知道该朝什么方向努力。女性特有的坚韧不拔的毅力和沟通力让我达成了不少看似困难重重的目标。

值得欣慰的是，学院借换届之机成功引进了年富力强的接班人，年青一代人才辈出，全院民主推荐组成了有理想、有干劲、积极向上的年轻班子，实现了学院的平稳过渡。可期待学院会在新的平台上健康发展。

遗憾的是看到有年轻同事因过度辛劳而病倒，有多年共同努力的伙伴因忙于工作无暇顾及生活，这种状况让我心痛却备感无力。我自己也绞在滚滚洪流中身不由己，过劳工作透支了我的身体健康，几乎耗尽了我的能量。没有时间和精力陪伴家人是我无可奈何的憾事。

卸任回归，终于能支配自己的时间，能潜心做我所喜爱的教学科研，能够尽量平衡工作和生活，我感受到了布衣教授的自由和幸福。

（王晓华）

第10章　我与年鉴

10.1　聚沙成塔，鉴往开来

世间万事皆有因缘。我与《中国新闻传播教育年鉴》的结缘，始于加入中国新闻史学会新闻传播教育史研究委员会这一学术共同体组织。2014年11月，新闻传播教育史研究委员会在华中科技大学举行2014年年会，这次会议同时也是研究会的换届会议。复旦大学新闻学院作为团体会员，本来由黄瑚教授代表学院参加研究会并担任副会长。可是黄瑚教授有“淡出”之意，更有托举后学之良苦用心，就极力推荐我前往武汉参会。换届结果，时任华中科技大学新闻与信息传播学院院长的张昆教授接任新闻传播教育史研究委员会会长，我则接替黄瑚教授担任副会长。

新闻传播学界同行都称呼张昆教授为“昆哥”，其感召力、亲和力由此可见一斑。在新一届常务理事会上，张昆会长提出编纂一部《中国新闻传播教育年鉴》，“全面、系统、客观、连续地记录中国新闻传播教育的新发展、新变化、新问题、新成就、新经验，记录中国新闻传播教育的当代历史，维护中国新闻传播教育的文脉，为后人研究今天的新闻传播教育留下宝贵的第一手文献”。他的倡议当即得到与会者的普遍赞同，真是登高一呼，应者云集。编撰年鉴的确是高明之举，不但可以以此为抓手提升研究会的凝聚力，而且能够切实嘉惠我国新闻传播学界和业界。不过，我当时心里是犯嘀咕的：编撰年鉴不同于一般的著书立说，需要大量的文献、材料、数据、图片等，非单枪匹马或少数几个人可为；年鉴要年复一年不间断按时出版，如果半途而废，则前功尽弃。然而事实证明这种担心是多余的，昆哥就是昆哥，在他的号召、组织和亲力亲为下，在同人们的通力合作下，《中国新闻传播教育年鉴(2016)》于2016年11月5日在沈阳年会上揭开“红盖头”，便赢得满堂彩。以后各卷体例不断完备，编排日益规范，内容愈加充实，“新任院长施政方略”“大区域教育地图”“他山之石”“新闻传播教育史钩沉”等新栏目相继推出，可谓踵事增华，精益求精，真正成为兼具工具性、学术性和政策性的皇皇年鉴。

复旦大学新闻学院是我国历史最悠久的新闻传播教育机构，积淀深厚，与时创新，自然是《中国新闻传播教育年鉴》的供稿“大户”，例如2016年卷“新闻教育家研究”栏目，计划研究7位已故著名新闻教育家的教育理念，复旦大学新闻学院就有谢六逸、陈望道、王中3位前贤入选。每年我从编委会领回写作任务，要么亲自动手认真撰写，要么安排合适人选写出初稿，自己再进行仔细修改，确保如期高质向编辑部汇缴稿件。我相信，年鉴的每位参与者和我一样，都是抱着高度负责、虔诚的态度，对待这份“名山事业”的。

编撰《中国新闻传播教育年鉴》稿件的过程，其实也是一个自我学习、接受教育的过程。2016年秋天的一个下午，我带着我的硕士研究生茹玟瑄同学去我们的老院长赵凯教授家里做口述实录。赵凯教授1959年进入复旦大学工农预科(复旦附中前身)读书，1962年考入复旦大学新闻系，1967年大学毕业，因“文化大革命”爆发，推迟一年才分配工作。1968年，他和6位同学乘着一趟“西去的列车”奔向祖国的大西北，在青海日报社工作了20多年，1991年调回上海，先后在多家新闻媒体机构担任领导，2004年6月至2008年12月担任复旦大学新闻学院院长。赵凯教授的人生经历，是他们那一代新闻人的一个缩影。秋阳入户，心语化人。整整一个下午，老院长向我们回忆了“西出阳关无故人”，在青海过黄河“冰桥”、沿着唐蕃古道采访公路道班、做《青海日报》夜班编辑“老裁缝”的经历和感受，讲述了回到上海后的媒介经营创新举措和新闻传播教育理念。长期远离家乡，工作生活于大西北，一般人恐怕难于忍受，他却淡然地说：“在那遥远的地方，为了祖国的富强，人民的幸福，有太多太多的平平常常的人，不计名利、默默无闻地工作着，他们是中国的脊梁!”赵凯教授是2004年6月22日应复旦大学聘请，回到母校担任新闻学院院长的。提到这一天，他深情地说：“我对新闻学院感激涕零。我当新闻学院院长那天，戴上红校徽，我说了句：滴水之恩，当涌泉相报，因为是复旦培养了我，没有复旦，没有新闻学院，也没有现在的我。”这次访谈，我和茹玟瑄同学等于受到了一次生动的人生观、价值观教育。访谈记录后来整理成文，以《赵凯：复旦培养了我，我当涌泉相报》为题，编入《中国新闻传播教育年鉴(2017)》“口述史研究”一栏。

张昆会长在为《中国新闻传播教育年鉴(2017)》所作的前言中说，年鉴作为以记录现实为主旨的权威性工具书，其作用当然体现在当下，对于当今的新闻传播教育界能够起到参照、资鉴的作用；但是年鉴的主要价值“还不在今天，而在于将来”，“设想几十年后，几十本年鉴并列排放在一起，一部完整的中国新闻传播教育的历史就展现在我们的面前。在这个意义上，可以说，今日年鉴，即为明日信史”。今日年鉴成为明日信史的一个重要前提，就是相关材料、事件和论断真实准确可靠，年鉴的权威性也体现于此。《中国新闻传播教育年鉴(2019)》“教育家研究系列”栏目有一篇关于复旦大学新闻系主任丁树奇教授的研究文章，是我安排博士研究生贺才钊同学撰写初稿，最后由我修改定稿的。贺才钊同学在整理材料时发现，关于丁树奇教授调入复旦大学、出任新闻系主任的时间，在已经公开发表的论著中就有四种不同的说法，他离开复旦前往解放日报社工作的时间也存在不同的说法。到底哪种说法符合事实？经过仔细比对、研判相关材料，并征询知情人的意见，最后终于厘清了时间节点：1957 年 10 月，中共中央直属高级党校新闻班停办，丁树奇教授被调往复旦大学新闻系工作，先是代理新闻系主任、主持系务，1958 年 3 月开始正式担任系主任；1958 年 10 月调往解放日报社工作，担任《解放日报》副总编辑，同时兼任复旦大学新闻系主任，直到 1960 年 7 月才正式卸任。我和贺才钊同学对这一问题的考证求实，也算是为《中国新闻传播教育年鉴》成为“信史”作出了一个小贡献。

几年下来，《中国新闻传播教育年鉴》编纂工作形成了这样的惯例：新闻传播教育史研究委员会常务理事会暨年鉴编委会在年中举行一次会议，总结上一卷年鉴编纂工作，讨论、确定下一卷的体例并分配撰稿任务；在年末举行研究会年会，同时发布本年度年鉴。现在各种名目的会议多之又多，不胜其烦。但是年鉴编纂会议我都尽可能参加，因为这是我们研究会自己的事情，是为我国新闻传播教育事业的发展做实实在在的工作。2016 年 6 月，新闻传播教育史研究委员会常务理事会暨年鉴编委会在石河子大学举行。开会之余，大家参观、考察了石河子军垦博物馆和吐鲁番交河故城，睹西域之风光，发思古之幽情，我写了两首小诗，作为此次新疆之行的纪念。其一《王震将军经略新疆》：“十万将士屯天山，铸剑为犁开井田。头上明月眼前雪，教人不思入玉关。”其二《交河故城》：“万里荒漠起土城，金瓯无缺镇西庭。依旧如丸汉时月，不闻征人弄笛声。”时过境迁后翻出来再读一读，也可以回想自己参加年鉴编撰工作的历程。

梁启超在《中国历史研究法》中有言：“夫史者何？记述人类社会赓续活动之本相，校其总成绩，求得其因果关系，以为现代一般人活动之资鉴者也。”《中国新闻传播教育年鉴》一年一卷地连续出版下去，积沙成塔，本身也将成为历史典籍。2020 年将出版第 5 卷，应张昆会长之请，我写了“鉴往开来”书法条幅以示祝贺，寄望它不但可以资鉴当下，更能够开创中国新闻传播教育事业的未来！

（陈建云）

10.2 集腋成裘铸大观

2020年,《中国新闻传播教育年鉴》就要迎来它的五岁生日了,作为见证其成长的当事人,我特别荣幸能有机会说说我和它的渊源。“初识”这部年鉴,是它还在酝酿之际。记得2014年秋季,张昆老师接掌中国新闻史学会新闻传播教育史研究委员会,在武汉召开第一次学术年会会议期间,踌躇满志地提起要依托学会组织编写《中国新闻传播教育年鉴》。我当时颇觉讶异,一方面感叹他激昂的热情,尤其是敏锐的学术洞察力。在中国新闻传播史研究领域,新闻教育史研究一向极为薄弱,而其中当代新闻教育史研究又堪称弱中之弱,其个中政治的、社会的因素暂且不论,研究资料之繁杂、零散,不易搜集,恐怕是一个重要原因,而造成这种局面的关键在于缺少相关史料的系统整理与存藏。年鉴的编辑,不仅为后人了解当今中国新闻教育提供真实的记录,也可以为当代新闻教育史研究提供宝贵的一手资料。因而纂辑信史无疑是利在千秋的大业;但另一方面,我不免疑虑它的可行性。即便不考虑年鉴编辑远非个人或几个人所能承担,耗时、费力,没有非凡的毅力和组织能力很难完成,单是在学术功利主义环境下,学术考核完全依凭权威期刊论文、高水平学术专著,年鉴编写根本算不上科研成果,缺少现实利益,有多少学者肯于投入精力,就不容乐观。

本以为这只是张昆老师感怀于学会振兴灵光一闪,却没有料到,几个月后,年鉴的编撰就进入议事议程。从此,年鉴开始融入我的工作和生活之中。2015年,学会召开特别会议,讨论编纂大纲,部署撰写任务,并计划于次年的学术年会上举行首发仪式,也因此使我与年鉴能够更深地结缘。感谢张昆会长和学会同仁的信任与厚爱,把2016年学会学术年会的举办权交给辽宁大学新闻与传播学院,具有里程碑意义的年鉴首发式由此落在了我们学院,这对于刚刚成立两年的新学院来说,其特殊意义不言自明。辽宁大学新闻学专业始设于1983年,是全国较早开设此专业的高校之一,但成立独立的新闻学院并不早,2014年4月,借助中宣部、教育部“部校共建新闻学院”的重要举措,辽宁省委宣传部与辽宁大学共建新闻与传播学院,学院才得以独立。2016年11月,中国新闻史学会新闻传播教育史研究委员会2016年学术年会暨马克思主义新闻理论研讨会在沈阳如期举行,盛况空前,原教育部新闻学科全国教学指导委员会主任何梓华、中国传媒大学原副校长赵玉明、国务院学位委员会第五届新闻传播学学科评议组召集人童兵、国务院学位委员会新闻传播学学科评议组成员罗以澄等学界“八老”,来自全国30

余家新闻学院的院长及70多家高校的专家学者130余人出席了会议。中共辽宁省委宣传部副部长徐少达、辽宁大学党委书记周浩波出席开幕式并发表讲话，校长潘一山会议期间同与会专家进行了深入交流。开幕式期间举行了中国首部新闻传播教育年鉴——《中国新闻传播教育年鉴(2016)》的首发式。至今记忆犹新的是，首发式上，新闻传播学界前辈何梓华、赵玉明、邱沛篁、吴高福、童兵、罗以澄、郑保卫、赵建明"八老"同台，为年鉴剪彩，留下了难忘的瞬间。此次盛会受到广泛关注，人民网、中国高校人文社科信息网、网易、澎湃新闻、中国社会科学报、《辽宁日报》、辽宁电视台、《出版发行研究》杂志等媒体均给予报道。

年鉴出版至今已有四卷，从第一年的开拓摸索，尚不成熟，到内容愈趋深化，结构逐步完备，回想起来不禁令人感慨万千。在编写年鉴的过程中，学会与编纂队伍不断壮大，形成了一个团结友爱的大家庭。年鉴充分凝聚了集体智慧，每年一度的编纂研讨会，气氛都格外热烈，既是学术的碰撞，也是老友相聚，其乐融融。

一百多年前，时人曾用"数千年未有之变局"来描述晚清社会，今天我们同样身处于一个不平凡的时代，媒介技术的狂飙突进带来新闻教育前所未有的变革；社会对于传播的依赖使得新闻传播学、新闻传播教育的地位空前提升。张昆老师以他史学学者的敏感，捕捉到新时代来临的气息，以非凡的勇气推动年鉴大业，抒写中国新闻传播教育史上的精彩画卷。20世纪头20年，中国新闻教育史曾迎来第一次发展时期，高校新闻教育萌发，著作纷呈，一批新闻教育家问世，但由于缺少系统的史料记载，致使相关研究尚不系统，处于零打碎敲、局部片面的状态，以往的历史淹没在浩如烟海的文献之中，它因何呈现，又缘何若此，怎样启发了未来，大多无从还原。我们只能从历史材料的纸缝中一窥那个时代新闻教育的浮光掠影。

西方史学自兰克起，将自然科学方法引入史学研究，尊重史料的客观性渐成为史学研究的基本准则。中国史学梳理、考证史料的传统源远流长，近代以降受西学影响，史料于史学研究之地位更趋被尊崇。综观中西，史料始终被视为研究的根基所在，即使强调历史研究主观性的史家也无不重视史料。《中国新闻传播教育年鉴》逐年全面梳理、如实辑录中国新闻教育实况，保留了丰富多彩的新闻传播教育活动印迹，见证新闻传播教育改革，为新闻传播教育史保存、传播其文献史料与学术建设成果，提供科学、扎实的史料依据，其丰功伟业终会得到历史的验证。

（程丽红）

10.3 新闻传播教育大厦根基中的一粒小石子
——我与《中国新闻传播教育年鉴》

过了花甲之年的人容易得健忘症，这是从前辈那儿知道的。以前并不以为然，但等到自己过了这个年龄后才知道这是祖祖辈辈的经验之谈。几十年前的事儿历历在目，可是近些年来的事情却忘得差不多了。经常有同辈的师友们在一起调侃说自己得了阿尔茨海默症，其实这不完全是玩笑话。所以在看到老朋友、《中国新闻传播教育年鉴》总编张昆教授通过微信给我的命题作文题目《我与〈年鉴〉》时，我竟有些恍惚，写什么呢?记忆是那么模糊。

对年鉴这种出版物并不陌生，以前接触过许多类型的年鉴，但印象中与本专业直接相关的是《中国新闻年鉴》和《中国广播电视年鉴》，在多年的教学和研究过程中曾经经常使用它们，是很好工具书。特别是《中国新闻年鉴》曾经收入过我写的东西，便更感亲切。但并没有想到自己终生为之的这个职业本身有一天也会有一部专门的年鉴。所以当我第一次知道张昆教授率领他的团队要做这一开创性的工作时竟有过一些小小的激动。那应该是2015年秋天的某一天吧，突然接到张昆教授的电话，互相的问候之后，他对我谈起了关于《中国新闻传播教育年鉴》的编撰，谈到了总体安排、栏目设计等。作为年鉴的第一部，2016年版中安排了关于中国新闻传播教育总体状况的内容，并分为不同的专题进行介绍。其中有中国独立学院和民办学院新闻传播教育的一个专题，张昆教授说这一部分内容的写作非老兄莫属呀。于是我和他都哈哈大笑了。因为2014年4月南京大学新闻传播学院领导班子换届，我卸任副院长，随即被组织安排到南京大学的独立学院金陵学院任传媒学院院长兼党总支书记，算是“发挥余温”吧。好在从事了30多年的新闻传播教育工作，业务工作并不陌生，当然也正在努力熟悉独立学院和民办学院的教育教学特点与规律，在这个特殊的阵地上应该还是一个新兵。所以让我对全国独立学院和民办学院的新闻传播教育情况进行梳理和介绍，也是一个新的题目。但我想通过这个过程正好可以让我对以前并不熟悉的这一支脉有一个全面的了解，于是便愉快地接受了这一委托。

我用了近半年的时间通过各种渠道收集关于独立学院和民办学院新闻传播教育的数据、材料，特别是各学院的教学计划、教学大纲等。经过一番梳理我对独立学院和民办学院的基本情况有所了解以后还是有一些震动的，因为没有想到它们的新闻传播教育会有那么大的规模，有的学院竟然有上万名学生在校，少的也有一千多人，大大多于公办院校新闻传播学院的规模，以前不甚了了的新闻传播专业在校生有20多万的传闻得到了证实。当然也因此对本学科的整体教学教育水平有了些许的担忧，不过可能是杞人忧天了。巧的是我老伴退休以后也被安排在独立学院担任图书馆长，我女儿本来就在独立学院工作，于是在写这篇东西的时候几乎是全家上阵，找材料、对数据、查案例，大家忙得不亦乐乎。最后总算在规定的时间内交出了这篇文章。

我以为，我能为《中国新闻传播教育年鉴》所做的也就这么点事儿了。可是没想到在参加《中国新闻传播教育年鉴(2016)》首发仪式的那天，我和张昆教授在会议休息室里的一番交谈却又使我得到了新的任务。张教授说《中国新闻传播教育年鉴》要每年出版，同时要增加一些新的栏目，其中便有“新闻传播教育史钩沉”这个栏目。我们都认为这是一个很有意义的栏目，将那些在新闻传播教育过程中有意思的事情、人物等用口述史、讲故事等方式呈现出来，突出细节的准确性，留给后来人。这样能使我们对新闻传播教育史的记录更加鲜活、更加生动，同时也免得以后要再去考证当年的历史。事实证明这是对的，因为在这几次的写作过程中我已经发现即使是当事人的回忆也已经有了许多不准确的东西，甚至有的学院连首任系主任是谁都糊涂了，何况这才过去30多年呀。如果能有曾经参与中国新闻传播教育的当事人如实的将有关历史事实记载下来，将为未来总结新闻传播教育的规律、寻找发展过程中的教训留下相对可靠的材料。达成以上共识后，我便又接受了继续为年鉴写点东西的任务，这就有了在后面的几版年鉴中我的几篇小文。说是小文，也不是什么研究论文，但真要写出来却也颇费心思。许多时过境迁的事情需要一点点地回忆，寻找可靠的材料以求尽可能地还原事情的本来面目。尽管如此，有些事实的细节还是被忘却了。例如写大陆新闻学教授代表团访问台湾的那一篇，大家都记得当时我们去了12人，可是就是只找到11个人的大名，第12个人是谁，问了好几位当事人大家却都想不起来了。类似的细节还有很多，留待以后慢慢想吧。

第一篇写出后得到了总编张昆教授的肯定，也有同行的朋友给予支持，自己因此从中得到了一些快乐，觉得这种写作不费太大的脑力，还能通过回忆寻找到当年的快乐，成为连续写作的动力。几篇下来不断得到年鉴编辑部各位老师的支持和鼓励。在2019年11月在兰州召开的《中国新闻传播教育年鉴(2019)》首发式上编委会授予我年鉴工作突出贡献奖，着实令我意外和感动，这是我退休以来获得的第一个奖项，也是对我尚有“余温”的一种肯定，我为此小小开心了一下。我在想，100多年来有数量庞大的一支队伍共同在打造中国新闻传播教育的大厦，《中国新闻传播教育年鉴》是这座大厦的一根重要的支柱。而我们众多的教学研究人员，包括为年鉴撰稿、编辑付出劳动的老师们，则是这根支柱下一粒粒的小石子。看似平常的、不起眼的工作，在未来历史的长河中将会不断的泛起美丽的浪花。我愿意成为其中的一粒小石子。

（段京肃）

10.4 把有意义的事情做成有感召力

转眼间，2020年已是《中国新闻传播教育年鉴》出版第5个年头了。从最初的设想、实施发展到现在，年鉴的固定作者已遍及全国所有省市的高校，还有一些主动为年鉴撰稿的资深教育专家，年鉴的审稿团队也由最初的6人扩展为10人，主创队伍日益壮大。回想从第一卷到第五卷的编撰历程，与其说我们在做一本书，不如说我们在做口碑和影响力。当我们把有意义的事情做得有品质，就吸引了越来越多的人加入到年鉴的编撰和出版队伍中来。每年的年鉴出版和首发，就成为新闻传播教育界共同关注的仪式。

编撰《中国新闻传播教育年鉴》的创意，是在2014年年底提出的。11月，时任中国新闻史学会新闻传播教育史研究委员会第二届会长石长顺教授提出申请，不再担任会长职务，举荐张昆教授担任会长，并得到第二届常务理事会一致通过。随后，新任会长张昆教授在这次常务理事会上就提出了编撰《中国新闻传播教育年鉴》的倡议，并就初拟的年鉴编写大纲征求常务理事们的意见。这个倡议得到了常务理事们的一致赞同。2015年6月在重庆工商大学举办的学会年会期间，与会的部分专家以“神仙会”的方式对年鉴大纲提出意见和建议。当年12月在中山大学举行会议，进一步讨论和完善大纲，并当场“分配”了撰写任务。

万事开头难。虽然任务都分配下去了，但能否高质量地收回稿件，我们心里都没有底。当时编辑部只有6位老师负责审稿，华中科技大学张昆教授、何志武教授、周婷婷副教授，武汉大学刘建明教授，武汉体育学院张德胜教授，中南民族大学陶喜红教授。为了确保这项“从无到有”的工程第一炮能够打响，我们6人对编审任务进行再分工：由周婷婷老师负责催稿，其余5人每人负责一部分书稿的质量规范。由于种种原因，有的稿件迟迟不能交稿，我们就反复与作者沟通和协商；有些稿件事实不够明确或准确，我们就自己查证和修改。2016年7月，经过认真核检的130万字书稿终于交给了武汉大学出版社胡国民编辑。为了确保年鉴的出版质量，张昆主编一方面提醒胡国民编辑要加强审校工作，另一方面提出编辑审过的书稿我们自己必须再校一遍，这样，以华科教师为核心的三位老师又分别审校了40多万字的内容。经过近一年的努力，《中国新闻传播教育年鉴(2016)》于2016年11月出版，在辽宁大学举行了隆重的首发式，引起了强烈的反响。各类媒体对年鉴出版及首发式盛况进行了充分报道，许多新闻教育家发来贺信，对年鉴的编撰和出版给予高度评价。

良好的口碑，使我们有了进一步提高品质的动力和信心。提高品质，一方面靠完善内容结构，让年鉴真正发挥其作为中国新闻传播教育史料的功能，另一方面靠稿件的编撰质量。为了持续完善年鉴的内容结构，中国新闻史学会新闻传播教育史研究委员会都会在下一部年鉴编撰任务分配之前专门召集一次年鉴编委会，讨论年鉴的内容结构和编撰体例。每次编委会开会之前，张昆教授、周婷婷副教授和我都会开几次碰头会，对上一版年鉴的大纲提出修改意见，再制订一个新的大纲作为编委会专家们讨论的靶子。从石河子会议、宁波会议、海口会议、咸阳会议到天津会议，每一次专题会议都会碰撞出思想的火花。本着对提升年鉴品质的目的，专家们毫无保留地奉献着各自的智慧，妙论迭出，许多精彩的内容如中国新闻传播教育版图、新院长施政方略、老院长为政回眸、新闻传播教育史钩沉、他山之石等栏目，都是在历次专题会上碰撞出的火花。

为了进一步提高年鉴的编辑质量，编辑部的队伍从第二年开始逐年扩容。除原有的成员外，增补了武汉大学周茂君教授(替换刘建明教授)、湖北大学的廖声武教授、华中师范大学张继木副教授、中国地质大学刘义昆副教授和华中科技大学王一鸣老师。编辑部力量的加强，一方面减少了每位编辑的审稿任务，提高了编辑的精细程度，另一方面也促进了编辑信息的交流，增强了稿件的规范性，减少了随意性，确保了稿件的质量。

年鉴品质的提高，最为核心的基础还是一批高水平的作者队伍。如果说最初的撰写任务带有“分配”性质，自第二本年鉴开始，基于其在新闻传播教育界的良好口碑，撰写任务便进入主动“认领”的良性循环。年鉴的编委队伍是与新闻教育史研究委员会常务理事会建设紧密联系，同频推进的。经过几年的发展，编委会队伍已遍及全国所有省市自治区，主要的新闻院校都选派精兵强将作为学会常务理事进入编委会，成为年鉴编撰的骨干成员。每当下一部年鉴大纲确定之后，编撰任务的认领就很活跃，许多常务理事为自己能为年鉴编撰出一份力而自豪。当年鉴出版引起强烈的社会反响时，每一位参与编撰和出版的人都由衷地感受到它是“我们”的作品。

年鉴的品质决定了它的影响力。我们负责年鉴的品质，整个新闻传播教育界有影响的人都聚拢来做这件有意义的事。与其他兄弟学会不同的是，新闻传播教育史研究委员会突破了专业、研究方向的边界，往大里说，所有从事新闻传播教育工作的人，都是这个学会的在编或非在编会员。所以，当《中国新闻传播教育年鉴》陆续出版并赢得良好的口碑之后，那些德高望重的老专家、新上任的院长、刚卸任的院长、兄弟学会的会长纷纷接受约请，为年鉴撰稿。有些老专家还主动向年鉴提供那些中国新闻传播史上值得记录的特殊事件，书写“史海钩沉”中的珍贵记忆。

今日年鉴，明日信史。《中国新闻传播教育年鉴》的编撰是一项重要的学术工程，对于中国新闻传播学科、中国新闻传播教育的重要性自不待言。对于编撰者而言，我们唯有秉持史家精神，对记录历史心存敬畏，才能确保其品质。

唯有确保品质，把有意义的事情做成有感召力，才能进一步聚合更多的有识之士，共同铸就精品。

（何志武）

10.5 今日之年鉴，明日之信史

长期研究某个领域的学者，一般希望能为所从事研究的领域留下些什么，如出一本专著或者教材，或者建构一套体系，或者解决了某个长时间悬而未决的难题。他们的目的不仅是为了提高自己的学术水平与威望，还有重要的一点就是推动该领域的发展。久而久之，许多大师就这样出现了。在新闻传播教育领域，就有着许多的大师以及正在努力踏上大师之路的学者们。于是，编写一部新闻传播教育年鉴就成了这些学者们的选择之一。

年鉴，我们不陌生。一般认为，年鉴是以全面、系统、准确地记述上年度事物概貌、发展状况并提供相关数据，引导该领域发展的资料性工具书。具体到新闻传播教育年鉴，张昆教授认为，它必须“全面、系统、客观、连续地记录中国新闻传播教育的新发展、新变化、新问题、新成就、新经验”，诚然，不如此不能称为新闻传播教育年鉴。

那么，我们很自然地会追问，为什么要编写一部《中国新闻传播教育年鉴》？这部年鉴能够为中国新闻传播教育领域带来什么？或者说，它应该如何呈现在中国新闻传播教育领域？我们能以此管中窥豹，窥中国新闻传播教育之一斑么？

对于这些追问，年鉴编撰者们在一开始就胸中有丘壑，张昆先生与同业们在编撰之初就为本年鉴奠定了“记录历史，引领未来”的基调，强调新闻教育是新闻业的孵化器，而新闻史则是新闻教育的起点。那么这本年鉴就成了能及时、全面、权威、系统反映当代新闻传播教育的孵化器之一。由此，年鉴的编撰自然而然成为新闻传播教育的时代呼声。

作为《中国新闻传播教育年鉴》的编辑部成员之一，有幸参与该书的构思、编撰与付梓，使我认识到了许许多多的新闻教育从业者，从他们那里，我看到了他们对新闻教育的拳拳之心，以及殷切希望。作为一名编辑，真正全程参与了图书的策划与编写，并有幸结识了诸多全国知名学者与后进，这是不可多得的机会。它使我们看到了中国新闻传播教育当下的状况，以及学者们是如何在为学科的发展付出全部的心血。

结识年鉴的编撰者们，已经有十多年了。武汉大学、华中科技大学、华中师范大学等高校的新闻传播教育在湖北地区乃至华中地区具有举足轻重的地位。武汉大学出版社与这些学校的新闻传播院系有着紧密的接触，一大批学者将他们的代表作、最新成果、课堂教材均放在武汉大学出版社出版，取得了丰硕的学术成果，赢得了诸多的国家级荣誉，这些为武汉大学出版社的新闻传播类图书在全国打响知名度作出了重要的贡献。除武汉大学外，华中科技大学新闻与信息传播学院的学者们，更是将其从事新闻传播教育的呕心沥血之作交与武汉大学出版社，而出版社也投桃报李，尽心尽力地完成这些著作的出版。所以在一个很平常又偶然的机会下，张昆先生与我们谈起预备出版一本新闻传播教育年鉴。张先生早年在武汉大学毕业、任教，直至担任新闻学院的院长。那时我还未毕业，对其在学界的地位与影响早已有所耳闻，却未曾想几年后能亲眼一睹张先生的风采。

张先生讲话谦和而又直接，他关心的不是能不能出版的问题，而是出版这样一本年鉴，出版行业会有什么样的建议，有没有先例可循，会对新闻传播教育有什么样的影响？我们当即回复，出版社愿意出版这样一部年鉴。并提出两点建议：第一，必须具有全面性，能反映当下新闻传播教育的全貌；第二，必须具有权威性，它不仅仅是一部工具书，而是必须为行业发声，提供专业的数据，并能阐发深刻的理论，对新闻传播教育有一定的引领作用。它不同于一般的年鉴，不仅具有史料价值，而更在于其学术价值。张先生笑言这正是他们在做的事。其实，回复张先生当时并未征询出版社领导的意见，事后去汇报的时候，没想到他们均为此选题叫好，认为这为出版社创立了一个好的学术品牌，应该大力支持。这样我们开始了年鉴的编撰之路。

第一卷年鉴出版于2016年，早在2015年，中国新闻史学会新闻传播教育史研究委员会就召开了两次正式的大型会议以及一些小型会议，就年鉴的编撰进行了反复讨论。当时并无相关的新闻传播教育年鉴可资借鉴，年鉴的体例、内容、结构均需建构，而当时还有两本新闻年鉴——《中国新闻年鉴》《中国新闻传播学年鉴》。如何做到有自己的特色，中国新闻史学会新闻传播教育史研究委员以年鉴的编撰为抓手，做出了辛苦的努力，数易其稿，终于在2016年11月在沈阳隆重推出第一卷。这样，年鉴的平台搭建起来了，结构也清晰了。年鉴推出后，受到了学界的热烈欢迎，认为其取得了令人欢欣鼓舞的成果，反映了当下新闻传播教育的热点、节点问题，并展现了当下中国新闻传播教育的基本成就及发展特色。这时，年鉴编撰者们持续一年悬着的心终于落了地，付出的心血有了可喜的回报。这也说明，从出版单位角度而言，我们做了一个好选题。

平台有了，反响也有了，我们还需完善。于是在 2017 年、2018 年，《中国新闻传播教育年鉴》在保留原有体例框架的基础上，推陈出新，大胆推出了一些新的栏目，例如，增加了“新闻传播类专业教育发展的回眸”“新闻传播教育地图”“口述史研究”“史海钩沉”等栏目，进一步在结构上完善了年鉴的体例与框架，使得原有的体系更为丰满、内容更为全面。这两卷年鉴不负众望，依然获得了行业内的好评。作为出版单位，我们也由此受益颇多，中国新闻史学会新闻传播教育专业委员会、年鉴编辑部多次邀请出版社参加学术年会、编写例会以及新书发布会等，在参加历次会议后，作为编辑，我们感受到了新闻传播学人的赤子之心，编写一部年鉴，并不能带来多少实际上的好处，他们完全是出于一种时代的使命感，他们想在这样一个学术昌明的时代留下他们的智识，为中国新闻传播教育的发展贡献绵薄之力。在各次会议上，频频有专家学者对出版社的工作给予肯定。有专家笑言，出版社做了一件大实事、一件大好事，能出版这样一部年鉴，当然也能出版其他新闻传播类书籍。就这样，出版社与诸多单位又达成了出版协议，由年鉴衍生了一大批具有分量的学术著作及专业教材。平心而论，这也为出版社征得了大量的优质资源，取得了双效益的丰收。我们作为出版单位成员，是怀着极大的感恩之情来看待年鉴的编撰者们的。

在历经了前三卷后，在编写年鉴 2019 年版之前，编辑部的成员们这时有了更高的要求。前三卷在体例上、内容上都有了创新，第四卷应该显得更加完善并确立主体框架，以便于年鉴的稳定性。因此，编撰者们反复商议年鉴如何完善的问题。而我们作为出版者，紧密配合各位编撰者，在审稿把控、装帧设计、印刷质量等方面都有了大的提高，在不改变年鉴的主体外观的前提下，年鉴的编审、印刷工艺、纸张都有了大的提升。看到每位老师拿着年鉴时的喜悦，我们的心里也有了底气。

如今，年鉴即将编写第五卷，我们编辑依然会同各位学人一道，努力将年鉴编下去，努力使之更加完善、更加精美。正如年鉴主编张昆先生所说，今日之年鉴，乃明日之信史。年鉴的目的就是开拓新闻传播教育的思维空间，推动新闻传播教育的发展。无论前路是否布满荆棘，我们相信，这些可爱亦可敬的编撰者们依然会一往无前。

（胡国民、韩秋婷）

10.6　文章千古事　笔下有春秋

——《中国新闻传播教育年鉴》出版五周年纪念

2020年正值中国新闻传播教育开启102周年。一百年前的1918年10月，以“灌输新闻智识，培养新闻人才”为宗旨的北京大学新闻学研究会成立，这是中国第一个新闻学研究团体，中国的新闻传播教育也由此拉开序幕。作为世界最大规模新闻传播教育体系的存在，值此百年之际，《中国新闻传播教育年鉴》(以下简称“年鉴”)的问世，恰逢其时。如今，年鉴出版已满五周岁，更是可喜可贺。

我与年鉴结缘颇深。年鉴的编纂者是中国新闻史学会新闻传播教育史研究委员会(以下简称“研究会”)。我与研究会的缘分始于2011年，距今已有九个年头。2011年10月，天津师范大学新闻传播学院承办研究会年会。作为承办方一员，我全程参与了会务工作，结识了一大批新闻史学朋友。2014年11月，研究会年会在华中科技大学举行，这是一次换届大会，我有幸接替我单位荣休的马艺教授成为研究会常务理事。2018年11月，在山东大学承办的研究会年会上，我又荣任研究会第三届理事会副会长、《中国新闻传播教育年鉴》编委会副主任委员。五年间为年鉴组稿、撰文，成为我一项重要的日常工作，乐此不疲。五年间我亲历了年鉴从无到有、从有到好的全过程，感慨良多。

2015年新一届研究会成立伊始，会长张昆教授开宗明义，研究会要集中力量办成一件大事，编撰年鉴。这一开创之谋得到学界各方鼎力支持，从决策论证到编目体例，从组织稿源到编辑出版，全国新闻传播院系100多位教师参与其中，不到一年时间成书126万字。2016年11月5日，第一部梳理和记录中国新闻传播教育近百年历史与现实画卷的力作——《中国新闻传播教育年鉴(2016)》，在辽宁大学成功举行了首发仪式，现场盛况记忆犹新。首部年鉴问世，好评如潮，令人大喜过望，我作为年鉴编委会成员，与有荣焉。我以为，年鉴出版五年，内容不断充实，史料不断丰富，编目不断优化，形式不断创新，起到了回溯既往、记录当下，启迪未来的作用。

我本人既是年鉴的编者，也是年鉴的作者。我要衷心感谢年鉴给我提供这一高端平台，得以把我学界半生的亲历亲见亲闻亲为记录其中。1978年我作为应届高中毕业生考入复旦大学新闻学系，1982年毕业分配到天津师范大学，开始从事新闻传播教育。4年新闻学子，38年新闻“先生”，40余年没有离开新闻传播教育，经历和感悟自然颇多。五年来，在完成年鉴日常编务的同时，我应张昆会长和编辑部邀约，为年鉴撰写了多篇文章，借此机会做一简要记述。

在年鉴“新闻传播教育史钩沉”栏目中，我先后发表了三篇文章：《我与传播学大师面对面——纪念威尔伯·施拉姆访华35周年》(2017年卷)、《学生是教师的最大财富——纪念因公殉职的天津师大许椿老师》(2018年卷)、《难忘记忆：黄山幸遇邓小平——献礼复旦大学新闻学院90华诞》(2020年卷)。2018年年底我卸任天津师范大学新闻传播学院院长职务，在年鉴2019年卷“院长论衡·老院长为政回眸”栏目里，我撰写了《思路决定出路 格局决定结局》一文。在年鉴2020年卷“各省、自治区、直辖市新闻传播教育发展综述”栏目里，我首次梳理了天津新闻传播教育60年发展历程，提出了四个历史分期：初创期(20世纪50年代末—70年代末)、中兴期(20世纪80年代初—21世纪初)、提速期(2003—2017)、创新期(2018—　)。

特别令我难忘的一件事，是前年我们登门拜访中国新闻史学界泰斗方汉奇先生。2018年10月14日，是北京大学新闻学研究会成立100周年纪念日，学界同仁从全国各地相聚北京参加盛会。此前一天，我们在中国人民大学参加“中外新闻传播学院院长会议·2018中国传播学论坛”。会议结束时，张昆教授约我前去拜见住在校园里的方汉奇先生。当天下午5时许，我们在校园花店买了一束鲜花，在中国人民大学新闻学院副院长赵云泽教授陪同下前往方老府上。93岁高寿的方先生亲自打开房门欢迎我们的来访。他精神矍铄，谈笑风生，记忆力惊人。我们向方先生汇报了研究会工作和年鉴的编辑出版情况，方先生听后非常高兴，对年鉴的出版给予充分肯定。我们恳请方先生能够出席一个月后在山东大学举办的研究会年会暨年鉴首发仪式，方先生欣然应允。他从沙发上起身走到办公桌前，在记事本上一笔一画写下了开会日期备忘，我们还商量了接送办法。虽然方先生因故未能出席这次会议，但他对研究会和年鉴的关心鼓励令人感动。过后不久，方先生看到了新版年鉴，给予了很高的评价。那天登门拜访，我还借机向方先生汇报了天津师范大学新闻传播学院的发展情况，得到了先生的热情勉励。

研究会每年至少组织两次活动，一次是在上半年召开常务理事会暨年鉴编委会，主要研究下一年度年鉴编辑事宜，另一次是在下半年召开研究会年会暨新版年鉴首发仪式。随着研究会和年鉴声誉日隆，“争办两会”成为每次常务理事会上的一大亮点。由于争办单位众多难以取舍，需要各方充分陈述承办会议的理由以便定夺。2019年4月27日，研究会第三届第一次常务理事会暨年鉴编委会第六次会议在天津师范大学举行，就是我们“据理力争”的结果。我当时提出了三个办会理由，一是2019年是天津新闻传播教育60周年，我们学校又刚刚获批新闻传播学一级学科博士学位授予权，值得纪念庆贺；二是学校领导非常支持，一定能够高质量办会；三是我本人即将卸任院长职务，愿意为学会和年鉴出版再作贡献。承蒙研究会同仁厚爱，终遂我愿。

梁启超先生有云：史者何？资鉴者也。《中国新闻传播教育年鉴》的出版，应时而生，顺势而为。文章千古事，笔下有春秋。我愿为年鉴大业再尽绵薄之力。

（孙瑞祥）

10.7 年鉴，我们共同的志业

作为一个新闻传播教育工作者，我们这一生，以教书育人和读书治学为业，这个“业”可以分为三种，由浅入深，分别为职业、事业和志业。

所谓职业，就是我们的“饭碗”，因为人不能没有饭碗，只有依托饭碗，我们才能养家糊口，维持基本的生活需要，说白了，职业就等于按劳取酬；所谓事业，是职业的升华，要求我们爱岗敬业，无私奉献，具有归属感、责任感和使命感，实际是在职业基础上，多了一份热爱；所谓志业，纯粹基于理想和志向，即使没有待遇和报酬，也愿意去干，甚至以命相搏，历史上的那些仁人志士，就是为了实现志业而赴汤蹈火的典范。

终于，我们这群人——《中国新闻传播教育年鉴》武汉编辑部全体同仁，在中国新闻史学会新闻传播教育分会会长兼年鉴主编张昆教授的“撮合”下走到了一起，找到了我们的志业，那就是年复一年地义务编撰《中国新闻传播教育年鉴》，这一干就是五年，仿佛就在昨天，但大家却乐此不疲。

年鉴编辑“队伍”刚成立时，只有七位成员，华中科技大学张昆老师任主编，华中科技大学何志武老师任副主编，华中科技大学周婷婷老师是编辑部主任，武汉大学刘建明老师、中南民族大学陶喜红老师、武汉大学出版社胡国民老师都是编辑部成员，而我本人也得张昆老师信任，有幸忝列其中。张昆老师总抓各项事务，事无巨细，都要一一谋划。我们编辑部成员分工有序，各司其职，相互支持，互相信任。

因为信任，我们走到了一起；因为信任，我们坚持了下来；因为信任，我们形成了以志业为追求的“年鉴文化”。随着年鉴一本本的出版，社会影响力也越来越大，参与年鉴的“队伍”日益壮大，年鉴的体例框架更是益发地成熟，更为有趣的是，以年鉴为志业还激荡出了一种“抢”的文化。

——大家抢着干活。年鉴作为一本具有资料性、权威性、政策性、及时性的信息密集型工具书，涉及面甚广，未曾梳理与定格的新闻传播教育的历史又很长，急需大量的人手来做基础性工作。但每一次的选题布置会，来自全国各高校的委员们都是抢着领任务，有时候还差点“打起来”，这种盛况除了咱们这个学会有，还不知另有谁？所以，估计张昆主编每次都是心里偷着乐。

——大家抢着出钱。编撰年鉴是一项公益事业，需要各种支持，当然包括经费支持。年鉴编辑部挂靠单位华中科技大学新闻与信息传播学院每年为此投入不菲，但每当张昆主编公开说，有没有哪两个学院愿意赞助今年的年鉴的时候，大家又是抢着出钱。而且，每年还真只接受三家单位赞助，多的还真不要。哈哈，到现在我也没问过张昆主编，这是不是一种动员的策略？

——大家抢着办会。编撰年鉴是中国新闻史学会新闻传播教育史分会的重头戏，分会的学术年会和年鉴的选题策划会、任务认领会、年鉴发布会等大小会议叠加，每一次会议在哪儿开，如何开，无不体现张昆会长(主编)、何志武副会长(副主编)的过人智慧。但每一次都会弄得很妥帖，既是开会，也是学习，而且免收会务费，把会议的任务、国家的要求与东道主的成就有机地嵌入到一起，会议一结束，与会者返程的时候，头脑里已经形成反思性思考，这些头脑风暴小则影响个人的教学与科研，大则影响一个学院的发展与进步。所以，大家每年都对下一个会议充满期待。

——大家抢着创新。张昆主编为2016年首部年鉴写过一篇发刊词，题目就叫“记录历史，引领未来”。以年鉴编纂为基础，中国新闻史学会新闻传播教育分会不但记录了历史，抢救性发掘了诸多影响中国新闻传播教育的人物与事件，还以各种会议为平台，选择不同层级、不同地域、不同类型学校的新闻传播院系交流最新做法，把我们这个二级分会以及这部年鉴打造成为一个名符其实的公共论坛。假如说创新是一根登山绳的话，那么，它的一头连着历史，一头通向未来，我们每一个攀登者都时刻拽着它。

行文至此，毛泽东在《满江红·和郭沫若同志》当中的两句诗跃然纸上：“一万年太久，只争朝夕。”同样，编撰《中国新闻传播教育年鉴》是一项长期的志业，而投身其中的每一个编委、编辑、撰稿人，我们除了要编好年鉴外，都应该做好自己的教书与治学这两大志业，因为今天的作为就是明天的历史。

而这，正是年鉴所期待的。

(张德胜)

第11章　史海钩沉

11.1　为《马克思主义新闻思想史稿》笃行不倦

——攻读博士学位的日日夜夜

1984年，国务院学位委员会同意新闻学设置博士学位，甘惜分、方汉奇、王中三位教授被列为首批新闻学博士研究生指导教师。首次招生于1985年举行，幸运的童兵被甘惜分老师选为他指导的第一位博士研究生。

11.1.1　恩师甘惜分

甘惜分老师曾是我攻读硕士学位的导师。1978年10月—1981年6月，我跟随甘老师读书、听课、做科研三年，对甘公有极深的印象。他为了让我了解中国人民大学，懂得今天学习条件来之不易，有一天清晨专程从北京市城中心张自忠路人大教工宿舍坐校车赶到位于北京西郊的人大校舍，到我所住的红三楼3层(那些楼是没有电梯的)，找到我说，你随我去西校门原先新闻系办公楼看看，给你讲讲“文革”中的新闻系。到了西门，当时新闻系原有的两层楼房还在(后来盖明德楼时拆了)，我们走上二楼，甘老师说，新闻系系主任蒋荫恩教授被造反派整死后，他们在他脖子上套上绳子，将他从二楼拉到一楼，居然还有人拍手叫好。现在情况好了，我们要抓紧时间，把丧失的时间补回来。老师讲话时的眼光、神色，至今仍在我面前闪现。

硕士毕业的时候，甘老师没同我商量，就将我留在了中国人民大学新闻系他所主持的新闻理论教研室，讲授“新闻理论”和“新闻事业概论”。不久，甘老退出新闻理论教研室主任岗位，请另一位老师任主任，让我任副主任。这下，我工作的压力一下子重了，系里又让我担任1982级本科生的班主任，社会工作的担子也压上了。甘老师对我的关心也更多了，特别是1985年我一边工作一边攻读博士学位后。记得有一次新闻系组织教职员工和家属去北京西郊潭柘寺秋游，在寺院内散步的时候甘老对我夫人林涵说，小林啊，童兵同志现在工作很辛苦，还要念博士，你要多给他买点猪肉吃，再说猪肉也不贵，七、八毛钱一斤。林涵听了，笑着对甘老说，甘老啊，你的猪肉价格，是乾隆年间的，现在十七八元一斤了。师母文老师听我们师徒交谈，笑着说，你们甘老师在家里什么活都不做，油瓶倒了从来不扶，不要说上街买猪肉了。

甘老师更多的时候是催我读书、写文章，常常约我去他家谈读书的收获。有一次去老师家，他正在生气。原来，中宣部部长的秘书给他打电话，他顺便要这位秘书向部长反映，昨天央视播出一条新闻，说为迎接全国阅兵，一批军人每天刻苦训练。有一个播出的镜头是，战士一天练下来，浑身上下全是汗，把大靴子都灌满了。甘老说，我是八路出身，看到年轻战士如此劳累，心里疼啊！他要秘书向部长汇报后，把部长的意见再传达给他。他强烈要求立即停止这种训练！

现在想想，我们当甘老的学生，有多么幸运。老师的言传身教，耳提面命，真正是无声的教导，无言的榜样！跟他读博士的时候，几个关键问题，甘老都是替我把关的。有一次中国人民大学校领导想把我调到校科研处任处长，老师得悉后反对说，那你还有时间搞科研写文章吗？还有一次新闻学院工会换届，有好事者想让我当工会主席，老师会后直接找到院长，问他：你们想干什么？学院不能没有人主要搞科研啊！顺便说一句，我在中国人民大学新闻学院当学术委员会副主任连着当了许多年，甘老师始终认为“太可惜了”。不管老师的话有用没用，有这棵大树给我遮风挡雨，我自受益不少。

11.1.2 老师的朋友都是我的导师

甘惜分老师在中国人民大学，在新闻界、在全国人文社会科学界，由于他谦和诚恳的人品和心口始终如一的性格，散发着很强的人格魅力。他为了我这个学生，常常向人求教。郭超人是他的得意学生，后来当了新华社社长，还时常到甘老师家看望老师，有时我也有机会见到超人社长。甘老当郭的面告诉我该向社长学些什么。郭社长的那本《喉舌论》出版，老师还为我详细地评点了这本书，包括对书中一些观点的批评。他对新华社报道有什么不满意的稿件，也向郭超人如实报告和具体分析。中国人民大学国际政治系的高放教授，是甘老的至交。甘老说高放的名字取得好，要求自己放胆高论。甘老对我说，马克思、恩格斯、列宁、斯大林是国际共产主义运动的伟大领袖，你研究他们的著作、活动和思想，需要有广阔扎实的国际共产主义运动的背景知识和世界近代史、现代史的史料积累。他要我多多选修高放老师的课程，不能漏掉高老师在校内的重要演讲。在甘老师的指点下，我始终同高放老师保持着密切的联系，他也成了我硕士论文和博士论文实际上的又一位指导教师。在高老师的指点下，我不仅认真仔细地通读了马克思、恩格斯的选集和全集，还收集和阅读了 1950 年以后国内学术刊物发表的所有以“马克思恩格斯列宁”和“马克思主义”作为文稿题目的论文4000多篇。我先从期刊目录上寻找这类文章的题目，然后每天跑国家图书馆、首都图书馆、中国社科院图书馆、中国科学院图书馆以及北京大学等校图书馆，起早贪黑半年，读完了大部分文章，觉得心里亮堂多了，深感老师的点拨就是高。半年里面，根据高老师的指点，我基本上购齐了同马克思和恩格斯生平事业相关的各种传记史料、各种版本的中文马克思和恩格斯传记、马克思的夫人燕妮和他们的三个女儿的传记，还有梅林写的和北京大学整理的德国史等。读完这些史料，感到对马克思和恩格斯等人有了一个立体的、纵深的了解。这时，产生了很想把读了这些书后对马克思恩格斯等人的新了解新感受整理出来、发表出来的强烈冲动。后来，这类文章发了十几篇。

感谢甘老师和高放老师给我介绍了许多同我研究主题相关的专家、学者以及他们所写的论文。他们中间，有中共中央马恩列斯著作编译局研究员顾锦屏、研究员殷叙彝、马恩室主任研究员张奇方，新华社新闻研究所理论研究室高级编辑林枫，北京大学国政系教授赵宝煦，新华社原副社长缪海棱，武汉大学新闻研究所教授何微，中国人民大学马列所教授刘佩弦、教授徐琳等，同这些大家高手的交往和求教，不仅大大地扩大了我的学术视野，而且从他们身上学到了高风亮节和治学做学问的方法。比如林枫，见面多了、交流多了，我的“胆子”也大了，敢同他争论了。林老师的大度、大气、大视野，对我的为人和为文有着不小的影响。

11.1.3 论文的主题是师徒共同深耕出来的

甘惜分老师性格上有个十分难得的特点，在大是大非问题上容不得半粒砂子，在政治立场和思想观点上寸步不让，但对学生，对我，在学术看法上，在作品评价上，尽可以同他讨论、同他争论，他从不强求人认输，从不强求人赞同自己的观点。他批阅我们学生的论文，从来不用钢笔而用铅笔，他说，你不同意老师的看法，完全可以用橡皮把它擦掉。我的博士论文《马克思主义新闻思想史稿》(最后出版时定稿的题目)的主题，我们师生不知讨论了多少次，争论了多少回。

一开始，我们就共同认定，这篇博士论文应该有三个特点。第一，内容要翔实，资料要丰富。第二，分析要全面，论述要系统。第三，以史立论，实事求是。这三点，起初以为很简单，但真的动手写作，甚至于接触到一部分史料以后，就觉得难以把握了。比如，马克思和恩格斯有时私下通信，也议论甚至批评他们的共同战友倍倍尔，这些要不要关注？毛泽东后期的主观唯心主义比较严重，要不要指出来并加以分析评论？对于19世纪后期报刊活动家伯恩施坦和考茨基，一般文稿都是批评指责，我们要不要实事求是地给予一定的肯定和较好的评价？我们总是在一起讨论、分析和争论。最终在博士论文中所呈现的史料和我们的分析评价，都是经过争论后师生共同认可的意见。可以说，这篇博士论文是我们师生共同深耕的作品。对于其结论，我们师徒经常在一起讨论，字斟句酌，反复打磨。几十年过后再来思量比照，我的导师真是对学问太认真了，对学生太用心了。有的时候，争论不下，因为有事，不得不“休战”，但过了一两天，老师又会托人捎来一张纸条，上面写满了新的思考和新的意见。有的时候，他还会让我把文章转给别的老师和同学看，听听更多人的意见。

说甘老师对培养指导学生倾心尽力，对一个学术观点一篇学术论文反复思量，真正做到了呕心沥血，丝毫不会过分。

11.1.4 要为国家培养一流的学生

甘惜分老师有一个非常明确的指导思想，必须为国家培养一流的学生。他常对我说，工人要生产一流的产品，教师就应该培养一流的学生。过去人家说我们新闻学没有学问，“新闻无学”论害了我们好多年。现在新闻学不仅有学，而且有了最高学位博士学位，可是教育部第一批也只在中国人民大学和复旦大学设置了博士点，说明国家是很谨慎的，我们没有理由不尽心尽责，把博士点建设好。他有时还会在我耳边轻轻地说，你可是咱们中国自己培养的第一个新闻学博士研究生，要加油啊!

甘惜分老师指导我读博士学位，这个指导思想是相当明确的：必须高标准、严要求。他给我安排的上门请教的老师，他让我阅读的专业著作和他一生钟爱的文史类书籍，都持这样的标准。每每听完老师教诲，合上老师要求阅读的新书，都有一种收获满满、不虚此行、不枉苦读的内心感受。比如，我的博士论文从构思、谋划到写作、修改的过程中，先后一共请教了几十位教授、学者。这些老师都是一流的。中国人民大学培养指导研究生的各个环节也都坚持高标准严要求。研究生院给博士研究生指定的学位课程，几乎全由当时中国人民大学最有水平的名家大家执教。记得政治课指定哲学系(现在的哲学学院)两位大教授教我们，一位郑杭生，一位乐燕平，他们各自为我们指定一本书：恩格斯的《反杜林论》、列宁的《帝国主义论》。一年里啃完这两本大书，真觉得收获特大。

我的博士论文答辩委员会由下列老师组成：主席是中国人民大学国政系教授高放，委员是中共中央马恩列斯编译局马恩室主任、研究员张奇方，新华社原副社长缪海棱，中国人民大学新闻学院副院长副教授何梓华、教授甘惜分。因为是国内新闻学第一次博士研究生的博士论文答辩，那天来旁听的老师和同学不少，有中国社会科学院新闻研究所的研究生，中国传媒大学的青年教师，还有清华北大的一些同学。

答辩那天我内心并不紧张，答辩把握得很好，答辩委员会投票一致通过建议授予我博士学位，决议也写得很好。后来我想，那天心情平静，同甘老师事先已经广泛征求许多专家学者对博士论文的意见是有关系的，老师自己心里有把握。因为论文打印出来，按研究生院要求，已经分送给校内外许多教授审阅，据现在回忆，送审论文的教授有：中共中央马恩列斯著作编译局研究员顾锦屏、殷叙彝、张奇方，中国新闻学院教授徐占昆，新华社新闻研究所高级编辑林枫，北京大学国政系教授赵宝煦，复旦大学新闻学院教授余家宏，武汉大学新闻研究所教授何微，中国人民大学国政系教授校纪英、李良多、吴琼，中国人民大学马列所教授刘佩弦、徐琳，中国人民大学新闻学院教授蓝鸿文等。这其中有些教授我是不认识的。他们放下手中的工作，抓紧评阅我的论文。30 多年以后，我在这里要向他们拱手作揖，说一声谢谢！

我的运气真好！1988 年 5 月我博士论文顺利通过，正巧中国人民大学启动编辑出版《中国人民大学博士文库》，拙文也被顺利选入。文库主编罗国杰教授，时任中国人民大学副校长。罗校长在文库总序里有两段话，对我既是鼓励，又是鞭策，这里记录下来，作为对自己一生的激励，也算本文的结尾：

> 《中国人民大学博士文库》以反映中国人民大学博士学位研究生的研究成果(博士论文)，促进哲学社会科学的繁荣、发展，促进我校科学研究和教学活动，扶植学术新生力量为主要宗旨。
>
> 博士研究生是中国人民大学最高层次的学位研究生，他们有广阔的基础知识，熟习自己的专业，有较高的理论造诣和较强的分析能力。他们的许多论文坚持马克思主义的立场、观点和方法，紧密结合实际，对有关课题进行了深入的探讨，在同一课题或相关学科、相关专业的研究方面，达到了较高的学术水平。这些论文，不但在理论上具有科学性和开拓性，而且内容新颖、立论严谨，具有较高的学术价值，又有重要的现实意义。

（童　兵）

11.2　夯实年鉴编撰的根基　抒发治史存史的情怀

——新闻传播教育史研究委员会 2014 年华科大年会回忆

大部头的书是很多书房的镇“架”之宝，书的厚重感能够撑起主人的知识门面。我的书架上站着四卷《中国新闻传播教育年鉴》，厚度有 22 厘米，算得上我的书架上不可多得的宝贝。第5卷年鉴即将付梓，未来还有第6、第7卷年鉴……对我来说，在可预见的将来，新闻传播教育年鉴的收藏地位会稳步提高。木有本，水有源。2014年新闻传播教育史研究委员会华科大年会，是《中国新闻传播教育年鉴》的最原始起点。这次会议不仅实现了教育史研究委员会的组织和管理转型，而且也为我国新闻传播教育史的书写奠定了坚实的基础。

11.2.1 学会改组：奠定新闻传播教育史的书写基础

新闻传播教育史研究委员会是中国新闻史学会下设的一个二级学会。2008年，中国新闻史学会遵照民政部有关规定和学会章程，成立了新闻传播教育史研究委员会和外国新闻传播史委员会，同时批准了网络传播史委员会的建会申请。可以说，新闻传播教育史研究委员会是中国新闻史学会最早下设的三个二级学会之一。2008年10月24日，新闻传播教育史研究委员会在北京成立，第一届理事会选举吴廷俊教授为首任会长，华科大新闻与信息传播学院成为会长单位。2013年上半年学会换届产生第二届理事会，理事会推选华科大石长顺教授为第二届会长。2014年石长顺教授申请不再担任会长职务，并推荐张昆教授接替其出任第二届会长。从2008年到2014年，学会在会长领导下，经过常务理事和理事们的共同努力，完成了教育史研究委员会的组织建设，开展了有关新闻传播教育的系列学术活动，如收集整理新闻传播教育史料，开展新闻传播教育机构和教育家研究，关注外国新闻传播教育的发展，等等。

2014年11月14—16日，教育史研究委员会在华中科技大学召开常务理事会和学术年会。14日晚8点，常务理事会在华科大东六楼三楼会议室举行。会议通过商议表决，对教育史研究委员会进行大胆改组，继续明确和提高教育史研究委员会的发展目标。与会代表表决通过张昆教授接替石长顺教授出任第二届会长；因原副会长陈昌凤教授荣任中国新闻史学会会长，与会代表表决通过张小琴教授接任第二届副会长；与会代表表决批准5家单位成为学会常务理事单位，他们是辽宁大学新闻与传播学院、湖南大学新闻传播与影视艺术学院、中山大学传播与设计学院、华南理工大学新闻与传播学院、石河子大学文学艺术学院。经过14日晚的常务理事会，教育史研究委员会常务理事单位由20家增加到25家；学会团体单位扩容到77家，比上一年度新增18家；个人会员总数达到140人，比上一年度新增39人。

机构改组优化了学会的领导机制，明确了学会的奋斗目标和发展方向，并且制订出学会近期的主要任务。在14日晚常务理事会、15日学会学术年会上，新任会长张昆教授系统提出了他的“施政报告”：一是继续加强组织建设，重点发展个人会员，充分发挥专业研究人员的积极性；二是强化对新闻教育理论与实践的研究，重点关注院系研究、教育家研究和外国新闻教育史研究；三是丰富学会的学术活动：从2015年起编撰新闻传播教育年鉴，在每年年会之外不定期组织专题学术研讨，尝试举行以新闻传播教育为主题的全国性评奖等；四是争取社会资源，寻求来自院系、业界、社会的各种支持，让学会发展之路越走越宽。机构灵活，组织有效；招兵买马，人丁兴旺；活动丰富，重点突出……2014年教育史研究委员会年会，为学会后续发展夯实了坚实的根基，尤其为编撰《中国新闻传播教育年鉴》准备了组织基础、队伍基础和资源基础。

11.2.2 治史理想：记录新闻传播教育史的真挚情怀

年鉴是社会生活的年度记录，是劳动实践的系统知识，是社会发展的历史记忆。2014年华科大年会明确了教育史研究委员会的主要目标，其核心的目标则聚焦于一件事，即编撰《中国新闻传播教育年鉴》(见图11-1)。

图11-1 新闻传播教育史研究委员会2014年华科大年会会场

年鉴是一种大型综合性年刊，它集权威性、资料性、实用性于一体，为特定的读者提供重要的专业工具书。《中国新闻传播教育年鉴》是对中国新闻传播教育发展成果的全面、真实和系统的记录，它不仅为新闻传播教育研究和实践提供实用、有效的信息服务和实践指导，而且通过对新闻传播教育成果的记录书写新闻传播教育史。在2014年华中科技大学年会上，张昆会长多角度阐释了学会“治史”“存史”的理想。刚刚接任学会会长就有如此高明的规划，不能不说这是一种情怀，是他长期关注新闻传播教育、关注历史记忆书写的必然延伸，是长期深入思考之后的一种“有备而来”“有条不紊”的规划落实。

在11月15日上午举行的年会开幕式上，张昆会长的致辞突出了新闻与历史的不解之缘，他引用了两位名家的名言来充分论证了这个观点。

首先引用的是蔡元培为徐宝璜《新闻学》所写的序言中的一句话：

> “余惟新闻者，史之流裔耳。古之人君，左史记言，右史记事，非犹今日新闻中记某某之谈话若行动呼？”

其次引述了英国历史哲学家卡尔·贝克尔在《人人都是自己的历史学家》中的一段话：

> “每个普通人，同你我一样，记忆种种说过做过的事情，并且只要没有睡着也一定是这样做的。假定这位‘普通先生’早晨醒来而记不起任何说过做过的事情，那他真要成为一个失去心灵的人了。……正常地说来，这位‘普通先生’的记忆力，当他早晨醒来，便伸入过去的时间领域和遥远的空间领域，并且立刻重新创造他努力的小天地，仿佛把昨天说过做过的种种事情联系起来。没有这种历史知识，这种说过做过事情的记忆，他的今日便要漫无目的，他的明日也要失去意义。”

张昆会长从这两段话中引申出了三层意思：新闻与历史有不解之缘；新闻教育有自己的历史；不了解自己的历史，不知道自己所从来，就把握不了今天，也会失去未来。从这样的认识出发，张昆会长对教育史研究委员会的性质做出了精辟的理解，即教育史研究委员会是学界同仁的精神家园，新闻教育学界的学术共同体，中外新闻教育史研究的中心，教育界同行交流的平台。

治史需要情怀，治史需要毅力，治史也需要团结。年鉴体系庞大，编写任务繁重，需要团队合作，需要持之以恒。没有崇高理想，没有治史情怀，没有组织能力，是很难提出并完成这么宏大的工程。2014年年底学会机构刚刚改组，学会就有如此“大动作”，这不能不与张昆老师的理想主义情怀和治史存史的追求有直接关系。为了保证年鉴编撰能够长期坚持、流畅运行，年会提出保持教育史研究委员会组织的开放性，不断吸纳更多对新闻传播教育研究感兴趣的学者入会；同时根据年鉴编写需要对提出申请成为常务理事单位的院系进行考察，在保证质量的基础上稳步扩大学会研究队伍的战斗力和影响力。学会还做出了郑重承诺：重点发展个人会员，增强会员的认同感、归宿感；将全国资深的卸任院长发展成荣誉会员；不对会员收取会费，经费由华中科技大学支持。

正是在这样的理想信念的基础上，张昆会长提前拟定了年鉴的提纲与初稿，并通过秘书处发给各位常务理事征求意见。2014 年学会最早的设想是出版《中国新闻传播教育蓝皮书》(2015 年版)，但最终出版的是《中国新闻传播教育年鉴(2016)》。这至少在两点上体现出编撰年鉴的难度：首先学会最初拟定方案时就考虑到编撰年鉴的难度，为了能够让学会的核心任务能够完成，所以打了个折扣、降低了难度，用“蓝皮书”取代“年鉴”；其次是最早期望能够在 2015 年就拿出“产品”，但实际的前期准备工作更加复杂，经过一年多的队伍组织、体例修改和编撰分工，最终在 2016 年实现了梦想。2014 年最初拟定的编撰提纲包括以下内容：中国新闻传播教育简史、新闻教育界学术组织概况、知名院校巡礼、新闻传播教育家研究、专业建设、课程与教材建设、教学改革与教学成果奖获奖情况、研究生教育与博士后流动站介绍、新闻传播教育相关文件、相关统计资料、中国新闻传播教育大事记等。会议强调重点进行新闻教育家研究、新闻传播院系研究、国外新闻教育史研究。2015 年，经过重庆工商大学学术年会、中山大学第一次编委会的艰苦研讨，年鉴的基本框架最终得以敲定。后来年鉴的框架不断完善，但基本结构还是 2014 年定下来的。

1918 年，北京大学成立新闻学研究会，中国新闻传播教育开始起步。从这个“时间元点”出发，中国新闻传播教育走过了 100 多年。1949 年前，我国主要引进美国密苏里职业新闻教育模式；1949 年后，我们模仿苏联党报新闻教育模式；1978 年改革开放后，我国新闻传播教育走上了美国模式和苏联模式混合发展的时期。然而进入 21 世纪后，中国新闻传播事业出现了巨大的发展，中国新闻传播教育不再停留在引进和模仿的层面，而是开始创新一种具有中国特色的新闻传播教育新模式。目前，中国新闻传播教育规模巨大，拥有世界上独一无二的教学和科研体系，因此如何记录中国新闻传播教育的成就，书写中国新闻传播教育的历史，成为新闻传播学界的重要任务。正是从这个意义上来看，新闻传播教育史研究委员会做了一件功德无量的事业，从几年年鉴运作的效果来看，它正在成为中国新闻传播教育的“博物馆”，不仅实时记录我国新闻传播教育的最新改革和实践，而且以治史存史的精神和态度“还历史旧账”，有计划、分步骤地对中国新闻传播教育史进行系统梳理。

11.2.3 编撰年鉴：创新学会管理模式、推动新闻教育研究

因为我国对社会组织实行登记和监督的管理制度，所以在我国成立一级学术组织具有一定的门槛。经过方汉奇先生等前辈新闻传播学者的不懈努力，1989 年 4 月中国新

闻史学会在北京成立。该学会经民政部批准，由教育部主管，是我国新闻传播学科唯一的全国性学术社团。随着新闻传播学科研和教学队伍的不断壮大，学者们需要更多、更专业的学术共同体，以便大家增进学术交流、开展科教合作，服务社会发展。自2008年以来，中国新闻史学会肩负起学科发展的重任，开始在中国新闻史一级学会下增设二级学会。截至2020年5月，中国新闻史学会已经拥有18个二级学会，而新闻传播教育史研究委员会是最早成立的3个二级学会之一。2014年华中科技大学术年会后，教育史研究委员会的办会宗旨更加明确，学术活动更加有目标、有活力、有成果。可以说，教育史研究委员会创新了二级学会的管理模式，为中国新闻传播学学术社团的管理和运行提供了一种宝贵的经验。

通常学术组织管理比较松散，成员之间往往仅限于学术联系。然而，张昆会长对学会有更深入的理解，它在2014年年会致辞中指出，学会成员是“具有相同或相近的价值取向、文化生活、内在精神和学术兴趣目标，并且遵循一定的行为规范而构成的一个群体”。2014年年会学会规划了一系列学术活动，如编撰年鉴、召开学术年会、举办专题学术研讨、组织新闻教育评奖、开展学术交流访问、提供学术咨询及决策参考等等。通过后来的实际运作来看，编撰《中国新闻传播教育年鉴》是其核心任务。学会是一种松散型社会组织，它没有行政、事业、企业单位的规范结构，也缺乏严格的制度和纪律约束。因此学会的凝聚力往往来源于它的学术吸引力和会员协同力。教育史研究委员会有远大的治史理想，有张昆会长的人格魅力，有寓“研”于乐的学术会议，从而使会员之间交流深入而频繁，很多会员因此形成了深厚的友情和紧密的合作。学会每年有多个学术会议，但最重要的会议只有两个，一个是常务理事会(也是编委会)，一个是学术年会。两个会议各有分工，但会议都紧凑而实在。常务理事会任务是商议年鉴的编写计划和写作提纲，然后按照提纲分解任务，确定相关内容的负责人。学术年会有两大任务，一是举行每年年鉴的首发式，二是围绕重点教育问题展开学术研讨。常务理事会低调务实、学术年会高端厚重，两个会都有“刚性任务”，会员都有了“任务约束”“荣誉约束”，学会的组织和管理因此走上了良性发展的道路。2014年后学会进一步谋划队伍建设，今天会员已经散布在大江南北、长城内外，几乎全中国每个省(市)都有学会的重点会员。

除了重点编撰《中国新闻传播教育年鉴》之外，教育史研究委员会始终敏感关注最新的教育动态，积极推动新闻传播教育的研究和实践。正是教育史研究委员会的努力，让一批从事新闻传播教育研究的学者找到了组织，也激发了更多的学者将新闻传播教育作为个人的研究取向。2014年华科大年会就重点关注了“职业教育发展与中国新闻传播教育改革”这一议题。11 月 15 日年会主题演讲环节，华中科技大学石长顺教授、中国人民大学赵云泽教授、清华大学张小琴教授、武汉大学强月新教授、西藏民族学院周德仓教授相继登台，他们和大家分享了对于新闻传播教育发展的深入思考，及其所在院系新闻传播教育改革的新近探索尝试。在下午的分组讨论中，与会代表分成四个小组，围绕中国新闻职业教育发展的历史与现状、新媒体环境下新闻传播教育的变革、不同层次类型新闻教育机构的特色打造、卓越新闻传播人才培养的内涵与案例、新闻传播教育实践教学创新等主要议题，各抒己见，展开了广泛交流与深入探讨。这次学术年会为中国新闻传播教育研究增添了更多的优秀学术成果。

2014 年是教育史研究委员会的一次华丽转身，从此这个二级学会队伍不断壮大、事业蒸蒸日上，5 卷厚厚的《中国新闻传播教育年鉴》就是它的见证。光阴似箭，日月如梭，当我们在 10 年甚至 15 年后，再回头看 2014，我们对这次年会还会有更深刻的感悟。时间可以检验一切，时间会让金子更加发光。随着一本本年鉴如期出版，中国新闻传播教育终于有了它的精彩记忆，有了它的厚重历史。

（骆正林）

11.3　复旦大学新闻学子黄山幸遇邓小平

“复旦复旦旦复旦，巍巍学府文章焕”……2019 年 11 月 2 日上午，激昂校歌唱响，复旦大学新闻传播教育 90 周年主题活动在复旦大学正大体育馆隆重举行。我作为复旦大学新闻 1978 级本科生出席庆典活动，和现场一千多名系友一道，高唱校歌，感恩母校。

在庆典现场的大屏幕上，一遍遍闪现复旦大学新闻 90 年精彩难忘的历史足迹。复旦大学新闻学院是中国持续办学时间最长的新闻教育机构，自 1924 年复旦国文部创设“新闻学讲座”开始起步，1925 年 8 月 25 日在上海《申报》刊出《复旦大学新设新闻学系招生》广告，1929 年 9 月正式成立新闻学系。1988 年 6 月在全国率先升格为新闻学院，是亚洲历史最悠久的新闻教育机构。90 载峥嵘岁月，复旦大学新闻馆弦歌不辍、作育国士，“震欧铄美，东南一冠”，享有“复旦新闻馆，天下记者家”之美誉，为党和国家培养了数以万计的新闻传播优秀人才和各行各业的杰出人士。

在庆典现场的大屏幕上，我所在的 1978 班级再次成为一个耀眼的符号。作为见证了中国改革开放重要历史时刻班级的一员，我深感自豪与荣耀，同时勾起我对哪年哪月的美好回忆。

11.3.1 一个特殊的班集体

“7813”是一个不同凡响的代码，它不单单是我们班级的一个序列号，更是一段与中国改革开放紧密相连的历史记忆，是一个新时代开启的见证。

我们是“文革”后通过第一次全国统考进入大学的特殊班级，从生源和年龄结构就可以看出那个时代的印记。全班61名同学，48名男生，13名女生，来自全国17个省、市、自治区。有农民兄弟、工矿职工、下乡知青、军人、教师、应届高中毕业生。入学时最大者32岁，已经是四个孩子的父亲，最小者只有16岁，还有的是中学同校师生转而成为大学同窗。

我们给这个特殊的班集体取了一个共同的名字——改革开放的“幸运儿”，这应该是很贴切的。因为，没有改革开放恢复高考，就不会有这样一个班集体的存在。以我为例，就是一个典型的“幸运儿”。我是来自天津市塘沽区第四中学的应届高中毕业生，如果没有那次高考机会，按照当时的分配政策，我一定是要卷起铺盖卷下乡的。

正如我们班“毕业纪念册”前言所记：

近600万人参加了“文革”后第一次全国统考，27万考生被录取入校、包括这61名幸运儿。

没有1976年历史性的变动，他们无缘相逢。

国家的需要和自己的选择，使他们组成一个和睦团结的学习集体。这个集体在我国具有最悠久历史的大学新闻系中存在了四年。

从此，他们的名字和新闻事业紧紧地联系在一起。

历史的回顾会使每个人难以忘怀；于是产生了这永久性的纪念。

是呀，复旦四载，值得永久纪念的场景实在是太多了。比如，那段学界熟知的发生在我们班上的与美国传播学大师威尔伯·施拉姆面对面的美谈。那是在1982年4月间我们即将毕业的时刻，被称作美国传播学“鼻祖”的威尔伯·施拉姆，在他的学生香港中文大学余也鲁教授陪同下访问中国，开启了“传播学进入中国的破冰之旅”(余也鲁言)。十分有幸且机缘巧合的是，施拉姆的复旦之行首先就来到了我们班上。记得余也鲁先生还当场向我们讲述施拉姆中文名“宣伟伯”的由来和寓意，我相信这是一个鲜为人知的故事。施拉姆的中国之行，对我国新闻传播教育研究后来的发展产生了重要影响。可以说，与施拉姆的一面之缘，使我们“7813班”荣幸的成为中国传播学发展初期的亲历者、见证人。2017年纪念施拉姆访华35周年时，我特意写了一篇回忆文章，详细记述了这段史实。①

值此复旦大学新闻90华诞之际，我想记录另一件发生在我们班上的故事：黄山“巧”遇邓小平。故事距今整整40年了，每每当我们回溯中国恢复高考制度这段历史时，自然都会提到发生在我们班上的这段故事，它记录了中国改革开放初期的一段重要史实，也是中国新闻传播教育发展史上的一个难忘时刻，应该在我们这部中国新闻传播教育年鉴中留下痕迹。

这段生动美丽故事应该是家喻户晓的，我们班上的四位当事人王东红(王晓望)、陶维佳、刘晓虹、陈静溪在不同场合多次谈起，媒体也多有采访报道。2007年春，中国教育电视台为纪念恢复高考30周年，于春节期间推出大型主题访谈节目《春天里的七次聚会》，我班几位同学受邀参加，用口述历史的方式还原了这一重要一刻。在电影《邓小平在黄山》、电视剧《历史转折中的邓小平》等影视纪实作品中，也都再现了这一历史场景。2018年，在纪念中国新闻传播教育研究40周年之际，我撰文讲述了这一生动故事。② 2019年，在纪念复旦大学新闻90华诞之际，我在《新民晚报》发文——《一位“幸运儿”的幸福记忆》，再次提到这一故事(详见2019年11月1日《新民晚报》)。

11.3.2 一次精心策划的“巧”遇

那是发生在1979年7月间的故事，75岁高龄的邓小平副主席应邀来到黄山，发表了著名的“黄山谈话”。11日那天，我班同学王东红(王晓望)、陶维佳、刘晓虹、陈静溪利用暑期结伴游黄山，无意间看到了邓小平的身影。四位同学决定放弃原定的旅游计划，想方设法一定要见到邓小平和他说说话(见图11-2)。13日上午，这场精心策划的“巧”遇终于成功。

下面是王东红(王晓望)同学2004年(时隔25年)在接受新华社记者采访时的生动讲述——

> 那是1979年7月11日，我与陶维佳、刘晓虹、陈静溪3位同学结伴游黄山。到黄山的当天，王晓望等几个同学被黄山的景致所吸引，忙着四处拍照。正当我们在桃花溪一带流连时，一辆黑色轿车从身边驶过，眼尖的陈静溪大喊：“邓小平！

---

① 孙瑞祥．我与传播学大师面对面——纪念威尔伯·施拉姆访华35周年[M]//中国新闻史学会新闻传播教育研究委员会．中国新闻传播教育年鉴(2017)．武汉：武汉大学出版社，2017：500.

② 孙瑞祥．中国新闻传播教育40年[J]．青年记者，2018(19)：61-63.

图 11-2　复旦大学新闻系学生黄山巧遇邓小平

邓小平!”

当时我们几个人都认为这是不可能的，认为邓小平是党和国家领导人，要是他来了，说不定早就封山了。陈静溪坚持说：“就是邓小平，我从正面看见后，又从侧面窗户看了看，就是他!”我们仍半信半疑。

我们先上光明顶，第二天又一路踏上百步云梯。就在这时，我远远看见有一行人已绕过莲花峰，沿一条较平坦的山路往百步云梯方向走，本能地感到，那就是邓小平一行。我一边招呼另外3个同学，一边率先冲下山去。

邓小平正在百步云梯下津津有味地欣赏摩崖石刻，我几步迈到他老人家面前说：“我们是复旦大学新闻系78级学生，我们来黄山旅游，听说您也来了，真是太高兴了，我们非常想见见您。”

“你说你是哪里的?”可能是我说得太急，邓小平没听清楚开头的一句话，就用他那浓浓的四川口音问道。

我又把身份报了一遍，紧接着说：“是您恢复了高考制度，我们才上了大学。我是从中学毕业直接上大学的，后面有两个同学是老三届的，她们能上大学非常不容易，所以她们非常非常感激您，很想见见您。”

周围的人都笑了起来。有人说：“你现在就可以当记者了。”

我看见老人家慈祥的笑容，又对小平同志说：“看到您这么大岁数还能够亲自登山，知道您身体很好，我们高兴极啦!”

说话间，陶维佳和刘晓虹两名同学赶到跟前，她俩跑得满脸通红，一边喘气，一边与小平同志握手问好。然后我们提出要与小平同志合影留念，老人家颔首同意。随行人员问以什么为背景拍照，小平同志环顾一下四周的景致说："就以百步云梯为背景吧。"

我们3个女学生(同行的男生陈静溪给大家看行李未能参加)像孙女偎在爷爷身边那样，幸福地与小平同志照了相，然后，我们又问邓小平能不能给我们签名留念？邓小平伸出手，接过我们3人递上的学生证，签下了自己的名字。这时，围观的游客们情不自禁地鼓起了掌，分享我们的荣幸。

时至今日，我们仍将当年与小平同志一起合影的照片和签名的学生证很好地保存着。刘晓虹将照片放大了两张24寸的，一张挂在自己家里，一张挂在父母家里。陶维佳说："我先后3次搬家，但与小平合影的照片和签名的学生证珍藏至今，因为这是我永难忘怀的一件事。"

同行的男生陈静溪，那天因为主动要给大家看行李而未能见到邓小平，很是遗憾。复旦大学新闻90华诞之际，陈静溪应约写了一篇回忆文章：《黄山道上遇小平———照片外的视角》，文笔生动有趣，原文如下：

1979年7月13日，邓小平同志登黄山遇复旦学子，并与其中三位女同学合影留念。作为一个未能进入镜头的同行男生，不同视角亦有可述之处。

1979年夏，入大学首个暑假，我班班长戎思平、同学陶维佳、刘晓虹、王晓望、陈静溪商游黄山。后戎思平因感冒临时退出，而我因下过乡，有力气，适合在途中作人体活动行李架而被包容于全女生团。

7月10日，半夜上慢班火车，边睡边昏边行，11日晨杭州下而转长途汽车，沿山行，一路逶迤，一路秀丽，傍晚，黄山扑面而至矣。仰观之，但见云雾缭绕，烟霞满天，恍然知大师画山，仙气满纸，以为写意，实乃写真。

此时黄山，游客之数不及现在十之一，设施更不及现在百之一。我等不顾下榻之处未落实，沿山溪游玩，正得意时，王晓望吹响集结号，人到齐后云：有人见小平同志上山(现有人落实为本人先见，本人则记得刘晓虹先见，所谓回忆云云，牢靠程度可见一斑)。我们想中央领导至，应有安保措施，考虑后决先行上山，以避其锋。

沐浴着当天最后的阳光，我们沿山路攀至三公里外云谷寺，当晚在寺庙大殿和衣而睡，每人大洋五毛。该寺据说现已拆毁，原址改为云谷宾馆云云，去迷信而展

“洋气”，可喜可贺。

12日，奋力上山，经迎客松、鲫鱼背、大平顶等而至光明顶，独漏莲花峰。途中并见香港“白发魔女”电影摄制组工作。时我中华女子甚少化妆，我见香港女主角惊为天人，目迷五色，不知有诈。多年后，香港无线电视台一位摄影师告诉我，许多人卸妆后与真人有相当差距，甚至无法辨认，此为后事。

当晚于光明顶食堂内商议，拟原路返回，虽损失欣赏后山风景，但以图正面遇上小平同志。食堂安眠，一晚无事，凌晨即起，以观日出，虽云海不见，仍气象万千，回想万人过独木桥而我居然入大学，不亦快哉，其他同学应同样思绪万千。

观毕，按计划下山。又途经莲花峰时，莲花高耸，如奥德赛里唱歌女妖，诱惑难当。我不禁建议登峰小游，因为估计小平同志不会这么早。但正所谓好事多磨，刚下山，王晓望回首发现小平同志已路过此地，在山上百步云梯下休息，正欲登“梯”，一旦上百步云梯，以其路之窄，再无见面机会。大家于是重新向上山方向爬登，尽力一搏，但求得逞。

古人云：一鼓作气而三鼓竭，冲云谷寺为一鼓，登光明顶二鼓，攀莲花峰为三鼓，此时四鼓难响也。作为唯一的男生兼错误建议的始作俑者，我又建议大家将行李扔下，由我照应，三位女生于是轻装上阵，终于赶上，我亦得小平签名学生证一份，此案例证实底线思维之极端重要，断其一指好过全军覆没。

追赶途中，沿线随行的警卫同志挥手鼓励，一路未见阻挡。听同学们回来描述，快追上时，时任安徽省委书记的万里夫妇亦在旁微笑，当时万里同志大胆改革，使贫穷的安徽人民生活水平有很大提高，有“要吃米，找万里”之说，他后来任全国人大常委会主任。小平同志见到冲上去的女同学们，知道是新闻系学生后，就风趣地说：你们现在就可以当记者了。小平同志愉快地答应了同学们的合影要求，随行人员拍摄了照片，仔细记录了照片寄送地址。事后，中央有关部门履约将所拍的照片寄上。走笔至此，细想此事前后所见所闻，仍不禁神往：中央大机关首长也一样可以没有官僚主义，只要心中有人民。

遇到邓小平同志后，我们在道旁休息，只见一位中年华侨女同胞撑杖而下，见到我们后也席地而坐，兴奋地说：我见到邓小平啦，他真是好人，十分和蔼可亲。

毕业后，辗转南北，多次搬家，学生证几乎丢失，仍能找到实属幸运。2005年，复旦百岁，我捐与学校。有朋友赞我大方，实则我是撇责。这张学生证已经不属于我，而属于改革开放大历史，保存如此珍贵文物，实在超出我之能力(见图11-3)。

当年未能入照，终是遗憾，但照片外亦有独特视角，特书之以供大家一笑。

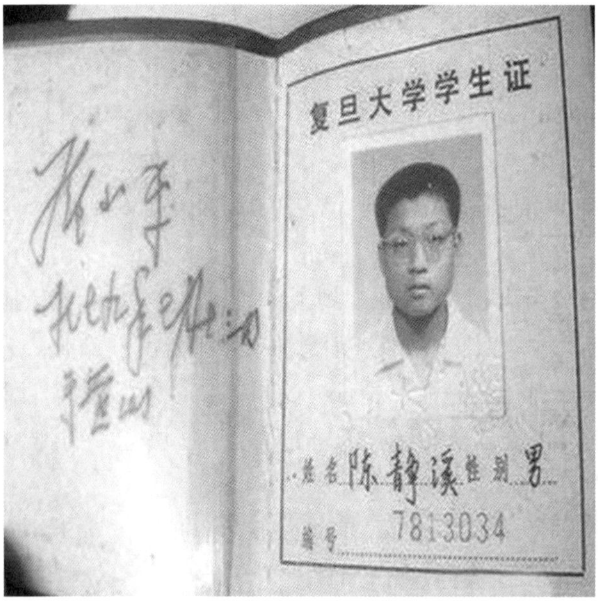

图 11-3 邓小平为复旦大学新闻系学生陈静溪签名的学生证

11.3.3 复旦四载结缘终生

从 1978 年 10 月入学复旦新闻至今，一晃 40 年过去了。人生，因缘而聚，因情而暖，因有故事而回味。母校情、老师恩、同窗谊，这是人世间无法替代且历久弥坚的美好感觉。对我们 7813 这个有特殊故事的班集体而言，复旦四载，结缘终生。

有一种情感，一辈子都不会输给时间、败给距离，这大概说的就是我们吧。

1998 年 9 月，我们全班同学毕业后首聚母校，纪念入学 20 周年。从那时起我们相约，每到入学和毕业逢五逢十纪念日，一定要聚首尽欢。我们没有食言。2002 年 9 月毕业 20 周年，我们在上海、杭州两地相聚。2008 年 10 月，我们相约北京奥运村、中国国家大剧院，纪念入学 30 周年。2012 年 6 月毕业 30 周年时，我们聚首上海世博园、金山枫泾古镇。2018 年 9 月，我们再次回到母校当年上课的教室里，和当年任课的老师们一起重温既往，隆重纪念中国改革开放 40 周年和我们入学 40 周年。经过精心策划，我们还把这次纪念活动延续到了世界十大邮轮之一的“海洋量子号”国际邮轮上。海上航行五天五夜，同学们放浪形骸，把酒尽欢，船上多国游客见证了我们这一幸福时刻，纷纷点赞。令人感到特别温馨的是，40 年来的每次大小聚会，我们当年的班主任龚向群老师、张国良老师夫妇都和我们在一起，这是我们班 40 年凝聚不散的重要动力。

几年前我们班建立了微信群，散居在世界四大洲9个国家和地区的同学和班主任老师一起，每天都在班群里畅叙交流，天南地北海阔天空，不亦乐乎。特别值得一提的是，在纪念入学30周年时，我们精心设计印制了一本有500多页内容的大型图文纪念册，每个同学都有一个专页，把自己的成长经历和在母校生活的点点滴滴记录其中。我相信，一本内容如此丰富的班级纪念册，在中国高校一定是绝无仅有的，我们把这本纪念册赠送母校收藏，并在90周年院庆上展出。

说到我自己，1982年毕业后被分配到天津师范大学新闻学专业任教。4年新闻学子，38年新闻“先生”，一度兼任《经济消息报》天津记者站站长。先后获得博士学位、三级教授，市级教学名师，担任过系主任、院长，如今即将退休。回顾过往，没有母校当年的开怀拥抱，没有“复旦新闻馆，天下记者家”这块金字招牌，就没有我后来事业上的顺风顺水。

光阴荏苒，岁月如梭。创业九秩，躬逢盛世。值此母校复旦大学新闻学院90华诞，献上我们这一代“幸运儿”深深的祝福!

（孙瑞祥）

11.4　革命战争时期我军新闻教育的初创与发展

军队新闻队伍是党和国家新闻舆论工作队伍的一支生力军、冲锋队。军队新闻教育是我国新闻教育的一个重要板块。在各个历史时期，人民军队新闻队伍总是以人才济济、精英荟萃、阵容齐整而著称，也在不懈努力中形成了军队媒体新闻教育培训、部队新闻骨干教育培训和军队院校军事新闻教育培训“三位一体”、行之有效的新闻教育格局。这种蓬勃兴旺、生动活泼的局面，虽然大成于和平建设时期，却肇端、奠基于革命战争的烽火硝烟中，经过血与火的锤炼锻打，形成了军队新闻教育的红色基因和鲜明特色。

11.4.1　在艰难条件下燃起红军通讯员培养的点点星火

人民军队从南昌起义、秋收起义初创，经三湾改编、古田会议定型，选择了农村包围城市的道路，拥有了红色割据状态的根据地。初步站稳脚跟后，人民军队的新闻宣传事业便隆隆开动。在红军的弱小、反围剿作战的艰难、根据地办报物质条件的捉襟见肘等不利环境之外，宣传人才的稀缺更是卡脖子的短板。1928 年 11 月，毛泽东在给中央报告井冈山根据地的斗争经验时，绝大多数篇幅是谈根据地斗争的成绩成就和独特经验，充满发挥主观能动性战胜苦难赢得胜利的乐观主义精神，绝少有向中央求援的文字。但是，在文章中，毛泽东却专门就宣传工作写道："文字宣传，如写标语等，也尽力在做。……惟缺绘图的技术人才，请中央和两省委送几个来。"①但是，党和军队的领导集体成员中的毛泽东、周恩来、邓小平等，在早期革命生涯中都有办报办刊的丰富经验，这使得红军新闻宣传人才队伍在"技术人才"严重短缺、"肌肉瘦弱"的同时，也同时具有"大脑发达"的特征，"政治家+通讯员"的"小核心、大外围"的力量组成方式应运而生。

中央革命军事委员会的机关报、红军总政治部编辑出版的《红星》报，在邓小平出任主编后，在部队建设中发挥的作用显著增强，并极受前线官兵欢迎，但当时的编辑部大部分时候也只有两三人，且除邓小平外的最多两位的助手编辑(当时也叫通讯员)，其姓名身份难以找到史料记录，可见也是高度流动、常来常换的。报纸之所以能够维系，甚至还扩版、增办副刊，一方面靠主编邓小平的"全能"和亲力亲为，另一方面靠的是采取了"优待投稿同志"的方式，鼓励干部战士投稿，建立群众性的通讯网络，拓宽稿件来源，提升办报质量。这也是当时同在根据地坚持的《红色中华》报和红色中华通讯社的共同选择。显然，在当时，没有组织专门新闻教育和人才培养的可能，甚至连相对集中的培训都很难事实。编辑部对遍布机关部队的通讯员队伍，一是靠在约稿、改稿的交流中帮助他们提升写稿报道能力，二是通过刊登给通讯员的信，指导他们改进工作、提高写稿报道水平。如，《红星》报发刊词《见面话》就详细介绍了报纸的定位和用稿要求。再如，1934 年 8 月 1 日，《红星》报在第 8 版刊载"红星编委"致红星通讯员的一封信，指出了"我们对于通信员的训练工作很差"的现实，并基于此要求总结了通讯员来稿的种种不足，提出了加强改进的举措，还明确要求各军团、独立师政治机关，"每月负责召集一次通信员会议检查通信工作并给通信员以具体的指示"。②

中央根据地时期，党和军队的院校教育也开始起步。早在 1926 年 2 月，党中央就研究"最高党校问题"，并决定开办长期党校。经过 7 年，1933 年 1 月，作为中央党校前身的马克思共产主义学校才在瑞金叶坪开学。马克思共产主义学校的培训内容针对性很强，在军事技能之外还涵盖马克思列宁主义哲学基本理论、党的建设、苏维埃的建

① 毛泽东选集(第 1 卷)[M]. 北京：人民出版社，1991：68.
② 程沄. 江西苏区新闻史[M]. 南昌：江西人民出版社，1994：157-158.

设、工人运动、历史、地理和自然科学常识等科目。新闻传播类教学内容显然不属于艰难困苦的红色割据时期需要“急用先学”的内容，所以未出现在马克思共产主义学校的教学内容中。但是，在这所党校，受训的党和军队高中级干部要被组织为宣传队下乡宣传。① 该校高级班学员萧锋在回忆录中，记录学员之间在学校列宁室组织的互教互学活动有“编快报，拉洋片，编歌曲”的内容。② 这些表明，在我党我军院校教育早期阶段，新闻传播方面虽然还没有清晰的认识，也没有在知识传授、能力训练等方面进行有目的、有计划的布局，但是也的确留下了几点踪迹、一丝端倪。我党我军草创的院校教育中出现这些痕迹和端倪，反映出艰难的根据地革命斗争对于新闻宣传工作有着客观需要。

另外，红军时期军队政治工作各项决议以及条例中，“军事通讯工作”是一项备受强调的内容。如毛泽东起草的、标志着人民军队定型的古田会议所形成的《中国共产党红军第九次代表大会决议案》(即古田会议决议)中，专门谈了《红军宣传工作问题》，要求军及纵队的政治部宣传科办壁报，统一名称为《时事简报》，每到一处就通过这种形式因地制宜、快速高效面向当地群众宣传“国际国内政治消息”“游击地区群众斗争情形”和“红军工作情形”。1931 年 3 月，毛泽东以红军总政治部主任的身份，撰写并发布了在红色区域普遍地创办《时事简报》的通令和关于怎样办《时事简报》的小册子③，既提出了广泛办报的要求，也指出了专业详细、通俗易懂地普及新闻采写编的方法。这是红军指挥层的军令，但同时也是新闻采编教科书。各部队贯彻执行军令的过程，实际也成为依据高质量教材学习运用新闻业务知识的教育传播过程，意义极为重大。

红军时期的《中国工农红军政治指导员工作暂行条例草案》中，有指导员或者“文字较好的战斗员”组成部队的“读报班”、部队编配“宣传兵”等规定。④《中国工农红军军、师政治部工作暂行条例草案》则规定军、师政治部的工作包含“指导本军、师军人记者工作”⑤。这些规定证明，虽然集中的、系统的新闻教育尚无条件在部队展开，但是新闻宣传人才队伍建设已是当时红军政治工作的重要方面，在队伍管理和作用发挥过程

---

① 晏义光，陈上海．马克思共产主义学校的办学特点[J]．中国党政干部论坛，2008(2)：58-59.

② 萧锋：萧锋征战记[M]．北京：中央文献出版社，2010：52.

③ 毛泽东文集(第 1 卷)[M]．北京：人民出版社，1993：259-265.

④ 中国人民解放军政治学院政治工作教研室：《军队政治工作历史资料第二册·第二次国内革命战争时期(一)》，第 331 页，1982 年 1 月内部发行。

⑤ 中国人民解放军政治学院政治工作教研室：《军队政治工作历史资料第二册·第二次国内革命战争时期(一)》，第 334 页，1982 年 1 月内部发行。

中，必然也包含着自发的、粗放的人才培养和能力提升工作。1930 年 7 月 27 日，红 3 军团在彭德怀指挥下突袭长沙，在短暂的成功占领期间，军团政治部主任袁国平领导创办了红军报刊中唯一的铅印对开大报《红军日报》，但办报的主体人员确是长沙《国民日报》报馆人员。后来虽然环境依然艰难，连续作战的情况更加严重，但红军报刊却在自力更生的条件下得以大量创办，如红 1 军团的《战士》、红 3 军团的《火线》、红 5 军团的《猛进》、福建军区的《红色战线》等，都发挥了激励军心士气、宣传政策主张的巨大作用，显示出红军新闻宣传人才较之根据地初创时期的极端稀缺，已有不小改观。1933 年 8 月 13 日，总政治部还通过《红星》报发布《征求照相机及照相材料启事》，提出："照片是宣传的一种最好武器。本部决定训练一批照片的干部出来，担任拍照红军胜利等照片。望各同志各团体各级政治机关即将原有的照像机及照像材料，送来本部，至要!"①这一材料证明，在条件稍稍成熟之时，或紧迫重要任务面前，相应培训工作也会迅速启动，虽然顺利实现目的的可能性通常很小。

11.4.2　在胜利凯歌中收获我军新闻人才培养的累累硕果

长征胜利后，我党开始了在延安以及其他抗日根据地的局部执政。从那时起到中华人民共和国成立，我党我军媒体一直处在大发展时期。抗战时期的八路军、新四军以及其师旅部队，各抗日根据地，解放战争时期的各野战军、各解放区，都大量办报办刊。连作战异常艰难的东北抗联也办了油印报纸。事业大发展孕育着人才大需求，人才队伍数量增长和质量提升也步入快车道，形式多样的人民军队新闻教育要有声有色地开展了起来。抗战时期，八路军总政治部组建前线记者团，八路军、新四军各师、旅配备专职随军记者，通讯员队伍更是迅速壮大。1944 年 10 月，八路军陕甘宁边区留守兵团的通讯员队伍已达 1914 人。解放战争时期，我军新闻队伍进一步扩大。

与轰轰烈烈的部队办报热潮相适应，我军媒体工作人员和通讯员队伍的组织和培养成为我军各级政治机关的重要职责。我军领导同志高度重视新闻队伍的能力建设，经常发出工作指示和耳提面命的具体指导，成为军队新闻工作者时常揣摩的专业教诲。徐肖冰回忆，当年在延安拍摄纪录片，起初自己并不懂得如何把握拍摄要求，是周总理对摄制组提出了"到前线去，要到部队去和战士们生活在一起，了解他们，熟悉他们，拍好他们的电影"的要求，做出了纪录片创作的"很准确的指示"②。八路军第 115 师《战士

① 总政治部：《征求照相机及照相材料启事》，解放军画报社资料室资料底片，编号：10103。

② 方方．口述历史：纪录中国革命——徐肖冰访谈录[M]//中国纪录片发展史．北京：中国戏剧出版社，2003：113.

报》曾刊登一篇某部打败日军一次进攻的报道《雷公打豆腐》，师政委罗荣桓批评报纸提法不当，容易引起轻敌情绪。① 新四军《拂晓报》有一篇报道在写一个班长牺牲时，错误使用了“惨不忍睹”这个词来形容，彭雪枫当即在报纸上批示指出错误，后来还在一次座谈会深入解释，报纸报道战士牺牲，要“应该从积极方面，写出敌人的残暴，战士牺牲的壮烈，激起群众对敌人的仇恨，对英雄的敬佩”。②《战士报》主编白刃说，在主编《战士报》期间，罗荣桓政委和肖华主任“简直就是手把手地教我如何办报”。③ 1947 年，晋冀鲁豫野战军司令员刘伯承专门与新华社晋冀鲁豫前线记者团负责人齐语谈话，就军事记者“笔尖带感情”“新闻通讯要简练短小，写一个问题”“做什么，学习什么”“深入采访”等 4 个具体问题发表了意见。④

个人在干中练、在实践中总结，媒体党组织督促学习提高，同行之间相互经验共享、研讨交流，成为媒体内业务学习和媒体从业人员专业教育的主要形式。如，晋冀鲁豫军区《战场画报》摄影记者高帆，1944 年被组织派遣，辗转来到晋察冀画报社学习照相制版，同时也作为小教员同与晋察冀画报社的同行交流了摄影工作经验。1941 年年初，蓝瑛参加新四军第 6 师 18 旅《东进报》工作。她后来回忆，当时工作的最大困难是“缺乏专业知识，也难以进行专业培训”，解决的办法是边干边学、互助互学，她和同事孙明、林学东还合编了一本名叫《臭皮匠》的手抄刊物，记录自己采访活动所见所闻和各种体会写在，还提出需要研究的问题，相互交流。蓝瑛回忆，《臭皮匠》“定期通过根据地交通站的传递，不断在我们三人中交换传阅，它也引起报社其他同志的兴趣”⑤。

媒体所发的新闻理论和业务文章，各级编写的新闻学《小册子》，事实上发挥了新闻教科书的作用。前者如《真实、具体和迅速——目前写通讯应该注意的几个问题》(《子弟兵》报 1942 年 4 月 24 日)，《怎样修改自己的稿子》(海棱)、《创造新风格的“工作通讯”》(云飞扬)、《谈谈写部队生活稿》(林昭)(《子弟兵》报 1942 年 6 月 5 日)，《学习爱伦堡》(周游，《抗敌三日刊》1941 年 5 月 26 日)等。后者如《油印技术》(新四军拂晓报社)、《论通讯员及通讯写作诸问题》(八路军晋察冀军区抗敌报社)等。

---

① 白刃．回忆抗战中的《战士报》[M]// 广州军区政治部战士报社．《战士报》60 年：1930—1990，北京：新华出版社，1990：136.

② 张方和．彭雪枫和《拂晓报》[G]//上海市新四军历史丛刊社．喉舌与号角——新四军和华中抗日根据地报刊史料集萃(下卷)．香港：香港语丝出版社，2004：660.

③ 白刃．罗荣桓政委教好办好《战士报》[M]//广州军区政治部战士报社．《战士报》80 年．北京：新华出版社，2010：124.

④ 齐语．刘伯承将军谈采访和写作[N]．人民日报，1947-04-19.

⑤ 蓝瑛．我在新四军中办报[J]．新闻记者，1995(8)：17.

1941 年 2 月至 4 月，八路军晋察冀军区的《抗敌三日刊》分 5 次连载孙犁编写的《连队通讯写作课本》，要求“每个通讯小组应根据本文进行讨论”并为每一课的学习设置了讨论题。第一课“用什么话写呢?”的讨论题是：“你在写通讯时，在话语问题上感到过什么困难?”“在你念过的通讯里你觉得那篇话语顶好，为什么?”“哪一些言语是死的言语?”第二课“材料问题”的讨论题是：“通讯的目的是什么?”“材料是怎样来的?”“我们的通讯有哪些缺点？缺点是怎样来的?”“怎样把材料弄成一篇通讯呢?”第三课“怎样表现”的讨论题是：“把这篇文章，朗读一遍”“这篇通讯的好处在什么地方?”“从另外一篇通讯里，再找一找它的优缺点?”第四课“政治性·新闻性·故事性”的讨论题是：“尽量从许多通讯材料里，来证明通讯三种性质的重要性”“检讨一下自己过去在三种性质的运用上有什么缺点。”第五课“叙事性和抒情性”的讨论题是：“什么叫叙事?”“什么叫抒情?”“怎样去抒情?”这一教材的体例架构的科学性，内容设计的系统性、实用性、交互性，即使用今天的眼光看，也颇值称道。

各级媒体所办的培训班、训练班等，成为我军新闻专业教育的雏形，并且在抗日战争和解放战争时期遍地开花、快速发展。1940 年春夏之际，新四军拂晓报社举办了为期两个月的第一期“报人训练班”，学员 18 人。新四军第 4 师师长彭雪枫、第 6 旅政委吴芝圃、师政治部主任萧望东、中共豫皖苏边区区委宣传部长曹荻秋、师政治部宣传部长王少庸等领导轮流为学员授课，讲解中国共产党的方针政策和新闻工作理论。第一期报人训练班结束后，中共豫皖苏边区有 10 来种报刊陆续创办。1941 年 10 月，拂晓报社举办了有 7 名学员的第二期“报人训练班”。结业后，有的学员“去办淮北军区报纸《铁流》，后来这些同志成了《拂晓报·部队版》的基干力量”①。

军事新闻摄影的专业培训更加令人瞩目，依托部队选调摄影培训学员进行集体办班的培训方式迅速形成规模。八路军在抗日战争时期共计举办了 17 期摄影培训班，培训了数百名军事摄影学员。② 著名的有 1940 年夏、冬晋察冀军区冀中军区连续举办的两期摄影训练队（石少华主持）；1940 年 12 月晋冀鲁豫军区摄影训练班（徐肖冰主持）；1941 年 7 月晋察冀军区摄影训练队（沙飞主持）；1941 年 12 月在延安成立的带有培训性质的摄影研究小组（郑景康主持）；1942 年八路军延安电影团摄影训练班（吴印咸主持）；1944 年 11 月、1945 年春晋察冀画报社先后举办的两期摄影训练队。即使在日军“扫荡”的情况下，各摄影培训班也坚持办学。如，晋察冀军区摄影训练队教学实施不足一月即

① 王克．闻鸡起舞——忆战争时期的《拂晓报》//上海市新四军历史丛刊社．喉舌与号角——新四军和华中抗日根据地报刊史料集萃（下卷）[G]．香港，香港语丝出版社，2004：681.

② 胡志川，马运增．中国摄影史（1937—1949）[M]．北京：中国摄影出版社，1998：74.

遇日军“扫荡”，沙飞、赵烈和张进学等带领部分学员在游击状态中进行分散教学，反“扫荡”结束后返回原地继续办班。冀中军区于1942年春举办的第四期摄影训练队，遭遇了日军对冀中抗日根据地发动的最为残酷的“五一”大扫荡，石少华、焦国珍按照上级指示，带领学员化装成农民子弟分散隐蔽，转移到平汉路西侧的行唐县，继续实施教学，在突围时有的学员身负重伤，有的学员壮烈牺牲。

八路军摄影培训的内容，首先是强调政治思想统领专业技术。在冀中军区摄影训练队上，石少华关于“摄影是革命斗争的武器，是进行阶级教育的工具，你们参加学习的同志，都是革命的种子，将来要撒遍全国”①的论述，深刻影响了学员。在专业教育方面，八路军摄影培训设有摄影常识、暗房冲印技术、照片上色等课程。教学力量强的培训班(队)，还开设了文学理论、美术构图、光学和新闻摄影、新闻采访等课程。除了通常的教学方法，有的培训班还采用了学员共同参加的辩论方法，就学员感兴趣和有关的问题进行辩论。1945年3月29日，晋察冀画报社第三期摄影训练队全体参加的“争辩大会”，辩论“摄影工作者之前途问题及个人的前途与发展”等问题。

马克思主义新闻理论教育的集中体现，是在解放区新闻界反对“客里空”等运动中进行的。在1942年中共进行以整顿党风、作风和文风的整风运动中，人民军队的干部和新闻工作者已经对“客里空”开展了批评。对于《晋绥日报》主动反对“客里空”和中共中央宣传部关于开展反对“客里空”运动的指示，人民解放军的报社等给予了积极回应、大力支持和贯彻落实。1947年7月，晋绥军区《战斗报》率先检查新闻工作中报道失实现象，致使报纸版面编排和报道内容出现了新面貌。同年9月，《冀晋子弟兵》报也对报道失实现象进行了检查，所出版的第140期报纸，以通栏标题《深入采访严格审查，加强新闻报道的真实性》，使用整版篇幅刊登有关文章，反对“客里空”。《冀晋子弟兵》报在配发的按语中指出：本报编辑室除了检查自己的工作外，愿将我们在平时来稿中发现的一些事实互相出入，甚至不符事实的地方提出供大家参考。冀晋军区政治部发出指示，号召全军区广泛开展批评冀晋军区《子弟兵》报的运动，帮助报纸改进工作。1948年8月上旬，石少华在第3、4期合刊出版的《摄影网》发表文章，支持并维护沙飞坚决反对“导演补拍”的观点，针对新闻摄影中存在的导演补拍的偏失，在点名批评一个同行的错误中，就包括其在摄影上搞“客里空”，严肃指出“有的战斗照片是战后布置的”②。

（刘亚、濮端华、李习文）

---

① 胡志川，马运增．中国摄影史(1937—1949)[M]．北京：中国摄影出版社，1998：77.

② 蒋齐生，舒宗侨，顾棣．中国摄影史1937—1949[M]．北京：中国摄影出版社，1998：99.

11.5 忆1994年呼和浩特新闻教育工作座谈会

1994年6月，我们学校党委收到了中共中央宣传部和国家教委关于在内蒙古呼和浩特联合召开新闻教育工作座谈会的通知，决定派我代表学校新闻系出席这次会议。当时，我担任新闻系系主任。7月1日上午9时，我乘火车从成都出发，于7月2日下午8点抵达北京。7月3日上午，我专程到中国人民大学方汉奇教授家中拜望，向他报告了学院编著《新闻传播百科全书》的情况。诚邀他为该书作序，方老热情支持并欣然答应作序。7月3日晚9时，我赶到北京火车站乘89次车直奔呼和浩特。

经过一夜的旅行，7月4日清晨7时抵达呼和浩特市火车站，受到内蒙古自治区党委宣传部同志的热情接待。主持这次会议的中共中央宣传部常务副部长徐惟诚，以及中国新闻学院副院长刘滨江等一些新闻院系的负责同志也乘这趟火车到达。主宾在车站相见，十分高兴。短暂寒暄后，汽车就送我们来到会议住地内蒙古自治区新城宾馆(见图11-4)。

这是我第二次出席由中宣部和教育部联合召开的新闻教育工作座谈会，第一次是1983年5月25日至6月1日在北京大学举行的。那时我们四川大学新闻专业才刚办不久，仅招收了一届本科生和一届干部专科生100余人。经过十多年的努力，已经有了较大的发展，学生人数在千人以上。但在新闻教育的实践中，我们也深感有许多问题需要请教和解决，因此对这次会议抱有极大兴趣和期望。

7月4日上午，在新城宾馆，我非常高兴地见到了我曾经在那里学习进修了一年的复旦大学新闻系的老领导、恩师丁淦林教授和新领导陈桂兰教授，还一起逛了民族商场。下午又到中国人民大学新闻学院院长何梓华教授住的房间，与兄弟院系的一些院长、系主任交流、聊天，为开好会议做准备。

7月5日，全国新闻教育工作座谈会在内蒙古自治区常委会议厅正式开幕。徐惟诚副部长主持会议。他在简短的开幕词中说，这次会议是根据中宣部部长丁关根同志的建议召开的，邀请了全国15所大学新闻院系、7家中央新闻单位和一些省市新闻管理部门的相关同志们，一起来研究新闻教育问题。他回顾了改革开放以来我国新闻教育工作的恢复与发展，以及取得的成绩，指出无论从数量和质量上看，都远远赶不上全国新闻事业蓬勃发展的需要。他强调在新的形势下，要把新闻教育的重点放在提高质量上来，在继续做好本、专科教育，培养新闻队伍新生力量的同时，还要努力做好在职新闻从业人员的培训工作，不断提高新闻队伍的政治素质和业务能力。接着，中国人民大学何梓

图 11-4　中共中央宣传部和教育部联合举办的中国新闻教育工作座谈会在内蒙古自治区呼和浩特市举行。图为邱沛篁(左一)和出席会议的代表们达到当地时受到欢迎的情形

华院长和武汉大学新闻系主任吴高福教授相继发言。何院长就新闻理论课教学中的若干问题发表了意见，吴主任结合武汉大学新闻系的教育实践畅谈了新闻教学改革的新思路。我第三个发言，题目是《坚持联合办学，发展新闻教育》，着重汇报了四川大学新闻系 10 多年来开展与社会、与新闻单位联合办学的内容和形式，取得的主要效果，以及坚持联合办学的几点体会。

徐惟诚副部长非常认真地倾听每位同志的发言，并不时插话，使座谈会气氛十分活跃、热烈、轻松。当我汇报到中共四川省委、成都市委宣传部和新闻界都十分关心并全力支持四川大学新闻系工作时，他插话道："你们这是得天独厚!"当我谈到四川日报社还专门设立了新闻奖学金，每年用以奖励新闻系在新闻业务实习中表现突出的学生时，徐惟诚副部长又插话说："这种做法很好!"并关切地询问每年奖励的具体金额是多少，希望今后新闻单位再加大这方面的投入。当我谈到我们系还与四川食品报社、四川工人日报社合作，结合新闻采写教学课，协办《小草》《企业文化》等一些专版时，他又插话说："我赞同你们这种做法，合作办报，既锻炼了师生，又不影响学校把主要精力放夺教学工作上。我不主张学校自己去办面向社会的报纸。"在我发言结束后，徐惟诚副部长还向到会的光明日报社的同志建议，在报上宣传四川大学新闻系联合办学的经验。会后不久，1994 年 8 月 20 日《光明日报》就刊载了记者余长安采写的《既学书本，又谙实践，四川大学新闻系与社会联合办学》的新闻专稿。

当天上午的座谈会上，北京广播学院新闻系主任曹璐教授、复旦大学新闻学院院长陈桂兰教授、华中科技大学新闻系主任程世寿教授等也相继发了言，介绍了他们院系在新闻教育改革方面的一些经验和体会。

7 月 7 日上午，国家教委高教司司长周远清(1995 年后，先后任国家教委副主任、教育部副部长)在座谈会上讲话，通报了全国教育工作会议的情况，强调了控制数量、提高质量的办学思路，并介绍了全国高校体制改革方面的新发展。他指出，新闻教育要进一步坚持正确的政治方向，努力适应社会发展和新闻改革的需要，探索在新形势下培养人才的新模式，进一步加强学生综合素质与实践能力的提高，不断为国家输送德智体全面发展的新闻人才。

这次会议整整开了 3 天。新闻教育、新闻单位、新闻主管部门等诸方面的同志，围绕怎样提高新闻教育质量的若干问题广泛交换了意见，沟通了情况研究了如何进一步加强相互合作、发展新闻教育的具体措施。7 月 7 日下午，徐惟诚部长作了总结讲话，代表们都感到收获很大。

7 月 8 日，会议还组织部分与会代表途经武川县城，翻越大青山，到昭河草原蒙古包及牧民家中采访参观。

7 月 9 日会议结束，我返回学校后，立即向校党委和全系教职工汇报了这次会议的情况。学校领导指示我们，这是一次非常重要的会议，中宣部、教育部领导同志的重要讲话和各兄弟院校、新闻及新闻管理部门负责同志的发言，对于进一步改进和发展学校新闻教育工作具有极其重要的现实指导意义，要求我们认真贯彻落实。在学校统一领导下，我们迅速制定了落实会议精神的具体措施，并在全体教职工的共同努力下逐步一一落实。例如，我们进一步坚持“请进来、走出去”的办学模式，开拓办学思路，不断强化与开拓与社会联合办学。1994 年 12 月，学校新闻系和四川日报社共建的新闻研究所成立，《四川日报》总编辑姚志能任名誉所长，我担任所长。1995 年 11 月，学校党委批准正式成立新闻学院，我担任首任学院院长。同月，还成立了四川大学新闻学院咨询委员会，中共四川省委常委、宣传部长席义方任主任委员，副部长杜江任副主任委员。1997 年，由邱沛篁、吴信训、曾繁铭、吴建、向纯武主持的“开创密切联系社会新思路，探索培养新闻人才新模式”项目，获国家级优秀教学成果二等奖、四川省优秀教学成果一等奖。1998 年 4 月，由四川大学新闻学院任主编单位、联合新闻界及高校新闻院系共同参加编著的《新闻传播百科全书》由四川人民出版社正式出版，并举办出版发行座谈会，方汉奇教授出席会议并讲话。同时，学院在学校大力支持下举办的新闻函授、自考教育及新闻学研究生课程进修班，不断取得新成果，为提高在职新闻从业人员政治思想素质与业务水平贡献了力量。这些都说明，呼和浩特新闻教育工作座谈会，在推动新闻教育改革、提高新闻教育质量方面产生了积极影响，对我们进一步搞好新闻教育、培养合格新闻人才产生了重要推动作用。它确实是一次令人难忘而有意义的新闻教育盛会。

（邱沛篁）

11.6 一会、一报、一系、一考
——改革开放之初的甘肃新闻教育

在人们的印象中，甘肃是一个相对贫困和落后的地方，无论是经济、社会的发展还是文化教育事业的水平均走在全国各地的后面。尽管在历史上曾经有过繁荣和辉煌，可那早已是过眼烟云了。但是在改革开放之初，甘肃的新闻传播教育事业却有过一段令人瞩目的时光，其中有几件事情是非常值得一提的。它将给我们今后的新闻教育事业的发展提供参考和借鉴。那就是一组会议、一张报纸、一个新闻系和一次大考试。

11.6.1 一组会议

“一组会议”自然就是好几次会议，这几次会议，在中国新闻教育和研究的历史上都留下了很深的记忆，并产生了相应的影响。

第一次是1980年5月召开的西北五报新闻理论学术研讨会。那时我还在上大学中文系，并没有亲身经历这一次会议，自然也没有“跨学科”的关注。但我进入新闻教育领域以后感受到了这次会议所留下的深远的影响，很长一段时间中不断有人向我讲起那次会议。这次会议是由《甘肃日报》《陕西日报》《新疆日报》《青海日报》《宁夏日报》五家省级党报发起的。当时改革开放开展不久，在新闻教育界和新闻学术研究领域文化大革命所留下的极“左”的思想还比较深重。在新闻界虽然也开展过一些以揭、批、查为目的的批判“文化大革命”极“左”思潮的会议。但除了处分了一些人之外，在理论研究学术探讨和教育、思想、改革等方面并没有产生很大的积极作用。西北五报所发起的这一次新闻理论研讨会在当时具有开创性的意义。这次会议受到了国内新闻界和新闻教育界的广泛的注意，所以虽然名称为西北五报的会议。但实际上吸引了全国30多个新闻教育和研究单位、新闻宣传机构的许多人士前来参加。尤其是新闻教育和研究领域，当时国内著名的专家几乎悉数到场。比如复旦大学的王中先生、中国人民大学的甘惜分先生等。后来在新闻研究领域鼎鼎大名的李良荣先生、童兵先生当时是以王中先生和甘惜分先生的在读研究生的身份参加这次盛会的。在这次会议上，就我国新闻领域理论和实务等许多方面的重大问题进行了非常热烈的讨论。比如关于报纸的性质、作用和任务，关于党报的党性和人民性及其关系的问题、报纸上的批评与自我批评问题，关于新闻的真实性问题，关于报纸的指导性问题，关于新闻工作的客观规律等一些基本理论问题。许多的问题在前二十多年中均是讨论的禁区，此次的研讨令人耳目一新，并直指我国新闻事业改革的许多核心问题，对促进当时的新闻改革、深化新闻理论的研究具有重要的启示意义。三年后，我进入了新闻教育领域，当时的兰州大学新闻系系主任张默先生将那次会议的全套材料送我一份，它也成为我日后从事新闻教育和新闻学研究的重要的启蒙读物之一。遗憾的是，这套材料后来不知被哪位研究生拿去写论文了，最后不知所踪。

第二次会议是1990年由兰州大学新闻系主办在嘉峪关市酒泉钢铁公司召开的“新闻三会”。所谓的“新闻三会”当时是指全国新闻教学指导委员会、全国新闻学研究会和全国新闻系系主任联席会的并称。本来这三个会议每年是分别举行的。后来，大家觉得每年举行三次内容和性质差不多的会议既浪费大家的时间又浪费大家本不宽余的经费，所以最后议决将三次会议并作一次，称为“新闻三会”。这次会议得到了酒泉钢铁公司和嘉峪关市的大力支持。会议在酒泉钢铁公司招待所举行，会议的后勤工作就由酒泉钢铁公司有关部门全面负责，当时担任嘉峪关市委书记和嘉峪关市人民政府市长的两位领导人都是兰州大学中文系的校友，自然也给了会议很大的支持。这次会议的规模很大，当时国内所有的新闻系和新闻专业几乎都派人参加。与会人员达到120多人，国内许多著名的新闻教育和管理方面的教授专家与会，如新闻界的老领导温济泽先生、著名教授何微先生和时任教育部高教司司长等参加了会议。当时会议讨论的议题已经不大记得了。但会议期间，应嘉峪关市政府邀请参与的当地的一次文化经济活动却在许多与会代表的脑海中留下了难忘的记忆，这便是当年由嘉峪关市主办的西北地区赛瓜节。时值八月，正是西北地区瓜果成熟的季节。由于当地气候干燥，昼夜温差大，瓜果生长时间较长，瓜果体内糖分蓄积量较大。因此，西北的瓜果比内地的分外地甜。赛瓜节期间，来自西北地区的许多地方送来了当地最好的瓜果参加比赛。赛瓜节组委会专门为新闻三会的代表组织了一次品瓜会。在短短的一个多小时时间内，与会代表们每人品尝到了几十种西瓜、白兰瓜、黄河蜜瓜、新疆哈密瓜和李广杏等优良水果，给会议代表留下了十分深刻的印象。以至于20多年以后，当时与会的一些代表还不时地提起那次的会议。会议的压轴是敦煌文化考察，在莫高窟、月牙泉、鸣沙山、古阳关遗址等地方，大家大发怀古之忧思，念天地之悠悠。那时交通条件比较落后，会后的代表返程成了我们的一大难题，幸好有我们的学生在兰州铁路局任职，通过特殊渠道为会议在乌鲁木齐开往郑州的列车上给我们加挂了一节卧铺车厢，才将内地大部分与会代表送到郑州，然后各自走人。

第三次会议是1994年由兰州大学公共关系研究中心和兰州大学新闻系联合主办的全国公共关系研讨会。这是全国高等院校第一次大规模的公共关系学科的学术和教学研讨会。当时与会的有全国七八十家已经开设了或准备开设公共关系课程的教师代表，后来在全国公共关系研究和教学及实践领域颇有名气的一些学者当时都还是年轻人。大家围绕传入中国不久的公共关系学科及我们刚刚摸索到的一些公共关系的教学研究和实践领域的经验、教训进行了非常深入的探讨，并就未来公共关系教学方案的制订和教材的编制等进行了广泛的讨论。会后，我们组织全体与会代表到甘南藏族自治州进行文化考察，先后参观了拉卜楞寺等文化宗教场所，并到甘南桑科草原采风。尽管是8月份，但当时的甘南草原气温却很低，大家领略了西北独特的自然风情。

第四次会议便是于2001年8月召开的第二届世界华文传媒与华夏文明传播国际学术研讨会。这次会议现在已经召开了十几届了，成为国内传播学研究和媒介研究的一个品牌。这次会议的最初发起者和主办方是中国新闻史学会、华中科技大学信息与传播学院和新加坡南洋理工大学黄金辉传播学院。

当然，除了以上较为知名的会议，还有数量更多的一些小型的学术研讨和经验交流会议。通过这些会议，加深了全国新闻教育与研究领域和新闻宣传界对甘肃、对兰州大学新闻传播学系的认识和了解，打开了我们对外交流的学术通道，结交了全国新闻教育和研究领域的众多朋友，为几十年间我们学术研究的进步和教育质量的提高积累了宝贵的资源，得到了广泛的支持。

11.6.2　一张报纸

“一张报纸”是指上世纪80年代甘肃省新闻研究所主办的《新闻理论与实践》。这是一份四开四版公开发行的小型报纸，也是一份专业媒介批评报纸。该报为半月刊，1979年5月1日创刊，1989年年底停刊，共发行了10年，以刊登国内外新闻宣传工作动态、新闻学理论研究、新闻事业管理经验和新闻业务实践经验探讨等内容和展开媒介批评为主的新闻学专业报纸。在80年代全国范围内新闻专业的理论研究与业务研究刊物极少，这张小小的报纸，曾经发挥了非常重要的作用，当时和后来在全国新闻教育、新闻学研究及新闻实践领域卓有成绩的许多专家、大家曾在这张报纸上发表过高论。这张报纸也曾经发表过在后来被认为很敏感的一些话题，比如关于新闻党性和人民性的关系，关于新闻作品商业性的问题，关于新闻的真实性和新闻价值观、关于报纸的可读性等。后来担任兰州大学新闻系首任系主任的张默先生曾经在很长时间中担任该报的主编。也因为如此，兰州大学新闻系成立后，在五年多时间中得到该报的赠阅，对兰州大学的新闻教育和研究发挥了积极的作用。非常可惜的是，1989年年底由于经济效益等各方面的原因，这份报纸的公开版停刊了，刊号被挪作他用。该报变成了《甘肃日报》内部刊印的一个业务交流刊物，逐步失去了在国内新闻界的影响。

11.6.3 一个新闻系

“一个新闻系”便是兰州大学新闻系(后改名为兰州大学新闻传播学系，即现在的兰州大学新闻传播学院)了。现在回想起来，兰州大学新闻系的创建，应该是很早的“部校共建”的成功范例，因为它是兰州大学和甘肃省委宣传部、组织部共同努力的产物。

现在无论是校庆还是院庆、系庆，都喜欢将自己的历史设法拉长一些，可能是为了显得有底蕴吧。说到兰州大学新闻传播学系的历史自然也不能免俗。兰州大学的新闻学教育肇始于1958年，有点年纪的人都知道“1958”这个符号在中国的特殊意义。那年全国各行各业大跃进，教育领域同样如此，几乎是一夜之间办了许多的大学，原有大学里又新办了许多新专业，自然许多的新闻学专业出现了。兰州大学中文系新闻学专业1958年开始招生，先后招生三届。1961年随着国家大形势的变化停止招生，已经入校的新闻学专业学生后来被并入了汉语言文学专业，这一次的新闻学专业建设便这样无疾而终了。当然这些学生中的一些人毕业后还是进入了新闻单位工作，并成为我国新闻工作领域的骨干力量。

1983年6月，中共中央宣传部和教育部在北京召开全国新闻教育座谈会，着重研究解决当时新闻学教育的规模和速度都无法满足改革开放后我国新闻事业发展需要的问题。此次会议预测到世纪末(2000年)全国需要新闻专业科班人才9万多人，但当时全国只有中国人民大学、复旦大学、北京广播学院等极少的新闻学教育单位，每年毕业生只有区区几百人，严重制约我国新闻事业规模的扩大和质量的提高。会上决定在全国范围内迅速扩大新闻学教育的规模，至少在原来的几大行政区内都有新闻学教育单位。在西北，这一任务落在了陕西和甘肃两省，而甘肃省和兰州大学对此表现了更大的热情和积极性。当时甘肃省委宣传部部长宋静存和甘肃省委组织部长流萤都曾经是甘肃日报社的老社长，对新闻界十分的熟悉并有极深的感情，因此他们对筹办兰州大学新闻学系都表现出了极大的热情。当时的兰州大学主要领导和兰州大学中文系的领导同样对此有充分的积极性。在流萤部长和兰州大学主管教学的副校长李希的召集下，省委宣传部、组织部、甘肃日报社、省广播电视局和兰州大学等相关部门先后几次开会，讨论新闻专业的筹建事宜。基于当时的条件，决定先在兰州大学中文系挂牌设立新闻学专业，具体的工作由中文系党总支和行政班子负责。总支书记陈淀，系主任胡恺、副系主任张积礼等为此事付出了很多的努力。按照当时的安排，省委组织部和宣传部负责从省内相关新闻单位选调一批符合条件的业务骨干进入兰州大学担任新闻学业务课程的教学，兰州大学则负责从中文系选调相关教师担任新闻史论和基础课教学，于是便有了一支理论与实践相结合的专业教师队伍，奠定了该专业的基础。分布在甘肃省范围内不同地方和单位的来自复旦大学、人民大学和北京广播学院的一些老毕业生都被纳入了动员的范围。最终先后从甘肃日报社、甘肃省广播电视局(台)等单位调入了十几位业务骨干。从1983年9月开始，这些教师中的不少人先后被派往人民大学、复旦大学和中国社会科学院新闻研究所举办的新闻教师进修班突击学习，保证了早期基本的教学秩序和教学质量。

经过一年多的筹备，1984年兰州大学新闻系开始招收第一届学生，限于师资条件和实验条件的简陋，此届只招收了40名学生。为加快新闻系的建设和新闻学教育的规模，经学校批准新闻学专业从中文系分出单独成系。1984年9月3日举行了兰州大学新闻系成立大会暨首届学生的入学典礼。省委宣传部、组织部及省级新闻单位的主要领导出席会议祝贺，兰州大学新闻学教育的大幕正式拉开。首任系主任为甘肃省新闻研究所所长张默。其后的十余年间，兰州大学新闻系仍然不断地得到来自省委宣传部和各省级新闻单位的支持，我本人就曾经多次向几位部长(局长)寻求帮助，形成了相对固定的交流渠道。

11.6.4 一次大考试和一所社会性新闻大学

自1985年4月开始的甘肃省新闻学专业自学考试是当时国内最早开设的新闻学专业自学考试，在国内颇有影响。其背景是，在筹办兰州大学新闻系的过程中，甘肃省领导和兰州大学领导都意识到一个问题，仅靠兰州大学新闻系的努力远远无法满足当时甘肃省新闻事业改革和发展的基本需要，从人才培养的周期看也无法解当务之急。当时甘肃省省级媒体中具有新闻专业背景的人才只占极少数，而地县级媒体中受过系统新闻专业教育的人才几乎没有，严重地阻碍着全省新闻事业改革和发展的步伐，必须找到一种“短平快”的办法，大家的眼睛便瞅向了国家在20世纪80年代初开办的高等教育自学考试。在省委宣传部和组织部协调下，省自学考试指导委员会和省教育厅同意并报请全国高等教育自学考试指导委员会同意，甘肃省开设了自学考试的新闻学专业，主考单位是兰州大学新闻学系。为保证考试的质量和基本的规模，兰州大学新闻系和甘肃日报社、甘肃省新闻研究所联合承担相关的宣传、组织等工作。在1985年4月间的《甘肃日报》上发布了关于新闻学专业自学考试开考的消息，刊登了整版的广告。此举在全省产生了巨大反响，第一批报名参加考试学习的就达15000多人，大大出乎我们的预料。报考人员的单位和职业几乎涵盖了从城市到农村的所有领域。报考人员的地域除甘肃省内所有地州市县外，还涉及相邻的青海省、宁夏回族自治区和陕西省。报考人员的年龄则从十六七岁的高中毕业生到50多岁的临近退休人员。

而当时面临的最大困难是没有教材、没有足够的辅导教师、没有基本的教学和组织考试经验，而几乎所有的报名考生却都迫切希望能够得到基本的学习材料和必要的教学辅导。为此，经过兰州大学新闻系和甘肃日报社、甘肃省自学考试指导委员会办公室(简称自考办)的沟通协商，共同创办了当时国内第一所新闻学自学考试辅导性质的社会性办学机构——甘肃新闻刊授学院，学院的师资和管理机构的班底便是兰州大学新闻系和甘肃省新闻研究所的全班人马。随后主要做了三件事情：

一是突击编写教材并刊印教学辅导刊物《新闻刊授》。根据省自考办批准的考试计划，考生在两年内考完12门必考课程和四门选考课程，可授予大学自学考试的专科毕业证书。当时国内没有适合这一考试使用的教材，于是决定自己动手编写，当时兰州大学新闻系的每一位教师和甘肃新闻研究所的主要研究人员都承担了教材编写的任务。我们克服了没有蓝本模仿、没有参考资料的巨大困难，经过两年的努力，先后完成了两百多万字的教材和教学大纲，保证了教学和考试的基本需要。基于考生的学习以自学为主，而这些教材当时又无法在短时间内达到公开出版的水平，于是便以刊授学院的名义创办了内部印刷的刊物《新闻刊授》，每月印刷一期，容量为12万字左右。刊登不同课程的教材和参考资料，以及一些学员的学习体会等材料。在两年内共刊印了24期，发布了全部的教材和教学参考资料。

二是进行了面向全省考生的学习、考试辅导。为了保证考生的学习质量，解决他们在自学过程中遇到的自己无法克服的困难，当时在全省各地州市和部分大型国有企业设立了自学考试辅导班，此举得到全省各地州市和大企业党委新闻宣传部门的大力支持，辅导场所的寻找、考生的召集、辅导班的管理都是由他们选派得力人员完成的，任课教师则由兰州大学新闻系和省新闻研究所派出。在两年的时间内，教师们日夜兼程奔波在甘肃省40多万平方公里的土地上，在20多个教学点同数万名学员进行了面对面的交流。由于人手紧张，基本上是每一个老师负责一门课程的教学任务，那是真正的“时间紧、任务重”。以我自己为例，在1985年的暑假期间42天时间内就经历了每个教学点上两天课(每天整整8小时)，中间安排一天行程赶往下一个教学点的节奏，14个教学点28天课，到后半程时我已经连一句多余的话都不想说了。但这次的超强度教学互动也留给我们深刻的印象，看着台下众多考生(我上过课的最大课堂有2000多人)，他们年龄不同、职业不同、生活经历千差万别，有的是放下手中的铁锹来自田野，有的是脱下工作服来自车间，有的来自军营，有的来自学校，甚至还有正在服刑的人员，为了一个共同的新闻梦想绑在了一辆战车上。看着白发苍苍的老学员、看着怀抱婴儿的女学员、看着满手老茧的农村学员，我常常有一种要流泪的冲动。这些学员中的一些人后来成了我一生的朋友，到现在还经常有联系。

三是命题与阅卷。自学考试的过程是规范的，纪律是非常严格的，也因此得到了社会的广泛好评与肯定。我曾经多年参与甘肃省和全国自学考试的命题工作，感触颇深。早些年采用的是入围命题的方式，在考前一个月左右时命题人员就被集中起来派往外地的命题点，这些地方是相对封闭的、便于管理的，最终是为了管理。我们曾多次去过造币厂和监狱等平常不可能光顾的地方，命题和制卷都在保密、封闭的环境中完成。那时还是“铅与火”的时代，写题签是纸与笔，然后由印刷厂铅字排版，我们要一遍又一遍地校对改正，直到保证万无一失才能签字印刷。为了保密，印刷好的试卷是由武警部队押运的，我们这些年富力强的青年教师还要参与试卷的打包、装车等体力劳动。试卷发出我们便没事了，但不能回家，那时没有手机，打电话只能在负责人的房间里给家中简单报个平安，有些条件差的地方连电视也没有，只好打扑克、下象棋打发时间。后来，条件改善了，有了电脑，不用手写了。同时制卷方式也变了，不再采取“入围”命题的方式，改用“题库”形式了，命题便在自己家中完成了，省去了许多的麻烦。

考试结束后便是紧张的阅卷，由于每次考试后公布分数的时间是排定的，所以阅卷评分和填写成绩通知单等工作都是在倒计时状态中进行的。按照规定，阅卷工作全部由兰州大学新闻系承担，而当时我们只是一个不足 20 人的小系，开始时每次考试几门课程的试卷加起来有十几万份，任务繁重。全系上阵，除正常上课的时间外，其余时间从早到晚均投入阅卷，就这还要十几天时间才能完成。现在想想，那时就是仗着年轻，要是现在这身体状况怕是真受不了了。

虽然吃了一些苦，但取得了丰硕的成果，令我们高兴。在 1987 年新闻学专业自学考试第一轮结束时，首批拿到大专毕业证的学员有 1500 多人，超出了我们的预料，也使得甘肃省拥有新闻专业人才的数量得到了突然的增加，这批人大部分进入了各级新闻宣传部门，使新闻宣传部门人才学历层次有了明显改善。30 多年来，参加自学考试拿到新闻学专业学历的考生们不断地被充实到专业岗位上，为全省的新闻传播事业和全社会的宣传、公关、广告、策划等领域作出了杰出的贡献。

时光荏苒，上面说到的都是 30 多年前的事情了，每每回想起自认为“激情燃烧的岁月”，仍有一丝激动。

（段京肃）

第12章 他乡之石

12.1 巴基斯坦高校传媒培养体系分析①

据巴基斯坦被高等教育委员会(HEC)官网②公布的数据，截至2020年5月10日，被该委员会认证的大学和学位授予机构总计213个，其中公立大学及学位授予机构为130所，私立大学及学位授予机构为83所。巴基斯坦高等教育委员会投入了大量资源，以加强公立大学的媒体教育课程、教育资源和师资队伍。③ 可以说，师资力量、学术研究和教学设施，是巴基斯坦传媒教育的三个重点。

12.1.1 巴基斯坦传媒教育的历史传承

1947年巴基斯坦独立以后，各项事业均处于周密计划和精心准备之中，促进传媒业和传媒教育发展则是其中之一。1959年，旁遮普大学(University of the Punjab)首先开设了新闻专业文学硕士，这是巴基斯坦建国后新闻学教育的第一次积极尝试。1955年，卡拉奇大学(University of Karachi)建立了新闻系。之后，1974年高玛大学(Gomal University)，1977年信德大学(Sindh University)，1984年联邦乌尔都艺术学院(Federal Urdu Arts College Karachi)，1985年白沙瓦大学(Peshawar University)和伊斯兰大学(Islamia University Bahawalpur)，相继成立了新闻系。1987年，俾路支斯坦大学(Baluchistan University Quetta)和布哈丁·扎卡利亚大学(Bahauddin Zakarriya University

---

① 本节部分内容曾在《巴基斯坦大众传媒研究》(中国传媒大学出版社2017年版)上发表，内容有改动，数据有更新。本节也是教育部重大攻关项目"'一带一路'沿线国家新闻传播业历史与现状研究"(17JZD042)的阶段性成果之一。

② https://www.hec.gov.pk/english/universities/Pages/AJK/default.aspx.

③ Amna Ashraf, Naveed Chaudhry. Media Education in Pakistan: Curricula, Facilities and Practices in Public Sector Universities[J]. Political Science, 2013.

Multan)同时开设了大众传播课程。福尔曼基督教学院(Forman Christian College)和政府学院(Government College Lahore)等也相继开办起新闻学或者大众传播学的课程与教学项目。综合来看，巴基斯坦高校的媒体相关专业的开设情况，大致如下①：

本科层次有 25 个与媒体相关的研究项目或课程，分别为：新闻学、大众传播学、电影与电视、媒体科学、视觉研究、广告、广播新闻、传播与媒体研究、传播与新媒体技术、传播学研究、发展传播、数字媒体、电影、电影与数字艺术、新闻与大众传播、大众传播与媒体研究、大众传播管理、媒体与传播、媒体与大众传播、媒体新闻、媒体制作、媒体研究、广播电视新闻、视觉艺术、视觉效果与动画。

硕士层次有 22 个与媒体相关的研究项目或课程，分别为：新闻学、大众传播学、媒体管理、电影与电视、媒体科学、广告、广播新闻、传播与文化研究、传播与媒体研究、传播学研究、发展新闻学、数字媒体、新闻编辑与大众媒体、大众媒体与媒体管理、大众传播与媒体研究、大众传播管理、媒体与传播、媒体新闻、媒体制作、媒体研究、电视制作、视觉艺术。

博士层次有 7 个与媒体相关的研究项目或课程，分别为：大众传播、媒体科学、传播学研究、创意艺术与传播、新闻与大众传播、媒体与传播、媒体研究。

12.1.2 巴基斯坦主要传媒院系的人才培养与课程设置

1. 旁遮普大学传播学研究所

旁遮普大学②传播学研究所(Institute of Communication Studies)隶属于行为与社会科学学院(Faculty of Behavioral and Social Sciences)。该所建立于 1941 年，是南亚次大陆在印巴时期建立的第一所新闻教学单位，1985 年更名为大众传播系。研究所建有现代化的专业图书馆、照片实验室、计算机实验室、视频编辑室、调频广播频道等，实验室均配有经验丰富的教员。教学团队方面，目前共有教师 22 人，其中男性教师 11 位，女性教师 11 位，具有博士学位教师 9 位，其中副教授 1 人，助理教授 13 人，讲师 7 人。

传播学研究所具有传播学本科、理学硕士、哲学硕士和博士学位的授权资格。硕士学位为两年制即四学期完成。博士学位需要一年即两个学期的课程学习，然后再进行三至五年不等的研究工作。传播学研究包含四个序列项目。第一学期学完核心(必修)课

① https://www.eduvision.edu.pk/programs-offered-in-media-studies-at-level-in-pakistan.

② http://pu.edu.pk/.

程之后，学生可以选择四个专业序列中的一个。该所提供的具体学位及相关情况见表12-1：

表 12-1　　旁遮普大学传播研究所学位及相关情况

项目名称	备注	费用
新闻摄影研究生项目	一年期	自费
传播学硕士学位项目	普通	
传播学理学硕士项目	晚间授课	自费
传播学理学硕士项目	发展新闻学	自费
传播学理学硕士项目	电影与电视	自费
传播学研究生发展支持项目	一年期	自费
电视制作硕士学位项目	—	自费
传播学本科学位项目	—	—
传播学理学硕士/哲学硕士学位项目	就业方向	—
传播学理学硕士/哲学硕士学位项目	研究方向	—
传播学博士学位项目	—	—

2. 信德大学新闻与媒体研究系

信德大学(The University of Sindh)社会科学学院(Faculty of Social Sciences)开办有媒体和传播研究系(Department of Media and Communication Studies)。1977 年成立时名为新闻系，1985 年更名为大众传播系，2013 年又更名为“媒体与传播研究系”。该专业旨在培养学生在传播和新闻领域的职业意识，并提供 4 年制媒体和传播研究学士和文学硕士(M. A)课程。为期 4 年的学士学位课程，旨在为专业教育提供理论研究和实践方法，使其适应日常生活，满足市场和专业领域(即印刷/电子媒体、新闻、广告、公共关系和发展支持传播)的需要。实际上，它是唯一一个为信德省城乡居民提供媒体与传播研究课程的机构。该系收藏有 3500 多种最新书籍和期刊，并有两个设备齐全的媒体实验室，包括足够数量的计算机、设施完善的演播室、摄像机、编辑处理器、录音机、多媒体放映机和激光打印机等。该系还要求学生在《罗斯尼》周报和《绍尔》月刊上撰写反映学术独立思想的新闻报道、专栏、文章和特写。

该系主要教员①有12位，其中教授2位，副教授1位，助理教授4位，讲师5位，其中4位具有博士学位。开设的相关本科课程②如表12-2所示：

表12-2　　媒体与传播研究理学学士学位四年制课程(八学期)

(前提条件：H. S. C. 或同等学历 入学前测试)

第一年

第一学期 First Semester		学分 C. H
300	英语 English	3
302	伊斯兰研究/非穆斯林伦理 Islamic Studies/Ethics for Non-Muslims	2
306	计算机技能/统计 Computer Skills/Statistics	3
MC 310	大众传播概论 Introduction to Mass Communication	4
	辅修科目Ⅰ Minor I	3
	辅修科目Ⅱ Minor II	3

第二年

第三学期 Third Semester		学分 C. H
400	英语 English	3
402	信德/乌尔都语 Sindhi /Urdu	2
406	普通数学/地理文化与文明 General Mathematics/ Geography Culture & Civilization	3
MC 410	新闻报道(理论与实践)News Reporting (Theory & Practice)	4
	辅修科目Ⅰ Minor-I	3
	辅修科目Ⅱ Minor-II	3

第四学期 Fourth Semester		学分 C. H
401	英语 English	3
403	信德/乌尔都语 Sindhi /Urdu	2

① https://usindh.edu.pk/academics/faculties-uos/social-sciences/department-of-media-and-communication-studies/faculty-members/.

② https://usindh.edu.pk/academics/faculties-uos/social-sciences/department-of-media-and-communication-studies/cou/.

续表

第四学期 Fourth Semester		学分 C. H
408	农村发展/环境科学/通识科学 Rural Development/ Environmental Sciences/General Science	3
MC 412	新闻写作(理论与实践)News Writing (Theory & Practice)	4
	辅修科目Ⅰ Minor-I	3
	辅修科目Ⅱ Minor-II	3

第三年

第五学期 Fifth Semester		学分 C. H
ENG 501	新闻人的英语 Newsman's English	3
MC 502	传播理论 Theories of Communication	3
MC 503	社会心理学 Social Psychology	3
MC 504	农村新闻 Rural Journalism	3
MC 505	报纸制作(理论与实践)Newspaper Production (Theory & Practice)	3

第六学期 Sixth Semester		学分 C. H
MC 551	报纸制作(理论与实践)Newspaper Productions (Theory & Practice)	3
MC 552	广播电视制作-Ⅰ(理论与实践) Radio/TV Production-I (Theory & Practice)	3
MC 553	研究方法论 Research Methodology	3
MC 554	大众传媒法律与道德 Mass Media Laws & Ethics	3
MC 555	全面的口试 Comprehensive Viva Voce	3

第四年

第七学期 Seventh Semester		学分 C. H
MC 601	发展传播学 Development Communication	3
MC 602	网络新闻学(理论与实践)Online Journalism (Theory & Practice)	3
MC 603	广播电视节目-Ⅱ(理论与实践) Radio/T. V Productions-II (Theory & Practice)	4
MC 604	大众传媒研究 Mass Media Research	3
MC 605	杂志新闻学(理论与实践)Magazine Journalism (Theory & Practice)	3

第八学期 Eighth Semester		学分 C. H
MC 651	杂志新闻学(理论与实践)Magazine Journalism (Theory & Practice)	3
MC 652	当代新闻与观点 Contemporary News & Views	3
MC 653	广告(理论与实践)Advertising (Theory & Practice)	3
MC 654	媒体管理与营销 Media Management & Marketing	3
MC 655	公共关系 Public Relations	3
MC 660	研究项目和口试 Research Project & Viva Voce	3

开设的相关硕士课程如表 12-3 所示：

表 12-3 **媒体与传播研究文学硕士 2 年制学位课程(4 学期)**

(前提条件：学士(及格)/(荣誉)学位，大众传播/新闻专业)

前　期

第一学期 First Semester		学分 C. H
MC 550	传播的历史和基础 History and fundamentals of Communication	3
MC 552	传播理论 Theories of Communication	3
MC 554	社会心理学 Social Psychology	3
MC 556	农村新闻 Rural Journalism	3
MC 558	新闻写作与报道 News Writing and Reporting	3
MC 560	报纸制作(理论与实践)Newspaper Production (Theory & Practice)	3

第二学期 Second Semester		学分 C. H
MC 562	报纸制作(理论与实践)Newspaper Production (Theory & Practice)	3
MC 564	广播电视制作-I(理论与实践)Radio/TV Production-I (Theory & Practice)	3
MC 566	研究方法论 Research Methodology	3
MC 568	大众传媒法律与道德 Mass Media Laws & Ethics	3
MC 570	全面的口试 Comprehensive Viva Voce	3

后期

第三学期 Third Semester		学分 C. H
MC 601	发展传播学 Development Communication	3
MC 602	网络新闻学(理论与实践)Online Journalism (Theory & Practice)	3
MC 603	广播电视制作-II(理论与实践)Radio/TV Production-II (Theory & Practice)	3
MC 604	大众传媒研究 Mass Media Research	3
MC 605	杂志新闻学(理论与实践)Magazine Journalism (Theory & Practice)	3

第四学期 Fourth Semester		学分 C. H
MC 651	杂志新闻学(理论与实践)Magazine Journalism (Theory & Practice)	3
MC 652	当代新闻与观点 Contemporary News & Views	3
MC 653	广告(理论与实践)Advertising (Theory & Practice)	3
MC 654	媒体管理与营销 Media Management & Marketing	3
MC 655	公共关系 Public Relations	3
MC 660	研究项目和口试 Research Project & Viva Voce	3

3. 阿拉马 · 伊克巴尔开放大学大众传播系

阿拉马 · 伊克巴尔开放大学①(Allama Iqbal Open University)大众传播系②(Department Of Mass Communication)成立于 1986 年。该系目前共有教师 6 人，其中副教授 2 人，助理教授 2 人，讲师 2 人。该系配有一个媒体实验室，一个调频广播室，以及音频和视频节目制作工作室。该系教学的主要目标是加强对巴基斯坦媒体的教学与研究，以培养新闻工作者、媒体研究人员、媒介分析师和教师。该系已经出版了一些专业教材和学生指导用书，数千名本科和硕士学生从中受益。该系提供大众传播哲学硕士(M. Phil Mass Communication)、大众传播理学硕士(M. Sc. Mass Communication)、大众传播学学士(Bachelor in Mass Communication)、大众传播学博士(Ph. D. Mass Communication)等不同层次的学位课程。如大众传播博士课程包括 18 个学分的课程，主要涉及因大众传播现象而产生的知识体系和综合研究，课程主要目的在于培养学生的全

① http：//www. aiou. edu. pk/default. asp.
② http：//www. aiou. edu. pk/DeptDetail. asp？ DeptID = 16.

球大众传播视角，并研讨媒介与社会的关系。具体课程：第一学期有“国际传播与全球化”“媒体辩论”“政治传播”；第二学期有“内容分析法”“大众传播途径(1)”“大众传播途径(2)”。此外，该系还提供学术研究和职业技能认证。

4. 沙希德·贝娜齐尔·布托大学媒体与传播研究系

沙希德·贝娜齐尔·布托大学媒体与传播研究系①(Department of Media and Communication Studies)成立于2014年，提供媒体科学学士学位，目前系主任为达斯塔尔·阿里·钱迪奥(Dastar Ali Chandio)。该系提供专业的媒体知识教学和理论研究，并经常举办学术活动，注重学生的参观访问，接触媒体和动手实践能力，尤其是在面对交互式的、动态的和充满智能的新媒体环境中，注重引导学生使用大众传媒，并引导其作负责任的公民。总体教学使命是，培养熟悉传媒理论框架和研究方法，批评性地分析媒介内容，并实践国内和国际在媒介领域的各种最新应用的人才。

其本科专业设置为五个，分别是：印刷媒体、电子媒体生产、广告与公共关系、传播理论与研究、组织传播与管理。

在职业前景方面，毕业生的主要工作去向是印刷和电子媒体，尤其是作为专栏作家、编辑、记者、新闻评论员、主持人、摄影记者、节目制片人、在线新闻编辑、校对、自由撰稿人和学术研究者等。部分毕业生在国有单位或者私营企业的公共关系部门工作，也包括联邦政府或者省级政府部门，广告公司、(国际)非政府组织、教育机构、商业组织、研究机构及新闻媒体等。

5. 布哈丁·扎卡利亚大学传播研究系

布哈丁·扎卡利亚大学②(Bahauddin Zakariya University)传播研究系(Department of Communication Studies)建于1996年。现任系主任为穆罕默德·阿什拉夫·汗(Pof. Dr. Muhammad Ashraf Khan)。该系现有教师10位，具有博士学位教师3位，教授2位，助理教授5位，讲师3位。媒体专业实验室包括调频广播室、电视演播室、广告实验室和信息技术实验室，主要目标是为学生提供丰富的实践平台，以便在就业时能够有熟练的技术操作。该系配有调频广播电台，在巴基斯坦高教委员会(Higher Education Commission)的支持下成立，用于学生实训。广播电台由直播工作室、制作工作室、学生训练室、控制室、数字录音系统、编辑系统等组成，其节目涉及大学、教育、农业、

---

① http://www.sbbusba.edu.pk/pages/ms-intro.html.

② http://www.bzu.edu.pk/.

信仰等，所有节目都由大学生自己策划、制作并每天播出。电视制作室包括电视演播室，是全巴基斯坦大众传播系技术设备最好的系之一。所有的电视节目包括在线节目都由学生动手制作，电视新闻节目和纪录片创作也是重要的实践内容。报刊部拥有供学生自由实践的平台，其兴办的报纸为月报，名为《传播时报》(*Communication Times*)，刊物为半年刊，名为《联合杂志》(*UNI-MAG*)。沟通技巧部开设有讨论小组、讲座、研讨会、辩论和演讲比赛，旨在提升学生的应变和沟通能力。该部也经常邀请优秀的媒体从业人员、公共关系和广告从业人员、媒体研究者、人权活动家和某些媒体方面的特殊人才，来为学生提供各种有关巴基斯坦和世界范围内的媒体的发展的最新情况，以及有关传媒思想的讨论。此外，该系还配有广告实验室、信息技术实验室。该系提供文学硕士、哲学硕士和博士水平的教学和研究项目。

6. 国际伊斯兰大学媒体和传播研究系

巴基斯坦国际伊斯兰大学(International Islamic University)媒体与传播研究系(Department of Media and Communication Studies)隶属于社会科学学院。除了提供理论和实践教育外，学生出版有自己的月刊类通讯杂志，并到媒体实地考察，有机会聆听系列国际和国内学者的讲座，还开办研讨会和讲习班。该系分为男女独立校区，男校区有7位男性教职员工，其中教授2人，助理教授2人，讲师3人，女校区有12位女性教职员工，其中助理教授2人，讲师6人，其他助理类4人。

该系拥有自己的电视演播室、专业的摄像机和照明设备，拥有最新的编辑软件。职业前景方面，毕业生一般在印刷和电子媒体供职，主要职位有编辑、专栏作家、记者(国内和国际媒体)、新闻分析师、在线新闻编辑、主持人、节目制作人、摄影记者、校对、自由撰稿人(报纸、期刊)及研究学者等。就业单位主要有国营或者私有单位的公共关系部门，联邦或省级信息部门、新闻机构、广告机构、商业组织、研究机构、媒体教学机构、非政府组织和其他组织等。入学方面，学术资格认定分数占40%，入学考试分数占60%，两者相加排名后确定最终入学资格。该系提供的本科及硕士专业有：印刷媒体；电子媒体制作；广告与公共关系；传播研究与理；组织管理和沟通。

7. 巴基斯坦国立现代语言大学大众传播系

巴基斯坦国立现代语言大学(National University of Modern Languages，NUML)社会科学学院(Faculty of Social Science)下设有大众传播系(Mass Communication Department)，该系成立于2003年8月，提供理学硕士学位和理学学士(荣誉)学位。该系设有校园调频广播，学生自制节目可以对外广播。2012年该系又新建了媒体实验室，提供电视和纪录片创作，学生学习纪录片和电视剧的产前、产中和产后相关知识和技能。同时，计算机实验室(在线媒体实验室)主要用于提高学生们在图形图像、数字广告和网络新闻方面的实践技能，并辅助其提高网上研究和社交媒体写作能力。该系的教学目标包括：(1)为学生提供印刷媒体、电子媒体、网络新闻与广告、公共关系、大众传媒等与媒体有关的最新知识；(2)培养专业化的具有社会责任感，富有民族文化价值观，并致力于公共福利和人类发展的大众传播工作者；(3)培养具有学术知识、专业技能和工作伦理道德的适应全媒体的毕业生等。

目前，该系提供大众传播理学硕士(M. Sc Mass Communication)项目和大众传播理学(荣誉)学士[B. S (Hons.) Mass Communication]项目，其中前者要求 72 学分，后者要求 130 学分(见表 12-4、表 12-5)。

表 12-4　**大众传播理学硕士研究生课程①**

学期	课程号	课程名称	学分
1st	MC-501	语言与传播 Language & Communication	03
1st	MC-502	大众传播学入门 Introduction to Mass Communication	03
1st	MC-503	巴基斯坦大众传媒 Mass Media in Pakistan	03
1st	MC-504	新闻采访与写作 News Writing & Reporting	03
1st	MC-506	新媒体与在线新闻 New Media & Online Journalism	03
1st	MC-505	媒体与时事 Media & Current Affairs	03
2nd	MC-511	印刷媒体 Print Media	03
2nd	MC-512	电子媒体 Electronic Media	03
2nd	MC-513	新闻写作 Journalistic Writing	03
2nd	MC-514	大众传播研究基础 Fundamentals of Mass Communication Research	03
2nd	MC-515	大众传播理论 Mass Communication Theory	03
2nd	MC-516	公关与广告 PR & Advertising	03
3rd	MC-521	研究方法 Research Methodology	03

① http：//www. numl. edu. pk/NUML-Programs. aspx？ dn = Department + of + Mass + Communication + &Did = 11.

续表

学期	课程号	课 程 名 称	学分
3rd	MC-522	编辑校对与版面设计 Sub-editing & Page Design	03
3rd	MC-523	大众传播问题 Issues in Mass Communication	03
3rd	MC-524	媒体管理 Media Management	03
3rd	MC-525	发展传播学 Development Communication	03
3rd	MC-526	大众媒体与社会 Mass Media & Society	03
4th	MC-532	外语(阿拉伯语)Foreign Language (Arabic)	03
4th	MC-532	外语(汉语)Foreign Language (Chinese)	03
4th	MC-532	外语(法语)Foreign Language (French)	03
4th	MC-532	外语(德语)Foreign Language (German)	03
4th	MC-533 (A)	深度报道(调查新闻)Advanced Reporting including Investigative Journalism	03
4th	MC-533 (B)	特色专栏与社论写作 Feature Column & Editorial Writing	03
4th	MC-533 (C)	杂志新闻 Magazine Journalism	03
4th	MC-533 (D)	纸质媒体策划报道 Project Report on any aspect of Print Media	03
4th	MC-534 (A)	广播电视产业与其变迁 Radio Television Industry and its Challenges	03
4th	MC-534 (B)	广播电视制作 Television / Radio Production	03
4th	MC-534 (C)	广播电视脚本写作 Script Writing for Radio / TV	03
4th	MC-534 (D)	纪录片、戏剧创作与电子媒体策划报道 Documentary/ Drama Production & Project Report on any aspect of Electronic Media	03
4th	MC-535 (A)	公共关系实践 Practices in Public Relations	03
4th	MC-535 (B)	广告实践 Practices in Advertising	03
4th	MC-535 (C)	电子广告与平面设计 Digital Advertising & Graphic Designing	03
4th	MC-535 (D)	公关、广告宣传与公关广告策划报道 PR/Advertising Campaign & Project Report on Any Aspect of PR/Advertising	03
4th	MC-536 (A)	大众传播理论(高级)Mass Communication Theory (Advanced)	4.5
4th	MC-536 (B)	大众传播研究(高级)Mass Communication Research (Advanced)	4.5
4th	MC-536 (C)	学位论文写作 Dissertation Writing	03

表 12-5　　大众传播理学本科学位课程①

学期	课程号	课程名称	学分
1st	MCF-111	大众传播入门 ntroduction to Mass Communication	03
1st	MCC-112	英语 1/传播技能 English-I/Communication Skills	03
1st	MCC-113	伊斯兰研究 Islamic Studies	02
1st	MCC-114	电脑技能 Computer Skills	03
1st	MCG-115	社会心理学 Social Psychology	03
1st	MCG-116	日常科学 Everyday Science	03
2nd	MCF-121	电子媒介入门 Introduction to Electronic Media	03
2nd	MCC-122	巴基斯坦研究 Pakistan Studies	02
2nd	MCC-123	英国文学 English Literature	03
2nd	MCC-124	数学 Mathematics	03
2nd	MCG-125	性别与媒体研究 Gender & Media Studies	03
2nd	MCG-126	社会科学基本概念 Basic Concepts in Social Sciences	03
3rd	MCF-231	巴基斯坦大众传媒 Mass Media in Pakistan	03
3rd	MCC-232	英语 3/English-III/ 技术写作 Technical Writing	03
3rd	MCC-233	多用途乌尔都语 Functional Urdu	03
3rd	MCC-234	统计学入门 Introduction to Statistics	03
3rd	MCG-235	逻辑与批判思维 Logic & Critical Thinking	03
3rd	MCG-236	国际与国内事务 National & International Affairs	03
4th	MCF-241	广告规则 Principles of Advertising	03
4th	MCF-242	新闻采访与写作 News Reporting & Writing	03
4th	MCF-243	语言与传播过程 Language & Communication Processes	03
4th	MCM-244	媒介法律与伦理 Media Laws & Ethics	03
4th	MCM-245	当代大众传媒进化与结构 Contemporary Mass Media: Evolution & Structure	03
5th	MCF-351	在线新闻 Online Journalism	03
5th	MCF-352	大众传播理论 1Theories of Mass Communication-I	03
5th	MCF-353	信息传播理论 Information Communication Technology	03

① http://www.numl.edu.pk/NUML-Programs.aspx? dn = Department + of + Mass + Communication + &Did = 11.

续表

学期	课程号	课 程 名 称	学分
5th	MCM-354	全球传播 Global Communication	03
5th	MCM-355	发展支持传播学 Development Support Communication	03
6th	MCF-361	公共关系原则与实践 Public Relation：Principles & Practices	03
6th	MCM-362	人际传播 Interpersonal Communication	03
6th	MCM-363	媒体与社会 Media & Society	03
6th	MCM-364	大众传播理论 2Theories of Mass Communication-II	03
6th	MCM-365	冲突与灾难报道 Conflict & Disaster Reporting	03
7th	MCM-471	大众传播研究方法 Research Methods in Mass Communication	03
7th	MCM-472	跨文化传播 Intercultural Communication	03
7th	MCAP-473	事件管理 Event Management	03
7th	MCAP-474	说服性写作与活动 Persuasive Writing & Campaigns	03
7th	MCEM-473	脚本写作与编辑 Script Writing & Editing	03
7th	MCEM-474	纪录片制作 Documentary Production	03
7th	MCPM-473	编辑技术 Editing Techniques	03
7th	MCPM-474	头版与末版写作 Writing for Op-ed Page	03
7th	MCMM-473	管理传播学 Managerial Communication	03
7th	MCMM-474	组织传播学 Organizational Communication	03
7th	MCTR-473	行为研究入门 Foundations of Behavioral Research	03
7th	MCTR-474	媒介内容影响理论 Theories of Influence on Mass Media Contents	03
7th	MCM-475	提案写作 Proposal Writing	03
8th	MCM-481	大众传播统计 Statistics in Mass Communication	03
8th	MCM-482	政治传播学 Political Communication	03
8th	MCAP-483	广告设计与布局 Advertisement：Designing & Layout	03
8th	MCAP-484	广告文案 Copy Writing	03
8th	MCEM-483	节目制作与发展 Programme Production & Development	03
8th	MCEM-484	新闻学写作与生产 News Writing & production	03
8th	MCPM-483	电子生产 E-Production	03
8th	MCPM-484	专业新闻 Specialized Journalism	03
8th	MCMM-483	市场研究与分析 Market Research & Analysis	03

续表

学期	课程号	课 程 名 称	学分
8th	MCMM-484	媒体传播与营销 Media Communication and Marketing	03
8th	MCTR-483	媒介效应：理论与研究进展 Media Effects：Advances in Theory and Research	03
8th	MCTR-484	传播研究：个案研究 Communication Research：Case Studies	03
8th	MCM-485	论文写作 Thesis Writing	03

8. 国立科技大学人文社会科学学院大众传播系

国立科技大学人文社会科学学院(School of Social Sciences & Humanities)大众传播系(The Department of Mass Communication)旨在引领巴国内的传媒教育潮流，在视觉、语言和书写能力方面有更为专业的追求，并寻求快速应对数字时代媒体挑战的办法。培养目标方面，主要集中于使学生成为批判性的思考者和有效的道德沟通者，以及在电子和社会媒体领域的实践和创新经验。相关课程首先通过向学生讲授巴基斯坦和国外大众传播的历史、价值观和结构，培养他们对该学科的基本理解。然后，进一步训练学生分析电子和印刷媒体的影响，使他们能够评估媒体对公共政策的影响，以及公共政策对媒体的影响。除了核心课程外，学生还必须选修一些经批准的社会科学媒体方法、研究课程，以及人类学、社会学、政治学、语言学和新闻学等其他学科的选修课程。该系目前含有印刷媒体、电子媒体、广告和公共关系、媒体管理、传播理论和研究等主要专业方向。

9. 里法国际大学里法媒体科学研究所

里法国际大学(Riphah International University)里法媒体科学研究所(Riphah Institute of Media Sciences)①，在本科和研究生阶段提供各种课程，包括媒体研究学士(荣誉)、大众传播学士、媒体制作硕士、广播新闻硕士、媒体研究硕士。该所还提供文凭和能力建设项目，如电视制作研究生文凭和其他定制的专业发展项目，包括暑期媒体学校。该所在媒体制作和新闻业的实践和理论等方面提供专业技术，课程不仅融合了媒体的实用性，也融合了媒体的伦理和法律视角。该所要求学生批判性地思考，不仅要考虑职业机会，还要面对挑战；要明智行事，正直做人，为社会作出积极贡献。在技术设施方面，

① https：//www. riphah. edu. pk/faculty/ict-media-sciences.

该所提供以下综合设施和服务：带专业质量控制面板的电视演播室、校园广播电台——Riphah FM102.2、放映室、定制教室、录音室、使用Apple Macintosh NLE系统的编辑实验室、现场电子制作设备。

12.1.3 巴基斯坦传媒教育的特点与反思

1. 教育的基本特点

“尽管近年来巴基斯坦高等教育获得了快速的发展，但是仍然面临着诸多的挑战，主要体现在：高等教育投入较少、大学区域发展不协调、性别比例不平衡等。”①此外，从课程设置来看，目前巴基斯坦的主流传播系所基本将实践教学放在了突出位置，并兼顾传媒研究。但实践教学作为各系所宣传和工作的重点，重在突出其实用性和工具性，研究的气氛及硕士博士的课程开发方面还相对较弱。

在师资背景与教学规模方面，从教授的数量和各职称人员配比来看，教授的数量偏少，多数系所的教授只有一至两位，不少单位甚至没有教授。从教授的毕业院校来看，也主要集中在西方发达国家，主要是英美国家，其学缘结构不够优化，但近几年也有从中国毕业的新闻传播学博士回巴基斯坦任教。另外，专业教师开展国际合作和相关学术动态信息也较少。

从专业设置和课程设置来看，基本分为本科(文学学士、理学学士)和硕士(理学硕士、文学硕士和哲学硕士)和博士三大类，另外还配有短期项目、一年项目、晚间项目、自费项目等，呈现方式比较灵活，尤其是上课时间方面相对灵活，学位类型也相对多样。

从教学内容建设方面可以看出，巴基斯坦受西方传媒高校影响较重，但也开发了自己的特色课程，如多数专业点开设有“巴基斯坦研究”“伊斯兰研究”以及相关伦理类课程，并伴有对巴基斯坦国内问题和国际热点问题的讨论。西方的影响，更主要体现在课程体系设置和教师的学缘方面。在课程建设方面，目前也较多偏重于传统媒体，新媒体课程开发尚显不足，关于网络媒体、舆论学、社交媒体的课程较少。从实验室建设来看，主要集中于传统媒体，尤其是传统的广电实验室，其设施配备总体上已经落后于真正媒体市场应用水平，相应APP的开发和社交平台的多场域散播还显不足。但其优势

① 中国高等教育学会代表团．巴基斯坦高等教育发展现状与前景——访问巴基斯坦的调查报告[J]．中国高教研究，2017(9)：75.

在于教学单位多持有合法播出执照，拥有自己的频率，并可实时规律性地对外广播，这对于学生的锻炼无疑是巨大的。

2. 相关思考与建议

教育的根本是提升国民的整体素质，而龙头则是提升高等教育水平。在基础层面来说，首先要稳扎稳打，减少文盲率，促进女童入学率，并作为长期政策坚持下去。其次要发展各种职业教育和高等教育，使高素质民众真正成为高素质媒体的依托。提高全体国民的受教育水平，增加媒体专业人士在核心工作圈的比重，将有助于改善国内媒体的生存土壤，促进一些传统媒体快速实现转型升级，进而改善媒体的工作面貌和经营状况。

在新媒体的冲击下，报纸、期刊、广播、电视等传统媒体的衰落不仅仅发生在巴基斯坦，这是一个全球性的现象。因此，更要求媒体工作者特别是媒体教育工作者们，积极思考应变措施，努力促成教育内容和结构的相应调整。

此外，媒体的批判精神与传媒教育的批判精神直接相关，巴基斯坦的大众传媒教育相对较为重视对于学生思考和思辨能力的锻炼和培养，特别是提倡自由表达观点和观点交锋。但传媒教育的国际化程度仍需要提升，这个国际化不是简单的欧美化。目前，传媒教育体制的革新和突破势在必行，加强有针对性的国际合作特别是与不同文明体系和文化传统的国家的深入交流，培养具有国际视野的跨文化、跨国家、跨宗教、跨政治的高级传播人才，仍然是急需的。尤其是针对巴基斯坦国内热点和敏感问题较多的特点，培养战地记者和宗教领域记者，也可以成为培养的热点。此外，如何平衡各方利益，真实报道又有所侧重；如何平衡国内报道和国际报道；如何正确看到宗教对于媒介文化的影响，如何在国际政治舞台上，不断传播巴基斯坦的正义声音，这些都已经成为传媒教育领域的重要课程内容。

新闻传播教育越来越具有国际化和数字化的特点，媒体越来越向社交媒体、网络媒体的方向延伸，媒体阵营还在进一步分化，媒介受众市场也在进一步细分。没有任何一种媒体能够高枕无忧而不担心观众流失，也没有任何一所传媒高校可以闭门自己搞教学。因此，媒体教育也应该在结合国家利益、职业准则和公司理念的基础上，更多地从受众角度出发，考虑其本土性与国际化的结合、考虑更广更深地服务受众。

（金 强）

12.2 美国南加州大学的影视教育

1919年，苏联成立了莫斯科电影学院，爱森斯坦、库里肖夫曾在这所学校任教，虽然是最早的专注电影教育的学校，但是它不是一所真正意义上的大学。1932年，经过美国电影艺术与科学学院批准，南加州大学电影艺术学院落成，它较早地将电影列为正式专业，但并未对电影研究进行严格的学术划分，制定明晰的研究准则。真正促使电影研究得到实质性发展的发端于新好莱坞电影运动(20世纪60年代发端，延续到80年代)，这场运动旨在将导演从好莱坞制片体系中解放出来，从而把电影变成了一种更独立的艺术形式。新好莱坞电影直接催生了作者论，使电影成为与导演视野相关的艺术形式，促使电影研究从20世纪60年代在世界范围内真正被学术界所重视。同时期美国高等院校的电影学科发展也不断发展，招生人数保持稳定的数值。目前，在美国有144所大学开设了电影研究专业。本节将以全美电影学专业排名第一的南加州大学为例梳理其影视教育发展状况。

12.2.1 专业设置与教学目标

南加州大学是美国第一所提供电影学士学位的大学，它的创始教师包括道格拉斯·费尔班克斯(Douglas Fairbanks)、D. W. 格里菲斯(D. W. Griffith)、威廉·C. 德米尔(William C. DeMille)、恩斯特·卢比茨(Ernst Lubitsch)、欧文·撒尔伯格(Irving Thalberg)和达里尔·扎努克(Darryl Zanuck)等人。南加州大学电影艺术学院位于洛杉矶市中心，离她只有几英里的地方，就有先进的电影、电视和互动公司的办公室和生产设施。该学院的设施为学生提供了达到行业标准的教育条件，主要设施有声音舞台、动画设施、混音剧场、数字教室、前沿研究实验室和工作坊等。该学院档案资源也很充足，使学生能够接触到一手研究资料，以及电影、节目、剧本和其他项目。此外还有可容纳40~200人的放映室。该学院设有John C. Hench动画和数字艺术、电影媒体研究、影视制作、媒体与游戏、媒体艺术与实践、PeterStark制作、John Wells电视写作、John H. Mitchell电影商业等专业。下面以John C. Hench动画和数字艺术为例介绍该学院的教学目标。

这个专业的学生探索动画艺术的各个方面，并了解为什么动画已经成为所有现代数字媒体的中心。该系涵盖了动画和数字艺术各方面的课程，其中包括经典人物动画、二维和三维动画创作、表演捕捉、视觉效果、运动图形、定格动画、实验电影制作、装置艺术和多媒体、动画纪录片以及可视化科学研究。学生可以与互动游戏部门、制作(现场动作)部门、桑顿音乐学院(Thornton School of Music)和考夫曼舞蹈学院((Kaufman School of Dance)交流合作。

该专业设有动画与数字艺术学士和 MFA 学位点。学士的教学目标要求学生具备一定的制片能力，能够进行制片的资金预算、发行与营销策划等专业操作；而对于 MFA 的学生来说，则要求深入了解相关的理论跟历史，并能进行一些形而上的思考，但也重视动手能力的培养，如要求掌握当代二维、三维计算机动画中动画技术的核心制作技术以及具有与传统实践和数字素养相关的设计经验；能够熟练地运用电影化手段进行虚拟世界的布景；进行声音的设计、导演、布景、编辑，并运用 ADR(自动对白录制)、音效、作曲、音乐合成等进行最后的混音制作，等等。

12.2.2 各个层次的课程设置

1. 本科课程设置

电影和电视制作专业的必修课包括“电影技术基础”(CTPR241)、“电影声音基础”(CTPR242)和“电影传播”(CTPR290)，这三门课程是学生在完成获得学位的最低要求之后，在大二的第二学期或者大三的第一学期进行的制作课程。“脚本撰写”(CTWR413)与上面三门课程是同时进行的，为后面的“中级电影制作”(CTPR310)和“中级电影摄影”(CTPR376)做相应的知识、技术准备。

具体来说，“电影技术基础”(CTPR241)是一门实验课程，运用电影语言知识介绍制片、导演、电影技术、剪辑、声音及其观念的发展。“电影声音基础”(CTPR242)通过讲座、演示和实践来介绍电影声音的设计、录制、编辑和混录。“电影传播”(CTPR290)要求每个学生制作 4 部数字电影，亲自负责所有的制作流程，并在一个小组项目中完成相应的任务，鼓励探索个人表达和不同类型，重点是尝试在影片拍摄中运用视觉和声音技术。该项作业预算大概为 1000 美元(包括实验室费用、保险费等)。

“中级电影制作”(CTPR310)、“中级电影摄影”(CTPR376)属于中级电影制作课程，是第二阶段制片课程的必修课程，在工作坊，学生以两人一组的方式进行学习。这两个项目都是不包含对话的视频内容。每个学生都担任导演，负责音轨，并兼其搭档的摄影机和剪辑师。学校提供大部分设备和材料，其预算为 2000 美元。

在中级课程完成后，学生必须完成“电影动画导论”(CTAN448)、“工作坊制造”(CTPR480)和“单镜头影视剧系列”(CTPR486)。其中“电影动画导论”(CTAN448)是一门实践课程，介绍与动画相关的理念，媒体和技术。“工作坊制造”(CTPR480)课程的制片小组由8~10个学生组成，在一个学期内制作同期声视频，每个学生担任不同的职位，如导演、制片人、助理导演、摄影师、编辑或者音响师。具体课程如下：

必修课(required courses)：

CNTV101 课程说明 (2学分)

CTCS190 电影导论(4学分)

CTCS200 国际电影1(4学分)

CTCS201 国际电影2(4学分)

CTPR241 电影技术基础(与CTPR242/290，CTWR413同时进行)(2学分)

CTPR241 电影声音基础(2学分)

CTPR290 电影传播(与CTPR241/242，CTWR413同时进行)(4学分)

CTPR310 中级电影制作（在CTPR241/242/290，CTWR413之后，与CTPR376同时)(4学分)

CTPR376 中级电影摄影(cinematography)（在CTPR241/242/290，CTWR413之后，与CTPR310同时)(4学分)

CTWR413 脚本写作1(与CTPR241/242/290同时进行)(2学分)

CTWR414 电影剧本(2学分)

如果选择CTPR310/376需要选择以下课程：

CTPR371 电视导演或

CTPR475 导演：场面调度(提前学习CTPR310/376)(4学分)

必须从下列课程中选择4门(以下课程均为4学分)：

CTCS367 全球化电视与媒体

CTCS392 美国电影历史(1925—1950)

CTCS393 美国电影历史(1946—1975)

CTCS394 美国电影历史(1977—　)

CTCS400 非虚构影视

CTCS402 影视批评实习

CTCS403 国家与区域媒体研究

CTCS404 电视批评和理论

CTCS406 美国电视历史
CTCS407 非裔美国电影
CTCS409 电影审查
CTCS411 电影、电视和文化研究
CTCS412 类型、性别与媒体
CTCS414 拉美银幕文化
CTCS464 电影/电视类型
CTCS469 电影电视风格分析
CTCS478 文化、技术和传播

注意：选择系列课程必须完成课程 CTPR310/376。

CTAN448 电影图像动画导论(film graphics-animation)(4 学分)
CTPR480 工作坊制作(4 学分)
CTPR484 高级影视工作坊(4 学分)
CTPR486 单镜头影视剧系列(4 学分)①

2. 硕士课程设置

电影和媒体研究的艺术硕士学位是通过研究生院管理的，申请学位的学生必须符合研究生院的一般要求，400 级或 400 级以上课程需要 36 个学分(包括综合考试)。这些学分中至少有三分之二必须达到或超过 500 级的水平。具体的课程设置如下：

每位研究生必须通过下列 4 个媒体制作与实践课程其中 1 门，成绩在 C 级或以上。这些课程提供了一个基本的媒体生产和实践的基础知识，被认为是研究生课程学习的必要条件，同时学生必须选择电影艺术类课程达到 8 个学分才可以申请学位。

CTIN534L 交互性实验 1(4 学分)
CTPR507 制作 1(4 学分)
IML501L 数字媒体和档案(4 学分)
IML502 信息可视化技术(4 学分)

---

① 该课程表为 2012 年的设置，如果有变动请参考最新课程表为准，此处仅做一个大致的介绍，不涵盖目前课程变化情况。

IML575 研究生媒体艺术研究实验室：(2~4个学分)

必修课：

CTCS500 电影理论研讨会(4学分)
CTCS506 批评研究讨论会(2学分)
CTCS587 电视理论讨论会(4学分)

从下面课程选择3门(以下课程每门均为2学分)：

CTCS501 1945年以前的世界电影
CTCS502 1945年以后的世界电影
CTCS503 美国有声电影历史
CTCS504 电视历史
CTCS505 交互式媒体

从下列课程选：2门(以下课程每门均为4学分)：

CTCS510 国家、区域媒体的案例研究
CTCS511 研讨会：非虚构电影/视频
CTCS517 文化研究导论
CTCS518 研讨会：先锋电影
CTCS564 研讨会：影视类型
CTCS567 研讨会：影视及其相关艺术
CTCS569 研讨会：影视作者
CTCS585 研讨会：影视批评理论及制作

除了按照规定完成上述课程，作为硕士学位的最终要求，综合考试将在课程的最后一个春季学期进行(没有论文选项)。考试将包括对三个问题的书面回答，这三个问题是从一系列领域中挑选出来的，在指导老师的指导下选择合适的研究领域。如果学生已经完成了所有的课程，在参加综合考试之前他必须注册“研究生考试指导”(GRSC810)这门课程。需要注意的是，所有研究生课程的平均绩点必须保持在3.0。

3. 博士课程设置

电影与媒体研究的哲学博士项目成立于1959年，是第一个该专业的博士项目。电影和媒体研究的哲学博士学位是通过研究生院管理的，每位博士研究生必须完成学士学位以外的68个学分，其中43个学分必须达到或超过500级(课程难度)及其以上。在其他院校完成的研究生课程，最多可转学30个学分，论文写作不计入68学分中。所需的课程包括7~12个电影艺术课程和8~16个次要领域的课程。每个学生必须完成下列课程的考核，以达到68学分的总目标。

下列课程完成之后才能进入制作课程：

CTCS500　电影理论研讨会(4学分)
CTCS506　批评研究研讨会(2学分)
CTCS510　国家及区域媒体研讨会(4学分)
CTCS587　电视理论研讨会(4学分)

每位博士候选人必须以C或更高的成绩完成下列4单元课程之一。如果学生以电影艺术硕士学位进入该项目，并拥有制作经验，学生可以要求豁免这一要求。该豁免要求通过书面审查，并将影片/视频提交制作部门审核，该课程应在筛选程序之前进行。

CTIN534L　交互实验1(4学分)
CTPR507　制作1(4学分)
IML501L　数字媒体作者和档案(4学分)
IML502　信息可视化技术(4学分)
IML575　研究生媒体艺术研究实验室(2~4学分)

选择下列中的2门课程：

CTCS673　理论热点(4学分)
CTCS677　文化理论(4学分)
CTCS678　电影理论和媒介特异性研讨会(4学分)
CTCS679　类型与叙事理论研讨会(4学分)

CTCS688 移动影像历史：方法与途径(4学分)①

在所有课程的学习过程中，总平均成绩要求为3.0。修完所有课程后，研究生院要求博士候选人参加项目管理考试，旨在评估学生是否适合继续攻读博士学位。

12.2.3 学术特色

南加州大学的教授不仅要教授专业课程，还致力于学术研究，领域包括非裔美国电影、好莱坞电影及其他国族电影研究，另外还有实验电影研究，他们通过性别研究、后殖民理论、意识形态分析对不同国家、地区、族裔的电影文本、影像空间进行研究。

1. 好莱坞电影研究

德鲁·卡斯珀(Drew Casper)是研究战后到1976年间当代美国电影的历史学家，教授面向本科生和研究生的美国电影史的概述类课程，课程中采用了他自己撰写的《战后好莱坞1946—1962》(*Postwar Hollywood, 1946-1962*, Blackwell, 2007)和《好莱坞电影(1963—1976)》(*The Hollywood Film, 1963-1976: Years of Revolution and Reaction*, Blackwell, 2011)。这两本著作均为全面的介绍性教科书，前者探讨二战后电影工业历史上的特殊时期，审视文化历史、商业惯例、新技术、审查标准、新兴流派和战后电影的风格。从对《野餐》(*Picnic*)、《女继承人》(*The Heiress*)、《从这里到永恒》(*From Here to Eternity*)、《热铁皮屋顶上的猫》(*Cat On A Hot Tin Roof*)、《爱我或离开我》(*Love Me or Leave Me*)等电影的深度讨论展示了好莱坞电影的文化与产业层面的交织、互渗，揭示了好莱坞新商业方法的成败原因；后者概述和分析美国电影最重要和最具创新性的时期之一，记录了美国电影工业在这一文化动荡时期的巨变，探索被意识形态所拥抱的日益多样化的好莱坞，同时在该书中卡斯珀提供了一个经典名单，涵盖了经典电影以及当时被批评界忽视的杰作。

J. D. 康纳(J. D. Connor)作为当代好莱坞艺术和工业的研究专家，与卡斯珀的战后好莱坞研究共同构建了南加大好莱坞电影的研究体系。康纳的观点更为犀利，并富有强烈的批判性，他在《好莱坞数学与影响：经济影像与数字衰退》(*Hollywood Math and Aftermath: The Economic Image and the Digital Recession*, Bloomsbury Academic, 2018)一书

---

① 除此之外，申请学位论文学分的CTCS794a和CTCS794b的最低要求是在入学后的两个学期内注册。这些单元不能应用于所需的68个单元总数。申请入学后，每学期必须办理CTCS794a、6CTCS794b、CTCS794c、CTCS794d、CTCS794z的注册手续，直至完成学位要求。在CTCS794a、CTCS794b、CTCS794c、CTCS794d、CTCS794z中最多可获得8个学分。

中对20世纪70年代以来好莱坞与经济之间关系的深刻论述。他认为金钱是好莱坞的核心问题，金钱可以在特定的场合和职业中出现，如票房收入、赌场赢钱、税收抵免、股票价格、彩票、遗产。金钱也可以变成数字：像素、平均击球率等，通过对以上不同层面的探索，康纳对"电影方程式"(the equation of pictures)进行了富有启发性和独创性的阐述。同时，康纳在工业语境中展示了商业性影像在好莱坞叙事中的中心地位。这不仅仅是一个主题研究，更是工业历史研究，从新古典主义时代的繁荣到大衰退再到超越，康纳将新概念注入了电影研究的领域：岁差(天文学术语)和暴跌(商业用语)，渗透和下注，表象化和仪式感的降低。康纳通过分析大量生动的案例，比如研究《大空投》《华尔街之狼》《点球成金》《为奴十二年》《机器人瓦力》勾勒了一幅幅大胆的图景，描绘了这个行业在工业基础上达成妥协的过程。康纳的研究一方面以批判性的眼光去审视好莱坞工业体系，另一方面也以历史的视角关注了大制片厂时代衰落后新的制片公司发展历程。现代好莱坞由少数几家电影公司主导：哥伦比亚、迪士尼、福克斯、派拉蒙、环球和华纳兄弟。它们在20世纪70年代受到独立电影公司的威胁，又在20世纪80年代重新掌权，在90年代被毫无疑问地统治，在新千年再次被围剿。在这个新古典主义时代的全盛时期，各大电影公司的电影——它们的故事和风格——都是制作这些电影的公司的精准纪录，电影很大程度上成为工作室的植入式广告。康纳在《制片厂之后的制片厂：新古典主义好莱坞，1970—2010》(*The Studios after the Studios*: *Neoclassical Hollywood*, *1970—2010*". Stanford University Press, 2015.)一书中通过探索故事和生产它的文化、政治、经济、技术背景，以此来挖掘好莱坞第二大电影公司时代的隐藏历史。

康纳与卡斯珀的研究从战后时期好莱坞一直延续到当下的发展，提供了较为稳定的研究框架和新鲜的研究视角。

2. 族裔电影研究

南加州大学的研究者们关注包括好莱坞电影和体制内外的非裔美国人影视文化的美国电影之外，还关注了后殖民语境中其他国家电影的发展特点。普里亚·杰库马(Priya Jaikumar)是一位历史学家和电影理论家，主要研究印度电影，她的第一本书《帝国电影的终结：英国和印度的转型政治》(*Cinema at the End of Empire*: *A Politics of Transition in Britain and India*, Duke University Press, 2006)受到了广泛的好评，详细描述了殖民晚期(1927—1947)英国和印度电影相互交织的工业和美学历史；2019年她出版了《历史驻留何处：印度作为电影空间》(*Histories Reside*: *India as Filmed Space*, Duke University Press, 2019)，考察了印度将近80年的电影历史。

在这部大胆的"空间"电影史学中，她从国家官僚机构、商业基础设施、美学风格和新自由主义政策等层面概述了塑造印度电影空间的元素。杰库马认为，影像空间建构起来的历史一直是以历史经验、实践活动和表象机制为基础。通过这项研究，杰库马将印度电影放置在后殖民语境中进行了一项电影文化地理学研究，她还揭示了解决“电影的本质是什么?”这一问题必须考虑空间的美学和政治因素。

劳拉·伊莎贝尔·塞纳(Laura Isabel Serna)是墨西哥电影研究的专家，她发表了一系列关于墨西哥默片时代电影文化的论文：包括边境电影制作、审查制度、民族主义，以及区域电影文化发展等内容。20世纪20年代，随着美国电影开始主导墨西哥电影业，许多墨西哥文化和政治精英担心这种“美国入侵”会把墨西哥变成文化附庸。依据这段历史，劳拉·伊莎贝尔·塞纳撰写了《电影艺术：美国电影与墨西哥电影文化》(*Making Cinelandia*：*American Films and Mexican Film Culture*，Duke University Press，2014)。根据20世纪20年代早期美国、墨西哥的电影档案，她提出好莱坞电影不仅仅是文化帝国主义的工具这一观点。相反，他们为边境两边的墨西哥人提供了一种参与全球现代化的富有想象力和至关重要的方式，尽管这些电影及其制片人和发行商经常表现出反墨西哥的偏见。不过在墨西哥电影的黄金时代到来之前，墨西哥观众利用与美国电影的接触，建构了自己国家的电影文化。塞纳还从放映商、电影工作者、记者、审查人员和影迷的角度，探索了电影放映的流行体验，展示了墨西哥观众如何积极参与美国电影。这本书将好莱坞电影的发行和流通视为墨西哥电影发展的机遇，同时这也成为墨西哥革命后国家文化开始进入现代发展的证据之一。

南加州大学的电影研究成果纬度丰富、视角新颖、重视将处于工业体系中的好莱坞电影及其欧洲电影、拉美电影、亚洲电影进行广泛的研究，这种将实践与理论深度对接的研究态度也深刻影响了他们对学生的培养路径和宗旨，理论与实践互为补充，相得益彰。

12.2.4 结语

全美电影学排名第一的南加州大学电影艺术学院无论是以实践为主的教学理念还是族裔电影研究为主的研究团队，该学科都展示了卓越的研究能力。

除此之外，美国大学中的影视学科教育还有很多值得深入探讨的面向，比如哈佛的电影系集中了世界级的动画电影研究专家，耶鲁有一支以达德利·安德鲁为核心的国家电影教学团队，芝加哥大学的电影研究与区域文化研究(芝加哥一地)深度结合，纽约大学蒂斯艺术学院的电影研究团队旗下有著名电影理论家罗伯特斯坦姆和知名的华裔研究专家张真教授，等等。

整体来看，以南加州大学电影艺术学院为代表的美国影视教育一方面极其重视实践能力的培养和考核，同时又不轻视历史研究和理论建构，将实践视为推动理论发展的重要步骤，也将此观念贯彻到从本科到博士生的学生培养当中，这些可为目前中国影视学科的建设提供一定的借鉴。

(褚亚男)

12.3 巴黎第二大学新闻传播学硕士研究生培养体系分析

一直以来，学界对于英美两国的新闻与传播学教育讨论较多，但对于法国在这方面的情况介绍相对滞后。法国第一所新闻高等院校创办于1899年，至今已有100多年的历史。20世纪70年代之后，法国的新闻与传播教育开始普及，学校数量日益增长。目前，从事该领域教育的高等院校大致可分为两类：一类是侧重于提高职业技能水平与掌握各类媒介技术工具的专业性新闻院校；另一类是强调一般文化素质培养与理论教学的综合性大学的新闻与传播院系。

本节将巴黎第二大学(Université Paris 2 Panthéon-Assas，简称“巴黎二大”)的新闻传播学教育作为分析对象，一是因为该校在课程质量与科研水平上均处于法国领先地位，培养了一批又一批欧洲法律、政治与新闻传播界人才。2015年，法国政府数据显示，得益于其卓越的培养模式，该校的毕业生就业率在全法国排名第一。2018年，英国QS颁布的世界大学排名中，在“毕业生的业界声誉”这一项中，即向全球的雇主询问他们认为哪个高等教育机构的毕业生是最“胜任、创新和高效的”，巴黎二大作为上榜的法国18所院校之一成功跃进世界大学排名前列。二是因为该校的新闻传播学院在法国历史悠久，在国内外享有很高的声誉。基于对巴黎二大新闻传播学院硕士阶段人才培养体系分析，以期对我国高等院校硕士研究生的新闻与传播教育有所借鉴。

巴黎二大新闻传播学院的前身是法兰西新闻学院(Institut Français de Presse，IFP)，该学院是法国历史最悠久的从事媒体与传播研究的机构。1937年，巴黎大学在其内部创建了一个新闻科学研究学院，但由于第二次世界大战的爆发而被迫关闭。直到1945年以新闻科学研究中心的形式重生，并从1951年开始正式采用法兰西新闻学院这一名称。在成立之初，法兰西新闻学院是一个跨学科研究及文献研究的中心，而不是一个教学机构。直到1961年，中心设在法国政治学院(IEP)的部门开始进行教学工作。1968年法国左翼学生运动的爆发致使巴黎大学被拆分为13所独立的大学，巴黎大学从此不复存在。法兰西新闻学院于1969年自动加入巴黎第二大学。

12.3.1 人才培养方案与课程设置①

1. 专业化的培养目标

巴黎二大新闻传播学院共设有七个硕士专业，围绕两个培养方向：一是传媒与传播学，二是新闻学。学院硕士阶段教育的总体目标是提供理论和方法论的相关课程，除了专业能力之外，致力于培养学生的自主性，即评估、分层、概括和建构信息的能力，加深他们对未来将要从事的专业世界的认识。而具体到各个专业而言，培养目标也更加具体。

传媒、语言和社会专业为学生提供一个跨学科的教育，培养学生的科研和对媒体、信息与传播领域新出现的数字文化进行研究设计的能力。该专业聚焦公共政策的传播，将符号学、社会学、历史学和政治科学引入对传播机构所使用的语言(文字和图像)，以及公众对其信息使用方式的研究。课程设置特别注意写作的质量，主题的清晰度，旨在让学生在面对媒体或(机构的、商业的)传播素材时能自主理解这些话语的专业环境，并为潜在雇主制作严谨的文本。

传媒与全球化专业在国际层面培养学生，为其提供理论知识和专业工具，以分析国际组织的信息与传播问题。通过一系列跨学科理论知识和地缘政治分析工具的获取，学生能够了解和探索新形势的跨国传播，熟悉国际危机管理、冲突分析以及影响力战略方面的研究方法。

传媒、大众与数字文化专业在媒体受众研究，传媒产品方案制定与编辑方面对学生进行高质量的培训。在数字文化背景下，通过加强现有专业实践与研究生阶段科研培训之间的协同作用，让学生熟练运用理论、方法和实践工具，以创造内容产业，塑造媒体消费者。

数字技术应用、创新与传播专业设置是基于当今工作组织在很大程度上被数字工具和互联网的发展所改变，工作方式变得更加多元化和更少部门化。因此，该专业注重理论和技术培训，旨在培养学生深入了解数字技术的问题与挑战，并掌握各种实用技能：了解生产、分析和传播工具的操作，管理项目，分析与数字工具部署相关的策略等。

传媒、传播与数字城市是2019年秋季开设的新专业。将数字传播工具应用于城市空间环境和社会服务似乎是应对当前城市扩张、交通问题、污染、经济活动和人口分布

---

① 本节系湖北大学教学改革研究项目“‘一带一路’背景下湖北国际传播应用型人才培养研究”阶段性成果(项目编号：016218)。

失衡、安全问题、数据法律责任等现实问题，培养能够精通数字传播和空间管理的专业人员。

新闻学的首要目的是让学生获得未来新闻工作者必不可少的常识，这部分课程将由巴黎二大讲授法律、社会学、经济学以及信息与传播学的教授们负责；其次来自法新社、报刊界(《世界报》《回声报》《费加罗报》等)、电台(法国国际广播电台 RFI、卢森堡广播电台 RTL 与法国新闻广播电台 France Info)及电视台(法国一台 TF1、二台 France 2 与法国 BFMTV 电视台)专业记者负责实践课程的教学。此外，还通过以英语为母语的记者所开展的语言课程来强化学生对媒体领域专业词汇的认知。

与埃塞克商学院联合培养硕士项目(Double diplôme Global Business School de l'Essec-Master IFP)是 2018 年 4 月在巴黎二大与埃塞克商学院签署的十年合作伙伴关系协议的支持下设立的。该专业的目标是在信息与传播科学、经济与管理科学两个领域进行联合培养，以扩宽学生的就业前景。

数字技术应用、创新与传播，传媒、传播与数字城市以及与埃塞克商学院联合培养项目均为职业型硕士(Master Professionnel)，以就业为导向，课程实践性强，专业实习是强制性的，学生取得文凭后大多直接选择就业。传媒、语言与社会，传媒与全球化，传媒、大众与数字文化以及新闻学属于研究与职业"双轨并行"型硕士(Master Indifférencié：Recherche et Professionnel)。在研究生第二年，学生既可选择与专业实习配套的职业培训方案，又可选择以课题研究为导向，理论性更强的研究型课程设置。后者一般不会要求实习，但毕业论文质量要求较高，学生取得文凭后可选择继续攻读博士学位或进入研究机构工作(见表 12-6)。

表 12-6　　**巴黎二大新闻传播学院硕士各专业职业定位**

专业名称	职业定位
传媒、语言与社会	教学与研究人员、传播顾问、编辑方针设计者
传媒与全球化	国际传媒从业者、公司与国际组织的公关人员或传播代理
传媒、大众与数字文化	调查机构与传播咨询公司研究员、文化机构媒体分析师、节目策划人
数字技术应用、创新与传播	多媒体数字设计师、互联网内容制作与项目经理、传播与营销代理
传媒、传播与数字城市	数字公关人员、城市传播顾问、地方当局传播主任、社交媒体经理
新闻学	国家或地区报刊记者、视听媒体记者、网络记者、编辑及通讯员
与埃塞克商学院联合培养项目	媒介经营与管理专员、传媒市场营销人员、媒介内容生产者

2. 理论与专业技能并重的课程设置

巴黎二大新闻传播学院硕士研究生各专业学制为两年。区别于以记者职业技能培训为主的新闻院校，作为综合性大学的巴黎二大新闻传播学院在教学上更强调人文与社会科学的学术传统，在课程设置上更凸显理论知识和跨学科教育，以培养复合型的新闻传播人才。传媒与传播学方向的教学内容融合了与之相关的法学、符号学、社会学、经济学和政治学等理论知识，也包括各类工具和实践训练。配合专业知识的讲授，新闻学方向的教学还高度重视与互联网和新媒体相关的技术教育。

(1)硕士研究生第一年教学内容。传媒与传播学方向硕士研究生第一年各专业的课程设置基本相同，分为四大教学单元。第一单元为传播学领域的基础课程，占总学分的16.7%，课程包括：性别与媒体、媒体内容的全球化、信息与传播图像的符号学、文化研究和内容产业。第二单元为职业教育，占总学分的23.3%，内容包括：写作讲习班、课程会议、视听制作或网络新闻学、英语必修及外语选修课程。第三单元为方法论教学，占总学分的40%，以研讨会的教学方式展开，主题包括：媒体故事分析—文本与图像、媒体与国际关系、社交媒体的受众与社会实践。第四单元为深入课程，占总学分的20%，课程包括：新闻学与公共问题、行为者的逻辑与商业模式、社会与网络信息技术、宣传与操纵、新闻和传播文本的符号学、政治传播。上述课程完成后，学生还需提交一篇学术论文，以满足第四单元的学分要求。

新闻学方向硕士阶段第一年的课程由两大教学单元组成。第一单元为新闻学常规课程，占总学时的30%，课程包括：新闻社会学、媒体语言、新闻伦理、经济问题、科学与新闻、就业研讨会及英语。第二单元为实践教学，占总学时的70%，授课内容包括：新闻与社交网络、通讯社、出版单位、报刊、广播、电视、Web创建工具及新闻项目。在完成上述课程的基础上，学生还需最少2个月的实习，其中1个月必须在地级市日报积累经验。

(2)硕士研究生第二年教学内容。相比于第一年，第二年的教育更加专业化、课程设置更加细化。除专业英语或语言类选修课程外，传媒与传播学方向各专业的授课内容可分为三大类：专业类课程、工具与方法论类课程、课题研究指导与职业规划类课程。但因各专业的目标导向不同(或以就业为主，或以科研为主)，各大类课程的学分占比和总学时差异较大。

专业类课程设置较多，充分反映了以下特点：一是课程主题更加广泛，内容更加深入；二是侧重与法学、政治学、经济学等的跨学科教学；三是以传统理论课程与新信息传播技术及载体的理解为基础的教学内容，突出了与数字化结合的特点(见表 12-7)。

表 12-7　　传媒与传播学方向各专业第二年专业类课程分类

专业名称	课程名称
传媒、语言与社会	文化与数字媒体，传媒、司法与政治，图像、语言和社会，传播、性别与政治，开放课程(在巴黎二大传媒与全球化专业、行政与公共政策专业、政治学专业、媒体法专业中或在法国社会科学高等研究院(EHESS)硕士专业中选择一门主讲课程)
传媒与全球化	传媒地缘政治学与互联网，广告传播与欧洲法律，传媒国际化理论，全球节目市场，传媒、司法和政治，信息、文化和冲突，国际传播，传媒企业的全球战略，影响力与情报技巧，媒体、少数族群与公民社会
传媒、大众与数字文化	媒体的受众，数字媒体的实践，社交网络，数字经济，网络营销，知识产权与数字环境
数字技术应用、创新与传播	数字经济，数字社会学：使用与受众，营销与网络营销，营销与网络可视性，社会技术创新，移动技术
传媒、传播与数字城市	城市传播，城市的历史与表征，旅游、遗产、价值和数字动画，对话与数字民主，规划法，城市治理与经济，数据与空间，生活质量、环境与信息技术，安全和保障

工具与方法论类的课程或是对传媒与传播学某一方向可遵循的理论规律、分析方法、操作过程和研究方式的掌握；或是对某一项技能的训练；而更多是对数字技术工具理解与操作的重视(见表 12-8)。

表 12-8　　传媒与传播学方向各专业第二年工具与方法论类课程分类

专业名称	课程名称
传媒、语言与社会	媒体与政治—社会学调查，话语、传媒及文化设备分析，新闻修辞，写作，网站设计与制作，英语与法语公共辩论讲习班
传媒与全球化	专业软件的应用，视听与多媒体制作

续表

专业名称	课程名称
传媒、大众与数字文化	公众符号学分析，统计与数据挖掘入门课，受众测量装置，视听编程，定性调查技术，定性调查，视听制作
数字技术应用、创新与传播	数字生态系统分析，代码和开发，界面设计，内容编辑，(多媒体)执行，咨询与策略，项目管理，设计与用户体验
传媒、传播与数字城市	制图、地理定位、移动性和远程呈现，网络管理，城市工程

课题研究指导与职业规划类课程体现了差异化与个性化的培养特征。专题研究指导课程由各方向负责教师进行授课与指导，学生对感兴趣的问题进行研究并完成高质量的学术论文及答辩。而职业规划课程是针对职前实习与就业的辅导，以实习报告加答辩的形式完成学分(见表12-9)。

表12-9 **传媒与传播学方向各专业第二年课题研究指导与职业规划类课程分类**

专业名称	课程名称
传媒、语言与社会	专题研究指导(19—21世纪媒体的民族历史、传媒与新闻的社会学问题、传媒符号学三个方向中选择一个)，职业规划研讨会(可选)
传媒与全球化	专题研究指导(传媒与国际关系、媒体与国际动员、数字媒体与社交网络三个方向中选择一个)，求职讲习班(可选)
传媒、大众与数字文化	职业规划或传媒与数字文化方向的研究指导二选一
数字技术应用、创新与传播	职业规划
传媒、传播与数字城市	职业规划与大师班(领域内专家开设的公开课)

新闻学方向硕士阶段第二年的课程设置依旧由两大教学单元组成。第一单元为新闻学常规课程，占总学时的18%，课程包括：媒介管理、媒体与受众、新闻来源、正义与新闻、工作研讨会。第二单元为实践教学，占总学时的82%，课程包括：报刊新闻、网络新闻写作、广播与电视、调查方法、新闻项目与英语。学生在上学期需完成1个月的专业实习，在下学期需完成3个月的职前实习。与第一年的通用课程不同，学生在第二年必须从三个职业发展方向(报刊、广播与电视)中选择两个(一个作为主修，另一个作为辅修)，而互联网与新媒体方向是所有学生必修的。

与埃塞克商学院联合培养项目采用联合课程设计形式。硕士第一年为工商管理类课程，在埃塞克商学院进行学习。第二年，学生可在巴黎二大新闻传播学院传媒与传播学方向的各类课程中自由选择以完成硕士学业。此外，在学院提供的国际交流合作项目范围内，各专业学生均可选择前往国外大学进行相关专业的学习，完成一部分学分。

3. 法国特色的学徒制

巴黎二大新闻传播学院硕士研究生阶段提倡学徒制(L'apprentissage)的人才培养模式。这是一种在法国政府支持下将学校理论教学与企业实践培训有机结合的职业型教育模式。在学徒与用人单位签订的学徒合同框架下，学徒的学生身份允许他们在学校接受常规的教育以获得国家认可的文凭，而企业员工身份不仅促进他们在准备文凭的同时不断适应职场，且帮助雇主培训了公司的候选人以实现最终的聘用。自 2019 年 1 月 1 日起，学徒合同面向 16~30 岁的候选人开放(对残疾人无年龄限制)。在正常情况下，学徒制的培训时间不得少于 1 年，报酬以最低工资的百分比计算，随着年龄和专业的不同而变化，对于 21 岁及以上的学徒，第一年为 53%，第二年为 61%。根据法国教育部的最新报告，截至 2018 年年底，法国登记了近 45 万名学徒，与 2017 年相比增长了 4.2%，越来越多准备获得更高文凭的年轻人被这一职业型人才培养模式所吸引。

为推进学徒制的顺利开展，巴黎二大新闻传播学院硕士各专业在第二年设置了既强化又灵活的课程体系。首先，在总学分不变的前提下，学徒制或职业倾向型的学生所修课程总时长远远超过研究型倾向的学生。以传媒与国际化专业为例，职业型或学徒型课程的总时长为 430 小时，而该专业研究型课程只有 180 小时。其次，学院为学徒制学生制定了密集的课程结构。就数字技术应用、创新与传播专业而言，在 25 周的课程中，学徒 2 天在学校(周一和周二)，其余 3 天将在公司，而在这 25 周和某些特定日期之外，学徒都在雇佣他们的企业中全职工作，毕业答辩将在次年 9 月进行。最后，学院不断开拓与各类企业机构的合作，通过学徒制来定向式培养人才。除了大型的传播、通信和数字公司(微软、IBM、法国电信 Orange 及法新社等)，近年来，大量数字技术应用、创新与传播专业的学徒进入各类大型公司(法国邮政、迪士尼、法国电力公司、法国航空及法国农业信贷银行等)，咨询公司(Spintank、Neoptimal 及 We Are Social 等)，文化企业(小鹿出版社、法国国家视听研究院、国家纪念碑中心、拜亚德出版社及卢浮宫等)，协会(反饥饿行动组织、天主教救济会等)或公共服务机构(联合国教科文组织及政府各部门)。

12.3.2 入学标准与师资队伍

1. 严格的入学选拔

巴黎二大新闻传播学院硕士研究生的招生与入学考试，与我国明显不同，学院具有较大自主性，可自行制定入学资格标准和组织入学考试。但研究生从第一年到第二年还需要重新申请，越是热门的专业淘汰率越高，优秀的院系甚至高达50%或以上。在遵循相同的申请与考核程序情况下，外国学生还需要拥有达到C1级别的语言证书。

就巴黎二大传媒与传播学方向的硕士而言，学院主要通过申请材料与面试的方式选择候选人。申请人需持有信息与传播学、人文与社会科学、经济或法律科学方面的本科文凭，并已在书面媒体和数字视听媒体领域积累了相应的知识与实践经验。各专业也面向持有其他文凭的同等学力申请者，特别是传媒、传播与数字城市专业，欢迎来自艺术、设计、建筑或城市规划领域的本科毕业生。在筛选过程中，学院会特别重视申请人本科阶段所接受教育的学术质量、获得的成绩、各种经验(社团活动、个人或集体作品、实习、特殊经历等)及动机，以表明申请人过往的教育经历能与学院的硕士课程相适应，且具有足够的知识储备与实践能力来应对更加深入的专业课程。

而想要进入巴黎二大新闻专业硕士，需要经过严格的入学考核，既有材料申请，又有两轮笔试和面试。该专业对至少在新闻领域(记者、编辑)有过一次或多次实习经历的本科生开放。整个入学考核分为四个阶段，首先学院对申请材料进行筛选，侧重本科阶段学习成绩、新闻相关工作的实习证明及候选人的自我描述。其次，材料通过的候选人将参与第一轮笔试，内容包括两个部分：一是结合推荐书目对“媒体思维”进行考查，二是一系列融合当前时事和一般文化问题的测试。再次，在上轮笔试中获得10/20的候选人将被视为合格，并进入第二轮笔试，内容同样分为两部分：一是通过六个小时来处理一个指定主题并形成完整的新闻报道，二是英语测试。最后，学院教授与专业记者团将组成评委会开展最终面试。该专业硕士第一年的招生人数通常为20多人，录取率不超过4%。而硕士第二年的接受能力与入学标准会根据学院理事会投票决定。

2. 国内外、业内外专家学者为核心的教学团队

巴黎二大新闻传播学院的教学团队包括一个由15名教师/研究人员组成的核心团队，以及大约50名媒体与传播领域的专业人士，主要研究方向涉及：当代历史与比较政治、新闻社会学、图像与媒体符号学、数字时代国际信息流的逻辑转变、传播社会

学、社会数字网络、数字媒介文化、互联网治理与法规、在线舆论运动与政治动员、公共问题社会学、媒体法与道德、视听商业模式、供应新闻-需求新闻、女权主义与性别史等。学院每年还会邀请10名来自其他欧洲大学的知名专家学者来任教一两个月。2019—2020学年，受邀研究人员包括来自南加州大学信息科学研究院、伯明翰大学媒体与文化研究中心以及俄罗斯国立高等经济学院的教授。

12.3.3 结语

巴黎二大新闻传播学硕士阶段培养体系的总体特色主要体现在以下六个方面："严进严出"的教育宗旨、一般文化素养与跨学科的传统、特色分明的专业设置、知识化与职业化并重的课程设置、重视多媒体信息技能以及国际且权威的教学团队。这六个方面的特色相互联系且密不可分，共同促成了毕业生在学界和业内良好的口碑，为法国乃至欧洲的新闻与传播领域不断培养和输送复合型人才。

（何 爽）

12.4 韩国新闻传播学专业介绍
——以首尔大学学科课程历史演变为例

韩国大学的新闻传播学教育始于1954年弘益大学新闻学专业的设立。1980年全国有11所相关院系设立，1985年20所，1990年27所，1999年67所。如果加上广告、公关专业，截至1999年末，一共开设相关院系86所，在校学生数量达到1万3千名，2000年之后继续增长，有100个以上的大学开设了相关的专业。这种高速飞跃性增长有别于1990年之后人文学科整体所呈现出的全领域的萎缩局面。

考虑到专业教育的内容，毕业生能够学习到怎样的知识，未来进出到何种领域，这是事关新闻传播学教育的关键。从新闻传播学教育的传统来看，报纸、广播、电视节目的理论和制作，到广告、电影、数字媒介的制作和理论等，包含着范围宽泛的细分领域。从韩国的新闻传播学教育来看，其国内大学将所有的细部学问领域和职业领域都绑定为一体，成为一个专业，提供百货店式的理论教育。至今，韩国新闻传播教育依旧没有摆脱这种教育模式。

但是韩国相关研究指出，这种专业运营结构的结果是专门领域内的职业教育的消退。持续了60余年间的这种教育模式导致的结果是新闻、放送(电视、广播)组织对专业者教育内容的不尊重(也就是学界和业界的对立)。例如，美国报刊记者之中的53%，电视记者的78%是新闻传播专业学校出身，但是韩国的此比重仅有18%，这体现了学界与业界的严重失衡的现状。

在韩国，新闻传播学这一概念属于舶来品，因此概念上的使用也存在相当的混乱。有使用传播学、新闻学(主要指报纸)、言论学等。现在被广泛使用的专业名称是言论学或者是言论情报学。这样变化体现了由过去的报刊学转变为报刊放送学的过程之中，所体现的新的变化趋势。言论这一用语广泛地包含着传播或者大众传播现象。言论这一名称，包含的是从新闻的取材和生产的全过程所协商而成的一种意义，以及指的是传播的一般现象。所以有的韩国学者指出，与其使用言论学，不如使用外来语新闻学反而更为恰当。因为新闻学教育这一名称将改变以理论中心的言论学教育方向为实务能力涵养和通识教育素养均衡的学科课程教育。

韩国新闻传播学教育存在的结构性问题主要总结为以下四点：(1)新闻传播学教育的学科属性问题，即专业设定的模糊性问题。在海外其他国家新闻学与放送学、影像学、广告、公关学已经分属于不同的专业领域，但是在韩国还是被捆绑在一起，同属于一个领域。(2)专业学科的专业性低下。由于新闻学之中，放送、电影、广告等学科都要进行修习，所以分支学科专业知识的专业性存在局限性。(3)实务教育的缺失。(4)由于新闻传播学的学科独立，人文学和社会学等基础学问的学习不包含在专业的学科教育结构之中，也就是说通识教育不足。

下面就以韩国国立首尔大学为例，看韩国新闻传播学的发展变迁历史：

首尔大学自1975年成立言论情报系(媒体信息系)以来，其本科生教育的演变一直都在发生，具体来说，每学期首尔大学都会给学生发放学生听课手册，记载着相关学部课程的开课信息，反映了学科开设的变化。在过去的40余年间，其课程设定经历了很大的变化，不同时期体现了不同的差异性，这与高等学校教育政策、学科教授阵容的变动情况以及媒介社会环境的变化都密切相关，而这些变化所体现出来数据则为未来新闻传播学的变化与发展提供了一种预测功能以及指明可能的发展方向。

如前文所说，韩国的新闻传播学起源于20世纪50年代，第一所新闻专业于1954年设立于弘益大学，1958年中央大学增设了新闻系，接着1960年以首尔为首的6所综合性大学也相继开设了新闻学以及相关专业。与社会科学学科的主要学科相比，新闻传播学开设的历史相对较短，首尔大学的言论情报学习于1975年2月成立，当时的名称为“新闻学”。但是在首尔大学之中与新闻相关的课程开设相对较早，1949年文理学院就开设了“新闻元论”以及“现代新闻论”；而在1963年新闻传播领域里，韩国的新闻研究所(现“言论情报研究所”)设立，紧接着1968年新闻研究生院成立，硕士课程教育开始进行。所以，新闻教育与新闻学是不同的，首尔大学的新闻教育的存在早于新闻学科的设定。新闻研究所与新闻研究生院的创立与新闻学科的创立也是不同的，如首尔大正式的言论情报学系的正式创立为1975年，此后40余年间，以言论情报学系为基础。通过学部和研究生院的教育课程，首尔大学为韩国培养了众多的人才。首尔大学言论情报学系的创立就不仅仅是增设一个学科的意义，而是为韩国社会以及言论情报学整体的发展都贡献了力量(见表12-10~表12-14)。

表12-10　**1975—1984年韩国首尔大学言论情报系开设课程内容**

理论概论课程	大众传播元论
	大众传播概论
	传播学理论
	现代传播学理论
方法论	大众传播研究方法论1、2
效果论	大众传播效果论
	大众传播和社会
历史	传播学史
	韩国媒介发展史
	世界媒介发展史
新闻	报纸元论
	报纸编辑论
	特殊报纸论
	出版杂志论
	报道论
放送	放送论
	放送元论
	放送编辑制作论
	放送教育论
	教育放送论

续表

说服/广告	舆论和宣传
	说服传播
	大众传媒广告论
	广告论
	PR论
影像/文化研究	大众传媒和文化
	电影论
	影像传播
国际传播/比较研究	国际传播
	跨文化传播
	比较新闻学
	国际放送论
法制/制度/经营	大众传媒制度论
	大众传媒体制和社会体制
	大众传媒法制论
	大众传媒伦理法制
	大众传媒经营论
其他	大众传播特讲
	新闻学实习
	大众传媒实习
	传播和社会发展
	传播和社会问题
	集体传播理论
	集体传播

表 12-11　　1985—1994 年韩国首尔大学言论情报系开设课程内容

理论概论课程	传播概论
	传播理论
	批判传播论
方法论	传播研究方法论
	传播统计方法
效果论	大众传播效果论
	大众传播效果
历史	传播学史
	韩国言论史史
	韩国传播学史
	世界传播学史
	世界言论史
新闻/政治传播	报纸元论
	报纸编辑论
	出版杂志论
	新闻理论
	大众传播和政治
	政治传播
放送/新媒体	放送理论
	放送元论
	放送和现代社会
	放送编辑制作论
	新媒体论
说服/广告	舆论和宣传
	说服传播
	广告论
	广告传播
	PR 论
	PR 传播

续表

影像/文化研究	大众传媒文化
	大众文化论
	影像传播
	影像和传播
国际传播/比较研究	国际传播
	比较新闻学
	比较媒介论
法制/制度/经营	言论伦理和法制
	大众传媒和社会体制
	大众传媒伦理法制
人际	人际传播
其他	大众传播特讲
	大众传媒实习
	大众传播和社会问题
	传播和社会问题
	传播和社会发展
	传播和社会变动
	情报社会论

表 12-12　**1995—2004 年韩国首尔大学言论情报系开设课程内容**

理论概论课程	传播概论
	传播的理解
	传播理论
	批判传播论
方法论	传播研究方法论
	传播统计方法
效果论	大众传播效果论

续表

历史	传播学史
	韩国言论史史
	世界言论史
	媒介技术的历史
新闻/政治传播	报纸元论
	报纸编辑论
	新闻理论
	政治传播
放送/新媒体	放送元论
	放送和现代社会
	放送编辑制作论
	新媒体论
说服/广告	舆论和宣传
	说服传播
	广告论
	广告传播
	PR 论
	PR 传播
影像/文化研究	大众文化论
	电影论
	影像传播
国际传播	国际传播
法制	言论伦理和法制
人际	人际传播
其他	大众传播特讲
	大众传播和社会问题
	传播和社会变动
	情报社会论

表 12-13 **2005—2014 年韩国首尔大学言论情报系开设课程内容**

理论概论课程	传播的理解
	传播理论
	批判传播论
方法论	传播研究方法论
	传播统计方法
	传播统计分析
	社会性传播
	网络结构分析
效果论	大众传播效果论
	传播效果研究
历史	传播学史
	韩国言论史史
	韩国媒介史
	媒介技术的历史
	言论思想史
新闻/政治传播	报纸元论
	新闻理解
	新闻理论
	现代新闻理论和分析
	报纸报道编辑论
	深度报道策划
	政治传播
放送/新媒体	放送元论
	放送和现代社会
	放送编辑制作论
	放送分析

续表

新媒体	新媒体论
	数字传播
	数字传播理解
	互联网时代的阅读和书写
	互联网和虚拟空间
	移动媒介
说服/广告	说服传播
	广告论
	PR 论
影像/文化研究	大众文化论
	现代文化理解
	影像/文化分析
	影像文化分析
	影像传播
国际传播	国际传播
	global 传播
法制/政策	言论伦理和法制
	媒介法律和制度
	传播政策
	媒介产业和政策
人际	人际传播
CMC/HCI	HCI 和传播
	电脑媒介传播
其他	传播/文化/社会变动
	传播特讲
	言论情报文化特讲
	媒介现场实习
	情报现场实习
	情报社会论

表 12-14 **2015年至今韩国首尔大学言论情报系开设课程内容**

理论概论课程	传播的理解
	传播理论
	批判传播论
方法论	传播研究方法
	传播统计分析
	传播效果研究
历史	传播学史韩国媒介史
	媒介技术的历史
	言论思想史
新闻/政治传播	现代新闻理论和分析
	深度报道策划
	政治传播
	选举活动和媒介战略
	政治传播
放送/新媒体	放送分析
	放送和内容
新媒体	数字传播理解
	互联网时代的阅读和书写
	移动媒介
	互联网和数字文化
	电视剧和社会阅读
说服/广告	说服传播
	广告论
	PR论
影像/文化研究	现代文化理解
	影像文化分析
	影像传播
国际传播	国际传播
	global传播
法制/政策	媒介法律和制度
	媒介产业和政策

续表

人际	人际传播
CMC/HCI	HCI 和传播
	电脑媒介传播
其他	传播/文化/社会变动
	传播特讲
	言论情报文化特讲
	媒介现场实习
	情报现场实习

由首尔大传播教育的发展历程可以看出，随着媒介环境以及业界需求的不同，学科教育科目也在不断发生变化。特别是进入 21 世纪之后，新媒体相关的教育课程设置凸显。适应社会需求，进行相应地学科教育变动，为社会培养人才是教育的目标，不过其中重复性的课程依旧存在(从 2015 年至今有所改变)，那么教学数量的增加与学生思考与实践能力提升这一矛盾就需要认真反思，这无疑为未来教育的改革提供了相应的预见性与反思性的契机。

(周海宁、张成良　整理)

12.5　马来西亚新闻传播教育概述

马来西亚经济腾飞较早，基础设施建设较好，人均汽车拥有量较高，品牌多系国产品牌。民众居住相对分散，居住条件较好，城市一般以商圈聚集，农村则多分散在寺庙和教堂周边。马来西亚现约有 50 家报纸、20 余家广播电台、近 10 家电视台，各大传统媒体使用多种语言进行传播。宗教在马来西亚拥有独特的地位，通过宗教进行交往是其重要的特色。

12.5.1　马来西亚教育概述

马来西亚的高等教育起源于英国殖民统治时期(18 世纪末—1957 年)。其中最著名、最有影响力的高等院校是始建于 1949 年的马来亚大学。1957 年获得政治独立后，这个多民族国家步入了社会经济的快速发展时期。与之相适应，政府对原宗主国强加给马来西亚的旧的高等教育体制、结构、功能进行了不断调整和改革，在民族性等方面取得了较大成就。马来西亚高等教育体系包括公立和私立两部分。公立高校包括公立大学、公立学院和技术职业学院，私立高校包括私立大学、私立大学学院、私立学院和外国大学分校。其中公立大学有20所、私立大学有55所，私立大学学院和部分公立学院具有颁发本校大专及大专以上文凭的资格。专科学制2~3年，本科学制3年，硕士学制1~2年、博士学制2~6年。根据2020年QS世界大学排名显示，马来亚大学(70)、博特拉大学(159)、马来西亚国民大学(160)、马来西亚理科大学(165)、马来西亚理工大学(217)、思特雅大学(442)、国油科技大学(482)七所高校进入前500名榜单。

12.5.2 马来西亚新闻传播教育概况

目前，多数马来西亚高校开办了新闻传播教育，但研究型高校和应用型高校在培养目标、课程设置以及教学思路上各有不同，研究型高校教学内容重视理论，应用型高校强调学生的实践。在此仅介绍马来亚大学、马来西亚国民大学、马来西亚理科大学、马来西亚博特拉大学以及拉曼大学5所研究型高校的新闻传播教育状况，其中前四所为公立大学，后一所为私立大学。

1. 马来亚大学

马来亚大学是一所研究型综合大学，也是马来西亚历史最为悠久的高等学府，其前身是1905年成立的爱德华七世王学院和1929年成立的莱佛士学院，两校于1949年合并成立马来亚大学。在该校，新闻传播教育组织隶属人文与社会科学学院，由传媒研究系负责组织教学，拥有完整的本硕博教育体系。本科设有媒体研究专业，硕士研究生教育设有媒介研究专业、出版学专业和艺术专业，博士研究生授予哲学学位。

媒介研究本科培养目标为：培养在印刷媒体、电子媒体、广告公司、新闻和公共关系领域熟练的人才；培养理解科学和社会科学理论的专业媒体从业者；培养思维敏锐且能将各学科知识应用在研究上，并能更系统地撰写研究成果的学生。专业核心课程包括媒介研究导论、媒体设计导论、修辞和公共演讲、媒体写作、传媒与传播理论、法律与媒体伦理、组织沟通、视频制作技术、新闻报道、编辑、媒体文化与社会、项目实训1和项目实训2、工业实训、公共关系技术与策略。选修课程包括新闻摄影、出版经济、视频写作、说服性传播、作品选读、专题写作、电子出版、方向指导——原则与实践、市场传播、创意写作、传播原理、全球和本地背景下的媒体、多媒体制作、创意产业管理、广播新闻、战略事件管理、政治传播、纪录片制作、公共关系和社交媒体、专业语言能力、杂志出版、公民新闻等。

硕士项目包括媒介研究、出版学两类。媒介研究方向必修课程有：高级媒体与传播理论、媒体组织管理、研究项目。选修课程有：媒体关系与战略传播、马来西亚媒体法律、政策和道德、媒体市场研究、媒体与社会、全球新闻、高级视频制作、高级媒体制作、工业实践。出版方向核心课程有：媒介研究方法、写作和编辑、出版机构管理、世界出版研讨。选修课程有：出版项目、出版技术、图书营销与发行、期刊出版、翻译、精选优秀作品。硕士课程纯粹基于个人自主研究。研究生研究结束时必须提交论文，成功答辩论文后将被授予硕士学位，所有研究计划都必须得到学院的批准和监督，学位论文不少于5万字。

哲学博士学位研究生一般仅需要学习研究方法和研究设计类课程，其余学习由导师负责管理。研究结束时必须提交论文，成功答辩论文后将授予博士学位。所有研究计划都必须得到学院的批准和监督。博士研究生必须在12个学期内完成学习，学位论文不少于10万字。

2. 马来西亚国民大学

马来西亚国民大学是马来西亚五所研究性大学之一，成立于1970年，是马来西亚第三所公立大学。新闻传播类专业隶属社会与人文科学学院，由传播与数字社会中心承担教学科研组织任务，提供媒体传播本科课程，社会科学硕士(传播管理)和哲学博士(传播)课程。目前，中心有三个研究组：媒体创新和数字社区，内容和媒体创意、传播，政策和治理。

在本科方面，颁发社会科学学士学位，旨在培养专业、创新、活跃、批判、负责任和道德的媒体从业者和领导人以及媒体思想家和研究人员，以创造大众媒体产品并产生创新和思想，从而提升马来西亚媒体的国际地位，实现马来西亚的传播中心地位。本科的核心课程有跨文化传播概论、传播理论、传播研究方法、统计和数据分析、传播行政策和法律。选修课程有媒体传播概论、新闻和特稿写作、剧本创作和鉴赏、媒体受众和话语分析、广播新闻、全球媒体、媒介生产管理和审美表现、评论写作、管理学、新闻语义分析、媒体经营、广播专题片和纪录片、媒体管理和制作、学术实践、工业培训、媒体创意执行。学习方式主要以讲座和小组研讨为主，强调基于问题的学习，强调与媒体专业人士的互动，强调行业参观、实践训练以及行业实习。

在硕士生培养方面，主要招收传播管理方向研究生，授予社会科学硕士学位，培养学生能根据市场需求进行广泛而深入的研究活动，成为媒体和非媒体组织的传播管理专家。强调学生具备多学科知识，以满足媒体和非媒体组织的需求。通过在媒体或非媒体组织中进行传播管理学习，使学生具备管理、规划、分析和评估传播影响的知识和技能。主要课程有：传播理论研讨、学术论文写作、传播产业经济、跨文化传播研讨、传播技术与社会转型、媒体文化与社会、全球传播、传播研究方法论、传播政策、组织传播、媒体的社会影响等。

在博士生培养方面，授予哲学学位，主要研究传播政策与产业、媒体全球化的影响、受众分析、媒体、民主与团结。要求博士生的相关研究必须在媒体和传播研究的认识论、本体论和方法论上有所创新。

3. 马来西亚理科大学

马来西亚理科大学成立于1969年，2008年9月被马来西亚教育部列为唯一一所APEX(迈向卓越计划)大学，APEX的目标是推动其成为世界一流大学，为马来西亚顶尖综合性研究型大学。目前该校拥有主校区、工程校区、医学校区三个校区，共设27个学院及26个研究中心。新闻传播学科被单独设置为传播学院，配置了完整的本硕博培养体系。本科设置了新闻学、说服性沟通学以及电影与广播学三个专业，研究生则分为视频研究硕士、整合营销传播硕士、文学硕士(传播学)混合型硕士、文学硕士(传播学)研究型硕士及哲学博士研究生等类别。

本科阶段培养旨在发掘学生适应不断发展变化的纸媒与数字媒体行业，最终成为高管和企业家；培养能够在企业组织中运用科学管理理念与方法实现个人价值与组织利益突破的高级公共管理人才；培养学生专注于创新与批判性分析能力，提高学生自由探索各种方法、范式，以应对21世纪电影与广播发展的新变化与新挑战。本科专业课程包括：人类传播概论、传播学概论、马来语媒体写作、桌面出版基础、大众传播概论、英文媒体写作、视觉传播、新闻写作(1、2)、传播与社会、数字视频制作、传播学理论(1、2)、文化研究、特稿写作、图片新闻、说服理论、公共关系、无线产品、视频写作、推广文案写作、媒体法律与道德、传播的可持续发展、传播活动的策划与评估、广告学、电影摄制艺术学、电视制作(1、2)、传播学研究方法、媒体与性别、杂志管理与出版、企业传播、电影制作、媒介管理、视频导演与表演、传媒政治经济学、报纸制作(1、2)、整合营销传播、电视学、电影学、视频编辑与特效学、调查性新闻、国际报告、媒体宣传与方法、国际传播、新闻研讨、报纸管理、说服性沟通研讨、电影及广播制作项目、新媒体新闻、影视作品鉴赏。

硕士项目包括视频传播研究硕士、整合营销传播硕士、文学硕士(传播学)混合型硕士、文学硕士(传播学)研究型硕士。整合营销传播硕士项目核心课程有：IMC原理与实践、消费心理学、市场管理学、IMC研究方法、品牌管理、IMC数据分析、公共关系管理、IMC 消息设计、国际广告 3、媒介策略管理、IMC 项目研究。选修课课程有：IMC 问题研究、IMC 数字化战略。文学硕士(传播学)混合型硕士方向，包括四门核心课程：高级传播理论、量化研究方法、定性研究方法，以及论文写作，其中论文写作要求学生须在专业学术导师的指导下完成相关领域的研究并撰写论文。文学硕士(传播学)研究型硕士及哲学博士(含全日制与非全日制)项目则是为那些具有较强理论背景、并希望进行独立研究的学生所提供。该项目要求学生在一名或多名教师的指导下完成论文撰写。硕士研究生必须在注册之日起的 6 个月内提交论文，而哲学博士研究生则必须在注册之日起 1 年内提交论文。

4. 马来西亚博特拉大学

马来西亚博特拉大学(UPM)创建于 1931 年，已有 80 年的历史，2018 年亚洲排名 34 位，世界排名 202 位，是马来西亚 5 所顶尖公立大学之一。UPM 拥有在校生近 30000 名，有来自 70 多个国家近 5000 名国际生。该大学是首批在中国教育部教育涉外监管网上备案的马来西亚公立大学。UPM 设有 16 个学院，新闻传播教育学隶属于现代语言与传播学院，本科设有新闻学、广播电视、企业传播、人类传播四个专业；研究生设有企业传播、传播技术两个方向；哲学博士设有人际传播和大众传播两个方向。

本科以方法为基础，以培养全面发展、知识渊博，技术娴熟的学生为目标。在第一学期，学生修读一般课程，为将来的课程打下基础。他们在第二学期专注于所选的研究领域。学生将修读以下类别的课程：大学普通课程、核心课程(必修专业)、副修课程。主要设有新闻学、广播电视、企业传播、人类传播四个专业，属于传播学学士。

硕士项目包括企业传播硕士、传播技术两大类，其中企业传播硕士要求有媒体和传播相关领域的工作经验，申请该课程的候选人必须完成至少 40 个学分的研究生水平课程。其中必修课程 27 个学分、选修课程 6 个学分、论文(6 学分)、硕士研究项目研讨会(1 学分)。传播技术重点学习五类课程，包括：开发沟通、新闻学、传播技术、人际交流和组织交流。需完成通讯研究方法(3 学分)，以及监事会批准的其他任何课程(3 学分)，总计 6 学分。

哲学博士有人际交流和大众传播两个方向。课程要求(学分要求)：攻读哲学博士学位的候选人必须完成至少 9 个学分的研究生水平课程，包括必修研究方法课程(3 个学分)、选修课程(6 个学分)。传播研究设计(3 学分)、高级传播理论(3 学分)、传播研究高级统计(3 学分)、传播研究中的定性方法(3 学分)。

5. 拉曼大学

拉曼大学是一所私立大学，于2002年8月13日正式成立。现有2个校区，分别是霹雳金宝主校区以及雪兰莪双溪龙镇校区。目前，该大学拥有9个学院、3个中心、3个研究所、32个研究中心。新闻传播教育隶属艺术与社会科学学院，该院下设广告学系、新闻学系、公共关系系、语言与语言学系、心理与咨询系。本科设有广告学、新闻学、英语、英语教育、社会科学、指导和辅导、公共关系传播等专业；硕士研究生教育设有心理(社会与组织)学和哲学专业；博士研究生则被授予哲学学位。

广告学本科，学制三年，培养目标为：具备知识和专业技能，可以满足全球化广告业的整体需求；能够在本地和国际环境中有效且专业地交流和表达，执行和管理广告创意；能够运用批判性、创造性和分析性思维能力来解决与广告行业有关的复杂问题；拥有良好职业道德、终身学习技能、管理技能来满足广告行业的需求。专业核心课程包括介绍广告排版、基础设计原理、大众传播概论、媒体发布广告的历史、媒体设计、商业摄影设计、创造性思维、视频制作基础、编辑传播理论、广告文案写作、公共演讲、数字广告、广告和社会、传播研究方法、广告创意、广告客户管理策略、网页设计、三维电脑动画、数字通信技术、产业培训、设计研究、设计活动、媒体法律与伦理。必修课程包括大众传播英语、国家语言/其他语言、MPU科目、伊斯兰文明和亚洲文明(TITAS)、民族关系/马来西亚研究、孙子兵法与商业策略。选修课程包括多媒体入门、计算机系统与应用、积极心理学、消费者行为。

新闻学本科，学制三年，培养对大众传播理论和应用有深入了解和理解的毕业生；培训和发展在新闻领域具有高度专业素养的人员，他们在全球范围内对马来西亚的环境有成熟的认识；为学生提供与他们专业领域相关的多媒体传播最新发展的坚实基础；培养学生的批判性和分析性思维能力；使学生具备社交沟通能力以及对社会道德和责任感的认识；培养终身学习理念，培养管理技能所需的知识和意识。专业核心课程包括介绍广告、大众传播概论、摄影、桌面出版新闻研究、视频制作基础和多媒体新闻编辑、新闻报道和写作、商业新闻数字传播技术、广播新闻、高级新闻报道和写作、社会学概论、传播研究方法、传播理论、专题写作、产业实训、最终年度项目、数字时代的政治与媒体、媒体管理、媒体法律与伦理、文化与传播。辅修专业包括媒体设计、国际关系概论、广告文案、比较政治概论、广告创意策略、公共管理、媒体策划、当代马来西亚政治、整合营销传播、政治哲学。必修课程包括大众传播英语、民族语言/其他语言、MPU科目、伊斯兰文明和亚洲文明(TITAS)、民族关系/马来西亚研究、孙子兵法与商业策略、企业家精神。选修课程包括口头沟通和人际交往能力、人际沟通。最终年度项目(FYP)是每个学生最后学习年的重要组成部分，也是毕业的要求。学生需要利用自己在整个学年中获得的所有技能和经验来进行自己的研究。学生必须研究感兴趣的主题，设计自己的问题，提出解决方案或结论，然后评估他们的结论。此过程通常需要几个学期，并且需要学生进行严格而持续的努力以查找最新信息并咨询其导师。公共关系传播本科，学制三年，培养目标为：培养学生具备公共关系知识、技术能力、软技能、社会责任和专业精神；使学生具备领导才能、团队合作精神、沟通能力和终身学习技能；发展学生批判性思维和解决问题的能力；在未来工作中发挥企业家精神和管理技能。专业核心课程包括大众传播概论、公共关系、公共关系方面的沟通技巧、人际沟通、公共关系写作、媒体法律与道德、公共关系中的危机沟通、传播研究方法、整合营销传播、沟通理论、数字传播技术、高级公共关系写作、企业社会责任、工业培训、最终年度项目、活动策划、事件管理、组织沟通、社交媒体公共关系实践。辅修专业包括广告概论、媒体设计、媒体策划、广告与社会、广告文案、广告历史。必修课程包括传播英语、民族语言/其他语言、MPU 科目、伊斯兰文明和亚洲文明(TITAS)、民族关系/马来西亚研究、孙子兵法与商业策略。选修课程包括信息系统、产业关系、广告与推广、客户关系管理、服务管理、多媒体导论、计算机系统与应用。

硕士项目包括工业与组织心理学、哲学(社会科学)两类。工业与组织心理学硕士学制至少一年半，最长四年，课程结构包括课程作业(学时：21)；6 门核心课程、1 门选修课；学位论文(学时：0)。哲学(社会科学)硕士学制正常两年，最长四年，课程结构包括 2 门必修模块(6 学时)和学位论文。哲学博士学位学制正常三年，最长六年，课程结构包括研究方法论和论文。

12.5.3　马来西亚新闻传播教育的特点

总体而言，新闻传播教育具有以下几大特点：新媒体研究和教学相对不充分；跨文化传播关注较多；综合型研究性大学多注重理论教学，对业务操作关注不多；学生需要同时学习马来语和英语，多数华人学生精通马来语、英语以及汉语甚至还熟悉一到两种汉语方言；在学院设置上，新闻传播类专业多隶属人文社会科学学院，较少独立成为学院，其大学学院类似于中国的学部；公立私立大学培养差异明显，与公立大学相比，一些私立大学如马来西亚精英大学、马来西亚吉隆坡建设大学、马来西亚泰莱大学、马来西亚林国荣创意科技大学以及马来西亚思特雅大学等的传媒专业则更加重视学生实践能力的培养，招收了大量国际学生，不过其收费往往是公立学校的若干倍。

(胡沈明、陆地、何文霞、陈琛、胡博涵、周珊)

12.6　伦敦政治经济学院的传媒教育

伦敦政治经济学院(The London School of Economics and Political Science，简称LSE)创立于1895年，与牛津大学、剑桥大学、伦敦大学学院、帝国理工学院并称为英国“G5超级精英大学”(The Group Five Super Elite)，其校训为“理解万物发生之缘由”(Understanding the Causes of Things)。截至2020年3月1日，共有包括媒体与传播系(Department of Media and Communications)在内的22个系、5个研究所和1个语言学习中心——在2020年QS全球大学的学科排名中，LSE的媒体与传播系名列英国第1位、世界第3位。①

这样一所在世界媒介与传播研究领域声誉卓著的学术重镇，却只有区区二十几位研究型的教师(Academic Staff)②，其中，为中国新闻传播学界所熟知的罗杰·西尔维斯通(Roger Silverstone)③、索尼娅·利文斯通(Sonia Livingstone)④和尼克·库尔德利(Nick Couldry)⑤等大师级的学者均执教于此。

由于LSE的媒体与传播系只提供研究生层次(包括硕士和博士)的传媒教育，孟子曰：“观水有术，必观其澜。”(《孟子·尽心上》)本节将主要介绍LSE的媒体与传播系的教师(以LSE媒体与传播系尼克·库尔德利教授为例)如何通过一门课程来培养研究生，以小见大——希望能够为中国新闻传播教育界如何培养研究生提供“可以攻玉”的一块“他山之石”。

2019—2020学年，尼克·库尔德利教授除了与其他老师合作——以讲座的形式开设关于理论与概念(Theories and Concepts)和研究方法(Research Methodologies)方面的课

① https://www.topuniversities.com/university-rankings/university-subject-rankings/2020/communication-media-studies.

② 截至2020年3月1日，LSE的媒体与传播系共有研究型教师25人，其中包括中国学者孟冰纯(Dr Bingchun Meng)——现任LSE媒体与传播系执行系主任(Deputy Head of Department)。

③ LSE媒体与传播系的创始人和首任系主任。罗杰·西尔维斯通于2006年7月16日猝然离世时，年仅61岁——曼纽尔·卡斯特(Manuel Castells)在缅怀西尔维斯通时，称其为传播学的研究做出了奠基性的重要贡献，详见http://www.lse.ac.uk/media-and-communications/about/roger-silverstone.

④ 因其学术成就，索尼娅·利文斯通曾被推选为国际传播学会(ICA)2008年的学术年会主席(President of the International Communication Association)。

⑤ 尼克·库尔德利提出的“媒介实践”(Theorising Media as Practice)在包括中国在内的全球学术界影响深远。

程之外，他自己主讲的只有一门新开的课“媒介、数据与社会秩序”(Media, Data and Social Order)。这门以研究为导向的选修课在2020年春季时期(Lent Term)开设，从2020年1月21日开始，为期11周。① 听课者30余人，其中包括硕士生、博士生和访问学者。“媒介、数据与社会秩序”由10小时的教师授课和10小时的师生共同研讨构成，而串连起教师授课和师生研讨的——则是这门课程所需要阅读的大量相关文献。

12.6.1 以课题为内容——研究生课程：“我思故我讲”

既然是给研究生授课，那么，如何使其与给本科生授课区别开来呢？

尼克·库尔德利教授在教学实践中给出的答案是：以自己的研究课题作为授课内容，讲自己做的“研究”——“我思故我讲”，因此课程自然就是“研究型”的。同时，由于讲课就是在讲自己所做的研究，因此，既让研究生在听课时获得了“做研究”的“实战示范”的感觉，也使授课教师在授课时不会有在浪费自己的“科研时间”的感觉。

尼克·库尔德利教授给研究生讲的课，每一次课的内容在逻辑上都可以概括成三个方面：每一次课我们要解决的核心问题是什么？在理论层面上，已有的研究成果有哪些？我本人对此问题的思考是什么？下面以其所讲的第5次课(Lecture 5: Data and Social Order: Towards the Big Picture?)为例②，从“核心问题”“文献综述”和“教师观点”三个方面来审视尼克·库尔德利教授给研究生授课的“研究型”课堂实践。③

1. 核心问题

在前面几讲的基础上，该课的核心问题是：数据给社会和经济的变化所带来的总体影响如何？(What is the bigger picture of social/economic change through data?)

---

① 其中，第1周为导论性质的介绍：媒介、数据与社会秩序的可能性(Media, Data and the Possibility of Social Order)。第2~5周的主题为：数据如何生成社会秩序的相关理论。具体授课内容包括——第2周：数据化空间(Spaces of Datafication)；第3周：数据化关系(Relations of Datafication)；第4周：理解数据化(Making Sense of Datafication)；第5周：数据化的进一步发展？(Towards a Bigger Picture?)第6周为学生自学的读书周(Reading Week)。第7~10周的主题为：实践中的数据化社会秩序。具体授课内容包括——第7周：数据，判断力与社会正义(Data, Judgement and Social Justice)；第8周：个性化的跟踪(Personalization through Tracking)；第9周：监控状态下的工作环境与居家生活(Surveillance at Work and at Home)；第10周：主体的生成：从教育到自我跟踪(The Forming of Subjects: From Education to Self-tracking)。第11周：结论——数据、自主性与生活质量(Conclusion: Data, Autonomy and Quality of Life)。

② 因为这次课正好是该门课程讲到学期之中，具有代表性和示范性。

③ 笔者依据尼克·库尔德利教授授课的PPT整理，限于篇幅，有删节。

2. 文献综述

为了回答此问题，以现有研究(包括正在进行的研究)中的三种理论视角进行文献综述：资本主义的延续(新自由主义)(The continuation of capitalism (neoliberalism)、资本主义的新阶段(A new phase/stage of capitalism)、新殖民主义(A new colonialism)。具体文献综述的逻辑主线大致为：

资本主义的延续(新自由主义)：

普遍的视角："消费主义"和"个人主义"的加深(法兰克福学派)[Generally, the deepening of consumerism, individualism (Frankfurt School)]。

具体的视角有"社会工厂"或"无墙工厂"的"自治主义"理论(吉尔和普拉特)认为复制型的资本主义劳动现在于全社会中广泛存在)。

……

资本主义的新阶段：

"数字资本主义"(席勒)["Digital capitalism" (Schiller)]。

"信息资本主义"(卡斯特，科恩)["Informational capitalism" (Castells, Cohen)]。

"数据资本主义"(迈尔斯·韦斯特)("Data capitalism")(Myers West)。

"平台资本主义"(斯尔尼切克)["Platform capitalism" (Srnicek)]。

其中，由于社交媒体平台的兴起，斯尔尼切克的"平台资本主义"理论值得重视。因此，在做文献综述时，重点对"平台资本主义"进行了讨论。"平台资本主义"不是从信息或数据开始的，而是从对周围的生活进行重组开始的。这种重组具体涉及个人的社交生活、付款方式、出行方式的变化(例如使用优步和滴滴)，等等。

需要追问的问题是：究竟是什么推动了经济和社会的平台化(What drives this platformization of economy and society)?

在已有理论中，朱布夫(Zuboff)关于"数据化与资本主义监控"的(Datafication and Surveillance Capitalism)理论最具解释力。朱布夫认为，"资本主义监控"可以被视为人类经济的新秩序("surveillance capitalism" = "a new economic order")。因为资本原始积累的逻辑发生了变化——通过对现实的监控，能够从中免费提取"数据"作为"生产"的原材料——而这一重大变化是资本主义"原始积累"过程的更新。

但是，朱布夫的理论也有局限性(Possible Limits of Zuboff's argument)，比如，只提出了一种部分资本主义(变糟)的理论，而不是关于整个资本主义的理论[Offers a theory of part of capitalism (turned bad), not a theory of capitalism as a whole]，因此，我们需要寻找"更好的理论"来解释现实。

这种“更好的理论”便是尼克·库尔德利教授[与美国学者尤利西斯·A. 梅加斯(Ulises A. Mejias)]所做的研究——“数据殖民主义”(Data colonialism)，也被称为“新殖民主义”(New colonialism)。

3. 教师观点

新殖民主义理论与朱布夫的理论的主要不同之处在于：

第一，资本主义涉及新的普遍的殖民运动。第二，马克思关于资本主义社会的理论需要发展——要将数据关系作为一种基本的新机制纳入其中，与劳动关系并驾齐驱。第三，通过数据提取和管理数据现在已经是所有资本主义的基础，而不仅仅是一部分资本主义的基础。

至此，听课的研究生从一次“研究型”的课中，见证了教师自己做研究时——从“核心问题的提出”到“从理论层面进行文献综述”，再“对已有最具代表性的理论进行批判“从而”提出自己的观点”的整个学术研究过程。

12.6.2　以主题为线索——系统性阅读：“功夫在课外”

对于研究生教学，要求教师把理论知识和研究方法“系统性“地传授给学生——而难点在于”系统性“如何落到实处。

LSE 的传媒教育采用的办法是指导研究生”系统性“地阅读与一门课程相关的大量文献，具体到尼克·库尔德利教授的课——在为期 11 周的课程安排上，除了第 6 周(读书周)之外，每一次课都有详细的文献阅读目录(Reading List)，不但明确地告诉学生读什么？而且对于文献的重要性也做出分类——有的文献属于必读性的(Set readings)，有的文献则属于辅助性的(Supplementary readings)。阅读的文献不但包括专著和论文，而且包括与研究论题相关的新闻报道(Journalism and Public Commentary)和普通读物(Popular Writing)，可谓视野开阔，取材广泛。

在 LSE 媒体与传播系，研究生若想上好一次课，课外就必须系统地阅读如此多的文献。如果不阅读的话，那么，上课基本是听不懂的——更何况尼克·库尔德利教授自己也承认其讲课的语速非常快(Very fast)。

课外系统地阅读如此多的文献，不仅仅是为了上课能够听懂，更重要的是，在师生开研讨会(Seminar)时，能够在明白别人讲什么的基础上，发表自己不同于别人的独特见解——从而训练和提升自己的批判性思维能力。

12.6.3 以问题为中心——师生研讨会：“异人之所同”

LSE 媒体与传播系在教学时间上赋予“师生研讨会”(Seminar)与教师授课(Lecture)同样的权重。换句话说，教师授课 1 小时，教师与分成若干小组的学生每组分别研讨 1 小时。例如，尼克·库尔德利教授的“媒介、数据与社会秩序”课，学生便分成了两个小组，并于周三上午 10：00—11：00、11：00—12：00 在 LSE 的 NAB 大厦 1.17 教室分别进行研讨。

1. 课前思考

为了使研讨富有效率，任课教师会在 LSE 内网①的师生交流平台上，事先给出每次课引导研究生思考的问题。例如，尼克·库尔德利教授的第 1 次课和第 5 次课事先给出的思考题如表 12-15②：

表 12-15

第 1 周	本周的阅读材料是从社会理论和社会变革的角度思考数据的入门级阅读材料。请根据这些材料，尝试回答 3 个问题：	1. 什么是“数据化”？对于社会生活而言，它是中立的、正面的还是负面的？数据化如何与社会转型联系起来？ 2. 什么是“社会秩序”？什么使我们对于社会世界有了更深入的了解？ 3. 什么是“数据主义”？你可以在今天的商务演讲和数据报告中找到数据主义的相关例子吗？
第 5 周	本周的阅读材料分为两大类，一是朱布夫的研究提出的“资本主义监控”的观点；另一是库尔德利和梅加斯的研究提出的“数据殖民主义”的观点。你在阅读相关文献资料的基础上，需要决定在小组讨论中愿意就哪一种论点进行发言。请使用以下问题来指导你的阅读：	1. 朱布夫认为，“资本主义监控”与“早期资本主义”的区别是什么？ 2.“资本主义监控”在哪里发生的——是到处皆有还是仅仅在特定地方发生？“资本主义监控”有地理上的多样性吗？ 3. 为什么库尔德利和梅加斯说——不仅要从资本主义的角度，而且要从殖民主义的角度来需要理解数据的状况？ 4. 基于历史比较的视野，“数据殖民主义”对我们对于数据过程的理解带来了什么样的影响？

① https：//moodle. lse. ac. uk/course/view. php？ id=6480.

② 由于本节的第一部分是以尼克·库尔德利教授的第 5 次课为例，而第二部分则以其第 1 次课指定的阅读文献为例，故此，在第三部分中，笔者选用其第 1 次课和第 5 次课的思考题为例。

2. 课上研讨

LSE 安排师生研讨的教室，其中的桌椅是随时可以进行任意的排列组合的。只不过——学生在使用完教室时，要负责将桌椅恢复到原来的摆放次序。

除了给出研讨的思考题之外，教师在课前一般也会利用内网的师生交流平台，对于将要开始的课上研讨提出建议和要求。对此，我们可以尼克 · 库尔德利教授给学生发的公告中得见其一斑。

例如，关于第 2 周的研讨会安排——①

亲爱的同学们：

本周，我们从人与人之间以及机构/技术之间的相互依存关系来讨论社会秩序。

你需要仔细阅读埃利亚斯(Elias)和普兰京(Plantin)的相关文献，并考虑文献之间的关系。请深入思考：

(1)埃利亚斯对历史变化的解释是否能为普兰京所描述的近期发展动态提供更加深刻的见解?

(2)普兰京的研究是否提供了案例——说明不断增加的技术相互依存关系如何创建新的社会结构、日常文化和权力关系(正如埃利亚斯所暗示的那样)?

对于本周以及未来几周的演讲者来说：你不需要准备幻灯片，口头陈述就很好。

对于本周未出席的同学，请考虑你是否有兴趣在下周的研讨会上发言?

对于课上的研讨，尼克 · 库尔德利教授有三条纪律要求——第一，每个人在来参加研讨会之前都必须阅读相关文献(即要求上课要有备而来)；第二，每个人发言不超过 5 分钟(即要求言简意赅，以便使更多的人有发言机会)；第三，每个人都要表达自己独特的见解。

3. 课后交流

从尼克 · 库尔德利教授的课可以看出，在 LSE，除了通过邮件和社交媒体平台进行沟通之外，师生之间课后交流的方式主要有三种。

---

① 尼克 · 库尔德利教授于 2020 年 1 月 27 日 16：30 发布于 LSE 内网 https：//moodle. lse. ac. uk/mod/forum/discuss. php? d=244484.

第一种是教师授课结束，学生走上前找教师请教问题。但这并不是主要的师生课后交流方式——例如，尼克·库尔德利教授的时间观念极强，每次下课都是急匆匆地往办公室赶，因为他早就安排好了10分钟之后要做的另一事项。

第二种是通过LSE内网的论坛进行师生间的交流。例如，尼克·库尔德利教授的课在内网上，按照师生研讨会的分组，就有两个师生交流论坛(SEMINAR GROUP 1 DISCUSSION FORUM & SEMINAR GROUP 1 DISCUSSION FORUM)，对于在论坛上发言的研究生，尼克·库尔德利教授积极回应。例如①，有韩国研究生在论坛上发帖：

> 以下是我之前在研讨会上提到的韩国政府的宽松数据监管案例。
>
> https：//zh. yna. co. kr/view/AEN20200109007352315
>
> 通过批准新修订的数据法，在未经用户同意的情况下，已经可以使用以别名提供的、经过技术处理以隐瞒提供者身份的个人信息，用于编制统计信息和进行工业研究。

对此，尼克·库尔德利教授回复道：

> 感谢××。这是一个有趣的发展，但似乎与欧洲和美国部分地区最近的立法趋势背道而驰。××，你能解释一下韩国此举的背景吗？例如，主要是因为来自商业方面的压力吗？

第三种则是学生与教师预约交流的时间。尼克·库尔德利教授一般每周都会安排时间与学生交流，有交流意愿的学生可以提前到他办公室门口贴出来的预约表格上签名，以预订时间段。如果学生过多，在预订的时间段内排不上，他再另外安排专门接待学生的时间。此外，他每周一般还会安排一个为期约2小时的时间段，在此时间段内，学生无需预约，可以直接到办公室找他(Drop in)。

无论是课上研讨，还是课后交流，由于教师是围绕着自己所做的课题组织的讨论，因此，教学可以相长，毕竟——教师有可能从众多学生的发言中获得灵感。

本节以伦敦政治经济学院媒体与传播系尼克·库尔德利教授为研究生所讲的一门课为例，呈现了“教学与科研相统一”如何在实践层面进行落实——希望能够为我国新闻传播教育界为解决所存在的相关难题提供些许的启发。

---

① 来自LSE内网 https：//moodle. lse. ac. uk/mod/forum/discuss. php？ d=248842.

冯友兰先生曾论述过著名的“照着讲”和“接着讲”①。在学习或者说“照着讲”层面，我们在视野上无疑需要“冷眼向洋看世界”——了解全球顶尖院系传媒教育的具体做法是什么？其背后的教育理念是什么？其得以实现又需要哪些具体的资源？但停留在这一步显然是远远不够的——以“学习世界先进的传媒教育理念”为名的“照抄照搬”，因为“水土不服”等原因从来不会成功。作为中国新闻传播教育的参与者，至关重要的是在“他山之石”的启发下，要有“接着讲”的意识——通过具体问题具体分析，结合实际情况有意识地对之进行重塑(Reshape)，而这不仅是一个理论层面的问题，更是一个“路漫漫其修远兮”的实践层面的问题。

(刘泱育)

① 宋志明. 从“照着讲”到“接着讲”——论冯友兰讲儒学的新思路[J]. 社会科学战线，2015(2)：7-10.

第 13 章　学科与专业建设

13.1　新闻传播学科领域的一流学科建设

13.1.1　新闻传播学一流学科建设的未来展望

1.“双一流”建设的总体概况

建设世界一流大学和一流学科(简称“双一流”)，是中共中央、国务院作出的重大战略决策，也是中国高等教育领域继“211 工程”“985 工程”之后的又一国家战略。2019 年 11 月，教育部官网发布声明：已将“211 工程”和“985 工程”等重点建设项目统筹为“双一流”建设。

着眼于国家“两个一百年”的战略目标，统筹推进一流大学和一流学科建设将分三步走：到 2020 年，若干所大学和一批学科进入世界一流行列，若干学科进入世界一流学科前列。到 2030 年，更多的大学和学科进入世界一流行列，若干所大学进入世界一流大学前列，一批学科进入世界一流学科前列，高等教育整体实力显著提升。到 21 世纪中叶，一流大学和一流学科的数量和实力进入世界前列，基本建成高等教育强国。2020 年，“双一流”建设进入了重要的时间节点。

2. 新闻传播学科的发展趋势

经过百年的发展历程，新闻传播学科在人才培养、学术研究和服务社会等方面的作用日趋明显。“双一流”建设的不断推进与学科评估的不断深化，使得新闻传播学科呈现出如下趋势：一是新闻传播学学科点数量的急速扩张；二是学科点建设开始由外延扩张转向内涵建设；三是各地学科竞争加剧，地区差距、校际差距开始拉大；四是科研与人才竞争将更加激烈；五是社会服务成为学科竞争的新指标。

新闻传播学科的发展，与党和国家发展的战略设计联系紧密。党和国家提出要加快构建中国特色哲学社会科学，对新闻传播学科提出了新的时代要求。构建中国特色的新闻传播理论体系，指导新闻传播实践的发展路径，引领新闻传播人才的培养方向，壮大中国新闻传播事业，创新对外传播话语体系，发出有全球影响的中国声音，既为本学科发展指明方向，也提供了重要发展契机。构建中国特色、中国标准的新闻传播学科体系、学术体系和话语体系，打造一批世界一流的新闻传播学科，既是本学科未来发展的主要目标，也成为本学科未来发展的必然趋势。

3. 新闻传播学科存在的优势、不足与挑战

近年来，传统媒体与新兴媒体的融合引发新闻传播学科生态的重大调整，新闻传播学科逐步储备一批以中青年教师为主、高学历、国际化、学养深厚、经世致用的师资队伍，并相应建立了相互支撑、各有所专的科研机构与平台，学科发展已经走上了良性轨道。整体来说，新闻传播学在人才培养、科学研究和服务社会等方面本学科大有可为，但也面临着一些亟待解决的问题。

(1)学科发展遭遇挑战。当前，全国各层次的新闻传播高等教育发展迅速。在“双一流”建设的目标下，新闻传播学科能否突出优势、拓展领域、补齐短板、完善体系，探索构建出中国特色、中国标准的新闻传播学科体系、学术体系和话语体系，从而打造一批世界一流的新闻传播学科，是新闻传播学科发展面临的最大挑战。

(2)理论体系面临冲击。传统新闻传播理论体系曾经有效诠释并规范传统媒体的发展。但是，随着传媒业态的大变革、大转型和大融合，既有新闻传播理论体系的诠释力和引领力日渐式微，挑战着现有新闻传播伦理规范，颠覆着现有的新闻传播理论体系，必将重构现有新闻传播学科专业体系、学术研究及人才培养模式。目前来看，新闻传播学发展面临的问题主要在师资队伍、课程体系、培养模式、基础研究与前沿领域、特色发展等方面。

此外，推动传统媒体和新兴媒体的融合发展是党中央着眼巩固宣传思想文化阵地、壮大主流思想舆论作出的战略性部署。新闻传播学科能否抓住融合发展战略机遇，响应政策号召、深化融合理念、拓展技术应用、完善队伍建设、增强主流媒体的影响力，为我国新闻舆论工作创新、国家传播能力建设、国际话语权提升提供学术支持，也是新闻传播学科发展面临的重大挑战。

4. 新闻传播学的改革发展方向

梳理上述高校新闻传播学一流学科建设规划可知，新闻传播学科的改革发展方向大致为，贯彻落实党和国家立德树人的教育方针和建设中国特色人文社会科学的总体要求，牢牢把握正确的办学方向，以马克思主义新闻观为引领，创新学科发展观念、体制和机制，提升学科整体实力，强化学科特色；建设一流师资队伍，推进人才培养和科学研究综合改革与机制创新，提升办学效益和成果转化效率；打造新兴学科增长点，实现学科局部领域的实质性突破。至本世纪中期，在人才培养、科学研究、社会服务、文化传承、国际交流诸领域打造一批世界一流水平的新闻传播学科。

在人才培养方面，新闻传播学科将持续推动媒介融合人才培养模式创新，努力造就面向主流、国家急需的创新型新闻专业人才和公共传播人才。创新本科人才培养机制，实现知识训练、能力养成和价值塑造协调并彰的教育模式；改革研究生培养机制，拓展培养模式、提升培养质量；推动跨学科人才联合培养机制创新。

在科学研究方面，坚持以马克思主义新闻观为引领，构建中国特色、中国标准的新闻传播学科体系、学术体系和话语体系。加强新兴学科增长点的培育，进一步完善中国特色的新闻传播学科体系。加强新闻传播学的学术体系创新，培育和凝聚学科特色，推出拥有重大影响力、发挥学科引领作用的标志性学术成果。丰富新闻传播学的话语体系，服务于国家的重大战略。积极展开各项学术活动，营造有利于教师成长、学术交流的良好学术环境和氛围；确立激活学术创新的制度保障。

在社会服务方面，积极推进新闻传播学科对国家建设、社会发展的各项工作，回馈社会、促进国家的现代化发展。主要内容包括：全面深化“部校共建”工作，促进科研成果面向新闻传播实践应用的转化。以人才输出、观念与知识输出为主要形态，形成一套有效的社会服务体系和一系列粗具规模的智库平台。深化同业界合作，联合培养人才、进行科研产出。推动本学科影响力的外化，增进民族与国家文化传承、跨文化传播交流。

在师资队伍建设方面，继续坚持以人为本的学科发展方针，全面加强师资队伍建设，创造良性的师资管理与服务机制，形成结构合理、精诚协作、国际化程度高、富有创造力的掌握新闻传播中国问题话语权的一流学术团队。具体包括：进一步改善师资队伍结构，加强师资队伍的整体实力和水平；加强师资队伍与新闻传播实践的对接，提高教师对新闻传播发展前沿和趋势的把握和实践教学技能；创造健康的人才发展环境，通过内部管理机制和评价机制的改革，形成良性竞争，促进队伍活力。

在国际合作与交流方面，围绕新闻传播学科整体发展需要和不同师生群体的特点与需求，依托现有资源，加强与世界一流新闻院系和国际性新闻传播研究学术组织的科研、教学领域交流，满足师生的国际化需求，提升新闻传播学科的国际化水平与国际影响力。利用现有资源，充分提升本科生、硕士研究生与博士研究生培养的国际化程度，为国家的对外战略培养海内外新闻传播人才。

(刘义昆、黄佳慧)

13.1.2 山东大学“媒介科学”一流学科建设

山东大学“媒介科学”一流学科建设，于2016年9月新闻传播学院独立建院后开始规划论证，2016年12月形成“媒介科学”学科建设和发展规划报告。2017年经山东大学学科规划发展办公室评审和校长办公会讨论通过，“媒介科学”方向正式列入山东大学一流学科激励计划，是学校6个“学科激励计划”中唯一的文科建设方向。

媒介科学的建设定位，主要是发挥山东大学专业齐全的综合性大学优势，打破新闻传播学科传统的研究领域和边界，强化学科交叉、融合发展、实验支撑；从本体论、价值论、认识论三个维度，倡导媒介研究的新思维，重铸媒介研究学术格局；着眼国内首创、领先，使山东大学成为媒介科学研究的策源地，创新建设媒介科学体系，培育形成媒介科学的“山大学派”；依托媒介科学研究，建设国际对话平台，培育形成国际影响力；依托媒介科学研究，对接国家相关战略，实现学术成果、智库成果、应用成果的三位一体的呈现。

1. “媒介科学”学科建设规划

(1)媒介知识体系的创新建设。从知识发现、知识生产、知识传播、知识消费四个环节，拓展媒介知识体系。逐步建构自然媒介知识体系(涉及物理学、信息科学等学科)、大众(社会)媒介知识体系(涉及新闻学、传播学、舆论学和社会学等学科)、心灵媒介知识体系(涉及生物学、心理学、认知与神经科学和医学等学科)，并推出相应的创新学术成果。

(2)媒介技术体系的创新建设。以媒介与人、媒介与社会、媒介与媒介三个基本关系为纽带，以互联网、物联网、智联网的演进为脉络，涉及媒介技术思想史、技术文化、技术伦理、技术哲学等领域。

(3)媒介实验体系的创新建设。基于发现而不是验证的实验将成为媒介发展的关键。以此为背景，将实验方法作为媒介研究的基础方法，与物理实验、医学实验、生物实验、心理实验等相结合，建立适用于媒介研究的独立的媒介实验体系。

2. “媒介科学”一流学科建设的重要事件及活动

(1)山东大学媒介科学学科建设专家论证会。2018年6月26日，山东大学举办媒介科学学科建设专家论证会。论证会由长江学者特聘教授、中国传媒大学新闻传播学部部长高晓红教授担任专家组组长；教育部高等学校新闻传播学类专业教学指导委员会副主任郭庆光教授，国务院新闻传播学科评议组成员石义彬教授，国家“万人计划”哲学社会科学领军人才、国务院新闻传播学科评议组成员张昆教授，长江学者讲座教授、山东大学特聘教授魏然，上海交通大学全球传播研究院院长张国良教授担任论证专家。

专家们建议在实施过程中，“媒介科学”学科要进一步凝练学科发展方向，分层次做好学科平台建设；加强人才队伍建设，采取内部培育和外部引进的办法，尽快形成创新力强的学术团队；创新学科建设的管理机制和运行机制；立足于成果产出，快速形成并推出学科建设成果；拓展国际合作，提高国际化水平；全方位加大投入力度，特别是对人才引进和团队建设的投入。

(2)举办“媒介科学”系列学术沙龙。2018 年 5 月 22 日，“媒介科学：定位与创新”国际学术沙龙。参与沙龙对话的嘉宾有英国伦敦大学金史密斯学院传播与媒介系国际知名媒介理论学家 Joanna Zylinska 教授，长江学者讲座教授、美国南卡罗来纳州立大学新闻与大众传播学院教授、山东大学兼职特聘教授魏然。

2019 年 6 月 1 日，媒介科学学术沙龙的主题是“媒体与社会变革：传播实践与理论想象”学术沙龙。南京大学新闻传播学院杜骏飞教授、中国传媒大学张毓强教授、上海交通大学媒体与传播学院薛可教授、南卡罗来纳州立大学新闻与大众传播学院魏然教授参加，新闻传播学院常务副院长刘明洋教授主持。

2019 年 6 月 16 日，媒介科学学术沙龙的主题是“传播的公共性：多元议题与理论反思”学术沙龙。中国人民大学新闻学院闫岩副教授、浙江大学传媒与国际文化学院刘于思副教授、浙江大学传媒与国际文化学院“百人计划”研究员周睿鸣博士、南京大学新闻传播学院袁光锋副教授四位嘉宾参加。山东大学倪万教授、王华副教授，南卡罗来纳大学魏然教授，南京大学袁光锋副教授在与谈环节发言。

(3)举行“媒介科学前沿”系列学术报告

通过新闻传播大讲堂、老师专业培训等方式，邀请国内外专家举行媒介科学前沿学术报告。主要有：陈昌凤教授《媒体融合与传播创新》、胡智锋教授《新时代传媒学术研究的几点思考》、喻国明教授《互联网发展“下半场”的技术逻辑与传媒转型》、单波教授《治疗性地杀死传播学：从阿瑟·伯格的小说谈起》、刘海龙教授《新技术与传播研究的未来》、夏倩芳教授《“时间”与传媒劳动的重塑——对传媒职业群体研究的反思》、巢乃鹏教授《计算传播研究的方法与路径》、张昆教授《新时代高校新闻传播学科建设的思考》、隋岩教授《互联网群体传播引发的信息生产方式的改变》、张志安教授《平台兴起与数字新闻业研究》、张国良教授《中国传播学四十年：回望与前瞻》、姜飞教授《从何而来 去向何方——中国国际传播的阐释与反思》、宋建武教授《媒介融合是伪命题吗——中国媒体融合的理论、实践及未来趋势》等。

(4)学术论坛活动。2018 年 11 月 23 日，山东大学新闻传播学院举办了“媒介科学工坊与技术应用”学术论坛。此次论坛分为“媒介科学工坊与 VR 作品展示”工作坊与“VR 技术在传播文化中的应用和前沿研究”主题座谈会两部分。

2018 年 12 月 15 日，由山东大学新闻传播学院、中国传媒大学国家传播创新研究中心主办，山东大学传播与媒介研究中心承办的“首届‘媒介科学’学术研讨会暨 2018 中国传播论坛”在山东大学召开。

2019 年 10 月 24—26 日，由山东大学新闻传播学院主办，北京外国语大学国际新闻与传播学院协办的第五届中国跨文化传播论坛在新闻大厦举行，主题为“媒介科学与跨文化创新传播”。

(5)专项课题研究。2018 年，山东大学新闻传播学院启动“媒介科学”专项课题研究。经过申报，校外 5 名匿名评审专家分别独立评分，学院教授委员会审核，立项了 12 项 2018 年山东大学一流学科激励计划项目“媒介科学”课题。主要包括：“媒介科学”知识体系建构的三重维度、跨学科视角下的社交媒体——自拍行为及影响因素研究、传播中的身体——媒介交互性研究、场景时代的报道形态创新研究、马克思主义媒介科学思想及其传播研究、新时期社会风险视域下的舆情管理研究、智能时代的新媒体公众传播生态研究、媒介科学视域下孔子学院媒体资源与国际舆情研究、基于大数据的 X 媒体公众号公信力评价研究、全球治理视阈下的中国生态电影传播研究、基于精确测评智能化对外传播媒介集群体系及内容体系建设等。

(6)学术工坊活动。2018 年 10 月至 12 月，第一届新闻传播学院硕士研究生“媒介科学工坊”。由刘明洋教授、袁晓川副研究员主持。

2019 年 6 月，山东大学新闻传播学院、上海交通大学媒体与传播学院、深圳大学传播学院三所学院共同举办首期“VR 人机互动设计与用户体验主题工坊”。三所学院同时签订战略合作协议。

2019 年 10 月至 12 月，第二届新闻传播学院硕士研究生“媒介科学工坊”。由刘明洋教授、袁晓川副研究员主持。

（7）国际交流。2018 年 5 月至 6 月和 2019 年 5 月至 6 月分别举办两次“国际学术交流月”活动。邀请国外和港澳台地区 10 多所知名高校的专家学者举行报告、讲座，并开展相关教学、科研交流活动。同时还通过教学流动岗方式邀请国外学者来校讲授短期课程，培养师生的国际化视野。

3.“媒介科学”一流学科的两个重点平台建设

（1）山东大学“媒介科学与工程创新实验中心”。该中心是媒介科学一流学科建设的一个综合性支撑平台，按国家级创新平台的目标进行整体设计与规划。目前已建成的教学和科研实验室包括：“媒介政策与公共传播”实验室、“媒介技术与文化传播”实验室、“大数据与智能媒体”实验室、“无人机与移动媒体”实验室、“融媒体与全息传播”实验室和“媒体创意与视觉传播”实验室。学院以现有实验室为基础，整合各类实验资源，正在推进“山东大学智慧全媒体中心”建设。积极推进实验室建设的“政用产学研”一体化服务能力。

（2）基于大数据平台的高端“舆论智库”建设。基于大数据平台和复杂性理论，以服务于国家治理现代化宏观战略为价值诉求，以舆论与舆论治理学术研究、舆论传播及舆论引导智库成果、舆论与舆情研究人才培养、舆论研究的国际交流、舆情管理的社会服务等为主要方面，推进高端舆论智库建设，是媒介科学一流学科建设服务国家重大战略需求的一个重要着力点。

（冯强、于智源）

13.2　近年新闻传播学科人才流动情况及分析

13.2.1　近 5 年新闻传播学科人才流动基本情况

为反映近年新闻传播学科人才流动情况，我们基于全国第四轮新闻传播学学科评估院校排名（见表 13-1），选取了 B-及以上等级共计 30 个学校（新闻与传播学院），统计并整理了近五年（2015—2019）人才流动相关数据，其中，中国传媒大学（因体量太大）和国防大学（因涉密原因）未纳入统计。我们就人才引进、人才输出、专业方向等多个角度，以排行榜的形式对这些数据予以展示。

表 13-1　　　　全国第四轮新闻传播学学科评估院校排名

评估等级	学校名称
A+	中国人民大学
	中国传媒大学
A	复旦大学
	华中科技大学
A-	清华大学
	上海交通大学
	武汉大学
	暨南大学
B+	北京大学
	华东师范大学
	上海大学
	南京大学
	南京师范大学
	浙江大学
	厦门大学
	四川大学
B	河北大学
	安徽大学
	郑州大学
	湖南大学
	湖南师范大学
	中山大学
	深圳大学
	陕西师范大学

续表

评 估 等 级	学 校 名 称
B-	上海外国语大学
	苏州大学
	南昌大学
	山东大学
	河南大学
	华南理工大学
	兰州大学
	国防大学(原由南京政治学院申报)

1. 人才引进数量排行榜(2015—2019)

关于2105—2019年全国部分新闻传播院系人才引进情况，用表格显示，具体见表13-2。

表 13-2　**人才引进数量排行榜(2015—2019)**

排名	学校名称	引进人数
1	上海交通大学	27
2	上海大学	22
3	苏州大学	17
4	浙江大学	16
5	复旦大学	15
6(4)	华中科技大学	12
	湖南师范大学	12
	深圳大学	12
	山东大学	12
7(2)	南京师范大学	11
	郑州大学	11

续表

排名	学校名称	引进人数
8(2)	湖南大学	10
	南昌大学	10
9	暨南大学	9
10	南京大学	8
11	四川大学	7
12(4)	中国人民大学	6
	清华大学	6
	陕西师范大学	6
	河南大学	6
13(2)	中山大学	5
	兰州大学	5
14(2)	厦门大学	4
	华南理工大学	4
15(3)	武汉大学	3
	安徽大学	3
	上海外国语大学	3
16(2)	华东师范大学	2
	河北大学	2
17	北京大学	1

2. 人才输出数量排行榜(2015—2019)

关于2105—2019年全国部分新闻传播院系人才输出情况，仍用表格显示，具体见表13-3。

表13-3　**人才输出数量排行榜(2015—2019)**

排名	学校名称	调离人数
1	中山大学	5
2	华东师范大学	3

续表

排名	学校名称	调离人数
3(8)	中国人民大学	2
	清华大学	2
	武汉大学	2
	上海大学	2
	南京大学	2
	厦门大学	2
	河北大学	2
	河南大学	2
4(10)	暨南大学	1
	南京师范大学	1
	安徽大学	1
	郑州大学	1
	湖南师范大学	1
	苏州大学	1
	南昌大学	1
	山东大学	1
	兰州大学	1
	北京大学	1
5(10)	复旦大学	0
	华中科技大学	0
	上海交通大学	0
	浙江大学	0
	四川大学	0
	湖南大学	0
	深圳大学	0
	陕西师范大学	0
	上海外国语大学	0
	华南理工大学	0

3. 引进应届博士生数量排行榜(2015—2019)

关于2105—2019年全国部分新闻传播院系引进应届博士情况，仍用表格显示，具体见表13-4。

表13-4 引进应届博士生数量排行榜(2015—2019)

排名	学校名称	引进应届博士生数量
1(2)	上海交通大学	10
	苏州大学	10
2	郑州大学	9
3	南昌大学	8
4(2)	华中科技大学	7
	湖南大学	7
5	湖南师范大学	6
6(3)	南京师范大学	5
	浙江大学	5
	山东大学	5
7(3)	中国人民大学	4
	四川大学	4
	深圳大学	4
8(4)	上海大学	3
	厦门大学	3
	陕西师范大学	3
	兰州大学	3
9	河南大学	2
10(4)	清华大学	1
	暨南大学	1
	安徽大学	1
	中山大学	1

续表

排名	学校名称	引进应届博士生数量
11(8)	复旦大学	0
	武汉大学	0
	北京大学	0
	华东师范大学	0
	南京大学	0
	河北大学	0
	上海外国语大学	0
	华南理工大学	0

4. 应届博士毕业院校排行榜(2015—2019)

关于 2105—2019 年全国部分新闻传播院系博士毕业情况，仍用表格显示，具体见表 13-5。

表 13-5　**应届博士毕业院校排行榜(2015—2019)**

排名	学校	数量
1	武汉大学	9
2(2)	中国传媒大学	5
	香港中文大学	5
3(4)	清华大学	4
	中国人民大学	4
	浙江大学	4
	复旦大学	4
4(3)	华中科技大学	3
	上海交通大学	3
	南京大学	3
5(8)	北京大学	2
	中国科学技术大学	2
	南京师范大学	2

续表

排名	学校	数量
5(8)	山东大学	2
	诺丁汉大学(英国)	2
	俄亥俄州立大学(美国)	2
	加州大学(美国)	2
	北海道大学(日本)	2
6(24)	新加坡国立大学	1
	柏林自由大学(德国)	1
	密苏里大学(美国)	1
	约克大学(加拿大)	1
	格勒诺布尔-阿尔卑斯大学(法国)	1
	密歇根州立大学(美国)	1
	暨南大学	1
	威斯敏斯特大学(英国)	1
	威斯康星大学(美国)	1
	中国科学院	1
	南京理工大学	1
	得克萨斯大学(美国)	1
	香港城市大学	1
	图卢兹第三大学(法国)	1
	伊利诺伊大学(美国)	1
	京都工艺纤维大学	1
	苏州大学	1
	香港浸会大学	1
	北京师范大学	1
	四川大学	1
	中国社会科学院	1
	麻省理工学院(美国)	1
	南洋理工大学(新加坡)	1
	阿德雷得大学(澳大利亚)	1

5. 引进人才专业方向排行榜(2015—2019)

关于 2105—2019 年全国部分新闻传播院系人引进人才专业方向情况，仍用表格显示，具体见表 13-6。

表 13-6　　引进人才专业方向排行榜(2015—2019)

排名	引进人才专业方向	数量
1	传播学	84
2	新闻学	71
3	数字媒体/新媒体	49
4	广播电视学	28
5	广告与媒介经济	27
6	公共关系学	1

13. 2. 2　近 5 年新闻传播学科人才流动情况分析

由于本世纪以来，新闻传播学科逐渐成为人文社科领域研究和学生报考的热点，该专业在校生和教师队伍在不断扩大。仅按全国第四轮新闻传播学学科评估 B-及以上等级的 30 个学院计，2015—2019 年引进的各类人才即达到了 267 人，平均每个学院达 8. 9 人。以上学院的人才流动呈现出以下几个特点:

(1)上海江浙地区高校引进力度最大。人才引进数量最多的前五位全部系所处上海、江浙的高校。这体现了上海江浙地区的名校优势和地域优势。当然，除了地域和高校自身品牌因素外，引进人才多寡也受到其他因素的影响，如有的进入门槛高，达到要求不易；有的学院前些年进人过多，在编在岗教师多，编制受限，影响了进人指标。

(2)由于学科排名 B-及以上的学院所在高校大多是国内名校，人才引进远多过输出。30 所学院近 5 年共引进 267 人，仅输出 34 人，这说明以上高校人才吸引力强。另外，由于目前高校工作稳定，待遇普遍不错，因此除了一位下海经商外，人才都是在高校之间流动，没有进入其他行业。

(3)由于引进人才专业方向前三位为传播学、新闻学和数字媒体/新媒体，分别占引进人才比例的 32%、27%和 19%。由于传播学应用面相对较广，近些年一直都是热门专业，在新闻传播各专业中师资需求量最大。数字媒体/新媒体专业需求则呈持续上升态势。

(4)总体而言，人才引进以应届博士生为主。应届博士生占引进人才总数达38%。值得注意的是，国内名校加强了对国外(境外)人才的引进力度，上述30所学院从国外(境外)引进53人，其中30人为应届博士生，占应届博士生总数的29%。这可以视为一个新的趋势。

13.2.3 建议

首先，当以内部挖潜为主，引进人才为辅。总体而言，国内各新闻传播学院已走出师资短缺困局，师资队伍已较为庞大，目前主要面临师资如何优化和个别新专业的师资短缺问题。因此，进一步提升教学质量和科研水平，依靠内部挖潜才是最有效的办法。

其次，由于地区经济和高校待遇之间的差距缩小，过去常用的“挖人”手段不一定奏效，也不宜鼓励，今后选拔人才的途径估计仍然以引进优秀应届博士生为主。另外，返聘国内外退休教师、引进经验丰富的媒体从业者亦是一个有效的途径。

(赵泓、巴羽婷)

13.3 2019年全国部校共建新闻学院新进展

2019年，是继2013年中宣部、教育部在上海联合召开部校共建新闻学院现场会、确立全国首批10个部校共建试点单位后，部校共建走过的第7个年头。部校共建旨在建设一批马克思主义新闻观研究宣传教育基地，打造一批具有中国特色、水平一流的新闻传播专业点，形成遵循新闻传播规律和人才成长规律的全媒型、复合型、专家型卓越新闻传播人才培养体系，培养造就一大批适应媒体深度融合和行业创新发展，能够讲好中国故事、传播中国声音的卓越新闻传播后备人才。

2019年是中华人民共和国成立70周年，也是互联网进入中国的第25个年头。25年来，互联网技术的不断迭代与迅猛发展，进一步催生出云计算、大数据、人工智能、5G、物联网、区块链等技术。伴随着这些新技术的应用，媒体开始向智媒化发展，媒体融合持续深入。面对媒体融合发展的新趋势，习近平总书记对新闻舆论工作提出了新要求。2019年1月25日，习近平总书记在人民日报社主持中共中央政治局就全媒体时代和媒体融合发展的第十二次集体学习时，首次提出了“四全媒体”的概念。他强调:

“全媒体不断发展，出现了全程媒体、全息媒体、全员媒体、全效媒体。信息无处不在、无所不及、无人不用，导致舆论生态、媒体格局、传播方式发生深刻变化，新闻舆论工作面临新的挑战。我们要因势而谋、应势而动、顺势而为，加快推动媒体融合发展。”①总书记的重要讲话，为进一步做好新时代部校共建工作指明了方向。

13.3.1　部校共建工作进入 2.0 版

2019 年是着力落实《教育部　中共中央宣传部关于提高高校新闻传播人才培养能力实施卓越新闻传播人才教育培养计划 2.0 的意见》的重要一年；是奋力推进教育部、中央政法委、科技部等 13 个部门联合启动“六卓越一拔尖”计划 2.0 版，全面振兴本科教育的开局之年。全国各省围绕习近平总书记重要讲话和教育部等部委文件精神，纷纷出台配套措施，强化贯彻落实，加大部校共建支持力度。

复旦大学新闻学院 2019 年启用上海新媒体实验中心作为新一轮“部校共建”的重点项目，一方面立足探索新媒体传播形态和特征，另一方面也为教学、科研及社会服务提供全方位的支持。在该中心三年多的筹建过程中，上海市委宣传部不仅提供资金支持，还组织市宣传系统的智力资源和技术力量，全力帮助推进这一重点项目，使之成为上海规模最大的新媒体实验中心。

江西省明确在全省实施“卓越新闻传播人才教育培养计划 2.0”，主要围绕开创马克思主义新闻观教育新局面、打造新闻传播人才德育新模式等改革任务，实施建设 10 个左右省级一流新闻传播专业点，打造 15 门省级一流线上线下新闻传播专业课程，增设 5 个省级新闻传播融媒体实验教学示范中心，建设 5 个新闻传播省级虚拟仿真实验教学项目等在内的一系列重点举措。

2019 年 8 月，河南省发布了卓越新闻传播人才教育培养计划 2.0 实施方案，以打造一批国内一流、中原特色的新闻传播专业点，培养造就一大批能够讲好中国故事，尤其是讲好河南故事、传播河南声音的优秀新闻传播后备人才为目标，要在全省范围内重点建设 3 个省级马克思主义新闻观研究宣传教育基地，建设 10 个省级新闻传播实践育人项目等，在郑州大学、河南大学开展国际新闻传播本科人才培养试点。随后也召开了 2019 年年会暨卓越新闻传播人才培养计划 2.0 推进会议。

这些举措都为推动部校共建提供了新机遇、新平台，部校共建工作进入 2.0 版新阶段。

---

① 习近平．习近平谈治国理政(第三卷)[M]．北京：外文出版社，2020：317.

13.3.2 部校共建工作总体进展

2019年全国部校共建工作进入新阶段，主要体现在：

1. 部校共建队伍扩大

一批高校纳入部校共建序列，主要有上海外国语大学、广西财经学院、华中科技大学、华中师范大学、中南财经政法大学、湖北大学、苏州大学、宁夏大学新华学院等。根据相关数据，2019年新增部校共建高校9所，截至目前，全国部校共建新闻学院单位、项目总数达120余所，基本覆盖了全国31个省、自治区、直辖市。部校共建队伍进一步扩大。

2019年新增情况如表13-7所示：

表13-7　**2019年新增部校共建高校统计**

部校共建高校	共建时间
上海外国语大学	2019.2.27
广西财经学院	2019.4.2
华中科技大学	2019.7.11
华中师范大学	2019.7.11
中南财经政法大学	2019.7.11
湖北大学	2019.7.11
苏州大学	2019.7.11
宁夏大学新华学院	2019.11.14

其中，湖北省2019年新增部校共建高校最多，共新增4所。湖北省此次参与共建的高校主要采取了以下措施：一是邀请宣传部门专家型领导、新闻媒体负责人、优秀编辑记者讲座授课、合作授课等；二是统筹组织从中央和省级宣传部门、媒体机构中聘任兼职、客座教授，开展学院教师与省内主要新闻单位优秀编辑记者互聘工作，引进在业界既有理论修养又有实践经验的“双师型”教师；三是在全国知名媒体机构建立大学生实践教学基地等，从而深化部校共建。

作为宁夏回族自治区第二家与自治区党委宣传部共建的单位，宁夏大学新华学院在原有新闻学专业基础上，组建了新闻传媒系，计划在3~5年内，建立健全符合宁夏媒体融合发展实际的部校共建新闻传媒系运行机制，把新闻传媒系建成自治区高水平新闻传播人才培养基地，尤其是全媒体传播人才培养的重要基地。

2. 部校共建内涵提质

随着多年的摸索和实践，部校共建这一措施的内涵也得到了极大的提升和拓展。一方面，各共建高校把这项工作纳入学校“双一流”建设的重要内容。上海外国语大学明确把与上海市委宣传部签署共建新闻传播学院的协议作为该校“双一流”建设的一件大事。如苏州大学以“双一流”建设为指导，利用部校共建机制进一步加强学科内涵建设，组建“科技传播”研究团队，着力提升学科的影响力和竞争力。同时还积极申报一流本科专业“双万计划”，该校新闻学专业继学校一流本科专业建设立项、江苏省一流建设专业外，又进入国家一流建设专业的行列。

另一方面，各共建高校持续深入推进多层次、高质量马克思主义新闻观教育，并融入人才培养全过程。中国传媒大学申报的“实践中的马克思主义新闻观”获 2019 年国家级教学成果一等奖，在我国新闻传播学科教育界属首次。这个项目以马克思主义新闻观为指导，将理论教学与实践教学相结合，以实践为特色，采用新媒体手段，打造马克思主义新闻观案例教材、数字教材，探索融合教学创新形式。复旦大学新闻学院马新观教学与研究团队带领学生赴西柏坡、瑞金、遵义等地参观践学，并与井冈山大学、延安大学、延安新闻纪念馆等单位深化合作，探索利用红色文化资源推进马新观教育的方式方法。

作为吉林省委宣传部打造的部校共建新闻学院精品项目之一的“部校共建 · 新闻讲堂”系列讲座，已成为吉林省委宣传部与吉林大学、东北师范大学、吉林师范大学等共建高校的有机互动平台。活动聘请学界、业界知名专家学者来校讲座，更好地培养了具有坚定马克思主义新闻观的新闻人才。各共建高校也充分发挥各自的优势和专长，在部校、校际、校媒之间开展联合互动，充分实现了共建共享、优势互补。

海南师范大学新闻传播与影视学院一方面从课程体系设置上为马克思主义新闻观教育提供机制保证；另一方面通过开展诸如“读经典、学精神”的活动，让学生读马克思主义经典著作，学习习近平总书记关于新闻舆论工作的讲话精神，建立“马克思主义新闻观学习小组”，创造学习和研究马克思主义新闻观学习的氛围等创新活动，推动马克思主义新闻观教育常态化。

3. 部校共建模式创新

截至目前，全国各共建高校已基本实现全方位、多层次、宽领域的共建，共建模式出现了许多新形式，实现了从省级共建到县级、校内共建，从部校共建到媒校共建，从学院共建到专业共建。值得关注的是，2019 年苏州大学部校共建传媒学院是江苏省委宣传部、苏州市委宣传部同时参与共建。这是江苏省首次探索省地校三方共建传媒学院，旨在深入实施卓越新闻传播人才教育培养计划，为党的新闻事业培养并输送更多的知国情明大势的高素质后备人才。

浙江省也通过几年的实践，走出了一条独具特色的部校共建新路子。在人员互派方面，自开展部校共建工作以来，浙江省每年均启动部校共建“千人计划”。各共建高校每年派出 1~2 位老师到业界挂职，从业界聘请 3~4 位骨干记者到高校讲座授课。高校到业界挂职的教师，享有挂职补贴；业界骨干进课堂，费用由业界承担。在共建智库方面，宁波市委宣传部与宁波大学和浙江万里学院，共建传播监测、新闻策划研究院，联合开展宁波市新闻报道、传播监测等领域的研究。宁波市委宣传部根据合作项目的实际开展情况，也投入一定的经费予以支持。

13. 3. 3 部校共建工作的亮点

2019 年全国各共建高校深入学习习近平新闻舆论观，践行马克思主义新闻观，围绕新时代新闻传播人才培养，以增强“四力”，即脚力、眼力、脑力、笔力建设为重要抓手，在开展马克思主义新闻观的教育和研究，培养讲好中国故事、传播好中国声音的全媒型、专家型卓越新闻传播人才方面，开展了大量卓有成效的工作，做出了许多积极探索和有益尝试。

安徽大学新闻传播学院 2019 年挂牌成立了“马克思主义新闻观研究中心”，积极开展马克思主义新闻观学术研究，并以此为中心，修订完善课程体系，打造核心精品课程，推进马克思主义新闻观教学研究和教材的编写。与此同时，通过举办马新观研修班以及研修班思想汇报交流会，多次邀请全国著名马新观领域专家授课，积极利用各种资源建立如金寨县大湾村、渡江战役纪念馆等马克思主义新闻观教育实践基地，着力提高马克思主义新闻观教育理论与实践水平。

作为广东省第二家部校共建新闻学院的广东外语外贸大学，在 2019 年 6 月举办了部校共建新闻学院暨全媒体国际传播人才培养高峰论坛，就进一步开展部校共建工作，探索全媒体国际传播人才培养模式的改革与创新展开对话。广州大学以“部校共建”为契机，挖掘本土资源、统筹各方社会力量，与广州市委宣传部共建了“新闻扶贫”暑期社会实践团队，全力将暑期社会实践活动打造成实践育人的品牌工程。2019 年 7 月，20 多名教师、50 余名学生分别赴新疆喀什、贵州毕节、广东清远、梅州等地开展新闻扶贫暑期社会实践活动。

内蒙古大学文学与新闻传播学院先后两次组织师生围绕“生态优先、绿色发展”这一重大主题，开展大型融媒体专题报道同时组织师生完成了自治区党委宣传部关于全国两会和自治区两会新媒体宣传报道情况阅评报告及总结分析。青海师范大学新闻学院在青海省委宣传部的支持下，组织学院学生参加“看中国”(青海行)活动，学生先后参与拍摄纪录短片 12 部，团队获得北京师范大学中国文化国际传播研究院颁发的“优秀组织奖”，三部纪录短片在北京展映仪式参展。

除了各共建院校的积极探索和尝试，一些高端的主题培训和学术组织也逐步建立起来。2019 年 8 月，由教育部高教司指导，教育部高等院校新闻传播学类专业教学指导委员会和复旦大学新闻学院主办的第四期“高校新闻院系骨干教师马克思主义新闻观主题培训”在复旦大学举办。业界和学界共计 11 位知名专家学者针对《马克思主义新闻观十二讲》中的核心内容进行专题授课。来自全国 56 所新闻院校的 64 位教师参加了此次培训。2019 年 11 月由复旦大学新闻学院倡议，国内 10 所高校新闻传播院系共同发起的“红色文化传承与马克思主义新闻观教育联盟”在复旦大学成立。联盟作为国内首个将传承红色文化基因与推进马克思主义新闻观教育有机结合起来的学术组织，依据平等互利、交流互鉴、协同共进的原则自愿组建，为非营利性的、非法人的学术共同体，旨在充分发挥各成员高校优质的红色文化资源和马克思主义新闻观教育研究特色，开展全方位合作，形成资源共享、协同发展、整体提升的工作机制。

宁夏大学新闻传播学院依托部校共建机制，深化与银川市新闻传媒集团、宁夏日报报业集团、宁夏广播电视台等媒体和企业的合作，打通校媒人才培养的壁垒，探索新型传媒人才培养机制。同时与腾讯公司共同建立企鹅新媒体学院，采取线上与线下相结合的方式，进一步提升学生新媒体产品生产与运营技能，提高人才培养站位，培养一流新媒体人才。

当前，全国部校共建工作已经形成共建共享、协同发展的良好局面。今后，各共建高校将在习近平新时代中国特色社会主义思想的统领下，树牢立德树人根本任务，以部校共建为契机，进一步借鉴好、运用好全国部校共建工作中形成的可推广、可复制的好经验、好做法，坚持守正创新，持续推进马克思主义新闻观的教育和研究，创新新闻传播人才培养模式，建设一流新闻传播学科，培养一流新闻传播人才，提促一流新闻传播教育，写好新时代部校共建的奋进之笔。

(邢云文、冯鑫、韩晓芳)

13.4　2019年新闻传播学新增专业概述

2月21日，教育部公布了2019年度普通高等学校本科专业备案和审批结果，确定了同意设置的备案专业、国家控制布点专业和新增目录外专业点名单，其中备案专业1672个、审批专业181个(含130个国家控制布点专业和51个目录外新专业)。

新增备案及审批专业涉及12大门类、几百个专业以及千余所高校，是教育部在“需求”“标准”“特色”三大导向之下，顺应时代和高校教育发展趋势严格甄选而出的产物。随着信息传播技术与社会媒体化的不断发展，新闻传播学逐渐成为近几年备受追捧的热门学科。在此次新增备案与审批专业中，“网络与新媒体”就以28所高校新增成为其中第七大新增专业。

13.4.1　新闻传播学新增专业趋势剖析

教育从来不是闭门造车的事业，高校教育更非如此，“急社会之所需”是高校学科与专业建设的一个重要宗旨。对于新闻传播教育来说，社会化、公众化的属性更加决定了其学科发展的方向与人才培养的目标要与社会现实相结合。

近年来，互联网技术的进步带来传媒生态颠覆性的改变：纸媒陷入困境，基于互联网的新媒体逐渐接过了信息传播与舆论引导的大旗；大数据技术支持下的精准推送极大地改善了信息传播效率；5G的加持促进媒介系统从媒介融合走向万物皆媒……传媒行业的人才需求由此也发生重大变化，华中科技大学张昆教授指出，新闻传播教育与学科建设因而面临着严峻挑战，“在新的社会形态和传播环境下，怎样的知识与能力规格才能适应传媒人才需求，成为高校新闻院系必须首先考虑的问题”。

基于这样的社会传媒生态，新闻传播学科建设也在不断进行着自我调整。根据教育部公布的2019年度普通高等学校本科专业备案和审批结果名单，我们筛选出新闻传播学新增专业与其他相关新增专业，并总结分析出以下新闻传播学科发展趋势：

(1)基础学科体系建设仍是重点。根据名单，新闻传播学类之下，仍然有高校陆续开设传播学、新闻学、广告学、广播电视学等传统专业，其中还包括浙江大学这样的“双一流”高校。对于新闻传播学科建设来说，最根本的依然是基础学科体系。新闻学、传播学等专业提供的是新闻传播教育最基础的理论与价值观念，面对飞速发展的传播技术，我们要做的是通过正确利用工具理性来实现价值理性，而加强学科基础是第一步也是最重要的一步。

(2)互联网场域在新闻传播教育中的重要性不断得到提升。基于互联网而渐渐成长起来的数字出版、时尚传播以及网络与新媒体等专业成为近两年新闻传播学科新增的前沿专业，尤其是“网络与新媒体”专业，达到了 2019 年度 28 所高校新增的热度，“数字媒体艺术”也以 23 所高校新增并列第八。

毫无疑问，互联网技术的发展对于新闻传播教育的影响是迅速而深刻的，网络与新媒体此刻正成为吸纳新闻学子最多的场域，互联网也自然而然地取代传统电视报刊，逐渐成为新闻传播教育中的重点教学场景和教授内容。尽管在现阶段的实际本科教学中还没有很多直接以新媒体或网络媒体等类似名称命名的专业，但在新闻传播学科其他诸多专业的学习中，“新媒体概论”“网络传播概论”“算法新闻”“数据新闻”等课程早已走进大学课堂，成为新闻学子专业学习中的重要组成部分。复旦大学新闻学院院长米博华曾指出，以互联网为核心的新媒体应尽快列入重要的学科建设。结合目前学科建设现状，为网络等新媒介平台培养其所需的复合型传媒专业人才、依照社会所需增设更多地以互联网为中心的新闻传播专业应当是未来一段时间新闻传播学教育的重点。

(3)与多学科交叉互融，新闻传播学科外延性不断拓展。历经 15 年建设，上海大学会展专业成功获批，成为全国首个目录外特设学科交叉本科专业(文学与管理学交叉)；该专业被纳入文学门类新闻传播学专业类下。

其实，新闻传播学自诞生以来就不是独立发展的学科，与其他学科的交叉互融为其带来了更多可能性。新闻传播学虽然是文学门类下的一大学科，但在实际教学以及工作中，新闻传播学与艺术学的联系也是相当紧密。与影视相关的诸多专业，如广播电视编导、影视摄影与制作、摄影等，也出现在多家高校的新增备案专业名单上，这其中有许多是划分到新闻传播学院或是传媒学院等新闻传播相关院系。在信息化、网络化社会，计算机、电信等工科也都可能与新闻传播学科巧妙结合与联系，新闻传播学科不同于一般的人文社会科学，它是文科中的工科，需要重装备。因而“文工融合”有利于开拓更广阔的学科领域，同时也能让新闻传播学科拥有自己的学科特色，去探索新闻传播领域更深刻的网络变革。

(4)新闻传播教育搭上大数据发展的快车。从新增专业来看，人工智能与大数据处于绝对优势地位，其受追捧程度远超其他专业，毫无疑问，这是符合当下社会发展趋势的正确专业布局。

目前，大数据技术已经可以被应用至社会生活的各个层面，大数据技术支持下的网络新闻精准推送也早已成为诸多媒体平台吸引和稳定用户的关键策略。在新增大数据管理与应用的诸多院校中，辽宁传媒学院就将这一专业划归到了新闻传播学院，尽管该专业授予的是管理学学位。大数据是当今社会新闻传播学科发展离不开也绕不过的技术和工具，新闻传播教育搭上大数据发展的快车，也会为自身的研究和进一步发展打下良好的基础。

13.4.2 2019年新增新闻传播学专业及相关专业一览

2019年新增新闻传播学专业及相关专业分布较为均匀，具体情况见表13-8、表13-9所示。

表13-8 **2019年新增新闻传播学类专业**

省份	学校	专业名称
浙江	浙江大学	传播学
广西	桂林旅游学院	传播学
河北	河北环境工程学院	新闻学
辽宁	辽宁传媒学院	新闻学
安徽	安徽艺术学院	新闻学
山西	山西传媒学院	数字出版
福建	闽南师范大学	数字出版
广东	广州大学松田学院	广告学
山东	曲阜师范大学	广播电视学
重庆	重庆第二师范学院	时尚传播
北京	北京语言大学	网络与新媒体
安徽	巢湖学院	网络与新媒体
辽宁	大连财经学院	网络与新媒体
北京	对外经济贸易大学	网络与新媒体
福建	福建技术师范学院	网络与新媒体
广东	广东外语外贸大学南国商学院	网络与新媒体
广西	广西财经学院	网络与新媒体
广西	广西大学行健文理学院	网络与新媒体
广西	广西科技师范学院	网络与新媒体
黑龙江	黑龙江外国语学院	网络与新媒体
湖北	湖北工程学院新技术学院	网络与新媒体
湖南	湖南女子学院	网络与新媒体

续表

省份	学校	专业名称
江苏	江苏师范大学科文学院	网络与新媒体
江西	江西服装学院	网络与新媒体
山东	聊城大学东昌学院	网络与新媒体
福建	龙岩学院	网络与新媒体
福建	闽南师范大学	网络与新媒体
山东	山东财经大学东方学院	网络与新媒体
山东	山东英才学院	网络与新媒体
山西	山西财经大学	网络与新媒体
重庆	四川外国语大学重庆南方翻译学院	网络与新媒体
四川	四川文理学院	网络与新媒体
山东	潍坊理工学院	网络与新媒体
陕西	渭南师范学院	网络与新媒体
湖北	武汉东湖学院	网络与新媒体
河南	新乡学院	网络与新媒体
广东	肇庆学院	网络与新媒体
重庆	重庆师范大学涉外商贸学院	网络与新媒体
上海	上海大学	会展(新增审批)

表 13-9　　**2019 年新增新闻传播学类相关专业**

省份	学校	专业
河北	保定理工学院	广播电视编导
安徽	安徽文达信息工程学院	广播电视编导
福建	福建技术师范学院	广播电视编导
辽宁	沈阳城市学院	戏剧影视导演
四川	四川大学锦江学院	戏剧影视导演
浙江	浙江越秀外国语学院	影视摄影与制作
江西	南昌理工学院	影视摄影与制作
山东	山东女子学院	影视摄影与制作

续表

省份	学校	专业
湖北	武汉设计工程学院	影视摄影与制作
湖南	长沙理工大学	影视摄影与制作
陕西	西安工业大学北方信息工程学院	影视摄影与制作
辽宁	大连艺术学院	戏剧影视美术设计
辽宁	辽宁何氏医学院	戏剧影视美术设计
辽宁	辽宁传媒学院	戏剧影视美术设计
山东	青岛黄海学院	戏剧影视美术设计
辽宁	辽宁何氏医学院	摄影
北京	北京电影学院现代创意媒体学院	影视技术
山东	山东艺术学院	电影学
吉林	吉林外国语大学	视觉传达设计
安徽	安徽艺术学院	视觉传达设计
福建	福建商学院	视觉传达设计
四川	成都工业学院	视觉传达设计
云南	兴义民族师范学院	视觉传达设计
云南	云南经济管理学院	视觉传达设计
河北	保定理工学院	播音与主持艺术
黑龙江	佳木斯大学	播音与主持艺术
四川	四川外国语大学成都学院	播音与主持艺术
河北	燕京理工学院	戏剧影视文学
天津	天津科技大学	数字媒体技术
天津	天津理工大学中环信息学院	数字媒体技术
辽宁	辽宁工程技术大学	数字媒体技术
辽宁	大连工业大学	数字媒体技术
吉林	吉林外国语大学	数字媒体技术
浙江	宁波财经学院	数字媒体技术
福建	福建技术师范学院	数字媒体技术

续表

省份	学校	专业
河南	郑州轻工业大学	数字媒体技术
河南	河南工学院	数字媒体技术
广西	南宁师范大学	数字媒体技术
四川	四川大学锦江学院	数字媒体技术
云南	昆明理工大学津桥学院	数字媒体技术
甘肃	西北师范大学知行学院	数字媒体技术
河北	河北传媒学院	数字媒体艺术
河北	河北东方学院	数字媒体艺术
山西	山西农业大学信息学院	数字媒体艺术
山西	山西师范大学现代文理学院	数字媒体艺术
江苏	徐州工程学院	数字媒体艺术
江苏	南京工业大学浦江学院	数字媒体艺术
浙江	嘉兴学院	数字媒体艺术
浙江	中国美术学院	数字媒体艺术
安徽	铜陵学院	数字媒体艺术
安徽	安徽艺术学院	数字媒体艺术
山东	齐鲁工业大学	数字媒体艺术
山东	山东协和学院	数字媒体艺术
山东	青岛工学院	数字媒体艺术
河南	黄河交通学院	数字媒体艺术
河南	郑州升达经贸管理学院	数字媒体艺术
湖南	湖南师范大学	数字媒体艺术
广西	桂林理工大学	数字媒体艺术
广西	桂林旅游学院	数字媒体艺术
四川	成都文理学院	数字媒体艺术
四川	四川大学锦江学院	数字媒体艺术
云南	昭通学院	数字媒体艺术

续表

省份	学校	专业
云南	云南大学旅游文化学院	数字媒体艺术
甘肃	兰州文理学院	数字媒体艺术
河北	河北民族师范学院	会展经济与管理
河北	河北传媒学院	会展经济与管理
安徽	合肥学院	会展经济与管理
山东	青岛恒星科技学院	会展经济与管理
吉林	吉林大学珠海学院	会展经济与管理
北京	北京电影学院	跨媒体艺术

(龚彦方)

13.5 我国新闻传播类专科专业设置现状的调查分析

13.5.1 研究缘起

随着新闻传播事业的发展和高等职业教育的地位提升，以高等职业教育为主体的我国新闻传播专科教育迎来了机遇与挑战。在职业教育改革的时代背景下，国家已把职业教育定位于类型教育，明确职业教育具有与普通高等教育同等重要的地位。2019 年国务院颁布的《国家职业教育改革实施方案》强调，职业教育要由追求规模扩张向提高质量转变，要优化学校、专业布局，以促进就业和适应产业发展需求为导向。① 然而，与新闻传播本科专业教育相比，我国新闻传播专科教育因办学历史相对较短，导致目前对专业设置的整体状况不明，对专业设置的科学性和适应性的研究还不够。基于此，本节对新闻传播专科专业设置进行全面的调查分析。

13.5.2 调查方法

此处界定的新闻传播类专科专业，依据 2015 年教育部新修订的《普通高等学校高等

---

① 国务院：《国家职业教育改革实施方案》，国发〔2019〕4 号。

职业教育(专科)专业目录》(以下简称《目录》)①。《目录》在“新闻传播大类”下设有“新闻出版小类”和“广播影视小类”两个专业小类，共计 23 个专业。其中“新闻出版小类”包括图文信息处理、网络新闻与传播等 8 个专业；“广播影视小类”包括影视美术、媒体营销等 15 个专业。

首先，从教育部“全国职业院校专业设置管理与公共信息服务平台”上查询最新全国高职高专专业设置备案结果(不包括港澳台地区，数据采集截至 2020 年 2 月)，收集《目录》中 23 个新闻传播大类专科专业的设置情况；然后，从专业开设的区域、学校类型、专业点布局、专业群设置等维度进行统计分析，获得目前全国新闻传播类专科专业设置的现状；再进一步分析专业设置的问题所在，提出相应的优化对策。

13. 5. 3 调查结果

1. 专业设置规模

调查显示，截至 2020 年 2 月，全国有 391 所院校开设了 812 个新闻传播类专科专业点。其中，开设“新闻出版小类”专业点 79 个、“广播影视小类”专业点 733 个。尽管开办的院校数和专业点数都不及办学历史更长的本科新闻传播教育，但不可否认，目前新闻传播专科专业规模已经形成，成为我国新闻传播教育不可轻视的组成部分。

2. 开设的学校类型及数量

目前，开设新闻传播类专科专业的学校有四类：高等职业技术院校(高职)、普通本科院校、高等专科院校(普通高专)、成人高等院校(成高)。其中，开设数量最多的学校类型是高等职业技术院校(269 所)，其次是普通本科院校(91 所)(见图 13-1)。在 391 所开设院校中，单独开设新闻出版和广播影视小类专业的院校分别有 62 所、365 所，两类专业均开设的院校只有 36 所。

3.《目录》专业的开设情况

在《目录》23 个专业中，除数字媒体设备管理和出版信息管理两个专业未被开设外，其他 21 个专业均已开设。具体开设情况如下：

(1)《目录》专业大类的整体开设情况。从新闻传播专业大类看，全国 31 个省(自治区、直辖市)已设置的专业数占《目录》专业数之比平均为 38. 7%。其中，仅四川、安

---

① 教育部:《普通高等学校高等职业教育(专科)专业目录(2015 年)》，教职成〔2015〕10 号。

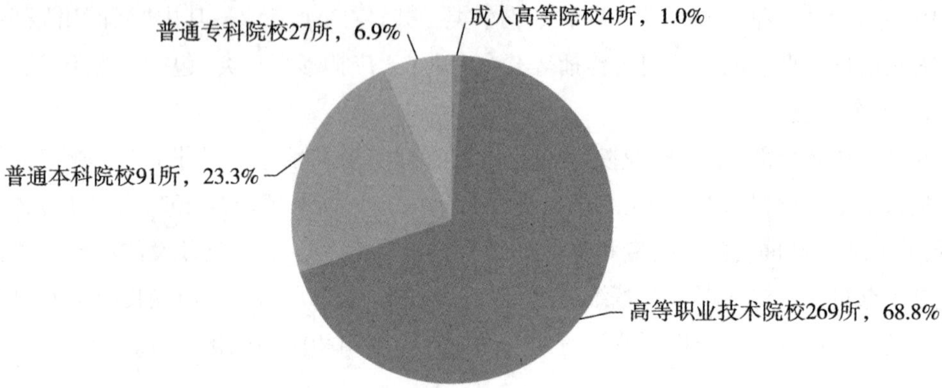

图 13-1　不同类型学校开设新闻传播类专业的数量占比

徽、上海、广东、山东、江西、湖南、河南、湖北 9 个省市设置的专业数超过一半(12 个)；最多的四川省和山东省设置了 18 种专业，占《目录》专业数的 78.3%，宁夏、贵州、甘肃等设置的《目录》专业数极少(少于 5 个)，西藏、青海尚未开设新闻传播类专业。

(2)《目录》专业小类的开设情况。从专业小类来看，平均每省设置的广播影视小类专业数有 7.6 个、新闻出版小类专业数只有 1.4 个。其中，60%以上省份开设的新闻出版小类专业数不到《目录》中的一半，甚至有 8 个省份还未开设新闻出版小类专业。

4. 专业点布局情况

(1)专业点的学校分布。按照不同类型学校开设的专业点占专业点总数的比例，从高到低依次为高等职业技术院校(77.1%)、普通本科院校(16.6%)、普通专科院校(5.8%)、成人高等院校(0.5%)。其中具体专业点数见图 13-2。

(2)专业点的专业分布。在 23 个《目录》专业中，专业点数排名前 8 位的专业依次是新闻采编与制作(127)、影视动画(123)、播音与主持(116)、摄影摄像技术(70)、影视编导(68)、广播影视节目制作(65)、影视多媒体技术(54)、传播与策划(51)，此 8 个专业均属于“广播影视小类”且开设的专业点数占总数的 83%(674 个)；专业点数排名后 3 位的专业有出版信息管理(0)、数字媒体设备管理(0)、版面编辑与校对(1)，此 3 个专业均属于“新闻出版小类”专业(见图 13-3)。

(3)专业点的省份分布。目前设置的新闻传播类专科专业点数排名前十位的地区依次是四川(72)、广东(60)、河南(53)、江苏(52)、河北(51)、安徽(42)、江西(40)、

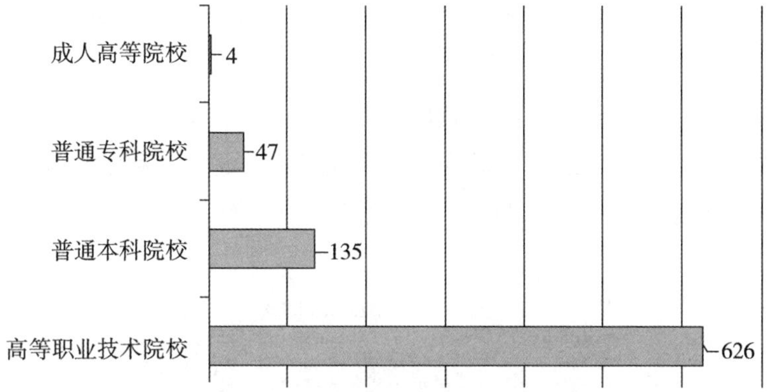

图 13-2　不同类型学校开设的专业点数(个)

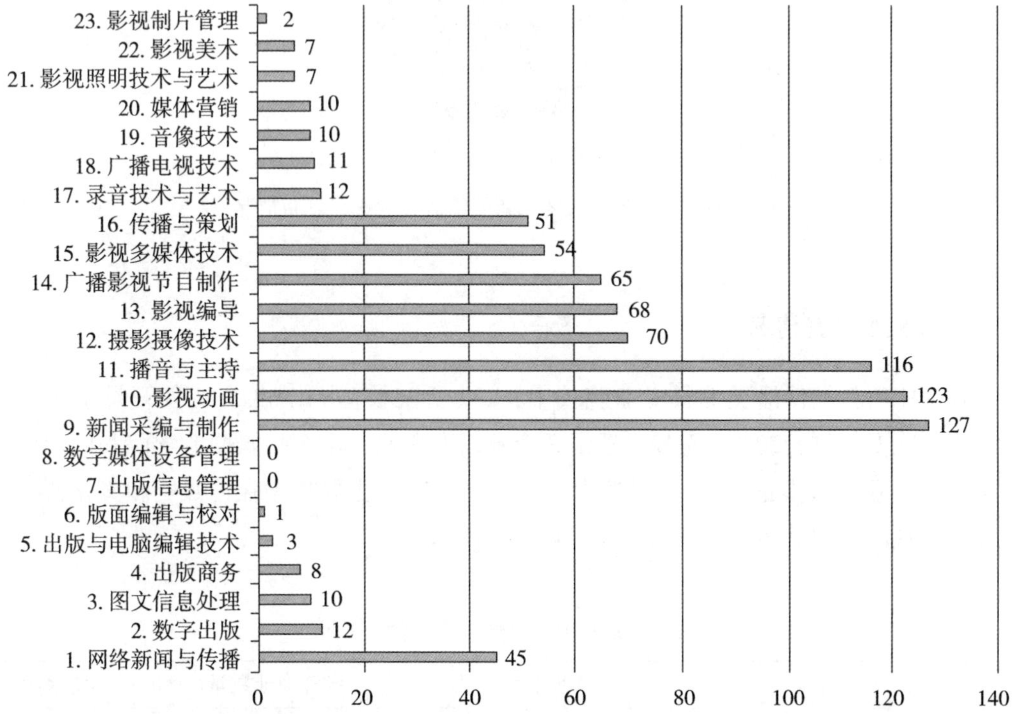

注：1~8为“新闻出版小类”专业，9~23为“广播影视小类”专业。

图 13-3　全国新闻传播类专科专业开设专业点数统计

湖北(38)、上海(37)、山东(37)，共计482个专业点，占专业点总数比例近60%；专业点数排名靠后的地区依次是吉林(6)、甘肃(4)、贵州(4)、宁夏(3)、西藏(0)、青海(0)。

(4)专业点的区域分布。按照行政区域划分，专业点数开设最多的区域是华东地区，占专业点总数之比为32.1%，其次是中南地区，东北地区和西北地区开设专业点较少(见图13-4)，呈现出“东部中部强，西部北部弱”的特征。

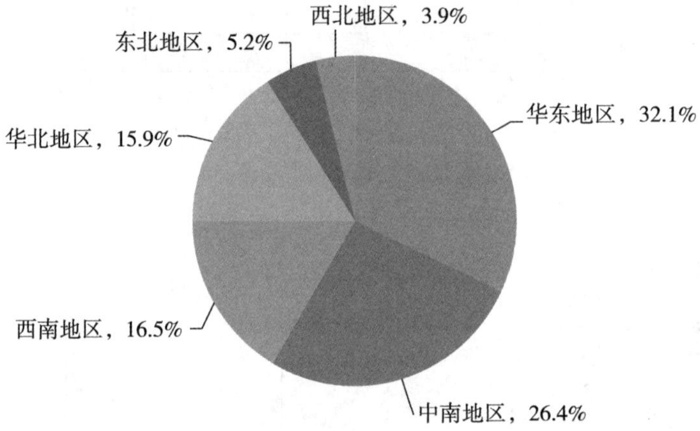

图13-4　全国各行政区域新闻传播类专业点分布情况

5. 专业群设置情况

在391所新闻传播类专科专业院校中，232所院校(占比59.3%)仅开设了1个专业，未形成专业群；20%的院校设置了3个及以上专业，山东传媒职业学院和四川传媒学院设置专业数最多达14个。设置专业数前十的院校主要集中在传媒类和文化艺术类院校，体现出鲜明的传媒行业背景特色(见表13-10)。

表13-10　**专业设置数前十位代表性院校一览表**

排名	省份	学校名称	设置专业数量(个)	学校类型
01	山东	山东传媒职业学院	14	传媒类
02	四川	四川传媒学院	14	传媒类
03	安徽	安徽新闻出版职业技术学院	13	传媒类

续表

排名	省份	学校名称	设置专业数量(个)	学校类型
04	四川	四川文化产业职业学院	13	文化类
05	安徽	安徽广播影视职业技术学院	12	传媒类
06	重庆	重庆传媒职业学院	12	传媒类
07	上海	上海出版印刷高等专科学校	11	传媒类
08	河南	河南艺术职业学院	10	艺术类
09	湖南	湖南大众传媒职业技术学院	10	传媒类
10	江苏	江南影视艺术职业学院	9	艺术类
并列 10	江西	江西传媒职业学院	9	传媒类
并列 10	上海	上海电影艺术职业学院	9	艺术类

6. 骨干专业建设情况

从专业内涵建设看，全国有 17 所专科院校的 8 个专业被教育部认定为骨干专业，共计 21 个专业点。其中专业点数量较多的是影视动画、新闻采编与制作、广播影视节目制作、影视多媒体技术等 4 个专业(见表 13-11)。

表 13-11　　教育部认定的高职高专新闻传播类骨干专业情况统计

骨干专业名称	骨干专业数	所属院校及拥有骨干专业数量
影视动画	6	湖南大众传媒职业技术学院 3 个；上海电影艺术职业学院和上海出版印刷高等专科学校各 2 个；天津广播影视职业学院、河北对外经贸职业学院、上海东海职业技术学院、上海工艺美术职业学院、常州纺织服装职业技术学院、浙江工商职业技术学院、浙江横店影视职业学院、浙江艺术职业学院、安徽广播影视职业技术学院、黎明职业大学、泉州华光职业学院、广东轻工职业技术学院、广西职业技术学院、四川文化产业职业学院等各 1 个
新闻采编与制作	4	
广播影视节目制作	4	
影视多媒体技术	3	
影视编导	1	
播音与主持	1	
摄影摄像技术	1	
数字出版	1	
共计	21 个	17 所

数据来源：《教育部办公厅关于开展〈高等职业教育创新发展行动计划(2015—2018 年)〉项目认定结果的通知》(教职成函〔2019〕10 号)

13.5.4 讨论与思考

从调查统计的结果来看，我国目前新闻传播类专科专业的设置已具备了相当大的规模，但确实还存在着一些值得探讨和解决的问题。其中，不论是开设新闻传播专科专业的院校数量，还是开设的专业点数，高等职业技术学院都占绝对比例，凸显新闻传播专科教育的职业教育特征。因此，需要立足职业教育的特点和国家职业教育改革的相关要求，对目前新闻传播专科专业设置进行优化，以提升专业建设的质量和办学效益。

1.《目录》专业的开设率不高，需要教育主管部门顶层层面的调整优化

《目录》专业是教育部对高校专业设置的指导性文件。相较新闻传播类本科《目录》9个专业数，新闻传播类专科《目录》专业数量多达23个，但这23个《目录》专业的平均开设率并不高，尤其是二级“新闻出版小类”8个专业中，平均每省仅设置1.4个，甚至有8个省份完全没有开设此类专业。在信息传播人才需求如此旺盛的新媒体时代，一些新闻传播类《目录》专科专业却不受高校青睐，值得深思。

不同于立足学科基础的本科《目录》专业设置原则，教育部高职高专专业的设置，强调“以职业分类为主线，兼顾学科分类”①。即高职高专《目录》专业的设置，体现出鲜明的职业性属性，更强调专业设置的市场导向原则。但是，我国高职高专专业设置还在沿袭传统的划分方式，致使现设的新闻传播类专科《目录》专业划分过细，不仅与当今新闻传播领域全面融合的态势背道而驰②，而且也难以精准对接相关行业和岗位的新需求。因为进入新媒体时代，传统媒体在衰退而新兴的公共传播业在崛起，倒逼专科新闻传播人才培养由新闻传播领域拓展到公共信息传播领域，即面向政府机构、企业、社会组织等机构培养公共信息传播人才。③ 因此，一方面，对于新闻传播类专科《目录》专业的整体设置，需要从宏观上拓展或移位面向的行业领域。教育部《目录》中的“新闻传播专业大类”可拓展为更广泛的“公共信息传播大类”，并与人社部等相关政府部门联动，及时调整对应的职业分类和职业岗位设置，设立公共信息传播相关专业。另一方面，对于《目录》中的单一专业的设置，需要进一步明晰其内涵与外延，明确每个专业

---

① 教育部:《普通高等学校高等职业教育(专科)专业目录(2015年)》，教职成〔2015〕10号。

② 张昆．高校新闻传播类专业课程建设的思考[J]．新闻与写作，2020(2)：71.

③ 张志安．从新闻传播到公共传播——关于新闻传播教育范式转型的思考[J]．暨南学报(哲学社会科学版)，2016(3)：77.

的主要支撑学科及面向的职业岗位；对一些专业口径过窄或内涵模糊或面向岗位重复的专业，或合并或撤销，以提高《目录》专业之间的区分度及与就业岗位的对接度，更好地发挥导引作用。

2. 专业设置的异质度不高，需要紧跟相应区域产业转型升级的对接优化

从全国新闻传播类专科专业点设置的总体情况来看，广播影视小类中的新闻采编与制作、影视动画等 8 个专业拥有的专业点占比超过 80%，且平均每个专业拥有专业点数 5 倍于新闻出版类，明显存在广播影视类专业过热而新闻出版类专业过冷现象。以湖北省为例，在新闻出版小类所属的 8 个专业中，目前仅设置了网络新闻与传播和出版商务两个专业，而对湖北省新闻出版行业的调查显示，目前急需掌握融媒体产品生产的融合型出版人才和具备互联网思维的新媒体运营人才，但《目录》专业中对应市场人才需求的新兴专业点极少，很难满足区域新闻出版行业转型升级对人才的需求。从技能型与技术型人才培养来看，专业点布局多数偏重于技艺与操作型人才培养，而培养要求和难度相对高的数字媒体设备管理、出版信息管理、影视制片管理等偏管理型专业点数开设极少(总共仅 2 个)。可见，虽然目前专科新闻传播类专业点较多，但过于集中在少数专业，同质化现象较严重。

相较于本科院校，高职高专专业设置的行业性和地方性特征更鲜明。可以说，高校在进行新闻传播类专科专业设置时，更需要紧跟区域相关产业行业发展的现状，积极回应区域相关产业行业的现实需求。不可否认，新闻传播类专业面向的传统传媒行业在政策、技术、资本的裹挟下发生了巨大变革，迫使全国各层次各类型新闻传播专业教育转型发展。处于竞争劣势的专科新闻传播专业院校更需要健全专业随产业发展动态调整的机制，科学合理设置专业①，以应对相关产业行业的变革。

因此，新闻传播类专科专业的科学合理设置，其前提是高校能全面、准确、及时地获取区域专业设置概况和相关产业行业新需求。需要省级教育主管部门、相关行业部门建立详细的专业设置数据库、行业需求动态资源库等，为高职高专院校适时增减专业提供数据支持，实现专业设置的省级调控，有效规避专业设置的盲目性和同质化，使区域高职新闻传播类专业形成错位发展，凸显各自的专业特色。同时，高职高专新闻传播类专业所在院校应积极实施“自我救治”，依据国务院提出的“企业也是重要办学主体”精神②，主动集结公共信息传播相关的各类行业企业和新闻传播院校，构建利益共同体，

---

① 国务院:《国务院关于加快发展现代职业教育的决定》，国发〔2014〕19 号。

② 国务院:《国务院关于加快发展现代职业教育的决定》，国发〔2014〕19 号。

组建区域传媒职业教育联盟，使区域新闻传播类专业及时精准对接相关产业行业的新需求，优化区域专科新闻传播类专业布局，进一步提高服务区域产业行业的能力。

3. 专业设置的聚集度不高，需要基于逻辑层面的专业群整合优化

专业聚集度是衡量一所学校在设置专业时利用教学资源优势的能力，专业大类聚集度越高，各专业之间的关联性越强①，越有利于促进专业的内涵式发展。2019 年，教育部推出了比肩本科院校“双一流”建设的《中国特色高水平高职学校和专业建设计划》(简称“双高计划”)，集中力量建设 50 所左右高水平高职学校和 150 个左右高水平专业群②，旨在推动高职高专教育的内涵提升，遗憾的是新闻传播类专业群未能入选。究其原因，一是专科新闻传播大类专业群建设的数量不足，有近 60%的院校仅设置 1 个专业，并且这些“孤军作战”的新闻传播类专业，大多开设在建筑工程类、服装类、科技类、商贸经济类、交通类、工商管理类、农业林业类等众多理工类学校，因不是学校的重点支持学科专业方向而难以获取专业资源的整合。二是由于高职高专院校新闻传播类专业大多起步较晚，即使在已形成专业群的院校，普遍缺乏引领专业长远发展的专业群带头人，致使大多数专业群建设停留于形式上的拼凑而非专业间的有机融合，制约了专业群集群效应的发挥和办学效益的提升。

目前，专业群建设已经成为职业教育提升质量的关键手段，相关高校特别是专业数量较多的行业性院校和骨干专业院校，应按照专业群建设的一般逻辑，即关系逻辑、岗位逻辑、区域逻辑和结构逻辑③，加快新闻传播类专科专业群的组建与优化。其一，从关系逻辑和岗位逻辑看，相关高校需要兼顾知识关系和职业岗位群优化组建专业群。专业群是依据产业、职业、专业内在联系，以核心专业为依托，并联结相关专业或专业方向共同组成的一种结构有序、优势互补的专业集群。④ 其中，专业内在联系的核心是知识关系，专业群的构建从最根本的维度看要基于对知识关系的分析。⑤ 因此，相关院校需要从知识关系角度加强专业群组建的内在逻辑性，真正让有紧密知识关系的专业组建

① 郭雪营，曹晔．全国首批示范性高职院校专业设置调查分析[J]．教育与职业，2011(5)：12.

② 教育部、财政部：《关于实施中国特色高水平高职学校和专业建设计划的意见》，教职成〔2019〕5 号。

③ 张栋科．高职院校专业群建设的行动逻辑反思与重构——基于功能结构主义的视角[J]．教育发展研究，2019(1)：54.

④ 孙凤敏．创高水平高职要建好一流专业群[N]．中国教育报，2018-10-30.

⑤ 徐国庆．基于知识关系的高职学校专业群建设策略探究[J]．现代教育管理，2019(7)：92.

在一起，使课程架构、师资力量、实训设施等群内专业教学资源共享度更大。具体可从“纵横”两方面着手：一方面，可按知识链的前端、中端、末端来纵向设置，如“广播影视专业小类”中，可设置前端专业“传播与策划”+中端专业“播音与主持”+“广播影视节目制作及媒体营销”等末端专业，形成专业知识链并无缝对接产业链；另一方面，针对职业岗位需求的某类岗位群来横向设置专业群，如设置影视照明技术与艺术、录音技术与艺术、广播电视技术等偏重纯技术工种的专业群，实现专业群内专业基础知识的共享，以及专业群与岗位群的有效对接。其二，从区域逻辑来看，可以探索组建区域内校际间的专业群，包括高职院校之间、高职与开设专科专业的本科院校之间等。其三，从结构逻辑看，还可以组建松散的项目导向型专业群，如以权威新闻传播类学科专业竞赛项目为纽带，建立专业间的联系与资源融合。

总之，新闻传播类专科专业设置与结构的优化，是高职专科教育进入内涵提升阶段的新要求，契合了区域信息传播产业行业和学生就业的新需求，有利于不同类型院校之间的错位发展，有利于相关高校与行业企业结成命运共同体、形成新闻传播专科教育的良好生态。

（彭爱萍）

13.6　新闻传播学类一流本科专业建设“双万计划”2019 年度分析报告

13.6.1　“双万计划”政策发布

2019 年 4 月，教育部办公厅发布《关于实施一流本科专业建设“双万计划”的通知》（教高厅函〔2019〕18 号），决定启动一流本科专业建设“双万计划”。

“双万计划”的目标是在 2019—2021 年，建设 10000 个左右国家级一流本科专业点和 10000 个左右省级一流本科专业点。建设原则为面向各类高校，在不同类型的普通本科高校建设一流本科专业，鼓励分类发展、特色发展。面向全部专业，覆盖全部 92 个本科专业类，分年度开展一流本科专业点建设。分“赛道”建设，中央部门所属高校、地方高校名额分列，向地方高校倾斜；鼓励支持高校在服务国家和区域经济社会发展中建设一流本科专业。

13.6.2 “双万计划”年度分析

1. 基本概况

2019年12月，教育部公布2019年度国家级和省级一流本科专业建设点名单(教高厅函〔2019〕46号)。新闻传播学类一流本科专业建设点共110个，其中国家级一流本科专业建设点59个，包括中央部门所属高校31个，地方高校28个；省级一流本科专业建设点51个，包括中央部门所属高校13个，地方高校38个。数据主要来源于相关高校官方网站、官方微信平台以及一些地方政府与其他新闻媒体发布的消息，还有极个别数据经访谈相关专业负责人采集获得。

2. 不同赛道比较分析

首批“双万计划”一流本科专业建设点评选采取“分赛道”评选，即中央部门所属高校、地方高校分列名额，简称中央赛道和地方赛道。从国家级和省级两个层面，新闻传播学类专业一流本科专业建设点不同赛道认定情况如图13-5所示。

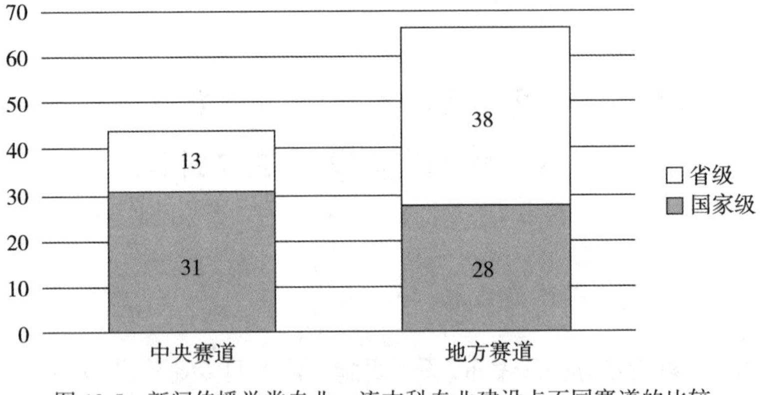

图13-5 新闻传播学类专业一流本科专业建设点不同赛道的比较

从总量规模来看，全国新闻传播学类一流本科专业建设点地方高校入选共计66个，占比60%，而中央部门所属高校入选共计44个，占比40%。前者入选总量规模明显高于后者，是后者的1.5倍。这充分实现了“双万计划”向地方高校倾斜的政策目标。

但从不同赛道的入选层次来看，地方高校与中央部门所属高校新闻传播学类一流本科专业建设点的入选存在显著的结构性差异。第一，从中央赛道来看，入选国家级一流本科专业建设点的有 31 个，占中央赛道的 70.5%，说明中央部门所属高校入选的一流本科专业建设点绝大部分是属于国家级层面的。第二，从地方赛道来看，入选省级一流本科专业建设点的有 38 个，占地方赛道的 57.6%，说明地方高校入选的一流本科专业建设点大多属于省级层面。第三，从国家级层面来看，中央部门所属高校入选一流本科专业建设点数量占国家级总量的 52.5%，说明国家级新闻传播学类一流本科专业建设点多以中央部门所属高校为主。其中，中国传媒大学、中国人民大学和武汉大学均有 2 个以上一流本科专业入选国家级。第四，从省级层面来看，地方高校入选一流本科专业建设点数量占省级总量的 74.5%，说明省级新闻传播学类一流本科专业建设点绝大多数是地方高校。其中，西南政法大学、浙江传媒学院均有 2 个入选省级一流本科专业建设点，而其余高校都只有 1 个入选。

3. 不同省域比较分析

我国高等教育资源存在明显的省际不均衡，图 13-6 揭示了 2019 年度我国新闻传播学类一流本科专业建设点的省域分布状况。全国 31 个省市区(港澳台除外)平均每个省份有 3.55 个国家级或省级一流本科专业建设点入选，总体基本呈正态分布，其中北京市表现尤为突出，以共计入选 18 个专业建设点雄踞榜首，是位居第二位广东省的 2 倍。位列广东之后的湖南入选 7 个，湖南之后的上海、湖北、江苏、浙江均入选 6 个。从位居前七名省份所处的区域来看，无论以北京为核心的京津冀地区，还是以上海、江苏、浙江为核心的长三角地区和以广东为核心的珠三角地区，以及由湖南、湖北为代表的中部地区，都是当前中国新闻传播行业和区域社会经济发展迅猛的区域。反观黑龙江、辽宁、内蒙古、新疆、云南、宁夏、贵州等省份地处偏远，经济比较落后，传媒业不很发达，均只有 1 个专业建设点入选，特别是海南、青海和西藏甚至没有 1 个专业建设点。这在一定程度上说明新闻传播学类专业建设与所在区域传媒行业的发展乃至区域社会经济的发展呈现较强的正相关。

4. 不同专业比较分析

根据《普通高等学校本科专业目录(2020 年版)》，新闻传播学类包含 10 个专业，分别是新闻学、广播电视学、广告学、传播学、编辑出版学、网络与新媒体、数字出版、时尚传播、国际新闻与传播、会展。其中最后三个专业是近几年在《普通高等学校本科目录(2012 年)》基础上批准增设的目录外新专业，没有参与首批一流本科专业建设点的认定。

如图 13-7 所示，参与评选的 7 个专业中，新闻学是入选高校最多的专业，共计 57 所高校，占总量的 51.5%，比排列第二的广告学专业高出近 2.4 倍，而且在入选的 57

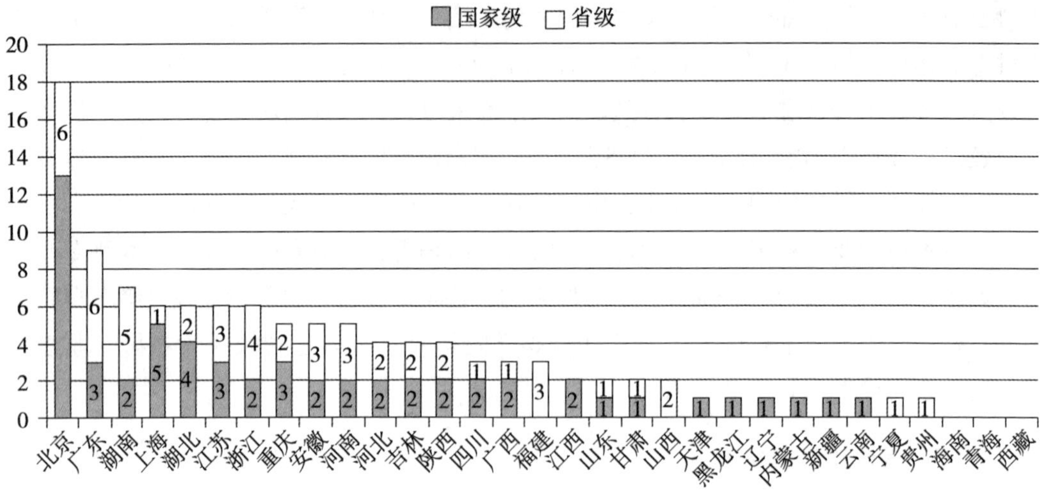

图 13-6　新闻传播学类一流本科专业建设点的省域比较

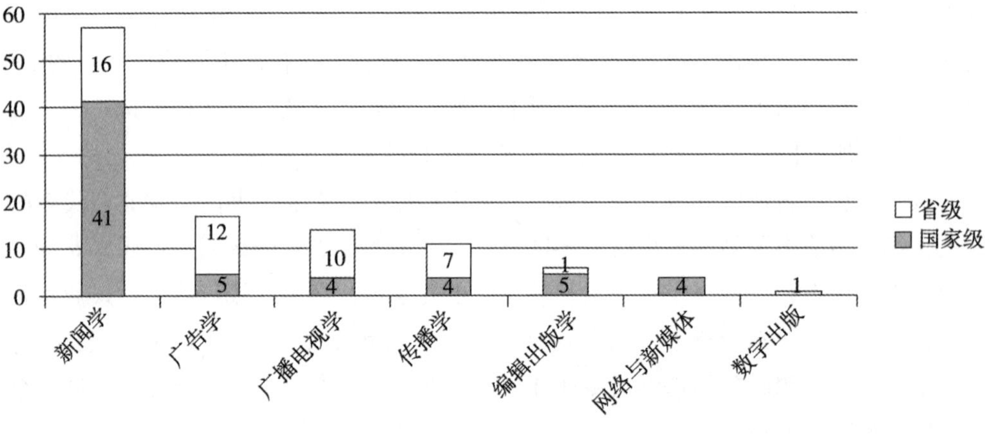

图 13-7　新闻传播学类一流本科专业建设点不同专业的比较

所高校的新闻学专业中，绝大部分是国家级一流本科专业建设点，约占 71.9%。这说明在新闻传播学类专业中起步相对最为久远的新闻学专业，不仅在许多高校开设，而且是作为高水平高层级的重点建设专业。其他几个专业，除了网络与新媒体和数字出版外，广告学、广播电视学、传播学、编辑出版学在国家级层面评选中入选数量相差不大，有 4~5 所高校；但在省级层面的评选中，广告学与广播电视学明显高于传播学和编辑出版学，特别是编辑出版学只有 1 所高校入选。由于网络与新媒体和数字出版是后来特设的专业，比其他专业起步都晚，建设基础比较薄弱，所以两个专业都没有入选国家级一流本科专业建设点的高校。但随着数字传播技术和新媒体行业的发展，两个专业顺势而设，部分高校契合行业和社会经济的发展非常重视两个专业的建设，在省级层面取得突破，特别是网络与新媒体有 4 所高校入选省级一流本科专业建设点。

5. 不同赛道与省域的交叉分析

不同赛道与不同省份的新闻传播学类一流本科专业建设点的交叉比较，如图 13-8 和图 13-9 所示。

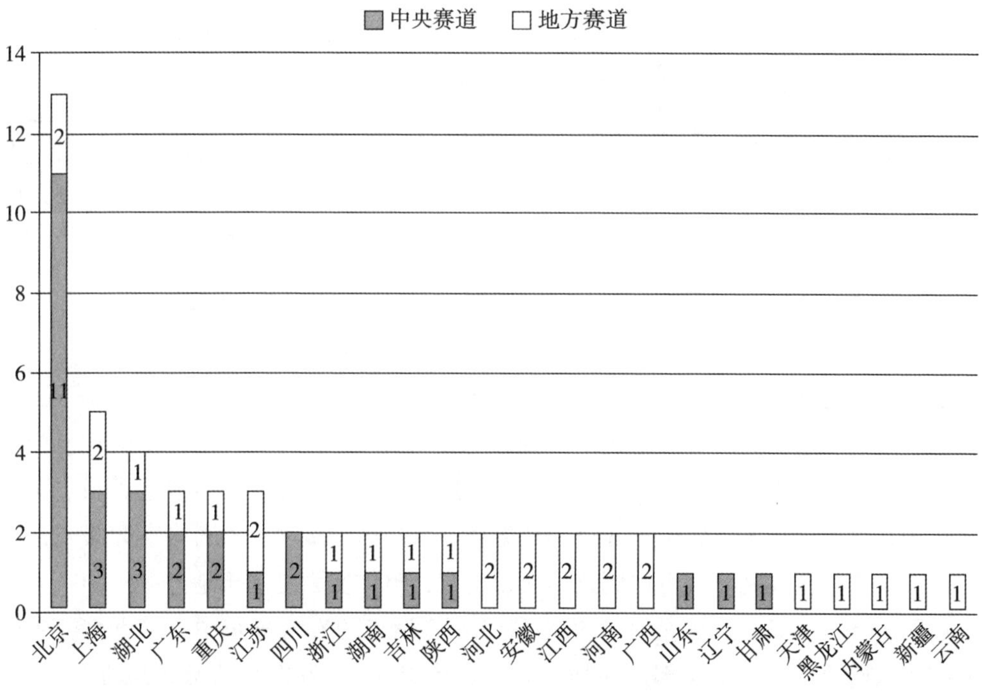

图 13-8　新闻传播学类一流本科专业建设点不同赛道与省域的交叉比较(国家级)

从图 13-8 可以看出，在国家级一流本科专业建设点的省域分布中，中央部门所属高校入选数量分布与其在各省域的分布状况总体相适应。北京作为全国中央部门所属高校最为集中的直辖市，自然集聚了最多的国家级一流本科专业建设点，遥遥领先于位列第二同样高校云集的上海。另外，四川、山东、辽宁、甘肃四个省份的中央部门所属高校入选国家级一流本科专业建设点的有 1～2 个；但地方高校没有一个，一定程度说明这些省份地方高校的新闻传播学类专业建设相对同省域的中央部门所属高校而言比较薄

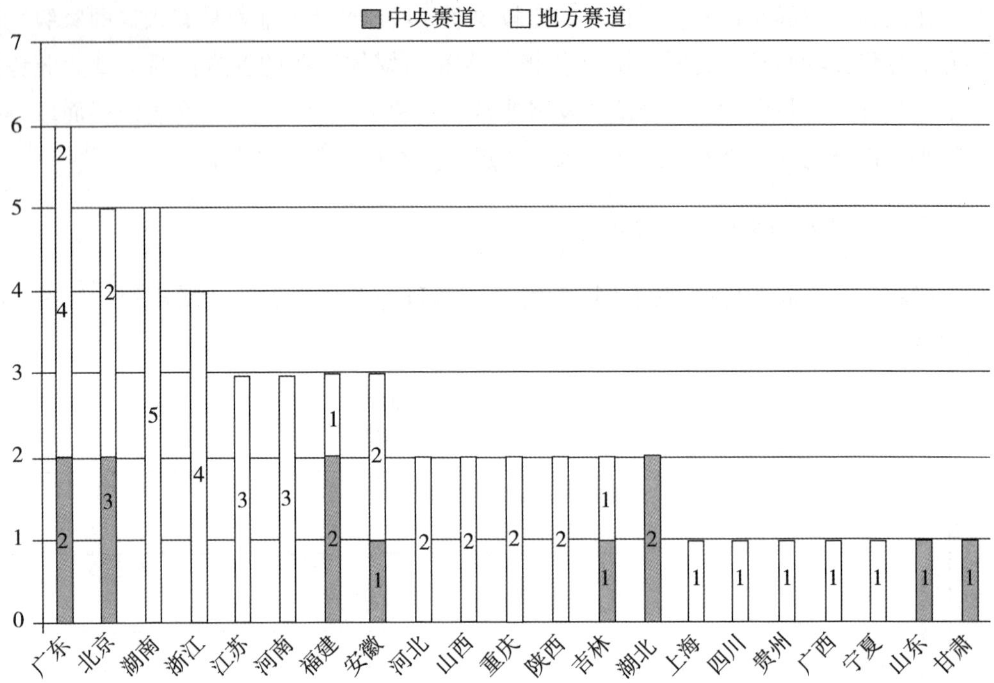

图 13-9　新闻传播学类一流本科专业建设点不同赛道与省域的交叉比较(省级)

弱。反观之，河北、安徽、江西、河南、广西、天津、黑龙江、内蒙古、新疆、云南等省份地方高校入选国家级一流本科专业建设点的有 1～2 个，而所在省份中央部门所属高校的没有一个，说明这些省份的中央部门所属高校新闻传播学类专业建设或者为零或者比较弱。总之，从各省域中央赛道和地方赛道入选国家级一流本科专业建设点的情况来看，中央部门所属高校所占比例整体而言更大，整体实力是高于地方高校的。

从图 13-9 可以看出，在省级一流本科专业建设点的省域分布中，绝大多数省份是地方高校入选数量多于中央部门所属高校，其中有 13 个省份全部都是地方高校入选，特别是湖南、浙江、江苏、河南等省份入选地方高校有 3～5 所，反映了这些省份地方高校新闻传播学类专业一定的办学优势。反之，湖北、山东、甘肃等三个省份全部是中央部门所属高校入选，特别是山东和甘肃的地方高校无论是国家级还是省级都没有一所入选，说明这些省份地方高校的新闻传播学类专业相对而言整体偏弱。

6. 不同赛道与专业的交叉分析

不同赛道与不同专业的新闻传播学类一流本科专业建设点的交叉比较，见表 13-12。

表 13-12　　**新闻传播学类一流本科专业建设点不同赛道与专业的交叉比较**

专业	中央赛道		地方赛道		合计
	国家级	省级	国家级	省级	
新闻学	21	4	20	12	57
传播学	4	4		3	11
广告学	2	2	3	10	17
广播电视学	2	3	2	7	14
编辑出版学	2		3	1	6
网络与新媒体				4	4
数字出版				1	1
合计	31	13	28	38	110

从表 13-12 可看出，在国家级一流本科专业建设点中，只有五个专业入选，即新闻学、广告学、广播电视学、传播学和编辑出版学。2012 年以后新闻传播学类新增设的两个专业，即网络与新媒体和数字出版，因建设时间相对较短，都没有国家级一流本科专业建设点。而相比国家级，省级一流本科专业建设点包含新闻传播学类参选的 7 个专业类别。从入选专业在不同赛道的分布来看，除传播学完全是中央赛道高校以外，其他四个专业在不同赛道的分布相对均衡。从赛道在不同专业的分布来看，地方高校覆盖了所有参选专业，而中央部门所属高校只涉及新闻学、广告学、广播电视学和传播学等四个相对传统的专业。新闻传播学类专业大多是实践性很强的专业，突出实用，因此，相对中央部门所属高校而言，地方高校契合高层次应用型人才培养的目标定位，已然成为新闻传播学类专业建设的主力军。

7. 不同省份与专业的交叉分析

(1)国家级新闻传播学类一流本科专业建设点不同省份与专业类别的交叉比较。如表 13-13 所示，从入选专业的省域分布来看，新闻学专业显然是分布省域最广的专业，除辽宁省外的 23 个省份都有至少 1 所以上高校的新闻学专业入选，说明新闻学专业几乎是所有建设新闻传播学类专业的省份的高校重点发展的专业。其余四个专业在全国各省域分布的数量相对均衡，一般在 4～5 个。从各省域的专业分布来看，北京覆盖所有入选的专业，上海也覆盖除广告学外的所有专业，说明这两个省份的新闻传播学类专业门类建设比较齐全。其余的 22 个省份都有 1～2 门新闻传播学类专业入选，特别是江苏和重庆虽然有3所高校入选国家一流本科专业建设点，但都集中在新闻学一门专业。

表13-13　新闻传播学类一流本科专业建设点不同省份与专业类别的交叉比较(国家级)

省份	新闻学	传播学	广告学	广播电视学	编辑出版学	合计
北　京	7	2	1	1	2	13
上　海	2	1		1	1	5
湖　北	3				1	4
江　苏	3					3
重　庆	3					3
广　东	1		2			3
河　北	2					2
安　徽	2					2
湖　南	2					2
河　南	1				1	2
吉　林	2					2
浙　江	1			1		2
江　西	1		1			2
四　川	1	1				2
陕　西	2					2
广　西	1		1			2
天　津	1					1
山　东	1					1
黑龙江	1					1
辽　宁				1		1
甘　肃	1					1
内蒙古	1					1
新　疆	1					1
云　南	1					1
合　计	41	4	5	4	5	59

(2)省级新闻传播学类一流本科专业建设点不同省份与专业类别的交叉比较。如表13-14所示，从各省域的专业分布来看，各省份大多集中在新闻学、广告学、广播电视学和传播学四个专业。从入选专业的省域分布来看，新闻学依然是分布省域最广的专业，覆盖14个省份，覆盖面达66.7%。其次是广告学和广播电视学，覆盖面分别有57.1%和47.6%。覆盖面相对较少的是网络与新媒体、编辑出版学、数字出版专业，特别是后两个专业都只一个省份入选。编辑出版学专业入选很少，可能是专业本身发展特别是专业面临的就业压力所致。网络与新媒体、数字出版专业是2012年以后新增设的专业，入选覆盖的省份相对较少。其中网络与新媒体专业相对又表现更好，顺应了新媒体发展的浪潮。

表 13-14　**新闻传播学类一流本科专业建设点不同省份与专业类别的交叉比较(省级)**

省份	新闻学	传播学	广告学	广播电视学	编辑出版学	网络与新媒体	数字出版	合计
广东	1	2	1	2				6
北京	1	3					1	5
湖南	2		2			1		5
浙江				1	1	2		4
安徽	1	1	1					3
河南	1		1	1				3
江苏	1		1	1				3
福建			2	1				3
河北			1			1		2
山西	1		1					2
吉林	1		1					2
湖北			1	1				2
重庆		1		1				2
陕西	2							2
甘肃	1							1
宁夏	1							1
四川				1				1

续表

省份	新闻学	传播学	广告学	广播电视学	编辑出版学	网络与新媒体	数字出版	合计
贵州	1							1
广西				1				1
上海	1							1
山东	1							1
合计	16	7	12	10	1	4	1	51

13.6.3 结论与讨论

从新闻传播学类一流本科专业建设点的总量规模来看，地方高校显著多于中央部门所属高校；但从层次水平来看，中央部门所属高校明显要高于地方高校，中央部门所属高校入选的一流本科专业建设点中国家级所占的比重要远大于其在地方高校中所占的比重。

新闻传播学类专业建设存在一定专业间的不平衡，起步较早的新闻学、广告学、广播电视学、传播学等传统专业相对后期相继增设或特设的网络与新媒体、数字出版、时尚传播、国际新闻与传播、会展等新兴专业，无论在建设规模还是质量水平上都更高一筹。新兴专业整体还处于专业建设起步阶段，但随着网络技术和新媒体的迅猛发展，网络与新媒体专业建设异军突起，大有后发优势。

中央部门所属高校入选新闻传播学类一流本科专业建设点的专业类别范围较窄，主要集中在起步相对较早的传统专业，而地方高校覆盖的专业类别较广，覆盖了所有参选的专业类别，特别是网络与新媒体、数字出版等特设的新兴专业全部集中在地方高校，彰显地方高校在新兴专业建设方面的发展潜力。

从国家级一流本科专业建设点来看，中央部门所属高校在各省入选的分布状况与其在各省的高校设置分布总体相适应，但从省级一流本科专业建设点来看，地方高校在绝大多数省份是占主体地位的。

新闻传播学类专业教育与所在省域的新闻传播行业发展乃至区域社会经济的发展存在一定的正相关。一般经济社会越发达、传媒业发展越好的省份，新闻传播学类的专业建设水平、专业类别的齐全程度也越高。

未来，新闻传播学类专业将呈现分类发展、非均衡发展趋势。一是中央部门所属高校与地方高校呈现分类发展、特色发展，前者根植于原有专业建设优势更注重专业发展的层次和水平，后者则基于地域特色大力发展服务区域经济社会的新兴专业。二是新闻传播行业以及经济社会发达地区与非发达地区新闻传播学类专业建设的非均衡发展。新闻传播学类专业建设有优势有潜力的高校多集中在经济发达地区，未来新闻传播学类一流本科专业建设上的区域不平等可能会更加明显。

此批“双万计划”新闻传播学类一流本科专业建设点的评选结果只是相对的，不能绝对反映高校相关专业的实际办学实力。一方面，由于“双万计划”是分三年分批推进，不排除部分高校基于“田忌赛马”的策略考量，将真正有竞争力的专业放在后面批次的评选，以争取本校在“双万计划”中一流本科专业建设点认定的最优化。另一方面，因为新闻传播学科相对而言是一门年轻的学科，部分高校特别是一些中央部门所属高校的新闻传播学类专业在全国同类学科专业建设中办学实力也许很强，但相比本校其他传统优势学科专业而言，可能就很难冲出学校。比如，厦门大学是我国第一个创办广告学专业的高校，但在这次评选中只是入选福建省一流本科专业建设点。

由于“双万计划”评选对参选专业有明确的建设时间要求，所以此次评选中新兴专业入选数量少，甚至时尚传播、国际新闻与传播、会展等新增设专业都没有资格参选，但伴随着媒体融合的深度发展和社会经济的深刻转型，在后续的“双万计划”评选中，将会有越来越多的新兴专业被纳入计划，新闻传播学类一流本科专业建设点的专业类别覆盖也将会更加全面(见表 13-15、表 13-16)。

表 13-15　**2019 年度新闻传播学类国家级一流本科专业建设点名单**

省份	学校名称	学校属性	专业名称
湖南	湖南大学	部属	新闻学
	湖南师范大学	省属	新闻学
安徽	安徽大学	省属	新闻学
	安徽师范大学	省属	新闻学
广东	暨南大学	国务院侨办	广告学
	深圳大学	省属	广告学
甘肃	兰州大学	部属	新闻学
黑龙江	黑龙江大学	省属	新闻学

续表

省份	学校名称	学校属性	专业名称
北京	中国人民大学	部属	新闻学
			传播学
	中国社会科学院大学	中国社科院	新闻学
	中国传媒大学	部属	新闻学
			传播学
			广告学
			广播电视学
			编辑出版学
	中央民族大学	部属	新闻学
	北京外国语大学	部属	新闻学
	北京印刷学院	市属	编辑出版学
	北京工商大学	市属	新闻学
	清华大学	部属	新闻学
上海	华东师范大学	部属	新闻学
	上海大学	市属	广播电视学
	上海理工大学	市属	编辑出版学
	上海交通大学	部属	传播学
	复旦大学	部属	新闻学
天津	天津师范大学	市属	新闻学
河北	河北大学	省属	新闻学
	河北经贸大学	省属	新闻学
河南	郑州大学	省属	新闻学
	河南大学	省属	编辑出版学
吉林	东北师范大学	省属	新闻学
	吉林师范大学	省属	新闻学
辽宁	大连理工大学	部属	广播电视学
浙江	浙江传媒学院	省属	广播电视学
	浙江大学	部属	新闻学
山东	山东大学	部属	新闻学

续表

省份	学校名称	学校属性	专业名称
江苏	南京大学	部属	新闻学
	南京师范大学	省属	新闻学
	苏州大学	省属	新闻学
四川	四川大学	部属	新闻学
	西南交通大学	部属	传播学
重庆	重庆大学	部属	新闻学
	西南大学	部属	新闻学
	西南政法大学	市属	新闻学
湖北	武汉大学	部属	新闻学
			编辑出版学
	华中科技大学	部属	新闻学
	湖北大学	省属	新闻学
江西	南昌大学	省属	新闻学
	江西师范大学	省属	广告学
陕西	西北大学	省属	新闻学
	陕西师范大学	部属	新闻学
广西	广西大学	区属	新闻学
	广西艺术学院	区属	广告学
内蒙古	内蒙古大学	区属	新闻学
云南	云南大学	省属	新闻学
新疆	新疆大学	区属	新闻学

表 13-16　**2019 年度新闻传播学类省级一流本科专业建设点名单**

省份	学校名称	学校属性	专业名称
湖南	湖南理工学院	省属	广告学
	湖南师范大学	省属	网络与新媒体
	湘潭大学	省属	新闻学
	吉首大学	省属	新闻学
	湖南工业大学	省属	广告学

续表

省份	学校名称	学校属性	专业名称
安徽	中国科学技术大学	中国科学院	传播学
	铜陵学院	省属	广告学
	合肥学院	省属	新闻学
广东	广东财经大学华商学院	省属	新闻学
	暨南大学	国务院侨办	广播电视学
	广州大学	省属	广播电视学
	深圳大学	省属	广告学
	华南师范大学	省属	传播学
	中山大学	部属	传播学
甘肃	西北民族大学	省属	新闻学
北京	北京交通大学	部属	传播学
	北京师范大学	部属	传播学
	北京外国语大学	部属	新闻学
	北京印刷学院	市属	数字出版
	首都经济贸易大学	市属	传播学
上海	华东政法大学	市属	新闻学
河南	河南大学	省属	新闻学
	河南工业大学	省属	广告学
	郑州师范学院	省属	广播电视学
河北	河北师范大学	省属	广告学
	河北传媒学院	省属	网络与新媒体
山西	山西大学	省属	新闻学
	山西传媒学院	省属	广告学
吉林	吉林大学	部属	新闻学
	吉林动画学院	省属	广告学
浙江	浙江传媒学院	省属	网络与新媒体
			编辑出版学
	浙江工业大学	省属	广播电视学
	浙江万里学院	省属	网络与新媒体

续表

省份	学校名称	学校属性	专业名称
山东	中国海洋大学	部属	新闻学
江苏	三江学院	省属	新闻学
	南京林业大学	省属	广告学
	扬州大学广陵学院	省属	广播电视学
福建	厦门大学	部属	广告学
	华侨大学	国务院侨办	广播电视学
	闽江学院	省属	广告学
湖北	武汉大学	部属	广告学
	华中科技大学	部属	广播电视学
四川	成都理工大学	省属	广播电视学
重庆	西南政法大学	市属	传播学
			广播电视学
贵州	贵州民族大学	省属	新闻学
广西	广西大学	区属	广播电视学
陕西	西安外国语大学	省属	新闻学
	西北政法大学	省属	新闻学
宁夏	宁夏大学	区属	新闻学

（王文锋、孟令坤）

13.7　新闻传播学科 QS 排名榜分析报告

13.7.1　QS 大学排名简介及指标体系概况

1. QS 大学及学科排名简介

夸夸雷利·西蒙斯（Quacquarelli Symonds 简称 QS）公司是英国一家营利性咨询机构，主要提供商业教育服务和教育相关信息。自 2004 年起该机构与《泰晤士报高等教育增刊》(*Times Higher Education Supplement*)联合发布"THE-QS 世界大学排名"(THE-QS World University Rankings)。2010 年 QS 机构转而与《美国新闻与世界报道》、英国《星期日泰晤士报》和韩国《朝鲜日报》合作，在原有基础上推出了"QS 世界大学排名"(QS World Universities Rankings)，至今已发展成为包括世界大学综合排名、学科排名、领域排名和地区排名在内的综合性跨国排名评价系统，在全球范围内具备较强的影响力与公信力。

2019 年 6 月 19 日发布的 2020QS 世界大学排名显示，麻省理工学院连续 8 年雄踞榜首。我国高校也表现不俗，前 100 名排行榜中共有 12 所大学上榜，其中清华大学(第 16 位)和北京大学(第 22 位)，排名均创历史新高。

QS 大学学科排名开始于 2012 年，每年发布包括"艺术与人文"(Arts & Humanities)、"工程与技术"(Engineering & Technology)、"生命科学与医学"(Life Sciences & Medicine)、"自然科学"(Natural Sciences)及"社会科学与管理"(Social Sciences & Management)5 个领域内的 48 个学科前 200 位的院校排名。其中，"传播与媒介研究"(communication & media studies)被列入"社会科学与管理"领域。

自 2016 年以来，列入"传播与媒介研究学科"排名的全球高校与科研机构数量在逐年增加，由 2015 年的 501 所高校与科研机构增加至 2019 年的 796 所，其所覆盖的国家和地区也在逐年增加。

2. QS 大学及学科排名指标体系概况

QS 大学学科排名主要依据学术声誉、雇主评价声誉、篇均论文被引用率和 H 指数作为评价指标，其中前两个是主观指标，后两个为客观指标。由于各学科之间在发文率和文化层面存在差异，因此 QS 在对不同学科进行评估时采用较为灵活的权重安排。具体到传播与媒介研究领域的评估，各项指标比率为：学术声誉(50%)、雇主评价声誉(10%)、篇均论文引用量(20%)、H 指数(20%)。

学术声誉主要是通过采集全球 83000 多名学者的反馈意见进行评价，受访者通过提供其主要的学术背景和所在地区后，对于该领域和该地区的本学科发展情况和不同机构学术声誉进行评价，并挑选出不超过 10 个国内和 30 个海外的机构代表他们认同的这一领域优秀研究机构；雇主评价声誉主要是通过面向全球雇主的 42000 份调查问卷中得出结论，要求雇主提出 10 个他们认为最适合从其毕业生中进行招聘的机构，并确定他们主要面向招募的学科，由此给出相关机构的雇主评价声誉；篇均论文引用量通过分析机构内所有学者近 5 年内发表论文的引用量来评估这一机构的学术影响力；H 指数则是一种衡量科学家或学者已发表论文的生产率和影响力的方法，通过这一指数可以判定出某一机构研究者的总体研究水平。

通过上述四个指标的加权计算，QS 得出了传播与媒介研究领域不同机构的综合评分，并以此作为排名的依据。其中前 50 名有具体排名，51～100 名为一组不区分排名，101～150 名为一组不区分排名(见图 13-10)。

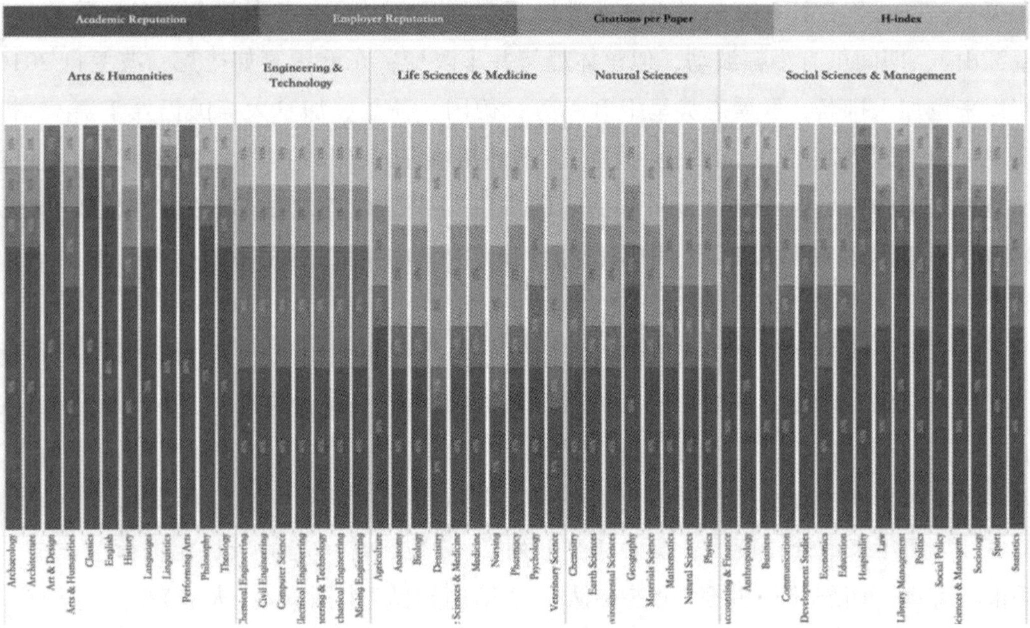

图 13-10　QS 学科排名各项指标权重分布

(数据来源：http：//www. iu. qs. com/university-rankings/subject-tables/)

2019 年 QS 发布的传播与媒介研究学科排名中，荷兰阿姆斯特丹大学、美国斯坦福大学、南加州大学和英国伦敦政治经济学院分列前四位；在中国高校中，香港地区有三所高校进入前 30，分别为香港中文大学(15)、香港大学(24)、香港城市大学(27)；内地高校整体排名分属二三梯队，第二梯队(51～100 名)包括复旦大学、北京大学、上海交通大学、清华大学，第三梯队(101～150 名)包括南京大学、中国人民大学、浙江大学和武汉大学。

13.7.2 2019 年 QS 传播与媒介研究排名趋势分析

1. 总体趋势

为了进一步统计新闻传播专业院校全球范围内发展情况的近期动态，本节搜集了2016—2019 年内 QS 传播与媒介研究排名的数据，并主要围绕着 2019 年的数据进行分析。对入围院校机构的国家/地区总体分布情况进行统计，2016—2019 年四年期间美英澳三国每年合计都有超过 100 所学校入围(前 200 位)，占据整个排名榜单的“半壁江山”，期间虽有小幅波动，但整体趋势并未改变；东欧国家如捷克、波兰自 2016 年以来也加入排名，发展态势呈上升趋势；德国、荷兰、加拿大等国仍处于“第二梯队”，总体较为稳定；中国内地(大陆)上升趋势明显，2019 年中国内地(大陆)共有 8 所高校入围，排名第 4 位，如果加上中国香港与中国台湾地区的高校，则合计共有 15 所，与澳大利亚不相上下，中国新闻传播学界的国际化程度不断提升，发展潜力较大(见表 13-17)。

结合排名前 100 名的院校机构的地域分布表(表 13-18)可进一步分析各国家和地区在传播与媒介研究领域的影响力趋势。2019 年传播与媒介研究“世界百强”中，共有 24 个国家和地区入选，相比完整榜单地域覆盖范围有所缩小。美国仍然占据第一，其学科发展影响力在全球范围内仍有优势。但从历时维度看，2019 年其所占比率为 32%，为四年来最低；英国、澳大利亚分列 2、3 位，总体趋势较稳定；荷兰、中国香港、韩国、西班牙仍占据“第三梯队”，“第四梯队”中国内地(大陆)呈上升趋势。2019 年中国内地共有 4 所高校冲入前 100，为历年来新高，结合中国香港与中国台湾则可总占比可达到 8%，可超越韩国排名第四。结合两表可知，我国在新闻传播领域的国际影响力呈上升趋势。

从洲际来看，2019 年美洲、欧洲各有 36 所高校进入前 100 名(美洲 36 所中，北美有 32 所，欧洲 36 所全部来自西欧)，大洋洲有 10 所，亚洲有 18 所，澳洲和亚洲虽相较 2018 年有小幅提升(2018 年大洋洲 9 所，亚洲 15 所)，但总体而言西方依然占据优势，这与全球新闻舆论场“美英垄断，西强东弱”的格局相符合(见表 13-18)。①

---

① 史安斌，盛阳．开创国际传播能力建设的新局面、新理念、新形式[J]．电视研究，2018(11)：4-7.

表 13-17　**2016—2019 年 QS 传播与媒介研究排名(前 200 名)院校机构(国家/地区分)**

年份	国家/地区数量	美国	英国	澳大利亚	中国内地(大陆)	德国	荷兰	加拿大	新西兰	韩国	比利时	西班牙	瑞典	中国香港	丹麦	意大利	芬兰	中国台湾	日本
2019	35	61	23	16	8	8	7	7	6	5	5	5	4	4	4	4	3	3	3
2018	34	63	25	16	5	8	7	8	5	6	4	6	4	4	4	4	3	3	3
2017	35	60	26	16	5	8	7	8	3	6	4	7	3	4	3	4	2	3	3
2016	33	59	25	17	4	8	8	9	7	4	5	7	4	4	4	2	2	2	3
年份	国家/地区数量	马来西亚	挪威	新加坡	法国	俄罗斯	奥地利	以色列	墨西哥	智利	瑞士	阿根廷	巴西	捷克	爱沙尼亚	爱尔兰	波兰	南非	哥伦比亚
2019	35	3	2	2	2	2	1	1	1	1	1	1	1	1	1	1	1	1	
2018	34	3	2	2	1	1	1	1	1	1	1	1	2	1	1	1		2	
2017	35	3	2	2	1	3	1	1	2	1	1	1	2	1	1	1		3	1
2016	33	3	2	2	3	1	1	1	2	1	2	1	2		1			3	1

图表说明：1. 本表空格部分代表概念分该国家/地区未入选；2. 本表数据来源于 QS 官网，https：//www. topuniversities. com/university-rankings/university-subject-rankings/2019/communication-media-studies。

表 13-18　**2016—2019 年 QS 传播与媒介研究排名前 100 名的院校机构(以国家/地区划分)**

年份	国家/地区数量	美国	英国	澳大利亚	韩国	中国内地(大陆)	荷兰	中国香港	西班牙	瑞典	德国	加拿大	丹麦	芬兰	新加坡	新西兰	奥地利	中国台湾	以色列
2019	35	32	16	6	5	4	4	4	3	3	3	2	2	2	2	2	1	1	1
2018	34	36	16	8	4	2	3	4	4	2	3	2	2	2	2	1	2	1	0
2017	35	35	16	9	4	2	3	4	4	2	3	2	2	1	2	1	1	1	0
2016	33	36	16	8	4	2	3	4	3	2	3	4	2	2	2	1	1	2	0
年份	国家/地区数量	日本	马来西亚	墨西哥	智利	挪威	瑞士	比利时	巴西	阿根廷	爱沙尼亚	法国	爱尔兰	意大利	俄罗斯	南非	波兰	捷克	哥伦比亚
2019	35	1	1	1	1	1	1	0	0	0	0	0	0	0	0	0	0	0	
2018	34	1	1	1	1	1	1	2	1	0	0	0	0	0	0	0		0	
2017	35	1	1	1	1	1	1	2	1	0	0	0	0	0	0	0		0	0
2016	33	1	0	1	1	1	1	1	1	0	0	0		0	0	0			0

图表说明：1. 本表空格部分代表概念分该国家/地区未入榜单，阴影部分代表该国家/地区 4 年来均无院校机构入选前 100；2. 本表数据来源于 QS 官网：https：//www. topuniversities. com/university-rankings/university-subject-rankings/2019/communication-media-studies。

结合 2019 年排名 101～200 的院校洲际分布数据可知，美洲占比 36%（北美 34%）；欧洲 39%；大洋洲占比 11%；亚洲占比 10%；非洲占比 1%。可见欧洲与北美地区仍势头较好，亚洲和大洋洲相对而言仍发展不足。但从院校机构的发展前景来看，亚洲地区具有较大潜力。如果以入围世界“前 101～200 强”院校数量多于百强，并且已有至少 1 所院校入围百强为标准，亚洲在欧美之外的地区中表现出了强有力的发展势头，其中日本、韩国和中国的研究机构都有较快的排名增长。从 2019 年的数据可看出，亚洲的未来发展值得期待。

2. 中国院校排名总体态势

2019 年，中国内地（大陆）共有 8 所高校上榜，上榜学校数量为近 5 年来新高。清华大学、北京大学、复旦大学和上海交通大学连续 4 年上榜。相比 2018 年，清华大学、北京大学的排名稳定在 51～100 之间，复旦大学和上海交通大学由 101～200 冲入了前 100 名，复旦大学更是一跃成为内地评分最高的新闻传播院校，内地 4 所高校入选 QS 排名前 100 名也为近五年来的最高值。除此之外，2017 年新进入榜单的浙江大学连续三年榜上有名，武汉大学、南京大学和中国人民大学也进入了榜单，但其之后的发展及国际认可度的稳定程度还有待进一步观察。

我国新闻传播学的几大传统强校纷纷上榜，在一定程度上说明了我国新闻与传播学科在“新全球化时代”和“构建人类命运共同体”的背景下自身国际化意识与国际影响力有所提升。但同时也要注意到，学科排名会在一定程度上受到学校综合排名的影响，即其所在学校综合排名的结果，对提升学科的知名度也多少有一些辐射作用。这样的现象出现一方面是因为 QS 评审（多为外国学者）对于我国新闻传播学科的发展状况了解有限，会导致一定程度上对综合排名较高的院校的偏好；另一方面也可能是由于我国新闻传播学学科发展不平衡且发展时间较短。① 这在一定程度上也可以解释国内外新闻传播学科排名的“脱钩”情况，虽然中国人民大学这样的国内顶尖新闻传播院校入选说明这种“脱钩”在一定程度上有所缓解，但是总体而言仍存在较大的差距。

排名显示，在中国范围内，香港地区的院校实力较强，排名相比内地也较为靠前，自 2015 年以来，香港地区入围的四所高校全部进入前 100 名且维持稳定。香港中文大学、香港大学和香港大学冲入前 50 且排名持续上升，2019 年香港大学进步较为明显，由 2018 年 35 名到 24 名，超越了维持去年排名的香港城市大学排名香港地区第二位；

① 张国良，龚晓颖．中国新闻传播学科的国际影响力再考——基于 QS“传播与媒介研究”领域排名的分析[J]．现代传播（中国传媒大学学报），2017，39（11）：137-141.

香港中文大学排名第 15 名，是中国目前排名最高的新闻传播专业院校。

相比之下，中国台湾地区新闻传播院校的影响力明显弱于香港，其院校入选数量及排名保持稳定，2017—2019 年，台湾大学、台湾政治大学和台湾交通大学三所高校的排名保持不变。

总体而言，就排名来看，中国高校影响力的排序为中国香港、中国内地(大陆)、中国台湾，而最具发展潜力与成长空间的显然是中国内地(大陆)。2019 年中国上榜院校数量共有 15 所，与排名第三位的澳大利亚不相上下，入选前一百名的院校数量也仅次于美英澳，这表明我国新闻传播学科不管在实力规模还是国际影响力层面都有所提升，既有的上榜院校为我国新闻传播学科的国际化发展打下了良好的基础。

3. 世界顶尖新闻传播院校排名分析

虽然我国的新闻传播学科成长不容小觑，但仍需承认在现行的全球评价体系下与世界顶尖新闻传播院校仍存在差距。结合 2016—2019 年的 QS“传播与媒介研究排名”前 10 位院校分析，前 10 的院校主要集中在美国、英国和荷兰，中国迄今为止仍未出现进入前十的院校。

2019 年，荷兰阿姆斯特丹大学力压斯坦福大学蝉联第 1 位，前 10 中美国有 6 所(斯坦福大学、南加州大学、得克萨斯大学奥斯丁分校、加州大学伯克利分校、加州大学洛杉矶分校、宾夕法尼亚大学)，英国有 2 所(伦敦政治经济学院、伦敦大学金史密斯学院)，荷兰 1 所(阿姆斯特丹大学)。2018 年排名第 5 位的威斯康星大学麦迪逊分校掉到了第 12 位，新加坡南洋理工大学再次进入前 10，排名第 9。

总体而言，除各别院校外，传播与媒介研究前 10 强的院校不仅地域分布稳定集中，在具体的院校层面也存在稳定性，几所欧美顶尖大学长期处于前列，虽排名有前后变化但总体在近 4 年来一直保持稳定。其他地区的院校偶有出现，但是之后的发展是否可以获得稳定仍有待进一步的观察。“美英垄断，西强东弱”的趋势更为明显。

13.7.3 总结：变化中的全球传播，不可或缺的“中国特色”

QS 大学排名及学科排名是作为商业性教育资讯公司的 QS 公司为国际择校生提供全球各大学的质量信息而设计的，带有一定的商业性质，但同时因其全球范围内的高影响力以及对于学生择校的导向性作用，使得这一排名不仅对各学校的声誉、生源有所影响，其学科排名对学科发展与国际学术话语权建构的影响也不可忽视。

在国际范围内，西方资本主义世界体系正在经历颠覆性变化。2016 年以来，英国公投脱欧，美国特朗普胜选，意大利修宪公投被否决等一系列“黑天鹅”事件使得西方标榜的“普世价值”体系遭遇了前所未有的挑战。“后西方、后秩序、后真相”已成为西方社会的重要特征。在智能媒体的飞速发展和“千禧一代”对既有社会秩序与主流价值观发起猛烈冲击的背景下，新闻业在全球范围内遭遇了前所未有的挑战，其学科合法性甚至都受到了质疑。“新闻传播教育是否要继续存在”其实并非一个新的话题。2018 年 9 月，《哥伦比亚新闻学评论》(CJR)发表了一组题为“我们是否还需要新闻学院”的争鸣文章。① 这一争论的本质在于学业与业界在实践层面的鸿沟，而解决这一争论的方法则在于协调行业与学术本质上的自我认知，同时解决好其领域内部的问题。对于新闻传播教育而言，则需要主动顺应智媒时代的变局，进行课程设置与师资配备方面的全方位结构性改革。

西方国家在新闻传播教育方面顺应融媒体趋势与新闻采编部门的变革，主动拥抱新技术，培养掌握多样化媒体呈现技术的新型人才。各大学纷纷强化“新闻实验室”的建设，如 2015 年 1 月，奈特基金会为哥伦比亚大学等多所院校的新闻学院提供资助，用于数据新闻的创新研究和实验，包括算法和自动化新闻、数据与指标、受众参与、创业新闻等，以探究新闻与技术之间的关系，帮助新闻编辑室和教育工作者应对未来的信息需求。此外，各大院系还有意识的改革课程设置，设置有关人工智能、数据新闻、信息化处理等方面的课程，注重培养学生认清智媒时代新闻业运作的内部和外部机制，不仅推动理论的更新迭代，还注重培养学生运用新技术进行新闻生产的能力，以在一定程度上缩小学界和业界固有的结构性张力。

同时，“跨界”也成为当前全球新闻传播教育的重点，各大新闻院校在师资与课程设置上鼓励跨专业的合作与设置，其目标一方面是为了通过多样化的师资队伍推动课程改革，把握学科发展前沿；另一方面也希望能够通过多样化且有针对性的课程设置，在如今“新闻”已经被泛化的“媒介”概念解构的背景下探寻新闻从业者的专业化生存之路。如迈阿密大学新闻学专业采用“跨学科、双专业”的培养模式，除了完成新闻课程之外，所有新闻专业学生必须学习第二专业，几乎所有学生都能在四年内修完双专业课程。②

进入“新时代”的中国在自身发展层面前所未有的接近实现中华民族伟大复兴中国梦的目标，而在全球层面则前所未有地接近世界舞台的中央。正所谓“行百里者半九十”，内外部的全面发展不仅为我国带来了难得的机遇，也带来了各方面的变革与压力，如何迎难而上成为我国学界与业界的重要关切。在此背景下，教育部提出要建设“新工科、新医科、新农科、新文科”，优化学科专业结构，推动形成覆盖全部学科门类的中

① 史安斌．全球传播与新闻教育的未来[M]．清华大学出版社，2014：457-460.
② 张小琴，胥佳．美国新闻与传播教育最新动向及其启示[J]．当代传播，2018(2)：33-36.

国特色、世界领先的一流本科专业集群。“中国特色，世界领先”是对“新全球化时代”背景下的中国新闻传播学教育所扮演的角色的精准定位。

这样的定位又有四层意涵。首先，“中国特色”于我国而言意味着结合我国社会变革与媒介样态的变化更新，培养能够推动我国新闻舆论工作不断前进的专业化人才；其次，“中国特色”于外向而言意味着推动我国国际传播能力建设，培养新时代的国际传播人才，助力“全球中国”的建构。而“世界领先”一方面意味着我国的新闻传播学教育应该与国际接轨，借鉴国际先进经验，培养“立足中国，面向世界”的具备全媒体、跨文化视野的新闻传播人才；另一方面也意味着在当前不断变革的全球媒体环境下，推动中国新闻传播教育“走出去”，建构学术话语权，进而提升我国哲学社会科学的国际影响力。

（史安斌、王沛楠、刘长宇）

13.8　厦门大学华夏传播学教育探索

考镜源流，华夏传播研究滥觞于著名历史学家朱希祖于1925年第3卷第2期《北京大学社会科学季刊》上发表的题为《道家与法家对于交通机关相反之意见》一文；而真正有组织的推动肇始于施拉姆的学生余也鲁于1978年3月在香港中文大学传播研究中心举办了首次为期一周的“中国传学研讨会”，当时历史学、人类学、社会学、文学、哲学以及传播学的学者开展了跨学科研讨，分享了中国人在传播艺术上的成就。随后，1979年6月台湾政治大学举行第二次中国传学研讨会。而中国大陆则于1993年以厦门大学为基地，成立专门推动华夏传播研究的校极机构——厦门大学传播研究所，切实有组织地采取了推动华夏传播研究的系列措施：召开了多场研究“中国传”的学术研讨会，出版第一部论文集(《从零开始》)、第一部概论性著作(《华夏传播论》)、第一套丛书(《华夏传播研究丛书》)……对此，中国社会科学院新闻与传播研究所主持的《中国传播学30年》一书曾评价说：“1993年，厦门大学成为大陆传播学本土化的一个学术中心。在20世纪90年代，厦大是三次与传播学本土化相关的研讨会召开之地。”

13.8.1　从研究领域走向教学体系的华夏传播学

华夏传播学的建构是既回应中华民族崛起的时代关切，又为华夏文明与西方文明进行顺畅对话与交融提供理论支撑。其指导思想是将中华优秀文化、马克思主义思想和西方文明成果熔于一炉，打造出作为能够因应时代发展需要的社会主义先进文化有机组成部分的华夏传播学。这样的“华夏传播学”，从广义而言，其范围类似于“中国传播学”，只不过，它关注的视角不只是作为地域的“中国”，而是作为文明的“中国”。这种传播学是能体现中华优秀文化精神的传播学。换言之，也就是能够体现“中国特色、中国风格、中国气派”的传播学。从狭义来说，它只是“中国传播学”中的一个研究方向和领域，即“华夏传播研究”。对此，黄星民曾有过精辟的定义：“华夏传播研究是对中国传统社会中的传播活动和传播观念的发掘、整理、研究和扬弃。”①阐述了研究目标是建构与美国学派、欧洲学派相媲美的传播学“中华学派”，如此便标志着一个新兴研究领域的诞生。此后，为了古今贯通和融通中外，我们将该研究领域与中华民族伟大复兴进程紧密相连，顺势提出了“华夏传播学”的愿景：“华夏传播学是在对中华五千年文化传统中的传播活动与传播观念进行发掘、整理、研究的扬弃的基础上建构起来的能够阐释和推进中华文明可持续发展的传播机制、机理和思想方法的学说。她不仅站在中华文化立场上，着力归纳提炼中国人的传播智慧，而且力争统摄全球传播视野，综合创新，打造出体现民族性、时代性、先进性、全球性的传播理论。”近 30 年来，厦门大学在本科生教材上有开设“中国传播史”“华夏传播概论”“华夏文明传播”等课程；在研究生教育上开设了“华夏传播研究”“媒介发展史”“中国传播理论研究”等课程，不断巩固和拓展华夏传播研究方向的教育体系。由此，一个新兴的“华夏传播学”的学科体系、学术体系与话语体系正在形成。

13.8.2　华夏传播学教学与研究改革的历程

从 2013 年以来，厦门大学新闻传播学院开始全面推动华夏传播学教学与研究改革。主要做法是精心打造以教材体系建设为核心形成“华夏传播学”本硕博一体化的教学科研体系。

1. 本科课程“华夏传播概论”的体系化建设

2013 年，在传播学专业本科生中开设了“华夏传播概论”(初期课名为“华夏传播入门”)课程，纳入必修课，这在全国算是一种创举。主讲教师有意识地开好这门课，力争成为品牌课程。具体过程如下：其一，编写教材。为了全面系统掌握华夏传播研究的现状，老师们先下了一番苦功来搜索整理出了《华夏传播研究核心论著编目》；接下来，

① 黄星民．华夏传播研究刍议[J]．新闻与传播研究，2002(4)：82.

关键是建构教材的基本章节，形成编写提纲。经过考虑，教学团队形成了华夏内向传播、华夏人际传播、华夏大众传播、华夏组织传播、华夏跨文化传播五章核心部分，来探讨了中华传统文化中的传播智慧；同时参考了当时热门的传播学研究领域，如公共传播、说服传播、舆论传播、媒介批评、文艺传播、宗教传播等，建构华夏公共传播、华夏说服传播、华夏舆论传播、华夏媒介批评、华夏文艺传播、华夏宗教传播等章节，于是，一本具有独特气质的教材——《华夏传播学引论》就出来了。该教材 2017 年由厦门大学出版社正式出版，并获福建省社会科学优秀成果三等奖。

其二，编写读本。为了提高学生学习效果，教改团队借鉴时下流行编写读本的新做法，认为读本往往是一个学科领域最好的入门工具性的书籍，编辑了《华夏传播学读本(2014)》，后来又出了修订版，形成了《华夏传播学读本(2018)》。该书精选了该领域的 30 余篇优秀学术论文基本上按照教材的章节结构编辑而成，极大方便了学生入门学习。

其三，开设慕课。教改团队注意到新型教学模式已然兴起，那就是慕课教学以及线上线下混合式教学、智慧课堂等正成为新型教学模式，于是我们就着手建设了“华夏传播概论”课程的慕课。该慕课与《华夏传播学引论》教材同时于 2019 年建成运营与出版。

其四，编写著作提要。教改团队组织编写了 104 部著作的著作提要，出版了近 50 万字的《华夏传播学的想象力——中华文化传播研究的著作评介集成》(2018)。每部书的著作提要，都包含出版概况、内容提要、学术特色、观点撷英四部分。如此，后来者就能够一本在手，华夏传播研究的概况就能够了然于心了。

这样一来，教材、慕课、读本和著作提要，就成为独具特色的华夏传播学本科阶段系统的教材体系。

有了以上条件，该院另外开设的一门全校性核心通识课程——“华夏文明传播”。

2. 硕士研究生课程“史论精解-华夏传播史论”的体系化建设

基于当下厦门大学研究生教学的结构性安排，即研究生开设史、论和研究方法三个层面的必修课程体系，在教学体系上体现为“研究方法”“史论精解”和“经典导读”三类课，每门课又可具体为不同方向。比如“史论精解”下可以有传播学不同方向的老师开课。谢清果作为授课老师之一，就主要讲授“华夏传播研究史论”这一方向。为了打造与此硕士生课程相适应的教材，教学团队尝试提出围绕中国传播理论自身学术架构的编写思路。于是形成了《华夏文明与传播学本土化研究》的教材，其大纲如下：“心传天下：华夏文明传播的理论特质”“风吹草偃：华夏文明传播的效果隐喻”“家国同构：华夏文明的传播主体观”“情深意切：华夏文明的传播情感论”“天下归一：华夏文明的传播责任观”“四海之内：华夏文明的传播时空观”“保合太和：华夏文明的传播秩序观”“秉笔直书：华夏文明的传播议程设置”“以文载道：华夏文献传播的道统传承”“传经明灯：华夏文明传播的独特模式”“科举取士：华夏文明传播的动力机制”“名实之辨：华夏传播符号的意网络”“夷夏之辨：华夏文明传播的安全意识”等。这样的特色框架在现有中国传播学的论著中，还是不多见的。此教材建设不仅获省级立项，而且出版后获福建省社会科学优秀成果三等奖。

除了必修课外，团队老师又另外开设了“中国传播理论研究”选修课，以此课作为阵地开展学术创新，即将自己最新的学术关心最为及时地转化为教学成果。例如，2019 年授课老师提出“生活媒介学”的新思路，就进而编写了《华夏传播研究：媒介学的视角》教材。

3. 博士生课程“研究前沿”的体系化建设之路

厦门大学新闻传播学教学实行硕博士打通，也就是硕士生课程博士生可以选；博士生课程硕士生可以选。不过差别在于，对前者是必修课，对后者是选修课。

如何体现博士生课程的更高要求又如何衔接本硕博的一体化教育体系呢？教学团队主要从两方面着手，一是引导博士生梳理华夏传播研究学术史，既有对本领域学术研究理论成就的评析，又有对本领域学术发展进程的勾勒。通过评述前人的成果，就是希望他们以前人的成就为阶梯，汲取养分，同时力争能够掌握别人的优点，进而从中提炼出自己研究问题的能力。二是开展专题研究。团队老师在博士生刚被录取、还没报到之时，便开始进行预备培养。通常要求写一篇华夏传播研究方面的文章和一篇以西方传播学为研究对象的文章。

正式入学后，老师们鼓励博士生朝着自己的学术兴趣点与老师课程的专题相结合来开展学术研究。

关于博士课程的教材建设问题，虽然全国似乎没有博士生教材的先例，但是我们认为可以为华夏传播研究领域的博士生打造系列教材教辅，则有助于打造学术团队，形成本领域独特的学术体系，利于增进学科共识。于是，我们围绕华夏传播学术史、华夏传播理论体系和华夏传播研究方法论来依序展开研究。其一，理论体系建设。一方面是从学术史上寻找研究的薄弱与空白点，比如我们就找到华夏内向传播研究这一重大薄弱点，历经八年努力，形成了《华夏自我传播的理论建构》这本专著；另一方面，从理论研究中感悟历史的厚重，换言之，为了写好某个理论议题，就有必要去寻找这个议题的历史发展线索，从而写深写透某个理论取向的论文，比如在华夏舆论传播方向上就出版了《华夏文明与舆论学中国化研究》一书。其二，学术史回顾。分三个层次进行：第一层，打基础，即持续做《华夏传播研究核心论著编目》，在此基础上，编写《华夏传播学的想象力》出版后新出著作的提要。第二层，将华夏传播研究放在建构“本土传播学”这一方向上，以深化了解传播学本土化研究的发展阶段，把握这一进程中的学术论争，并进行反思，成果就体现在《光荣与梦想：传播学中国化研究 40 年（1978—2018）》一书上。第三层，就是在相对全面掌握华夏传播领域中主要论著的基础上，循着论著来找它们的作者，进而系统地关注这些作者的学术历程，挖掘他们从哪个路径跨进这一领域，研究特色是什么，有哪些经验可以借鉴。这样做不仅是老师和学生成长的需要，也是为后来人打开一扇管窥这一领域的窗户。这正是该教学团队所做的专题研究思路，目前即将形成《华夏传播学人志》这一成果的初稿，并力争一两年内出版。其三，方法论追寻。这个层次学界做了许多有益的探索，例如台湾陈世敏的方志学研究方法、黄星民的“中庸”哲学方法论、潘祥辉的传播考古学、郝雨的媒介批评方法、张兵娟的文献与实践互证法……而厦门大学新闻传播学科在 10 余年的探索过程中，也在尝试运用和建构“诠释传播学”的方法，比如对儒家“慎独”、道家“见独”以及“中国”的传播观念诠释研究，基本上是运用这种方法。未来将在这一薄弱方面上着力耕耘。

此外，厦门大学新闻传播学科认为培养博硕士的华夏传播研究功底，还有一重要方法便是举办读书会。要做好华夏传播研究，必须都走“返本开新”之路，其实质就是“旧学商量，新知培养”。换言之，即坚守中华文化传统，读懂经典，读透经典；同时又能紧扣传播学学术研究前沿。于是，该院积极着手创办“经典与传播读书会”。这个读书会的形式是每学期选择一部国学经典和一部西方传播学经典进行研读，通常每周一次，有时是一周读国学经典，一周读西方传播经典；有时是一周中两部经典都要求同学们分享读书心得。例如，2020 年的读书会，便要求每周精读《礼记》和伊尼斯的《传播的偏向》。当学期结束后，要求提交一篇读书报告。进而由老师整理读书报告出版，于是便有了《中庸的传播思想》《庄子的传播思想》，还将陆续出版《论语的传播思想》《周易的传播思想》……这些书也正组成《经典与传播研究丛书》。

当然，教学团队一方面还联合全国同仁成立了华夏传播研究，另一方面也主编有《中华文化与传播研究》和《华夏传播研究》两本辑刊，它们也都可以成为重要的教辅。正因为有了学术平台，教学工作就如鱼得水。

综上所述，厦门大学的华夏传播教育正努力构建华夏传播学的学科体系，并认为应以传播学基本知识和理论为核心和基础，坚持中华文化立场，运用中国话语，打造有中国风格、中国气派的传播学术体系，同时涵盖传播学知识和理论，以媒介作为核心切入点，同时观照边缘学科和交叉学科知识和理论来进行学科设置和课程设计，编写独立系统的传播学分支学科教材，建立专业化的师资队伍，并以此为基础开展课程教育和学科评价。其学科基本框架一般应包括华夏传播理论、华夏传播学术史、应用华夏传播学以及交叉学科等知识和理论系统与教学机制。

（谢清果）

第14章　本科人才培养

14.1　2019年新闻传播学实验中心与实验教学项目建设概览

按照教育部整体部署，2019年新闻传播类实验教学中心的重点工作主要包括实验室安全管理、虚拟仿真实验项目建设及虚拟仿真实验教学项目认定等。另外，2019年科技部批准建设4个媒体融合类国家重点实验室，中国传媒大学的“媒体融合与传播“实验室在列。

14.1.1　教育部相关文件与2019年实验室建设的主要工作部署

1. 教育部连续下发文件，加强高校实验室安全工作

2019年1月10日《教育部办公厅关于进一步加强高校教学实验室安全检查工作的通知》(教高厅〔2019〕1号)，通知指出“2018年12月26日，北京交通大学发生实验室爆炸事故，3名研究生不幸遇难。高校教学实验安全工作直接关系广大师生的生命财产安全，关系学校和社会的安全稳定。为深入贯彻落实国务院领导同志关于北京交通大学‘12.26’实验室爆炸事故重要指示批示精神，深刻吸取事故教训，有效防范类似事故发生，确保高校师生安全和校园稳定”，对加强高校教学实验室安全检查工作提出了五项要求：一是严查教学实验室安全管理体制机制建设与运行；二是严查教学实验室师生安全教育；三是严查教学实验室危险源监管体系建设与运行；四是严查教学实验室安全设施配置与保障体系建设；五是严查教学实验室安全应急能力建设。文件以附件的形式发布了《高校教学实验室安全工作检查要点(2019版)》。

2019年5月22日，教育部发布《教育部关于加强高校实验室安全工作的意见》(教技函〔2019〕36号)，意见指出：“安全是教育事业不断发展、学生成长成才的基本保障。近年来，教育系统树立安全发展理念，弘扬生命至上、安全第一的思想，高校实验室安

全工作取得了积极成效，安全形势总体保持稳定。但是，高校实验室安全事故仍然时有发生，暴露出实验室安全管理仍存在薄弱环节，突出体现在实验室安全责任落实不到位、管理制度执行不严格、宣传教育不充分、工作保障体系不健全等方面。为深入贯彻落实党中央、国务院关于安全工作的系列重要指示和部署，深刻吸取事故教训，切实增强高校实验室安全管理能力和水平，保障校园安全稳定和师生生命安全，提出以下意见。"意见主要包括六个方面：一是提高认识，深刻理解实验室安全的重要性；二是强化落实，健全实验室安全责任体系；三是务求实效，完善实验室安全管理制度；四是持之以恒，狠抓安全教育宣传培训；五是组织保障，加强安全工作能力建设；六是责任追究，建立安全工作奖惩机制。

2. 教育部公布 2018 年度国家虚拟仿真实验教学项目认定结果

2019 年 3 月 27 日，《教育部关于公布 2018 年度国家虚拟仿真实验教学项目认定结果的通知》(教高函〔2019〕6 号，后文简称《通知》)公布，首批新闻传播学认定项目揭晓，名单如表 14-1 所示。

表 14-1　**2018 年度国家虚拟仿真实验教学项目认定结果**

序号	学校	项 目 名 称	负责人
1	中国传媒大学	数字电视演播室技术	刘剑波
2	河北经贸大学	融媒体新闻制作流程虚拟仿真项目	杨磊
3	山西传媒学院	演播室新闻摄像技术虚拟实验教学项目	郭卫东
4	杭州电子科技大学	企业形象广告空间体验与传播策划 VR 实验	王毅刚
5	浙江传媒学院	多讯道导播虚拟仿真实验	胡一梁
6	山东大学	"基于多角色扮演的新闻发布交互式演练"虚拟仿真实验教学项目	倪万
7	郑州大学	基于大数据技术的媒介融合实训项目	郑素侠
8	广州体育学院	体育赛事现场报道虚拟仿真系统	王晓东
9	深圳大学	融媒体演播室制播虚拟仿真实验	王晓华
10	重庆大学	灾难事件融合报道虚拟仿真实验	董天策

《通知》要求，国家虚拟仿真实验教学项目相关高校要加大经费投入，继续建设与完善。中央部委所属高校要将"国家虚拟仿真实验教学项目"纳入"十三五"期间中央高

校教育教学改革专项的重要内容，予以重点支持。军队和地方所属高校也要采取相应措施予以支持。相关高校要按照《国家虚拟仿真实验教学项目共享服务规范(2018版)》和《国家虚拟仿真实验教学项目技术接口规范(2018版)》要求，做好国家虚拟仿真实验教学项目开放共享服务工作，在《通知》发布1个月内实现接口联通，确保项目被认定后1年内面向高校和社会免费开放并提供教学服务，1年后至3年内免费开放服务内容不少于50%，3年后免费开放服务内容不少于30%。

同时，《通知》也强调了对认定项目的监管要求，对"国家虚拟仿真实验教学项目"的对外联通和服务情况进行持续监管，对每半年联通测试出现10次以上不能联通或免费开放服务内容未达标的实验教学项目，经相关高校整改仍无改进的，取消"国家虚拟仿真实验教学项目"称号。

3. 教育部高等教育司启动2019年度国家虚拟仿真实验教学项目认定工作

《教育部高等教育司关于开展2019年度国家虚拟仿真实验教学项目认定工作的通知》(教高司函〔2019〕33号)，通知中指出，根据《教育部办公厅关于2017—2020年开展示范性虚拟仿真实验教学项目建设的通知》(教高函〔2017〕4号)和《教育部关于开展国家虚拟仿真实验教学项目建设工作的通知》(教高函〔2018〕5号)的精神，经研究，决定启动2019年度国家虚拟仿真实验教学项目认定工作。

《通知》中规定了2019年项目的认定范围与数量。2019年度开展认定的学科专业范围为法学类、马克思主义理论类、教育学类、体育学类、文学类、历史学类、物理学类、化学类、电气类、土木类、矿业类、航空航天类、兵器类、农业工程类、林业工程类、建筑类、植物类、动物类、自然保护与环境生态类、基础医学类、公共卫生与预防医学类、中医类、法医学类、医学技术类、经济管理类、艺术学类26个类别，认定计划为305项。与2018年相比，主要变化为，新闻传播类不独立分配认定数量，而是在文学类里进行认定。文学类主要包括中国语言文学类、外国语言文学类、新闻传播类等三个部分，共认定20个。从专业情况，除了中国语言文学中的汉语言文学、外国语言文学中的英语等专业外，新闻传播学包括新闻学、广播电视学、广告学、传播学、编辑出版学、网络与新媒体、数字出版、时尚传播、国际新闻与传播9个专业，与2018年相比增加了国际新闻与传播。

经过各省市自治区按照分配名额删选推荐，共有50个项目参与2019年文学类国家虚拟仿真实验教学项目认定过程，其中新闻传播学24项。

2018年和2019年新闻传播学类共开发国家虚拟仿真实验教学项目45项，按专业统计，新闻学19项、广播电视学12项、广告学1项、传播学6项、编辑出版学2

项、网络与新媒体 5 项、数字出版 0 项、时尚传播 0 项、国际新闻与传播 0 项(见表 14-2)。

表 14-2　**2019 年参与认定国家虚拟仿真实验教学项目的新闻传播学项目**

名　　称	对应专业	学校	负责人	网络评分
公共卫生危机事件新闻采访虚拟仿真教学	新闻学	暨南大学	支庭荣	4.9
重大主题融媒体报道与公共决策支持虚拟仿真实验教学项目	新闻学	中国人民大学	胡百精	4.9
国际突发事件采访报道虚拟仿真实验	新闻学	广东外语外贸大学	朱颖	5.0
公共安全事件融合新闻报道虚拟仿真实验项目	新闻学	湖南科技大学	袁星洁	4.9
重大时政新闻智能生产虚拟仿真实验	新闻学	浙江大学	韦路	5.0
融媒体大型主题直播报道虚拟仿真实验	新闻学	辽宁大学	安珊珊	5.0
数据新闻写作流程虚拟仿真实验教学项目	新闻学	武汉大学	程明	5.0
融合创新新闻作品虚拟仿真实验	新闻学	新疆财经大学	肖燕怜	4.9
重大成就融媒体报道虚拟仿真实验教学项目	新闻学	西南政法大学	李珮	5.0
成就性场景航拍报道虚拟仿真系统	新闻学	南昌大学	陈信凌	4.9
财经数据新闻可视化虚拟仿真实训项目	新闻学	江西财经大学	罗书俊	5.0
城市风险突发事件新闻全景报道虚拟仿真实验	广播电视学	同济大学	王建民	5.0
面向舆情引导的突发事件全流程报道仿真实验	广播电视学	天津工业大学	王熙	5.0
电竞赛事现场解说虚拟仿真实验	广播电视学	上海体育学院	朱俊河	4.9
无人机航拍虚拟仿真实验教学项目	广播电视学	安徽大学	吕萌	4.7
三坊七巷历史文化街区创意视频广告虚拟仿真实验项目	广告学	闽江学院	刘建萍	4.9
无人机航拍云台手虚拟仿真实验项目	传播学	华南师范大学	张学波	4.6
科技强国融合新闻报道虚拟仿真实验	传播学	上海交通大学	李本乾	5.0

续表

名　　称	对应专业	学校	负责人	网络评分
移动新闻客户端开发虚拟仿真实验	传播学	华中科技大学	张明新	4.8
5G 环境下移动应用产品编创虚拟仿真实验——基于“中传云创”的 APP 编创	编辑出版学	中国传媒大学	秦瑜明	4.9
中国传统书籍装帧设计虚拟仿真实验项目	编辑出版学	青岛科技大学	崔建成	4.8
大型节目转播系统流程虚拟仿真实验教学项目	网络与新媒体	平顶山学院	段纳	4.9
少数民族节庆活动融合报道虚拟仿真教学项目	网络与新媒体	云南大学	单晓红	5.0
新时代党建内容智慧生成虚拟仿真实验	网络与新媒体	电子科技大学	邓建华	5.0

(信息来源：www.ilab-x.com 实验空间)

14.1.2　新闻传播类国家级实验教学示范中心 2019 年建设情况

1. 复旦大学新闻传播实验教学中心

复旦大学新闻传播学国家级实验教学示范中心始终秉承“好学力行”的传统，作为复旦大学新闻学院重要的教学实践平台，主要面向新闻学院各专业的本科学生和硕士研究生，以及全校新闻学第二专业学生的实验教学培养，为师生们开展实验、实习活动提供了良好的设备与环境。

2019 年，示范中心持续扩大示范辐射效应，重视对外交流与合作。先后迎接了腾讯集团腾讯阅文 ceo、新华社、教育部教材局、中宣部、人民报社上海分社、启东市委宣传部、杨浦区区委宣传部、上海市教委、宁波日报报业集团等部门的参观交流。

同时，示范中心还重视与其他高校的合作与交流，发挥辐射作用，每年会接待大批来自国内外高校、社会团体的参观。2019 年度，接待了郑州大学新闻与传播学院、广州大学新闻与传播学院、安庆师范大学传媒学院等学院的参观。在国际领域，也接待了包括美国西北大学梅迪尔新闻学院、俄克拉荷马州立大学，南非金山大学，澳大利亚悉尼大学，英国伦敦城市大学、威斯敏特大学等高校的来访。

2. 中国传媒大学广播电视与新媒体实验教学中心

实验教学中心始终坚持"一心求质量、一致谋发展、一切为学生"的办学理念，认真贯彻"知行合一"的教学方针，以"立足传媒、服务全校、面向社会、走向世界"为建设宗旨，2019 年，实验教学中心在人才培养、建设亮点、国际交流等方面有新的发展。

(1)人才培养。2019 年，实验教学中心正式编制 50 人，设备资产总值 1 亿 3 千万元，每学年开设实践共享课程近 50 门次。作为全校实践教学共享体系的主体建设单位，中心既是全校学生的通识教育实践平台，更是培养基础扎实、实践和创新能力强的传媒精英人才的专业实践基地，共由基础实践教学和专业生产实践教学两个平台组成。

中心不设任何限制条件地接纳来自全校所有专业、各个层次的学生参与实践课程学习与实践内容生产。2019 年每学期参与人数近 1300 人，学年内由实践教学成果而产生的自办栏目 20 档，自制具备播出水准的视音频内容近 100 小时，为全媒体传播平台内容支撑提供了保障。另外，理工科学生为主的技术团队保障了硬件平台的正常运转与维护。

(2)建设亮点。2019 年，中心已基本建成符合传媒生态、覆盖媒体生产全流程、包括"汇聚、采集、加工、发布、运营"于一体的大型准专业的生产实践教学硬件平台。其中发布平台涵盖广播、电视、纸媒和新兴媒体等在内的全媒体传播形态，索尼 10 讯道高清转播车和 1400 平方米 4K 超高清演播馆(中传演播馆)堪称世界一流。

中心开展的实践教学，按照全媒体规范，从内容生产、技术支持、媒体运行、系统组织和团队管理的全流程要求，正全方位地组织和带领同学们有序进行。开始涌现出一批优秀实践成果，包括"中传学生记者节""中传新闻""中传新闻微信""中传电视转播""转播班""传媒人"等。

(3)国际交流。中心坚持开放交流，2019 年 3 月 19 日春季"新院国际前沿"开讲，新闻学院分别邀请美国南加州大学安纳伯格传播与新闻学院 G. Thomas Goodnight 教授和西班牙布朗卡纳·拉蒙优伊大学传播与国际关系学院院长 Josep Maria Carbonell 进行专题学术交流和暑期项目宣讲；5 月 9 日，英国卡迪夫大学新闻、媒体与文化研究学院院长到访实验中心；6 月 18 日，美国休斯敦大学佛兰堤传播学院倪岚副教授应邀来访并举办主题讲座。

3. 武汉大学新闻传播学实验教学中心

该院在实践教学方面经验丰富，在每个专业中都经心设计了实践课程，专业实验、综合实验、专业大实习等流程充分体验学院在实践教学体系中基础、提高、创新的完整体系结构。

2019 年，实验中心对外交流与合作领域不断扩大，先后多次承办大型国际学术会议、交流研讨会。

2019 年 4 月 26—28 日，首届“智能营销传播”学术工作坊在武汉大学新闻与传播学院成功举办。国内知名高校和业界的 17 位专家学者分享了智能营销传播前沿研究成果。

2019 年 12 月 1 日，实验教学中心多位教师参与昆明召开的第四届媒体融合实践教学创新国际交流会议。会议主要围绕媒体融合新形势下传媒高等教育的转型与创新进行交流讨论，探索实验教学生态系统的建设思路与模式途径。

4. 北京师范大学传媒与艺术实验教学中心

该实验教学中心秉承“全面服务、忠于职守”的理念，通过多年的努力，为学院在实践教学方面提供更好支持。

在硬件基础设施建设方面，中心现涵盖北国剧场、何思敬讲堂、演播室、传媒效果实验室、京师美术馆、录音棚、多媒体会议室、苹果计算机实验室、专业琴房、舞蹈练功房、音乐排演厅、教学研修室等多个独立实验教学场地，总面积约 1903 平方米，拥有各类专业仪器设备 400 余台套，价值 1200 余万元，能够很好地满足学院多学科实验教学和各类创新科研训练项目开展。

此外，中心先后在江西景德镇、安徽宏村、中国电影博物馆等校外建立实验教学基地，将校内实验教学与校外实践活动相结合，使学生在亲身体验中加深对艺术的理解，从而提高艺术实验教学效果。

在教学理念方面。综合融通精神意识、重游互助理念与方法、动手创意追求目的，是中心实践教学追求的主要目标。在教学体系方面。在“以学生为本，综合传媒素质、理论水平、文化创意、实践能力协调发展”的从游式教学理念 指引下，中心构建了“三层次、四结合、三方法”的实验教学体系，并落实到人才培养过程中。

中心将艺术实验教学体系划分为三大层次：指基础实验平台、专业拓展实验平台和综合创新实验平台。

“四结合” 是指中心实验教学的开展要坚持理论教学与实践教学相结合、校内实验与校外实践相结合、纵向综合与横向综合相结合、实践教学与应用服务相结合。

在搭建科学的实验教学体系的同时，中心坚持“从游式”教学实践，坚持将理论教学与创作实 践相结合，以创作带动实践，以实践再现创新，在实验教学过程中，广泛开展研讨课、名师讲座、实行工作室制，设立专门研修室，鼓励跨学科、跨年级的综合性实验项目，积极搭建江西景德镇、安徽宏村、中国电影博物馆等校外实践教学基地，积极参与“高雅艺术进校园”等应用型综合创新实验，在评估方式上，过程评价与效果评价并重，充分显示了以学生为主导，以创新型、应用型人才培养为核心的艺术实验教学特色。

在教学方法方面，实验中心逐渐形成实验教学的“三方法”而确立特色。即以不同层次的实验教学为思路，从“从游式”教学理念出发，结合艺术人才培养特点，中心在多年的艺术实验教学实践中总结出三种较为科学有效的实验教学方法——贯穿整体、从游熏陶的沉浸式教学方法；创作实践和艺术体验统一的体验式教学方法；自主探究、主动学习的探究式教学方法。以科学有效的教学方法循序渐进地培养学生的专业素质，有利于挖掘和发挥学生的创意创新能力。

5. 安徽大学新闻传播实验教学中心

实验教学中心积极贯彻安徽大学“三基并重，全面发展”的办学指导方针，确立了以先进的实验教学理念为基础，以实验教学培养模式的改革为核心，实验课程体系改革为先导，实验教学内容和方法改革为根本，全方位地开展新闻传播学科教学改革的发展思路。

实验中心承担新闻传播学院新闻学、广播电视新闻学、编辑出版学、广告学、数字媒体艺术 5 个本科专业和新闻传播学学术硕士和专业硕士的实验教学任务。同时为艺术学院艺术设计专业、管理学院档案学专业，以及江淮学院的新闻学等专业承担实验教学任务。近五年开设实验项目 201 个，实验课程 19 门，实验教学总学时饱满。

在校内，示范中心建设了国家级精品课程和视频公开课 2 门，省级精品课程 2 门，校级精品课程 11 门。中心不仅为该院开设大量实验课程，而且辐射学校其他专业的实验教学，并且为学生日常实践活动开放实验室。

校外，中心为省内媒体的人才培养和培训提供实践场所：报刊电子采编实验室为《合肥晚报》《淮南日报》《阜阳日报》等单位在岗培养提供了大量帮助。广告实验室为省内许多广告公司提供在职培训，很好地贯彻了服务安徽的办学思路。网络舆情监测实验室和电话访谈实验室为部分政府部门提供舆情监测分析服务。中心通过举办暑期青年教师培训、实验教学研讨等方式，为省内高校新闻传播院系实验教学提供咨询和帮助。

6. 东北师范大学传媒实验教学中心

传媒实验教学中心的建立，形成了开放式的，集广播电视、新闻传播、播音主持、摄影艺术、信息管理、电子技术、网络应用、媒体教学、平面设计、广告开发于一体的多功能综合性实验教学基地，为校内诸多相关专业的人才培养提供了实验教学平台。

传媒实验教学中心实验室面积3400平方米。中心下设电视演播实验室、电视采编实验室、新闻采访实验室、标清非线性编辑网络实验室、高清非线性编辑网络实验室、播音主持实验室、广播电台直播间实验室、电子广告设计实验室、摄影实验室、电子技术实验室、音频工作站实验室、平面媒体制作实验室、图形工作站实验室、多媒体实验室、数字图书馆实验室、网络舆情调查实验室、电访调查实验室、多功能录音棚实验室、广播电台直播间实验室等分支机构。另外，中心的研究型和创新型实验教学依托体系下设：媒体与教育发展研究中心、媒介素养教育研究中心、龙狮传媒研究中心、数字化图书馆研究中心、东北师范大学现代教育技术研究所、信息研究与咨询服务中心、吉林电视台培训拍摄基地、中国教育电视台项目研发节目创作基地、美国美南报业与电视传媒集团(Bellaire Blvd. Houston Texas 77072 U.S.A.)联合制作基地。

中心建立了东北师范大学传媒科学学院实验教学平台系统，各实验室均有联网微机(实验室客户端)。全部实验课程的课件、教学大纲以及影像资料等资源均实现了“网络化”。中心配有多媒体教室和计算机室，方便教师进行实验理论讲授、学生进行实验模拟、数据处理、撰写实验报告以及提交实验报告等，有效地提高了学生自主学习的能力。

中心遵循现代大学教育思想和规律，充分依托传媒平台，理论与实践并重、技术与艺术并举。实现“学研产”实践教学体系，建设集研究性、技术性、艺术性、开放性于一身的传媒实验教学中心。实验教学过程坚持“能力型人才培养”的方针，强调三个结合、三个板块、三个环节特色培养模式的实施。

传媒实验教学中心坚持“能力型人才培养”的教学理念，培养了大批优秀的传媒专业人才，学生就业率达96%，实践证明传媒实验教学中心实验教学体系科学、实验教学效果显著。2019年9月，学院教师参与创作的广播剧《大国工匠》荣获“五个一工程奖”，名列广播剧获奖八部作品中的第一位。

以实验教学示范中心建设为依托，驱动了学院原有三个专业(广播电视编导、新闻学、广告学)的实验实践课程的全面改革；基于实验教学示范中心平台，全面提高了本科和研究生教学工作水平，成功设立两个专业硕士学位点(新闻与传播专业硕士点、影视专业硕士点)，整体提升了学院涵盖的两个一级学科(新闻传播学、戏剧与影视学)的发展水平。国家级人才培养模式创新实验区“东北师大产学研一体化影视人才培养创新实验区”取得阶段性成果，人才培养迈上新台阶、步入新阶段。

7. 其他国家级实验教学中心建设

(1)中国人民大学新闻传播实验中心。实验中心的建设和工作始终坚持服务教学、服务学生，不仅提供技术支持，还深度参与学院的媒介融合新闻传播教学改革，形成了一套以能力培养为核心分层次的完整实验教学体系。

2019 年 6 月 4 日，央视网、项城融媒、中国人民大学新闻学院签署战略合作协议，合力打造区县融媒体中心建设“项城模式”。此次合作围绕基层政府所急所需，依托央视网数据中台，聚焦项城融媒体中心升级建设需求，通过数据赋能，支持项城市媒体融合工作。推动项城融媒从媒体平台升级为“新闻+政务+服务”的全功能治国理政新平台，持续跟进数据分析并实时监控，为政府工作决策提供强大的数据支持。

(2)南京大学传媒实验教学中心。传媒国家级实验教学示范中心(南京大学)是集教学示范中心、新闻传播前沿探索中心、教学成果展示中心、创新创业启蒙和孵化中心于一体，致力于培养新媒体环境下具有前沿视野、创新精神、实践能力的新一代媒体人。2019 年，教学中心多次召开讲座，如节目创意与声音制作、战争非虚构故事等，拓展课堂，开阔学生专业视野。2019 年，教学中心继续秉持“以学生为主”的发展重心，致力于培养学生的实践能力，为学生提供良好平台，学生在平台累积发表新闻作品共 59 篇，涌现出如《敲黑板！高考自主招生名额缩减要求提高》《没有暖气的南方人，冬天靠什么续命》等优秀稿件。

(3)暨南大学媒体实验教学中心。暨南大学国家级实验教学示范中心 2019 年度考核中，暨南大学媒体国家级实验教学示范中心考核结果为优秀。

(4)河南大学新闻与传播实验教学中心。2019 年 12 月 7 日，河南大学新闻与传播国家级实验教学示范中心承办的融媒环境下的卓越新闻传播人才培养研讨会暨实习实践基地的建设和发展座谈会，在河南大学成功举办。

14.1.3　科技部批准建设中国传媒大学“媒体融合与传播”等 4 个国家重点实验室

2019 年，《科技部关于批准建设媒体融合与传播等 4 个国家重点实验室的通知》(国科发基〔2019〕372 号)，通知中首先说明了建设国家重点实验室的意义：“国家重点实验室是国家组织开展基础研究和应用基础研究、聚集和培养优秀科技人才、开展高水平学术交流、具备先进科研装备的重要科技创新基地，是国家创新体系的重要组成部分。”然后，专门阐述了建设媒体融合类国家重点实验室的价值。为适应全媒体时代发展需求，推动媒体融合向纵深发展，强化科技支撑，经专家评审，科技部决定批准建设“媒体融合与传播国家重点实验室”“传播内容认知国家重点实验室”“媒体融合生产技术与系统国家重点实验室”“超高清视音频制播呈现国家重点实验室”4 个实验室。

在四个获批建设的实验室中，中国传媒大学的“媒体融合与传播国家重点实验室”成为唯一一个依托高校建设的媒体融合类国家重点实验室。

(倪万)

14.2 高校校园媒体及各类作品大赛概览

随着互联网平台的普及和易用，大学校园媒体的形式趋向数字化，传播渠道趋向多元化，除了“两微一端”外，近两年还新增了短视频、直播号等。除了大学创办的校级媒体，院系一级也办有各类媒体。本节重点介绍由各大学新闻传播学院(系)学生创办、以新闻媒体实践为宗旨的校园媒体。

各类校园媒体形式当中，以微信公众号最为普遍，其次是微博和报纸。微信公众号内容发布灵活，既可以发布文图，也可以发布音频和视频，还可以设置专栏，累积品牌影响，进行粉丝运营，加之门槛较低，方便分享和传播，成为校园媒体的首选形式。虽然报纸的影响力已经日渐减少，但仍有学院坚持指导学生办报，同时将报纸上的内容，通过各类数字渠道发布传播，如深圳大学的《新新报》和西南科技大学的《龙新时报》。

《中国新闻传播教育年鉴(2019)》介绍了 11 家活跃的校园媒体，分别是 107 调查(北京外国语大学)、东街 1 号 LIVE(中国传媒大学)、传媒新观察(上海大学)、复数实验室(复旦大学)、谷河传媒(中山大学)、家书工作室(南京大学)、NJU 核真录(南京大学)、《清新时报》(清华大学)、RUC 新闻坊(中国人民大学)、武大新视点(武汉大学)、相遇在济(同济大学)、羊村传播(重庆大学)。

在此基础上，本节继续介绍以下 13 家校园媒体(按名称拼音排序)：

(1)白杨数新观察(中国传媒大学)。

媒体形式：微信公众号(CUC-data)、澎湃号。

“白杨数新观察”是中国传媒大学数据新闻专业进行内容实践与对外交流的微信号，创立于 2018 年 11 月 8 日(第 19 个中国记者节)，目前有五大内容版块：一周纵览：为用户提供当周国内有价值、高品质的数据新闻报道和国内外发布的主要数据资讯；佳作共赏：分享并鉴赏国内外优秀数据新闻作品，从选题、文字、叙事逻辑、可视化呈现等角度全方面展开分析，引领用户深入理解数据新闻作品；白杨数说：分享与数据新闻相关的技术软件、工具适用、制作思路、逻辑建构，展示学生对数据新闻的独到见解，集原创性与专业性于一体；白杨数享会：组织线上、线下的数据新闻论坛、讲座、对话等分享活动，邀请国内一线数据新闻团队分享、揭秘数据新闻制作与生产背后的故事；白杨数闻：展示同学的数据新闻作品和相关学习成果。

参与人员：11 名骨干加专业所有学生，指导老师 1 人。

荣誉：第四届中国数据新闻大赛一等奖和二等奖；中国数据可视化创作大赛最佳数据新闻奖银奖、最佳大屏交互设计银奖；第十届“挑战杯”首都大学生课外学术科技作品竞赛一等奖和三等奖；第六届红枫大学生记者节新闻作品大赛视频类一等奖和优秀奖；人民网奖学金优秀论文奖一等奖、二等奖和三等奖。

(2)东湖评论社(湖北大学)。

校园媒体形式：荆楚网东湖评论专栏。

东湖评论社创办于 2014 年 6 月，是由湖北日报网-荆楚网“东湖评论”栏目和湖北大学新闻传播学院合作创立的新闻评论社团。以新闻评论课程为中心，以大三学生为主体，以“东湖评论”专栏为平台。2014—2018 年，东湖评论社发表文章 600 多篇，被人民网、新华网、光明网、环球网、求是网、共产党员网、中国日报网、国家公务员考试网等媒体转载，产生了较大的社会影响力。

参与学生人数：现有学生 67，指导老师 1 人。

荣誉：湖北高校网络评论实训基地建设优秀高校大学生评论员、第三届全国大学生评论大赛二等奖、第四届大学生评论大赛中优秀奖。

(3)龙新通讯社(西南科技大学)。

媒体形式：报纸、杂志、广播、电视、新媒体(微信公众号、微博)。

龙新通讯社是西南科技大学广播电视学专业创立的“全媒体”学生媒体实践平台，是中国(四川)高校传媒联盟的一员，创办于 2009 年，下设《龙新周刊》(半月刊)、《龙新时报》(每学期 8 期报纸)、龙新电视、龙新之声(广播)四个传统媒体实习平台和“西科青梅”“龙新通讯社”两个新媒体实习平台。龙新通讯社为学生提供实践平台，让学生将课堂所学的新闻理论与新闻传媒行业的实践发展相结合，提高自身的新闻素养，更好地适应新闻传媒行业的发展。

参与人数：历年累计 230 人。

荣誉：红网首届、第二届全国大学生“评论之星”选拔赛组织奖；第四届红枫大学生记者节“视频类三等奖”“文字类二等奖”；2014 年、2017 年四川校媒联盟“四川省十佳校园媒体”；刺猬公社第一届全国校园非虚构故事大赛优秀奖；《中国日报》“2018 校园学报新闻奖”之“最佳文化艺术新闻报道冠军”“最佳新闻摄影亚军”。

(4)每日川外(四川外国语大学)。

媒体形式：微信公众号(sisutoday)。

“每日川外”创办于2013年10月，隶属于四川外国语大学新闻传播学院，是学生自主实践平台，以“为同学们提供新鲜、全面又深刻的校园新闻服务”为宗旨。公众号订阅人数约4800人，已发表440多篇稿子，其中标记为原创的稿件超过100篇，题材包括：校园学习生活资讯、校园新闻、校园人物及热点话题等。

参与人员：现有学生10人，指导老师1人。

(5)求是潮(浙江大学)。

媒体形式：微信公众号、微博。

“求是潮”最初为浙江大学的学生门户网站，创办于2001年4月，经过近20年的发展，现定位为浙大学生的掌上综合服务平台，为浙江大学党委学工部领导下的学生组织，下设新闻资讯中心和推广策划中心。

新闻资讯中心的宗旨是“做最专业的新闻，培养优秀新闻人”，分设专注热点时评的“声音”栏目；输出深度报道的“专题”栏目；“人物”栏目；以及分享浙大人故事的“101夜”栏目。推广策划中心负责资源对接、宣传推广、品牌维护。

参与人员：每年有60人参与，指导老师1人。

荣誉：第二届全国红枫大学生记者节“十佳校园媒体”；2017年全国高校新媒体十佳视觉设计奖等。

(6)十传媒(厦门大学嘉庚学院)。

媒体形式：微信公众号。

“十传媒”创办于2018年1月1日，隶属于厦门大学嘉庚学院人文与传播学院。该公众号一直致力于社会热点话题的个性化解析，新知识、新视野的共享，情感与生活态度的分享，是新闻传播学子学习成果展示以及将理论知识与实践融合的平台。大部分文章由学生自行采访、写作、自行制作视频、音频完成。十传媒顺应年轻群体的阅读兴趣，从单纯资讯服务，转向年轻一代的观点、态度和个性的表达。从单纯的发布平台，发展为兴趣链接平台。编辑部成立了视频组、音频组、文字组、图片组四大业务部门，每个部门都孵化出独立的媒介产品：原创“推文”、原创摄影作品、原创视频、原创音频，在包括微信、微博、网易云等平台上发布作品。

参与人员：学生28人，指导老师2人。

(7)新潮(南京大学)。

媒体形式：微信公众号(NJUNewtide)、微博、百家号、澎湃新闻湃客号等。

“新潮”创办于2014年，隶属南京大学新闻传播学院未来编辑部。新潮既坚持对校园中人与事的关注，也将思考投向更为广阔的社会。创立至今，累计发表不少有影响力的深度报道和数据可视化作品。下设突发、调查、纪实、人物、潮声等多个版块，致力于为有兴趣参与采写实践的同学提供广阔平台。

参与人员：现有学生 45 人，指导老师 1 人。

荣誉：中国(江苏)高校传媒联盟会员媒体；第一届中国大学生新闻媒体峰会最佳突发性报道奖；首届大学生校园媒体大赛孙明经奖·优秀作品奖(人物通讯类)；第四届中国数据新闻大赛二等奖；《中国日报》2019 学报新闻奖最佳版面设计冠军。

(8)新传通讯社(河南工业大学)。

媒体形式：微信公众号、微博。

新传通讯社创办于 2013 年 10 月，隶属于河南工业大学新闻与传播学院。新传通讯社旨在把大学生思想政治教育、成长成才锻炼、职业发展教育、专业素养教育、专业技能培养融合起来，打造省内外校媒新典范。成立以来始终坚持"有态度、有温度、有品质、有情怀"原则，培养学生采、写、编、评的新闻实践能力。新传通讯社充分发挥舆论的监督导向作用，积极报道校园内各类热点新闻事件，传播关于新传学子感兴趣的知识，为学院改革发展和学校宣传创造良好的舆论氛围。

参与人员：现有学生 25 人，指导老师 3 人。

荣誉：2015 年荣获"河南高校百佳社团"、2016 年荣获"全国大中专学生最具影响力新媒体社团"、2018 年荣获"河南省第二届大学生新媒体作品大赛暨 2017 年度十佳高校新媒体评选——最具传播力奖"。

(9)新传印象(南京师范大学)。

媒体形式：微信公众号。

"新传印象"创建于 2013 年 9 月，隶属于南京师范大学新闻与传播学院，以"关乎人文，化成天下"为宗旨，致力于发现新鲜资讯，探索先锋思想，发现生活的另一个维度，做一家"说新语，传新意，做新闻"的校园媒体。

"新传印象"由南京师范大学新闻与传播学院"全媒体中心"运营，自创办以来，已发展出新闻部、专题部、摄影部、设计部和运营部等多个采编部门，推出"新传声音""新视界"等诸多特色栏目，并积极与院内其他公众号构建新媒体矩阵，努力做到本研联动和系科联通，以"新传印象"为主阵地，将思政教育、动态发布、优质专题和专业特色内容生产相结合，为新传学子提供专业化的实践平台，为全校师生提供强有力的信息保障。

参与人员：现有学生 66 人，指导老师 1 人。

荣誉：2017 年新媒体矩阵作品《梦回随园 时空交错中的南师记忆》《那五那四那青

年》获校第九届精神文明建设“五个一工程奖”。2018 年“新传印象”微信公众号荣获校“最佳新媒体建设”奖。

(10)新记者(南京大学新闻传播学院)。

校园媒体形式：微信公众号(NJUXJZ)、微博、网站、百家号等。

“新记者”创办于 2014 年，为南京大学新闻传播学院未来编辑部旗下的校园媒体。新记者旨在从青年的视角呈现社会热点和校园生活，为大学生提供高品质新闻服务。新记者一直坚持“清醒 清晰 清新”的调性，下设“热点 · 评论”“深度 · 特稿”“文化 · 话题”三个版块，另有“WELAB”视频和“新数读”数据可视化两个工作室。

参与人员：现有学生 36 人，指导老师 1 人。

荣誉：中国(江苏)高校传媒联盟会员媒体；第四届红枫大学生记者节“十佳校园媒体”；第四届海峡两岸大学生记者挑战赛冠军；中国(江苏)高校传媒联盟十佳新闻作品奖、江苏高校新闻扶持计划优秀作品评选深度报道类一等奖、江苏高校新闻扶持计划优秀作品评选人物通讯类一等奖、江苏高校新闻扶持计划优秀作品评选新闻评论类一等奖、江苏高校新闻扶持计划个人类奖项；第二届校媒 · 全国高校新媒体评选原创内容奖；首届大学生校园媒体大赛三十强。

(11)新闻传播 OUC(中国海洋大学)。

校园媒体形式：微信公众号。

“新闻传播 OUC”创办于 2016 年，隶属于中国海洋大学新闻与传播学系，秉承“无理想，不新闻”的理念，专注于校园热点和社会时事，从校园媒体视角出发，扫描和探究事实真相，在不断的实践和摸索中寻找传统媒体和新媒体传播报道的契合点。目前，由新闻系各级本科生负责运营，内容分深度报道、热点策划两大方向，内容包括：深度报道实践、新媒体融合与创新实践、学术前沿探索与外语技能培养、线下活动策划与报道、优秀学生作品展示、行业讯息和招聘信息发布等。师生利用“新闻传播 OUC”进行融媒体传播实践。

参与人员：现有学生。

荣誉：2017 年 GMIC 峰会“中国移动互联网+年度创新案例”奖，2017 年山东省艾滋病防治协会“高校学生社团艾滋病宣传月活动创意征集”活动一等奖。

(12)新闻学生(暨南大学)。

媒体形式：报纸、微信公众号。

《新闻学生》创刊于 1979 年，是暨南大学新闻与传播学院指导下，以新闻报道活动为主的一个学生组织报刊，目前包括同名报纸和微信公众号，其中公众号自 2018 年经暨南大学官方认证。

《新闻学生》创刊 40 年，已出版 103 期，报纸全部由学生报题、采写、编排，以学生的视角关注社会，报道贴近时代、校园、专业和学生的深度新闻，内容涵盖人物报道、深度调查、校园新闻、时事评论、文化报道等，是全校唯一主打深度报道的校园媒体。经过四十年的沉淀，它已经成为暨南大学校园内具有一定影响力和改变力的校园媒体。

参与人员：现有采写人员 52 人，指导老师 2 人。

荣誉：2014 年，获 China Daily 校园学报新闻奖五个奖项；2016 年，获得校园学报新闻奖最佳新闻标题奖冠军和最佳新闻特写奖季军；2017 年，获得校园学报新闻奖最佳文化艺术新闻报道奖亚军；2018 年，获得校院学报新闻奖最佳新闻写作奖季军；2019 年，获得校园学报新闻奖最佳校园报道奖亚军和最佳经济报道奖季军。

(13)《新新报》(深圳大学)。

校园媒体形式：报纸，新浪微博、微信公众号、手机客户端 APP。

《新新报》为深圳大学传播学院师生共同创办的校园媒体，报纸创办于 2011 年 11 月，办报宗旨为“学生立场、时代潮流”，既承担校内外信息传播任务，也是新闻教学实践平台。《新新报》报纸四开 8 版，全彩印刷，旬刊，至 2020 年 1 月已出版 122 期，每期发行 2000 份，从 2014 年起实现全媒体传播。

《新新报》以学生为本，由学生主办。尊重新闻规律，尝试融合传播，体现独立精神。学生参与《新新报》创办、制作、运营的全过程。按照主流媒体的规范和流程，进行图文、视频、音频、H5、数据新闻等全媒体的新闻内容生产。《新新报》由新闻系老师轮流指导。

荣誉：《中国日报》(香港)校园学报新闻奖和其他专业类奖项，至今共 50 余项，包括 7 次冠军奖或一等奖。

2019 年，各类校园媒体奖项百花齐放，现摘录相关奖项如下：

(1)China Daily 校园学报新闻奖(2019)。

由《中国日报》(香港版)在 2012 年创办，每年评选一次，旨在鼓励大学生积极参与校园新闻报道，锻炼新闻写作及多媒体制作技巧，学以致用，回馈社会。学报新闻奖的奖项设置分中文、英文两类，包括“最佳新闻报道”“最佳新闻写作”“最佳新闻摄影图片”“最佳新闻视频”等 28 个奖项。2019 年颁奖典礼于 12 月 1 日在深圳举办，是学报新闻奖创办以来首次在香港以外地区举行颁奖典礼。

(2)第六届红枫大学生记者节(2019)。

第六届红枫大学生记者节新闻作品大赛主题为“全媒体时代的使命与担当”，奖项分为文字评论、文字通讯、视频、音频、图片、新媒体作品等类别，以及十佳校园媒体、十佳校园记者、校园媒体先锋奖等。大赛共征集参赛新闻作品 985 份、参评优秀校园媒体和优秀校园媒体人资料 128 份，参赛学子及校园媒体来自国内外 178 所高校。颁奖典礼于 2019 年 10 月 29 日在长沙举行。

(3)第三届中国大学生新闻评论大赛(2019)。

由浙江大学传媒与国际文化学院和钱江晚报社联合主办，大赛主题为“筑梦七十载，同心耀中华”，作品要求以热点新闻事件为题材进行评论创作，可以是文字作品，也可以是融媒体作品。大赛吸引全国数十所高校学生参与，收到作品累计数千份。大赛初选出 110 篇优秀作品进入复赛，最终评出金奖 5 个，银奖 10 个，铜奖 20 个，优胜奖 25 个，颁奖典礼于 2019 年 10 月 19 日在杭州举办。

(4)第六届全国大学生评论大赛(2019)。

由湖北省网络文化协会、荆楚网(湖北日报网)主办，主题是“追梦人正青春”，2019 年首次创新采用“分赛区+总决赛”的新模式，湖北省内设立四个分赛区，分别是武汉大学、华中科技大学、华中师范大学、湖北大学；省外有两个分赛区，分别是南京大学、西安外事学院。通过初赛海选、分赛区海选、专家复评、线下决赛等多样化的比赛形式，引导新一代大学生关注新闻、观察社会、理性表达，搭建一个高校学子们思想交流的平台。2019 年 12 月 10 日在武汉举行总决赛及颁奖典礼，评出 一、二、三等奖和优秀奖。

(5)首届全国大学生创意融媒体作品大赛(2019)。

由华东师范大学新闻传播学院主办，大赛主题为“最‘IN’新青年，最炫新时代”。大赛分设四个组别：H5 新闻组、数据新闻组、视频新闻组、图文报道组。主办方共收到 400 余件参赛作品，超过 1200 人参与。2019 年 11 月 30 日，颁奖典礼在上海华东师范大学举行，共评出四个类别的一等奖、二等奖、三等奖、创意奖共 68 项。

(6)第四届中国数据新闻大赛(2019)。

由西安交通大学新闻与新媒体学院主办，湖北大学新闻传播学院承办。决赛和颁奖典礼于 2019 年 6 月 23 日在湖北大学举办，74 支数据新闻制作团队参与决赛现场答辩和作品展示。经过激烈角逐，最终评出 11 个一等奖、20 个二等奖、43 个三等奖。大赛还评出最佳数据新闻可视化奖 5 个、最佳数据新闻创新奖 5 个、优秀指导老师奖 55 个。

(7)第七届大学生新媒体创意大赛(2019)。

由中国报业协会、中国编辑学会、中国新闻技术工作者联合会、北大方正等单位联合举办，大赛作品分为两类：一类为 H5 作品，另一类为融媒体新闻专题(人物专题 APP 作品)。大赛于 2019 年 6 月启动，原定 2020 年 3 月举办颁奖典礼，受新冠肺炎疫情影响，颁奖典礼推迟。

(8)第八届铁塔记者节暨首届全国大学生“轩辕杯”短视频大赛(2019)。

由河南大学、河南日报报业集团主办，河南大学新闻与传播学院、河南省教育新媒体暨舆情研究中心、传媒国家级实验教学示范中心(河南大学)承办。大赛主题为“弘扬黄帝文化为代表的中华优秀传统文化”。大赛共征集来自全国 118 所高校的 2123 件作品，其中文字类作品 1549 篇，视听类作品 487 份，新媒体类作品 87 份，最终入围作品 46 件。颁奖典礼于 2019 年 12 月 7 日在开封举办。

(9)第六届全国大学生经济新闻作品大赛(2019)。

大赛由中国经济传媒协会、中国新闻史学会应用新闻传播学研究委员会、北京工商大学主办，每两年举办一届。此届大赛共收到全国 44 所院校 225 件作品，其中新闻报道类作品 201 件，新闻评论类作品 24 件，由新闻工作者和高校专家学者担任评委，经过大赛组委会(评委会)初评、复评和定评，最终选出新闻报道类一等奖 5 件、二等奖 10 件、三等奖 15 件，共 30 件作品；新闻评论类一等奖 2 件、二等奖 2 件、三等奖 3 件，共 7 件作品；以及优秀组织奖 10 名。颁奖典礼于 2019 年 11 月 9 日在北京工商大学举办。

(10)第九届“视友杯”中国高校电视奖(2019)。

中国高校电视奖 2010 年启动，由中国教育电视台牵头，高校电视专业委员会组织实施，每年举办一次，是高校视频领域的最高奖项。奖项旨在为高校电视媒体同行搭建交流学习的平台，共同分享研讨校园电视创作的实践经验，促进电视创作多出精品。奖项包括新闻类、专题类、纪录片类、教学类、综艺类、形象类、微电影类、主持人类、论文类，每个奖项设一、二、三等奖。除此之外，还设有先进集体奖和单项类奖项，单项类包含最佳摄影奖、最佳导演奖、最佳创意奖、最佳改编奖、最佳剪辑奖、最佳原创奖。第九届“视友杯”于 2019 年 7 月 11 日在新疆石河子大学举办颁奖典礼。

(11)第三届校媒 · 全国高校新媒体评选(2019)。

由中国青年报社与中国高校传媒联盟主办，经过高校校园微信公众号自主报名、区域推荐、网络展示和评委评审等环节，共评出原创内容奖、运营创新奖、视觉设计奖、最佳人气奖等共 80 个奖项。

(12)“行知杯”江苏省大学生首届全媒体创作大赛(2019)。

大赛由江苏省新闻工作者协会、共青团江苏省委宣传部、中国青年报社江苏记者站、南京晓庄学院、中青(江苏)校媒、腾讯 · 大苏网等单位主办，大赛主题为“我和我的祖国 · 变迁”。大赛组委会共收到来自 40 多所江苏高校的参赛作品 210 多件，大赛评选出一等奖作品 8 件、二等奖作品 12 件、三等奖作品 16 件、优秀奖作品 20 件，最佳文字奖、最佳视频奖、最佳版式奖、最佳创意奖等 7 个最佳系列奖以及组织奖和指导教师奖。2019 年 12 月 28 日在南京举办颁奖典礼。

(13)腾讯新闻“追光吧少年”高校短视频大赛(2019)。

大赛由腾讯新闻联合清华大学、复旦大学、上海交通大学、浙江大学等 17 所高校共同举办。大赛设置四个单元，分别为纪实类、剧情类、动画类、Vlog 类，奖项包括单项奖、单元奖和年度追光奖等，其中单项奖分别设有最佳剪辑奖、最佳创意奖、最佳故事奖、最佳男、女主角奖，以及最佳人气奖 6 个奖项。大赛征集期间腾讯持续发布“追光吧少年”双周榜，每双周评选出大赛热播榜、热推榜、高校榜，通过打榜激励，在比赛过程中不断产生优秀作品和短视频人气之星。大赛历时 3 个月，共吸引了超过 200 多所高校，5000 多位选手报名参赛，2037 个作品在全网范围内共收获超 2 亿次的播放量。2019 年 11 月 4 日，大赛在北京举办颁奖典礼。

(14)第三届新西部全国大学生影像节(2019)。

由共青团陕西省委指导，西部电影集团、陕西省电影家协会、陕西省广播电影电视协会、西安教育电视台和西北大学现代学院共同主办。竞赛主题为“致敬经典 青春飞扬”，设置 6 个主竞赛单元，共收到全国 206 所高校的 1100 余部作品，最终评出 120 余部优秀作品。为鼓励表彰热心挖掘培养影视艺术人才的高校老师，影像节组委会特设了伯乐奖。颁奖典礼于 2019 年 5 月 26 日在西安举行。

(白　净)

14.3　2019 年国内高校新闻与传播学院大学生创新创业述评

随着传播技术日新月异、传媒产业高速变革，传媒人才培养模式如何创新、高校学生如何创业备受关注。互联网时代的媒体融合方兴未艾，高校传媒人才培养范式逐渐从“小新闻”向“大传播”转向，在社会变革、理念变革、技术变革多重背景下，传统的培养体系不断解构进而重构。与此同时，传统的传媒类岗位需求急剧下滑，一些新的传媒类岗位随之涌现，行业发展的移动化、技术化、融合化趋势对新时代的传媒人才培养提出了更高的要求，创新创业迫在眉睫。

目前，国内高校的新闻与传播学院在学生的创新创业培养、引导上做出了积极实践，在竞赛、课程、平台等方面多维合力推动。主要以竞赛为抓手，激发学生创新创业兴趣；开设创新创业教育课程，同时邀请创业代表人物开展专题讲座，理论指导实践；构建创新创业实践平台，与当地政府、企业建立稳健良好的合作共赢关系，确保学生的创新创业实践能力得以提高。高校新闻与传播学院也逐渐形成了各自的特色和优势，相继涌现了众多优秀的大学生创新创业团队。

本节选取国内 12 所高校的新闻与传播学院，对这些学院的 2019 年的大学生创新创业项目和团队建设进行梳理，并重点介绍了具有代表性和创新特色的大学生创新创业团队，总结不同学院呈现出来的整体特色及优势，希望能从中发现规律、总结经验，为高校新闻与传播学院的创新创业人才培养模式改革提供参考。

14.3.1　高校新闻与传播学院大学生创新创业团队与特色列表

2019 年度，全国高校新闻与传播学院大学生创新创业团队与特色丰富，具体如表 14-3 所示。

表 14-3　　**高校新闻与传播学院大学生创新创业团队与特色统计**

大学及学院名称	创新创业特色	大学生创新创业团队建设及项目
中国人民大学新闻学院	从创新课程计划出发，以“大学生创新实验计划”和“大学生创业训练计划”以及“挑战杯”等学科竞赛为主要平台，激发学生创新创业热情，创新项目多聚焦某一社会群体，深刻探讨社会问题	“权利贫困视角下新生代农民工网络话语权研究”
		“老龄化背景下养老驿站的定位发展分析——基于北京市养老驿站发展现状的研究”
		“大学生抑郁症群体在社交媒体上的自我呈现——基于北京高校的实证研究”
		“小物”·超写实青铜植物雕塑艺术项目
中国传媒大学新闻传播学部	技术优势十分明显，将新媒体技术与优质内容相结合，主要表现在影视制作方面，力图构建传媒科创服务范式	“光明影院”
		文化地图·5G 环境下地域文化公益短视频创新
		“旧学新知”APP
		融媒体背景下的网络社会文化传播策略创新与实践
		斐多课堂在线教育平台
		思高乐教育—百万硕博职业教育服务平台
		“VR 作品 Bright“
		《光明博物馆》
		《花窗纹样系列文创产品》

续表

大学及学院名称	创新创业特色	大学生创新创业团队建设及项目
复旦大学新闻学院	与澎湃新闻、网易传媒、腾讯等业界巨头紧密接轨，搭建新媒体产学研创新平台，但创新创业团队较少	“5Hz 发电公司”团队
		《宝贝回家——70000 条数据解读中国儿童拐卖与遗弃》
		《数据解读“人体小白鼠”：健康试药者的谋与生》
		“镜相非虚构写作工作室”
		“数据未来实验室”
华中科技大学新闻与信息传播学院	以学科竞赛为抓手强化学科专业能力和创新创业能力，创新侧重点偏向影视制作	《从“零”做起》
		《绿野仙踪娃哈哈新品策划》
		《听海呼吸的人》
		《百年沐风雨 只手擎乾坤》
		V-fun 第二视觉影视创新团队
		《林间路》
		新闻与传播教学实验中心
		中国故事创意传播研究院
		数字光影技术湖北省工程研究中心
清华大学新闻与传播学院	学校整体创新创业模式发展成熟，但缺少典型创新创业项目及团队，未见明显特色	清新时报
		清新视界
		“大篷车课堂”
武汉大学新闻与传播学院	创新创业特色较为突出，充分发挥了特色竞赛的校园文化品牌优势，平台建设和创新创业教育成果显著	“新闻先生新闻小姐大赛”
		“珞珞带你游”——武汉大学文物保护建筑讲解导航 APP
		Tushu 实体书籍个性化购买服务
		“气味印象簿”——一款基于嗅觉传感器技术的气味社交产品
		“小青果的晚安电台”项目
		中国传播创新研究工作坊
		《巧手爱映夕阳红》
		《深夜听漏人》

续表

大学及学院名称	创新创业特色	大学生创新创业团队建设及项目
武汉大学新闻与传播学院	创新创业特色较为突出，充分发挥了特色竞赛的校园文化品牌优势，平台建设和创新创业教育成果显著	《农村大学生基于新媒体的亲子沟通探究》
		《极意》
		《小迷糊素颜霜》
		《印度“抖音”中的莫迪：视听叙事、领导人形象与政治娱乐化》
南京大学新闻传播学院	校园媒体等创新平台的建设走在全国前列，创新创业项目多集中于影视创作和数据新闻领域，创新特色鲜明	南大形象传播与文创产品营销
		南大家书
		《曾滔：我爷爷设计了中国国旗》
		《槟榔：是醒脑神器，还是致癌元凶?》
		《端上谈判桌的为什么是大豆，不是小麦玉米?》
		《未来编辑部·数据新闻》
		《火车穿越 40 年》
		《高铁抢了民航的生意吗?》
		《吴健雄：与诺奖失之交臂的物理女王》
		《石头寨南大校友的家信故事》
		《8.7 万条数据告诉你 安卓 APP 里面到底有多少“坑”》
		《我们调查了 QS 世界大学排名，发现了三个问题!》
浙江大学传媒与国际文化学院	强调与海内外高校和媒体之间的交流，大力支持“大数据+人文社会科学交叉创新团队”的建设，推进多学科交叉融合、培养创新创业人才	“2019 浙大—牛津媒体创业创新工作坊”暑期交流项目
		《不要陷入“爱国就买华为”的泥潭中》
		《过于喧嚣的孤独》
		《无人嘲笑你的眼泪》
		《改革开放 40 周年专题页》
		《港通天下》

续表

大学及学院名称	创新创业特色	大学生创新创业团队建设及项目
中山大学传播与设计学院	依托独特的地理位置，借助粤港澳优势推动创新创业，重视创新创业成果转化	《中英欧主流媒体对“一带一路”倡议报道的框架分析——基于 China Daily、BBC 和 New Europe 相关报道》
		《如果你能感同我的身受，是否还会无动于衷》
		《八月花果八月梭——后寨脱贫清零进行时》
		sysumidc18 团队
		《CSA 乐龄城市绿色物语——创新社区养老系统设计》
		“小林动漫”项目
深圳大学传播学院	学院重视学生动手和调研能力，但近几年创新创业成果有所减少，创新创业团队特色有待进一步发掘	《假条之“假”——高仿病假条横行深大之谜》
		《Vlog：做自己生活的导演》
		深大传媒
		“深圳大学与青影乙禾虚拟现实内容创新实验室”
		《虚拟现实内容创新课》
		深圳大学交叉学科创新团队
湖南大学新闻传播与影视艺术学院	创业领军人物较多，且通过分享会充分发挥激发带动创新创业热情的作用；构建了大学生全媒体工作坊，是全媒体创新实践平台建设的先行者	《大学生防艾：被欲望击垮的青春》
		《校园霸凌：被践踏的少年们》
		《天生带敢》
		《陶器匠心，铜官柴烧》
		《惊蛰》
		《你不知道的湖大人》
		《美化环境》
		《用“哆啦 A 梦”等假名寄件将成为历史》
		《全媒体时代高校“微思政”育人模式构建》项目
		HoIn Studio(广州什二文化传播有限公司)
		“晶霓创意货柜”文案工作室
		红枫全媒体工作坊

续表

大学及学院名称	创新创业特色	大学生创新创业团队建设及项目
华南理工大学新闻与传播学院	创新创业以学科竞赛为抓手，数据新闻和影视制作领域成果较为突出，但创新创业团队较少	《Closer》
		《麻辣烫里惊险不速之客 食品安全问题再难容忍》
		《正义终至》
		《双十一与二十四》
		《中国自杀率逆袭的 30 年：农村女性自杀率下降最快》
		《拥堵围城，哪里是中国最拥堵的城市》
		《新中国成立 70 周年，数说社会主义生命力》
		《中国真的需要药神拯救吗》
		《新时代下青年亚文化群体动机结构与社会认同研究——基于粤港澳地区 1006 名青年学生的调查》
		《乡村振兴战略背景下中国农民的农地情怀与期待——基于 8432 位农民对家庭联产承包责任制的政策感知》
		《运动作剑，弃毒前行——基于广东省 11228 名戒毒人员体质调查的运动处方设计与效果跟踪》
		追光创意工作室

14.3.2　高校新闻与传播学院大学生创新创业概况

1. 中国人民大学新闻学院

中国人民大学新闻学院于 2017 年开启了“新闻传播学科核心与特色课程创新计划”，该计划从传播技术变革、社会转型以及全球化发展趋势出发，呼应时代对新闻传播人才培养的现实需求，组建学界与业界相结合的新闻采写教学团队，创建新闻传播学科与计算机学科交叉融合的课程，将各个广告创意大赛引入课堂并指导学生创作共计获得 217 项奖项。

新闻学院的创新创业主要有两个平台，一是大学生创新实验计划，2019 年中国人民大学创新实验计划共计 213 项，其中新闻学院占据了 13 项，5 项为国家级项目。二是大学生创业训练计划，在已结项的 7 期训练计划中，共有 130 个团队参与训练，通过创业讲座、模拟路演、创业沙龙、企业游学等方式训练，已有15个团队进入了实践环节，入驻文化科技园，成为中关村大学生创业的典型代表。在2019年的立项项目中，“奕志教育”和“不染国潮原创设计平台”2个团队进入创业实践环节，获得10万元创业基金的支持。

在第十届“挑战杯”首都大学生课外学术科技作品竞赛中，中国人民大学以优异成绩获得“优胜杯”，其中新闻学院的学生团队项目“老龄化背景下养老驿站的定位发展分析——基于北京市养老驿站发展现状的研究”获得了一等奖，“大学生抑郁症群体在社交媒体上的自我呈现——基于北京高校的实证研究”获得了二等奖。“小物·超写实青铜雕塑艺术”项目在2019年荣获第五届中国“互联网+”大学生创新创业大赛全国总决赛主赛道的铜奖，团队获“京东杯”中国人民大学第十届学生“创业之星”大赛冠军。

2. 中国传媒大学新闻传播学部

中国传媒大学的创新创业模式朝着多元化的方向发展，其中主要包括各类大赛和项目，如大学生创新训练计划项目、“创青春”全国大学生创业大赛、中国“互联网+”大学生创新创业大赛、“天洋杯”大学生创新创业大赛等；其次设有协同创新中心和首创中传传媒产业创新中心，力求对各学部之外的科研机构进行重新规划布局和集中管理、打造“创新综合试验区”；最后在开设创新课程、举办“创意集市活动”、打造创新体验营等多件方面提高学生创新能力。

在第五届中国“互联网+”大学生创新创业大赛中新闻传播学部收获颇多。电影学院“光明影院”项目在全国总决赛“青春红色筑梦之旅”赛道中斩获金奖，这是中国传媒大学学生团队在历届“互联网+”大学生创新创业大赛中所取得的最好成绩，同时荣获北京赛区总决赛一等奖，创北京市2019年该赛道最好成绩。另一项目“文化地图·5G环境下地域文化公益短视频创新”荣获北京赛区二等奖，“旧学新知”APP和“融媒体背景下的网络社会文化传播策略创新与实践”获该赛区三等奖。另外，新闻学院的斐多课堂在线教育平台、思高乐教育—百万硕博职业教育服务平台两项项目荣获北京赛区三等奖。

“光明影院”项目由中国传媒大学新闻传播学部部长高晓虹教授及其团队于2017年发起，与北京歌华有限电视网络股份有限公司、东方嘉影电视院线传媒股份公司共同推出。该项目旨在为视障人群制作并释读无障碍电影，构筑彰显人文关怀、传播文化成果的“文化盲道”，实现在文化领域的精准扶贫。由新闻传播学部电视学院师生共同创作的VR作品《Bright》，于2019年5月17日荣获第三届全球虚拟现实产业创新者峰会(即AR/VR产业青亭峰会)最佳纪录片奖。

电视学院在“第九届首都大学生创意集市活动”中，18名师生共计提交了6件作品，在总共 300 多件作品中评选出了“一金五银十铜”，其中，《光明博物馆》获得了银奖，《花窗纹样系列文创产品》获得了铜奖。

3. 复旦大学新闻学院

2019 年第七届中国大学生公共关系策划创业大赛中，复旦大学新闻学院广告系脱颖而出，共获得了 4 个一等奖，其中“5Hz 发电公司”团队夺得总决赛银奖。同时，此团队核心成员在王迪老师指导下，参加了“碚曦杯”首届 MarTechHacks 营销策划大赛并荣获全场大奖。

在 2019 年第一届“中国数据可视化创作大赛”中，新闻学院学生斩获了银奖和铜奖，其中由本科生学生团队创作的作品《宝贝回家——70000 条数据解读中国儿童拐卖与遗弃》荣获银奖；新媒体专业硕士的团队作品《数据解读“人体小白鼠”：健康试药者的谋与生》获铜奖。

复旦大学新闻学院创新的另一大特色体现在创立了与业界紧密接轨、合作共赢的新媒体创新创业平台，如 2017 年建立的“镜相非虚构写作工作室”“数据未来实验室”，两者都是由澎湃新闻与复旦大学新闻学院、复旦大学上海新媒体实验中心联合创办的，力求为打造学界业界“旋转门”提供良好的范本。此外，在 2018 年复旦大学新闻学院、新媒体实验中心和网易传媒建立了“复旦-网易内容创新实验室”。

4. 华中科技大学新闻与信息传播学院

华中科技大学新闻与信息传播学院强化新闻传播专业能力和创新实践能力的培养，先后创立了中国故事创意传播研究院、数字光影技术湖北省工程研究中心等创新平台，还建立了华中科技大学众创空间，引入企业、政府及社会各界优质资源，充分做到学界与业界的融合共创，打通创新创业的最后一公里。该学院的创新创业体现在以下几个方面：

其一，积极参与各项创新创业大赛。在第十一届全国大学生广告艺术大赛中，该学院共有 6 件作品胜出获奖，其中二等奖 1 件、三等奖 1 件、优秀奖 4 件。在获全国级奖作品中，视频类微电影广告《从“零”做起》获全国二等奖；策划案《绿野仙踪娃哈哈新品策划》获全国三等奖。

在第十二届中国大学生计算机设计大赛中新闻学院学子同样也取得了好成绩，共有七组作品荣获国家级大奖，包括 2 个一等奖、3 个二等奖和 2 个三等奖。获得一等奖的两组作品分别是获得数字媒体设计专业组一等奖的 DV 影片《听海呼吸的人》和获得数字媒体设计微电影大类一等奖的《百年沐风雨 只手擎乾坤》。

其二，创立新闻与传播教学实验中心、中国故事创意传播研究院、数字光影技术湖北省工程研究中心。2019 年 11 月 13 日，由华中科技大学和中国外文局共建的省部级智库机构——中国故事创意传播研究院正式成立，该院主要承担了“2019 讲好中国故事创意传播大赛”的全国故事作品评审、中国好故事评价指标体系研究、中国好故事人才队伍培训，以及湖北分站赛的组织承办和评审等工作。

5. 清华大学新闻与传播学院

清华大学新闻与传播学院的特色创新团队于 2002 年 11 月 8 日记者节创办了校园报纸——《清新时报》。学院学生独立制作一档文化新闻类节目——《清新视界》。《清新视界》不仅在国内主要视频网站，如爱奇艺，均开设专区，而且通过官方微博、手机 APP 等新媒体形式呈现。

由时任清华大学新闻与传播学院副院长李希光教授于 1999 年开创的特色课堂“大篷车课堂”，至今已有 20 年历史，共计出征 20 余次，超过 1000 名学生参与课堂。

6. 武汉大学新闻与传播学院

在 2018 年国家大学生创新创业训练计划中，新闻与传播学院分别有两个创业训练项目入选，分别为“‘珞珞带你游’——武汉大学文物保护建筑讲解导航 APP”“Tushu 实体书籍个性化购买服务”。

2019 年国际级大学生创新创业训练项目中，该学院房璐雯等同学的创业训练项目——“气味印象簿”——一款基于嗅觉传感器技术的气味社交产品成功入选。“小青果的晚安电台”项目获武汉大学第四届“志愿公益项目大赛”公益创业赛“优秀奖”。

在 2019 年湖北大学生新闻传播教育创新实践技能竞赛中，武汉大学新闻与传播学院荣获 3 项一等奖和 3 项二等奖，一等奖作品包括新闻采编类《巧手爱映夕阳红》、微视频类《深夜听漏人》、学术论文类《农村大学生基于新媒体的亲子沟通探究》三项作品，二等奖作品有微视频类《极意》、广告类《小迷糊素颜霜》以及学术论文类《印度“抖音”中的莫迪：视听叙事、领导人形象与政治娱乐化》。

7. 南京大学新闻传播学院

南京大学近年着力构建创新创业课程、讲堂、竞赛、训练和成果孵化“五位一体”的教学体系和创新、创意、创造、创业“四创融合”的支撑平台。首先，创新创业课程是“五位一体”创新创业教学体系的重要组成部分，该院积极将媒体从业人员的创新创业经验引进课堂，为此开设了南大传媒讲堂，邀请业界知名人士走进讲堂，在学界和业界间搭建起沟通交流的桥梁。

其次，南京大学开创了多个训练营，通过讲座论坛+实践，实现理论与实践相结合，邀请实操经验丰富的嘉宾们就初创团队最关心的问题做细致讲解、答疑解惑，为广大学子提供创新创业引导。同时南京大学自 2017 年起与南洋理工大学、杜克大学、香港浸会大学、特拉维夫大学、联合国劳工组织等合作开展境外创新创业研修训练营，为南京大学师生提供了一个跨文化、跨专业的国际创业交流机会。

该院的创新创业特色十分鲜明，不仅创建了校园媒体《南大新传》《新记者》《NJU 核真录》《大学英雄》等，掌握最新鲜的一手信息，紧跟时代热点话题、聚焦校园奇闻轶事。学院还创办了全国首档大学生家书栏目《南大家书》，截至 2019 年 12 月该栏目在“蜻蜓 FM”上已发布 400 多个节目，拥有 2884 万次以上的播放量。

由《中国日报》举办的“2019 校园学报新闻奖”中，学院共获得三项大奖，其中《槟榔：是醒脑神器，还是致癌元凶？》获最佳科技新闻报道（中文组）季军，《端上谈判桌的为什么是大豆，不是小麦玉米？》摘得最佳版面设计（中文组）桂冠，学生杂志《未来编辑部 · 数据新闻》总体版面设计获得最佳杂志设计（中文组）冠军。值得一提的是，获奖的三件作品都来自于此杂志。

2019 年举办的首届全国大学生创意融媒体大赛中，该学院也取得了非常优异的成绩，H5 新闻作品、视频新闻作品、图文报道作品等多项作品获得二、三等奖。首届“中国数据可视化创作大赛暨中国数据新闻大会”于 2019 年在南京大学新闻传播学院举行，《8.7 万条数据告诉你 安卓 APP 里面到底有多少“坑”》获得“最佳数据应用”银奖；《我们调查了 QS 世界大学排名，发现了三个问题！》获得“最佳数据应用”铜奖。

8. 浙江大学传媒与国际文化学院

传媒与国际文化学院紧跟学校创新创业的步伐，不断加强与海内外高校和媒体之间的交流，如“2019 浙大—牛津媒体创业创新工作坊”暑期交流项目，强调数字转型背景下的媒体创业创新能力的培训；组织参观阿里巴巴集团总部；赴阿联酋展开为期四周的实践调研活动，以“传播一带一路上的中国声音，融通中外助力国家形象塑造”为主题，包括探访中国驻阿联酋大使馆，调研中央广播电视总台中东中心记者站，深入 CNN 等多家国际知名媒体等多项活动。

在第三届中国大学生新闻评论大赛中，《不要陷入“爱国就买华为”的泥潭中》《过于喧嚣的孤独》《无人嘲笑你的眼泪》3 件作品荣获金奖。第二十九届中国新闻奖中该院共有两项作品获奖：中国环球电视网俄语频道的网页设计作品《改革开放 40 周年专题页》与宁波电视台的电视专题作品《港通天下》均获三等奖。

近年来，浙江大学大力支持若干“大数据+人文社会科学交叉创新团队”的建设，其中就包括传媒与国际文化学院的“大数据+网络舆情创新团队”。

9. 中山大学传播与设计学院

在2019年的第五届互联网+大学生创新创业大赛广东省分赛中，中山大学传播与设计学院学子的“面向终端的低功耗人工智能芯片及系统”项目获得初创组金奖，并在冠军总决赛中获得亚军。

在《中山大学2019年大学生创新创业训练计划项目一览表》中，该院创新训练项目《中英欧主流媒体对“一带一路”倡议报道的框架分析——基于China Daily、BBC和New Europe相关报道》入选并推荐为国家级项目。

自2016年中国VR/AR/MR创作大赛“金铎奖”开办以来，中山大学传播与设计学院一直积极组织学生参与，并相继取得优异成绩。2019年第四届金铎奖中《如果你能感同我的身受，是否还会无动于衷》获最佳VR影视奖。另外，《八月花果八月梭——后寨脱贫清零进行时》入选人民网人民视频主办的《我们的70个中国故事》精选短片。

该学院鼓励跨院系、跨专业的方式强化创新创业的特色，并取得了一定成效。在2019年第十一届交互设计大赛中，该学院和社会学与人类学学院的研究生共同组建sysumidc18团队，其作品《CSA乐龄城市绿色物语——创新社区养老系统设计》在871支参赛团队中脱颖而出，荣获全国二等奖。“小林动漫”项目获得2019年第五届互联网+大学生创新创业大赛广东省分赛中铜奖，该项目的团队由管理学院、传播与设计学院以及法学院学生组成。

10. 深圳大学传播学院

深圳大学传播学院在20世纪90年代初期就筹建了传媒实验教学中心，走在创新实践的前沿，并于2009年被评为“国家级实验教学示范中心建设单位”，在校内建立了创业园，培育了近30个学生创意工作室，按照“创新-创意-创业”的思路，充分发挥实验教学对大学生的创业孵化作用。

迄今为止，传播学院的创新实践项目团队主要包括阿基米品牌视觉工作室、左岸右转影视工作室、广告一番、《AD. COM》工作室、突然创意工作室、晨曦音乐工作室、橡皮独立电影工作室、创意藤蔓工作室等。创业项目团队涉猎广泛，但大部分成立时间较早，发展不成熟且没有延续下来。

传播学院学生还在老师指导下创办并管理运营了深圳科技新闻网和学生实验报纸《新新报》。《新新报》于2012年正式创刊。该报作品曾荣获2017年度“中国高校校报好新闻奖”微博微信类一等奖；在《中国日报》2019 校园学报新闻奖中，《Vlog：做自己生活的导演》荣获“最佳文化艺术新闻报道”冠军，这也是深圳大学传播学院首次获得该奖的冠军。

在校内外合作方面，该院进行了一些尝试。被誉为“深大创业之星”的杨春林同学被深大传媒以百万年薪聘为 CEO。深大传媒专门为深圳大学校友和学子服务，与数千名深圳大学创业者保持紧密合作关系，已为数万名深圳大学学子提供了就业机会。2019 年 10 月 10 日“深圳大学与青影乙禾虚拟现实内容创新实验室”在传播学院正式揭牌落地，并开设了 18 学时的学分课程——“虚拟现实内容创新课”。

11. 湖南大学新闻传播与影视艺术学院

湖南大学不仅积极激励和引导同学们参加互联网+全国大学生创新创业大赛、挑战杯、全国大学生广告艺术大赛、中国新闻奖等国家级知名赛事活动，而且积极开展校内特色赛事活动，以赛事引领平台建设，如“麓山创客杯”大学生创新创业大赛、网络文化节、红枫大学生记者节等等，独具湖南大学特色。

该学院在红枫大学生记者节、全国大学生广告艺术大赛等专业性赛事中表现优异。在第六届红枫大学生记者节中，学院重点项目“大学生防艾：被欲望击垮的青春”、一般项目“校园霸凌：被践踏的少年们”等获得立项和经费支持；以一汽大众 T-ROC 探歌为主题的策划作品《天生带敢》斩获第十一届全国大学生广告艺术大赛全国一等奖并夺得“最具人气团队奖”。

学院同时开展广泛的创新创业活动培育人才，在第三届网络文化节中学院获奖数目众多，《陶器匠心，铜官柴烧》《惊蛰》《你不知道的湖大人》等多部作品荣获优秀微电影作品奖；《美化环境》获得公益广告类优秀作品奖；除此之外还有优秀音频类作品奖、优秀短视频类作品奖、其他类作品奖等，同时，学院获得“十佳易班学生工作站”和“网络文化节优秀组织单位奖”。

在平台建设方面，布局红枫全媒体工作坊，以学校官网、官微、《红枫》杂志、《新闻人》报纸、微视频工作室为基础，建设全媒体大学生实践平台，该工作坊于 2018 年被列为年度部校共建专项经费立项建设项目，旨在学习“中央厨房”式运作模式，形成“一次采集、多种产品、多媒体传播”的工作格局。其中，《新闻人》是新闻传播与影视艺术学院的院报，官微“湖大新影”被评为湖南大学 2019 年度优秀学生工作微信公众号。

12. 华南理工大学新闻与传播学院

学院目前参与创新创业的学生人数达 37 人，在校内外注册公司 3 个。学院积极组织学生参与专业竞赛。在2019年第十一届大广赛中,《Closer》斩获广东省赛区一等奖;第九届“视友杯”中国高校影视作品推优及展映活动中喜获佳绩,共获一等奖5项、二等奖4项、三等奖2项。《麻辣烫里惊险不速之客 食品安全问题再难容忍》获得新闻类一等奖;《正义终至》获得微电影类一等奖;《双十一与二十四》获得纪录片类一等奖。

第四届中国数据新闻大赛暨南大学数据可视化艺术人才培养论坛中,该院学子获一等奖1项、二等奖2项、三等奖1项,吴小坤教授荣获“优秀指导教师奖”,学校获得“优秀组织者”荣誉称号。团队作品《中国自杀率逆袭的30年:农村女性自杀率下降最快》荣获一等奖;个人作品《拥堵围城,哪里是中国最拥堵的城市》《新中国成立70周年,数说社会主义生命力》荣获二等奖,另有跨院合作的作品——《中国真的需要药神拯救吗》荣获三等奖。

第十五届“挑战杯”广东大学生课外学术科技作品竞赛中,本科生团队作品《新时代下青年亚文化群体动机结构与社会认同研究——基于粤港澳地区1006名青年学生的调查》荣获一等奖。另有该院学生参与的《乡村振兴战略背景下中国农民的农地情怀与期待——基于8432位农民对家庭联产承包责任制的政策感知》及《运动作剑,弃毒前行——基于广东省11228名戒毒人员体质调查的运动处方设计与效果跟踪》两个项目获得特等奖。

综上,各高校新闻与传播学院主要以参加双创竞赛的方式激发学生的创新创业热情。总体来看,创新创业项目较多,但同样也存在热潮过后创新意识逐渐衰减、学院自身定位不明确、创新特色不鲜明等问题。当前传媒类专业课程以专业理论和专业实践为主,涉及创新创业知识培养的内容较少,且创新创业课程多以讲座形式开展,尚未形成完善的创新创业人才培养体系。伴随着互联网技术的快速更迭,VR、AR、人工智能等技术的发展,新闻传播学院需关注社会前沿,提供更多资金、人才和设备来支持学生的创新创业和人才培养实践。

在全媒体时代,培养新闻传播学院学生的创新创业意识和能力刻不容缓。传媒院系应加强学科之间的交叉融合,与人工智能、计算机、经济贸易、文学艺术等多个学科合作创新,打通学科专业壁垒,突破单一学科创新的局限性;完善和健全创新创业课程体系,调动和激发学生创新创业兴趣和热情;学生也应抓住机遇,积极学习创新理念和技术,紧跟时代步伐,实现创新创业的新跨越。

(巴羽婷、赵泓)

14.4　长江韬奋奖获得者学缘实证分析

从人才的学缘入手进行分析被认为是探讨成才规律及大学教育规律的重要切入点之一，从中我们能够进一步分析高校人才培养中的师资结构、学科结构、专业设置、培养模式、资源分配等一系列要素构成及其规律。长江韬奋奖是经中央批准常设的全国优秀新闻工作者最高奖，2005 年根据中央关于《全国性文艺新闻出版评奖管理办法》精神，该奖项由范长江新闻奖、韬奋新闻奖合并而来，由中华全国新闻工作者协会组织评选，每两年评选一次，每届评选 20 名获奖者(其中长江系列 10 名，韬奋系列 10 名)。长江韬奋奖评选活动的目的是为了表彰德才兼备的优秀新闻工作者，同时也发挥优秀新闻工作者的示范导向作用，促进新闻媒体多出精品、多出人才。获奖者无疑都是新闻传播领域的精英，体现出综合性的优秀素质。因此，从新闻传播专业教育的视角出发，基于长江韬奋奖获得者的学缘分析，不仅有利于厘清新闻从业人员的素质与新闻事业发展间的紧密关系，探讨高校教育及专业培养在高层次人才培养中的作用，不同学科类型、不同培养模式对其成才的影响，同时也为高校新闻传播专业教育改革、人才培养体系建设提供重要的参考与启示。

14.4.1　研究问题与方法

1. 视角与问题

学缘的概念借用血缘、亲缘概念而来，国内研究通常认为“学缘”主要指的是由于学术基因(学术流派、学术思想或风格)而建立起来的学术源流关系，学缘关系的建立通常是以高校(院、系、专业)为平台。① 香农-维纳(Shannon -Wiener)在 1948 年提出的信息度量公式常被借用于学缘结构的定量化评价与师资的多样化测量。本节将教育学中针对高校教师的学缘结构分析方法移用于长江韬奋奖获奖者的学缘关系分析。从现有研究看，新闻从业者的学缘问题尚属于新闻人才研究的薄弱环节，也有部分人仍认为新闻工作并非专业性很高的工作，进入门槛低，甚至不需要高学历，重要的是能够实地采访和语言沟通能力。一系列研究已清楚表明，新闻从业者作为一个特定的职业群体具有一

① 黄建雄，卢晓梅．高校教师队伍学缘结构的三重特征及其优化[J]．江苏高教，2011(5)：41-43.

整套的社会学特征，并且这种特征因社会语境的不同而存在着差异。长江韬奋奖的获得者代表的都是高素质的新闻人才，一篇优秀获奖新闻作品不只体现了其符合评奖条件和标准，更蕴含着新闻工作者的深厚根底和良好作风，对社会而言则起着重要的导向作用。① 在对数字技术及媒体融合能力需求越来越急迫的当下，新闻工作者传统的采、编、写能力已发生巨大变化，高媒介素养及综合能力要求呼之欲出。那么，学缘关系对新闻从业者的职业发展影响如何？不同层次、不同类型高校的学缘关系对新闻从业者的职业发展影响如何？新闻从业者所学专业对其未来事业影响如何？新闻传播从业人员学缘关系对当今新闻事业发展意义何在？对这些问题的分析与思考显得十分重要。研究将采用以下两种分析对长江韬奋奖获得者的学缘关系进行实证研究：

(1)描述统计。研究计划获得四个方面的信息：第一，获奖者在来源高校中的数量分布状况，即获奖者来源的高校数量，来源高校的获奖者人数；获奖者在来源高校间的分布均匀状况，反映的是获奖者来源高校的数量多样性程度。第二，获奖者来源高校的层次、类型分布状况是怎样的？即来源于不同层次、类型的获奖者数量，获奖者在不同层次和类型学校间的分布均匀程度，反映的是获奖者来源学校的层次、类型的多样性。第三，获奖者所学专业的分布状况，反映的是获奖者专业的多样性程度。第四，获奖者来源高校的区位分布状况，重点在于呈现不同区域、省份在教育资源分配上的均匀程度。

(2)卡方检验。研究拟回答以下四个问题：其一，毕业学校的层次对获奖者就业单位的类型及层次的影响。其二，毕业学校的类型对获奖者就业单位的类型及层次的影响。其三，所学专业对获奖者就业单位类型和层次的影响。其四，专业排名对获奖者的就业单位类型及层次的影响。

2. 研究方法

(1)样本获得。研究针对2007—2018年间，即第七届至第十五届共179位②长江韬奋奖获得者的相关信息进行定量分析，选择从2007年统计是因为自2005年长江新闻奖与韬奋新闻奖合并后，2007年为第一届的长江韬奋奖评选。“中国记协网”上公示的参评者“推荐表”等材料，为研究样本的获取提供了便利、准确、权威、全面的信息。2007—2018年期间，推荐表中包含了姓名、性别、年龄、民族、籍贯、政治面貌、职

① 常秀英，张军昌．争获新闻奖指南—新闻评奖理论与实践[M]．北京：中国广播电视出版社，2001：1.

② 2009年公布的第10届长江韬奋奖(韬奋系列)获奖者为9位。

务、职称、新闻年资、单位名称、参评系列，以及代表作的标题、发表时间与获奖情况，但不包括获奖者教育背景与专业构成。本节通过CNKI、百度、校友网、报刊、《中国新闻年鉴》、电话查询等多种渠道进行搜索，收集获奖者的教育背景(本科、硕士、博士、进修、海外学习)信息，最终，由179名获奖者组成的研究整体样本中，有14位获奖者学校信息、专业信息尚未获得，故作缺失处理。

(2)变量设计。在变量的确定上，研究建构出了媒体层次、媒体类型、学校层次、学校类型、学校区位、学历层次、所学专业、专业所属学科、新闻专业排名等变量。参考黄顺铭的划分方法①，将媒体层次建构为二分变量(0=地方性媒体，1=全国性媒体)。媒体类型建构为七个变量(0=报纸，1=广播，2=电视，3=通讯社，4=广电集团，5=网站，6=新媒体)。学校层次根据教育部公布的《2019年全国高等学校名单》②划分为985工程、211工程、全国重点、省部共建等10个层次，另设置特殊变量海外著名高校、新闻单位主办学校、中央直属高校、研究型机构4个变量。学校类型依据专业类型划分为综合类、工科、师范、农业、军事、民族、语言等13个变量。学校区位建构为七个变量(0=华东，1=华北，2=华中，3=西南，4=西北，5=华南，6=东北)。学历层次为定序变量，建构为六个变量(0=高中及以下，1=大专，2=本科，3=硕士，4=博士，6=进修培训)。所学专业的划分，选取样本中高频出现的新闻传播学、中国语言文学、哲学、历史学等一共24个变量。③ 专业学科依据《普通高等学校本科专业目录(2012年)》④划分为哲学、经济学、法学、文学、教育学、历史学等一共13个变量。新闻类专业排名依照2017年教育部学位与研究生教育发展中心公布的全国第四轮学科评估结果⑤，划分为由A+到C-九个变量，另增加未上榜和世界排名上榜专业两个变量。

---

① 黄顺铭．加冕：新闻评奖制度与实践[M]．北京：中国传媒大学出版社，2017.8；黄顺铭．中国新闻精英的集体素描[J]．国际新闻界，2013，35(6)：84-90.

② 中华人民共和国教育部．2019年全国高等学校名单[R/OL]．[2019-06-30]．http：//www.moe.gov.cn/jyb_ xxgk/s5743/s5744/201906/t20190617_ 386200.html.

③ 说明：教育部2011年印发的《学位授予和人才培养学科目录(2011年)》共设置506种专业，数量过多，为便于统计需要解释问题，仅选取样本中高频出现的专业作为变量。

④ 中华人民共和国教育部：教高〔2012〕9号．教育部关于印发《普通高等学校本科专业目录(2012年)》《普通高等学校本科专业设置管理规定》等文件的通知，http：//old.moe.gov.cn/publicfiles/business/htmlfiles/moe/s3882/201210/xxgk_ 143152.html。

⑤ 中国学位与研究生教育信息网：全国第四轮学科评估高校评估结果，http：//www.cdgdc.edu.cn/xwyyjsjyxx/xkpgjg/。

14.4.2 数据分析

1. 描述统计

通过描述统计，研究旨在获得：第一，获奖者在来源高校中的数量分布状况；第二，获奖者来源高校的层次分布状况；第三获奖者在来源高校中的类型分布状况；第四，获奖者的专业分布状况；第五，获奖者来源高校的区位分布状况。

(1)获奖者在来源高校中的数量分布，如图 14-1 所示。

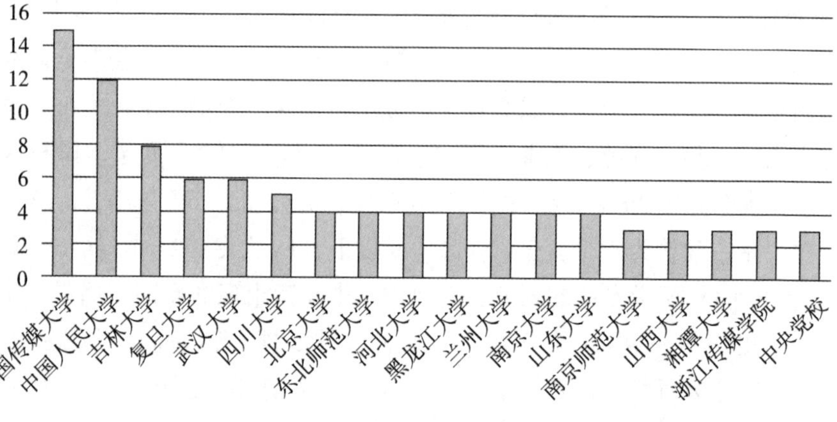

图 14-1 获奖者来源高校数量分布图①(总数 N=165，缺失 14 个样本)

针对获奖者来源高校的统计发现(如图 14-1，仅展示前 18 位)，获奖者来源于全国共 169 所高校，其中 9.09%的获奖者来源于中国传媒大学，是所有来源中最高的，共 15 人，其次是中国人民大学占 7.27%(12 人)，吉林大学 4.85%(8 人)，复旦大学 3.63%(6 人)、武汉大学同为 3.63%(6 人)，四川大学 3.03%(5 人)，剩余各高校培养的获奖者均少于 5 人次。可以看出，获奖者在来源高校间分布极不均匀，不到中国高校总数百分之一的六所大学共培养了 31.5%(52 人)超过总数 1/3 的获奖者，获奖者来源高度集中于这六所中国一流高校，其中中国传媒大学、中国人民大学、复旦大学又是我国传统的新闻专业名校，其他学校里不乏武汉大学、四川大学、北京大学、吉林大学等众多名

① 说明：因获奖者在各阶段可能在不同高校学习，为全面获取数据说明问题，高校来源中包括本科、硕士、博士、进修四种学习形式，均算作样本数统计。如第十届获奖者王松苗本科、硕士、博士均在三所不同高校，故样本数以 3 计算。

牌大学，这充分说明获奖者的教育背景对其成才是有影响的，名牌大学在培养新闻人才方面发挥着巨大作用。这些院校拥有一流的师资力量和教学资源，因此在培养优秀新闻工作者方面占据优势，成绩突出，构成了中国培养和输出优秀新闻工作者的核心圈。①

(2)获奖者来源高校的层次、类型分布。即来源于不同层次、类型高校的获奖者数量，回答的是获奖者在不同层次和类型学校间的分布均匀程度。由于获奖者绝大多数拥有本科学历(超过 97.2%)，硕士比例相对较少(19.4%)，所以仅以获奖者本科毕业学校的层次、类型统计来说明(见图 14-2、图 14-3)。

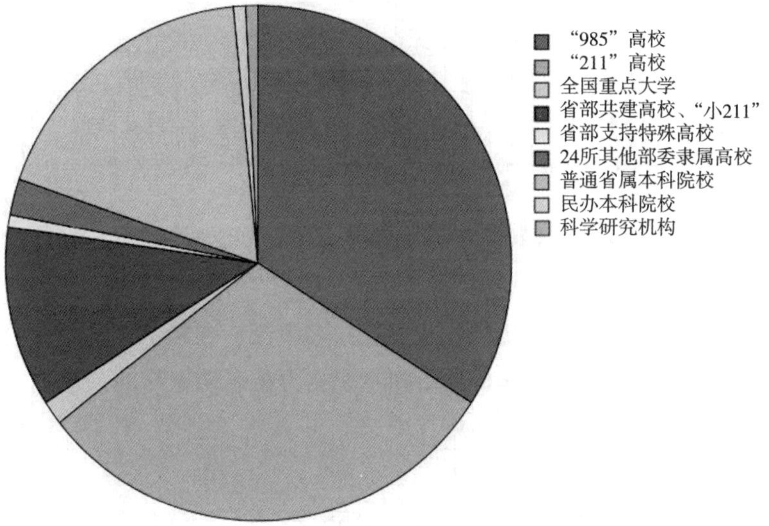

图 14-2　本科毕业学校层次分布图(N=165)

学校层次：在整体样本中，本科学校的层次呈现出比较明显的集中趋势，即集中于"985""211"大学。其中，"985"高校占 34.1% 、"211"高校占 30.3%，两者占比共 64.4%，其次是普通省属本科院校比例为 18.2%，剩余不同层次高校占 17.4%。有研究指出，从长江韬奋奖 1991—2010 年间的纵向历史变化来看，获奖者的教育水平和学历层次在逐步提高，主要表现在中学学历的获奖者所占比例逐渐减少，本科学历获奖者群体增长迅速②，对 2007—2018 年间获奖者的统计显示，获奖者中拥有本科学历的比例

① 参考路鹏程，许乐．中国当代优秀新闻记者的群体特征——基于对长江新闻奖获奖者的统计分析[J]. 浙江传媒学院学报，2012，19(4)：13-18.

② 路鹏程，许乐．中国当代优秀新闻记者的群体特征——基于对长江新闻奖获奖者的统计分析[J]. 浙江传媒学院学报，2012，19(4)：16.

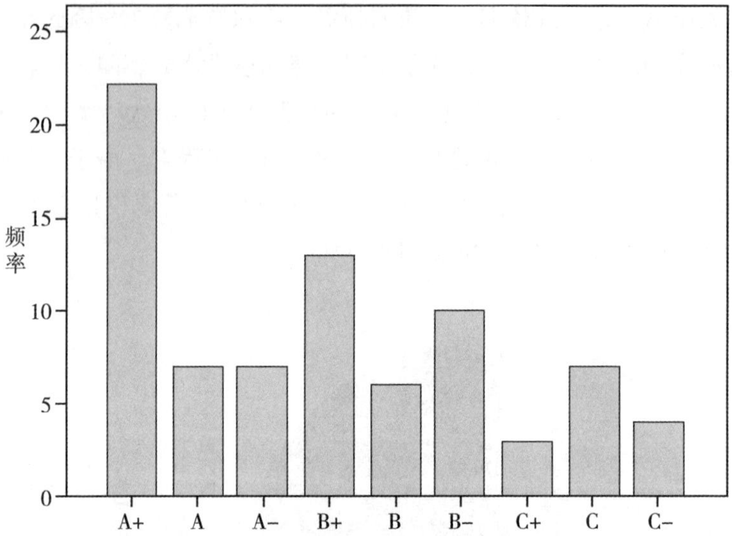

图 14-3　本科学校新闻专业实力排名占比(N=165)

达到 97.2%。从近年获奖者的学历层次及专业排名发现，在能够确认学校信息的 165 人中，超过一半的获奖者本科所属学校的新闻专业实力排名普遍靠前。举例来说，按照教育部全国第四轮学科评估结果，获奖者中来自新闻专业评级 A+的高校有 22 人(占 17.1%)，A(7 人、占 5.4%)、A-(7 人、占 5.4%)，B+(13 人、占 10.1%)，B(6 人、占 4.7%)，B-(10 人、占 7.8%)、C+(3 人，占 2.3%)、C(7 人，5.4%)、C-(4 人，3.1%)，在评级体系内的高校数量占比超过 50%，充分说明近九届获奖者来源高校不光学校层次高而且新闻专业实力排名高，能够提供的竞争优势表现明显。此外，近年来，有海外留学经历的获奖者出现(4 人)，拥有研究生学历的获奖者比例呈现增高趋势，拥有博士学位的获奖者有 7 人。并且数据进一步说明，在硕士毕业学校层次中“985”“211”学校占比高达 61.6%，一半以上获奖者出自新闻传播排名表现强劲的高校学习，也展示了新闻专业综合实力更强的大学的确在提升学生的专业知识、技能和综合素质培养方面名副其实(见图 14-4)。

学校类型：如图 14-4，获奖者的本科学校类型中综合类高校占比最大(60.6%)，其后依次是艺术类高校(15.2%)和师范类高校(13.6%)，三个学校类型相加占总数的 89.4%，其他类型学校占比 10.6%，也呈现出比较明显的集中趋势。这也从侧面说明了综合类大学，如获奖者较集中的中国人民大学、复旦大学、武汉大学、四川大学等因其学科种类多样、课程设置平衡、文理交叉、相互合作机会多等特点，对于新闻专业学生

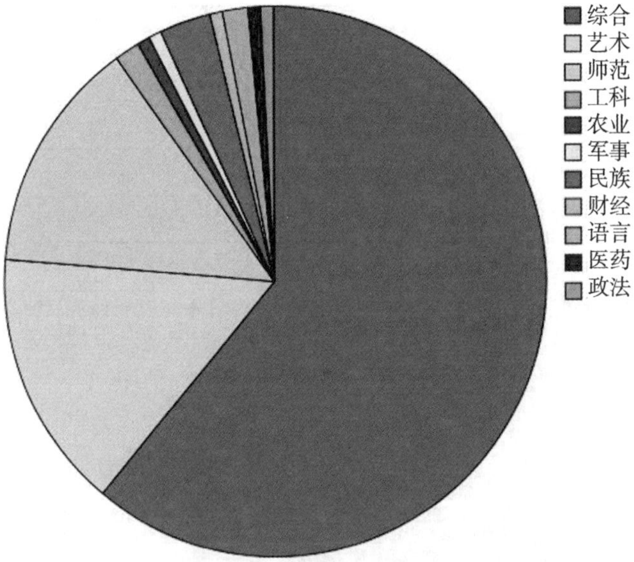

图 14-4　本科毕业学校类型占比(N=165)

的培养来说更具优势。其次为艺术类高校，以中国传媒大学为代表，比较注重对学生采、编、播、写等实操能力的培养，为我国新闻事业发展培养和输送了大批一线人才。再次为师范类高校，以南京师范大学、东北师范大学为代表，依托于师范类院校综合性文科的优势，在培养中注重学生的人文素养和写作功底，使得非新闻专业的学生能够快速适应新闻工作的需求。

(3)获奖者所学专业的分布。主要关注获奖者所学专业是否具有多样性的问题。对获奖者所学专业的统计，为全面说明问题，采用将本科、硕士、博士、进修四个阶段学习的专业情况统一计算在内的方法，另外还包括一项对专业所属学科的归类统计(见图 14-5)。

结合图 14-5、图 14-6 所示，在能够确认信息的人中，专业聚类的特征明显。数据显示，获奖者中 70.9%(117 人)念的是“文史哲”学科，具体到各专业比例的详细情况，新闻专业占 31.5%(52 人)、中文专业 22.4%(37 人)、历史专业 5.45%(9 人)、哲学专业 3.63%(6 人)、政治学专业 2.42%(4 人)、法学专业 2.42%(4 人)、经济学专业 1.81%(3 人)、中共党史专业 1.21%(2 人)。近 3/4 的获奖者本科所学专业属于文科大类，其他专业来源的获奖者仅占总人数的 1/4 多，呈现明显的向文史哲聚类的专业结构特征。其他数据显示，获奖者在研究生阶段的专业选择更偏向新闻传播类专业，说明此时新闻从业者对专业学习的目标和需求愈加明确。更进一步对比新闻专业与非新闻专业

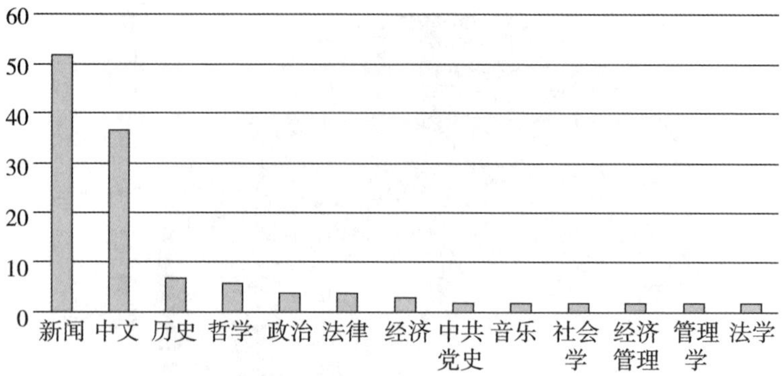

图 14-5 获奖者所学专业总体分布图(N=165)

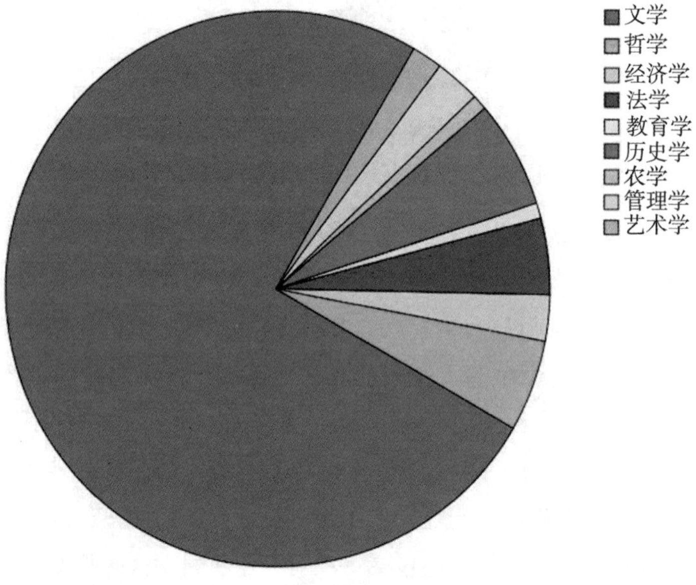

图 14-6 本科专业所属学科(N=165)

对其成才的影响，数据显示新闻专业出身 52 人，约占总人数的 31.5%，说明科班出身对新闻工作者有一定影响，而具体到不同类型媒体获奖者的专业教育数据分布可知，在传统新闻媒体领域如报纸类，获奖者中从非新闻传播专业毕业的是新闻专业人数的近 3 倍，在广播和电视领域获奖者中两者情况则不同，新闻传播专业毕业的人数略高于非新闻传播专业毕业的人数，这可能说明在传统的文字采写领域，新闻教育没有显示出其竞争优势，而在专业技术较强的广电领域，新闻教育则带来了更大的专业能力优势①，后文对学缘关系与就业单位类型的卡方检验也同样说明了这种差异，这里有历史的原因，也有对新闻从业者的传统认知的原因。

(4)获奖者来源高校的区位分布。获奖者来源高校的区位分布可以从一个侧面显示不同区域、不同省份在新闻人才培养中的重视程度以及高校新闻教育的实力，同时也看到不同区域间新闻专业教育资源的差距程度。

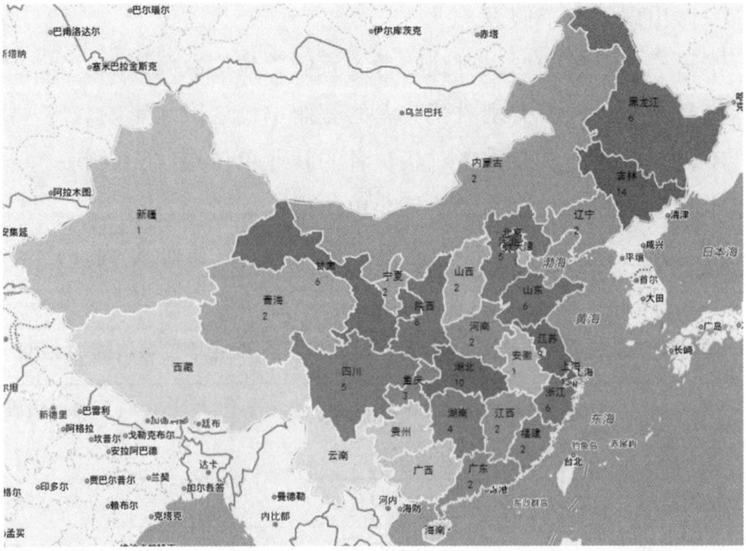

图 14-7　获奖者来源高校在各省分布图(N=165)

图 14-7 利用分段设色的地图技术更直观的展示，由颜色的深浅可知获奖者来源高校在各省份的数量分布情况，其中北京(53 人)、吉林(14 人)、上海(13 人)、湖北(10 人)、江苏(9 人)五个省份直辖市的高校培养的获奖者排在前列。数据结果显示，获奖者中最高的华北地区(31.8%)与次之的华东地区(25.8%)两地区的高校占比相加超过一半，这也与北京、上海为代表的两个区域新闻传媒业发达、高校数量密集、从业者受教育程度分布以及传媒资源总量分布相吻合②，其后依次是东北(13.6%)、西北(11.4%)、华中(10.6%)、西南(5.3%)，最少的是华南地区(1.5%)。

① 路鹏程，许乐．中国当代优秀新闻记者的群体特征——基于对长江新闻奖获奖者的统计分析[J]．浙江传媒学院学报，2012，19(4)：13-18.

② 陈昌凤．中美新闻教育：传承与流变[M]．北京：中国广播电视出版社，2006：142-165.

2. 卡方检验

主要为了检验学缘关系对新闻从业者未来就业和职业发展影响的显著性问题，具体回答不同层次、不同类型毕业高校的学缘关系对新闻从业者的职业发展影响如何；新闻从业者所学专业对其未来事业影响如何；专业排名对新闻从业者的就业单位类型及层次有无影响的问题。

(1)为研究本科毕业学校的层次、类型、所学专业及专业排名是否会影响获奖者就业单位的层次，做出以下四个假设：

假设一：本科毕业学校的层次对获奖者的就业单位层次无影响。

假设二：本科毕业学校的类型对获奖者的就业单位层次无影响。

假设三：本科学校新闻专业排名对获奖者的就业单位层次无影响。

假设四：本科所学专业对获奖者的就业单位层次无影响。

通过χ^2分析的方法分别对以上四个假设进行检验，结果如表 14-4 所示。

表 14-4　**本科毕业学校层级、类型、专业、专业排名与就业单位层次的 χ^2 检验**

	P(Pearson 卡方)	*F*(Fisher 精确检验)
本科学校层次	0. 045	0. 037
本科学校类型	0. 497	0. 586
本科学校新闻专业排名	0. 007	0. 004
本科专业	0. 525	0. 629

由于χ^2检验中发现存在单元格期望值小于 5 且占比较大的情况，因此对该数据进一步采用 Fisher 精确检验的方法进行研究。如表 14-4 所示，本科学校类型(F=0. 586)及本科专业(F=0. 629)的 F 值均>0. 05，故接受假设二和假设四，本科毕业学校的类型和专业对获奖者的就业单位层次均无影响。本科学校层次(F=0. 037)、本科学校新闻专业排名(F=0. 004)的 F 值<0. 05，故拒绝假设一和假设三，本科学校层次和本科学校新闻专业排名对就业单位层次有显著影响。

(2)为研究本科毕业学校的层次、类型、所学专业及专业排名是否会影响获奖者就业单位的类型，做出以下四个假设：

假设五：本科毕业学校的层次对获奖者的就业单位类型无影响。

假设六：本科毕业学校的类型对获奖者的就业单位类型无影响。

假设七：本科学校新闻专业排名对获奖者的就业单位类型无影响。

假设八：本科所学专业对获奖者的就业单位类型无影响。

通过χ^2分析的方法分别对以上四个假设进行检验，结果如表 14-5 所示。

表 14-5　**本科毕业学校层级、类型、专业、专业排名与就业单位类型的 χ^2 检验**

	P(Pearson 卡方)	F(Fisher 精确检验)
本科学校层次	0.986	0.897
本科学校类型	0.494	0.143
本科学校新闻专业排名	0.036	——
本科专业	0.003	0.033

如表 14-5 所示，本科学校层次(F=0.897)及本科学校类型(F=0.143)的 P 值均大于 0.05，故接受假设五及假设六，本科毕业学校的层次和类型对获奖者的就业单位类型无影响。同时根据分析结果可得，本科学校新闻专业排名(P=0.036)及本科专业(F=0.033)的 F 值均>0.05，故拒绝假设七、假设八，本科学校新闻专业排名及本科专业对获奖者就业单位类型有显著影响。

14.4.3　研究结论

研究从学缘关系的视角出发，借鉴教育学中学缘分析方法，针对长江韬奋奖获得者所做的量化分析，研究结果显示获奖者的学缘关系有如下特征：其一，获奖者在来源高校间分布不均匀，呈高度集中状态，集中的前五位高校是中国传媒大学、中国人民大学、吉林大学、复旦大学、武汉大学；其二，获奖者本科学校的层次呈现出比较明显的集中趋势，即向"985"工程、"211"工程学校集中；其三，获奖者毕业学校类型以综合类院校占绝对比例；其四，获奖者所学专业以文科类为主，新闻专业和中文专业占较大比例；其五，获奖者来源高校的区位分布不均衡，华北和华东地区高校的竞争优势明显。此外，学缘关系对新闻从业者未来就业及职业发展影响的卡方检验显示，本科学校层次和本科学校新闻专业排名对就业单位层次(全国性/地方性)有显著影响，本科专业及本科学校新闻专业排名对获奖者就业单位类型(报纸/广播/电视/通讯社/广电集团/网站/新媒体)有显著影响。

以上这些学缘特征反映出了获奖者在学历层次方面不断提升的趋势，参照 1997 年中国人民大学舆论研究所全国新闻工作者抽样调查的结论(大学本科学历 53.3%，硕士以上6.2%)①以及2012—2013年针对全国5家报业集团新闻从业者职业调查结论(本科学历83.3%，硕士以上15.4%)②，长江韬奋奖获得者在本科学历及硕士以上学历的比例显著提升，分别为97.2%，19.4%，可见高等教育近年来在人才数量规模的扩大上起到了突出作用。从新闻传播专业教育的角度出发，高校教育在培养新闻专业人才方面扮演了重要角色，不但输送了大量的新闻工作者，更是在专业培养方面促进了高素质新闻精英群体的出现。

从以上研究可以看到，高层次大学、综合类高校、学科门类多样以及华北、华东地区的高校在成才培养方面成果显著。结合对获奖者来源高校数量分布、学校类型以及专业实力的分析，这些高校均在教育资源、培养模式、师资结构、专业设置、课程结构、组织保障等方面有突出之处，学缘关系的卡方检验显示，获奖者接受的本科教育和新闻专业教育对新闻从业者未来的就业选择及职业发展也会产生显著影响，可见新闻人才的培养与学生取得的成功之间有着很强的联系。举例来说，在培养模式方面，以中国人民大学和武汉大学为代表，在新闻传播人才培养中就采用了大类培养模式，淡化专业分割，强调了宽口径的学科内融合。③ 在课程设置方面，清华大学课程结构体系由“三个1/3”组成，即分为英语或双语授课的语言课程，大数据和信息处理等前沿的技术课程，人文、自然、社会等综合素质的基础课程三部分；中国人民大学则打破原有专业壁垒的“课程包”体系，全面开展融媒体课程体系改造和相应的支撑平台建设。④ 在学用结构方面，北京师范大学联合北京奇幻科技和网易新闻学院在全国率先举办了“创意先锋沙龙暨VR创作工作坊”；复旦大学借用上海电视台建在校内的演播室和采编室等先进设备进行实战演习；中国传媒大学可让学生在校内实验室体验4K全媒体直播操作等。

通过对长江韬奋奖获得者学缘结构的分析，以及相关大学及专业人才培养模式的探讨，显而易见，人才培养模式的创新性举措和变革性探索与这些高校在高素质新闻人才培养方面取得的成绩显著相关。这也为高校新闻传播专业教育改革和人才培养体系建设提供了重要的参考与启示：

---

① 喻国明．中国新闻工作者的职业意识与职业道德[J]．新闻记者，1998(3)：10-17.

② 张志安，张京京，林功成．新媒体环境下中国新闻从业者调查[J]．当代传播，2014(3)：4-8.

③ 戴佳、史安斌．“国际新闻”与“全球新闻”概念之辩——兼论国际新闻传播人才培养模式创新[J]．清华大学学报(哲学社会科学版)，2014(1)：42-52.

④ 赵雅文．以“供给侧改革”创新驱动我国高校新闻传播教育的“新常态”[J]．现代传播(中国传媒大学学报)，2016，38(12)：137-140.

1. 明确新闻传播专业教育与成才培养间的紧密关系

对长江韬奋奖获得者的学缘分析说明，高校教育及专业培养在他们的成才过程中发挥着重要作用，不同层次高校、不同学科类型、不同专业培养模式对其今后的职业发展及取得成功之间有着显著影响。毕业学校的层次和新闻专业排名直接影响着新闻从业者对就业单位层次的选择，两个指标排名靠前的学生更可能去到全国性的媒体就业。新闻从业者所学专业及专业排名则对他们未来就业单位类型的选择起着重要决定作用，新闻专业教育在不同新闻工作类型中表现出的专业竞争优势有所不同，等等。明确新闻传播专业教育与新闻学子获得成功之间的紧密联系，有利于提高我们对本科教育及新闻传播专业教育的重视程度，有利于及时调整高等教育目标、学科结构、专业培养模式等以更好地适应今天对新闻从业者的新要求，更有利于未来新闻事业的向好发展。

2. 遵循新闻传播专业规律与发展趋势，构建跨专业融合育人模式

对获奖者的学科及专业分析我们看出，其人文社会科学专业特征依然明显，但从科学发展的历史来看，学科之间是需要相互渗透，不同学科之间学者通力合作，这样科学技术才更有重大突破的可能。① 同样地，新闻传播领域无论是理论研究还是实践研究，都急需不同专业间的对话。从人才培养的现实情况看，培养多学科知识的复合型人才比培养掌握多种技能人才的难度更大②，国内许多院校在这方面已经开始尝试打破学科壁垒，并取得了一致认可的成绩。如中国人民大学新闻学院推出了人才培养跨学科、跨媒体、跨文化的“三跨”模式，在本科教学中开设了新闻学—法学实验班、新闻学—国际政治实验班；复旦大学新闻学院打造了“2+2”模式，引入其他学科的基础教育体系，实现了新闻学科与其他学科的直接融合，等等。不同学科之间的交叉融合，不仅有助于拓展新闻传播学的学科疆界，更重要的是相关学科的研究范式、研究成果能够给予新闻传播学有益的启迪。

3. 坚守人文精神与通才教育，拓展学生丰富而深厚社会知识与体验

从历届长江韬奋奖获得者的履历来看，获奖者都拥有丰富的社会阅历和人文积淀，这也通常被看作是获奖者的必备条件之一。新闻传播教育不能仅培养学生的基础知识学

① 吴福光．教师队伍的学科结构和学缘关系[J]．高等教育研究，1991(4)：37-42.
② 董小玉，金圣尧．新时代新闻传播教育的变革[J]．当代传播，2019(1)：53-55.

习，更要培养其开阔的社会视野和独立人格。新闻传媒为公共利益服务的根本属性和引领社会价值的目标要求其从业者对社会有全面、深刻、准确的认识，承担社会瞭望者的责任。因此，新闻传播教育质量的提升必须重在帮助学生形成宽阔的知识视野和人格品德修养，作为大学教育的新闻传播教育，更应是一种完整人的教育、自由人的教育。①同时，培养新闻传播人才需要紧跟传媒业发展步伐，加强对学生的专业知识、职业技能和职业素养的教育，帮助他们理解和掌握最新的技术工具和业务技能。简言之，技能培养的同时，注重基础理论、科学方法的教育，引导学生关注自然、社会、人生的问题，重视批判思维、独立思考，重视开阔学生视野的通才教育。②

4. 合理配置人才培养资源，增加与调整不同区域教育资源的投入和分配

教育资源的分布不均是长期困扰中国教育事业发展的问题，研究结果也表明我国在新闻教育资源上的分布是不均的，华北、华东地区相比其他区域拥有较多的资源优势，对于新闻传播教育领域，资金不足一直是众多新闻院系在教学改革中面临的棘手问题。如前文所述，现有的资金及资源多集中在几所一流大学，不利于创造尽可能多的新闻传播人才高层次高质量培养平台，尤其是很多地方性院校新闻传播院系，严重存在专业设备短缺，设备状况不良，即便是一些重点高校，也普遍存在不能及时跟进业界变化，购买引进新技术产品的情况，实验教学因此也存在严重的滞后性等。③ 这些问题的解决既需要国家教育管理部门和各高校对新闻教育的大力支持，也需要各新闻院系自己努力争取更多的资金和办学条件。

5. 积极面对和适应融合时代对新闻传播人才提出的新要求

有调查表明新闻从业者对于当下新闻教育的满意度较低，多数新闻从业者认为当下的新闻教育观念落后，与业界脱节，培养的学生在新闻工作中并未显现出明显的专业优势。④ 这一问题充分说明融合时代对新闻传播人才的知识结构和能力结构提出了新要求，要培养具有传播融合意识和融合传播能力的新型人才。⑤ 如华中科技大学为适应信

---

① 阎立峰．新闻传播教育中的“变”与“不变”[J]．传媒，2014(14)：25-26.

② 张昆．一流大学传媒教育定位的困惑与思考[J]．新闻记者，2016(2)：54-59.

③ 蔡雯．新闻教育亟待探索的主要问题[J]．国际新闻界，2017，39(3)：6-18.

④ 高晓瑜、姚婧．新闻教育如何影响和塑造记者：新闻专业学生和新闻从业者记者角色认知的实证研究[J]．新媒体与社会(第二十二辑)，2018(11)：259-272.

⑤ 陈昌勇．卓越新闻传播人才培养规格论[J]．中国出版，2017(17)：48-51.

息时代对信息专业解读的需要，对新闻评论教育展开了在人才培养方面的系统性改革①；国外老牌传统媒体《纽约时报》每年大量招募能够生产和推高数据、视频、互动等新型新闻产品人才以适应需求等。② 近年来新闻业在融媒、智媒时代面临的危机已经逐渐传导到“象牙塔”内，甚至直接危机新闻学院的合法性，这就要求高校根据业界的需要，全面而适时地调整课程设置与教学内容。

总之，学缘结构从一个重要侧面反映了人才培养结构的状况，反映了现实的人才培养资源及其分布关系。对长江韬奋奖获奖者学缘关系的分析也从一个侧面反映出当下新闻传播专业人才培养及专业建设发展状况。如果说，在知识体系日益精密化、职业分工日益细密的今天，单一学科的知识积累和单个人的学术能力或素养难以适应并胜任当代新闻传播实践的系统性、复杂性要求③，那么，遵循新闻传播人才成长规律，遵循新闻传播事业发展和创新规律，从学科、专业、课程设置、资源分配等方面下手，创新新闻传播专业教育人才培养体系建设，丰富学缘多样性，充分发挥高层次新闻人才培养的示范作用，建设全媒化复合型专家型新闻传播人才培养体系，则是学界的愿景与目标。

（杨琳、李唐波）

---

① 张昆．新闻评论教育的“华科大模式”[J]．新闻记者，2018(6)：64-68.

② 史安斌，王沛楠．2019 全球新闻传播新趋势——基于五大热点话题的全球访谈[J]．新闻记者，2019(2)：37-45.

③ 王哲平．中国新闻传播教育：约束条件与可能的突破口[J]．现代传播(中国传媒大学学报)，2014，36(10)：135-139.

第15章　新闻传播教育改革前沿

15.1　武汉大学新闻与传播学院本科教育的改革与创新

武汉大学新闻与传播学院的前身为创办于1983年的新闻学系，2000年12月成立新闻与传播学院。30多年来，学院一直秉承培养"有思想的新闻人、负责任的传媒人"的教育理念，探索出一条"厚基础、重实践"和"有独立思想、有责任担当"的新闻传播人才培养新路。

15.1.1　以本科教育为中心，着重培养"有思想的新闻人、负责任的传媒人"

本科教育是大学教育的基础和根本，它是学校办学好坏最重要的评价指标之一。武汉大学新闻与传播学院历来重视本科教育，将其放在全院工作的优先位置，并通过各项规章制度将以本科教育为中心落到实处。

1. 本科教学是全院的核心议题

本科教学是学院工作的中心，学院领导班子高度重视本科教学，使本科教学成为全院的核心议题。每周召开的党政联席会议都会讨论与本科教学管理相关的事宜；学院领导加入学院实践教学领导小组，参与本科专业实习管理及实践基地建设；学院严格落实领导听课、教师互听课制度，规定学院党政领导每学年至少听课4门，此举使学院领导巡视本科教学、走进本科课堂听课成为常规科目；为了提升本科教学管理工作，学院成立本科教学指导委员会，充分发挥专家对本科教学的指导作用，并不定期召开学院本科教指委专题会议，仅2019年一年时间就召开了9次会议；学院坚持以人为本，组织学生座谈会，分年级召开师生座谈会，充分听取来自学生的声音，了解学生对本科教学的意见。

2. 用制度规范本科教学

为了更好地规范本科教学，学院加强和深化了制度建设，下发了《新闻与传播学院关于改进与加强本科教学的意见》(2015)、《新闻与传播学院关于本科教学课程助教制的管理办法》(2015)、《新闻与传播学院本科学生素质综合测评实施办法(试行)》(2017)、《新闻与传播学院本科生专业选择实施办法》(2019)、《新闻与传播学院接受转专业学生细则》(2019)、《关于成立新闻与传播学院本科教学指导委员会的通知》(武大新文字〔2019〕6 号)、《新闻与传播学院实习实训专项经费管理办法(试行)》(武大新闻字〔2019〕2 号)、《新闻与传播学院关于促进马克思主义新闻观实践教育的办法》(武大新闻字〔2018〕11 号)、《关于公布 2018—2020 年部校共建规划教材立项结果的通知》(2018)《关于公布 2019 年部校共建本科项目验收结果的通知》(2019)等教学相关文件，对学院教指委职能、实习实训经费使用、教研管理、马克思主义新闻观教育等方面做出明确规定。这些教学管理文件的发布，让“制度”在本科教学管理中扮演更加重要的角色，使过去的“无章可循”逐渐变成“照规矩行事”，使过去比较“软”的本科教学管理开始变得“硬”了起来。

3. 加强对本科课堂教学的质量监控

为了确保本科教学质量，学院采取如下措施，加强对本科教学的质量监控：

其一，在新版本科人才培养方案中设置平台选修、专业选修课程，鼓励一门课程多位老师同时开班；规定平台选修课少于 30 人、专业选修课少于 20 人不得开班，促进院内教师教学良性竞争。

其二，教学科研型教授每学年至少主讲一门本科生课程；尽可能压缩每门课的课堂容量，保障本科教学质量；限制课堂人数，尽量多地开设小班(专业必修)课程。

其三，加大教学效果在教师评价体系中的权重，将教学评价纳入职称评定体系和评奖评先体系，激发教师讲好本科课程的积极性。

其四，狠抓教学管理环节，确保课堂教学质量。修订本科人才培养方案，制定落实专业发展规划，不定期召开专业建设研讨会(一般一学期不少于两次)；组织教师开展教学改革研究，关注课程及教材建设；注重教学团队、梯队建设，发挥老教师的“传帮带”作用，对青年教师进行教学指导；注重教学大纲、教学日志等教学文件的规范、完整，定期检查课堂教学的执行情况。

其五，学工口党委副书记、主管教学副院长带领本科生工作办公室，加大对学生课堂教学、期末考试检查力度，并将本科课堂巡视和本科随堂听课作为一项制度加以规定。如2019年教学副院长及学工口党委副书记到本科课堂听课21次、课堂巡视19次。

其六，为了强化对本科教学过程的管理，学院成立了本科教学督导小组，小组成员一般由治学严谨、教学经验丰富和热心教学工作的专家组成。教学督导深入课堂，每周听课时间不少于两个学时，并在每次听课后都会与任课教师交流心得；分年级召开学生座谈会，了解学生对本科教学的意见；向学院提交听课报告、专项检查报告；组织、参加青年教师座谈会，听取他们对本科教学的意见。此外，督导还参与教学常规检查，重点检查教学大纲、教学日志等，并不定期抽查期末试卷、实习(实验)报告、毕业论文(设计)等，以发现日常教学工作中存在的问题，找出影响教学质量的原因，提出改进建议并形成书面报告。

4. 对专业实习的规范化管理

学院高度重视专业实习，组建稳定的专业实习教学团队，建立起稳固的专业实习基地，对专业实习全程进行规范化管理，使专业实习成为学院本科教学的一张名片。

其一，形成稳固的专业实习教学团队。从2001年开始，学院正式下文成立实践教学指导小组，组成由学院领导、专任教师组成的专业实习教学团队，负责全院新闻学、广播电视学、播音与主持艺术、广告学和网络传播的专业实习。该教学团队在业界拥有广泛人脉和较大影响，爱岗敬业，协同配合，深受学院、实习接收单位和实习生的好评。

其二，建立起稳固的专业实习基地。在全国较早由学校或学院出面，与北京、上海、武汉、长沙、广州和深圳六地的主流报刊社、广播电台、电视台、门户网站和著名的广告代理公司签署正式协议，共建稳固的专业实习基地，有组织、集中地进行专业实习。截至2019年年底，学院已与中央广播电影电视总台、人民日报社、经济日报社、光明日报社、中国青年报社、人民网、新华网、腾讯、新浪、网易、搜狐、搜房、凤凰网、今日头条、二更视频、南方报业传媒集团、广东广播电视总台、广州日报报业集团、羊城晚报报业集团、深圳特区报报业集团、深圳广电集团、湖南电广传媒集团、湖北日报传媒集团、湖北长江广电集团、广东省广告集团、华扬联众数字营销集团、钛铂新媒体公司、互通国际传播集团、三人行广告公司、利欧数字集团和CCE数字营销公司等40多家媒体、门户网站和著名的广告代理公司(数字营销公司)签订了正式的专业实习合作协议或建立了合作关系。

其三，对专业实习的全程控制与跟踪。从征求学生实习志愿，到学院实践教学指导小组教师奔赴各实习单位落实名额；从召开学生实习动员大会，到实习指导教师的中期检查、巡视；从实习成绩的评定，到全院实习总结、表彰大会的召开，再到《本科生优秀实习成果汇编》的编纂等，上述每个环节、步骤都体现了对专业实习的全程控制与跟踪。

15.1.2　师资队伍建设、教材建设和教学研究创新是学院本科教学的支点

注重师资队伍建设中三种“结构”的合理配置，形成学校规划教材、部校共建资助教材和学科特色教材的多层级合理搭配，新闻传播教学研究创新，这是学院本科教学的三个支点。

1. 注重师资队伍建设中三种“结构”的合理配置

学院十分重视从国外(境外)和国内知名高校引进高层次人才，也很注意完善现有教师的知识结构，注重师资队伍建设中三种“结构”的合理配置。

其一，学科结构的合理与学缘结构的多元。学院从国外(境外)和国内知名高校引进高层次人才，非常注重学科结构的合理与学缘结构的多元。所谓学科结构的合理，对人才的引进不再局限于新闻传播学专业，更加注重招聘心理学、社会学、计算机科学、法学、经济学、管理学等专业人才，以达到学科交叉、专业互补的目的；所谓学缘结构多元，强调教师队伍的来源多元化，避免同一院校的教师比例过大，尤其避免“近亲繁殖”。为此，学院明确规定本校博士研究生不再留校任教。

其二，优化现有师资的知识结构。针对青年教师存在的理论储备丰富、实践经验不足的问题，学院于 2011 年实施“双一计划”：学院每年拨出专项经费，资助 1975 年以后出生的青年教师至国外一流大学进修一年，到新闻传播业界挂职锻炼一年，并把这项规定作为教师晋升副高级以上职称的必备条件。这项战略性工程正式实施后，极大地拓宽了青年教师的知识视野，促进了其知识结构的合理。

2. 以教材建设为突破口

教材是学校教学、科研水平的重要体现，也是衡量一个学院办学水平的重要指标。学院以教材建设为突破口，形成学校规划教材、部校共建资助教材和学科特色教材的多层级合理搭配。

其一，以学校规划教材为引导。此前国家级规划教材对全国各高校的教材建设具有重要的指引作用，“十三五”以后教育部不再搞国家级规划教材，国内各高校加快对学校通识课、专业主干课的教材建设。在此背景下，武汉大学开始设置学校规划教材，以促进各院系的教材建设。学院先后有 9 种教材入选“武汉大学规划教材建设项目”，即《电视节目评析》《大互联时代媒介经营与战略》《广告管理学》《融合新闻写作》《数字营

销传播原理与实务》《世界广告通史》《新媒体素养》《外国新闻传播史》《数字媒介视觉传播》。这些教材的入选有力地推动了全院的教材建设，具有重要的指引作用。

其二，部校共建资金保障本科教材建设。从 2016 年开始，学院启动部校共建资金，重点资助本科教材建设项目，总计投入经费 107 万元，立项建设 22 种本科教材——《简明中国新闻史》《世界广播电视史》《世界广告通史》《外国新闻传播史》《电子媒介发展史》《媒介调查与分析方法》《传播内容数据分析与 SPSS 统计应用》《数字营销传播原理与方法》《数字媒介视觉传播》《质化研究方法》《数字媒介技术基础》《数字媒介产品策划与运营》《网络数据分析基础》《媒介传播通论》《数据新闻》《网络传播研究导论》《新媒体经济学》《经典广告案例赏析》《公共关系学》《融媒体新闻评论》《新媒体环境下的社会生活报道》《融合新闻编辑》。

其三，鼓励独具学科特色的本科教材编写。学科特色教材一方面关注前沿问题，另一方面则独具专业特色，因而学院鼓励学科特色教材建设。学院的学科特色教材有三大系列：一是“新闻传播史系列教材”，包括《简明中国新闻史》《世界广播电视史》《外国新闻传播史》《世界广告通史》《电子媒介发展史》（以上教材已出版多本）；二是“新媒体系列教材”，包括《新媒体概论》《新媒体技术》《Web 技术原理与应用》《新媒体内容生产与编辑》《新媒体营销》《网络视频的拍摄与制作》《新媒体运营》《全媒体新闻报道》《新媒体广告》（以上教材已全部出版）；三是“广告与新媒体系列教材”，包括《世界广告史纲要》《平面广告设计基础》《广告调研与数据分析》《广告创意与表现》《广告策划》《营销传播文案写作》《广告经营与管理》《广告效果测评》《数字营销传播概论》《Web 数据分析》《数字媒体运营》《数字媒介视觉传播》。

3. 以教育调研为抓手，探讨新闻传播学本科课程体系和人才培养创新

学院始终坚持以马克思主义新闻观为指导，启动多项大型教育调研活动，积极推动新闻传播学本科课程体系改革，探索新闻传播人才模式创新。

其一，启动三项与本科教学关联紧密的大型教育调研活动。国内新闻传播学本科专业核心课程构成调研：专业核心课程是国内当前新闻传播教育人才培养方案改革的重要基础，为此学院组织调研小组对国内 59 家重要新闻传播院校的 21 位院长、副院长展开深度访谈和对 182 位系主任、副主任进行问卷调查。开展湖北省新闻传播教育和高校马克思主义新闻观教育调研：为系统了解湖北省新闻传播教育状况和湖北省新闻传播院校马克思主义新闻观教育现状，学院组织调研小组，对湖北省高校进行调研，并发布《湖北省高校新闻传播教育调研报告》和《湖北省新闻传播院校马克思主义新闻观教育调研报告》。

其二，出版理论著作，探讨实践教学与新闻传播人才培养的创新。强月新、周茂君主编《实践教学与新闻传播人才培养创新研究》(2018 年由科学出版社出版)，从培养理念与整体构想、教学体系与人才培养检讨、基地建设与专业实习、业界论人才需求和他山之石五个方面，对实践教学与新闻传播人才培养创新展开系统、深入的探究。

其三，承担湖北省、武汉大学教研项目，探讨本科教学规律，成果丰硕。仅 2018 年、2019 年，学院教师共承担湖北省教育科学规划重大招标课题“新闻与传播类专业人才培养改革与评价研究”、湖北省高校省级教学改革研究项目“融合新闻生产课程体系改革与创新研究”和武汉大学教改项目“‘卓越新闻传播人才教育培养计划 2.0’研究”“新闻传播学本科专业核心课程体系构建研究”等；在国内重要学术期刊发表《全球传播研究的学术使命、想象力与新思维——宾夕法尼亚大学安纳伯格传播学院 Marwan Kraidy 教授访谈》《互联网历史学的前沿问题、理论面向与研究路径——宾夕法尼亚大学杨国斌教授访谈》《绕轴翻转：媒介融合时代广播电视教育的理念革新与范式转型》《我国教育舆情监控与引导的现状分析及策略》《我国新闻传播学本科专业核心课程设置研究——基于 55 家院校调查数据》《媒介融合背景下的新闻传播人才培养》《高校马克思主义新闻观教育现状、问题与对策——基于湖北省 29 所高校新闻专业院系的调查》《数字时代中国新闻传播学本科核心课程的变化与问题——基于 21 位院长访谈的研究》等 18 篇教学论文。

15.1.3　本科教学成效：培养出合格的新闻传播专门人才，用人单位好评，总体就业率高

1. 培养出政治上合格、业务上专精的新闻传播专门人才

学院旨在培养出政治上合格、业务上专精的“有思想的新闻人、负责任的传媒人”。作为第一批省部共建新闻学院试点单位，学院以“马克思主义新闻观大讲堂”为载体，突出新闻宣传在思想政治工作领域的作用，创新本科教学模式，将党员教育、马克思主义新闻观教育与专业实践相结合。2015 年，学院增开“实践中的马克思主义新闻观”课程，作为学生的指定选修课，邀请省级领导、新闻界学者及业界精英，向学生讲授马克思主义新闻观理论知识，介绍国情、省情、社情。在 2018 年版本科人才培养方案中将“马克思主义新闻观”确定为平台必修课。

2. 用人单位好评

武汉大学新闻学子的专业实习得到用人单位的广泛好评。用人单位普遍反映武汉大

学学生虚心向学、不怕吃苦、认真踏实，并且具有独立的思想、肯探索、专业能力过硬、自主学习能力强，能够快速适应各个岗位的工作。广东省广告公司前总裁丁邦清说：“同学们在实践中把理论学习的成果与当今传播、品牌、营销的前沿的动态相结合，这样他们就形成很强大的实践意识和实践能力。”南方周末前总经理毛哲评价道：“武汉大学的学生有自己比较鲜明的学校的特色，基本的理论素养和专业知识是非常强的。”

学院自创建以来，培养了一大批行业精英和新闻传播业领军者。据中国记协统计数据显示，武汉大学新闻传播学专业毕业生获“长江韬奋奖”人数总数位列全国高校同类学科第三。毕业生中还涌现出“卧底富士康28天，破解八连跳之谜”的一线记者，以及怀揣公益理想开创“种太阳”关爱留守儿童公益组织的优秀志愿者。

3. 总体就业率高

2017—2019年，新闻与传播学院本科毕业生共582人，其中考取或推荐免试攻读硕士学位研究生133人，申请并获批出国、出境留学136人，各种形式就业285人，总体就业率为95.8%，在全国同类高校中名列前茅。

（周茂君、柏茹慧、杨力）

15.2 西北政法大学新闻传播学院的改革举措

西北政法大学是著名的“五院四系”之一，被誉为中国法学教育的最高学府和顶级殿堂，学校前身是1937年中国共产党在延安创办的陕北公学。从陕北公学起步，历经延安大学、西北人民革命大学、西北政法干部学校、中央政法干部学校西北分校、西北政法学院等时期，学校于2006年11月正式更名为西北政法大学。

1959年，在曾任晋豫日报社、新华通讯社太岳分社社长，时任西北政法学院副院长的何微先生的直接领导下，该校创办了西北地区最早的新闻学专业。1964年因国家高等教育调整而停办。1999年，在何微先生的大力支持下，新闻学专业复办，新闻传播教育得到快速的恢复与发展。2003年，新闻传播学院成立。

学院拥有新闻传播学一级学科硕士学位授予权(下设4个二级学科授权点)和新闻与传播专业硕士学位(MJC)授予权，其中，“法制新闻与传媒法”和“网络政治传播学”是西北地区最早设立的具有鲜明学科交叉特色的硕士学位授权点；设有新闻学(法制新闻)、广播电视学、编辑出版学、网络与新媒体、广播电视编导和戏剧影视文学6个本科专业。新闻学专业先后获批国家级特色专业、国家专业综合改革试点项目和陕西省一流专业建设项目，是全国重要的法治新闻人才培养教育基地。

15. 2. 1　发展概况

1. 办学理念

依托学校法学教育的优势资源，坚持服务国家与社会发展、区域经济与行业需求的办学方向，遵循“法治信仰、中国立场、国际视野、平民情怀”的育人理念，按照“通晓新闻、熟悉法律、注重素养”的人才培养定位，强调人才的特色发展。培养具有马克思主义新闻观、社会主义法治理念与社会责任意识，具备扎实的新闻传播学理论功底、熟练的新闻传播实践技能与一定的法学专业功底，富有人文情怀、创新意识与国际化视野，在全媒体时代能够适应媒介融合需求的德才兼备的高素质、应用型、复合型新闻传媒专业人才。

2. 发展思路

(1)传承陕北公学红色基因，坚持老延大精神。通过校史教育、专业课程、社会实践等方式将马克思主义新闻观教育融入人才培养全过程之中。

(2)学科结合、交叉融合特色明显。在本质追求上，培养学生对公众负责、对社会负责、对历史负责的责任感和使命感；在能力要求上，培养逻辑思维与批判思维。

(3)立足西部，服务区域社会发展，开展紧密联系社会实际的科学研究和实践项目，培养具有坚定信仰、熟悉西部地区、掌握全媒体传播技巧、具有国际视野的特色新闻传播人才。

(4)通过调整培养方案、改革教学方法、构建立体的实训实习体系以及推进创新创业教育等方式提升学生在全媒体时代的实践创新能力。通过广泛开展社会合作及国际合作的方式，创新新闻传播专业人才培养模式。

3. 师资队伍

近年来，学院通过人才引进，鼓励教师深造、国内外访学、媒体挂职等多种方式，积极改善师资结构，先后引进和培养了一大批具有博士学位并熟悉传媒实践的骨干教师，聚集了一批在新闻学界、业界具有一定影响力的专家、学者。

学院现有教职工 70 人，其中教授 12 人(陕西省百人计划和千人计划入选者 3 名、二级教授 4 名、三级教授 3 名)、副教授 21 人、其他专业技术人员 37 人。先后柔性引进教育部长江学者 1 名、陕西省百人计划短期项目入选者 1 名、浙江省钱江学者 2 名为特聘教授和客座教授，并于国内外知名高校聘请兼职教授 24 人。教师中有多人担任国家级学会的副会长、常务理事及省级学会的正副会长、常务理事。

实务导师队伍建设成效显著。学院先后从人民日报社、新华社、中央电视台、法制日报社等媒体和宣传部门聘请业务能力强的高水平资深专家 30 余人担任学院的实务导师和客座教授。

15. 2. 2　人才培养

1. 办学规模

学院在校学生人数已达 1450 余人，其中本科生 1300 余人，硕士研究生 150 余人。近 3 年，学院就业率均在 95%以上，境内外升学率达 20%。众多毕业生主动留在西部地区就业，其中，40 名同学志愿去新疆、西藏等最艰苦的地方，为西部地区发展作出了积极贡献。

2. 教学改革

学院从 2001 年起全面推行“复合型人才培养模式”，取得了明显成效，相关成果获得省级教学成果奖特等奖 1 项、一等奖 1 项，众多毕业生已经成为中央电视台、新华社、人民日报社、陕西日报社、今日头条等主流媒体、新媒体的业务骨干。

2013 年以来，学院以卓越新闻传播人才教育培养计划的要求为指引，直面人才培养中存在的问题，全面修订本科人才培养方案，在通识课的设定上确立包含法学、文学及其他人文学科和边缘学科的课程模块，提升学生的社会科学与人文科学素养，培养学生思辨能力。增设“新闻传播学研究方法”。在打通各专业核心课程的基础上，加入“数字媒体技术”“网络与新媒体概论”“融合新闻学”“出版与数字出版概论”等必修课程以及“数字多媒体作品创作”“新媒体数据分析与应用”“网络舆情监测与研判”等偏重全媒体实践能力培养的新课程，有效地帮助学生建构其适应全媒体时代行业需求的专业知识结构。

学院注重发挥兼职教授的作用，每年举办专业前沿讲座 30 余场；注重加强海外学术交流，邀请来自康奈尔大学、密苏里大学、威斯敏斯特大学和天普大学等知名院校的教授为学生开设科研工作坊与国际化课程，拓宽学生的学术视野与国际视野。

3. 实践教学

学院响应媒介融合时代的行业发展需求，采用多种手段，提供覆盖校园媒体实训平台、校内外媒介技能与应用大赛、企业实习实训、社会服务项目、创新创业实践等多层次多种类的实践形式，建设产学研结合的立体化实践实训体系，打造卓越新闻传播人才的核心竞争力。

(1)开展丰富的工作坊教学实验：组织开设了“3DMAX”“3D 摄像技术”“H5 交互式新闻内容制作”等前沿媒介技能专业进阶工作坊，在工作坊教学中，通过案例研讨、项目研讨等方式，营造开放氛围，提升学生对前沿知识的熟悉程度和自主学习的能力。

(2)建设校内外互动实训平台：学院鼓励学生自主创办的《闻新周报》《西法大radio》《新锐传媒》等校园媒体实践平台，全年生产各类新闻作品逾千条；开展新闻采访、出版物设计、配音与纪录片大赛等各类专业技能竞赛。其中，“西北政法大学主持人大赛”已连续举办 19 届，成为陕西高校具有品牌效应和影响力的校园大赛，每年都吸引了省内外高校学生的踊跃参与。

(3)利用社会资源协同育人：在人民日报社、新华社等主流媒体和宣传部门建立国内实习实训基地 32 个。在德国 DCKD 德中艺术设计交流协会设立海外传媒实习基地 1 个，已有 5 批师生 20 余人完成了在 DCKD 的工作任务，并获得 DCKD 协会的极大好评。与人民日报海外网、法治周末报社、四川省广播电视台、西安市广播电视台等媒体合作并独立承担 4 个(频道/版面)栏目的节目制作。

(4)开设卓越新闻传播人才创新实验班和卓越法新复合型人才创新实验班：以卓越新闻传播人才和法新复合型人才为最终培养目标，采取与法学院联合培养的模式开展实验教学。实践班聘请业界知名专家、记者、管理者、策划人走入课堂，开展专业与行业联合教学，坚定学生马克思主义新闻观、增强社会责任感。实验班课堂教学内容凸显法新结合特色设计，授课教师既有新闻学专业师资，也有法学专业师资，借法学与新闻学融合教学，帮助学生打破专业壁垒。

4. 教学平台

学院“现代传播实验中心”成立于 2005 年，为陕西省唯一同时获批“省级实验教学示范中心”与“省级虚拟仿真实验教学中心”的高校传媒类实验室。中心实验室总面积近 2000 平方米，实验设备总价值逾 2000 万元。学生可以实践 4K 拍摄剪辑、融合媒体制作、大数据舆情监测、VR 与智能应用等先进技术。目前，学院依托现代传播实验中心成立了“跨媒体协同创作实践基地”“3D 与新媒体影视创作基地”和“大学生文化创意基地”等教学实践平台。

15. 2. 3 科研研究

1. 科研特色与成果

学院已形成以法治新闻与传媒法、网络政治传播学、跨文化传播与社会心理传播研究为主干的特色研究方向。其中，法治新闻与传媒法方向积累最深厚，主要围绕新闻传播学与法学的交叉部构筑自己的研究领域，注重对前沿问题的协同攻关，聚焦法制新闻传播理论与实务、传媒法(含新闻侵权法、著作权法、广告法、新媒体法律制度等)、版权贸易、传媒文化与文化传播等研究领域，产出了一批高质量学术成果。

近年来，学院获批各类纵向科研立项近 100 项，其中，国家社科基金和教育部科研项目 10 余项，陕西省社科基金和司法部、国家民委等省部级科研项目 40 余项。目前在研国家社科基金项目 7 项，省部级项目 14 项；横向科研项目近 60 余项，科研经费累计逾千万元。在《现代传播》《新闻大学》《当代传播》等国内核心期刊上累计发表学术论文和出版专著近 100 篇(部)，先后获得教育部、陕西省和国家一级学会等科研奖 50 余项。

学院注重对外增强学术交流和互动，近 5 年成功举办各类学术研讨会近 20 余次。学院积极创办与建设各类科研平台，先后创办并出版了学术集刊《法制新闻研究》(2015 年起更名为《传媒法与法治新闻研究》) 8 辑、《何微新闻奖优秀论文选》3 辑 ，在学界和业界均产生了一定影响并获得了很高声誉，学院也由此逐步成为西北地区新闻传播科学研究的重要阵地之一。

2. 研究平台

学院建设有陕西省哲学社会科学重点研究基地“社会政策与社会舆情评价协同创新研究中心”；与国家统计局中国统计信息服务中心共建“大数据与舆情监测研究中心”，同时设立了法制新闻研究所、传媒法研究所、网络政治传播研究中心、传播心理与应用研究所、戏剧影视艺术研究所、文化艺术交流与文化产业研究中心等 7 个校级学术机构，为学院的科学研究奠定了坚实的基础。

15. 2. 4 社会服务

学院现为中国新闻史学会新闻传播教育史专业委员会常务理事单位、中国法学会法治文化研究会常务理事单位、中华全国法制新闻理论研究专业委员会副主任委员单位、陕西省新闻传播教育学会会长单位、陕西省法学会传媒法治研究会会长单位。

近年来学院连续举办“中国传媒法治建设高峰论坛”“‘立格联盟’新闻传媒学院院长论坛”“‘何微法治新闻奖’研究生论坛暨新锐青年学论坛”“陕西省公检法司‘双微’传播力榜单发布会暨新媒体与政法舆情论坛”等服务于业界实务与学界人才培养的交流活动，并承担各类政府机关、公检法司单位新闻宣传相关专业类培训数十场。

学院组织学生以专业实践技能积极参与社会服务与社会实践项目。例如，由学生参与完成的“半壁山镇借助新媒体提升基层党建与社会公共服务”项目被新华社、中新社、人民网等央媒报道后，产生较大社会影响并获团中央表彰；2019 年学院赴攀枝花市暑期实践队荣获全国社会实践优秀团队称号；在“2016 年全国大学生微电影夏令营活动”中，学院代表队获得特等奖、一等奖等多个重要奖项，并获得优秀组织奖。学院多个实践平台以校企协作、剧目公演等方式实现繁荣文化市场、服务社会的效果，其中，学生原创作品《汉隶张汤》和《庄严的审判》等剧目先后赴延安、西安和陕西省法治文化季巡演并获陕西省“五个一”文艺作品奖，剧本与公演录像光盘已正式出版。

在 2017 年教学评估与学科评估中，学院建设特别是实践教学的开展情况获得评估专家的高度评价：“实践教学具有特色鲜明、体系完整、内涵丰富、层次分明的特点，基本覆盖全媒体时代的人才培养全过程，具有示范意义。”

（西北政法大学新闻传播学院）

15.3　河北大学新闻传播学院的改革探索

河北大学新闻学院创建于 1981 年，是改革开放后兴办的全国首批新闻学专业之一，2000 年成立新闻传播学院，设有新闻学、广播电视学、广告学、编辑出版学、播音主持等五个专业，2006 年获得新闻传播学一级学科硕士学位授予权。2007 年新闻学专业被评为教育部首批国家级特色专业。2010 年获得新闻与传播、出版专业硕士授予权。2011 年获得新闻传播学一级学科博士学位授予权。2013 年新闻学专业被评为河北省重点学科。建设有河北省城市传播研究院、河北大学跨文化研究中心、河北省文化产业与社会服务研究基地、河北省文化产业研究中心、新闻舆论研判平台等学术平台，与国际多所著名新闻传播院系有着密切的交流合作关系。

15.3.1　卓越新闻传播人才培养方面的探索

在保持新闻传播学院原有厚基础、宽口径人才培养特色的基础上，积极探索复合型、国际化专业人才培养的新路径。顺应教育变革，学院各个专业的人才培养方案制定过程中强调因材施教、分层教育，以“361”人才培养目标为指引，即培养30%的拔尖创新型专业人才、60%复合型应用人才和10%国际化专业人才。

1. 马克思主义新闻观和“课程思政”教学方面的创新

学院积极开展课程思政建设工作，努力打造具有新闻学院特色课程思政模式：寻找结合点、提升显示度、实践沉浸性。

(1)学院在评论课程的基础上整理“马克思恩格斯对中国问题的评论”并录制成高质量的音频共同学们学习研读，编辑出版《人民日报社论注释》，让同学能系统学习《人民日报》的社论以了解国内国际形势、关注政治、经济、文化等问题，树立道路自信、制度自信、理论自信、文化自信。

(2)开展马克思主义新闻观现场教学活动。新闻传播学院依托太行山根据地和晋察冀根据地的红色新闻资源，相继在保定阜平、易县、石家庄平山、邯郸涉县等地建立了几个教学实践基地和红色新闻研究所，定期组织学生走出去学习和体验。学院与一些新闻结构建立密切合作关系，组织学生定期到新闻单位参观学习，既要了解党的新闻事业的发展历史，也掌握现在、关注未来媒体的发展。

在“中国新闻事业史”课程中坚持“一来二去”的思政教育：请进来、走出去、融进去。在中国新闻事业史的课程教学之外，邀请一些著名的新闻工作者或者新闻工作的研究者走进课堂，使同学们更深刻地认识到中国新闻事业的发展情况和老一辈新闻工作的奋斗精神；邀请新闻一线的工作者进入课堂进行讲座交流，进一步提高同学们树立责任意识和担当精神……任课教师带领学生重走《晋察冀日报》办报路线、到涉县西戍镇红色新闻小镇交流学习、参观马兰村、花村等办报地，学生通过实践进一步了解了中国共产党的新闻发展历程和老一辈新闻工作者为之付出的艰辛和努力。

(3)培育马克思主义新闻观史论融合的教学模式。学院先后与复旦大学新闻学院、中国人民大学新闻学院、河北省宣传部等联合进行马新观教育研讨及实践、太行红色新闻资源调研等活动，得到了社会的广泛关注，更重要的是参加活动的师生从中接受直接的思想教育。如在2019年4月与复旦大学新闻学院举办了“传承红色基因与马新观调研与现场教学”活动；2019年8月与中国人民大学新闻学院联合举办了“太行山红色新闻文献调研”活动等被多家媒体报道，得到了中宣部、河北省宣传部的高度评价。

2. 建设新闻传播人才融合创新工作坊

(1)与第一课堂教学相结合，开展分层次的实践教学。遵循人才培养规律，倡导学生的实践教学在多个层次上开展。通过聚焦学生的校内实践环节，探索模拟和实战两个层次的校内实践教学模式。模拟环节基于虚拟仿真的教学理念，依托各类专业比赛，师生有效组织配合，让学生在各类全国性大赛所提供的模拟实践机会中实现对知识和技能的综合应用训练；校内实战环节，依托团队搭建的校内实训平台，让学生不离开校园就能体会到真实的社会实践。

(2)参赛——让学生在全国性大赛中提升自身的专业综合素质。近年来，广告学专业有组织的指导同学们参加"全国大学生广告艺术大赛""中国大学生广告艺术节学院奖""时报金犊奖" "The One Show——金铅笔"等国际性和全国性的广告比赛，共取得金银铜及入围奖、优秀奖等超过千项。

(3)校内实训——为学生打造校园内的实战平台。依托河北大学的优质资源在校内搭建学生实训平台，使学生走出课堂但不离开校园即可与社会接轨与行业同步，能有效打破学校与行业与社会间的壁垒。目前已完成两个校内实践平台的搭建。

一是依托河北大学文化产业研究院而创立的本科生创新实践教学平台，以"大师+工作室+项目实践"的模式开展人才的创新培养。依托文创中心的学生实践教学平台注重发挥"大师"的引导作用，邀请文化产业相关领域大师亲身指导学生的创新实践，同时倡导用中心签约的真实项目为学生提供"接地气"的实习实践机会，让学生把作业写在大地上，全面提升学生的综合实践创新能力。

二是与河北大学创新创业指导中心合作建立的燕赵优秀文化传承与创新传播平台。探索以天然、绿色、无污染的"天然染色工艺"为依托，以传播"燕赵优秀文化"为目的，开展教师为主导学生为主体的创新创业项目实践，让学生在实践中全程参与一个文创产品从创意开发、模型设计、生产制作、营销传播。将自己在第一课堂所学的知识和技能进行全程化系统性应用。在实践过程中还能够了解和传承燕赵优秀文化。目前，该平台已完成建设并开展了第一期工作坊。

3. 建设全国性的有声语言实践教学平台

采取多种方式，建设有声语言教学实践平台，一是承办河北省语言文字工作委员会与河北大学联办的"新声"大学生语言文化艺术节，已举办两届，参赛学校由 10 余所增加至近 30 所，成为全国有影响的有声语言教学平台；二是结合有声语言的教学特点，形成"赛事 · 巡演 · 实践"的教学相融合的思路。学院创建了"播音主持艺术团"，学生们用原创作品朗诵"绘制英雄图谱，讲好中国故事"，通过讲英雄故事、诵经典文化，让人们爱上普通话，领悟汉语所蕴含的音韵美和内涵美，更让英雄故事深入人心。团队先后走进贫困地区、走进小学、走到田间地头，为社会贡献青春力量，为各界人士送去艺术享受。同时，组建了“马恩经典著作”录制团队，学习经典、传播经典。首批录制的作品包括马克思、恩格斯发表的关于中国问题的论述一共18篇。

4. 开设冬奥体育项目特色人才培养项目——解说通道班，填补国内冰雪项目解说员培养空白

为服务2022年北京冬奥会，填补我国冰雪运动解说人才培养空白，在学校和学院各级领导的大力支持下，播音与主持艺术班的同学们获得了与芬兰凯撒卡里奥体育学院、张家口学院冰雪学院联合建立“冬奥体育项目解说通道班”的机会。2019年9月，第一批赴芬兰进行冬奥冰雪项目交流学习的团员已经成功抵达，开始了他们为期3个月的高水平培训，学习最前沿的冬奥体育解说知识和训练方法。此外，艺术团还邀请了全国冠军、国家队教练以及冰雪体育赛事专家来该校行“冬奥体育项目解说”系列大讲堂。该通道班的建设不仅助力培养艺术团学生的专业精神和体育运动精神，更会成为后奥运时代该领域人才培养的重要基地。

15.3.2　培育特色科研方向

在科研管理方面，学院主要的改革是拟订了科研战略方向与实施了大成果、大项目与大平台推进计划。

1. 确立了学院科研战略方向

经过学科骨干对河北大学新闻传播学院SWOT(优势、劣势、机会与威胁)分析的基础上，认为学科特色构建的背后是团队，团队构建的基础是人才。新闻传播学院人才队伍建设要与学科特色培育相结合，通过人才队伍的凝聚与学科特色的培育，在全面提升科研创新能力的基础上实现新闻传播学院的差异化发展。拟定了四个发展包括中国共产党新闻史、传播与京津冀区域发展、文化传播与数字传播。这些发展方向，将以团队的形式展开研究。

2. 实施高端学术成果推进计划

一个学院在顺应时代潮流、立足本土资源与挖掘自身人才潜力的基础上建构出独特的发展方向，方能立于不败之地。为使学院推出更多具有竞争力的成果，实施了大成果、大项目与大平台推进计划。主要包括：培育高端学术成果计划，即通过课题立项的方式推动学院教师多发表CSSCI以上期刊的论文；培育重大项目计划，为扶持和引导教师积极开展科学研究工作，做好前期积累，设立了学院培育项目；平台提升计划，继续推动三个智库——跨文化传播中心、河北城市传播发展研究院以及河北文化产业发展研究中心建设，一方面可以凝聚研究方向、培养人才；另一方面可以培育大成果与大项目。

15.3.3　国际化发展方面的探索

学院一直以“立足国内，放眼全球”为战略发展方向之一。近年来，学院在国际化的道路上越走越远。

1. 开展国际学术交流和人才培养合作

韩立新院长、赵树旺教授赴美国密苏里大学、纽约城市大学、太平洋大学等五所大学进行调研、交流、洽谈合作，落实了与美国密苏里大学新闻学院签署了师资和人才培养合作协议和“新闻学本科双学位合作项目”；韩立新院长参加了美国 NCA 国际传播学会议；白贵教授、金强副教授先后赴巴基斯坦、孟加拉、阿联酋、摩洛哥等国家参加学术交流。这些活动进一步深化了与国际一流新闻传播院系的有效合作。

2. 推动教师赴海外学习与进修

近年来，已有马婷、邵宝辉、白树亮三位教师从马来西亚获得博士学位，学成归来。赵树旺、邵宝辉、高菲、金强四位教师赴太平洋大学进行了为期一年的访学。甄巍然副教授赴美国佐治亚州立大学访学一年；邵宝辉副教授赴毛里塔尼亚孔子学院工作三年。

3. 与国外高校建立研究机构

媒介研究是河北大学新闻传播学学科教学与科研的重点突破方向。多年的厚积薄发之后，该院不仅希望能对国内媒介研究有所提升，更希望能建立国际化视野，以国际化维度关照全球化媒介，尤其是媒介发展最发达的美国媒介。2015 年，河北大学中美媒介研究所正式成立。白贵教授为该研究所的中方负责人，美国太平洋大学传播系主任董庆文教授为美方负责人。

4. 招收海外留学生

近年来，学院已招生来自亚洲、拉丁美洲、非洲的本、硕、博的学生 48 人。他们分别来自蒙古、巴基斯坦、亚美尼亚、印度尼西亚、越南、土耳其、哥斯达黎加、智利、塞拉利昂、摩洛哥、马达加斯加、科特迪瓦、佛得角、刚果(金)、肯尼亚、尼日利亚、博茨瓦纳、马里以及乌干达。

(河北大学新闻传播学院)

15.4 广西大学新闻传播教育改革综述

近年来，广西大学新闻与传播学院在郑保卫院长带领下，在“部校共建”支持下，围绕培养卓越新闻传播人才、打造特色鲜明的学科方向与科学研究、加强马克思主义新闻观教学与实践等，开展一系列综合改革，开拓创新，取得了一定的成效。

15.4.1 培养卓越新闻传播人才

1. 从“联合办学”到“部校共建”

2019 年 4 月，教育部办公厅下发《关于实施一流本科专业建设“双万计划”的通知》，广西新闻与传播学院积极响应申报，以近 50 年的新闻学专业办学历史积淀，新闻学专业顺利获得国家级一流本科专业建设点。此外，广播电视学专业获得自治区级一流本科专业建设点。在郑保卫院长的指导下，“马克思主义新闻思想”课程入选自治区级线下一流本科课程并被推荐申报国家级线下一流本科课程。

广西大学新闻学教育始于 1972 年，中文系设立新闻写作教研室。该校是当时招收新闻学本科生的全国四所院校之一。1986 年获得新闻学硕士学位授予权，当时全国只有 5 个新闻学硕士点。2014 年 7 月，广西壮族自治区党委宣传部与广西大学正式共建新闻与传播学院，携手把广西大学新闻与传播学院建设成为立足广西、面向全国、辐射东南亚的国内领先、特色鲜明的现代化新闻与传播学院。2017 年，学院申报的《部校深度融合，协同培养卓越新闻人才的探索与实践》荣获广西高等教育自治区级教学成果奖一等奖。

2. 以读书促思考，以思考促实践

2014 年，广西大学新闻与传播学院“部校共建”后，经过多方调研和集中讨论后，决定以“开放式读书教学活动”为抓手，提升全院师生马克思主义新闻观素养。这也是自治区党委宣传部与广西大学新闻与传播学院共同举办的大型精品文化活动。与传统的课堂教学不同，该活动以班级为单位，由学生自发组织开展，旨在通过“绿色读书，届届相传”的方式，倡导读书新风尚，回归经典纸质阅读，形成“以读书促思考，以思考促实践”的学习模式，提升师生的马克思主义新闻观素养。

教师辅导，学生举办讨论会、知识竞赛、辩论、游戏……读书活动的形式灵活多变，读书的地点不受限制。除了读书报告评选外，演讲比赛、悦读奖、主题微博奖、读报评报等系列子活动同时进行，活动内容覆盖新闻学、广告学、广播电视学及播音与主持艺术等专业，参与对象包括本科生和研究生。

书目选择上注重导向性，延伸各类“读书关键词”，促进学生告别“手机低头族”，变“要我读”为“我要读”；整合部校资源配置名师，邀请国家、自治区相关部门专家到学院开坛授课；引导学生自主组织读书会，配置专项资金购买图书，设立读书活动奖金，激发学生组织读书会的热情。2016 年，该活动被中国高等教育学会新闻学与传播学专业委员会评选为“中国新闻学与传播学教学改革创新项目”。

3. 开展“三个一”活动

学院创新开展“开放式读书教学活动”，通过“读书报告”评选、读书晚会等子活动，将读书和实践串联形成闭环，实现了循环教学，还衍生出微博话题分享“今天你读马克思了吗”，以及读一本原著、写一篇调研报告、做一次志愿活动等社会实践品牌活动。

“三个一活动”由郑保卫院长提议开展，即学生利用寒假返乡期间，完成品读一本经典原著、撰写一篇调查报告和参加一次志愿服务。该活动倡导“让读书伴成长，把社会做课堂，以人民当老师”。“三个一活动”是学院开放式读书教学活动的拓展，是新闻传播学子践行马克思主义新闻观的新举措，是学院实施“三全育人”开展实践育人的新探索。

4. 院媒协同育人，举办典型报道公开课

2019 年 11 月，广西大学新闻与传播学院举行“时代楷模”、全国优秀共产党员黄文秀同志先进事迹宣传报道教学公开课。课堂上，学院师生观看了黄文秀同志先进事迹报道相关视频。人民日报社广西分社、光明日报社广西记者站、中央广播电视总台广西记者站、广西日报社、广西广播电视台的 5 位一线记者分享采访报道“时代楷模”黄文秀先进事迹的全过程。新闻与传播学院教授对记者的作品一一进行点评。广西壮族自治区党委宣传部领导在总结讲话中指出，这是一堂别开生面的教学公开课，是一场黄文秀同志先进事迹宣传报道的集中展示，是一次“不忘初心、牢记使命”主题教育的生动实践，也是一项部校共建新闻学院的新成果。

5. 围绕马新观，注重三全育人

2019 年 1 月，教育部办公厅公布第二批“三全育人”综合改革试点单位名单，广西大学新闻与传播学院入选全国“三全育人”综合改革试点院(系)。这也是继西南政法大学新闻传播学院之后第二家入选全国“三全育人”综合改革试点的新闻传播院系。

广西大学新闻与传播学院在“三全育人”过程中，认真落实立德树人根本任务，积极推进大学生思想政治教育改革创新。特别是 2014 年广西壮族自治区党委宣传部与广西大学共建新闻与传播学院之后，学院紧紧围绕马克思主义新闻观这个核心，抓住新闻传播学的“铸魂工程”，把马克思主义新闻观贯穿到新闻传播教育教学全过程，为党和人民的喉舌输送卓越新闻传播人才。

学院通过实行“五五行动计划”，实施“铸魂、励志、厚学、重习、拓新”五大工程；用好“马新观教育、全媒体手段、部校协同、新闻实践、学院文化”五个抓手；形成“新闻学院、共建单位、全体教师、朋辈学生、学生家长”五位一体；构建“领导、协同、提升、考核、保障”五项机制；培养有“社会责任、创新精神、实践能力、法治意识、国际视野”五有领军型人才。发扬“守正出新、求真传美”的院训精神，真学真信真用，牢固树立马克思主义新闻观；用心用情用功，培根铸魂担当起为人民立言；落地落细落实，守正创新推动思政提质增效；同向同行同频，协同培养卓越新闻传播人才。

学院共建模式和共建机制已被推广到广西所有设有新闻传播院系的高校。学院先后荣获 2017 年自治区教学成果一等奖；2013—2018 年广西宣传思想文化工作先进集体、三次获得“全国新闻学与传播学教改革创新项目”奖等荣誉。

15.4.2 打造四个特色学科方向

2017 年年底，郑保卫受聘担任院长后，立足学院地域特点以及原有学科建设的基础，在学院构建起“一院四中心”，即以“新闻与传播研究院”为龙头，下设四个研究中心，对应学院现有的四个学科方向，形成学科特色。四个研究中心分别是马克思主义新闻观理论与实践研究中心、东盟传媒及中国—东盟区域传播研究中心、民族新闻与文化传播研究中心以及气候与健康传播研究中心。全院教学科研岗教师按照自愿原则以及学院统筹调配，分别加入四个研究中心开展学术研究工作。

郑保卫院长带头组织指导马克思主义新闻观理论与实践研究中心教师开展教学与研究。学院自 2018 年以来，先后举办了纪念马克思诞辰 200 周年新闻学术论坛暨马克思主义新闻观教学研讨会、“纪念列宁诞辰 150 周年新闻学术研讨会”网上笔会等；承办了由教育部高教司指导，教育部高等院校新闻传播学类专业教学指导委员会主办的第三期高校新闻传播院系骨干教师马克思主义新闻观培训班，来自全国 51 所新闻院校的 75 位教师参加了培训。2019 年，郑保卫院长组织包括学院马克思主义新闻观理论与实践研究中心教师在内的团队成功申报获批国家社科基金重大项目“百年中国共产党新闻政策变迁研究(1921—2021)”，这也是学院以及广西新闻传播学科第一次获得国家社科基金重大项目。

2018 年 6 月，郑保卫院长率领东盟传媒及中国—东盟区域传播研究中心一行 6 人访问了老挝、越南、马来西亚三国。此次访问，学院迈出了同东盟国家传媒与新闻院系加强交流与合作的重要一步，与老挝、越南、马来西亚三国的主要媒体及新闻传播院系就新闻传播院系建设，新闻传媒发展以及加强双方科研和人才培养等交流与合作进行了深入探讨和友好协商，达成了一些协议。

2019 年 7 月，由学院和广西大学东盟传媒与中国—东盟区域传播研究中心联合主办的“2019(首届)中国—东盟传媒与新闻传播教育国际研讨会暨中国—东盟新闻与传播学院院长(系主任)论坛”在广西大学举行。近年来，广西大学新闻与传播学院东盟传媒与中国—东盟区域传播研究中心教师共获得 6 项与东盟有关的国家社科基金项目，承担了 2 项与东盟研究有关的自治区社科基金重大委托项目，并发表了一系列相关研究论文，出版了一些相关研究著作，在国内产生了一定的影响。

2018 年 3 月，学院组建了“广西大学气候与健康传播研究中心”，这是国内第一个将气候与健康传播融通整合的研究机构。2018 年 10 月，学院举办了“首届气候与健康传播学术研讨会”，这也是国内学术界第一次举办的气候与健康传播专题研讨会。2019 年 11 月，学院参与主办的“2019 气候与健康传播学术研讨会”在中南民族大学举行。郑保卫院长、学院气候与健康传播研究中心主任吴海荣教授、副主任覃哲博士先后参加了在波兰卡托维茨(2018)、西班牙马德里(2019)召开的联合国气候变化大会中国角活动并参与了交流。

2019 年，郑保卫院长带领广西大学气候与健康传播研究中心教师成功申报获批国家社科基金重点项目“生态文明与绿色发展理念背景下我国气候传播的战略定位与行动策略”，这是学院乃至广西新闻与传播学科第一次获得的国家社科基金年度重点项目。

2018 年，由广西新闻与传播学院与广西大学民族新闻与文化传播研究中心主办的“2018 民族新闻与文化传播创新研讨会暨民族地区新闻与传播学院院长会议”在广西大学举行，来自全国民族地区新闻与传播学院和研究机构的代表 70 余人参加研讨会。

近年来，随着国家对智库建设的日益重视，广西大学新闻与传播学院也与人民网建立了广西新媒体实验室、舆情研究中心等机构。2019 年，舆情研究中心提交的《“时代楷模”黄文秀宣传报道舆情专报》获得广西壮族自治区党委相关领导的肯定性批示。

15.4.3 加强马克思主义新闻观教学与实践

2017年年底，郑保卫院长到任后，同时兼任广西马克思主义新闻观研究与实践基地主任和广西大学马克思主义新闻观研究中心主任。他利用自己多年在马克思主义新闻观领域的教学与研究积淀，努力把广西大学新闻与传播学院打造成为国内马新观教学与研究的重镇。

2018年6月，郑保卫院长专程向广西壮族自治区党委领导汇报自治区党委宣传部与广西大学共建新闻与传播学院工作。自2014年7月部校共建以来，在共建管理机制、共建精品课程、共建人才队伍、共建实践基地和共建智库建设方面所取得的成绩，特别是他聘任新闻与传播学院院长以来，举办两次有影响力的全国性学术会议和学院博士点申报建设的情况；报告了到全区部校共建新闻传播院系开展马克思主义新闻观教育巡讲和访问东盟三个国家新闻媒体及新闻传播院系的情况；向自治区党委宣传部提出了给予支持广西大学新闻与传播学院申报新闻传播学一级学科博士点建设的请求事项等。

2018年9月，郑保卫院长受邀为广西全区宣传思想工作会议做主题报告。自治区四家班子领导成员和两院主要领导、各市、县党委书记，区直有关单位主要负责人，中央驻桂有关新闻媒体负责人了参加会议并听取了报告。

2018—2019年，郑保卫院长先后两次赴广西11家高校"部校共建"新闻传播院系开展马克思主义新闻观讲座等活动，受到各高校师生的欢迎。

广西大学新闻与传播学院在郑保卫院长的指导下，重视马克思主义新闻观教学与实践。郑保卫院长深入本科生课堂，听取学院教师讲授的"马克思主义新闻思想"课程，与师生交流课程教学心得。学院把"马克思主义新闻观研究"确定为全院研究生所有专业方向必修课程，郑保卫院长主讲第一次课程。在郑保卫院长的指导下，学院"马克思主义新闻思想"课程入选自治区级线下一流本科课程并被推荐申报国家级线下一流本科课程。

2018年10月，学院学生在老师的指导下，自发组建了学习组织——马克思主义新闻观原著阅读小组，小组以阅读马克思主义新闻观经典原著为主要学习研讨内容，成员既有本科生也有研究生。阅读小组成立以来，开展了多次集中学习研讨活动。郑保卫院长每学期至少参加一次阅读小组的活动，了解学生阅读学习原著的情况，并解答学生阅读中的疑问。活动吸引了广西记协主办的《新闻潮》杂志关注并作了新闻报道。

2019年暑期，在郑保卫院长提议下，广西大学新闻与传播学院师生一行54人，到革命圣地延安开展以"红色新闻溯源之旅"为主题的社会实践活动。师生先后参观了延安革命纪念馆、杨家岭革命旧址、延安新闻纪念馆等地，实地了解革命战争年代的艰苦环境与老一辈新闻工作者的崇高信仰，深入学习体会了马克思主义新闻观的内涵。同时学院还与延安大学文学与新闻传播学院、延安新闻纪念馆签订协议共建马克思主义新闻观实践教学基地。社会实践团队被评为2019年全国中大专学生志愿者暑期“三下乡”社会实践活动“优秀团队”。

在2016年度中国新闻奖新闻论文奖评选中，学院两位教师撰写的《习近平“四个坚持”的背景、逻辑及战略意义》一文被评为二等奖。2019年3月，中国记协党组书记、常务副主席胡孝汉应邀到学院调研并作了题为《学习习近平新闻舆论重要论述，拓展新闻理论研究》的学术报告。在郑保卫院长牵线下，学院成为中国新闻奖试点报送单位。推荐的湖南广播电视台作品电视专题作品《新闻特稿：十八洞村这五年》荣获第二十九届中国新闻奖一等奖。

（王　辉）

第 16 章　研究生教育

16.1　研究生教育

教育部、国务院学位委员会高度重视研究生教育，严格要求各大高校积极贯彻落实党的十九大关于实现高等教育内涵式发展的要求和研究生教育突出立德树人根本任务。目前研究生教育持续升温。根据 2019 年 12 月 20 日中国教育在线发布的《2019 年全国研究生招生调查报告》，全国硕士研究生报名人数达到 290 万人，较上一年激增 52 万人，增幅达到 21.8%，成为近 10 余年增幅最大的一年，也是改革开放 40 年来增长人数和幅度最大的一年。另据《中华人民共和国 2019 年国民经济和社会发展统计公报》统计：全年研究生教育招生 91.7 万人，在学研究生 286.4 万人，毕业生 64.0 万人。研究生教育受到前所未有的关注。2019 年全国新闻传播学实行动态调整管理，不断加强对研究生队伍建设，提高研究生培养质量。

1. 规范和加强研究生培养管理，健全新闻传播学研究生导师队伍建设

2019 年 2 月 26 日，教育部办公厅对全国研究生培养单位，也包括新闻传播学研究生培养单位发布文件《关于进一步规范和加强研究生培养管理的通知》(教研厅〔2019〕1 号)，要求采取系列举措，健全研究生培养管理体系，促进研究生培养单位规范管理，提高研究生培养质量。

通知下发后，各新闻传播院校和科研单位认真进行了学习与贯彻，并制定和修订了相应的研究生指导教师管理办法、制度和条例，强化导师的立德树人的主体责任。中国人民大学制定了《中国人民大学博士研究生指导教师选用和考核办法》，强化导师队伍，推进实施导师提升计划，推进“3+2+1”导师提升计划，通过开展新博士生导师大会、导师业务培训和专业培训三种校内培训模式，鼓励国外培训和进修、开展专业实践课题两种校外培训模式，强化导师自身政治意识的一个核心要求；制定发布了《中国人民大学教师职业道德规范(试行)》《中国人民大学师德建设长效机制实施办法(试行)》和《中国人民大学教职工纪律处分暂行规定》，并实施师德“一票否决”制度，从多个环节保障导师队伍质量。

国务院学位委员会也推广了诸多高校全面落实研究生导师立德树人职责经验做法。如复旦大学为全面落实研究生导师立德树人职责，立足当前、着眼长远，通过多项改革举措振奋精神、凝聚共识、建章立制、规范管理、加强建设、优化服务，努力构建长效机制，着力打造一支有理想信念、有道德情操、有扎实学识、有仁爱之心的研究生导师队伍。(1)注重思想引领，强化导师立德树人的责任感与使命感；(2)构建完善的制度体系，以制度建设保障导师立德树人职责落实；(3)加强导师队伍建设，优化导师服务工作，全面提升导师素养和指导能力；(4)以提高学位论文质量为抓手，深入推进导师首要责任人职责落实。

2. 新闻传播学科学位授权点均顺利通过“合格评估抽评”

学位授权点合格评估是对学位授权点质量保证体系建设情况的全面检视，事关学位与研究生教育发展全局。2019 年的学位授权点合格评估的评估范围内，除工程类别专业学位授权点、已经国务院学位委员会审批同意撤销的学位授权点、已上报的拟撤销或调整的学位授权点外，其他自评结果为“合格”的学位授权点均纳入抽评范围(以下简称“参评点”)。主要评估内容：(1)质量标准方面：按规定制定并执行本学位授权点授予博士、硕士学位的基本标准，制定、执行培养方案并适时更新。(2)管理制度方面：招生、培养、论文答辩、学位授予环节规定详细、具体，责任主体明确，管理制度完善，特别是学位论文开题、中期考核、答辩和学位评定等关键环节制度健全、落实到位，建立了研究生分流机制。(3)教师队伍方面：把良好师德师风作为导师的首要选聘条件，开展导师培训，落实导师教书育人第一责任人的要求。(4)教学质量方面：重视研究生教育教学工作，建立科学合理的课程体系，形成课程教学质量持续改进机制。(5)学风建设方面：持续加强科学道德和学风建设，健全学术不端行为查处机制，做到“零容忍”。2019 年“学位授权点专项评估”最后申报结果有待 2020 年正式公布。

5 月 6 日，国务院学位委员会、教育部下达了《2018 年学位授权点专项评估结果及处理意见的通知》(学位〔2019〕15 号)，结果显示，不合格学位点共有 31 个，全部为硕士学位点；限期整改学位点共有 43 个。此外，共有 18 所高校主动放弃学位点 18 个。其中，新闻传播学科学位点评估结果均为“合格”，它们分别是：山东大学新闻传播学博士点，北京工商大学、北京印刷学院、首都体育学院、北京体育大学、中央民族大学、天津外国语大学、天津体育学院、内蒙古师范大学、大连理工大学、沈阳师范大学、东北财经大学、沈阳体育学院、长春工业大学、吉林艺术学院、上海体育学院、浙江工业大学、安徽师范大学、江西财经大学、河南工业大学、武汉理工大学、湖北大学、湖北民族学院、中南财经政法大学、武汉体育学院、中南民族大学、湘潭大学、中南大学、中山大学、华南理工大学、华南师范大学、广州体育学院、广东外语外贸大学、广西艺术学院、海南大学、海南师范大学、西南大学、四川外国语大学、西华师范大学、西南财经大学、成都体育学院、贵州民族大学、云南财经大学、西藏民族大学、西安工业大学、西安工程大学、长安大学、西安外国语大学、西北政法大学、兰州财经大学、塔里木大学、新疆财经大学等52家"新闻与传播硕士"的专业硕士学位点，陕西师范大学、上海理工大学等2家"出版硕士"的专业硕士学位点。

根据国务院学位委员会和教育部下发的通知，评估结果为"合格"的学位授权点，可继续行使学位授权。评估结果为"限期整改"的学位授权点，自发文之日起进行为期2年的整改，2019年招生工作结束后暂停招生。整改结束后接受复评，复评结果为"合格"的恢复招生，复评结果达不到"合格"的撤销学位授权。

3. 新闻传播学硕士博士学位点动态调整中稳中有升

近年来，全国硕士、博士学位点均实行动态调整。2019年5月，国务院学位委员会下达《2018年动态调整撤销和增列的学位授权点名单的通知》。通知显示：南京大学正式新增为"新闻传播学"的"博士学位授权一级学科"授权点。广东技术师范学院获得"新闻传播学"的"硕士学位授权一级学科"授权点。

5月，按照党的十九大关于实现高等教育内涵式发展的要求，根据《博士硕士学位授权审核办法》和《关于高等学校开展学位授权自主审核工作的意见》，国务院学位委员会要求各大高校做好学位授权点增列工作。国务院学位委员会发布了《2019年增列的学位授权自主审核单位名单的通知》，其中北京理工大学、东南大学、华中科技大学、中山大学、重庆大学、兰州大学、华东师范大学、山东大学、中南大学、四川大学、西北工业大学11家高校获得"学位授权自主审核单位"。重庆大学、兰州大学按照国务院学位办的程序开展了新闻传播学的"博士学位授权一级学科""自主审核"申报工作。

据重庆大学官网报道：10月26日，重庆大学2019年自主审核拟增列新闻传播学一级学科博士学位授权点专家论证会召开。专家组由学科评议组召集人、中国传媒大学胡正荣教授担任组长，成员包括：学科评议组成员、清华大学陈昌凤教授，学科评议组成员、华中科技大学张昆教授，北京大学程曼丽教授，中国人民大学邓绍根教授，武汉大学徐开彬教授，四川大学朱天教授。经过充分讨论，与会专家一致认为，重庆大学新闻传播学科已达到国务院学位委员会和重庆大学新增博士学位授权点基本条件的要求，一致同意增列为一级学科博士点。

4. 新闻传播学一级学科之下自设二级学科和交叉学科渐成规模，呈现良好发展态势

国务院学位委员会、教育部于 2009 年印发了《学位授予和人才培养学科目录设置与管理办法》，对二级学科设置办法进行了改革，学位授予单位可在获得授权的一级学科下自主设置与调整二级学科和按二级学科管理的交叉学科。同时，1997 年颁布的《授予博士、硕士学位和培养研究生的学科、专业目录》中的二级学科，仍是学位授予单位招生、培养人才的重要依据。近年来，各学位授予单位立足学科发展前沿，积极回应社会需求，在 1997 年目录的二级学科之外，自主设置了一大批二级学科和按二级学科管理的交叉学科，有力推动了新兴交叉学科发展，强化了复合型人才培养。2019 年 7 月，为方便社会各界了解高校培养情况、学生就业深造、广大用人部门查询，国务院学位委员会办公室对这些学科进行了汇总整理并向社会公布(不含曾自主设置后又撤销的二级学科和交叉学科)。今后将定期对自主设置二级学科和交叉学科的情况进行统计公开。此次公布的《普通高等学校自设二级学科名单》《普通高等学校自设交叉学科名单》中涉及诸多高校新闻传播学科，具体整理名单如表 16-1、表 16-2 所示：

表 16-1　**2019 年普通高等学校新闻传播学一级学科之下自设二级学科名单**

学校名称	一级学科名称	自设二级学科名称
中国人民大学	新闻传播学	传媒经济学
		广播电视学
中国传媒大学	新闻传播学	广播电视学
		广告学
		传媒经济学
		编辑出版学
		国际新闻学
		舆论学
		传媒教育
		语言传播
北京大学	新闻传播学	新媒体学
中国农业大学	新闻传播学	广播电视学与数字传播
		发展传播学

续表

学校名称	一级学科名称	自设二级学科名称
北京印刷学院	新闻传播学	出版学
		传媒经济与管理
河北经贸大学	新闻传播学	跨文化传播
		影视文化传播
		视听新媒体传播
重庆工商大学	新闻传播学	广告学
		传媒经济学
四川大学	新闻传播学	广播电视学
		广告与媒介经济
		编辑出版学
		网络与新媒体
		符号学
广西大学	新闻传播学	传媒经济学
		广告学
深圳大学	新闻传播学	政治传播学
暨南大学	新闻传播学	广告学
		广播电视学
武汉理工大学	新闻传播学	数字出版
华中科技大学	新闻传播学	公共关系学
		广播电视与数字媒体
		广告与媒介经济
武汉大学	新闻传播学	广告与媒介经济
		跨文化传播
河南大学	新闻传播学	编辑出版学
		广告与媒介经济
江西师范大学	新闻传播学	传播社会学
厦门大学	新闻传播学	广告学
		汉语国际推广

续表

学校名称	一级学科名称	自设二级学科名称
浙江大学	新闻传播学	文化产业学
		电视电影与视听传播学
上海外国语大学	新闻传播学	广告学
上海理工大学	新闻传播学	数字出版与传播
		艺术传播
复旦大学	新闻传播学	广告学
		广播电视学
		媒介管理学
黑龙江大学	新闻传播学	艺术传播
天津外国语大学	新闻传播学	广告学
天津师范大学	新闻传播学	新媒体与数字传播

表 16-2　**2019 年普通高等学校自设与新闻传播学相关的交叉学科名单**

学校名称	交叉学科名称	所涉及一级学科
清华大学	信息艺术设计	新闻传播学、计算机科学与技术、设计学
北京外国语大学	区域学	法学、政治学、外国语言文学、新闻传播学、管理科学与工程
	亚非地区研究	法学、政治学、外国语言文学、新闻传播学
北京第二外国语学院	国际文化贸易	应用经济学、外国语言文学、工商管理
中国传媒大学	文化产业	新闻传播学、艺术学理论、音乐与舞蹈学、戏剧与影视学、设计学、美术学
	新媒体	新闻传播学、信息与通信工程
	互联网信息	新闻传播学、信息与通信工程、戏剧与影视学、设计学
华东师范大学	公共关系	政治学、社会学、新闻传播学、工商管理、公共管理
安徽师范大学	文献资源保护与利用	中国语言文学、新闻传播学、中国史、计算机科学与技术
上海文化	数字媒体创意工程	新闻传播学、信息与通信工程、戏剧与影视学
	语言文化与世界文明	中国语言文学、新闻传播学、世界史

续表

学校名称	交叉学科名称	所涉及一级学科
武汉大学	戏剧影视文学	哲学、中国语言文学、新闻传播学
	文化产业管理	应用经济学、公共管理、图书情报与档案管理
	宏观质量管理	应用经济学、管理科学与工程、公共管理
	广播电视艺术理论	中国语言文学、新闻传播学、艺术学理论
	健康经济学	应用经济学、管理科学与工程、工商管理
	数据科学	计算机科学与技术、管理科学与工程、图书情报与档案管理
	数字传媒	新闻传播学、软件工程、图书情报与档案管理
华中师范大学	科学传播与科学教育	教育学、新闻传播学、中国史、物理学、管理科学与工程、哲学
湘潭大学	文化旅游	新闻传播学、中国史、工商管理
暨南大学	传媒经济学	应用经济学、新闻传播学、工商管理
四川大学	中华文化国际传播	中国语言文学、外国语言文学、新闻传播学
	边疆学(边疆政治学，边疆经济学，边疆社会学，边疆史地)	理论经济学、法学、新闻传播学、中国史、公共管理

5. 各大高校加强了新闻传播学博士研究生教育综合改革工作

在博士研究生教育体系中，教师的国际竞争力、研究课题方向、生源质量以及合理的资助体系是影响学校培养能力和学生培养质量的重要因素。北京大学在改革中着力布局谋划，通过建立合理的资助体系，引导资源的合理配置，促进良性运行机制的形成，使得研究方向、学术水准、项目和经费等方面有机结合形成合力。北京大学采取了如下措施：(1)完善相关制度，保障改革顺利实施；(2)改变预算方式，从平均的按人进行预算转变到按奖学金、助教、助研等岗位进行预算；(3)统筹使用各类资源，包括国拨经费、校级资金、科研项目劳务费、捐赠资金等；(4)逐步取消原来分项设置的各类奖助学金，设置“博士生岗位奖学金”体系；(5)全面改造管理系统，保障改革方案落实；(6)探索建立研究生招生计划与培养需求自洽的名额分配机制。

清华大学紧密围绕“服务需求、提高质量”的改革主线，全面推进“继续加强思想政治教育、继续加强培养模式探索，重构质量保障体系、重构教育治理体系”的试点任务，始终坚持立德树人，建立了校系统筹、分工协同、贯穿培养全过程的思想政治教育体系。

中国人民大学结合博士研究生培养目标和办学特色，分别在招生评价、思政教育、课程改革、科研育人、国际合作、论文答辩、导师队伍建设等方面进行探索，不断深化博士生综合改革，逐步建立起“全过程”博士研究生人才培养质量保障体系。(1)探索招生模式，提升博士生招生培养质量体系。(2)创新培养模式，优化博士生入学培养各个环节。全面调整优化博士生培养方案，重视博士生思想政治理论课建设，开设“大师课堂”，编写《博士研究生思想政治理论课读本》；积极拓展渠道，培养博士生跨文化学术交流和沟通能力，通过各级各类项目共选拔资助 300 余名研究生前往世界知名高校学习，资助 140 余人次研究生参加高水平国际学术会议；加强人才培养衔接教师队伍建设，建立优秀博士生培养与学校储备人才支持计划的联动机制。(3)严把论文质量，全面提升博士学位论文水平。建立预答辩制度、构建学术不端行为检测制度、匿名评审制度、学位论文答辩后补充修改制度，强化博士论文答辩后抽查制度和博士生导师约谈制度，发挥制度在人才培养过程中的作用。

6. 新闻传播学博士硕士研究论坛渐成年度传统，精彩纷呈

在每年召开的新闻传播学的各大研究论坛中，青年博士、硕士是一支不可小觑的研究力量。2019 年 4 月 16 日，由暨南大学新闻与传播学院主办的“2019 年广东省新闻与传播研究生学术论坛”在暨南大学举行。论坛的主题分别为：马克思主义新闻观研究、报刊史研究的新路向、技术与媒介发展新趋势、新媒体环境下的国际传播研究、视听传播研究。

4 月 22 日，清华大学第 523 期博士生学术论坛新闻传播学专场在新水利馆开幕。此次论坛以“继承 · 传统 · 创新：新闻传播与时代话语”为主题，近 70 名师生参加论坛并作学术交流。论坛共设有 6 个分论坛，主题分别为“媒介史论与批判研究”“影像文化与视觉艺术”“新媒体与技术”“全球传播”“批判传播学与文化研究”“传播学的跨学科想象”。

5 月 11 日，云南大学“理解中国”新闻传播学研究生学术论坛(2019)在云南大学呈贡校区举行。来自中国人民大学、中国传媒大学、南京大学、武汉大学、四川大学等 29 所国内高校新闻传播院系的博士、硕士研究生和云南省内高校新闻传播院系的师生百余人参加了此次论坛。论坛的主题是“传播与日常生活变迁：新媒介的视角”，共设九场分论坛，与会青年学子们围绕这一主题，从新媒介与社会空间再生产、新媒介使用与消费行为、新媒介与文化实践、新媒介与人的主体性建构等方面展开了深入的学术分享与交流。

5月25日，“第六届华南新闻传播学研究生学术论坛”在中山大学举行。论坛由中山大学传播与设计学院主办，中山大学传播与设计学院研究生会承办。此次论坛以“家国与传媒”为主题。

9月3日，为促进新闻传播类学科人才发展与学术研究，由上海市学位委员会主办，华东政法大学研究生教育院、传播学院承办的“2019上海市新闻传播类研究生学术论坛”在华东政法大学松江校区召开。除主会场外，论坛还设有“媒介伦理与隐私保护”“新媒体使用与社会生活”“媒介构建与话语表达”“新闻报道与网络舆情”“内容生产与传媒法制”“文化传播与网络文化治理”六个分会场。

10月19—20日，由中国传媒大学主办、传播研究院承办的第八届全国新闻学与传播学博士生学术研讨会成功举办，来自全国50余所高校的60余名博士生参会并发言。研讨会共有8个分会场，主题分别为“一带一路”与国际传播、媒介融合与新媒体产业、跨文化传播、媒介文化研究、新媒体与社会、新闻传播学理论与历史、体育传播与身份认同、媒介批评与媒介话语分析。

10月12—13日，北京大学新闻传播学博士生论坛召开。博士生论坛主题是：再造新声正当时：探索中国新闻传播学研究的新路径，分为四个分论坛主题：国际传播与发展传播的视野重校；影像中国：影视批评与文化经验；创意传播与广告业发展的新趋势；信息社会的中国模式：技术政治、媒介考古与社会史等。

11月9—10日，“首届中原新闻与传播研究生学术论坛”在河南大学举行。来自中国人民大学、复旦大学、南京大学、武汉大学等全国28所高校的40名博士、硕士研究生围绕乡村传播、传媒文化、政治传播等议题开展了深入的讨论，国内新闻传播专业知名专家学者就学界业界的热点话题进行了精彩演讲。

11月16—17日，中国新闻史学会2019年学术年会在京举行。年会由中国新闻史学会、中国人民大学共同主办，中国人民大学新闻学院、中国人民大学新闻与社会发展研究中心承办，中国新闻史学会22个分会协办。此届年会举办博士生论坛专场，主题是：数字技术视野下的新闻传播学研究，包括：(1)新闻业的历史、现状及发展规律；(2)数字新闻传播理论与实务；(3)传播技术与社会文化变迁；(4)视听新媒体传播理论与实务；(5)智能时代的传播伦理反思；(6)互联网时代的批判传播学研究。

11月23日，江苏省第六届传媒学科研究生论坛在南京师范大学随园校区拉开帷幕。论坛以“新闻的想象：新闻传播的社会互动与理念创新”为主题，包括七场主题演讲和十场分论坛，旨在为江苏省乃至全国各高校广大研究生提供学术交流平台。

11月30日，由上海大学研究生院、上海大学新闻传播学院主办，上海大学新闻传播学院研究生会承办的“2019 上海国际研究生智能媒体新闻传播论坛”在上海衡山北郊宾馆上海厅召开。论坛聚焦“智能媒体传播与城市发展”主题，共分为“智能媒体与城市形象传播”“智能媒体新闻传播与传媒产业经济实践”“智能媒体与智慧城市发展”“智能媒体实践对社会产生的影响及反思”四个子议题。

12 月 1 日，由汕头大学研究生院主办，长江新闻与传播学院承办的第十五届新闻传播学研究生学术论坛召开。论坛以“新媒体语境下误导信息及治理”为主题，分为四个分会场：网络用户心理与行为研究、假新闻与反转新闻现象研究、新兴媒体伦理研究和网络空间的误导信息及治理研究。

12 月 7—8 日，“武汉大学全国博士生论坛”暨“第十届华中地区研究生新闻传播学术论坛”在武汉大学新闻与传播学院举办。论坛由一个嘉宾论坛和三个主题论坛组成，与会嘉宾和学生围绕“大数据、人工智能与影像传播”主题进行了深入讨论，在不同观点的碰撞交流中收获了知识和见闻。

12 月 7 日，由郑州大学研究生院、党委研究生工作部主办，新闻与传播学院承办的“2019 年郑州大学第十四届研究生学术论坛——新闻与传播学院博士生学术分论坛”和“研究生专题创新分论坛”在学院四楼多媒体报告厅举行。两个分论坛将围绕“共享·共同体·公共传播”的主题。

2019 年 12 月 31 日，南宁师范大学新闻与传播学院举在明秀校区图书馆三楼报告厅，顺利举办了主题为：人工智能的发展与新闻传播学的转向，广西高校新闻传播学研究生学术论坛。

16. 1. 1　2019 年新闻传播学博士点招生与毕业学生统计

2019 年新闻传播学博士点招生与毕业学生具体情况如表 16-3 所示。

表 16-3　**2019 年新闻传播学博士点招生与毕业学生统计**

序号	单位名称	招生人数	毕业人数
1	中国人民大学	36	10
2	中国传媒大学	191	130
3	复旦大学	28	19
4	武汉大学	33	28
5	清华大学	39	18
6	华中科技大学	14	16

续表

序号	单位名称	招生人数	毕业人数
7	北京大学	5	7
8	四川大学	15	16
9	浙江大学	16	11
10	暨南大学	20	12
11	厦门大学	14	7
12	上海大学	15	10
13	华东师范大学	7	7
14	山东大学	7	1
15	河北大学	6	5
16	中国社会科学院研究生院	7	1
17	南京师范大学	8	2
18	国防大学	1	3
19	天津师范大学	4	0
20	上海交通大学	37	17
21	安徽大学	6	0
22	南昌大学	7	2
23	郑州大学	7	0
24	湖南师范大学	6	0
25	深圳大学	4	0
26	西南政法大学	7	0
27	南京大学	18	6
28	重庆大学	3	2
29	兰州大学		
30	北京师范大学		

注：2019 年，北京外国语大学国际新闻与传播学院(招生 13 人)、中山大学传播与设计学院(招生 4 人、4 人毕业)、辽宁大学新闻与传播学院(招生 2 人)、西北大学新闻传播学院(招生 4 人)、苏州大学新闻与传播学院(招生 9 人)、云南大学新闻与传播学院(招生 1)、北京体育大学(1 人毕业)、湖北大学新闻传播学院(招生 1 人)、陕西师范大学(招生 4 人、1 人毕业)等新闻院校进行了新闻传播学科的博士生培养教育。

16. 1. 2　2019 年全国部分高校新闻传播学毕业博士及博士论文题目

此处仅列出 2019 年全国部分高校新闻传播学毕业博士及博士论文题目，具体如表 16-4 所示。

表 16-4　　**全国部分高校新闻传播学毕业博士及博士论文题目统计**

学校名称	姓名	博士生学位论文篇目
中国人民大学新闻学院	吴梅红	媒体社群系统中的广播媒体组织变革
	李红祥	文革小报研究
	王靖雨	蒋介石对新闻宣传的建构与失控(1928—1949)——以《蒋介石日记》(原件)为中心的考察
	陈静	游戏性：游戏的意义生产研究
	苏华	中国当代媒体社会责任观的流变
	王亚莘	中外企业智库传播力研究
	刘畅	论中央主流媒体在社会治理中的主体角色
	袁雪	媒介·空间·事件：当代美国政治视觉修辞研究
	弓慧敏	移动社交网络视频内容生产研究
	李燕	互联网背景下的新闻视频直播研究
复旦大学新闻学院	汪敏	改革开放以来的中国畅销书生产研究
	朴由敬	中韩电视产业的平台和内容版权的比较研究——基于新旧媒体平台竞争下产业结构的演变的视觉
	陆生	中国教育电视发展战略研究
	唐荣堂	信仰、组织与沟通：中国共产党早期的政治传播(1921—1927)
	王易可	台湾报纸中的大陆形象研究(2008—2016 年) ——以《苹果日报》《中国时报》和《自由时报》为例
	郭雅静	传媒与新消费主义的意义建构
	蒲平	网络新生代的网络政治表达研究
	沈逸超	中国互联网平台媒体治理研究 ——以国家治理为视角
	王晓虹	框架理论视阈下医患报道研究
	王莹	历史制度主义视角下两岸新闻媒体交流制度研究(1949—2018)

续表

学校名称	姓名	博士生学位论文篇目
复旦大学新闻学院	徐亦舒	守正与调适：中国政治传播制度转型 ——基于“上海经验”
	杨立青	融媒体语境下科技传播路径研究
	杨唯汀	晚清报人报刊与国民性改造
	潘一凡	网络媒介与中国社会中产阶层研究
	石雅洁	新闻学视野中的《中国丛报》研究
	陈娟玲	社会化媒体环境下的企业公共关系管理研究
	张丽华	网络媒介中的社会互动与自我形塑——以六间房直播为例
	黄文森	网络化媒体：社交网络中新闻扩散的结构与过程
	董卫民	主体性视角下中国近现代摄影书写研究(1840—1949)
中国传媒大学	袁丽媛	医疗卫生舆情事件网民话语表达研究
	黄忻渊	推荐算法媒介应用中的伦理问题研究
	周婷	新媒体环境下手机的场景传播研究
	冯帆	民国天津广播史研究
	邵全红	自媒体话语空间研究
	路畅	政治传播视阈下《人民日报》两会报道研究(1978—2018)
	王蕾	中国家庭的亲子沟通研究
	龚捷	社交媒体中疫苗事件的风险传播研究
	孙璐	全球化新格局下 CGTN 的国际传播研究
	刘昊	社交媒体舆论的情感传播研究
	林晓虹	中国国家智库传播研究
	舒鹏	广播新闻性专题节目叙事嬗变研究
	郭剑	中国数字出版产业政策绩效评价：2006—2018
	毕晟	全球网络空间治理研究——基于场域理论的视角
	刘立荣	络舆论场中经济资本的构成与影响——基于布尔迪厄场域视角的研究
	郭瑛霞	中西电视情感调解类节目比较研究
	陈曦	论悲剧作为对此在存在的展开 ——现象学诠释学视野下悲剧解释
	黄骁	民国时期京剧“党争”现象研究
	秦凤华	微观层面的主流话语建构——“十七年”电影中的特色性叙事元素研究

续表

学校名称	姓名	博士生学位论文篇目
中国传媒大学	杨子航	视觉变迁与主体重塑——近二十年中国女性电影的女性身体呈现
	梁岩	网络视听文艺创作生产的范式新变及影响研究
	张晓丽	基于共生理论的泛娱乐营销传播生态研究
	高升	文化企业国有资产监管模式创新研究
	耿俊杰	面向媒体数据中心的可编程网络关键技术研究
	黄芷葳	文化学视野下传统文化的媒介化路径研究
	姜宇佳	网络视频节目生产变迁研究(2006—2018)——基于场域理论视角
	韩飞	时代性互文互动：中国纪录片的话语变迁与功能演进(1911—2018)
	陶梦頔	媒体融合背景下美国纪录电影产业发展研究
	钟丹丹	中东电视媒体的国际传播及其传播力研究
	王雁来	女性形象的媒介构建与话语表达——以 21 世纪以来热播家庭伦理电视剧为例
	宫宇坤	中国央企海外媒介形象研究——以中国石油天然气集团公司为例
	张鑫	移动社交媒体舆论热点传播机制研究
	张凯滨	童年的媒介化：数字媒介与变迁中的家庭养育
	虞雪	流动中的跨文化适应：东南亚旅居者在华新媒介接触与社会资本
	陈莹	新时代语境下编辑出版学学科发展研究
	孙浩	中国网络大电影产业发展研究
	冯丹蕾	文化研究视域下的饮食文化观——以“轻食主义”的文化实践为例
	张盟初	表达与凝视：关于自拍摄影的文化研究
	张耀兰	“二元”媒介视域下中国学术旅居者的跨文化适应研究
	宋芹	社交媒体语境下的西方“后真相”问题研究
	付玉	冲击与回应：晚清“洋教”在华传播与反“洋教”传播研究(1840—1900)
	赵贺	性别传播视域下中国涉外媒体国际话语权的提升研究
	周净泓	欧盟数据保护官制度研究
	曹然	英国传媒规制中的公共利益研究
	李晶	乔姆斯基“媒体控制”思想研究
	夏月林	我国漫画出版的主流意识形态功能研究
	屈高翔	中国电影学译著出版与学科建构互动研究(1978—2018)

续表

学校名称	姓名	博士生学位论文篇目
中国传媒大学	BUDDHI PRASAD SHARMA (尼泊尔)	Emerging BRICS Community: An Emergent Requirement of Strengthening NWICO Policy Discourse to Rebalance the Global Communication Order
	REHANA MUNAWAR (巴基斯坦)	Media Literacy Empowerment An Empirical study of children, parents and teachers in Pakistan
	王更新	BBC 和 CCTV 纪录片叙事比较研究
	李亚	创伤与复原——治愈系创伤电影研究
	何亮	先秦诸子“书写”研究
	徐晨	新时期文人戏曲新编创作研究
	李语然	中国女性题材电视剧的文化分析
	郭冰蕾	人与人造生命的博弈——论“弗兰肯斯坦情结”在科幻电影中的演绎
	张韵	尴尬的笑——英国喜剧电影研究
	卞天歌	百年平民心灵史的艺术写照——高满堂作品艺术论
	潘希鸣	大众传媒语境中的审美快感研究
	任婷婷	京剧批评传统研究
	林玉箫	生态纪录片中的生态美学
	戴硕	中国电视剧中产阶层影像话语建构
	黄亚利	中国革命历史题材电影研究(1978~2018)
	姜庆丽	中国早期电影的现实主义研究(1913~1949)
	穆俊	作为“奇观”的电影：感官、形式和美学
	杨磊	文武之政，布在方策——从正史看书写在中国古代政务中的运用
	陈卓	播音主持人才培养理念研究——以中国传媒大学播音主持艺术学院为例
	阎亮	社会学视域下中国播音主持高等教育史论(形成期)
	王泽华	播音主持专业人才培养体系演变研究
	陈芝	我国少儿节目播音主持发展研究
	刘超	艺术创作心理认知视角下雅坤语言艺术研究

续表

学校名称	姓名	博士生学位论文篇目
中国传媒大学	刘丹	多元文化背景下新加坡华语广播播音研究
	崔岩	产业经济学视角下的我国动画产业政策分析与研究
	闫晗	新中国动画电影的故事与话语研究
	赵芝眉	虚拟角色在智慧学习中的交互设计研究
	张梦雨	数字游戏中的交互叙事和身份研究
	王佳男	新文创背景下我国动画产业创意开发研究
	沈晶	网络影像“碎片化”叙事体系建构研究
	王楠	基于深度沉浸阈的 VR 电影叙事研究
	李洋红琳	音乐录音师听评训练的体系构建与实践研究
	薛雪	十九世纪后半叶至二十世纪前半叶北京皮黄老生唱腔研究
	朱海澎	影视剧本中的社会网络分析问题研究
	赵晨妹	梵乐之美——佛教音乐“体相用”研究
	张利群	从“听戏”到“看戏”——20 世纪京剧审美经验现象学研究
	高云	当代中国幻想类影视作品的世界观研究
	叶雨菁	当代中国网络剧艺术生产的审美特征研究
	张丹	建构与认知：中国电视剧男性形象研究
	司璐	基于压缩感知的无线通信信道估计方法研究
	段中航	新型超低剖面可穿戴天线研究
	张荣蜀	宽带低交叉极化天线与电波传播研究
	冯雪健	等离子体时域反演算法研究
	马小雨	基于机器学习的图像质量评价模型及泛化能力研究
	林曌	日本汉字韵书聚分韵略研究
	张晓东	《词论》的词体问题研究
	刘欣	面向语篇计算的隐性连贯研究
	蔡晓楠	中国古代绘画之品第嬗变研究
	杨婕	《诗品》之“品”研究
	谷疏博	墨戏研究
	刘璇	“触物起情”与“神赐天启”——感兴论与灵感说的诗学对话

续表

学校名称	姓名	博士生学位论文篇目
中国传媒大学	孙莹	孙锦标《通州乡音字汇》稿本研究
	文朗	汉语中的禁止类言语行为研究
	孙秋月	面向自动文摘的现代汉语语篇语义网络研究
	秦福贵	基于演化经济学视角的中国互联网广告发展研究
	焦玥	“大前门”香烟广告本土化文化诉求研究(1916—1930)
	常春梅	清代徽商商业经营研究——基于徽州民间遗存信札的释析
	苏颜军	中国企业品牌国际化传播历程研究(1978—2018)
	魏东	40 年广告流变：镜像中的中国社会主流价值观变迁(1979~2018)
	张敏	VR 企业价值网及其对商业模式影响机制研究
	孙婧博	信息传播在资源全球配置中的作用研究
	杨勇	报业媒体平台化转型研究
	于雯雯	在线知识付费平台商业模式创新研究
	孙芊芊	我国智慧城市系统设计中的信息资源整合研究
	韩飞雪	文化创意企业的价值共创与共享型商业模式研究
	李强	新公共服务视角下我国公共文化机构法人治理研究
	刘柯瑾	城市开敞空间文化创新动力机制研究
	张洁茹	美声演唱技法表现的具身认知问题研究
	闫玉荣	手机沟通对家庭关系的影响
	孔倩	话语分析视角下女性维权与发展议题的媒体表达
	王书斌	中国网络微名人文化的社会性建构研究
	王弘扬	政府主管型社科学术期刊知识生产把关研究——以《中国高等教育》为个案
	李炜炜	《纽约时报》中国环境形象建构的多维研究
	王莹	童年的转场：在新媒介生态之中的儿童教育
	HONG BING WANG(加拿大)	Canada’s relationship with China in the perspective of communication：A case study of Harper’s decade
	纪少豆	莫言小说中的女性书写与性别意识
	张拥航	区域文化视域下的河北当代小说研究

续表

学校名称	姓名	博士生学位论文篇目
中国传媒大学	蒋青苗	移动计算中的计算卸载关键技术研究
	宁威林	诵读音声的声学特征与听觉效应
	高妍	民乐与国画审美的视听交互增效研究
	牛欢	全景声重放中的虚拟声像生成技术的感知机理研究
	孙竞舟	面向中文广播音频节目的结构分析与说话人识别
	陶竹林	社交媒体中基于高阶信息的个性化推荐
	刘伟	基于深度序列模型的微视频场所分类与检索
北京大学新闻与传播学院	周丽锦	国外传播学著作在中国的译介和出版研究(1984—2018)
	尤宁	中国运动员媒介形象变迁研究(1980—2018)
	张好	乡镇日常生活中的手机使用——四川省 F 镇的受众研究
	王帆	青少年网络媒介使用与自我身份建构研究
	许多多	中国传统文化类节目的再媒介化研究
	敖鹏	美国数字文化产业发展特点与趋势研究
清华大学新闻与传播学院	王缅	文化外交与国家身份建构
	王可欣	“记忆+创造力”：场域视角下的博物馆传播
	付蔷	“新传统”的形成：东北地区的工人文教事业 1945—1956
	文智贤	从白沙瓦到庆州：犍陀罗艺术的跨文化传播研究
	李杨	科研人员参与科学传播的行为机制研究
	许哲	探究中国国家品牌与媒介报道的互动关系：以泰国为例
	邓林	影像异托邦：作为亚文化的影视剪辑 up 族
	罗茜	基于大数据的网民意识形态研究
	孙宰瑛	基于传播学的线上数字创意产品的线下开发策略研究
	陈安繁	基于负面情感表达的中国网民公共参与研究
	苏婧	中医与南亚传统医学的跨文化传播研究
	李天语	从制造恐怖到超越恐怖——恐怖电影的审美研究
	宫京成	当代中国新闻传播公共性与党性原则关系研究
	武楠	改革开放初期中国新闻观念研究(1979—1988)
	盛阳	国际传播视域下的“中苏论战”研究
	江苏佳	社会化媒体时代科学谣言的传播与应对研究
	杨先情	网络民族主义与留美中国学生文化身份认同
	宋云天	作为视频的新闻——新闻生产的权力博

续表

学校名称	姓名	博士生学位论文篇目
中国社会科学院研究生院	张枭	互联网经济双效增长模型研究
华中科技大学信息与新闻传播学院	李苏	社交媒体中非营利组织的信任建构研究
	李存	移动互联网背景下网络文学生产创新与拓展
	王秋菊	社会化媒体中环境舆情扩散及风险防范研究
	姜小凌	中国抗战电影民族主义话语建构研究(1978—2018)
	顾勇	评估中国媒体在非洲的表现：肯尼亚观众的感知研究
	李立飞	马拉维国家医疗服务人员和患者之间的人际沟通对医疗保健服务的影响
	欧思梦	中国在非洲的软实力：教育与培训的案例
	李建波	风格理论视阈下的新华体研究
华中科技大学信息与新闻传播学院	路菲	大众媒体对妇女和女孩强奸和性暴力的作用和影响：刚果民主共和国南基伍省的个案研究
	谢秋	社交媒体中的意见形成：网络新闻传播对 Facebook 意见的影响
	喻恂	精准扶贫中基层政府 面向农民的沟通效能研究
	马旭	流变、竞争与融合：中国控烟运动的媒介表征与数字媒介实践
	徐清丽	多元文化主义和跨文化传播视角下的建设和平进程——以缅甸克伦族为例
	陶薇	艰难而执着的追逐：乡村传播视野中的恩施土家村落品牌消费研究
	贾瑞雪	平台社会中个人数据的传播结构研究
	刘晶	政治视觉修辞的理论建构和表征实践
武汉大学新闻学院	李保存	举国体制下运动员媒介形象的嬗变
	曾伟	离散与整合：贤良港妈祖文化的仪式传播研究
	袁勇	转型期中国舆论场变迁研究
	唐玥蘅	智慧城市舆情监测研究 ——以 W 市为中心的考察(2015—2019)
	刘文杰	新媒体技术与科技类小型民企创新共同体的建构 ——基于三家民企的案例研究
	周中斌	中国当代民办大学形象研究
	何地	公众的自然灾害风险认知对社会化媒体中信息行为的影响机制研究
	陈瑜嘉	企业家媒介前台化行为对品牌资产的影响研究——消费者视角下的实证分析
	林莉	在自我与他者之间：中国对外报道的跨文化问题

续表

学校名称	姓名	博士生学位论文篇目
武汉大学新闻学院	陈星	生态型媒体平台建设研究——以区域性媒体平台“长江云”为例
	曾娅洁	成长与彷徨：营利性自媒体的职业化进程研究
	原永涛	乡村社群的传播结构——基于白马村的田野研究
	任洪涛	媒介使用与多民族乡村生活研究——以哈日莫墩村为例
	吴占勇	直播的日常化转向及其影响研究
	王雪	传统媒体转型中的电视人研究——基于对青岛电视台的民族志观察
	窦瑞晴	中国传媒上市公司多元化经营与绩效关系研究
	曹珊	信息传播中新生代农村移民的污名化建构研究
	胡剑南	海外华人中国题材纪录片的叙事策略研究
	王思	媒介融合背景下新闻生产主体的解构与重构——基于新闻场域理论的视角
	刘骏	媒介社会化视阈中的学前儿童亲社会与攻击行为研究
	戴骋	新世纪以来“医患关系”报道研究——基于媒介框架的分析视角
	赵红勋	行动者视域下受众的空间实践研究
	刘婷	寻访与重归：传播历史中在场与缺席的身体
	段永杰	作为圈层的传播：乡镇撤村并居中的集体记忆、舆论流动与组织再造 ——基于X镇的民族志研究
	万萍	各说各话：当代中国医患纠纷中的沟通困境 ——基于C医院医患办的民族志研究
	张梅贞	服务场景对消费者场景依恋及在线行为意向的作用研究——基于电商直播的实证分析
	战令琦	场景营销传播中消费者的自我建构研究——基于符号互动理论的视角
	徐键	新媒体条件下的美国政治广告研究
暨南大学新闻与传播学院	许媛媛	传媒上市公司高管团队特征与企业绩效关系的研究——基于多元化战略的视角
	周文娟	移动互联背景下品牌个性的意义建构研究
	胡振宇	我国互联网广告信用风险及其治理研究
	李德团	社交媒体时代品牌-消费者的共生关系研究
	赵立兵	论数字媒介的具身性
	余家辉	互联网环境下新闻作品的版权保护
	陈龙	中共办报模式演变史研究(1921—1949)
	李龙	日本侵略者在广东的殖民宣传研究：以《广东迅报》(1938—1945)为中心

续表

学校名称	姓名	博士生学位论文篇目
暨南大学新闻与传播学院	李国	大数据背景下舆论战研究——以南海问题(2012—2017年)为例
	张丽平	商品房社区居民的新媒介使用与社区融入——一项基于D社区的民族志考察
	李培	现代性视域下的中国近现代报刊漫画研究(1898—1937)
	莫凡	清末民初河南报刊发展及其影响研究(1898—1919)
	屈济荣	后真相语境下的数字互文性研究
厦门大学新闻传播学院	李阿嫱	本土与异国：中国广告学术研究的自我认同(1979—2009)
	李莎	中美众筹创业故事的叙述差异及其说服效果研究
	徐思凡	宋明理学印刷媒介传播史：对“媒介即讯息”命题的反思
	杜恺健	媒介学视阈下的《中庸》元典化进程研究
	赵晟	作为媒介的身体：儒道身体交往观的系统考察
	韩锡鹏	先秦道家传播观念研究
	李辉	詹姆斯·凯瑞的传播思想研究——以公民共和主义民主为框架
四川大学文学与新闻学院	黎薇	理念生成与路径选择——中国电视法治节目理性传播研究
	殷瑜	社会控制视角下的中国媒体间议程设置理论与调控研究
	陈丽丹	电视法治新闻类节目中的女性形象呈现研究
	戴蔚	乡村精神家园的电视媒介建构研究
	宋艳丽	基于空间实践与传播的侗族乡村旅游社区地方性建构研究
	张莉	当今藏传佛教民众日常信仰实践的传播符号学研究
	刘利刚	电影修辞：一个符号叙述学研究
	刘书亮	国内电视剧产业分级市场中的组织行为研究
	王立慧	网络公共事件中的元语言问题研究
	贾瑞琪	符号叙事学视域下的新闻游戏研究
	朱亚希	“复合空间”视角下数字音乐“移听”行为研究
	隋文馨	城市博物馆“策展传播”的知识再生产研究——以成都博物馆为例
	徐书婕	新世纪以来国产现实题材电视剧的情感叙事研究
	宁珂	媒介记忆视域下中国藏地纪录片的文化认同建构研究(1949—2018)
	马超	孕妇的风险信息接触、感知与应对研究——来自四川地区的实证调查
	唐希牧	政治传播视域下新中国成立后十七年的广播新闻研究(1949—1966)

续表

学校名称	姓名	博士生学位论文篇目
浙江大学传媒与国际文化学院	师扬	游戏中的符号对认知及情绪的影响
	胡颢琛	英国华人新移民媒介使用和身份认同研究
	孔祥雯	“冷战”时期苏联对内新闻宣传演变研究
	陈梅婷	惠安女的符号化建构：一个半岛渔村的文化变迁研究
	陈江柳	“让世界看到咱”：全球化时代乡村文化的传播与再生研究
	刘晶	“杭州样本”：对话理论视域下的城市形象跨文化传播研究
	徐百灵	社会传播网络建构与文化适应——以在内地的新疆维吾尔族大学生为例
	吴潇阳	世界主义视域下的媒介化全球风险：基于中德两国高学历年轻人的比较受众研究
	林丽	儿童媒介化的人际传播研究
	沈珺	新世界主义视阈下中国媒体外交路径与策略研究
	吴倩	作为集聚过程的传播：关系网络中的文化创意产业集群
南京大学新闻传播学院	王珂婇	隐形的安全线：马来西亚族群交往研究
	黄贺铂	中国互联网公司的资本扩张与公共治理 ——腾讯公司的传播政治经济学研究
	郑青华	媒体融合背景下中国主流媒体价值创造的逻辑重构与实践创新
	党明辉	流量逻辑：互联网技术对媒介内容的影响
	束晓舒	媒介化健康：社交媒体中的健康传播如何影响社会认同
	杨世宏	美国第 45 任总统大选中特朗普媒介形象呈现研究
	郭静	美国新闻理念在民国新闻教育场域中的迷失(1918—1937 年)
南昌大学新闻与传播学院	张兰	媒体转型期新闻从业者职业认同研究
	胡江伟	微博公共情绪传播及其管理研究
南京师范大学新闻与传播学院	林若野	台湾新闻学术思想演进研究(1945—1987)
	张勇丽	清末民初新闻人英敛之研究
国防大学	滕瀚	抗日战争时期中国共产党国际宣传研究
	高思远	游戏化传播论
	陈茜	江永红军事新闻报道研究

续表

学校名称	姓名	博士生学位论文篇目
上海大学新闻传播学院	余平	美国广告规制研究
	施州	二战时期美国政府海报宣传研究
	AKBER, ALI	巴基斯坦媒体对于中国政策的话语呈现：一种框架分析法 PAKISTAN PRESS DISCOURSE ON CHINA POLICY：A FRAMING ANALYSIS
	任占文	技术与资本逻辑下中国原生新媒体演进及影响研究
	骆雪	山歌传播与族群文化实践——黔中百宜乡布依村寨的个案研究
	颜维君	人际传播路径下中国文化国际影响力的生成——基于美国密苏里大学的实证分析
	张立刚	现代交往困境与儒家的沟通伦理
	郭峥	新媒体“后阅读”：内容、传播及文化意义
	吴圆圆	我国电视对农服务节目发展研究
	曾庆江	中国文化价值构成与对外传播研究
上海交通大学	谢红焰	产业关联与融合视角下的中国传媒产业发展路径研究
	许在元	中国文化传播的差异性战略研究——以电影为传播媒介
	楚雪	互联网使用与留美中国学生的文化认同研究
	邹霞	手机新闻分享行为的影响因素研究
	金恒江	社会临场感理论视角下的乡村人际交往研究
	刘广伟	文化产业背景下的节日文化重建
	徐媛媛	中国花卉旅游目的地形象建构研究
	谈佳洁	城市文化视角下消费空间场景化研究 —— 以中国购物中心为例
	朱佳妮	跨文化视角下中国书法文化传播效果研究
	刘璐	网络流行语的表征心态研究(2004—2018)
	沈继松	当代中国文化产业结构优化问题研究
	付缨	文化分工社会演进研究——基于中国实践的分析
	杨枭枭	国际社交媒体涉华内容的传播影响因素模型研究
	何佳	互联网群体传播中热门话题的形成与扩散研究
	余来辉	互联网群体传播中用户突发公共卫生事件公众参与研究
	胡薇薇	基于受众视角的当代中国主流电影研究
	吴映强	基于自我效能理论的新媒体素养对工作绩效影响模型研究——以上海高校中层管理者为例

续表

学校名称	姓名	博士生学位论文篇目
华东师范大学传播学院	苏衡	美国媒体融合中的媒体与消费者价值共创研究
	赵蓓红	近现代上海妇女报刊史(1898—1949)
	陈琦	印象管理维度下女性自拍研究
	李科	中国网络媒体政策研究
	南瑞琴	互联网时代中国财经媒体的信任研究——基于 QCA 的定性比较分析
	张长	日本动画“无影作画”技法的美学研究
	刘丽菲	从“有父”到“寻父”——新时期以来中国家庭伦理电影中的父子关系研究
河北大学新闻传播学院	田天	政治视阈下的《努力周报》研究
	都海虹	《北洋官报》研究
	尤佳	新媒体视域下中国当代育儿焦虑研究
	迷兰	俄罗斯主流新闻网站“TASS. RU”中的中国形象研究（2012—2017）
	马晨莲	《东方杂志》与中国近代西学传播研究
山东大学新闻传播学院	赵君香	博物馆视觉信息的传播研究
中山大学传播与设计学院	汤敏	“互动式接合”：社会化传播语境下主流意识形态的领导权建构——以@共青团中央为个案(2013—2018)
	晏齐宏	图景与机制：网络化语境下中国网民意见表达研究
	曾励	行动传播视角下中华民族共同体意识培育研究——基于南疆喀什地区的实证考察
	王锦东	我国媒体商业诽谤规制变迁研究
重庆大学	梁辰曦	新媒体赋权与公民表达研究
	付红安	北洋政府时期新闻法制研究

16.1.3　2019 年新闻传播学科硕士点招生与毕业学生统计表

此处仅列出部分 2019 年全国高校新闻传播学科硕士点招生与毕业学生人数，非完全统计，具体如表 16-5 所示(按照音序排列)。

表 16-5　**2019 年新闻传播学科硕士点招生与毕业学生统计**

序号	授权单位名称	招生人数	毕业人数
1	安徽大学	119	115
2	安徽师范大学	69	68
3	北京大学	81	84
4	北京工商大学	48	46
5	北京交通大学	22	13
6	北京联合大学	6	0
7	北京师范大学	50	50
8	北京体育大学	23	23
9	北京外国语大学	88	23
10	北京信息科技大学	6	0
11	北京印刷学院	80	49
12	北京邮电大学	14	13
13	北京语言大学	7	0
14	渤海大学	16	21
15	长春工业大学	54	8
16	成都理工大学	22	32
17	成都体育学院	15	15
18	成都学院	15	0
19	重庆大学	90	69
20	重庆工商大学	28	26
21	重庆交通大学	15	0
22	重庆师范大学	19	2
23	大连理工大学	42	39
24	电子科技大学	22	35
25	东华大学	25	0
26	东北财经大学	48	40
27	东北师范大学	47	32

续表

序号	授权单位名称	招生人数	毕业人数
28	福建师范大学	40	21
29	复旦大学	194	147
30	甘肃政法学院	14	0
31	赣南师范大学	34	15
32	广西大学	108	100
33	广州大学	33	37
34	广东财经大学	23	0
35	广东技术师范学院	20	0
36	广东外语外贸大学	76	52
37	广西师范学院	21	16
38	广西艺术学院	32	21
39	贵州大学	22	5
40	贵州民族大学	58	36
41	国防大学	17	27
42	哈尔滨师范大学	7	0
43	海南大学	26	16
44	海南师范大学	15	19
45	河北大学	128	117
46	河海大学	12	12
47	河南大学	161	113
48	河北经贸大学	23	17
49	河北师范大学	20	8
51	河南财经政法大学	6	0
50	河南工业大学	20	15
54	黑龙江大学	85	84
52	湖北大学	67	36
53	湖南大学	140	130

续表

序号	授权单位名称	招生人数	毕业人数
55	湖北民族大学	28	12
56	湖北文理学院	14	0
57	湖南工商大学	30	0
58	湖南科技大学	15	0
59	湖南理工学院	24	0
60	湖南师范大学	114	94
61	华侨大学	39	0
62	华东师范大学	111	106
63	华东政法大学	52	0
64	华南理工大学	75	82
65	华南师范大学	36	58
66	华中科技大学	156	91
67	华中农业大学	10	9
68	华中师范大学	91	95
69	淮北师范大学	8	0
70	吉林大学	70	68
71	吉林财经大学	22	0
72	吉林师范大学	20	21
73	吉林艺术学院		
74	吉首大学	10	0
75	济南大学	19	0
76	暨南大学	239	209
77	江苏师范大学	15	0
78	江西财经大学	55	58
79	江西师范大学	50	57
80	昆明理工大学	5	0
81	兰州大学	106	80

续表

序号	授权单位名称	招生人数	毕业人数
82	兰州财经大学	39	16
83	辽宁大学	104	81
84	辽宁工业大学	13	0
85	辽宁师范大学	17	0
86	鲁东大学	13	0
87	闽南师范大学	5	0
88	南昌大学	102	84
89	南京大学	154	115
90	南开大学	42	44
91	南京财经大学	22	7
92	南京航空航天大学	65	0
93	南京理工大学	10	8
94	南京林业大学	10	0
95	南京师范大学	165	111
96	内蒙古大学	110	107
97	宁波大学	11	5
98	宁夏大学	26	0
99	青岛大学	11	3
100	青海师范大学	14	0
101	清华大学	86	94
102	厦门大学	98	86
103	山东大学	98	48
104	山西大学	58	34
105	山东师范大学	89	89
106	陕西师范大学	103	91
107	汕头大学	28	13
108	上海大学	154	144

续表

序号	授权单位名称	招生人数	毕业人数
109	上海财经大学	18	19
110	上海交通大学	119	105
111	上海理工大学	101	75
112	上海社会科学院	9	5
113	上海师范大学	56	34
114	上海体育学院	49	33
115	上海外国语大学	87	50
116	上海政法学院	52	0
117	深圳大学	75	35
118	沈阳师范大学	21	13
119	沈阳体育学院	25	12
120	首都师范大学	0	
121	四川大学	136	132
122	四川省社会科学院	41	10
123	四川外国语大学	36	34
124	苏州大学	79	84
125	塔里木大学	16	10
126	天津师范大学	61	56
127	天津外国语大学	18	11
128	同济大学	22	19
129	温州大学	10	0
130	武汉大学	218	200
131	武汉纺织大学	12	0
132	武汉理工大学	48	48
133	武汉体育学院	53	32
134	西安工业大学	31	30
135	西北大学	102	93

续表

序号	授权单位名称	招生人数	毕业人数
136	西华师范大学	25	19
137	西南大学	55	69
138	西安财经学院	34	0
139	西安交通大学	51	32
140	西安外国语大学	38	23
141	西北政法大学	53	57
142	西藏民族大学	9	16
145	西华师范大学	25	19
143	西南交通大学	27	22
144	西南政法大学	91	75
146	湘潭大学	61	47
147	新疆大学	113	89
148	新疆财经大学	16	23
149	扬州大学	16	0
150	云南大学	80	65
151	云南民族大学	20	0
152	云南师范大学	16	22
153	长沙理工大学	9	0
154	浙江大学	49	56
155	浙江传媒学院	122	87
157	浙江工商大学	10	0
156	浙江工业大学	34	16
158	浙江理工大学	10	0
159	郑州大学	110	78
160	中南大学	32	27
161	中山大学	144	103
162	中国传媒大学	108/1870	96/1802

续表

序号	授权单位名称	招生人数	毕业人数
163	中国地质大学	16	15
164	中国海洋大学	24	6
165	中国科学技术大学	47	46
166	中国科学院大学	7	7
167	中国农业大学	6	9
168	中国人民大学	165	150
169	中国社会科学院大学媒体学院	21	12
170	中国政法大学	35	20
171	中南财经政法大学	60	65
172	中南民族大学	40	67
173	中央财经大学	29	14
174	中央民族大学	84	65
175	中原工学院	8	0

注：湖南商学院已更名为湖南工商大学。中国传媒大学 2019 年全校招生人数为 1870，毕业人数为 1802。其中，新闻学院招生 108 人，毕业 96 人。

16.2 我国新闻传播专业硕士人才培养分析报告

2010 年 1 月，国务院学位委员会第 27 次会议审议通过了新闻与传播硕士等 19 种硕士专业学位设置方案；2011 年，招收攻读新闻与传播硕士专业学位(Master of Journalism and Communication，MJC)、出版硕士研究生工作的正式启动，标志着我国新闻传播院系的研究生教育，开始实施一个战略性的转变：即从单一培养学术型硕士的人才培养模式，开始向学术型硕士与专业硕士学位双轨并存体制转型。① 2013 年，新闻传播研究生

① 张昆．从单一模式向双轨体制过渡——中国传媒研究生教育的重大转型．新闻前哨，2010(10)：19-22.

教育就基本实现了国务院学位委员会提出的“2015 年全日制专业硕士与学术型硕士各占 50%”。截至 2019 年，我国高校共有新闻传播学一级学科硕士点 115 个，新闻传播专业硕士点 182 个(新闻与传播专业硕士点 165 个，出版专业硕士点 17 个)。

经过近 10 年的实践探索，不少学校形成了卓有成效、独具特色的新闻传播专业硕士人才培养模式，取得了不俗的成绩。但是对于绝大多数高校而言，如何在人才培养中有别于学术硕士，形成具有自身特色的专业人才培养路径和模式，仍然是当前新闻传播研究生教育亟待解决的问题。本节旨在分析新闻传播专业硕士人才培养过程的现状、凸显问题及困境，并进一步提出具体的实践路径，以期对专业硕士的人才培养有所借鉴。(本节探讨的专业硕士为新闻学与传播学科目录下的新闻与传播、出版专业硕士两种类型的专业硕士)。

16.2.1　研究数据的获取及研究方法

(1)在线访谈法：主要用于了解专业硕士、专硕导师对于新闻传播专业硕士的认知、态度，有助于从不同角度深入了解现行专业硕士的现状、问题及对策。

访谈 21 名专业硕士中，男生 9 名，女生 12 名；研一学生 9 名，研二(研三)学生 8 名，已毕业 4 名；985 高校 6 名，211 高校 5 名，一本高校 6 名，其他高校 4 名。

专业硕士生导师 18 名，男性 10 名，女性 8 名；“985”高校 5 名，“211”高校 6 名，普通一本高校 5 名，其他高校 2 名。

访谈问题包括：①以您的个人经历而言，您认为目前专业硕士教育存在的问题是什么？②您对改进专业硕士教育有何建议？

(2)内容分析：从第四轮新闻传播学学科评估结果的每个等级中，随机抽取 2 所高校，再加上抽取 2 所未进入评估结果的高校，共计 20 所高校，分析这些新闻传播专业硕士学位授权点的招生目录、课程设置、实践环节及毕业论文等的现状及问题。

内容分析的招生目录及培养方案，包括中国传媒大学(A+)、中国人民大学(A+)、复旦大学(A)、华中科技大学(A)、上海交通大学(A-)、暨南大学(A-)、浙江大学(B+)、厦门大学(B+)、中山大学(B)、深圳大学(B)、兰州大学(B-)、南昌大学(B-)、西南政法大学(C+)、天津师范大学(C+)、广西大学(C)、汕头大学(C)、云南大学(C-)、华中师范大学(C-)、湖北大学、华侨大学 20 所高校的专业硕士培养方案。

16.2.2 国内专业硕士人才培养的现状

1. 招生现状

(1)专硕招生数量快速增长，已全面超越学硕。近年来，由于国家严控学术型硕士的招生规模，鼓励专业硕士教育的发展，新闻传播专业硕士招生数量得以快速增长。在所采样的20所高校中，除了中国传媒大学和中国人民大学学硕的招生数量多于专硕之外，其余高校专硕的招生数量均多于学硕(见表16-6)，还有众多地方院校只招收专业硕士。

表16-6　**2019年20所高校新闻传播类学硕、专硕实际招生人数**

	学硕	专硕(全日制+非全日制)
中国传媒大学(A+)	271	121
中国人民大学(A+)	101	39
复旦大学(A)	37	87
华中科技大学(A)	35	122
上海交通大学(A-)	25	46
暨南大学(A-)	58	131
浙江大学(B+)	21	28
厦门大学(B+)	33	61
中山大学(B)	26	85
深圳大学(B)	46	29
兰州大学(B-)	35	68
南昌大学(B-)	29	59
西南政法大学(C+)	31	57
天津师范大学(C+)	20	38
广西大学(C)	26	86
汕头大学(C)	10	18
云南大学(C-)	26	53

续表

	学硕	专硕(全日制+非全日制)
华中师范大学(C-)	39	52
湖北大学	15	52
华侨大学	0	59
总数	884	1291

(数据来源：各院校研究生招生信息网)

(2)双一流高校推免生的比例较高。近年来，推免生在全日制专硕中的比例逐步上升。在 20 所高校中，2019 年全日制专硕推免率较高的高校依次为：厦门大学 65.57%、深圳大学 58.62%、暨南大学 52.67%、复旦大学 47.13%、浙江大学 46.43%(见表 16-7)。依靠推免制，许多双一流高校获得了一批较为稳定、优质的专硕生源。

表 16-7　**2019 年 20 所高校新闻传播类专业硕士(全日制)实际推免情况统计**

	招生总数	推免人数	推免率
中国传媒大学(A+)	121	54	44.63%
中国人民大学(A+)	39	16	41.03%
复旦大学(A)	87	41	47.13%
华中科技大学(A)	50	9	18%
上海交通大学(A-)	40	7	17.5%
暨南大学(A-)	131	69	52.67%
浙江大学(B+)	28	13	46.43%
厦门大学(B+)	61	40	65.57%
中山大学(B)	70	31	44.29%
深圳大学(B)	29	17	58.62%
兰州大学(B-)	68	13	19.12%
南昌大学(B-)	59	1	1.69%
西南政法大学(C+)	57	1	1.75%
天津师范大学(C+)	38	2	5.26%

续表

	招生总数	推免人数	推免率
广西大学(C)	67	1	1.49%
汕头大学(C)	18	0	0
云南大学(C-)	53	2	3.77%
华中师范大学(C-)	52	2	3.85%
湖北大学	32	0	0
华侨大学	35	3	8.57%

(数据来源：各院校研究生招生信息网)

(3)非全日制专业硕士的招生数量呈上升趋势。在学制上，学术型硕士研究生以全日制学习为主，专业硕士可以采取灵活的学制，既可是全日制，也可采取非全日制。

但是根据《教育部办公厅关于统筹全日制和非全日制研究生管理工作的通知》(教研厅〔2016〕2号)精神，加快研究生教育结构调整优化的步伐，各校从2017年起，陆续从全国研究生统一考试中选拔非全日制新闻传播专业硕士学位研究生。统考使得考试难度增加，非全日制专业硕士中在职人员的生源大为减少，不少应届生由于落榜全日制专业硕士，而被调剂到了非全日制专业硕士。

2. 培养方向：大众化、常规化

对所采样的20所院校新闻与传播硕士专业学位研究生教育的开设方向细分情况进行统计，发现10所高校对培养方向进行了细分(见表16-8)，其他高校为“不区分研究方向”。即使设置方向，也大多以大众化、常规化方向为主，如“新媒体传播”“数字营销”“新闻采编实务”，立足于本校自身优势的小众化、特色化设置方式，尚未完全展开。

表16-8 **10所高校新闻传播专业硕士的培养方向**

	开设方向
中国传媒大学(A+)	全媒体新闻实务、媒体市场研究、国际新闻实务、新媒体实务、广播电视新闻采编、品牌营销传播、国际广播电视(中外合作办学项目)、播音与主持艺术、数字影像创作、全媒体策划与运营

续表

	开设方向
复旦大学(A)	新闻与传播、财经新闻、新媒体传播、全球媒介与传播国际双学位、国际新闻传播
浙江大学(B+)	新闻实务(法制新闻)、全媒体、策略传播(公关与广告)
暨南大学(A-)	融合新闻；数字营销传播；视听传播；公共传播；国际传播
中山大学(B)	财经新闻、交互设计、大数据传播、数字媒体(非全日制)
深圳大学(B)	健康传播、数字营销传播、融合媒体新闻、视听传播
南昌大学(B-)	新媒体实务、新闻采编实务、广告与公关实务；苏区文化出版、出版创意与营销、编辑出版实务、新媒体与数字出版
广西大学(C)	新闻与传播实务、网络与新媒体、媒介经营与管理、品牌传播
汕头大学(C)	高级新闻实务、广播电视实务、新媒体实务、广告与数字营销
云南大学(C-)	新闻传播、公共传播、国际传播

3. 课程设置：根据时代发展推陈出新

根据2018年全国新闻与传播学科教育指导委员会发布新闻与传播专业硕士核心课程名录，将“新闻传播学理论基础”“新闻传播学研究方法”“新媒体研究”“媒介经营与管理”等课程作为新闻与传播专业硕士的核心课程。

因此，多数学校的专业必修课主要由这几门课程组成，选修课程则能根据时代发展推陈出新：如社会心态与舆情仿真(中山大学)、舆情分析与公共传播(中国人民大学、上海交通大学)、计算传播研究(上海交通大学)、可视化数据新闻实践(中国人民大学、浙江大学、中山大学)、媒介融合(华中科技大学、浙江大学)、人机交互与用户行为研究(中山大学)、VR影像实践(中山大学)、数据挖掘与应用(华中科技大学、中山大学、暨南大学、汕头大学)、短视频创作(暨南大学)、计算广告学(暨南大学)、融合新闻制作(暨南大学)、网络交互设计基础(汕头大学)、高级网络视觉设计(汕头大学)等。

16.2.3　目前国内专业硕士人才培养存在的问题

当问及“以您的个人经历而言，您认为目前专业硕士教育存在的问题是什么?”，访谈的22位专业硕士反映问题最多的依次为：实践能力的培养、与学硕的区分度不高、未能对接业界需求、培养方向的不明确。

15位专业硕士生导师的访谈中，反映最多的依次为：师资力量短板、专硕培养定位不清晰、生源质量、学制过短。

1. 实践能力培养较为薄弱

通过对20所高校新闻与传播硕士专业学位研究生培养方案的调查发现，目前各院校的

新闻与传播硕士专业学位研究生课程主要由公共课、专业必修课、专业选修课与专业实践组成(部分学校还包括补修课)，总学分在34~39分，其中课程教学学分就占25~34学分。

相较于30多分的课程教学学分要求，实践环节学分要求最高的高校为8学分，最低为3学分，大多数为4学分。这反映出我国高校新闻与传播硕士专业学位研究生培养中的实践教学所占比重差异非常大。同时，在20所高校中，对专业硕士研究生实践时间的要求，仅有2所高校要求为“1年”，1所要求“不少于10个月”，2所为“不少于4个月”，其余高校均为“不少于6个月”(与学硕的实践要求差异不大)。这对于以塑造应用型人才为目标的专业学位硕士研究生的培养，上述实践学分和时间要求，未能凸显出该学位的培养重点。

2. 培养定位不够清晰，与学硕区分度不高

新闻传播专业学位硕士与学术型硕士有非常明确的边界。在培养目标上，学术型硕士以培养高校的学术研究者和科研后备军为方向；专业学位则以满足市场需要为主要目标和方向，侧重于培养高层次的应用型专业人才。两者的目标不同，决定了两种硕士教育在其他方面的差异。

但是目前很多培养单位没有把专业硕士和学术硕士明显区分开来，在教育方式、培养手段上大体相同，没有突出专业硕士培养的特色和目标，对专业硕士培养的定位不够清晰，处于模糊状态。

不少学院的专业硕士课程设置还不完善，尚未形成独立的专业硕士课程体系，只是简单移植了学术硕士的既有课程，理论性课程偏多，根据业界需求设置的实务型课程偏少，甚至沦为“低配版”的学硕课程体系。

在学位论文环节上，专业硕士学位论文不同于学术硕士采取单一的毕业论文形式，而是鼓励采用毕业论文、调研报告、媒体内容创作、项目研发策划类等多种形式；即使

是毕业论文也应必须强化应用导向，选题来源社会实践或实际工作中的实问题，强调学生运用所学新闻传播理论相关专业知识，综合解决实践问题的能力。

可是在实际运作中，只有极少数专硕学生采用毕业设计，绝大多数专硕学生还是采取毕业论文形式。即使是采用毕业论文，其应用导向也不是很明显，与学硕学生的毕业论文并无差异。

3. 校外导师制流于形式，校内导师“双师型”比例较低

国家《新闻与传播硕士专业学位设置方案》强调，应当“重视吸收来自新闻与传播实践领域的专业人员承担专业课程教学，构建‘双师型’师资结构”。因此，大多数高校对专业硕士的培养实行双导师制，从业界聘请实践经验丰富的导师，与校内导师共同指导。然而，由于业界导师往往是业界精英，本身就承担大量工作，很难抽出时间和精力对学生进行专门的实践辅导，因此这种校外导师的聘请大多流于形式。业界导师只负责提供实习岗位，通常的做法是把所带的学生托付给某个编辑部，对学生的实际指导和引导相当有限。

对于国内 20 所院校校内导师的专业硕士师资结构进行的统计分析发现，校内导师“双师型”(有业界从业背景)比例较低，仅有 3 所学校的双师型比例超过 50%。这说明校内专硕导师大多没有专门的业界经历，缺乏相关领域的实践经验，再加上与业界联系不够紧密，对于传媒业的最新发展动态缺乏清晰认识，不能及时地洞悉业界需求，很好地指导学生实践和进行职业设计。

学界有实务经验的导师资不足和业界导师指导匮乏的问题在一定程度上制约了专硕人才培养的质量。

16.2.4　实践探索：国内专业硕士人才培养路径

1. 健全专硕培养制度机制

(1)加强师资队伍建设。第一，校外导师的管理组织化、制度化。虽然现在大多数学校的专业硕士培养都实行“双导师制”，但是对校外导师的考核体系尚不完善，并无强制性的规范和准则；课酬津贴又受政策限制，缺乏有效的激励机制；再加上时间和精力的原因，校外导师制易成“挂名制度”，担任硕士生导师成为业界资深人士的一种荣誉象征，是否实际指导学生实践完全靠校外导师的责任感。

因此，将校外导师的管理组织化、制度化，明确校外导师的职责，增加课酬津贴，是加强专硕师资队伍建设的重要内容。

第二，鼓励校内专硕导师到媒体挂职锻炼。不同于美国大学新闻传播学院，其师资由“绿眼罩人”与“卡方人”组成。“绿眼罩人”是指具有丰富的传媒实践经验，担任实务课程教学，致力于提高学生专业技能的教师；“卡方人”则是指学术导向的理论课教师，他们一般具有传播学博士学位，具有较高的学术水平。①

中国高校由于人才引进机制的限制，想引进业界有丰富实践经验但不具备博士学位难度很大；而具备博士学位又同时具有业界从业背景的师资十分紧缺，很难引进。因此，鼓励校内专硕导师到媒体挂职锻炼，了解业界需求，提升业务实践能力，进而反哺实务教学，不失为一种切实可行的路径。像专硕导师中“双师型”比例较高的湖北大学(专硕校内导师 24 人，16 人具有 1~12 年不等的媒体工作经历)，这几年就以双向挂职和到职时无实践经历需挂职锻炼的形式派出 8 位老师在媒体工作 1 年，其经验值得借鉴。

(2)适度控制专硕的招生规模和质量。这几年国家严控学硕的招生规模，鼓励扩大专硕的招生规模，以适应社会急需的高层次应用型人才的需要。但是近几年新闻传播专硕的招生规模增长迅猛，导致生源质量的下降和师资力量未能及时跟上，从而引发培养质量的下滑。对此，老师和学生都颇有怨言，特别是对于非双一流高校。

因此，适度控制专硕的招生规模，严把生源的质量关，在招生时设置一年及以上工作经验的门槛，是提升专硕培养质量的有效路径。

(3)适当延长学制(2.5~3 年)。新闻传播学学术型硕士的学习年限一般是三年，在前两年的时间里，专业必修课程较多，学生能抽出一定时间进行补充性阅读；后面的一年时间，是专业实习、论文写作与答辩。三年的学习时间，是相对宽裕的。

新闻传播全日制专业硕士一般采取两年的学制，这就决定了学生第一年忙于上课、考试，没有太多时间进行深度学习。第二年则忙着毕业设计、找工作，实习实践环节也会打折扣。两年的学制，对新闻传播专业硕士，尤其是对跨专业的专硕而言，往往是既没有很好地扩充专业知识，又没能提升实践技能。

(4)建议专硕教指委出台毕业论文(毕业设计)的考核标准。虽然专业型硕士鼓励学生以毕业设计等多种形式完成学位论文，但是很少有学生愿意采用毕业设计，因为做了毕业设计，还要写一篇类似毕业论文的作品阐释，工作量大为增加；对于导师来说，很多专硕导师的知识结构尚不能很好地驾驭毕业设计，再加上目前教育部加大了对硕士研

① 张昆．从单一模式向双轨体制过渡——中国传媒研究生教育的重大转型．新闻前哨，2010(10)：19-22.

究生学位论文的审查力度，很多老师建议专硕学生采用毕业论文形式。因此，建议专硕教指委应尽早出台毕业设计的基本要求，并纳入毕业论文抽查的范围，以供各专硕培养单位参考；在此基础上，各校结合实际情况制定专硕毕业设计要求。

2. 坚持社会需求导向，凸显学校优势特色

在实践探索中，一些新闻院校坚持社会需求导向，进行方向细分，逐渐形成了自己相对富有特色的专业硕士培养方向，如复旦大学新闻学院的“复合型财经类新闻人才培养模式”、中国人民大学新闻学院的“国际新闻模式”、北京大学新闻学院与医学部联合培养“健康传播”方向的研究生，受到了用人单位的欢迎。我们以中山大学和深圳大学为例，分析其特色化的培养方向。

中山大学依托学院雄厚的优势资源，开设了专业硕士的三个特色培养方向：财经新闻、交互设计、大数据传播；深圳大学则充分发挥自身的优势和特色，形成了四个特色培养方向：健康传播、数字营销、融合媒体新闻、视听传播。

3. 优化课程设置，实行差异化、模块化的培养

新闻传播专业学位教育归根到底就是为媒体培养高层次应用型人才，检验合格与否的唯一标准就是其“任职资格”是否达到。因此，在课程设置上，应加强职业导向，优化专业硕士的课程设置，走差异化、模块化的特色培养之路，像中山大学、暨南大学和深圳大学就是围绕培养方向实行模块化的课程设置(见表 16-9～表 16-11)。

表 16-9　　**中山大学模块化的专业硕士课程设置**

培养方向	课 程 设 置
财经新闻	西方财经新闻报道、经济学基础、高级财经新闻报道、宏观经济新闻报道、金融理论与政策
交互设计	交互设计方法、人机交互与用户行为研究、新媒体信息架构设计、视觉传播、设计理论与思潮
大数据传播	大数据与舆论研究、传播大数据研究方法、网络爬虫与数据库基础、计算机辅助文本分析

表 16-10 **暨南大学模块化的专业硕士课程设置**

培养方向	课 程 设 置
融合新闻	融合新闻理论、融合新闻制作、数据新闻、非虚构写作、网络视频新闻、新闻评论写作
数字营销传播	广告理论与实务、数字营销传播理论与实务、数据挖掘与应用、计算广告学、品牌战略与传播研究、公共关系理论与实务
视听传播	视听传播理论、媒介文化、视听新媒体艺术与实践、影像叙事、短视频创作、融媒体产品策划与运营
公共传播	舆论学原理、数据科学技术、健康传播、科学传播、危机传播、新闻发言人实务
国际传播	国际传播理论、跨文化传播、公共外交、英语新闻采写、国外新闻作品研究、传播修辞学

表 16-11 **深圳大学模块化的专业硕士课程设置**

培养方向	课 程 设 置
健康传播	健康传播理论与方法、健康传播前沿、健康教育与健康促进
数字营销传播	数字营销传播、品牌构建与传播、创意沟通与表现
融合媒体新闻	中外融合媒体发展、数字新闻实务、融合新闻采访与报道 2
视听传播	视听传播理论与批评、视听传播实务、视听策划与创意

4. 搭建丰富的实践平台，强化实践能力

面对专业硕士实践环节较为薄弱的现状，重视实践教学环节，加大与业界的合作力度，与媒体建立长期、稳定、实质性的联合人才培养机制，开设专题工作坊，深入基层采访，能够为专业硕士搭建丰富的实践平台，强化其实践能力。

建立与业界联合人才培养基地。加大业界参与专业硕士培养的力度，建立高校和传媒集团联合办学的人才培养基地，而不是单纯的实习实践基地；进行专业硕士人才的联合培养，使传媒实践教育嵌入到专业硕士研究生的日常学习之中。

邀请资深媒体人开设专题工作坊。邀请资深媒体人开设专业工作坊，以面向实践的开放式教学代替原有封闭式的课堂教学模式，能够将实践能力的培养渗透在专业学习过程之中，使专业教学更贴近业界需求，实现课堂理论和实践操作的无缝对接。

深入基层采访，完成职业训练。深入基层采访是完成专业硕士职业训练的有效路

径。如西南政法大学采用“大篷车课堂”，兰州大学创办了大量特色品牌实践活动等，在新闻传播教育界影响深远。

16.2.5　结语

转型期的传媒业发展需要的复合型、应用型人才，正是专业硕士培养的目标定位。然而要做到两者的良好互动，需要在充分认识传媒业需求和发展态势的同时，深化专业学位研究生教育改革，以社会需求为导向，探索建立以提升职业能力为导向的研究生培养模式。在健全专硕培养制度机制，坚持社会需求导向，凸显学校优势特色培养方向；在优化课程设置，实行差异化、模块化的培养的同时，引导和鼓励传媒业全方位参与人才培养，搭建丰富的实践平台，强化实践能力，从而增强高层次应用型人才培养的针对性。

（朱秀凌）

第 17 章　博士后流动站

在世界教育史上，博士后的历史要晚于“三级学位”(学士、硕士、博士)。它是起源于 1876 年美国约翰·霍普金斯大学的一项举措。当年，约翰·霍普金斯大学设立了一项研究基金，用以资助优秀的青年学者在较好的研究条件下从事科学研究工作。由于在最初基金资助的 20 人中有 4 人已经获得了博士学位，故人们称之为“博士后”。这种人才培养模式所独有的“流动性强”“提升科研创新能力快”的优势很快得到科技界的认可，成为助力美国“二战”后国力飞跃的重要人才战略。中国设立博士后主要原因有：为了适应国家改善高级人才培养环境、培养方式的客观要求，教育和科研制度的改革为博士后制度的形成提供了前提，吸引留学博士回国工作是博士后制度产生的重要因素，知名学者的倡导与中央领导的重视。1984 年 4 月，美籍华裔物理学家、诺贝尔物理学奖获得者李政道先生向邓小平建议，在有条件的院校及科研院所设立博士后工作站。1985 年 7 月，国务院正式批准成立博士后科研流动站管理协调委员会(后更名为全国博士后管理委员会)，批准了设立博士后科研流动站，试行博士后制度方案。此后，博士后制度在我国正式确立。博士后是一种经历。博士是最高学位，不能把“博士后”看成比博士更高一级的学位，对博士后研究人员不能再授予其他任何名义的学位称号，同时“博士后”也不是专业技术或行政职务。博士后研究人员主要从事科学研究，而这种科研工作往往具有探索、开拓、创新性质。博士后研究人员是国家正式工作人员，而不再是学生。博士后制度已成为国家造就拔尖人才的重要途径。在全国博士后中，由于学科发展较慢的原因，新闻传播学方向的博士后起步较晚，从 1999 年至今历经 20 年发展后，为中国新闻传播学培养了大量的高质量的科研人才。2019 年，中国新闻传播学博士后发展具有以下特点。

17.1　随着中国博士后事业大发展，新闻传播学博士后数量增加

新世纪以来，中国博士后事业大发展，为社会培养了大量高质量的科研人才。据中

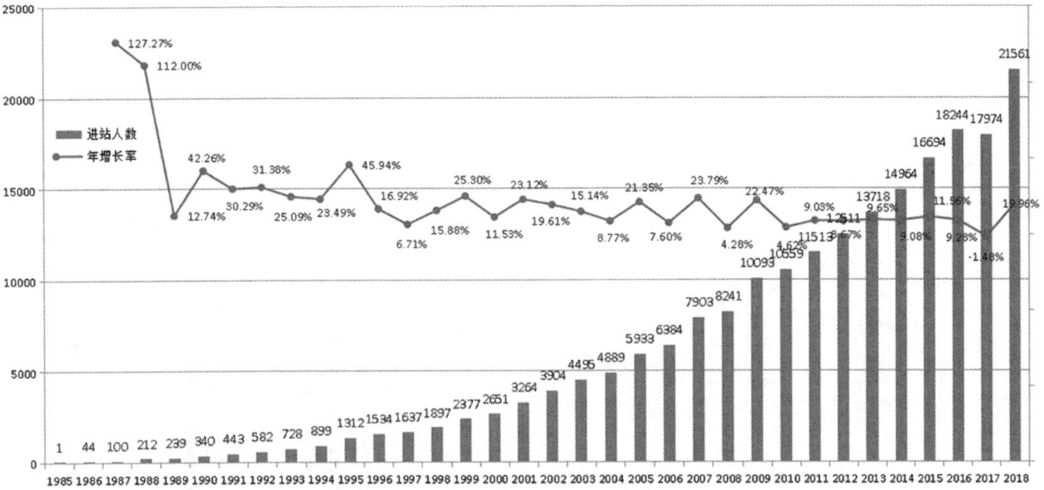

图 17-1　1985—2018 年各年度博士后研究人员进站人数统计

（数据来源：http：//www. chinapostdoctor. org. cn/content/details55_ 660. html）

国博士后官方数据统计：1985—2017 年，我国设立博士后流动站已达 3029 家，后经过调整合并变为 3009 家；1985—2017 年，我国设立博士后科研工作站已达 3507 家，后经过调整合并变为 3329 家；1985—2017 年，我国博士后研究人员进站人员已达 186279 人，出站人员已达 110037 人，截至 2017 年年底，在站博士后人员为 62314 人。据 2019 年 12 月 31 日中国博士后官方数据统计：1985—2018 年我国累计招收博士后研究人员 207840 人；1985—2018 年累计出站博士后研究人员 122214 人，截至 2018 年年底，在站博士后人数为 66511 人。从图 17-1、图 17-2 可以看出：2018 年进站数人数是 21561 人，出站人数是 12177 人。在站人数不断增加。

17.2　新闻传播学博士后流动站和工作站数量明显增加，规模扩大

经“中国博士后官网站设站单位纵览”输入“新闻传播学”查询，设有新闻传播学流动站单位达 18 家，比 2018 年 14 家增加了 4 家。18 家新闻传播学流动站单位名称和联系方式如表 17-1 所示。

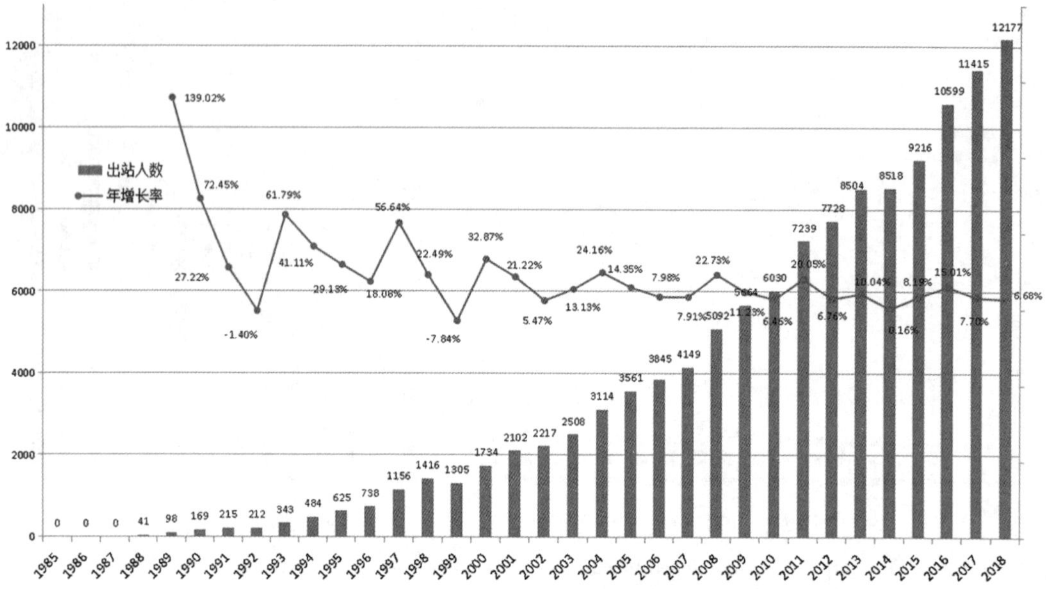

图 17-2　1985—2018 年各年度博士后研究人员出站人数统计

（数据来源：http：//www. chinapostdoctor. org. cn/content/details55_ 661. html）

表 17-1　**18 家新闻传播学流动站单位**

序号	单位名称	主管部门	电话	传真
1	北京大学	人事部	010-62751229	010-62751229
2	复旦大学	人事处	021-65643992	021-65642129
3	清华大学	人事处	010-62785765	010-62797551
4	山东大学	人事部	0531-88366036	0531-88365388
5	上海大学	组织人事部	021-66132935	021-66132935
6	上海交通大学	人力资源处	021-34206725	021-34202717
7	厦门大学	人事处	0592-2187039	0592-2186177
8	中国传媒大学	人事处	010-65779185	010-00000000
9	中国人民大学	人才工作领导小组办公室	010-62513718	010-62513718
10	中国社会科学院	博士后管理委员会	010-85196137	010-85196495
11	湖南师范大学	人事处	0731-88872308	0731-88872456
12	华中科技大学	人事处	027-87557406	027-87542527

续表

序号	单位名称	主管部门	电话	传真
13	深圳大学	人力资源部	0755-26717347	0755-26534449
14	四川大学	人事处	028-85403749	028-85405915
15	武汉大学	人事处	027-68754011	027-68754011
16	浙江大学	人事处	0571-88981453	0571-88981976
17	郑州大学	人事处	0371-67781731	0371-67781085
18	暨南大学	人事处	020-85223361	020-85220048

经“中国博士后官网站设站单位纵览”输入“报业”“广播电视”“出版”“传媒”等关键词查询，与新闻传播学相关的博士后工作站达 33 家，比 2018 年增加了 22 家。18 家新闻传播学流动站单位名称和联系方式如表 17-2 所示。

表 17-2　　**与新闻传播学相关的 33 家博士后工作站**

序号	工作站设站单位	主管单位	电话	传真
1	大众报业集团	人事劳资部	0531-85193352	0531-85193490
2	广州日报报业集团	人力资源部	020-81163210	020-81885729
3	南方报业传媒集团	人事处	020-87373998-3306	020-87387517
4	宁波日报报业集团	新闻办公室	0574-87682926	0574-87682923
5	深圳报业集团	集团人力资源部 舆情与传播研究院	0755-83517636	0755-83904156
6	电子工业出版社	人事处	010-88254603	010-88254000
7	国家新闻出版广电总局 广播科学研究院		—	—
8	湖南出版投资控股集团有限公司	产业研究院	0731-84405041	0731-84405057
9	江苏凤凰出版传媒集团有限公司	人力资源部	025-83672870	025-83658921
10	江西省出版集团公司	人力资源部	0791-86895385	0791-86894939
11	人民教育出版社有限公司	人力资源部	010-58758063	010-58758877
12	社会科学文献出版社	皮书研究院	010-59367235	010-53967224
13	时代出版传媒股份有限公司	人力资源部	0551-3533151	0551-3533013
14	中国出版集团公司	人力资源部	010-58110850	010-58110871

续表

序号	工作站设站单位	主管单位	电话	传真
15	中国社会科学出版社	人事处	010-64073834	010-64073834
16	长江出版传媒股份有限公司		—	—
17	方志出版社		—	—
18	南方出版传媒股份有限公司	人力资源部	020-37804285	020-37606721
19	人民出版社		—	—
20	新华文轩出版传媒股份有限公司		—	—
21	长江出版传媒股份有限公司		—	—
22	湖南电广传媒股份有限公司	人事处	0731-84252333-8312	0731-82274693
23	江苏凤凰出版传媒集团有限公司	人力资源部	025-83672870	025-83658921
24	重庆中科普传媒发展股份有限公司	博士后站管理办公室	023-63658777	023-63658839
25	河南广播电视大学		—	—
26	山东省广播电视总台	博士后科研工作站	0531-85036027	0531-87931921
27	深圳广播电影电视集团	集团总编办	0755-88318352	0755-88310333
28	未来电视有限公司		—	—
29	上海文化广播影视集团有限公司	人力资源部	021-22000195	021-62715347
30	深圳广播电影电视集团	集团总编办	0755-88318352	0755-88310333
31	天津 712 通信广播股份有限公司		—	—
32	中国国际广播电台		—	—
33	中国互联网络信息中心		—	—

17.3 获得中国博士后科学基金数量略有增加，展示了新闻传播学科博士后的科研潜力

中国博士后科学基金是专门用于资助在站博士后科学研究的基金，旨在促使具有发展潜力和创新能力的优秀博士后进行创新研究，培养造就一支跨学科、具有复合型和战略性特点的博士后人才队伍。博士后基金每年可申请三次，其中，一次为特别资助，两

次为面上基金。2019 年，中国博士后科学基金会将开展面上资助工作两批次，特别资助工作两批次，优秀学术专著出版资助一批次，实施“西部地区博士后人才资助计划”，与全国博士后管委会共同实施“博士后创新人才支持计划”。面上资助是给予博士后研究人员在站期间从事自主创新研究的科研启动或补充经费，由专家通讯评审确定资助对象。资助分为一等、二等。自然科学资助标准为一等 12 万元、二等 8 万元；社会科学资助标准一般为一等 8 万元、二等 5 万元。2019 年资助人数约为当年进站人数的三分之一，对从事基础研究的博士后研究人员适当倾斜。面上资助实施“西部地区博士后人才资助计划”（以下简称“西部计划”），对在西部及贫困地区、边疆民族地区和革命老区博士后设站单位从事研究工作的博士后研究人员进行资助，不含所在地区的部队设站单位、中央直属高校、一流高校、高校中的一流学科及中国科学院的研究所。

2019 年 5 月，根据《2019 年度中国博士后科学基金资助指南》，中国博士后科学基金对第 65 批面上资助专家评审结果进行了公示。公示期间，有 3 位博士后研究人员退站，不予资助。该批次共资助 3981 人，其中一等资助 285 人，二等资助 3596 人，“西部地区博士后人才资助计划”资助 100 人。相比前几批，此次一等资助数量大幅降低，二等资助项目数大幅提高，总资助项目数有一定幅度提高。从统计结果来看，清华大学共获得 156 项位居第一，包括一等资助 7 项、二等资助 149 项。中山大学表现突出，共有 8 项一等资助和 135 项二等资助，总数位居第二位。西安交通大学共有 127 项拟入选，总数位居第三，包括一等资助 8 项、二等资助 119 项。北京大学共获得 124 项，位居第四，包括一等资助 10 项、二等资助 114 项。此外，获得资助项目较多的高校还有复旦大学、浙江大学、四川大学、深圳大学、山东大学和上海交通大学。除了“双一流”建设高校外，深圳大学、南方医科大学、江苏大学、青岛大学等地方强校表现也非常出色，特别是深圳大学，获批博士后基金项目数已经连续多次位居全国前十。中国博士后科学基金对第 65 批面上资助项目中，新闻传播学有 13 人获得二等立项资助，名单如表 17-3 所示。

表 17-3　**中国博士后科学基金第 65 批面上资助获资助人员名单（新闻传播学）**

序号	省 份	设站单位名称	姓 名	博士后编号	一级学科	资助等级	资助金额
1	北京	北京师范大学	刘 淼	219998	新闻传播学	2 等	50000
2	北京	中国传媒大学	李 鲤	214412	新闻传播学	2 等	50000
3	北京	中国人民大学	白麒钰	213598	新闻传播学	2 等	50000
4	上海	复旦大学	黄 艳	223093	新闻传播学	2 等	50000

续表

序号	省 份	设站单位名称	姓 名	博士后编号	一级学科	资助等级	资助金额
5	浙江	浙江大学	孙 宇	219753	新闻传播学	2 等	50000
6	安徽	中国科学技术大学	胡 凤	215817	新闻传播学	2 等	50000
7	山东	山东大学	于智源	224269	新闻传播学	2 等	50000
8	湖北	华中科技大学	张 帆	217888	新闻传播学	2 等	50000
9	湖北	武汉大学	王继周	213949	新闻传播学	2 等	50000
10	广东	深圳市创新投资集团有限公司	方爱华	225013	新闻传播学	2 等	50000
11	广东	中山大学	郑梓煜	204734	新闻传播学	2 等	50000
12	云南	昆明理工大学	马小娟	225202	新闻传播学	2 等	50000
13	陕西	西安交通大学	阳长征	217375	新闻传播学	2 等	50000

2019 年 11 月，根据《中国博士后科学基金资助规定》，中国博士后科学基金第 66 批面上资助对北京大学周旭等 4035 位拟资助人员名单予以公示。公示期间，有 1 位博士后研究人员退站，不予资助。因此，第 66 批面上资助共资助 4034 人(军队系统拟资助人员未公开名单)，其中一等资助 275 人，二等资助 3659 人，“西部地区博士后人才资助计划”资助 100 人，拟资助项目总经费 3.1 亿元。中国博士后科学基金对第 66 批面上资助项目中，新闻传播学有 13 人获得立项资助，其中一等 1 人，二等 12 人，名单见 17-4。

表 17-4　**中国博士后科学基金第 66 批面上资助获资助人员名单(新闻传播学)**

序号	省 份	设站单位名称	姓 名	博士后编号	一级学科	资助等级	资助金额
1	北京	北京师范大学	曲 慧	212122	新闻传播学	1 等	80000
2	北京	北京大学	车致新	216688	新闻传播学	2 等	50000
3	北京	清华大学	肖 毅	222074	新闻传播学	2 等	50000
4	北京	中国传媒大学	白晓晴	235725	新闻传播学	2 等	50000
5	北京	中国人民大学	樊 勇	234584	新闻传播学	2 等	50000
6	上海	复旦大学	韩韶君	211555	新闻传播学	2 等	50000
7	上海	复旦大学	梁德学	227199	新闻传播学	2 等	50000
8	上海	华东政法大学	刘广伟	230162	新闻传播学	2 等	50000

续表

序号	省 份	设站单位名称	姓 名	博士后编号	一级学科	资助等级	资助金额
9	江苏	苏州大学	曹　然	234923	新闻传播学	2 等	50000
10	山东	山东省广播电视总台	韩　诚	226040	新闻传播学	2 等	50000
11	陕西	西安交通大学	刘蒙阕	238654	新闻传播学	2 等	50000
12	陕西	西安交通大学	沈　霄	233308	新闻传播学	2 等	50000
13	陕西	西安交通大学	邹　霞	227558	新闻传播学	2 等	50000

特别资助分为特别资助(站前)、特别资助(站中)两种类型。特别资助(站前)是为吸引新近毕业的国内外优秀博士进站，在前沿领域从事创新研究实施的资助，由专家会议评 审确定资助对象。资助人员须在名单公布后 3 个月内办理进站手续，逾期视为自动放弃入选资格。2019 年资助人数约 400 人，资助标准为 18 万元。特别资助(站中)是为了激励在站博士后研究人员增强创新能力，对表现优秀的博士后研究人员实施的资助，由专家通讯评审和会议评审确定资助对象。2019 年资助人数约 1000 人；资助标准为自然科学 18 万元，社会科学 15 万元。

7 月，根据《2019 年度中国博士后科学基金资助指南》，经个人申请、设站单位推荐、专家评审、公示等环节，钟腾龙等 989 名博士后研究人员获得中国博士后科学基金第 12 批特别资助(站中)，晁玉广等 400 名博士获得中国博士后科学基金第 1 批特别资助(站前)，并予以公布(军队系统获资助人员名单另行公布)。其中，有 4 人获得特别资助(站中)，遗憾的是，无人获得中国博士后科学基金第 1 批特别资助(站前)(见表 17-5)。

表 17-5　**中国博士后科学基金第 12 批特别资助(站中)人员名单(新闻传播学)**

序号	省 份	设站单位名称	姓 名	博士后编号	一级学科	资助等级	资助金额
1	四川	四川大学	张　悦	171272	新闻传播学	1 等	80000
2	湖北	武汉大学	吴世文	185083	新闻传播学	1 等	80000
3	陕西	西安交通大学	刘　焕	185591	新闻传播学	1 等	80000
4	重庆	西南大学	沙　鹏	201972	新闻传播学	1 等	80000

为繁荣发展我国哲学社会科学领域博士后事业，打造集中展示哲学社会科学领域博士后优秀研究成果的学术平台，全国博士后管理委员会和中国社会科学院共同设立了

《中国社会科学博士后文库》(以下简称《文库》)，计划每年在全国范围内择优出版博士后成果。凡入选成果，将由《文库》设立单位予以资助出版，入选者同时将获得全国博士后管理委员会颁发的“优秀博士后学术成果”证书。优秀学术专著出版资助是为鼓励博士后研究人员出版在博士后在站研究期间所取得的研究成果。资助领域为自然科学。2019 年度资助出版专著约 30 部，资助标准为平均每部专著 6 万元。7 月，中国社会科学院与全国博士后管理委员会共同组织召开第八批《中国社会科学博士后文库》复评会议。经评审专家投票，共评选出 35 部书稿拟入选第八批《文库》；另评选出 3 部备选书稿，公示期或后期出版过程中，前 35 部书稿如不能出版，后面 3 部备选书稿将入选第八批《文库》。其中新闻传播学科的入选是郭立的《国际传播范式的中国探索与策略重构——基于会展国际传播的研究》。

17.4　中国新闻传播学博士后流动站入出站条件日趋严格，入站人数多，出站人数少

2018 年中国新闻传播学博士后流动站招生条件日趋严格。如中国社会科学院新闻与传播研究所根据全国博士后管理委员会和中国社会科学院博士后管理委员会的有关规定：(1)申请人为留学归国博士、应届博士毕业生和无人事劳动关系的具有博士学位人员等。(2)坚持正确的政治方向和学术导向，自觉遵守宪法、法律，无不良记录。(3)身体健康，年龄在 35 周岁以下，有较高的外语水平。(4)具有较强的科研能力和学术潜力，学术品质优良，能开拓创新。再如 2018 年，中国人民大学新闻学院为促进中国人民大学新闻传播学科“双一流”建设，培养师资后备人才，推动学术创新，特面向海内外招聘杰出青年博士到该院从事博士后科研工作。其引进人员基本条件为：(1)年龄一般不超过 35 周岁。(2)近三年在国外(境外)综合实力世界排名前 100 名的高校，或者所在学科在世界排名前 100 名的高校获得博士学位。(3)至少已发表 1 篇 SCI、SSCI 或 A&HCI 收录的国际期刊论文(署名为通讯作者、第一作者、或与导师合作的第二作者)引进人员资助标准为每人每年 30 万元人民币。此外，还可申请国家、学校和学院的其他科研经费；发表科研成果可获得相应奖励。

有些流动站虽然待遇优厚，但是进站人数并未增长。如暨南大学新闻传播学院博士后科研流动站规定：年龄在 35 周岁以下，获得博士学位不超过 3 年。人文社科类博士原则上至少发表 1 篇 A 类论文(署名第一作者或导师第一、博士第二作者)；自然科学类博士至少发表 1 篇 A1 类Ⅱ区以上论文(署名第一作者)。以上论文的发表均需提供暨

南大学图书馆开具的论文期刊检索证明。外籍博士后须在世界排名前 200 名的高校(不含境内，排名以当年《泰晤士报高等教育副刊》为准)获得博士学位。基本工资分递进式Ⅰ、Ⅱ、Ⅲ三个层级。Ⅰ级 20 万元/年，Ⅱ级 25 万元/年，Ⅲ级 35 万元/年。博士后在站时间为两至三年。2018 年 5 月 1 日起进站的博士后，以 20 万元/年为基数，发放工资，达到Ⅱ级或Ⅲ级科研要求，按相应层次工资发放，并自进站之日开始计算补发相应层级工资。博士后(包括工作站和基地博士后)在站期间获得高水平科研成果，符合奖励条件的，每项奖励 5 万元。住房补贴 2000 元/月。博士后根据科研实际需要，经学校组织专家评审，可带薪进行 3~6 个月的出国(境)访学，资助出国经费 3 万元/次，出境经费 1 万元/次，国际学术会议经费 1~3 万元/次。招生博士后范围也扩大到新闻传播史论、新闻传播业务、国际传播、马克思主义新闻观、计算传播学、数字营销传播、视听传播、互联网与国家治理、风险沟通与危机管理、环境传播等研究方向师资力量雄厚，有 10 多位导师可招收博士后研究人员。但是，2018 年实际入站人数反而下降一人。

2018 年中国新闻传播学博士后流动站在站人数、进站人数、出站人数分别是，67、47、167，由表 17-6 可知，能够顺利出站的人数比较少。

表 17-6　　**2019 年 18 家新闻传播学流动站进出站人数**

序号	单位名称	进站人数	出站人数	在站人数
1	北京大学	0	1	2
2	复旦大学	19	8	52
3	清华大学	3	1	9
4	山东大学	3	1	10
5	上海大学	1	0	12
6	上海交通大学	1	0	1
7	厦门大学	1	1	3
8	中国传媒大学	27	18	40
9	中国人民大学	3	5	8
10	中国社会科学院	0	0	1
11	湖南师范大学	0	0	0
12	华中科技大学	1	0	3
13	深圳大学	0	0	0

续表

序号	单位名称	进站人数	出站人数	在站人数
14	四川大学	2	3	2
15	武汉大学	1	3	3
16	浙江大学	2	2	15
17	郑州大学	0	0	0
18	暨南大学	3	4	6

（注：除此之外，中山大学传播与设计学院的博士后流动站 2019 年进站人数为 5 人，在站人数为 7 人，0 人出站）

17.5 纪念新闻传播学博士后培养二十载，风华正茂，成果丰硕，倡议再出发

11 月 1 日，“新时代新闻传播学的使命与责任学术研讨会——暨庆祝我国首个新闻传播学博士后流动站成立二十年周年”活动在复旦大学新闻学院举行。来自该博士后流动站的数十名博后和专家学者参加了此次会议。随着这一活动的举行，复旦大学新闻学院九十华诞系列庆祝活动也拉开了帷幕，复旦大学新闻传播学博士后流动站成为高端人才培养基地。复旦大学新闻传播学博士后流动站站长孟建教授主持会议。孟建教授介绍，复旦大学新闻学院博士后流动站于 1999 年正式设立，是全国首个新闻传播学博士后流动站。20 年来，复旦大学新闻传播学博士后流动站依托复旦大学的综合实力，特别是依托复旦大学新闻学院的一流师资、一流水准，培养出近 200 名博士后，为我国的新闻传播事业输送了一大批高端人才。这些人才已经成为新闻传播行业的科研骨干和学术带头人，有的已成为新闻传播界的翘楚。与此同时，复旦大学新闻传播学博士后流动站还与上海文广、山东广电、深圳报业等多家新闻传播业界重要单位展开紧密合作，联合培养博士后人才。由于复旦大学新闻传播学博士后流动站的突出成绩，该站被国家评为“全国优秀博士后科研流动站”。

会上，复旦大学新闻学院院长米博华教授就我国首个新闻传播学博士后流动站走过的历程进行了回顾，对培养高层次博士后人才工作进行了总结，对未来博士后流动站的发展提出了新的要求。我国首个新闻传播学博士后、北京大学陆地教授在发言中，衷心感谢复旦大学对自己的关爱和培养，祝愿博士后流动站百尺竿头，更上层楼。从美国密

歇根大学“海归”入站的博士后张婵、复旦大学与山东广电合作培养的博士后于晓风，在站工作的博士后陶赋雯也都从各自的角度，畅谈了他们在复旦大学新闻传播学博士后流动站受到的关爱和培养。这些生动而又深刻的发言，给与会者深深启迪。在学术研讨中，来自多所高校的专家学者就新闻传播学科发展与博士后流动站(工作站)建设等问题展开了深入讨论。

在此次会议上，还举行了复旦大学新闻传播学博士后流动站颁奖活动。复旦大学童兵教授获得“终身成就奖”，北京外国语大学孙有中教授获得“杰出博后奖”，北京大学陆地教授、复旦大学张大伟教授获得“特别贡献奖”。

此次会议还向全国新闻传播学博士后流动站(工作站)发出了倡议。倡议书号召，全国的新闻传播学博士后要担负起更高的社会责任和学术使命，以习近平总书记关于新闻舆论工作的重要论述为指导，坚持正确政治方向。倡议书建议，为构建更高层次的新闻传播学研究平台，尽快建立“全国高校新闻传播学博士后流动站学术联盟”，构建起一个全国性的新闻传播学术共同体。倡议书提出，依托“博士后学术联盟”，交流全国新闻传播学博士后人才培养的经验，开展全国新闻传播学博士后学术成果评选工作。倡议书呼吁，全国的博士后紧密团结起来，为构建具有中国特色、中国风格、中国气派的新闻传播学理论体系和学术话语体系而努力奋斗。后附《倡议书》全文：

倡 议 书

全国的新闻传播学博士后流动站(工作站)：

在中华人民共和国成立 70 华诞之际，复旦大学新闻学院也迎来了建院 90 周年。1929 年，复旦大学新闻系成立，拉开了中国新闻传播教育的辉煌序幕。1999 年，全国首个新闻传播学博士后流动站在复旦大学正式设立，开启了新中国新闻传播学博士后人才培养工作的航程。

20 年来，复旦大学新闻传播学博士后流动站栉风沐雨、奋力前行，培育出了近 200 名博士后，为我国的新闻传播学学科建设输送了宝贵的高端人才，为学校和社会培养了一大批科研骨干和学术带头人。20 年间，全国的新闻传播学博士后流动站(工作站)相继设立，博士后制度在培养高层次新闻传播人才等方面取得了卓越成就。博士后已成为中国新闻传播学学科建设与科研工作的生力军，不少出站或在站的博士后，取得了令人瞩目的成绩，如今的一些佼佼者已成为行业翘楚。

进入新时代，新闻传播学科建设与发展面临着新的使命与责任，新闻传播学博士后工作也面临着新的机遇和挑战。在复旦大学新闻学院迎来 90 周年华诞，复旦大学新闻传播学博士后流动站迎来20周年庆典之际，我们在祖国的东海之滨，在黄浦江畔，在复旦大学，向全国博士后流动站(工作站)发出倡议：

1. 坚持正确政治方向。以习近平总书记关于新闻舆论工作的重要论述为指导，加强和改进新闻传播学博士后培养工作。让新时代的博士后培养工作，沿着正确的政治方向，勠力同心，砥砺前行。

2. 构建高层次平台。积极发挥博士后流动站的科研优势，打造多学科交叉、多方向融合、多团队协作、多资源共享的高端平台。我们倡议，建立“全国高校新闻传播学博士后流动站学术联盟”，构建起一个全国新闻传播学博士后人才培养的学术共同体。

3. 培养高水平人才。加大对博士后事业的投入，提高博士后培养质量，努力造就跨学科、复合型、战略型的高层次新闻传播创新型人才。依托“新传博后学术联盟”，交流全国新闻传播学博士后人才培养的经验。

4. 创造高质量成果。依托博士后科研队伍，加快推出一批高质量、有深度、有分量的新闻传播学研究成果。依托“新传博后学术联盟”，开展全国新闻传播学博士后学术成果的评奖工作。

5. 建立专业特色体系。全国的新闻传播学博士后人才要担负起更高的社会责任和学术使命，为构建具有中国特色、中国风格、中国气派的新闻传播学理论体系和学术话语体系贡献更大的力量。

复旦大学新闻传播学博士后流动站

2019年11月1日

(邓绍根)

第18章 获奖情况

18.1 教育部人文社会科学研究优秀成果奖

2020年1月19日，教育部网站上发布了《关于第八届高等学校科学研究优秀成果奖(人文社会科学)评选结果的公示》。经对资格审核通过成果组织专家通讯评审和会议评审，奖励委员会审议通过，第八届高等学校科学研究优秀成果奖(人文社会科学)共评选产生拟奖励成果1537项，其中著作论文奖1236项，含一等奖152项、二等奖778项、三等奖306项；咨询服务报告奖79项，含一等奖10项、二等奖49项、三等奖20项；普及读物奖20项、青年成果奖202项。著作论文奖和咨询服务报告奖特等奖空缺。此次评选于一年前启动，参评成果范围是2014年1月1日至2017年12月31日期间的成果。

新闻学与传播学界的学者们在该学科门类及交叉学科门类都获得了一些奖项。其中，一等奖6项、二等奖26项、三等奖8项、青年成果奖7项。项目的基本信息如表18-1所示：

表18-1 **第八届高等学校科学研究优秀成果奖(人文社会科学)中新闻传播学学者获奖情况**

获奖等级	成果名称	成果类型	作者
一等奖	中国公共关系史	著作	胡百精
一等奖	符号中国	著作	隋　岩
一等奖	新闻观念论	著作	杨保军
一等奖	新闻传播的大数据时代	著作	喻国明
一等奖	中华文化国际影响力调查研究	著作	关世杰

续表

获奖等级	成果名称	成果类型	作者
一等奖	青年网络意识形态研究报告	咨询服务报告	徐　剑
二等奖	当代传媒中的民粹主义问题研究	著作	陈龙
二等奖	中国乡村调查——农村居民媒体接触与消费行为研究	著作	陈刚
二等奖	网络公共性表达法治问题研究	著作	陈堂发
二等奖	西方传播学理论是如何与马克思主义发生联系的?	论文	单　波
二等奖	流动的家园:“攸县的哥村”社区传播与身份共同体研究	著作	丁　未
二等奖	改革开放以来“农民工”媒介形象流变研究	著作	董小玉
二等奖	中国现代图像新闻史:1919—1949(10卷)	著作	韩丛耀
二等奖	Networking China: The Digital Transformation of the Chinese Economy	著作	洪　宇
二等奖	报纸革命:1903年的《苏报》——媒介化政治的视角	论文	黄　旦
二等奖	中国新闻传媒业的新生态、新业态	论文	李良荣
二等奖	“液态”的新闻业:新传播形态与新闻专业主义再思考——以澎湃新闻“东方之星”长江沉船事故报道为个案	论文	陆　晔
二等奖	中国新闻法制通史	著作	倪延年
二等奖	未来传媒生态:消失的边界与重构的版图	论文	彭　兰
二等奖	我国马克思主义新闻理论体系建构的知识演进路径考察	论文	齐爱军
二等奖	宋代出版史(上、下册)	著作	田建平
二等奖	传播格局转型与新宣传	论文	张涛甫
二等奖	作为政治的传播:中国新闻传播解释史	著作	赵玉泽
二等奖	寻找网络民意:网络社会心态研究(第一辑)	著作	郑　雯
二等奖	实践新闻专业性 实现新闻公共性——基于马克思主义新闻观的视角	论文	支庭荣
二等奖	网络传播管理研究	著作	钟　瑛
二等奖	早期中国新闻学的历史面相:从知识史的路径	著作	朱至刚
二等奖	党的十九大报告境内舆情报告——基于语言文本和视觉文本的综合分析	咨询服务报告	李龙

续表

获奖等级	成果名称	成果类型	作者
二等奖	谁能代表香港民意：对传统媒体、社交媒体及民意调查数据的比较	咨询服务报告	林功成
二等奖	习近平关于新闻舆论工作重要论述研究	咨询服务报告	马克思主义新闻观研究课题组
二等奖	互联网环境下中国网络理政的问题和对策建议	咨询服务报告	沈国麟
二等奖	国家传播治理与网络舆论系列研究报告	咨询服务报告	王维佳
三等奖	西方媒介文化理论研究	著作	曾一果
三等奖	从网络集群行为到网络集体行动——网络群体性事件及相关研究的学理反思	论文	董天策
三等奖	构建中国特色新闻学：何以可能与何以可为	论文	胡钰
三等奖	连接与互动——新媒体新论	著作	蒋晓丽
三等奖	近代中国报刊与社会重构的传媒镜像(1915-1937)	著作	王天根
三等奖	国际传播的理论、现状和发展趋势研究	著作	吴　飞
三等奖	Knowledge Workers in Contemporary China：Reform and Resistance in the Publishing Industry	著作	姚建华
三等奖	中国新闻传播教育年鉴(2016)	著作	张　昆
青年成果奖	重访灰色地带：传播研究史的书写与记忆	著作	刘海龙
青年成果奖	西方数据新闻中的中国：一个视觉修辞分析框架	论文	刘　涛
青年成果奖	社区传播论：新媒体赋权下的居民社区沟通机制	著作	王　斌
青年成果奖	潜行的力量：ICT 精英如何嵌入并影响社会运动——以“弗格森事件”为例	论文	吴小坤
青年成果奖	新记《大公报》再研究	著作	俞　凡
青年成果奖	流动儿童与媒介：移民融合中的传播与社会化问题	著作	庄　曦
青年成果奖	Networked Public：Social Media and Social Change in Contemporary China	著作	何　威

（周婷婷）

18.2　中国新闻史学会第五届新闻传播学学会奖

中国新闻史学会第五届“新闻传播学学会奖”于 2018 年 12 月 15 日发出征集通知，2019 年 2 月 28 日截止征集。2019 年 3 月 27 日，中国新闻史学会组织了匿名专家和会评专家完成了专家双盲式评审；4 月 3 日学会奖定评会在清华大学举行；4 月 12 日评选结果在中国新闻史学会常务理事会第五届第七次会议上审议通过。

18.2.1　优秀学术奖(新闻学与传播学)

【一等奖】：

周庆安(清华大学新闻与传播学院). 超越有形疆界——全球传播中的公共外交[M]. 北京：中国传媒大学出版社，2018.

【二等奖】：

(1)季为民(中国社会科学院新闻与传播研究所). 中国特色新闻学的历史、使命和方向——关于中国新闻学创立百年的回顾思考[J]. 陕西师范大学学报(哲学社会科学版)，2018，47(3).

(2)卢嘉，虞鑫(清华大学新闻与传播学院). Does the internet make us more intolerant? A contextual analysis in 33 countries[J]. Information, Communication & Society, published online , 2018 (SSCI, Communication 5/84, Sociology 7/146).

(3)吴世文，杨国斌(武汉大学新闻与传播学院、武汉大学媒体发展研究中心). 追忆消逝的网站：互联网记忆、媒介传记与网站历史[J]. 国际新闻界，2018(4).

(4)王蕾(南京大学新闻传播学院). 媒介 · 权力 · 性别：新中国女性媒介形象变迁与性别平等[M]. 上海：上海交通大学出版社，2018.

【三等奖】：

(1)李晓静(上海交大媒体与传播学院). 社交媒体用户的信息加工与信任判断——基于眼动追踪的实验研究[J]. 新闻与传播研究，2017(10).

(2)胡百精，王雪驹(中国人民大学新闻学院). 专业自主性、回应社会与中西平衡：燕京大学新闻教育的面向——基于 160 篇燕大新闻系毕业论文的视角[J]. 新闻与传播研究，2018(12).

(3)顾洁(中国传媒大学电视学院). 媒介研究的实践范式：框架、路径与启示[J]. 新闻与传播研究，2018(6).

(4)张志安，林仲轩，杨柳(中山大学传播与设计学院). To include, or not to include, that is the question: Disability digital inclusion and exclusion in China[J]. New Media & Society, 20(12): 4436-4452.

(5)闫文捷(浙江大学传媒与国际文化学院). 作为公共传播的民主商议及其意义——一项针对浙江基层商议实践的问卷调查[J]. 新闻与传播研究，2017(11).

(6)孙萍(中国社科院新闻与传播研究所). 知识劳动、身份认同与传播实践：理解中国IT程序员[J]. 全球传媒学刊，2019，5(4).

(7)戴佳，曾繁旭，王宇琦(清华大学新闻与传播学院). Publicity strategies and media logic: communication campaigns of environmental NGOs in China[J]. Chinese Journal of Communication, 2018(10): 1, 38-53.

(8)肖珺(武汉大学新闻与传播学院、武汉大学媒体发展研究中心). 新媒体跨文化传播的中国实践研究[M]. 北京：中国社会科学出版社，2018.

18.2.2　方汉奇奖(新闻史专项)

【一等奖】:

蔡斐(西南政法大学新闻传播学院). 重庆近代新闻传播史稿(1897—1949)[M]. 重庆：重庆出版社，2017.

【二等奖】:

(1)刘书峰(中国传媒大学学术期刊中心). 从职业教育到爱国报国教育：香港早期新闻教育研究(1927—1949)[J]. 传播与社会学刊，2017(39).

(2)余玉(南昌大学新闻与传播学院). 上海《时报》新闻业务变革研究[M]. 北京：人民出版社，2017.

【三等奖】:

(1)王晓梅(西北大学新闻传播学院). 反思与重构：对中国新闻史研究和书写的一种观察[J]. 新闻与传播研究，2017(9).

(2)胡正强(南京师范大学新闻与传播学院). 中国近现代漫画新闻史(上、下)[M]. 北京：人民出版社，2018(6).

(3)吴琳琳(厦门大学新闻传播学院). 台湾日据时期“治警事件”中的舆论抗争始末析》[J]. 新闻与传播研究，2018(6).

(4)阳海洪，阳海燕(湖南工业大学文学与新闻传播学院).《湘报》与晚清湖南新闻事业现代化研究(1897—1911)[M]. 长沙：湖南人民出版社，2018.

18.2.3 卓越学术奖

陈崇山(中国社会科学院新闻与传播研究所). 北京读者听众观众调查[M]. 北京：工人出版社，1985；中国传播效果透视[M]. 沈阳：沈阳出版社，1989.

李金铨(香港城市大学媒体与传播学系). 超越西方霸权：传媒与“文化中国”的现代性[M]. 牛津：牛津大学出版社，2004.

刘建明(清华大学新闻与传播学院). 基础舆论学[M]. 北京：中国人民大学出版社，1988.

18.2.4 杰出青年奖

张放(四川大学新闻学院)；
李彪(中国人民大学新闻学院)。

18.2.5 终身成就奖

曹璐(中国传媒大学)；
秦珪(中国人民大学)。

(邓绍根，中国新闻史学会秘书处)

18.3 2019年宝钢优秀教师奖新闻传播学教师获奖情况

18.3.1 2019年宝钢优秀教师奖概况

宝钢教育奖是由国有重要骨干企业宝钢集团有限公司独家出资设立，中央政府支持指导，专家咨询策划，高校参与的全国最具知名度的教育奖项。宝钢教育奖以“奖掖优秀人才，力行尊师重教，推动产学合作，支持教育发展”为宗旨，每年评选一次。优秀教师奖奖励从事教育教学工作五年及以上，坚持在教学第一线，积极参与教育教学改革和教学基本建设，并在教学内容、教材、方法、手段改革方面取得显著成果，注重因材施教与学生“五种能力”的培养，有与职称相应的学术水平和科研成果，并能够将学科前沿知识和科研成果融入教学实践中的在编教师。宝钢优秀教师奖奖金为1万元/人，年资助名额200~300名；宝钢优秀教师特等奖奖金为10万元/人，名额10名；宝钢优秀教师特等奖提名奖奖金为3万元/人。2019年度宝钢优秀教师奖于11月24日揭晓，全国共有254名教师获得2019年度宝钢优秀教师奖，8名教师获得2019年度宝钢优秀教师特等奖。该年度在新闻传播学专业方向方面云南大学新闻学院孙信茹教授、湘潭大学文学与新闻学院刘中望教授入选“宝钢优秀教师特等奖提名人”，内蒙古大学文学与新闻传播学院刘寒娥教授荣获“宝钢优秀教师奖”。

18.3.2 2019年宝钢优秀教师奖新闻传播学专业方向获奖教师简介

(1)孙信茹，女，1976年6月出生，博士、教授、博士生导师，云南省中青年学术和技术带头人后备人才，云南省高等学校卓越青年教师特殊培养项目入选人，中国新闻史学会网络传播史研究委员会常务理事，云南大学传播与社会发展研究基地首席专家，香港城市大学访问学者，腾讯公司腾云智库专家。孙信茹教授现为云南大学新闻学院(南亚东南亚国际传播学院)副院长，主要研究领域为媒介人类学、传播与社会。

获奖情况

第二届“全国新闻学青年学者优秀学术成果奖”；

“第四届新闻传播学学会奖”优秀学术奖；

第二届青年新媒体学术研究“启皓奖“优秀论文奖；

云南省第十六、十七、十九次哲学社会科学优秀成果奖；

云南大学第十七届优秀教学成果奖。

科研成果

专著《田野中的传播与乡村社会》(民族出版社，2015年12月)；

专著《流动的乡土——媒介化社会与少数民族村寨生活》(民族出版社，2018年9月)；

专著《“我们”的田野作业与反思》(云南大学出版社，2018年7月)；

论文《文化传播与行为选择》(《现代传播》，2015年1月)；

论文《微信的“书写”与“勾连”——对一个普米族村民微信群的考察》(《新闻与传播研究》，2016年10月)；

论文《线上和线下：网络民族志的方法、实践及叙述》(《新闻与传播研究》，2017年11月)；

论文《玩四驱：网络趣缘群体如何以“物”追忆——对一个迷你四驱车QQ群的民族志考察》(《新闻与传播研究》，2019年第1期)；

论文《身体表演与拍照的意义生产——社交媒体时代个人影像实践的田野考察》(《新闻大学》，2019年第3期)；

论文《作为“文化方法”的媒介人类学研究》(《南京社会科学》，2019 年第 5 期)。

培育学生成果

2017 年指导博士生获得中国新媒体传播学年会“最佳学生论文奖”；

2018 年指导研究生获得云南大学东陆学术杰出奖和优秀学术奖；

2018 年指导博士生获得云南省博士研究生学术新人。

(2)刘中望，1980 年出生，汉族，湖南新化人，中共党员，现任湘潭大学文学与新闻学院教授、社科处处长、博士生导师，中国社科院博士后，宝钢优秀教师，湖南省精品课程、优质课程负责人，湖南省优秀青年社科专家，121 创新人才工程人选，首届“优秀研究生导师”，普通高校优秀青年骨干教师，湘潭大学“韶峰”学者学术带头人、青年拔尖人才。

获奖情况

湖南省第十三届社科优秀成果二等奖(独立获得)；

湖南省第十二届社科优秀成果二等奖(独立获得)；

湖南省第十一届社科优秀成果三等奖(独立获得)；

湖南省高等教育省级教学成果一等奖(排名第三)、二等奖(排名第五)。

主持课题

国家社科基金项目：瞿秋白与俄国马克思主义文学理论关系研究(09CZW004)，2009 年，已结题，优秀等级。

国家社科基金项目：新社会科学语境中的现代中国左翼文论研究(16BZW009)，2016 年。

国家广电总局社科项目：我国植入式广告的法规管理研究(2011GD78)，2011 年。

湖南省软科学重点项目：湖南广告产业竞争力研究(2012ZK2049)，2012 年，已结题。

中国博士后科学基金一等资助项目：现代中国左翼美学的建构与论争(2014M550121)，2014 年，已结题。

湖南省社科基金项目：左联理论家、作家和艺术家群的美学取向研究(14JL06)，2014 年，已结题。

湖南省教育厅重点项目：现代中国左翼美学的建构与论争(14A150)，2014 年，已结题。

湖南省社科基金项目：瞿秋白与 20 世纪中国文艺理论(11JD70)，2011 年，已结题，优秀等级。

湖南省普通高校教改项目：大学生广告艺术大赛与高校应用文科创新人才培养的研

究与实践(湘教通〔2011〕315号), 2011年, 已结题。

湖南省教育厅优秀青年项目: 瞿秋白与俄国马克思主义文学理论关系研究(09B106), 2009年, 已结题。

科研成果

专著《瞿秋白与俄国马克思主义文学理论关系研究》(中国社会科学出版社, 2014年);

专著《理论范式与意义实践: 当代传媒文化前沿问题研究》(湘潭大学出版社, 2015年);

论文《技术膜拜与艺术消费——大型实景演出的文化社会学分析》[《湘潭大学学报(哲社版)》, 2015年第6期];

论文《现代性选择及其悖论张力——唐湘岳27组系列报道的解读与阐释》(《湖南社会科学》, 2015年第1期);

论文《外域资源与本土策略——瞿秋白与拉普文学理论关系研究》(《马克思主义美学研究》, 2014年12月);

论文《资源与语境的对接——瞿秋白对普列汉诺夫文学理论的批评》(《广东广播电视大学学报》, 2014年第5期)。

培育学生成果

获评湖南省首届“优秀研究生导师”称号;

指导学生获全国One Show青年创意竞赛金奖;

指导学生获中国大学生广告艺术节学院奖银奖;

指导本科生主持国家级大学生创新项目1项、省级2项。

(3)刘寒娥, 女, 内蒙古大学文学与新闻传播学院三级教授, 硕士生导师, 内蒙古大学人文科学学部委员, 文学与新闻传播学院教授委员会成员。主要研究领域为应用新闻学, 媒体舆情、民族地区报业发展。先后为本科生开设“新闻采访与写作”“中国新闻事业史”“中外新闻作品研究”“深度报道”“中西新闻比较”“公共关系学”等课程, 为研究生开设“新闻采写研究与实践”“新闻报道与策划”“新闻现象研究”“融合新闻采制”等课程。

获奖情况

2018年获内蒙古自治区教学名师称号;

2017年获内蒙古大学教学名师称号;

2016年获内蒙古大学2014—2016年度“三育人”先进个人;

2015年主持建设的“新闻采访与写作”被评为自治区精品课。

主持项目

国家社会科学基金项目：边疆民族地区舆情分析及媒体舆论引导机制研究，2012年获批。

内蒙古社科规划项目：科学发展观与内蒙古报业发展途径的理论探索与实践，2006年获批。

内蒙古社科规划项目：多元传播环境下内蒙古报业创新策略研究，2009 年获批。

内蒙古大学实践教学改革项目《新闻专业媒体实习培养方案的研制与实践，2008—2009 年获批。

科研成果

专著《内蒙古报业发展策略研究》(内蒙古教育出版社，2009 年 12 月)；

论文《传统出版业数字化发展策略探析》(《编辑之友》，2010 年第 4 期)；

论文《网络新闻编辑的角色定位与能力培养》，(《科技与出版》，2010 年第 11 期)；

论文《试论萧乾新闻作品的文学性因素》，(《内蒙古大学学报》，2010 年第 2 期)；

论文《传统出版业数字化发展思路探析》，(《编辑之友》，2010 年第 4 期)。

教学成果

开展“生态治理”“扶贫攻坚”“乡村振兴”“红色印记”等主题新闻采写活动；

与《光明日报》《大公报》合作开展“追寻方大曾的足迹”主题采访活动，实地采访绥远抗战红格尔图战役遗址；

策划、组织、指导学生参加内蒙古自治区草原文化节大型报道，传播草原文化；

组织学生进行“改革开放四十年”专题报道策划活动；

组织策划了系列报道“浑善达克绿色今夕”，在内蒙古日报客户端和微信公众号开辟了“浑善达克的绿色今昔”专栏。

第19章　学 生 竞 赛

19.1　全国大学生广告艺术大赛

全国大学生广告艺术大赛(简称大广赛)由全国大学生广告艺术大赛组委会、中国传媒大学、大广赛文化传播(北京)有限公司共同举办。各赛区由各省、直辖市、自治区教育厅(教委)负责组织、指导。自2005年首次举办到2019年,遵循“促进教改、启迪智慧、强化能力、提高素质”的大赛宗旨,已成功举办了11届12次赛事。2019年,大广赛也走过了十五个春秋,迎来了新的篇章。从“创意我独有”到“创意我飞跃”,从300所到1500多所参赛高校,从2万余组到40万余组参赛作品。迄今为止已成为规模庞大、覆盖高等院校广泛、参与师生人数众多、作品水准很高的全国性高校文科竞赛。

2019年第11届大广赛参与高校达1504所,全国设有29个赛区(覆盖全国31个省、市、自治区),参赛大学生超101万人次。网上提交作品404662组,90余万件。参赛作品分为平面类、视频类、动画类、互动类、广播类、策划案类、文案类、营销创客类、公益类九大类。全国获奖作品达4653组。2019年大广赛一等奖共评出132组,占提交作品总数的3万分之一,无论是在作品质量还是制作技术上较往年有显著提升。全场大奖是大广赛的最高奖项,2019年由来自湖北师范大学美术学院的吕宙同学公益微电影作品《我的“女主角”》获得。限于篇幅,此处列出第11届大广赛一等奖获奖名单。

19.1.1　第11届(2019)全国大学生广告艺术大赛平面类一等奖名单

2019年,全国大学生广告艺术大赛圆满落幕,新闻传播院系学生作品捷报飞传,在此取一等奖录入,平面类作品具体见表19-1。

表 19-1　　第 11 届全国大学生广告艺术大赛平面类一等奖统计

序号	参赛编号	作品名称	作者姓名	指导老师	所属院校
1	A01-09-022-0041	你是真的色弱吗?	王心怡	罗咪	上海建桥学院艺术设计学院
2	A01-11-013-0030	"心声"	王晶 曲梦鸽	孙茂华	浙江农林大学艺术设计学院
3	A01-14-004-0019	孩子是父母的影子	范婷婷 谢益亮	权亚楠	江西理工大学文法学院
4	A01-14-008-0032	包容妻子篇照顾父母篇呵护儿女篇	卢胜南 刘祖航	冯立	东华理工大学艺术学院
5	A01-15-012-0001	关注海洋污染	刘博宁	张沛之	烟台大学文经学院建筑工程系
6	A01-19-114-0006	少年梦	郝赫	肖绮鸣	广东省外语艺术职业学院艺术设计学院
7	A01-21-013-0003	大国之路	陈钰洁	宋敏莉	西华大学应用技术学院
8	A02-19-064-0010	义乌商品世界	刘文菲	彭根深	广东轻工职业技术学院艺术设计学院
9	A02-19-064-0017	义乌—世界	张展霞 黄兆堂	李尔尘	广东轻工职业技术学院艺术设计学院
10	A03-15-031-0036	探歌之水墨山河	李曼	沙琳	齐鲁工业大学艺术学院
11	A03-19-064-0020	且行且歌	洪伟强 冯俊健	牛尧	广东轻工职业技术学院艺术设计学院
12	A04-02-006-0130	娃哈哈宜茶时	任孝贤	庞博	天津工业大学艺术与服装学院
13	A04-06-024-0002	享受自然	姚虹宇	宋琳琳	辽宁工业大学文化传媒学院
14	A04-16-007-0012	AD 钙奶——元气篇	陆亮亮	许俊义	河南工业大学新闻与传播学院
15	A04-18-006-0009	拼图童年	罗桂阳	胡慧	湖南科技大学潇湘学院艺术系
16	A04-18-039-0015	AD 钙——酸酸甜甜忆童年	刘亦奇	聂辉	长沙师范学院美术与设计学院

续表

序号	参赛编号	作品名称	作者姓名	指导老师	所属院校
17	A04-19-002-0017	宜茶时节气篇	林琦琪	白乃远	中山大学南方学院艺术设计与创意产业系
18	A04-19-039-0007	娃哈哈宜茶时插画海报	陈如柔 涂芷甄	王荔	广东第二师范学院美术学院
19	A04-19-042-0045	梦想探险家	魏琼	李红妮	广东财经大学华商学院文学院
20	A04-19-055-0003	娃哈哈	黄志嘉	赵春月	吉林大学珠海学院艺术系
21	A04-21-013-0202	四季宜茶	刘炜	徐天韵	西华大学美术与设计学院
22	A04-21-038-0033	娃哈哈宜茶时四季花茶包装设计	许熙彤	赵浩	成都大学中国—东盟艺术学院美术与设计学院
23	A05-11-011-0001	杜蕾斯·尖叫篇	胡广晶 刘丹	刘洁	浙江理工大学艺术与设计学院
24	A05-11-019-0001	永恒的爱	王艺 赵路雨	马宁州	杭州师范大学文化创意学院
25	A05-16-021-0012	自然随性，随心所欲	张松 王钰	张桦	河南城建学院艺术设计学院
26	A05-16-043-0010	杜蕾斯撩情热感	李格格	张志伟	河南科技学院新科学院艺术系
27	A05-17-010-0026	杜蕾斯	张一新	宋颖	长江大学艺术学院
28	A05-18-039-0034	因为爱你 所以愿意	杨豪	王鑫	长沙师范学院美术与设计学院
29	A05-19-063-0001	intese	梁锦尧	杨帆	广东食品药品职业学院化妆品与艺术设计学院
30	A05-20-064-0138	触感	李和	郑哲瀚	北海艺术设计学院设计学院
31	A05-21-011-0049	好像什么也没有	康瑜	苏畅	成都理工大学传播科学与艺术学院

续表

序号	参赛编号	作品名称	作者姓名	指导老师	所属院校
32	A05-27-020-0001	爱的旅行 love travel	罗宝龙 杨金陵	孙利	乌鲁木齐职业大学
33	A06-09-005-0002	潮流不重 Young	陈慧		华东理工大学艺术设计与传媒学院
34	A06-10-003-0004	爱华仕乐谱系列	葛鸿雁 杨东升	崔天剑	东南大学艺术学院
35	A06-12-010-0001	爱华仕奇幻系列	张双艳 许二薇	殷石	安徽农业大学轻纺工程与艺术学院
36	A06-16-004-0005	鲜明篇	殷祎 李晶晶	朱丹君	河南科技大学艺术与设计学院
37	A06-16-129-0006	爱华仕箱包	齐晨宇	王常慧	郑州理工职业学院艺术传媒系
38	A06-18-007-0011	国潮	冯睿航 杨文宇	李波荣	吉首大学美术学院
39	A06-20-064-0057	年轻不重样	范晓利	张志	北海艺术设计学院设计学院
40	A07-09-018-0005	光影里	马杨欣	徐阳	上海师范大学影视传媒学院
41	A07-12-008-0003	用爱实现更多便利	马金廷 王云诺	刘华玉	安徽工程大学艺术学院
42	A07-22-016-0013	喜欢它的+1 个理由	蔡昆辰 周元桃	柳芳	重庆科技学院人文艺术学院
43	A08-04-037-0002	动物篇	李小强 赵瑞斌	雷锋钰	晋中职业技术学院
44	A08-11-021-0007	羽滑	张星怡 贺琪	赵侃	浙江工商大学艺术设计学院
45	A08-18-043-0006	蚊子的烦恼	张文瑞	左文	湖南科技学院美术与艺术设计学院
46	A08-19-030-0006	做你想做，回归自我	晋亚文	黄丽燕	仲恺农业工程学院何香凝艺术设计学院

续表

序号	参赛编号	作品名称	作者姓名	指导老师	所属院校
47	A08-19-041-0013	如此丝滑	彭治钧	蒙萃桦	广东财经大学艺术学院
48	A08-19-125-0007	花木兰与薇婷的日常	陈游琳 黄家琪	张卡	广东东软学院数字艺术系
49	A09-01-007-0017	轻轻一敷，光滑如初	王安雨	王雪皎	北京科技大学机械工程学院
50	A09-01-009-0011	皮肤救星	姚天悦	钱皓	北京化工大学机电工程学院
51	A09-03-010-0001	天然小彩膜，唤回最初的自己	朱祉颖	刘宝成	华北理工大学研究生学院
52	A09-06-053-0002	养肤自然里	李佳慧 陈智毅	孙虹霞	鲁迅美术学院视觉传达设计学院
53	A09-10-019-0005	小迷糊面膜	蔡思露	武源	苏州大学应用技术学院服装艺术系
54	A10-10-032-0021	不一样的沙丁鱼	王梓昀	杨杰	南京林业大学艺术设计学院
55	A11-19-064-0007	创意我狂响	梅俊锋 甄晓怡	陈蓓	广东轻工职业技术学院艺术设计学院
56	A11-22-023-0008	创意我编织 创意我无限	秦晨晨	彭娟	重庆第二师范学院美术学院

19.1.2 第11届(2019)全国大学生广告艺术大赛视频类影视广告一等奖名单

在此取一等奖录入，视频类影视广告作品具体见表19-1。

表19-2 **第11届全国大学生广告艺术大赛视频类影视广告一等奖统计**

序号	参赛编号	作品名称	作者姓名	指导老师	所属院校
1	Ba01-10-028-0004	小心你说的话	庄旋旋 朱开业 卢 良 洪铭泽 张冯杰	陈岑	南京工业大学艺术设计学院

续表

序号	参赛编号	作品名称	作者姓名	指导老师	所属院校
2	Ba01-19-047-0005	亲子关系缔结仪式	沈晓莹　伍雪怡 卢　彦　王庆鑫	赵志勇	广东技术师范大学教育科学与技术学院
3	Ba02-11-017-0003	活力义乌	张韶焓　张雅妮 朱笑笑	林友桂	浙江师范大学文化创意与传播学院
4	Ba03-22-043-0001	舞动的探歌	张智豪　刘洋	唐烨 张建文	重庆房地产职业学院
5	Ba04-10-162-0004	做自己	顾咏仪　程　凤	崔小春	苏州大学传媒学院广告学
6	Ba04-18-019-0012	经典即精品，复古即潮流	周鹏程　李雅婷 冯馨叶　刘记新 单依依	聂建成	湖南师范大学新闻与传播学院
7	Ba04-19-008-0005	一口醇香诱惑，谱出味蕾多重奏	邱佳雯　麦静心 陈铭成　周源彬 陈楚妍	郭海涛	深圳大学传播学院
8	Ba05-11-017-0015	砰燃心动	刘俊良　江亚臣 吕东庭　顾佳瑜 王敏超	林友桂	浙江师范大学文化创意与传播学院
9	Ba05-17-043-0002	爱，更近一点	刘梦媛　朱艳	宋洁	湖北大学知行学院人文学院
10	Ba05-21-011-0077	感受 不一样的感受	叶世慧　蒋昀熙	苏畅	成都理工大学传播科学与艺术学院
11	Ba06-21-035-0002	追逐	粟一　邢伟浩 朱雅萱　刘倩茹 倪琦	徐江	四川音乐学院传媒学院
12	Ba07-01-050-0002	线上下单，闪电派送	张梦莹　袁硕 王金玉	吴垚瑶	北京城市学院艺术设计学部
13	Ba08-16-017-0084	婷婷玉立	海江艳　宗　华 邢梦涵	徐鑫鑫	中原工学院信息商务学院政法与传媒系
14	Ba08-17-100-0002	滑溜溜	武小青 王雪丽	袁勇 余仙仙	武汉信息传播职业技术学院

续表

序号	参赛编号	作品名称	作者姓名	指导老师	所属院校
15	Ba08-21-103-0004	薇婷舞蹈篇	韩芸 秦昊天 徐杰 张子莹 黄雨	田思源	四川电影电视学院戏剧影视导演系
16	Ba09-11-049-0006	小迷糊面膜——文艺版	江淇	付帆	中国美术学院传媒动画学院
17	Ba10-18-021-0001	随心学	陈晓文 董莉 李慧 张芊诺 董梦欣	廖健 盛忆文	长沙学院艺术设计学院

19.1.3 第11届(2019)全国大学生广告艺术大赛视频类微电影广告一等奖名单

在此取一等奖录入，第11届全国大学生广告艺术大赛视频类微电影广告一等奖具体见表19-3。

表19-3 **第11届(2019)全国大学生广告艺术大赛视频类微电影广告一等奖统计**

序号	参赛编号	作品名称	作者姓名	指导老师	所属院校
1	Bb01-17-022-0005	我的“女主角”	吕宙	蒋达	湖北师范大学美术学院
2	Bb01-17-030-0026	脚下的责任	任芳 杜天天	戴蔚	湖北民族大学文学与传媒学院
3	Bb01-18-007-0022	远山的呼唤	杨虎 孙皖湘 梁夏珺 黄轲 沈靖翔	龚芳敏	吉首大学文学与新闻传播学院
4	Bb01-18-025-0006	微电影你不知道的事	吴洋洋 王心如 李世勇	郑学达 刘一颖	湖南城市学院美术与艺术设计学院
5	Bb04-01-019-0001	执着	李思特	赵晓雨 蒋希娜	北京师范大学艺术与数字传媒学院
6	Bb04-10-022-0002	哈！抓到一只偷喝贼	马瑕雪	韩涛	江苏大学艺术学院

续表

序号	参赛编号	作品名称	作者姓名	指导老师	所属院校
7	Bb04-24-002-0007	笑哈哈	黄美　江雯婧 叶枝啸　狄志祺 吴灯辉		云南大学滇池学院人文学院
8	Bb05-01-047-0016	do relax 愈紧张，愈享受	陈景涛　张雨轩 郝帅　达娃央宗	雷蕾	北京工商大学艺术与传媒学院
9	Bb05-19-018-0001	3mm 的极致快感	李慧静　董晓雯 阮锦文　黄美琪 崔子盈	莫丹丹	华南师范大学教育信息技术学院
10	Bb06-12-035-0001	爱华仕奇妙夜	胡玉琴　王小娜 姚陈雨　郭志贵 张中旭	钱敏 章瑞	铜陵学院文学与艺术传媒学院
11	Bb07-18-013-0002	京东便利店大壮创业篇	钟慧君　邱寒 李荣斌　杨强	刘芳 张方敏	湖南工业大学文学与新闻传播学院
12	Bb08-12-028-0002	薇婷，给你每天好心情	丁配成　张雅琳 王榕芳　陈霄雯 吴晨炜	廖蓓 汪保群	淮南师范学院美术与设计学院
13	Bb09-06-006-0003	1> N	徐紫暄　谢焕辉 江天雨	何江 李大为	大连民族大学文法学院

19.1.4 第11届(2019)全国大学生广告艺术大赛视频类短视频一等奖名单

在此取一等奖录入，第11届全国大学生广告艺术大赛视频类短视频一等奖具体见表19-4。

表19-4　**第11届全国大学生广告艺术大赛视频类短视频一等奖统计**

序号	参赛编号	作品名称	作者姓名	指导老师	所属院校
1	Bc10-01-002-0001	我有300个兄弟	李真 崔由美	王树良	中国人民大学新闻学院

续表

序号	参赛编号	作品名称	作者姓名	指导老师	所属院校
2	Bc11-09-004-0003	大广赛，创意我欢喜	丁子凌	方红峰	同济大学艺术与传媒学院

19.1.5 第11届(2019)全国大学生广告艺术大赛动画类一等奖名单

在此取一等奖录入，第11届(2019)全国大学生广告艺术大赛动画类一等奖具体见表19-5。

表19-5　**第11届全国大学生广告艺术大赛动画类一等奖统计**

序号	参赛编号	作品名称	作者姓名	指导老师	所属院校
1	C01-11-006-0003	平凡中的伟大	藤嘉慧　孙媛媛　金洋洋　陈恬　莫乐怡	普雄明	宁波大学科学技术学院设计艺术学院
2	C02-09-007-0002	义乌港口	龙媛琳	陈澜　洪波	华东师范大学设计学院
3	C03-09-004-0001	To Rock	徐蕾　陈可欣　余逸汀	廖莎莎	同济大学传播与艺术学院
4	C04-18-029-0001	好茶花香宜茶时	曾胜牧	许安娇　曹阳	中南林业科技大学家具与艺术设计学院
5	C04-19-054-0012	生活不易，宜茶相依	吴彬彬		电子科技大学中山学院艺术设计学院
6	C05-18-005-0001	Du Du Land	蓝雅茜　罗春花　韦娅婷	曹佳骊	湖南科技大学人文学院
7	C06-09-007-0005	年轻就要不一样	余贝	陈澜　洪波	华东师范大学设计学院
8	C07-12-080-0005	优质体验，京东一下	黄安琪　黄双琪　魏成成　朱明	张婧婧　林荣妍	安徽新闻出版职业技术学院艺术设计系
9	C08-11-017-0002	花开薇婷	徐颖　陈露佳	钟文婧	浙江师范大学美术学院

续表

序号	参赛编号	作品名称	作者姓名	指导老师	所属院校
10	C09-01-016-0002	我喜欢零套路的小迷糊	王俊仁	柳沙	中国农业大学工学院
11	C10-18-021-0001	课工场—SHOW TIME	左濛　刘子豪　夏子岚　何猛　周沛	周亚兰　赵容浩	长沙学院艺术设计学院

19.1.6　第11届(2019)全国大学生广告艺术大赛互动类一等奖名单

在此取一等奖录入，第11届(2019)全国大学生广告艺术大赛互动类一等奖具体见表19-6。

表19-6　**第11届全国大学生广告艺术大赛互动类一等奖统计**

序号	参赛编号	作品名称	作者姓名	指导老师	所属院校
1	D01-17-004-0001	幸福里7号楼	徐靖　江雪纯　万语科	袁晓芳	武汉理工大学艺术与设计学院
2	D03-18-007-0001	这一次与大众探歌的距离只有零米	崔浩　吴文艳　梁雪倩	刘金圆　何立波	吉首大学美术学院
3	D03-19-041-0002	大众-探歌梦工厂	邹永盛	陈玲杰	广东财经大学艺术学院
4	D03-19-104-0001	探歌是怎样做成的	黄树森　孙明	赵文勇　于成龙	深圳信息职业技术学院数字媒体学院
5	D06-20-003-0010	劲，不重Young	林鹏　徐昶　黄嘉祺	刘玲　杨倩	桂林电子科技大学艺术与设计学院
6	D07-24-004-0002	山那边的小卖部	叶芳　符策量	陈波	昆明理工大学城市学院

19.1.7　第11届(2019)全国大学生广告艺术大赛广播类一等奖名单

在此取一等奖录入，第11届全国大学生广告艺术大赛广播类一等奖具体见表19-7。

表19-7　第11届(2019)全国大学生广告艺术大赛广播类一等奖统计

序号	参赛编号	作品名称	作者姓名	指导老师	所属院校
1	E01-18-019-0009	过家家	杨咏文符迈予	张新华	湖南师范大学新闻与传播学院
2	E01-19-026-0018	别在信息时代落下父母	陈冰纯　柯诗华	黄秋尘	肇庆学院文学院
3	E02-25-010-0014	义乌不扫，何以扫天下？	汤皓添　孙柯柯		西北大学新闻传播学院
4	E03-11-024-0002	我的理想另一半	沈河滨　梁子坤　兰海霞	蒋述　刘娇娇	温州大学人文学院
5	E04-11-021-0004	天生有趣，万物皆可娃哈哈	王亚楠	沈铁鸣	浙江工商大学人文与传播学院
6	E04-20-023-0045	我"要"这个AD钙奶	朱祖琪　王宇航	焦文静	贺州学院文化与传媒学院
7	E05-18-036-0001	这次，真的没关系！	周颖	刘玲玲	湖南财政经济学院工商管理学院
8	E06-17-074-0002	打破桎梏、逆风起航	谢润月　向秋菊	熊亚洁	长江职业学院
9	E07-10-069-0002	变，遍，便	孙延凤　张旭媛	唐宁	江苏师范大学传媒与影视学院
10	E07-17-036-0001	新喜剧之王	刘思雨　盛乡雪　马雯娜	张蕊　唐娟	湖北工程学院文学与新闻传播学院
11	E08-18-021-0008	薇婷之"裸"出你的美15″	吴滢滢　刘益彩	邓榕	长沙学院影视艺术与文化传播学院
12	E09-12-028-0035	天气预报	李仟　许昆	张任　沈敏善	淮南师范学院文学与传播学院
13	E09-17-044-0005	特工	周静馨　万长怡　潘鑫	金柳　许莹	武汉科技大学城市学院城建学部
14	E10-20-001-0005	人生赢家	李港　吴菲敏	黄海珠	广西大学新闻传播学院

19.1.8 第11届(2019)全国大学生广告艺术大赛策划案类一等奖名单

在此取一等奖录入，第11届全国大学生广告艺术大赛策划案类一等奖具体见表19-8。

表19-8 **第11届全国大学生广告艺术大赛策划案类一等奖统计**

序号	参赛编号	作品名称	作者姓名	指导老师	所属院校
1	F03-19-055-0003	T-ROC天生自信	黄赞嘉 王家敏 梁伟柏 廖嘉婷 丁西泯	潘力 王艺锦	吉林大学珠海学院文学院
2	F07-18-019-0006	FUN课后	方媛媛 龚昇 刘雨微 王奕鑫 邹燕仪	刘振 刘颖	湖南师范大学新闻与传播学院
3	F03-18-001-0006	天生带敢	胡洵 熊珺 赵思伟 陈宇凤 尹晨欣	李正良 罗艺颖	湖南大学新闻传播与影视艺术学院
4	F09-17-004-0002	知人知面亦知心	王同宇 李雅楠 陈慧玲 詹璐阳 冯绍虎	黄箐	武汉理工大学文法学院
5	F04-19-034-0005	汉方茶醉——娃哈哈新品策划案	林佳婷 黄杏烽 叶伟健 纪桂萍 杨芳	周琳 徐宁	惠州学院美术与设计学院
6	F02-17-008-0002	千面义乌 世界商都——2020年义乌品牌形象推广案	李子情 曹雅君 刘曼 黄惠旋 廖江傑	刘琴 张贤平	中南民族大学文学与新闻传播学院
7	F06-18-005-0005	自有我道	陈陶柳怡 刘婧 陈梓娴 李亚兰 黄晓怡	周平	湖南科技大学人文学院
8	F10-20-022-0006	精准扶薪ITM	廖暻樍 周海俊 闭诗云 侯嘉婧 吴宙时	丁洁	广西艺术学院影视与传媒学院

19.1.9 第11届(2019)全国大学生广告艺术大赛文案类广告语一等奖名单

在此取一等奖录入，第11届全国大学生广告艺术大赛策文案类广告语一等奖具体见表19-9。

表19-9 **第11届(2019)全国大学生广告艺术大赛文案类广告语一等奖统计**

序号	参赛编号	作品名称	作者姓名	指导老师	所属院校
1	Ga02-11-005-0003	从一无所有，到义乌所有	孙雨田	周艳	宁波大学潘天寿艺术设计学院
2	Ga04-08-024-0008	一口半口	王天琦	边微	黑龙江财经学院人文科学系
3	Ga05-01-002-0001	杜蕾斯广告文案	斯宇西	王树良	中国人民大学外国语学院
4	Ga08-20-013-0019	薇风吹	庞其尚	蔡佳萤	广西科技大学鹿山学院艺术与设计系

19.1.10 第11届(2019)全国大学生广告艺术大赛文案类长文案一等奖名单

在此取一等奖录入，第11届全国大学生广告艺术大赛文案类长文案一等奖具体见表19-10。

表19-10 **第11届(2019)全国大学生广告艺术大赛文案类长文案一等奖统计**

序号	参赛编号	作品名称	作者姓名	指导老师	所属院校
1	Gb05-20-020-0001	戒不掉的感觉	孙迎吉　解灵感	黄露	玉林师范学院文学与传媒学院
2	Gb06-22-026-0005	不假装	张佳文	万童蛟	重庆文化艺术职业学院文化管理系

19.2 2019 年(第 12 届)中国大学生计算机设计大赛

中国大学生计算机设计大赛是由教育部高等学校计算机类专业教学指导委员会、软件工程专业教学指导委员会、大学计算机课程教学指导委员会、文科计算机基础教学指导分委员会联合主办。共有 600 多所院校组织约一万余件作品参加 2019 年(第 12 届)中国大学生计算机设计大赛。经全国各省级赛区选拔推荐、共有 4156 件作品入围决赛公示名单。最后评出一等奖作品 246 件、二等奖作品 1173 件、三等奖作品 2234 件，获一、二、三奖作品共计 3653 件。限于篇幅，此处列出一等奖获奖名单，如表 19-11 所示。

表 19-11 **2019 年(第 12 届)中国大学生计算机设计大赛一等奖获奖名单**

序号	大类	作品编号	作品名称	参赛学校	作者	指导教师
1	大数据	50356	中国法定传染病可视化分析系统	南京医科大学	卞子龙、孔梦梦、钱心瑶	张汝阳、胡晓雯
2	大数据	50679	大数据-学业管理系统	苏州科技大学	包雨杰、沈跃踞、张琳	陆悠、傅启明
3	大数据	53280	基于下肢深静脉血栓的全栈式诊疗系统	深圳大学	袁程朗、吴颖桐、罗梓欣	黄炳升
4	大数据	53774	地表水质监测的 ES-Ensemble 算法设计与应用方案论证报告	南京邮电大学	陈康扬、邹心怡	陈兴国
5	大数据	53797	基于多源医疗大数据的知识图谱构建与应用方案	南京邮电大学	马健、张嘉明、王舟	韩普
6	大数据	59558	新知道	中北大学	卢瑞峰、鲍骞月、吴海董	王博、秦品乐

续表

序号	大类	作品编号	作品名称	参赛学校	作者	指导教师
7	大数据	61947	基于 MOOC 评论的课程指标构建及量化研究	中南财经政法大学	齐聪、宗为娴、李尚霏	刘树栋、张新香
8	大数据	66613	基于影评的电影质量分析	重庆工商大学	安靖民、蒋宇芳、杨蕊琳	杨艺、朱超平
9	大数据	66639	基于用户行为序列分析的虚假评论检测	重庆大学	王思雨、高泫苏、刘希萌	古平
10	大数据	67935	千里安——多维度公交车安全驾驶系统	电子科技大学	田凯彬、张西源、陈思宇	王瑞锦、张萌洁
11	大数据	67990	加密恶意流量分析系统	四川大学	陈奕静、温国祝、庞博	黄诚、黎红友
12	大数据挑战赛	66821	基于规则和深度学习的电子病历信息抽取系统	上海财经大学	颜烨、孙铁伟、王宇、谭帷、杜圣辉	刘桦
13	大数据挑战赛	68223	基于自编码器的半监督 DNS 异常检测系统	郑州大学-新校区	钟发海、王朋宇、路祥毅	田勇志、罗荣辉
14	大数据挑战赛	68279	基于 Spark、Python 的医护人员信息抽取与管理	江西理工大学	黄军杰、刘思杰	李江华
15	计算机音乐类普通组	68094	丸竹夷	吉首大学	张海越、梁梓文	苏蔚琦
16	计算机音乐类普通组	68097	终了	吉首大学	王静欣	苏蔚琦
17	计算机音乐类普通组	68165	Frozen Fire	厦门理工学院	刘子远	蔡茅

续表

序号	大类	作品编号	作品名称	参赛学校	作者	指导教师
18	计算机音乐类普通组	68185	天幕——为声音采样、钢琴与电子音乐而作(纪念埃航310空难)	沈阳城市学院	余金桥	张睿
19	计算机音乐类普通组	68357	考试周 blues	中国人民解放军海军航空大学	杜振恺、赵传宇、楼圣虎	王丽娜、李祁
20	计算机音乐类专业组	68249	在一起(混音作品)	上海音乐学院	刘畅	刘灏
21	计算机音乐类专业组	68380	森林·冬	四川音乐学院	李江然	沈忱
22	计算机音乐类专业组	68426	躁动的初夏	中国传媒大学	王香怡	王铉
23	计算机音乐类专业组	68428	荒原之花	中国传媒大学	熊思佳、李知锦	王铉
24	计算机音乐类专业组	68475	银杯	浙江音乐学院	孙远	杨磊、王新宇
25	人工智能	50022	基于深度学习的多风格图像描述自动生成模型	南京理工大学	邓京政、武威、赖水长	宫辰
26	人工智能	50616	基于优化人工智能框架下的多向反馈航拍视频车辆轨迹高精度提取方法	东南大学	曹博、吴启范、王炎	李志斌、陈伟
27	人工智能	50814	基于 GAN 网络图像增强和 CNN 图像识别的水下捕捞机器人	大连海事大学	蒙立伟、张雪毅、韩美奇	毕胜、金国华
28	人工智能	51224	EchoSense-基于声波感知的手势交互系统	深圳大学	王姿尹、吴思成、廖倩茹	邹永攀、伍楷舜

续表

序号	大类	作品编号	作品名称	参赛学校	作者	指导教师
29	人工智能	52975	FaceSpy——面向自由行人的人脸及动向识别系统	苏州大学	张钰峰、朱泓全、范耀文	赵雷、胡沁涵
30	人工智能	58871	基于人工智能的乐谱识别播放系统	大连理工大学	陈树远、康膺涛	冯林
31	人工智能	61624	基于深度学习技术的包裹携带品自动化检测系统	中央民族大学	袁明奇、才让先木	闫晓东
32	人工智能	61991	智者——基于深度学习的网络谣言识别解决方案	中南财经政法大学	齐聪、陈昱、黄哲英	刘勘、刘树栋
33	人工智能	63091	Hallo-仿生导盲机器人	海南大学	刘涛、郑鑫锟、黄奥	吴迪、黄梦醒
34	人工智能	63843	基于神经网络的辅助对外汉语声调教学研究	北京语言大学	李天天、王静懿、刘冬滢	解焱陆
35	人工智能	65177	书法教学智能系统	华东师范大学	刘杭、王茜、顾俊杰	朱晴婷、田应洪
36	人工智能	66638	爰禾——基于旋翼机器人的智慧护农系统	重庆大学	刘超然、徐炳超、许晨楠	杨帆
37	人工智能	67430	基于情绪识别技术的消极情绪实时干预系统	吉林大学	李楠、段寒、李小民	徐昊
38	人工智能挑战赛	65055	基于 ResNet 的肿瘤 MR 图像分析	韶关学院	戎少峰、谢炼新、陈玲龙	陈正铭
39	人工智能挑战赛	66732	iMath	东南大学	宋子星、沈彦昊、郭超政	陈伟
40	人工智能挑战赛	67608	自主驾驶小车	四川师范大学	雷洪、辛拯宇、周检、代小波、钟敏	李军

续表

序号	大类	作品编号	作品名称	参赛学校	作者	指导教师
41	人工智能挑战赛	68086	基于T2加权MR的膀胱癌“分级-分期”双任务DL预测模型	解放军第四军医大学	郑尧、张烨	张曦、杜鹏
42	软件应用与开发	50595	基于区块链的大健康平台	东南大学	李驰、汪启航、张昕鸿	陈伟
43	软件应用与开发	50777	基于行人行为博弈决策算法的仿真应用	大连海事大学	白圣元、邹存祝、潘成祥	张瑾
44	软件应用与开发	50842	乐知课程交流平台	大连海洋大学	王继权、王孟媛	李然
45	软件应用与开发	51103	steam教育线上辅助学习网站	江苏大学	葛昊、王峥、周晶	王华
46	软件应用与开发	51709	党建管理系统	安徽师范大学	甄茂禅、周晋兵、匡开阳	王涛春、罗晓萍
47	软件应用与开发	52911	基于自主研发框架实现的聚塔平台	广州大学华软软件学院	劳德瑜、张雨微、吴海华	叶小艳
48	软件应用与开发	52965	非标产品综合报价管理系统	苏州大学	张誉泷、段通、张逸康	张志强、熊福松
49	软件应用与开发	53439	智拍——基于图片美化技术的手机APP	合肥工业大学	边豪、谢君怡、单林敏	郝世杰、洪日昌
50	软件应用与开发	53963	诗行中国	南京师范大学	刘雨璇、朱宜宣、陈浩	李安波
51	软件应用与开发	53999	移动会议实时交互系统	南京邮电大学	王海学、钱家乐、史家乐	吉峰
52	软件应用与开发	54113	基于微信云的大学生科技创新管理系统	南京邮电大学	张绩成、何弈拓、刘德宁	王海艳

续表

序号	大类	作品编号	作品名称	参赛学校	作者	指导教师
53	软件应用与开发	54712	Alioth：一种新的静态强类型编程语言	沈阳航空航天大学	王雨泽、刘子龙、王一淇	张国栋、郭薇
54	软件应用与开发	54849	信步团游网	广东东软学院	杨智恒、叶金权、吴耀宏	徐积文、叶小莺
55	软件应用与开发	55788	安大通	安徽大学	徐淑萌、刘子哲、郑嘉轩	江波
56	软件应用与开发	56260	基于匹配算法的网络入侵检测系统	哈尔滨工程大学	王羽钧、于文轩、郝杰	高伟、印桂生
57	软件应用与开发	56341	Wejudge3.0——基于云计算的程序设计类 MOOC 支撑平台	北京师范大学珠海分校	林宗霖、钟霆融	肖红玉
58	软件应用与开发	57617	智慧黄山——智慧供水移动调度平台	合肥工业大学宣城校区	许克军、刘明、刘盼	黎杰、黄毅
59	软件应用与开发	59716	储罐底板漏磁检测管理系统	湖北工业大学	陈雨思、王天奇、舒雅婷	周靖、阮鸥
60	软件应用与开发	60908	易壳（eCross）-智能跨境借卖交易平台	中南财经政法大学	张悦、郑修月、刘静	杨璠
61	软件应用与开发	61588	数据库在线实验平台	中国人民大学	冯锦超、许晓佳、陈杨欢	焦敏、陈旺
62	软件应用与开发	61796	SaferGo	北京科技大学	胡成成、魏俊锋、宋昆	李莉、宋晏
63	软件应用与开发	61797	电梯预警监测系统	燕山大学	谭华林、肖文权、齐亚灵	李贤善、冯建周
64	软件应用与开发	61826	alphaHex	北京科技大学	何远杰、马跃、沙昊	朱红、黄晓璐
65	软件应用与开发	62310	毕业选题档案管理系统	梧州学院	杨彪、刘清旭、陈水兰	莫智懿、许传本

续表

序号	大类	作品编号	作品名称	参赛学校	作者	指导教师
66	软件应用与开发	62725	基于题库管理与学科知识谱系可视化在线出卷平台	华中师范大学	李豫、徐虎、蓝丽华	张勇
67	软件应用与开发	64850	基于体智能的微信小程序开发	上海第二工业大学	杨佳音、袁秋梅、郑志国	潘海兰
68	软件应用与开发	64960	“荐书阁”高校图书推荐系统	东华大学	庄峻、戴思韵、陈芳颖	马彪
69	软件应用与开发	65118	不见不散	华东师范大学	安一、周明慧、王志浩	胡文心、蔡建华
70	软件应用与开发	65124	Hello，OCR！	华东师范大学	季仁杰、布天慈、宋智超	李治洪
71	软件应用与开发	65554	海豚畅游——旅游综合服务系统	同济大学	王涵	朱君波
72	软件应用与开发	65614	Photo-recolorfy——基于深度学习的老照片彩化系统	同济大学	王宇琦、王森、赵冰辰	王颖
73	软件应用与开发	66483	闪电猪，直达对象的定制化调研工具	福州大学	李玉通、杨千慧、王健	陈思喜
74	软件应用与开发	66499	PPT Ctrl——交互式 PPT 遥控 APP	上海交通大学	王华宇、汪栩沁、闫嘉昆	孔令和、王帅锜
75	软件应用与开发	66579	广告中国	重庆大学城市科技学院	张俊、陈港、周杨	周林、符欲梅
76	软件应用与开发	66649	小圈圈社交 APP	重庆大学	蒋豪、黎烜、周子理	曾一
77	软件应用与开发	66694	Passport 密码管理软件	重庆邮电大学	沈谷丰	桑春艳
78	软件应用与开发	66985	结合鼠标使用特征身份认证的加密文本 QR 传输系统	武警工程大学	吕德华、陆梓邦、雷斌	魏彬

续表

序号	大类	作品编号	作品名称	参赛学校	作者	指导教师
79	软件应用与开发	67690	计算机防盗系统	长春师范大学	董明栋、董宏远、郭佳	高枫、燕杨
80	数媒设计类动漫游戏组	50634	知海	东南大学	张可、刘相君、张结	鹿婷
81	数媒设计类动漫游戏组	51249	海上作业	深圳大学	杨晨、朱丹、刘振威	廖红、曹晓明
82	数媒设计类动漫游戏组	51538	海洋科考女孩梦	安徽大学艺术与传媒学院	王鼎、钱启源、丁强斌、冯家骐、陈红友	马小娅、陈娟
83	数媒设计类动漫游戏组	51863	摧毁	常州大学	常荷媛、于佩、蒋欲涵	李宪锋、万爽
84	数媒设计类动漫游戏组	52182	海景梦季	辽宁工业大学	郝彤彤、刘凯月、李泽政	杨晨
85	数媒设计类动漫游戏组	54423	Doria	北京理工大学珠海学院	张毅钖、刘卓涛、黄柏强、朱子轩、李德新	郑海滨、易雯静
86	数媒设计类动漫游戏组	55211	海豚岛	广东技术师范大学天河学院	杨洁莹、张轩莹	苏锋
87	数媒设计类动漫游戏组	55975	海洋	安徽大学	李冰清	舒坚
88	数媒设计类动漫游戏组	56301	远方旅人	长沙理工大学	刘鑫、蔡毅泽、宋胤潼、胡晶、牛泽桦	熊兵
89	数媒设计类动漫游戏组	58039	52赫兹	东北大学	成钟书、叶子怡、孙朗崧	于瑞云、谢青
90	数媒设计类动漫游戏组	59215	海洋记忆	中北大学	白思凡、林雄彬、王靖宇、郭春燕、徐烁周	熊风光

续表

序号	大类	作品编号	作品名称	参赛学校	作者	指导教师
91	数媒设计类动漫游戏组	59649	渔娃	江西科技师范大学	夏涛	王莉、汪安
92	数媒设计类动漫游戏组	62735	幻觉	华中师范大学	黎家良、王加诺	王翔
93	数媒设计类动漫游戏组	62862	遨游海底中国	武汉大学	赖非云、王雯露	罗雪、胡凯
94	数媒设计类动漫游戏组	63042	海洋世界之奇幻漂流	湖北经济学院	邓涵、宋超、彭超、乐宇	王茜、陈婕
95	数媒设计类动漫游戏组	64267	绽放	宁波大学	徐霁明、朱彤瑶、曹俐琼	邢方
96	数媒设计类动漫游戏组	64655	呼吸	北京服装学院	李碧璇、施茵蓓、刘一凡	熊红云
97	数媒设计类动漫游戏组	66688	龟去	重庆理工大学	唐诗媛、李旷逸、崔文滨、吴芷漫、谢林彤	南海、李牧阳
98	数媒设计类动漫游戏组	66787	personality——个性章鱼	西北大学	蓝钰萱、张欣钰	温雅、张俊杰
99	数媒设计类动漫游戏组	67134	海底江湖	西北民族大学	靳前、郭鑫琳	李文丽、李君利
100	数媒设计类动漫游戏组	67779	海洋稳态	东北师范大学	杨富凯、杨环环、王佳俊	李宏蕾
101	数媒设计类动漫游戏组	67934	故海	电子科技大学	时涵之、龙俊霖、贾志龙、姚永杭、张凯言	何明耘
102	数媒设计类民族元素组	50277	没想到你会在这里看到运河古塔的故事	江南大学	段滢静、郭天昱、唐家卓	章洁、范超

续表

序号	大类	作品编号	作品名称	参赛学校	作者	指导教师
103	数媒设计类民族元素组	50279	基于敦煌254石窟的魔众形象再创造	江南大学	江雨欣、邱钰、周薇	张明明、王丰
104	数媒设计类民族元素组	50972	最美扬州·文创设计	扬州大学	赵悦萌、周婧一、彭国庆	王勇
105	数媒设计类民族元素组	52298	汉代生活百态图	三江学院	成帆、秦娴、周小梅	张五力、张惠莉
106	数媒设计类民族元素组	52399	湖南湘西凤凰古城	皖西学院	王强、徐浩、王菁菁	谢轩、涂劲松
107	数媒设计类民族元素组	55496	新上河亲民图	辽宁科技学院	朱涵懿、陈欣、王冠蓉	刘佳
108	数媒设计类民族元素组	56522	本草纲目——形部新生	安徽大学江淮学院	聂盈、何泽玉、陈蓉	闻佳、徐阳
109	数媒设计类民族元素组	56524	藏境梵韵	安徽大学江淮学院	丁洁、曹议中、单雪琦	闻佳、徐阳
110	数媒设计类民族元素组	58003	舞狮新语	东北大学	潘天翼、赵婧雯、朱宏锦	霍楷、李宇峰
111	数媒设计类民族元素组	59344	平城印象	山西大同大学	刘玉龙、王文雅、王双	赵慧勤
112	数媒设计类民族元素组	60399	神秘古滇	曲靖师范学院	黄紫园、马艳芳	王俊策
113	数媒设计类民族元素组	61210	筑梦津城	天津师范大学津沽学院	李嘉欣	赵玉洁
114	数媒设计类民族元素组	61865	艺针忆绣	怀化学院	董怡君、陈佳佳、王婷	黄嘉曦、刘琼
115	数媒设计类民族元素组	62563	行将消失的老行当	浙江农林大学	金晓慧、王彦雯	方善用
116	数媒设计类民族元素组	62610	客家围屋	湖北理工学院	邹海平、王国欣	陈涛
117	数媒设计类民族元素组	63624	盛世花开·盎然	青岛大学	王东敏	任雪玲

续表

序号	大类	作品编号	作品名称	参赛学校	作者	指导教师
118	数媒设计类民族元素组	63918	彝族跳菜图形设计	云南民族大学	陈格、刘伯玲、吴占仙	吴化雨
119	数媒设计类民族元素组	64448	游梦	北京工业大学	徐乐怡、胡清源、胡嵩睿	吴伟和、李颖
120	数媒设计类民族元素组	67578	泥咕咕	安阳师范学院	赵佳雪、武鑫峰	郝莎莎、王华威
121	数媒设计类普通组	50548	蓝色之下	南京医科大学	范永伟、陈逸超、朱晨旭	王娟、张汝阳
122	数媒设计类普通组	51313	浮海绘	南京工业大学浦江学院	陈丽珊、宋岣豫、顾菲	孙敏、杨小琴
123	数媒设计类普通组	52148	寻找美人鱼	辽宁工业大学	吴乘先、欧后成、刘永宁	刘鸿沈
124	数媒设计类普通组	54402	寻岛之旅	沈阳农业大学	于嘉雪、史源萍、张传博	江红霞、王兴阳
125	数媒设计类普通组	55084	大海那些事儿	陆军边海防学院乌鲁木齐校区	陈杰、徐正飞	李俊娇、其曼古力
126	数媒设计类普通组	55570	The ocean future force	沈阳工学院	刘晨、李欣潞、周鹏达	赵艳红
127	数媒设计类普通组	58043	沧海一溯	东北大学	王雪琦、王巧璇、胡红璐	李晓迪、霍楷
128	数媒设计类普通组	58044	和与殇	东北大学	刘东琦、王雨萌、周涵	李晓迪、霍楷
129	数媒设计类普通组	62160	海洋伙伴	华侨大学	吴天奇、蔡子榔	萧宗志
130	数媒设计类普通组	63580	海洋之境	浙江海洋大学	潘片、曹嘉宁、叶其宏	任文轩
131	数媒设计类普通组	64700	网上海洋3D数字博物馆——基于VR、AR和智能眼镜的沉浸式学习平台	上海大学	陈瑾、许尉、智轶浩	严颖敏、卞敏捷

续表

序号	大类	作品编号	作品名称	参赛学校	作者	指导教师
132	数媒设计类普通组	67219	手牵手	郑州大学	张天韵	刘钺
133	数媒设计类微电影组	50066	匠心云锦丝路寄情	南京医科大学	蒋栋铭、孙汉垚、奥洛芙、唐依宁、王秋泓	胡晓雯、杜笑秋
134	数媒设计类微电影组	50287	Chī	江南大学	卓子晴、罗晓晴、任仕强、易宝颖、秦皓月	陆菁、朱莉
135	数媒设计类微电影组	51137	画荻教子	南京航空航天大学	宋文植、许玉、李佳祺、孙晓晗、袁曾泰	李倩岚、马道全
136	数媒设计类微电影组	51804	探竹寻篾	滁州学院	屠新军、叶婷婷、周瑾、马铨	申思达、朱金鑫
137	数媒设计类微电影组	52193	丹青千里 重彩江山	辽宁工业大学	黄敬恺、曲景宏、孙凤浩、陈菲菲、许澄澄	刘耘
138	数媒设计类微电影组	52198	三龙聚首“锥”忆长城	辽宁工业大学	刘珂维、侯伊芳、李江飞、卫亮	刘耘
139	数媒设计类微电影组	52353	秤心	淮阴师范学院	杜妍、翁宇涵、朱嘉琪、裴翔宇、周开欣	陈文华、赵新
140	数媒设计类微电影组	53613	木·画·人	南京晓庄学院	闫睿虎、花徐伟、徐鹏、张凯源、勾戬	赵彦彪

续表

序号	大类	作品编号	作品名称	参赛学校	作者	指导教师
141	数媒设计类微电影组	53675	鼓声依旧	淮北师范大学	张书波、邓倩、李凯、石文强	张丹丹、郑颖
142	数媒设计类微电影组	55484	地支竞游	辽宁科技学院	李说、李松、陈利成	刘平平
143	数媒设计类微电影组	55882	一纸之间	广州大学	潘佩欣、梁晓雯	刘雪梅
144	数媒设计类微电影组	55894	赋书蕃华	安徽大学	黄吉亮、李子珍、张静昕、曹甜甜、李锐	
145	数媒设计类微电影组	56968	物相飞针	韶关学院	招春宇、罗文文、曾催莹、莫静烨、林妙纯	滕厚雷、罗鸿海
146	数媒设计类微电影组	57555	百年沐风雨　只手擎乾坤	华中科技大学	戴好韫、李子璇、林璐	邓秀军
147	数媒设计类微电影组	57564	汉画像石农作养老图微电影设计	华中科技大学	陈玉昆、梁祗豪	宋晓东
148	数媒设计类微电影组	60249	舞赋兰亭序	湖北工业大学	向丹婷、张涛、闵璇	刘涛、赵毅
149	数媒设计类微电影组	61586	指塑春秋	武汉体育学院	杨阳、谭嘉璇、陈秀艺、徐卓凡	唐玥蘅
150	数媒设计类微电影组	61872	寻色之旅——丹寨蜡染	怀化学院	梁文强、江文杰、李毅	曹寒娟、成雪敏
151	数媒设计类微电影组	62200	针游锦绣	中南民族大学	唐美玲、蔡莲、黄静怡、韩雪儿、李思韵	吴涛

续表

序号	大类	作品编号	作品名称	参赛学校	作者	指导教师
152	数媒设计类微电影组	62756	风乎舞雩	华中师范大学	庄佳慧、张文文、金雨欣、毛章怡、邓鸿铮	王逊、王翔
153	数媒设计类微电影组	62758	楚声辞韵	华中师范大学	黄承斌、何思蓓、郭翠蓥、余诗梦、张焕宇	赵肖雄
154	数媒设计类微电影组	63307	真武阁小真探	广西师范大学	陈玲、黎康雪、李华珍、梁春蕾	朱艺华、覃基笙
155	数媒设计类微电影组	63782	乡土的传承——灵川水酒制作工艺	桂林电子科技大学	陶其乐、邹婷婷、蔡梦瑶	彭国斌、吕雯
156	数媒设计类微电影组	64472	南渡	北京语言大学	江腾娇、朱思颖、宋灏仪、鄢然	刘瑛
157	数媒设计类微电影组	64931	祖先的村庄	浙江工商大学	仪柯然	章逸超
158	数媒设计类微电影组	66677	寻·鱼皮艺	哈尔滨商业大学	王海旺、牙静、马千惠、赵伟帆、董美麟	于凤、许政
159	数媒设计类微电影组	66790	盼君归	西北大学	张钰、张月莹、裴月怡、魏琪	温雅
160	数媒设计类微电影组	67783	知箸	郑州大学-北校区	侯树洋、韩抒航、崔婉璐、吴治阳、杨森	姬莉霞、黄萌宇
161	数媒设计类微电影组	67834	满族剪纸	通化师范学院	邓潇琼、邹惠俐、刘厚良、邓建敏	赵莹、王纪

续表

序号	大类	作品编号	作品名称	参赛学校	作者	指导教师
162	数媒设计类专业组	50193	AR 深海探鲸	广东工业大学	廖浩宏、张嘉琪、梁普彦	唐超兰
163	数媒设计类专业组	50630	SEALF	东南大学	陈子禾、孙振铎、焦奕博	许继峰、郑德东
164	数媒设计类专业组	50933	启示·海洋主题公益海报设计	扬州大学	周晓晓、吴晨、徐雯馨	王勇
165	数媒设计类专业组	51032	探海物奇想	铜陵学院	李智翔、王媛媛、王雨默	李岩、钟志水
166	数媒设计类专业组	51117	与海共生	江苏大学	章雯雯	肖晨
167	数媒设计类专业组	51675	E-BUOY	滁州学院	胡国梁、苏阳、籍祥	黄孟卉、戴燕燕
168	数媒设计类专业组	52162	揭秘海洋	辽宁工业大学	徐晓奇、常景芳、王森	杨晨
169	数媒设计类专业组	52307	海底漫游	三江学院	徐晗、余家志、白言星	周志奇、金杰
170	数媒设计类专业组	54891	鲸落·万物生	大连工业大学	索卓加、任君杰、沈铭	郭雅冬、王庆
171	数媒设计类专业组	55606	鲸鱼的奇妙旅程	沈阳工学院	傅方正、平铖浩、张启航	陈沫言、蔡学静
172	数媒设计类专业组	55617	鲸落	沈阳工学院	兴志宇、李鑫、葛子琪	赵一、郭媛媛
173	数媒设计类专业组	57302	听海呼吸的人	华中科技大学	冯紫薇、郑玺、王子琪	邓秀军
174	数媒设计类专业组	57563	海底两万里	华中科技大学	杨伟光、彭甯绗	朱志娟、陈雪
175	数媒设计类专业组	58008	海之殇	东北大学	滕小涵、高文宇、刘凡甄	解晓娜、王玮
176	数媒设计类专业组	58012	蓝海卫士	东北大学	王石、李奕铭、罗灵芝	霍楷、谷会敏

续表

序号	大类	作品编号	作品名称	参赛学校	作者	指导教师
177	数媒设计类专业组	61143	仿生艇——两栖智能航行器联合舰队	武汉理工大学	刘宇昂、栾凤凯、黄曼歌	汤军
178	数媒设计类专业组	61147	海市蜃楼	武汉理工大学	李昌锦、胡泽深、刘竞成	王双全
179	数媒设计类专业组	62247	大海的秘密——互动图书设计	杭州师范大学	包奕力、章藏尹	邓佳
180	数媒设计类专业组	66382	溙·榭——滨海概念酒店设计	福州外语外贸学院	黄汉楠、周守强	高云
181	数媒设计类专业组	66831	大鱼	西北民族大学	杨光杰、于聪、王语彤	张辉刚
182	数媒设计类专业组	67604	它们的烦恼	北华大学	贾红丽、范悦、崔宇航	师晓丹、徐彬彬
183	微课与教学辅助	50064	误“识”细菌	南京医科大学	冯翩飞、董乙人、刘昊	丁贵鹏、胡晓雯
184	微课与教学辅助	50180	跳舞小人的秘密——代换密码	江苏科技大学	康靖雅、翟艳秋、周茜	景国良、张静
185	微课与教学辅助	50292	你了解消化系统吗？	徐州医科大学	陈晓露、陈天宇、李响	马金凤、刘伟
186	微课与教学辅助	50457	爬虫-如此简单	南京大学金陵学院	张泽平、关雯茵	张沈梅、戴俊梅
187	微课与教学辅助	50956	在线3D大学物理实验平台	华北理工大学	吴赫宁、党康、王鑫	吴亚峰、石琳
188	微课与教学辅助	51207	科举之路	深圳大学	林丽明、叶文婵、吴淑君	廖红
189	微课与教学辅助	51619	趣学递归	辽宁工业大学	于金洋、李帅、陈私雨	褚治广
190	微课与教学辅助	51711	会“动”的算法	安徽师范大学	曹梓城、曹哲甫	吴梦婷、孙丽萍
191	微课与教学辅助	55097	谁动了我的奶酪	陆军边海防学院乌鲁木齐校区	祁明、杨万盛、李文杰	程岚、方志远

续表

序号	大类	作品编号	作品名称	参赛学校	作者	指导教师
192	微课与教学辅助	55790	十分钟看清中间人攻击	南京森林警察学院	蔡都、杨文淦、李睿哲	吴育宝、钱珺
193	微课与教学辅助	56620	咬定青山不放松	沈阳师范大学	王梓薇、张峰、朱瑞	宋倬、孟宪涛
194	微课与教学辅助	59800	偏偏无理却有理	海南师范大学	王泳微、王娟、郑亚军	罗志刚、叶成徽
195	微课与教学辅助	61003	微哈夫曼算法	新疆大学	刘涵、高杉逸、高兴林	刘淑娴、崔青
196	微课与教学辅助	61083	千古明月照人间——古诗词中的"月"意象	武汉理工大学	杨荣华、郝嘉乐、曹可可	杨圣华、彭强
197	微课与教学辅助	61087	数字签名教学辅助平台	武汉理工大学	郑明明、李钟航、石雨昂	江长斌、王斌
198	微课与教学辅助	61438	机器为什么能听懂人说话？	江西师范大学	王雯雪、黄楠虹、宋小燕	刘晓艳
199	微课与教学辅助	62242	趣识等高线	杭州师范大学	胡馨之、陆玥辛	项洁、孙晓燕
200	微课与教学辅助	62259	烃的衍生物间的重要反应——"醇铜之恋"	中央民族大学	李浚琪、姜松妍、宋璐璐	李潜、王辉
201	微课与教学辅助	62778	踏古学诗探别离	华中师范大学	焦新月、王蕊、黄莉莉	杨九民、李文昊
202	微课与教学辅助	63031	神奇的莫比乌斯环	江西师范大学	熊超、李欣、李文萱	邓格琳
203	微课与教学辅助	63181	真的溶解了吗？	广西师范大学	朱希雅、梁文璐	朱艺华、肖芸芸
204	微课与教学辅助	65169	诗食史仕（微课程）	华东师范大学	杨璐媛、蒋怡微、徐航	白玥、陈志云
205	微课与教学辅助	66701	浅析"一带一路"上的古诗词	中国人民解放军海军航空大学	杜振恺、魏家琦、梁朝浩龙	王丽娜、蔡陈梅宝

续表

序号	大类	作品编号	作品名称	参赛学校	作者	指导教师
206	微课与教学辅助	66720	“画”说区块链	渭南师范学院	苏旭东、纪帆	何小虎、刘军
207	微课与教学辅助	67201	神话传说的文化意蕴——《牛郎织女》故事解读	郑州工程技术学院	侯小雨、皇甫志群	丁雪艳
208	微课与教学辅助	67220	眼球的奥秘	郑州大学-新校区	魏庆达、孙泽惠	刘钺
209	微课与教学辅助	67229	水果电池	安阳师范学院	王显显、屈意雯、姚凤丽	田喜平、苏静
210	微课与教学辅助	67602	一字百炼	北华大学	王佳琦、吴彦佳、史尧男	褚丹、李春元
211	微课与教学辅助	67669	印象国乐	上海商学院	许子秋、袁茹男、张思漪	刘富强、邴璐
212	微课与教学辅助	67837	春日	兰州城市学院	王强、孟金昌、吴雄梅	张榕玲、邵帅
213	微课与教学辅助	67865	高中物理AR教学辅助	成都理工大学	任运磊、谌利鹏、王枭	柳丽召
214	物联网应用	50792	智能盲杖——用科技做你的眼睛	大连海事大学	张晓彤、查聪、蔡澄奕	陈颖
215	物联网应用	50996	农业物联网信息平台	南京农业大学	孙少锋、连瑞毅、陈扬	倪军
216	物联网应用	56237	基于s5pv210少儿感觉综合训练平台	哈尔滨工程大学	张沄嵩、万文俊、贺诗雨	付小晶
217	物联网应用	56253	工具模块化的新型ROV	哈尔滨工程大学	马兴华、赵普熙、王好天	李超、管凤旭
218	物联网应用	56471	智能家居集成控制与威胁感知平台	广东海洋大学	陈新奋、罗浩武、凌敏	王骥、彭银桥
219	物联网应用	58358	智能绿植助手	西南林业大学	沈阳、浦雷、郑嘉文	何鑫、戴杨

续表

序号	大类	作品编号	作品名称	参赛学校	作者	指导教师
220	物联网应用	59526	基于 uwb 室内定位的无人化购物车云端应用系统	中北大学	张文魁、李嘉峰、王鹏	曹慧亮
221	物联网应用	60760	基于边缘计算的驾驶状态实时监测系统	天津师范大学	丁茹梦、邓宇平、张文荃	冯为嘉
222	物联网应用	60761	基于物联网的智能垃圾分类处理系统	天津师范大学	宁远霖、刘文强、钱艺丹	花季伟
223	物联网应用	61833	Dlock 智能门禁	北京科技大学	张值玮、石槟凤、卢俊宇	张敏、武航星
224	物联网应用	66687	高校宿舍智能用电系统	重庆理工大学	庞涛、唐鑫、甘文旭	王东
225	物联网应用	67298	多源控制器数据转发中间件	西南民族大学	刘进吉、邵文舒峤	陈建英、穆磊
226	物联网应用	67782	安家智能康复手套	郑州大学-北校区	任远铭、赵腾飞、雷春雨	夏晓东、杨聪
227	物联网应用	67819	基于深度学习的教室智能控制系统	西安电子科技大学	尹博文、刘晓宇、陈黄威	李隐峰、田春娜
228	物联网应用	67823	远程全方位实时环境监测系统	西安电子科技大学	汪强、战林均、符昌森	邓军
229	信息可视化设计	50274	落花惊梦	江南大学	朱钧霖、赵文轩、李可儿	龙娟娟、陈伟
230	信息可视化设计	52679	知百草——中草药信息可视化设计	江苏大学	张鼎、朱栋驿、周洋	朱喆、戴虹
231	信息可视化设计	53093	绘梦	安徽建筑大学	李佳欣、张敏、沈祁	王新、张乐
232	信息可视化设计	55423	三分钟看懂宫颈癌	广东技术师范大学	辛浩然、张顺聪	陈军、余佳昶
233	信息可视化设计	57533	“母亲”素描——长江生态文明信息可视化设计	华中科技大学	韩梦露、陈秋婵、孟宇琤	张健、蔡新元

续表

序号	大类	作品编号	作品名称	参赛学校	作者	指导教师
234	信息可视化设计	58051	璀璨民族 鲜族神韵	东北大学	蒋宇施、马飞扬、昌进	霍楷、樊丁宜
235	信息可视化设计	58227	纵影·众影	华中科技大学	于琳玮、吴迪	朱志娟
236	信息可视化设计	60236	中国古字	湖北工业大学	潘临凡	魏婧婧
237	信息可视化设计	61631	民族地区经济数据可视化	中央民族大学	王意骁、蓝琳斯、郑巧巧	卢勇
238	信息可视化设计	61769	数可视	江西财经大学	徐彤、吴梓妍、夏禹	陈爱国
239	信息可视化设计	63847	经侦大数据——资金流动分析系统设计	北京语言大学	刘晓静、黄钰贻	付永刚
240	信息可视化设计	63904	儿童健康饮食信息可视化设计	北京服装学院	李银鑫、郭雅昕	熊红云
241	信息可视化设计	64348	A Friend Called Sport	浙江传媒学院	王子维、孟晋羽、潘秋实	马同庆、徐芝琦
242	信息可视化设计	64966	公众号分析系统	东华大学	袁蕾、孔庆璇、罗雅婷	范宏
243	信息可视化设计	65183	ReacNetGen：用于反应分子动力学模拟的反应网络自动生成器	华东师范大学	曾晋哲、肖进	朱通
244	信息可视化设计	66777	全球垃圾产量及构成可视化设计	西北大学	刘鹏	索琦
245	信息可视化设计	66781	中国墓室壁画信息可视化设计	西北大学	倪佳寅、毛冠麾、翁赫子	温超
246	信息可视化设计	66784	博物馆信息及其文物信息图形设计	西北大学	刘鑫阳、王泽	温超

19.3　中国大学生公共关系策划创业大赛

中国大学生公共关系策划创业大赛由中国国际公共关系协会主办。2019 年第七届中国大学生公共关系策划创业大赛总决赛是历史规模最大、参赛团队最多的一届，共有 57 支团队参加总决赛预赛，其中 16 支团队晋级。经过现场角逐，产生金奖 3 项、银奖 5 项、铜奖 8 项(见表 19-12)。

表 19-12　**2019 年(第 7 届)中国大学生公共关系策划创业大赛总决赛获奖名单**

学校	团队名	策划主题名称	奖项
中国人民大学	最佳方案	肆无忌惮重口味	金
厦门大学	卖旋风	优选生活，无畏人生	金
清华大学	甲方全队	云南白药牙膏品牌年轻化公共关系策划案	金
中山大学	春夏 F5 花园	“Young & Beautiful，春夏守护计划”线上线下整合传播方案	银
浙江大学	呀！ME！	尝净人间 苦辣酸甜	银
浙江传媒学院	红红火火	看见你——澳优乳业品牌形象年度公关策划案	银
复旦大学	5Hz 发电公司	青春期“心”主张：最美的春夏公益项目整合传播方案	银
广东外语外贸大学	品如	“恣意生长 · 最美的春夏”伽蓝集团关爱青春期公益项目策划案	银
东华大学	Gemma Game 出品	“大 e 术家”养成计划	铜
中山大学	青年粉刷酱	更适合国人饮食习惯的牙膏：云南白药牙膏公关营销传播方案	铜
华东师范大学	完美想象家	完美想象家：送你——未来第 N+1 种可能	铜
东华大学	Moo Moo 队	益起来 · 筑梦童行	铜
厦门大学	花园宝宝队	“种草喜马拉雅”线上线下项目策划方案	铜
厦门大学	公关得奖买奶茶队	“云南白药牙膏杯”中国非物质文化遗产短视频创作大赛	铜
上海外国语大学	种草共同体	近一点，种草喜马拉雅	铜
兰州大学	三只小鱼游啊游	时光倒流 种草喜马拉雅	铜

19.4 2019年中国大学生广告艺术节学院奖项目介绍

19.4.1 项目概述

中国大学生广告艺术节学院奖是全国性的大学生广告专业奖项，每年分为春、秋两季，号召全国各高校大学生为国内外知名企业进行命题式创意，为广告、市场营销、传播、艺术、设计、新媒体、动画等相关专业学生打造专业的大学生创意赛事。

19.4.2 数读“中国大学生广告艺术节学院奖”

截至2019年，中国大学生广告艺术节学院奖春秋两季覆盖了全国23个省、4个直辖市、5个自治区、2个特别行政区以及海外的共计1240多所高校的2578个院系，全年度超过180万名师生参赛。

2019年，中国大学生广告艺术节学院奖创意大讲堂走进全国30多个城市，200多所高校，举办了70多场巡讲活动，携手近40个知名企业品牌，邀请百名广告行业大咖讲师，与超过5万名学子面对面解析命题，分享创意。全年共收获来自全国各高校参赛学生的超过43万件创意作品，再次创下同类赛事中参赛作品数量的新高(见表19-13)。

19.4.3 项目特色

中国大学生广告艺术节学院奖由启动仪式、命题发题、高校巡讲、作品收集、作品评选和颁奖盛典等几大活动组成。

1. 以赛代学，具有教学意义

中国大学生广告艺术节学院奖为学科教育提供了业内一线的资源与经验，这种将行业资源转化为教学资源的形式有助于学科的优化与进步，而作为成功案例，大赛的优质内容可以直接转化为书本内容，有利于教学升级。能够在不脱离课堂的情况下接触行业最新动态、学习到课堂之外的一线行业知识，为学生提供了一个与时俱进的、更广阔的真实课堂，为将来就业乃至创业打下扎实基础。

2. 促进就业，具有社会价值

中国大学生广告艺术节学院奖通过赛事与校园有机集合将创意任务分配给创意群体，激发其创业热情，为众多有能力、有智慧、有创新精神的青年创业团队提供创业孵化阵地。同时，中国大学生广告艺术节学院奖还为获奖学生、优秀指导教师量身打造了“创意创客联盟”“实学讲堂”“金牌指导教师实训营”等活动，让参赛师生与广告大师级人物面对面学习交流，走进顶级广告传媒公司，体验一流广告创意人、创意团队，积累经验，开阔眼界，为就业创业打下基础。

19.4.4 阶段性成果

1. 项目成果显著

2019年度两个赛季共收到来自近40个企业的赞助资金，共计向全国获奖的大学生发放奖金约200万元，向近千位获奖师生发放了奖杯及获奖证书。

2. 项目操作规范

(1)项目选择公平性。各项赛事坚持公平、公正、公开的原则，严格标准，以质论奖。坚持全程免收作品参赛费的基本原则，努力优化赛程和赛事设计。机构设置健全，确保大赛有序，公平、公正、公开进行。

(2)接受媒体监督、社会监督。各赛事通过赛事官方网站、官方微博和微信服务等方式持续报道奖项动态信息，并与社会公众进行沟通，发布相关赛事资讯及结果。

表19-13 **中国大学生广告艺术节学院奖2019征集活动获奖名单**
(金奖及全场大奖部分)

学院奖2019春季征集活动部分获奖名单

获得奖项	作者学校	作者	指导老师	作品类别	作品名称	命题企业
全场大奖	南京财经大学	吴澜、应佳羽、徐寅恺、胡妍、高铮烨	曲圣琪	微电影	我选C	锐澳酒业
营销策划全场大奖	郑州大学	褚梦琪、蔡汀淹、陈启慧、池正玉、朱欢欢	韩文静、颜景毅、罗雁飞	营销策划	“佳”里蹲宣言	康佳集团
金奖	河池学院	曾童、李小妮	韦宁宁	表情包设计	我就是想发脾气的小乖兽	涂缓缓
金奖	河池学院	曾童、李小妮	韦宁宁	产品包装设计	萌气满员	锐澳酒业

续表

获得奖项	作者学校	作者	指导老师	作品类别	作品名称	命题企业
金奖	湖北美术学院	李佳伟		影视广告	京东校园MG动画广告	京东集团
金奖	广东轻工职业技术学院南海校区	李洁纯		H5移动交互	我的康佳世界	康佳集团
金奖	贵州航天职业技术学院	尤振全、杨远璞	石鹏明、李珣	影视广告	炫动糖果包	恒安七度空间
金奖	山东工艺美术学院	吕祖通	郑建鹏、齐立稳	广告文案	杰士邦12月诗集	杰士邦
金奖	山东工艺美术学院	吕祖通	郑建鹏、齐立稳	广告文案	万事咸宁，无辣不欢	贤哥食品
金奖	河北民族师范学院	刘硕	于大飞	logo设计	高顿logo	高顿教育
金奖	山东工艺美术学院	吕祖通	郑建鹏、齐立稳	广告文案	吉得，急不得	王老吉
金奖	重庆邮电大学	何炼锴、苏子洋		平面广告	高顿教育——引领你的财经之路	高顿教育
金奖	河南工业大学	褚景亮		广告文案	来高顿，做财经人	高顿教育
金奖	临沂大学	蒋旭、汤红利	姜睿	综合设计类	贤哥“辣西游”系列包装设计	贤哥食品
金奖	广西师范大学漓江学院	林慧红	李希	平面广告	有点甜	东缇岛奶茶
金奖	四川美术学院	林霞秋、郑东	谭勇	产品设计	云流	圣象集团
金奖	重庆邮电大学	何倩、向媛媛、方莹、刘敏燃、毛晓鹏	周晓珠	电商营销-618活动推广策划	青春扛“霸”子	霸王

续表

获得奖项	作者学校	作者	指导老师	作品类别	作品名称	命题企业
金奖	浙江农林大学	罗燕梅、毛睿、刘凡瑞	程向明	平面广告	害怕？不存在的	杰士邦
金奖	四川农业大学	骆铮冕	陈坤	平面广告	发现全新的自我	膜法世家
金奖	北京师范大学珠海分校	李晓坪、邹镇宇、陈海榕、董金迪、黄奕欣	钟旭	影视广告	霸王育发液——你的保护色	霸王
金奖	中山大学南方学院	侯嘉明		微电影	高顿成就梦想	高顿教育
金奖	福建师范大学协和学院	张卓尔		平面广告	先冲后甜	贤哥食品
金奖	天津科技大学	张天植		平面广告	太阳的故事	太阳雨太阳能
金奖	浙江传媒学院	彭胡、朱旻玥、郑媛、王子媛、许楠	方腾	微电影	陪伴效应	圣象集团
金奖	四川农业大学	邓阳、杨孝悌	江霞	平面广告	简约而不凡	利郎
金奖	四川农业大学	蒋小雪	江霞	平面广告	一个人的小酒，一个人的小时光	锐澳酒业
金奖	重庆工商大学	陈雯雯、杨倩基、成洁、姜婷、刘玥	丁桢桢	影视广告	小快克分隔装，一步到位！	快克药业
金奖	河北大学工商学院	赵子悦	薄立伟	广告文案	我养你！	霸王
金奖	广西科技大学鹿山学院	朱苏苏	蔡佳萤	广告文案	逃？夭	涂缓缓
金奖	吉林大学珠海学院	王思奇、林子晴、黄佳欣、丁钰津、劳楚君	周严、周瑶、高殊雅	影视广告	咸鱼要翻身	贤哥食品

续表

获得奖项	作者学校	作者	指导老师	作品类别	作品名称	命题企业
金奖	广西大学行健文理学院	韦佳钰	谭键	平面广告	谁说美食与美丽不可兼得?	鲁南制药-舒尔佳
金奖	厦门理工学院	李睿思	康兵	产品包装设计	茶中影	碧生源
金奖	四川工商学院(眉山校区)	杨淑琪	严真、曾祥宇	场景创意	碧生园	碧生源
金奖	四川农业大学	冯婉玲	陈坤	平面广告	花式隐身	恒安七度空间
金奖	保定职业技术学院	魏淑君、程琳、裴晓倩	李毅、薄立伟	平面广告	敞篷快递车篇，货车快递篇，电车快递篇	京东集团
金奖	武汉东湖学院	易李森、冯璇	严语	电商营销——带货短视频	喝不胖的奶茶	碧生源
金奖	安徽财经大学	陈虹、龚雨晴、华诚	常春梅	广告文案	Dong tea，更懂你	东缇岛奶茶
金奖	北京师范大学-香港浸会大学联合国际学院	林梦晶、翟蒙昆	RenataPaulina WOJTCZAK	营销策划	隐形守护者	恒安七度空间
金奖	中国传媒大学南广学院	袁维康、朱子豪、张舒、蔡梦娇、蒋涵卓	陈程福	微电影	有康佳，来我家	康佳集团
金奖	武汉大学	徐姝玥	王晔	综合设计类	小快克日常&流行版表情包	快克药业
金奖	北京师范大学珠海分校	陈日曦、黄嘉柔、庄蕾、李霖欣、蔡诗妍	钟旭	微电影	快递到了	太阳雨太阳能

续表

获得奖项	作者学校	作者	指导老师	作品类别	作品名称	命题企业
金奖	重庆工程学院	张欢、易艳瑶、胡志立、李威霆、庹江伟	刘雅舒、岳旭鹏	影视广告	刚刚好的涂缓缓	涂缓缓
金奖	河北大学	陈志耀、张展豪	宋伟龙	营销策划	印"象"派	圣象集团
金奖	中国传媒大学南广学院	洪镇隽、王之灏、汪雪莉、滕梦帆、李子涵	陳程福	短视频	美 不需要魔法	膜法世家
金奖	黑龙江大学	芦悦、陈畅、张婧雯	韩净	微电影	一个催吐者的自白	鲁南制药-舒尔佳
金奖	广东白云学院	梁紫霞	项德娟	产品包装设计	不怕秀	霸王
金奖	河北大学工商学院	于久迪、陈可欣、杨华、吴幸徐	相喜伟、张艳、薄立伟	营销策划	不如一 jian	东缇岛奶茶
金奖	黑龙江大学	闫洪博、阮嘉炜、毛浚浩、杨家鹏、谭梓珊	张宝龙、韩净、崔德群	微电影	美，源于经典	碧生源
金奖	四川农业大学	粟琪棋、柯春羽、陈明钰	何杰	产品包装设计	非你莫"鼠"	膜法世家
金奖	武汉东湖学院	李志强	宋雪	文创产品设计	从掌心开始的美好	王老吉
金奖	四川农业大学	陈豪	陈坤	平面广告	浓情康佳	康佳集团
金奖	河北传媒学院	方仲国	张琳琳	标识设计	京东校园	京东集团
金奖	长江师范学院	游妙彦、李洁、康勇	彭凌燕	平面广告	神仙也烦恼	爱尔眼科
金奖	浙江传媒学院	孙滋忆、熊一罂、彭胡、邹彧喆、王小菓	杨乃近	微电影	你比想象中更	爱尔眼科
金奖	南昌工学院	邓鹏先	沈立群	电商营销-电商 UI 设计	利郎 618——Web 专题页	利郎

续表

获得奖项	作者学校	作者	指导老师	作品类别	作品名称	命题企业
金奖	浙江大学城市学院	付天雨、王霖瑾、钱越、董永利、孔蕾	骆小欢	营销策划	准没错	快克药业
金奖	郑州大学	李于颖、任思源、彭若兰、王晓丹、史玮珂	李惊雷、韩文静	营销策划	膜笔日记膜法世家“小膜笔”产品策划案	膜法世家
金奖	曲阜师范大学	梁媛媛	毕晓	平面广告	让美延续下去	碧生源
金奖	上海交通职业技术学院	刘志成	马晓羚	产品包装设计	盼盼青柠红茶节日限定包装	盼盼食品
金奖	浙江财经大学	刘琦	王阿蒙	短视频	猫咪语录	东缇岛奶茶
金奖	广东白云学院	蔡家栋、陈炜锋、邝柏鑫	马文镰，项德娟	平面广告	经期的暖泉	涂缓缓
金奖	金华职业技术学院	金颐宁、陈鹏	张晨	平面广告	故事	盼盼食品
金奖	南京工业大学	陈滟琳、魏梦圆	荆翡	影视广告	少而百搭，利落选“他”	利郎
金奖	辽宁大学	宋双鑫、兰小棠、胡胜波	魏宝涛	营销策划	PLAN“避”计划	华润紫竹-毓婷
金奖	南昌大学	杨昊、刘子真、赖晓娜、刘璟	曾光	营销策划	不戴镜才带劲	爱尔眼科
金奖	广东白云学院	詹金兰、甘靖媚、刘倩仪	马文镰	平面广告	要刺激，不要风险；要爱，要享受	华润紫竹-毓婷
金奖	广东海洋大学寸金学院	吴小丽、陆天凤、张怡琪	朱怡洁	影视广告	杰士邦的安全云霄飞车	杰士邦

续表

获得奖项	作者学校	作者	指导老师	作品类别	作品名称	命题企业
金奖	湖南文理学院	谢玉青、冯雷森	陈健勇，苏杰	平面广告	干杯，王老吉	王老吉
金奖	南京林业大学	张笑雨、杨金月、张萌萌	杨杰	平面广告	分隔更精准，喂药更轻松	快克药业
金奖	辽宁大学	谢崇辉	魏宝涛	广告文案	锐澳文案	锐澳酒业
金奖	郑州大学	牛如意、滕文强、彭金萍、陈佩璐、马皓妍	罗雁飞，韩文静，周鹍鹏	营销策划	减号青年计划	利郎
金奖	北京印刷学院	李鑫杰	张晓东	平面广告	怕脱发，用霸王	霸王
金奖	中原工学院信息商务学院	宋垌非、刘郡丽、李宗荟	贾婷婷	影视广告	TIME	华润紫竹-毓婷
金奖	吉林动画学院	夏铭璐、郑策、孙悦	刘旭	影视广告	红茶之恋	盼盼食品
金奖	重庆工商大学	明柯男	陈云玲	广告文案	全世界女孩都想“泡”的是谁?	碧生源
金奖	福州大学厦门工艺美术学院	陈凯丽、苗跃	黄志雄	平面广告	享受圣象时刻	圣象集团
金奖	江苏理工学院	李荣佳、李露、王芳兄、梁艺蓉、刘攀文	杨木生	营销策划	京彩校园潮东看	京东集团
金奖	福州大学	任习菠	刘大伟	摄影作品	携程作品	携程旅行

学院奖 2019 秋季征集活动部分获奖名单

获得奖项	作者学校	作者	指导老师	作品类别	作品名称	命题企业
全场大奖	暨南大学	刘敏、黄芮雯、秦萌	杨先顺	短视频	00 后的对话密码	贤哥食品

续表

获得奖项	作者学校	作者	指导老师	作品类别	作品名称	命题企业
营销策划全场大奖	泉州师范学院	陈怡暄、王书辉、蒋俊杰、上官佳彦、陈晟辉	李玉秀	营销策划	激活耐撕基因计划	网易
金奖	郑州工商学院	赵越		广告文案	杰士邦游戏诗集	杰士邦
金奖	湖南文理学院	洪秀秀、王晓倩、薛仕梅	苏杰	平面广告	健康颈腰	修正药业
金奖	重庆大学城市科技学院	李波宣	杜翼	影视广告	修正有嘻哈	修正药业
金奖	淮阴师范学院	屠玲燕、刘瑾萱、王历、高婷婷、张亚南	李丹	营销策划	天黑，请闭眼	莎普爱思
金奖	武汉传媒学院	焦雨苗、周唯一、李希	谢佳雯	平面广告	民言民语	碧生源
金奖	武汉传媒学院	荣威、马永刚、郭渝晟、张晶晶	谢佳雯	营销策划	小蓝盒校园迹	碧生源
金奖	湖南文理学院	杨殿卿、余典、王兰	毛凌琳	平面广告	快乐如此简单	快克药业
金奖	昆明理工大学	刘磊	王勇	品牌故事	根治脚气，喷喷就灵！	鲁南制药-洁宁
金奖	河北科技学院	高鑫	苗腾辉	微电影	小事情大信赖	转转
金奖	湖南工业大学	刘爽婕		广告文案	嗨，不过是有我	小嗨森
金奖	广东工业大学	陈洁华、崔沪杭、高靖敏	黄蓓、周文娟	平面广告	小嗨森之西游记——法宝在手	小嗨森
金奖	内蒙古民族大学	张爽	李哲	平面广告	轰炸你的味蕾	贤哥食品
金奖	三亚学院	史晶亮	初云玲	营销策划	“涂开心”	涂缓缓

续表

获得奖项	作者学校	作者	指导老师	作品类别	作品名称	命题企业
金奖	四川农业大学	张译月、刘悦、赵心怡	何杰	产品包装设计	城野医生新年款	城野医生
金奖	浙江农林大学	邵卓胤、林宋颖	汪永奇	平面广告	结发夫妻	恒源祥
金奖	浙江大学	王俊翔、潘一鸣、蒋青杨、刘清欣、毛芳宁	鲁晓笑	微电影	橙予一生	城野医生
金奖	天津财经大学珠江学院	樊怡然、李娜	丁太岩	微电影	为 Eye 穿越	莎普爱思
金奖	四川音乐学院	李鑫、陈萍儿、陈茂莹	姚恒	影视广告	胃！你的摩罗丹	邯郸制药-摩罗丹
金奖	重庆工商大学	陈婉琳、尹晨曦、周建宇、何思源、魏灿		微电影	快克-让她快乐	快克药业
金奖	吉林大学珠海学院	马家颖、杨然、郑蕾、梁钰钧、周晓杰	潘力、周严、王艺锦	营销策划	少女玩家隐形攻略	恒安七度空间
金奖	北京联合大学	刘雅	解嵩	品牌故事	修正	修正药业
金奖	长春工业大学	王进、杨璐、王思懿、单雨萌、段欣欣	沈月娥、李宝林	营销策划	湿物招领	伊贝诗
金奖	广东白云学院	吕圆圆	项德娟	产品包装设计	甜甜的糖果包	恒安七度空间
金奖	成都艺术职业大学	朱佳文	彭缔	平面广告	ZERO 零感·极致薄	杰士邦
金奖	河南大学	杨启玥、徐梓淞、王登洋	王轩、宋若涛	H5 移动交互	人鱼的报恩	伊贝诗
金奖	广东海洋大学	邓慧	杨励轩	营销策划	快！跟上这国速	快克药业

续表

获得奖项	作者学校	作者	指导老师	作品类别	作品名称	命题企业
金奖	复旦大学	金梦瑶、涂心玥、周晴、顾金、肖景晶	汤筠冰	营销策划	紧致不紧张	城野医生
金奖	安徽财经大学商学院	何雨婷、王颖、赵静、唐盈盈、李俊杰、陈晨	冯雅颖、陈奕静	营销策划	中国色，世界潮！	恒源祥
金奖	湖南工业大学	张童、江雅馨、王小梦、董雨何、马兆苇	张方敏、刘芳	支付宝主题B	如何瞒着老婆半夜出去看球	支付宝
金奖	北京师范大学珠海分校	吕汶纯、李彤、李思瑶、曾露诗	钟旭	微电影	请不要以我的名字定义我	恒源祥
金奖	山东科技大学	燕子凡	宋美音	平面广告	labo精灵，毛孔救星	城野医生
金奖	安徽新华学院	金云冲	张倩	广告文案	世界这么大，我想去转转。	转转
金奖	苏州科技大学	周天悦		平面广告	游戏，是另一种思维感悟	网易
金奖	浙江大学城市学院	范星驿、陈洁、楼雨嘉、莫策淳、刘芷嫣	骆小欢	影视广告	大大大脸姨妈巾	小嗨森
金奖	广东轻工职业技术学院	韩英颖	叶军	平面广告	爱的温度	莎普爱思
金奖	郑州大学	刘爽、徐丽娟、王文远、覃淼鑫、李文煦、王菲	罗雁飞、韩文静、颜景毅	营销策划	我的贤男友	贤哥食品

续表

获得奖项	作者学校	作者	指导老师	作品类别	作品名称	命题企业
金奖	浙江传媒学院	魏智豪、徐梦雅、王子业、宋文心		影视广告	喷鞋又喷脚，脚气才能好	鲁南制药-洁宁
金奖	黑龙江大学	晏昊昆、胡兰龙	宋丽丽、荀瑶	影视广告	1.5ml 有多“少”	伊贝诗
金奖	浙江大学宁波理工学院	张冬苑、章林俐、徐周、张佳雨	李志	营销策划	寻找头条青年	利郎
金奖	云南师范大学	韩美昕	尹小兵	平面广告	LILANZ LESS IS MORE 生僻字原创系列 我的标签	利郎
金奖	江苏师范大学	莫璐荥、骆思毅	王新征、王慧灵	综合设计类	贤哥好运符	贤哥食品
金奖	湖南科技大学	李睿瑶、马懿轩	张智艳	影视广告	主角进行时	涂缓缓
金奖	湖南文理学院	崔梦茹、陆强、姜宇	苏杰	平面广告	没有那么难	邯郸制药-摩罗丹
金奖	湖南文理学院	陆强、崔梦茹、孙惠欣	苏杰、蔡佳穗	平面广告	打击“根据地”	鲁南制药-洁宁
金奖	湖南文理学院	陆强、孙惠欣、翟亦昉	苏杰、蔡佳穗	平面广告	闲事管理局	转转
金奖	湖北商贸学院	黄诗晴、孙广廷	刘柱、李炎卉	影视广告	High in the clouds	利郎
金奖	南京林业大学	张慧	何佳	平面广告	就补补水吧!	伊贝诗
金奖	河池学院	涂东方、赖永怡、王冬纯	覃晓慧、莫开宇	综合设计类	快克表情包及周边设计	快克药业
金奖	浙江财经大学东方学院	陆心怡、韩逸祺、化思敏、邵和华	费宇拓、胡悦	影视广告	就爱你这一套	杰士邦

续表

获得奖项	作者学校	作者	指导老师	作品类别	作品名称	命题企业
金奖	北京经济技术职业学院	毛蕊	王丹丹、崔莎娜	影视广告	脂肪去哪了?	碧生源
金奖	重庆大学	欧金梅、王嘉琪、陈梦圆	李刚	漫画故事	学院奖参赛发生的那些事	学院奖
金奖	山东科技大学	杨晓彤、肖紫璇	宋美音、蔡颖君	旅游创意产品设计	五岳孝文化旅游文创	五岳【孝】文化
金奖	天津理工大学	孙志超		文化创意产品设计	观山承盘	五岳【孝】文化

（袁健、孙瑞祥）

19.5 时报金犊奖简介暨2019第28届金犊奖获奖情况

时报金犊奖是世界华人青年的创意大平台。1992年，中国台湾地区《中国时报》鉴于提升业界创意水平，以“初生牛犊不畏虎”的教育精神，针对校园创意相关院系设立了“时报金犊奖”。1997年这一创意大赛进入大陆。现已成为全国及全球最大且最具专业性的学生竞赛奖项之一。至今已有28年的奖项历史，每年3月正式发起当年的创意赛事，通过两岸及全球知名品牌征集，以公益赛事的角度来培养一届又一届的广告专业学子。

大赛设立包含：广告、文创、市场行销、传播、艺术、新媒体等相关专业赛事命题，在两岸及全球相关产业领域受到政府、企业以及社会各界的高度认可。

截至2019年，时报金犊奖已覆盖全国各地区以及海外8个国家(地区)，总计1210所高校，985个科系，28年来，参与的师生超过千万人次。

2019年，时报金犊奖继续全球发起，项目得到国家政府及各地政府的支持，携手20个知名品牌命题，20位全球知名广告人，走进15省区展开62场校园创意分享会，收到来自全国各地及海外高校63585件优质创意作品。并于2019年6月与成都市人民政府共同举办2019金犊创意节，为全球获奖同学授奖加冕。

19.5.1 奖项特色

时报金犊奖是第一家将业界专业模式，以实践性品牌策略模式带入实战性教学体系中的学生奖项。它以培养目标为己任，通过赛事来提升学生学科的专业性。常年为业界输送培养优质人才。

因赛事机制的严谨，以及推广区域以全球华人创意为基础，多年的办奖成绩被学界称之为含金量最高，被业界誉为“青年创意奥斯卡”奖项。

通过创意奖项29年的成功举办，时报金犊奖重在两岸及世界华人青年间的文化交流，连续5年与北京大学举办的两岸大学生创客营活动，也受到了国家政府及国务院台湾办公室的高度认可。

19.5.2 时报金犊奖规模

时报金犊奖参赛人数逐届递增，每届直接参赛师生超过50万人次，通过300多家线上线下媒体广泛传播，超过700篇的新闻报道，每年直接影响人数过千万。参赛学生包括本科生、研究生、高中(职)生、在职青年创意人。涉及广告、新闻传播、市场营销、艺术设计、影视动画、工业设计、文化产业管理、服装设计以及建筑、金融、机械、教育等上百个专业。

随着金犊奖的全球影响力不断增强，参赛院校逐年递增，第28届金犊奖参赛高校1210所，覆盖两岸地区93%的文科院校，70%的211、985、双一流高校。越来越多的院校通过金犊奖向各行企业、公司输送高精尖人才达上万余人。许多院校将金犊奖作为教学改革的重要课题，一些省区高校将金犊奖列为专业赛事。

金犊奖参赛作品近年来呈爆发式的增长，2019年第28届金犊奖收到63858件来自全球青年华人优秀作品。作品类型丰富，几乎覆盖了所有的广告的表现形式。从创意到技术，紧紧贴近市场需求，完成品牌任务，16个命题企业对优秀的学生作品和创意人才产生了极大的兴趣。

19.5.3 2019年第28届金犊奖获奖统计

中国大陆地区：

全场大奖1名，金犊奖11名，银犊奖8名，铜犊奖6名，佳作奖164名，入围奖4647名。

中国台湾地区：

金犊奖3名，银犊奖7名，铜犊奖9名，佳作奖108名，入围奖1549名。

海外地区：

评委特别奖1名，佳作奖7名，入围奖23名(见表19-14)。

表19-14 **2019第28届时报金犊奖获奖名单(金银铜及全场大奖)**

年度最佳金犊奖

奖项	作品名称	学校	院系	创意小组	指导教师
年度最佳金犊奖	一路相伴	鲁迅美术学院	中英数字媒体艺术学院	朱珈彤、丛世民	赵璐

智利樱桃“幸福正当红”形象广告设计奖

奖项	作品名称	学校	院系	创意小组	指导教师
金犊奖	O颗樱桃的距离	辅仁大学	广告传播学系	方彤先、郑心骅、刘亭昀	詹朝栋
银犊奖	别问了，吃颗樱桃	武汉理工大学	国际教育学院	廖卓晖、周楚瑶	张腾
铜犊奖	来点樱桃吧!	铭传大学	商业设计系	陈妍蒨、萧怡文、王若涵、杨舒婷	余淑吟
银犊奖	掌阅	铭传大学	数位媒体设计学系	郭致维、林姝妤、张景程、涂念廷、简睿炘、林钲容	黄思彧
铜犊奖	轻松一点，多读一点	铭传大学	数位媒体设计系	侯进泉、赖荣发、谢柔芸、黄长恩	黄思彧

醒吾科技大学形象广告设计奖

奖项	作品名称	学校	院系	创意小组	指导教师
银犊奖	请原谅我的不完美	佛光大学	产品与媒体设计学系	范姜沛妤、黄舒亭、游紫娴、姜沛妤、许庭维、林祐萱	罗光志、罗逸玲

续表

奖项	作品名称	学校	院系	创意小组	指导教师
铜犊奖	还找不到对的方法吗?	佛光大学	产品与媒体设计学系	郑钰陵、梁睿珊、杨濬璟、曾美欣、庄欣儒	罗光志、罗逸玲

现代24孝——现代孝顺故事广告设计奖

奖项	作品名称	学校	院系	创意小组	指导教师
金犊奖	标准孝心视力表环境媒体设计	北京工商大学	艺术与传媒学院	高伊茗	陈晓环
银犊奖	你,了解对方多少?	中原大学	商业设计系	徐梓宸、赵叡颖、昌语歆、洪紫芸、林于萍、潘彦旻	黄仪婷
铜犊奖	表达	福建工程学院	设计学院	唐君怡、周晓方	林志炜、姚瑞、陈晶晶、龚任界

旺旺集团广告设计奖

奖项	作品名称	学校	院系	创意小组	指导教师
金犊奖	痛苦的时候就喝苦吧!	高雄师范大学	视觉设计系	方衍乔	陈立恩
银犊奖	“苦”前“苦”后	鲁迅美术学院	中英数字媒体(数字媒体)艺术学院	何宇航、石子扬	赵璐、张阳、张超
铜犊奖	活跳跳,刹目鱼。	云林科技大学	视觉传达设计系	邱纪綧、陈哓贻	赵飞帆、林佳鸿

永和豆浆品牌形象广告设计奖

奖项	作品名称	学校	院系	创意小组	指导教师
铜犊奖	我们“豆”将不凡	天津工业大学	艺术学院	卢宏达、韩森	赵俊杰
铜犊奖	永和超市	台中科技大学	商业设计学系	张均浓	邱顺应

旺仔旺铺 寻找金牌CEO营销奖

奖项	作品名称	学校	院系	创意小组	指导教师
金犊奖	张瑜的店铺	辽宁中医药大学	护理学院护理专业	张瑜	—
银犊奖	最旺的仔仔	南京信息职业技术学院	计算机与软件学院 软件技术	包罗伟	—
铜犊奖	赵鑫的店铺	东北大学	文法学院 公共管理	赵鑫	—

指定品牌——统帅电器产品脑洞创意广告设计奖

奖项	作品名称	学校	院系	创意小组	指导教师
金犊奖	统帅传记	浙江财经大学东方学院	文化传播与设计学院	吴方静	董征中
银犊奖	你我的大众情人—统帅电器恋爱篇	台湾师范大学	设计学系	黄伟如、吴姿桦、陈百荷	刘建成
铜犊奖	统帅家电- Less is more	朝阳科技大学	视觉传达设计系	陈昱妃、涂玟憓、苏郁心	吕昭慧、黄治苹

指定主题类——学甲慈济宫保生大帝文创商品设计奖

奖项	作品名称	学校	院系	创意小组	指导教师
金犊奖	闻香济世 · 闻香识百草文创系列	鲁迅美术学院	中英数字媒体(数字媒体)艺术学院	卓婉怡、苗芸	赵璐、张阳、张超
银犊奖	降妖除魔录	鲁迅美术学院	中英数字媒体(数字媒体)艺术学院	侯智鑫、郭媛、包洛荧	赵璐、郭森、佟佳妮

指定品牌——旺旺集团 APP 内容设计奖

奖项	作品名称	学校	院系	创意小组	指导教师
金犊奖	旺仔王国	鲁迅美术学院	中英数字媒体(数字媒体)艺术学院	吕腾飞、柳篁汀雨、赵倩玉、夏诗雨	赵璐、张阳、张超
银犊奖	旺想俱乐部	汉口学院	艺术设计学院	刘诗原、黄玉玺、韩颖、王鹭、许瑞雪	张翠、罗雪
铜犊奖	我和旺仔美好生活的记录员	鲁迅美术学院	中英数字媒体(数字媒体)艺术学院	吴湘权、江兆玥	赵璐、张阳、张超

指定品牌——旺旺集团公共艺术创作奖

奖项	作品名称	学校	院系	创意小组	指导教师
金犊奖	旺镜	鲁迅美术学院	中英数字媒体(数字媒体)艺术学院	单钰淞、由璇	赵璐、王抒婧、刘放
银犊奖	旺仔人孔盖	景文科技大学	视觉传达设计系	陈亮玮、陈良维	刘冠辰

指定品牌——南宁昆仑关抗战旅游民俗文化形象设计奖

奖项	作品名称	学校	院系	创意小组	指导教师
金犊奖	报·见证·昆仑	天津工业大学	艺术学院	张婧祎、徐丹、李婧怡、魏梦涵、赵才、于泊升、荆彦婷	高彬、王军杰、张荣恺、任莉
银犊奖	昆仑关文化创意礼品设计	南京大学金陵学院	艺术学院	吴明星	高洁

续表

奖项	作品名称	学校	院系	创意小组	指导教师
铜犊奖	寻光明？昆仑关	广西建设职业技术学院	艺术设计系	曾舒萍、周瑛文、黄鸿、何拓航、王云、陆振逵、温永福	周晗

指定品牌——“妈祖”文创设计大赛——学生组

奖项	作品名称	学校	院系	创意小组	指导教师
金犊奖	妈祖文创	复兴高级商工职业学校		黄妍甯 吴芳瑜	刘冠辰
银犊奖	立德行善，大爱妈祖	鲁迅美术学院	中英数字媒体（数字媒体）艺术学院	谢朝阳、王丹妮、王晓婵	赵璐、张阳、张超
铜犊奖	波哔包包	辅仁大学	应用美术系	黄彦瑜	冯冠超、张邑丞

指定品牌——第四届“海峡两岸青年创新创业大赛项目征集”——学生组

奖项	作品名称	学校	院系	创意小组	指导教师
金犊奖	Alpha链 区块链解决方案	北京工业大学	信息学院	姬庆庆、邓赫卿、毛冬晓、张伟捷、车晨、郑泉恺、常宇、孙旭彤	肖创柏、李晨宇、胡春瀛
银犊奖	宝特飞-Bottle Free	铭传大学	广告暨策略营销学系	张凯欣、吴诗茗、蒋思韵、陈妙环、李庆鹏、林凯捷、郑宇轩、王姵静、谢镇豪、曾子晏	倪炎元、邱槿桉

续表

奖项	作品名称	学校	院系	创意小组	指导教师
铜犊奖	天上E庭	树德科技大学	营销管理系	蔡明宏、白佳玉、孙健文、庄权、林轩莹、罗启伦	黄庆源、陈美蓉

指定品牌——天府文化青年创意设计奖

奖项	作品名称	学校	院系	创意小组	指导教师
金犊奖/成都最大奖	熊起	吉林动画学院	文化产业商学院	张耀乐、叶晗、黄华跃	柴洪涛
银犊奖	“奇妙·三星堆”旅游设计	成都大学	中国-东盟艺术学院美术与设计学院	许蕾	张鸶鸶
铜犊奖	成都“三城三都”主题插画海报文创产品设计	鲁迅美术学院	中英数字媒体艺术学院	宋德奥、田梓奕	赵璐、王抒婧、刘放

MAKAR AR/VR 应用项

奖项	作品名称	学校	院系	创意小组	指导教师
金犊奖	不远万里，红在一起	鲁迅美术学院	中英数字媒体艺术(数字媒体艺术)学	王荣贺、孙梦琦、郑妮娜、冯诗莹、娄岚	赵璐、郭森、佟佳妮
银犊奖	瑰岛	复兴高级商工职业学校	广告设计科	王怡媗 王郁婷 邱筱涵 洪于清 陈怡琜 锺亦真 吴纪葳 庄卓翰	邱靖智
铜犊奖	成都熊猫川菜馆	铭传大学	商业设计学系	胡恺珊	方菁容、王开立

(朱　霞)

第20章 科学研究

20.1 2019年新闻传播学类国家社科基金项目立项课题分析

本节以国家社科基金项目数据库为依据，梳理了2019年新闻传播类国家社科基金项目立项情况，主要研究对象为国家社科基金重大项目、重点项目、一般项目、青年项目、西部项目(2004年设立)，研究样本为2019年国家社科基金项目数据库中新闻学与传播学项目，不包含重大项目的子课题。需要说明的是：一是由于国家社科基金重大项目所占比重较大，较多学者建议对其进行重点分析，因此本节在计算过程中将其单独列出，不计入其他类别项目的统计中，但在分析研究趋势的时候，将重大项目与其他项目统计在一起，以便于更好地体现2019年新闻学与传播学学科研究状况。二是本节研究样本仅以国家社科基金项目数据库的“新闻学与传播学”类项目为统计对象，如在2019年暂无成果文库项目，因此并未计入统计。其他学科项目、教育学项目和艺术类重大项目及十九大专项同样也不计入此次统计范畴。另外需要说明的是，2019年共计29项后期资助项目，在国家社科基金项目数据库中被分为27个一般项目和2个重点项目；2019年共计2项中华外译项目，在2019年国家社科基金项目数据库中这2项项目被归为一般项目，但在此分析中，为了保证合理性，仍将其按照后期资助项目和中华学术外译项目与往年进行对比分析，不计入一般项目或重点项目总数。

20.1.1 立项课题的描述性分析

2019年，国家社科基金项目共批准立项6866项(包括重点项目、一般项目、青年项目、西部项目、重大项目、艺术学重大项目、后期资助项目、学术外译项目等8个类别)，其中新闻学与传播学学科共立项228项，包含7种项目类别，占2019年全国总立项数3.32%(见表20-1)，2018年，新闻学与传播学立项课题占全国总立项数的3.23%，从总体占比来看，2019年新闻学与传播学项目有较小增幅。2019年新闻学与传播学共立项 228 项，包括 18 项重大项目和 210 项其他项目，2018 年新闻学与传播学学科有 16 项重大项目及 196 项其他项目。与 2018 年相比，2019 年新闻学与传播学类重大项目增长了 12.5%(见表 20-2)，说明当前新闻传播学学科在国家重大理论与现实问题研究中的参与度在持续增加。除此之外，新闻学与传播学 2018 年中华学术外译项目数为 0，2019 年中华学术外译项目数为 2。后期资助项目及青年项目立项数较 2018 年均呈增长趋势，西部项目及一般项目立项数呈轻微下降趋势。

近些年来，新闻学与传播学类青年项目一直呈上升趋势，这反映了当前致力于该学科发展的青年科研人才队伍在不断壮大。新闻学与传播学类后期资助项目增幅较大，说明该学科已有较多学者开始注重研究成果的积累，重视基础理论性研究，以打造更有价值的研究成果。此外，中华学术外译项目与 2018 年相比，增加率为 100%，相比其他学科，新闻学与传播学学科所占比例仍然较小。

总体来说，较 2018 年新闻学与传播学立项项目数，2019 年立项项目数增长 7.55%，实现了稳定增长，尤其是一般项目和青年项目较往年相比增幅较大。从各类项目标题可发现：第一，国际传播、国际形象建设、对外文化传播等问题依然是重点研究对象。第二，科技与本土化传播现象的融合性研究成为新的研究热点。第三，课题所涉及传播群体的多样性转变较为突出，青少年、妇女、儿童、劳工、偏远地区农民等群体相关研究大幅度增多。据词频统计，较 2018 年相比，2019 年此类词频增长率约为 88.89%(2018 年 9 个，2019 年 17 个)。

表 20-1　　**2019 年新闻传播学学科与全国总立项数对比**

项目类别	新闻传播学立项数(项)	全国立项总数(项)	新闻传播学立项占比
艺术学重大项目	0	214	无
中外学术外译项目	2	154	1.30%
重大项目	18	364	4.95%
重点项目	10	349	2.87%
后期资助项目	29	1008	2.88%
西部项目	8	499	1.60%
青年项目	41	1093	3.75%
一般项目	120	3185	3.77%
总计	228	6866	3.32%

表 20-2　**2018—2019 年新闻传播学学科立项课题数量统计表**

项目类别	项目数量(项)		项目增长率
	2018 年	2019 年	
重大项目	16	18	12. 50%
重点项目	10	10	0. 00%
青年项目	32	41	28. 13%
西部项目	15	8	-46. 67%
后期资助项目	16	29	81. 25%
一般项目	123	120	-2. 44%
中华学术外译项目	0	2	100. 00%
成果文库	0	0	0. 00%
总计	212	228	7. 55%

从 2019 年项目类别分布来看，一般项目仍为最多，为 120 项，占 2019 年新闻传播类国家社科基金项目总数的 57. 15%；其次为青年项目，占立项总数的 19. 52%，两项合计共计 161 项，占总立项数的 76. 67%。其余依次为后期资助项目、重点项目、西部项目及中华学术外译项目，共计 49 项，占总立项数的 23. 33%。如表 20-3 及图 20-1 所示：

表 20-3　**2019 年新闻与传播类国家社科基金项目各项目所占比重(重大项目除外)**

项目类别	数量(项)	占比
重点项目	10	4. 76%
后期资助项目	29	13. 81%
西部项目	8	3. 81%
青年项目	41	19. 52%
一般项目	120	57. 15%
中华学术外译项目	2	0. 95%
总计	210	100. 00%

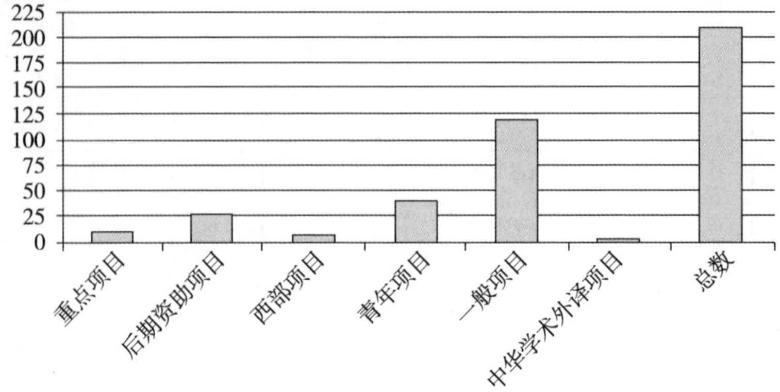

图 20-1　2019 年新闻与传播学国家社科项目类别分布图

20. 1. 2　项目所属区域、机构和负责人

1. 立项区域分布

从区域分布来看，2019 年北京、湖北、浙江、广东、江苏及上海立项总数达 115 项，占立项总数的 54. 76%，属于第一梯队，相关数据参见表 20-4。值得注意的是，往年位于第二梯队的浙江在 2019 年获得了更多资助(2018 年为 8 项，2019 年为 19 项)。河南、陕西、福建、湖南、四川、山东及广西位于第二梯队，共计立项 54 项，占总立项数的 25. 71%。安徽、重庆、甘肃、江西、天津、黑龙江、辽宁、海南、河北、内蒙古、西藏、新疆及云南共立项 39 项，占立项总数的 18. 57%，属于第三梯队。贵州、宁夏共计立项 2 项，占立项总数的 0. 95%，属于第四梯队。从各省、自治区、直辖市所获资助项目及图 20-2 所反映趋势来看，国家社科基金项目立项数量仍存在区域聚集情况，如西藏、新疆、云南、宁夏等立项数依然较少，2019 年西部项目立项数较 2018 年相比略微减少。

表 20-4　　**2019 年国家社科基金新闻传播学立项课题区域分布统计表**

序号	地区	项目数(项)	占比(%)	序号	地区	项目数(项)	占比(%)
1	北京	32	15. 24	3	浙江	17	8. 10
2	湖北	20	9. 52	4	广东	16	7. 62

续表

序号	地区	项目数(项)	占比(%)	序号	地区	项目数(项)	占比(%)
5	江苏	16	7.62	17	江西	4	1.90
6	上海	14	6.67	18	天津	4	1.90
7	河南	9	4.29	19	黑龙江	3	1.43
8	陕西	9	4.29	20	辽宁	2	0.95
9	福建	8	3.81	21	海南	2	0.95
10	湖南	8	3.81	22	河北	2	0.95
11	四川	7	3.33	23	内蒙古	2	0.95
12	山东	7	3.33	24	西藏	2	0.95
13	广西	6	2.86	25	新疆	2	0.95
14	安徽	5	2.38	26	云南	2	0.95
15	重庆	5	2.38	27	贵州	1	0.48
16	甘肃	4	1.90	28	宁夏	1	0.48

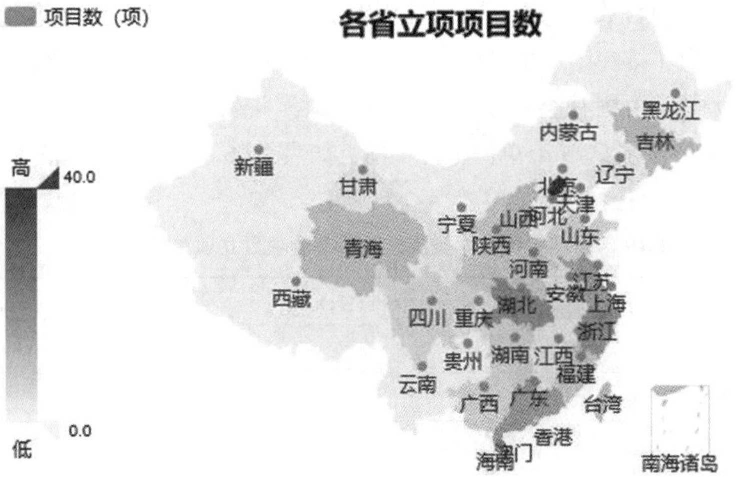

图 20-2　2019 年国家社科基金新闻传播学立项课题区域分布图

2. 立项单位及其隶属系统

从立项单位来看，2019 年新闻传播类国家社科项目承担单位共有 130 家，其中高校承担项目数量为 197 个，约占总立项项目数的 93.81%，其他单位如社科院承担 5 个项目，机关承担 3 个项目，军队和各级党校承担 2 个项目，报社承担 1 个项目，合计 13 个项目。在高校立项课题中，“985”(含 985 平台)和“211”工程高校共立项 105 项，占比 50.00%，一般高校承担项目 92 项，占立项总数 43.81%(见表 20-5)。

表 20-5　　**2019 新闻与传播学国家社科各单位立项比重表**

单位类别	数量(项)	占比
一般高校	92	43.81%
社科院	5	2.38%
军队+党校	4	1.90%
“985”和“211”高校	105	50.00%
报社	1	0.48%
机关	3	1.43%
总计	210	100%

从各单位承担项目数量来看，中国传媒大学立项项目有 7 项(重大项目除外)位列第一；暨南大学 5 项，排在第二位；浙江大学、华中科技大学、厦门大学、南京大学、武汉大学、郑州大学、中国社会科学院各主持 4 项，并列第三。另外有 9 个单位主持 3 项，32 个单位主持 2 项，79 个单位主持 1 项，如表 20-6 所示。

表 20-6　　**2019 年新闻与传播学类国家社科基金项目立项单位排序表**

工作单位	数量(项)	排名
中国传媒大学	7	1
暨南大学	5	2
浙江大学	4	3
华中科技大学	4	3
厦门大学	4	3
南京大学	4	3
武汉大学	4	3
郑州大学	4	3

续表

工作单位	数量(项)	排名
中国社会科学院	4	3
中国人民大学	3	10
广西大学	3	10
安徽大学	3	10
湖南大学	3	10
湖南师范大学	3	10
江西师范大学	3	10
陕西师范大学	3	10
四川大学	3	10
四川外国语大学	3	10
清华大学	2	19
中山大学	2	19
安徽师范大学	2	19
北京工商大学	2	19
对外经济贸易大学	2	19
福建师范大学	2	19
广东外语外贸大学	2	19
哈尔滨工业大学	2	19
海南师范大学	2	19
河南大学	2	19
华东师范大学	2	19
华南理工大学	2	19
华侨大学	2	19
江苏师范大学	2	19
兰州大学	2	19
南京师范大学	2	19
南宁师范大学	2	19
内蒙古大学	2	19
青岛大学	2	19

续表

工作单位	数量(项)	排名
山东大学	2	19
上海大学	2	19
上海理工大学	2	19
上海师范大学	2	19
苏州大学	2	19
天津师范大学	2	19
西安交通大学	2	19
湘潭大学	2	19
浙江传媒学院	2	19
浙江工业大学	2	19
浙江理工大学	2	19
中南民族大学	2	19
中央财经大学	2	19
上海交通大学	1	51
华东政法大学	1	51
辽宁大学	1	51
深圳大学	1	51
北方民族大学	1	51
北京大学	1	51
北京第二外国语学院	1	51
北京交通大学	1	51
北京师范大学	1	51
北京印刷学院	1	51
常州大学	1	51
成都中医药大学	1	51
大连理工大学	1	51
东华大学	1	51
复旦大学	1	51
广东财经大学	1	51

续表

工作单位	数量(项)	排名
广西师范大学	1	51
广州大学	1	51
贵州大学	1	51
国家广播电视总局	1	51
国家信息中心	1	51
杭州电子科技大学	1	51
河北大学	1	51
河北经贸大学	1	51
河南工业大学	1	51
河南师范大学	1	51
黑龙江大学	1	51
湖北大学	1	51
湖北第二师范学院	1	51
湖北科技学院	1	51
湖北文理学院	1	51
湖州师范学院	1	51
华中农业大学	1	51
华中师范大学	1	51
江汉大学	1	51
喀什大学	1	51
兰州财经大学	1	51
临沂大学	1	51
岭南师范学院	1	51
鲁东大学	1	51
陆军工程大学	1	51
南昌大学	1	51
南京财经大学	1	51
南京理工大学	1	51
南京邮电大学	1	51

续表

工作单位	数量(项)	排名
南开大学	1	51
汕头大学	1	51
上海外国语大学	1	51
上海戏剧学院	1	51
首都经济贸易大学	1	51
四川传媒学院	1	51
四川师范大学	1	51
天津大学	1	51
温州商学院	1	51
武汉理工大学	1	51
武汉市社会科学院	1	51
西安石油大学	1	51
西安外国语大学	1	51
西北大学	1	51
西北民族大学	1	51
西北政法大学	1	51
西藏民族大学	1	51
西藏日报社	1	51
西华大学	1	51
新疆大学	1	51
云南大学	1	51
云南师范大学	1	51
战略支援部队信息工程大学	1	51
浙江工商大学	1	51
浙江外国语学院	1	51
浙江越秀外国语学院	1	51
中共江苏省委党校	1	51
中共山东省委党校	1	51
中国地质大学	1	51

续表

工作单位	数量(项)	排名
中国计量大学	1	51
中国新闻出版研究院	1	51
中国政法大学	1	51
重庆大学	1	51
重庆交通大学	1	51

3. 项目负责人情况

2019年，共有210位研究者获立国家社科基金项目(重大项目除外)，其中，正高级职称86人，占总人数的40.95%，副高级职称79人，占总人数的37.62%，中级职称44人，占总人数的20.95%。较2018年相比，2019年有一位初级职称研究者获立了青年项目，如表20-7所示。综合近几年数据来看，中级职称研究人员逐年增加。由此可见，我国新闻学与传播学学科学术研究队伍出现年轻化趋势。

表20-7　**2019年新闻与传播学国家社科基金项目主持人职称分布表**

职务	数量(人)	占比
正高级	86	40.95%
副高级	79	37.62%
中级	44	20.95%
初级	1	0.48%
总计	210	100.00%

20.1.3　重大项目立项情况

2019年新闻传播学学科重大项目共立项18项，其中影视传播类2项，新闻传播史类4项，媒介体制方面的研究2项，互联网传播4项，出版发行类3项，此外还有媒体融合、信息安全等相关课题。18个重大项目中，15项由正高级专家主持，三项由副高级专家主持，其中“985”(含985平台)和“211”工程高校专家共获立16项重大项目。从高校分布区域来看，北京仍排名第一，共有6项，上海、广东排名第二，各有3项，浙江排名第三，共有 2 项，福建、湖北、辽宁、广西各获 1 项，中国人民大学、中国传媒大学、浙江大学、上海交通大学各获得 2 项，如表 20-8 所示。

表 20-8　　**2019 年新闻与传播学重大项目立项情况**

工作单位	重大项目立项数(项)	占比	排名
中国人民大学	2	11.11%	1
中国传媒大学	2	11.11%	1
浙江大学	2	11.11%	1
上海交通大学	2	11.11%	1
中山大学	1	5.56%	2
中国社科院新闻与传播所	1	5.56%	2
深圳大学	1	5.56%	2
厦门大学	1	5.56%	2
清华大学	1	5.56%	2
辽宁大学	1	5.56%	2
暨南大学	1	5.56%	2
华中科技大学	1	5.56%	2
华东政法大学	1	5.56%	2
广西大学	1	5.56%	2
总计	18	100.00%	

20.1.4　项目的主题内容

1. 关键词分析

为分析 2019 年新闻传播学类国家社科基金项目所关注的热点话题，我们先是通过人工切词的方法，将 228 个项目(含重大项目)中有一定含义及反映倾向的词归类，然后对这些关键词进行筛选，剔除一些不具有明确指向性词语，不计出现 1 次的词语后，最终保留了出现频次 2 次以上的 42 个有效关键词，参见表 20-9。从表中可以看出，2019 年新闻传播类国家社科基金项目关键词词频呈现出如下特征：

一是各类传播问题依然是研究的重要趋势，与2018年相比，研究者对于下列各类传播现象的关注热度不减，如文化传播、跨文化传播、对外传播、广告传播、环境传播、环境传播等。值得注意的是，出现了对于社交媒体传播类新型传播方式的研究。二是随着网络技术的快速发展，“大数据”“人工智能”“媒介融合”“智媒”等词语广受关注。三是“人类命运共同体”“一带一路”“新中国”“形象构建”“文化构建”“文化竞争”“文化建设”“海外市场”“国际舆论”等政治传播方面的问题颇受重视，说明政治传播仍然是新闻学与传播学立项类目中的重要特色。四是“乡村振兴”“县级融媒体”“农民”“劳工”等词突出了研究的人文色彩，关注的重心由中心城市逐渐向边缘地区及平民转移。同时“青少年”词频的增加说明研究者对青少年群体的关注度越发提高。五是深入对各类媒体本身的研究，如“社交媒体”“传统媒体”“主流媒体”“全媒体”等。六是“新闻史”“传播史”“广告史”“摄影史”“播音”“电影文化”等词表明研究者在研究时下热点的同时，仍把史论作为关注的重点。七是关于新闻本体相关研究的新趋势，包括对“新闻伦理”“新闻专业主义”“新闻生产”“社会信任”“新闻政策”的关注。以上内容说明，新闻学与传播学项目立项情况受到社会变革的影响，紧跟时代潮流，解决实事，敢于创新。

表20-9 **2019年新闻传播类国家社科基金项目关键词**

序号	关键词	词频
1	文化传播	38
2	跨文化传播	29
3	青少年	13
4	大数据	12
5	社交媒体	11
6	一带一路	10
7	形象构建	10
8	人工智能	10
9	新闻伦理	9
10	舆情	8
11	新闻史	8

续表

序号	关键词	词频
12	县级融媒体	7
13	传统媒体	7
14	新闻专业主义	6
15	文化构建	6
16	人类命运共同体	6
17	传播史	6
18	主流媒体	5
19	新中国	5
20	乡村振兴	5
21	版权	5
22	广告传播	4
23	对外传播	4
24	信息安全	3
25	新闻生产	3
26	社会信任	3
27	媒介融合	3
28	马克思主义	3
29	环境传播	3
30	新闻政策	2
31	文化竞争	2
32	文化建设	2
33	摄影史	2
34	全媒体	2
35	农民	2
36	媒介体制	2
37	劳工	2

续表

序号	关键词	词频
38	海外市场	2
39	国际舆论	2
40	广告史	2
41	电影文化	2
42	播音	2

2. 项目的研究主题

对比《国家社科基金项目2019年度课题指南》(以下简称“指南”)及2019年新闻传播类国家社科基金立项项目可发现，项目的主题大概可分为以下几类：跨文化传播、政治传播、媒介融合、新闻史学、舆情监管、新媒体传播、新闻算法等。

(1)跨文化传播：文化竞争力与国家形象构建。当前，世界大变局与中国新时代相互激荡，中国特色大国外交正在翻开崭新篇章。对于中国而言，正是构建新型国际形象及建设文化软实力的最好时机。这些在2019年新闻学与传播学国家社科基金立项项目中便有所体现，学者们将视线集中在国际传播，通过提升跨文化传播效率、增强文化竞争力以及构建新型国家、塑造国人形象来体现大国风范，同时体现出新闻学与传播学学科项目研究以重大现实问题为研究方向，并为其提供具有参考价值的措施，现实指导性较强。

2019年，中华人民共和国成立70周年，是新时代建设的关键时期，也是中国特色大国外交的重要一年。从学者们关注的话题可看出，当下，构建新型对外话语、提升跨文化传播效率、增强文化软实力，成为提升国家形象的重要内容和对外传播的主要议题。

2019年国家基金项目立项课题在跨文化传播议题上主要体现出以下四个重要特点：一是以增强自身文化竞争力为策略，提升海外传播影响力，如：“中国电影文化竞争力与海外市场动态数据库建设”“新时代中国动画学派的重建与民族文化传播研究”“文化认同视阈下形象宣传片中的国家形象自塑策略研究”“国产动画的价值观认同与传播策略研究”等课题就是从认同、重构等方面谈及文化竞争力的。二是注重对国家形象提升的建设性研究，国家形象是在传媒国际化大背景中外部公众对某一国家的认识和把握，即该国国家特征在公众心目中的抽象反映和公众对该国的总体评价和判断。① 通过对国家形象的研究有助于中国找到自身定位，构建合理的中国话语体系，制定适当的策略来构建国家形象，讲好“中国故事”。三是关于中国出版、中国品牌“走出去”的市场推进情况，中国想要提升国际话语权，必须要实现“文化输出”而不仅仅是接受“文化输入”，在提升文化品质的同时，提升我国的国际竞争力。四是注重多民族国家形象的研究，有助于进一步构建中国国际话语体系建设，降低文化折扣，塑造大国形象。

（2）政治传播：“一带一路”“人类命运共同体”。政治传播是2019年的一个重要议题，在此方面，学者们重点观察了“一带一路”和“人类命运共同体”建设，共计立项数16项，其中以“一带一路”为主题的10项，以“人类命运共同体”为立项主题的6项。这反映了目前学界对政治传播和国际形势的关注，也体现着我国新闻传播学学者们的使命。

在“一带一路”课题中，学者们主要关注这些问题：第一，以媒介为载体的跨国传播，对出版物、微电影、非物质文化遗产等的关注，如“‘一带一路’背景下中国出版走出去的供需错配与平台协同机制研究”“‘一带一路’背景下中国出版走出去的战略定位、市场布局与推进机制研究”“‘一带一路’倡议下中国微电影对外传播模式与保障机制研究”等课题就体现了这一点。第二，注重媒介技术与新闻热点、舆情舆论的结合，如“基于大数据及遥感的‘一带一路’新闻热点及争议事件研究”“基于大数据技术的中亚国家‘一带一路’网络舆情研究”等课题就是将大数据同舆情相结合的体现。第三，重视对“一带一路”沿线国家的宏观传播策略，尤其是差异化传播，如“东盟各国传播‘一带一路’差异化研究及启示研究”“‘一带一路’背景下中国在东盟地区主流媒体中的国家形象研究”“‘一带一路’倡议在美国的传播与认知研究”等课题就是如此。

在以“人类命运共同体”为切入点的课题中，主要有以下特征：一是注重共同体体系的建设，如“人类命运共同体视域下的全球传播秩序重建研究”“基于人类命运共同体思想的国际传播话语体系研究”“人类命运共同体视域下的共同体传播研究”等课题就反映了学者们对“共同体”话语体系建设、秩序体系建设以及整个传播体系的思考。二是做到了以史为鉴，通过对百年中国国家形象建设的梳理，来为当下共同体的传播提供策略，可以说这样的梳理是重大且有意义的，单就“人类命运共同体视阈下中国国家形象在西方主流媒体的百年传播研究”这一主题就获立两项重大项目。

---

① 段鹏．国家形象建构中的传播策略［M］．北京：中国传媒大学出版社，2007：14.

(3)智媒时代：大数据、人工智能、社交网络。在新时代，媒介技术变革极大地丰富了媒介形态，以互联网为基点的新型媒体不断涌现，改变了传媒生态格局。大数据、人工智能、社交网络等互联网词语与传播学与新闻学学科联系越发紧密，传统媒体面临重大威胁的同时，也迎来新的机遇，媒介融合成为传统媒体转型的必经之路，因此，相关方面的研究也成为学者关注的重点。

大数据、人工智能、社交媒体不仅是信息社会的标志，对于媒体变革也起着关键新的作用。我国学者立足于这一现实，开展相关研究。经过对2019年新闻学与传播学社科基金项目的整理分析，学者们的研究多集中于以下方面：一是关于适应媒介融合背景下，媒介体制变革方面的问题。包括：媒介体制与社会信任、媒介体制中的版权问题以及媒介体制变革与社会治理方面的研究。二是在新技术的驱动下，传播方式及传播效果、应用状况发生的改变，包括5G时代、大数据、人工智能、新闻算法等新型互联网技术。三是新媒体环境下，传播规范、新闻专业主义、新闻伦理及公民隐私等问题。四是媒体融合发展中的问题及对策。包括政务新媒体的服务及治理作用及针对性较强高的县级融媒体的发展。值得注意的是，还有一部分研究以青少年、妇女、流动老人、退休老人等群体为主体，研究其社交媒体中的传播作用以及对其所产生的传播效果。与之前相比，此类研究不再停于表面，而是深入实际，解决现实问题。

(4)舆论：监管、引导及纠正。新闻舆论引导是大众传媒的重要功能，这既是基本的新闻传播理论问题，也是新闻传播实践中重点关注的话题，因此，相关舆论舆情方面的研究也一直是国家社科基金项目中的重点。每当国内外政治、经济、文化等领域发生大事时，大众媒体就会通过新闻报道来引导舆论。如今，在互联网快速发展，新媒体层出不穷的时代，新媒体中的舆论引导更成为关注的重点。1991—2018年，全国共有320项国家社科基金项目聚焦于新闻舆论理论与现实的问题，主动探讨新闻信息传播，为舆论引导提供理论支持。2019年，该类课题共立项10余项，研究者从舆情监管、舆论引导及纠正等方面研究舆论的形成、问题及解决方案。

2019年新闻舆情监管、舆论引导主要集中在以下方面：大数据技术下网络舆情治理、舆论生成机制、中国共产党新闻舆论思想创新、政务媒体舆论引导、突发事件舆情监管等。

随着科技的进步，民间舆论场扩大，事件的发展透明化、公开化，网络成为舆论形成的重要基地，网络舆论治理也成为重中之重，网络舆论机制的形成也成为关注的重点，基于网络舆论的关注，有学者进行网络舆论引导仿真推演与建模，以此来找到好的应对之策。此外，学者们不仅单单分析舆论引导、舆情形成，而且结合“一带一路”政策，紧跟国际舆论走向，站在国家的宏观角度解决相关问题。另外，学者对于中国近代舆论监督史也进行研究，探索百年来中国舆论监督的演变，为当代提供经验。

(5)新闻传播史：清代时期、抗战时期、改革开放、新中国70年。对于任何一门学科的研究，都离不开历史，新闻传播学更是如此。新闻史、传播史一直属于新闻传播学学科建设中重要的一部分。1991—2017年，新闻传播史方面的国家社科基金项目共有220项。自1991年新闻传播学类国家社科项目立项以来，平均每年有7个新闻传播史方面项目，而2018—2019年，该学科历史类研究项目每年高达20余项，实现大幅度跨越。经分析，2019年相关项目所研究的时间主体大致可分为：清代时期、抗战时期、改革开放40年、新中国70年。

2019年新闻学与传播学社科基金项目中新闻与传播史相关研究主要有：新闻传播史、摄影史、媒介体制发展史、新闻实务史等。新闻传播史主要包括：新中国70年新闻传播史、清代新闻传播史、日本的中国新闻史、中国电视剧对外传播史、改革开放40年藏族文化变迁史、新中国体育公共传播史、延安时期新闻传播史、马克思主义思想史等10余项。媒介体制发展史包括：百年中国共产党新闻政策变迁史、中国广告产业制度史、中国古代媒介制度史等。新闻实务史主要包括：出版及广告史的研究。其中学者关注的重点主要是百年来中国新闻传播史的演变过程以及在对外传播中中国新闻传播史的变迁。

总之，2019年国家社科基金项目新闻学与传播学类别项目主要呈现出以下特点：一是当前我国正处于发展的关键时期，对外传播、跨文化传播以及国家形象的构建尤为重要。因此关于对外传播方面研究较多，且不仅立足于本国内，而是站在全球的角度，着力解决本国的国际问题，并基于“一带一路”政策，实现“人类命运共同体”建设。二是技术的进步对于新闻学与传播学学科的冲击较大，且新闻与传播为典型的交叉学科，涉及信息学、社会学、生态学等，学者们多以此为基点，对传播模式、传播过程进行新的研究，且着重分析传播效果。三是立项项目研究方法不再局限于单纯的定性研究或定量研究，而是多样化、科学化的结合研究，包括实证研究、口述史研究、建模等多种方法。四是立项项目人文关怀色彩较为浓厚，重点落在藏区、新疆、内蒙古、县级的研究不在少数，且一部分研究集中于青少年、妇女、退休老人及流动老人。四是随着技术的快速发展，大数据、人工智能、新闻算法流行起来，新闻发布的门槛降低导致新闻伦理问题成为学者们关注的新对象。

相对于西方，我国的新闻学与传播学发展起步较晚，还存在着一些不足，需要稍作调整。一是基础理论研究还有待加强，国家社科基金项目的研究多关注于现实问题，可以在做现实问题研究的时候，增加理论阐释，或者专门做一些理论探讨，把理论与实践结合起来。建构强大的学科基础理论，有助于开展跨学科对话、跨国对话。二是要挖掘新的研究课题，目前的课题申报主要集中于年度项目，还有其他类型的项目也值得争取，如后期资助项目、中华学术外译项目、成果文库、冷门“绝学”和国别史等研究专项，这样既可以拓展项目类型，又可以开拓研究领域，也可能产出新的、高层次的研究成果。三是研究者要主动控制重复研究的问题，力争以国家社科基金项目为依托，推出价值高、分量重的成果，为新闻传播学学科发展奠定更扎实的基础。

（陶喜红、周也馨、党李丹）

20.2 基于国内4种重要期刊的2019年新闻传播学研究现状分析

本节利用文献计量学、引文分析相关原理与方法，借助可视化文献分析软件CiteSpaceIII①，对2019年新闻传播学国内4种重要期刊的文献从研究机构、研究队伍、研究内容、关键论文等方面进行分析，以期揭示新闻传播学学科研究现状，探测发展趋势，从而较为全面地认识和把握2019年国内新闻传播学研究发展脉络。

20.2.1 数据来源与处理

本节数据来源主要为“CNKI中国引文数据库”，具体来说，选取4种国内新闻传播学重要期刊作为数据来源，分别为《新闻与传播研究》《国际新闻界》《现代传播》和《新闻大学》。本节检索并统计了这4种期刊于2019年CNKI所刊载的论文（未统计增刊、会议综述、主持人语、编译等文章）及引文数据，共获得640篇文献与1138条引文数据。“CNKI中国引文数据库”中检索表达式为：被引文献来源=“2019—2020新闻传播学A类期刊”；引证文献来源=“2019—2020新闻传播学学来源期刊”，论文发表时间=“2019—2020”，论文被引年份=“2019—2020”。检索时间为2020年5月20日。图20-3反映了4本期刊2019年发文量占比情况：《现代传播》共发文344篇，发文量占2019年全部发文总量的一半有余；而《新闻与传播研究》发文83篇，《国际新闻界》发文111篇，《新闻大学》发文102篇。

---

① Chaomei Chen. Hindsight, Insight, and Foresight: A Multi-Level Structural Variation Approach to the Study of a Scientific Field [J]. Technology Analysis and Strategic Management, 2013, 25(6): 619-640.

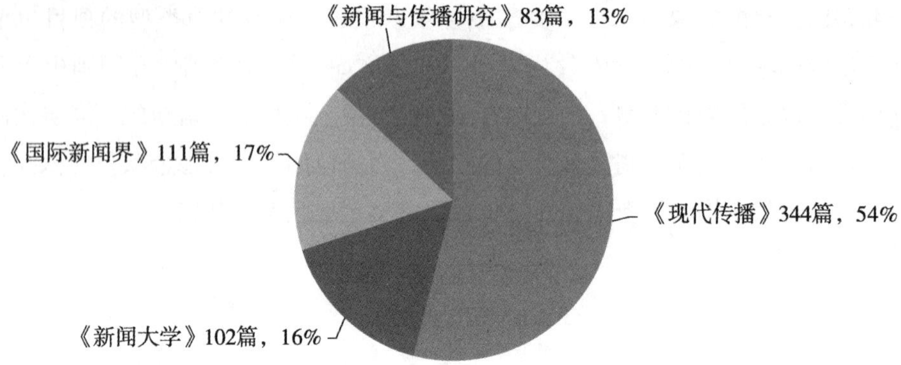

图 20-3　各刊载文量占比分布

20. 2. 2　2019 年新闻传播学核心研究机构分析

经统计，在 2019 年，共有 234 家教学科研机构为新闻传播学研究贡献智慧，其中以论文第一作者所署第一机构出现的机构为 153 家。根据论文署名，对研究机构进行了归并，即不区分一级机构下设的不同二级机构。如中国传媒大学新闻传播学部、中国传媒大学艺术学部均作为统一的一个机构。2019 年，以论文第一作者所署机构名称统计，全年的机构发文名单如表 20-10 所示。

表 20-10　**2019 年机构全年发文量总览(数量相同者以汉语拼音首字母排序)**

排序	机 构 名 称	发文量
1	中国传媒大学	88
2	中国人民大学	38
3	复旦大学	27
4	暨南大学	22
5	南京大学	21
6	武汉大学	18
7	北京师范大学	17
	华中科技大学	17
8	清华大学	16
9	厦门大学	13

续表

排序	机 构 名 称	发文量
10	上海交通大学	12
	中国社会科学院	12
11	南京师范大学	11
	中山大学	11
12	华东师范大学	10
	上海大学	10
13	广州大学	9
	深圳大学	9
	重庆大学	9
14	福建师范大学	8
15	华东政法大学	7
	华南理工大学	7
	华中师范大学	7
	陕西师范大学	7
	苏州大学	7
16	北京大学	6
	云南大学	6
	浙江传媒学院	6
	浙江大学	6
17	安徽大学	5
	安徽师范大学	5
	山东大学	5
18	湖北大学	4
	湖南大学	4
	湖南师范大学	4
	江西师范大学	4
	上海社会科学院	4
	四川大学	4
	郑州大学	4

续表

排序	机 构 名 称	发文量
	中国社会科学院大学	4
19	北京外国语大学	3
	广东外语外贸大学	3
	广西大学	3
	河北大学	3
	江苏师范大学	3
	南昌大学	3
	山西大学	3
	四川外国语大学	3
	西安交通大学	3
	西北大学	3
	西南政法大学	3
	新华社	3
	浙江工业大学	3
	中央财经大学	3
20	北京电影学院	2
	北京工商大学	2
	北京邮电大学	2
	河南大学	2
	湖南工业大学	2
	湖南科技大学	2
	华南师范大学	2
	辽宁大学	2
	青岛大学	2
	上海财经大学	2
	首都经济贸易大学	2
	同济大学	2
	西北师范大学	2
	西北政法大学	2

续表

排序	机构名称	发文量
	中国农业大学	2
21	《编辑学刊》	1
	《新闻记者》	1
	《新闻记者》	1
	安徽省社会科学院新闻与传播研究所	1
	安庆师范大学	1
	北京电子科技职业学院	1
	北京交通大学	1
	北京联合大学	1
	北京美兰德媒体传播策略咨询有限公司	1
	北京体育大学	1
	北京语言大学	1
	成都大学	1
	大连理工大学	1
	大连外国语大学	1
	电子科技大学	1
	东北财经大学	1
	东北师范大学	1
	东华大学	1
	东南大学	1
	广东财经大学	1
	广东佛山电视台	1
	哈尔滨工业大学	1
	海南大学	1
	杭州师范大学	1
	河北经贸大学	1
	河海大学	1
	黑龙江大学	1
	衡阳师范学院	1

续表

排序	机 构 名 称	发文量
	湖北工程学院	1
	华东交通大学	1
	黄山学院	1
	吉林大学	1
	加拿大西门菲莎大学	1
	江苏省文化艺术研究院	1
	教育部语言文字应用研究所	1
	鲁东大学	1
	美国南加州大学	1
	美国威廉・帕特森大学	1
	美国威斯康星大学	1
	美国锡拉丘兹大学	1
	闽江学院	1
	南京航空航天大学	1
	宁波大学	1
	曲阜师范大学	1
	《新华文摘》	1
	厦门理工学院	1
	山东师范大学	1
	汕头大学	1
	上海报业集团	1
	上海师范大学	1
	上海外国语大学	1
	上海易步信息技术有限公司	1
	上海政法学院	1
	深圳预测者科技有限公司	1
	台湾世新大学	1
	天津师范大学	1
	德国图宾根大学	1

续表

排序	机构名称	发文量
	武汉体育学院	1
	西安思源学院	1
	西安邮电大学	1
	西华师范大学	1
	西南民族大学	1
	湘潭大学	1
	延边大学	1
	云南民族大学	1
	云南师范大学	1
	长安大学	1
	长江师范学院	1
	浙江理工大学	1
	浙江师范大学	1
	中共中央党校	1
	中国出版协会	1
	中国海洋大学	1
	中国科学技术大学	1
	中国劳动关系学院	1
	中国政法大学	1
	中华女子学院	1
	中南大学	1
	中南民族大学	1
	中央民族大学	1
	中央新闻纪录电影制片厂	1
	中原工学院	1
	重庆工商大学	1
	重庆邮电大学	1

通过表20-10可知，2019年我国新闻传播学主要研究机构有中国传媒大学、中国人

民大学、复旦大学、暨南大学、南京大学、武汉大学等。其中，中国传媒大学作为我国新闻传播教育的专门院校，共刊发 88 篇论文。此外通过统计到的数据还可以得知，中国社会科学院(12 篇)(不含中国社会科学院大学)、上海社会科学院(4 篇)、新华社(3 篇)等非高校机构也都积极参与新闻传播学研究，从各自领域出发为新闻传播学发展作出了自身的贡献。2019 年海外教学科研机构参与我国新闻传播研究交流的数量进一步增加，有来自美国、法国、德国、荷兰、加拿大、新加坡、越南及中国港澳台等共计 10 个国家或地区的 22 所高校的研究者发表了文章。其中，以第一作者单位发文的分别有美国南加州大学、威廉·帕特森大学、威斯康星大学、锡拉丘兹大学，加拿大西门菲莎大学，德国图宾根大学以及我国台湾世新大学等共 7 家境外高校。

20.2.3　2019 年新闻传播学核心研究队伍分析

经过对所收集数据的统计，在 2019 年，共有 956 位作者(其中 153 家教学科研机构的 577 位作者作为第一作者发文)共同构成了新闻传播学学术共同体，共同推动了新闻传播学研究的深入与发展。

一门学科的建设与发展离不开学科的领军人物。通过对研究论文的统计分析，基本上可以找出某一时期内某一学科的领军人物。作者高产，表明某一学者在某一时期内一直勤于思考、敏于学习、笔耕不辍，研究成果丰硕；作品被引频率高，表明某一学者在某一时期内的学术理论、学术观点、研究方法等得到学术同仁的肯定与借鉴，研究成果社会影响力大；处于学术团队的核心，表明某一学者在某一时期内注重学术团队的建设与交流，并在学术团队中成为中坚力量。如果一个作者既是高产作者，又是高被引作者，同时又是学术团队的核心，可以认为是新闻传播学研究队伍中的领军人物。

高产作者可以直接以在 2019 年发表的论文数来衡量，论文总数排在前列的为高产作者。学术团队的核心，以作者在合作网络与共被引网络中是否处于核心节点来衡量。根据所收集的数据，在 2019 年国内新闻传播学的高产作者如表 20-11 所示(以论文所署第一作者计算)。

表 20-11　**2019 年新闻传播学研究高产作者(数量相同者以汉语拼音首字母排序)**

排序	作者	发文量	所属高校及研究机构
1	郭恩强	4	华东政法大学传播学院
2	季凌霄	3	湖南大学新闻传播与影视艺术学院/复旦大学历史系中国史博士后流动站
	林爱珺	3	暨南大学新闻与传播学院

续表

排序	作者	发文量	所属高校及研究机构
	刘鹏	3	《新闻记者》杂志社/南京大学新闻与传播学院
	强月新	3	武汉大学新闻与传播学院
	单波	3	武汉大学媒体发展研究中心
	孙信茹	3	云南大学新闻学院
	赵云泽	3	中国人民大学新闻学院
	朱鸿军	3	中国社会科学院新闻与传播研究所
3	白红义	2	上海社会科学院新闻研究所
	卞冬磊	2	南京大学新闻传播学院
	曾琼	2	湖南师范大学新闻与传播学院
	崔迪	2	复旦大学新闻学院
	邓绍根	2	中国人民大学新闻学院
	段鹏	2	中国传媒大学
	方晓恬	2	北京大学新闻与传播学院
	方兴东	2	浙江传媒学院互联网与社会研究院
	宫贺	2	厦门大学新闻传播学院
	谷李	2	西南政法大学新闻传播学院
	顾理平	2	南京师范大学新闻与传播学院
	郭建斌	2	云南大学民族学与社会学学院
	郭小安	2	重庆大学新闻学院
	姜红	2	安徽大学新闻传播学院
	匡文波	2	中国人民大学新闻学院
	李春雷	2	广州大学新闻与传播学院
	李红艳	2	中国农业大学人文与发展学院
	李良荣	2	复旦大学新闻学院/浙江传媒学院新闻与传播学院
	李耘耕	2	上海交通大学媒体与传播学院/上海财经大学人文学院
	梁德学	2	江西师范大学新闻与传播学院/复旦大学新闻学院
	廖圣清	2	复旦大学新闻学院
	刘小燕	2	中国人民大学新闻学院
	刘毅	2	重庆大学新闻学院

续表

排序	作者	发文量	所属高校及研究机构
	陆佳怡	2	中国传媒大学新闻学院
	彭华新	2	深圳大学传播学院
	孙萍	2	中国社会科学院新闻与传播研究所
	王润泽	2	中国人民大学新闻学院
	王昀	2	华中科技大学新闻与信息传播学院
	吴来安	2	安徽师范大学新闻与传播学院
	吴世文	2	武汉大学新闻与传播学院
	熊炎	2	北京邮电大学经济管理学院
	徐敬宏	2	北京师范大学新闻传播学院
	严三九	2	上海大学新闻传播学院
	杨保军	2	中国人民大学新闻学院
	俞凡	2	山东大学新闻传播学院
	虞鑫	2	清华大学新闻与传播学院
	喻国明	2	北京师范大学新闻传播学院
	张勇锋	2	陕西师范大学新闻与传播学院
	张振宇	2	华中师范大学新闻传播学院
	赵心树	2	江西师范大学新闻传播学院
	赵振祥	2	厦门理工学院/厦门大学新闻传播学院
	郑保卫	2	中国人民大学新闻学院/广西大学新闻与传播学院
	朱至刚	2	四川大学文学与新闻学院
	邹军	2	广州大学新闻与传播学院

（注：同一作者属 2 个单位是因为其不同的文章所署单位名称不同）

20.2.4 2019 年新闻传播学主要研究内容分析

在 2019 年，新闻传播学作为一门与科技、文化、经济等紧密关联的学科，在研究上遵循“百家争鸣、百花齐放”的方针，研究内容呈现出社会化、技术化、人文化、交叉化、国际化的发展态势。虽然不同学者从不同角度在新闻传播学领域进行研究，并产生了众多的细分研究领域，但在研究方向上还是有一定的聚焦性，研究重点具有一致性；同时，基于对外部环境的即时反应，研究前沿具有时效性。

关键词是作者对文章核心研究内容的精炼，学科领域里高频次出现的关键词和从数据样本中，对每一篇文献进行提取后分析出的名词短语可被视为该领域的研究热点。① 高频关键词一定程度上反映学科研究重点，本节根据高频关键词来确定2019年新闻传播学的研究重点。对CNKI期刊论文关键词进行整理排序，将专指性不强的"传播""传播学""新闻""媒体""媒介"等词汇排除后，列出排在前24位(词频≥5)的高频关键词如图20-4所示。与2018年高频关键词对比可见，"人工智能"发展成为头部高频关键词。

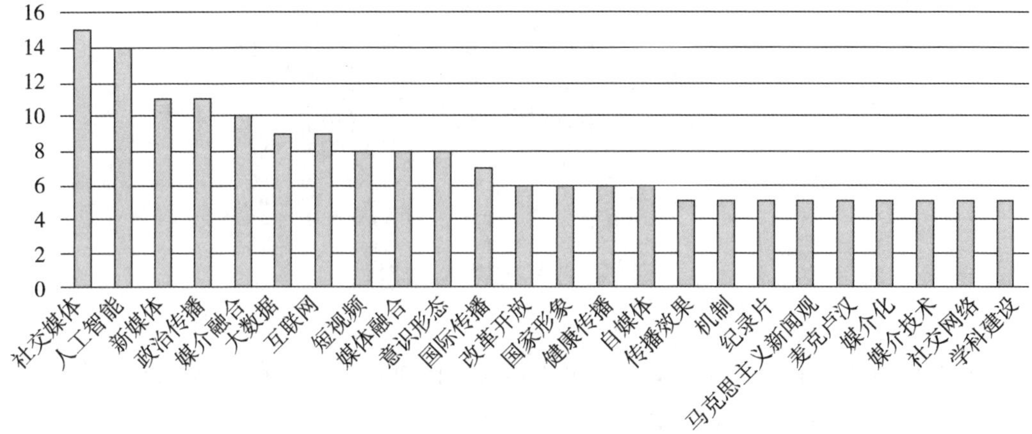

图20-4 新闻传播学高频关键词(词频≥5)

为了更直观地展示高频词，探测学科领域研究重点，在CiteSpaceIII导入数据，其他设置参数不变，节点类型选为关键词(Keyword)，运行程序，生成如图20-5所示的关键词共现知识图谱。

从图20-4和图20-5并结合往年相关知识图谱研究可以看出，国内众多新闻传播学研究人员在持续将研究重心扩展到新媒体、社交媒体、媒介融合、自媒体等研究领域后，近年开拓了人工智能、大数据、短视频等传播新领域的研究。这表明2019年我国新闻传播学学科与时俱进、立足实践，形成了瞄准前沿、学以致用的研究特色。

根据高频关键词网络共现做聚类分析，生成如图20-6所示的知识图谱。可以发现，

① 赵蓉英，许丽敏．文献计量学发展演进与研究前沿的知识图谱探析[J]．中国新闻传播学报，2010，36，(5)：60-68.

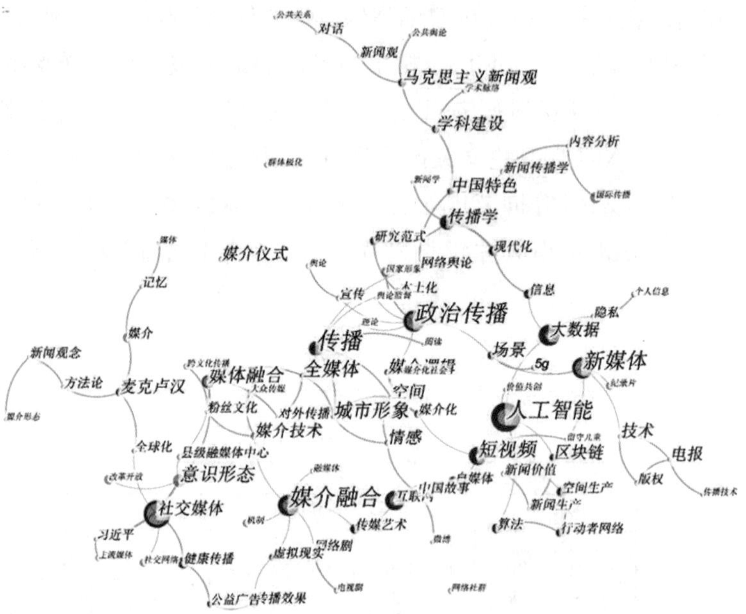

图 20-5　关键词共现知识图谱

2019 年我国新闻传播学研究主要关注意识形态、健康传播、媒介融合、学科建设、政治传播、传播学、新媒体、人工智能这 8 个领域。

20. 2. 5　2019 年新闻传播学关键研究论文分析

在 2019 年，新闻传播学 4 种重要期刊共发表 640 篇关于新闻传播学的论文。在这些论文中，有些论文一经发表，就得到了学术同仁的广泛认可，通过引证关系，慢慢成长为高影响力的论文，成为这一时期内反映新闻传播学研究动态与发展趋势的关键论文。

1. 高被引论文

基本科学指标数据库(Essential Science Indicators，ESI)设计了“高被引论文”这一指标，即指发表于 10 年、最多 11 年内各领域中被引用次数前 1%的文章。高被引论文具有学科导航作用，对相关学科和领域也有一定的辐射功能；高被引论文揭示着学科研究方向，一定程度体现了学科研究热点。借鉴这一思路，本节依照共时百分比的计算方法来确定 2019 年新闻传播学顶尖论文，即把 2019 年至今被引频次前 1%的论文作为顶尖

图 20-6　关键词聚类知识图谱

论文。具体来说，根据 CNKI 引文数据库检索所得引文数据，对 2019 年新闻传播学 A 类期刊论文进行统计分析，将被引频次排在前 1%的论文视为 2019 年的高被引论文。普莱斯认为在科学论文集合中，只有有限的论文被引用，而新发表而又被较多引用的论文更是极少数。在引文网络中，这些被引频次高的小部分论文可视为学科的新的生长点，成为热门的科学前沿。

截至 2020 年 5 月 20 日，全部 640 篇文章中有 396 篇论文被引用，总引用次数为 1138 次。经过计算，论文被引频次前 1%阈值为 11，生成表 20-12 所示的 2019 年新闻传播学研究高被引论文列表。

表 20-12　**2019 年新闻传播学研究高被引论文**

排序	题　　名	被引频次	作者	来源	发表时间
1	连接与反连接：互联网法则的摇摆	35	彭兰	国际新闻界	2019/2/23
2	未来传媒：我们的思考与教育的责任	24	廖祥忠	现代传播	2019/3/15

续表

排序	题　名	被引频次	作者	来源	发表时间
3	无感伤害：大数据时代隐私侵权的新特点	20	顾理平	新闻大学	2019/2/15
4	中国县级融媒体中心改革发展报告	19	陈国权	现代传播	2019/4/15
5	反思与展望：赛博格时代的传播图景——2018 年新媒体研究综述	18	苏涛 彭兰	国际新闻界	2019/1/23
6	公共舆论中的情绪、偏见及“聚合的奇迹”——从“后真相”概念说起	18	郭小安	国际新闻界	2019/1/23
7	融合生态、价值共创与深度赋能——未来媒体发展的核心逻辑	15	严三九	新闻与传播研究	2019/6/25
8	算法的“迷思”：基于新闻分发平台“今日头条”的元新闻话语研究	15	白红义 李拓	新闻大学	2019/1/15
9	“四全媒体”框架下新闻生产与传播机制的重构	13	沈正赋	现代传播	2019/3/15
10	基于算法正当性的话语建构与传播权力重构研究	12	张志安 周嘉琳	现代传播	2019/1/15
11	中国互联网 25 年	12	方兴东 陈帅	现代传播	2019/4/15
12	5G 时代传媒业的可能蓝图	12	郭全中	现代传播	2019/7/15
13	共情传播的理论基础与实践路径探索	12	吴飞	新闻与传播研究	2019/5/25
14	边界、要素与结构：论 5G 时代新闻传播学科的系统重构	12	喻国明 曲慧	新闻与传播研究	2019/8/25
15	人工智能：营销传播“数算力”时代的到来	11	刘珊 黄升民	现代传播	2019/1/15
16	议程设置 50 年：新媒体环境下议程设置理论的发展与转向——议程设置奠基人马克斯韦尔·麦库姆斯、唐纳德·肖与大卫·韦弗教授访谈	11	赵蕾	国际新闻界	2019/1/23
17	理解麦克卢汉	11	胡泳	国际新闻界	2019/1/23
18	基于微信公众号的健康传播效果评价指标体系研究	11	匡文波 武晓立	国际新闻界	2019/1/23

续表

排序	题　　名	被引频次	作者	来源	发表时间
19	用户新闻学：新传播格局下新闻学开启的另一扇门	11	刘鹏	新闻与传播研究	2019/2/25

根据表20-12分析可知，2019年新闻传播学研究的19篇顶尖论文中，作者分布较为集中，即出现高被引文章显著集中于少数作者的情况。从期刊分布来看，《现代传播》7篇，《国际新闻界》6篇，《新闻与传播研究》4篇，《新闻大学》2篇。

2. “热点”论文

热点论文能够反映学科最新的科学发现和研究动向，表明该研究取得了突破性进展，其成果引发了相关领域的研究热点，从而有利于进一步跟踪学科发展趋势。本节借鉴ESI高被引论文的做法，用下载量来确定热点论文，具体来说，从CNKI中国引文数据库检索所得下载数据，对2019年新闻传播学4种国内重要期刊论文进行统计分析，将被下载总量在10位的论文视为热点论文，生成如表20-13所示的新闻传播学研究热点论文。

表20-13　　**新闻传播学研究热点(高下载)论文**

排序	题名	下载	作者	来源	发表时间	被引
1	反思与展望：赛博格时代的传播图景——2018年新媒体研究综述	8490	苏涛 彭兰	国际新闻界	2019/1/23	18
2	连接与反连接：互联网法则的摇摆	5780	彭兰	国际新闻界	2019/2/23	35
3	边界、要素与结构：论5G时代新闻传播学科的系统重构	4832	喻国明 曲慧	新闻与传播研究	2019/8/25	12
4	意见领袖、沉默的螺旋与群体极化：基于社会网络视角的仿真研究	4405	虞鑫 许弘智	国际新闻界	2019/5/23	3
5	区块链对后真相的重新建构：“分散—聚合”模式的设想	4164	喻国明 冯菲	现代传播	2019/5/15	5
6	基于微信公众号的健康传播效果评价指标体系研究	4052	匡文波 武晓立	国际新闻界	2019/1/23	11

续表

排序	题名	下载	作者	来源	发表时间	被引
7	“算法推荐与人工智能”的发展与挑战	3970	孙少晶 陈昌凤 李世刚 肖仰华 徐英瑾	新闻大学	2019/6/15	5
8	2018 年中国的传播学研究	3887	方惠 刘海龙	国际新闻界	2019/1/23	2
9	公共舆论中的情绪、偏见及“聚合的奇迹”——从“后真相”概念说起	3793	郭小安	国际新闻界	2019/1/23	18
10	主流媒体抖音号短视频用户参与度研究——基于《人民日报》抖音号的实证分析	3571	杨凤娇 孙雨婷	现代传播	2019/5/15	6

20.2.6 结语

2019 年，我国新闻传播学院校、研究机构的学术同仁，聚焦时代发展主题，不断拓展研究领域，潜心开展研究，为新闻传播学学科建设作出了新的贡献。通过研究分析，我们可以明确我国新闻传播学一年来的研究新动态、新趋势，了解研究队伍中的领军人物、研究的重点领域，理出新闻传播学研究的顶尖论文与热点论文。期待此研究能为新闻传播学研究在未来取得更多值得学术界瞩目的成果提供借鉴。

（廖声武、曹鹏）

第 21 章　新闻传播教育研究与研讨

21.1　新闻传播教育论著及目录(2019)

21.1.1　重要论文的全文转载(10 篇)①

加强新文科建设 培养新时代新闻传播人才

吴岩

文章来源：吴岩．加强新文科建设培养新时代新闻传播人才[J]．中国编辑，2019(2)：4-8.

摘要：高等教育要以习近平新时代中国特色社会主义思想统领工作，大力发展新工科、新医科、新农科和新文科。其中新文科建设，为其他学科的建设和发展注入了新元素、新血液，加强新文科建设，是适应世界变革、中国发展、教育改革和国际方位的需要。高等院校新闻传播学科是新文科建设的重要部分，要把握好时代发展大势、高等教育发展大势、新闻传播教育大势，找准发力方向，锐意进取，追求卓越，努力建设具有中国特色、世界水平的新闻传播人才培养体系。

关键词：新文科；新闻传播；人才培养

高等教育是实现国家战略目标的重要支撑和引领，高等教育强国要在教育强国中先行实现，才能适应新时代、赢得新时代、领跑新时代。习近平总书记提出高等教育要做好“四个服务”，即为人民服务、为中国共产党治国理政服务、为巩固和发展中国特色社会主义制度服务、为改革开放和社会主义现代化建设服务。办好我国高校，办出世界

① 除少许文字修改外，基本保留原貌；文中参考文献及注释未保留。

一流大学，必须牢牢抓住全面提高人才培养能力这个核心点，坚持以本为本、推进四个回归，为中国特色社会主义事业培养合格建设者和可靠接班人。

一、把握大势，突出六个新

与国家的发展同行，中国高等教育进入了新时代。深入贯彻落实习总书记关于教育的重要论述和全国教育大会精神，是当前和今后一个时期中国教育改革发展的首要任务。“不谋全局者，不足谋一域。”要把握好国内国际发展新形势、教育发展新机遇，用新判断、新表述、新要求、新措施、新加强、新应对带动高等教育新发展。

1. 提出新判断

教育是民生大计，也是国之大计、党之大计。习总书记指出：“没有哪一项事业像教育这样影响甚至决定着接班人问题，影响甚至决定着国家长治久安，影响甚至决定着民族复兴和国家崛起。”高等教育与经济社会发展密切关联，与治国理政的方方面面联系在一起，在强国建设中发挥“火车头”的作用。在第一个百年奋斗目标里，高等教育要在教育强国建设中优先发展，以教育现代化来引领、引导国家的现代化，努力实现“新三步走”战略：第一步短期目标，到2022年中国高等教育基本实现现代化，基本建成学习型社会，进入人力资源强国行列，这是建设教育强国的关键期；第二步中期目标，到2035年高等教育要率先实现现代化，进入世界高等教育发展第一方阵的前列，这是建设教育强国的决胜期；第三步长期目标，到2050年中国教育要全面实现现代化，高等教育要走进世界舞台的中央，在国际上有话语权、有塑造力、有感召力，为解决人类问题贡献中国智慧和中国方案。

2. 做出新表述

培养什么人，是教育的首要问题。习总书记指出：“以凝聚人心、完善人格、开发人力、培育人才、造福人民为工作目标，培养德智体美劳全面发展的社会主义建设者和接班人。”把“劳”写入党的教育方针，用六个“下功夫”明晰培养担当民族复兴大任时代新人的关键点，是对我国教育方针和教育目标在新时代做出的新表述。通过对学生进行德智体美劳全面教育，不仅要培养社会主义的建设者，更要培养社会主义的接班人，培养一代又一代拥护中国共产党领导和我国社会主义制度、立志为中国特色社会主义事业奋斗终身的有用人才。

3. 落实新要求

习总书记指出：“建设社会主义现代化强国，对教师队伍建设提出新的更高要求，也对全党全社会尊师重教提出新的更高要求。”教师肩负着传播知识、传播思想、传播真理的重任，好的老师要有大胸怀、大格局、大境界。要培养出有道德的学生，教师先要有高尚的情怀，对职业抱有神圣感、使命感和崇高感。“学为人师，行为示范。”要大力加强师德师风和能力建设，对教师队伍中存在的问题，坚决依法依纪予以严惩。

4. 实施新措施

习总书记在全国教育大会的报告中，提出教育改革要有四个措施：“一个导向三个力。”其中，导向措施就是评价。目前，教育部正在进行各级各类教育评价制度的改革工作，包括高等学校的教师、学校的办学质量和水平的评价工作。对教师、学生、学习的评价，必须围绕“根本任务是培养人”“根本标准是培养人的好坏”两方面来进行。只有扭转不科学的教育评价导向，才能激发教育事业发展的生机和活力，提升教育服务经济社会发展的能力，提高我国教育的世界影响力。

5. 推进新加强

教育工作具有较强的专业性和规律性，教育工作者要善于钻研教育，认真学习教育基本理论、掌握教育基本规律。习总书记指出，思想政治工作绝不是单纯一条线的工作，不能搞成两张皮，新闻工作也不能专业是专业、思想是思想，而要把马克思主义新闻观融入到专业学习和教育实践中，培养出立场坚定、热爱祖国，有情怀有担当，坚持以人民为中心、忠实履行职责使命的新时代新闻工作者。

6. 做好新应对

在全国教育大会上，李克强总理讲到教育发展面临双重压力和双重任务的问题。一是双重压力，指要在教育公平的前提下还要保证教育质量。教育质量是教育公平下的质量，公平是保证教育质量下的公平。这是中国教育未来十年面临的两个看似矛盾又必须同时解决的重要问题。二是双重任务，指教育既要培养普通劳动者，也要培养高素质劳动者。面对办公平而有质量教育的“双重压力”，培养亿万有素质的普通劳动者、培养更多创新人才和高素质劳动者的“双重任务”，高等教育要担负起人才培养的摇篮、科技创新的重镇、人文精神的高地，充分发挥引领作用。

二、锐意进取，建设新文科

当一个国家的高等教育发展到高级阶段的时候，一定是人文社会科学教育繁荣的时期；当人文社会科学占据了社会重要地位的时候，也表明国家的发展达到了很高的程度。没有哲学社会科学、没有文科教育的繁荣，高等教育就是低层次的、初级阶段的教育。如何振兴文科，推动文科教育进入新时代的发展阶段，这是当下高等教育面临的重要问题。

第一，从世界来看，世界的新变革呼唤新文科建设。习总书记在 2018 年 11 月召开的亚太经合组织工商领导人峰会的报告中指出："新科技革命和产业变革的时代浪潮奔腾而至，如果我们不应变、不求变，将错失发展机遇，甚至错过整个时代。"就高等教育而言，如果不主动跟上这个时代，将面临被淘汰出局的危险。习总书记指出："新科技革命和产业变革是一次全方位变革，将对人类生产模式、生活方式、价值理念产生深刻影响。"世界的新变革，使得新文科的改革势在必行。文科的主要任务是对人类的生产模式、生活方式和价值理念的研究，只有积极地去"应变""求变"，才能实现文科教育深刻而全方位的变革。

第二，从中国发展来看，新时代呼唤新文科。中国社会发展的历史方位已经进入新时代。传统文化博大精深，在弘扬传承中华优秀传统文化的时候，还要与时俱进推进新时代先进文化的建设，这样才能在世界上立足、才能拥有话语权。培养高水平的哲学社会科学家同样重要，不仅要在国际上讲述中国思想、中国制度，还要发出中国学派的声音；不仅要传承传统的、经典的文化，还要展示哲学社会科学与新一轮产业技术革命交叉融合产生的新变化。高校要成为新时代中国先进文化创造弘扬传播的策源地，要加快文科发展的步伐，只有在"卓越"和"拔尖"中做得更好，才能让文科教育在中国经济社会的发展中更好地发挥方法论和指导思想的作用。

第三，从教育来看，教育方针呼唤新文科建设。培养德智体美劳全面发展的社会主义建设者和接班人是党的基本教育方针，建设者需要具备过硬的素质和本领，接班人需要有坚定的理想和信念。对于理工农医类教育而言，文科教育也是观照其发展的一盏灯塔，为其提供坚实的价值观支撑和伦理道德保证。

第四，从方位来看，中国的高等教育不再局限于中国视野、中国格局，而是置于世界舞台、全球格局，不仅要参与国际竞争，还要参与国际高等教育治理，参与国际高等教育标准的制定。目前，中国已经发展成为国际大国，要努力成为科技大国、文化强国，在硬实力日益增长的同时，还要提升软实力。而文科教育在国家的软实力建设方面发挥着重要的作用，在国际环境中，它关系到国家利益、国家形象和国家战略。

在新时代新的发展机遇下，新文科教育要自成理论体系和学术体系，在自信的同时还要自醒，客观认识自身的强项和存在的不足。新文科建设要坚持不忘本来、吸收外来、面向未来，构建具有中国特色、能产生国际影响力、体现出时代精神的话语体系。

三、追求卓越，培养新闻传播人才

新闻传播教育是新文科建设中的重要组成部分。在新的教育形势下，新闻传播教育要打开新的发展局面，努力培养具有国际视野、中国特色的卓越人才，满足社会对新闻传播人才的需要。新闻传播教育要向一流本科、一流专业、一流课程、一流师资、一流质保、一流人才的目标迈进，努力将新局面、新模式、新目标、新发展、新领域、新台阶等融入卓越新闻传播人才教育培养计划的建设中。

第一，推进卓越新闻传播人才教育培养计划 2.0，全面提升人才培养能力，服务中国形象。新时代需要的新闻传播人才，不仅应熟悉报纸、广播、电视等传统媒体，还要主动拥抱新媒体、学习新技术，利用国际上能够接受的方式讲好中国故事，提升中国话语权。在基础学科拔尖人才的培养上，实施书院制教育成为中国高校教育改革的关键一招、超前一招、制胜一招。习总书记指出，要不拘一格降人才，解放思想，慧眼识才，爱才惜才。卓越新闻拔尖人才教育，不但要培养学富五车、琴棋书画都会的全才，还要培养偏才、怪才甚至鬼才，培养学生成为站在行业前沿，具有国际视野和能力的优秀人才。

第二，加强马克思主义新闻观教育，培养具有正确的政治方向、新闻志向和工作取向的新闻后备人才。党的十八大以来，习总书记多次就新闻舆论工作发表重要讲话，并明确要求认真坚守和践行马克思主义新闻观。高校新闻传播人才的培养也应以马克思主义新闻观为指导，开创思想教育、政治教育、品德教育的新模式。扩大部校共建新闻传播学院，推动高校与实务部门、科研院所、行业企业等协同育人，开创国际新闻传播人才培养的新范式。让马克思主义新闻观教育真正发挥“定盘星”的作用，培养出具有国际视野、国际水平，业务过硬、政治可靠的新时代新闻传播人才来，成为党和国家的代言人、意识形态斗争的主力军、积极向上舆论氛围的引导者，将中国特色社会主义新闻事业不断推向前进。

第三，推进一流专业建设，加快全媒化复合型新闻传播人才的培养。推进新闻传播教育，关键要建设好新闻传播专业，打造“金专”。新闻传播专业的建设，要切实发挥专业教师、专业课堂、专业教学的育人主阵地、主战场作用，在教学中充分运用融媒体、“智能+技术”等，改变教学方法。全媒化复合型新闻传播人才的培养，要努力将媒体融合的理念和实践植入课堂、融入培养，以学生为核心来激发全部潜能、提升教学质量，培养出能够向世界展示真实立体的中国、讲好中国故事的新闻传播人才。

第四，率先开展专业质量三级认证工作，提高新闻传播人才的整体水平。一是要从《普通高等学校本科专业类教学质量国家标准》(以下简称“国标”)抽出相关衡量指标，提交高等教育质量检测国家数据库平台，对各高校新闻传播专业进行测评，依托数据，分析高等学校新闻传播专业的基本条件是否合格。二是在数据分析的基础上，由新闻传播学类专业教学指导委员会专家做定性分析，评估高等学校新闻传播专业的建设，包括人才培养方案、课程体系设置、教学方案等是否符合国家战略、地方需求。三是在数据分析的基础上，新闻传播学类专业教学指导委员会专家要进驻学校，按照中国一流、世界标准的原则，对新闻传播专业做实质认证，并定期发布经过认定的新闻传播类一流专业名单。通过开展专业质量认证工作，建立起以数据和事实说话的中国高等教育质量常态检测体系。

第五，打造新闻传播专业“金课”，提升课程的高阶性、创新性、挑战度。2018 年 8 月，教育部发布《关于狠抓新时代全国高等学校本科教育工作会议精神落实的通知》，要求各高校严抓本科教育，打造有深度、有难度的“金课”。打造“金课”，需要完善教师评价考核制度，鼓励教师进行课程重构、创新教学设计，以培养学生的创新能力。在信息技术与教育深度融合方面具有先天优势的新闻传播专业，应加快线上课程、线下课程、混合课程、虚拟仿真课程、社会实践课程五类“金课”的建设，让“金课”成为常态性课程，培养学生真正成为具有独立思考能力，有创新思维、创造精神的高素质新闻传播人才。

第六，推动“国标”生根落地，做好宣传、解读、培训。“国标”涵盖了普通高等院校本科专业目录中全部 92 个本科专业类，包括全部 587 个本科专业，涉及全国高校 56000 多个专业点。新闻传播专业人才培养方案的制定，“国标”是一个基本遵循，要在原有新闻传播专业标准的基础上，对照“国标”，制定科学合理的方案。

新闻传播人才培养方案的制定，要突出学生中心，注重激发学生的学习兴趣，创新形式、改革教法、强化实践，培养学生系统掌握新闻传播基本理论，具有较强的新闻采访写作、新闻编辑评论的能力。要突出产出导向，主动对接经济社会发展需求，优化课程设置、更新教学内容，切实培养能够在各级党政宣传部门、新闻传播等企事业单位从事信息传播工作的高级应用型人才。要突出持续改进，把常态工作与定期评估有机结合起来，及时评价、反馈，持续改进，推动新闻传播人才培养质量的不断提升。

论高校新闻专业的教学团队建设

张昆

文章来源：张昆．论高校新闻专业的教学团队建设[J]．新闻与写作，2019(8)：68-74.

摘要：教学团队建设是当前高等教育改革的着力点，是高等教育回归以育人为本、以本科为本的主要路径。在媒介转型、社会转型的大背景下，新闻传播教育面临着严峻的挑战，尤其需要借助于教学团队这一新的组织形式，激活新闻教育改革。应该怎样认识教学团队，怎么样理解教学团队的功能，怎样才能建设富有活力的教学团队，本文从高等教育学的视角，对这一问题进行了深入的思考。

关键词：高等学校；新闻传播教育；新闻教育改革；教学团队建设

进入新世纪以来，高等教育界以人才质量为核心的系列建设工程陆续出台，大学教育开始回归到教育的本质。在这个大的背景下，人才培养尤其是本科教育在高等教育中的地位得到显著提升。围绕着社会的人才需求及信息化全球化带来的挑战，高等院校面临着一系列不容回避的问题。这些问题涉及教学团队建设、专业定位的调整、课程体系的重构、实习实验基地建设、课程建设、教材建设等方面。本文拟就新闻专业教学团队建设问题略述管见。

一、教师与教学团队

由于知识的分化与创新的加速，知识总量呈爆炸性增长，这一现实决定了大学的专业教育和教师的教育内容。如今，学生的最后学成毕业，是众多教师共同教育的结果，纯粹作为个人的孤立的教师已经不存在了。同时，现代大学教育开始充满激烈的竞争，这种竞争不仅是以学科、专业为单位，有时亦以教学团队的形式进行。所以建设高水平的教学团队，是确保教学质量、提升办学水平的重要途径。那么应该怎样理解团队呢?

教学团队(亦有人称之为教学梯队)是在人才培养过程中，为实施课程教学而采取的一种组织形式。它是高等学校以课程、课程群组的建设为任务，整合教师力量，形成教学设施、研究与改革的创新型教学业务组合。教学团队以教学内容和教学方法的改革为主要路径，以系列课程和专业建设为平台，以提高教师教学水平和教育质量为目标。

建设高水平的教学团队，是提高教学质量、培养和造就优秀的专业人才的基本条件。教育部在“十二五”期间推出的“本科教学质量与教学改革工程”就把教学团队作为重要的抓手。“加强本科教学团队建设，重点遴选和建设一批教学质量高、结构合理的教学团队，建立有效的团队合作的机制，推动教学内容和方法改革和研究，促进教学研讨和教学经验交流，开发教学资源，推进教学工作的老中青相结合，发扬传、帮、带的作用，加强青年教师培养。”教学团队建设在教育部主导的改革议程中的地位，充分说明了教学团队建设对于人才培养、科学研究的重要性。

二、教学团队的功能

教学团队是现代人才培养和课程教学的基本组织形式。在大学教育阶段，教学团队的水平更是衡量其所在的学科发展水平的重要指标。作为现代大学教育的重要组成部分，新闻传播院系自然应该把教学团队建设作为规范教学行为、提高教学水平、确保人才培养质量的重要途径。从教育教学的基本原理而言，在人才培养过程中，教学团队的功能主要表现在教学业务和教师心理两个层面。

1. 教学业务层面

具体而言，教学团队可以推动如下几项重要的工作。

其一，帮助团队成员协调、统一对课程范围内的关键知识点、核心概念的理解，消除不同老师因学缘不同、理解不同而产生的歧见，消除学生在课堂上接受、理解的困难，提高教学效果。

其二，教学团队在促进成员交流教学经验、切磋学术研究，在满足课程教学及课外指导的同时，还能够推动成员开展学理探讨。对于大学教师而言，科研同样重要，不能满足于一般意义上的经典知识的搬运，而应该将自己探索的最新成果、独到的见解，发掘的新资料、数据，或者对研究方法的创新，直接转化为新的教学内容。

其三，教学团队的学习探讨，还会帮助团队成员厘清相关课程之间的边界，实现相关课程知识内容之间的无缝衔接。根据课程体系的设计，课程与课程之间是存在着知识边界的，教学团队成员只有加强交流、沟通，彼此合作，才可能在充分覆盖课程知识空间的同时，又不至于越界，从而实现无缝连接。

其四，教学团队在教学分工的基础上，推动成员之间合作、互补，实现成员教师的一专多能。在特殊情况下，团队成员之间可以彼此互补与替代，以此有效地克服因不可抗拒的原因主讲教师缺课而导致的停课，从而在根本上保证了教学秩序。

其五，教学团队也称为教学梯队。团队的构成，不仅有专业与学(经)历之别，更有年龄上的老、中、轻的差异。在学术水平上，有学科带头人、学术带头人、中青年学术骨干。这些不同背景、不同年龄的成员汇聚在一起，资深的学科带头人自然就能够对青年教师起到传帮带的作用，课程教学的接力棒就会在他们之间平稳地交接。

其六，教学团队的建设使教学改革成为可能，这一点对于当今的新闻传播教育显得特别重要。教师们不仅要在专业定位、课程体系建构等方面作出调整，在课程建设、教材建设、课堂教学方面也要与时俱进，在内容与形式、方法、手段等方面，大胆创新。

2. 教师心理层面

教学团队的作用与功能不仅体现在教学业务、教学改革的促进方面，在教师本身的心理层面，也会产生积极的影响。

其一，增强团队成员的归属感和安全感。物质环境与社会环境的不确定性，工作上的挫折，人际交流的困难，难免会使个体感到失意、孤独，缺乏安全感。这就使得个体产生了一种寻找“组织”“靠山”的心理需求。教学团队即是一个可以给团队成员依靠的组织，在这里可以进行学术研究、教学探讨，甚至关于个人生活方面的问题也可以找到倾诉的对象。作为团队的成员不仅能够获得物质和道义的支持，也能吸取源源不断的内在动力。

其二，获得成就感。因为有了团队，有了集体的力量，可以克服个体能力的不足，从而干出普通成员自己难以想象的大事情。一个成功的教学团队，实际上就是一个高水平的平台，一个高效运行的载体。团队成员能够利用这个平台和载体，置身于团队之中，以此获得成就感。

其三，提高团队成员的自尊与自信。拥有团队成员以及平台的支持，教师很容易在教学活动中取得突出的成绩，也容易得到院系同事和学生的尊重、承认和欢迎，这在一定的程度上提升了自尊心和自信心。因而在此后的教学研究、教学改革活动中，团队成员会更加积极主动，而教学团队自身也会更加活跃，其成效也会更加显著。

其四，促进团队成员的感情交流。因为团队的存在，教学团队的成员之间有着作为同事、朋友、师生的感情，团队成为他们的精神家园。这种深厚的感情，消除了成员之间可能的隔阂，降低了正常的工作争议可能带来的伤害。

三、教学团队的构成要素

一个教学团队的构成实际上是多样性的统一，就团队本身而言，可能同时存在着性质与形式迥异的多种教学团队。虽然团队的形式不同，但是教学团队的本质使命是一致的，都是为了造就优秀的传媒专业人才。因此一个富有活力的教学团队的组成，必须具备如下几个要素。

其一，统一的目标愿景。团队成员都拥有一个共同的目标愿景，这是教学团队建设的大前提，也是教学团队发展的动力之源。如果没有这个目标愿景，团队就没有办法树立起吸引成员的“大旗”，无法促使他们在这个团队平台上共同奋斗。

其二，有效的沟通。教学团队能否充分地发挥其机能，取决于团队成员之间能否保持有效的沟通，彼此之间是否能够坦诚相见。这种沟通不仅能够保证团队成员之间彼此深入了解，而且还了解彼此的重要关切，使成员间产生一种对教学团队的认同感、依赖感。

其三，合理的分工。一个教学团队，由若干不同的成员组成。由于知识的分化和爆炸性的繁殖，成员们不可能都是通才，他们更多的是某个专业、某门课程或者某个领域的杰出专家。要发挥教学团队的效能，对其成员必须用其所长、避其所短，把每个教师放在最适合的位置，让他的才华得以充分的展现。

其四，彼此激励、共同承担。教学团队是一个命运共同体，团队的工作，就是成员的事业，大家理应共同担当。团队成员在做好自己分内工作的同时，也要对团队同事表达一份关爱和支持。这种精神体验，会极大地激发团队成员的潜能，发挥团队运作的效率。

其五，彼此信任和默契。由于团队成员间充分、有效的沟通，团队因此成长为一个具有活力的命运共同体。每个成员都相信在自己最困难、最需要支持的时候，同事们会伸出援助之手。在这个场景下，相互信任能产生巨大的精神力量，进而转化为物质的力量。

其六，责任感。这种责任感表现为对团队发展前途的关心，对团队成员的生存、生产与生活状态的牵挂，团队成员之间无私的关爱，时刻准备着为团队的发展而付出自己的辛劳、汗水。正是这种强烈的责任感，使得教学团队成为具有强大生命力的有机体。

其七，有限的资源支配。一个团队要想有效地运转，激励成员的积极性和创造性，必须拥有一定的物质资源，并且能够自由地支配和运用这些资源。如果团队成员的努力、创造和奉献，得不到起码的物质奖励，他的积极性就难以维持。所以教学团队必须掌握和支配足够的物质资源，并且能够自主地分配和处理这些资源，以调动成员的积极性、主动性和创造性。

四、教学团队建设的原则与路径

建设教学团队是提高教学质量，培养高水平专业人才的重要措施，这已成为教育界的共识。但是审视当下的高等教育界，在教学团队建设方面还存在着教学团队建设的总体目标不够明确和团队组织结构不甚合理两大问题。教学团队的建设是一个涉及面广的系统工程。首先必须确认和坚守团队建设的基本原则，笔者以为这一基本原则的核心内涵有四点：

一是开放性原则。新闻院系的教学团队是一个开放的发展中的教学平台，因此教学团队要摆脱局限性，只要是知识相关、背景相同，就可以跨专业甚至跨学科组建教学团队，尤其是以提升学生综合能力为目标的团队。

二是结构合理、规模适当的原则。大小适当、适度从紧，是教学团队建设的重要原则。同时团队建设还要注意结构合理，年龄结构上要合理，老、中、青都要有适当的配置。此外，结构还涉及团队成员的学历经历、学术背景、工作背景以及与相关行业与学科领域的关系等，这些关系之间要有一些差异，有差异才能互补，有互补才能增强团队对各种复杂情况的适应能力。

三是教学与科研相结合的原则。既抓教学，又抓科研，同时还致力于将科研成果转化为课堂教学的内容，这是教学团队的工作特点。通过与课程教学紧密相关的学术研究，不断拓展课堂教学的思维空间，不断地为教学注入新的内涵，从而提高课程教学的学术品味，这是保证教学质量的必要措施。

四是优化资源配置的原则。一方面要注意节约，提高资源的使用效率，另一方面则要合理地配置。唯有在科学评价的基础上，把资源配置与绩效奖惩有机地结合起来，方能发挥资源的效率。

教学团队的建设不仅涉及面广，而且耗时费力，如果选择最优的路径，则有可能提前达成团队的建设目标。具体而言，在选择教学团队建设的路径时，有必要注意以下几点。

第一，选择好团队负责人。对于一个团队而言，一个有远见、有胆识、有胸怀、敢担当的负责人，可以使团队成员人尽其才，带领团队不断地克服困难、创造佳绩。反之，即便团队拥有一流的师资、充沛的资源，这个团队也难以达到预期的目标。

第二，不拘一格，根据需要和现实条件建设独具特色的团队。在新闻院系，首先重点要建设好课程群教学团队、专业实践教学团队。其次，要建设好第二课堂教学团队。再次，要建设好单一课程教学团队。

第三，培养团队精神。教学团队的组成不仅是团队成员物质上的集合，也是他们精神上的结盟。所谓团队精神是建立在学院文化基础上的，有了这种精神，个体能够体会到作为团队成员的自豪感，能够自愿将自己的前途和命运与教学团队紧密地联系在一起，能够自觉地为团队的工作努力奉献。

第四，健全激励机制。教学团队的正常运行，需要有科学的制度设计和完善的奖惩激励机制。教学团队的负责人应该认真研究国家相关政策，结合高校和学院工作的实际，完善教学团队管理的具体细则，重视奖惩制度的设计。通过完善的制度，激发团队成员的潜能和创造、创新的激情。

第五，营造团队自由生长的外部环境。教学团队的高效运行离不开学校、学院提供的支撑性环境。一个开放的、宽松的环境，有利于教学团队获得更多的社会资源，有利于教学团队自由思考。在这个意义上，学校尤其是学院应着眼于教学团队发展，建设开放、自由的校园(学院)文化，突出专业特质，营造自主、创新、包容、协作的精神氛围。只有这样，教学团队才能在宽松的文化土壤上健康成长!

总之，高校新闻专业教学团队的建设，是新时代提高人才培养质量，加强学科建设的主要举措。而团队建设本身又是一个复杂的涉及面广的系统工程，要实现教学团队建设的目标，必须深入地认识教学团队这种新的教学组织形式的特点及其组成要素，站在学校学院战略的高度去思考团队建设的基本原则，选择建设团队的准确路径。

创新新时代传媒人才培养 打造新时代一流本科教育

廖祥忠

文献来源：廖祥忠．创新新时代传媒人才培养 打造新时代一流本科教育[J]．中国高等教育，2019(5)：19-21.

摘要：新时代传媒类高校的新使命和新要求，就是要培养能够担当民族复兴大任的德才兼备的传媒人才。中国传媒大学致力于培养有中国优秀传统文化底蕴，具有卓越创新思维能力，富有学科交叉、跨界融合、专业复合、博学多思、一专多能时代特征的一流传媒人才，打造一流的本科教育。

关键词：一流学科；人才培养；传媒人才

习近平总书记在全国教育大会上的讲话，全面总结了党的十八大以来教育改革实践中形成的新理念新思想新观点，明确提出教育工作的根本任务和教育现代化的方向，围绕培养什么人、怎样培养人、为谁培养人这一根本问题作出部署，为加快推进教育现代化、建设教育强国提供了重要遵循。中国传媒大学作为教育部唯一直属的传媒类特色型高校，入围首批“一流学科建设高校”，学校在贯彻落实习近平新时代中国特色社会主义思想，推进新时代传媒人才培养工作中，担负着光荣而神圣的历史使命。

一、培养新时代一流传媒人才，是新时代传媒高等教育的新使命、新要求

2018 年 5 月，在北京大学师生座谈会上，习近平总书记指出，培养社会主义建设者和接班人，是我们党的教育方针，是我国各级各类学校的共同使命。2018 年 8 月，在全国宣传思想工作会议上，习近平总书记指出，“育新人”就是要“培养能够担当民族复兴大任的时代新人”。因此，新时代传媒类高校的新使命和新要求，就是要致力于培养能够担当民族复兴大任的德才兼备的传媒人才。

2018 年 6 月，陈宝生部长在新时代全国高等学校本科教育工作会议上的讲话中，

强调了本科教育的三大地位："我们一定要把本科教育放在人才培养的核心地位，一定要把本科教育放在教育教学的基础地位，一定要把本科教育放在新时代教育发展的前沿地位。"毫无疑问，一流本科是建设高等教育强国的根基。

本科教育的"三大地位"认识论，充分说明了一流本科教育对于人才培养、教育教学和新时代教育发展的重要性和必要性。教育部发布的《关于加快建设高水平本科教育全面提高人才培养能力的意见》也明确提出："本科生是高素质专门人才培养的最大群体，本科阶段是学生世界观、人生观、价值观形成的关键阶段，本科教育是提高高等教育质量的最重要基础。"因此，高校要回归大学的本质职能，就要把培养人作为根本任务和首要使命，把立德树人与人才培养的质量和效果作为检验一切工作的根本标准。

党的十九大报告对新闻舆论、互联网建设和治理、文艺创作、国际传播能力建设等方面都作出了明确指示和要求，体现出党和国家对传媒人才培养工作高度重视。因此，立足中国国情，培养新时代的传媒人才有着极为重要的意义。

习近平总书记在党的新闻舆论工作座谈会上要求新闻舆论工作者"努力成为全媒型、专家型人才"，这给新时代的传媒人才培养提出了新的具体要求：传媒人才适应时代挑战、具有终身学习和不断创新的能力，这需要在本科教育阶段夯实基础、拓宽口径、着力实践、强化创新，才能适应国家战略和社会发展需要。当今新技术、新理论层出不穷，传媒类高校基于自身信息与媒体技术发展逻辑，对新技术迅猛发展，媒体生产及结构变化最为敏感。中国传媒大学要做一流传媒类人才培养的领头羊、未来媒体技术预判的春江鸭，要更加重视培养一流传媒人才的本科教育，并将此项工作作为中国传媒大学办学工作的重中之重。

二、"弘道崇德，经世致用"，创新新时代一流传媒人才的培养

弘道崇德、启智育美，培养有家国情怀、有社会担当的一流传媒人才。中国传媒大学作为传媒高等教育领域的排头兵，承担着为党和国家培养高素质传媒人才的重要使命。中国传媒大学的校训是"立德、敬业、博学、竞先"。我们要继续坚持这个校训精神，坚持立德树人为根本任务，将"忠诚、自信、包容、竞先"的中传文化基因融入人才培养全过程，培养能够担当民族复兴大任的新时代传媒人。要立足国情，奋勇争先，提供具有中国特色、世界高水平的办学经验和人才培养模式。

服务国家社会发展，培养与时俱进、经世致用的一流传媒人才。高等教育的发展必须紧跟国家经济社会发展的步伐，必须紧跟新传媒技术的进步，必须紧跟和呼应新时代对传媒人才培养规格的新要求。因此，中国传媒大学必须以马克思主义的人的全面发展观和新时代我国教育方针为指导，立足于新时代中国特色社会主义的国情；必须培养能

够应对未来媒体挑战、驰骋于国际舞台的新闻传播人才，能够讲好中国故事、具有高尚道德情操的媒体艺术创作人才，未来社会所需要的、具有全球视野的数字创意人才，符合国家经济转型升级要求的、具有创新精神的新型经管人才，智能媒体时代所需要的、具有融合跨界能力的高端媒体技术人才，密切跟踪传媒业大发展，能够进行理论创新的研究人才，热爱传媒专业及中国文化的国际人才，依托传媒知识和技能的社会所需要的其他类型的人才。

开创开放融通格局，培养拔尖创新、对接未来的一流传媒人才。作为传媒行业"黄埔军校"，中国传媒大学积极开拓校际间、国际间和领域间的深度协同合作，构建传媒高等教育的扩大开放、全面融通的格局。中国传媒大学与阿里巴巴集团开展战略合作、实施行业交叉，探索新的产、学、研合作模式。双方共同签署了《阿里巴巴(中国)有限公司与中国传媒大学战略合作协议书》。合作协议项目包括联合人才培养、联合开展大学生创新创业工作、在阿里巴巴集团建立中国传媒大学教学科研实习基地、共同培养企业博士后，支持中国传媒大学提高信息化、智能化管理水平等。

中国传媒大学主动出击，与业界开展全方位深度合作，已经进行超前布局。中国传媒大学与海南省共建海南国际分校。学校与海南省教育厅达成深度合作意向，共建中国传媒大学海南国际分校，成为首批拟与海南签约合作共建的四所院校之一，为中国传媒大学开辟传媒高等教育国际化新途径，加快学校国际化办学步伐，构建南北校区相互呼应、相互支持的未来战略布局。中国传媒大学决定将慕课推向国内外，以慕课来育名课，以名课促建设，巩固中国传媒大学在传媒高等教育的引领地位。在教务处成立线上教学科，从体制上保障慕课建设的大方向，加大投入线上资源的建设和虚拟学习空间构建。下一步积极推进慕课走向国际，建立一系列外语慕课，在国际上积极发声，由跟跑、并跑实现领跑。慕课上线的实质是中国传媒大学面向未来、强化精品的布局，将在人才培养和提升办学等方面发挥引领作用。

三、以一流专业建设为导向，打造新时代一流本科教育

专业建设是本科教育实施人才培养模式、实现人才培养目标的途径和平台，是教学工作与社会需求紧密结合的桥梁和纽带，是提高人才培养质量的关键环节，又是招生与就业的载体和依托。中国传媒大学专业建设充分体现学校办学定位和战略规划，是当前教学改革的切入点，带动培养目标、师资队伍、课程体系、教学条件和质量评估等其他方面的联动和提升，促进学校的本科教育管理的综合改革。中国传媒大学专业改革积极适应国家战略和经济社会发展，适应新技术和未来布局的需要，在本科专业的规划、改造和布局等方面都做了努力的探索，受到媒体和高等教育界的关注。

1. 以“四个一批”专业建设切入，打造一流本科专业

中国传媒大学将“四个一批”专业建设作为学校一流本科专业建设的核心内容和途径，发挥着引爆推动作用，这源于学校的专业设置动态调整机制和专业建设的复盘思想。“关停并转一批”，首先评估专业办学有效性，不符合社会发展需要关停和并转。关停专业意味着资源不再分散和浪费，并转专业侧重整合资源，借力借势发展。“升级改造一批”，突出两翼，加强专业结构改造，增强学校人才培养与传媒行业需求的契合度；专业布局优化，符合经济社会发展需求，符合北京“四个中心”发展定位和国家“一带一路”建设需要。“重点建设一批”，发挥中国传媒大学一批国内龙头专业的引领作用、一批品牌专业的示范作用、一批特色专业的尖刀作用。“规划设计一批”，面向未来，抢先布局，预判高速移动互联网、智能媒体催生的新业态，以捕捉新业态背景下的新专业作为规划导向。特别是在专业建设上，中国传媒大学把人工智能的理念注入所有的专业中，加快对课程内容的革新调整，主动应对未来挑战。

2. 以“五个一工程”建设为依托，打造一流本科教育

中国传媒大学制定了专业结构优化调整和强化专业建设总体实施方案，随着“四个一批”专业建设的推动和一流本科专业打造的深入，本科教学一系列教学提升计划出台，逐渐凝练为“一流生源、一流专业、一流课程、一流师资、一流毕业生”的“五个一工程”思想，形成一流本科教育的规划。各学院的本科教育工作也将围绕“五个一工程”全面设计、全面布局。

一流生源，以国家卓越人才培养计划、基础学科拔尖学生培养计划和新工科建设等为导向，发挥办学传统和社会美誉的优势，推动一流生源的遴选、争夺，积极改进招考方式。在艺术类招生和自主招生方面积极探索，改革重“中段”忽略“上段”选拔的弊病，考点设置更为合理、时间设置更为科学，提高考生的文史哲功底等。

一流专业，对接国家一流专业建设的“双万计划”，深化“四个一批”专业建设，面向未来、适应需求，专业结构持续优化、调整，形成科学的专业体系；专业内涵建设不断更新、与时俱进，率先建成一批一流专业，保障、支撑、优化、引领一流的传媒本科教育。

一流课程，对接国家一流课程建设的“双万计划”，积极实施“名课计划”。做到通识教育课程和专业教育课程、理论课程与实践课程等的平衡；做到课程体系和课程结构优化；围绕精品慕课建设，积极建构中国传媒大学线上课程教育兵团，推进国内外大学的课程交流和学分互认，彰显作为一流大学的教育职责和使命当担。

一流师资，通过一流专业和一流课程，打造一流教学团队和一流教师。积极实施名师培育工程，以精品课程、优质示范课程、双语课程等塑造名师，形成四级名师梯队。

以机制激励名师培养，在评奖、评聘、薪酬、考核等方面形成长效机制，建设具有一流的师德建设、职业素养和专业水准的师资队伍。

一流毕业生，以卓越人才培养、拔尖创新人才培养为中心，从培养方案的制定、实施到毕业环节的设计和管理逐一完善优化；结合创新创业，创新多元的具有特色的一流本科人才培养模式，形成高素质、精专业、强能力、厚底蕴的创新型、复合型、国际型的一流毕业生。

3. 推进教育体制机制改革，提升本科教育质量

创新教务处内设机构的调整，突出本科教学的改革。成立专业建设与拔尖人才培养科，旗帜鲜明地以专业建设和拔尖创新人才培养作为重点任务，进而打造一流专业，培养一流毕业生。成立课程与教材建设科，优化课程体系、加强精品课程和通识课程建设，强化经典教材建设等，打造一流课程和经典教材。成立线上教学科，强化教务处信息化建设、慕课等线上课程开发和建设、基于未来虚拟空间学习的网上学习系统建构与虚拟教学资源拓展等，打造一流课程和一流教师。成立辅修与教学拓展科，培养复合交叉型人才，加强国内外学校学分认证的探索，提升教学研究和教学质量，强化教学奖励机制，促进教师发展，打造一流教师、服务一流毕业生。在挂靠单位招办成立优质生源科，主要负责招生制度改革、负责一流生源争夺和拔尖创新人才选拔等。

创新学校相关部门设置。将学科办和规划办合并成立学科建设与规划处，以“双一流”建设为契机，强化学校战略规划和国家战略规划对接，深化教育综合改革，推进机构体制改革。深化教管评分离，成立质量评估与督导处，使职责区分，教务处更聚焦本科教学。成立实验设备与管理处，强化实践教学管理和实验室资源的共享，保障实践教学的运行。内部科室和外部职能部门进行合理而富有前沿思维的设置，明确职责，内外赋能，形成动态调整和协同育人机制，保障了本科专业建设向本科教学建设提升、本科教学建设向本科教育建设的提升。

大学现代化、生态型学科体系与新闻传播教育的未来选择

胡百精

文章来源：胡百精．大学现代化、生态型学科体系与新闻传播教育的未来选择[J]．中国人民大学学报，2019，33(2)：132-139.

摘要：从全球范围看，大学现代化经历了三种模式的更迭、演进，为考察新闻传播学科与教育的主体性、正当性和有效性危机提供了“历史-逻辑”的分析框架。这三重合法性危机的根源往往被归结为新闻传播学科的“十字街头”处境——缺少经典的“中心理论”和明晰的外部边界，多元学科交叉、穿插而又置之于边缘。为此，新闻传播学科持

续响应工业社会的知识生产和人才培养模式，以期在调适自身“结构-功能”的基础上克服合法性危机，而这样的努力并不成功。当大学现代化进入以知识集群、网络融合、创新驱动为主题的“模式 3”时代，所谓“十字街头”恰好成为构建生态型新闻传播学科体系的立足点、扎根处。这一体系坚持多样共生、边界开放、彼此增益的生态原则，主张在对话中成就学科的主体性、正当性和有效性。

关键词：大学现代化；学科合法性；多元对话；生态系统

“十字街头”是施拉姆(Wilbur Schramm)1959 年提出的，描述了传播学的历史方位。新闻学素来也被公认为杂家之学，向社会和历史敞开自身。与二者的学术和学科属性相应，新闻传播教育一直身处多元交叉地带。持续的身份焦虑和认同危机形成了“领域的骚动”，骚动的实质，便是要走出“十字街头”，确立新闻传播学科的自主性和合法性。

及至今日万物互联时代，这种主体性和合法性欲求显得更加汹涌。本文着眼高等教育现代化进程中三种模式的更迭，从主体性、正当性、有效性等维度切入，辨析多元关系的夹缠、对立和对话，进而提出构建敞开型、生态型学科体系的可能性。

一、大学教育现代化与学科合法性危机

1809 年，深受启蒙思想熏染的洪堡(Wilhelm Humboldt)提出大学造就自由、自主、平等、心智高贵的人；坚持“纯科学模式”，不必以事功介入社会这一理想。教育学界将此理想指引下的大学理念和知识生产模式称为高等教育现代化的“模式 1”，这开启了大学教育现代化进路。后世创办的霍普金斯大学(1876)、威斯康新大学(1894)则被认为是开启“模式 2”时代的标志。“模式 2”主张大学积极介入社会，从专注心智和真理的“象牙塔”转向一切可能的“应用情境”，解释和解决国家和时代遭遇的现实问题。模式 1 向模式 2 的转变体现了现代性强烈的进步意志和效率追求。

美国正规新闻教育肇端于 20 世纪初，正处“模式 2”萌芽阶段。1917 年及至 20 世纪 20 年代，北京大学、芝江大学、上海圣约翰大学、燕京大学等正式开办新闻系或专业，它们普遍借鉴甚至直接引渡了美国模式。改革开放后，伴随国家现代化进程，中国新闻传播学科在中西互动中全面拥抱了“模式 2”时代。在系科设置上，中国教育部设立了新闻学、广播电视学、广告学、传播学、网络新媒体等专业。在理论建设上，对新闻传播问题的哲学反思、范式讨论以及对职业理想、伦理的考察，强调实操标准和多元情境下的适用性。

然而，新闻传播教育对业界和社会的持续主动响应并未真正缓解身份焦虑，至少未能确立学界普遍期待的自主和独立地位。相反，合法性危机开始显现和发作，具体在主

体性、有效性和正当性等三个方面存在着缺失和偏差。对照工业社会的整体安排和“模式 2”原则，新闻传播学科遭遇三重合法性危机实属必然。

(一)主体性危机

从学科内部的生成、生长情况看，长期置身十字街头的新闻传播学确实存在核心概念、经典理论不足和方法薄弱、专业知识和技能门槛低嵌的窘境。相较于人文学、社会学等其他学科，新闻学、传播学议题少有令人瞩目的作为，研究方法也处于劣势，新闻传播学者容易将研究议题带入近邻学科的领地。当喧嚣的十字街头容不下独立、专属的理论大厦和知识殿堂，学科主体性危机便呼啸而至了。

(二)有效性危机

业界对新闻传播教育最常抱怨的是“理论无用”现象在中国新闻教育早期即已存在。1932 年 4 月，大公报主笔张季鸾在燕京大学新闻系演讲时便提出了“大学何以开展新闻教育”的疑问，当时很多报界名流认为大学新闻系未能提供好用的知识和人才。在大数据的时代，新闻传播领域的内容生产、运营管理、技术革新一时由业界主导，大学的学术生产和人才培养面临整体性重构的挑战。若全然以有效性的标准度量之，挑战必然引发危机。

(三)正当性危机

正当性包括经验和理性两个维度。新闻传播教育近年遭遇的正当性批评，主要有学生专业理想黯淡、职业伦理训练不足、专业主义教育薄弱，学界被指认“集体失语”。不唯如此，新闻传播实践领域出现了信念缺位、伦理失范等劣迹，业界归因于早年新闻传播教育的亏欠。而在民族国家和人类共同体层面，新闻传播教育对主流意识形态、公共伦理、共同价值的灌输方式和涵化效果亦常遭到质疑。

以上指向主体性、有效性、正当性的学科合法性危机，既是实存的，也是建构的。新闻传播“中心理论”的创新及其向教学实践的创造性转化依然任重道远；过度响应业界动态而增设新专业、新方向、新课程的做法难以为继，驰逐于变化莫测的实践前沿未免消解大学教育传统，加剧知识碎片化；专业信念、理想和伦理教育仍主要停留于书本和课堂讲授，知识训练与人格训练融合的“大培养”格局仍缺少坚固柱石的支撑。当“模式 2”框架下的新闻传播教育还在深受合法性危机之困，大学教育的“模式 3”时代降临了。

二、多元对话与敞开的主体性

2003—2012 年，卡拉雅尼斯(Elias Carayannis)和坎贝尔(David Campbell)等人发表了《创新网络和知识集群中的知识生产、撒播和应用》《模式 3 和四重螺旋：走向 21 世纪分形创新生态系统》等多部(篇)著述，提出并详述了“模式 3”的核心主张和逻辑。“模式 3”的核心特征是“多层次、多边化、多形态、多节点”，主张跨学科的一切可能的链接，是一种动态更新、实时共享、同步反馈的知识生产机制。

显然，模式 3 的时代标签今日已打在新闻传播学科身上，并且具化为算法、大数据、社交网络、人工智能、媒介融合、万物互联等更贴合学科属性的诸多印迹。按照“模式 3”的逻辑，新闻传播学科应从平衡如下多重关系入手，重构学科主体性、有效性和正当性。

(一)重构学科间关系，构建敞开的学科主体性

学科敞开，包括内部融通和外部拓展两个指向。内部通融，即打破学科内部的专业壁垒。新闻传播学科理应穿越乃至取消内部的专业边界，依据学生的兴趣和专长，设立承载特定培养任务的人才项目，以学生为中心，尊重其自由选择，因材施教，培育学术共同体和成长共同体。外部拓展，即主动敞开自身，寻求跨学科对话与合作。新闻传播教育应该在“模式 3”融合创新理念的共识下，寻求在多元对话中成就开放、共享的价值，十字街头恰好可以转换为对话、合作、融合创新的场景。

(二)重构理论与实践、学界与业界关系，拓展多元、多维、多节点的应用场景

由于互联网技术革命引发了新闻传播教育和业界的剧烈变迁，新闻传播教育界和业界之间对话、合作的需求比以往任何时候都更强烈和迫切。根据“模式 3”的主张，教育与业界应基于有效对话，共同创造新型知识生产体系。这一体系承认多样性和差异性，坚持问题导向，构建创新驱动的关系网络，针对关键节点寻求可能的突破。为此，教育与业界应拓展多维度、多层次合作空间——如共建团队和实验平台、数据与知识产权共享、课程与产品联合开发，并根据具体应用场景动态调整合作内容和方式。

(三)重构公共伦理、大学精神与专业理想之间的关系，确立后真相时代的学科正当性

每一主体皆有其价值排序和正当性追求，这要求基于多元对话寻找共同价值、培育公共伦理。具体到新闻传播学科，对专业理想、职业伦理的研究和教育亦应契入公共性的价值安排和伦理选择，持存个性而又不悖公共性。正是在二者的平衡中，学科正当性得以确立。值得深究的是，“模式 3”更关切知识创新的场景和路径，而相对忽视传统大学精神的生成和持守。在今日泛媒介、后真相时代，造就追求真理、独立思考、自由表达且有批判精神的专业人才，仍为新闻传播教育使命所系。

三、马克思主义新闻观与中国新闻传播教育改革

早在民国时期，中国新闻教育已经提出服务国家现代化、建设现代社会等带有鲜明现代性色彩的办学宗旨。改革开放40年来，新闻传播教育及其对应的新闻舆论工作始终是中国现代化事业的重要组成部分。党的十八大以后，构建现代新闻传播体系成为国家战略。但是，全国600余家新闻传播院系、1200余家学科点发展并不均衡，部分仍处于专业初建、资源积聚阶段。综上所知，中国新闻传播教育正处于现代化进路，面临“模式2”向“模式3”的转换。以下便探讨新时代、新模式下新闻传播教育改革的可能方案：

(一)学科正当性建设

立足中国国情考察新闻传播学科的合法性和可持续发展，首先应面对的是学科正当性问题，而这一正当性的首要来源乃中国特色社会主义意识形态所确立的马克思主义新闻观。中国共产党基于唯物史观和长期革命、建设经验提出，应坚持党的领导与新闻传播规律、党性与人民性、舆论引导与舆论监督相统一的马克思主义新闻观。习近平在关于新闻舆论工作的系列重要论述指出，马克思主义新闻观是“灵魂”，事关新闻舆论事业扎根何处、方向何在的大问题。具体到新闻传播教育，坚持马克思主义新闻观的首要任务是重返大学立德树人本位，培养中国特色社会主义新闻舆论事业的合格建设者和可靠接班人。同时，要以马克思主义新闻观为指导构建中国特色新闻传播的概念、知识和理论体系。

中国有自己独特的意识形态和文化传统，有自己的道路选择和历史使命，新闻传播学科的正当性亦应深植本土情境，反映中国的主流价值和时代主题。同时，随着中国深度介入全球化和加快推进现代化进程，新闻传播教育亦应观照人类社会发展的普遍规律和共同价值，主动适应、引领“模式3”时代的知识生产和人才培养机制变革。此外，当公共议题和业界发展需要学界做出响应时，则应担起“社会良心”之职，以道义的力量增益公共精神。

(二)学科主体性重构

对内专业融通、对外学科拓展是构建敞开的学科主体性的两大指向。我国高校在逐步突破新闻学、广播电视学、广告学和传播学等传统的“专业-方向”模式。譬如中国人民大学新闻学院在本科层面创办了“新闻学-法学”“新闻学-国际政治”等培养项目，在硕士层面增设了“大数据与新闻传播”“一带一路新闻传播全英文硕士”等培养项目。复旦大学新闻学院推行了跨专业、跨学科的本科人才培养“2+2”模式；在专硕层面，复旦大学新闻学院也实施了跨学科、跨界联合培养，并着力提升学生的国际化水平。

要注意的是，对外拓展应坚持“固本”优先。中国人民大学新闻学院的做法包括：实施“新闻传播核心课程创新计划”，每年重点建设 5 门以上学科基础课，以通过 5 年左右时间建成、完善承载本学科核心理论、知识、技能的 30 余门专业课程建设；裁减传统专业和细分方向下的部分边缘、琐细和重复性课程，以释放跨学科联合培养的学分空间；重构课程体系，力图使全部史论、实务课程整合成完整的知识地图，以培养学生的整体理解力和判断力。

(三)构建理论与实践、学界与业界对话、合作的新机制

无论技术如何变革，学界要对人的自由、解放和全面发展负责，对学术规律、理论创新负责，对中国和人类命运共同体重大、基本的理论问题负责；业界要对内容生产、运营管理、技术创新负责，对专业规范和伦理负责，对新闻舆论事业的发展和进步负责。变革能敦促二者建立“模式 3”时代的新型对话、合作关系，在知识生产、人才培养和社会服务诸领域确立创新驱动的生态型合作机制。中国传媒大学、上海交通大学传媒学院能在建设产学研平台、联合培养人才方面中取得系列标志性成果，一个重要原因就是设计了适合国情、校情的有效合作机制。

综上所述，所谓生态型新闻传播学科体系，经过了“模式 1”“模式 2”“模式 3”三种大学现代化进路的贯通和延展，此中既有纵向的观念更迭，也有多元逻辑之间的对话与融汇。它强调构建敞开的学科系统，在系统内部打破结构性的专业壁垒，在系统外部参与跨学科共创，进而基于多样共生的生态原则，寻求学科主体性、正当性和有效性。显然，生态型学科体系不再完全按照线性历史观铺展自己的演化进路，而是主张历史与现实、系统内部诸要素与系统外部诸主体之间敞开、动态、均衡的对话。正是基于多元对话，学科主体性、正当性和有效性才得以确立和延展。

行文至此，有必要澄清一个历史细节：施拉姆在论及传播学的十字街头处境时，一方面表达了多元交叉、缺少“中心理论”的遗憾，一方面也专门使用了“greatcross”这个词组强调传播学乃人类研究的“伟大路口”。这个路口一度为学科主体性、正当性和有效性带来巨大挑战，如今则提供了构建学科与学科、中国与世界之间连接、互通、共创生态型学科体系的现实可能性。因此，新闻传播学科和教育的未来之路不是走出十字街头，而恰是安身立命于“伟大路口”，于多元生态中自利利他、融合共创。

高校马克思主义新闻观教育现状、问题与对策

——基于湖北省 29 所高校新闻专业院系的调查

周茂君　沈君菡

文章来源：周茂君，沈君菡．高校马克思主义新闻观教育现状、问题与对策——基

于湖北省 29 所高校新闻专业院系的调查[J]. 中南民族大学学报(人文社会科学版), 2019, 39(5): 167-174.

摘要：2013 年以来，湖北省内高校马克思主义新闻观教育已取得了一定的成效：课程体系初步建立，实践教育活动有序开展，部分院校已培养建设了一批专门的马克思主义新闻观教育师资团队，学生对课程的接受度和满意度较高。但是，在课程体系建设、教师能力培养、配套教材编写、课外实践活动安排以及调动学生热情等方面尚存在一些不足。为更好推进湖北省马克思主义新闻观教育工作，建议完善课程建设体系，组织师资教育培训，建立权威性教材编写团队，丰富实践教学形式，以多种方式调动学生学习热情。

关键词：马克思主义新闻观；新闻教育；教育问题；教育对策

党的十八大以来，党中央高度重视党的新闻舆论工作。加强新闻传播类专业大学生的马克思主义新闻观教育，提高其政治素养和理论素养，成为新闻传播类院校教育工作的重中之重。湖北省作为全国教育大省，高校林立，因此，对于湖北省新闻传播院系马克思主义新闻观教育现状的研究十分具有代表性。本文采用问卷调查与深度访谈相结合的方式，旨在了解湖北省新闻传播院系马克思主义新闻观教育的基本状况，以便探讨教育中存在的问题及对策。

一、湖北省高校马克思主义新闻观教育的基本态势

综合学生问卷以及教师访谈的内容，以下将从课程设置及教学评价、师资力量建设、教材使用情况、实践活动开展情况以及学生对马新观的态度和认知等方面对湖北省新闻传播院系马新观教育开展现状进行总结。

(一)课程设置及教学评价

1. 课程开设情况

在 3496 份有效样本问卷中，根据学生专业分类进行对比，以新闻传播学科 7 个核心专业为研究范围，新闻学专业有 58%的学生接受过马克思主义新闻观相关课程的教育，广播电视学、传播学等其他专业的比例均在 30%~40%(见图 21-1)。超过 99%的学生在其他课程中接触到过马克思主义新闻观相关内容。

2. 马克思主义新闻观课堂教学评价

问卷以量表的形式，从教师教学水平、课堂效果、学习效果三个维度让学生对马克思主义新闻观课堂满意度进行评价。

(1)教学情况整体评价。将学生的满意度按照中间值 21 分进行区分，以 7~14 分归

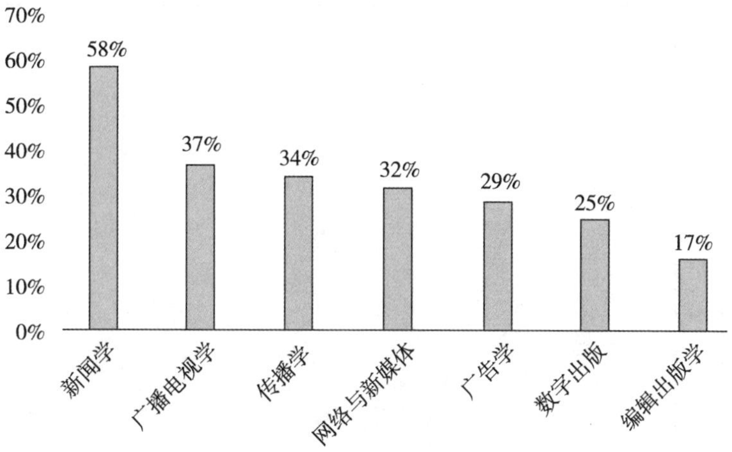

图 21-1　各专业开设马克思主义新闻观课程所占比例

为低分组，15~28 分归为中间组，29~35 分归为高分组，发现高分组占样本总比例为 37%，中间组占比为 62%，低分组占比为 1%。由此判断学生对马克思主义新闻观课堂效果的整体评价处于中高层水平。

进一步按照学校分层级别进行分析，采用单因子方差分析中的塔姆黑尼 T2 检验法，发现中央部委院校与其他三类院校之间存在显著差异，而省属公办本科院校、民办本科院校、高职高专之间并无显著差异。比较四类学校学生课堂评价分数的加总平均值发现，中央部委院校的学生对于马克思主义新闻观相关课堂的教学情况整体评价要明显优于其他三类学校(见图 21-2)。

(2)对教师教学水平的评价。在对教师教学水平的评价中，将结合案例授课、理论专业性强和语言生动幽默作为三个评价维度，可以看出，学生普遍对教师教学的理论专业性较为认可，对于教师案例教学方面的认可度较低(见图 21-3)。

(3)对课堂效果的评价。在对课堂效果的评价中，将课堂形式多样、课堂参与度作为两个评价维度，可以看出，学生对于课堂效果的整体评价不高，部分老师采取了形式较为丰富的课堂形式，但实际学生在课堂上的参与度并不高(见图 21-4)。

(4)对学习效果的评价。问卷对学生学习效果的评价分为“专业素养的提升”和“实践能力的提高”两个维度，结合“对教师教学水平”的评价中对案例教学的认可度低来看，湖北省马克思主义新闻观教学老师在结合案例与实践教学中还存在一定的不足(见图 21-5)。

(二)师资力量建设及教师培训

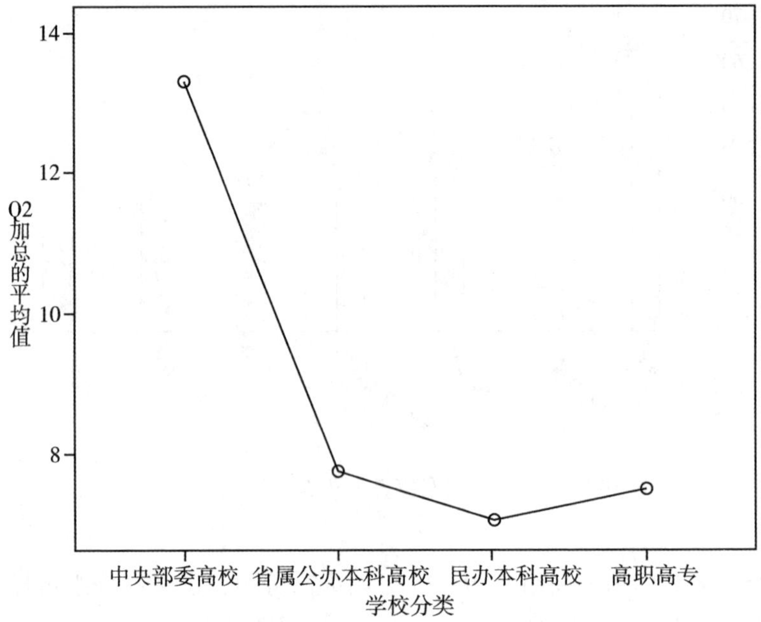

图 21-2　四类院校学生对于马克思主义新闻观教学情况的评价

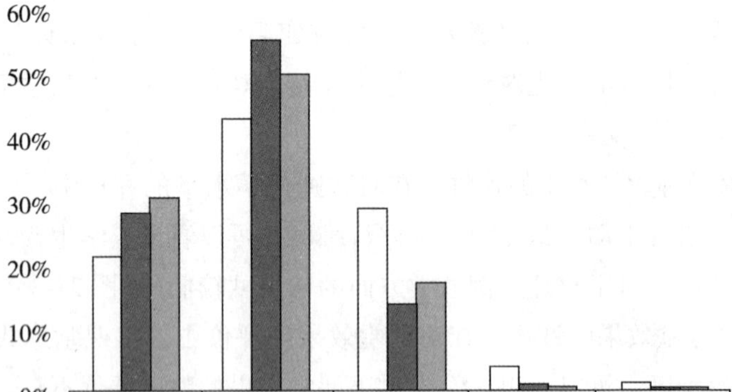

	非常符合	符合	一般	不符合	非常不符合
□结合案例加深理解	22%	43%	29%	4%	1%
■理论专业性强	29%	56%	14%	1%	0.5%
■语言风趣幽默	31%	50%	17%	1%	0.4%

图 21-3　对教师教学水平的评价

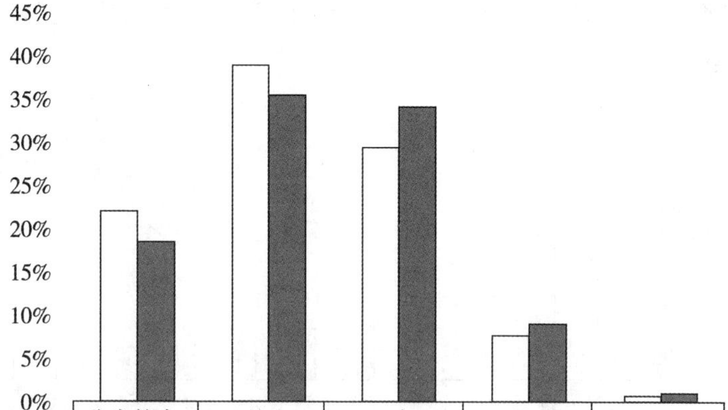

	非常符合	符合	一般	不符合	非常不符合
□课堂形式多样	23%	39%	30%	8%	1%
■课堂参与度高	29%	36%	35%	9%	1%

图 21-4　对课堂效果的评价

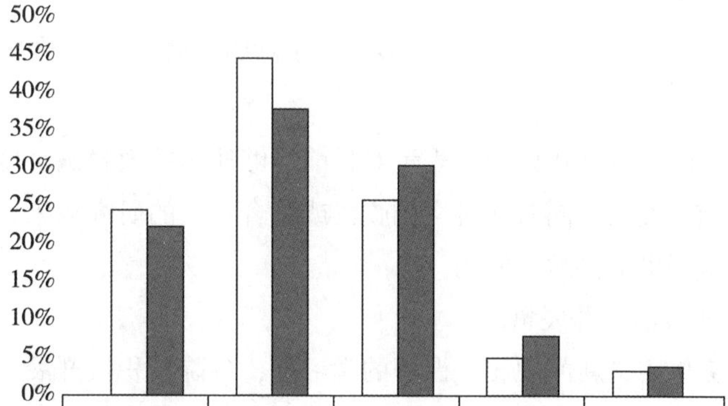

	非常符合	符合	一般	不符合	非常不符合
□专业素养得到提升	24%	44%	25%	5%	2%
■有效提高了实践能力	22%	37%	30%	8%	3%

图 21-5　对学习效果的评价

湖北省不少院校针对马克思主义新闻观教育组建了自己的教师团队，多数院校响应“千人计划”，定期安排相关教师到媒体挂职锻炼。但是，除中央部属院校之外的其他省属及民办院校教师参加培训的资源相对薄弱。

(三)课程教材使用情况

根据问卷调研结果显示，在马克思主义新闻观课程相关教材中，学生阅读率最高的是吴兆方教授主编的《形势与政策》、李良荣教授编著的《新闻学导读》和谢新洲教授编写的《媒介经营与管理》。马克思主义新闻观课程教材中阅读率最高的是陈力丹教授编著的《马克思主义新闻观教程》(见图21-6)。

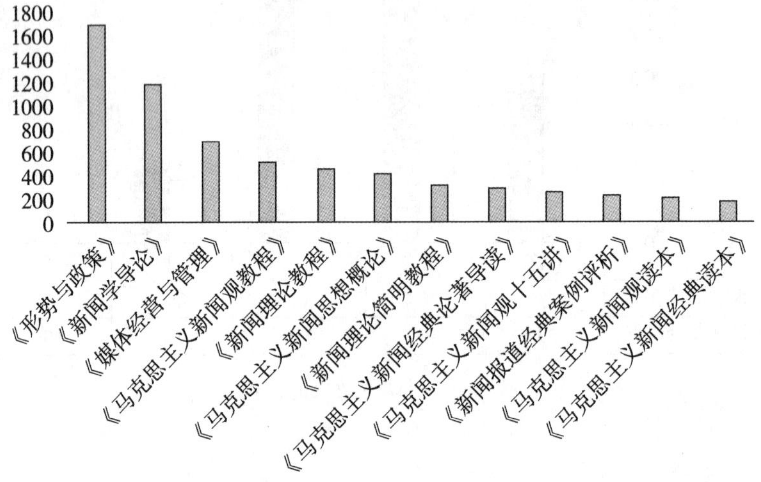

图21-6　阅读过的马克思主义新闻观相关教材

此外，部分教师在访谈中表示对目前能够使用的教材满意度不高，多数教师选择将几本教材结合使用，同时通过案例收集或结合自己的研究成果，整理出符合自己教学计划需要的课程讲义供学生使用。

(四)实践活动开展情况

除马克思主义新闻观相关课程的学习外，各院校积极开展一系列实践教学活动，目前开展的主要形式可分为业界实习合作与校内交流分享两大类。

(1)与业界加强合作，建立“产学研实践基地”。众多院校选择与当地新闻媒体以及宣传部门形成合作，安排学生参加实训基地实习实践，邀请业界导师进课堂，从新闻实践的角度引导学生深入了解马克思主义新闻观。

(2)在校内开展形式丰富的实践活动。在马克思主义新闻观实践教育活动中，学生参与最多的是与马克思主义新闻观教育相关的讲座，参加人数的比例达到总样本量近50%。

(五)学生对马克思主义新闻观的认知及态度

在对马克思主义新闻观认知及态度的测量中，有71%的学生认为新闻传播专业的大学生有学习马克思主义新闻观的必要，仅有7%的学生认为没有必要。可见，全省新闻传播院系的大学生对马克思主义新闻观的重要性和接受度处于较高水平。但是，有 21% 的学生认为马克思主义新闻观教育“内容枯燥无趣”，20% 的学生认为“教学内容教条化、标签化”，这是马克思主义新闻观教育面对的最大阻碍。

综合以上调查问卷分析观察，湖北省新闻传播院系大学生对于接受马克思主义新闻观的认知度与接受度处于一个相对乐观的水平，学生们大多具有正确的认识与评价。这反映出湖北省目前对于高校学生的马克思主义新闻观教育取得了一定的成效。

二、湖北省高校马克思主义新闻观教育存在的主要问题

根据问卷调查及深度访谈中反映的情况，湖北省高校新闻传播专业在马克思主义新闻观教育实践上整体状况良好，课程体系初步建立、实践教育活动有序开展，部分院系已培养建设了一批专门的马克思主义新闻观教育师资团队，学生接受度和课程满意度较高。同时，在调研过程中，也反映出了一些不足，以下将从课程体系建构、教师能力及素养培养、教材适用性、课外实践活动以及学生学习能动性五方面展开讨论。

(一)课程体系建构不统一，资源分配不均

根据问卷调研显示，目前参加过马克思主义新闻观课程教育的新闻传播专业学生占比约 37%。除较早开设了马克思主义新闻观课程的院校外，一些具备充分教学资源的院校已完成或正在修订新的培养计划，尚未正式实施；一些院校或因为总学分限制，或综合考虑学生培养目标及学时安排，尚未将马克思主义新闻观课程纳入新的课程体系。

师资力量是马克思主义新闻观课程的支撑轴，但是如何将马克思主义新闻观融入专业课课堂，并没有一个普遍的教学标准和操作原则，造成课堂效果的评价标准难以把控，这成为学科管理者面临的一大问题

(二)教师教学能力、教师素养有待提高

针对马克思主义新闻观专门的学科教育，许多学校新闻传播专业缺乏专业教师资源，部分老师精通马克思主义理论研究，但对新闻传播学科专业知识知之甚少；而新闻传播学科的教师，大多对马克思主义的理论研究并不深入。教师专业能力的不足给提高相关教学水平造成很大的压力。同时，教师本身的教学素养也有待提高。

(三)教材适用性不够，无法满足教学需求

目前，我国对马克思主义新闻观的思想研究尚不成熟，对于相关教育的理论体系尚未形成，导致教材编写过程中对主要观点和理论内容提炼不够。在现有教材中，教材内容缺乏案例实践，集中于枯燥的理论宣讲，案例过时，与当下时代背景结合不够。难以吸引学生去阅读和学习，也难免使老师的教学显得枯燥无趣。同时，一些教材编写者缺乏责任心，审稿不严，导致教材语言病句百出、注释引用使用不合规范，使教材的权威

性与科学性大打折扣。

(四)课外实践活动频率较低，尚未形成常规性活动

课外实践活动虽然在每个院校都有不同程度的展开，但在大多数院校内并未形成常规性活动。根据调研中学生和老师反映的情况来看，此类活动大多结合时事热点或重大事件举办，平均每学期或每三个月举行1~2次的情况居多，活动频率较低。

(五)培养学生学习热情成为教育过程中面临的一大挑战

从学生对马克思主义新闻观的认知与态度中可以看出，教学内容枯燥、教学方式教条化成为影响学生接受马克思主义新闻观教育的主要负面因素。由于学生在初中、高中接受基础教育的过程中，已接触过大量与思政类教育相关的课程，学生因此缺乏新鲜感，部分学生容易产生抵触情绪。因此，如何培养学生学习热情，是教育过程中面临的一大挑战。

三、湖北省高校新闻传播专业马克思主义新闻观教育的改进建议

针对目前马克思主义新闻观教育中存在的问题，一些具有优秀教学经验的院系领导和任课教师结合自身经验与湖北省实际的资源情况，给出了自己的建议。同时，一些院校较为成功的实践案例也为湖北省内乃至全国其他同类院校继续开展马克思主义新闻观教育提供了借鉴和启示。

(一)完善课程建设体系，统一教学评价标准

完善统一的课程体系建设有助于各院校有计划地开展教育工作，促进院校之间实现教学资源互通，标准化的教学评价体系则是监督教学质量、落实教育效果的重要保证。院校可以效仿武昌首义学院，以培养“适应新时代需求、具备融合新闻传播知识与能力的应用型复合型人才”为目标，建立了“成果导向型”课程体系，明确教师授课过程中需要重点培养学生的素质。此外，武汉大学新闻与传播学院也建立起一套相对完整的马克思主义新闻观“四课一堂”课程教育体系。

(二)组织师资教育培训，注重教师素质培养

目前，全国范围内，院校组织的马克思主义新闻观教育相关培训以几所部校共建的院校举办为主。复旦大学新闻学院曾举办首届面向全国30所高校教师的马克思主义新闻观教学培训工作坊，培训中涉及课程体系的建设、前沿问题的分析、教学经验的分享等，对于马克思主义新闻观教师之间的沟通成长有很大的帮助。湖北省新闻传播院系应借鉴这种模式，由几个课程建设较为完善、教师资源相对丰富的高校牵头，邀请省内外相关领域的学者、业界专家对教师进行专门的定期培训。

(三)教材内容与时俱进，建立权威编写团队

在新媒体环境中，教材内容应当与时俱进，与实践案例结合，全面体现马克思主义新闻观在新时期下的指导作用。同时，应整合和组建多方资源，建立有权威性、多视角的马克思主义新闻观教材编写团队，既能保证马克思主义新闻观教材理论知识的权威性，从最新的实践案例中丰富学生的思维，又可以保证教材语言体系的规范性。

(四)融合当地文化特色，丰富实践教学形式

发挥马克思主义新闻观实践教学形式的多元性，有助于调动学生积极参与到教育活动中来。例如湖北省黄冈师范学院结合湖北省红色文化资源，采用了多种丰富的教学形式调动学生的学习热情。通过引导学生拍摄红色主题的视频短片、号召学生进行红色文化的宣传，在实践中对学生进行马克思主义新闻观的教育。同时，加强与黄冈市地方媒体的合作，聘请业界老师进课堂，带领学生在实习实践中感受马克思主义新闻观的指导意义。

(五)正确树立课程定位，强调理论的现实意义

帮助学生正确认识课程定位、认清自己将要承担的社会责任，是培养他们重视自身政治素养的修炼、认真对待马克思主义新闻观课程学习的首要任务。只有让学生真正认识到政治素养对于未来工作实践的重要作用，才能使他们从思想认识上关注这门课程的学习。此外，在授课过程中，教师可以采用案例式教学、对话式教学等方式，结合时代背景，帮助学生更好地理解马克思主义新闻观对于当下社会实践的现实意义，培养他们基于马克思主义新闻观视角下对新闻实践、新闻传播活动、新闻传播规律的认知。

新闻传播学科的人才培养归根到底是要帮助学生树立一种正确的看待世界的认识，培养学生辨证的思维方式。在教学过程中，帮助学生正确把握马克思主义新闻观的精神实质、从而指导未来的实践工作显得尤为重要。湖北省新闻传播院系应继续坚持马克思主义新闻观的统领地位，从课程体系建设、师资力量培育、教材编写团队、实践活动培养以及教学形式革新各方面全方位地进行沟通合作，从而顺应新媒体传播格局下的新闻传播教育需求，培养高素质、全媒化、复合型的新闻传播后备人才。

“功用性”建构中的生存与发展

——中国广告教育实践四十年解析

丁俊杰　宋红梅

文献来源：丁俊杰，宋红梅．“功用性”建构中的生存与发展——中国广告教育实践四十年解析[J]．现代传播(中国传媒大学学报)，2019，41(11)：158-162.

摘要：中国广告教育协同中国广告产业起步，在大时代背景之下，开启了将近四

十载的“功用性”建构，与多种产业角色互促互动，形成了特定的关联动力体系和发展场域，最终成就了中国广告教育的发展模式。这样的发展模式符合国际高等教育的总体发展趋势，也是中国高等教育改革开放之后“服务于经济建设”这一历史使命的具体演绎。

关键词：功用性建构；中国广告教育；四十年

为了国家的迅速转型和经济发展，1983 年，中国广告学专业高等教育（以下简称“中国广告教育”）开始进行改革。回顾其历史，会发现其对于自身“功用性”的追求和塑造贯穿始终。围绕“功用性”，其合理性、专业性、权威性，不断被论证和强化。据此，中国广告教育获得安身立命的根基，建设出独立的学科体系。这表明其“功用性”的塑造是有着明确的外在规制力量和支持力量的，并与其内在发展动力融合一体。这样的发展模式，不仅具有鲜明的时代特点和中国特色，也微观呈现了国际高等教育的发展潮流。

一、1979—1982 年：“史前史”中的合理性论证

1979 年到 1982 年，是中国广告教育一段不可或缺的“史前史”。

首先，广告在意识形态领域获得的合理性，是广告行业得以快速发展的先决条件。1978 年年底，丁允朋在《文汇内参》上反映外贸广告的成效并提出国内广告发展的建议，很快收到中宣部领导同志的批示——“可以一试”。1979 年 1 月 14 日，丁允朋在《文汇报》上发表了《为广告正名》，使得广告身上的“资本主义生意经”的枷锁开始松动，广告获得了“合法”身份。1980 年，张庶平在《人民日报》发表了《要研究点广告学》，这是“最早的广告研究宣言”。

其次，这个时期国内广告人才在专业水平上的不足日益暴露，广告从业人员对于提升业务水平表现出强烈的需求。1980 年，日本电通派出六位资深广告专家在北京举办讲座，这是中国改革开放后最全面、最系统的一次现代广告基础理论与实务的讲座，第一次引入的 marketing 理论所引发的震撼难以想象。1981 年，《中国广告》作为国内的第一本专业广告杂志创刊，受到热捧；唐忠朴于 1981 年出版的专业书籍《实用广告学》很快被一抢而空。这个时期的学术讲座、专业期刊、书籍，逐渐向从业人员呈现了广告知识特有的系统性和专业性，证明了专业教育出现的必然性。

虽然广告行业对于专业研究和专业教育的呼唤非常响亮，但是在高等教育体系内安身立命还需要找到一个合理的学科归属。市场学和传播学作为广告学的两大学理支撑，在这个时期先后出现、“再现”，为中国广告教育的诞生提供了直接的催化剂。1979 年，

暨南大学何永祺率先开设市场营销学课程。1981 年，北京财贸学院设置了广告管理等专业课程，并组织编写《广告管理》教材。与此同时，1982 年 5 月，美国著名传播学者威尔伯·施拉姆访华讲学，传播学正式进入我国学界视野。传播学的引入，改变了以往新闻学过度偏重意识形态的特征，学科范畴和学科体系也开始效仿国外建设。这使得全国的新闻传播学专业进入了发展较快的时期，商业性质鲜明、市场需求明显的广告学也得以在传播学中获得学科归属。

二、1983—1991 年：对接业界需求的专业道路探索

1983 年，厦门大学设立了内地第一个广告学专业，开启了中国广告教育的发展进程。1988 年，北京广播学院(现中国传媒大学)创办了国内的第二个广告专业。从此，中国广告教育开始了专业道路的探索。与此同时，其专业道路建立了与政府、业界乃至广告主之间资源交换、互促发展的合作关系，依此获得相关资源和支持。这是其得以快速发展的关键所在，也使得广告学这样的应用类学科呈现出与之前的基础类学科迥异的发展轨迹。

首先，在课程规划上直接按照广告专业作业流程，培养广告专业人才，以保证学生从业后能够迅速适应市场要求。当时，中国广告教育的共识是围绕广告策划进行课程设置，但是高校师资十分不足且能力有限。为缓解燃眉之急，从 1989 年开始，中国传媒大学广告学专业不定期邀请广告人士讲课，不仅有日本的野田庆人、美国的罗真等，还有众多国内广告人，如刘瑾茹、刘瑞武等。这表明业界与教育界在专业人才培育、联手推动行业进步上具有深度共识。这样的课程合作，对于当时专业积累不足的教师团队具有重大意义，业界和学界在课程交流中也加深了彼此的连接。

其次，业界展开了广告学专业的学术研究。专业期刊如《国际广告》(1985)、《广告人》(1989)陆续创刊，协同《中国广告》，为专业研究提供重要发表平台。广告人在广告实务操作和实务理论方面介入度较高，如唐仁承撰写了有关品牌建设和广告实战案例剖析十余篇，连续在《中国广告》发表；1989 年他撰写的《广告策划》出版。20 世纪 80 年代后，来自广告教育界学者将各类研究方法纷纷应用到实际研究中。但是，其中过于学院派的研究，并没有得到业界足够的反响。相比较而言，普及专业知识、探讨广告作业、业界发展的研究，获得的认可度更高，此后与业界需求紧密对应的研究也迅速增加。这样的状况非常深刻地影响了此后的中国广告学术的发展路径，业界对于广告研究的引导效果也由此可见。

此外，资源匮乏是当时中国广告教育的共同困境。由于国家尚处在改革开放之初，利用专业研究能力与业界进行资源交换，以此获得资金、师生锻炼机会和研究素材，是

当时广告学专业创办者的唯一出路。1988 年和 1989 年，中国传媒大学广告教研室先后与日本山本武利教授合作调查中国市场，1991 年师生共同执行“关于计算机产业的报纸广告调查”，所获资源都用以编撰教材、购置设备。可以发现，对于中国广告教育而言，发挥“功用性”是自谋出路的必然选择，其锻炼出来的自主性、主动性，发挥着不可估量的作用。此后多年，中国广告教育一直拥有顽强的自我探索精神以及旺盛的生命力。

三、1992—1998 年：深植业界需求的权威性打造

1992 年，国务院发布的《关于加快发展第三产业的决定》，对于广告行业和中国广告教育而言是重要利好。这个阶段，中国广告教育所输出的人才在市场上得到了认可，不仅提高了学者的研究自信，还激发了广告行业对于高端广告人才的迫切渴求，促使其在高教体系中获得了培养高端人才的资格。换言之，没有外部对于其“功用性”的认可，也就没有与之相应的人才培养体系的提升。

在专业研究领域，中国广告学人开始发挥主导作用，引入和阐释专业理论，积极回应业界问题。一方面，广告学人深度思考行业问题，维护行业合理秩序，协助业界解决各类现实问题；另一方面，广告学界借此获得专业研究阵地，并且依托相关研究项目获取发展资源。2001 年，中国广告学界第一次回应行业热点，是因为“2%问题”，对于广告市场秩序进行了明确的维护。此外，不断引进和创新海内外的流程实务理论，如 1996 年 9 月，卢泰宏等在《国际广告》上发表介绍整合营销传播的系列文章。1996 年，丁俊杰和黄升民提出的媒介产业化理论，既是对于产业深层问题的回应，也是中国广告学专业研究第一次的理论创新。

更具有标志性意义的是，中国广告教育中的专业教育力量参与了广告行业专业人才培养标准的制定以及相关的培训教材的编撰，并发挥了关键作用。为了促进行业人才水平的提升，1991 年，全国统一实行《广告业务员证制度》。1993 年，在“广告专业技术岗位资格培训”工程中，以中国传媒大学广告学系为代表高等院校负责培训教材编撰、电视教学片主创等工作。这表明，中国广告教育的专业性是行业发展所必需的部分，而其多年的积累，也使得其在行业中拥有了更具有权威性的话语权。

这一时期，来自外部的资源和力量对中国广告教育的教学实践和教育人才培养的作用，非常明显。如 1996 年 9 月，日本电通公司在中国国家教育委员会的协助下，与北京大学、中国人民大学、北京广播学院、中央工艺美术学院、复旦大学、上海大学六所大学合作，启动五年的“中日广告交流项目”，这是外国广告公司支持中国广告教育的重要案例。该项目旨在通过广告教育方面的交流促进中日两国的文化交流，为国内广告教育人才的培养作出了巨大的贡献。

这一阶段的发展，证明了中国广告教育的持续攀升，中国广告教育的发展动力体系开始日渐清晰。依靠专业性与行业进行资源交换、动力交换，是一种互利互惠、互促互动的发展模式，也是为中国广告学专业教育“功用性”的持续正名。

四、1999—2009 年：发展动力体系的深化与不足

随着中国加入到全球化经济体系中，人才需求进一步加大，高校扩张成为一种新的趋势。截至 2005 年，我国开设的广告本科招生的高校占所有高校的 68.9%。在大干快上的热潮中，中国广告教育继续依赖已然成型的发展动力体系来继续提升专业性、权威性，但是在“功用性”主导的持续发展中，某些角度的明显不足，开始成为一种重要的提醒。

首先，与行业互促互动的发展模式持续推动广告学专业在学科建设上的发展。1999 年，中国广告教育进入扩张期，中国广告教育的学科认可度继续提升。2003 年，中国传媒大学首先获得招收广告学专业博士生的资格；同年，武汉大学开始招收广告学专业博士生。这标志着广告学专业在传播学学科体系获得全面认可，人才培养体系建构完成。在学生实训方面，基于多年的合作和连接，中国广告教育与广告业之间的关系日渐融洽，促成了这个阶段实训项目的大发展。如 1999 年 9 月由厦门大学新闻传播系承办“首届中国广告协会学院奖”。2001 年中国传媒大学与台湾《中国时报》合作推进中国广告“金犊奖”。大量的实训项目刺激了广大学子的专业学习热情，也成为国内高校间教学竞争的一个部分。

其次，基于互动互促的模式，在专业研究领域，中国广告教育已经拥有非常成熟的研究体系。一方面，广告实务研究、广告历史研究、广告文化研究三大领域都形成了一定的规模。其中，实务研究范畴最为突出，既有国外理论的引介和阐释，也有外来理论的本土化研究。另一方面，作为一门独立学科，文化研究尤其是广告批判研究，是其重要的学理构成，这是专业学术研究独立性的标志。

这个阶段专业研究范畴并没有延续以往的学理建设，其学理性的不足在中国整体学术水平迅速提高的背景下，显得尤为明显。这是中国广告教育的“功用性”特征的一个必然结果，过于强调实用性而忽略了对于学理性和批判性的强化。随着学科竞争和学术竞争的加剧，弥补这一不足是其学科地位持续提高的关键所在。

五、2010 年至今：数字化裂变的失效与重构

2010 年，传统的营销行业的壁垒全面溶解，新的产业链条和产业形态已经成型，中国的高等教育需要担当大国转型的智力支持，“双一流”的发展战略和深化产教融合

的思路成为高等教育的要求。对于中国广告教育而言，历经近30年形成的“功用性”发展模式，已经部分失效，需要在新的时代浪潮中配合国家战略需求以及产业调整方向，进行新的发展模式的探索；需要为数字营销产业培养专业人才，自学科根基处重新进行合理性、专业性的找寻。不少高校在学科融合的基础上进行专业创建，如上海交通大学在电子信息工程和新闻传播学基础上，进行网络与新媒体专业的建设。2010年，中国传媒大学广告学院创办了网络与新媒体专业；北京大学新闻与传播学院广告学系将合作企业的大数据广告平台和智能化创意工具直接引入课堂。此外，中国广告学术也积极向着数字化的方向延展。

中国广告教育的“功用性”特征，如何在现有的学术体系内获得进一步认可的问题，日益凸显。2010年，教育部进行新一轮学科调整规划，广告学由三级学科上升为二级学科。但是学科地位的提升，并不意味着实际地位的对等。一方面，学术发表平台的局限，使得应用类研究论文发表阻力较大，且国内的广告学术期刊级别较低；另一方面，广告学者所能够申请的社科项目数量有限，应用研究突出的特征无法施展。对于中国广告教育而言，实现“阶层攀升”是一个关系重大而广泛的现实问题。

对于今时今日的中国广告教育而言，除了延续以往的可持续发展模式之外，也有尝试在政产学研模式中进行行业战略层面的深度介入。这既是其过往权威性、专业性的积累所致，也是其在新的历史时期尝试突破的重要探索。

六、总结

纵观中国广告教育发展40年，可以发现在其“功用性”建构、局部失效和重建的过程中，与政府、学术、行业等建构成了互相关联的信息管道和庞杂的循环系统。正是在这样的发展场域和动力空间中，中国广告学学科的建设方向得以明确并完成建设。鸟瞰国际高等教育的发展态势，会发现中国广告教育的“功用性”拓展还远远不够。如何在更高的层面上紧密关联国家战略、行业趋势，创造出体系化、平台化、实体化的协作发展模式，完善中国广告教育，构建出高水准的人才培养体系和学理体系，需要继续探索。同时，如何规避过于功利化所带来的不足和缺陷，是一个亟待回答的问题。

新闻传播教育改革的逻辑

何志武　董红兵

文献来源：何志武，董红兵．新闻传播教育改革的逻辑[J]．新闻与传播评论，2019，72(5)：37-45.

摘要：传播技术的发展驱动着新闻传播教育的改革，加剧了新闻传播教育工作者的焦虑，增设新媒体技术类课程、整合业务课实训流程将成为这次改革的“规定动作”。然而，技术驱动下的传媒改革实质上是对新闻传播理念的价值回归。因此，新闻传播教育改革要认清并遵循其自身的逻辑，即教育的规律、业界的变化、社会的需求，三者缺一不可。新闻传播教育改革的着力点应包括固本与求变。固本即是在全人教育的基础上寻求专业特色，求变则是基于新媒体技术变革培养多元化传播人才。

关键词：新闻传播教育改革；教育规律；业界变化；社会需求

传媒业的变革引发了学术界对新闻传播教育改革的广泛思考，从全国性专题学术会议、教育研究论文到各新闻院系频频相互调研，营造出一种新闻传播教育改革到了非改不可的舆论氛围。然而，对于改革的思考和探讨在很大程度上还停留在必要性的呼吁层面，至于转入实践操作层面却未见大的动作，较为常见的举措是增加了几门技术类课程却相应减少了一些人文类平台课程。为此，我们必须厘清如下基本问题：新闻传播教育改革必须遵循怎样的逻辑？如何解读“遵循新闻传播规律和人才成长规律”与“全媒化复合型专家型新闻传播人才”？

一、技术驱动与情绪焦虑：新闻传播教育的改革偏向

从纸莎草到印刷术再到电子传播，纵观历史，媒介技术的进步始终推动着新闻传播的发展进程。进入互联网时代，VR 技术、AR 技术等新概念层出不穷，改变了新闻传播的技术手段，也改变了传播媒介的结构，在政治、市场、文化等方面引起了一系列反应：政治层面，带头性媒介的迁移使传播权力转移，国家在意识形态、舆论调控上遭遇挑战；市场层面，传统媒体经营惨淡，难以为继，新媒体则安营扎寨，步步高歌，传媒市场不断改制重组；文化层面，新媒体将新闻生产个人化，公众变成了用户，新闻价值、受众偏好等也大幅改变。

新技术驱动着新闻传播改革的步伐，加剧了新闻传播学者的焦虑。在国内，为新闻传播教育改革提供理论引导和支撑的研究论文近年来明显增多。截至 2018 年 8 月，近五年在《新闻与传播研究》《国际新闻界》《现代传播》《新闻大学》四大专业权威期刊上涉及新闻传播教育的文章每年均保持在 14 篇以上。这些论文研究的基点都是新媒体技术的广泛应用对新闻传播教育带来了冲击和挑战。虽然文章数量在不断增多，但就如何调整改革则多为泛泛而谈，内容和深度上都有诸多欠缺。

与此同时，有关新闻传播教育改革的研讨会不断增多。经粗略统计，从 2014 年至 2017 年，由各类教育组织或高等院校举办的以新闻传播教育改革为主题的全国性研讨会就达 42 次以上。这些研讨会大多冠以“新媒体环境”“媒介融合”“智媒时代”等名称，

讨论的议题离不开新传播技术对传播生态的冲击和挑战，进而提出基于新技术变革的新闻传播人才培养模式的改革等观点。频频举办的专业改革研讨会营造了一种技术驱动新闻传播教育改革的紧迫性氛围，一些会议已传递出专业教师普遍陷入情绪焦虑的信号。

各新闻院校之间密集性的相互调研进一步增强了这种氛围。近年来，全国各院校新闻传播专业开始相互调研，不断走访调查。这些密集性的调研行动全面调动了教师们对于新闻传播教育改革认识的主动性，也在很大程度上加剧了教师们对技术冲击的焦虑。此外，从各新闻院校的教育改革研讨和实践传递的信息来看，增加传媒技术类课程成为此轮教育改革的普遍选择。武汉大学周茂君教授团队的走访调查发现，82.42%的院系在近年增加了新媒体技术类课程，变化幅度远超其他课程。

从研究性论文、学术研讨会到相互调研、课程体系调整，都传递出一个强烈的信号，新闻传播教育要紧随新闻传播实践、传媒技术更新的步伐，将最新的传媒技术植入新闻传播人才培养体系之中。然而，目前的研讨大多停留在必要性层面，尚未达至方法论层面，特别是在“改什么”“怎么改”等问题上一直未能形成清晰的认识。

二、遵循与超越：新闻传播教育改革必须遵从的逻辑

按照教育部提出的“形成遵循新闻传播规律和人才成长规律的全媒化复合型专家型新闻传播人才培养体系”要求，新闻传播教育改革理应遵循教育的规律、业界的变化和社会的需求，三者缺一不可。其中，“人才成长规律”是教育的规律，“新闻传播规律”和“全媒化复合型专家型”是业界实践的逻辑，也是社会的需求。

(一)新闻传播教育改革必须遵循教育的规律

为了跟上传媒实践的变化，许多院校已开始设计和制定“全媒体”或“融媒体”人才培养方案。它们一方面根据媒介融合的实践增设了新媒体技术、数据挖掘、数据新闻等技术课程；另一方面还对实验课程进行重新整合设计，建设了融媒体实验中心。一些学校还减少了哲学、政治学、社会学等人文社科类课程。

然而，急于将其纳入课程体系，压缩人文社科基础课程显然有悖于教学规律和人才培养的规律。进一步来说，新闻传播教育虽与传媒实践紧密相连，但这种特殊性并不意味着它能脱离教育的普遍逻辑，无论是教学环节设计还是人才培养，新闻传播教育改革都必须遵循教育的规律，处理好自身与传媒实践的关系。传媒实践要被反映并体现到新闻传播教育中，必须经过事实检验、时间汰洗、总结提炼等过程，才能将成熟、合理的实践经验与成果教训融入教育理念与课程方案，因此新闻传播教育对传媒实践的反映往往表现出一定的独立性和滞后性。若“零时差”地紧随传媒实践，跟风冒进似的推行新闻传播教育改革，就可能被传媒实践误导，偏离教育目标。因此，新闻传播教育在改革

时应有序推进，与传媒实践保持适度距离，这是新闻传播教育的规律，也是人才培养的规律。

(二)新闻传播教育改革理应反映业界的变化

新闻传播学具有鲜明的职业指向，它要求新闻传播教育必须深入研究业界的变化规律。理解传媒实践的变化和需求。如何理解传媒的变化和需求，如何跟上和反映业界的变化，这是新闻传播教育改革的关键。

实践的变化如果已经稳定，可以从广泛的实践经验中生产出能够进行传授的知识，理应及时进入大学教育的课程体系或讲授内容。然而，尽管这种呼吁已持续多年，顶层设计者未见行动，各新闻传播院校也不敢轻易调整。同样，媒介技术变革带来媒介使用方式的变革，必然要求传播者全面及时地掌握新的技术，以便很好适应媒介用户的信息接受特征，创新新闻信息传播方式。表面看来，传统媒体的衰落是受到了新技术的冲击，但真正的挑战却并不在于技术。技术的发展会给新一代媒体产品带来一定优势，但是随着技术发展周期的展开并走向终结，产品创新势头会逐渐弱化。实际上，面对新媒体产品加快更新的频率，大众的兴奋期会越来越短，因为更受关注的还是内容有多大的实质性改变，非技术因素的考察才是大众持续关注的焦点。

传媒业界真正的困境是如何适应传播理念的变化和回归，加大内容适应型人才的培养。新媒体之所以能够战胜传统媒体，最主要的缘由就是将新闻作品变成新闻产品，满足了用户偏好，而这是业界最难把握、也最难实现的。有研究者调查发现，业界认为新闻传播硕士最需要的核心技能是学习能力和创新意识能力，因为这些技能可以提出有社会意义的真问题。业界还反馈，新闻传播硕士需要有数据方法素养但无须精通，他们的职责主要是向专业数据分析师提要求、提问题。因而，新闻传播教育改革需要将重心转向培养内容适应型人才，才能使新闻传播教育与业界变化相契合。

(三)新闻传播教育改革应当适应社会的需求

VR 新闻、无人机报道等新媒体技术扩展了公众的视域，使新闻报道形式变得丰富。然而，大众对于新闻信息产品更在于其内容是否全面呈现了社会状貌、是否发挥了媒体的功能，这反映了社会对于新闻传播和新闻传播人才培养的需求。

尽管新技术的使用为大众打开了观察事实的视野，接受和理解新闻更便捷，但新技术并未改变大众对于新闻报道的整体评价。一方面，新技术在内容呈现上受限于特定题材，在日常报道中并不常用，且多数报道往往在技术表现上炫丽在内容上却乏善可陈。另一方面，新技术让新闻呈现变得更活泼、时尚，但华丽的外表只能呈一时光鲜，短暂的愉悦之后，内容才是能否吸引大众的决定因素。社会对媒体的评价主要是基于对其职能是否履行的考量。报道新闻、监测社会环境、全面客观地呈现社会是媒体的第一职责，面对技术带来的传播环境和阅听习惯的变化，媒体必须及时调整思路，直面社会问题，深入剖析，为大众理性认知现实提供“具有代表性的新闻切片”。

社会对媒体和新闻报道的评价为新闻传播教育改革指明了方向。随着媒介化社会的到来，新闻传播的影响越来越广泛深入，因而社会对于新闻报道者的专业化要求会越来越高，相应地就有一些学校通过新闻+经济、新闻+法律、新闻+公管等方式培养“专家型”新闻传播人才。这些举措所传递的教育理念是永恒的，都是培养全面深刻地认识和反映社会的新闻传播者，这才是新闻传播教育的核心基础，也是改革的基点。为此，除加强信息技术培养与课程实践训练外，新闻传播教育更要围绕新闻媒体如何发挥监测环境、守望社会等功能开展教学，在新闻教育中倡导学生关注社会的痛点和冰点，才能不断适应社会的需求。

三、固本与求变：新闻传播教育改革的着力点

教育的目的有操作性和价值性之分。新闻传播教育是有明确职业指向的专业教育，具有鲜明的操作性，同时，它也承担着引领社会价值的目标，因而又具有突出的价值性。为此，新闻传播教育在改革时既要坚守价值性教育，培养复合型专家型新闻传播人才，又要坚持操作性教育，培养适应实践发展的全媒化、应用型新闻传播人才。

(一)固本：在全人教育的基础上寻求专业特色

当前新闻传播教育改革的着力点之一是固本，首先体现在对新闻传播专业学生的人文素养教育的加强。不仅要搭建完整的知识结构，而且要形成科学的认识方法，培养和提高学生认识社会、反映社会的能力。这既是遵循教育规律，也是适应社会要求；既是遵循人才成长规律，也是遵循新闻传播规律。

固本还体现在对采、写、编、评、摄等新闻传播业务课程的加强。虽然新技术在一些方面改变了新闻传播业务的流程和方式，但职业新闻人的业务基本功要求并未改变，其专业内核仍然必须坚持和强化，深入的采访和准确的专业化新闻，才能体现专业性新闻人才的价值。新闻传播教育应打破过去为不同类型的媒介培养专门人才的传统观念，要让学生具备为各种媒介生产内容和产品的能力。

“固本”性的教育理念和教学内容的强化，能使新闻传播教育在操作性与价值性之间维持一定的平衡，实现国家所要求的“造就高素质、全媒化、复合型、专家型新闻传播人才培养目标”。同时，各院校新闻传播专业还应寻求各自特色，改变“千校一面”的同态发展模式。如复旦大学新闻学院推行了“2+2”的复合专业培养，还与网易合作共建“内容创新实验室”；中国人民大学新闻学院则推出跨学科、跨媒体、跨文化的人才培养模式，还与其他学院合作开设“新闻—国际政治”“新闻—法学”双学位实验班。

（二）求变：基于新媒体技术变革培养多元化传播人才

新闻传播教育改革的着力点之二是求变，即教育理念和教学内容设计应该保持密切关注并反映传媒实践的变化、新闻传播人才就业动向的变化。

传统的新闻传播教育具有明确的职业目标指向，就是为新闻媒体培养行业人才。然而，随着新传播技术的驱动，媒介生态与传媒实践都发生了巨大改变，新闻传播的职业边界就此打破。现下，许多企事业单位对新闻传播教育提出了人才需求，新闻传播专业的学生也不再以进入新闻行业为优选目标。因此，新闻传播教育除了要培育新闻行业人才外，还应树立多元化目标，培养有着广泛社会需求的公共传播人才。

此外，新传播技术的赋权还使个体变成了“媒体”，但个体如何正确利用新技术进行内容生产和内容传播，如何进行合理、规范的表达则成为国家和社会必须着手处理的新问题，由此也为新闻传播教育的人才培养提出了新要求。面对新的时代境况和时代问题，新闻传播教育自然也应主动适应，使新闻传播由职业教育向公共传播、社会传播延伸，有效地服务于国家和社会需求。

一些新闻院校已经提出了服务国家需求的多元化培养目标，如中国人民大学在新闻传播学一流学科建设规划中就提出，要努力造就面向主流、国家急需的高级创新型新闻专业人才和公共传播人才；在 2030 年建设成为中国新闻与传播高端创新型人才的培养基地，以胜任党和国家的新闻舆论工作和国家传播力建设、跨文化交流需求。复旦大学也把为政府或社会机构培养高质量的公共传播人才定位其人才培养的重要目标。

“面向社会培养新闻传播人才，可以有两个层次的目标期待：一是培养公共传播业的行动者；二是培养参与和服务公共传播业构建的良好公民。”在课程设置上，要转向公共传播、社会传播，就需破除专业壁垒。课程内容不仅应该包括事实选择、价值判断等专业知识，还应涵盖公共对话、公共管理等其他知识，加强人文素养、科学思辨等能力的培养，不断提升社会成员的媒体素养能力，以便使社会建立起良性的公共传播秩序。

百年回望：论中国新闻传播教育发展历程及其特点

邓绍根　李兴博

文章来源：邓绍根，李兴博．百年回望：论中国新闻传播教育发展历程及其特点[J]．现代传播(中国传媒大学学报)，2019，41(6)：155-164.

摘要：中国新闻传播教育百年发展历经起步成长(1918—1949)、曲折发展(1949—1976)、恢复开拓(1977—1999)、创新深化(2000 年至今)等阶段。由于社会大系统和教育内部系统的变化，四个阶段的新闻传播教育事业也呈现出不同的发展特点。回望百年，中国新闻传播教育事业具有与时俱进、开拓创新的总特点，它在不断学习和借鉴美国和苏联的新闻传播教育模式基础上，在马克思主义新闻观指导和互联网技术引领下，逐渐形成了中国特色社会主义新闻传播教育体系。

关键词：新闻传播教育；百年历程；发展特点；教育规律

一百年来，中国新闻传播教育史研究经过了几代学人的不懈努力，已有相当深厚的学术积淀，产出了一批高质量的学术成果；但仍需研究者不断通过加强史料整理与挖掘，改进研究方法，提升理论思维，拓宽新视野，搭建学术团队等措施，以此来提高中国新闻传播教育史研究专业化水平，积极推进其研究的纵深发展。借鉴教育学基本理论，系统阐述中国新闻传播教育百年发展的历史图景，深刻分析其特征，力求总结其规律，指引未来发展方向，富有极其重要的学术价值和现实意义。

一、立足中国，借鉴国外：中国新闻传播教育事业的起步成长(1918—1949)

1913 年，教育部形成完整的《壬子癸丑学制》，为新闻教育事业的诞生提供了前提。职业教育思潮的兴起也为新闻教育事业的诞生做了思想准备。

(一)民国时期新闻传播教育的起步成长过程

民国时期的新闻教育事业主要由高等新闻教育、新闻职业学校和新闻培训班三种类型组成。其中高等新闻教育事业既受国外新闻教育的影响，也跟国内人文社会科学教育总体发展密切相关。其人才培养特点主要表现为，理论讲授与实践教学并重，各新闻院系在讲授新闻学理论的同时，通过多种途径为学生开展实践提供条件，充分培养学生的动手能力；专业课程与通识类课程并重，各院系在低年级大量开设文史哲类课程，帮助学生培养人文社会科学素养，注重通识型人才的培养。新闻职业学校在中国本土报人不断摸索中出现了两种课程设置取向，一种以专业课为主，注重技能的培训；一种是依照大学的课程设置，加入大量通识课程，注重学生综合能力的培养。此外，还有一些新闻训练班、讲习班，普遍学制较短，以培养新闻宣传人才干部为主要目标。

自 20 世纪 30 年代开始，江苏省立教育学院、金陵大学等高校陆续开设了广播类课程。抗战爆发后，广播教育进一步发展。广告学课程在大学的新闻、商科、艺术等学科和职业学校中普遍设立。1934 年，公共关系教育开始出现，燕京大学新闻学系开设的必修课实用宣传与公共关系是民国时期最早的公共关系学课程。

(二)民国时期新闻传播教育起步成长的特点

民国时期的新闻传播教育经过 30 余年的发展，基本建立了完整的新闻传播教育体系。该时期主要学习以美国为主的国外新闻教育经验，同时立足中国，结合本土实际，在摸索中不断前进。例如，蔡元培和徐宝璜等创办的北京大学新闻学研究会借鉴美国新闻传播教育模式，大胆学习和借鉴美国新闻学研究成果，结合中国国情和新闻实践，实现了新闻学研究的本土化。当然，除了受美国的影响外，日本对中国新闻教育的影响也不容小觑，如任白涛、张友渔、管翼贤等新闻教育家都曾留学日本，回国后在中国开展新闻传播教育。

民国时期的新闻传播教育虽然建立了完整教育体系，但仍有不完善之处，许多新闻教育机构存在时间较短，一些新闻院系历经坎坷，发展曲折；从师资力量上看，多数新闻教育机构存在师资匮乏的问题，缺少新闻理论和新闻实践经验兼备的教师。

二、学习苏联，政治挂帅：中国新闻传播教育事业的曲折发展(1949—1976)

新中国新闻传播教育事业的发展是在接收、改造民国时期教育事业和新闻传播事业的基础上展开的。同时，新中国采取“一边倒”的外交政策，高等教育系统以苏联高校体系为蓝本开展院系调整，包括新闻学在内的各个学科全方位向苏联学习。

(一)新中国新闻传播教育曲折发展的过程

根据新中国新闻传播教育建设的需要，高校新闻院系开展合并调整工作。1952 年，燕京大学新闻学系并入北京大学中文系，改设新闻专业，后又并入中国人民大学新闻系。暨南大学和圣约翰大学的新闻系先后并入复旦大学。苏州社会教育学院新闻系并入江苏文化教育学院后停办，民治新闻专科学校在 1953 年停办。

为了加强对新闻干部的培养和训练，1949 年 11 月 1 日，新华社创办的新闻训练班从第三期改建为北京新闻学校，直属于新闻总署；1951 年 10 月，中宣部利用停办的北京新闻学校的校址和工作人员成立宣传干部培训班；1954 年 9 月 1 日，中央马列学院新闻班(后改为中共中央高级党校新闻班)第一期开办。1958 年，中华全国新闻工作者协会举办各类新闻讲座，并创办新闻红专学校、新闻夜大学，主要培训在职新闻干部。但是这些新闻教育机构普遍师资力量不足，办学条件较差，在 1961—1963 年国民经济调整时纷纷停办或停招。

1949—1966 年的新闻传播教育事业的确取得了非常大的进步，但在“意识形态”挂帅情形下，正常的教学秩序不断受到冲击。1960 年 6 月，中国人民大学新闻系教师编写的教材中“报纸是经济教育的工具”“报纸是人民的教科书”等观点被批判为“现代修正主义和现代资产阶级新闻观点”。随着“文化大革命”的到来，全国的新闻传播教育事业陷入凋零。

1970 年，新闻教育又有所恢复，复旦大学新闻系开始招收工农兵学员。北京大学中文系恢复设立新闻专业。总的来讲，“文革”时期的新闻传播教育不论是师资、教学环境、学生素质都远不如从前，教学质量受到严重影响。

(二)新闻传播教育曲折发展的特点

1949 年至 1976 年新闻传播教育事业最重要的特点是向苏联新闻教育的全面学习。北京大学新闻学教研室翻译了《党和苏维埃报刊的理论和实践教学大纲》《书刊编辑学教学大纲》《苏共中央直属高级党校新闻学教学大纲》。从 1950 年到 1960 年十年间共有 43 本苏联新闻学著作译介到国内,《新闻学译丛》《新闻与出版》等学术刊物也大量翻译苏联新闻学的文章。

1954 年开始，人民日报社、中央广播事业局、新华社等单位派出人员赴苏联学习，新闻院系也派年轻教员赴莫斯科大学学习，带回了苏联的新闻教育经验。

除了苏联新闻教育的影响外，这一阶段的新闻传播教育事业受“左”倾思想的影响较为明显。政治理论课占比较大，新闻专业课成了次要方面，参加政治运动成为教学内容。1957 年后随着反右运动的不断扩大，新闻教育领域也出现姓“资”姓“社”的问题。

三、体系完整，遵循规律：中国新闻传播教育事业的恢复开拓(1977—1999)

随着十一届三中全会确定的改革开放国策的实施，中国高等教育回到正常轨道，逐渐恢复发展，且不断开拓，形成了一个本硕博教育体系完整、遵循教育规律的新局面。

(一)新闻传播教育恢复开拓的过程

从 1977 年开始，新闻传播教育在短时间内得以恢复，到 1982 年全国本科和大专一级的新闻教育单位达到了 12 个。1983 年，吉林大学、兰州大学、新疆大学、宁夏大学等学校先后增设新闻系或新闻专业。至此，全国设有新闻专业的院校达到 21 所。具体来讲，这一阶段新闻传播教育的恢复和开拓可以总结为以下三点:

1. 本硕博教育的全方位提升

在高校自身摸索和国家指导建设的双重推动下，新闻传播教育从单一的新闻学教育向广播电视教育、广告教育、公共关系教育等领域拓展，逐渐建立起完整的学科体系。与此同时，各新闻院系开始注重学生基础素质的培养，让学生朝着复合型人才发展。新闻传播学的教材建设也受到足够的重视，国家教委及中国人民大学、复旦大学等新闻院系组织力量出版系列教材，保证了教材的质量。

1978 年，中国社会科学院开始招收硕士研究生。1985 年，中国人民大学新闻系和复旦大学新闻系开始招收新闻学专业博士。1997 年，国务院学位委员会颁布的研究生专业目录，将新闻学由二级学科升为一级学科，为“新闻传播学”，下设新闻学和传播学两个二级学科。

2. 新闻传播教育管理机构和学会逐步建设完善

为指导和管理新闻传播人才培养，国家相关部门先后设立了数个机构。为指导研究生教育，新闻传播学学科开始单独设立评议组。为指导本科生教育，教育部于 1997 年设立第一届新闻学学科教学指导委员会，并开展新闻教育改革课题研究，出版新闻学教材，起草《新闻学类专业基本办学条件》报告等工作。

3. 多层次、多形式的新闻传播教育共同发展

函授教育、广播电视大学教育和高等教育自学考试等人才培养方式，是这一阶段新闻传播教育的有力补充。1980 年中国人民大学函授学院开始在外省市开设新闻函授班。1985 年中央广播电视大学开始招收新闻专业学员，利用电视辅导。1986 年，全国高等教育自学考试指导委员会新闻专业委员会成立，编订教学计划和教材，在北京、上海等地试办新闻专业自学考试。多种多样的新闻教育方式缓解了新闻人才匮乏的状况。

(二)恢复开拓阶段中国新闻传播教育的发展特点

经过 20 余年的发展，中国的新闻传播教育在世纪末已经形成一个多层次、多方式、多类型的完整教育体系。总结起来，这阶段新闻传播教育的主要特点如下：第一，真正实现了按照教育规律和新闻传播学规律办教育。第二，由专业的人办专业的事，实现了新闻传播教育的专业化。

四、技术引领，中国特色：中国新闻传播教育事业的创新深化(2000 年至今)

千禧年后，互联网及新媒体的迅猛发展，对中国新闻传播教育提出了新挑战。

(一)新世纪新闻传播教育创新深化过程

进入新世纪以来，新闻传播教育继续保持了改革开放以来的发展势头，面对新的外部内部环境，在不断地求“变”中继续前进。

1. 总体呈现扩张趋势

在本科教育方面，新专业和专业点的数量大幅增长。目前新闻传播学类主要的专业有新闻学、广播电视学、广告学、传播学等。2006 年，全国新闻类专业 5 年达到 661 个专业点。在硕士研究生方面，学术型硕士授予点数量快速增加。据《中国新闻传播教育年鉴(2018)》统计：全国现有新闻传播学学术硕士点共 126 个，新闻与传播专业硕士点 109 个，出版硕士专业点 28 个。经过多年的发展，新闻传播学博士后的培养也渐趋完善，据不完全统计，截至 2017 年，全国共有 17 家新闻院系设立博士后流动工作站。

2. “部校共建”的办学模式从尝试到全国范围推广

2001 年 12 月 24 日，上海市委宣传部和复旦大学达成共建复旦大学新闻学院的协议，成为全国首个开展部校共建的新闻院系。自 2014 年开始，部校共建模式在全国范围内推广，省市级党委宣传部门、中央和地方的媒体纷纷与有关高校开展共建学院、专业、人才培养基地的举措。截至 2018 年 8 月，全国共有共建新闻教育单位 120 余所。

3. 国家层面的指导规划

2000年9月10日，教育部高等教育司向有关文科高等学校下发了《新闻学类专业基本教学条件》的通知。就新闻学、广播电视新闻学、广告学、编辑出版学4个专业，提出了在师资、教学方案、教材、图书资料、专业实验、校外教学实习基地6个方面的具体要求。

2018年9月17日，《教育部　中共中央宣传部关于提高高校新闻传播人才培养能力实施卓越新闻传播人才教育培养计划2.0的意见》颁布，该意见就高校新闻传播专业建设的目标、任务和重点举措提出了进一步的要求。

4. 马克思主义新闻观指导教学内容

2004年和2005年，教育部举办多期新闻传播院系负责人与教学骨干“三项学习教育”培训班。自此，马克思主义新闻观教育拓展到新闻传播学界。近些年，随着“部校共建”和卓越新闻传播人才计划的实施，马克思主义新闻观逐渐成为新闻传播教育的核心内容。在新闻和教育主管部门的领导下，各新闻院系积极配合，制订一系列的计划和举措，推动马克思主义新闻观教育的深入，使其成为新闻传播教育的核心内容。

(二)中国新闻传播教育的改革发展

新世纪以来新闻传播教育的改革，立足中国实际情况，针对数量发展过快，质量建设不足的问题，加强了新闻传播教育质量建设。2017年5月，中国传媒大学新闻学院完成教育部专业认证，成为首个完成专业认证的新闻传播院系。2018年1月30日，教育部发布《普通高等学校本科专业类教学质量国家标准》，其中包含新闻传播类的标准。该标准在培养目标、课程体系、师资队伍、教学条件等方面对新闻传播教育做了全方位的标准要求，明确了新闻传播教育建设发展的方向和基本条件。

放眼世界媒介格局的整体变化，应对融媒环境，不断进行自身调整。适时增加了网络与新媒体和数字出版等专业，在教学中注重吸收新技术成果，改进教学内容。人才培养目标上也朝着具有全媒体新闻传播知识和能力的应用型、复合型、创新型人才迈进。

五、结语

回望百年中国新闻传播教育发展历程发现：中国的新闻传播教育事业是时代的产物。它作为人文社会学科的根本属性决定了其发展与时代主题有紧密联系，根据现实需求不断进行调整是其发展的常态。新闻传播教育的发展遵循新闻传播学的规律，新闻传播学的研究和新闻传播理论是新闻传播教育的基础支撑；新闻传播教育也遵循教育学的规律，作为教育活动的分支，新闻传播教育的根本任务是将专业知识和技能传授给学生，不同时期的教育思想、教育政策全方面影响着新闻传播教育事业。此外，技术也是新闻传播教育的直接推动因素，从新闻教育到广播教育，再到广播电视教育及网络与新媒体教育，新闻传播教育类别的演变足以证明技术的重要性。

中国新闻教育的百年流变与重要问题解读

李建新

文章来源：李建新．中国新闻教育的百年流变与重要问题读解[J]．出版发行研究，2019(4)：94-99.

摘要：2018 年 10 月 14 日，是中国新闻教育的百年诞辰。百年中国新闻传播教育具体经历了创立与初步发展、发展与壮大、政权更迭与转型、调整与新创、繁荣与上升五个时期，其中“学习・移植・效法”“萌生・建构・传统”“改造・新创・灾难”“恢复・转型・国际”“同源・异变・新貌”等是这几个不同历史时期的特点与特质；“审局・规划・改革”“研究・修史・探路”“必要・多元・补充”“拓疆・兼修・超越”“感悟・思辨・愿景”“共建・评估・科技”等是几个值得细究的重要问题，也是本文关注和深度理析的问题。

关键词：中国新闻教育；新闻传播；新闻传播教育；新闻学

对中国新闻传播教育 100 年进行历史回眸，关注细究其重要问题，可以使我们明白其发展特征、在社会中的定位以及与社会发展的关系。从新闻教育从北京大学开始发轫、到新闻教育的前辈积极探寻中国新闻教育的发展道路，从对西方新闻教育的效法、圣约翰大学新闻教育等西方新闻教育在中国的落地；再到以复旦大学新闻教育为标志的中国大学新闻教育的起步，然后到政党新闻教育的勃兴，直至形成中华人民共和国成立前传统新闻教育的模式，中国新闻教育是沿着一种与社会同步发展的轨迹蜿蜒曲折的前进的。

中华人民共和国成立以后，对旧的新闻教育进行了调整，制定了以我为主的新闻教育方针，特别是以中国人民大学新闻系的创建为标志，新中国的新闻教育步入了新时期。嗣后，中国的新闻教育不断向前发展，全国新闻教育座谈会、民族新闻传播教育、新闻传播学博士后教育、新闻传播教育的多维呈现等是显著特色的体现。研读这段历史，能帮助我们从历史中找到未来发展的参照系。这也是纪念中国新闻传播教育诞生 100 年的一个有特殊意义的方式。

一、历史流变

中国新闻教育的发展大致经历了创立和初步发展、发展与壮大、政权更迭与转型、调整、新创与发展、繁荣与发展等几个不同的历史时期。其中，“学习 · 移植 · 效法”“萌生 · 建构 · 传统”“改造 · 新创 · 灾难”“恢复 · 转型 · 国际”可以读解为不同时期的主要特质。

(一)1918—1927 年：学习 · 移植 · 效法

1918—1927 年为中国新闻传播教育的创立和初步发展时期。这个时期应该关注北京大学新闻学研究会、燕京大学、圣约翰大学等新闻传播教育，他们有地域、模式与教育法则的代表性。中国新闻传播教育在经历了一定时期的先期酝酿和萌芽之后，伴随着中国政局的动荡和新旧文化的更替步入了初创时期。

1918—1927 年是中华民国建立之后的一段相对稳定的发展时期。期间，社会和教育界、新闻界的代表人物认为在培养新闻人才方面，学校教育比报馆教育更为重要。在 18 世纪初叶，一些国人求学海外，以日本为主，学习了西方关于新闻教育的理论与实践。此后，他们开始效法西方，在国内进行新闻教育的尝试，这是中国新闻教育萌生的“内因”之一。

(二)1918—1949 年：萌生 · 建构 · 传统

1918 年 10 月 14 日晚 8 时，北京大学成立了新闻学研究会，并开始了新闻学的讲座，这是新闻传播教育在我国的肇始，被称为中国“报业教育的发端”。这个时期的新闻教育以报学为主，课程设置的主要目的是让学生得到初步的新闻训练，以期他们把新闻事业树立成最具潜力的事业，成为促进公益及国际友好的砥柱。

1920—1949 年，全国共有 59 个新闻教育机构，有了高校、政党、媒体、民间、社会组织等办的新闻传播教育，建构起了中国新闻传播教育的初级模式。1920 年，上海圣约翰大学创办了新闻系，聘请了当时密勒氏评论报主笔柏德生(D. D. Ptter-son)担任系主任，这是中国新闻传播教育最早开始的“移植”。1924 年，燕京大学新闻系初创，在 1929 年正式建系，完全效法美国密苏里新闻教育的模式，为中国新闻传播教育的起步、发展提供了参考坐标。1929 年 9 月，复旦大学新闻系创立，开始建构大学新闻教育和模式适合中国国情的新闻传播教育之路。

(三)1949—1978 年：改造 · 新创 · 灾难

1949 年以后，中国新闻传播教育的调整大致经历了对旧新闻传播教育的接管、调整、发展三个阶段，就实际情况而言，这三个阶段的工作是交叉互动进行的。

对旧新闻传播教育机构的接管是对整个旧教育机构进行整顿的一个组成部分。1949 年中华人民共和国成立后，取消了原有的旧政治课程，开设马克思列宁主义的政治理论课，帮助学生初步学习了解为人民服务的正确政治立场、观点、方法。在教学方法上，注重理论和实际联系，组织学生参加农村土地改革和抗美援朝、保家卫国等政治社会运动，进一步改造思想，逐渐改革新闻学专业课内容，学习无产阶级新闻观点，并用以清理批判资产阶级新闻观点。

1952—1953 年，全国高等院校统一进行院系调整，党和政府加强了对新闻传播教育的领导和有计划的发展。调整的目的是优化结构，合理布局，创办新的新闻传播教育机构。经过这次院校调整，不仅使分散的新闻传播教育机构得到合理的合并，教学管理力量更加集中和充实，而且进一步修正和制订了比较切合实际的新闻教学计划。

1966—1976 年，中国发生了“文化大革命”，新闻传播教育进入了长时间的停顿和瘫痪期。1970 年，北京大学招收第一届工农兵学员，复旦大学、广西大学等也开始招收工农兵学员进行新闻教育，但内容、方法、要求等与解放初期是完全不同的。这是“文革”后期新闻传播教育开设的情况。

(四) 1978—2018 年：恢复 · 转型 · 国际

1978—2018 年，是中国新闻教育 100 年的后 40 年，也是发展变化最大，取得的成就较为丰盈的 40 年。中国的新闻传播教育经历了这 40 年的洗礼和历练，在这一时期开始以“科学发展观”蹈履学科的发展，培养既有理论知识，也有动手能力的新闻人才，在新型媒体的出现后不断调整自己的教育理念、教育手段、教育方法。同时，实时更新教学内容，注重经济、人文、科技、文化等方面的新闻传播研究与传播技术与技巧的提高，逐步走向了国际化。

1978—1982 年是恢复阶段，升变、转型体现在新闻教育改革迈出了新步伐。为适应各种现代化传播媒介的需要，各新闻院系调整了培养目标，拓宽了专业口径，开设了一批新课程，如传播学、新闻美学、广播电视新闻制作等课程，并根据自己的条件，探索不同的办学模式。在教学方面，广大教师还注重教学内容和教学方法的改革，认真组织学生参加社会实践，重视学生实际能力的培养。

自 1992 年起，社会主义市场经济体制开始确立，新闻教育搭上了“市场经济”的快车而提速发展。到 2000 年年底，经教育部批准设有新闻类本科专业的普通高等院校已达 57 所，在全国高校中设有新闻学学士学位点的有 56 家，设有广告学学士学位点的有 67 家。硕士授予点 27 个，博士点 5 个，博士后流动站 1 个，传播学硕士授予点 12 个，博士点 2 个，在校生近万人。

1998 年，政府部门做出了“大学扩招”的决定，为新闻教育队伍的扩大提供了机会。截至 2008 年年底，我国高等学校设立的新闻传播学专业点达到了 877 个，分布于全国 300 多家高校之中。

2010 年以后，科技的力量和智能传播的功效凸显。新闻传播教育对内专业融通，对外跨学科、跨界、跨文化，并在此基础上按学生的自主选择进行人才个性化培养。一些学校开设尝试新的培养模式，不再进行专业细分，学科内部的专业壁垒得以打通；有的学院还推出数字化和国际化的未来传播学堂和学术拔尖人才计划，根据人工智能技术的发展对人才培养方案做出了调整。

把信息科学与大众传播、新闻教育融合在一起，为学生提供更好的数据科学信息教育，是这一时期新闻传播教育转型的一个明显特征。各类前沿技术，比如AR/VR、人工智能、区块链等成为转型的主要内容，创意产业教育也进入了课堂，匹配国家“一带一路”战略的媒介人才的培养有成为主流的趋势，学生除了应具备独立接触、整合、分析数据的能力之外，批判性思维依然是教育中应该“苛求”的内容。

二、重要问题读解

理析百年新闻教育，应该以大事件，改变中国新闻教育发展流向、对后事产生了深远的影响、值得探讨的定位、定向、定准、定性等相关问题为抓手。基于以上考量，以下几个方面的问题应当予以重点关注。

1. 全国新闻教育座谈会：审局 · 规划 · 改革

1983年5月，中共中央宣传部和教育部在北京联合召开了中华人民共和国成立以来的第一次全国新闻教育工作座谈会，着重讨论了我国新闻教育的发展规划和新闻教育的改革问题。部分与会者认为，如何有计划、有步骤地培养一大批合格的新闻人才，充实、壮大新闻队伍，是新闻事业面临的一个极为重要的问题。

据此，新闻教育需要进行以下改革：①加强对学生的思想政治教育，把德育放在首位。②从实际出发，改革招生、分配制度；对于急需新闻人才的一些边远地区，可以实行定向招生、定向分配。新闻单位和有关部门也可以适当投资，委托新闻院系培养学生。③加强教学工作，改革教学内容和方法。④积极开展科学研究，尽快编写出全套新闻学教材。⑤加强师资队伍的建设，大力提高教师水平。

2. 民族新闻传播教育：必要 · 多元 · 补充

民族新闻传播教育是伴随着民族新闻传播事业的出现和发展而起步的。1984年，经国家教委批准，在中央民族学院(现名中央民族大学)创办学制为4年制的新闻专业，由汉语言文学系领导，主要招收来自民族地区的少数民族学生，开设的专业课和专业选修课与国内其他高校的课程基本类似。

随着我国新闻传播教育事业在教育事业发展中的深化和普及，民族新闻传播教育在改革开放以后有了很大的发展，在全国高校的综合类、民族类、师范类高校都有所体现，基本满足了民族地区新闻事业发展的要求。

3. 新闻传播学博士后教育：拓疆 · 兼修 · 超越

中国新闻传播学博士后的培养始于 1998 年。是年，复旦大学新闻学院设立新闻传播学博士后流动站。1999 年，我国第一批新闻传播学的博士后进站学习。新闻传播学博士后流动站设站的目的旨在培养、吸收和造就高层次的优秀新闻人才，为国家新闻领导部门、新闻决策部门、新闻管理部门、新闻业务部门、新闻教育部门及中国传媒和世界传媒业培养高级新闻人才。

博士后的培养有以下几个方面的标准和内容：

(1) 以研究者的标准进站。博士后的录用不是以考试的形式，代之以本人申请、专家推荐、设站单位考核、管理部门把关认定和批准等相结合的方式。其中，取得进站的资格，申请者的研究成果、研究课题，体现出来的研究能力、研究潜力占相当大的比例。

(2) 以研究者的要求做事。博士后不必因循在校学生“三点一线”的模式，其管理完全靠自觉，在站期间就是进行课题的研究。每一个进站的博士后，在进站申请的时候，会填写一个十几页的表格，而其中一个主要的内容就是你有什么研究课题，在站期间，每一位博士后都要在国内或国际的核心刊物上发表论文，还要尽可能多地出成果。

(3) 以全面兼修来拓展研究的范围和完成超越。博士后中的多数人有过工作的经历，他们知道自己欠缺哪方面的知识，他们也知道自己将来要从事哪方面的工作，需要哪方面的知识，因此大多数人在进站后会有目的地兼修一些课程。

在国家有关博士后培养的文件中有“博士后研究制度是人才开发的重要措施”“创造、创新”等文字，通过对这些文件和文字的解读不难发现，博士后培养的一个重要使命就是超越。

4. 新闻传播教育的新呈现：共建 · 评估 · 科技

(1) 部校共建成为一种新的模式。“部校共建”是新闻教育进入新世纪后出现的一种新模式，这种模式由上海市委宣传部和复旦大学率先“试水”。部校共建主要内容包括四块，一是引进业界导师到学院来上课，安排学生到媒体实习；二是学院老师到媒体挂职；三是学界与业界进行媒体项目融合，相互提供指导和帮助；四是通过共建为社会和媒体提供与新闻传播有关的培训教育。

(2) “学科评估”体现新闻传播教育新的格局和变化。从 1994 年开始，教育部对新建、升格院校、专业进行教学工作合格评估；对办学历史长、力量雄厚的重点大学进行教学工作优秀评估；对介于这两者之间的高校进行教学工作随机性评估。新闻学是专业评估的试点专业之一。新闻学专业评估的目的是要通过教学评估促进学校改善办学条件，提高教育质量，加强教学管理，加快师资队伍建设，提高科研水平等。评估包括 5 个方面：①办学指导思想、定位和改革思路；②办学条件，包括实验室设备、图书资料等；③教学改革举措；④教师队伍建设；⑤学生的综合素质和教学效果。

面对一门变化迅猛且与其他学科的融合日甚的学科，评估标准的制定、材料的核审、专家的选择、对学科外延边界的合理判断等均是难求其详、难求其全的。因此，对于“评估”的结果，除了大家“基本认同”之外，也有一些不同的看法和不同的观点。

(3)“全媒体”教育成为主流发展趋势。新闻教育在人文社科的范畴之中，但具有体察时代变化的高灵敏性。新闻教育的内容也是随着时代社会的变化而不断的调整变化的。从广播、电视、网络、自媒体、社交媒体、融媒体电子媒体的内容不断进入新闻教育的队列之中来看，科技是新闻教育一个永远也离不了的“近亲”。

步入21世纪，大数据、人工智能、VR等开始融入中国新闻传播教育之中，为新闻传播教育注入了科技的元素。2017年3月30日，“新闻出版大数据用户行为跟踪与分析实验室”及“国家新闻出版广电总局新闻出版大数据应用重点实验室合作联盟”在北京师范大学举办。联盟对新闻出版大数据用户行为跟踪与分析实验室提出了三点希望：一是要坚持交叉特色，为提升学校学科优势服务依托学院优势学科和校内优势资源；二是要坚持责任意识，实验室要将新闻出版用户行为大数据跟踪的成果，快速转换为指导现实的理论技术和操作模式，助力打造科学合理的新闻出版产业格局；三是要坚持全局眼光，为国家新闻出版事业健康发展、推动社会主义文化大发展大繁荣作贡献。

2017年10月23日，中国人民大学新闻学院与今日头条共建了高校新媒体实务课程共享平台，希望以此形成一个学界和业界深度合作的教学改革创新机制，为“互联网+”背景下高校新闻传播学科的教学改革探索、加强学界和业界的沟通与合作进行有益的尝试。

“名记者摇篮”：复旦新闻实务教学实践与特色

刘海贵

文章来源：刘海贵.“名记者摇篮”：复旦新闻实务教学实践与特色[J]. 新闻大学，2019(10)：55.

摘要：90年来，复旦的新闻教育有口皆碑，包括新闻实务教学在内的新闻教学水准，始终位列全国前列。复旦大学新闻学院从创立之时至今，始终高度重视新闻实务类课程的教学与科研，形成了独特的经验：培养方案紧贴社会需求，制定并实行了“2+2”的培养方案和模式；教学团队力求结构合理，新闻实务教学聘用业界专家；教学方式注重能力提升，新闻实务课程以精讲多练为原则；教材建设始终独领风骚。

关键词：新闻实务；培养方案；教学方式；教学团队；教材建设

复旦大学新闻学院前身为新闻系，于 1929 年 9 月正式成立，至今已有 90 年整。但复旦的新闻教学实践还要比这早上五年，即 1924 年年初，复旦大学国文部主任邵力子先生就开设“新闻学及现代政治”课程，是年秋，国文部附设“新闻学讲座”，由陈望道先生主持。

90 年来，复旦的新闻教育有口皆碑，为国家培养了近三万名优秀新闻人才，赢得了“复旦新闻馆，天下记者家”的美誉。新华社上海分社原社长沈世纬在任期间，几乎每年都亲自到新闻学院挑选毕业生，他由衷地感叹：“复旦的学生业务素质好，能力强，管用！”

上述共识和赞誉，充分说明和肯定复旦的新闻教育是成功的，包括新闻实务教学在内的新闻教学水准，始终位列全国前列。复旦大学新闻学院始终遵循“好学力行”的院训，坚持“两典一笔”(古典、经典和勤于练笔)的教学思路，厚基础、重实践，让学生在校期间不仅在文史哲经、马克思主义理论等通识教育上打下坚实的知识基础，又能在在校期间专业就初步练就良好的业务实践本领，在毕业后一上岗位便能很快胜任工作，且后劲十足。

一、培养方案紧贴社会需求

几十年来，复旦大学新闻学院在培养目标和方案的制定上始终紧贴社会发展需求，着力打造厚基础、重实践的教学特色，使学生具备宽厚的人文、社会科学和自然科学基础知识，能以马克思主义立场、观点、方法观察分析新闻传播现象，掌握系统的新闻传播学及其他相关学科的理论，熟悉媒体的运作机制和发展趋势，熟悉新闻传播的政策法规，具有高远的职业理想和良好的职业道德，成为胜任媒体、党政机关、企事业单位及其他公关传播机构工作的高素质专门人才。自 20 世纪 80 年代中期起，复旦大学新闻学院制定的教学计划和课程设置，一度成为全国大部分新闻传播院系仿效、借鉴的模板。

21 世纪初，复旦大学新闻学院大胆借鉴西方传播课程设置科学性、合理性部分，制定并实行了“2+2”的培养方案和模式。所谓“2+2”，即把四年制培养和课程分为两个阶段：第一阶段(第一、二学年)需在经济学、法学、社会学、电子信息科学与技术、汉语言文学、国际政治、政治学与行政学、行政管理中任选一个方向，按照所选方向培养方案进行学习。第二阶段(第三、四学年)按照新闻传播学科专业的培养方案和课程设置进行学习。在第二阶段的学习期间，学院安排学生赴媒体进行两次实习，第一次为小实习，时间为暑假，一般在地市级媒体实习；第二次为大实习，时间为半年，赴省市以上和中央媒体实习。此方案从初期实行直至今天，复旦大学新闻学院不断根据形势发展和社会需求的变化对其适时进行修改或补充。事实证明，这一方案的实施，各方面效果是好的，使学生的知识结构更为合理，基础更为宽厚，学生毕业上岗以后适应性强，上手快，且后劲十足，业务发展势头强劲，受到学界和业界的普遍赞扬。

二、教学团队力求结构合理

教学团队是在人才培养过程中为实施课程教学的一种组织形式，教师是传授知识、形塑人格的精神力量，一流质量的学生要靠一流水平的教师去培养。因此，建设高水平的教学团队，是确保教学质量、提升办学水平的基本条件和重要保证。

加强师资队伍建设，打造一流教学团队，是复旦大学新闻学院新闻实务教学始终放在学科发展战略高度予以重视的一项工作。我们始终认为，一流的教学团队各成员的经历、专业背景、年龄等方面应呈现一个合理、科学的结构分布，特别是新闻学科有其一定的应用特性，因而师资的构成更不应是纯“学院派”的，应有一定比例的教师来自业界。

没有上过战场的教官能带出实战本领过硬的战士，是不合逻辑的，同样，没有媒体实战经历和经验的“学院派”老师也是带不出有真才实学的学生的。因此，复旦大学新闻教学早在20世纪20年代起，大量聘用业界专家就已成为一个风尚，如1928年秋，聘请《时事新报》主笔陈布雷主讲“社论作法”，聘请《时事新报》经理潘公弼主讲“新闻编辑”与“新闻采访”，聘请《申报》编辑部主任马崇淦主讲“新闻学”等。

长期的教学实践证明，合理、科学的师资结构应考虑由不同专业、不同经历的个体所组成，他们可以有各自不同的特质，对同一个问题可能有不同的理解和认识，但为了同一个目标愿景，他们相互有效沟通、取长补短、合理分工并凭借高度的责任感，自觉组成了教学团队这个命运共同体(张昆，2019)。著名新闻教育家王中先生，1979年9月复任复旦大学新闻系主任，即把师资队伍建设和教学团队组建作为头等大事狠抓，他根据学科教学科研需求，把全系教师分为六个教研室、八个教学团队，新闻实务类教研室占了三个，即新闻采访与写作、新闻编辑与评论、新闻摄影，教学团队占了五个，即新闻采访与写作、新闻编辑、新闻评论、新闻摄影和文学与基础写作。这样的构建使人不难看出，记者出身的王中先生对新闻实务教学的格外重视。随后，他又通过不同方式、多种途径，从学界和业界引进了四十多位优秀人才，从本系和本校其他学科选录了十多位高材生留校任教，至1982年年底，由多种成分、背景人员组成的师资队伍达到108人，被人戏称“一百零八将”。在这支队伍中，“学院派”教师约占比五分之三，来自业界的资深人士约占比五分之二。以当时的新闻采访与写作教研室为例，全教研室有16位教师，其中8位来自媒体，每位都有至少20年以上的新闻从业经历，其中包括与范长江齐名的著名战地记者陆诒先生、新华社驻莫斯科分社首席记者郑伯亚先生等。系领导定期到教研室，帮助各教师之间协调沟通，统一对课程范围内的关键知识点、核心概念的理解，及时消除来自不同层面的老师因学缘不同、理解不同而可能产生的歧见，这样的活动教研室一般每隔一二周安排一次。

这一合理、科学的师资结构建立的理念和做法，至今仍在传承。学院在引进人才时，仍十分注重从业界优秀人才中选拔，在近几年的人才引进中，学院仍十分重视从业界选择实务教学的优秀人才。

2001 年 12 月，中共上海市委宣传部与复旦大学签订共建新闻学院协议，借共建东风，学院在原先聘请著名记者穆青、朱穆之、郭超人等任兼职教授的基础上，又先后新聘了近 30 位业界知名人士为学院兼职教授，其中，从事新媒体实务和研究的比例占一半以上。每年学院都会开设数十次新闻学术讲座，均由这些兼职教授主持。学院还拿出十多门课程放到媒体招标，让既有实践经验又有理论水平的记者编辑及媒体管理人员到学院主授，这十多门课程基本上属新闻实务类课程。

与此同时，学院还有计划地安排每一位从事新闻实务教学的中青年教师到媒体挂职锻炼，为期至少一年。积极鼓励中青年实务课程教师通过多种形式保持与媒体的良性互动，以弥补新闻实践的不足，包括笔者在内的所有实务课中青年教师，都先后不止一次到媒体定期进修，对进一步搞好新闻实务的教学和科研获益良多。

三、教学方式注重能力提升

1962 年系领导在师生中倡导学习古典文学著作、马列经典理论著作和写作练习活动，进而逐步形成了“两典一笔”的办系思路。几十年来，实务课教师在授课时始终贯彻这一思路，坚持精讲多练为原则，在确保专业理论讲授的前提下，每门课都留足课时，或是组织课堂专题讨论，或是举行模拟新闻发布会，教师就一主题发布相关新闻，让学生模拟记者提出各种问题，锻炼学生的提问技能，或是把学生有目的地放到社会上的某个新闻事件的发生点，让学生在规定的时间内，去模拟记者采制新闻，然后快速写成新闻稿，老师一一批阅后，再在课堂上对习作存在的主要问题结合相关理论逐一点评。这一类的实战练习每门课一般要进行四、五次，教师的事先联系、现场指导、学生习作的批阅及课堂上的点评，会被折腾的很累，但看到学生投入实习的高涨热情和实战能力的显著提升，老师们都乐此不疲。已毕业 30 多年的 1986 级的学生、现任上海市委宣传部副部长的胡劲军，前年见到笔者时还十分兴奋地说：“刘老师，当年听您课，有一节课终身受益、终终生难忘，记得那天正下着大雨，上课铃声刚响，您突然宣布，让我们用两节课时间，在方圆一公里范围内，每人采制一篇有价值的新闻稿件。我们一个个在大雨中奔波了两节课时间，也都如愿采制了新闻，但都不理解您这样做的用意，有些同学还多少心存怨恨。当第三节课点评我们习作时说的一番话，我们才顿悟这次练习的意义。记得您是这样说的：同学们，看到你们浑身湿透，分不清是雨水还是汗水，老师也心疼啊，但今天这场练习，想告诉你们的是，日后真当了记者，每遇有价值的新闻事件发生，不要说是下雨，就是天上下刀子，你们也得在第一时间赶到现场，这是记者必备的素养。”

90 年来，复旦大学新闻学院新闻实务课的教师在对学生的培养上，除了“第一课堂”外，还有“第二课堂”“第三课堂”。所谓“第二课堂”，即老师们主动到学生各个寝室里，就学习上的问题与学生进行交流探讨。陈望道先生当年任系主任时，就是学生寝室的常客，住在校区的张四维、夏鼎铭、叶春华、徐培汀等老教师几乎每晚必到学生宿舍；家住市区的林帆、周胜林、张骏德等老师，中午都放弃休息，在学生寝室与学生进行交流。所谓“第三课堂”，即实务课老师把学生约到家里，就学习和实践问题共同切磋。现任上海报业集团社长裘新、著名财经作家吴晓波等同学，读书时参与校园学生报纸的采编出版工作，每期报纸的选题策划，他们都会来笔者家里，与笔者商量各项出版事项；到了版样划定时，他们会去叶春华教授家里讨教，有二三十届的学生如此。

四、教材建设始终独领风骚

建设工作能否健康推进，是衡量学科发展和教学水平的重要标志之一。从复旦大学新闻教育初期起，教材编辑出版工作始终不渝地在有序推进着，至今已至少出版了 30 余套、近 200 种新闻传播教材，其中，新闻实务类教材出版了 10 余套、80 余种。

陈望道先生在任教新闻学课程期间，曾率先编撰出版了《新闻写作》(上、下集)教材，叶春华，马棣麟、周胜林、张骏德，丁法章、陆云帆、谢恩光等老先生及后辈教师刘海贵、张子让、颜志刚、尹德刚、程士安等薪火相传，先后正式出版了《现代广播电视学》《高级新闻写作》《当代新闻采访》《新闻心理学》等在国内具领先水准的教材，还有《采访·写作·编辑》《马克思恩格斯列宁斯大林新闻论著选读》《中外名记者采访写作经验谈》等三十余部内部出版教材。

原复旦大学党委宣传部长、著名杂文作家徐震先生，1983 年 9 月调任新闻系主任对教材建设格外重视，仅新闻实务类教材编写，他就组织相关教师数次专门讨论，最后制定了十本新闻实务类教材的编写出版计划。不到三年时间，《新闻采访与写作》《新闻编辑》《新闻评论》《摄影基础教程》《消息选评》《通讯选评》等一套十种新闻实务类教材，均由复旦大学出版社正式出版。这套新闻实务类教材的出版力度是中国新闻学科发展史上空前未有的，引起了学界和业界的极大震动，也显著地提升了复旦大学新闻传播教育在全国的地位和影响力，全国近 80%的高校新闻传播院系将这套教材作为同类课程的首选教材，并一直沿用至今。

在互联网和媒体融合发展时期，新闻传播实践不断发生剧变，教材建设应当适应这种变化和发展需求，加紧编写出版适应新时期社会和媒体实践发展需求的新教材，已成当务之急。依据教育部对新闻传播学科本科生教育和教材建设的新要求，笔者于 2015 年年初，认真对中外新闻传播类教材出版情况进行了全面调研和排摸，列出了《网络与新媒体教材丛书》共一套 13 种的出版计划，在学院党政领导的全力支持下，本人领衔组织学院十三位教授、副教授分别主编这 13 种教材。目前，已由复旦大学出版社陆续出版了《网络空间概论》《网络传播法规与伦理》《互联网与全球传播》《全媒体新闻采编教程》等 7 种，《网络与新媒体评论》《移动互联新闻实务》等剩余 6 种年内可望出版。鉴于复旦大学新闻学院在教材建设上的优良传统和突出建树，2019 年 9 月，教育部正式批准把国家新闻教材出版研究基地设在复旦大学。

我在复旦大学新闻学院耕耘的四十余年来，深知新闻传播教学改革和学科发展的艰辛，也深知新闻传播实务学科的博大精深。我坚信，只要我们不忘初心，牢记使命，本着与时俱进、开拓创新的精神和斗志，扎扎实实地投身改革，持之以恒地追求标志性的突破，中国新闻传播实务教育的新局面一定能够开创。

21. 1. 2　重要论文的观点摘要(21 篇)

1. 白贵，杨强 . “新文科”背景下新闻传播教育的新形势与新进路[J]. 出版广角，2019(9)：29-32.

在科技发展与社会变革的双重发展下，为适应新时代、新变化、新要求，教育部提出建设“新工科、新医科、新农科、新文科”，是着眼时代之“变”的适时之举。走新闻传播教育的“新文科”之路，我们要实现世界格局、社会需求、大学功能、学科关系、知识体系、思维方式六大变化，立足于自身专业特性的时代呼唤及“卓越新闻传播人才”培养之需，放眼国际、聚焦国内的新闻传播教育，不断反思自身，主动求变。同时，要重视高校教育的主体作用，从意识形态、课程体系建设、专业技能训练、师资队伍结构、人文基础培养等角度确立新闻传播教育改革的新进路，为新闻传播教育事业的发展注入强劲的动力。

2. 柴巧霞，张慧敏 . 新闻传播学研究生跨学科人才培养的基础、模式与困境探讨[J]. 教育传媒研究，2019(4)：46-50.

在万物互联和信息高度融合的今天，跨学科人才培养模式引起了广泛关注。在新闻传播学领域，要全面了解跨学科人才培养模式，对其基础、模式及困境等进行分析是十分必要的。通过文献法和实地调查法，发现目前域外的跨学科人才培养主要形成了通识教育式、复合导师制、学科会聚式、学科矩阵式等多种模式，而国内新闻传播学主要形成了融合专业式、课程选修式、跨一级学科培养式、跨院系联合培养式、增设跨学科专业方向式等五种常见模式。在跨学科人才培养的发展过程中，我们发现了院系制管理模式的局限、跨学科师资与团队的欠缺、个性化培养的缺失等问题。为了在今后大力推进研究生培养机制改革，新闻传播学可以尝试破除桎梏，组建跨学科团队，并注重对研究生的个性化培养，增加破除困局的几率。

3. 陈信凌．马克思主义新闻观教学的现实指向[J]．青年记者，2019(7)：64-65.

马克思主义新闻观是一套博大精深的观念体系，将马克思主义新闻观融入我国高校新闻教育的人才培养体系，能响应中央宣传部和教育部抓牢抓实马克思主义新闻观教育的号召，确立马克思主义思想在新闻传播教育中的指导性地位。开展并做好此项工作，要推行“进课堂”“进教材”的教学形式；解决教学方向模糊的问题，加快培养优质的新闻舆论工作队伍；努力克服“槛内教学”的有限性，激发学生学习兴趣和热情，引导学生深入理解马克思主义新闻观教育的相关理论；避免出现“现时教学”，教学内容应与时俱进，体现出纵深感和立体感的教学形态；摆脱“无我教育”的教学状态，形成有生气、接地气的教育范型，教学过程中善于利用新闻传播的功能，让学生切身感受马克思主义新闻观的精神，使“进头脑”发挥实效。

4. 陈忠正，林晓蓉．新媒体时代新闻教育面临的挑战及对策——以传媒工作室教学模式为例[J]．传媒，2019(22)：82-84.

随着计算机技术与沉浸理论的融合，高校教育出现了一种新兴的教学理念——“沉浸式教学”。该理念以人工智能为支撑，正不断改变着高校传媒人才的培养策略，使交互式学习、沉浸式学习成为可能。通过探讨“人工智能+虚拟现实”时代高校传媒人才的培养模式，我们应该设计资源交互、知识点为核心、主动学习、一体多维的人才培养计划，实现搭建“沉浸式”育人环境、智能交互教学模式、健全智能技术、人才培养评价机制的策略。在新一轮科技革命信息下，为了走出新媒体时代新闻教育面临的困境，我们应争取使“沉浸式教学”代替以往传统教学模式，努力突破传统模式的桎梏，力争为传媒人才的培养奠定基础。

5. 董小玉，金圣尧．新时代新闻传播教育的变革[J]．当代传播，2019(1)：53-55.

随着新闻传播教育的迅猛发展以及新时代媒介技术的深刻变化，中国新闻传播教育重视理论缺乏实践、强调知识忽视人文、教学理念止步不前的三大问题日益凸显。为了推动新闻传播教育的发展，使其紧跟时代变化趋势，新时代新闻传播教育需要调整新的发展方向，构建本土化理论体系，调整专业的教师队伍结构，强化新闻传播的思想引领功能。新闻传播教育的人才培养要制定新目标，注重培养拥有媒介素养、具备跨学科视野、熟悉全球传播、具有国家情怀的人才。同时，在建构新闻传播教育的过程中，要实施教学形式多样化、课程资源共享化、培养平台国际化、考核标准多元化四大创新性变革，以突破新闻传播教育的三大问题，促进中国新闻传播教育的健康可持续发展。

6. 国秋华．智取未来：智媒时代新闻传播人才的能力培养[J]．中国编辑，2019(9)：45-49.

新一代信息技术正在逐渐被运用于新闻生产与传播的各个环节，为了稳固媒介市场，传统媒体开始向智媒转型。传统媒体只有进行新闻业务流程改造和产业价值链重构，建立媒体的核心竞争力与价值创造系统，才能得以继续生存。媒体竞争最核心的优势在于具备信息交互、平台共享、价值共创能力的新闻传播人才。为此，媒体和高校应打破传统的人才培养思维和产学研的壁垒，引入互联网思维和平台思维，强调跨界合作与分享，注重与用户价值共创。在人才培养的新路径上变革技术赋能，实现内容生产，构建能力系统，以此开拓智媒新闻传播人才培养方式，缓解传统媒体的生存危机，推动其更好地进入智媒时代。

7. 贺明华．数字认证：智媒时代保障新闻传播教育质量的新方法[J]．现代传播(中国传媒大学学报)，2019，41(11)：163-168.

2017 年 4 月 29 日，艾米·韦布在 ACEJMC 会议上提出开展新闻传播学专业数字认证的建议。就此数字认证体系，通过对其特征、偏向及局限性探讨，结合我国数字人才国家战略、数据教育发展、数字认证性质、新闻传播教育规范化建设的分析，认为开展数字认证不仅是实施我国创新数字人才培养战略的重要举措，也是我国数据教育高质量发展的需要。开展数字认证能使我国具有国际适应性，为新闻传播学专业规范化建设营造良好的氛围。初步设计并建立符合中国特色且体现国际理念的数字认证体系，要根据我国实际认证机制，借鉴综合得分评价法，规避 ACEJMC 数字认证的偏向与局限。我们还应以新闻传播教育国家标准为前提，有组织、有计划地完善新闻传播教育规范化体系，以更好地促进新闻传播教育教学改革与创新。

8. 胡凤．学术理性的坚守：新闻传播学博士生培养模式省思[J]．研究生教育研究，2019(5)：49-53.

我国新闻传播学博士生教育自 1984 年 9 月至今已经开展 35 年，培养教育大致分为 1984—1998 年初步发展、重点建设阶段；1999—2010 年跃进式发展、布局由点及面阶段；以及 2010 年以来逐步细化和扩展、多点覆盖的三个阶段。虽然新闻传播学博士生培养曾受到新闻业务不强的质疑，但是我国的新闻传播学博士培养始终坚持学术导向，招生模式以“申请-审核”制为主，传统考试和硕博连读为辅，擅于探索以硕士生培养“双轨制”为基础的博士生教育模式，重视对新兴交叉学科领域的学术化关注，坚持以教学科研类学术化就业为主。同时，我国不断强化和改进新闻传播学博士生培养的图景与路向，坚持以马克思主义新闻观为理论基础，在部校共建“新双轨制”媒介实践的基础上，推动中国新闻理论研究和学科建构，指导和引领中国的新闻实践。

9. 黄薇．基于“课程思政”教育模式的广告学专业课教学改革研究——以公益广告课程为例[J]. 传媒，2019(9)：83-86.

高等教育肩负着立德树人的重要使命，因此，要促进广告行业的发展，“课程思政”这一新型教育模式是广告学专业的必然选择和有效途径。要通过“课程思政”教育模式实现广告学专业课教学改革，应从教学理念、教学结构、教学内容、教学方法和教学评价五大方面进行突破。教学要明确课程定位，重视建立知识与人、与生活等多向度的交融关系，从主流文化的单向式宣讲转向与青年的平等互动交流。教师应具备强烈的德育意识和卓越的价值教育能力，做到思政元素与专业日常教学之间的内容融合。同时，教师要善用新媒体，渗透、思辨、善用思政要点，构建“课程思政”的保障体系。基于“课程思政”教育模式，广告学专业应顺势而为，助推新时代思想政治教育崭新格局的形成。

10. 李岭涛．将思政工作融入新闻传播学科教育[J]. 中国高等教育，2019(18)：41-43.

在新时期新形势下，作为宣传思想工作的新闻传播学科承担着培育新人和输送人才的任务。因此，将高校思想政治工作融入新闻传播学科教育具有特殊的优势，可以有效达成学科教学科研“全员育人、全程育人、全方位育人”的目标。实现这一目标，要用心研究学生，挖掘学生对教学内容的作用，让学生参与到课堂讲授中来，成为思政教育评价的主体，夯实思政教育基础。在与学生的交流中，要通过历史变化、社会发展等方式做到准确回应关注，对将来从事新闻舆论工作的学生讲好故事，激发兴趣和主动性，消除思政教育障碍。教师还应从学生本领、情商方面启发他们对未来的思考，提升思政教育动力。在教育过程中要营造工作、生活、技术场景，以此提升思政教育效果。

11. 刘涛．“四维融合”：融合新闻人才培养的协同逻辑与运行机制——以暨南大学为例[J]. 新闻与写作，2019(6)：80-86.

培养全媒体时代的融合新闻人才是当下新闻人才教育改革的集体共识，为了以此推动未来新闻教学改革，有必要深入系统地探讨了“四维融合”教学模式研发的科学性、学习环节设计的协同性、运行机制保障的长效性问题。融合新闻人才培养需要立足知识论、实践论、方法论三个维度。在知识论层面，通过探索文理融合、新旧融合、内外融合、知行融合，创建融合新闻人才培养的“四维融合”教学模式；在实践论层面，通过打造线上教学与线下教学协同、学校学习与社会学习协同、传统新闻与融合新闻协同，实现教学环节设计的协同运行；在方法论层面，通过建设和维护“课堂空间”“特训空间”“沙龙空间”和“实践空间”，推动“四维融合”教学模式的长效运行机制建设。

12. 栾轶玫，何雅妍．融合技能 智能素养 价值坚守——多元时代的中国新闻教育变革[J]．新闻与写作，2019(7)：34-42.

随着新技术的发展，媒介生态不断变革，传统的中国新闻业态受到了前所未有的冲击与重塑，而作为新闻业人才培养的源头——“新闻教育”也面临着崭新变革。2018 年，为了缓解新闻教育的危机，中国致力于打造一批中国特色、世界水平的一流新闻传播专业点。通过对其中重点院校新闻课程设置、创新媒介实验室、媒介实践基地的梳理，结合对中国主流新闻业界的田野访谈、参与式观察、案例分析等方法进行对于转型期中国新闻教育的调研，明确了中国新问教育在“融合技能、智能素养、价值坚守”三方面做出了改变并有一定的成效，这是身处多元时代的中国新闻教育面向未来的变革方向。

13. 倪万．全媒体人才培养中新媒体教学体系的建设[J]．青年记者，2019(10)：59-61.

进入全媒体时代，全面推进媒体融合成为新闻传播领域的主流，融媒体人才培养愈发凸显其重要性。目前媒体融合需要两类新型人才：一是能够在多媒体中进行整合传播策划的高层次管理人才，二是能够运用多种技术工具的一专多能型记者或编辑。因此，对于新闻传播学来说，教学应探索培养学生在未来业界立足的基本能力，形成复合型、专家型新闻传播人才培养体系，比对国外的培养模式，找寻适合自身的人才培养机制。在新媒体教学体系中，要结合数据分析做到精确化传播，运用虚拟与仿真技术实现教学多元化，积极鼓励学生研发融媒体产品，基于互联网环境、产学研一体化的实验室等环境和平台，建设新闻传播教育的教学、知识、课程体系，以推动全媒体人才培养体系的进程。

14. 逄薇．我国出版硕士专业学位人才培养的困境与对策[J]．出版发行研究，2019(3)：96-98.

随着出版产业的转型升级，市场化、资本化、数字化、融合化已开始成为出版改革的主要内容，这对我国出版从业人员的专业技能水平、综合业务能力提出了更高的要求。目前，我国出版硕士专业学位的人才培养教育，注重培养学生的综合素质，以突出学生的创新性与实践性。从应用型指向、满足行业需求、服务产业发展的情况看，我国出版硕士专业学位人才培养存在三个问题：“双导师”制度落实不到位、人才培养社会认同度有待提高、教育体制机制尚不完善。为此，建议建立科学评聘制度，逐步完善“双导师”制度；不断提高生源质量，提高专业硕士人才社会认同度；以实践为核心，制定科学合理的培养模式；通过学科融合方式，促进跨学科专业硕士人才培养；寻找契合点，实现与出版职业资格制度的衔接。

15. 王勇安，杨忠杨．“+出版”还是“出版+”——业态变革背景下出版人才培养的思考与实践[J]. 出版科学，2019，27(1)：25-31.

在“互联网+”浪潮的冲击下，出版业态已现变革之势，传统的出版人才已无法适应产业的发展需求。通过综合分析出版业态变化规律，认为以知识生产文化传承为根本目的的文化互动，才是出版业态在互联网时代变革的正确方向。因此，出版专业教育应当充分掌握业态变革趋势，扬弃“+出版”的人才培养理念，确立“出版+”的人才观，以出版文化选择与传承的历史使命为核心，深厚理论修养，不断拓展“出版+”编辑基本功，培养创新能力和组织管理能力。同时，建构多元逻辑结构的专业课程体系，以模块化的技术课程提升本科与出版硕士的技术素质培养，通过学生自办自管实践基地，全面整合素质，培养职业精神，以提升学生的职业理想、理论水平，全面满足“票友经济”化出版业态对出版人才的需求。

16. 王哲平．智媒时代新闻传播教育的价值塑造、知识重构和能力再造[J]. 中国广播电视学刊，2019(2)：65-70.

北京大学新闻学研究会成立至今，中国新闻传播教育筚路蓝缕、风雨兼程一百年，“研究新闻学理，增长新闻经验，以谋新闻事业之发展”始终是新闻教育工作者的不懈追求。然而时下，真相和信任沦为 Web2.0 时代的“受难者”，工具性知识压倒了反思性知识而居于支配地位，“本领恐慌”扼制了创新型人才培养的内在驱力。因此，智媒时代要求新闻传播的教育内容因势而新，教育手段因时而进，教育方式因事而化。造就优秀的新闻传播人才，要突出价值塑造，培养“有思想”的媒体人，创造有价值的新闻；注重知识重构，在学科交叉下优化和创新教学内容；提升再造能力，锻炼学生对最新智媒的实践能力，开拓理论视野，以此促进新闻传播教育的持续发展。

17. 肖燕雄．新闻学专业本真状态及人才培养“中层路线”[J]. 青年记者，2019(31)：62-64.

在当今媒体融合的背景下，新闻传播学科在高等教育中愈发重要，但是专业设置过窄的问题也日益凸显。要克服这一弊端，需打破“2+2”的专业设置模式，组建优质的教师团队，建立新闻学实验班。新闻学实验班是行之有效的举措之一，能在专业整合中探求新型人才培养模式，谋求“金课”的理念和实践的创新性，在培养专精新闻人才的路径和实践中具有推动作用。此外，为了培养全媒体新闻人才，实验班要改变四个路线：第一，从国内到国外，迈向国际化；第二，从学科平台、业务方向到“微专业”，宏观与围观相结合；第三，从业务导师到业务方向，因势利导；第四，从课堂到课外，加强技术训练。

18. 殷琦．“实用”与“理性”的对峙和融合——台湾新闻传播教育理念演进的脉络及路向[J]．厦门大学学报(哲学社会科学版)，2019(5)：149-156.

理念是制度与实践在思想层面的集中反映，对理念的考察成为观察与理解台湾新闻传播教育的重要面向。新闻传播学科的应用属性及其与“公共性”的紧密关联，以及台湾地区特殊的历史脉络与政经结构促成了台湾新闻传播教育理念的独特演进路径。20世纪 50 年代，台湾新闻传播教育诞生了，随之而来的实用主义理念便在政策与市场的引导和支持下一直居于统领地位；70 年代后，台湾新闻传播教育被视为进行社会控制、塑造政治统治合法性的重要工具；1987 年“解严”后，社会力量的崛起、公民社会的成长与新闻传播学科自主意识觉醒，方才推动理性主义理念在对实用主义理念的批判与反思中发展起来。近年来，台湾新闻传播教育试图在理性思维、人文素养与专业知识、通识教育与职业训练之间寻求一种平衡，其理念呈现出实用主义与理性主义融合发展的趋向。

19. 张成良，于海飞．融媒体语境下新闻采访教学的三重时空建构[J]．现代传播(中国传媒大学学报)，2019，41(5)：157-161.

随着新媒体技术的飞速发展，以融合为特征的新闻生产模式不断构建，呈现多元化传播的态势。因此，作为连接新闻理论与实践技能的核心课程，新闻采访教学课程改革首当其冲。通过理论和亲身实践，探索融媒体语境下新闻采访教学中课堂教学时空、采访现场时空与连线人叙事时空三重时空建构的可行性。课堂教学时空存在着独立性、关系性和博弈性，它巩固了传统教学情境设置；采访现场时空是新闻“第一时间”和“第一现场”广延与持续的开端；连线人叙事时空具有多元多义性，在新的话语秩序中，学生、教师、采访记者之间得以实现的跨越时空的交互对话。分析自组织理论下的三重时空一体化建构，创建了学生理论学习与实践技能相统一、课堂实践与实习实践相融合的育人新模式。

20. 张继木．新闻教育的价值视野——兼谈马克思主义新闻观教育的价值实现[J]．山西大学学报(哲学社会科学版)，2019，42(1)：118-124.

历史上，人们对新闻教育价值的基本看法，区分为两种视野：一种以美国为典型，重视新闻教育对社会、行业以及个体发展的价值；另一种以苏联为代表，强调新闻教育对特定阶级、政党及政权的意义。在民国时期，中国的新闻价值视野亦呈现二元格局，美式与苏式并存。当今中国的新闻教育并未摆脱这种二元价值视野。在此复杂背景下，如何实现马克思主义新闻观教育的价值，不应单从党和国家这个层面出发，还应顾及个体的感受与需求。具体而言，要从三方面着手：首先，要加强人文基础教育，深厚人文底蕴，以增进价值理解；其次，在正视学生价值观处境的基础上，重视学生的价值需求，以凝聚价值共识；最后，把握马克思主义新闻观的实践品格，注重实践，以推动价值普及。

21. 张淑华，周志勇．目标倒逼与过程引导——新闻与传播专业学位研究生培养质量提升策略研究[J]．新闻爱好者，2019(10)：52-55.

新闻与传播专业学位研究生教育在近 10 年的培养探索过程中，培养模式不断更新，课程体系和专业规范不断完善，差异化人才培养目标和竞争格局初步形成，但在学科边界、导师结构、课程设置和生源质量等方面面临发展困境。目前，国内有三个不同的人才培养目标：第一是以培养国际化新闻传播专业人才为目标；第二是以学术素养和专业能力并重为目标；第三是适应地方或行业需要，以培养某一专业领域技能人才为目标。通过对这三个不同梯队开展新闻与传播专业学位教育高校的研究生培养现状进行考察和深度访谈，并结合郑州大学经验，发现“目标倒逼+过程引导”是新闻与传播专业硕士研究生培养的新路径。但要全面解决新闻传播教育面临的危机，改革创新仍是关键点。

21.1.3　新闻传播教育论文目录(2019)

1. 艾俊．创新与坚守：新闻传播教育的前瞻与回顾研究[J]．新闻研究导刊，2019，10(9)：212-213.

2. 白贵，杨强．“新文科”背景下新闻传播教育的新形势与新进路[J]．出版广角，2019(9)：29-32.

3. 白燕燕，董二林．媒体融合背景下新闻学实践教学体系构建研究[J]．媒体融合新观察，2019(5)：73-75.

4. 才让卓玛．OBE 理念下新闻编辑教学中雨课堂的运用[J]．青年记者，2019(15)：96-97.

5. 才让卓玛．全媒体时代新闻编辑教学优化探析——以“青海师范大学新闻编辑教学改革和实践”为例[J]．西部广播电视，2019(3)：28-29.

6. 曹瑞刚．学科竞赛驱动下新闻传播学专业实践教学模式创新[J]．新闻论坛，2019(4)：112-114.

7. 柴巧霞，张慧敏．新闻传播学研究生跨学科人才培养的基础、模式与困境探讨[J]．教育传媒研究，2019(4)：46-50.

8. 陈岑．以媒体广告为导向的混合媒体实验教学研究[J]．科教文汇(下旬刊)，2019(8)：60-61.

9. 陈海艺．探索“四位一体”教学模式在中职广告设计课程教学中的应用[J]．大众文艺，2019(12)：221-222.

10. 陈慧娟，秦福贵 .“以赛促教”教学模式对广告专业创新型人才培养的作用[J]. 文化创新比较研究，2019，3(8)：99-100.

11. 陈琳 . 新闻传播类学生职业素养教育改革研究[J]. 文学教育(下)，2019(11)：50-51.

12. 陈璐 . 互联网时代下对广告学专业设计素描课程教学的思考[J]. 美术教育研究，2019(5)：143-144.

13. 陈珮珊 . 新媒体时代广告设计专业教学改革与实践[J]. 设计，2019，32(9)：132-133.

14. 陈婷 . 中职学校平面广告设计课程实践性教学研究[J]. 艺海，2019(2)：113-114.

15. 陈维超，马昕 . 我国新闻传播教育研究进展与发展趋势演化——基于文献计量和社会网络分析的视角[J]. 长春教育学院学报，2019，35(5)：3-8.

16. 陈文耀，张洪兴 . 高职院校新闻伦理与法规课程教学现状与对策[J]. 新闻潮，2019(9)：46-48.

17. 陈晓琪 . 广告策划课程教学改革探索[J]. 传媒论坛，2019，2(1)：154-155.

18. 陈孝柱，张芳，雷小磊 . 就业需求下高校新闻传播学实践教学研究[J]. 高教学刊，2019(12)：86-88.

19. 陈新汝，裴晓冬 . 日本广告教育带给中国广告教育的启示[J]. 新闻传播，2019(5)：70-71.

20. 陈信凌 . 马克思主义新闻观教学的现实指向[J]. 青年记者，2019(7)：64-65.

21. 陈叶 . 影视广告创意以及特色个案教学研究——以泰国影视广告为例[J]. 普洱学院学报，2019，35(3)：91-92.

22. 陈迎，叶霖 . 高职广告专业任务驱动教学方法的研究与应用——以网页设计课程为例[J]. 现代经济信息，2019(22)：374，377.

23. 陈贞旭，黄艺丰，孔乐迪 . 新闻摄影“金字塔模式”课程教学改革研究[J]. 新闻研究导刊，2019，10(14)：26-27.

24. 陈忠正，林晓蓉 . 新媒体时代新闻教育面临的挑战及对策——以传媒工作室教学模式为例[J]. 传媒，2019(22)：82-84.

25. 成晓丽 . 民办院校新闻实务类课程教学改革模式探究[J]. 新闻世界，2019(11)：75-79.

26. 成雅馨 . 基于 CDIO 理念的新闻传播学实践教学初探[J]. 新闻研究导刊，2019，10(17)：209，211.

27. 成雅馨．新媒体环境下新闻通讯写作教学的创新思考[J]. 西部广播电视，2019(19)：46-47.

28. 程曼丽．谈谈新闻传播教育的“三观”[J]. 现代视听，2019(10)：82.

29. 仇钧．浅谈广告视频拍摄课程中的教学策略——以大广赛命题的课程探索研究[J]. 教育现代化，2019，6(58)：247-248.

30. 初滢滢．新闻传播本科教育教学体系的变革与创新[J]. 南京晓庄学院学报，2019，35(4)：117-121.

31. 楚磊，龙思宇．信息化教学手段在平面广告设计课程中的应用分析[J]. 现代经济信息，2019(20)：430.

32. 褚晶．立体式教学法在“影视广告”课程教学中的应用研究[J]. 传媒论坛，2019，2(23)：97-98.

33. 褚玉晶．对我国新闻传播教育的理性探索和前沿思考——评《三思新闻教育》[J]. 传媒，2019(2)：101.

34. 崔倩倩，朱俊瑛．三台融合背景下新闻播报教学的“破”与“立”[J]. 青年记者，2019(29)：103-104.

35. 崔小娟．融媒体时代下高校新闻传播教育探析——评《新媒体时代的新闻传播教育》[J]. 教育发展研究，2019，39(19)：87.

36. 单单．全媒体环境下新闻编辑学的教学改革研究[J]. 当代教育实践与教学研究，2019(24)：1-2.

37. 邓楚君．高校公益广告设计课程教学与思想政治教育的融合[J]. 学校党建与思想教育，2019(4)：35-36，39.

38. 邓传芳．浅析新闻传播学教学中涉及的法律问题及解决对策[J]. 新闻研究导刊，2019，10(8)：25，27.

39. 邓若蕾．论新媒体时代新闻传播教学的变与不变[J]. 声屏世界，2019(9)：76-77.

40. 邓绍根，李兴博．百年回望：论中国新闻传播教育发展历程及其特点[J]. 现代传播(中国传媒大学学报)，2019，41(6)：155-164.

41. 邓宇沁．“以赛促学”模式在高校广告设计教学中的应用与创新[J]. 农家参谋，2019(14)：281.

42. 邸扬．基于新媒体形势的广告学专业实践教学分析[J]. 传播力研究，2019，3(22)：173.

43. 丁俊杰，宋红梅．“功用性”建构中的生存与发展——中国广告教育实践四十年解析[J]. 现代传播(中国传媒大学学报), 2019, 41(11): 158-162.

44. 董天策. 优化改革课程教学 造就卓越新闻人才——以媒介批评教学为例[J]. 青年记者, 2019(28): 55-57.

45. 董小玉, 金圣尧. 新时代新闻传播教育的变革[J]. 当代传播, 2019(1): 53-55.

46. 豆欢欢. 新闻专业培养模式、就业设计和教学改革调整——基于四川外国语大学成都学院新闻学专业的调查[J]. 传媒论坛, 2019, 2(7): 103, 105.

47. 豆欢欢. 应用型专业建设视野下的新闻理论教学反思[J]. 新闻研究导刊, 2019, 10(8): 204.

48. 段超. 媒介融合背景下的新闻传播与新闻教育分析[J]. 传媒论坛, 2019, 2(18): 110.

49. 段甲贵. 西部地方高校《广告创意》虚拟仿真实验教学改革探索[J]. 国际公关, 2019(11): 56-57.

50. 段蕾. 浅析在电视新闻现场报道教学中社会主义核心价值的引领作用[J]. 西部广播电视, 2019(15): 42-43.

51. 方艳."活动—角色"结合型课程教学流程管理模式探析——以"新闻编辑"课程教学为例[J]. 湖北第二师范学院学报, 2019, 36(4): 92-95.

52. 冯婷. 基于微课的网络广告课程教学改革探究[J]. 智库时代, 2019(42): 150-151.

53. 冯咏薇. 智能互联技术+BOPPPS 模式下的广告专业教学模式研究——以"广告文案"实训课为例[J]. 传媒, 2019(8): 79-82.

54. 冯卓文. 新闻采访学课程教学中存在的问题及教学改革建议[J]. 新闻研究导刊, 2019, 10(1): 221-222.

55. 付松聚. 新闻采访与写作课程"虚拟情境"教学探索[J]. 青年记者, 2019(9): 99-100.

56. 付一恒. 媒介融合前景下的新闻传播变革与新闻教育改革[J]. 传播力研究, 2019, 3(33): 100.

57. 付志峰. 媒介融合环境下高校新闻传播教学改革探究[J]. 记者摇篮, 2019(3): 107-108.

58. 高凤伟. 媒介融合前景下的新闻传播变革与新闻教育改革[J]. 传媒论坛, 2019, 2(14): 93, 95.

59. 高海冰. 自我建构为导向: 地方院校广告学专业创新创业教育改革与实践[J].

教育教学论坛，2019(10)：97-98.

60. 高立．高校新闻专业实践教学存在的问题与对策[J]．新闻研究导刊，2019，10(19)：224-225.

61. 高新林，孙铭悦，朱纪宇，蒋宗金．以参赛项目为引领的影视广告制作课程教学模式改革实践[J]．卫星电视与宽带多媒体，2019(19)：77-78.

62. 葛田田．以专业竞赛为任务驱动的视觉传达设计专业实践教学改革研究——以全国大学生广告艺术大赛为例[J]．艺术科技，2019，32(2)：30-31.

63. 耿甜甜，陈平．从双语学习看地方本科高校新闻学教学变革——以湘南学院为例[J]．新闻研究导刊，2019，10(20)：26-27.

64. 宫爱玲．新闻采访与写作教学实践得失探究[J]．大众文艺，2019(21)：243-244.

65. 谷大川．媒介融合环境下新闻传播教学改革思路探索[J]．教育现代化，2019，6(90)：96-97.

66. 关松涛，徐良霞．数字媒体视域下学科竞赛在广告设计实践教学体系中的运用——以大广赛和大广节学院奖为例[J]．智库时代，2019(23)：184-185.

67. 关松涛．全媒体时代广告设计与制作专业实践教学体系探索——以学科竞赛中大广赛和大广节学院奖为例[J]．湖北开放职业学院学报，2019，32(15)：139-140.

68. 管宇卿．中国特色社会主义新闻观视域下网络舆情管理课程教学探究[J]．传播力研究，2019，3(25)：212.

69. 桂世河．五四时期之前的中国广告教育初探[J]．兰州学刊，2019(3)：17-25.

70. 郭菲．融媒体时代下新闻学概论课程的教学创新和改革[J]．新闻研究导刊，2019，10(3)：218-219.

71. 国秋华．智取未来：智媒时代新闻传播人才的能力培养[J]．中国编辑，2019(9)：45-49.

72. 韩红星，杨晨．连接与共创：行业转型下的学科生态重构——基于社交媒体时代美国广告教育的研究[J]．广告大观(理论版)，2019(1)：83-92.

73. 韩佳敏，葛歆熠，邓梅．OBE 模式下的广告实践教学探索[J]．视听，2019(2)：225-226.

74. 韩磊，靳淑君．高校新闻播音教学瓶颈与突破研究[J]．西部广播电视，2019(15)：44-45.

75. 郝凤丽．全媒体环境下广告策划与创意课程的创新教学探索[J]．中国多媒体与网络教学学报(上旬刊)，2019(6)：217-218.

76. 何浩．新形势下高校广告设计专业教学改革分析[J]．农家参谋，2019(15)：260.

77. 何静，丁琼，赵玉莲．高校广告学混合式对分课堂教学模式研究[J]．新闻世界，2019(6)：87-91.

78. 何琳．美学教育在广告策划与营销专业学生中认可度实证研究——基于UTAUT2 模型[J]．太原城市职业技术学院学报，2019(10)：140-144.

79. 何琳．美学教育在广告策划与营销专业中的应用研究[J]．湖北开放职业学院学报，2019，32(24)：145-146，149.

80. 何苗，刘胜艳．新媒体时代广告设计“四位一体化”教学模式研究——基于“产教融合”视角下的课程改革探索[J]．教育教学论坛，2019(7)：111-112.

81. 何小霞．媒介融合趋势下的新闻传播教学改革[J]．西部广播电视，2019(21)：78-79.

82. 何小霞．网络时代新闻传播学基础课的教学探讨[J]．记者摇篮，2019(11)：11-12.

83. 何映霏，闫玉荣．智媒语境下新闻传播教育的发展路径[J]．教育传媒研究，2019(4)：58-60.

84. 何振波．论《广告学概论》的翻转式教学模式[J]．教育教学论坛，2019(2)：196-197.

85. 何志武，董红兵．新闻传播教育改革的逻辑[J]．新闻与传播评论，2019，72(5)：37-45.

86. 贺明华．数字认证：智媒时代保障新闻传播教育质量的新方法[J]．现代传播(中国传媒大学学报)，2019，41(11)：163-168.

87. 洪少华．《新闻采访》教学设计探索与实践[J]．传播力研究，2019，3(24)：178-179.

88. 侯微．新闻传播实践课程思政教育教学改革路径探索[J]．出版广角，2019(7)：76-78.

89. 胡百精．大学现代化、生态型学科体系与新闻传播教育的未来选择[J]．中国人民大学学报，2019，33(2)：132-139.

90. 胡凤．学术理性的坚守：新闻传播学博士生培养模式省思[J]．研究生教育研究，2019(5)：49-53.

91. 胡家保．“新文科”视域下高校广告教育教学创新改革研究[J]．艺术与设计(理论)，2019，2(11)：142-144.

92. 胡明宇．国内三大 MOOC 平台的“理解广告”课程教学实践[J]. 中国广告，2019(8)：95-97.

93. 胡明宇．苏州大学“理解广告”教学的创新实践[J]. 中国广告，2019(12)：87-89.

94. 胡群．广告文案写作教学中审美能力的培养与调动[J]. 采写编，2019(5)：190-192.

95. 胡正强．专业年鉴个性化的建构及其路径——以《中国新闻传播教育年鉴》为例[J]. 青年记者，2019(18)：45-47.

96. 黄海珠．广告课程中全程互动教学方式的运用：理论讲述与赛事实践的有效结合[J]. 文化与传播，2019，8(1)：30-34.

97. 黄平，黄新宇．新闻写作实践教学模式的建构与实施策略[J]. 广西民族师范学院学报，2019，36(3)：136-140.

98. 黄平．基于广西本土元素的案例教学法在广告学教学中的运用[J]. 传播与版权，2019(3)：166-167，170.

99. 黄琴，吴兴．新媒体环境下地方高校新闻专业“工学互促”教学模式研究[J]. 西部广播电视，2019(7)：37-39.

100. 黄婷婷．以传播仪式观评《中国新闻传播教育年鉴(2018)》的三重价值[J]. 西南交通大学学报(社会科学版)，2019，20(3)：140-141.

101. 黄薇．基于“课程思政”教育模式的广告学专业课教学改革研究——以公益广告课程为例[J]. 传媒，2019(9)：83-86.

102. 黄维鹏，李方照．基于“大广赛”的影视广告制作课程教学实践探索——以浙江横店影视职业学院影视广告制作课程为例[J]. 传媒论坛，2019，2(22)：125，127.

103. 黄晓溪，李东．媒介融合环境下高校新闻采访策划实验教学内容的突破——评《新闻采访与创意策划》[J]. 高教探索，2019(9)：129.

104. 黄熠辉，袁娜．高职院校新闻传播课程教学中立德树人路径探析——以河源职业技术学院为例[J]. 新闻研究导刊，2019，10(8)：33-34.

105. 贾士秋．教育传播理念嬗变与路径探索——基于“互联网+”教育的思考[J]. 传播力研究，2019，3(25)：199-200.

106. 江杭．互联网时代的新闻传播学实践教学改革思考[J]. 记者摇篮，2019(8)：30-31.

107. 蒋东亮．民生新闻实现传播教育的探索研究[J]. 传播力研究，2019，3(21)：41.

108. 蒋东旭 . 基于 GBL 理论的新闻学实践教学微课程设计研究[J]. 卫星电视与宽带多媒体，2019(15)：57，59.

109. 蒋茜悦 . 场景式教学模式在广播电视采访课程中的应用与实践[J]. 智库时代，2019(43)：210-211.

110. 金立群 . 新闻与传播学院“广告策划”课程项目制教学与考试改革综述[J]. 现代商贸工业，2019，40(11)：9-10.

111. 景熹，李振委 . 翻转融合：新闻摄影教学的全媒体深度学习策略[J]. 传媒，2019(6)：81-84.

112. 康瑾，张一虹 . 广告伦理教育与伦理决策能力——基于高等学校广告专业学生的调查[J]. 广告大观(理论版)，2019(1)：93-102.

113. 康鹏 . 广告策划与制作课堂教学现状及完善对策分析[J]. 戏剧之家，2019(7)：201.

114. 康烨 . 媒介融合时代新闻心理学的互动式教学探索[J]. 新闻知识，2019(4)：48-52.

115. 孔丽娟 . 新媒体环境下新闻通讯写作教学的破与立[J]. 青年记者，2019(23)：103-104.

116. 赖积船 . 意象研究之教学转化：汉字创意资源在广告教学中的作用[J]. 当代教育理论与实践，2019，11(6)：43-49.

117. 黎宁 . 基于马克思主义新闻观的地方高校新闻实务课程教学改革的探索与实践[J]. 传播力研究，2019，3(1)：159.

118. 李爱玲 . 基于现代师徒制的新闻专业实践教学活动设计与评价[J]. 艺术教育，2019(12)：261-263.

119. 李彬 . 适应乡村文化传播的传播学教学模式研究[J]. 传媒论坛，2019，2(18)：31，34.

120. 李贵孚，胡悦琳，李灿 . 媒体融合下“广播电视概论”课程教学研究[J]. 现代交际，2019(20)：256，255.

121. 李建新 . 中国新闻教育的百年流变与重要问题读解[J]. 出版发行研究，2019(4)：94-99.

122. 李惊雷 . 人工智能时代新闻传播教育困境[J]. 中国出版，2019(6)：38-42.

123. 李俊 . 融媒体时代新闻类专业实践教学观念的转变与探索[J]. 新闻知识，2019(11)：76-79.

124. 李乐 . 基于“核心素养”的新闻理论课程教学方法与手段研究[J]. 西部广播电

视，2019(2)：43-44.

125. 李靓．基于第三方参与“协同教学”的新闻传播教学改革研究[J]．现代商贸工业，2019，40(11)：7-8.

126. 李岭涛．将思政工作融入新闻传播学科教育[J]．中国高等教育，2019(18)：41-43.

127. 李美仙，丁一丹．融媒体时代高校传媒教育传播创新探析[J]．教育传媒研究，2019(4)：42-43.

128. 李孟哲．就业需求下高校新闻传播学实践教学研究[J]．传播力研究，2019，3(20)：187.

129. 李梦溪．现代化教育下高校广播电视学专业实践教学模式探究[J]．中国多媒体与网络教学学报(上旬刊)，2019(3)：173-174.

130. 李苗苗．媒介融合语境下新闻教学改革探索[J]．西部广播电视，2019(4)：53-54.

131. 李敏．基于SaaS模式的教学路径探索——以“数据新闻”课程为例[J]．传播力研究，2019，3(31)：239-240.

132. 李鹏，吴迪．产教融合视域下广告设计与制作专业综合实训项目化教学研究[J]．经营管理者，2019(8)：76-77.

133. 李琴．浅谈数字化新媒体环境下广告专业传统教学模式的改革与创新[J]．教育现代化，2019，6(74)：52-53，62.

134. 李晴．职业院校广告设计专业实践教学基地建设规划探讨[J]．才智，2019(23)：112.

135. 李庆．数字媒体时代下广告设计课程教学改革探究[J]．美术教育研究，2019(9)：156-157.

136. 李群．新媒体时代新闻专业媒介实践教学探析[J]．继续教育研究，2019(3)：109-112.

137. 李蓉．新形势下高校新闻传播教育人才培养模式初探[J]．传媒评论，2019(10)：62-65.

138. 李舒楠．马克思主义新闻观与新时期新闻传播高等教育分析[J]．新闻研究导刊，2019，10(1)：36，87.

139. 李唐．电视新闻述评句法特征及其在课堂教学中的运用[J]．当代教育实践与教学研究，2019(18)：197-198，223.

140. 李蔚倩．基于新媒体时代广告学实践专业教学体系构建策略[J]．佳木斯职业学院学报，2019(2)：274，277.

141. 李文玉．媒介融合背景下新闻传播变革与新闻教育改革[J]. 科技传播，2019，11(16)：62-63.

142. 李夏．职业院校“广告策划学”课堂教学方法研究[J]. 品位·经典，2019(4)：69-72.

143. 李湘皖．基于 TPACK 理论的教师信息化教学能力培养——以影视广告设计课程为例[J]. 艺术教育，2019(3)：175-176.

144. 李馨童．广告学实践教学环节与方案的设计探究——评《广告学教程》[J]. 中国教育学刊，2019(11)：115.

145. 李亚东．新闻传播实践教学与人才培养模式探索——评《实践教学与新闻传播人才培养创新研究》[J]. 中国高校科技，2019(3)：104.

146. 李银未．全媒体语境下窥探新闻传播的教育功能[J]. 当代教育实践与教学研究，2019(5)：11-12.

147. 梁娥．实践教学中新闻摄影如何借鉴艺术摄影表现的手法[J]. 传播力研究，2019，3(21)：183-185.

148. 梁建飞．视传专业背景下“广告策划与文案”课程教学改革路径[J]. 大众文艺，2019(12)：230-231.

149. 梁晓昙．网络时代翻转课堂在高职广告教学中的应用[J]. 教育观察，2019，8(20)：50-51.

150. 廖冲．新闻传播实践教学改革的起点：知识自我建构[J]. 传媒论坛，2019，2(5)：16-17.

151. 廖祥忠．创新新时代传媒人才培养 打造新时代一流本科教育[J]. 中国高等教育，2019(5)：19-21.

152. 林静．“工学一体七步教学法”在职业教育商贸策划类课程中的实践——以《系列平面广告文案策划》为例[J]. 中国培训，2019(8)：38-39.

153. 林文刚，邹欢．媒介环境学和媒体教育：反思全球化传播生态中的媒体素养[J]. 国际新闻界，2019，41(4)：89-108.

154. 林荧章，兰新瑜．新闻实践教学过程中师生的认知偏差与弥合——关于地方高校新闻传播类专业实践教学的反思[J]. 新闻世界，2019(1)：76-79.

155. 刘畅．媒介融合格局下新闻传播实践教学改革探析——以西藏民族大学新闻与传播学院为例[J]. 今传媒，2019，27(12)：152-155.

156. 刘称心．新时代讲好中国故事纪录片教育的探索与实践——以贺州学院卓越新闻传播人才培养班为例[J]. 贺州学院学报，2019，35(1)：104-106.

157. 刘丹. 广播电视学专业课程“整合型”实践教学模式研究[J]. 记者摇篮，2019(8)：117-118.

158. 刘丹. 广播广告制作课程整合式教学模式的构建与实践[J]. 长沙大学学报，2019，33(4)：147-150.

159. 刘丹. 论高职院校“平面广告设计”课程教学整改实践与探索[J]. 佳木斯职业学院学报，2019(7)：137，139.

160. 刘海贵. “名记者摇篮”：复旦新闻实务教学实践与特色[J]. 新闻大学，2019(10)：55-60，125.

161. 刘继莲. 广告设计与制作专业实训项目化教学设计——以VI设计为例[J]. 文化创新比较研究，2019，3(23)：93-95.

162. 刘继忠. 新媒体语境下“中外广播电视史”本科教学的困境与创新[J]. 教育传媒研究，2019(2)：33-35.

163. 刘瑞芳. 职业教育中广告设计课程教学如何引导学生多元性设计思维[J]. 美术教育研究，2019(8)：108-109.

164. 刘淑娟，仇博. 广告竞赛实践教学研究[J]. 戏剧之家，2019(21)：162，164.

165. 刘涛. “四维融合”：融合新闻人才培养的协同逻辑与运行机制——以暨南大学为例[J]. 新闻与写作，2019(6)：80-86.

166. 刘天明. 高职广告设计信息化教学模式的实效性研究[J]. 农家参谋，2019(6)：186.

167. 刘霞. 5G媒介融合背景下新闻传播实践教学的途径探析[J]. 新闻研究导刊，2019，10(23)：206-207.

168. 刘晓男. 马克思主义新闻观指导下的新闻写作教学研究[J]. 学周刊，2019(14)：9.

169. 刘晓男. 浅谈媒介融合环境下新闻实务教学的创新[J]. 课程教育研究，2019(7)：38-39.

170. 刘笑男. 新媒体环境下广告教学的变革与思考[J]. 大众文艺，2019(19)：248-249.

171. 刘笑男. 新媒体环境下广告专业实践教学改革的探索与研究[J]. 大众文艺，2019(18)：231-232.

172. 刘笑语，芦甲川. 儿童服装广告摄影教学中的色彩关系研究[J]. 美与时代(上)，2019(5)：123-125.

173. 刘新利．兰克史学与新闻史教学[J]．西部学刊，2019(4)：117-120.

174. 刘砚明．广播电视编导专业广告类课程教学改革与实践——以新乡学院为例[J]．传媒论坛，2019，2(23)：164，166.

175. 刘阳．基于设计思维的“创意设计与传播”课程教学改革与实践[J]．传播力研究，2019，3(30)：259.

176. 刘阳．校企合作教学路径的思考与创新——以广播电视学为例[J]．新闻论坛，2019(2)：106-108.

177. 刘颖昕．地方高校应用型广告人才培养慕课教学策略探析[J]．新闻研究导刊，2019，10(23)：50，122.

178. 刘颖昕．基于教育现代化背景下的广告学进阶式人才培养模式研究[J]．新闻传播，2019(18)：65-66.

179. 刘芸．基于超星学习通的混合式教学在高职广告课程中的应用[J]．传播与版权，2019(11)：139-141.

180. 刘昀．广告教育中的道德伦理观深度置入研究[J]．才智，2019(26)：56-57.

181. 卢雪花，陈汝东．论新闻传播的层次化教育策略[J]．教育传媒研究，2019(3)：50-52.

182. 芦甲川．“服装广告摄影”在互联网营销下的教学改革思路分析[J]．美与时代(上)，2019(4)：105-107.

183. 鲁莹．融媒体背景下新闻采访教学的改革与创新[J]．卫星电视与宽带多媒体，2019(14)：121-122.

184. 路金辉．《中国新闻传播史》教学优化探析[J]．今传媒，2019，27(7)：10-12.

185. 栾轶玫，何雅妍．融合技能 智能素养 价值坚守——多元时代的中国新闻教育变革[J]．新闻与写作，2019(7)：34-42.

186. 吕菁．强化广告价值观教育：弥补传统广告教学中的缺失[J]．新闻知识，2019(8)：70-72.

187. 吕俊芳．课程整合式教学模式在广告学专业教学中的应用[J]．新闻研究导刊，2019，10(1)：225.

188. 吕叶．融媒体背景下新闻学实践类课程教学方法研究[J]．中国传媒科技，2019(6)：95-96.

189. 马传明．浅谈平面广告设计教学中对学生创意思维的培养与训练[J]．北极光，2019(4)：140-141.

190. 马梅，王潇然．移动传播环境下的媒介教育改革[J]．陕西理工大学学报(社会科学版)，2019，37(1)：66-71.

191. 马晓丽．浅谈高职院校广告设计专业实践教育基地建设[J]．戏剧之家，2019(4)：187.

192. 毛帅，黄蓉．基于OBE理念的市场营销专业“广告学”课程教学体系构建[J]．现代商贸工业，2019，40(8)：153-154.

193. 毛思泽．媒介融合下新闻传播教育的改革[J]．今传媒，2019，27(4)：126-127.

194. 孟允煌，冉超．依托“基地”建设创新高职新闻类专业实践教学模式——以“广州华立科技职业学院新闻采编与制作专业人才培养创新”为例[J]．西部广播电视，2019(7)：40-41，43.

195. 莫莉芬芳．“比赛促学”在广告实践教学中的应用研究[J]．才智，2019(28)：159.

196. 牟堂娟．高校广告学专业教育现状及发展研究[J]．戏剧之家，2019(11)：165.

197. 倪万．全媒体人才培养中新媒体教学体系的建设[J]．青年记者，2019(10)：59-61.

198. 聂志腾．论网络背景下应用型本科院校新闻专业任务驱动教学模式的构建[J]．西部广播电视，2019(17)：56-57.

199. 宁林杰．中职学校平面广告设计课程实践性教学研讨[J]．传播力研究，2019，3(9)：199.

200. 牛帅，辛相君．高职院校广告设计专业素描课程教学分析[J]．河南教育(职成教)，2019(4)：46-47.

201. 农湘媛．基于超星专业教学移动平台下项目导向+翻转课堂教学模式研究与实践——以“广告策划”课程为例[J]．中国多媒体与网络教学学报(中旬刊)，2019(8)：122-123.

202. 农湘媛．基于微信公众号平台建设专业教学资源库的探索与实践——以广告设计专业为例[J]．高教论坛，2019(5)：67-69.

203. 欧阳云玲，凌菁．基于现代学徒制的融媒体新闻实践教学模式初探[J]．东南传播，2019(11)：133-136.

204. 彭爱萍．公共传播背景下应用技术类高校新闻传播教育转型发展策略[J]．湖南大众传媒职业技术学院学报，2019，19(2)：32-35.

205. 彭翠，郝雨．反思与超越：智媒时代新闻传播教育的问题与创新[J]．海南师范大学学报(社会科学版)，2019，32(5)：124-129.

206. 彭翠，郑积梅．智媒时代新闻传播教学的创新性改革略论[J]．郑州师范教育，2019，8(4)：33-38.

207. 彭方．新媒体对于新闻实务及新闻学科教学的影响[J]．西部广播电视，2019(5)：69-70.

208. 彭静．广告设计与制作专业理论课程教学模式改革研究[J]．戏剧之家，2019(7)：203.

209. 齐辉，赵冉．谱写当代中国新闻教育的“春秋”：《中国新闻传播教育年鉴(2018)》的存史价值与编纂意蕴[J]．新闻春秋，2019(5)：70-75.

210. 齐立森．影视广告创意教学与大学生竞赛的互动机制研究[J]．创新创业理论研究与实践，2019，2(10)：58-61.

211. 钱恒．数字化时代河南省动画广告专业教育现状与未来模式构建[J]．智库时代，2019(9)：230-231.

212. 钱敏，疏仁华．媒介融合环境下应用型高校广告学专业实践教学存在的问题与改革路径[J]．铜陵学院学报，2019，18(2)：113-114，126.

213. 乔秀峰．项目化：地方高校新闻专业实践教学的有效路径[J]．传媒，2019(5)：85-87.

214. 秦媛．中美“慕课”《新闻编辑学》教学模式比较研究——以中国大学 MOOC 和美国 Coursera 平台为例[J]．卫星电视与宽带多媒体，2019(15)：93-95.

215. 邱蔚，周景．基于新闻素养重构视野下的播音主持教学新路径[J]．传播力研究，2019，3(28)：180-181.

216. 尚恒志，乔俊杰．在守正中创新 在继往中开来——《中国新闻传播教育年鉴(2018)》品鉴[J]．新闻爱好者，2019(8)：97-98.

217. 尚亮．广播电视学专业口语传播教学实践研究——以四川文理学院为例[J]．新闻论坛，2019(5)：105-106，115.

218. 邵天松．新媒体背景下提高新闻专业学生语言能力的教学思考[J]．牡丹江教育学院学报，2019(12)：67-69.

219. 沈月娥，秦丛广．高校广告学“教、赛、练”三位一体互动教学模式探究——以“长春工业大学广告学”为例[J]．教育现代化，2019，6(84)：75-76.

220. 盛世维，张昆．建构学术共同体 服务新闻传播教育[J]．教育传媒研究，2019(6)：39-42.

221. 施月．浅谈我国广告艺术设计在高校教育中的现状[J]．农家参谋，2019

(2)：175.

222. 宋桂花．“双创”教育理念下地方高校课程改革与新闻创新型人才培养——以“新闻报道策划”课程教学为例[J]. 新闻知识，2019(3)：6-9.

223. 宋红梅，尹丽斌，赵青，谭梦涵．中国广告专业高等教育发展思路变迁[J]. 未来传播，2019，26(1)：84-89.

224. 宋庆祥．全媒化视域下新闻传播的实践教学[J]. 青年记者，2019(29)：101-102.

225. 苏威．新闻播报小课组的教学技巧浅谈[J]. 传播力研究，2019，3(13)：224.

226. 孙丰国，曾永艳．基于微信的广告学专业课外教育研究[J]. 教育教学论坛，2019(14)：74-75.

227. 孙菡忆．马克思主义新闻观创新教学路径探究[J]. 青年记者，2019(27)：82-83.

228. 孙敏．移动新媒体环境下高校新闻传播教育探析[J]. 视听，2019(6)：254-255.

229. 孙颖．专业实践教学在新闻摄影教育中的几点思考[J]. 艺术教育，2019(12)：131-132.

230. 谭伯勋．广告学专业实践教学新思路——校园广告生态系统构建与运作[J]. 今传媒，2019，27(12)：9-10.

231. 谭亮．基于素质教育分析广告设计专业教学存在问题及对策[J]. 现代农业研究，2019(2)：77-78.

232. 谭璇月，谷松林．新媒体时代新闻教学转型的方向与对策研究[J]. 科技创新导报，2019，16(7)：233-234.

233. 汤劲，邓庄．产教融合背景下地方高校新闻传播教育的改革与实践[J]. 传播与版权，2019(11)：126-128.

234. 汤景泰，董志杰．从新传播到新教育——短视频平台构建崭新知识学习场景[J]. 南方传媒研究，2019(5)：145-153.

235. 唐夕．“新工科”建设下广告课程创新化教学研究[J]. 新闻研究导刊，2019，10(14)：204-205.

236. 唐玉，唐晓雯．智媒时代新闻传播教育改革新探[J]. 中国报业，2019(6)：84-85.

237. 陶贤都．传播学视角下“马克思主义理论研究和建设工程”新闻传播学教材建设与教学创新探讨[J]. 教育传媒研究，2019(5)：13-15.

238. 滕文莉．融媒体时代新闻史教学的困境与进路[J]．陕西教育(高教)，2019(8)：25-26.

239. 逯薇．我国出版硕士专业学位人才培养的困境与对策[J]．出版发行研究，2019(3)：96-98.

240. 田超．高职院校非艺术类广告心理课程教学的探索与实践[J]．农家参谋，2019(23)：256.

241. 田超．浅谈高职非艺术类广告设计专业课程教学模式改革路径[J]．传播力研究，2019，3(25)：214.

242. 涂涓，高雅琪．基于就业能力本位的《广告文案与策划》实践教学研究[J]．汉江师范学院学报，2019，39(3)：137-140.

243. 汪靖怡．论新媒体技术对新闻传播教育的影响[J]．媒体融合新观察，2019(5)：70-72.

244. 汪岚．“双创”模态下广告学“品牌场景化”课程教学模式初探——以创设校园吉祥物品牌为例[J]．广西科技师范学院学报，2019，34(2)：156-158，141.

245. 汪照文．5G 技术+AR 等数字媒体的新教学模式多元化传播[J]．传播力研究，2019，3(15)：197.

246. 王岱．铭记历史，珍爱和平——“实用性阅读与交流”任务群之新闻专题教学设计[J]．语文建设，2019(15)：9-15.

247. 王凤．新闻传播类虚拟仿真实验教学项目建设路径分析[J]．卫星电视与宽带多媒体，2019(17)：58-59.

248. 王红．应用型本科院校广告学教育改革[J]．声屏世界・广告人，2019(4)：46-47.

249. 王宏昌．地方院校新闻传播类专业实践教学基地优化建设研究[J]．采写编，2019(4)：152-154.

250. 王兰燕．马克思主义新闻思想课程教学改革探索[J]．新闻研究导刊，2019，10(23)：21-22，25.

251. 王丽莉．基于新媒体形势的广告学专业实践教学分析[J]．高教学刊，2019(9)：94-96.

252. 王丽娜，侯力莉，于欧洋．“双一流”背景下工科院校广告学本科教学培养模式研究[J]．教育现代化，2019，6(4)：25-27.

253. 王民．基于新媒体的广告学课程教学改革思考[J]．新闻传播，2019(18)：57-58.

254. 王茜．算法时代的新闻传播教育——美国经验及启示[J]．新闻论坛，2019(5)：101-104.

255. 王文海．微信公众号等新媒体平台在高职新闻专业教学中的应用[J]．产业与科技论坛，2019，18(20)：194-195.

256. 王锡苓，贾伟群，杨雪鹭．用数据说话：对新闻传播教育中实证研究方法课程的调查[J]．教育传媒研究，2019(6)：46-51.

257. 王雅琴．全媒体时代“新闻学”教学改革探析——以精品视频公开课“新闻学”的建设实践为例[J]．通化师范学院学报，2019，40(12)：140-144.

258. 王颖，苏小兵．基于问题解决的教学设计——以“教育机构线下广告投放点选址”为例[J]．地理教学，2019(14)：20-23.

259. 王勇安，杨忠杨．“+出版”还是“出版+”——业态变革背景下出版人才培养的思考与实践[J]．出版科学，2019，27(1)：25-31.

260. 王玉琦，周立华．行业企业参与新闻传播硕士教育的内容与路径[J]．青年记者，2019(23)：106-107.

261. 王哲平．智媒时代新闻传播教育的价值塑造、知识重构和能力再造[J]．中国广播电视学刊，2019(2)：65-70.

262. 韦洁璨．新媒体时代财经新闻人才实验教学培养研究[J]．新闻研究导刊，2019，10(22)：41，78.

263. 魏加晓．新文科背景下广告教育“多元融合”发展研究——以广西财经学院广告专业为例[J]．科技传播，2019，11(23)：187，189.

264. 魏江．新媒体下中职学校广告设计教学改革[J]．科技资讯，2019，17(16)：187，190.

265. 魏李梅，殷一丁．新媒体平台：新闻教学实践的新思路[J]．教书育人(高教论坛)，2019(6)：96-97.

266. 魏明革．新闻学专业课程研讨式案例教学与模式建构[J]．新闻世界，2019(10)：65-69.

267. 吴冰冰．社会创新设计与广告创意教学[J]．中国广告，2019(9)：86-89.

268. 吴春颖．关于高职新闻传播专业实践教学的相关探讨[J]．辽宁广播电视大学学报，2019(1)：51-53.

269. 吴健民．媒介化社会背景下新闻传播教育的“公共性”转向[J]．青年记者，2019(23)：99-100.

270. 吴斯．广告伦理教育的困境与改进措施[J]．大众文艺，2019(22)：240-241.

271. 吴献举．多媒体技术在外国新闻史教学中的运用探析［J］．新闻研究导刊，2019，10(10)：1，6.

272. 吴献举．任务型教学法在新闻学概论教学中的运用［J］．新闻研究导刊，2019，10(11)：223，225.

273. 吴献举．如何提高“外国新闻史”课程教学的吸引力［J］．新闻前哨，2019(6)：118-119.

274. 吴妍．二级学院官网建设与西部高校新闻学教学质量提升［J］．新闻世界，2019(8)：85-88.

275. 吴岩．加强新文科建设 培养新时代新闻传播人才［J］．中国编辑，2019(2)：4-8.

276. 吴洋洋，阴艳．新闻传播教育改革的趋势——基于 21 世纪以来新闻教育改革研究成果的综合分析［J］．出版广角，2019(7)：40-42.

277. 吴勇．广告摄影课程的工作室化教学模式［J］．课程教育研究，2019(28)：28-29.

278. 武擎昊．论市场冲击与学科危机下的新闻传播教育改革——一种专业主义视角［J］．传媒论坛，2019，2(15)：118，120.

279. 夏青．新媒体时代地方高校广告专业教育实践教学平台建设探索——以湖北经济学院广告专业为例［J］．现代商贸工业，2019，40(11)：13-14.

280. 夏维波．基于 OBE 的新闻传播专业深度教学框架［J］．青年记者，2019(13)：62-64.

281. 肖航．智能传播新生态下《外国新闻史》教学改革与创新探索［J］．传播与版权，2019(4)：147-149，155.

282. 肖珉．短视频在新闻评论教学实践中的构建与应用［J］．视听，2019(12)：234-235.

283. 肖燕雄．教学成果的学术“成名”——基于新闻学历史经验的一个研究框架［J］．今传媒，2019，27(3)：1-7.

284. 肖燕雄．新闻学专业本真状态及人才培养“中层路线”［J］．青年记者，2019(31)：62-64.

285. 谢丹妮．构建高职新闻传播专业 6A 泛在教学模式的研究与实践［J］．南宁职业技术学院学报，2019，24(4)：54-58.

286. 谢嘉嘉．新时期高校“广告策划与创意”课程教学改革与实践探究［J］．课程教育研究，2019(21)：29-30.

287. 谢明辉．翻转式课堂在新闻评论教学中的运用——兼谈评论附加值意识的培养[J]．新闻知识，2019(9)：73-77.

288. 邢真真．浅论高职新闻编辑课程的教学现状与问题[J]．文化创新比较研究，2019，3(21)：91-92.

289. 熊忠辉．实践与创新：新闻传播本科教育的转型取向[J]．南京晓庄学院学报，2019，35(4)：107-111.

290. 徐海芳．高职广告设计与制作专业“包装设计”课程教学模式[J]．绿色包装，2019(8)：58-60.

291. 徐基中．中外广告史课程教学改革探索[J]．开封教育学院学报，2019，39(1)：88-90.

292. 徐键．论“创新中国”背景下以广告学创意教育提升大学生素质的可能性[J]．美与时代(上)，2019(3)：104-106.

293. 徐楠云．融媒体下的新闻传播变革与新闻教育研究[J]．传播力研究，2019，3(27)：34.

294. 徐萍．“四化”教学模式在“新闻采访学”课程中的应用及思考[J]．浙江树人大学学报(自然科学版)，2019，19(3)：54-59.

295. 徐艳琴．信息化教学在高职广告策划课程中的实践应用[J]．今传媒，2019，27(1)：124-126.

296. 徐增展．台湾广告教育专业设置特色研究——以文化大学、政治大学、世新大学、辅仁大学、铭传大学广告系为例[J]．文化与传播，2019，8(4)：85-95.

297. 玄颖双．高职广告设计信息化教学模式的实效性研究[J]．科教文汇(中旬刊)，2019(1)：111-112.

298. 薛冰．新媒体时代新闻传播专业实践性教学探析[J]．传播力研究，2019，3(15)：199.

299. 薛冰华．论新闻学专业实践教学体系的构建与实施——以湘南学院为例[J]．传播力研究，2019，3(25)：203-204.

300. 薛扬．高职院校平面广告设计课程项目化教学探索[J]．西部素质教育，2019，5(10)：222.

301. 鄢婷，毕芳．融媒体时代新闻摄影的实践教学现状及改革初探[J]．采写编，2019(5)：139-141.

302. 闫楠．我国高校广告学项目制教学模式的现状及思考[J]．卫星电视与宽带多媒体，2019(18)：65-66.

303. 严海艳．“新闻采访与写作”课程教学设计初探[J]. 新闻传播，2019(1)：51-52.

304. 严璐，朱礼智．论媒介融合时代下的新闻学教学改革的必要性和策略[J]. 农家参谋，2019(17)：248.

305. 严璐，朱礼智．新闻学教学与现代信息技术整合的途径分析[J]. 农家参谋，2019(15)：277.

306. 阳海洪，荣光宗．新文科背景下新闻传播教育的观念创新与路径转型[J]. 西部学刊，2019(19)：104-108.

307. 杨程茜．探析新媒体时代高校新闻编辑实践教学改革路径[J]. 陕西教育(高教)，2019(4)：32-33.

308. 杨程茜．新媒体时代高校新闻编辑课程教学改革与探索[J]. 新闻知识，2019(4)：53-55.

309. 杨春艳．新闻传播伦理学课程专题式教学的实践与思考[J]. 教育理论与实践，2019，39(27)：53-55.

310. 杨静美，崔华威，刘冠明，郑奕雄，杨妙贤．广告快乐教学在种子经营管理学课程中的应用[J]. 科学大众(科学教育)，2019(5)：175.

311. 杨昆丽．中外广告史教学方法探究[J]. 国际公关，2019(12)：61，64.

312. 杨亮．广告学专业色彩构成教学的有效探索[J]. 艺海，2019(11)：112-114.

313. 杨妮，孙华．变革与坚守：人工智能时代的新闻传播教育[J]. 出版广角，2019(1)：40-42.

314. 杨婷．论新闻传播史学课程教学困境与突破[J]. 传媒论坛，2019，2(11)：103，105.

315. 杨小竹．基于直播和短视频技术的“广告经营与管理”课程线上线下混合式教学改革[J]. 采写编，2019(5)：151-153.

316. 杨洋．融媒体背景下新闻传播专业教学改革初探[J]. 记者摇篮，2019(4)：108-109.

317. 杨雨晨．新媒体语境下广播电视专业实践教学改革[J]. 中国多媒体与网络教学学报(上旬刊)，2019(6)：161-162.

318. 杨园园．平面广告设计教学方法改革研究[J]. 当代教研论丛，2019(3)：26.

319. 杨志华．迭代教学模式下的新闻采访课程教学设计——以“人物访谈”为例[J]. 新闻研究导刊，2019，10(14)：199-201.

320. 杨自绍．广告设计课程教学改革与探索——以福建林业职业技术学院为例[J].

北极光，2019(4)：151-153.

321. 姚建惠，樊东宁．高校广告教育与区域文化耦合关系研究[J]. 中国报业，2019(12)：68-69.

322. 姚利权．“政用产学研”协同创新教育体系下广告学专业人才培养模式探索[J]. 西部广播电视，2019(3)：51-52.

323. 姚运肖．移动新媒体环境下高校新闻传播教育探析[J]. 齐齐哈尔大学学报(哲学社会科学版)，2019(1)：169-171.

324. 叶刚．智媒时代新闻专业实践教学系统的特征[J]. 青年记者，2019(3)：97-98.

325. 叶红梅．案例教学在新闻传播学科中的适用度及使用分析[J]. 视听，2019(10)：216-217.

326. 叶红梅．地方高校网络与新媒体专业实践教学体系构建研究——基于昌吉学院的探索[J]. 视听，2019(9)：254-255.

327. 音坤．“三三制”改革背景下新闻教学的转型方向与策略[J]. 新闻传播，2019(9)：61-62.

328. 殷琦．“实用”与“理性”的对峙和融合——台湾新闻传播教育理念演进的脉络及路向[J]. 厦门大学学报(哲学社会科学版)，2019(5)：149-156.

329. 银无双．高校广告设计专业的教学改革探究[J]. 戏剧之家，2019(23)：169.

330. 尹艺蓓．媒介融合背景下《外国新闻史》课程教学改革探析[J]. 西部广播电视，2019(18)：59-60.

331. 尤浩．广告学专业教学体系中“影视广告制作”的课程定位与内容更新[J]. 当代教育实践与教学研究，2019(9)：88-89.

332. 于涵．广告学专业平面设计实践教学改革探索[J]. 传媒论坛，2019，2(20)：116-117.

333. 于佳．“微课+翻转课堂”教学模式在高职电视新闻制作实训课中的应用探究[J]. 中国农村教育，2019(18)：20-21.

334. 于剑昀．广告学专业创新创业实践教学体系优化研究[J]. 艺术科技，2019，32(2)：80-81.

335. 于剑昀．基于VI设计的广告创意设计教学实践探讨——评《VI设计》[J]. 中国教育学刊，2019(11)：122.

336. 喻婷．融媒背景下新闻写作教学方式微探[J]. 传播力研究，2019，3(3)：168.

337. 曾逸舟 . 技工院校计算机广告制作专业课堂教学方法的研究与创新[J]. 中外企业家，2019(36)：130.

338. 占自华 . 民办高校新闻教育实践性教学分析[J]. 中国报业，2019(10)：99-100.

339. 张成良，于海飞 . 融媒体语境下新闻采访教学的三重时空建构[J]. 现代传播(中国传媒大学学报)，2019，41(5)：157-161.

340. 张驰 . 融媒体背景下新闻学实践类课程教学方法研究[J]. 德州学院学报，2019，35(1)：96-99.

341. 张楚 . 浅析高校新闻学专业实践教学创新策略[J]. 传播力研究，2019，3(31)：233-234.

342. 张芳 . OBE 理念下民办高校新闻实务类课程教学改革问题及对策[J]. 西部广播电视，2019(15)：64-66.

343. 张鸿梅 . 试论数字传媒背景下广告实践教学的新思路[J]. 传播力研究，2019，3(13)：215-216.

344. 张记刚，嵇大伟，胡蔚涛 . CDIO 理念下新闻传播学实践教学改革与实践[J]. 江西广播电视大学学报，2019，21(3)：56-59.

345. 张继木 . 新闻教育的价值视野——兼谈马克思主义新闻观教育的价值实现[J]. 山西大学学报(哲学社会科学版)，2019，42(1)：118-124.

346. 张君 . 对高职新闻专业实践教学的梳理与思考[J]. 传媒论坛，2019，2(16)：36-37.

347. 张昆 . 论高校新闻专业的教学团队建设[J]. 新闻与写作，2019(8)：68-74.

348. 张琨 . “情境构建教学法”在新闻学教学中的应用研究——以“广播电视节目策划与制作”课程改革为例[J]. 传播力研究，2019，3(3)：151-152.

349. 张林贺 . 新闻采写课核心任务驱动教学法研究——以非虚构故事化新闻写作教学为例[J]. 青年记者，2019(9)：97-98.

350. 张龙 . 新时代国际新闻传播教育的使命与作为[J]. 现代出版，2019(3)：13-15.

351. 张楠 . 移动互联网背景下广告学专业多维互动教学实践与探索[J]. 传播力研究，2019，3(30)：164-165.

352. 张倩 . 媒介融合背景下“新闻编辑学”课程教学改革探析[J]. 西部广播电视，2019(10)：60，62.

353. 张蕊 . 基于手机 APP 的新闻实践类课程的教学互动研究[J]. 传播力研究，

2019，3(25)：205-206.

354. 张锐玲．“互联网+”视域下“广告设计”课程教学实践研究[J]．工业设计，2019(1)：39-40.

355. 张诗婷．传播实践教学与“挑战杯”竞赛融合进路中的思考[J]．东南传播，2019(7)：149-151.

356. 张淑华，周志勇．目标倒逼与过程引导——新闻与传播专业学位研究生培养质量提升策略研究[J]．新闻爱好者，2019(10)：52-55.

357. 张薇．“互联网+”背景下的广告学教学改革与实践[J]．传媒，2019(15)：88-90.

358. 张文璇．试论媒介融合背景下的新闻传播变革与新闻教育改革[J]．新闻研究导刊，2019，10(13)：67，101.

359. 张夏伊，陆海成．多维传播语境下高校播音主持专业的教学策略[J]．教育教学论坛，2019(1)：200-201.

360. 张小虎．媒介融合背景下新闻摄影教学改革探索[J]．文化创新比较研究，2019，3(27)：89-91.

361. 张星．逻辑思维在广告文案教学中的重要性研究[J]．海峡科技与产业，2019(5)：144-145.

362. 张艳红．历史观引领、案例深化、专题整合：新媒体时代的新闻传播史教学改革[J]．新闻春秋，2019(3)：89-95.

363. 张艳萍，周华清．新技术驱动下的广告教育改革研究[J]．艺术与设计(理论)，2019(Z1)：135-137.

364. 张艳霜．双语教学在地方院校新闻传播专业中的探索与实践[J]．教育现代化，2019，6(65)：37-38.

365. 张莹．基于学科竞赛的网络广告课程教学改革研究——以“大广赛”为例[J]．传播力研究，2019，3(10)：176.

366. 张颖．论全媒体时代高校新闻专业实践教学模式[J]．传媒论坛，2019，2(11)：107.

367. 张媛，靳晓庆．西部高校新闻专业课堂教学现状调查分析——以贵州大学新闻专业本科生为对象[J]．教育教学论坛，2019(33)：76-78.

368. 张媛．视听新媒体环境下广播电视学的教学改革目标与路径分析[J]．新闻研究导刊，2019，10(10)：220.

369. 张云，邸铭．务实开拓，砥砺前行——评《中国新闻传播教育年鉴》[J]．大学(研究版)，2019(6)：92-95.

370. 张湛苹，赵立群．全媒体时代新闻采访与写作课程教学改革探析[J]．读与写(教育教学刊)，2019，16(12)：59-60.

371. 章瑞，疏仁华，钱敏．情境学习理论视角下高校“广告文案写作”的课堂教学改革[J]．广西科技师范学院学报，2019，34(2)：123-126.

372. 赵恒煜．我国广告学博士研究生教育的现状、问题与思考——基于 28 所高等院校的统计分析[J]．广告大观(理论版)，2019(1)：75-82.

373. 赵军涛．应用型人才目标培养下新闻学专业课程实践教学改革研究——以郑州大学体育学院为例[J]．红河学院学报，2019，17(4)：125-128.

374. 赵焜榆．广告设计教学过程中如何培养创造性思维能力[J]．北极光，2019(5)：131-132.

375. 赵伟．新媒体时代下高校广告教学改革研究[J]．信息记录材料，2019，20(1)：158-159.

376. 赵文锴．基于 SPOC 的“广告学”课程翻转课堂教学实践[J]．林区教学，2019(4)：32-34.

377. 赵文雯．改善“惯习”，以“用户思维”提高教学效能——以地方院校新闻传播人才培养为例[J]．青年记者，2019(8)：99-100.

378. 赵文琰．美国广告专业教育的经验与启示[J]．传媒，2019(2)：61-62.

379. 赵智慧，张夜莺，曾朝阳．面向广告学科竞赛的创意设计类专业实践教学模式研究[J]．艺海，2019(7)：107-109.

380. 赵智慧．广告设计类课程教学探索与思考——基于十届大广赛的参赛实践[J]．设计，2019，32(9)：108-109.

381. 郑丹．“广告摄影与摄像”课程小班教学的探索与实践[J]．教育现代化，2019，6(34)：134-136.

382. 郑登滨．应用型高校广告学专业创新创业教育改革的探索与实践[J]．传播与版权，2019(3)：162-165.

383. 郑晓青．校企协同共育创新创业人才的教学改革实践——以广告专业“工作室制”人才培养模式为例[J]．黑龙江科学，2019，10(13)：4-6.

384. 钟辰．基于媒介融合背景下的新闻传播专业教育教学研究[J]. 新闻世界，2019(12)：81-83.

385. 钟浩．媒介融合时代下新闻传播教育的创新改革路径[J]. 新闻研究导刊，2019，10(5)：216-217.

386. 钟晓书，赵婕．大数据工具在新闻教学中的应用及改进[J]. 陕西教育(高教)，2019(5)：53-54.

387. 周华清，张艳萍．产教融合背景下广告学专业教育改革思考——基于福建省广告教育调查[J]. 艺术与设计(理论)，2019，2(9)：130-134.

388. 周露．新媒体时代高校广告设计课程教学改革探究[J]. 戏剧之家，2019(14)：181.

389. 周茂君，沈君菡．高校马克思主义新闻观教育现状、问题与对策——基于湖北省29所高校新闻专业院系的调查[J]. 中南民族大学学报(人文社会科学版)，2019，39(5)：167-174.

390. 周妮娜．"赛事驱动"型媒体教学模式创新——以北京师范大学新闻传播学院为例[J]. 传媒，2019(19)：77-79.

391. 周薇．"互联网+"环境下中职广告文案写作教学研究[J]. 传播力研究，2019，3(6)：142-144.

392. 朱良志．助力县级融媒体中心是新闻传播教育新方向[J]. 青年记者，2019(5)：106-107.

393. 朱晓莉．媒介融合背景下新闻学专业教学改革探讨[J]. 新闻传播，2019(18)：61-62.

394. 朱秀凌．论史家笔法在专业年鉴的运用——以《中国新闻传播教育年鉴(2018)》为例[J]. 新闻知识，2019(9)：7-10.

395. 朱艳．全媒体时代新闻学专业实践教学模式探究——基于"新闻学概论"课程[J]. 传媒论坛，2019，2(23)：15，17.

396. 朱艳琳．论数据新闻实验课程建设与教学实践[J]. 传媒论坛，2019，2(2)：82，85.

397. 朱志平．新媒体广告发展及教学趋势的走向——评《新媒体广告》[J]. 中国高校科技，2019(7)：109.

398. 珠丽．刍议现代新闻传媒教学对学生实践能力的培养[J]. 传播力研究，2019，

3(27)：200.

399. 庄婉容．影视类共建课程实践教学模式研究——以仰恩大学新闻传播学专业为例[J]．开封教育学院学报，2019，39(1)：85-87.

400. 邹文兵．转向与建构：新媒体语境下新闻摄影教学的审思[J]．山东工艺美术学院学报，2019(3)：82-87.

21.2　2019 年英国媒介与大众传播研究一瞥
——基于主要学术著作的考察

在传播学研究上，英国虽不及美国发达，但依然有着自己的研究特色。当前，英国传播研究在领域上以媒介文化研究为主，方法偏重质化，主题关注媒介与社会之间的互动关系。进入 2019 年来，随着媒介技术的日益发达，媒介研究已经渗透到整个文化和社会生活的方方面面。根据 2019 年英国大众传播与媒介研究的成果出版来看，这些著作成果主要来自于英国的剑桥大学出版社、政治出版社。①《新媒体与社会》学术期刊(*New Media and Society*)是英国媒介与大众传播研究领域比较有影响力的刊物。本节通过对这两个出版社和一个学术期刊的大量学术成果检索，以期达到窥一斑而知全豹。总结起来，英国 2019 年的传播研究主要有以下几个方面：媒介社会学、媒介政治学、媒介伦理学、媒介情感和媒介法规研究。当然，这些主题并不是截然分开的，更多的时候，不同的主题是相互交织在一起的，这也正是英国媒介与大众传播研究的独特魅力。

---

① 英国的出版业特别发达，知名的出版社有皇家出版局、麦克米伦出版公司、朗曼出版集团、牛津大学出版社、剑桥大学出版社、企鹅出版社、政治出版社等。笔者通过对这些出版社 2019 年出版的媒介与大众传播研究的学术著作的大量检索来看，出版媒介与传播类的学术著作最多的出版社是剑桥大学出版社和政治出版社。剑桥大学出版社是英国仅次于牛津大学出版社的第二大大学出版社，具有悠久的历史，已经为人们所熟知，该社每年都会出版了大量的媒介与大众传播类的学术著作。通过剑桥大学出版社 Core(Cambridge. org/core)可以检索到该出版社 2019 年出版的媒介与大众传播类学术著作。政治出版社也是英国最主要的学术出版社，主要出版人文、社科类的学术成果。其总部位于剑桥，办公住址在英国分别设置在剑桥和牛津，在美国也有一个分支机构，设在波士顿。它出版的学科主要集中在社会学、政治学和社会理论等。在英国关于媒介和大众传播研究的成果，就主要由这个出版社出版，每年英国媒介与大众传播研究的最新成果都有著作在这个出版社出版。当前，这个出版社的出版主题主要有：媒介研究、传播研究、新媒体、大众传播 与社会、媒介批评。关于媒介的书系已经出版《数字媒介与社会》《数字文化》《理论与媒介》《当代政治传播》等。2019 年翻译到国内的《传播与中国译丛》(中国传媒大学传播社，2019)书系就是由这个出版社“理论与媒介”书系出版的。

21.2.1 媒介与大众传播研究的社会文化取向

在英国，几乎没有专门的传播学系，他们更喜欢用媒介研究(Media Study)、数字人文研究(DigitalHumannities Study)等来代替，当然也有作为学科的电影、媒介与大众传播专业，这些专业更多的是设置在社会学系下面，如剑桥大学就是如此设置。在英国高校的院系设置中，都没有国内的新闻与传播学院或系，但有相关的媒介与传播研究。从事媒介与新闻传播研究的学科大多设置在社会学系或专门的研究中心，如在剑桥大学，从事媒介研究的主要分布在数字、人文和政治科学系(faculty of Human, Social and Political Science)，这个系或学院(faculty)下面有个社会学系(sociology department)，研究媒介与大众传播的课程与学者就依托在这里。另外，剑桥还有个艺术、社会科学和人文研究中心(Centre for Research in Arts, Social Sciences and Humanities)，在这个机构下，有着我们通常意义上的传播研究。偏重于艺术的媒介研究，就是影视艺术的研究；偏重于人文研究的就是英国的数字人文(Digital Huamanities)。正式由于英国独特的院系专业设置，即把媒介与传播研究归于社会学之下，这就导致了英国传播学研究中的社会学取向，他们更加关注的是媒介与社会之间的关系研究。从历史上来看，英国早年在文化研究方面取得了重要成就，如大名鼎鼎的伯明翰文化研究中心，这个中心也是挂在伯明翰大学的社会学系，英国文化研究对英国的媒介研究乃至全球的媒介研究和文化研究都产生了深远的影响。

无论是从英国媒介研究的学科设置还是其研究的历史传统，英国的媒介与传播研究都具有典型的社会学取向。也就是说，其社会学研究离不开对当前媒介的研究；同样，媒介与大众传播研究也都最终延伸到具体的社会问题，而不再囿于技术论或符号学的结构主义研究范式。2019年，政治出版社出版了美国著名的社会学家杰弗里·亚历山大(Jeffrey C. Alexander)的一本社会学著作《是什么造成了社会危机？社会问题的社会化》(*What Makes A Social Crisis? The Societalization of Social Problem*, Politiy Press: Cambride, 2019)。① 该书是标准的社会学著作，这本简短的论文集从文化社会学的角度重建了对社会危机的分析。在文中，亚历山大以“意义”为社会结构且在分析上具有自主性的观念为基础，使用社会化范畴，以多种与直觉相反的方式重新定义了社会危机的起因和构

① 虽然该书作者是美国社会学家，但其著作在英国出版，本节把其纳入英国媒介与传播研究的成果，下文如出现其他国家的学者，原因也与此同，不再解释。这种英国之外的学者，如美国、新加坡、加拿大等诸多国家的学者纷纷用英语写作并在英国学术界出版自己的成果，既壮大了英国的媒介与传播研究，同时也彰显了英国媒介与传播研究的跨地域性与国际视角。

成。在这本书的第五章“手机黑客”(Iphone Hacking)中，作者专门从当前人们使用最广泛的通信工具——手机这一媒介谈起，认为当前的手机黑客这种不法行为也是形成当前社会危机的一种主要方式，毕竟在这个高度媒介化了的社会中，人们的整个社会行为都离不开大众媒介。在具体涉及社会与媒介的研究中，作者利用涵盖新闻报道、全球媒体报道、访谈以及新闻和学术形式的分析的主要和次要数据，将发生社会化和“领域特定问题”的象征性过程和逻辑模式化的方式提高到全面的社会危机层次。

而从媒介研究出发并把媒介与整个社会生活结合起来的研究更的多见。近年来，政治出版社在媒介与大众传播学科下面专门出版了“数字媒介与社会”(Digital Media and Society)书系，这些学术著作把目光放于日常生活中最常见的社交媒体，如 Instagram、Youtube、Twitter 等以及互联网、在线音乐等大众媒介。由塔玛·利弗(Tama Leaver，科廷大学)、蒂姆·海菲尔德(Tim Highfield，阿姆斯特丹大学)和克里斯汀·阿比丁(Crystal Abidin，科廷大学)等学者联合出版的学术著作《Instagram：可视化的社交媒体》(Visual Social Media Cultures，Polity Press，2020)。在作者看来，自 2010 年发布以来，Instagram 已成为全球数字文化的核心，自拍照、滤镜和方形框架已成为日常生活中不可避免的一部分。在对 Instagram 进行的首次书本审查中，塔玛·利弗，蒂姆·海菲尔德和克里斯汀·阿比丁追溯了这款精巧的移动摄影应用程序如何发展为平台和文化。他们考虑了诸如新的视觉社交媒体美学，影响者的兴起和新的视觉经济以及平台的复杂政治等方面，并研究了 Instagram 的用户如何随着时间改变他们对平台的使用并响应不断发展的功能。该书着重介绍了世界各地的亚文化群体使用 Instagram 的不同方式，关注博物馆、饭店和公共场所如何努力成为 Instagram 有价值的表现对象(Instaworthy)。作者认为，Instagram 不仅仅是捕捉里程碑和时刻，还改变了人们的交流和分享方式，同时创造了营销，广告，政治以及空间和场所设计的新方法。从出生图片到葬礼上的自拍照，Instagram 上有来自世界各地的扎实实例，对于媒体和传播学的学生和学者来说，Instagram 是必不可少的阅读材料。该书共有七章，第一章是“平台”(Platform)，是对 Instagram 的介绍；第二章是“美学”(Aesthetics)，是对 Instagram 的美学分析；第三章是“生态学”(Ecoglogies)，是对 Instagram 的生态学分析；第四章是“经济学”(Economies)，是对 Instagram 的经济学分析；第五章是“文化”(Cultures)，是对 Instagram 的文化分析；第六章是“寿命”(Lifespans)，是对 Instagram 的生存状态进行的分析；第七章是“万物皆 Instagram 和 Instagram 皆万物”(From the Instagram of Everything to the Everything of Instagram)。

除了研究 Instagram 外，研究 Youtube、Twitter 等数字媒介所采用的研究方法大同小异，无不是把这些媒体放在整个社会文化的背景下进行考察，重点考察这些社交媒介与当代社会文化之间的互动关系。相比于上面几种以视觉信息为主的媒介，英国学界还出现了对播客(Podcasting)这一以声音信息为主的数字媒介进行的研究，这就把媒介研究从视觉文化研究引向了听觉文化研究，这也是当前英国媒介研究中的一个重要维度。相关的学术著作有布莱顿大学马丁·斯皮内利(Martin Spinelli)、蓝思·丹恩(Lance Dann)和达里奥·利纳雷斯(Dario Llinares)分别编著的《播客：音频媒体革命》(*Podcasting：The Audio Media Revolution*，Bloomsbury Academic：London，2019)和《播客：新听觉文化和数字媒介》(*Podcasting：New Aural Culture and Digital Media*，Basingstoke，Hampshire ：Palgrave Macmillan，2018)等。自2004年左右出现播客以来，这种媒体就出现了收听和参与音频内容制作的新方式。恰如加拿大女王大学斯蒂芬·麦格雷戈(Stephen MacGregor)评论：“《播客：音频媒体革命》一书确信播客代表着音频媒体的持续革命。在介绍他们的各种分析时，斯皮内利和丹恩有效地与关心媒体研究未来的学术读者以及对播客生态系统感兴趣的普通读者进行了交谈，并把这本书用作将来查询的有用路标。”①而在《播客：新听觉文化和数字媒介》一书的导论中，作者就认为播客已经成为一种新的听觉文化研究指标。“在出版这本专注于音频形式的著作时，我们发现了一种讽刺意味，并认为这种音频形式会破坏，挑战并拥有重新配置学术话语传统的潜力。尽管当前一个不可否认的事实是我们的文化形式已经发生了变化，但当前的学术研究并没随之变化。”②由此可知，关于播客这种新的听觉媒介文化研究，已经对过去的媒介研究形成了挑战并代表当前一种新的媒介文化研究方式。

21.2.2　媒介研究的政治取向

关于英国的媒介与传播研究，除了上面所说的具有的关注社会文化的价值取向外。其在研究上的另一个特点就是媒介研究的政治化倾向。在英国人文和社会科学领域，广大学者无不对政治显示出浓厚的兴趣，而传播学研究对政治的兴趣尤为突出，特别是近年，英国一直处于“脱欧”的政治运动中，几乎全民都在谈论脱欧，甚至创造出个新词“Brexit”，这就使得近年的英国媒介与传播研究更多地把研究视角放在了这一热点的政治事件以及其他政治事件，并使英国的媒介与传播研究呈现出政治化的倾向。

伦敦大学金史密斯学院媒介、传播和文化研究系(Media，Communications and Cultural Studies)艾伦·戴维斯教授(Aeron Davis)一直致力于政治传播的研究，2019年

---

① Stephen MacGregor. Book Reviews[J]. New Media & Society，2020：921-922.

② Dario Llinares，Lance Dann. Podcasting：New Aural Culture and Digital Media[M]. Basingstoke，Hampshire ：Palgrave Macmillan，2018：3.

出版新著《政治传播：危机时代的新篇章》(*Political Communication*：*A New Introduction for Crisis Times*, Cambridge：Polity Press, 2019)。该书认为，我们生活在一个充满不确定性的时期。英国脱欧和特朗普的投票以及广泛的政治动荡不仅引起动荡。这些迹象表明，媒体和政治领域已达到许多长期以来预期的转折点。这种变化对世界各地的民主国家都有令人担忧的影响。为什么动荡、两极分化的选民不再准备支持成熟的政党？为什么大部分传统媒体要么垂死，要么被视为“假新闻”？社交媒体如何迅速改写规则？为什么有些民主领袖更像独裁者，民意测验者和经济学家更像算命先生？这些问题以及更多问题在本书中得到了解决。

《政治传播：危机时代的新篇章》既介绍又挑战了既有文献，是当前英国政治传播领域研究的重要著作。在该书的导论部分作者以“政治传播中旧确定性和范式的终结”为题，认为，越来越多的人从社交媒体和其他地方的新闻片段中获取新闻时，传统媒体效果研究显得多余。“公共领域的传统媒体正在消亡，社交媒体正在迅速重新配置政治和新闻运作的基础。选举人比他们团结一致时的动荡更大。经济和经济政策制定者似乎不再描述实体经济，政党开始看起来更像是新的社会运动。同时，民意测验者和预报员似乎和占星家一样可靠，没有人能说出专家和宣传家之间的区别。与此同时，各国公众越来越分裂成越来越极化的回声室。”①在戴维斯看来，当今的新媒体特别是社交媒体已经对当前的政治产生了重要影响，当前的政治传播研究应该更多地从这些社交媒体出发。

艾伦·戴维斯教授曾在媒体与传播，政治，历史和社会学系学习和工作。他的研究和教学融合了所有这些学科的内容，包括：精英和权力的社会学，政治传播，媒体社会学和新闻学，促销文化和文化中介，经济社会学和金融化等。他曾在威斯敏斯特、白厅、伦敦证券交易所、商业和金融网络以及主要政党和工会运动之间进行研究。早年就出版过一些媒介政治的著作，如《权力的中介》《政治传播和社会理论》《宣传文化》等。

同时，南加州大学传播与新闻学院的尼古拉斯·库尔(Nicholas J. Cull)教授也出版了一本关于政治传播的著作：《公共外交：数字时代的全球参与基础》(*Public Diplomacy*：*Foundations for Global Engagement in the Digital Age*, 2019)。库尔认为，当前的新技术(媒介)为公共外交开辟了新的可能性，但这并没有消除历史的重要性。相反，在交流发挥着空前作用的时代，过去的教训似乎比以往任何时候都更有意义。无论是通过电子方式还是人工方式进行交流，这些基础在今天仍然有效。通过结合国际关系，交流研

---

① Aeron Davis. Political Communication：A New Introduction for Crisis Times[M]. Cambridge：Polity Press, 2019：2.

究，心理学和当代实践的见解，库尔探索了公共外交的五个核心领域：聆听，宣传，文化外交，交流和国际广播。他介绍了近年来占主导地位的方法(民族品牌和伙伴关系)，并为成功的全球公众参与奠定了基础。

此外，还有研究政治传播的学者把研究视角放于国外，不再仅局限于本国，这显示出其研究的国际视角。如新加坡国立大学教授 Taberez Ahmed Neyazi 出版了《政治传播与动员：印度的印地语媒体》(*Political Communication and Mobilisation*：*The Hindi Media in India*，2019)。该书以农村和城市为证据，对印地语媒体在印度政治，社会和经济转型中的重要性提供了新的视角。40%以上的公众都可以使用它，它在建立政治意识和动员公众舆论方面继续发挥重要作用。该书没有将媒体视为单一实体，而是着重介绍了其多样性和复杂性，以了解由新闻媒体，政党和公众之间的相互作用以及如何使用各种媒体形式所形成的不断变化的政治传播动态。在瞬息万变的环境中，这本书提供了有关印刷，电视和数字媒体如何相互协作而不是相互孤立的见解，以掌握新兴混合媒体环境的复杂性和社会动员的未来。

总体来说，在当前英国媒介与传播学研究中，关于媒介的政治学研究或政治传播已经成为一个重要的研究课题，这显示出英国传播学对于社会问题的关注，是其媒介社会学研究的更集中的体现。同时，也彰显理论研究对于社会现实问题的介入和提供解决问题的能力，这也应当是我们的媒介与传播研究的应有之义。

21.2.3　媒介研究的伦理取向

随着媒介技术的发展，整个社会已经高度媒介化，一方面，高度发展的媒介技术大大丰富了人类的传播行为。但另一方面，这些高度发达的媒介也会给人们带来负面的影响。如果只从技术层面来看，对技术的反思早在20世纪初就已经出现。而从大众媒介研究方面来说，特别是互联网等新媒体的出现，对媒介的反思就一刻也没停止过，这就是对媒介的伦理学研究，特别是进入当今的数字时代，媒介对人类的负面影响日益呈现，媒介伦理研究已经成为当今全球传播研究的一个重要主题。

剑桥大学出版社于2019年继续出版了“传播，社会和正义”书系(Communication，Society and Justice)，目前已经出版了15本关于媒介与传播伦理方面的学术著作。① 其中2019年最新出版的著作就是美国伊利诺伊大学香槟分校媒介研究中心克利福德·克

① 关于该书系其他著作的介绍，请参加 *Media Ethics and Global Justice in the Digital Agethe* (University of Cambridge Press，2019)一书的出版信息部分，有这个书系15本书的书名和出版信息，由于书目众多，就不一一列出了。

里斯蒂安斯(Clifford G Christian)教授的《数字时代下的媒介伦理和全球正义》(*Media Ethics and Global Justice in the Digital Age*, 2019)一书。克利福德教授是全球研究媒介伦理的顶尖学者，早年就出版过诸多媒介伦理方面的著作：如《新闻教育中的伦理》《传播伦理和普世价值》《公共传播伦理》《跨文化传播伦理》《媒介伦理：案例和道德推理》等。可以看出，克利福德教授的学术生涯都是在关注传播伦理问题，而在进入当今数字时代，克利福德教授依然在思考数字时代的媒介伦理问题，这本学术著作就是克利福德教授对媒介伦理的最新研究成果。

该书认为，当今的数字革命是一种世界范围的现象，对世界各地的社区及其相互之间的关系具有深远且通常不同的影响。该书介绍了一种新的、明确的国际媒体伦理理论，其中纳入了非西方观点，并深刻借鉴了道德哲学和技术哲学。克利福德 · 克里斯蒂安教授建立了以三个原则为基础的道德准则：真实，人格尊严和非暴力，并说明了这些原则如何适用于各种情况和领域。该书为关注新技术在全球范围内建立新世界的媒体专业人士、学者和教育工作者提供指南。该书共有六章，第一章主要谈了媒介技术问题；第二章谈的是道德问题；第三章谈的是关于新闻真实的伦理问题，探讨了新闻的真实与伦理的关系；第四章谈的是人的尊严与伦理问题；第五章谈的是非暴力的伦理问题；第六章谈的是大都会司法及其代理问题。

总之，克利福德认为："媒体伦理也开始参与到技术革命之中，但在理论和应用上，它应该突出技术哲学传统以胜任这一工作。在介绍新的国际媒体伦理的基础上，这本书展示了我们的理论为什么以及如何赋予技术哲学以智力优先。技术哲学参与道德哲学之中，就像它之于伦理学一样，锚定了媒体的维度。"①所以在关于媒介伦理的研究中，技术哲学与道德哲学就成为克利福德来研究媒介伦理的重要角度。在文中，作者从亚里士多德谈到了海德格尔，从海德格尔的此在(Dasein)谈到了道(Dao)，显示出作者深厚的理论素养。最后，克利福德认为，"通过无处不在的多媒体技术，二十一世纪的公共生活正在发生历史性的变化，而从道德层面把握这种变化则是至关重要的"②。

此书一经出版，引起了西方学界的普遍关注，在此书的封底部分印刷了四位著名学

---

① Clifford G Christian. Media Ethics and Global Justice in the Digital Agethe [M]. Cambridge: University of Cambridge Press, 2019: 3.

② Clifford G Christian. Media Ethics and Global Justice in the Digital Agethe [M]. Cambridge: University of Cambridge Press, 2019: 31.

者对此书的评论。威斯康星大学麦迪逊分校斯蒂芬·J. 沃德教授①对其评价道："克里斯蒂安教授通过以人为中心的技术哲学和国际化的人本主义思想，对媒介伦理学的基础进行了严格的、国际化的重塑。在全球媒体革命中，公民和学者需要如此深刻和大胆的思考，以促进人类跨越国界的繁荣。"②斯坦福大学传播学名誉教授西奥多·格拉瑟（Theodore L. Glasser）对该书评价为："克利福德·克里斯蒂安提供了媒体道德的真实原始记录，不仅认真对待技术，而且还利用它来进行其他人不愿意或无法追求的讨论。由于数字传播'不可避免地是全球性的'，因此媒介伦理学正是需要本书提供的：'国际传播伦理学理论'。"③加利福尼亚大学爱德华·瓦瑟曼（Edward Wasserman）教授认为，克里斯蒂安斯教授以其杰出的媒体伦理学家职业生涯而著称，其著作在学术领域极为广泛，而且雄心勃勃。克里斯蒂安带来了令人吃惊的学术范围和严谨的分析严格性，从而产生了具有挑战性的著作，值得在未来几年进行研究和应用。密歇根大学数字媒体学院教授克里斯蒂安·桑德维格（Christian Sandvig）则认为，在该书中，您会发现问题像媒体所面临的那样具有挑战性，而这些问题是在各种形式的公共传播本身正处于长期的技术动荡之中而发生的。克里斯蒂安通过提供以人为中心的技术哲学为基础的全球正义视野，为克服混乱创造了一条新的道路。

除了上面在书本上的评论，学界也有书评对其进行评价，西班牙庞贝法布拉大学（Universitat Pompeu Fabra）Núria Almiron 认为本书是"一本优秀的媒体、传播和技术伦理手册，其中包括对无数哲学理论和观点的简短但是具有智力启发性的概述。该书的主要立场是克里斯蒂安对他准确地称其为'理性主义伦理的谬误'的通常批评的新版本，这是由启蒙运动的理性主义所约束的线性和二元规范伦理所导致的。"④ Robert Cortes 则认为，在当前所有的媒介伦理研究中，克利福德·克里斯蒂安都是无法被忽视的名字。"《数字时代的媒体道德与全球正义》一书涵盖了克里斯蒂安在长期职业生涯中已经成熟

---

① 斯蒂芬·J. 沃德（Stephen J. A. Ward），威斯康星大学麦迪逊分校新闻伦理研究中心主任，是著名的媒介伦理学者，著有《全球新闻伦理》（*Global Journalism Ethics*）、《全球媒介伦理：问题和视角》（*Global Media Ethics：Problems and Perspectives*）、《激进的媒介伦理：一个全球化的方法》（*Radical Media Ethics A Global Approach*）和《全球媒介伦理手册》（*Handbook of Global Media Ethics*）等著名媒介伦理学著作的作者。

② Clifford G Christian. Media Ethics and Global Justice in the Digital Agethe [M]. Cambridge：University of Cambridge Press，2019，Back Cover.

③ Clifford G Christian. Media Ethics and Global Justice in the Digital Agethe [M]. Cambridge：University of Cambridge Press，2019，Back Cover.

④ Núria Almiron. Book Reviews：Media Ethics and Global Justice in the Digital Age[J]. European Journal of Communication，2019，34(4)：451.

了的关于‘媒体道德，传播理论和技术哲学’的所有观点。”①

总之，在当前英国的媒介和传播伦理研究中，克里斯蒂安教授的这本《数字时代的媒体道德与全球正义》可谓代表当前英国乃至欧美学界的最前沿、最完备的研究成果。这本书写于克里斯蒂安教授的 80 岁生日前夕，自从他从 1979 年开始涉足媒介伦理研究以来，一直笔耕不辍，出版了大量的关于媒介伦理的学术著作，而这本最新的学术著作可以说是对其一生学术生涯的总结，同时又紧紧抓住了数字时代这一时代特征。

21.2.4　结语：其他媒介与大众传播研究

上面根据当前英国出版的学术著作，无论是从学术著作出版的数量还是影响力来说，媒介与社会、媒介与政治和媒介与伦理这三个方面是英国传播学研究当前比较热门的研究问题，当然，由于英国传播学研究的跨学科性质，试图用一种或几种研究主题都无法全部涵盖其媒介与传播研究。除了以上所说的三类研究课题，亦有其他方面的研究，如立足于传统符号学方面的媒介与传播研究。例如英国开放大学菲利普·塞吉安特(Philip Seargeant)的《表情符号的革命：技术如何在塑造传播的将来》(*The emoji revolution*: *How technology is shaping the future of communication*)，该书主要探讨了表情符号来自哪里？他们为什么如此受欢迎？他们告诉我们关于现代社会技术增强状态的什么？表情符号不仅是一组有趣的彩色小符号，还处于我们交流方式革命的前沿。作为一种全球的、基于图像的交流形式，它们是人类互动核心的创造力和创造力的完美典范。但是，对于消费主义现在已经渗透到我们日常生活的所有方面，甚至对我们使用的语言也具有控制性的兴趣，它们也是一个寓言。该书主要是从符号学与技术的层面来探讨当前人们日程生活中的传播现象，相比于英国主流的媒介与传播研究来所，可以说是一个另类。

此外，在 2019 年的英国传播学界，出现了一种新的研究转向，这就是卡琳·瓦尔·乔根森(Karin Wahl-Jorgensen)的《情绪，媒介与政治》(*Emotions*, *Media and Politics*)一书中所提出的媒介研究中的“情感转向”(Emotional Turn)问题。瓦尔·约根森在这本书中有力地证明了媒体，情感和政治是相互交织的，但这本书的优点之一是它不仅要求读者在工作中考虑情感，而且还向他们展示了新闻学研究在实践中的情感转向是什么样的。就像美国密歇根大学的布莱恩·威克斯(Brian E. Weeks)指出的那样：“约根森令人信服地证明了情感在当代政治中扮演的重要角色，并为新闻学研究领域如何拥抱当今

① Robert Cortes, Clifford G. Christians's media ethics theory of globaljustice, Church [J]. Communication and Culture, 5(1): 131-135.

的政治情感现实提供了有意义的思路。”①

另外，还有关于媒介法的研究，因为随着互联网的不断发展和完善的需要，仅仅依靠媒介伦理是无法完全规范媒介行为的，这就需要出台相关的媒介法律来规范媒介，莱顿大学的 Jan Oster《欧洲和国际媒介法》(*European and International Media Law*)。此外，还有相关的关于危机传播的研究，如艾斯·西敏·卡拉(Ayse Simin Kara)编著的《数字时代的危机传播》(*Crisis Communication in a Digital World*)等。

总之，2019 年的英国媒介与大众传播研究成果众多，以跨学科的国际视野，以文化研究的研究传统并结合当前英国火热的数字人文研究来进行本土的媒介与大众传播研究。在研究领域上，重点突出媒介与大众传播研究的社会文化维度、媒介政治维度和媒介伦理维度等当前大众传播学所面临的现实问题，同时也兼顾传统的技术论和符号学维度，呈现出多元、跨学科和国际化的特征。

(陆涛、胡沈明)

21.3　2019 年新闻传播教育会议综述

2019 年是中华人民共和国成立 70 周年，也是中国新闻传播教育事业持续抒写辉煌篇章的关键年度，新闻环境发展日新月异，新技术、新理念层出不穷，如何审时度势，沉着应对，制定出符合新时代的新闻传播教育战略，提高新闻传播教育质量，为行业输送更多优秀的复合型新闻传播人才，是各大新闻传播教育组织和新闻传播学院持续探索的重要话题。

习近平总书记在十九届中央政治局第十二次集体学习时，发表了关于加快推动媒体融合发展的重要讲话，提出了要着眼党和国家事业长远发展、要牢牢掌握意识形态主动权、要以凝聚人心做大做强主流舆论为目标、要坚持以人民为中心的价值取向、要向世界传播中国声音增强国际话语权五项内容。于是，广大新闻传播教育组织与院校开拓创新，始终与时代共进，在坚持马克思主义新闻观的前提与基础上，跳出传统视角，汇集学科前沿人才与智识，展开了诸多有助于新闻传播教育学界繁荣发展的工作。

其中，教育部高等学校新闻传播学类专业教学指导委员会成功申请 2022 年第六届

---

① Weeks, B. E. Book Review: Emotions, Media and Politics[J]. New Media & Society, 2020, 22(5): 917.

世界新闻教育大会，代表着中国新闻传播类专业在国际学术界开拓探索、发出中国声音方面迈出了重要一步；中国高等教育学会新闻学与传播学专业委员会集结 260 多位专家学者的学术智慧，为智媒时代的新环境、新机遇、新成果发展添砖加瓦；中国新闻史学会以“全球视野 中国学派——全媒体时代的新闻传播研究”为主题，推动了更高水平的世界新闻传播学研究对话与交流。与此同时，中国人民大学、湖南大学等院校走在学科需求前沿，提出了新闻传播学教育必须顺应时代发展要求做出根本性改变，构建以融合为目标的新的学科体系与专业体系，培养具有综合思维、全面素养、人文情怀、高尚品德的全媒型、专家型新闻传播人才；上海大学更是以国际新闻传播教育联盟为纽带，探讨了新闻传播国际化人才培养和智能媒体未来发展，为国际新闻传播教育事业的发展增添了新光彩！

21. 3. 1　新闻传播教育组织召开的主要会议

1. 中国新闻史学会

(1)中国新闻史学会常务理事会第五届七次会议。2019 年 4 月 13 日，由中国新闻史学会主办，南京师范大学新闻与传播学院承办、扬州大学新闻与传媒学院协办的中国新闻史学会常务理事会第五届第七次会议在南京师范大学顺利召开。

南京师范大学校党委常委、副校长李久生教授出席开幕式并致辞，介绍了南京师范大学源远流长的办学历史和学校新闻传播学科的特色及现状。中国新闻史学会会长、清华大学新闻与传播学院常务副院长陈昌凤教授在致辞中深情回顾了学会创办 30 年来筚路蓝缕的发展历程，充分肯定了南京师范大学新闻传播学科在全国的影响。

清华大学新闻与传播学院副院长史安斌教授介绍了第五届“新闻传播学学会奖”候选成果，与会代表经过审阅、讨论，投票通过了预评结果。会议听取了各二级分会的工作汇报，并经过与会常务理事的投票表决，评选出了新闻传播教育史研究委员会、网络传播史研究委员会、应用新闻传播研究委员会、媒介法规与伦理研究委员会等五个 2018 年度优秀二级分会。此外，会议还就学术年会举办、学会二级分会管理等其他相关事项进行了充分交流和广泛讨论。

(2)中国新闻史学会 2019 年学术年会。2019 年 11 月 16 日，中国新闻史学会 2019 年学术年会在北京举行。此次年会由中国新闻史学会、中国人民大学共同主办，中国人民大学新闻学院、中国人民大学新闻与社会发展研究中心承办。会议以“全球视野 中国学派——全媒体时代的新闻传播研究”为主题，来自国内外主流新闻院校的近千名专家学者荟萃一堂，共享前沿关切，共通专业智慧，共建学科未来。

中国人民大学校长刘伟高度评价了中国新闻史学会成立30年以来取得的成绩和作出的贡献，希望在新的历史起点上，以学会全体会员为代表的广大新闻学人，要认真学习贯彻习近平总书记系列重要讲话精神，秉持全球视野、历史思维、开放姿态，勇敢担负起新时代的文化使命，在坚定文化自信中推动文化创造、文明互鉴，充分展现中国特色、中国风格、中国气派，推动更高水平的世界新闻传播学研究对话与交流。

清华大学新闻与传播学院院长柳斌杰教授就史学会如何更好地承担中国的新闻舆论工作和新闻教育工作这一重要使命提出了三个重点方向：第一，围绕全媒体的建设，形成我们培养高素质新闻舆论传播人才的教育体系；第二，围绕当前传统技术革命性变革的时代，新闻传播战线特别是学术机构，要更多地围绕新技术，研究新闻传播未来发展的新业态、新形态、新渠道、新制度；第三，围绕形成中国特色哲学社会科学体系，构建我们在全球范围内的话语体系。

中国人民大学新闻学院执行院长胡百精教授表示，中国新闻传播教育正处于改革发展的紧要时刻，我们一方面要面向新时代、面向新技术革命、面向全球化新境况推进学科转型，构建生态型卓越新闻传播人才培养体系，构建中国特色新闻传播学术体系、学科体系和话语体系，构建适应新时代的大学学科治理体系；另一方面要以一个专门学科的力量，关怀、增益人类文明的整体精神和个体命运。

开幕式结束后，中国新闻史学会第五届会员代表大会暨理事会议正式开始，中国新闻史学会联席秘书长、中国人民大学新闻学院邓绍根教授作中国新闻史学会第五届理事会工作报告，并讨论和通过新一届常务理事名单。年会期间，院长论坛、传媒期刊主编论坛及二级学会组织的24个分论坛相继举办。

2. 中国新闻史学会党报党刊研究委员会

2019年10月19日，由中国新闻史学会党报党刊研究委员会主办、南昌大学新闻与传播学院、南昌大学马克思主义新闻观研究中心承办的“教育·伦理·文化：2019中美新闻传播学术高峰论坛”在南昌大学举行。来自北京大学、中国人民大学、复旦大学、华中科技大学等国内高校著名专家，与美国伊利诺伊大学、密苏里大学、林肯纪念大学、太平洋大学、纽约大汉影业传媒公司等机构的远方来宾，围绕当代新闻传播发展趋势、媒介法规与伦理、新闻传播教育以及构建人类命运共同体的话语体系等议题展开了深入的沟通和交流。

国务院学位委员会新闻传播学科评议组成员、中国新闻史学会副会长、华中科技大学学术委员会副主任张昆教授在致辞中指出：此次论坛是中国新闻传播教育界的一次盛事，在南昌大学新闻与传播学院这所中国新闻传播教育南方重镇召开也具有重要意义，此外，在国际舆论界，中国舆论和诉求的到达率较低，中国新闻传播学术发展需要汇集各国学者的智慧和心力，这也正是此次论坛的价值所在。

在论坛上，各位专家学者分别围绕“教育”“伦理”“文化”三大主题展开了各地的精彩演讲，并就“传播伦理”“人才培养”“国际传播”等当下新闻传播学术研究和学科建设的热门话题进行了热烈的讨论，对于助推中国新闻与传播学发展，尤其对新闻传播学术研究走向国际化具有重要意义。

3. 中国新闻史学会新闻传播教育史研究委员会

2019 年 11 月 9 日，由中国新闻史学会新闻传播教育史研究委员会主办、兰州大学新闻与传播学院承办的“中国新闻史学会新闻传播教育史研究委员会 2019 年学术年会”暨“兰州大学新闻传播教育 60 周年座谈会”在兰州大学举行，共有来自全国各地新闻传播教育领域的专家学者、媒体代表等 130 余位嘉宾参加会议。

此次年会以“回顾与前瞻——新中国新闻传播教育 70 年”为主题，检视新中国新闻传播教育的历史经验，展望新中国新闻传播教育的未来发展。中共甘肃省委宣传部常务副部长高志凌表示，高素质的新闻传播人才队伍是国家战略与意志化为社会共识与团结奋斗的重要保障。兰州大学党委书记袁占亭则要求兰州大学新闻与传播学院要以这次会议为契机，顺势而上，主动向专家学者讨教学习，与专家、校友建立起更加紧密的长效联系机制，共同推动学院取得更大的发展，并以建院 60 周年为新起点，传承和发扬新闻人自强、自立、自信的精神，团结协作、协同创新，特别是以博士点建设为龙头，进一步加强内涵建设，让兰州大学的新闻传播教育为中国新闻传播事业发展贡献更大的力量。

会议共四个分论坛，与会专家围绕“新闻学科建设和人才培养”“新闻教育培养理念与实践”“70 年新闻传播教育”“新闻传播教育改革”等与新闻传播教育事业密切相关的政策理念进行了分享与交流。在会议期间，“丝绸之路新闻传播教育高校联盟”筹备会，“新闻与传播学院战略发展咨询委员会”第一次圆桌会议以及校友纪念铜鼎赠送仪式等兰州大学新闻传播教育 60 周年纪念系列活动同步进行。在会议开幕式上，《中国新闻传播教育年鉴（2019）》首发仪式举行，并由兰州大学代表丝绸之路各参会高校宣读了《丝绸之路新闻传播教育高校联盟 2019 兰州共识》。

4. 中国新闻史学会台湾与东南亚华文新闻传播史研究委员会

2019 年 12 月 7 日，由中国新闻史学会台湾与东南亚华文新闻传播史研究委员会主办的 2019 年“新时代全媒体建设与新闻传播教育发展”学术论坛在西昌市举行。厦门大学、复旦大学、《海峡导报》、云南大学、《人民日报》等国内十多所高校专家教授和媒体行业精英代表齐聚西昌学院，共同探讨全媒体时代下新闻传播学科转型与教育教学、人才培养等前沿话题。

在会上，各高校专家教授、媒体精英代表们分别就各自研究领域，结合实际案例进行了精彩的主题演讲。《凉山日报》、西昌市融媒体中心等本土媒体代表、西昌学院文化传媒学院师生代表一百余人参加论坛。在主题演讲中，专家教授们纷纷聚集对外传播中的"话语"转向、新媒体环境下海外华媒发展的困境与出路、县市级融媒体的发展和转型升级等热点话题发表研究成果。专家认为，有必要进一步明确新闻工作者担负的使命，利用融媒体技术，多元化的传播新闻信息、揭示事实真相、记录时代风云、推动社会进步、引领思想舆论、服务社会大众，建立大众化、本土化、互动化和全球化的话语体系。

21.3.2 新闻传播教育院校召开的主要会议

1. 中国人民大学新闻学院

2019 年 3 月 1 日，由中国人民大学新闻学院、高等教育出版社和"马克思主义新闻观研究"课题组举办的出版发行座谈会在中国人民大学举行。来自教育部、高教出版社、《新闻战线》杂志社、新华社新闻研究所、中国社会科学院新闻与传播研究所等政府部门、科研机构，以及中国传媒大学、清华大学、北京大学、武汉大学、华中科技大学、重庆大学、首都经贸大学、西南政法大学、重庆工商大学、北京外国语大学等高校的专家学者和课题组成员 30 余人出席座谈会。中国人民大学新闻学院党委书记、中国高等教育学会新闻学与传播学专业委员会理事长周勇教授，中国人民大学新闻学院执行院长、教育部高等学校新闻学与传播学教学指导委员副主任胡百精教授分别主持了开幕式和座谈研讨。

中国人民大学党委副书记郑水泉教授在开幕式致辞中指出，《马克思主义新闻观十二讲》的出版，是积极响应中央要求、深入推进马克思主义新闻观进教材、进课堂的一个重要成果，对于新闻院校师生学习和掌握马克思主义新闻观的基本观点，回答和解决新闻工作中的各种理论与实践问题，树立做好社会主义新闻工作的自觉性，具有重要意义。教育部高教司二级巡视员、文科处长武世兴指出，加强马克思主义新闻观教育是做好新时代党的新闻舆论工作，推动中国特色社会主义新闻事业健康发展的必然要求，也是高校贯彻落实立德树人根本任务，提高新闻传播人才培养能力的内在需求。随后，各位专家学者分别从不同的角度，分析了该书的出版对于马克思主义新闻观教育的重要性，大家表示，将继续丰富该书的知识链接，做好该书由教材体系向教学体系的转化工作。

2. 山东大学新闻传播学院

2019 年 3 月 23 日，中国教育发展战略学会教育新闻传播专业委员会成立大会暨新形势下教育新闻传播高峰论坛在山东大学中心校区举行。教育新闻传播专业委员会发起人、教育部原新闻发言人王旭明，山东大学党委副书记张永兵，山东大学党委常委、宣传部部长桑晓旻，山东广播电视台台长、山东大学新闻传播学院院长吕芃出席会议。

山东大学党委副书记张永兵希望专委会认真贯彻落实习近平总书记关于新闻舆论工作的重要讲话精神，为政府、教育部门及企事业单位搭建交流平台，积极开展教育新闻传播理论研究与实践探索，构建和完善新时代教育新闻传播理论体系，推动新闻传播成果有效转化，着力推进教育新闻宣传改革。大会后成立举行了新形势下教育新闻传播高峰论坛，中国教育电视台总编辑胡正荣等 9 位专家分别就新形势下教育新闻传播策略与特点，以及新闻传播学科建设、人才培养等主题作了精彩发言。

3. 广西大学新闻与传播学院

2019 年 7 月 6 日，由广西大学新闻与传播学院和广西大学中国—东盟传媒与区域传播研究中心联合主办的“2019(首届)中国—东盟传媒与新闻传播教育国际研讨会暨中国—东盟新闻与传播学院院长(系主任)论坛”在广西大学新闻与传播学院融媒体中心举行。来自菲律宾、老挝、马来西亚、文莱、新加坡、越南、泰国、印度尼西亚 8 个东盟国家的 14 位新闻传播院系的院长(系主任)与国内广西大学、复旦大学、华中科技大学、厦门大学、暨南大学和云南大学等高校的 30 多位专家齐聚一堂，就“传媒与中国—东盟社会发展及命运共同体构建，中国—东盟国家新媒体发展及未来走向、中国与东盟国家新闻传播教育与人才培养、中国与东盟国家新闻传播院系教学与科研合作” 等议题分享研究成果，共同探讨互联网形势下各国新闻教育所共同关心的问题。

广西大学新闻与传播学院院长郑保卫教授表示，期待通过大会研讨、分组讨论，以及院长论坛等环节，大家能够充分交流，相互启发，积极拓展研究领域，扩大合作空间，为在“一带一路”和“中国—东盟命运共同体”建设的大背景下，实现中国—东盟国家传媒与新闻传播教育的交流互鉴和相知相通作出自己的贡献。

在会上，14 位中外嘉宾及专家学者，就培养国际化视野新闻传播人才的具体做法及东南亚新闻传播教育国际化的情况和经验展开了研讨，下午进行的两场分论坛讨论中，40 多位国内外学者围绕“媒体与中国—东盟社会发展及共同体构建”和“东盟传媒业、新闻传播教育现状与发展”两个主题分别进行了研讨。此次会议的召开，有助于加强国际合作，培养具有国际视野和国际传播能力、能够在国际新闻舆论领域把握话语权的新闻传播人才。

4. 北京外国语大学国际新闻与传播学院

2019年9月19日，首届国际新闻与传播教育论坛在北京举行。此次论坛由北京外国语大学国际新闻与传播学院主办、中国新闻史学会外国新闻传播史研究委员会协办，以“创新国际新闻与传播教育，构建中国特色对外传播话语体系”为主旨，来自全国各高校、科研机构和国际传播机构的70余位代表齐聚一堂，共同回顾中国国际新闻与传播教育的成就，探讨践行马克思主义新闻观的路径和方法。

会上，由北京外国语大学倡议的“多语种国际传播教育联盟”正式成立。北京外国语大学副校长袁军介绍，多语种国际传播教育联盟将全面贯彻落实习近平新时代中国特色社会主义思想，联络全国开展国际传播人才培养的高等院校和国际传播机构，合力打造“四个平台”，即多语种国际传播人才培养平台、教学交流平台、研究平台、人才供需联络平台，实施卓越新闻人才培养计划，以提升多语种国际传播人才教育水平。

针对当前我国在国际传播中面临的诸多新课题、新机遇和新挑战，中国外文局副局长高岸明表示，国际传播与国家形象、国家利益紧密联系。人是国际传播中的重要因素，培养一批立场坚定、热爱祖国、本领高强、融通中外的国际传播人才，是提升我国国际传播能力的必然要求，应当从坚定的政治立场、讲好中国故事的能力、全媒体多种报道能力、政产学研通力合作这四个方面下功夫。

面临国际传播环境中的人才培养方式，清华大学新闻与传播学院常务副院长陈昌凤提出，国际传播既要重视立足本土的对外传播，也要注重培养“知华派”的传播人士。中国传媒大学传播研究教授雷跃捷则提出新闻传播教育要跟随文科建设的节奏，加快传统新闻传播人才向培养全媒化复合型专家型新闻传播人才的转型。各位专家学者的提议对于打造具有全媒体素质的新闻传播教育队伍具有建设性意义。

5. 西北政法大学新闻与传播学院

2019年10月26日上午，由西北政法大学、新华社《中国记者》杂志社、中国新闻史学会新闻传播教育史研究委员会、中华全国法制新闻协会法治新闻理论专业委员会主办的西北政法大学新闻专业创办60周年、复办20周年庆典、西北政法大学新闻传播校友会成立、第四届“传媒法治建设高峰论坛”、第三届“何微新闻奖”学术论坛等系列活动，在西北政法大学长安校区图书馆满天星报告厅拉开帷幕。

在开幕式上，中国高等教育学会新闻学与传播学专业委员会理事长、中国人民大学新闻学院党委书记兼副院长周勇教授指出，在“双一流”建设的背景下，如何培养扎根中国、与时俱进、适应国内外发展的新型公共传播人才，是值得所有新闻传播院校思考的重要问题。

随后，分别举行了第四届传媒法治建设高峰论坛、“何微新闻奖”新闻传播学科研究生论坛、“何微法治新闻奖”青年学者论坛、新闻传播教育产教融合发展院长论坛、新闻传播学科发展论坛暨编辑(主编)论坛等，众多学界与业界的“大咖”齐聚一堂，共同探讨了当下传媒法治进程中的重要热点议题。在颁奖典礼上，何微先生的夫人刘蓉女士授予魏永征、孙旭培两位教授“何微法治新闻奖”终身成就奖，以表彰他们在新闻法和法治新闻教育、中国传媒法治建设等方面作出的杰出贡献。

6. 西藏民族大学

2019 年 10 月 26—27 日，由中国少数民族地区信息传播与社会发展论坛组委会与中国人民大学新闻学院、广西大学新闻与传播学院、西藏民族大学共同主办，西藏民族大学承办的第十届中国少数民族地区信息传播与社会发展论坛在陕西咸阳举行。来自 40 多所高校、研究机构和媒体的 110 多名专家学者开展学术研讨。此次论坛的主题为“融合、聚力、创新”，主要围绕媒介融合与少数民族地区社会发展、信息传播与民族文化等问题进行讨论。

郑保卫教授回顾了论坛十年来的发展和取得的成绩，他希望在今后的论坛研讨中，能够认真学习践行习近平同志关于民族工作和新闻舆论工作的一系列新思想新论断，站在国家整体发展的战略高度来关注民族地区的新闻教育、传媒改革和经济社会发展，促进学术交流，为建构既体现中国国情又符合国际规范，经得起历史和实践检验的中国特色社会主义民族新闻学作出更大贡献!

26 日下午与会代表分五个分论坛，围绕媒介融合与少数民族地区信息传播、当前媒介生态变化与少数民族地区信息传播、少数民族地区新闻教育的改革与发展、少数民族地区信息传播与民族文化、涉藏新闻与文化传播等议题展开研讨。27 日上午，第二届全国民族地区新闻与传播学院院长(系主任)论坛同时在西藏民族大学举行，这对于壮大民族地区新闻与传播教育具有重要意义。

7. 复旦大学新闻传播教育

(1)红色文化传承与马克思主义新闻观教育联盟在沪成立。2019 年 11 月 1 日，由复旦大学新闻学院倡议，国内 10 所高校新闻传播院系共同发起的“红色文化传承与马克思主义新闻观教育联盟”在复旦大学成立。复旦大学新闻学院院长米博华、山东大学新闻传播学院常务副院长刘明洋、广西大学新闻与传播学院院长郑保卫、井冈山大学人文学院院长刘晓鑫、北京大学新闻与传播学院新闻系主任吕艺、南昌大学新闻与传播学院院长陈信凌、贵州师范大学传媒学院院长黄葵、重庆大学新闻学院院长董天策等11家倡议和发起单位的代表参加成立大会。

该联盟作为国内首个将传承红色文化基因与推进马克思主义新闻观教育有机结合的学术组织，依据平等互利、交流互鉴、协同共进的原则自愿组建，为非营利性的、非法人的学术共同体，旨在充分发挥各成员高校优质的红色文化资源和马克思主义新闻观教育研究特色，开展全方位合作，形成资源共享、协同发展、整体提升的工作机制，实施卓越新闻传播人才教育培养2.0计划，推动和提升马克思主义新闻观教育和研究水平。

在会上，各发起单位表决通过了《红色文化传承与马克思主义新闻观教育联盟章程》，明确了联盟的性质宗旨、合作内容、机构职责、权利义务等。会议还选举产生了联盟理事会，审议通过了联盟学术委员会和秘书处人员构成。米博华当选联盟理事长，复旦大学新闻学院教授童兵被聘为联盟学术委员会主任，马凌被任命为联盟秘书长。

(2)复旦大学新闻传播教育90周年主题活动。2019年11月2日上午，复旦大学新闻传播教育90周年主题活动举行。市委常委、宣传部部长周慧琳出席并讲话。他指出，复旦大学新闻学院肩负着为党的新闻事业培养人才的重要使命，希望新闻学院全面加强马克思主义新闻观教育研究，全面加强全媒型人才培养，全面加强国际传播能力建设，全面加强决策咨询服务。市委宣传部将一如既往把部校共建放在重要议事日程，携手将复旦大学新闻学院打造成为全国马克思主义新闻观教育的制高点、新媒体理论与实践的制高点和国际传播能力建设的制高点，加快建成世界一流的新闻学院。在活动上，新闻学国家级教材建设重点研究基地、复旦大学全球传播全媒体研究院同时揭牌。

复旦大学党委书记焦扬、校长许宁生出席活动。国内外知名高校新闻传播学院院长、各年代校友、在校师生等参加。

8. 湖南大学新闻传播与影视艺术学院

2019年11月3日，以“媒体融合背景下的新闻传播教育”为主题的第三届岳麓传媒与文化发展国际论坛在长沙隆重开幕，此届论坛由湖南大学新闻传播与影视艺术学院和美国密苏里大学新闻学院联合主办，湖南省新闻传播学会协办。来自60多所海内外高校新闻院系、科研院所和媒体的100余名学者，围绕论坛主题展开了广泛深入的研讨。

学者们认为，传媒业正在经历前所未有的变革，信息传播技术、媒体格局、用户行为以及媒体与政治、社会、文化的关系都正在发生着颠覆式转型，为此，新闻传播学教育必须顺应时代发展要求做出根本性改变，构建以融合为目标的新的学科体系与专业体系。要打破文理科之间、新闻传播学与其他学科之间的边界，充分借助其他学科的资源与力量，融合各学科的思维、知识、方法，培养具有综合思维、全面素养、人文情怀、高尚品德的全媒型、专家型新闻传播人才。在此过程中，学者们尤为关注人工智能、移动互联网、大数据、5G 等新技术对传媒行业和新闻传播教育带来的影响和挑战，一方面很多新闻传播院校及时将新兴技术内容纳入课程教学体系，并积极开展相关的实践教学；另一方面，学者们也提醒要处理好技术与人文的关系，关注人的主体性，强化人文教育，在应变、融合、创新的同时，也要有所坚守和认同。

此外，学者们指出在媒体融合的时代大潮中，中国新闻传播界应结合自身实际，不断开辟自己的道路和发展自己的主体性，中国新闻传播研究和教学迫切需要一个以历史唯物主义的普世主义认识论为基础的跨文化传播政治经济学视野，需要在克服西方中心主义和城市中心主义的不断努力中，重新植根基层中国的社会实践，才能实现新时代马克思主义新闻传播学术的中国化发展，从而开拓社会主义新闻传播理论探索与教学实践的新境界。

9. 荆楚理工学院

2019 年 11 月 8—10 日，2019 湖北新闻与传播教育学会年会暨“新中国 70 年新闻与传播人才培养”论坛在荆楚理工学院举行。中国高等教育学会新闻学与传播学专业委员会理事长周勇、湖北省高等教育学会秘书长李友玉等来自国内 40 余所高校新闻院系专家学者和 100 多位业界人士参加了论坛。

此次论坛围绕“新中国 70 年新闻与传播人才培养”进行主题报告和研讨。各位专家学者就新媒体环境下新闻传播学科教育及未来媒体变革等问题展开讨论，共谋湖北新闻传播教育的深刻转型和内涵发展，共商湖北省新闻传播学科专业建设之路，并结合新闻传播学科发展与人才培养的实际，对学科建设提出了一系列具有前瞻性的意见。

10. 清华大学新闻与传播学院

2019 年 11 月 23 日，第七届范敬宜新闻教育奖颁奖仪式暨新闻传播学科高峰论坛在清华大学举行。此届范敬宜新闻教育奖良师奖授予复旦大学教授黄瑚，良友奖授予中央广播电视总台译审关娟娟、经济日报社高级编辑姜波，学子奖授予武汉大学曹华威、华中科技大学曹梦怡、清华大学陈嘉林、复旦大学陈禹潜、中国传媒大学董思成、南京大学贾威、上海交通大学蒋钰、暨南大学李艾霖、中国人民大学刘楠、复旦大学吴雨浓等 10 位在校学子。清华大学新闻与传播学院常务副院长陈昌凤主持颁奖仪式。近 30 所高校新闻院系院长、第七届范敬宜新闻教育奖获奖者以及清华大学部分师生代表出席了颁奖典礼和论坛。

柳斌杰在颁奖仪式总结发言中指出，范敬宜新闻教育奖体现了我国新闻学界和业界对学子、良师、良友的期待和肯定，要继续评好办好。对同时召开的新闻传播学科高峰论坛，柳斌杰表示祝贺，并指出新的国际传播形势需要更多新闻传播人才，希望与会各位专家能集思广益，深入探讨时代的新问题，回答中国新闻事业如何在变与不变中继续发展，推动新时代中国新闻传播事业和新闻教育事业的继续前进。

在随后举行的新闻传播学科高峰论坛中，来自中国社科院、清华大学、中国人民大学、复旦大学等 21 所大学及机构的与会专家，围绕“中国特色新闻学的教学实践与研究前沿”和“中国特色新闻学的热点概念与理论想象”两个主题，进行了深入的交流探讨。

11. 上海大学新闻与传播学院

2019 年 11 月 30 日，国际新闻传播教育联盟理事会在上海成功举办。来自悉尼科技大学、纽约州立大学、香港城市大学、俄罗斯科学院、中国传媒大学、中国人民大学、上海交通大学等多所海内外高校的新闻传播学院院长和专家学者齐聚一堂，共同探讨新闻传播国际化人才培养和智能媒体未来发展。

上海大学新闻传播学院院长严三九教授在致辞中表示，希望此次会议能继续共同推进合作项目和各方面工作，通过共享机制使各个大学和学院在人才培养、科学研究和社会文化传承等方面获得新突破，香港城市大学媒体与传播系主任刘幼琍教授带来了以“AI、大数据与新闻传播”的专题分享，其他与会专家与学者也围绕着智能媒体进行了观点交流与碰撞。

会议期间，还召开了中澳智能媒体发展论坛，各位专家学者对智能媒体环境下新闻行业的发展以及新闻传播的教育进行了探讨，提出了诸多具有借鉴意义的经验。

旧岁已展千重锦，新年再进百尺竿。2019 年是新闻传播教育事业发展的丰收年，广大新闻传播教育组织与院校成果涌现，协力前进。在国际新闻传播教育方面，如学术研究开拓探索、国家新闻传播院系教学与科研合作、全球话语体系建构、国际化人才培养等方面取得了一系列出色进展。在新闻传播教育理论方面，《马克思主义新闻观十二讲》成功出版，“红色文化传承与马克思主义新闻观教育联盟”相继成立，这标志着新时代马克思主义新闻传播学术发展，以及社会主义新闻传播理论探索与教学实践已步入新阶段。与 2018 年相比，中国新闻传播事业突破了新闻传播学科与其他学科的边界，创新研究领域，书写了新闻传播教育改革新篇章。这些成绩的取得既是广大新闻传播教育组织与院校蓄力前进、响应中央号召的成果，也是国内与国际新闻传播教育环境支持、鼓舞的结果。在 2020 年，中国新闻传播组织与院校的队伍将不断壮大，在习近平新闻舆论思想的统领下，继往开来，抓住机遇，全力为中国特色社会主义新发展培养更多卓越新闻传播人才！

（李文、周怡、李聿哲）

第22章 国际交流

22.1 留学生

积极开展并全力做好留学生教育，是我国新闻传播教育走向世界、彰显国际影响力的主要内容，其整体质量在很大程度上决定着我国新闻传播教育国际化发展的实际水平。改革开放以来，特别是中国加入 WTO 以来，我国①留学生教育不断加速发展，2010 年教育部《留学中国计划》推行后更是突飞猛进。2019 年，全国共有来自 202 个国家和地区的 397635 名各类留学生在 31 个省、自治区、直辖市的 811 所高等学校、科研院所和其他教学机构中学习。② 在全国留学生教育发展大潮的带动下，进入新世纪以后尤其是近十年，我国新闻传播学留学生教育已在多方面取得了可喜的进展。

为较为全面、详细而深入地了解我国新闻传播学留学生教育的现状，2020 年 3 月至 4 月，笔者对全国 38 个开展了新闻传播学留学生教育的高校新闻传播院系进行了专题问卷调查。③ 这 38 个新闻传播院系，地域分布广泛，种类和办学层次多样，既包括教育部第四轮学科评估结果为“B-”以上的 32 个新闻传播学院中的 22 个学院，也包括新疆大学、云南大学、广西大学、黑龙江大学等边疆地区领军高校的新闻传播学院，还包括海南师范大学、鲁东大学、渤海大学等普通省属地方高校的新闻传播院系。它们共

---

① 本节此处及后面所说的“我国”和“全国”情况和数据，均未含港、澳、台地区情况和数据。

② 资料来源：《教育数据：2019 年全国来华留学生数据发布》，http：//www. jxdx. org. cn/gnjy/14176. html，2020 年 2 月 28 日。

③ 由于现存数据资料不完整且难以补漏，部分新闻传播院系在调查中未能向笔者提供所需的全部数据资料。因此，本节就一些问题进行统计分析时，所用数据资料不是所有 38 个新闻传播院系的全部数据资料，这导致一些地方所涉及的新闻传播院系数量以及 2019 年招生、截至 2019 年在读和截至 2019 年已完成学业三个统计项对应的人数，均不同程度地少于实际上的新闻传播院系数量及人数。但为了保持行文上的统一性，本节仍用“38 个新闻传播院系”指代所用数据资料的来源对象。

同构成了我国新闻传播学留学生教育机构的骨干方阵，其新闻传播学留学生教育发展情况可以大体反映全国新闻传播学留学生教育的总体发展情况。

此次问卷调查结果表明：截至2019年，我国新闻传播学留学生的招生机构数量和招生人数显著增加，少数知名新闻传播学院招生规模较大；招生专业覆盖面扩大，传播学、广告学、新闻学和广播电视学“四大传统专业”招生人数最多；生源地分布相对广泛，亚洲和韩国分别是最大生源洲和生源国；几乎全部为学历留学生，本科学历留学生占比最高；国家政策扶持效应充分显现，获中国政府奖学金的留学生占比大幅提升；在取得一系列发展成效的同时，我国新闻传播学留学生教育还存在着总体规模偏小、生源结构和生源质量不理想、教育层次普遍较低、高水平国际化师资力量不足、运行管理不够规范到位等诸多不容忽视的突出问题。

22.1.1　招生机构数量和招生人数显著增加，少数知名新闻传播学院招生规模较大

在接受调查的38个新闻传播院系中，改革开放以后最早开展留学生教育的是暨南大学新闻与传播学院的前身原暨南大学新闻系，该系于1981年招收首届留学生。1984年，中国人民大学新闻学院的前身原中国人民大学新闻系也开始招收留学生，但首届学生是进修生，直到1993年该系才招收首届本科学历留学生。2000年之前，我国开展留学生教育的新闻传播教育机构始终寥寥无几，每家机构的年度招生人数多为个位数，且招生时间连贯性较差，时断时续。

2000年以后，我国招收留学生的新闻传播教育机构逐步增多。38个新闻传播院系中，2001—2010年，新增留学生招生院系的数量为18个；2011—2019年，新增留学生招生院系的数量为16个；2000年以来近20年间，全国新增留学生招生院系数量比2000年以前的数量增加了8.5倍(见表22-1)。截至2019年，我国开展新闻传播学留学生教育的新闻传播院系较为广泛地分布在各大区域的多层次、多类别高校中，多数能确保连年招生。

表22-1　**改革开放以来不同时段内新增留学生招生新闻传播院系数量**

时　间	新增留学生招生新闻传播院系数量(个)
2000年以前	4
2001—2010年	18
2011—2019年	16
总计	38

招生机构数量的不断增加，招生连贯性的保障，特别是近些年部分知名新闻传播学院招生人数持续而急剧增多，使得我国新闻传播学留学生的总体规模显著扩大。截至2019年，38个新闻传播院系2019年留学生招生总人数已接近500人，在读留学生人数将近1500人，已完成学业留学生人数超过2200人，在读人数占已完成学业人数的比例超过了66%(见表22-2)。

表22-2　**截至2019年留学生年度招生、在读和已完成学业总人数**

时　　间	招生总人数(人)
2019年招生	494
截至2019年在读	1494
截至2019年已完成学业	2248

尽管留学生总体招生规模有了显著扩大，但目前只有少数知名新闻传播学院的留学生招生规模较大，而多数新闻传播学院的留学生招生规模则非常有限。38个新闻传播院系中，除了中国人民大学新闻学院、复旦大学新闻学院、上海交通大学媒体与传播学院、武汉大学新闻与传播学院、清华大学新闻与传播学院、中国传媒大学广告学院共六家学院2019年留学生招生人数超过40人外，2019年留学生招生人数在10人以下的新闻传播院系数量占比高达70.27%(见表22-3)；其中，2019年留学生招生人数与首次招生人数相同或比之减少的占比达60%以上，2019年零招生的占比近40%。

表22-3　**截至2019年留学生年度招生、在读和已完成学业人数分段对应的新闻传播院系数量及占比**

时间 人数	2019年招生		截至2019年在读		截至2019年已完成学业	
	学院数量(所)	百分比	学院数量(所)	百分比	学院数量(所)	百分比
10人以下	26	70.27%	20	52.63%	20	57.14%
11~40人	5	21.62%	10	26.32%	5	14.29%
41人以上	6	8.11%	8	21.05%	10	28.57%
总计	37	100.00%	38	100.00%	35	100.00%

22.1.2　招生专业覆盖面扩大，传播学、广告学、新闻学和广播电视学“四大传统专业”招生人数占绝对优势

进入新世纪以来，我国新闻传播教育的专业种类日趋多样。除了新闻学、传播学、广告学、广播电视学“四大传统专业”外，许多新闻传播院校相继开设了网络与新媒体、数字出版、国际新闻与传播等时代特色鲜明的“新兴专业”。在此情况下，全国留学生的招收专业也由最初的“四大传统专业”，渐次扩展到众多“新兴专业”。然而，就招生人数而言，当前“四大传统专业”留学生的招生人数仍然最多。截至 2019 年，38 个新闻传播院系招收留学生的专业涉及 7 个类别，各类别专业无论是年度招生人数还是在读人数和已完成学业人数，由多到少的依次排序都为传播学、其他专业、广告学、新闻学、广播电视学、网络与新媒体以及编辑出版学；“四大传统专业”年度招生、在读和已完成学业人数的比例占比之和都在 70%以上，远超所有“新兴专业”的占比之和；国内比较热门的网络与新媒体专业，其年度招生、在读和已完成学业人数的比例都不足 1%，从留学生的角度来看应属冷门专业(见表 22-4)。

表 22-4　　**截至 2019 年各专业年度招生、在读和已完成学业人数及占比**

时间 专业	2019 年招生		截至 2019 年在读		截至 2019 年已完成学业	
	学院数量(所)	百分比	学院数量(所)	百分比	学院数量(所)	百分比
传播学	137	27.73%	496	33.20%	575	26.98%
广告学	101	20.45%	260	17.40%	430	20.18%
新闻学	73	14.78%	222	14.86%	373	17.50%
广播电视学	52	10.53%	173	11.58%	255	11.97%
“四大传统专业”合计	363	73.48%	1151	77.04%	1633	76.63%
网络与新媒体	4	0.81%	9	0.60%	9	0.42%
编辑出版学	0	0.00%	1	0.07%	6	0.28%
其他专业	127	25.71%	333	22.29%	483	22.67%
“新兴专业”合计	131	26.52%	343	22.96%	498	23.37%
总计	494	100.00%	1494	100.00%	2131	100.00%

22.1.3 生源地分布相对广泛，亚洲和韩国分别是最大生源洲和生源国

在招收规模和专业覆盖面趋于扩大的同时，我国新闻传播学留学生的生源地分布也日益广泛。截至2019年，38个新闻传播院系中，亚洲、非洲、欧洲、北美洲、南美洲和大洋洲六大洲都有留学生前来求学；亚洲是最大生源洲，其年度招生、在读和已完成学业人数的占比分别为66.88%、71.09%和75.29%，远超其他五大洲人数占比之和；欧洲和北美洲分别是第二和第三大生源洲，但生源规模根本无法与亚洲相提并论(见表22-5)。

表22-5 **截至2019年各大洲年度招生、在读和已完成学业人数及占比**

时间 洲	2019年招生		截至2019年在读		截至2019年已完成学业	
	学院数量(所)	百分比	学院数量(所)	百分比	学院数量(所)	百分比
亚洲	315	66.88%	964	71.09%	1109	75.29%
欧洲	61	12.95%	157	11.58%	119	8.08%
北美洲	39	8.28%	82	6.05%	158	10.73%
非洲	27	5.73%	57	4.20%	45	3.05%
南美洲	19	4.03%	50	3.69%	20	1.36%
大洋洲	10	2.12%	46	3.39%	22	1.49%
总计	471	100.00%	1356	100.00%	1473	100.00%

具体到国家，截至2019年，38个新闻传播院系中，留学生最大生源国是韩国，其年度招生、在读和已完成学业人数的占比分别为28.03%、34.35%和41.5%，在所有国家中稳居首位；马来西亚、日本、美国、俄罗斯、越南、泰国、哈萨克斯坦、巴基斯坦、法国是依次排在韩国后面的9个主要生源国；上述十大生源国中除了韩国、日本、美国和法国外，剩余6国均是“一带一路”沿线国家(见表22-6)。2019年全国留学生十大生源国依次为韩国、美国、泰国、印度、俄罗斯、巴基斯坦、日本、哈萨克斯坦、印度尼西亚和法国①，这与38个新闻传播院系的留学生十大生源国大体吻合，不同之处在于前者包含的印度和印度尼西亚在后者被马来西亚和越南所替代。

---

① 教育数据：2019年全国来华留学生数据发布[EB/OL].[2020-02-28].http://www.jxdx.org.cn/gnjy/14176.html.

表 22-6　　**截至 2019 年各主要生源国年度招生、在读和已完成学业人数及占比**

时间 / 国家	2019 年招生		截至 2019 年在读		截至 2019 年已完成学业	
	学院数量(所)	百分比	学院数量(所)	百分比	学院数量(所)	百分比
韩国	132	28.03%	449	34.35%	600	41.55%
马来西亚	84	17.83%	149	11.40%	118	8.17%
日本	15	3.18%	95	7.27%	69	4.78%
美国	28	5.94%	39	2.98%	117	8.10%
俄罗斯	18	3.82%	39	2.98%	47	3.25%
越南	15	3.18%	34	2.60%	100	6.93%
泰国	13	2.76%	32	2.45%	41	2.84%
哈萨克斯坦	10	2.12%	22	1.68%	13	0.90%
印度尼西亚	3	0.64%	22	1.68%	28	1.94%
巴基斯坦	7	1.49%	20	1.53%	16	1.11%
法国	12	2.55%	16	1.22%	5	0.35%
蒙古	2	0.42%	8	0.61%	11	0.76%
孟加拉国	1	0.21%	5	0.38%	0	0.00%
印度	0	0.00%	4	0.31%	2	0.14%
老挝	13	2.76%	4	0.31%	10	0.69%
其他国家	118	25.05%	369	28.23%	267	18.49%
总计	471	100.00%	1307	100.00%	1444	100.00%

22.1.4　几乎全部为学历留学生，本科学历留学生占比最高

基于是否以获取学历为目的这一标准，来华留学生可分为学历留学生和非学历留学生。前者以获取学历为目的，包括专科学历留学生、本科学历留学生、硕士研究生学历留学生和博士研究生学历留学生(这四类学生在下文依次简称为专科留学生、本科留学生、硕士留学生和博士留学生)；后者不以获取学历为目的，包括预科生、进修生和研究学者等。① 截至 2019 年，38 所新闻传播院系的留学生几乎全部为学历留学生，其年

① 学历留学生和非学历留学生的分类参见 2017 年 3 月 20 日教育部、外交部、公安部联合制定并公布的《学校招收和培养国际学生管理办法》。

度招生和在读人数的占比都超过97%，已完成学业人数的占比也接近90%（见表22-7）。在学历留学生中，没有专科留学生；本科留学生人数最多，其年度招生、在读和已完成学业人数占比分别为56.59%、63.00%和74.11%；硕士留学生的占比次之，博士研究生年度招生、在读和已完成学业人数占比均不到5%（见表22-8）。

表22-7 截至2019年学历留学生和非学历留学生年度招生、在读和已完成学业人数及占比

时间 学生类别	2019年招生		截至2019年在读		截至2019年已完成学业	
	学院数量(所)	百分比	学院数量(所)	百分比	学院数量(所)	百分比
学历留学生	481	97.37%	1484	99.33%	2019	89.81%
非学历留学生	13	2.63%	10	0.67%	229	10.19%
总计	494	100.00%	1494	100.00%	2248	100.00%

表22-8 截至2019年各学历层次留学生年度招生、在读和已完成学业人数及占比

时间 学生类别	2019年招生		截至2019年在读		截至2019年已完成学业	
	学院数量(所)	百分比	学院数量(所)	百分比	学院数量(所)	百分比
专科留学生	0	0.00%	0	0.00%	0	0.00%
本科留学生	272	56.59%	904	63.00%	1496	74.11%
硕士留学生	200	41.58%	472	32.89%	475	23.53%
博士留学生	9	1.83%	59	4.11%	48	2.36%
总计	481	100.00%	1435	100.00%	2019	100.00%

22.1.5 国家政策扶持效应充分显现，获中国政府奖学金的留学生占比大幅提升

中央政府多年来对来华留学生教育非常重视，2010年以后除了陆续出台多项激励性政策和法律法规外，还不断加大对留学生的政府奖学金资助力度。得益于此，近些年我国新闻传播学留学生中，自费人数的占比逐步下降，获中国政府奖学金人数的占比则日益提升。截至2019年，38所新闻传播院系已完成学业留学生中获中国政府奖学金人数的占比仅为8.33%，远低于自费人数的占比76.22%；但在读留学生中获中国政府奖学金人数的占比为27.15%，特别是2019年新招留学生中获中国政府奖学金人数的占比高达48.50%，超过了自费人数的占比46.00%(见表22-9)。这表明，国家政策的扶持

效应正充分显现，越来越多的新闻传播学留学生享受到了中国政府的政策红利。

表 22-9 **截至 2019 年招生、在读和已完成学业留学生自费及获奖学金情况**

时间 奖学金情况	2019 年招生		截至 2019 年在读		截至 2019 年已完成学业	
	学院数量(所)	百分比	学院数量(所)	百分比	学院数量(所)	百分比
获中国政府奖学金	194	48.50%	186	27.15%	82	8.33%
获其他奖学金	22	5.50%	39	5.69%	152	15.45%
自费	184	46.00%	460	67.15%	750	76.22%
总计	400	100.00%	685	100.00%	984	100.00%

22.1.6 主要问题

我国新闻传播学留学生教育虽然取得了一系列发展成效，但相比于国家对留学生教育的高度重视和具体要求，相比于全国留学生教育特别是新闻传播教育的快速发展，仍存在诸多问题。38 所新闻传播院系中，对本单位留学生教育工作较为满意，认为已经做出特色的只有近 40%。大多数新闻传播院系认为本单位的留学生教育工作还有不少亟待完善的地方，这些单位反映的主要问题包括留学生招生规模小、招生宣传途径少、生源整体质量差、自身国际影响力有限、生源结构不合理、国际化师资力量不足等(见表 22-10)。

表 22-10 **新闻传播院系反映的留学生教育问题**

教育面临的主要问题	频数(次)	百分比
招生规模小	25	18.12%
招生宣传途径少	19	13.77%
生源整体质量较差	14	10.14%
自身国际影响力有限	12	8.70%
生源结构不合理	10	7.25%
国际化师资力量不足	10	7.25%
招生方式单一	9	6.52%
办学的自主权不够	9	6.52%

续表

教育面临的主要问题	频数(次)	百分比
人才培养质量不高	5	3.62%
人才培养模式不明晰	5	3.62%
国际交流合作的基础不好	5	3.62%
奖学金资助力度不够	5	3.62%
人才培养目标不明确	4	2.90%
过于“宽进宽出”	3	2.17%
国家相关保障政策不够完善	2	1.45%
管理服务不到位	1	0.72%
总计	138	100.00%

综合问卷调查结果和笔者掌握的其他相关情况，本节认为当前我国新闻传播学留学生教育存在的突出问题主要表现在以下五个方面：

1. 总体规模偏小

我国新闻传播学留学生教育的现有总体规模尽管有了一定程度的扩大，但与全国留学生教育规模和新闻传播教育规模比起来，显得比重太小。2019 年，38 个新闻传播院系在读留学生人数不到 1500 人，而全国在读留学生总人数近 40 万，新闻传播院校在读总人数 20 多万，前者占后两者的比重分别不到 0.4%和 0.7%。如此小的规模导致新闻传播学留学生教育在全国留学生教育和新闻传播教育中都难成气候，缺乏影响力。也正是因为留学生教育的规模微不足道，不少新闻传播院系才对其持可有可无的消极态度。这种状况若不能有效扭转，我国新闻传播学留学生教育必将偏处一隅，受不到应有的重视和支持而无法迈入发展的快车道。

2. 生源结构和生源质量不理想

我国新闻传播学留学生虽来自六大洲的众多国家，但绝大多数为周边的亚洲国家生源，美国、英国、德国、法国、澳大利亚等西方发达国家的生源则偏少。在 38 所新闻传播院系的留学生十大生源国中，7 个是与中国接壤或邻近的亚洲国家，欧美国家只有 3 个——美国、俄罗斯和法国，且这三个国家留学生招生和在校人数的占比很小。这种高度集中于亚洲各邻近国家的相对单一的生源结构，不利于形成开放、多元和交融的氛围以潜移默化地提升我国新闻传播教育的国际化水准。除此之外，根据很多新闻传播院系的反映，来华求学的新闻传播学留学生，大部分并非所在国的优秀学生，不少学生的留学动机复杂，学习态度不够端正，学风较为散漫。生源结构和生源质量均不理想，直接制约了我国新闻传播学留学生教育的整体质量。

3. 教育层次普遍较低

我国新闻传播学留学生以学历留学生为主，38 所新闻传播院系虽然均不招收学历层次最低的专科留学生，但实际招收的高学历留学生——硕士留学生和博士留学生，数量并不多。尤其是博士留学生的人数，可谓少之又少。即使一些实力很强的知名新闻传播学院，目前每年招收的博士留学生最多也不过 2 人，且屡屡出现某一年招不到博士留学生的现象。高层次留学生的占比很低，说明我国新闻传播学留学生教育的办学层次普遍较低，这也是我国新闻传播学留学生教育总体水平不高的必然结果和突出标志。

4. 高水平国际化师资力量不足

新闻传播院系办好留学生教育，需要配备较为充裕的高水平国际化师资。作为教育资源的核心组成部分，高水平国际化师资既是新闻传播院系吸引留学生报考的重要因素，也是其更为顺畅地开展各项教学工作，确保留学生教学质量乃至最终人才培养质量的必要因素。然而，我国大部分新闻传播院系在高水平国际化师资力量的储备上，一直甚为匮乏。在 38 所新闻传播院系中，尽管有近 60%的院系针对留学生开设了全外文授课课程，但所开课程的数量一般不多，只有 13%的新闻传播院系能做到某一专业所有课程均全外文授课。全外文授课只是高水平国际化师资的常规性必备条件之一，很多新闻传播院系的教师国际交流经历少，对国际先进新闻传播教育教学理念和做法知之不多或毫无所知，在此情况下就很难做好留学生的教育教学工作。

5. 运行管理不够规范到位

从招生到培养，从教育教学到日常生活管理，新闻传播院系对留学生教育各个环节的运行应实施规范而到位的管理。但由于很多新闻传播院系所处高校在留学生教育教学运行上实施院系和相关职能部门或学院“联合管理”的模式，而院系和相关职能部门或学院的职责分工并不明晰，彼此间的协作机制又不健全，导致新闻传播院系留学生的教育教学运行管理不够规范、不够精细，常有疏漏之处。新闻传播院系办学自主权不够，招生宣传方式和招生路径单一，不组织或者不严格组织入学考试导致筛选机制缺失，没有认真地制定合理可行的人才培养方案，日常生活管理与学习管理脱节……这些问题从不同角度影响了新闻传播院系留学生教育教学运行管理的规范性和实际效度，最终影响到留学生的培养质量。

上述五个方面的问题，对我国新闻传播学留学生教育的健康快速发展造成了较大障碍。令人欣慰的是，很多新闻传播院系已对此有了清醒认识，正在努力探索破解之策。在38个新闻传播院系中，近80%的院系表示今后会大力发展留学生教育工作，使其成为本单位的工作重点和特色。今后，只要各新闻传播院系能够将办好留学生教育，提升国际化办学水平，真正实现“走出去”的目标，视为新时期我国新闻传播教育义不容辞的使命和责任，进而提高思想站位，开阔视野，转变观念，高度重视，并切实行动起来，不断地夯实根基、完善各项管理机制，我国新闻传播学留学生教育一定能迈上一个又一个新台阶。

（赵星耀　李璐）

22.2　2019年度新闻传播院系教师国际学术交流
——基于全国24所大学的调研报告

随着全球化的广泛深入，教育国际化已成为应对全球化、培养国际化人才与大学提高办学质量和水平的重要策略。国际化也已成为学科评估的一个重要指标。

当前，我国正在持续推进“中国特色、世界一流”的高水平大学建设，以国际顶尖大学为坐标，建设中国的世界一流大学，是政府和大学共同追求的目标。国内各高校为适应国际化发展的需要，积极寻求国际化发展新举措，开创国际化发展新局面，在人才、技术等各方面进行宽范围、高层次、高深度的国际化交流。

教师的国际交流是高等教育国际化的一个核心部分。教师作为高等教育的主体之一，在高等教育国际化形势下，需要适应时代的要求，加强与国际教育界的交流与合作，以保持高校教师作为持久传递新信息的角色。教师不但是知识的传播者、信息的更新者，也是科学研究的主推动者，更是高校服务社会的带动者。

党的十九大报告明确提出，要加快一流大学和一流学科建设，实现高等教育内涵式发展。新闻传播学科作为社会科学家族中的一员，兼具“新兴学科、交叉学科、前沿学科”三重属性。近年来，新闻传播学科在中国得以快速发展，研究方法日益成熟，研究成果令人振奋。也正是在这样的背景之下，国际交流也在日前增强。

受中国新闻史学会新闻传播教育史专业委员会张昆会长和《中国新闻传播教育年

鉴》编委会委托，笔者团队对2019年度新闻传播学科教师国际交流情况调查进行分析。

此次调查时间具体为2020年3月11日—4月10日，调研主题为2019年度新闻传播学科教师国际交流情况，调研范围为全国高校，调研采用材料收集和网络问卷的形式。截至2020年4月10日，共收到24所高校99份调查问卷，其中有效问卷68份。无效问题的原因主要有二：一是填写教师不属于新闻传播学科，二是国际交流时间不在2019年度。

因为时间原因，此次调查并没有全面覆盖国内全部拥有新闻传播类专业的学校。

22.2.1 问卷主要量化数据情况

1. 教师年龄分布情况

问卷显示，2019年度新闻传播学科参与国际交流的教师队伍主要为中青年群体，基本为学科教学的中坚力量，集中在36～45岁(见图22-1)。其中，30岁及以下的占4%，31～35岁占19%，36～40岁占24%，41～45岁占24%，46～50岁占19%，51～55岁占5%，56岁及以上占5%。

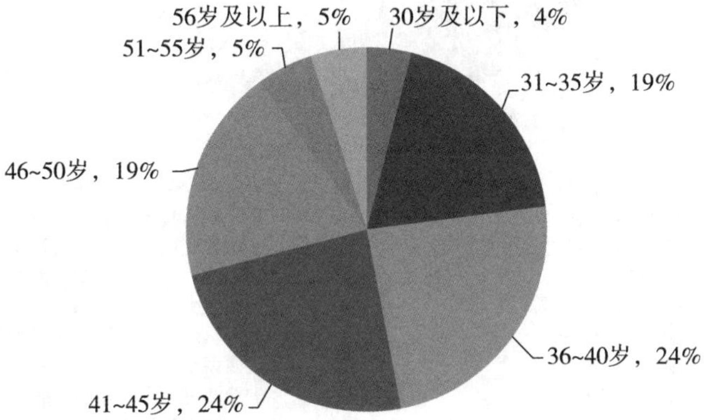

图22-1 参与国际交流的教师年龄分布情况

2. 学校分布情况

在参与调查的24所普通高等学校中，“985”高校为9所(37.5%)，“211”高校为6所(25%)，普通本科院校为9所(37.5%)。其中“985”高校国际交流教师人数为38人(59%)，“211”高校国际交流教师人数为11人(14%)，普通本科院校国际交流教师人数为 19 人(27%)。

分析显示，教师参加国际交流情况与学校本身的类别以及新闻传播类学院在学校的受重视程度有关。学校类别越高、学院或学科在学校受重视程度越高，教师国际交流人数及交流层次就越高(见图 22-2)。

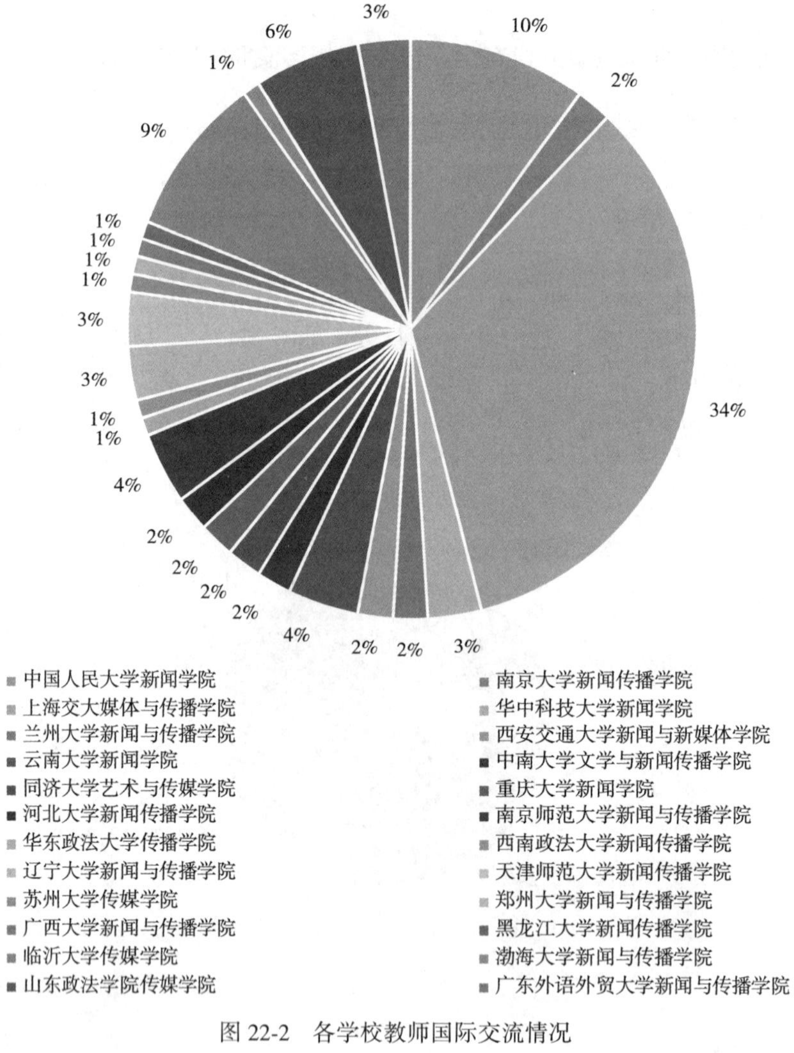

图 22-2　各学校教师国际交流情况

3. 出国(境)时长分布情况

参与调查的新闻传播学科教师 2019 年度国际交流情况以短期交流为主，61.76%的教师出国时长为3个月及以下，5.88%的教师出国时长为半年，23.53%的教师出国时长为一年，8.82%的教师出国时长为一年以上。问卷显示，出国时长为3个月及以下的教师，实际交流时间在一周左右(见图22-3)。

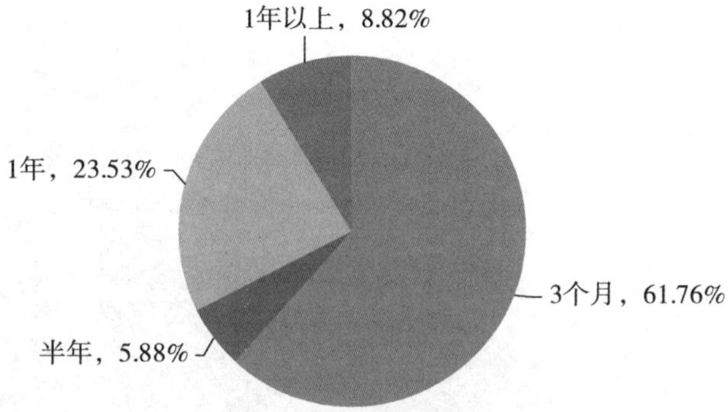

图22-3 出国时长分布情况

4. 出国(境)地点分布情况

出国交流地主要为欧洲、北美和亚洲，包括奥地利、西班牙、丹麦、德国、俄罗斯、法国、菲律宾、韩国、荷兰、加拿大捷克、美国、葡萄牙、日本、塞浦路斯、斯洛文尼亚、西班牙、新加坡、意大利、英国共计19个。出境交流地共计2个(中国台湾、香港)。其中欧洲国家14个，北美国家2个，亚洲国家4个。

美国在交流国家(地区)中居首位，占比为38%；英国、西班牙次之，占比均为7%；日本、韩国再次，占比均为6%，加拿大、中国台湾占比均为5%，捷克占比为4%，意大利占比为3%，剩下的国家和地区占比均为1%或2%(见图22-4)。

5. 出国(境)任务分布情况

教师出国(境)主要为参加学术会议(42.65%)，作为交流学者(38.24%)，进行短期访问(11.76%)，其他方面主要集中于攻读博士学位、寻求学科国际合作、期刊合作、普通访问、田野调查等(见图22-5)。

6. 交流领域分布情况

从问卷来看，2019年度新闻传播学科教师交流领域主要集中于传播学(76%)、新闻学(15%)及其教育教学工作，包括诸如跨文化传播、新媒体研究、健康传播、政治传

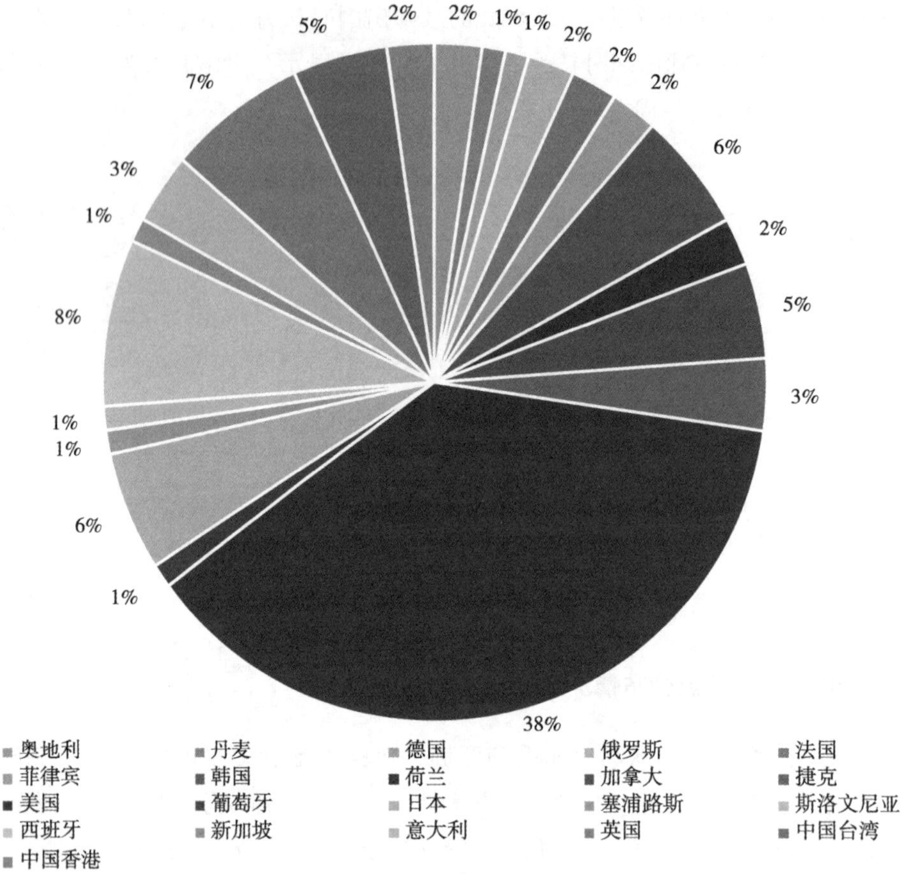

图 22-4　出国(境)地点分布情况

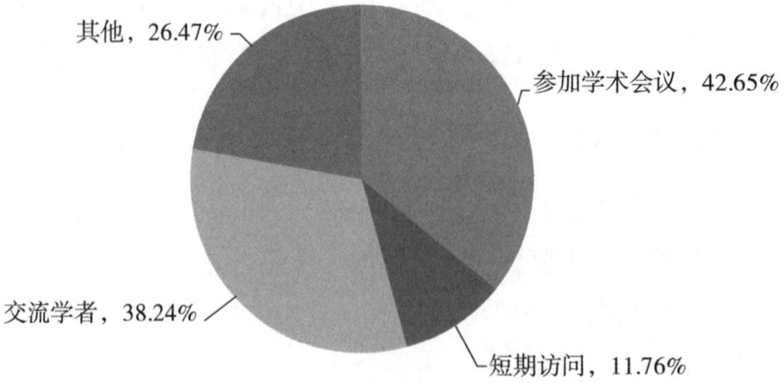

图 22-5　出国(境)任务分布情况

播、传播法等细分领域。

同时，其他信息科学、设计学、广告学、电影学、城市研究、媒介经营管理、文化研究、创意产业、历史学、社会学、游戏学、心理学等领域也有所涉及。

7. 经费来源情况

经费来源主要为学校资助和学院资助，均为33.82%，国家资助项目相对较少，为23.53%，自费及部分自费项目为23.53%，其中纯个人自费项目仅为1.47%(见图22-6)。

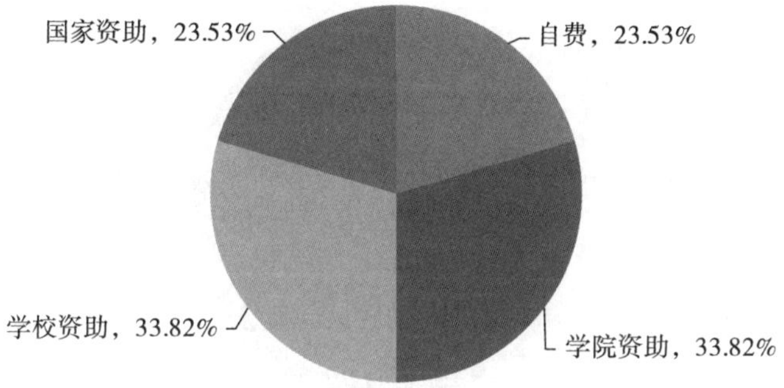

图22-6 经费来源情况

8. 交流成果情况

42.65%的交流成果为论文，其中中文论文占20.59%，外文论文占22.06%。书籍著作仅有1本，占1.5%，其他成果约占60.29%，主要为学术成果报告、留学总结、教学体会、学生比赛获奖等，部分交流无成果要求(见图22-7)。

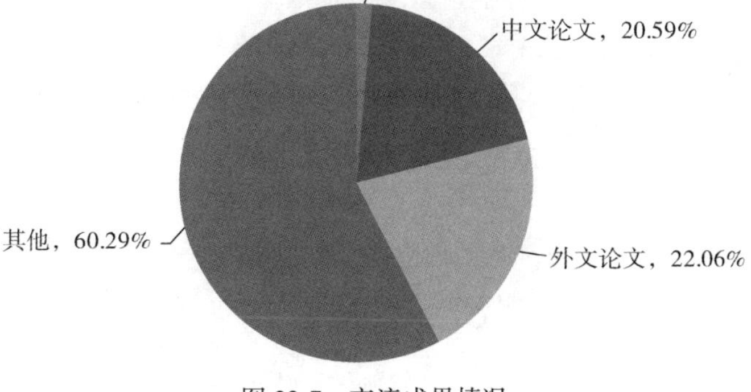

图22-7 交流成果情况

22.2.2 参与项目专项数据分析

调查问卷显示，教师以“参与项目”的方式进行国际交流的情况比率较低。88.24%的教师在出国交流中并未参与任何具体项目，参与具体项目的教师仅有 8 人，仅占11.76%(见图 22-8)。其中辽宁大学新闻与传播学院 2 人，中国人民大学新闻学院 1 人，上海交通大学媒体与传播学院 1 人，广西大学新闻与传播学院 1 人，天津师范大学新闻传播学院 1 人，华东政法大学传播学院 1 人，西南政法大学新闻传播学院 1 人。

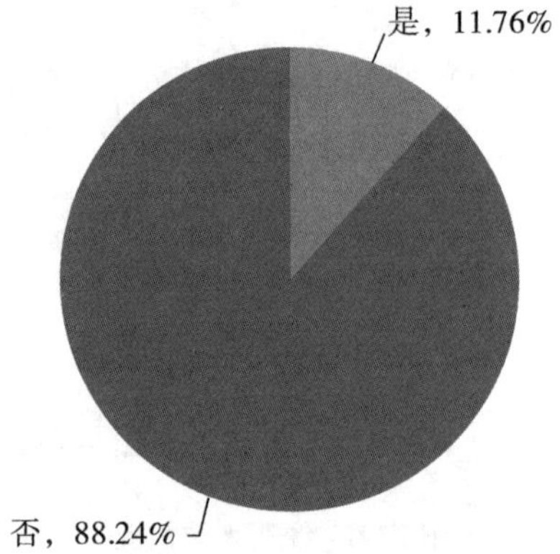

图 22-8 交流过程中是否参与具体项目情况

教师参与项目中无国际化项目，主要为国家项目 3 项(37.5%)和特别委托项目 2 项(25%)，除 1 项未知情况，其余为学校教务处项目(12.5%)和自选项目(12.5%)(见图 22-9)。

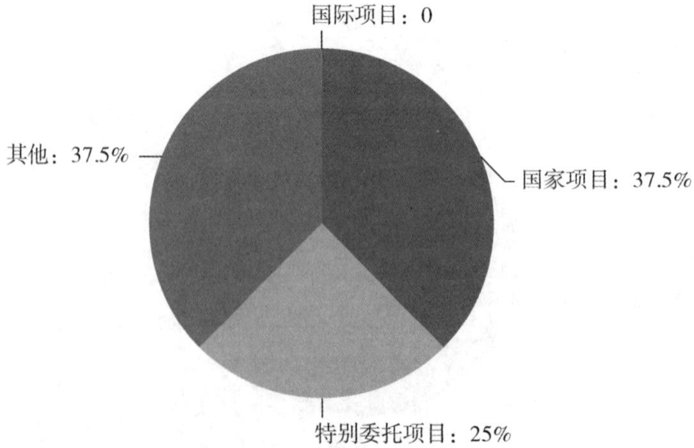

图 22-9 相关项目类别分布情况

所有项目完成率为38%，在研率为50%。项目成果主要包括著作1本(12.5%)、中文论文5篇(50%)、教学体会1份(12.5%)。此外，12.5%的论文仍在审核中(见表22-10)。

表22-10 **相关项目具体情况**

姓名	学校及学院	项目名称	项目类别	项目完成情况	项目成果
王鑫	辽宁大学新闻与传播学院	BBC中国题材纪录片与中华文化对外传播话语体系研究	国家项目	在研	BBC纪录片《中国市长》的视听话语《青年记者》
陈娜	天津师范大学新闻传播学院	耐挫与创新教育	特别委托项目	在研	论文《推动我国公众史学健康发展》
冯露	辽宁大学新闻与传播学院	哥伦比亚学派与法兰克福学派文化研究方法论论争研究	国家项目	完成	著作《哥伦比亚学派与法兰克福学派文化研究方法论论争》
刘展	华东政法大学传播学院	教学领导力项目	教务处项目	完成	教学体会
刘娟	西南政法大学新闻传播学院	教育部高校师资培训项目	国家项目	完成	论文《精细分工、以教促研：英属哥伦比亚大学新世纪教改之路》
吴海荣	广西大学新闻与传播学院	美国健康传播研究	自选项目	在研	论文《美国健康传播研究》
颜梅	中国人民大学新闻学院	“社交媒体与公私界限”工作坊	特别委托项目	在研	论文已提交初稿，审核中
邵国松	上海交通大学媒体与传播学院	“中美网络隐私保护比较研究”	未知	未知	未知

22.2.3 调研结论及建议

1. 新闻传播学科教师国际交流参与率仍然偏低

此次接受调查的24所高校中有18所高校2019年度参与国际交流的教师低于3人，

占比高达75%，仅有25%的高校参与交流人数多于3人，大多不超过7人。目前我国高校新闻学科教师国际交流情况相对偏低，参与的高校数、教师人数和次数还很不足，与国外同等层次高校差距仍然较大。

建议各高校新闻传播学院针对目前师资状况，在建立学科国际化发展体系的同时，制定长远教师国际交流规划，按计划、分批次全面提高教师队伍国际交流水平和能力，并形成长效机制。一方面有计划地提高教师的外语水平，增强教师国际交流能力；另一方面不断完善教师国际交流激励机制。此外，需进一步完善学科学术评价体系，增加海外交流评价比重。

2. 参与的广度和深度有待提高

2019年度国际交流相关情况显示，目前我国高校新闻传播学科教师国际交流的主要参与方式集中在两个方面：一是文章被国际传播学会(ICA)年会、国际媒介与传播研究学会(IAMCR)年会、世界新闻教育学会(WJEC)年会等国际会议接收，受邀在会议上进行论文报告；二是对所在学院的国际合作单位进行访问交流。可见，交流主要停留在参加会议、短期访问、参观考察等层面，时间偏短，层次偏浅。

另一方面，交流仍主要集中在传统的新闻传播学科领域，对国外最新交叉研究成果、最新技术变革状况等的关注程度不足，参与交流的程度也不高，国际交流的广度也有待拓展。

建议学校或学院积极开辟国际交流渠道，努力寻求与国外新闻传播学科优势高校、科研院所、媒体单位等签署合作协议，启动、促成实质性合作项目；努力利用自身的学科特色和优势，吸引并召集国际上学科同行，举办研讨会或国际学术会议；还要努力争取国家留学基金委的专家或教师外派项目。教师也要增强国际化意识，尽力提升专业外语水平和和国际对话水平。

3. 经费支持和项目支撑均有提升空间

缺少经费是高校教师参与国际交流和国际合作研究的一大障碍。从问卷调查看，尽管教师自费比重很低，但依托委托项目和合作项目来源经费也不高。此次问卷的68个国际交流样本中，有项目参与的比率仅为11.76%，且都为国内项目，国际项目参与数和参与率均为0。缺少有效的经费支持和项目支撑，国际交流的成果产出就较弱，68个样本中，仅有1例著作成果。

建议拓宽新闻传播学科教师参与国际交流的经费来源渠道，特别是依托委托项目、合作项目等的支撑来获取相应经费。除了国家留学基金委专业机构外，还可以发挥学术组织和学术团队的力量(如中国新闻史学会)。在经费支持和项目支撑到位的情况下，就可以产出更显著、更丰富、更有深度的国际交流成果。

(刘明洋、刘帆)

22.3 2019年度新闻传播教育界国际学术会议

历史的经验反复证明，媒介技术与社会文明存在着相互促进、倒逼平衡的生态关系，在庞杂的社会运行系统中，新闻传播始终占据关键的地位。自徐宝璜1918年于北京大学首设新闻学选修课始，新闻传播教育在中国大陆已经走过百余年的风雨历程，无论是中国还是西方，新闻传播教育和研究已经成为促进新闻生产、指导社会发展、促进人类进步的重要学科门类，其意义与价值得到了学术共同体广泛的认可。罗素曾言人的精神的实质是记忆，没有记忆就没有精神。对新闻传播教育集体记忆的建构愈发成为时代之所需与社会之财富。今日之教育，塑造的是学科、行业乃至社会的未来，在全体中华儿女勠力同心、奋力实现中华民族伟大复兴中国梦的新时代背景下，在习近平总书记“文明因交流而多彩，文明因互鉴而丰富”的指导下，中国的新闻传播教育，实现了从自发到自觉的跨越市发展，越发重视与国际学界的交流和互鉴。在2019年的四季交替之中，全国数十所新闻传播院系围绕新闻传播教育举办了各具特色的国际学术交流会议，取得了丰硕的交流成果，得益于中国新闻传播教育真正实现国际视野与本土关怀的职责使命。

2019年度新闻传播学界举办的国际学术会议主办方多样，会议主题内容丰富，地域分布广泛，社会影响大，在提升国际合作交流水平、完善教育方式方法、推进产学研合作等方面成效显著。

2019年3月6日，上海大学新闻传播学院主办的上海国际广告节高峰论坛暨广告教育国际院长论坛在上海举行。上海大学党委副书记段勇，中国广告协会副秘书长赵华，国际广告协会新任主席兼全球总裁Srinivasan K. Swamy，法国马赛商学院MBA主任、中法奢侈品论坛主席Michel Gutsatz教授，上海大学新闻传播学院院长严三九等领导嘉宾出席论坛开幕式。来自美国、法国、印度等多个国家和地区的知名高校及广告学研究机构的专家学者、媒体代表、高校师生参加论坛。论坛开幕式由上海大学新闻传播学院党委书记邓江主持。

2019年5月18日，清华大学新闻与传播学院、清华大学伊斯雷尔·爱波斯坦对外传播研究中心主办的围绕“搭建中欧传播桥梁——认知、议题与展望”主题的清华中欧传播国际学术论坛在北京举行。清华大学党委副书记向波涛代表清华大学在致辞中表示，2019 年是中华人民共和国成立 70 周年，也是中欧建交 44 周年，还是中欧战略伙伴关系建立 16 周年。在世界各国互通互联的大背景下，此次中欧传播国际学术论坛的举办是清华大学响应全球化发展趋势、提升全球胜任力的一次重要活动，对推动学科人才培养和科研建设的意义不言而喻，体现了清华大学朝着“更创新、更国际、更人文”目标迈进的决心。清华大学新闻与传播学院院长柳斌杰在主旨发言中提出，从 2500 年前中欧文明起源的历史讲起，回顾了欧洲文艺复兴、中国洋务运动与西学东渐的历史景观，称消除文化差异、消除文明的隔阂是促进中欧合作认知重要的问题，消除的办法就是加强人文交流。欧盟驻华使团大使郁白在发言中表示，让·莫内计划(Jean Monnet Programme)构筑了平台让学者们讨论中欧关系，就此次论坛“搭建中欧传播桥梁”议题展开讨论恰逢其时，期待中欧关系迎来新的起点。

2019 年 6 月 28—29 日，全美传播学会(NCA)、深圳大学主办，深圳大学传播学院承办的主题为“传播革新、新媒体以及数字新闻”的“NCA2019 深圳论坛”在深圳举行。这是深圳新闻传播学界迄今规模最大的国际学术会议，论坛由深圳大学和美国全美传播学会(NCA)联合主办，深圳大学传播学院承办。来自中国、美国、以色列、加拿大、德国等 11 个国家和中国香港地区近 150 位学者、专家和研究生参会，其中境外学者超过 40 人。会议为中外学者、媒体从业人员、政府官员以及研究生提供了一个关于新闻传播业发展前沿话题的对话空间。

2019 年 6 月 29—30 日，中国传媒大学主办，中国传媒大学新闻传播学部传播研究院承办的第五届媒介素养教育国际学术会议在北京举行。英国拉夫堡大学名誉教授、伦敦国王学院客座教授、媒介素养教育领域的国际知名学者 David Buckingham 指出，我们应以更为广阔的视野审视数字媒介的发展与数字资本主义的兴起，超越数字媒介的使用对年轻一代是利还是弊的二元框架来探讨数字时代的媒介素养教育。加拿大约克大学格兰登学院副教授 Clara C. Feliciati 以加拿大《联合国消除女性歧视公约》为案例，倡导媒介素养应作为增强女性反歧视能力的工具。西班牙庞培法布拉大学研究员 Carlos A. Scolari 以介绍数字技术发展和媒介生态变革为基础，解读传统媒介素养与新兴跨媒介素养的概念与内涵。

2019 年 7 月 4 日，中国传媒大学国际传媒教育学院主办的中国传媒大学首届中外合作办学教学研讨会在北京举行，中国传媒大学副校长段鹏致辞。中外合作办学机构院长联席会秘书处秘书长、东北财经大学副校长赵彦志在致辞中说，中外合作办学是高等教育的重要组成部分，按照国家加强“教育对外开放”的战略部署，未来中外合作办学将进一步加大开放力度，为国家培养高层次、紧缺型、创新型人才，希望中外合作办学事业能够得到更大的发展。

2019年7月6日，广西大学新闻与传播学院、广西大学中国—东盟传媒与区域传播研究中心主办的中国—东盟传媒与新闻传播教育国际研讨会暨中国—东盟新闻与传播学院院长(系主任)论坛在广西南宁举行。广西大学校党委常委、副校长范祚军教授致开幕词。广西大学新闻与传播学院院长郑保卫教授谈到，希望借助院长(系主任)论坛，就中国和东盟国家在传媒与新闻传播教育领域的理论与实践问题进行探讨，开展合作。华中科技大学国家传播战略研究院院长张昆教授做了题为“新时代高校新闻传播学科建设的思考”的发言。越南胡志明国家行政政治学院新闻与宣传学院副校长 Mai Duc Ngoc、菲律宾大学大众传播学院院长 Arminda Vallejo Santiago、泰国清迈大学大众传播学院院长 Terapatt Vannaruemol、新加坡南洋理工大学黄金辉传播与信息学院教授 Hao Xiaoming 等人均做了发言与报告。

2019年7月12—16日，中国广告协会、北京大学新闻与传播研究院主办的中国广告发展四十年学术论坛暨2019全国广告学术研讨会在北京举行。国际广告协会会长 Srinivasan Krishnaswamy 在致辞中感慨中国广告在过去20~25年间取得的惊人成就，并表示技术使中国成为各种产品和服务的市场领导者。中国广告协会学术委员会主任、北京大学陈刚教授指出，广告学术的责任是要把40年的不惑表达出来，对发展进行系统总结，梳理提炼发展的规律。美国明尼苏达大学教授、前美国广告学会会长 Jisu Huh 认为，广告学术的使命是生产科学的理论知识，为实践提供基础，并培养未来的广告从业人员，帮助实现更有效、更高效和具有社会责任感的广告。

2019年7月19—20日，厦门大学新闻传播学院、华中科技大学新闻与信息传播学院、中国新闻史学会公共关系分会联合主办的第十二届公关与广告国际学术论坛在厦门召开。厦门大学新闻传播学院院长余清楚致开幕词。华中科技大学新闻与信息传播学院副院长、PRSC学会会长陈先红教授发表致辞，期待通过此次会议，与厦门大学新闻传播学院协同开展公共关系学术研究，培养优质公关人才，探索讲好中国故事之道。香港城市大学李喜根教授对国际公关学术领域渐渐出现中国学者声音表示欣喜。华中科技大学张明新教授指出，公关和广告已经成为中国经济发展引擎力量，在全球化、数字化的时代背景下，总结中国公共关系和广告发展的轨迹尤为重要。

2019年10月19日，中国新闻史学会党报党刊研究委员会主办，南昌大学新闻与传播学院、马克思主义新闻观研究中心承办的“教育·伦理·文化：2019中美新闻传播学术高峰论坛”在南昌举行。南昌大学党委书记喻晓社教授致开幕词。国务院学位委员会新闻传播学科评议组成员、中国新闻史学会副会长、华中科技大学学术委员会副主任张昆教授在致辞中指出，此次论坛是中国新闻传播教育界的一次盛事，在南昌大学新闻与传播学院这所中国新闻传播教育南方重镇召开也具有重要意义。南昌大学新闻与传播学院院长陈信凌教授主持了开幕式。此次会议是在国内高校大力推进双一流建设的背景下召开的。根据议题的特质与参会者的意愿，此次论坛采用了主题演讲、圆桌论坛、专题讲座等多种形态展开，来自北京大学、中国人民大学、复旦大学、华中科技大学、浙江大学、四川大学、中山大学、重庆大学、同济大学、郑州大学、兰州大学、西安交通大学、中国社科院等单位的著名专家，与美国伊利诺伊大学、密苏里大学、林肯纪念大学、美国太平洋大学、纽约大汉影业传媒公司等机构的远方来宾，围绕着当代新闻传播发展趋势、媒介法规与伦理、新闻传播教育以及构建人类命运共同体的话语体系等议题，展开深入的沟通和交流。此外，省内高校的一些学者也以不同的形式就一些议题表达了自己的意见。

2019 年 10 月 25—27 日，华东师范大学传播学院主办的“什么是数字劳动?”数字劳动国际研讨会(ICDL)2019 年大夏传播国际论坛暨批判传播学年会在上海举行。华东师范大学党委副书记杨昌利出席会议并致辞。传播学院副教授林春峰宣读中国新闻史学会会长陈昌凤教授的贺信，湖南师范大学新闻与传播学院院长尹韵公教授和上海交通大学媒体与传播学院院长李本乾教授分别致辞。

2019 年 10 月 26 日，北京大学新闻与传播学院、北京环球时报公益基金会联合主办的北京大学 2019 中外国际媒体论坛在北京举行。上午场论坛由来自非新闻传播业界的政治、经济、国际关系及其他领域的嘉宾就“全球化语境下的激荡世界与国际传播”主题发表演讲，并接受现场媒体记者的提问。下午的论坛继续就“国际传播、跨文化、媒体的道德与价值观”“中国英语媒体的发展与国际媒体的推广合作”等议题在北京大学新闻与传播学院何姝副教授的主持下，进行了热烈的讨论和交流。

2019 年 10 月 26 日，上海交通大学媒体与传播学院、国际传播学会(ICA)联合主办的上海交通大学—国际传播学会 2019 新媒体国际论坛在上海举行。上海交通大学党委常委、宣传部长胡昊致欢迎辞，上海报业集团副社长季颖、国际传播学会(ICA)主席 Terry Flew 先后讲话，对论坛的顺利召开表示祝贺。教育部“长江学者奖励计划”特聘教授、上海交通大学媒体与传播学院院长李本乾教授主持论坛。

2019 年 10 月 26—27 日，浙江传媒学院主办的技术与传媒业未来发展国际研讨会在浙江杭州举行。浙江传媒学院院长、党委副书记徐小洲教授，党委副书记宣裕方教授，副院长李文冰教授出席会议。开幕式由浙江传媒学院新闻与传播学院院长李良荣教授主持。法国巴黎政治大学管理与创新学院副院长、英赛克高等商学院首席国际官 Olivier Guillet(奥利维·吉尔特)发表题为以“数字时代的领导力和传播力”为主题的演讲。日本东京大学信息学部客座教授、NHK编导、东京2020年奥运会组委高级主管渡边悟发表题为“日本电视节目在5G时代的变革：基于电视节目的视角”的主旨演讲。

2019年10月26—27日兰州大学、甘肃省社会科学界联合会主办，兰州大学西北少数民族研究中心、兰州大学“一带一路”研究中心、西北民族大学社会科学研究院承办的文化传承与传播：兰州大学110周年纪念暨第八届亚洲论坛在甘肃兰州举行。兰州大学校长严纯华院士在致辞中表示，弘扬“一带一路”精神在文化传承与传播中的价值，对共同总结亚洲文明的深邃智慧意义深远。中国社会科学院社会发展战略研究院院长张翼宣读了中国社会科学院学部委员、全国人大社会建设委员会副主任委员李培林研究员的致辞。东亚社会学联席会原主席、韩国釜山大学教授金成国代表国外学者对会议的召开及对兰州大学110周年华诞表示祝贺。

2019年10月25—27日，东华大学主办、复旦大学国家文化创新研究中心协办的智媒时代·时尚传播—第四届时尚传播国际论坛在上海召开。东华大学副校长邱高、上海市文化创意产业推进领导小组办公室专职副主任强荧、中国传播学会副会长孟建、中国新闻史学会副会长陈先红等出席开幕式并致辞。来自纽约州立大学、复旦大学、中国人民大学、南京大学、上海社会科学院等科研院校的国内外专家学者，以及来自东方网等传媒机构、时尚产业的运营管理者近60人齐聚一堂，进行主题研讨。

2019年11月2日，复旦大学新闻学院主办的“转型与创新：媒体融合背景下的新闻传播教育共同体构建”全球高峰论坛在上海举行。复旦大学副校长陈志敏出席论坛并致辞。复旦大学新闻学院院长米博华表示新闻媒体的发展波澜壮阔。面对新媒体技术、革命所带来的挑战，新闻传播教育界应该携起手来，共同破解新闻传播教育转型与创新重大的时代课题。美国密苏里大学新闻学院副院长 Earnest Perry 运用图表与可视化图片，展示了密苏里新闻学院面对传播领域媒体融合的趋势所做的“五位一体”实践。中国社会科学院新闻与传播研究所所长唐绪军、香港中文大学新闻与传播学院院长李立峰、清华大学新闻与传播学院常务副院长陈昌凤、暨南大学党委书记林如鹏分别发表了主题演讲。

2019年11月2日，复旦大学新闻学院主办的复旦大学新闻传播教育90周年主题论坛在上海召开。中共上海市委常委、宣传部部部长周慧琳出席并讲话。上海市人大常委会原主任龚学平，中宣部原副部长龚心瀚，复旦大学党委书记焦扬，复旦大学校长许宁生，中宣部新闻局、教育高教司、上海市委宣传部有关领导，以及国内外知名高校新闻传播学院院长、各年代校友、在校学生等两千余人出席主题活动。

2019年11月3日，湖南大学新闻传播与影视艺术学院、美国密苏里大学新闻学院联合主办，湖南大学新闻传播与影视艺术学院承办的媒体融合背景下的新闻传播教育——第三届岳麓传媒与文化发展国际论坛在湖南长沙举行。加拿大皇家学会院士、西门菲莎大学传播学院教授赵月枝，美国密苏里大学新闻学院教授艾米·西蒙斯，日本早稻田大学新闻学院教授濑川至朗，以及来自中国的香港浸会大学新闻系教授达雅·屠苏、台湾政治大学新闻系教授冯建三、中国教育电视台总编辑胡正荣、清华大学新闻与传播学院教授陈昌凤等海内外知名学者，先后在论坛发表主题演讲。

2019 年 11 月 9—10 日，北京大学新闻与传播学院主办的“医疗、人本与媒介”——“健康中国”与健康传播的多元进路在北京召开。北京大学新闻与传播学院副院长俞虹教授致欢迎辞，教育部长江学者、北京师范大学新闻传播学院执行院长喻国明教授作嘉宾致辞。加拿大皇家汉櫟大学的李臻怡教授、美国乔治梅森大学健康与风险沟通中心主任 Gary L. Kreps 教授、学术期刊 Health Communication 主编 Teresa Thompson 等人发表了主题演讲。

2019 年 11 月 13—14 日，武汉大学媒体发展研究中心、武汉大学新闻与传播学院、澳大利亚迪肯大学传播与创意学院主办的第二届比较传播研究国际研讨会在湖北武汉召开。开幕式上，武汉大学副校长李斐和澳大利亚迪肯大学人文社会科学院副院长 Katya Johanson 教授分别致辞。迪肯大学 David Marshall 教授以“从比较人设的视角理解比较传播”为题，简要回顾了比较传播相关学科的历史，找寻其中与比较传播研究的共同点，郑州大学张举玺教授发表题为“论中俄新闻功能的相同与区别”的主题演讲。武汉大学单波教授发表题为“反思比较传播研究”的主题演讲。

2019 年 11 月 15—17 日，中国新闻史学会、中国人民大学主办，中国人民大学新闻学院、中国人民大学新闻与社会发展研究中心承办，中国新闻史学会 22 个二级分会协办的中国新闻史学会 2019 学术年会在北京召开。中国人民大学校长刘伟，中国新闻史学会顾问、全国人大教科文卫委员会主任委员、清华大学新闻与传播学院院长柳斌杰出席开幕式并致辞，中国新闻史学会会长、清华大学新闻与传播学院常务副院长陈昌凤，中国人民大学新闻学院执行院长胡百精一并致辞。开幕式由中国人民大学新闻学院党委书记周勇主持。年会还举行了 2019 年院长论坛，国内外的近 70 家新闻传播教育或研究单位的院长及副院长参加，围绕八个主题板块，展开交流探讨。中国新闻史学会 22 个研究委员会共 24 个分会场学术交流也同步进行。

2019 年 11 月 16—17 日，武汉大学媒体发展研究中心、广西艺术学院主办的第十届跨文化传播国际学术会议(2019)在广西南宁召开。广西艺术学院党委常委、副校长侯道辉教授代表承办方对此次会议的召开表示祝贺。武汉大学媒体发展研究中心主任单波教授进行了开幕式致辞。

2019 年 11 月 29 日—12 月 1 日，中国传媒大学国家传播创新研究中心、江西师范大学新闻与传播学院主办的第19届中国传播论坛暨首届“红色文化与中国话语”国际学术研讨会在江西南昌举行。江西师范大学副校长项国雄和中国传媒大学传播研究院院长李舒出席并致辞。北京师范大学艺术与传媒学院院长、中国高等院校影视学会会长胡智锋，北京师范大学-香港浸会大学联合国际学院 Jesse Owen Hearns-Branaman，暨南大学新闻传播学院教授吴非，中国传媒大学学术期刊中心主任彭文祥，《教育传媒研究》总编辑张志君，江西师范大学副校长项国雄等人分别在主会场上作主旨发言。来自国(境)内外30多所高等院校及学术科研机构150多位专家学者、研究生参加论坛研讨。

他山之石，可以攻玉。2019年国内新闻传播教育界举办的国际学术会议既包括院长论衡、素养教育、文化发展等宏观层面的提议和献策，也包括教育教学、新闻话语和技术转型等微观层面的思考和建言。各项主题在百花齐放之势中体现了中国新闻传播教育迈出了超越发展、走向世界的坚定步伐，彰显了守正中创新、在继往中开来的时代特质。“今日的年鉴，将成为明日的信史”，新闻传播教育的未来需要聚焦对本土精神文化遗产的挖掘，强化与国际学界的争论、交锋和对话，提升新闻传播教育的国际化水平。以新闻理想和教育情怀为引领，以学术共同体齐心努力为支撑，中国新闻传播教育必将在世界学术园地中绽放光彩，硕果满枝。

22.4 2019年度中日广告交流项目“电通·创新人才训练营”

多年来，日本电通公司重视通过企业社会责任部门开展与中国高校的合作交流，自1996年起便与中国教育部共同实施在中国广告教育与人才培养领域的活动。在“大众创业、万众创新”背景下，为提高我国高校广告传媒专业的创新能力和人才培养质量，教育部与日本电通公司于2015年开始举办“电通·创新人才训练营”，至2019年已成功举办5届。2015年首届“电通·创新人才训练营”在中国传媒大学举行，2016—2018年的第二届至第四届均在苏州举办。其中，第一届至第四届主要针对学生；第五届主要针对各高校教师。

22.4.1 第五届训练营开展的情况

2019年7月23—24日，第五届“电通·创新人才训练营”在苏州科教创新区成功举办。此次创新人才训练营由教育部国际交流与合作司、日本电通公司联合主办，国家留学基金管理委员会共同举办，东华大学服装与艺术设计学院和苏州独墅湖科教创新区管委会联合承办。

与以往四届训练营主要面对学生不同的是，此次训练营主要针对高校教师开展。来自复旦大学、中山大学、厦门大学、中国美术学院、广州美术学院等40所大学，近100名广告、设计和创意的专业教师参加。之所以做出调整，主要出于如下几个方面的原因：

第一，电通在中国开展的各种广告教育活动，一直在追求创新和变革。从1996年开始在中国高校设立电通讲座至今，电通的活动形态和活动内容不断发生变化。训练营亦是如此，前四年面向学生的训练营积累了丰富经验，进入需要创新和变革的节点。第二，仅仅是面对学生的训练营，其影响范围十分有限，参加训练营的教师可以将相关内容带回学校、带回自己的课堂，扩大影响范围。第三，近年来，各高校重视开设创新创业类课程。而此次训练营专门针对广大高校教师，就是为了方便大家在自己的相关课程中加入电通最近的创新创业案例，或将训练营的部分内容直接转化为相关课程的内容。

第五届"电通·创新人才训练营"共两天的训练营课程紧张有序，既涉及广告行业新的战略性思考，也有创意方法方面的教学体验。课程结束后，中国传媒大学丁俊杰教授做了全面总结发言。丁俊杰教授在主题演讲中以创意、创新与创业为三个关键词，结合训练营课程，提炼了创意之道、创新之法，又以对照比较的思路提出了创意与创业的七点相同与不同。丁俊杰教授提出，新的时代背景下，创意与创新的能力，不仅是广告专业人才亟待提升的能力，也是所有有为青年的必修课。丁俊杰教授号召大家将训练营习得的"元创意"方法论带回到各位老师的教学与课堂，让更多的同学受益。

22.4.2 训练营的教材建设

2019年"第五届电通·创新人才训练营"的另一个特色，就是推出了训练营的教材《呀！创意(IDEATION FACTORY)》，并在训练营期间得到实际应用。这是一本源于本训练营、用于本训练营的教材。

该书的作者，就是五年来一直担任"电通·创新人才训练营"讲授任务的电通XDS团队。这个电通公司内部成立的创新创意团队，以迅捷且高质量的创意活动，规划新的业务领域，汇聚了不同部门的年轻优秀创意人员。

作者将五年来"电通·创新人才训练营"中的精华部分优中选优，用卡片游戏的方式集成了四套创意工具。且该书完全打破了传统出版惯例，是一本"最不像书的书"。在形态上，这本书是一个A4大小的硬纸盒，里面装有四套创意工作所用的四套卡片。每套创意工具配有文字说明，并未装订成书。

该书认为，创意需要灵感和天赋，更需要方法和工具。只要通过科学的方法和工具，在灵感和天赋条件不好的情况下，也可以产出优质创意，并且可以量产创意。该书提供的四套创意工具就可以让读者灵活运用，量产创意。

该书还认为，创意应该是快乐的、好玩的，而非枯燥的、痛苦的。该书的前言指出："虽说是训练，但不能让人眉头紧锁，生产有趣的创意，不宜苦行。重要的是像享受游戏那样，一点一点让大脑和身体记住。现在，让我们的大脑像'创意工厂'一样运作吧！"

这便是电通XDS团队在继2015年推出《体验设计》之后推出的第二本创意著作。这类图书的出版，有助于电通相关活动中的优质内容得到更大范围的分享。

（赵新利）

第 23 章 中国新闻传播教育大事记

（2019）

1 月 3 日，上海交通大学媒体与传播学院与上海闵行房地集团合作备忘录签字仪式成功举行。

1 月 4 日，四川外国语大学新闻传播学院与特想集团合作共建实践教学基地签约仪式在四川外国语大学举行。

1 月 5 日，中国新闻史学会京津冀常务理事工作会议（2019）在中国人民大学新闻学院召开。

1 月 5 日，《中国新媒体社会责任研究报告（2018）》在武汉发布。

1 月 7 日，北京师范大学新闻传播学院与百度百家号战略合作发布会在京师学堂举行。

1 月 11 日，上海大学新闻传播学院与上海剧星传媒股份有限公司共建“上海大学·剧星传媒互联网广告研究院”战略合作签约仪式，在上海大学延长校区举行。

1 月 11 日，教育部发布《教育部关于批准 2018 年国家级教学成果奖获奖项目的决定》，由中国传媒大学高晓虹教授主持的“实践中的马克思主义新闻观”获国家级教学成果一等奖。

1 月 14 日，北京大学新闻与传播学院教授陈刚荣获“中国广告 40 年纪念代表人物”称号。

1 月 14 日，由上海交通大学媒体与传播学院和上海市第六人民医院联合发起，与“达医晓护”医学传播智库和人民网共同建设的“上海交通大学媒体与传播学院健康与医学传播研究中心”宣布成立。

1 月 15 日，上海大学新闻传播学院与上海法治报社共建“法治与传播”实践基地战略合作签约仪式暨上海法治报新媒体转型与实践教学研讨会在上海大学延长校区举行。

1 月 15 日，“国家形象蓝皮书”《中国国家形象传播报告（2017～2018）》发布会在华中科技大学举行。

1 月 16 日，北京外国语大学国际新闻与传播学院举行新任院长任命仪式，姜飞出任国际新闻与传播学院院长。

1 月 18 日，西北政法大学新闻传播学院与人民日报海外网品牌频道战略合作协议签约仪式暨海外网品牌频道编辑中心揭牌仪式在雁塔校区举行。

1 月 26 日，由西北大学新闻传播学院、武汉大学媒体发展研究中心、宁夏大学新闻传播学院联合主办，西北大学中国西部传媒与社会发展研究院承办的“第八届中国西部传媒与社会发展高层论坛”在西北大学举行。

2 月 18 日，西安交通大学新闻与新媒体学院智库成果“新媒体与社会治理研究中心”获批 2018 年度陕西高校新型智库 A 类。

2 月 20 日，由北京市新闻工作者协会、社会科学文献出版社和暨南大学新闻与传播学院共同主办的《中国媒体发展报告 2019》发布会在北京举行。

2 月 21 日，尼泊尔媒体协会主席、中尼媒体论坛主席 Kishor Shrestha 先生率领的尼泊尔媒体访问团一行 5 人到访云南大学新闻学院，与学院共同签署合作框架协议。

2 月 27 日，国务院学位委员会下达了 2017 年学科动态调整增列学位授权点名单。

2 月 27 日，上海市委宣传部与上海外国语大学签署共建新闻传播学院协议。

3 月 1 日，中宣部和教育部组织编写的第一本马克思主义新闻观统编教材、国家社科基金特别委托项目课题成果《马克思主义新闻观十二讲》出版发行仪式在中国人民大学举行。

3 月 4—11 日，国际传播领域知名学者达雅・屠苏(Daya Thussu)教授应邀在中国人民大学新闻学院进行学术交流。

3 月 7 日，上海大学新闻传播学院与香港城市大学硕士课程教育合作协议签约仪式在上海大学延长校区举行。

3 月 8 日，密苏里大学与山东大学的“新闻传播学本科双学位合作项目”在山东大学举行签约仪式。

3 月 14—16 日，中国社科院大学媒体学院与南加州大学安纳伯格学院在西三环、良乡两个校区联合举办国际学术交流活动周。

3 月 22 日，北京外国语大学与英国牛津布鲁克斯大学就两校合作项目进行座谈。

3 月 23 日，中国教育发展战略学会教育新闻传播专业委员会成立大会暨新形势下教育新闻传播高峰论坛在山东大学召开。

3 月 25 日，兰州大学新闻与传播学院新任院长任命大会在城关校区召开，冯诚同志被任命为兰州大学新闻与传播学院院长。

3 月 28 日，由意大利贝纳通集团与北京印刷学院新闻出版学院合作共建的贝纳通广告研究中心，在北京印刷学院挂牌成立。

3月29日，缅甸当地时间下午1点，由云南大学新闻学院联合缅甸金凤凰中文报社、仰光中国文化中心主办的“未来传播者”中缅合作纪录片作品展映活动在仰光中国文化中心举行。

3月29日，中南财经政法大学新闻与文化传播学院与湖北省新闻出版广电局共建内容创新设计基地与教学实践基地的签约协议在湖北省电视广播大楼举行。

4月2日，由中国公共外交协会主办、中国人民大学新闻学院承办的2019年“中国发展研究与媒体交流”项目开幕仪式在中国人民大学明德新闻楼举行。

4月2日，河北日报报业集团华糖云商营销传播股份有限公司与河北大学新闻传播学院战略合作签约仪式及推介会在河北大学新闻传播学院举行。

4月3日，湖南师范大学新闻与传播学院举办县级融媒体中心建设研讨会暨湖南师范大学县级融媒体建设研究中心成立仪式。

4月4日，西北大学新闻传播学院与腾讯大秦网在长安校区举行了战略合作签约仪式，成立西北大学腾讯大秦网实习基地。

4月6日，新媒体学科融合与卓越新闻人才培养高峰论坛在西安交通大学举办。

4月11日，澳大利亚昆士兰大学人文与社会科学院院长HeatherZwicker教授做客华东师范大学“大夏传播讲坛”，带来*Living and Playing in the Digital City*主题演讲。

4月11日，吉林大学文学院暨新闻与传播学院同海南广播电视总台共建大学生实习实践基地签约仪式在海南广播电视总台举行。

4月11日，西北大学新闻传播学院与中央广播电视总台央视社会与法频道在长安校区举行“媒体融合与校媒合作”研讨会。

4月12日，华东师范大学传播学院与金山区新闻传媒中心进行党建共建签约暨学生实践基地揭牌仪式。

4月12日，成都理工大学与四川日报报业集团封面传媒“UGC内容创作中心”揭牌仪式在成都理工大学艺术大楼实验剧场举行。

4月13日，由中国新闻史学会主办，南京师范大学新闻与传播学院承办、扬州大学新闻与传媒学院协办的中国新闻史学会常务理事会第五届第七次会议在南京师范大学召开。

4月20日，由北京师范大学新媒体传播研究中心、清华大学新媒体研究中心、《国际新闻界》共同发起的第四届中国传媒公信力论坛在北京师范大学成功举办。

4月23日，“一带一路”新闻合作联盟首届理事会议在北京开幕。国家主席习近平向大会致贺信。

4月24日，河北大学新闻传播学院与密苏里新闻学院“本科2+2双学士学位项目”在美国密苏里新闻学院正式启动。

4 月 24 日，新疆大学新闻与传播学院召开“实习基地授牌仪式暨媒体融合背景下新闻传播实践教学”研讨会。

4 月 25 日，上海大学新闻传播学院与汉威士集团海外项目战略合作签约仪式在延长校区顺利举行。

4 月 25—27 日，第二届“一带一路”国际合作高峰论坛在北京召开。中国传媒大学中国纪录片研究中心发起组建的“一带一路”纪录片学术共同体，被正式纳入第二届“一带一路”国际合作高峰论坛成果清单。

4 月 25 日，纽约电影学院代表团到西南大学新闻传媒学院进行交流访问，并与该院领导就学位申请等项目合作细节展开积极讨论。

4 月 26 日，“古籍阅读的力量：第三届中国传统出版文化的传承与弘扬”研讨会在北京大学新闻与传播学院举行。

4 月 26—28 日，首届“智能营销传播”学术工作坊在武汉大学新闻与传播学院成功举办。

4 月 27 日，由北京师范大学新闻传播学院、清华大学人工智能研究院和哈工大社会计算与信息检索研究中心共同承办的中国首届社交机器人论坛，在北京师范大学成功举办。

4 月 29 日，由温哥华华语电影节组织机构、西南大学主办，西南大学新闻传媒学院、重庆市北碚区委宣传部、重庆市北碚区文化和旅游发展委员会承办的第七届温哥华(国际)华语电影节中国大学生微电影 & 主持人大赛暨颁奖典礼在重庆举行。

4 月 30 日，新华社吉林分社“吉林大学文学院暨新闻与传播学院大学生实习实践基地”揭牌仪式在东荣大厦 10 楼会议室举行。

5 月 6 日，《国务院学位委员会关于下达 2018 年动态调整撤销和增列的学位授权点名单的通知》(学位〔2019〕8 号)河海大学、北京邮电大学增列新闻与传播专业硕士学位授权；江苏师范大学、东北财经大学增列新闻传播学硕士学位授权；大连理工大学撤销新闻传播学硕士学位授权。

5 月 9 日，清华大学新闻与传播学院中国特色新闻学实践教育基地揭牌仪式在人民日报社举行。

5 月 10 日，英国卡迪夫大学新闻媒体与文化学院院长 Stuart Allan 教授、Cynthia Carter 副教授、国际交流处中国合作事务主任 LiuXingfei 先生访问北京师范大学新闻传播学院。

5 月 11 日，云南大学“理解中国”新闻传播学研究生学术论坛在学校呈贡校区举行。

5月11日，由东北师范大学传媒科学学院(新闻学院)主办、东北师范大学公共传播与社会治理研究中心承办的2019第一届中国公共传播论坛在东北师范大学传媒科学学院(新闻学院)成功举行。

5月14日，吉林大学文学院暨新闻与传播学院同新华网股份有限公司吉林分公司共建“大学生实习实践基地”签约揭牌仪式在吉林大学举行。

5月17日，“智能传播时代新闻传播教育研讨会暨师范院校新闻传播学科建设院长联席会”在北京师范大学新闻传播学院召开。

5月17日，由北京师范大学新闻传播学院和人民视频主办的“第四届中国VR/AR/MR创作大赛”开幕式在北京师范大学京师学堂举行。

5月20日，陕西师范大学新闻与传播学院在逸夫科技楼七层报告厅举办“学科发展高端论坛”讲座——互联网时代的影像产生观念认识和思考。

5月24日，由上海大学和河南中原消费金融股份有限公司联合主办、上海大学新闻传播学院承办、复旦大学媒介管理研究所及华东师范大学国家品牌战略研究中心协办的“新金融·新品牌”第一届中国消费金融品牌创新论坛暨中国消费金融品牌研究院揭牌仪式，在上海大学宝山校区举行。

5月27日，由中共江苏省委网信办主办、南京师范大学新闻与传播学院承办的2019年度全省互联网新闻信息服务单位从业人员培训班开班。

6月2日，由北京外国语大学国际新闻与传播学院主办，新华社国际部多媒体采编中心、中国新闻史学会外国新闻传播史研究委员会合办的“2019首都高校全能新闻人大赛”决赛在北京外国语大学阿拉伯语楼国会厅举行。

6月4日，央视网与河南省项城市、中国人民大学新闻学院在北京签署战略合作协议，三方将共同推动项城市媒体融合工作向纵深发展，合力打造区县融媒体中心建设的“项城模式”。

6月4日，四川省委统战部与中国传媒大学电视学院战略合作协议签约仪式在中国传媒大学电视学院举行。

6月5日，中南民族大学文学与新闻传播学院分别与《湖北日报》、荆楚网(湖北日报网)、湖北广播电视台等5家单位签约共建教学实习基地签字暨授牌仪式举行。

6月10日，西安交通大学新闻与新媒体学院同北京创业光荣信息科技有限责任公司(鲸准)协商共建人才培养基地、教育实践基地与产学研合作基地签约仪式在西安交通大学进行。

6月11日，北京大学本科重点课程建设项目“中外广告史”课程教学改革暨成果展开幕式在北京大学全球大学生创新创业中心举行。

6 月 11 日，四川省新闻教育学会工作会议在四川大学望江校区举行。

6 月 11 日，教育部党组成员、副部长翁铁慧，学位管理与研究生教育司司长洪大用，社会科学司司长刘贵芹，思想政治工作司副司长余先亭等一行 7 人前往湖南师范大学就“双一流”建设工作进行调研指导。翁铁慧副部长一行来到学校国家突发事件舆情应对研究中心，详细了解中心的主要研究方向、内容和成果等。翁副部长对突发事件舆情应对研究中心发挥学校在学界和业界的资源优势，聚焦重大应急事件处理和舆情引导，积极服务国家给予了肯定。

6 月 13 日，郑州大学新闻与传播学院广告系举办“数字广告学科建设与教学改革研讨会”，研讨会分为学科建设和教学改革两个版块。

6 月 14 日，上海大学新闻传播学院、北辰会展研究院与上海会展研究院战略合作协议签约仪式在上海大学上海研究院礼堂举行。

6 月 14 日，山东大学新闻传播学院、上海交通大学媒体与传播学院、深圳大学传播学院在山东大学签订战略合作协议。

6 月 15 日，上海大学与上海市广告协会进行签约成立上海广告研究院。根据协议，双方将共同筹建上海广告博物馆，打造产学研互动平台，关注广告产业发展前沿问题，建设上海大学新闻传播学院学生实习基地，开展系列项目研究。

6 月 19 日，北京师范大学互联网发展研究院成立仪式暨中国互联网企业社会责任高峰论坛在北京举办。

6 月 22 日，由人民邮电出版社有限公司组织召开的“人民邮电出版社新媒体专家委员会成立大会暨 2019 年度网络与新媒体专业建设研讨会”在北京举行。

6 月 23 日，第四届中国数据新闻大赛暨大数据可视化艺术人才培养高峰论坛在湖北大学召开。

6 月 24 日，移动互联网蓝皮书《中国移动互联网发展报告(2019)》发布会在人民日报社图书馆举行。

6 月 25 日，由湖南省政协办公厅主办，文史博览杂志社、暨南大学传播与国家治理研究院、南方舆情数据研究院承办的湖南政协舆情处置与新媒体运营培训班在暨南大学新闻与传播学院举办。

6 月 27 日，西南大学与四川封面传媒有限责任公司共建 UGC 内容创作中心揭牌仪式暨封面新闻人文智库专家聘任式于西南大学举行。

6 月 29 日，华南理工大学新闻与传播学院邀请全国 18 所重点高校、研究所等学科领域专家齐聚华南理工大学大学城中心酒店，召开 2019 年南方传媒论坛暨新闻传播学科建设会议。

6月29日，由西南大学和北京电影学院主办，学校影视传播与道德教育研究所、北京电影学院未来影像高精尖创新中心联合承办的“第三届(2019)中国电影伦理学学术论坛”在西南大学举行。

6月29—30日，第五届媒介素养教育国际学术会议在北京召开。此次会议由中国传媒大学主办，中国传媒大学传播研究院承办。

7月2日，“安徽大学新闻传播学院马克思主义新闻观教研实践基地”在安徽省六安市金寨县挂牌。

7月2—4日，辽宁省委宣传部依托辽宁大学新闻与传播学院举办全省县级融媒体中心一线新闻从业人员业务培训暨开展增强“四力”教育专题培训班。

7月5—7日，由中国人民大学新闻学院与中国社会科学杂志社共同举办的“70年：新中国新闻业发展经验与成就”论坛在北京举行。

7月6日，由广西大学新闻与传播学院和广西大学中国—东盟传媒与区域传播研究中心联合主办的“2019(首届)中国—东盟传媒与新闻传播教育国际研讨会暨中国—东盟新闻与传播学院院长(系主任)论坛”在广西大学新闻与传播学院融媒体中心举行。

7月8—9日，2019年数据新闻高峰论坛暨数据新闻专委会成立大会在河北大学召开，会议由中国科技新闻学会主办，中国科技新闻学会数据新闻专委会和河北大学联合承办。

7月8—11日，“第五届世界新闻教育大会”在巴黎第九大学举行。中国成功获得“第六届世界新闻教育大会”的举办权。

7月9日，经中央民族大学学校党委研究决定，在原文学与新闻传播学院新闻传播类专业的基础上成立新闻与传播学院，聘任赵丽芳同志为新闻与传播学院院长。

7月9—12日，由教育部高教司指导，教育部高等院校新闻传播学类专业教学指导委员会主办的第三期高校新闻院系骨干教师马克思主义新闻观培训在广西大学举行。

7月9日，以“大变局：让华媒声音更响亮”为主题的第四届海外华文新媒体高峰论坛在云南丽江举行。

7月10日，来自伦敦大学金史密斯学院的潘雪妮博士、MarcoGillies博士、Lance Putnam博士、William Latham教授、Jonathan Freeman教授一行访问上海交通大学，并就沉浸式媒体、人工智能和VR技术应用等话题展开研讨。

7月10日，第二十九届“海峡两岸大学生新闻营”开营仪式在辽宁大学举行。

7月11日，教育部新闻办主任、办公厅巡视员续梅，教育部办公厅新闻处处长陈星，甘肃省教育厅党组成员、副厅长赵凯，甘肃省电教中心副主任梁翔一行到兰州大学新闻与传播学院实验中心视察。

7 月 11 日，上海师范大学影视传媒学院成立揭牌仪式暨学术研讨会在上海师范大学举行。

7 月 13 日，由四川大学文学与新闻学院主办的第十二届中国青年传播学者论坛在成都科华苑宾馆举办。此次论坛的主题为“传播学：技术·人文·符号”。

7 月 14—19 日，第三届中国特色新闻学高级研讨班在清华大学新闻与传播学院举行。

7 月 15—16 日，由四川大学文学与新闻学院主办的第二届中国编辑出版青年学者论坛在成都举行。

7 月 16 日，中共三沙市委宣传部和中国经济信息社有限公司海南分公司特委托兰州大学新闻与传播学院举办的三沙市新闻宣传与舆情应对培训班在兰州开班。

7 月 19—20 日，第十二届公关与广告国际学术论坛(12th PRAD)暨第四届中国新闻史学会公共关系分会(4th PRSC)学术年会在厦门大学盛大举行。

7 月 19—21 日，中国新闻史学会少数民族新闻传播史研究委员会 2019 年年会在内蒙古大学举行。此届年会以“继往开来：民族地区舆论动员与中华民族共同体意识构筑”为主题。

7 月 26 日，由贵州大学文学与传媒学院、中国传媒大学中外人文交流宣传研究中心、瑞士卢加诺大学中国传媒研究中心联合主办，以“搭建少数民族文化国际传播的桥梁：认知、议题与展望”为主题的中瑞“一带一路”传播国际学术研讨会在贵州大学召开。

7 月 27 日，四川大学文学与新闻学院与《新华日报》报史研究所签署合作协议。

7 月 28 日，由杭州市委宣传部主办，浙江工业大学和浙江理工大学共同承办的 2019 杭州市县级融媒体中心专题培训班座谈会在浙江工业大学朝晖校区举行。

7 月 29 日，2019 中国网络媒体论坛在天津举行。论坛以“融合与变革：中国网络媒体发展新跨越”为主题。

7 月 29 日，以“融合与变革：中国网络媒体发展新跨越”为主题的 2019 中国网络媒体论坛在天津开幕。

7 月 30 日，2019 第四届全国党报网站高峰论坛在广州召开。人民网研究院发布了《2019 全国党报融合传播指数报告》。人民网、人民日报媒体技术公司、广州日报报业集团三方签订合作框架协议。

8 月 6 日，由中国传媒大学网络视频研究中心和抖音短视频联合举办的短视频与社会创新研究报告发布会和学术论坛在中国传媒大学开启。

8 月 12 日，山东省高校影视传媒联盟第三届年会暨影视传媒教育研讨会在鲁东大学举行。

8月17日，2019年第18届中国广告教育学术年会在兰州大学召开，会议以“新文科与中国广告教育创新发展”为主题。

8月17日，由中国电影艺术研究中心(中国电影资料馆)和东北师范大学传媒科学学院(新闻学院)共同主办的第八届中国电影史年会在长春召开。

8月24日—9月4日，中国传媒大学传播研究院承办外交部2019年“非洲国家记者研修班”项目。来自塞内加尔、赤道几内亚、科摩罗、佛得角、贝宁、毛里求斯和塞舌尔8个非洲国家的21位资深媒体人士受邀在北京、武汉、广州参加为期12天的研修参访活动。

8月26—31日，应悉尼科技大学传播学院(School of Communication，UTS)的邀请，上海大学新闻传播学院代表团对悉尼科技大学开始了为期一周的访问交流。

8月26—27日，由山东大学新闻传播学院与山东大学威海校区文化传播学院共同主办的第二届“马克思主义新闻观师资培训会”在山东大学威海校区召开。

8月26日，北京印刷学院与浙江传媒学院人才培养合作座谈会召开。

8月26—28日，湖南省新闻传播学会2019学术年会暨第一届湖湘新闻传播论坛在湖南理工学院举办。

9月5日，内蒙古大学文学与新闻传播学院与实践杂志社合作建立的“文学与新闻传播协同创新学研基地”签约揭牌仪式举行。

9月4日，2019—2022年广西本科高校新闻传播类教学指导委员会成立大会在广西大学举行。

9月6日，首届西部高校、民族院校新闻传播学科院长论坛在中央民族大学召开。

9月7日，由安徽大学新闻传播学院主办的“新闻传播学科发展高峰论坛(2019)”在翡翠湖迎宾馆举行。

9月7日，由复旦大学新闻学院主办，上海社会科学院、《新闻大学》杂志社等合办的“媒体融合发展时期新闻传播实务变革高峰论坛”在上海举行。

9月10日，清华大学新闻与传播学院特聘教授赵月枝当选加拿大皇家学会院士。

9月11日，安徽大学新闻传播学院承办安徽省新闻采编人员2019年资格培训班。

9月11日，中国政法大学与国家广播电视总局战略合作框架协议签署暨“广播电视政策法规研究基地”揭牌仪式在中国政法大学学院路校区科研楼举行。

9月16日，“一带一路”新闻合作联盟短期访学班在北京开班。访学班由国务院新闻办公室主办、“一带一路”新闻合作联盟秘书处(人民日报社对外交流合作部)和中国传媒大学共同承办。

9 月 18 日，由北京外国语大学国际新闻与传播学院倡议发起的“多语种国际传播教育联盟”，在北京宽沟会议中心召开首届理事会全体会议。

9 月 18 日，2019 中国新闻史学会传媒经济与管理研究委员会学术年会暨“一带一路”与智媒时代的传媒经济和社会治理学术研讨会在新疆大学召开。

9 月 19 日，由北京外国语大学国际新闻与传播学院主办、中国新闻史学会外国新闻传播史研究委员会协办的首届国际新闻与传播教育论坛在北京宽沟会议中心召开。

9 月 20 日，以“人工智能时代的新型主流媒体建设”为主题的 2019 中国全媒体高峰论坛在宁波象山举行。

9 月 21—22 日，由中国新闻史学会、中国社会科学院新闻与传播研究所主办，湖南师范大学新闻与传播学院承办的“第五届新闻史青年论坛”在湖南师范大学召开。

9 月 22 日，“传播视域下的东亚殖民主义研究”国际学术研讨会在长春落幕。该国际学术研讨会由吉林大学新闻与传播学院主办，伪满皇宫博物院和《华夏文化论坛》编辑部协办。

9 月 25 日，北京大学新闻与传播学院等联合举办第二届中国周边传播论坛。

9 月 27—28 日，中国新闻史学会外国新闻传播史研究委员会 2019 年会在湖北大学召开。

9 月 27—29 日，中国认知传播学第六届年会暨国际认知传播学术论坛在湖南理工学院举行。

9 月 28 日，由陕西师范大学研究生院、陕西师范大学党委研究生工作部、陕西师范大学新闻与传播学院主办的“第三届西部地区传媒类研究生学术年会”在陕西师范大学长安校区闭幕。

9 月 29 日，华中科技大学新闻与信息传播学院“新闻传播史论教学团队”被评为 2019 年湖北高校省级教学团队。

9 月 29 日，西北大学与陕西省新闻工作者协会、陕西日报社签署联合办刊协议。

9 月 30 日，中国人民大学新闻学院携手中国社会科学院大学媒体学院，在中国社会科学院大学良乡校区举办新时代新闻传播学一流学科建设研讨会暨学科共建签约仪式。

9 月 30 日，北京外国语大学国际新闻与传播学院高端外国专家龙安志荣获中国政府友谊奖。

10 月 8 日，暨南大学新闻与传播学院党委入选广东高校第二批新时代高校党建示范创建和质量创优“党建工作标杆院系”培育建设单位。

10 月 10 日，上海师范大学(影视传媒学院)与英国利物浦约翰摩尔大学本硕连读学位合作培养项目协议书。

10 月 12 日，由中国高校影视学会、内蒙古广播电视台主办，中国高校影视学会广播专业委员会、暨南大学新闻与传播学院、中国传媒大学文化产业管理学院承办的中国高校影视学会广播专业委员会第一届理事会第四次会议暨第四届中国广播创新发展高端论坛在内蒙古鄂尔多斯召开。

10 月 12 日，由云南师范大学与中国广播电影电视社会组织联合会媒介融合研究基地联合主办，云南师范大学传媒学院、云南日报报业集团·云南师范大学国际新闻传播学院、云南省民族艺术研究院承办的第三届“西南联大电影节”暨“新中国民族影视 70 年学术研讨会”在云南师范大学召开。

10 月 12 日，新时代数字艺术与文化传播论坛召开，会议由安徽师范大学新闻与传播学院主办。

10 月 13 日，由山西大学新闻学院主办的“地方高校新闻传播教育与新闻传播学科建设峰会”在山西大学召开。

10 月 16—18 日，中宣部出版局、机关服务中心(信息中心)在北京印刷学院举办国家数字复合出版工程培训班。

10 月 18—21 日，第三期中国人民大学马克思主义新闻观骨干师资高级研修班教学实践活动在涉县西戌镇展开。来自全国 22 个省份的高等新闻院校学员参与此次教学实践活动。

10 月 18 日，由中国传媒大学传播研究院和新闻学院主办的“纪念康荫教授诞辰 100 周年暨康荫新闻思想与新闻教育实践研讨会”在传播研究院一楼会议室召开。

10 月 18 日，“社交机器人时代的计算传播学跨学科论坛暨北京师范大学(珠海校区)计算传播学研究中心揭牌仪式”在珠海校区举行。

10 月 18 日，昆明广播电视台云南大学新闻学院教学实习基地揭牌仪式在昆明广播电视台融媒体发展中心举行。

10 月 19 日，“教育·伦理·文化：2019 中美新闻传播学术高峰论坛”在南昌大学前湖大厦多功能厅举行。会议由中国新闻史学会党报党刊研究委员会主办，南昌大学新闻与传播学院、马克思主义新闻观研究中心承办。

10 月 19—20 日，由中国传媒大学主办、中国传媒大学传播研究院承办的第八届全国新闻学与传播学博士生学术研讨会成功举办。

10 月 20 日，陕西师范大学新闻与传播学院主办的“媒介变革与新闻传播学科转型学术研讨会”在学校长安校区举行。

10 月 21 日，湖南师范大学新闻与传播学院获批新闻与传播学博士后科研流动站。

10 月 24 日，北师大—拓尔思网络舆情研究中心成立。

10 月 24 日，华中科技大学举办第三届新闻评论东湖论坛暨第四届华中科技大学新闻评论开放教育建设会。

10 月 24 日，由浙江传媒学院、中国传媒大学和云南大学主办的中国高校影视学会实验教学专业委员会年会、高等学校国家级实验教学示范中心联席传媒学科组年会暨第四届媒体融合实践教学创新国际交流会议，在云南省昆明市召开。

10 月 25 日，由山东大学新闻传播学院主办、北京外国语大学国际新闻与传播学院协办的“第五届中国跨文化传播论坛”在山东新闻大厦召开。

10 月 25—26 日，河南省高等学校新闻传播学类专业教学指导委员会 2019 年会暨第三批专业评估专家会议在南阳师范学院召开。

10 月 26 日，北京大学举办主题为“全球化语境下的激荡世界与国际传播”的中外国际媒体论坛。

10 月 26 日，第六届政治传播与社会发展论坛和第三届“政治与传播”研究生论坛在北京师范大学正式召开。

10 月 26 日，以“人工智能时代：新兴媒介、产业与社会”为主题的 2019 新媒体国际论坛在上海交通大学开幕。

10 月 26 日，第六届政治传播与社会发展论坛“政治传播：回到原点，守正创新”学术研讨会于北京师范大学图书馆第一会议室拉开帷幕。

10 月 26—27 日，由中国少数民族地区信息传播与社会发展论坛组委会与中国人民大学新闻学院、广西大学新闻与传播学院、西藏民族大学共同主办，西藏民族大学承办的第十届中国少数民族地区信息传播与社会发展论坛在陕西咸阳举行。

10 月 23 日，山东大学新闻传播学院与美国特拉华大学文理学院召开座谈会。

10 月 30 日，美国密苏里州立大学职业研究项目主任杰瑞·马斯森特、副主任傅崇轩、国际课程与项目发展官员张朋代表团一行访问西南大学新闻传媒学院。双方就之前的“1+1+1”研究生双硕士合作项目进行深度交流，并对之后长期的战略合作进行商讨。

10 月 30 日，新闻发言人培训班开班暨郑州教育新媒体联盟启动仪式在河南大学举行。

11 月 1 日，“京报馆展陈大纲写作及审读”合作在中国人民大学新闻学院启动。

11 月 2 日，融媒影像论坛暨全球青年融媒影像节(大赛)启动仪式在上海大学延长校区成功举行。

11 月 2 日，主题为“转型与创新：媒体融合背景下的新闻传播教育共同体构建”的全球高峰论坛在复旦大学新闻学院举行。

11月2—3日，中国高等院校影视学会影视产业与管理专业委员会第四届学术年会暨“影视的工业化发展之路与山东影视产业发展高峰论坛”在山东大学学府大酒店召开。

11月3日，由上海大学上海市舆情监测与分析中心与上海大学新闻传播学院共同主办的“长三角智库联盟论坛——长三角一体化背景下上海如何发挥龙头作用”在上海大学延长校区举行。

11月3日，第二届“气候与健康传播学术研讨会”在中南民族大学正式开幕。大会以“美丽、健康、行动、共享”为主题，由中国气候传播项目中心、中南民族大学文学与新闻传播学院、广西大学气候与健康传播研究中心联合主办，中国生物多样性保护与绿色发展基金会、复旦大学健康传播研究所、中国传媒大学绿色低碳发展与品牌传播研究中心、新乡学院中原气候传播研究所、青岛大学气候传播与绿色发展研究中心联合协办。

11月3日，第三届岳麓传媒与文化发展国际论坛在长沙开幕。此届论坛由湖南大学新闻传播与影视艺术学院和美国密苏里大学新闻学院联合主办，湖南省新闻学会协办。

11月6日，武汉新东方前途出国 & 武汉大学新闻与传播学院举行“新东方留学奖学金”捐赠仪式暨出国人才联合培养启动仪式。

11月8日，华东师范大学传播学院与闵行区融媒体中心签署共建实践基地框架协议，共同为“媒体融合发展创新实践基地”揭牌。

11月8日，由新华社新闻信息中心云南中心和云南师范大学联合召开的县级融媒体实验教学示范中心工作推进会在云南师范大学传媒学院大厅举行。

11月9日，中国高等教育学会广告教育专业委员会2019年学术年会暨第十届中国广告教育论坛在广州暨南大学召开。

11月9日，北京互联网法院与北京师范大学互联网发展研究院联合主办的“互联网司法治理研究中心”成立仪式暨“互联网司法与国家治理现代化高峰论坛”在北京举行。

11月9日，中国新闻史学会新闻传播教育史研究委员会主办、兰州大学新闻与传播学院承办的“中国新闻史学会新闻传播教育史研究委员会2019年学术年会”暨“兰州大学新闻传播教育60周年座谈会”在兰州大学举行。

11月9—10日，由扬州大学新闻与传媒学院和安徽师范大学新闻与传播学院共同主办的中华优秀传统文化品牌传播论坛暨普通高校文化传播类专业教材建设会议在扬州大学召开。

11月9—10日，第五届韬奋学术研讨会在江西师范大学举行。研讨会主题为“创新与守正：历史风云中的邹韬奋”。

11 月 9—10 日，首届中原新闻与传播研究生学术论坛在河南大学举行。

11 月 12 日，河北大学新闻传播学院与中国人民大学新闻学院、武汉大学新闻与传播学院召开对口合作座谈会。

11 月 13 日，由中国外文局和华中科技大学共建的省部级智库机构——中国故事创意传播研究院成立。

11 月 13 日，湖南省高校教师信息技术与教学艺术高级研修班开班典礼在湖南师范大学新闻与传播学院举行。

11 月 13 日，暨南大学新闻与传播学院与丰申网络举办实习基地签约仪式。

11 月 13 日，“新时代儿童阅读生态及构建”研讨会暨北京师范大学新闻传播学院少儿阅读与童书评价研究中心成立仪式举行。

11 月 15 日，卓越新闻传播学人才培养研讨会暨中央民族大学新闻与传播学院成立仪式在中央民族大学举行。

11 月 16 日，中国新闻史学会 2019 年学术年会在北京会议中心开幕，中国人民大学新闻学院成为新任会长单位。

11 月 18 日，2019 湖南省监狱系统办公室业务培训班开班典礼在湖南师范大学新闻与传播学院举行。

11 月 18 日，“第一届马克思主义新闻观研究与实践高端论坛”在北京外国语大学举办，论坛主题为“新时代马克思主义新闻观史论研究与实践”。

11 月 19 日，上海大学新闻传播学院在延长校区乐乎楼召开马克思主义新闻观实践教学研讨会。

11 月 20 日，郑州大学新闻与传播学院在穆青研究中心举行博士生业界导师聘任仪式。

11 月 20 日，湖南师范大学新闻与传播学院“广告艺术校企合作创新创业基地”通过湖南省省级认定。

11 月 21 日，京师传媒大讲堂暨第六届蓝鲸青年传媒人论坛如期举行。此次论坛的主题为“2020 年，新媒体时代下的内容趋势”。

11 月 22—23 日，中国高校影视学会媒介文化专业委员会第三届学术年会暨 2019 年媒介文化论坛，在四川外国语大学举行。此次媒介文化论坛以“全媒体时代的媒介文化：新问题 · 新使命 · 新路径”为主题。

11 月 23 日，江苏省第六届传媒学科研究生论坛在南京师范大学随园校区拉开帷幕。

11 月 23 日，由暨南大学新闻与传播学院与中国人民大学新闻学院共同主办的“第三届中国主持传播论坛(2019)”在暨南大学举行。论坛以“边界·融合：新媒体时代的主持传播”为主题。

11月23日，2019中国新媒体传播学年会在厦门大学科学艺术中心开幕。此届年会由中国新闻史学会网络传播史研究委员会主办，厦门大学新闻传播学院承办，人民视听科技有限公司合办，以“新时代·新媒体·新丝路”的主题。

11月23日，由首都经济贸易大学主办，党委宣传部和文化与传播学院承办的“2019北京文化创新研讨会”在北京举行。围绕“5G时代新闻传播与文化传承”主题开展主题研讨。

11月23日，第四届(2019)时尚传播国际论坛于在东华大学延安路校区召开。论坛以“智媒时代·时尚传播”为主题。

11月24日，在厦门举办的2019中国新媒体传播学年会闭幕式上，浙江大学传媒与国际文化学院当选为中国新闻史学会网络传播史研究委员会会长单位，韦路教授接任分会会长。

11月29日，第二届全国师范高校新闻传播专业联盟会议在华东师范大学举行。

11月29日，以“有容乃大深融致远”为主题的2019中国新媒体大会在长沙举行。

11月30日，华东师范大学传播学院15周年院庆暨新传教育95周年纪念活动在闵行校区学生之家C区报告厅举行。

11月30日，由上海大学研究生院、上海大学新闻传播学院主办，上海大学新闻传播学院研究生会承办的2019上海国际研究生智能媒体新闻传播论坛在上海衡山北郊宾馆上海厅如期召开。

11月30日，国际新闻传播教育联盟理事会在上海召开。来自悉尼科技大学、纽约州立大学、香港浸会大学、香港城市大学、南洋理工大学、俄罗斯科学院、萨塞克斯大学、清华大学、复旦大学、中国传媒大学、中国人民大学、南京大学、上海交通大学、上海大学等海内外高校的新闻传播学院院长和专家学者齐聚一堂，共同探讨新闻传播国际化人才培养和智能媒体未来发展。

11月30日，西北政法大学与延安市融媒体中心共建实践教育基地揭牌仪式在延安广播电视中心举行。

11月30日—12月1日，第二届意识形态与舆论研究高峰论坛在海南师范大学顺利召开。

12月1日，上海大学新闻传播学院融媒影像人才培养(训)产学研协作研讨会，在上海大学延长校区顺利召开。

12月3—5日，全国新闻与传播硕士专业学位教育核心课程教学师资培训会议在北京大学新媒体研究院召开。

12 月 4 日，第三届 CGTN 全球媒体峰会暨第九届 CCTV+全球视频媒体论坛在北京举行。由央视国际视频通讯社智库与北京外国语大学国际新闻与传播学院联合主编的《全球传播生态蓝皮书：全球传播生态发展报告(2019)》在大会上正式发布。

12 月 5 日，暨南大学新闻与传播学院、人民网舆情数据中心、社会科学文献出版社联合在北京人民日报社新媒体大厦举行“2019 年《中国网络社会治理研究报告》蓝皮书发布会暨互联网治理研讨会”。12 月 6 日，南宁师范大学与广西信息中心合作共建仪式在南宁师范大学举行。

12 月 7—8 日，2019 年“武汉大学全国博士生论坛”暨“第十届华中地区研究生新闻传播学术论坛”在武汉大学新闻与传播学院成功举办。

12 月 7 日，2019 中国—东盟文明互鉴与传播沟通国际学术研讨会在南宁师范大学召开。研讨会由复旦大学国家文化创新研究中心、南宁师范大学新闻与传播学院以及南宁师范大学中国—东盟战略传播研究基地共同举办。

12 月 8 日，以“人类命运共同体与全球文化管理”为主题的 2019 全球文化管理学术研讨会在上海交通大学开幕。研讨会由上海交通大学与联合国教科文组织(UNESCO) 2005 公约秘书处共同举办，上海交通大学媒体与传播学院承办，南澳大学协办。

12 月 8 日，兰州大学新闻与传播学院第十二届研究生学术年会启动仪式暨首场学术讲座在医学校区杏林楼举办。

12 月 8 日，由中国近现代史史料学学会、九一八历史研究中心主办，渤海大学历史文化学院、新闻与传播学院和文学院联合承办的“新发现日军侵华史料《森冈周治日记》学术研讨会”在渤海大学图书馆博学书店举行。

12 月 8 日，由福建省文联、中国高等院校影视学会、福建师范大学传播学院、福建省文学院共同主办的“新时代福建影视产业发展”研讨会于福州召开。

12 月 10—12 日，由河北大学新闻传播学院联合主办的“‘一带一路’‘构建人类命运共同体’与跨文化传播研讨会”顺利召开。

12 月 11 日，毛里塔尼亚努瓦克肖特大学代表团对河北大学新闻传播学院院进行访问。

12 月 12 日，在南方传媒集团举办的“南方传媒技术大会”上，暨南大学与南方报业传媒集团共同宣布联合成立“未来媒体研究院”并举行成立仪式。

12 月 12 日，北京师范大学新媒体传播研究中心、责任云研究院、中国社会责任百人论坛在北京联合发布《2019 中国影视明星社会责任研究报告》。

12 月 13 日，由中宣部、中国记协组织的第六届“好记者讲好故事”巡讲团报告会在北京大学新闻与传播学院一层报告厅举行。

12月13日，上海师范大学影视传媒学院与瑞典舍夫德大学签署本硕连读项目合作协议。

12月14日，新闻与社会发展论坛在云南昆明举办，以“新闻舆论与国家治理体系创新发展”主题。

12月14日，“跨学科视域下传统族群文化的现代传承与文化认同”学术研讨会暨第四届海峡两岸客家文学论坛在华南理工大学顺利举办。

12月18日，2019—2023广东省本科高校新闻传播学类专业教学指导委员会成立暨第一次全体会议在暨南大学新闻与传播学院举行。

12月20日，第二届全国新闻与传播专业学位研究生教育指导委员会第二次工作会议在北京大学英杰交流中心召开。此次会议由全国新闻与传播专业学位研究生教育指导委员会秘书处组织。

12月20日，山东师范大学新闻与传媒学院教学实践基地在济南市中区融媒体中心挂牌成立。

12月21日，山东大学庆祝中华人民共和国成立70周年系列高端学术论坛——首届红色新闻文化传承与发展论坛在山东大学举行，论坛的主题为“传承与发展：迈向新时代的红色新闻文化”。

12月21日，“社交媒体与后传播社会”学术研讨会暨吉林省传播学会2019年年会在吉林大学鼎新图书馆4楼多功能厅召开，会议由吉林大学新闻与传播学院和吉林省传播学会共同主办。

12月22日，“多屏共生融合发展峰会暨《视界的革命》新书发布会”在中国传媒大学国际交流中心开幕。发布会由中国广播电视社会组织联合会、中国广视索福瑞媒介研究有限责任公司(CSM)、中国传媒大学新闻传播学部联合主办。

12月25日，西北政法大学新闻传播学院与西安电视剧版权交易中心战略签约仪式在长安校区何微纪念馆进行。

12月25—29日，南开大学文学院举办2019年度学术年会。此次学术年会的主题为“语言文学、艺术传播的创新、发展与交流”。

12月26日，北京外国语大学国际新闻与传播学院同北京电视台新闻中心于北京电视台新台址签署合作协议。

12月26日，西安交大新闻与新媒体学院的“新媒体与社会治理研究中心”智库入选中国智库索引(CTTI)。

12月27日，《2019中央企业、中国大学、中国城市海外网络传播力建设系列报告》

在北京师范大学发布。该报告由北京师范大学新媒体传播研究中心、光明网、中国日报网以及北京师范大学教育新闻与传媒研究中心联合发布。

12 月 28 日，由西北大学新闻传播学院主办的首届融媒体时代网络综合治理高峰论坛在西安举行。

12 月 29 日，第七届国家传播战略高峰论坛在广西南宁召开。此次论坛以“民心相通、‘一带一路’与人类命运共同体”为主题。

12 月 30 日，由湖北省科技新闻学会、华中科技大学新闻学院联合主办的“湖北省网络空间科学传播创新论坛”在华中科技大学召开。

12 月 30 日，北京交通大学—今日头条实习实践基地挂牌成立。

12 月 30 日，南京大学紫金传媒研究院(北京)与社会科学文献出版社联合发布网络评论蓝皮书《中国网络评论发展报告(2019)》。

本年鉴的出版，受到了南京大学新闻与传播学院、南京师范大学新闻与传播学院、深圳大学传播学院、中南民族大学文学与新闻传播学院的资助，谨在此表示衷心的感谢！

《中国新闻传播教育年鉴》编辑部

2020. 10. 13